U0724743

中國禹跡圖导读

上

中国水利博物馆　绍兴市鉴湖研究会◎编

邱志荣　张卫东◎主编

中国文史出版社

《中国禹迹图导读》编辑委员会

◎主要指导专家

周魁一（中国水利学会水利史研究会荣誉会长，中国水利水电科学研究院教授、博士生导师）

谭继和（中国史学会理事，中华口述史研究会副会长，四川省历史学会会长，四川省社会科学院大禹研究中心首席专家，四川省巴蜀文化研究中心学术委员会主任）

顾　浩（中国水利学会原常务副理事长，水利部办公厅原主任）

汤鑫华（中国水利学会副理事长兼秘书长，教授级高级工程师）

冯建荣（绍兴市文史研究馆馆长，绍兴市政协原党组副书记、副主席）

俞锡根（浙江省水利厅原党组成员，浙江省水文局原局长）

谭徐明（中国水利学会水利史研究会会长，中国水利水电科学研究院教授、博士生导师）

于　冰（中国文化遗产研究院研究员）

王吉怀（中国社会科学院考古研究所研究员）

王瑞芳（中国社会科学院当代中国研究所研究员、博士生导师，河南大学特聘教授）

范子烨（中国社会科学院文学研究所研究员，中国社会科学院大学文学系教授，中国古典文学专业博士生导师）

齐　欣（《人民日报·海外版》“世界遗产版”主编，高级编辑）

王　敏（旅日华人著名学者，中国驻大阪总领馆公共外交顾问）

葛为燎（浙江省测绘资料档案馆副主任）

王　玲（浙江省测绘科学技术研究院，高级工程师）

傅峥嵘（浙江省文物考古研究所遗产监测研究室副主任，研究员）

赵　涛（安徽省文联）

◎编委会

主　　任：陈永明　何俊杰

副 主 任：叶红蕾　徐　健　杨颂周　谢文权

成　　员：陈永明　何俊杰　邱志荣　杨颂周　谢文权　叶红蕾　徐　健
宋　坚　金小军　戴秀丽

主　　编：邱志荣　张卫东

副 主 编：金小军　戴秀丽

撰　　稿：邱志荣　张卫东　张钧德　戴秀丽　陈　泽　程雪婷

制　　图：邱志荣　张卫东　戴秀丽

图照整理：邱志荣　张卫东　金小军　戴秀丽　程雪婷　杨伊帆等

图文审核：张卫东　邱志荣

主要参与人员（按姓氏笔画排列）：

丁兴根　于文星　万金红　马志坚　马君瑞　马　青　王小荣
王旭强　王志贤　王辛石　王　君　王　旹　王明军　王建欢
王建富　王　洁　王海洋　王家兴　王　康　尹增淮　孔春锋
邓　雷　邓潇玲　毕太原　吕超峰　乔信琳　刘　芳　刘俊民
刘俊杰　刘艳芹　江　群　孙伟良　劳国民　李云鹏　李文君
李新光　李新军　杨邦德　吴　旭　吴鑑萍　何　超　沈小龙
沈效敏　张民增　张西浩　张伟兵　张连宝　张国维　张明祥
张隽溪　张跃堂　张　敏　张景平　张裕童　张福义　陆宁洁
陆建明　陈永林　陈　泽　陈晓华　林　珊　林　涛　林　键
尚静伟　金海娟　周长海　周丹烁　周志强　周英俊　赵西安
赵　新　茹静文　柳哲霖　俞　鹏　俞鹏炯　施伟强　秦　川
秦绍波　秦烨萍　耿　涛　耿鸿江　聂邦瑞　夏宝国　夏萍儿
徐玉红　徐跃龙　唐佳文　黄永久　龚裕凌　盛杰辉　屠元磊
蒋建军　喻婷婷　程卫东　程仲平　童剑超　曾友超　楼立波
楼永清

◎支持单位

中国水利学会

中国水利报社

水利部水利风景区建设与管理领导小组办公室

绍兴市文史研究馆

绍兴市社会科学界联合会

浙江大禹文化发展基金会

重庆白鹤梁水下博物馆

重庆市文物考古研究院

许昌日报社

四川阿坝州大禹文化研究会

四川汶川县文化体育和旅游局

四川汶川县大禹文化协会

同创工程设计有限公司

日本·治水神·禹王研究会

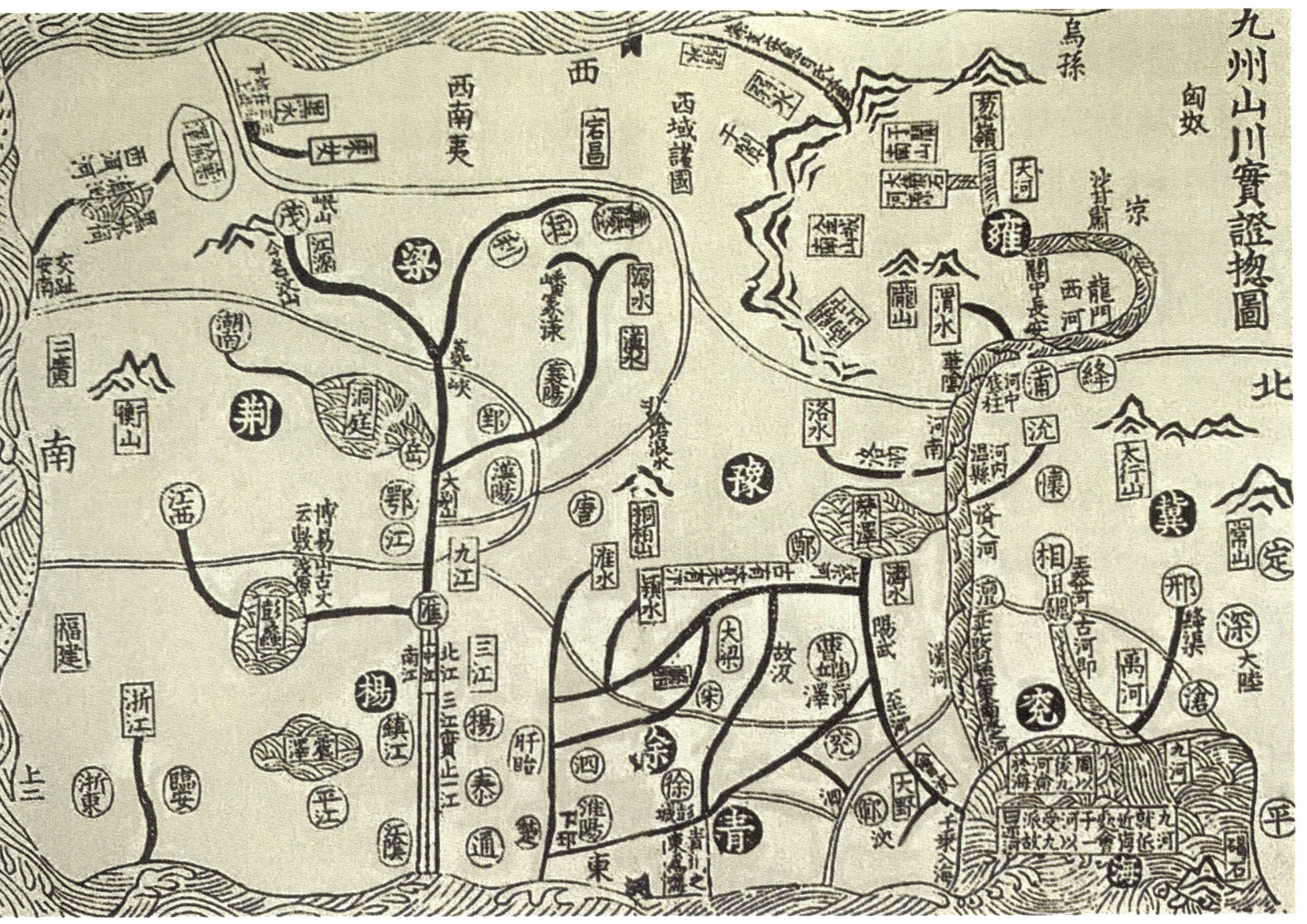

南宋《九州山川实证总图》中九州与九薮的分布

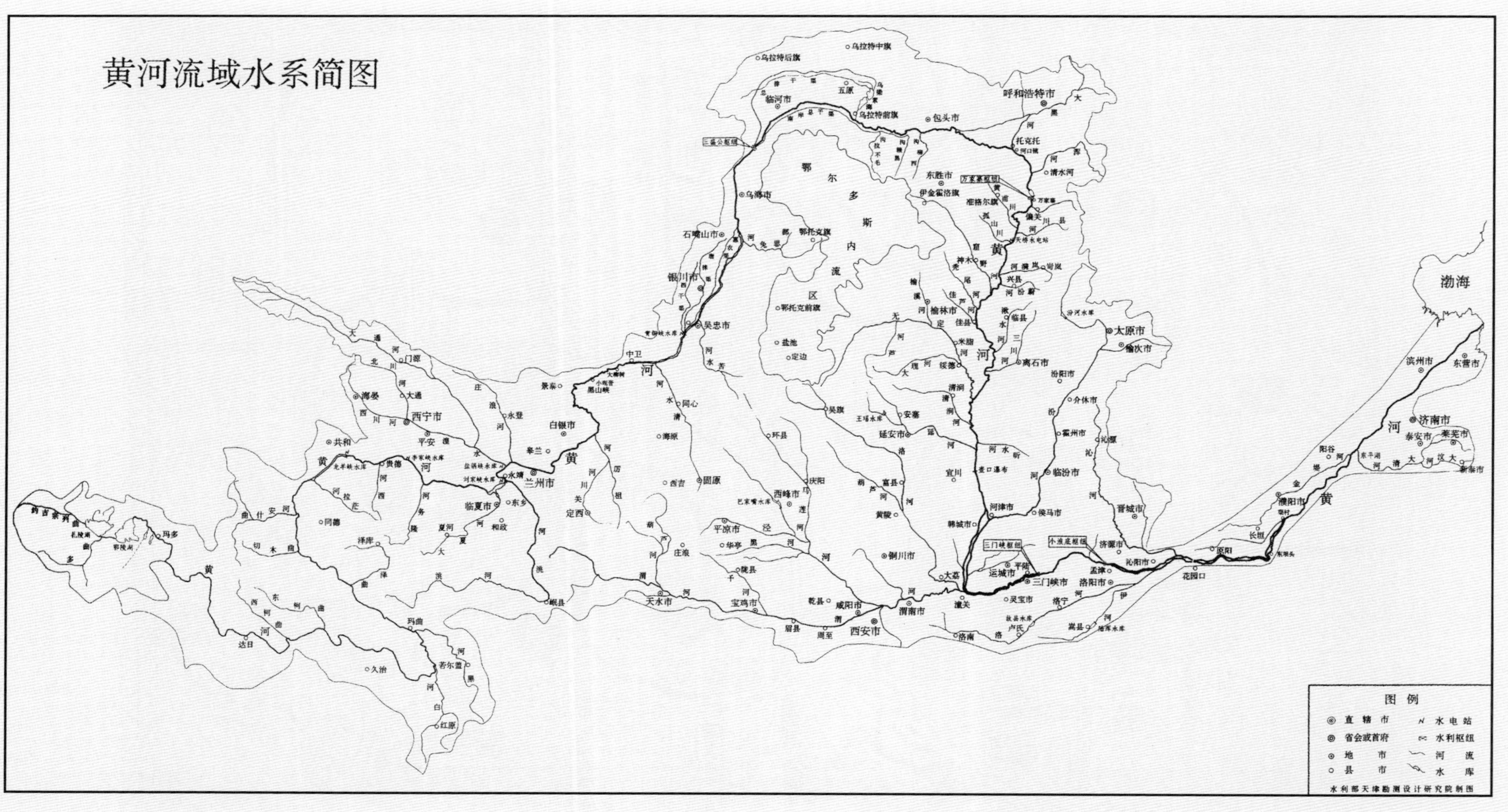

黄河流域水系简图（资料来源：中国水利报社编，王经国主编、张卫东副主编《中国江河》，中国科学技术出版社 2000 年版）

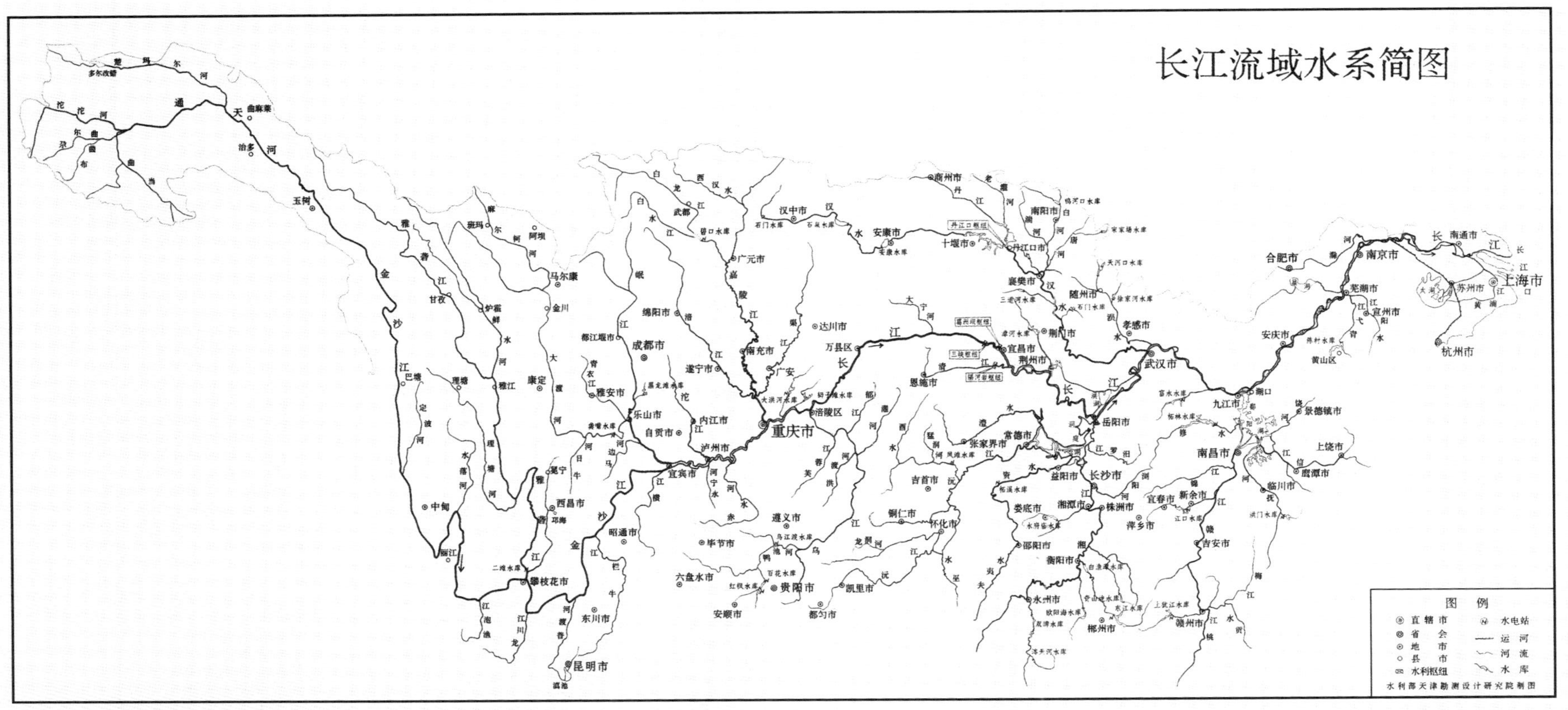

长江流域水系简图（资料来源：中国水利报社编，王经国主编、张卫东副主编《中国江河》，中国科学技术出版社 2000 年版）

淮河流域水系简图（资料来源：中国水利报社编，王经国主编、张卫东副主编《中国江河》，中国科学技术出版社2000年版）

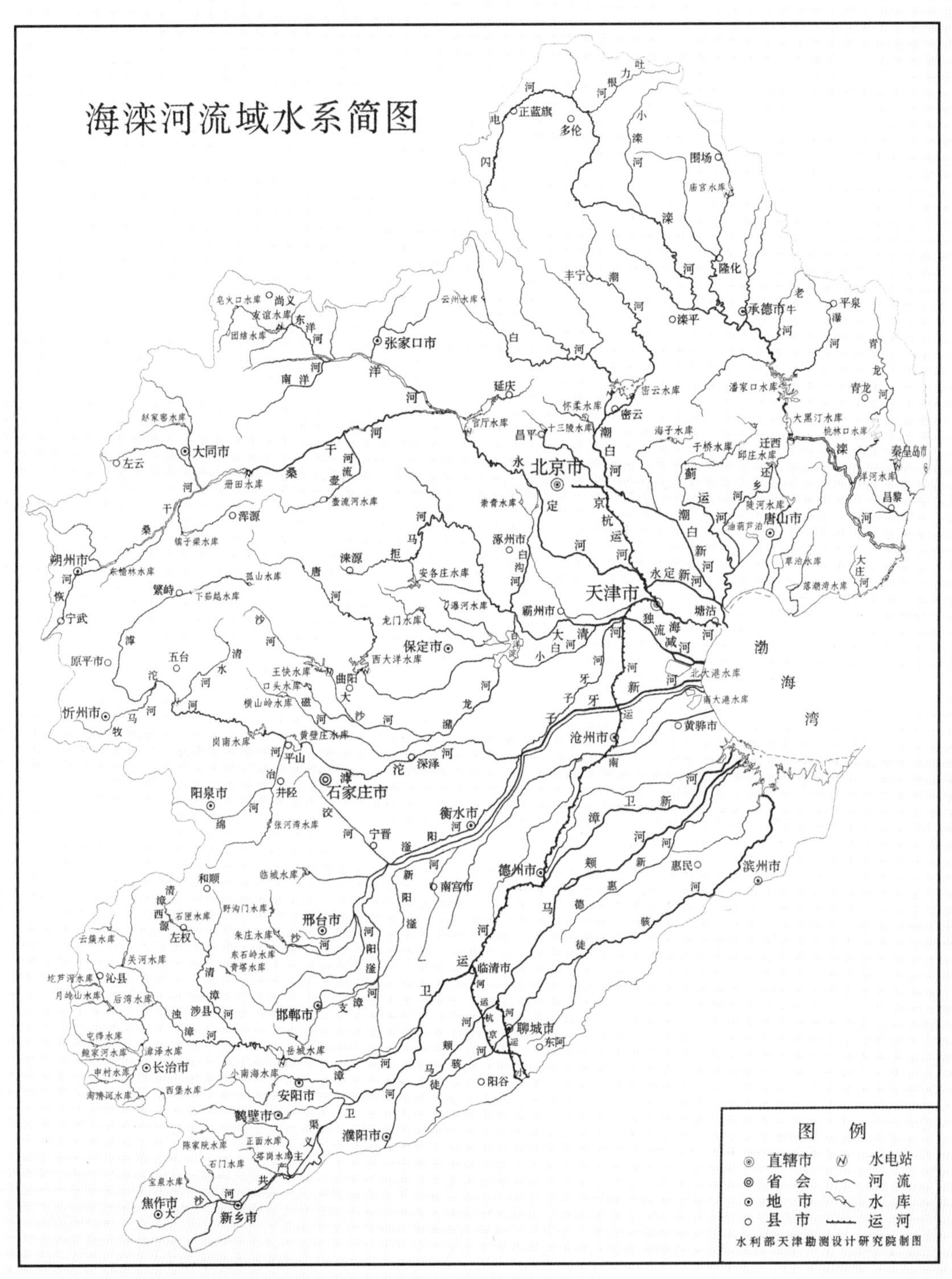

海滦河流域水系简图（资料来源：中国水利报社编，王经国主编、张卫东副主编《中国江河》，中国科学技术出版社2000年版）

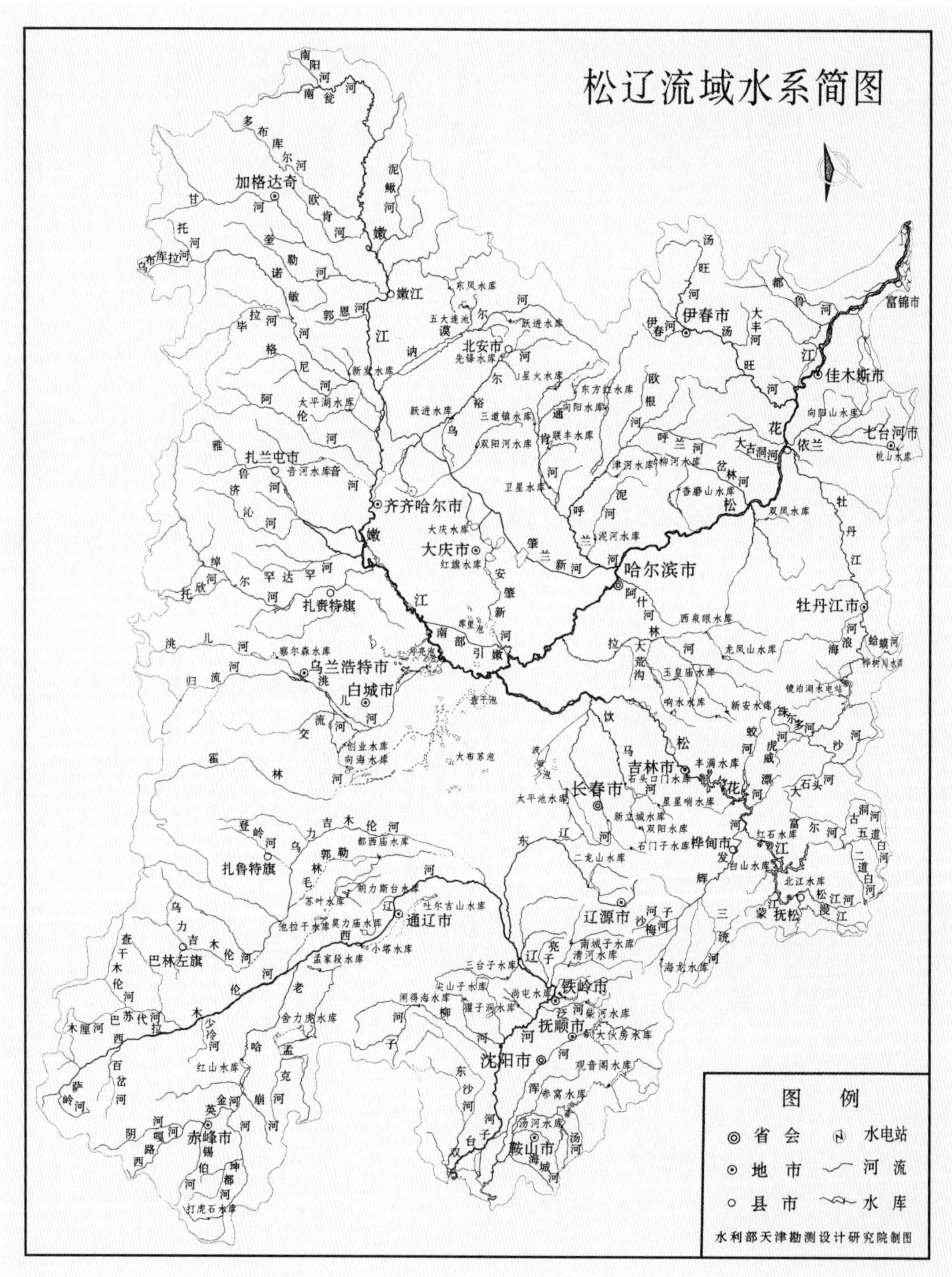

松辽流域水系简图（资料来源：中国水利报社编，王经国主编、张卫东副主编《中国江河》，中国科学技术出版社2000年版）

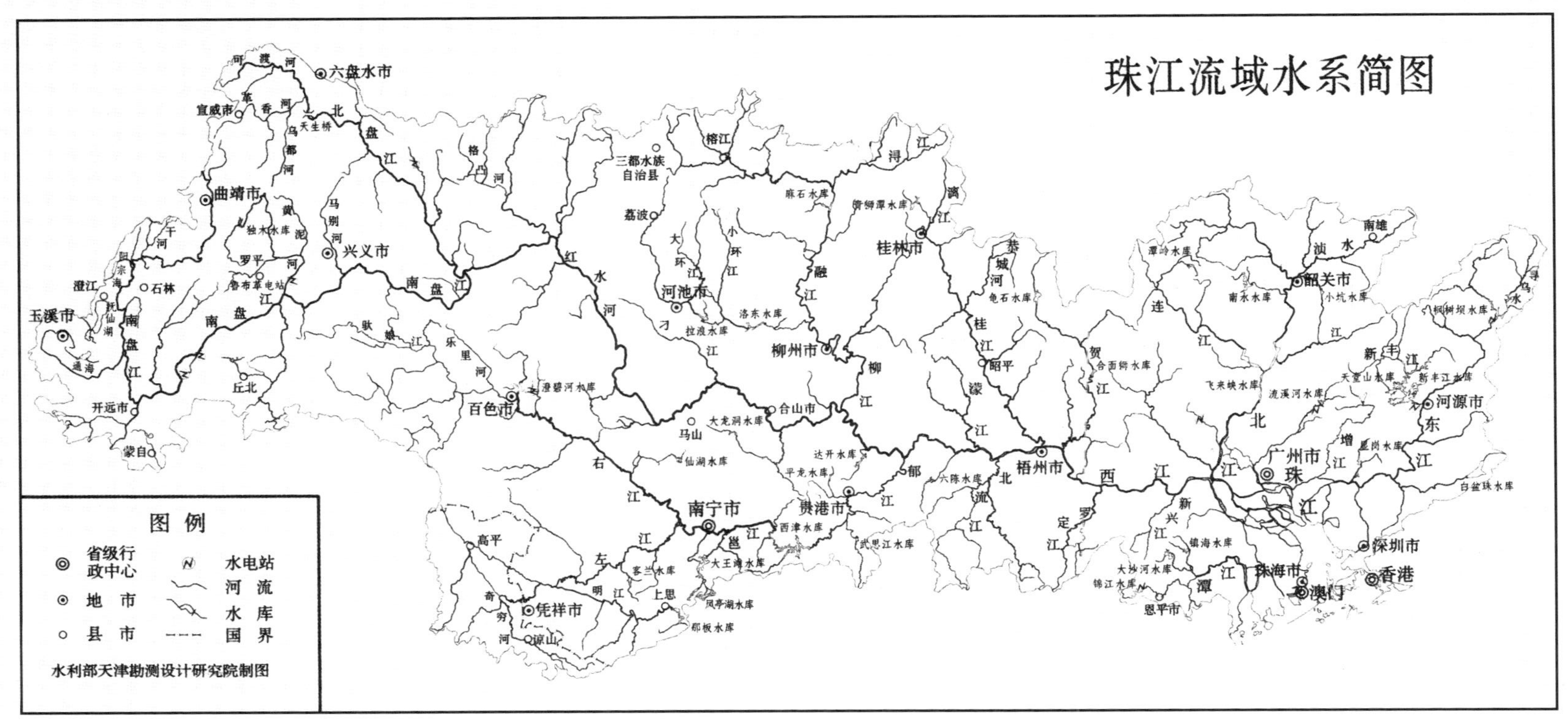

珠江流域水系简图（资料来源：中国水利报社编，王经国主编、张卫东副主编《中国江河》，中国科学技术出版社2000年版）

太湖流域水系简图（资料来源：中国水利报社编，王经国主编、张卫东副主编《中国江河》，中国科学技术出版社2000年版）

中国主要内流区示意图（资料来源：中国水利报社编，王经国主编、张卫东副主编《中国江河》，中国科学技术出版社2000年版）

2004 年 11 月 11 日，中国水利史研究会同仁在浙江绍兴大禹陵拜祭大禹

2010 年 11 月 1 日，邱志荣等在吉林集安考察禹山禹迹

2014 年 5 月 8 日，谭徐明会长带队中国水利史研究会、绍兴市鉴湖研究会在四川北川禹迹沟等地考察

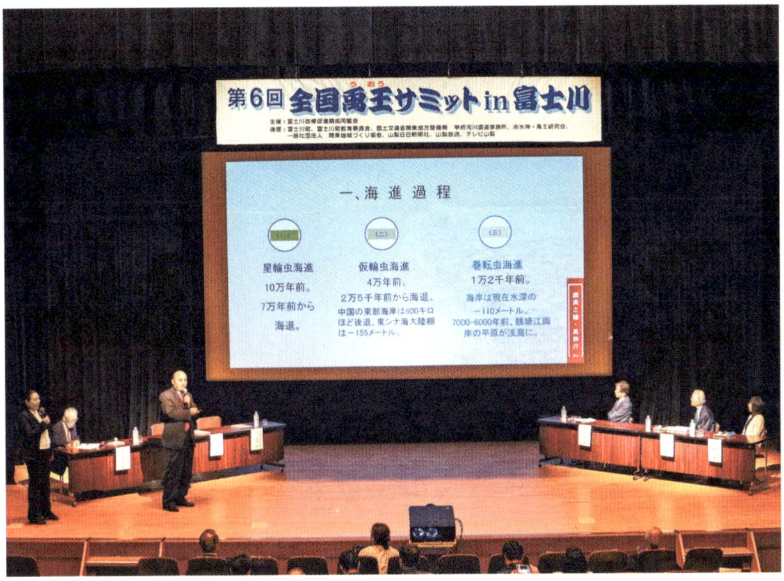

2017年10月7日—8日，中国水利史研究会、绍兴市鉴湖研究会由吕娟、邱志荣带队组织“禹迹行”访问团赴日本参加“第六届禹王峰会”并考察日本禹迹。图为邱志荣在峰会上演讲

2019年7月8日，邱志荣等参加四川汶川大禹华诞庆典

2021年10月24日，举行绍兴禹迹标识牌揭牌仪式

2022 年 6 月 22 日，邱志荣、金小军、戴秀丽考察浙江余姚河姆渡遗址

2023 年 4 月 25 日，邱志荣、戴秀丽等在江苏羽山考察

2023 年 5 月 4 日，邱志荣、戴秀丽等在浙江丽水缙云考察轩辕庙

2023 年 5 月 16 日，邱志荣、王吉怀（“禹墟”首次考古发掘人）、吴旭、戴秀丽（左起）在安徽蚌埠禹会村遗址（张卫东摄）

2023 年 5 月 17 日，邱志荣、张卫东作为主祭人出席安徽蚌埠涂山庙会民祭大禹典礼

2023 年 11 月 13 日（农历十月初一），民祭大禹陵典礼在绍兴举行

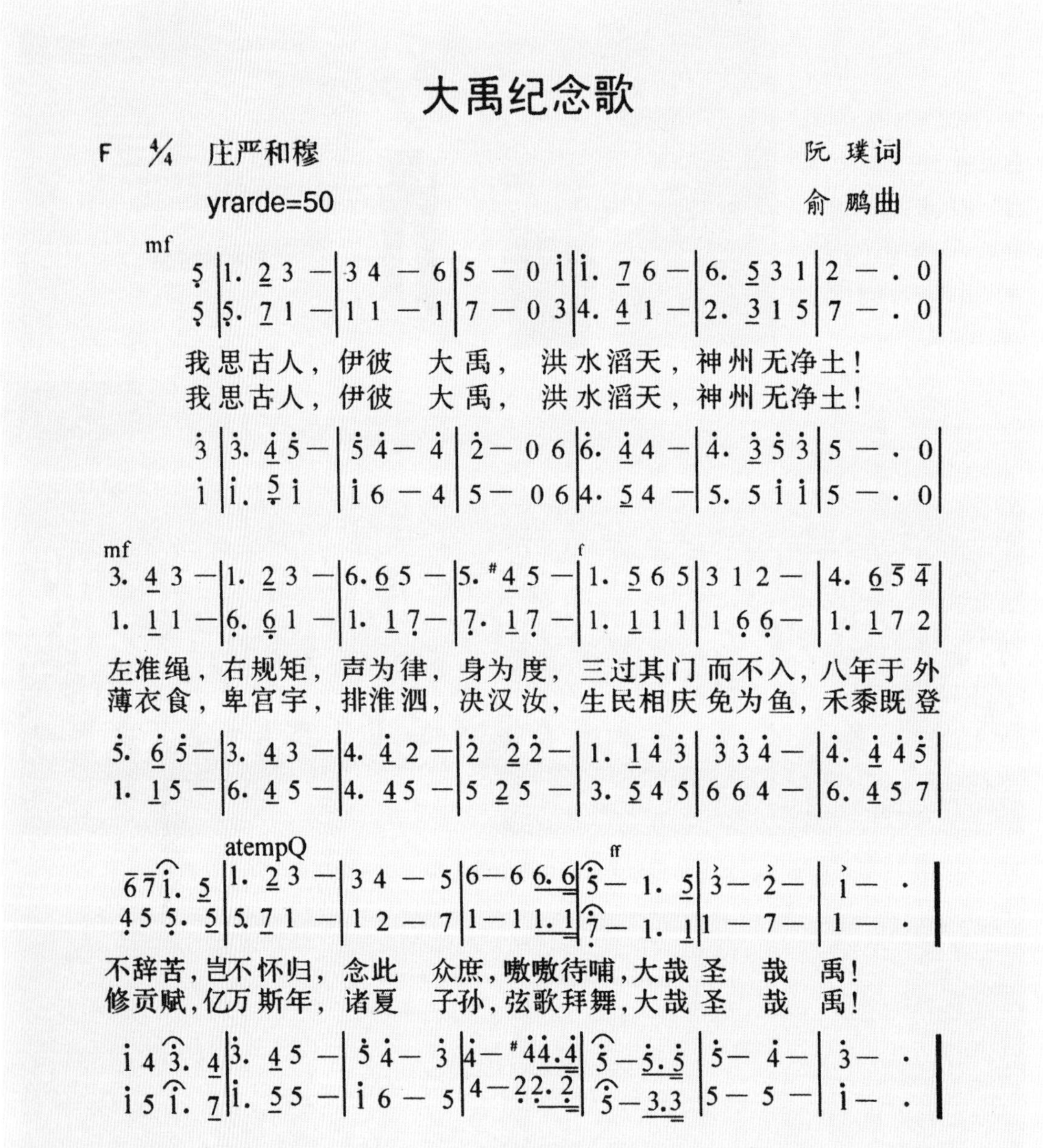

大禹纪念歌

F 4/4 庄严和穆 阮 璞词

yrarde=50 俞 鹏曲

mf

我思古人，伊彼 大禹， 洪水滔天，神州无净土！
我思古人，伊彼 大禹， 洪水滔天，神州无净土！

mf f

左准绳，右规矩，声为律，身为度，三过其门而不入，八年于外
薄衣食，卑宫宇，排淮泗，决汉汝，生民相庆免为鱼，禾黍既登

atempQ ff

不辞苦，岂不怀归，念此 众庶，嗷嗷待哺，大哉 圣 哉 禹！
修贡赋，亿万 斯年，诸夏 子孙，弦歌拜舞，大哉 圣 哉 禹！

大禹纪念歌（资料来源：沈建中编著《大禹陵志》，研究出版社 2005 年版）

油画《河魂——大禹治水》（中国美术学院教授、浙江省油画协会副主席章仁缘创作），收藏于中国国家博物馆

禹功神聖

壬寅季春 周魁一敬题

周魁一（中国水利学会水利史研究会荣誉会长）为《中国禹迹图》题字并评点：由《绍兴禹迹图》开创，继而《浙江禹迹图》，进而《中国禹迹图》，逐步延展深入，引进国外经验，充分利用考古成果，经过持之以恒的不懈努力和刻苦钻研，至今已推出若干重要成果。长此以往，逐步深入，定当在学术进步、社会发展诸多方面发生重大的影响，甚为鼓舞！甚可期待！

未经神禹凿，地竟似夔门；

潭水深千尺，龙嘘浪自惊。

（马性良供图）

序　一

陈永明*

习近平总书记高度重视大禹文化研究。2023 年 9 月 20 日，习近平总书记考察浙东运河文化园，我十分有幸为总书记作讲解汇报。其间，习近平总书记专门询问了禹迹研究工作，体现出总书记对中华文明探源和大禹文化研究的高度关注。

《中国禹迹图导读》（以下简称《导读》）历经寒暑春秋，在全体参与者的辛勤努力下，终于编纂完成，行将公之于世。此为大禹文化研究的一件盛事，也在中华五千多年文明史的探索上增添了一项重要成果。

大禹治水精神是中华文明长盛不衰的根骨。世界各地都有关于大洪水的传说，希伯来人在《创世纪》中记载了大洪水时诺亚造方舟的故事，希腊人在神话中讲述丢卡利翁与皮拉登上奥林匹斯山躲避洪水的故事，大禹治水传说则在我国流传了数千年。

值得注意的是，和西方“洪水灭世”的故事不同，在大禹治水的传说里，中华民族在面对大灾大难时，没有选择被动接受或逃避，而是迎难而上，选择“手胼足胝，居外十三

* 陈永明，中国水利博物馆馆长。

年……恶衣菲食……日孳孳排决浚瀹”，最终取得“水土平兮，生齿繁兮”，“九州攸同，四隩既宅，九山刊旅，九川涤源，九泽既陂，四海会同”的成效。

由是代代称颂禹绩，传承精神。知其要者，一是大公无私，二是以民为本，三是尊重规律，四是科学创新。“禹之决渎也，因水以为师”，习近平总书记曾借这句古语，阐明大禹成功治水，原因在于尊重自然规律的道理。这对于新时代治水乃至国家治理都有很深的借鉴意义。

大禹治水研究的内容十分丰富，涉及历史学、考古学、民族学、文学等诸多领域，在学术上百家争鸣，加之禹迹广布，各地根据自己鲜明的地方特色和已有资源条件，往往采取不同的阐释角度和侧重点，因此争论颇多，如大禹是人、是神还是图腾，有无治水事实，治水地域，禹划九州，等等，不一而足。

随着考古技术的进步，一些新材料的发现，尤其是多学科交叉研究的日益深入，为破解争论提供了新的可能。如考古和古环境学家的研究显示，距今5500年和4000年左右，全球有过两次较大范围的气候异常（表现为气温降低、降雨异常），我国夏朝恰在其间。数处良渚文化遗址考古中都曾发现洪水过后形成的淤泥层和宽大壕沟，在一些龙山时代后期遗址中也发现洪水泛滥的痕迹；考古还发现同一时期，出现了聚落数量减少等大范围的文化变革现象。这些新发现，或许将为解读大禹治水、禹会诸侯等传说提供新的注脚。

近年来，绍兴在大禹治水研究方面取得的成绩有目共睹，先后发布了《绍兴禹迹图》《浙江禹迹图》《中国禹迹图》，《禹迹图编制导则》也取得了重要成果。这些成绩不仅体现了绍兴市对以大禹治水精神为代表的中华优秀传统文化的重视、保护和传承，也在大禹研究领域发挥了引领的作用。

禹迹图，用地图的形式直观、简明地呈现大禹文化历史遗迹的分布、类型、现状等，反映了大禹文化的影响范围和传播路径。地图的编制经过了调查、考证、价值辨识和分析研判等过程，力求信息的准确性、时效性、实用性和可读性，将在各地推动文旅融合、开展学术研究等方面发挥积极作用。

保护、传承大禹文化永无止境。从《中国禹迹图》到《导读》实现了图文的完美融合，是大禹文化研究丰硕的成果和时代的新篇章。《导读》在以往成果的基础上，进一步开展大禹文化的全面调查，深入研究文献资料，开展多学科的交流，学习国际相关先进经验，不但系统丰富了禹迹内容，在大禹文化的学术研究、文化传播、中华文明的源头与发展上也作了新的探索。

“绩奠九州垂万世，统承二帝首三王。”大禹治水是中华水利史的人文基石，弘扬大禹治水精神是中国水利博物馆的宗旨和责任。值此《导读》付梓之际，本馆作为此书的主编单位，愿意和相关研究机构及广大同仁一起，继续积极开展大禹治水研究，力争用更多的形式和更丰富的内容将大禹治水精神传承下去、发扬光大。

是为序。

2023 年 10 月

序　二

何俊杰 *

大禹生活于距今 4100 多年前，是中华文明曙光喷薄而生前的英雄，是中国历史上第一个信而有征的上古人物，对中华民族有着巨大的影响。作为治水英雄、立国始祖，大禹创造并构建了中华文化的基本形态，奠定了人类生存和发展的价值取向。习近平总书记指出，如果不从源远流长的历史连续性来认识中国，就不可能理解古代中国，也不可能理解现代中国，更不可能理解未来中国。

茫茫神州，遍布禹迹。四千多年来，禹风浩荡，禹魂长存。

从 2022 年 4 月 19 日，绍兴在公祭大禹陵前一日，发布《中国禹迹图》(简版)，到今天厚重的上、中、下三编《中国禹迹图导读》的出版，一群极富创新、勇毅笃行的人，将大禹治水在中华大地上的重要足迹一一勾勒出来，让立国始祖、远古时代的治水英雄大禹的故事，生动地呈现在祖国的大地上。编制《中国禹迹图》无疑是在传统文化印记的研究、保护、传播、弘扬上的一次重要创新和示范，是一项惠及后世的文化事件。

---

* 何俊杰，曾任中共绍兴市委宣传部副部长，绍兴市文化广电旅游局局长、党委书记。现为绍兴市文史研究馆副馆长。

地图，自古以来就是人类交流最古老的信息载体之一，它如同桥梁，直观又抽象地连接了人们脑海中的空间方位信息与现实世界里的地理信息。北宋《禹迹图》可以说是中国最早的历史地图。千年之后，再续《禹迹图》，是绍兴文化的创新之举。

1995年谷雨日，绍兴大禹陵恢复中断了60年的公祭。时任国家主席江泽民为“大禹陵”题字。自此以后，“北有黄陵，南有禹陵”，成为海内外炎黄子孙的共识。2006年5月，“大禹祭典”入选第一批国家级非物质文化遗产名录。近30年来，虽然绍兴始终没有停止对大禹文化的研究、传播和弘扬，但遗憾的是，绍兴也一直没有系统实施过大禹文化的区域串联和城市链接，直到2017年底。

那是一次大禹文化的中日交流互鉴活动，《日本禹王遗迹分布图》给了我们很大启迪，我们强烈意识到，寻找禹迹是一次意义深远的文化探索，绍兴需要迅速行动，对区域乃至全国的禹迹进行必要的溯源和挖掘。于是，我主导成立了专班，明确了分工，终于在2018年谷雨日前夕，我国第一张完备、系统编入大禹文化在绍兴文化遗产的区域性分布图《绍兴禹迹图》如期发布。2019年4月，《浙江禹迹图》由中国文史出版社出版，30余万字的著作，不仅有正图，还有大量的考释和附录。全图对浙江省10.5万平方千米的区域，按八大流域和地形地貌划分，标注禹迹位置。2021年6月，绍兴实施禹迹标识落地项目，对市域内64个核心禹迹点设置“禹迹桩”，通过“禹迹桩”二维码，大众扫码可观包括地理位置、简介、图录、照片、附则等在内的绍兴禹迹大全，实现全程导览。

持续地创新与实践，如同深挖一口“井”，正待泉涌井喷。大家的努力也获得了社会各界的广泛认同，越来越多的专家学者和研究机构加持、加盟，绍兴“大禹文化高地”也渐渐架构起来。

“禹迹”是根据史料中有关大禹治水及其他活动足迹、传说的记载，至今留存的有关大禹的祭祀活动、纪念建筑设施、地物表征、碑刻、题刻、地名遗存物等不可移动的自然、历史物质遗存、遗址、遗迹，还可包括少量可移动文物和非物质文化遗产等。从历史价值看，大禹治水奠定了中华文明的基石，禹迹遍布中国大地，我们寻找禹迹，就是寻找文明的根脉，寻找我们从哪里来这一重大命题。从文化现象看，寻访、收集、梳理大禹的行踪和相关古迹，不仅要去验证是否真有大禹其人，是否到过此地，而且要通过大禹这个符号，去探究古人的心理画像和精神脉络。禹迹在千年的传承中，成为中华精神的象征，在不同时期焕发着自己的力量。大禹科学治水、忘我无私的精神，应该有具体的承载物，让数千年的故事深深植根在中华大地上。通过对各式各样禹迹的挖掘、研究，可更好地把大禹精神提炼出来。这正是《中国禹迹图导读》出版的特殊意义和启示。

追寻古老的华夏文明，不能轻易否认民间传说和故事。从目前的考古成果显示，上古的尧舜禹是存在的。尧舜禹的真实性，要求人们研究好文献，并以考古实证。浙江省启动“启明星计划”，以考古为抓手，把浙江的文明起源与中华文明发源地贯通，已取得了丰硕的成果。考古发现大地密码，既有必然性，也有很大的偶然性。我们要善于通过故事传说、民情民俗发现更多的中华故事。禹的故事和传说既有典籍、文献记载，也有民俗民风中代代相传，我们通过对禹的“足迹”的寻找，可为未来考古寻找中华文明源头奠定基础。

文化是每座城市的灵魂，文化也是链接城市间的纽带。这些年，绍兴已用文化符号链接了众多城市，建立了有内容、可持续的系列朋友圈。如开展“鲁迅与世界文豪‘大师对话’”，把鲁迅故乡与世界文豪们的故乡链接起来，成为中国和世界文化交流、文明互鉴的一个生动案例。又如，用阳明遗址考古、阳明故居修复和阳明文化论坛，链接起了全国20余个阳明足迹城市，激活了这些城市的全域研学旅游，等等。《中国禹迹图导读》的出版，无疑为纳入大禹文化版图的城市提供了可转化、可持续的文化IP，更给这些城市间的互动、交流，提供了机遇和平台。事实上，研究和传播大禹文化，已逐渐成为大禹文化圈城市间的文化现象和创新行动。从绍兴和越来越多的文化城市的实践看，探索用故事、文学、艺术、地图和项目等诸多力量，架构文态空间，激活文化资源，为未来盘活更多文化标识、做深文旅融合文章提供了更多可能。

中华民族有太多文化符号需要梳理、解码、挖掘。通过禹迹遗存，全面保护、创新文化线路，由一张图向多张图转换，由一个符号向多个符号复制，从而推动各个城市的共同发展。这种由《中国禹迹图》引发的文化创新，理应成为中国城市中文化资源转化、城市链接互动、文旅融合发展的典范。

禹迹图向世界讲述着中华文明故事。循着“禹”的足迹，探寻中华文明之源，破解中华文明起源密码，是历史赋予我们当代人的责任和使命。我要由衷地对参与此项工作的所有人员表示敬意和感谢！我与“大禹”的缘分也由来已久，从1995年参与筹备首次祭禹，负责经费筹措与管理；到2015年引入中国美术学院油画系主任章仁缘教授，在绍兴创作重大历史题材《大禹治水》巨幅油画；再到2018年，跟拍了三年的文化纪录片《禹魂》在中央电视台播出；等等。但如果没有像邱志荣和他的团队那种极富创新和勇毅精神的感召，或许我就无缘参与《中国禹迹图》这样一项伟大的工作。

“今天，我们踏着来自历史的河流，受着一方百姓的期许，理应负起使命，至诚奉献，让我们的文化绵延不绝，让我们的创造生生不息。”习近平总书记在浙江工作时关于“浙江文化研究工程”的这段深沉寄语，至今仍仿佛在耳边回响。

癸卯年秋月于绍兴古城仓桥

目　录

概　述

大禹是中华民族治水英雄和立国之祖，被尊为“绩奠九州垂万世，统承二帝首三王”[①]。禹功神圣，举世景仰；文化认同，源远流长。文化自信和自强是实现中华民族伟大复兴的强大精神力量。绍兴是大禹陵所在地，一直重视大禹文化的研究和弘扬，自2018年起先后发布了《绍兴禹迹图》[②]《浙江禹迹图》[③]《绍兴禹迹标识导读》[④]《绍兴舜迹简图》[⑤]《中国禹迹图》[⑥]《浙江尧舜遗迹图》[⑦]等，具有连续性、系统性、创新性的特点。浙江是中国水利博物馆建馆之地，是治水文化的集聚高地，2023年在中国水利博物馆的重视下，开展了《中国禹迹图导读》编制，取得了令人可喜的成绩。

一、禹迹图编制过程回顾

2018年4月16日下午，在绍兴举行浙江绍兴2018年公祭大禹陵典礼和第34届兰亭书法节新闻会，会上发布《绍兴禹迹图》。这是我国第一张完备、系统编录大禹文化在绍兴文化遗产的区域性分布图。发布后，在我国传播广泛，学术界反响良好，并交流到日本、韩国等国家和地区。

2018年9月，《浙江禹迹图》编制工作启动后，在绍的浙江省人大代表傅芸、谢英向浙江省人大提出了《关于支持浙江大禹文化发展基金会等机构开展全省禹迹

---

① 嘉庆《山阴县志・卷首》。

② 2018年4月发布。

③ 邱志荣、张钧德、金小军主编，中国文史出版社2019年版。

④ 何俊杰、邱志荣、张卫东主编，中国文史出版社2021年版。

⑤ 由绍兴市文化广电旅游局、绍兴市鉴湖研究会联合编制，2021年10月29日在绍兴王坛“2021年虞舜文化旅游节”上正式发布。

⑥ 2022年4月19日发布，审图号：GS浙（2022）1号。

⑦ 2022年10月22日发布，审图号：浙S（2022）41号。

普查的建议》[①]。2018 年 9 月 29 日，浙江省人民代表大会教育科技文化卫生委员会向全省各地发出《关于要求支持开展浙江省禹迹普查活动的通知》。此举既是倡导大禹文化的弘扬、传承与研究，也及时、有力地支持了禹迹普查工作顺利开展。

2019 年 4 月，在绍兴“2019 年公祭大禹陵典礼”前夕，绍兴市文化广电旅游局、绍兴市水利局联合主办的《浙江禹迹图》由中国文史出版社出版发行。4 月 2 日上午由中共绍兴市委宣传部在浙江省政府新闻发布平台发布。

2021 年 6—7 月，由绍兴市文化广电旅游局主办，绍兴市鉴湖研究会承办，开展了绍兴禹迹标识牌制作和 64 个禹迹点安装项目。之后出版《绍兴禹迹标识导读》，这是绍兴在大禹文化保护、传承、利用上的又一次创新实践。主要内容及特色：其一，正编“绍兴禹迹分布导读”是对绍兴市范围内 64 个禹迹点的全面介绍，包括地理位置、简介、图、照片、附录等，特点是取自民间土壤，又还原于社会大众。其二，副编“大禹专题史料选编”又分历史文献、近现代研究、大禹相关的碑铭研究、绍兴尧舜遗迹新考等，是对大禹文化进行多学科、跨区域探索研究的最新成果。其三，文旅融合。设置二维码，扫码进入后可了解绍兴禹迹大全，实现全程导览。

2022 年 4 月 19 日，由绍兴市文化广电旅游局主办，绍兴市鉴湖研究会承办的《中国禹迹图》在 2022 年祭禹前夕由绍兴市文化广电旅游局组织在绍兴图书馆正式发布。此图集近五年的系统研究成果，依据《禹迹图编制导则》规范，在国内众多专家学者的共同努力和社会各界的大力支持下编制完成。这是我国第一张从大禹文化记载、传播、考证与发展的视角绘制的禹迹历史地图，也是保护、研究、传承、利用大禹文化的又一重要创新。

二、禹迹的概念

“盖九州之中，禹之迹无弗在也，禹之庙亦无弗有也。”[②] 历史在发展，在今天的时代背景下，我们如何认识和定位大禹文化的源流“禹迹”？

经过多年的探索与实践，参考国外特别是日本禹迹图编制的案例，2021 年 11 月，绍兴市文化广电旅游局、中国水利学会水利史研究会、绍兴市鉴湖研究会组织水利、文物、文史、测绘等领域数十位专家团队开展《禹迹图编制导则》（以下简称《导则》）编写。《导则》共 8 章 22 节，规范了禹迹、禹迹图含义，规范了禹迹图编制工作的基本原则、任务、内容要求、工作流程，规范了禹迹图编制的资料要求，规范了禹迹图编制的成果形式及要求，规范了禹迹图的评审要求及发布形式，

① 见本书下编。

② 李仪祉：《会稽大禹庙碑》，存今绍兴大禹陵。

规范了禹迹标识的基本要求及成果应用建议。[①]

《导则》明确："所谓'禹迹'，是根据史料中有关大禹治水及其他活动足迹传说的记载，至今留存的有关大禹的祭祀活动、纪念建筑设施、地物表征、碑刻题刻、地名遗存物等不可移动的自然、历史物质遗存、遗址、遗迹。""特别重要的可移动文物或非物质文化遗产，可作为其依附的不可移动禹迹物项的构成，收录入图。"据此，禹迹图的实质为大禹"文化遗迹图"。周魁一认为《导则》的制定，对古史研究的拓展，对禹文化的保护与传播有重要价值，对东亚区禹文化的合作研究有重要促进作用，《导则》分类细致全面规范，可操作性强，可以作为禹迹图编制的行业标准。

三、禹迹图编制的目的与意义

中国历史上治水事业伴随着人类社会的发展绵延不绝：最早的水利工程是河姆渡及其以前的水井、简易海塘与稻作物种植灌溉工程，现存最早的大型水利工程是良渚古城外围的防洪、供水、航运、灌溉、围垦等综合利用堤坝工程，最早的滩涂开发河道治理工程是昆山大沟……最早的上古时代治水英雄、成功治理江河的创始人是汾水之神台骀，而 4000 年前的大禹治水，把上古时代治水事业推向了前所未有的高峰。

迄今发现最早的大禹治水记载起源于约 2900 年前遂公盨的铭文"天命禹敷土，随山浚川"，最早的"禹迹"一词见于约 2600 年前或更早的秦公簋铭文"受天命鼏宅禹迹"。其后，大禹治水的记载史不绝书，大禹治水的内涵日益丰富，大禹治水的颂歌不断出新。至北宋时期，出现了以大禹治水为主题、完整记录九州山水的禹迹图；今天，从文化传播的角度，以新的手段和格式，续编禹迹图，是对大禹文化的传承与弘扬，也是一次开拓创新。

（一）《会稽大禹庙碑》的启示

今天，我们编制禹迹图的根本目的是什么？其价值意义何在？对此，李仪祉先生的《会稽大禹庙碑》给我们很有意义的启示。

1934 年，时当苏浙大旱，黄河大水。中国水利工程学会首届会长、著名水利专家李仪祉先生率领水利同仁怀着忧国救民之心，来到绍兴大禹陵，撰写并立碑于会稽大禹陵，碑起首便写道："禹何人？斯崇之者以为神，否其为神者则并否有其人，研经者不以科学之道，而好奇之士喜为诙诡之说以求立异，均非可以为训也。"关于

① 2022 年 3 月 22 日《绍兴日报》全文刊登《导则》。2022 年 3 月 23 日《人民日报》"文化纵横人民号"予以报道。

大禹的记载反映了中华民族悠久的历史文化，象征着民族的团结和凝聚力，表现了改造自然的科学精神，体现了执政者无私奉献的形象。大禹生活的时代是距今 4000 多年前，由于年代久远，受文化发展局限的影响，难有确凿的史实发现，现存的权威文献资料主要产生于春秋战国至西汉，而以《史记》为最详全。正如碑文中所称："夫禹之德行，孔氏、墨氏言之至矣，禹之功业，孟轲、史迁述之详矣，后起之人虽欲赞一辞而不得。"司马迁是西汉伟大的史学家，他所能看到的大禹的记述，听到的大禹的传说也是后来者无可比拟的。据此，后来者要超过司马迁对大禹的研究和综述，除非重大的考古发现和科学测定，谈何容易！但确实出于不同的需要，有的人把大禹当成了神，也有的作无充要依据的考证和发现，著书立说。皮之不存，毛将焉附？皆缺少科学根据，难以定论，更有的与大禹精神背道而驰。碑文又指出："至禹崩何所，禹穴何在，论者纷然，窃皆以为无关宏旨。"李仪祉先生的观点，至今对大禹的研究仍有指导意义，大禹属于整个中华民族，从细枝末节上去争论一些问题，违背历史事实和当时条件去进行不切实际的考证，反而失去了意义。李仪祉站在当时的时代背景和水利行业角度认为，"方今水政废弛，旱潦频繁，民困财竭，国将不国"，要救中国，改造自然和社会，必须万众一心，发扬伟大的大禹精神："拯民救国，厥惟继禹而兴者有其人，禹功非一二人所可即，则在吾众众俱以禹为宗，则千万人者一人也，四千年者旦暮也。朝夕而尸祝，为奉其旨、师其意，本其精神以治事，为旱潦容有不息者乎？"从中我们可以看到承继大禹文化的伟大意义。

（二）系统全面的基础调查

几十年来，特别是开展禹迹图调查编制以来，在绍兴市、浙江省和国内重点省市区进行了比较系统全面的基础文献资料调查、委托调查和实地考察。已编制的禹迹图具有系统全面的内容，如《绍兴禹迹图》共有禹迹 127 处，其中：陵、庙、祠类 21 处，地名类 22 处，山、湖自然实体类 25 处，碑刻、摩崖、雕塑类 59 处。《中国禹迹图》则由正图、前言、表格、照片、资料汇编等 5 部分组成。共精选全国 26 个省、自治区、直辖市 323 个禹迹点，分属 11 个流域，其中：全国重点文物保护单位 31 处，省级文物保护单位 27 处，市、县级文物保护单位 11 个；计不可移动文物 308 处，可移动文物 13 件，涉及非物质文化遗产 2 项以上。图例标注 14 类，基本按《中国文物地图集》[①] 惯例结合《导则》条款确定。

（三）促进多学科的大禹文化研究

禹迹调查获得多重文化信息，对开展多学科大禹文化研究有着重要的意义。

① 国家文物局主编，文物出版社 2009 年版。

1. 最早文献记载的意义

先秦时文献记载的禹迹应该多是民间口口相传的记录，如《山海经》；也或多是原创性的，如《尚书》《诗经》《论语》《国语》《韩非子》《墨子》《今本竹书纪年》《管子》《庄子》《左传》《孟子》《吕氏春秋》等，都有着丰富生动的记载。此后的《史记》是先秦大禹文化的集大成者；《越绝书》是吴越之地早在春秋时期就流传的文献，是经东汉人袁康、吴平整理而成的早期地方志著作，其史料价值也不同凡响。新发现的遂公盨、秦公簋、容成氏竹简以及景云碑等考古性质的实物文献更是提供了印证其他记载的“铁证”。以上先秦时期（或源于先秦时期）的文献是中华文化、文明历史发展，禹迹起源、传承的最权威记载。

2. 关于大禹文化圈

通过对全国各地禹迹的考察及在《中国禹迹图》中显示的禹迹分布及内容进行分析，可以发现，存在不同重点的大禹文化核心圈，其中：四川多为大禹出生地的文化和传承记载；安徽多为大禹娶妻、会盟等文化记载；陕西、山西、甘肃、宁夏、青海、山东、江苏、河北、湖南、湖北等地多为大禹治水起源、经历与祭祀文化记载；河南多为大禹建都等记载；浙江绍兴则多为大禹治水毕功、归葬、祭祀等文化记载，会稽山因大禹而命名。这些文化圈对研究当地的自然历史环境，大禹文化的传播途径、祭祀方式和民族信仰有着重要意义。

3. 史前大洪水的互证与分析

（1）先秦文献多有关于史前大洪水的记载

《尚书·尧典》：“汤汤洪水方割，荡荡怀山襄陵；浩浩滔天，下民其咨。”

《孟子·滕文公下》：“当尧之时，水逆行，泛滥於[①]中国。蛇龙居之，民无所定。下者为巢，上者为营窟。《书》曰：‘洚水警余。’洚水者，洪水也。使禹治之，禹掘地而注之海，驱蛇龙而放之菹。水由地中行，江、淮、河、汉是也。险阻既远，鸟兽之害人者消，然后人得平土而居之。”

不一一例举。

（2）海侵海退与大洪水

“古地理学”研究表明，从第四纪更新世末期以来，自然界地理环境经历了星轮虫、假轮虫和卷转虫三次沧海桑田的剧烈变迁。其中星轮虫海侵发生于距今10万年以前，海退则在7万年以前。这次海侵就全球来说，留存下来的地貌标志已经

① “於”“于”不同字。本书对这二字的处理，凡属引用的文字，依照文渊阁四库全书影印版和相关方志，保持版本原貌，未作改动。引文中的异体字、繁体字，遵照2013年6月5日国务院发布的《通用规范汉字表》规范使用。——编者注

很少了。

假轮虫海侵。发生于距今 4 万多年以前，海退则始于距今约 2.5 万年以前。这次海退是全球性的，以中国东部海岸为例，海退约 600 千米，东海中的最后一道贝壳堤位于东海大陆架 −155 米，碳 14 测年为 14780±700 年前。到了 2.3 万年前，东海岸后退到 −136 米的位置上，即在今舟山群岛以东约 360 千米的海域中。

卷转虫海侵。从全新世之初就开始掀起，距今 1.2 万年前后，东海海岸到达现水深 −110 米的位置上。距今 1.1 万年前后，上升到 −60 米的位置。在距今 8000 年前，海面上升到 −5 米的位置。而到 7000—6000 年前，这次海侵到达最高峰，东海海域内侵，今近海平原成为一片浅海。卷转虫海侵在距今 6000 年前到达高峰后，海面稳定一个时期，随后发生海退。这其中海侵、海退或又几度发生。

（3）道家《麻姑山仙坛记》碑中的海侵印记

《中国碑帖名品·颜真卿麻姑山仙坛记》[①] 中的记载印证了古人对海侵沧海桑田变迁之认识。此碑明季毁于火。

唐大历六年（771 年）四月，颜真卿登麻姑山，写下了记述麻姑山仙女和仙人王方平在麻姑山蔡经家里相会的神话故事《有唐抚州南城县麻姑山仙坛记》。其中如："接侍以来，见东海三为桑田。向间蓬莱水乃浅於往者，会时略半也，岂将复还为陆陵乎？""方平笑曰：圣人皆言，海中行复扬尘也。""东南有瀑布，淙下三百余尺。东北有石崇观，高石中犹有螺蚌壳，或以为桑田所变。"此皆发人深省和经典之语。研究水利史及历史地理者，在其中会感受到神话及民间口口相传海侵的历史传承与印记。

以上文献记载，"古地理学"海侵考证，道家传说的碑记，足以证明史前大洪水的存在，并且这次大洪水并不全是从上游往下游的，而是"江、淮、河、汉"出现大洪水与海侵同时产生，或同时出现了山崩海裂的灾难。如《孟子》所说"水逆行，泛滥於中国"；至于《麻姑山仙坛记》中"见东海三为桑田"，与三次海侵也是可以遥相对应的。以上是要说明尧舜禹时期的大洪水是自然世界的客观存在，因此也不难理解黄河、长江、内陆、沿海各地都有大禹治水传说与故事的原因。

4. 考古提供的证明

（1）安徽涂山

安徽省是禹迹十分集中与丰富之地，代表性的有涂山、禹会村等。禹会村位于安徽省蚌埠市西郊涂山脚下的淮河岸边，东临天河，北依涂山。古籍文献中多有

① 上海书画出版社 2015 年版。

记载：《左传·哀公七年》："禹合诸侯於涂山，执玉帛者万国。"禹会由此而得名。禹会村也即郦道元《水经·淮水注》中的"禹墟"。宋《舆地纪胜·舆地碑记目卷二·濠州碑记》："唐彭晁禹庙记（记大略曰：昔禹治水之日，会於涂山，则此地是也。今禹会乡因兹而立，今有禹家、夏家者，皆是禹之苗裔。元和十四年彭晁记）。"明《凤阳府志·山川考》："涂山在怀远东南八里，高二百一十丈。山前有禹会村。"当地还有民间故事《天河与禹墟》。

2006—2011年，中国社会科学院考古研究所对禹会村遗址进行勘察、钻探、试掘和大规模发掘。经过几年的大规模发掘，成果丰硕，而且都与文献记载的"禹会（合）诸侯於涂山，执玉帛者万国"事件密切吻合。遗址中的各种遗迹现象，为禹会诸侯的事件提供了有力佐证。

著名考古学家王吉怀认为[①]：

禹会遗址由传说变为信史，得到了考古学的支撑，得到了学术界的认可。禹会考古，让我们走近了大禹，对我们探索曾经发生的历史事件具有重要价值。

时代、地域、文献记载、遗迹现象和遗物特征的吻合、自然科学的测试和论证，都为我们考证遗址的性质提供了有力证据。这些现象和"禹会诸侯"事件的发生，证实了淮河流域是中华文明发展的起源地之一，同时，对探索国家的起源具有重要意义。作为一处关键时期的关键遗址，对其发掘和研究，是揭开淮河中游地区文明化进展的一把钥匙。禹会村，给我们留下了骄傲的历史和厚重的文化符号。

（2）浙江良渚

文物水利考古对大禹文化研究，对5000多年的华夏文明史研究和证明有着至关重要的作用，虽然文化遗址中也不一定可以立即找到大禹治水的实证，但确实有着积极和互相佐证的价值意义。

2016年初文物部门确认良渚古坝为水利工程和距今年代约5000年等，是对中国古代水利研究的重大贡献，为开展多学科的进一步研究奠定了基础。

因此，我们在前人研究的基础上，通过实地考证和阅读有关文献资料，运用考古、地质、测绘的成果，侧重从钱塘江两岸上古水利史发展的角度，对良渚遗址塘坝工程的规模、功能、性质等进行较全面系统的分析和研究，取得了全新的成果。[②]当时的结论是：

其一，海侵不但使钱塘江两岸的自然环境产生了沧海桑田的巨大变迁，而且对这里史前的人类文明发展有着决定兴衰的作用。良渚文化中遗址中的山地（上

① 王吉怀：《从考古发现中寻找大禹》，见本书下编。

② 邱志荣、张卫东、茹静文：《良渚文化遗址水利工程的考证与研究》，见本书下编。

坝）—山麓（下坝）—平原（城墙与城河等）水利工程的建设与变化发展，遵循着自然的演变和人类适应与改造自然的规律。

其二，良渚山地的上坝出现在良渚早期，控制范围有限，主要溪流白鹤溪和彭公溪没有被拦截成水库。通过堰坝控制，总蓄水量不会超过 50 万立方米。上坝的主要功能为蓄水、灌溉及城堡工事等。这里产生了我国历史上第一批大坝、水库。

其三，下坝出现在良渚的全盛期，为围垦工程，可分为两部分：低丘连坝蓄水 500 万～600 万立方米，塘山坝蓄水 100 万～150 万立方米。下坝总蓄水量 650 万～750 万立方米。蓄水主要通过堰坝控制。主要功能是综合的，随着自然环境与人类需要而变化：一个时期主要是挡潮、防洪、蓄淡，保护塘内的农田、人口、聚落安全；另一个时期主要是为下游农业垦种提供灌溉用水，或为良渚古城提供淡水以及为航运等供水。当然，不论什么时期，都还应有渔业养殖等功能。这里有了继河姆渡之后的海塘，有了堤防，有了大坝、水库，有了相应的取水、泄水建筑。

其四，良渚古城是我国最早的水城。城墙有着防洪、挡潮、防卫等作用。此外古城还有环城河、城内河道、水城门等水系和设施，可用于航运。城内城外水网密布，水面率超过 30%，水门在 6 处以上。这里还有了最早的运河。

其五，良渚古堤坝是目前发现的现存我国上古时期时间最早、规模最大、技术含量最高的水利工程遗址。特别是水利工程体系的规划布局思想，解决堰坝溢洪等问题的能力，以及鲤鱼山、老虎岭等地发现的草裹泥、草裹黄泥（或黄土）筑坝工艺等等，充分显示了良渚古代文明的发达程度和社会组织能力，也反映了水利在文明发展中的重要地位。

其六，钱塘江两岸的地貌、历史地理演变、人类改造自然活动有着诸多相似性，良渚、河姆渡、富中大塘，同是大越治水，可互为印证。多学科的进一步深入研究对探索钱塘江两岸人类文明的活动形态、系统构成、演变发展、传承关系等有着重要意义。

综上，良渚古堤坝是目前发现的现存我国上古时期时间最早、规模最大、技术含量最高的水利围垦灌溉工程遗址之一。它充分显示了良渚古代文明的发达，也说明水利在文明发展中的重要地位。此外，此工程既可以作为大禹治水传说在钱塘江两岸的源头和缩影，也将证明大禹治水方法还将继续在此地区传承和延续。

5. 有利于文化遗产的保护与传播

2019 年 7 月 1 日，绍兴市鉴湖研究会同浙江大学开展数字版《浙江禹迹图》的科研合作项目，通过现代科技将纸本的《浙江禹迹图》在学术地图平台发布，实现进一步扩大《浙江禹迹图》的研究成果，和充分利用现代化数字传播手段弘扬大禹文化的目的。此学术地图发布平台（http://amap.zju.edu.cn），是由浙江大学社会科学研究院联合哈佛大学地理分析中心共同推出的一个线上学术地图平台。2019年8月基本完成并发布。

为把禹迹从文献和图中延伸活化到大地上，扎根社会民众之中，实现文旅融合，2021年，绍兴开展了禹迹标识牌制作。标识主要由“绍兴禹迹”题名、大禹像、“缵禹之绪”篆刻、“会稽山”与“水”字、二维码、监制单位及编号等元素组成。之后开展64个禹迹点标识牌安装，做到传统标识和数字化相结合，保护和弘扬相结合，文化和旅游相结合；在管理上，市、县（区）文物部门和当地镇村相结合。

四、禹迹中的国家意义

（一）治水与国家统一的结合

大禹治水成功的过程，也同时是传说中禹统一各部族建立夏王朝的过程，治水是和建立国家结合在一起的，因此，禹迹也必然带有国家意义。换句话说，禹迹是中华五千多年文明史的重要组成部分。

这从禹和舜及皋陶的对话中也可以看出。[①] 禹曰：“鸿水滔天，浩浩怀山襄陵，下民皆服於水。予陆行乘车，水行乘舟，泥行乘橇，山行乘檋，行山刊木。与益予众庶稻鲜食。以决九川致四海，浚畎浍致之川。与稷予众庶难得之食。食少，调有余补不足，徙居。众民乃定，万国为治。”又在记舜在对22位大臣的考核和论功时评价说：[②]“此二十二人咸成厥功……唯禹之功为大，披九山，通九泽，决九河，定九州，各以其职来贡，不失厥宜。方五千里，至于荒服。南抚交阯、北发，西戎、析枝、渠廋、氐、羌，北山戎、发、息慎，东长、鸟夷，四海之内咸戴帝舜之功。”可见禹治水是和部族归顺、国家统一结合在一起的。

治水也并不是大禹的全部人生，他最伟大的贡献还有划定九州、区分贡赋、治国安民、德化天下等。禹迹图所收禹迹，还包括禹都阳城、涂山会盟、禹定九州、征服三苗等政治活动；还包括后人欣然接受大禹文化，自夸鼏宅禹迹、处禹之都的历史遗存，包括九州之内以华夏为荣、以禹宗为荣、以传禹为荣的各种文化遗产。

（二）历代帝王祭祀

大禹文化的国家意义也传承给了后世帝王，此以绍兴大禹陵祭祀为例：[③]

---

① 《史记·夏本纪》。

② 《史记·五帝本纪》。

③ 参考沈建中《大禹陵志》，研究出版社2005年版。

1. 皇帝御祭

公元前210年秦始皇“浮江下，观籍柯，渡海渚。过丹阳，至钱唐。临浙江，水波恶，乃西百二十里从狭中渡。上会稽，祭大禹，望于南海，而立石刻颂秦德”。[①] 此为历史上第一次由皇帝亲临会稽祭大禹，不但说明当时的祭禹中心就在会稽，还开创了国家大禹祭典最高礼仪。是为历史之最。

康熙二十八年（1689年），康熙第二次南巡，二月十四日祭大禹陵，是继秦始皇之后又一次皇帝亲祭。康熙题禹庙匾“地平天成”及联、诗。

乾隆十六年（1751年）春，乾隆三月初八祭大禹陵。题禹庙匾“成功永赖”及联、诗。

2. 皇帝遣使祭

一类称特遣专官告祭，简称告祭。明清两朝皇帝即特遣专官告祭，清代又规定国有大事亦特遣专官告祭。另一类称遣使致祭，简称致祭。致祭又分传制祭、随机祭，一般是皇帝派专任使臣送香帛、祝文到绍兴府。明代由绍兴府知府担任主祭；清代或由杭州（或乍浦）副都统（正二品），相当于中将级武官担任主祭。清代，遣官致祭达44次之多。

会稽山、大禹陵为何定在绍兴？绍兴禹迹之多，祭祀之久、之盛，有着国家统一南方的标志性意义。

（三）鲧、防风氏、巫支祈的传说故事

1. 鲧治洪水

据《史记·夏本纪》载：“当帝尧之时，鸿水滔天，浩浩怀山襄陵，下民其忧。尧求能治水者，群臣四岳皆曰鲧可。尧曰：‘鲧为人负命毁族，不可。’四岳曰：‘等之未有贤於鲧者，愿帝试之。’於是尧听四岳，用鲧治水。九年而水不息，功用不成。於是帝尧乃求人，更得舜。舜登用，摄行天子之政。巡狩，行视鲧之治水无状，乃殛鲧於羽山以死。”

以上记载说明，当天下洪水滔滔、水为大害之时，最高统治者尧把选取治水首领当作头等要事。最后在争议之中选定了鲧，并严明责任要求。当时洪水滔天，水环境十分险恶，治的是普天之下的大洪水，任务极其繁重。鲧是治水能人，治水不可谓不尽力，他埋头苦干，持之以恒地连续在艰难困苦中度过了九年的治水岁月。《山海经·海内经》载，治水中鲧还不顾自身安危“窃帝之息壤以堙洪水，不待帝命”，也可谓是舍生忘死之举。然即使如此，水患还未治平。历史时期的特大

① 《史记·秦始皇本纪》。

洪水原因众多，控制殊非易事：在滨海地区，卷转虫海侵引起沧海变幻，海水倒灌平原；在江河上中游，可能有极端气候作怪，或者地震形成巨大堰塞湖，山崩地裂造成水道变迁、洪水泛滥的自然现象，非人力所可抗拒。鲧治水是继承前人经验"障"和"堙"的做法，也就是用泥土筑堤防把聚落和农田保护起来。但面对滔天洪水，低标准的堤防一冲即溃。虽然事出有因，是人力所不可抗拒，尚可谅解，但舜还是采用了极其严厉的措施，殛鲧于羽山。[①]

鲧是上古时期部族领袖尧在朝堂上选拔任命的第一个治水首领，虽治水失败，为悲剧人物，但鲧也是民族治水英雄，他的治水精神一直为人民所追念，传说夏代人们把鲧当作光荣的先祖，每年都要祭祀。[②]

2. 防风氏被杀

先秦古籍《国语·鲁语下》记："吴伐越，堕会稽，获骨焉，节专车。吴子使来好聘，且问之於仲尼，曰：'无以吾命。'宾发币於大夫，及仲尼，仲尼爵之。既彻俎而宴，客执骨而问曰：'敢问骨何为大？'仲尼曰：'丘闻之：昔禹致群神於会稽之山，防风氏后至，禹杀而戮之，其骨节专车。此为大矣。'"

《韩非子·饰邪》："禹朝诸侯之君会稽之上，防风之君后至而禹斩之。"《吴越春秋·越王无余外传》又记："禹三年服毕，哀民不得已，即天子位。三载考功，五年政定。周年天下，归还大越，登茅山，以朝四方群臣，观示中州诸侯。防风后至，暂以示众，示天下悉属禹也，乃大会计治国之道。内美釜山州慎之功，外演圣德以应天心。"以上记载说明：其一，古代广泛流传着禹在会稽杀防风氏的传说，并且是在禹第一次来越时所为，其书中记载原因是禹召开诸侯会议，防风氏迟到，禹为严明法度而杀之。其二，禹杀防风氏，是极其严厉的，杀后还要戮其尸体，也是为了教训其他诸侯。其三，防风氏被杀在越地的影响极大，因为一直到近两千年后越国还保存着其长骨作为历史见证。

进而再对这一传说故事的记载进行引证和分析推断：其一，禹的治水过程，也是一次统一华夏民族的过程，禹在会稽召开诸侯会议是在治水成功后的一次全国性的庆功会，"爵有德，封有功"。防风氏本应得到封赏，却因"后至"被斩杀。至于为什么后至，史书上都未讲清楚，后人有的解释说是因为抗洪抢险耽误了。其二，作为当时的部落首领，防风氏在治平洪水中必然有功。因治水而被杀的，也并非防风氏一人，禹的父亲鲧也因治水失误而被殛杀。鲧被杀除了有治水上未获成功的原因，抑或是由于他不服政令，不能与最高统治者保持一致的原因。值得注意的是

---

① 《史记·夏本纪》。

② 《国语·鲁语上》记："夏后氏禘黄帝而祖颛顼，郊鲧而宗禹。"禘、祖、郊、宗分别为不同的祭祀典礼。

《吴越春秋·越王无余外传》中说“防风后至，斩以示众，示天下悉属禹也”，明显有统一天下、政治统治的目的。其三，吴越两地并不因防风氏被禹所杀而否定防风氏的功绩，在民间，防风氏是一位受到祭祀的治水英雄和神明。《述异记》上卷记载了吴越两地祭祀防风氏的民俗：“今吴越间防风庙，土木作其形，龙首牛耳，连眉一目。昔禹会涂山，执玉帛者万国。防风氏后至，禹诛之，其长三丈，其骨头专车。今南中民有姓防风氏，即其后也，皆长大。越俗，祭防风神，奏防风古乐，截竹长三尺，吹之为嗥，三人披发而舞。”

吴越两地民间流传的防风氏，身高三丈，心中只想着百姓，天天在洪水中奔波，察地形，观水势，住山洞，以树皮、草根充饥。最后采用筑堤束水和因势疏导两种方法，选用息土堆筑了很大很大的盆（蓄洪区），用以储存洪水，又在大盆四周开了 49 条渠道，其中 24 条引进西北滔滔而来的洪水，另外 25 条将大盆里的洪水赶到东南大海里去了。这就是传说中太湖和太湖流域水系的来历。[①]

3. 锁蛟井与巫支祈的传说

在江苏[②]、河南[③]等地多有大禹征服巫支祈并囚禁于锁蛟井的传说故事及文化遗存。

巫支祁是尧舜禹时期的奇妖，据《山海经》记载，“其形若猿猴，力逾九象，金目雪牙，轻利倏忽”。意思是他的形状像猿猴，塌鼻子，凸额头，白头青身，火眼金睛，身体轻灵飘忽，力气超过九头大象。

传说巫支祁为淮涡水神，在淮河中建有龙宫。大禹治淮水时，巫支祁作怪，风雷齐作，木石俱鸣。大禹派天神庚辰擒获了巫支祁。巫支祁虽被抓，但还是击搏跳腾，管束不住。于是大禹用大铁索锁住了他的脖颈，拿金铃穿在他的鼻子上，把他镇压在淮河龟山脚下的水井里，从此淮河才平静地流入东海。

唐代《古岳渎经》介绍说：“禹理水，三至桐柏……乃获淮涡水神，名无支祁，善应对言语，辨江淮之浅深、原隰之远近。形若猿猴，缩鼻高额，青躯白首，金目雪牙。颈伸百尺，力逾九象，搏击腾踔疾奔，轻利倏忽，闻视不可久……颈锁大索，鼻穿金铃，徙淮阴之龟山之足下，俾淮水永安流注海也。”[④]

这既是一个大禹治水的传说故事，也是大禹统一国家过程中平定不服从命令的部落的另一种说法。

---

① 金普森、陈剩勇主编，徐建春著：《浙江通史·先秦卷》，浙江人民出版社 2005 年版，第 73 页。

② 江苏省淮安市洪泽区老子山镇龟山村有“巫支祁井”。

③ 河南省许昌市禹州市钧台街道南段有“禹王锁蛟井”。

④ ［宋］李昉：《太平广记》卷四百六十七引《古岳渎经》。

类似的传说性记载还有“禹征三苗”，这是明白无误的以武力统一国家的行为，但又与大禹治水成功的巨大影响密不可分。华夏族与三苗是上古时期两大势力集团（一说即黄帝与蚩尤），冲突不断。据说禹征三苗是继承尧舜未能完成的大业。考古发现大禹时期湖北石家河文化遗址的确发生了重大转折，有的学者认为在三苗遭到地震、水灾、内部矛盾激化的情况下，才最终由大禹完成统一使命，换言之，三苗之败不完全是军事原因，还与水灾等自然灾害息息相关。

五、关于大禹文化多学科的认同

大禹治水举世闻名，大禹治水精神是中华民族精神的精华，大禹文化的发展史，也是中华文明的发展史。大禹文化是活态的，具有中华民族生生不息的生命力，文化复兴和国家繁荣昌盛的凝聚力。

《中国禹迹图》编制是一项文化创新和探索性工作，其核心价值是要证明中华文化的认同与传承。从历史记载结合考古发掘来研究、证明大禹文化，任重道远，前程光明。禹迹图编制，不是简单的罗列，而是新的历史时期文化探索研究成果展示，具有开拓意义，其编制要求高，涉及地域广，工作难度大。目前禹迹图编制还只是阶段性成果，之后，将不断深化和完善。

编图过程中发现，禹迹图所选禹迹点的类别、角度、方式，对于后续编制更翔实的禹迹图要有较强的示范性。这种示范意图体现在方方面面。例如宫殿寺庙类，注重发掘各地同名的禹王庙所蕴含的特殊文化意义，而不是千篇一律地收录庙宇名称。在名称上，除了司空见惯的禹王庙之外，还发现并选录了几类貌似无关的古建筑。如三官庙（三元宫、三官殿），本来是供人祈福消灾解厄的道教场所，但是随着尧舜禹文化影响力不断提高，天官、地官、水官逐渐由模糊的一众神仙固化为尧舜禹三官大帝。在三官文化上，道教与禹王崇拜相互促进、相辅相成，三官庙也遍布五岳四渎、名山大川，直至万千乡村。其他如湖广会馆、水仙宫、川主庙、三圣庙、四圣庙、平水大王庙、龙王庙、水神庙等等，不同的地域，不同的内涵，却都是围绕大禹设祭，呈现出共同的中华文化向心力。

六、大禹文化对外交流[①]

华夏治水文化根植于亚洲国家的文化土壤之中，大禹日益成为这里人们共同的信仰。大禹文化在公元 5 世纪左右，通过《论语》等儒家经典流传到了日本，并

① 此段主要参考邱志荣：《守正创新，大展宏图——禹迹图的价值和启示》，载于邱志荣主编：《中国鉴湖》第七辑，中国文史出版社 2020 年版，第 451—459 页。

得到弘扬光大。在大约1500年前，日本皇室效仿大禹治理洪水，成就卓著，形成禹神崇拜。因此，日本皇室传承了大禹文化，并把大禹作为治国和道德的楷模。自1989年启用的“平成”年号，即取意于《尚书·大禹谟》中的“地平天成”。1919年4月，周恩来总理在结束留日归国前，特意探访了京都名胜岚山，山门刻石诗句“何人治水功如禹，古碣高镌了以翁”体现出日本对大禹的崇拜，让他感到十分震撼。

至2021年，日本统计有禹迹153处，并且日本国内崇尚大禹、祭祀大禹成为民风习俗。此外，在朝鲜、韩国、越南等地，对大禹的尊崇也同样有迹可循。近年来，中国和亚洲国家乃至其他国家间有关大禹文化的交流互鉴更是日益频繁，并在历史考古、文化溯源、友谊互融、研学旅游中发挥了积极作用。

日本治水神·禹王研究会会长植村善博2019年到绍兴祭禹并得到《浙江禹迹图》后这样写道：

> 大禹代表着中国文化和历史，一直以来深受人们的爱戴与信仰，《浙江禹迹图》如此紧密联系地域特征，把握大禹文化，可谓是不可磨灭的巨大成果。由此证明了绍兴市不愧为大禹文化研究的中心。期待中国各省各地今后会有同样的研究进展，使大禹文化的中国全域特征及地域性差异有所阐明。
>
> 而我深受启发，将向这份成果学习，为今后更好推进日本的大禹文化研究及进一步加深中日（大禹）研究交流而做出努力。

2019年10月19日，第七届日本全国禹王峰会在日本岐阜县海津市召开，绍兴市鉴湖研究会应邀由吴鑑萍理事代表前往，赠送了《浙江禹迹图》等文化礼品。海津市市长松永清彦先生在接受“禹风浩荡，遍行天下”的书法赠品时，十分激动，带领现场450余名与会的大禹信仰者面朝中国方向，共同高声喊出“谢谢！谢谢！”场面感人。

七、让大禹文化触手可及深入人心

2023年6月2日，习近平总书记用连续性、创新性、统一性、包容性、和平性这“突出的五性”来概述中华文明的突出特性。习近平总书记强调，中华优秀传统文化有很多重要元素，共同塑造出中华文明的突出特性。

“敢于斗争、艰苦奋斗，因势利导、科学创新，公而忘私、以人为本”的大禹治水精神，正是塑造中华文明五个突出特性的重要元素之一：治水贯穿中华文明全过程，最能体现中华文明的人民性；治水锻造了中华民族的进取精神，锤炼了中华民族的无畏品格，造就了中华民族的创新秉性，催生了一大批科技成就，创造了一大批文化遗产；治水成就了华夏早期的城市和国家，塑造了大一统的政治文明，成为历代帝王将相的治国大事；治水强化了中华文明的理性基因，促进了部落民族的交流融合，支撑了文化文明的兼收并蓄，增强了中华民族的学习能力；治水孕育了和平基因，化解了战争风险，促进了中外交流，播撒了和平的种子。①

弘扬大禹精神，传承大禹文化，可以激发华夏儿女的自豪感，凝聚民族力量，振奋民族精神。挖掘与大禹有关的文化遗产，如大禹神话传说、“禹迹”、祭禹活动等，可以传承中华民族独特的文化风貌和民族精神。

深化“禹迹”研究整理，需要更多地集聚起跨学科、跨区域、跨行业的专家学者调查、研究、考证，丰富禹迹图内容。由一张图发展到纵横向的图集：纵向，编制不同历史时期的大禹文化发展图，以理清大禹文化在不同时期的传播与重点；横向，编制全国各地的禹迹分布图，展现大禹文化的起源、传承与发展。

继续践行创造性转化、创新性发展思路。禹迹图是学术大案的基础，能为解决大禹学案的争论问题提供依据。《中国禹迹图》将为水利史、文史、考古等学术研究提供导引和帮助，为保护和传承大禹文化，实现文旅融合，提供更多的依托和借鉴。

一花独放不是春，百花齐放花满园。在《中国禹迹图》（2022年版）基础上，各流域、各区域编制更为精准、更有创意的禹迹图，将是一件可以预期的盛事。时机成熟时，应建设一个开放、科学、权威、可控的禹迹图数字平台，让它成为社会大众接受大禹文化熏陶、研究大禹文化传播规律、讲好大禹故事的便捷工具。此外，编制一张以《中国禹迹图》为主体的“亚洲禹迹图”或“东亚禹迹图”，使其成为东方世界各民族共同文化信仰、文化认同的见证，交流互鉴的重要平台，也正逢其时。

传承大禹精神万代千秋，弘扬大禹文化万国九州！

邱志荣　张卫东

① 汤鑫华：《从五千年治水看中华文明五大特性》，见本书下编。

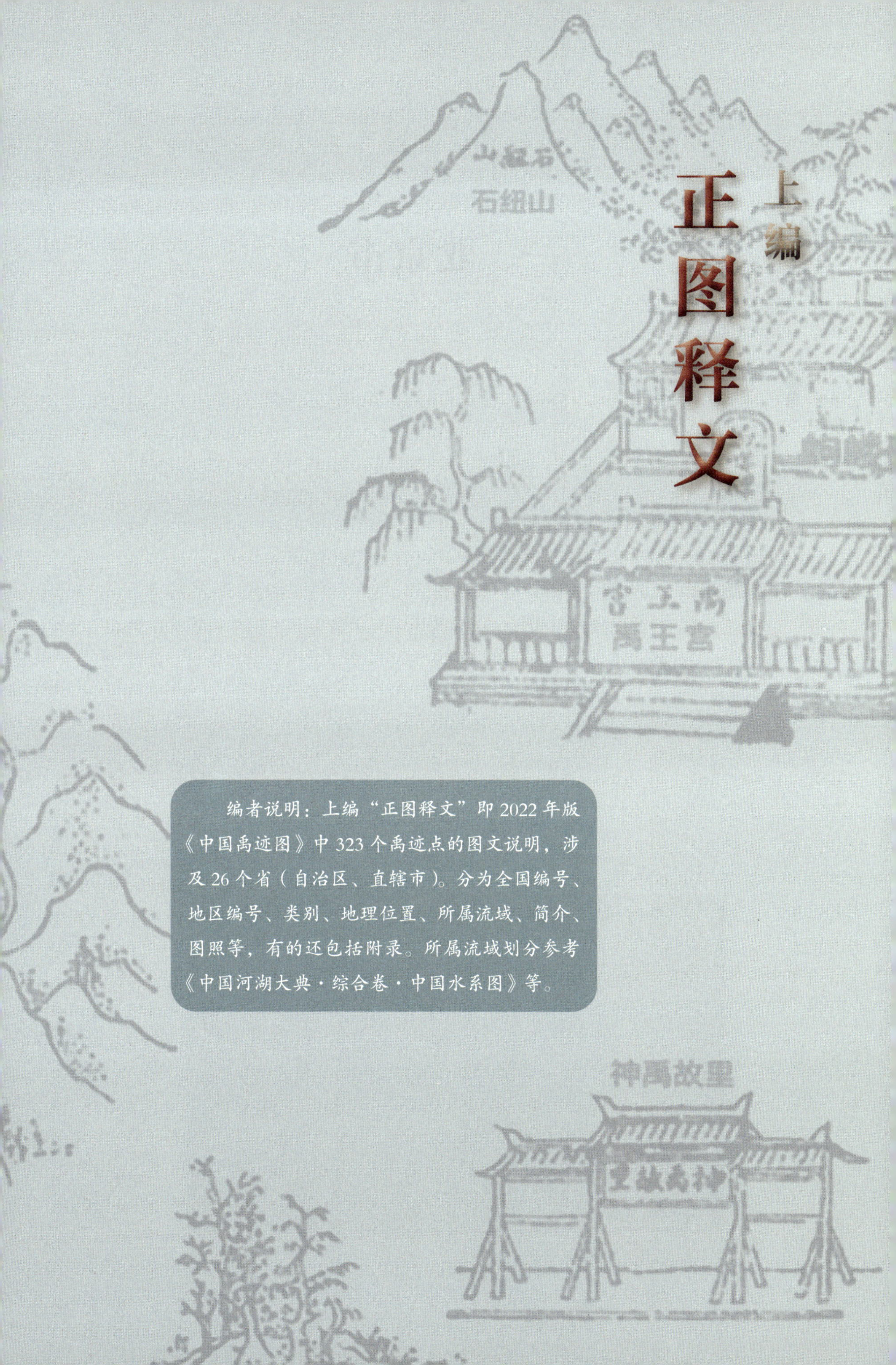

上编 正图释文

编者说明：上编“正图释文”即2022年版《中国禹迹图》中323个禹迹点的图文说明，涉及26个省（自治区、直辖市）。分为全国编号、地区编号、类别、地理位置、所属流域、简介、图照等，有的还包括附录。所属流域划分参考《中国河湖大典·综合卷·中国水系图》等。

一、北京市

春秋秦公簋

全国编号： 1

地区编号： 京 1

类　　别： 可移动 · 铜器

地理位置： 北京市东城区东长安街 16 号中国国家博物馆

所属流域： 海河

简　　介： 春秋时期的祭器，1917 年出土于甘肃省礼县红河乡西垂宗庙遗址王家东台的一个青铜器窖藏，1959 年由故宫博物院拨交中国历史博物馆，现藏于中国国家博物馆。

制作年代以“景公说”（前 576—前 537 年在位）较为公认。簋上铭文共计 120 多字，其中“秦公曰：不显朕皇且，受天命鼏宅禹迹”，是中国历史上最早使用“禹迹”一词。

春秋秦公簋铭文（局部）

附录：

秦公簋——最早出现“禹迹”一词

张卫东　邱志荣

（2021 年）

禹迹何意？禹迹何源？走访天水博物馆，发现“禹迹”二字首见于春秋时期的秦公簋铭文（下图第十四、十五字）：

秦公簋（春秋早期）

《秦公簋》[①]盖铸铭[②]释文（参校秦文锦、冯康侯、徐无闻等摹本与释文，择其善者）：

秦公曰：不显朕皇且[③]。受天命，

鼏[④]宅禹赍[⑤]，十又二公，在帝之坯，

秦公簋铭文摹本及释文

① 秦公簋之“簋”也写作“毁”，为异体字。一作“敦”“毁”，皆误。

② 盖铸铭之外尚有器刻铭、盖刻铭，字数不多，与大禹无关，从略。

③ 且，一作“祖”，同。

④ 鼏，通“幂”，是指鼎盖或覆在鼎上的布。

⑤ 赍，通“迹”。

严，𡠦[①]夤天命，保业乃[②]秦，虩事蛮夒[③]。余虽少[④]穆穆，帅秉明德，剌剌[⑤]桓桓[⑥]，迈[⑦]民是敕。咸畜胤士，盍盍[⑧]文武，镇静不廷，虔敬朕祀。作吻宗彝，以卲皇且，期[⑨]严御各，以受屯鲁[⑩]。多厘眉寿无疆，畯疐在天，高弘有麐，灶[⑪]有四方。宜。

释要 铭文中有关禹迹的“鼏宅禹迹”一句，就是居住在大禹曾经的活动区域的意思。学者陈泽和“古秦梅溪”撰文认为，鼏，通幂，是指鼎盖或覆在鼎上的布。用在这里作覆盖解。宅，居也，指人聚居之地。禹，即大禹，姓姒，名文命。舜时秦人首领伯益，助禹平治水土，在“嶓冢导漾，东流为汉”。嶓冢就是今天水市秦城区坪南镇东的齐寿山。禹赍的赍字，从朿，𣗥声，通迹。禹迹，是指嶓冢山所出西汉水，流经百里祁山周边的西垂这块地方。

秦公簋［guǐ］，春秋时期青铜器，1917 年出土于甘肃天水市秦州区秦岭乡。郭沫若认为此簋作于秦景公时（前 576—前 537 年在位），距今 2500 多年；近年学者陈泽认为这件青铜器被称作“西元器”，铸造时间应该更早，为秦襄公在公元前 770 年所作，至今（2021 年）已经 2791 年。盖内和器内底共铸铭文 123 字，蕴藏着极其重要的秦早期及其以前的历史文化信息密码，具有极高的史学价值。

《大禹治水图》

全国编号： 2
地区编号： 京 2
类　　别： 可移动・绘画
地理位置： 北京市东城区东长安街 16 号中国国家博物馆

---

① 𡠦，龏，同“恭”。
② 乃，一作“厥”“久”。《绎史》有“保业乃秦”。
③ 夒（náo），帝喾的别名。商朝帝王称其祖先帝喾为“夒”。一作“㹶”“夏”“夔”，惟字形不符。
④ 铭文为“少”的异体字“尐”，占一格。古籍多作“小子”二字，应为讹误。
⑤ 剌剌，烈烈。
⑥ 桓，原作异体字“趄”。桓桓，威武的样子。
⑦ 迈，万字的繁文。
⑧ 原作异体字“𥂝”。
⑨ 期，原作异体字“娸”。一作“其”。
⑩ 屯鲁，借为纯嘏。大福。
⑪ 《秦钟铭》：灶（竈），借为造。旧释“奄”，非。

所属流域：海河

简　　介：清《大禹治水图》，绢本设色，纵 32.1 厘米，横 419.8 厘米。清宫旧藏，勾画赋色精细，描绘了大禹治水的场景。国家博物馆藏，见于国家博物馆“舟楫千里——大运河文化展”。

国家博物馆藏《大禹治水图》（局部）

青玉大禹治水图山子

全国编号：3

地区编号：京 3

类　　别：可移动・雕塑

地理位置：北京市东城区景山前街 4 号故宫博物院宁寿宫乐寿堂

所属流域：海河

简　　介：清大禹治水图玉山，是清乾隆时期扬州工匠雕凿制成的宫廷玉器。高 224 厘米，宽 96 厘米，座高 60 厘米，重 5000 千克。玉山用料产自中国新疆和田密勒塔山，为致密坚硬的青玉。玉上雕成峻岭叠嶂，瀑布急流，遍山古木苍松，洞穴深秘。在山崖

青玉大禹治水图山子（张卫东供图）

峭壁上，成群结队的劳动者在开山治水，此景即为“夏禹治水”故事。它是中国气魄最大的玉雕工艺品，也是世界上最大的玉雕之一。根据清内府所藏宋代或宋以前的《大禹治水图》画轴临仿而成。

西周遂公盨

全国编号：4

地区编号：京 4

类　　别：可移动・铜器

地理位置：北京市东城区朝阳门北大街 1 号保利艺术博物馆

所属流域：海河

简　　介：遂公盨（又名豳公盨、燹公盨），约 2900 年前铸造的青铜器，上有铭文 98 字，是目前所知中国最早的关于大禹及德治的文献记录，也是大禹治水传说最早的文物例证。2002 年春天由北京保利艺术博物馆专家在海外文物市场上偶然发现，现已入藏北京保利艺术博物馆。国家一级文物。铭文“天命禹敷土，随山浚川，乃差地设征……”与现存《尚书・禹贡》“禹敷土，随山刊木，奠高山大川”和《尚书序》“禹别九州，随山浚川，任土作贡”等古代文献记载高度吻合，专家认为这证实了大禹及夏朝的确存在。

附录：

遂公盨与大禹治水传说

李学勤

最近有一件新出现的青铜器，由于其铭文记载着大禹治水的传说事迹，受到国内外学者的广泛注意。这件器物，就是现为保利艺术博物馆收藏的遂公盨。

盨是用来盛黍稷的礼器，从簋变化而来，西周中期偏晚的时候开始流行。遂公盨呈圆角的长方形，失盖，器口沿下饰鸟纹，腹饰瓦纹，小耳上有兽首，原来应有垂环，圈足中间有桃形缺口。这种形制，在盨的序列中是较早的。再看鸟纹的特点，可确定这件盨属于西周中期后段，即周孝王、夷王前后。

遂公盨不是考古发掘中发现的，传闻得自河南窖藏，未必可信。但由未去锈前状态观察，肯定出土不久。土锈上有明显席痕，且包到口边上，看来在地下时已经与盖分离了。

西周遂公盨

盨铭：天命禹敷土，随山浚川，迺差地设征。《尚书·禹贡》记载：禹敷土，随山刊木，奠高山大川；禹别九州，随山浚川，任土作贡（谭徐明供图）

铭文在盨的内底，共有10行，98字。前9行都是每行10字，末一行只有8字，故将字距适当拉开。或以为在第一字下还有一字，细看原器，实系铸造时的凹痕。全铭书法秀美，整齐匀称，保存情况也很好，只在第四、五行下端，范铸时有一些问题，造成缺损扭曲，以致第五行末一字难于辨识。

下面铭文的释读，尽量用通用的文字：

> 天命禹敷土，随山浚川，迺差地设征，降民监德，迺自作配乡（享）民，成父母。生我王作臣，厥沬（贵）唯德，民好明德，寡（顾）在天下。用厥邵（绍）好，益干（？）懿德，康亡不懋。孝友，訏明经齐，好祀无［䰨］（废）。心好德，婚媾亦唯协。天厘用考，神复用祓禄，永御于宁。遂公曰：民唯克用兹德，亡诲（悔）。

铭中有几个字，研究的学者有不同意见，如“差”“地”“寡”“御”等。对于这样古奥的铭文来说，看法有异是正常的。

关系较大的，是“遂公”的“遂”字。这个字原作燹，从“豕”从“火”，我认为当依吴大澂等人之说，是“燧”的异文，读为遂国的“遂”。遂国在今山东宁阳西北，传为虞舜之后，春秋鲁庄公十三年（前681年）被齐所灭。作盨者是西周时的遂君。

遂公盨的铭文和常见的西周青铜器铭文很不一样，既没有开头的历日，也没有末尾的套话，因此乍看起来似乎不是全篇。其实盨铭首尾一贯，别成一格，有非常重要的研究价值。最突出的一点是与《诗》《书》等传世文献有密切的联系，铭文前面讲禹的一段，尤其是如此。

盨铭“天命禹敷土，随山浚川，迺差地设征”，可以对照《尚书》中的《禹贡》：“禹敷土，随山刊木，奠高山大川。”还有《尚书序》：“禹别九州，随山浚川，任土作贡。”大家知道，《禹贡》这篇文字，近世学者多以为很晚，《书序》更是被人怀疑。现在证明，其文句与铭文符同，特别是“随山浚川”全同于《书序》，实在是令人惊异。

这些文字还应参看《尚书·益稷》：“禹曰：洪水滔天，浩浩怀山襄陵，下民昏垫。予乘四载，随山刊木。……予决九川，距四海；浚畎浍，距川。”还有《诗·长发》：“洪水芒芒，禹敷下土方。”所用词语，都互相类似。

“随山”的“随”，意思是“行”，见《广雅·释诂》；“浚川”就是疏导河流；“差地设征”，“征”即贡赋，同于“任土作贡”。铭文禹的传说，与《诗》《书》是一致的。

过去著录的古文字材料，有关禹的很少，只有秦公簋提到“禹迹”，叔夷镈、钟述及成汤伐夏，“咸有九州，处禹之堵（都）”。至于治水的事迹，乃是第一次发现。秦公簋等都属春秋，遂公盨则早到西周，成为大禹治水传说最早的文物例证，这对于中国古代历史文化的研究有很大的意义。

（原载《中国社会科学院院报》2003 年 1 月 23 日）

历代帝王庙

全国编号：5

地区编号：京 5

类　　别：古建筑·庙

地理位置：北京市西城区新街口街道阜成门内大街 131 号

所属流域：海河

简　　介：历代帝王庙内有夏王禹神位。正殿内供祀上自伏羲、炎帝、黄帝、夏禹、商汤开始至明代帝王共 188 位，东西庑殿供祀历代名将贤臣 79 人。

历代帝王庙是我国现存唯一的祭祀中华三皇五帝、历代帝王和文臣武将的明清

历代帝王庙（张卫东摄）

皇家庙宇，是我国统一多民族国家发展进程一脉相承、连绵不断的历史见证。始建于明代嘉靖九年（1530 年），是明清两代皇帝祭祀历代帝王和功臣名将的地方。从明嘉靖年代至清末，共举行过 662 次祭祀大典，其中皇帝亲祭 16 次。

1996 年，历代帝王庙被国务院公布为第四批全国重点文物保护单位。

三官庙

全国编号： 6

地区编号： 京 6

类　　别： 古建筑 · 庙

地理位置： 北京市西城区什刹海街道西海北沿 29、30 号

所属流域： 海河

简　　介： 三官庙始建于清代，具有清晚期建筑特色，1924 年重修。庙坐北朝南，依次有山门一间，前殿三间及其东西配殿各三间，后楼三间及其东西配殿各三间。西跨院有北房和西房。共有殿房 22 间，基本保持原建筑格局。门额上书“三官庙”，署“癸未年修、王寿彭敬题”。庙内原有铁磬上刻“崇祯五年孟冬吉日造”，有民国年间碑一通。主要建筑有三官殿、五仙殿，2004 年曾对部分建筑进行

位于西海北沿的三官庙（张卫东供图）

修缮。曾供奉三官、关帝、寿星、真武大帝、五仙等。该庙曾作为民居，已腾退，2022 年 8 月已开始修复。

1989 年 8 月，三官庙被公布为区级文物保护单位。

道教“三官”即天官、地官、水官，亦称“三元大帝”，起源于东汉，所指三人有多种说法，其中陈子椿三子三官、唐葛周三官、三茅三官之说，均发生于明朝。到清朝康熙三十九年（1700 年）随着《历代神仙通鉴》的出版，尧、舜、禹三官流传于世，以山西、浙江、福建、台湾、河南等地多见。传说天官赐福，地官赦罪，水官解厄。唐张君房《云笈七签》卷五十六云：“夫混沌分后，有天地水三元之气，生成人伦，长养万物。”有《三官宝号经》。旧时各地都建有三官庙（三元宫、三官殿、三元庵、三界庙等），多建于河湖之畔。

附录：

道教中的三官和三元

道教神仙谱系之中所设的“三官”之神仙的起源有多种说法。其一，五行说：天气主生，地气主成，水气主化。故，金、土、水而候天、地、水之气，“用司于三界”而设为三官。其二，谏臣说：三官是周幽王的三位忠臣谏官，唐宏、葛雍、周武，号天门三将军，死后为神，各地多有其庙。其三，元始天尊三气说：元始天尊取始阳九气、清虚七气、晨浩五气……结成灵胎圣体，于正月十五从口中吐出一婴儿，又于七月十五从口中吐出一婴儿，再于十月十五吐出一婴儿，这三子就是尧、舜、禹，“皆天地莫大之功，为万世君师之法”，后封三官大帝。其四，哥仨说：有一父名陈子梼，又名陈郎，所娶的三个龙女，各生一个儿子，“俱是神通广大，法力无边”。老大是正月十五生，元始天尊封其为上元一品九气天官赐福紫微大帝；老二是七月十五生，被封为中元二品七气地官赦罪清虚大帝；老三是十月十五生，被封为下元三品五气水官解厄洞阴大帝。因道教将三官大帝的诞辰日定在三元日，故三官大帝又称“三元大帝”。

二、天津市

禹河故道

全国编号： 7

地区编号： 津 1

类　　别： 山川・河

地理位置： 起自今河南省荥阳北邙山北麓，东北流经河北，至天津入海

所属流域： 海河

简　　介： 古时，黄河下游河道被称为禹河，相传大禹曾在这一带治水，又称禹河故道。《禹贡》叙述黄河下游："北过降水，至于大陆，又北播为九河，同为逆河，入于海。"黄河故道大致自今河南洛阳到荥阳北广武山（今称邙山）北麓东北流，经今浚县大伾山西，北流经今河北成安、曲周、巨鹿等县之东，又东北贯河北平原中部，分成多股（泛称九河），干流经青县至天津市附近入海。《水经注》称"禹渎"。

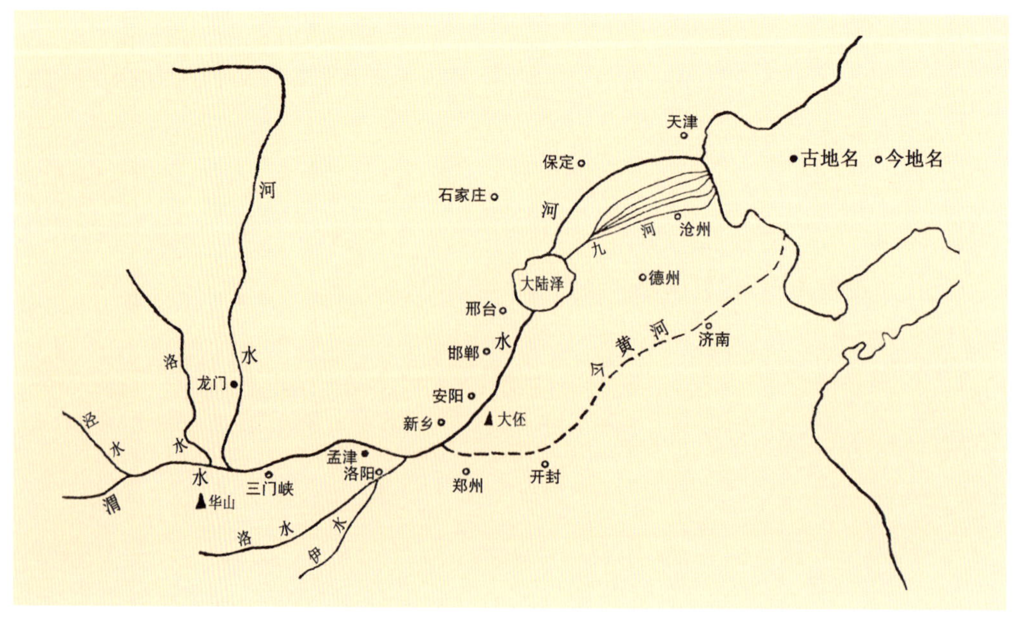

禹河经行地区略图（引自《黄河水利史述要》）

三、河北省

碣石山

全国编号： 8

地区编号： 冀 1

类　　别： 山川・山

地理位置： 河北省秦皇岛市昌黎县碣阳路

所属流域： 冀东沿海诸河

简　　介：《禹贡》："岛夷皮服，夹右碣石，入于河。"《禹贡锥指》："蔡氏沈曰：岛夷以皮服来贡，自北海入河，南向西转，而碣石在其右转屈之间，故曰夹右也。"碣石山跨昌黎、卢龙、抚宁三县，主峰仙台顶（又名汉武台，俗称娘娘顶）如碣似柱，海拔 695 米，是渤海近岸最高峰。悬崖上留存古人所刻"碣石"二字。据《历史时期黄河下游河道变迁图》，"《禹贡》河道"于天津南、北大港附近入海。河口之外渤海湾千里无山，东北约 200 千米处的碣石山屹立海岸，而且山形特殊，易于辨认，可作海船"航标"。

秦始皇至唐太宗"九帝登临"。《史记》载汉武帝"北至碣石"。曹操留下诗篇《观沧海》。晋宣帝司马懿、北魏文成帝、北齐文宣帝、隋炀帝均登临碣石山。唐太宗《春日望海》一诗有："洪涛经变野，翠岛屡成桑。之罘思汉帝，碣石想秦皇。"李大钊著《游碣石山杂记》。毛泽东写下《浪淘沙・北戴河》。

清代《畿辅通志》卷十八："碣石山在昌黎县西南五十里，离海三十里。……考《肇域志》云：'山东海丰县（治今无棣县）有马谷山，即古碣石。刘文伟亦以马谷山在古九河之下，合於《禹贡》入河入海之文，断为碣石无疑。近世论碣石者，惟此说庶几近之。'今博采群书，仍列昌黎县。"

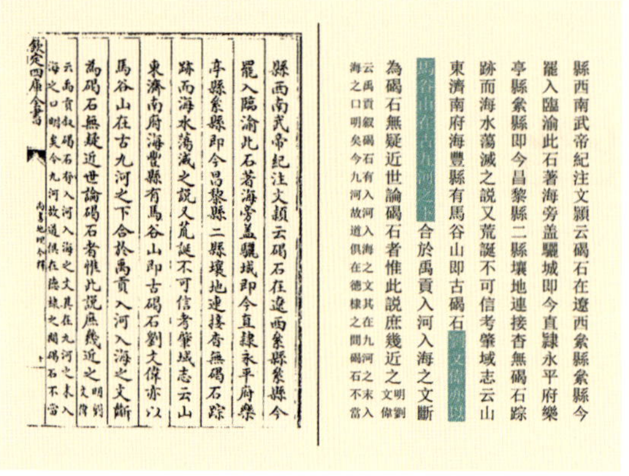

縣西南武帝紀注文穎云碣石在遼西絫縣絫縣今罷入臨渝此石著海旁盖驪城即今直隸永平府樂亭縣絫縣即今昌黎縣二縣壤地連接杳無碣石踪跡而海水蕩滅之説又荒誕不可信考肇域志云山東濟南府海豐縣有馬谷山即古碣石劉文偉曰馬谷山在古九河之下合於禹貢入河入海之文斷為碣石無疑近世論碣石者惟此説庶幾近之明劉文偉云禹貢叙碣石有入河入海之文其在九河之末入海之口明矣今九河故道俱在德棣之間碣石不當

《尚书地理今释》载:“考《肇域志》云:‘山东济南府海丰县有马谷山，即古碣石。’”

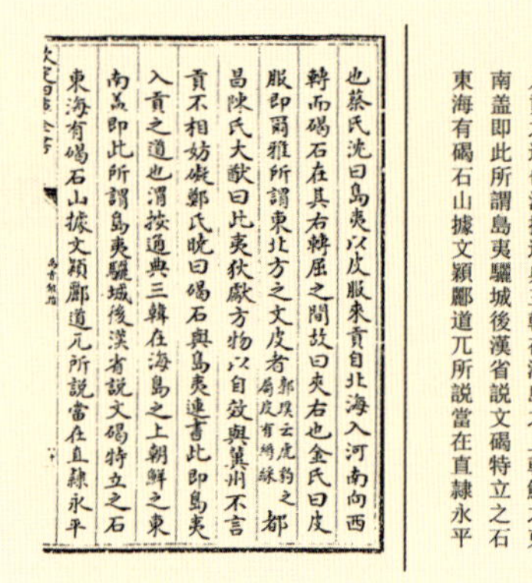

也蔡氏沈曰島夷以皮服來貢自北海入河南向西轉而碣石在其右轉屈之間故曰夾右也金氏曰皮服即爾雅所謂東北方之文皮者郭璞云虎豹之屬皮有縟綵都昌陳氏大猷曰此夷狄獻方物以自效與冀州不言貢不相妨礙鄭氏曉曰碣石與島夷連書此即島夷入貢之道也渭按通典三韓在海島之上朝鮮之東南盖即此所謂島夷驪城後漢省説文碣特立之石東海有碣石山據文穎酈道元所説當在直隸永平

《禹贡锥指》:“蔡氏沈曰:岛夷以皮服来贡，自北海入河，南向西转，而碣石在其右转屈之间，故曰夹右也。”

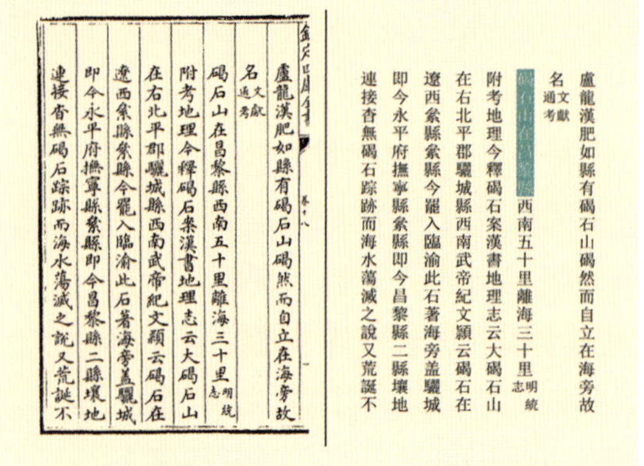

盧龍漢肥如縣有碣石山碣然而自立在海旁故名文獻通考
碣石山在昌黎縣西南五十里離海三十里明統志
附考地理今釋碣石案漢書地理志云大碣石山在右北平郡驪城縣西南武帝紀文穎云碣石在遼西絫縣絫縣今罷入臨渝此石著海旁盖驪城即今永平府撫寧縣絫縣即今昌黎縣二縣壤地連接杳無碣石踪跡而海水蕩滅之説又荒誕不

清代《畿辅通志》卷十八载:“碣石山在昌黎县西南五十里，离海三十里。”

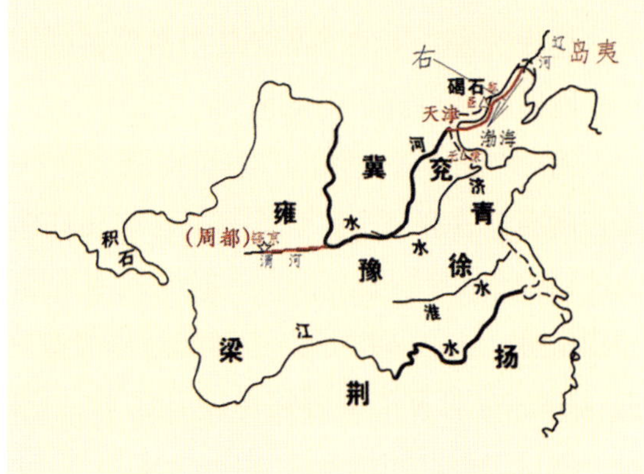

《禹贡》“岛夷皮服，夹右碣石，入于河”释意图

昌黎碣石山(张卫东摄)

洚水·海河

全国编号： 9

地区编号： 冀 2

类　　别： 山川·河

地理位置： 漳河，起自山西，经河南，于河北省南部入古黄河（禹贡大河）

所属流域： 海河

简　　介： 洚水亦作降水、绛水。《禹贡》载：大禹导河“北过降水，至于大陆；又北播为九河，同为逆河，入于海”。《汉书·地理志·上党郡·屯留》：“桑钦言：‘绛水出西南，东入海。’”《水经·浊漳水注》：“绛水……东径屯留县故城南……其水东北流入于漳。”洚水即浊漳水上游，源出今山西屯留，东流入漳水再入古黄河。凡今山西屯留、襄垣、黎城，河南林州、安阳，河北涉县、成安、肥乡、曲周等市县，皆古洚水所经。《禹贡》时期下游在今河北邯郸东部入禹河，然后随禹河穿大陆泽至天津入海。

附录：

海河是我国七大江河之一，华北地区流入渤海诸河的总称。海河流域西起黄土高原，东临渤海，南界黄河，北倚内蒙古高原，地跨北京、天津、河北、山西、河南、山东、内蒙古和辽宁等 8 省（自治区、直辖市）。多年平均年降水量 535 毫米，年水资源量 370 亿立方米，流域包括海河水系（23.46 万平方千米）、滦河水

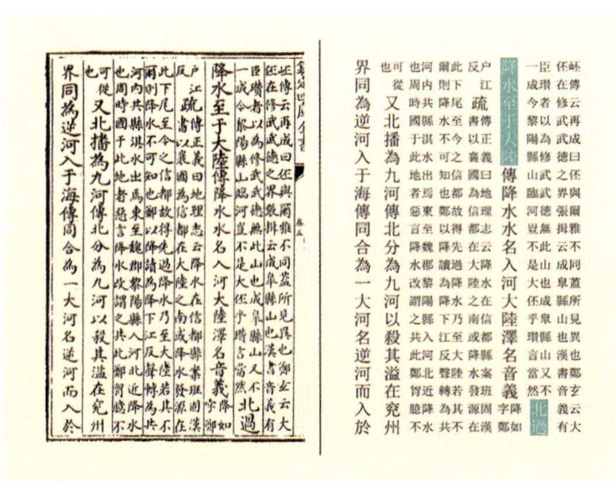
岠傳云再成曰伾與爾雅不同蓋所見異也鄭玄云大伾在修武武德之界張揖云成皋縣山也漢書音義有臣瓚者以為修武武德無此山也成皋縣山又不一成今黎陽縣山臨河豈不是大伾乎瓚言當然北過降水至于大陸傳降水水名入河大陸澤名音義降如字鄭户江反疏傳正義曰地理志云降水在信都縣案班固漢書以襄國為信都在大陸之南成降水發源在此下尾至今之信都故得先過降水乃至大陸若其不爾則降水不可知也鄭以降讀為降下江反聲轉為共河内共縣淇水出焉東至魏郡黎陽縣入河北近降水也周時國于此地者惡言降水改謂之共此鄭習聽不可從也又北播為九河傳北分為九河以殺其溢在兗州界同為逆河入于海傳同合為一大河名逆河而入於

《尚书正义》卷五《禹贡》载：“北过降水，至于大陆。”

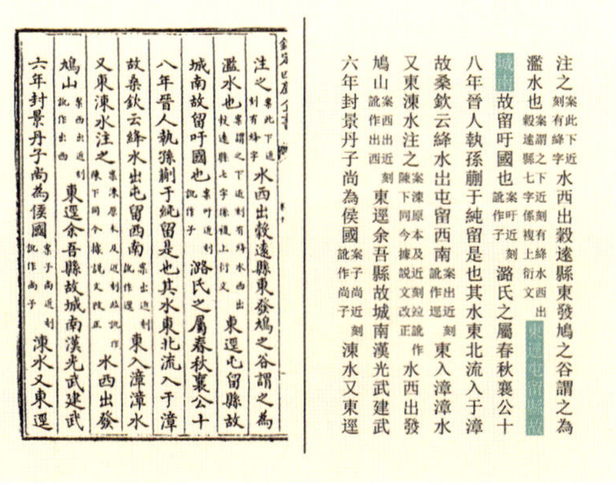
注之案此下近刻有絳字水西出穀遠縣東發鳩之谷謂之為濫水也案謂之下近刻有絳水西出穀遠縣七字係複上衍文東逕屯留縣故城南故留吁國也案吁近刻訛作子潞氏之屬春秋襄公十八年晉人執孫蒯于純留是也其水東北流入于漳故桑欽云絳水出屯留西南案出近刻訛作逕東入漳漳水又東涑水注之案涑原本及近刻並訛作陳下同今據說文改正水西出發鳩山案西出近刻訛作出西東逕余吾縣故城南漢光武建武六年封景丹子尚為侯國案子尚近刻訛作尚子涑水又東逕

《水经注》卷十：“绛水……东径屯留县故城南……其水东北流入于漳。”

系（4.48 万平方千米）及冀东诸河、徒骇马颊河水系（2.97 万平方千米），总面积 31.80 万平方千米。

海河水系呈扇形，没有明显的干流发源地。漳卫南运河（含黑龙港运东地区诸河）、子牙河、大清河、永定河、北运—潮白—蓟运河等五大支流历史上均在天津附近汇入“扇柄”即海河干流，由大沽口入渤海。如以浊漳南河为源，全长 1122 千米，其中海河干流长 72 千米。永定河是海河北系最大河流，流经首都北京。

海河流域承载京津冀地区，极度缺水，人均水资源量为全国人均的 1/7。各支流和流域内的大运河自 20 世纪 70 年代以来，因水源不足基本停航。1949 年以来，开挖和疏通了潮白新河、永定新河、子牙新河、漳卫新河和独流减河等入海河道，解决洪水问题；先后建成了引滦入津、南水北调等跨流域调水工程，有效改善了严重缺水局面。

大陆泽

全国编号：10

地区编号：冀 3

类　　别：山川 · 泽

地理位置：河北省邢台市隆尧—巨鹿—任泽—平乡—南和—宁晋

所属流域：海河

简　　介：大陆泽在河北平原西部太行山河流冲积扇与黄河故道的交接洼地，又名巨鹿泽、广阿泽。为漳北、泜南诸水所汇，水面辽阔，广袤百里，跨今河北省邢台市的隆尧、巨鹿、任泽、平乡、南和、宁晋六县区。《山海经》称大陆泽为泰陆之水。《尚书 · 禹贡》《史记》均载：大禹导河“北过降水，至于大陆”。先秦大陆泽是全国九处大型湖泊之一。约于元朝末期，在隆尧与任泽之间干出陆地，将大陆泽分为两洼，其南部仍称大陆泽，北部则称宁晋泊。到了清代，任泽百姓又习惯称大陆泽为小东湖。

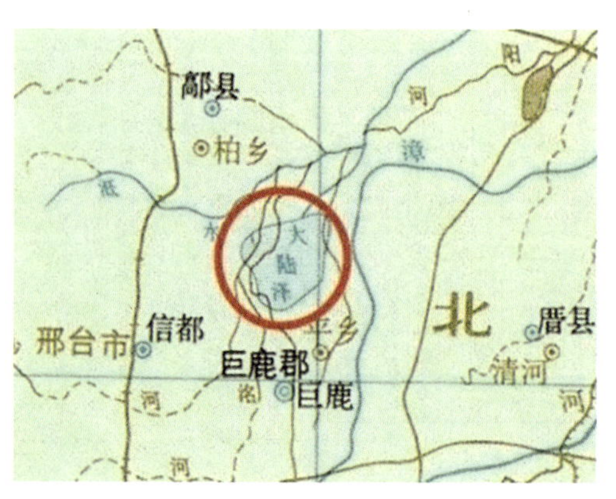

大陆泽（引自《中国历史地图集》，张卫东供图）

今任泽区有大陆泽国家湿地公园。大陆泽中有小岛（在今隆尧县杜家庄村庙子洼），岛上建有大陆泽庙。

四、山西省

大禹庙（壶口村、小罗村）

全国编号： 11

地区编号： 晋 1

类　　别： 古建筑 · 庙

地理位置： 山西省长治市潞州区老顶山街道壶口村、小罗村

所属流域： 海河

简　　介： 原大禹庙位于长治市潞州区老顶山街道壶口村、小罗村（邻村）。创建年代不详。乾隆《长治县志》卷十九载：“大禹庙，在城东五里壶神头村。庙从来远矣，始创无考。宋咸平中重建，中有古松一株，形如偃盖，荫几满院。”且卷二五有明代诗歌《春日同健斋诸丈谒禹庙》。光绪《长治县志》卷三载：“大禹庙在城东十里壶口山之西。《旧志》：‘在城东五里壶神头村。’”

大禹庙占地面积 456 平方米。坐北朝南，庙内现仅存琉璃影壁、戏台及一对琉璃狮。有文章指出，“长治壶口镇大禹庙门外有琉璃狮一对，色釉较黑，据说是长治荫城镇的制作，时代可能是万历”。戏台主体结构保存有明代风格，石砌台基，高 1.40 米，面宽三间，进深七椽。琉璃影壁高 5 米，宽 5.90 米，厚 0.23 米，壁面为二龙戏珠于波涛之中。

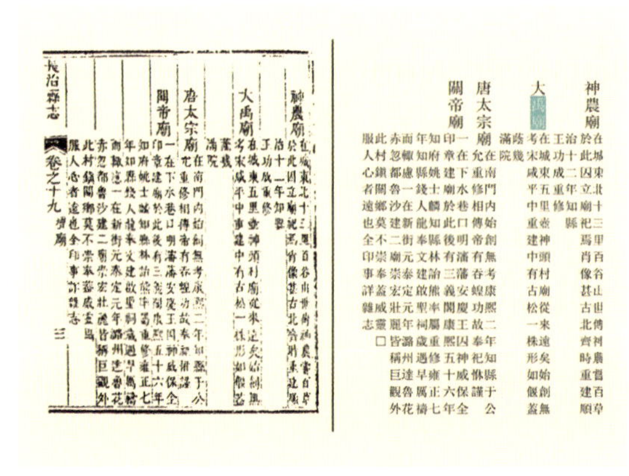

長治縣志　卷之十九　壇廟　三

神農廟　在城東北十三里百谷山世傳神農嘗百草於此因立廟祀焉肖像甚古北齊時重建順治十二年知縣王功成重修

大禹廟　在城東五里壺神頭村廟從來遠矣始創無考宋咸平中重建中有古松一株形如傴蓋蔭幾滿院

唐太宗廟　在南門內始創無考康熙二年知縣于公允重修相傳帝有吞蝗功故奉祀惟謹

關帝廟　一在下水巷口明潞藩安慶王因神威保全印章建廟於此後有三義閣康熙五十六年知府姚士麟知縣林詒熊率屬重修雍正七年知縣錢人能奉文建啟聖祠歲遇旱厲禱而輒應一在新街元泰定元年潞州達魯花赤忽都魯沙建二廟崇宏壯麗皆稱巨觀外此村鎮閣鄉莫不崇奉蓋威靈□服人心者遠也全印事詳雜志

乾隆《长治县志》卷十九载“大禹庙”

“壶口村大禹琉璃狮子及八字墙照壁琉璃”为长治市级文物保护单位。

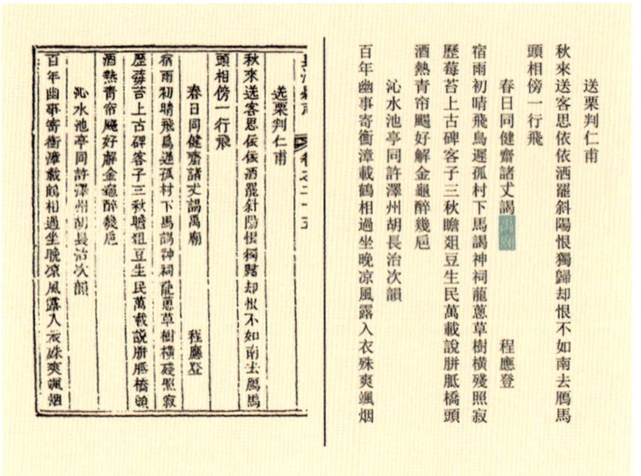

送栗判仁甫

秋來送客思依依洒灑斜陽恨獨歸却恨不如南去鴈馬頭相傍一行飛

春日同健齋諸丈謁[illegible] 程應登

宿雨初晴飛鳥遲孤村下馬謁神祠蘢蔥草樹横殘照寂歷莓苔上古碑客子三秋瞻俎豆生民萬載說胼胝橋頭酒熱青帘颭好解金龜醉幾巵

沁水池亭同許澤州胡長治次韻

百年幽事寄衡漳載鶴相過坐晚凉風露入衣殊爽颯烟

乾隆《长治县志》卷二五有明代诗歌《春日同健斋诸丈谒禹庙》

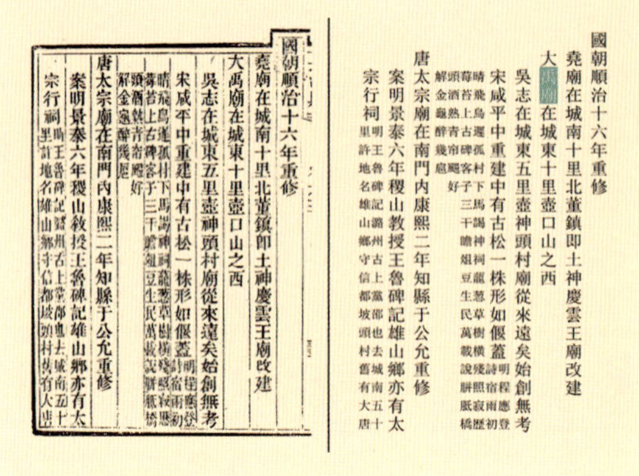

國朝順治十六年重修

堯廟在城南十里北董鎮即土神慶雲王廟改建

大[illegible]在城東十里壺口山之西

吳志在城東五里壺神頭村廟從來遠矣始創無考

宋咸平中重建中有古松一株形如偃蓋明程應登詩宿雨初晴飛鳥遲孤村下馬謁神祠蘢蔥草樹横殘照寂歷莓苔上古碑客子三秋瞻俎豆生民萬載說胼胝橋頭酒熱青帘颭好解金龜醉幾巵

唐太宗廟在南門内康熙二年知縣于公允重修

案明景泰六年稷山教授王魯碑記雄山鄉亦有太宗行祠明王魯碑記潞州古上黨郡也去城南五十里許地名雄山鄉守信都坡頭村舊有大唐

光绪《长治县志》卷三载“大禹庙”

大禹庙（郭家庄村）

全国编号： 12

地区编号： 晋 2

类　　别： 古建筑 · 庙

地理位置： 山西省长治市潞城区成家川街道郭家庄村

所属流域： 海河

简　　介： 据碑文记载，元大德十一年（1307 年）、至元四年（1338 年），清嘉庆十二年（1807 年）、道光十五年（1835 年）屡有修葺。占地面积约 1000 平方米。坐北朝南，一进院落布局，中轴线依次建有戏台、献殿、正殿，两侧为耳殿、夹楼。正殿为元代遗构，余皆为明清建筑。正殿石砌台基，面阔三间，进深六椽。庙内存明、清及民国碑各 2 通。

明代重修大禹庙碑，青石质，圭首，龟趺。通高 2.36 米，宽 0.75 米，厚 0.21 米。洪武四年（1371 年）立石。碑文楷书，记述大禹功绩及元大德十一年（1307 年）村民扩建大禹庙事宜。郭德恒撰文，王时书丹，靳松年刊刻。碑阴刻金代进士秦大隐《土地神鬼判诗》一首。

2021 年 8 月 4 日，郭家庄大禹庙被列为山西省文物保护单位。

禹王庙（翟店村）

全国编号：13

地区编号：晋 3

类　　别：古建筑 · 庙

地理位置：山西省长治市潞城区翟店镇翟店村大禹山

所属流域：海河

简　　介：《古今图书集成 · 方舆汇编 · 职方典》第三百三十一卷《潞安府山川考 · 潞城县》："大禹山，在县东南十五里，上有禹庙。"光绪《潞城县志》卷三载："大禹山，壶口山之北支也……山有禹庙，故名，北距县城十里。"

山顶称大（dài）禹脑、岱禹脑、禹王脑，禹王庙门楣上刻有"治世禹帝"四个大字，侧题：明天启二年（1622 年）九月，翟店重修石殿。庙内存碣五方，知该庙分别于 1526、1711、1820 年重修。庙坐东向西，石砌三间，占地约 48 平方米，高 3 米，建材主要为青石，庙顶和门窗均为拱形，是一座山顶"羊驮庙"。

郭存亭撰文介绍，古潞城"禹迹"很多，翟店街道翟店、羌城，成家川街道郭家庄、祥井、苗家等村均有禹王庙。

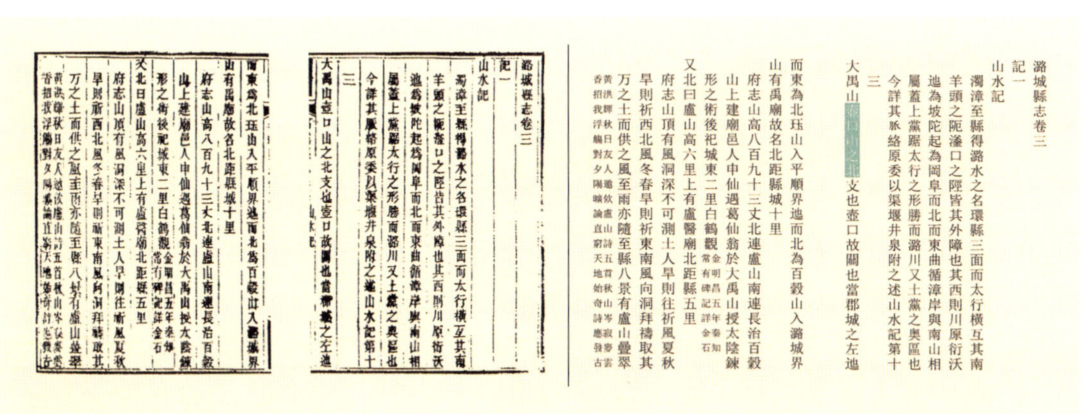

光绪《潞城县志》卷三载"大禹山"

错錾沟

全国编号：14

地区编号：晋 4

类　　别：山川・峡

地理位置：山西省长治市平顺县阳高乡奥治村

所属流域：海河

简　　介：俗称错凿沟，鲧治水遗迹。传说大禹的父亲鲧在此错修沟渠向南，劳民伤财无功而终。乾隆《潞安府志・水利》卷四："侯壁里奥治村西有错錾沟，土人传鲧治水欲浚漳河南流，凿山势逆，水不能下，被殛。禹乃改渠东流，始通。凿痕今存。"康熙《平顺县志・封域志・古迹》略同。

景区内浊漳河从西奔腾而来，自赤壁断飞流跌下，向东流淌。奔驰仅一里多，一条幽深峡谷自西向东扑面而来，河水顺谷而入。峡谷顶端人工凿痕依稀可辨。峡沟长约千米，再向前便是峡沟尽头，却被土石阻断。这就是流传的错錾沟遗址。

错錾沟（张卫东供图）

大禹峡

全国编号：15

地区编号：晋 5

类　　别：山川·峡

地理位置：山西省长治市平顺县阳高乡奥治村

所属流域：海河

简　　介：大禹峡全长 3 千米，赤壁丹崖，蜿蜒曲折，绝壁对峙，似刀劈剑削，鬼斧神工。由于漳河奔涌不息，峡谷中终年云雾缭绕，变幻莫测，生态地貌仙境一般。《水经注·浊漳水》：“清崖如点黛，赤壁若朝霞，树翳文禽，潭泓绿水，景物奇秀，为世所称。”

这里有“鲧殛禹兴”“大禹治水”的传说故事，错凿遗渠（错錾沟）、大禹行宫、禹穴至今保存，禹王庙、禹王陵（大禹葬）依稀可见。

另据《潞安府志》《平顺县志》，“平顺古八景”之赤壁悬流、龙门奋蛰就坐落在景区之内。

峡中亦有禹穴，传说大禹受命治水，不敢懈怠丝毫，一路跋山涉水，风餐露

大禹峡（南志平摄）

大禹峡奥治村（南志平摄）

大禹峡禹穴（张卫东供图）

宿，吃住在工地，睡在河边，挖山掘石，披星戴月地干。奥治村同心台对面有一洞穴，据当地老百姓口耳相传，大禹在此治理浊漳河时，就睡在那里，故称禹穴。

夏禹神祠

全国编号： 16

地区编号： 晋 6

类　　别： 古建筑・祠

地理位置： 山西省长治市平顺县阳高乡侯壁村

所属流域： 海河

简　　介： 平顺夏禹神祠，俗称禹王庙，位于长治市平顺县阳高乡侯壁村中的高坡上。距阳高乡阳高村淳化寺东南 4.1 千米。

始建于元至元二年（1336 年），明、清皆有修葺。为晋东南地区比较典型的山区小庙，规模较小，只一进院落，占地面积 571 平方米，主要建筑有山门（上为倒坐戏台）、正殿，东西两侧为配殿。正殿为元代遗构，面阔三间，进深六椽，单檐悬山顶，斗拱四铺作，梁架结构为四椽栿对前乳栿用三柱。因为历代修葺，所以结构混杂，但部分木作和构架仍保留了元代的风格。

2006 年 5 月 25 日，夏禹神祠被国务院公布为第六批全国重点文物保护单位。

夏禹神祠（张卫东供图）

大禹庙（北社村）

全国编号：17

地区编号：晋 7

类　　别：古建筑·庙

地理位置：山西省长治市平顺县北社乡北社村

所属流域：海河

简　　介：大禹庙位于北社乡北社村西北，创建年代不详，大殿为元代建筑，其余为明清遗构。现存一进院，中轴线上自南依次有山门（上为倒坐戏台）、献殿、大殿，两侧有夹楼、廊房、配殿、耳殿。大殿主体结构为元代，石砌台基，面宽三间，进深四椽，单檐硬山顶。梁架四架椽层三椽栿对前搭牵通檐用三柱，斗拱四铺作双下昂，内檐斗拱四铺作。庙内存清代重修碑一通。

北社大禹庙整体布局保存完整，结构稳定，具有较高的历史价值。

2013 年 3 月 5 日，北社大禹庙被国务院公布为第七批全国重点文物保护单位。

北社大禹庙（张卫东供图）

大禹庙（西青北村）

全国编号： 18

地区编号： 晋 8

类　　别： 古建筑·庙

地理位置： 山西省长治市平顺县北社乡西青北村

所属流域： 海河

简　　介： 西青北大禹庙位于平顺县北社乡西青北村。距平顺县苗庄镇北甘泉村北甘泉圣母庙西北 8.3 千米。2013 年 5 月，被公布为全国重点文物保护单位。

西青北大禹庙创建年代不详，清道光二十八年（1848 年）重修，坐北朝南，四合院布局，占地面积623平方米，中轴线依次为山门（上为倒坐戏台）、献殿，两侧有夹楼、钟鼓楼、配殿、耳殿。西青北大禹庙大殿为元代建筑，面阔三间，进深四椽，前檐插廊，单檐硬山顶。斗拱五铺作双下昂。

庙内除神像于土地改革时破毁外，所有殿宇廊庑等，从屋顶到梁枋构件以至额枋铺作，垂柱产扇等浮雕、透雕艺术均保护极好，完美如初，是现存明代建筑中之佼佼者。

西青北村大禹庙（张卫东供图）

大禹庙（辛村）

全国编号： 19

地区编号： 晋9

类　　别： 古建筑·庙

地理位置： 山西省长治市壶关县集店镇辛村

所属流域： 海河

简　　介： 道光《壶关县志》卷三载：“大禹庙，在辛村，元延祐

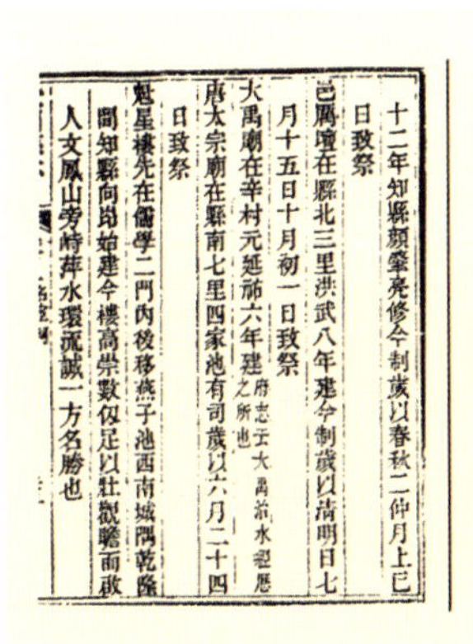

十二年知縣顔肇亮修今制歲以春秋二仲月上巳
日致祭
邑厲壇在縣北三里洪武八年建今制歲以清明日七
月十五日十月初一日致祭
大禹廟在辛村元延祐六年建（府志云大禹治水經歷之所也）
唐太宗廟在縣南七里四家池有司歲以六月二十四
日致祭
魁星樓先在儒學二門內後移燕子池西南城隅乾隆
間知縣向岧始建今樓高崇數仞足以壯觀瞻而啟
人文鳳山旁峙萍水環流誠一方名勝也

道光《壶关县志》卷三载辛村“大禹庙”

六年（1319 年）建，府志云大禹治水经历之所也。”大禹庙占地面积 790 平方米。坐北朝南，一进院落布局，中轴线建有香亭、正殿，两侧为耳殿、廊房，正殿主体结构为元代遗构，余皆清代建筑。正殿面宽三间，进深三间，单檐歇山顶，柱头斗拱五踩单翘单昂。

2016 年 6 月，辛村大禹庙被列入省级文物保护单位。

鞭打岩（禹王鞭壁）

全国编号： 20

地区编号： 晋 10

类　　别： 山川 · 石

地理位置： 山西省晋城市阳城县横河镇横河村

所属流域： 黄河

简　　介： 鞭打岩附近河流称石龙沟，其上还有横河、锁泉岭。当地传说应龙导沇水（邻县垣曲古城镇允西河）在地下潜行，穿越西阳河（晋豫界河）到东阳河就探出头来（索泉），禹王就动用神鞭，强迫应龙继续潜入地下让水横流（锁泉、横河）。

河南省济源市邵原镇沿东阳河北行进入山西省境内，突然山崖上有一块五六米长的巨石横空出世，当地人称为“石龙”。其后侧山崖光滑平整犹如一堵石墙，数十米高，上百米宽，上面布满了横七竖八如网状的粗犷条纹，当地人叫“鞭打岩”，又称“禹王鞭壁”。相传大禹治水时，命应龙潜行，但应龙探出头来被大禹鞭打，故另有“应龙探首”地名。

丹河龙门峡

全国编号： 21

地区编号： 晋 11

类　　别： 山川 · 峡

地理位置： 山西省晋城市泽州县金村镇

所属流域： 黄河

简　　介： 山西泽州县丹河

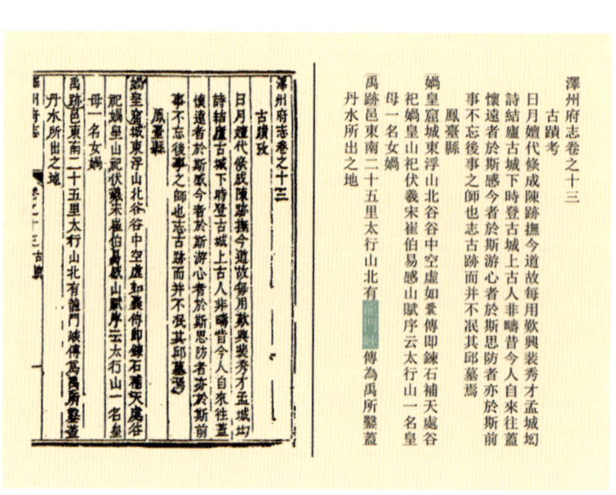
澤州府志卷之十三
古蹟考
日月嬗代條成陳跡撫今道故每用欷興裴秀才孟城坳詩結廬古城下時登古城上古人非疇昔今人自來往蓋懷遠者於斯感今者於斯游心者於斯思防者亦於斯前事不忘後事之師也志古跡而并不泯其邱墓焉
鳳臺縣
媧皇窟城東浮山北谷谷中空虛如橐傳即鍊石補天處谷祀媧皇山祀伏羲宋崔伯易感山賦序云太行山一名皇母一名女媧
禹跡邑東南二十五里太行山北有　傳為禹所鑿蓋丹水所出之地

雍正《泽州府志》卷十三载“龙门峡”

丹河龙门峡（张卫东供图）

龙门峡。雍正《泽州府志》卷十三载："邑东南二十五里太行山北有龙门峡，传为禹所凿，盖丹水所出之地。"如今丹河龙门已开辟为旅游风景区。

源神庙

全国编号： 22

地区编号： 晋 12

类　　别： 古建筑·庙

地理位置： 山西省晋中市介休市洪山镇洪山村狐岐山

所属流域： 黄河

简　　介： 乾隆《介休县志》卷三载："源神庙，祀尧舜禹三圣，在狐岐山鸑鷟泉上，旧在山之西阜，万历十九年（1591 年）知县王一魁改建。"该庙始建年代不详，相传为唐初尉迟恭在介休任县令时所建，纪念大禹治水。宋《源神庙碑记》

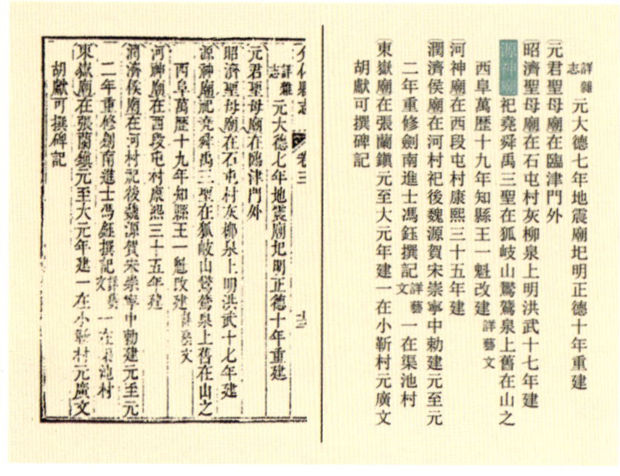

元大德七年地震廟圮明正德十年重建 詳雜志
元君聖母廟在臨津門外
昭濟聖母廟在石屯村灰柳泉上明洪武十七年建
源神廟祀堯舜禹三聖在狐岐山鸑鷟泉上舊在山之西阜萬歷十九年知縣王一魁改建 詳藝文
河神廟在西段屯村康熙三十五年建
潤濟侯廟在河村祀後魏源賀宋崇寧中勑建元至元二年重修劍南進士馮鈺撰記 詳藝文 一在渠池村
東嶽廟在張蘭鎮元至大元年建一在小靳村元廣文胡獻可撰碑記

乾隆《介休县志》卷三载“源神庙”

源神庙（张卫东供图）

说，至道三年（997 年）重建神堂。明《新建源神庙碑记》载，万历十六年（1588 年）源神旧庙东迁于南阜（现庙址）。

源神庙建在洪山泉源头之上。庙前有“洪山水利博物馆”，号称全国第一家水利博物馆。

2013 年 3 月，介休源神庙被国务院公布为第七批全国重点文物保护单位。

附录：

重建源神庙记

王一魁

（万历十九年）

狐岐山在邑东南三十里，胜水所自出，俗谓之鸑鷟，又谓之源。混混数十里，自南而北流，分东、中、西三河，资以溉田若干顷。详余水利碑记。山旧有源神庙。故事，每岁上巳，有司率土人诣庙致祭，分三河水势，以时正兴东作也。余自丁亥秋莅兹邑，越明年戊子春三月，邑人白余。余窃惟山川邱陵能出云雨者，皆曰神。古者诸侯祭封内山川，祭法能御大灾则祀之。若兹源泉，既以其水溉舄卤矣，又时以其气蒸为云雨，即岁大旱，苗不为槁，夫非所谓神而能御大灾害者耶？若是者，祭之不为谄。藉令不祀，犹将创以为典，矧既有举之者乎？於是设牲走祀，祀毕，周览形势。庙在山之西阜，颓焉将倾，基亦隘甚。且南山如面墙，瞻眺弗广，泉出左腋，庙中不可见，心窃病之。回视宲间，书至大二年创建，洪武十八年重修。傍得石刻，进士赵珉撰文，前并州押衙、银青光禄大夫、检校国子兼殿中侍御史徐赟撰铭。碑称至道三年重建神堂，大中祥符七年勒石。用是知源神庙自宋以前已有之，而其为水利从来最远。碑文用四六颇丽，然诞漫纤靡，阔略於事情。铭及字画尤草草，多剥落，顾非是则罔与征往，古人所以重金石文也。顷之，至南山麓，得平阜，广十丈，长倍之。仰眺诸峰，左右盘礴，宛若双阙，逶迤北下，苍翠万叠。俯瞰飞泉泻出山下，如万斛珠随地而涌，听之泠泠然，锵锵然，若理丝桐而鸣环珮也。余於是喟然叹曰：斯非神皋灵域乎？奈何不於是作庙也？第岁方祲饥，民力未舒，何敢辄兴土木？意逡巡未决。先是，邑民以水利久弛，因缘为奸，积数十年弗能抉其弊，讼狱滋繁，百姓坐是困敝者，不可胜计。余则谓凡为政者，因民之利而平之也。今民以争利弗息而不为之平，名虽曰利，其害实多。为有司者日抗颜於其上，一切弊政置之弗闻，若瞢瞆然，民其谓我何？因疏流导源，厘定章程，俾三河土壤贫富均平，民乃悦服息争。而向之因缘为奸者，皆叩头悔汗，愿以新神庙赎。余许其自新。白於观察侯公，报可。乃庀财鸠工，择邑之贤者董其役。余亦时至省视，土人享灌溉之利者，亦各输粟输金为助。鄙人有言，利於己为有德，以彼其利，宜其奔走恐后也。於是庙卒迁於南阜，负离抱坎，正殿五楹，肖尧舜禹三圣人像。盖狐岐为禹治，而尧舜命之也。东西庑各三间，殿前数步甃砖房五洞，中为仪门，洞上树台，为岁时歌舞报享之所。大门三楹，门外地渐下，作石梯数十级，梯竟叠小桥，竖坊其上，榜曰溥博渊泉，下即鸑鷟泉也。桥上目送流泉，如神膏自溢，非天造地设与？庙西偏建官厅一所，颜曰趋稼，祀神时斋居也。山地若干亩，给道士奉香火。工始於戊子之夏，毕於庚寅之秋。规制较前闳敞，而不伤於财，庶几可以妥神矣。是冬，土人告余曰：新泉六七孔出山下，源泉亦盛於昔。余往视之，信然。噫！夫非神之灵长也欤？诸荐绅先生暨父老辈咸趋余记，因述其巅末，勒珉而树之庙左。宋祥符碑亦移置庑下。时万历十九年辛卯三月三日也。同事寮友某某经始落成，得并书之。诸有劳绩者，亦载碑阴，弗敢略云。

（乾隆《介休县志》卷十二）

运城禹王阁

全国编号： 23

地区编号： 晋 13

类　　别： 古建筑·阁

地理位置： 山西省运城市盐湖区迎太路与禹都东街交叉路口

所属流域： 黄河

禹王阁大禹像（金小军摄）

简　介：禹都市场的标志。禹王阁为仿明清庑殿式重檐风格的三洞门三亭殿高台建筑，台高 6.6 米，楼高 8.6 米。禹都市场所在区域为古安邑县的一部分，楼阁因此奉禹王像，并得名“禹王阁”。

阁上主奉禹王神像，神像上方有“德惟善政”的横联，两旁有两副楹联：“平三苗国泰民安；铸九鼎华夏归一。”“开辟文明世领先；创立国家功千秋。”

禹王阁（金小军摄）

安　邑（禹都）

全国编号： 24

地区编号： 晋 14

类　　别： 地名

地理位置： 山西省运城市盐湖区安邑街道

所属流域： 黄河

简　　介： 今盐湖区安邑街道为北魏太和十一年（487 年）新设立的“南安邑”所在地。（与此同时，将“北安邑”更名为夏县，治所一说在今夏县禹王城遗址，一说在夏县东下冯遗址。）到了隋代，南安邑县更名为安邑县，范围大致与今盐湖区安邑街道相同。

不悛入我河曲伐我涑川俘我王官故有河曲之戰
是矣今世人猶謂其城曰王城也
又西南過安邑縣西
安邑禹都也禹娶塗山氏女思戀本國築臺以望之
今城南門臺基猶存余按禮天子諸侯臺門隅阿相
降而已未必一如書傳也故晉邑矣春秋時魏絳自
魏徙此昔文侯懸師經之琴于其門以為言戒也武
侯二年又城安邑蓋增廣之秦始皇使左吏白起取

《水经注》卷六载“安邑”

安邑大禹雕像

北安邑为禹初封之地，古称禹都，传说禹在此居住过，又说启从阳翟（dí）迁都于此。关于今安邑街道（南安邑）祀禹，最早始于北魏。《魏书》卷一百八：“夏禹御洪水之灾，建天下之利，可祀於安邑。”北魏孝文帝太和十六年（492 年）下诏：“祀唐尧於平阳，虞舜於广宁，夏禹於安邑。”《水经注》卷六《涑水》：“安邑，禹都也。”

夏　县

全国编号： 25

地区编号： 晋 15

类　　别： 地名

地理位置： 山西省运城市夏县

所属流域： 黄河

简　　介： 夏县，古称安邑，因夏朝在此建都而得名。乾隆《解州夏县志》卷一载：“夏县本安邑地，《帝王世纪》云：‘禹都安邑。’今邑有禹都旧城，相传即其地也。”禹都旧城应即夏县禹王城遗址。

公元前 21 世纪，夏禹之子启建都于此。范文澜《中国通史简编》载：“启放弃阳翟（dí），西迁到大夏，建安邑。”

北魏孝文帝太和十八年（494 年），安邑县更名为夏县，为夏县得名之始。

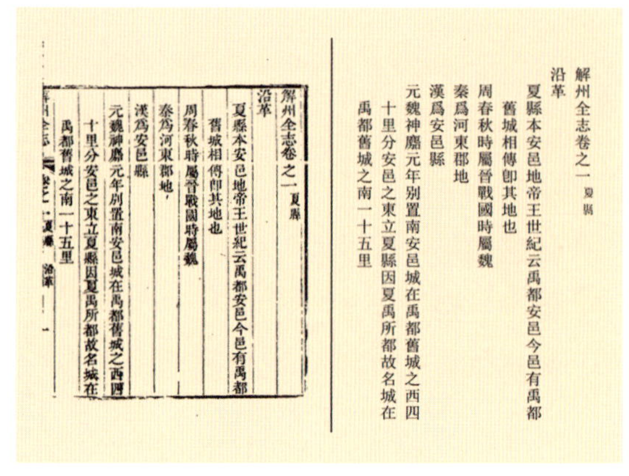
解州全志卷之一 夏縣
沿革
夏縣本安邑地帝王世紀云禹都安邑今邑有禹都
舊城相傳卽其地也
周春秋時屬晉戰國時屬魏
秦爲河東郡地
漢爲安邑縣
元魏神䴥元年別置南安邑城在禹都舊城之西四
十里分安邑之東立夏縣因夏禹所都故名城在
禹都舊城之南一十五里

乾隆《解州夏县志》卷一载“夏县”

夏县火神庙塔（金小军摄）

夏县文庙大成殿（金小军摄）

禹王运粮河（禹沟）

夏县古运粮河道遗址碑（金小军摄）

全国编号： 26

地区编号： 晋16

类　　别： 山川·河

地理位置： 山西省运城市夏县禹王镇：王村—张南—史庄—司马—禹王—秦寺

所属流域： 黄河

简　　介： 经王村、张南村、中其里村、西其里村、史庄村、司马村、禹王村、秦寺村、师冯村等有河道遗迹即禹王运粮河，也称禹沟，相传是大禹所筑，用以向禹王城内运送粮草；禹沟上保存有一座连接禹王运粮河的桥梁，在司马村外东北部运粮河上。

古运粮河道遗址现状（金小军摄）

禹　庙（西街）

全国编号： 27

地区编号： 晋 17

类　　别： 古建筑·庙

地理位置： 山西省运城市夏县

所属流域： 黄河

简　　介： 夏县城内“西街禹庙”最初称作“安定门内禹庙”，为明万历二年（1574 年）知县陈世宝创建，起因是“城中无庙，不便瞻谒”，位置在安定门（西门）内大街北侧靠近城西北隅莲池的地方，“易民地三亩五分，填沙成陆，筑台建庙”。因地低近水，明末水圮，禹庙迁至西街，原庙废，民间改作药王庙。清康熙十五年（1676 年）复建禹庙于西街，同时在西侧修建了新的药王庙；后面禹王庙旧址复建文命楼（大禹名文命），规模宏敞，凭栏临池，为全县胜景。乾隆年间（1736—1796 年）两次重修西街禹庙，改大门为连三门，上植高楼，与文命楼遥相呼应。据光绪《夏县志》记载，西街禹庙修缮不断，东西两侧有药王庙、八蜡庙、

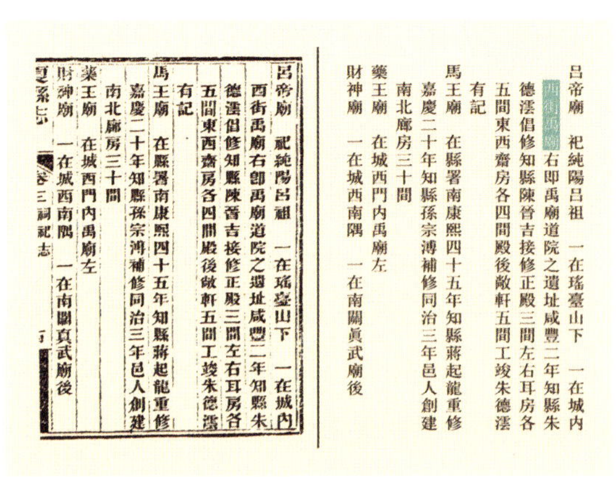

吕帝廟　祀純陽吕祖　一在瑤臺山下　一在城内西街禹廟右即禹廟道院之遺址咸豐二年知縣朱德溎倡修知縣陳晉吉接修正殿三間左右耳房各五間東西齋房各四間殿後敞軒五間工竣朱德溎有記

馬王廟　在縣署南康熙四十五年知縣蔣起龍重修嘉慶二十年知縣孫宗溥補修同治三年邑人創建南北廊房三十間

藥王廟　在城西門内禹廟左

財神廟　一在城西南隅　一在南關眞武廟後

光绪《夏县志》卷三载“城内西街禹庙”

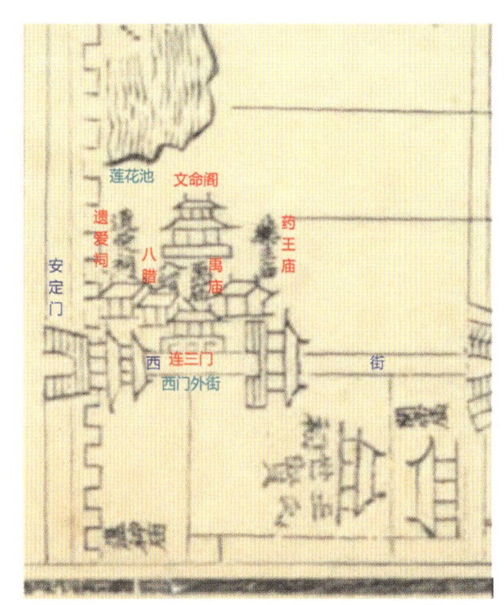

禹庙地理位置示意图（张卫东供图）

吕帝庙等拱卫，证明清末还在。

据当地人介绍，夏县城内禹庙曾保存有明清石碑，俱已佚失。

附录：

明进士王象乾记禹王庙

夏县西十五里许有禹王城，城之中有青台焉。世传禹治水八年於外，涂山氏望思之地也。居民即台之上庙禹而祀者，其来久远矣。维时邑令陈侯以路回曲，岁时伏腊，无以展衣冠为礼，将庙於邑，乃进诸父老而询之，佥曰：可。於是首捐俸金数十，为士民倡，众益翕然。即事无令督，无贫富，咸输财效力，若为己谋。乃考位於邑之西北隅。邑西北隅，故沮洳地也。先是大水弥原隰，郭西诸膏腴，蔽翳沙石，鞠蒿莱，民靡穑事。城隅水亦日浸浸就溢，坏庐舍且数十，倾欹枝柱，栿闑之内，委堰潴矣。侯乃按籍出谷，佐之食，俾辟除其田畴，借其力，囊沙而投之壑，物土方覆壤，抟而聚之。布周庐，易湫隘为爽垲。遂益即其南，度地二十五丈，沙壤间错相籍，使无聚散忧。树之堵，即堵中敷区域而奠位焉。为殿四楹，可以栖神。为阁五仞，可以树观。为门屏一，为坊表二，可以肃仪而远慢。言言哙哙，奕奕堂堂，斫镂丹雘之饰，焕然称美观焉。计首事迄成，凡徒庸若干，护民庐若干，得民田若干。众偕所欲如挟纩，曰：庙之作，非我用也。余曰：嗟有是哉！非民孰役？惟能无用，亦即庸陈。侯之用，皆因也。因夏以祀禹，因禹以树庙，因庙以用民，因沙防水俾无溢，因水聚沙俾无莱。侯非不用民，而不轻用其民，民亦孰不用其力，而惟即安之为用，故官不劳而民不扰，是之为用皆因也。虽然，侯盖有深思焉。传记载：禹，文命，敷四海，黎民敏德，兹夏台其首善地也。今去禹上下千载，辽绝矣。顾遗教在人，尚未泯也，无以兴之耳。今而后观兹庙也，入其门，拜伏其阶陛，将有勃勃焉者。试又进而登诸阁，凭高而四望，环邑之土，平原广隰，疆畔纵横，禹之所经理也；四围之山，奇峰联嶂，雄据矗起，禹之所刊随也。又益稍稍引而西为龙门，折而东而北，为砥柱，为岳阳。汾、浍大河，映带经纪，胼胝之迹，不出檐宇可立见。而夏台丁其中为都会故地，实橇檋所先及也。居夏之故墟，为夏之遗民，於其所疆理随刊者，剖而食，环而居焉。顾其所为教，可遂弁髦乎？尔邑人士惕然而省，或庶几所谓尚忠之遗者，则兹庙兴之也。嗟嗟！是又因俗而成化，侯之意也。思深哉！侯姓陈名世宝，默轩其别号也。先世居青邱之邱，至六世祖始迁钜鹿。嘉靖中，以易魁畿内，莅夏者凡四载。用民力新文庙，修河渠，建喜安庄暨今庙，无非因也。因则我无事矣，故民不知劳。太史公迁曰“善者因之”，兹可以观侯政哉！时邑先生柏峰郭君、东郊云鹤司马君晰偕博士弟子赵登、刘士亨、郭一风、刘士举、刘芳、张习、张经正、刘日章、马化龙、郭连城、王希圣来请记於余。余故备书之，以为夏人告，俾知永思云。

（光绪《夏县志》卷三）

禹王城遗址

全国编号：28

地区编号：晋 18

类　　别：古遗址

地理位置：山西省运城市夏县禹王镇禹王村、庙后辛庄村、郭里村一带

所属流域：黄河

简　　介：禹王城遗址，即古安邑城，位于山西省运城市夏县西北 7.5 千米处禹王镇的禹王村、司马村、庙后辛庄村、郭里村一带，地处青龙河平川和鸣条岗丘陵地带，因传说夏禹曾在此居住过，故俗称禹王城，为春秋战国时期（前 562—前 339 年）的魏国国都安邑城，也是秦、汉（前 206—前 202 年）及两晋（266—420 年）时的河东郡治所，总面积 13 平方千米。

光绪《夏县志》卷一载：“禹王城，在县西十五里鸣条岗，周围三十里，西南遗址尚存。《省志・古迹》内又载夏禹宫、望川宫世室，今俱无考。”

北城牆外覆之以橋俗呼為六門縣令梅士傑命僧願智募修附近田園引以灌溉甚便旱則多涸

古蹟

禹王城　在縣西十五里鳴條岡周圍三十里西南遺址尚存省志古蹟內又載夏禹宮望川宮世室今俱無考附錄明王翰禹甎辨云夏治西去十五里有禹故城城中民聚為村民撅地得甎方尺餘而中畫十二方方容一字以篆書之其文曰海內勛臣歲豐登谷路無飢人人爭寶之或至千里易以重貨苟得以為厚惠將以遺人雖事可濟元末多事夏當衡要使臣絡繹至縣則求於縣官縣官亦責於民於是上下病焉當時名公巨儒無辨之者豈非愛異好奇之過也哉予竊為辨之按字起於蒼頡之鳥跡書也歷至禹亦不能不小變豈容有篆哉篆始於周宣王史籀之所為今

光绪《夏县志》卷一载“禹王城”

夏县禹王城青台（金小军摄）

禹王城遗址有大城、中城、小城和禹王台四部分，大城形状如梯形，小城在大城的中央，禹王台在小城的东南角，中城在大城的西南部。禹王城遗址文化遗存丰富，文化层普遍2～5米厚，有金属器具陶范和文字砖等。古安邑从都城、郡治到县治使用时间1056年，是政治、经济、文化中心之一，对后世的文化发展也产生了深远影响，也是华夏寻根溯源历史文化的重要组成部分。

1988年1月13日，禹王城遗址被国务院公布为第三批全国重点文物保护单位。

附录：

禹王城的文物调查与考古佐证

1958年始，考古工作者经考古调查和研究，已确认所谓的“禹王古城”是东周时期的魏都安邑城、秦汉到西晋时期的河东郡治、东晋时的安邑县治所在。古城平面呈不规则梯形，西北依鸣条岗，东南俯瞰平川，东向眺望中条山，由大、中、小三座城池组成，占地面积13平方千米。

大城周长32华里，现存城墙遗迹长约9000米，西、北大城城墙位居鸣条岗而较为完整保留，南墙和东墙保存较差，东墙南段、南墙东部及东南角则一点迹象也找不到。现存墙基高2～8米不等，宽度也10～22米不等，夯层厚度9～11厘米，每版筑长约3米，夯窝为圆形，直径9厘米左右。西墙间残留有“鸡鸣关”“险要门”“龙凤坡”“点将台”等遗址，以及古代道路、护城壕痕迹，城外岗岭之上密布有战国到魏晋时期古墓葬。大城内文化堆积一般在2米左右，城内北中部及小城、中城附近文化层堆积丰富，东半部地势较低，为青龙河滩地，文化遗存较少。

中城位于大城的西南部，略呈方形，总面积6平方千米，周长6500米。中城之西南两墙分别是大城的西墙南段和南墙西段，北墙全长1522米，处在小城北墙向西的延长线上，残高1～5米不等，墙基5～10米，夯层厚8～10厘米，东墙北端接于小城南墙中部。中城内布满汉代文化层，除西南角堆积相对少一些外，其余皆较丰富，堆积厚度一般在2米左右。小城在大城的中央，总面积75.4万平方米，周长3270米。整体形状是一个缺去东南角的长方形，北墙采用了中城墙北墙的东半部。小城多半地势略高，地面上常见有东周和汉代遗物，文化堆积厚度普遍厚达3～5米，尤以小城内西、北部为最。

禹王台又称禹王庙、青台，位于小城东南角，它建筑在一个方形夯土台上，夯土台现高9米，南北长70米，东西长65米。台上禹庙毁于解放战争时期，从夯土台剖面看，上部与包裹部位时代较晚，但下部夯土较早，夯层厚6～9厘米，夯窝深且清晰，直径 4～5 厘米。

上启闻喜县裴社乡的美粮川、大泽村，经县域如意上赵村……师冯村等 11 村庄长达 70 华里的“运粮河”；上启夏县胡张乡小李村等 10 村庄长达 35 华里的“禹沟”，人工开挖迹象明显，沿途遗存有东周到两汉时期古文化遗址，经考古调查，它就是魏都安邑、河东郡治时期的城市给水设施或水运通道。

安邑古城内有当地民众世代相传的“冶鼎地”（小城东北部）、“校场地”（大城西侧，今秦寺村北部）、“大小官道地”（与校场地相邻）、“马道地”（马队通道），等等。禹王城遗址发现的完整文字砖有“海内皆臣、岁丰成熟、道无饥人”，残破文字砖还有“君子有九思：视思明、听思聪、色思温、貌思恭、言思忠、事思敬、疑思问、忿思难、见得思义”“长乐未央、子孙顺昌、宜马牛羊”等。文字瓦当有“富贵曰乐”“君长宜官”“当宜子孙”“舍宜子孙”“长宜子孙”“与地相长”“与天相长”“千秋万岁”“长乐未央”。云纹瓦当品类多样，其中“兽首饰云纹瓦当”形制独特，为国内同时期古城遗址发现所独有，代表了古安邑城时代风貌和艺术追求。

沿鸣条岗岭地带的密集古墓分布区，以及周边同时期古墓葬分布区，代表了古安邑城一千余年间东周到南北朝不同时期的墓葬分布，主要分布于史庄、西其里、中其里、东其里、西赵村、阴庄、西张南、中秦、西秦、师冯，以及池下王村与西晋五龙庙的鸣条岗岭之间，是研究这座城市必不可少的考古记忆。

20 世纪 60 年代初，中国社科院考古研究所山西工作队和山西文物管理工作委员会曾对禹王城遗址做过较详尽调查，并做了相应研究。1961 年，禹王城遗址被县文物管理委员会公布为文物保护单位，并树立三通石质保护标志，1988 年被国务院公布为全国重点文物保护单位。半个世纪以来，文物工作者对该城址进行了不间断的调查，20 世纪 90 年代，山西省考古研究所在夏县博物馆配合下，组织进行了数年考古调查和试掘，使我们对禹王城遗址的时代、性质、布局以及内涵等有了更进一步的了解，发掘报告及相关学术论文也相继发表，“禹王城”的神秘面纱也正在逐步揭开，《禹王城大遗址保护规划》已通过国家文物局审批，详细的保护方案及考古遗址公园建设也正在有序申报中。

（夏县文化和旅游局编：《夏都溯源——禹王城遗址考证》，第 6—9 页）

夏后氏陵池下王村

全国编号： 29

地区编号： 晋 19

类　　别： 地名

地理位置： 山西省运城市夏县胡张乡王村

所属流域： 黄河

简　　介： 相传夏后氏诸王的陵寝除禹陵在绍兴会稽山，少康陵在河南少康县之外，其余均在这里。乾隆《山西志辑要》《夏县志》等都有相关记录。乾隆《夏县志》卷十一载：“夏后氏陵，在县北池下王村里，夏一代陵寝胥在焉。按《一统志》：惟禹陵在会稽山，太康陵在开封府太康县西，自启以下不具书。今存诸陵，高丘累累，即启以下一代诸帝陵寝也。金大定五年，建朝元观於其侧，以司香火，

王村村边墓群遗址（金小军摄）

王村关帝庙（金小军摄）

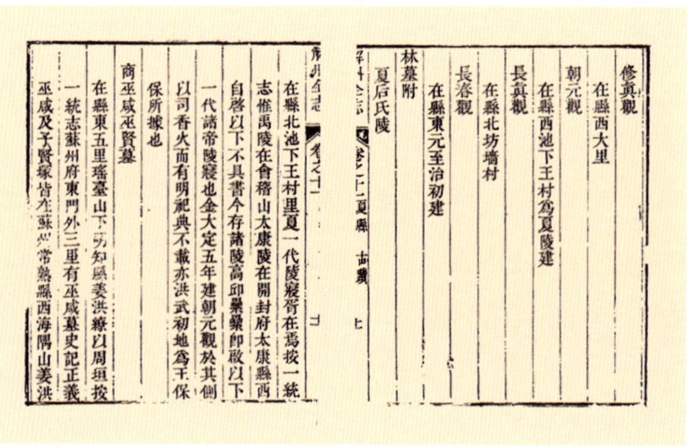

修真觀
在縣西大里
朝元觀
在縣西池下王村爲夏陵建
長眞觀
在縣北坊墻村
長春觀
在縣東元至治初建
林墓附
夏后氏陵
在縣北池下王村里夏一代陵寢胥在焉按一統
志惟禹陵在會稽山太康陵在開封府太康縣西
自啓以下不具書今存諸陵高卬纍纍即啓以下
一代諸帝陵寢也金大定五年建朝元觀於其側
以司香火而有明祀典不載亦洪武初地爲王保
保所據也
商巫咸巫賢墓
在縣東五里瑤臺山下[illegible]知縣姜洪繚以周垣按
一統志蘇州府東門外三里有巫咸墓史記正義
巫咸及子賢冢皆在蘇州常熟縣西海隅山姜洪

乾隆《夏县志》卷十一载“夏后氏陵”

而有明祀典不载，亦洪武初地为王保保所据也。”相传村东有夏桀王的酒池地，因此又称为池下王村，后改名为王村。王村至西下冯村之间有一块低洼地，相传就是夏桀所造的“酒池肉林”。

龙王庙（上董村）

全国编号： 30

地区编号： 晋 20

类　　别： 古建筑 · 庙

地理位置： 山西省运城市夏县南大里乡上董村

所属流域： 黄河

简　　介： 上董村由董姓人始居而名。上董村地处鸣条岗上，比县西其他董村的地势高，故定名上董村。相传宋朝年间，这里的黎民百姓每年遭洪涝之灾，于是庶民乞求大神保佑，便在村西头的河中心建了一座龙王庙，庙内塑有一尊“龙王大禹”神像。从此，每年夏季发洪水时，水绕庙而过。每当旱灾发生，百姓求拜大神降雨，天上很快就下起绵绵细雨。为了歌颂大禹之神给人民带来五谷丰登、安居乐业之功，该村每年农历二月十五唱戏，举行隆重庆典。[1] 1958 年夏，从上中游上董龙王庙附近，将古青龙河改道西向，经楼底、西阿、阿庄、郭里等村，直入禹王水库，最后经师冯滩和苦池水库汇入涑水河。

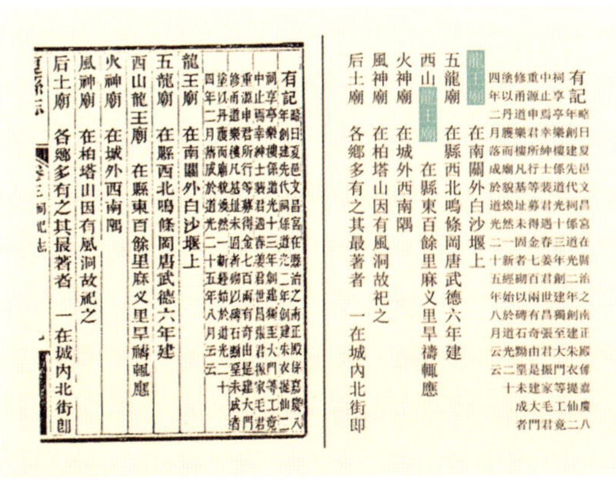
有記
龍王廟 在南關外白沙堰上
五龍廟 在縣西北鳴條岡唐武德六年建
西山龍王廟 在縣東百餘里麻义里旱禱輒應
火神廟 在城外西南隅
風神廟 在柏塔山因有風洞故祀之
后土廟 各鄉多有之其最著者 一在城內北街即

光绪《夏县志》卷三载“龙王庙”

上董村龙王庙（现为供销社）（金小军摄）

① 参见毕旭玲等：《中华禹迹寻踪——中华鲧禹创世神话田野调查报告》，上海人民出版社 2020 年版，第 75 页。

禹　道

全国编号：31

地区编号：晋 21

类　　别：古建筑·路

地理位置：山西省运城市芮城县西陌镇禹门口自然村至南磑镇大禹渡

所属流域：黄河

简　　介：大禹渡的南北古道，传说：帝尧时已经开通，并成为向黄河以南运盐和南北交流的常用古道；大禹治水也选择了这一古道。

禹门口摩崖旁石窟（金小军摄）

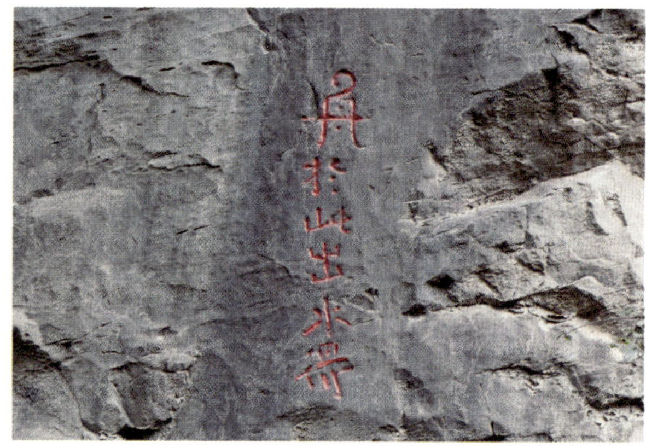

禹门口自然村“舟於此出水得”摩崖（金小军摄）

大禹渡

全国编号：32

地区编号：晋 22

类　　别：地名

地理位置：山西省运城市芮城县南磑镇黄河大禹渡风景名胜区

所属流域：黄河

简　　介：大禹渡又称神柏峪，民国《芮城县志》卷一载：“大禹渡，在县东南十五里。”道光四年（1824 年）《神柏峪重建禹王庙碑记》：“临渡之处有古柏焉，地名神柏峪。相传禹导河时，曾憩于此，后人思其明德，建庙于峪上，遂名彼渡为

大禹渡在縣東南十五里今因豫省不靖暫封

太安渡在縣南十五里亦因豫省不靖暫封

禮教渡在縣西南二十五里設鹽金局併駐陸軍稽查隊

橫嶺關即直岔嶺在縣東北六十里中條山嶺路通解縣南北孔道舊自安邑遵鹽視虞坡較近但村落寫遠經險難行一統志所稱為要地者明萬歷四十年知縣趙庭琰建關帝廟於嶺上招道流居之清順治十八年知縣王自修因盜賊竊發要劫過客請撥蒲州營兵二十名防守其地於是造營屋石壘關隘屹然後以地方寧謐撤去民國以來每值冬防縣撥巡警數名駐守其地現在壁壘殘廢營房失修兵警悉

大禹渡在縣東南十五里今因豫省不靖暫封
太安渡在縣南十五里亦因豫省不靖暫封
禮教渡在縣西南二十五里設鹽金局併駐陸軍稽查隊
橫嶺關即直岔嶺在縣東北六十里中條山嶺路通解縣南北孔道舊自安邑遵鹽視虞坡較近但村落寫遠經險難行一統志所稱為要地者明萬歷四十年知縣趙庭琰建關帝廟於嶺上招道流居之清順治十八年知縣王自修因盜賊竊發要劫過客請撥蒲州營兵二十名防守其地於是造營屋石壘關隘屹然後以地方寧謐撤去民國以來每值冬防縣撥巡警數名駐守其地現在壁壘殘廢營房失修兵警悉
芮城縣志　卷一　十四

民国《芮城县志》卷一载“大禹渡”

菽獨我又飄蓬萬里男兒志鴻毛遇順風

虞芮閒田

質成虞芮幾千年往事遐思倍惘然雀鼠風清今樂國雎麟化洽古閒田儘教隙地供羊牧一任殘畦付鶴眠路畔遺跡猶在否斜陽人立憶先賢

神柏歌　民國 王瀚曾

柏在大禹渡神嶺口相傳神禹導河棲息樹下雖荒遠雖猶要亦千百年神物也時有謀及剪伐者幾啟訟端感而賦此

大禹渡頭有古柏盤石爲根銅爲柯橫空元氣老不死乃與風霜日月相盪摩磅礴積自何代護持疑有神鬼呵荒崖斷碑搜古蹟記載歷歷尙無訛南至華陰東砥柱人傳大禹導水曾經過蛟螭盤拏怒倔強聖神手澤昔摩挲旁睨龍門百尺之孤桐俯瞰落天走海之洪波葱葱鬱鬱四千載豈隨凡卉同銷磨徂來新甫皆後起何論秦松漢檜伏巖阿塵世滄桑驚變幻暫如老成假寒遭坎坷野老尙知留古跡勸我始作古柏歌君不見大廈將傾勢岌岌棟撓榱折喚奈何吁嗟乎不材之木安足多仗汝撐住三晉表裏古山河

盼訓導祖誠齋熊官　前人

傲骨嶙峋本性生懸河口辯自縱橫干將終遺鋒芒折盃酒難

芮城縣志　卷十六　六十一

民国《芮城县志》卷十六载《神柏歌》

芮城大禹像（金小军摄）

大禹神柏（金小军摄）

大禹渡，以显圣迹，示不忘也。”相传禹凿龙门后，由中条山经禹门口（今西陌镇禹门口自然村）来到神柏峪，休息于古柏下并系马于此，因称大禹渡。大禹渡过黄河后，又宿于隔河相望的禹店村（今河南省灵宝市西阎乡东吕店村）。

大禹渡（神柏峪）有一棵4000多年的柏树，相传为大禹治水时亲手所植，有“神柏”之称。树高14.6米，胸径1.53米，树围6.8米，投影面积达27.3平方米，枝繁叶茂，郁郁葱葱。因该树有两大枝干朝西斜向延伸，犹如高昂的龙头，故又名“龙头神柏”。传说当年大禹种植此树的目的是作为测量水势的标志。

为了纪念大禹的功德，神柏附近建起了禹王庙。禹庙屡建屡衰，据说禹庙圮坏之后，附近渡头村村民曾将庙中的禹像移奉于村中。现禹王庙为2005年在原址修复重建。正殿广场宽阔，殿间玉阶踏步。大殿内供奉的禹王坐像高5.7米，左右两侧陪祀伯益、皋陶、后羿、后稷。

清代道光年间（1821—1850年）重修禹庙时，留下一块石碑和《神柏峪重建禹王庙碑记》，叙述了大禹渡名称的来由以及重修禹王庙的始末。庙毁于日军战火

大禹渡航拍（金小军摄）

以后，原碑流入民间，也损毁了。1979 年复制石碑，立于大禹渡古柏下，有碑亭。

1990 年复建大禹神像于黄河岸边的高崖之上，高 12.33 米，由 175 立方米青石叠砌雕凿而成，“大禹像”三个大字由赵朴初手书。这座雕像已成为大禹渡的标志，也是黄河流域最大的石雕大禹像。

此外，大禹渡还有传说的禹窑、禹望台、下马石、足迹石、点化石、神柏拴龟、擒龙锁蛟井、启母望夫崖、定河神母、风动亭、望岳亭等等。20 世纪 70 年代建起了灌溉面积近 29 万亩的大禹渡引黄提水电灌站。80 年代大禹渡河岸形成规模庞大的“大禹渡黄河游览区”，以后进一步建成国家 AAAA 级“黄河大禹渡风景名胜区”。2018 中国黄河旅游大会上，黄河大禹渡风景名胜区被评为“中国黄河 50 景”。

附录：

神柏峪重建禹王庙碑记

芮在唐虞之世，冀州之南鄙也。北枕条山，而南滨乎大河。右河而东，距县治十里许，临渡之处，有古柏焉，地名神柏峪。相传禹导河时，曾憩于此，后人思其明德，建庙于峪上，遂名彼渡为大禹渡，以显圣迹，示不忘也。惜经始落成，碑碣无存，不知兴启之为何代也。逮胜明万历年间，鸟飞剥落，风雨飘摇，户牖网以蟏蛸，堂庑藉为茂草。渡头居民，目睹心伤，移其庙于村中，春祈秋报，常祀不忒，神赐遐福，人庆安泰，已三百余年于兹矣。自我朝嘉庆十四年来，稍存率意，贪贾离心，舟楫上下，陷溺者时有。说者谓：河水沸腾，惟建大禹行宫，足以镇之。渡头村众，心然其说，协议竟，卜得吉地于村东大阜之巅，去峪上旧址不二百武，建正殿三楹，香亭三楹，午门三楹，露台三楹。殿庑及午门工竣，饰金肖像，画栋雕梁，嵌以釉瓦，缭以长垣，毕咸具焉。视村中旧制规模不啻倍半矣。工既就，首事人等，恳余为文，以纪其事。余谓：神禹当洪荒初辟，帝功重千秋，平地成天，载古典册，盖无庸述矣。惟是河源出昆仑，自积石急转而下，汾水入焉，自华阴而东，泾渭之河又入焉。众流交汇，愈推俞激，天朗气清，绝流横渡，舟中之人，目眩耳晕，已泊彼岸，即日去而不能返。况风雨相加，舟行惊涛，以骇浪之中，目舟子自顾难及，岂有不裂心破胆、号泣诉天者哉？渡头人居近河湄，沐禹王已显之德，为渡人祈祷之。诉曰：大禹有灵，其必召冯夷而来，敕其化灾佑民。此非修庙之意欤？至于捐助芳名，工费之多寡，例宜列之碑阴。

大清道光四年岁次甲申四月十五日穀旦立

（范天平：《豫西水碑钩沉》，陕西人民出版社 2001 年版，第 32—34 页）

禹王大殿（全小军摄）

神 柏 歌

［民国］王瀚曾

柏在大禹渡神峪口，相传神禹导河，栖息树下，虽荒远难稽，要亦千百年神物也。时有谋及剪伐者，几启讼端，感而赋此。

大禹渡头有古柏，盘石为根铜为柯。横空元气老不死，乃与风霜日月相荡摩。磅礴郁积自何代，护持疑有神鬼呵。荒崖断碑搜古迹，记载历历尚无讹。南至华阴东砥柱，人传大禹导水曾经过。蛟螭盘拿怒倔强，圣神手泽昔摩挲。旁睨龙门百尺之孤桐，俯瞰落天走海之洪波。葱葱郁郁四千载，岂随凡卉同销磨？徂来新甫皆后起，何论秦松汉桧伏岩阿？尘世沧桑惊变幻，譬如老成偃蹇遭坎坷。野老尚知留古迹，劝我始作《古柏歌》。君不见，大厦将倾势岌岌，栋挠榱折唤奈何。吁嗟乎！不材之木安足多，仗汝撑住三晋表里古山河！

（牛照藻修，萧光汉纂：民国《芮城县志》卷十六，民国 12 年铅印本）

东禹庙（龙门村）

全国编号： 33

地区编号： 晋 23

类　　别： 古建筑 · 庙

地理位置： 山西省运城市河津市清涧街道龙门村

所属流域： 黄河

简　　介： 禹门口黄河两岸都有大禹庙，河东一侧的叫作东禹庙，始建于汉灵帝光和二年（179 年），至明清形成大建筑群，1942 年被日军破坏。

光绪《河津县志》卷二载："龙门山……今之禹门口山也。山壁立千仞，夹岸东西，中通河流，形如门阙。山半有禹庙……庙前有临思阁、流丹亭诸胜。"卷三载："禹庙在龙门东山岩上，《水经注》：'大禹疏决梁山，岩际镌迹，遗绩（功）尚存，岸上并有庙祠，祠前有石碑三所，二碑文字紊灭不可复识，一碑是太和中立。'元中统三年修河中禹庙……"

2011 年重建。与大禹文化馆、民俗文化馆、农民图书馆、警示教育馆、历史展览馆、禹门口公园、黄河景观区一起组成的"大禹文化园"。

2021 年 12 月，大禹庙遗址被列为市级文物保护单位。

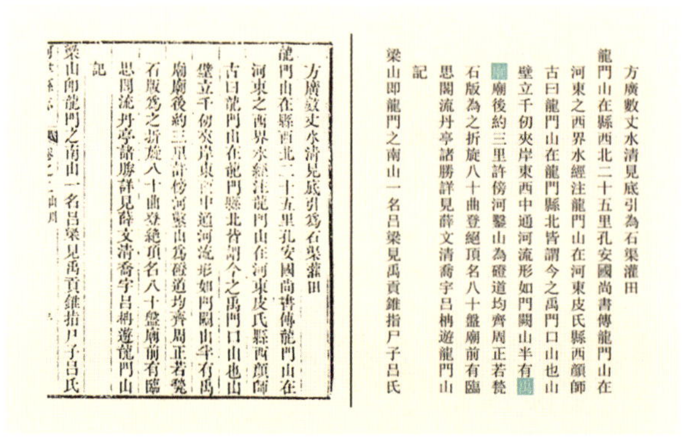

方廣數丈水清見底引為石渠灌田
龍門山在縣西北二十五里孔安國尚書傳龍門山在河東之西界水經注龍門山在河東皮氏縣西顏師古曰龍門山在龍門縣北皆謂今之禹門口山也山壁立千仞夾岸東西中通河流形如門闕山半有禹廟後約三里許傍河鑿山為磴道均齊周正若甃石版為之折旋八十曲登絕頂名八十盤廟前有臨思閣流丹亭諸勝詳見薛文清喬宇呂柟遊龍門山記
梁山即龍門之南山一名呂梁見禹貢錐指尸子呂氏

光绪《河津县志》卷二载龙门山（即禹门口山）"禹庙"

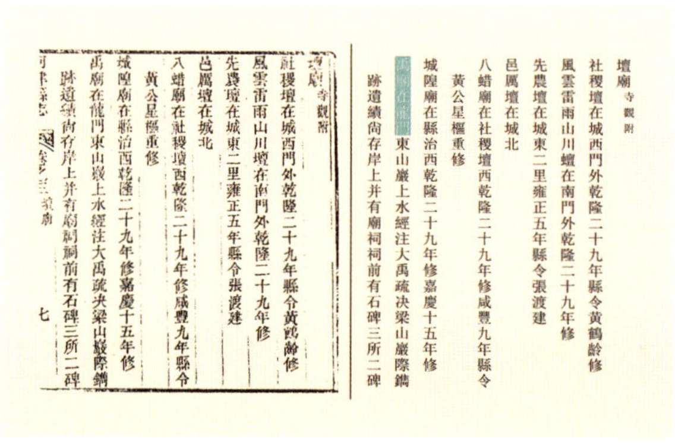

壇廟 寺觀附
社稷壇在城西門外乾隆二十九年縣令黃鶴齡修
風雲雷雨山川壇在南門外乾隆二十九年修
先農壇在城東二里雍正五年縣令張渡建
邑厲壇在城北
八蜡廟在社稷壇西乾隆二十九年修咸豐九年縣令黃公星樞重修
城隍廟在縣治西乾隆二十九年修嘉慶十五年修
禹廟在龍門東山巖上水經注大禹疏决梁山巖際鐫跡遺續尚存岸上并有廟祠祠前有石碑三所二碑

光绪《河津县志》卷三载"禹庙"

禹门口（龙门）

全国编号： 34

地区编号： 晋 24

类　　别： 山川·峡

地理位置： 山西省运城市河津市清涧街道龙门村、陕西省渭南市韩城市龙门镇潴北村

所属流域： 黄河

简　　介：《禹贡》："导河积石，至于龙门。"《水经注》引《魏土地记》曰："梁山北有龙门山，大禹所凿，通孟津，河口广八十步，岩际镌迹，遗功尚存。"隋唐间有龙门郡，治今河津市。《明一统志》："禹门渡，在河津县西北三十里，唐有龙门关置於此。"光绪《河津县志》卷二载："龙门山在县西北二十五里，孔安国《尚书传》：'龙门山在河东之西界。'《水经注》：'龙门山在河东皮氏县西。'颜师

黄河石门（张卫东供图）

黄河石门—禹门口河段（张卫东制图）

古曰：‘龙门山在龙门县北。’皆谓今之禹门口山也。”

晋陕峡谷出口段为龙门山，有悬崖相对如门，古称“金门”，今有“石门”二字刻于悬崖，为黄河峡谷最窄处，目测宽约 50 米（一说 38 米）；下游河道为宽带状，宽三四百米，长 4 千米；出口处再次缩窄，河宽不足 100 米，形如闸口，名“禹门”“龙门”，其左岸为山西河津龙门村，右岸为陕西韩城渚北村，上有铁路桥。黄河出禹门，河道变宽至 2～10 千米，为“三十年河东、三十年河西”摆动之地，也为鲤鱼洄游汇集上溯之地。《太平广记》卷四六六引《三秦记》：“每暮春之际，有黄鲤鱼逆流而上，得者便化为龙。”

据《陕西通志》，“出龙门，有洲若陵。陵咸砾石，人云治梁为门之屑也”，今也称“禹门陵”。又有“相工坪”，“相传为大禹督工处”。金门上游有“错开河”，传说是大禹父亲鲧开河开错方向所留。

禹门也称禹门口，上溯 56 千米即壶口瀑布上端。

禹王庙（西口古渡）

全国编号： 35

地区编号： 晋 25

类　　别： 古建筑 · 庙

地理位置： 山西省忻州市河曲县县城西门外西口古渡文化广场

所属流域： 黄河

简　　介： 同治《河曲县志》卷三载：“禹王庙，在西门外，临黄河。乾隆十六年（1751 年）建，以三月十八日祭。一在旧县城西五里黄河岸，有金元诗刻碑记。”

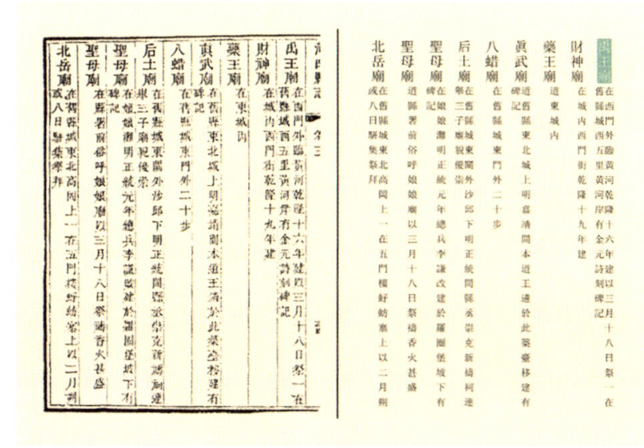

河曲縣志 卷三

禹王廟 在西門外臨黃河乾隆十六年建以三月十八日祭一在舊縣城西五里黃河岸有金元詩刻碑記

財神廟 在城內西門街乾隆十九年建

藥王廟 在東城內

真武廟 在舊縣東北城上明嘉靖間本道王遴於此築臺移建有碑記

八蜡廟 在舊縣城東門外二十步

后土廟 在舊縣城東關外沙邱下明正統間縣丞崇克新繕祠建祭三子廟祀侯崇

聖母廟 在娘娘灘明正統元年總兵李謙改建於羅圖堡城下有碑記

聖母廟 在縣署前俗呼娘娘廟以三月十八日祭禱香火甚盛

北岳廟 在舊縣城東北高岡上一在五門樓好紡寨上以二月朔或八日縣集祭拜

同治《河曲县志》卷三载“禹王庙”

禹王庙临黄河建有古戏台，如今每年农历七月十五举行祭禹活动和规模较大的河灯盛会，届时僧人诵经，鼓乐吹奏，夜间用木船将 360 盏河灯放于河中，景致十分壮观，吸引着秦、晋、内蒙古的无数边民。

“河曲河灯会”历史悠久，其记载最早可见于明万历《河曲县志》：明弘治十三年（1500 年），知县李邦彦率众祭奠大禹，放河灯。以后历朝历代均延续不断，清道光年间（1821—1850 年）重修的大禹庙壁上，还留有“祭奠大禹”“放河灯”的历史情形。

“河曲河灯会”是禹文化、鬼神文化和走西口文化相结合的文化产物，已经成为山西、陕西、内蒙古三省区民众传统习俗的重要组成部分。

尧　庙（大禹殿）

全国编号：36

地区编号：晋 26

类　　别：古建筑 · 庙

地理位置：山西省临汾市尧都区尧庙镇秦蜀路

所属流域：黄河

简　　介：尧庙始建于曹魏时期，是集纳五千年文明史的国祖庙，纪念尧、舜、禹三位先祖，民间俗称“三圣庙”。占地面积 6 万平方米，总建筑面积 6994 平方米。《水经注》：“魏立平阳郡（案：魏，近刻讹作晋）治此矣。水侧有尧庙，庙前有碑。《魏土地记》曰：‘平阳城东十里汾水东原上，有小台，台上有尧神屋石碑。’”

尧庙旧址在汾河以西，西晋元康年间迁至汾河东岸，唐高宗李治显庆三年

乾隆《临汾县志》“尧庙图”

民国《临汾县志》“尧庙图”

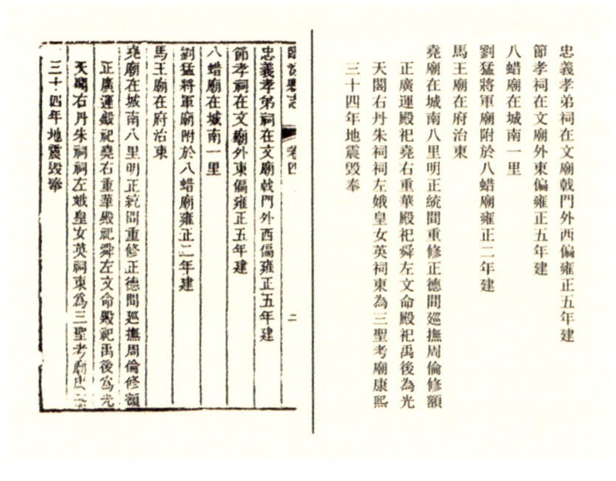
忠義孝弟祠在文廟戟門外西偏雍正五年建
節孝祠在文廟外東偏雍正五年建
八蜡廟在城南一里
劉猛將軍廟附於八蜡廟雍正二年建
馬王廟在府治東
堯廟在城南八里明正統間重修正德間巡撫周倫修額
正廣運殿祀堯右重華殿祀舜左文命殿祀禹後為光
天閣右丹朱祠祠左娥皇女英祠東為三聖考廟康熙
三十四年地震毁奉

乾隆《临汾县志》卷四载“尧庙”

（658 年），庙址由府城西南迁至城南现址。乾隆《临汾县志》卷四载：“尧庙，在城南八里，明正统间重修，正德间巡抚周伦修额。正广运殿祀尧，右重华殿祀舜，左文命殿祀禹，后为光天阁，右丹朱祠，祠左娥皇女英祠，东为三圣考庙。康熙三十四年（1695 年）地震毁。”据县志记载，尧庙有《元重修尧庙碑》（至元五年王磐奉敕撰文）、《尧庙重新记》（明正统十二年陈循撰），县志中还有宋代诗人范仲淹的《谒帝尧庙》诗。

尧庙有三座宫门，中为尧门，西是舜门，东是禹门。主要景观有广运殿、五凤楼、虞舜殿、大禹殿、祭祖堂、尧井等。据乾隆《临汾县志》卷二：“尧井，尧庙殿前，相传尧建都时凿。”

大禹殿高 15.5 米，明清建筑风格，单檐歇山顶，前有卷棚歇山抱厦，殿内大禹塑像高 3.5 米，取材于“大禹治水”的典故，突出了先祖对水利的贡献。

1965 年，尧庙被列为省级文物保护单位。

附录：

修尧庙记

［元］王　磐

平阳府治之南尧帝庙，李唐显庆三年所建，岁远渐就倾圮。有靖应真人姜善信，欲更择爽垲，重建庙貌，请於朝。上嘉其意，赐银二百锭，仍敕有司下太原木场，给官材二千根，皆辞不受。勤力节用，以身道俗，凡阅岁而庙成。为地七百亩，为屋四百间，耽耽翼翼，俨然帝王之居，殆与土阶三尺、茅茨不剪者易观矣。经始於至元二年之春，落成於至元五年之八月。诏赐其额曰光泽之宫，殿曰文思之殿，门曰宾穆之门。赐白金二百两，良田十五顷，为赡宫香火费。仍诏词臣制碑文以纪其成。翰林直讲学士臣磐当属词。谨按《祀典》，诸前代帝王三年一祭，其时以春之仲月，其地以当时所居国邑，祭伏羲於陈州，神农於亳州，少昊於兖州，颛顼於开州，高辛於归德府，唐尧於平阳府。盖圣人之心，其於天地万物，虽一视同仁，不以远近为亲疏。至於父母亲戚所居，松楸坟垅所在，则亦不能漠然无情，与陌路同也。是以周公封於鲁，而四世反葬於周。孔子去齐，接淅而行，去鲁，则曰迟迟吾行也。其不以乡党同陌路也，昭然矣。由是观之，因其功德之懋而有祭，而必於其乡者，圣人制礼缘人情也。因其岁年之远而有敝，敝而改图其新者，知者创物从时宜也。善信读《老》《庄》之书，从方外之教，以虚无淡泊为宗，以因循自然为用，然而嘉闻仁义之言，乐道尧舜之事。前修禹庙，数载功成；今建尧祠，三年有效。可谓知虑明敏，操守坚固，通方不滞，好谋能成者也。尧，大圣人也，德被群生，泽流万世，即欲称道其美，是犹褒天地之大，誉日月之明，无所容其辞矣。乃述立庙之本末如此。

（清觉罗石麟:《山西通志》卷二〇五，第8—9页）

四圣宫

全国编号： 37

地区编号： 晋27

类　　别： 古建筑·宫

地理位置： 山西省临汾市翼城县西阎镇曹公村

所属流域： 黄河

简　　介： 因宫内供奉尧、舜、禹、汤而得名。依据宫观中的经幢刻文推断，四圣宫最初修建于唐代。其中舞台为宫中之冠，始建于元至正年间（1341—1368年）。明、清、民国至今屡次重修。2006年5月25日，被国务院公布为第六批全国重点文物保护单位。

四圣宫（张卫东供图）

另据《古今图书集成·方舆汇编·职方典》卷三二一：“闻喜县四圣庙，在上镇，祀尧舜禹汤四圣。”据说夏县水头镇张庄村也曾有四圣庙。

禹帽峰

全国编号：38

地区编号：晋 28

类　　别：山川·岭

地理位置：山西省临汾市吉县壶口镇壶口瀑布东岸

所属流域：黄河

禹帽峰（张卫东供图）

简　　介：壶口瀑布东岸龙王庙后有一座孤峰，犹如天上飘下的一顶帽子扣在岸边。这座孤峰就是石帽山，又叫“禹帽峰”。传说这座孤峰是禹王的斗笠变的。

大禹庙（师家滩村）

全国编号：39

地区编号：晋 29

类　　别：古建筑·庙

地理位置：山西省临汾市乡宁县枣岭乡师家滩村

所属流域：黄河

简　　介：民国《乡宁县志》卷五载“大禹庙”四座：“一在船窝镇，一在李家碛，均雍正年建；一在师家滩，嘉庆年建；一在石鼻村，咸丰年建。”可知师家滩大禹庙建于嘉庆年间（1796—1820 年）。

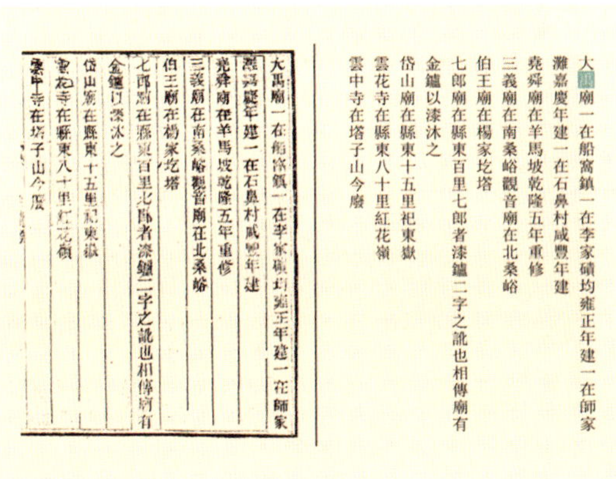

大禹廟一在船窩鎮一在李家磧均雍正年建一在師家
灘嘉慶年建一在石鼻村咸豐年建
堯舜廟在羊馬坡乾隆五年重修
三義廟在南桑峪觀音廟在北桑峪
伯王廟在楊家圪塔
七郎廟在縣東百里七郎者漆鑪二字之訛也相傳廟有
金鑪以漆沐之
岱山廟在縣東十五里祀東嶽
雲花寺在縣東八十里紅花嶺
雲中寺在塔子山今廢

民国《乡宁县志》卷五载“大禹庙”

师家滩村大禹庙位于村中小河汇入黄河的沟口之南。师家滩上衔壶口（38 千米），下接禹门（18 千米），过去是黄河船只“旱地行船”绕过壶口的卸货点，商流如织。

师家滩大禹庙朱门丹墙，璃脊瓦殿。庙前汉白玉石狮守门，大院中启母殿在东，迎宾室在西，戏台倒坐。殿内禹王坐中，稷、益佐之；诸神列之两侧。

大禹乡

全国编号：40

地区编号：晋 30

类　　别：地名

地理位置：山西省吕梁市临县大禹乡

所属流域：黄河

简　　介：大禹乡因传说大禹凿龙门路过境内，因而得名。康熙《临县志》卷一第十五页“禹王庙”：“距城四十里，名大禹村。村巅祀禹王庙。庙无碑碣，不知建自何代，今止存洪武三年（1370 年）匾一面。土人相传，禹凿龙门经此，故祀焉。”当时庙墙外有一棵柏树，周围一丈五尺有余。由此可推测庙之历史久远。1918 年《山西省各县渠道表·临县·岐道渠》记载：“渠之经过地：大禹沟岐道村。”2001 年，乡镇撤并，将岐道乡与后大禹乡合并，更名为大禹乡。下辖村有后大禹、前大禹等。

臨縣渠道表　民國七年十二月調查

已成之渠

渠名	岐道渠
渠長	一里餘
渠寬深	各一尺餘
渠之經過地	大禹溝岐道村
渠所交之河	湫水河
灌田畝數	一百餘畝
灌田時期	三月至五月

《临县渠道表》有关记载（张卫东供图）

临县大禹乡大禹村（张卫东供图）

五、吉林省

大禹山

全国编号：41

地区编号：吉 1

类　　别：山川・山

地理位置：吉林省通化市集安市城区北

所属流域：鸭绿江

简　　介：据 2005 年《集安市志》，禹山位于集安市区北 1.5 千米，海拔 762 米。大禹山为略带弯曲的椅子靠背形状，平行于鸭绿江而立，山脚谷地有“小江南”美誉。大禹山一带土地肥美，易守难攻，成就了高句丽王朝霸业，也留下了无数历史遗迹。据 1937 年《满洲古迹遗闻》记载，集安市古城门上曾有“禹山古都”匾。传说大禹的祖父颛顼 10 岁到东北辅佐少昊，娶阿甸之女生伯鲧，号若阳。若阳娶有莘氏女修已，生大禹于大禹山，山因人而得名。大禹山南山腰还发现了夏母的象形文字碑。大禹山前出土了新石器晚期、青铜器早期的文物（见《集安文物志》），被认为是夏代初期文物，与夏母碑时代一致。说明夏代夏母族在禹山一带。夏母碑与石器文物都在禹山下。

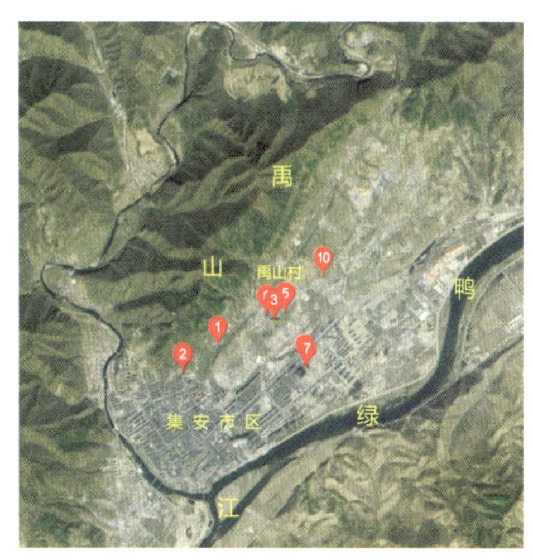

大禹山位置图（张卫东供图）

大禹山之西南麓有大禹母亲有莘氏女修已之墓，唐代已毁。但墓前遗留有禹母石。

大禹山五盔坟（张隽溪供图）

高句丽王城、王陵及贵族墓葬

全国编号：42

地区编号：吉 2

类　　别：古建筑·墓

地理位置：吉林省通化市集安市城东街道禹山村

所属流域：鸭绿江

简　　介：在禹山村禹山南麓。高句丽贵族墓葬，集安代表性文物遗迹之一。据 2005 年《集安市志》，五盔坟（5 号墓）位于禹山南麓，南距集安火车站 380 米。5 号墓与 4 号墓结构大体相同，亦分墓道、甬道、墓室 3 个部分。墓室平面呈长方形，用修琢过的花岗岩石砌成，白灰勾缝。室内并

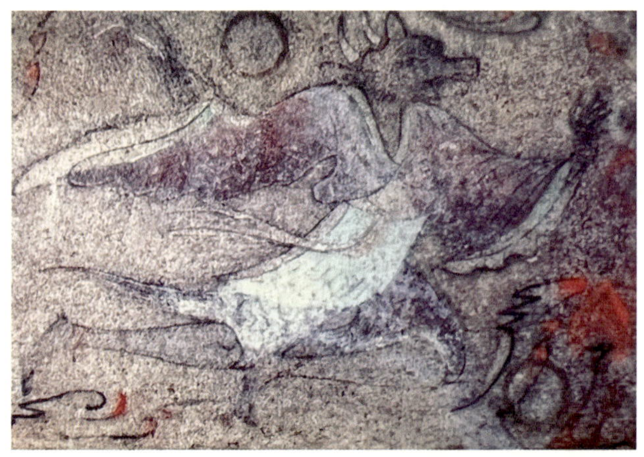

五盔坟 4 号墓神农图（引自 2005 年《集安市志》）

列3座石棺床，四壁、藻井、棺床及甬道的左右两壁均绘有绚丽的壁画。壁画的内容与4号墓相同，甬道两壁各绘一力士，手执兵器作护卫之状；墓室四壁绘巨幅四神图。壁画中有人首龙身的伏羲、女娲，牛首人面、手执禾穗的神农，手持火把教人用火的燧人氏，锻铁造车的羲仲，穿井治水的大禹等。其表现手法和绘画技巧较4号墓壁画更为高超。

2004年，高句丽王城、王陵及贵族墓葬被列入《世界文化遗产名录》。

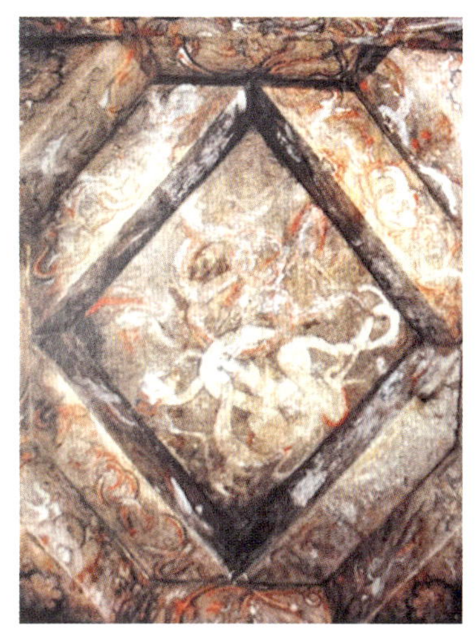

五盔坟5号墓藻井壁画

启母石

全国编号： 43

地区编号： 吉3

类　　别： 山川·石

地理位置： 吉林省通化市集安市台上镇

所属流域： 鸭绿江

简　　介： 在集安郊区台上镇附近。为大禹夫人的祀物。启母石，乃大禹夫人

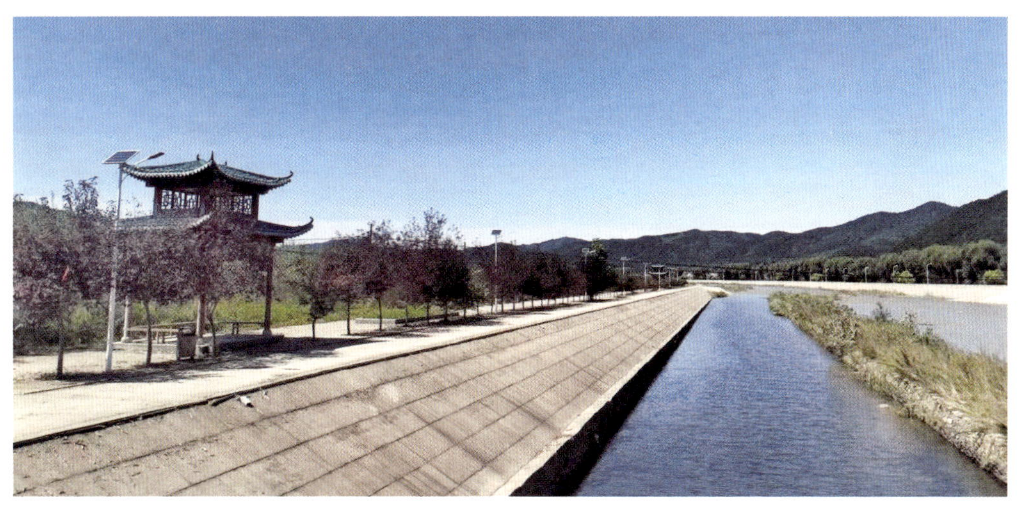

台上镇山川（张隽溪供图）

之“望夫石”，留有本人浮雕和婴儿（启）啼哭阴刻。传说汉武帝曾到集安拜启母石，留有跪拜时方形花岗岩石座两块。

涂　山

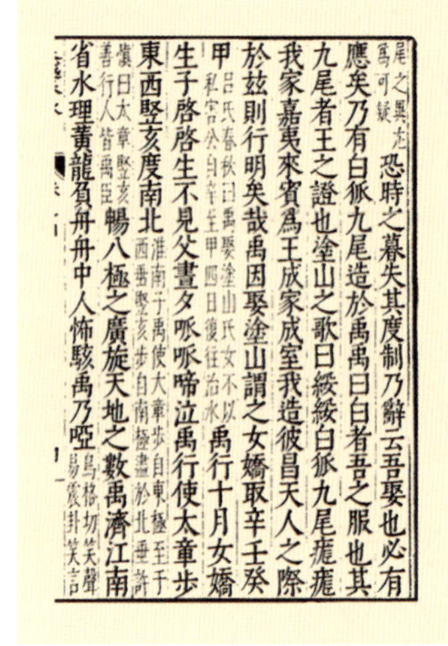
尾之異也焉可疑 恐時之暮失其度制乃辭云吾娶也必有
應矣乃有白狐九尾造於禹禹曰白者吾之服也其
九尾者王之證也塗山之歌曰綏綏白狐九尾痝痝
我家嘉夷來賓爲王成家成室我造彼昌天人之際
於茲則行明矣哉禹因娶塗山謂之女嬌取辛壬癸
甲呂氏春秋曰禹娶塗山氏女不以私害公自辛至甲四日復往治水禹行十月女嬌
生子啓啓生不見父晝夕呱呱啼泣禹行使太章步
東西豎亥度南北淮南子禹使大章步自東極至于西垂豎亥步自南極盡於北垂許愼曰太章豎亥善行人皆禹臣暢八極之廣旋天地之數禹濟江南
省水理黃龍負舟舟中人怖駭禹乃啞烏格切笑聲易震卦笑言

《吴越春秋》卷四载“《涂山之歌》”

全国编号：44

地区编号：吉 4

类　　别：山川 · 山

地理位置：吉林省通化市集安市甲乙川台上镇

所属流域：鸭绿江

简　　介：在集安甲乙川台上镇，传说大禹生于集安城北大禹山，成婚于“台桑之野，娶涂山之女”，地址在今集安甲乙川。甲乙川土质肥沃，河川地生长着茂密的家榆树。又据当地土地庙里的钟刻有“家榆川”三字，故称家榆川（后改为甲乙川。今集安市财源镇新开河汇入浑江处甲乙村原名甲乙川村）。有专家指出，“甲乙”即《涂山之歌》中的“嘉夷”。

《吴越春秋》卷四：“《涂山之歌》曰：‘绥绥白狐，九尾厖厖。我家嘉夷，来宾为王。成家成室，我造彼昌。天人之际，於兹则行。’明矣哉！禹因娶涂山，谓之女娇。”

浑江与富江交汇地，禹山坐落于此（张隽溪供图）

六、上海市

战国楚简《容成氏》

战国楚简《容成氏》（张卫东供图）

全国编号：45

地区编号：沪 1

类　　别：可移动·图书

地理位置：上海市黄浦区人民大道 201 号上海博物馆

所属流域：太湖

简　　介：《容成氏》是《上海博物馆藏战国楚竹书（二）》（上海古籍出版社 2002 年版）中的一篇，存简 50 余枚，内容涉及三皇五帝的古史传说以及夏商周三代的兴亡，所记颇能补传世文献之阙。全文 3100 余字，有关大禹的记载达 800 余字，包括《舜命禹治水》《舜让禹》《禹之创制及其政事》《禹之传位》等。

《容成氏》关于九州治水的记载，州名不同于其他传世文献。据研究，《容成氏》成书于公元前 314 年之前，属于先秦原始文献，可信度更高。

关于容成，传说不一：有的说他是黄帝的臣属，有人说他是黄帝以前的古帝王。他似乎是一个部落君长的通称。据说容成综合黄帝时期的六种方术，制作成一种新历。[1]

① 钱穆：《黄帝》，生活·读书·新知三联书店 2012 年版，第 25—31 页。

七、江苏省

大禹治水画像石

全国编号：46

地区编号：苏 1

类　　别：画像石

地理位置：江苏省徐州市云龙湖风景区徐州汉画像石艺术馆

所属流域：淮河

简　　介：出土于山东临沂，为高浮雕加阴线刻画像。图案从左至右分为三组，共刻有 10 个人物。第一组为尧、舜、禹：最左侧帝尧面朝右，坐于树下（或帐中）；虞舜面朝左站立；右面站立大禹，身穿宽袍长衣，头戴斗笠，双手按锸。第二组刻三人：中间一人面朝左作迎请状；左边一人右向踞坐，双手摆动；右边之人左向侧立，右手荷物，左手掩面作哭泣状。第三组有四人：左边一人向右站立，与中间的禹妻交谈；禹妻面朝左而立，怀中抱一幼儿；最右边一老者左向站立，双手拄鸠杖观望。

这幅“大禹治水图”，以叙事的方式，描写了大禹治水“三过家门而不入”的动人场面。大禹的母亲手拿包袱掩面而泣，大禹的妻子怀抱婴儿，依依难舍，最后面的老者手持鸠杖（或耒耜），此人应是大禹的父亲鲧。汉代人们景仰的古代帝王有尧、舜、禹，他们各有美德，是古代大同社会的象征，因此三位帝王同刻在一幅画中，连同怀抱中的婴儿，就是大禹的儿子帝启，这幅画共刻画了四位古代帝王。

大禹治水画像石（张卫东供图）

禹王山

全国编号：47

地区编号：苏 2

类　　别：山川·山

地理位置：江苏省徐州市邳州市戴庄镇李圩村

所属流域：淮河

简　　介：位于韩庄运河东岸。据说大禹治水时曾留宿此山，因而得名。

1938 年 4 月鲁南战役禹王山阻击战，滇军将士阵亡 13869 人、受伤 5000 多人，歼灭日军 12000 多人。建有禹王山抗日阻击战遗址纪念园和禹王山抗日纪念馆。

禹王山抗日纪念馆（张卫东供图）

底定桥·太湖

全国编号：48

地区编号：苏 3

类　　别：古建筑·桥

地理位置：江苏省苏州市吴中区东山镇石桥村

所属流域：太湖

简　　介：苏州吴江区震泽镇底定桥（又作厎定桥），始建于南宋绍定五年（1232 年），崇祯《吴县志》卷十六载：“底定桥，宋绍定间朱安宗建，成化壬寅裔孙济民重修。”桥名典出《禹贡》“三江既入，震泽厎定”。洪武《苏州府志》卷三载：“震泽乃三江之源，上接太湖。一江东南流五十里入小湖，一江东北流二百六十里入海，一江西南流七十里入震泽。书云：‘三江既入，震泽厎定。’今为镇，於此去郡城西南一百二十六里，镇有底定桥。”但村民不识字搞不清桥名，遂简称为“石桥”，村名也就约定俗成为“石桥村”了。石桥实际上横跨的河面很窄，不足五米。桥上建有屋顶，像简单的廊桥。

据桥旁《重修震泽底定桥记》石碑载，桥建成后 253 年，即明成化乙巳年（1485 年），村里突发山洪，石桥、石坪都被冲坏，于是重建石桥。清乾隆五十二年（1787 年）又整修，至今 200 多年了，这座桥古貌依然。明《松陵志序》言：“禹导水源至此，故曰震泽底定，言底于定而不震动也。距邑西南九十里，有桥曰底定。”清徐崧七绝《太湖巨浸》中亦言：“巨浸源长近接苕，秋来葭炎亦萧萧。输他震泽名偏古，禹迹犹传底定桥。”

震泽，即太湖，历史上有具区、笠泽、五湖等别名。三江五湖也是指太湖—钱塘江流域。

底定桥《重铺坪磐官路记》碑（邱志荣摄）

明成化重建震泽底定桥碑（邱志荣摄）

底定桥遗址亭（邱志荣摄）

底定桥遗址（邱志荣摄）

附录：

太湖是我国第三大淡水湖，位于浙江和江苏两省交界处，水面面积 2341 平方千米，容积 83.8 亿立方米，流域面积 37069 平方千米。流域水系有系状和网状两种，上游为太湖来水区域，大部分为系状；下游是太湖出水区，为网状。河网覆盖面积达 22000 平方千米，占太湖流域陆域面积的 60%。

大禹祭祀

全国编号： 49

地区编号： 苏 4

类　　别： 非物质 · 祭典

地理位置： 江苏省苏州市吴中区光福镇太湖港口

所属流域： 太湖

简　　介： 太湖沿岸村落都供奉着“水神”大禹王雕像，只是形态各异，没有统一标准。冲山村木雕匠人李进荣根据父亲讲述，和设计师一起创造出渔民形象的 2 米高仿青铜大禹像，放在“中国内陆第一渔港”光福港口，作为太湖渔民供奉的“标准像”。

太湖渔港村港口（邱志荣摄）

太湖渔港村“太湖永续”题刻（邱志荣摄）

太湖渔港村全景（戴秀丽摄）

太湖渔船源于南宋岳飞水军战船，太湖开捕习俗传承千年。每年 8 月底 9 月初“中国（苏州）太湖开捕节”在光福镇举行，渔家开捕祭祀大典上隆重公祭大禹，最后是激动人心的千帆竞发场景。

禹　庙（冲山村）

全国编号：50

地区编号：苏 5

类　　别：古建筑·庙

地理位置：江苏省苏州市吴中区光福镇冲山村平台山岛（太湖北峿）

所属流域：太湖

简　　介：冲山村平台山岛禹庙即太湖北峿禹庙。旧时太湖地区祭祀禹王十分兴旺，四峿（北峿平台山，南峿瓦山，西峿在甪头洲郑泾口，东峿在西华峧嘴上）上建有四座禹王庙，现存西峿禹庙（西山禹庙）与北峿禹庙。清乾隆金友理《太湖

平台山禹王庙全景（戴秀丽摄）

平台山禹王庙（戴秀丽摄）

禹王庙匾额（邱志荣摄）

备考》卷十六载：太湖中小“山之名峿者有四……其上皆有禹王庙……惟北峿最称灵异，六桅渔船岁时祭献，以祈神贶”。此外，沿太湖的无锡军嶂山、吴县金墅等地，也曾建过禹王庙。在各地的禹王庙中，香火最盛者为北峿平台山禹王庙。

平台山在太湖中央，海拔仅 5.6 米，面积只有 0.02 平方千米（一说为 42.7 亩），传说是大禹治水留下来的石头，有几分神异，故而太湖水再大都从来没被淹没过。祭祀禹王当属平台山最盛。清乾隆年间（1736—1796 年）光福冲山村吴、李两姓落户于此，担任庙祝，逢冬捕季节，还负责点燃山上的航标灯，为夜航的渔民服务。祭祀期间，由庙祝和帮工负责庙会活动的组织联络工作。20 世纪 50 年代中期，庙祝回到冲山，庙宇因无人管理而日见破落，1962 年被太湖公社拆除后在庙基上建造灯塔，为渔船导航。

平台山属于光福冲山村行政管辖，20 世纪 80 年代末，渔民自发修复了禹王庙，但岛上已无人居住。2016 年进行田野调查，只见庙宇内乏人管理，院墙上嵌有一块光绪二十九年（1903 年）苏州府吴县正堂在此勒石所立之碑，主要内容是“严禁盘剥太湖渔民”的告示。

如今每年秋天太湖渔民都会在开捕之前和之后来到禹王庙祭祀大禹。

平台山禹王庙内禹王像（邱志荣摄）

附录：

平台山碑记

浩浩之太湖，悠悠其吴地，太湖七十二峰之胜，其平台山位居太湖中央，为捕捞作业之要冲，为航行可见之目标，为躲避风浪之去处，誉称“太湖第一山”。

平台山碑记（邱志荣摄）

平台山全岛面积约 0.2 平方公里，海拔 5.6 米，岛上地势平缓，植被茂盛；岛周湖面辽阔，水深浪高。传平台山为大禹治水所留大石，太湖水位再高，其岛也未曾淹没，故太湖诸岛建禹王庙虽多，唯平台山祭祀禹王香火为最。

据史书记载，平台山亦称北鳌山，岛上禹王庙于梁大同三年（573 年）重建。从清乾隆以来，光福冲山村吴、李两姓村民落户于此，担任庙祝，前后延续。光绪二十九年六月苏州府吴县正堂在此勒石立碑“严禁盘剥太湖渔民”。1951 年吴县人民政府向吴、李两家颁发了平台山“土地房产所有证”。1997 年经省勘界确定，平台山归属苏州市吴中区光福镇冲山村。

大禹太湖平台山治峄

很久以前，太湖里有一种水怪岩峄，像龙又不是龙，像蛟也不是蛟。平时盘踞在山头上，窥视着太湖水面，见有船只过往，就一下钻入水中，兴风作浪，拱翻船只，吞噬生命。百姓对这种水怪很害怕，每年都要用全猪全羊祭祀，祈求平安。

话说大禹治理洪水到太湖，听说这种伤害百姓的水怪，决心要为民除害。

有一天，大禹在太湖边看见有一处的湖水直往上冒，他去周围三里以外的湖面巡视，发现还有六个地方也在冒水。大禹深感奇怪，总觉得不像是泉眼在冒水，忽而冒水忽而停，没有一点连续性和规律。他要探个究竟，于是他向冒水的地方靠近，仔细一看，原来是峄在水里翻滚。大禹从身上解下一条长绸带向峄头上抛去，不偏不倚，正好将峄的头套中。这峄力大无比，一下子把长绸带挣断，妄图逃窜。大禹眼疾手快，纵身一跃，骑上峄背，双手用力揿住峄头，两条臂膀像两把铁钳，有万斤之力，将峄头狠狠地按到湖底。峄疼痛难熬，使劲地晃着尾巴，把水砸得啪啪响，湖水被搅成浑泥浆，旋了一个很大很大的漩潭。这时，老百姓纷纷赶来帮忙，抬来了一口像山头那样大的铁锅扣在峄头上，然后用大筐大筐的沙石、泥土堆上去，堆成一个大土墩，像一个大台子的山，将凶恶的峄压在底下，终于征服了水怪。从此，这座山就叫平台山。大禹长绸带落下的地方，就是现在平台山四边的西沙罩，也叫“西沙带”。

为纪念大禹治水怪之功，老百姓在平台山上建禹王庙，每年全太湖的渔民都要来祭祀。殿内禹王端坐中间，两位丞相分坐左右：一位叫皋陶，专管种植稻麦和驱

除害虫；另一位叫伯益，掌管草木鸟兽，供应鲜食。平台山遥望是紫色的，相传是那口扣住峿的铁锅时间长了化成了铁砂。

禹期山

全国编号：51

地区编号：苏 6

类　　别：山川・山

地理位置：江苏省苏州市吴中区金庭镇

所属流域：太湖

简　　介：一名禹祈山，又名禹迹山，也名包山或林屋山。苏州太湖洞庭山支脉。南宋范成大《吴郡志》："禹期山在太湖中。旧说禹导吴江，以泄具区，会诸侯於此。"《汉学堂丛书》辑明《河图绛象》载："太湖中洞庭山林屋洞天，即禹藏真文之所，一名包山。"

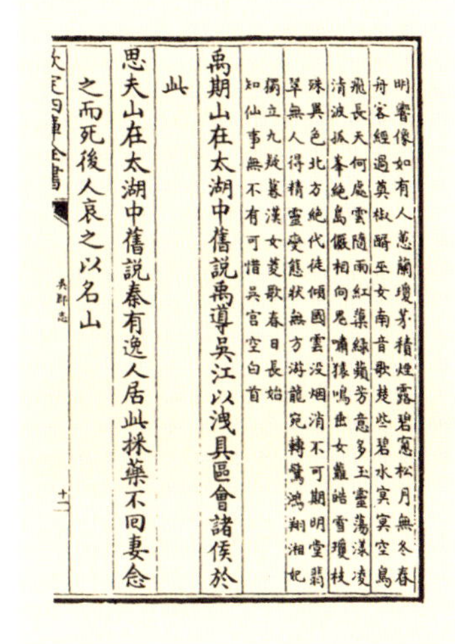
欽定四庫全書

明響像如有人惹蘭瓊茅積煙露碧窓松月無冬春
舟客經過奠椒醑巫女南音歌楚些碧水冥冥空鳥
飛長天何處雲隨雨紅蕖綠蘋芳意多玉臺蕩漾凌
清波孤峯絕島儼相向鬼嘯猿鳴蛩女羞皓雪瓊枝
殊異色北方絕代徒傾國雲没烟消不可期明堂翡
翠無人得精靈變態狀無方游龍宛轉驚鴻翔湘妃
獨立九疑暮漢女菱歌春日長始
知仙事無不有可惜吳宮空白首
禹期山在太湖中舊説禹導吳江以洩具區會諸侯於
此
思夫山在太湖中舊説秦有逸人居此採藥不回妻念
之而死後人哀之以名山

吳郡志　十二

南宋范成大《吴郡志》卷十五载"禹期山"

北宋《太平御览》卷四十六引《吴地记》："包山，在县西一百三十里，中有洞庭，深远世莫能测。吴王使灵威丈人入洞穴十七日，不能尽。因得玉叶，上刻灵宝经二卷，使示孔子，云禹之书也。"

禹期山（戴秀丽摄）

金庭镇角里古村禹王庙全景（戴秀丽摄）

西山禹王庙

全国编号：52

地区编号：苏 7

类　　别：古建筑・庙

地理位置：江苏省苏州市吴中区金庭镇角里景区

所属流域：太湖

简　　介：禹王庙位于角里村北端的郑泾港口太湖之滨。相传，大禹曾在西山治水，人们为了纪念大禹治水的功绩，在太湖中四个小岛上建造了四座禹庙，以镇洪水。《吴门表隐》载：“太湖中有四峿，山甚小而不没，称地肺。北峿在杜圻洲，名平台山，有砂如铁，大禹铸铁釜，覆孽龙於此。南峿在镇夏湾众安洲，名瓦山，并祀水平王。西峿在角头洲郑泾口。东峿在西华峧嘴上，至明中沦没於湖，禹王像浮水至冲山，与郁使君并祀之。故皆有禹庙。”

西山禹王庙历史悠久，始建无考，但远在南朝梁大同三年（537 年）已有重修的文字记载，1400 多年来，屡建屡毁，历经风雨沧桑，最近一次重修是在清嘉庆十四年（1809 年），殿壁嵌有重修记碑一块。新中国成立后，庙渐破落，“文革”中神像被毁，庙用作仓库。1983 年，江苏省太湖风景建设委员会拨款重修大殿，并增建山门，挖卫庙河，筑石护坡。1985 年，重塑禹王像一尊。1994 年，继续征

甪里古村禹王庙近景（邱志荣摄）

地扩建庙园，有专人（吴县市旅游局西山风景管理所）负责看管，向游人开放。庙有大殿三间，楠木梁柱，高10米，单檐歇山式，四只戗角，正对东南西北四个方向，下垂风铃，微风过处，铃声清脆悦耳。原正梁绘有二龙抢珠的苏式彩绘，用笔潇洒，神态生动，系明代遗物。台基高1米，15米见方。青石御路一方，亦为明代遗物，刻双龙戏珠。原殿内有"功高底定"匾额，原柱对为："忘其身，忘其家，辛壬癸甲，阅四日而出，惟荒度土功，遂贻万世平成之治；注之海，注之江，疏瀹决排，历八年於外，能奋庸帝载，乃受一心人道之传。"昔日大殿底部掏空，湖水可直冲其下，风送水紧，水石相搏，声若金鼓。庙旁花岗石碑上所刻"万顷波涛一望收"为全国人大常委会副委员长胡厥文书。

庙四周，湖山毓秀。庙旁地上，有着菜籽大小的铁色砂粒，这是传说中大禹铸铁釜、覆孽龙时留下的。2500多年前，吴王夫差"败越于夫椒"，相传就是从这里出发。庙外沿岸，有太平军屯兵的土城遗址，侍王李世贤、忠王李秀成曾分别驻军于此。

禹王庙的东南侧为郑泾港，开挖于南宋时期（1127—1279年），旧时是江苏、浙江两省界河，太湖水师营曾驻于此。港边的码头建于明朝，古时军民两用。码头长65米，宽3.4米，高1.8米，由102块（每块重约1.5吨）花岗石铺砌而成，工程浩大。南侧郑泾港，长3里的黄石驳岸古河上有永宁桥（花岗石平桥）、孤星桥（青石拱桥）两座古桥，旧时千帆竞集，兴盛一时。庙东金家岭，黄昏时看落日，绚丽奇绝，古时有胜景"金岭夕照"，旧有夕照亭。立于山门口的"甪里梨云"碑为清光绪二十五年（1899年）巢园老人题，因古时甪里遍植梨树，花开如云而得名。

《重修禹王庙记》（邱志荣摄）

禹王庙西里许的大埠岭头，原有衙署五进，兵房120间，为历代湖防重地甪头寨所在地，临高眺望，全湖尽收眼底。岩石上刻李根源民国18年（1929年）所书的“甪头寨”三个隶书大字。山坡临湖有甪里先生读书处——甪庵遗址。李根源在《吴郡西山访古记》中这样评价：“甪里洲以湖防言，实为湖中第一要地；以风景言，三面临水，山水秀聚，超轶尘凡，亦当为湖中名胜第一。”

太湖渔民崇敬禹王，称“水路菩萨”，主管太湖。太湖沿岸的大禹祭祀一年有四次，分别是正月初八、清明、七月初七和白露，其中以清明和白露这春秋两祭最为隆重。据清乾隆《太湖备考》所载，禹王香期一般为七天，供品是太湖水产。白露的禹王祭祀有从苏南、浙北赶去的渔民，于是渐成盛大庙会活动。

1986年西山禹王庙被列为吴县文物保护单位，后因行政区划调整，列为苏州市文物保护单位。

附录：

禹王神歌①

今赞禹王生何处？尧舜人世就出生。骈胁重瞳头生角，手足胼胝身奇形。

中华炎黄姓姬氏，轩辕黄帝嫡玄孙。唐尧虞舜登天下，洪水泛滥不安宁。

草木禽兽满天下，蛇虫貔貅毒害人。蛟龙水族相争害，天漫之下人难存。

---

① 神歌，亦称扬歌，因吴地古属九州之一的扬州而得名。它属于风俗歌，古时民间农闲祭神时唱用，又称赞歌。太湖中平台山用于祭祀活动唱神歌，由祝司领唱，众香民和唱，祭夏禹王、天妃、猛将、水路天台、胥王、岳王等圣贤，是在发符、请圣、请酒后唱的“赞神歌”，其主要内容为赞颂这些伟神的生平与功绩，香民群众也正可借此得到一些历史知识。唱神歌者，俗呼为“太保先生”，是一种业余或半职业的祈神职司。他们多数仅粗识文字，唱赞技艺与脚本均由师承或家传。唱神歌仪式一般分三个阶段：先是“请神——唱接神歌”（与会人员捧香站立顶礼），中间是“宴神——唱书”（与会香民喝茶听唱），最后是“送神——唱送神歌”（与会人员一齐焚香膜拜，在太保先生的道别辞中结束仪式）。此神歌录自《苏州大学学报》（哲学社会科学版，1993年吴文化研究专辑），由太湖冲山李翰培（1920年生）提供，为家传脚本。从其第一代（明崇祯年间）起迄今第十三代，世代为平台山禹王庙庙祝。注释为袁震、周国荣。

唐尧十三灾洪水，虞舜八年遭泛滥。洪水漫流无阻止，黎民无地去蹲身。
五岳山亭为山主，四渎水广连云汉。禅命百姓踱山住，共栖同林齐安身。
先把洪水疏通海，后筑巨坝流江河。敕命禹父鲧治水，不明水源从何来。
筑好东坝西又坍，九州围坝民遭害。八年治水犯祸罪，羽山诛戮泪汪汪。
稷契皋陶并伯益，四人推荐夏禹王。三推不让无功过，继父而罪奠洪荒。
察看天下水和源，源从川洪生黄河。黄河洪水无泄处，天下泛滥酿成灾。
治水工程定下来，皋陶伯益分灾情。堙洪决江通东流，斩山堵险疏江河。
拓开黄河洪水害，抵住川洪分四流。千里长江通四海，五湖分泄洪水平。
益汉郑分三州水，荆梁雍豫徐扬州。天下禽兽满天下，焚山驱兽烧荒原。
燃烧荒原年年火，开始熟食种稻菽。驱除群兽害虫灭，奠定山河得太平。
一十三年苦治水，忍饥受渴风雨淋。八年洪水天下定，三过家屋不入门。
为民除水无日定，不顾辛苦以胼胝。震泽底定中流柱，斩断蛇龙四峁分。
太湖三万六千顷，七十二峰在湖中。界跨三州并七县，江浙两地尽太平。
中华大地华夏起，九州禹迹定鼎铭。九鼎象功化万邦，八载抑洪开景定。
舜传禹王登宝位，功让九州万邦欢。皋陶发明农种化，伯益开整山林源。
后宫涂山氏族化，男女定偶不错乱。贤起接传从夏起，家传天下到如今。
九州立庙共颂赞，太湖四峁立庙门。西峁山上显威灵，抛去龙绦神沙成。
深潭锁峁坐杜圻，斩峁除怪上古称。清末还须祭峁神，全猪全羊上庙门。
北峁禹王古殿庙，威镇太湖水中心。苍松翠柏透云间，银杏香樟遍地萌。
山茶玉兰分春秋，玉梅黄杨傲冬雪。四抱古柏冲天柱，满山竹林万年青。

重修禹王庙记

［清］蔡九龄

太湖中东西南北四峁皆立大禹庙，报震泽底定之功也。角里郑泾之东北曰“北峁”，庙貌较诸峁为最。乾隆戊子，里人郑氏、沈氏重修之，于梁木上得“梁大同三年重建”之识。夫曰重建，则非创明矣。梁以前无碑可考，不足证也。自梁迄今千二百余岁，其间踵而修者谅不下数十次，亦无碑可考，不足证也。戊子之役，阅工二稔有余，费计千缗有奇，凡殿宇廊庑暨旁落土谷诸神祠，以及南北河堤皆是也。工作浩大，经营相度殊苦心不记。董其事者，盖郑、沈诸同人，实有力焉。嘉庆乙丑春，里人复集议捐资，生息以为岁修之费，永怀明德，善继前人，乃于己巳正月重修之。佥曰“是不可不有以示后来者”，爰为之记。嘉庆十四年仲春月西里蔡九龄谨撰。

（吴兴严基焜分书，里人沈正潢篆额，潘坤扬镌。录自禹王庙存碑）

禹迹桥

全国编号： 53

地区编号： 苏 8

类　　别： 古建筑·桥

地理位置： 江苏省苏州市吴江区震泽镇宝塔街东跨古頔塘

所属流域： 太湖

简　　介： 乾隆《震泽县志》卷五载：“禹迹桥，在慈云寺前，跨塘。”清康熙五十四年（1715年）为纪念大禹治水功绩而建，乾隆四十年（1775年）修，乾隆四十四年重建。南北走向，单孔石拱结构。桥面宽 4.30 米，桥全长 43.50 米，跨径 10.45 米，矢高 5.56 米。禹迹桥东西两向各刻对

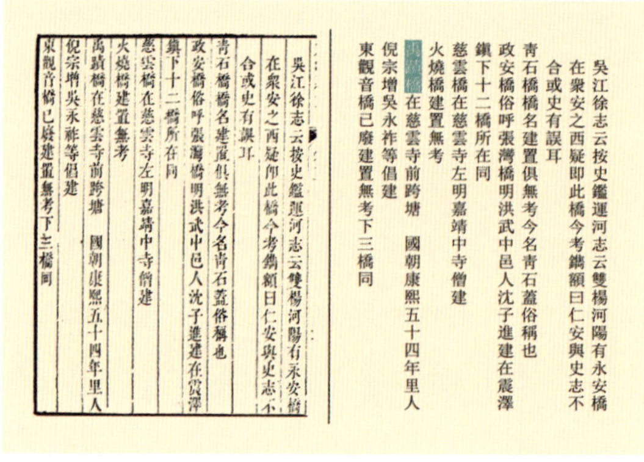

吳江徐志云按史鑑運河志云雙楊河陽有永安橋在衆安之西疑即此橋今考鐫額曰仁安與史志不合或史有誤耳

青石橋橋名建置俱無考今名青石蓋俗稱也

政安橋俗呼張灣橋明洪武中邑人沈子進建在震澤鎮下十二橋所在同

慈雲橋在慈雲寺左明嘉靖中寺僧建

火燒橋建置無考

禹蹟橋在慈雲寺前跨塘　國朝康熙五十四年里人倪宗增吳永祚等倡建

東觀音橋已廢建置無考下三橋同

乾隆《震泽县志》卷五载“禹迹桥”

禹迹桥（戴秀丽摄）

联一副。东联："善政惟因，不易大名仍禹迹；隆时特起，重恢古制值尧巡。"西联："市近湖滣，骄肩无俟临流唤；地当浙委，绣壤应多题柱才。"东联的上联意为重建此桥是沿袭夏禹以来的历代善政，故仍以禹迹命桥名；下联意为桥之重建，正值乾隆南巡时。上下联把康雍乾与尧舜禹相提并论，并把乾隆帝南巡比作尧巡，显然是专为迎驾而作。

2012 年 9 月，禹迹桥升格为苏州市文物保护单位。

羽　山

全国编号：54

地区编号：苏 9

类　　别：山川・山

地理位置：江苏省连云港市东海县温泉镇羽山村

所属流域：淮河

简　　介：《禹贡》："淮沂其乂，蒙羽其艺。"其中之"羽"即指羽山。羽山是上古时期名山，位于东海县温泉镇北 7 千米处，是苏鲁两省分界岭，东西长 3 千米，南北宽 1.5 千米，海拔 269.5 米。传说是舜帝殛鲧、大禹出生之地，也是远古

羽山（戴秀丽摄）

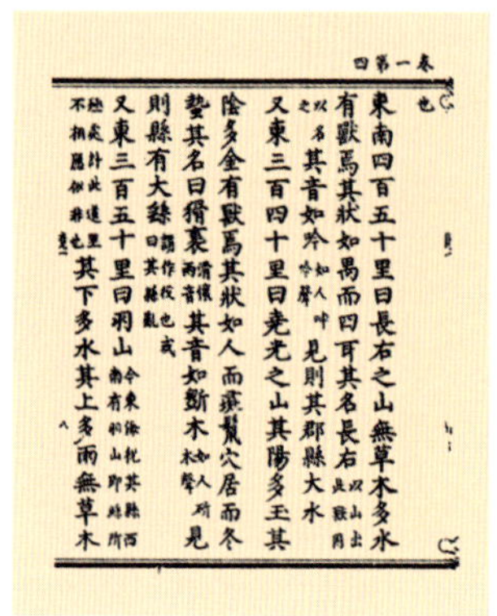

卷一第四

也

東南四百五十里曰長右之山無草木多水以山出此獸因名

有獸焉其狀如禺而四耳其名長右以名之其音如吟如人呻吟聲見則其郡縣大水

又東三百四十里曰堯光之山其陽多玉其

陰多金有獸焉其狀如人而彘鬣穴居而冬

蟄其名曰猾褢滑懷兩音其音如斲木如人斫木聲見

則縣有大繇謂作役也或曰其縣亂

又東三百五十里曰羽山今東海祝其縣西南有羽山即鯀所殛處計此道里不相應似非也其下多水其上多雨無草木

《山海经》卷一载“羽山”

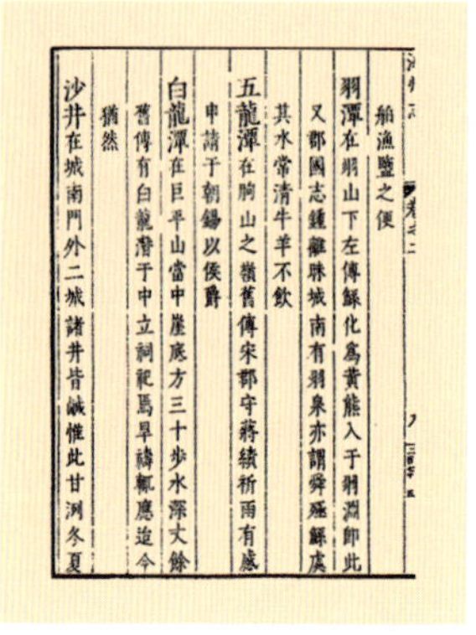

舶漁鹽之便

羽潭在羽山下左傳鯀化爲黃熊入于羽淵即此

又郡國志鍾離琳城南有羽泉亦謂舜殛鯀處

其水常清牛羊不飲

五龍潭在朐山之嶺舊傳宋郡守蔣績祈雨有感

申請于朝錫以侯爵

白龍潭在巨平山當中崖底方三十步水深丈餘

舊傳有白龍潛于中立祠祀焉旱禱輒應迄今

猶然

沙井在城南門外二城諸井皆鹹惟此甘洌冬夏

隆庆《海州志》卷二载“羽潭”

羽民文化的发祥地，在《山海经》《史记》等历史典籍中都有明确记载。这里流传着很多关于大禹治水的故事。羽山无论是自然风光，还是历史遗迹，都极具开发价值。羽山下的大禹湖碧波荡漾，美不胜收。

羽山风景区位于山东省临沭县、郯城县和江苏省东海县交界处。殛鲧泉在羽山之巅。《山海经·南山经》：“又东三百五十里，曰羽山。”郭璞注：“今东海祝其县西南有羽山，即鲧所殛处。”

《史记》记载：“帝尧之时，鸿水滔天……尧听四岳用鲧治水，九年而水不息，功用不成……舜登用摄行天子之政，巡狩行视鲧之治水无状，乃殛（诛杀）鲧於羽山以死。”鲧因治水失败被舜帝杀死在羽山后，诞子于此。《初学记》二十二：“鲧殛死，三岁不腐，副之以吴刀，是用出禹。”

《古今图书集成·方舆汇编·山川典》卷二十六《羽山部汇考·羽山图》局部

关于鲧的死因，东晋《拾遗记》卷二说：“尧命夏鲧治水，九载无绩。鲧自沉於羽渊，化为玄鱼，时扬鬐振鳞，横游波上，见者谓为‘河精’。羽渊与河海通源也。海民於羽山之中，修立鲧庙，四时以致祭祀。”又说“鲧”字是“鱼”“玄”二字的组合。并说禹走遍九州，“惟不践羽山之地”。

山上有殛鲧泉，又叫羽泉、羽渊，明隆庆《海州志》卷二载：“羽潭，在羽山下，《左传》：‘鲧化为黄熊，入于羽渊。’即此。又《郡国志》：‘钟离昧（眛）城南有羽泉，亦谓舜殛鲧处，其水常清，牛羊不饮。’”1958年被当地人炸毁。

三元宫

全国编号：55

地区编号：苏10

类　　别：古建筑·宫

地理位置：江苏省淮安市楚州区板闸南街运河北侧

所属流域：淮河

简　　介：明万历己未年（1619年）榷使庄起元建。后正殿被火焚毁，乾隆十七年（1752年）复建，为明清时期淮安一处重要的宗教建筑，也是目前板闸保存较为完整的明清建筑。同治《重修山阳县志》卷二载“三元宫，运河北”。

据当地人回忆，历史上板闸地区因地势低洼，常有水患，民不聊生，当地百姓往往背井离乡，外出乞讨度日，待水患退去，又重返家园。老百姓出于免受水患侵扰的愿望，纷纷在家中敬起了“天官、地官、水官”三位神仙，以求免除水患，保一方平安，三元宫也因此建立。

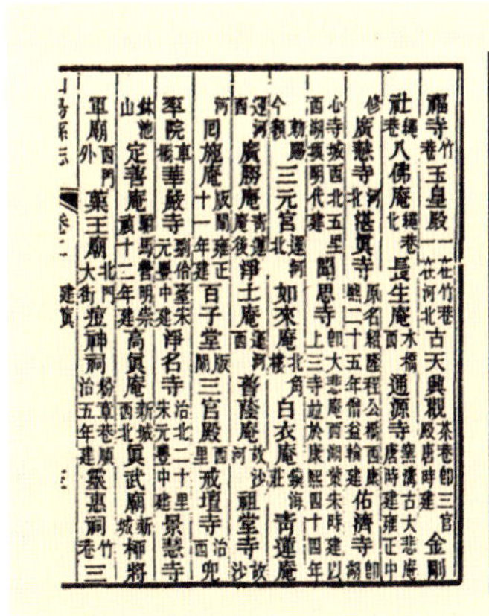
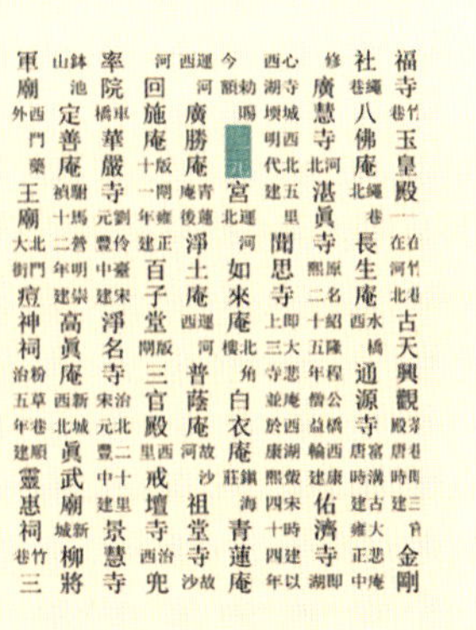
同治《重修山阳县志》卷二载“三元宫”

现宫占地约1000平方米，建筑面积400多平方米，现存五幢房屋，有大雄宝殿、前殿、山门及南北厢房各一幢，皆为硬山顶抬梁式。其中大雄宝殿面阔5间14.10米，进深九檩11米，檐口高4.2米，脊高8.5米。原大雄宝殿与两侧厢房有廊轩相接，现已改砌成墙壁。

2006年6月9日被列为市级文物保护单位。

禹王庙（高良涧）遗址

全国编号： 56

地区编号： 苏 11

类　　别： 古建筑遗址

地理位置： 江苏省淮安市洪泽区高良涧进水闸宿舍区

所属流域： 淮河

简　　介： 清代高良涧禹王庙位于洪泽湖大堤上，高堰厅与山盱厅交界处，是洪泽湖大堤（今长 67.25 千米，清代石工墙长 60.1 千米）分段管理的里程标志，也是乾隆皇帝亲临祭祀大禹的场所。《行水金鉴》："高堰通判所辖：北自山清交界武家墩后横堤头起，南至高良涧禹王庙前止，计程五十里。"

乾隆《庙祠祀典》载："禹王庙在高涧石堤，康熙三十九年（1700 年）亦文端公（河督张鹏翮）建。"据张鹏翮《河防志》卷之十一《高涧禹王庙碑记》记载："为正殿三楹，左右厢翼之，前戟门三楹，缭以周垣"，"又以世传《岣嵝碑》勒之门屏"；因担心禹王塑像不够逼真，特意派画工到绍兴大禹陵观摩写生。雍正十年（1732 年），江南河道总督嵇曾筠重修禹王庙；十二年五月悬挂御书匾额"德垂万世"。乾隆二年（1737 年）重修。乾隆《大清一统志》："禹王庙在山阳县西南八十里高堰湖堤，本朝乾隆十六年御书匾额。"乾隆十六年四月初五，南巡御舟驻跸高良涧，乾隆帝诣禹王庙拈香，御书匾曰"平成永赖"。道光《信今录》载："禹王庙，在高良涧洪泽湖大堤，内并奉关帝祀、大王祀，亦河工奉之。"光绪《淮安府志》卷三亦有"禹王庙（高良涧）"之记载。

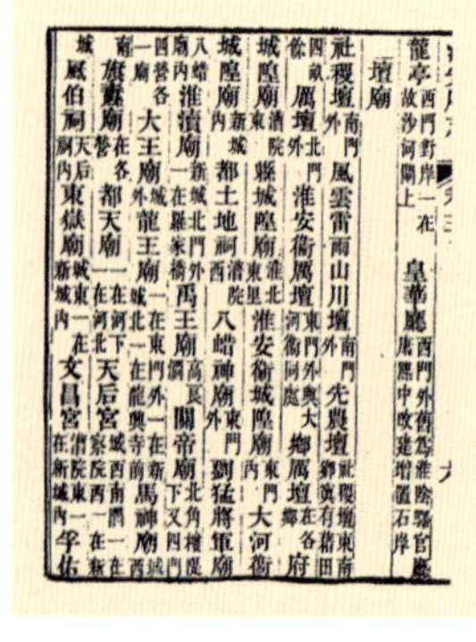

龍亭（西門對岸一在故沙河閘上）　皇華廳（西門外舊爲淮陰驛官廳康熙中改建增置石岸）

壇廟

社稷壇（南門外）　風雲雷雨山川壇（南門外）　先農壇

邑厲壇（西北門外）　淮安衛厲壇（東門外）　鄉厲壇（在各府）

城隍廟　縣城隍廟　淮安衛城隍廟　大河衛

城隍廟　都土地祠　八蜡神廟　劉猛將軍廟

淮瀆廟　禹王廟（高良澗）　關帝廟

大王廟　龍王廟　馬神廟

旗纛廟　都天廟　天后宮

風伯祠　東嶽廟　文昌宮

光绪《淮安府志》卷三载"禹王庙（高良涧）"

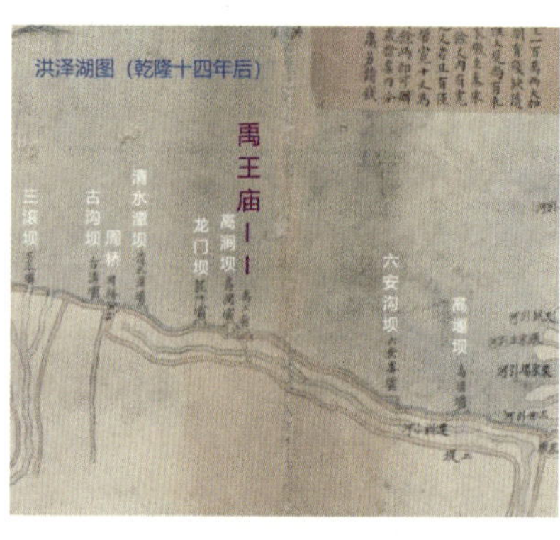

禹王庙（高良涧）位置图（张卫东供图）

高良涧禹王庙建筑豪华，雍正《防河奏议》称"禹王之庙貌，翚飞鸟革"。民国初年为部队营房，1940 年拆除。后其遗址为高良涧进水闸与苏北灌溉总渠渠首管理处宿舍区。20 世纪 90 年代，进水闸管理

图中画圈处为禹王庙遗址（张卫东供图）

所在盖职工住房时发现一块石碑，后又埋入土中。

2014 年，中国大运河列入世界文化遗产名录。洪泽湖大堤作为其重要遗产点，成为世界文化遗产的重要组成部分。

龟山遗址 · 巫支祁井

全国编号：57

地区编号：苏 12

类　　别：古遗址

地理位置：江苏省淮安市洪泽区老子山镇龟山村

所属流域：淮河

简　　介：也称锁蛟井，村民称“圣母井”。清薛福成《庸庵笔记》：“今洪泽湖滨之龟山有井，名曰巫支祈井，相传神禹锁巫支祈于此。”河道总督麟庆撰安淮寺联曰：“巫支祈井底深潜，澜恬洪泽；阿罗汉波间重出，福佑清淮。”

巫支祁是尧舜禹时期的奇妖，据《山海经》记载，“其形若猿猴，力逾九象，金目雪牙，轻利倏忽”。意思是他的形状像猿猴，塌鼻子，凸额头，白头青身，火眼金睛，身体轻灵飘忽，力气超过九头大象。

传说巫支祁为淮涡水神，在淮河中建有龙宫。大禹治淮水时，巫支祁作怪，风

龟山村全景（戴秀丽摄）

“禹锁巫支祁”壁画（戴秀丽摄）

雷齐作，木石俱鸣。大禹很恼怒，派天神庚辰擒获了巫支祁。巫支祁虽被抓，但还是击搏跳腾，谁也管束不住。于是大禹用大铁索锁住了他的颈脖，拿金铃穿在他的鼻子上，把他镇压在淮河龟山脚下的水井里，从此淮河才平静地流入东海。

欽定四庫全書　吳郡志　六

元和九年有李公佐者訪古東吳從太守元公錫於洞
庭登包山宿道者周焦君廬入靈洞探僊書石穴間
得古岳瀆經第八卷文字奇古編次蠹蝕公佐與焦
君共詳讀之云禹理水三至桐柏山驚風迅雷石號
木鳴五伯擁川天老肅兵不能興禹怒召集百靈搜
命夔龍桐柏千君長稽首請命禹囚鴻蒙氏章商氏
兜盧氏犁婁氏乃獲淮渦水神名無支祈善應對
言語辨江淮淺深源流遠近形若猿猴縮鼻高額青

欽定四庫全書　卷四十五

軀白首金目雪牙頸伸百尺力踰九象搏擊騰踔
疾輕利禹授之童律不能制授之烏木田不能制授
之庚辰能制之木魅水靈山妖石怪奔號叢遶以千
數頸鎖大索鼻穿金鈴徙淮陰之龜山之足俾淮
水安流注海庚辰之後圖此形者免淮濤風水之難
先是永泰中李湯為楚州刺史有漁人夜釣龜山下
其鈎為物所掣不復出漁人疾沉可五十丈見大鐵
鎖盤繞山足以告于郡湯命善游者數十人取鎖力

宋范成大《吴郡志》卷四五载大禹锁巫支祁于龟山之下的过程

唐《古岳渎经》记载：“禹理水，三至桐柏……乃获淮涡水神，名无支祁，善应对言语，辨江淮之浅深、原隰之远近。形若猿猴，缩鼻高额，青躯白首，金目雪牙。颈伸百尺，力逾九象，搏击腾踔疾奔，轻利倏忽，闻视不可久……颈锁大索，鼻穿金铃，徙淮阴之龟山之足下，俾淮水永安流注海也。”

明代文学家吴承恩在龟山采风创作时，以巫支祁为原型，塑造出了一个机智勇敢、神通广大的“孙悟空”形象，写出传世之作《西游记》。

2014 年 11 月，龟山村入选中国传统村落名录。

2006 年龟山遗址被公布为省级文物保护单位。

巫支祁井（戴秀丽摄）

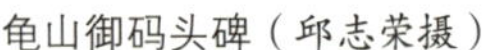
龟山御码头碑（邱志荣摄）

淮渎庙（邱志荣摄）

附录：

龟山码头记

龟山，地处淮河入洪泽湖段，公元前486年，吴王夫差开邗沟，沟通江淮；战国时魏开鸿沟，由淮达河；隋大业时，炀帝开通济渠，楚泗之间借淮行运。宋代贴右岸自下而上，节节凿河。元丰七年（1084年）春，蒋之奇开龟山运河，“取淮为源，不置堰闸”。运口以下，“凿龟山左肋为复河”。今上下游泗州城、洪泽镇俱没于沙洲之下，唯存龟山浮于水上。此龟山古运河码头，被誉为“御码头”，史载“建炎元年（1127年）十一月己酉初，上至龟山”。

洪泽县文物管理委员会

二〇一二年十二月二十日立

禹王河遗迹

全国编号： 58

地区编号： 苏13

类　　别： 古遗址

地理位置： 江苏省淮安市盱眙县圣人山淮河起，经天长至六合入长江

所属流域： 淮河

淮安市盱眙县圣人山（戴秀丽摄）

简　　介：《清史稿》："禹王古河，自盱眙圣人山历黑林桥、桐城镇、杨村、天长县迄六合之八里桥，各有河形溪涧岗不等。"光绪《盱眙县志》卷二载："《行水金鉴》引《泗州志》，有莫之翰请开禹王古河，详文曰：禹之治淮，原有二道：《禹贡》之书曰，导淮自桐柏，东会於泗沂，东入於海，此一道也；《孟子》曰，排淮泗而注之江，又一道也。子舆去大禹治水时仅一千九百余年，使无实据，必不著之於书，况其旧迹则至今可考也。查盱眙县治东二十里有圣人山，山下有禹王河，据土人咸称为大禹治水导淮入江之故道。汴宋时尚通舟楫，为东南运道，迨宋南渡以迄元明，日就堙塞，而明初又於山麓穿渠之处增土筑断，以避祖陵风水反跳之嫌。其见在河形深浅不一，始盱眙，历天长、六合，以达大江，在在皆有遗址。"

传说的禹王河与史书记载的晋直渎、唐直河、宋遇明河路线大致吻合。《读史

六合禹王河遗址（张卫东辑）

盱眙禹王河遗址（张卫东辑）

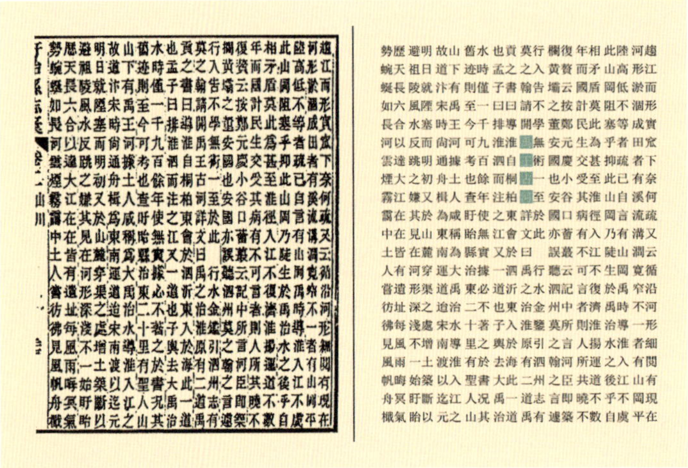

光绪《盱眙县志》卷二载“禹王古河”

方舆纪要》：“直渎城在县南。晋义熙中，析盱眙县置直渎县，属盱眙郡。”《新唐书·地理志》：“盱眙……有直河，太极元年，敕使魏景清引淮水至黄土冈，以通扬州。”《宋史》卷九十六：“（崇宁元年）十二月，诏淮南开修遇明河，自真州宣化镇江口至泗州淮河口，五年毕工。”今盱眙县圣人山下淮河边有圣山湖，接古河河槽；南京市六合区原有禹王河、禹王桥，今有新禹河、新禹桥。新禹河源自金牛湖水库，下游入滁河，通长江。

云梯关遗址·禹王庙

全国编号： 59

地区编号： 苏 14

类　　别： 古建筑

地理位置： 江苏省盐城市响水县黄圩镇云梯关村

所属流域： 淮河

简　　介： 云梯关遗址的禹王庙亦称禹王宫、禹王寺，为清康熙三十九年（1700 年）河督张鹏翮奏请敕建。云梯关外海域很早曾叫东大洋。云梯关所在地控河面海（就是控制古淮河或古黄河入海，同时又面临着黄海），三皇五帝时代，淮河是中原地区交通出海的唯一通道，大禹受命治水，淮河是重点流域。人们纪念大禹治水功绩，也为了祭祀神灵，求得风调雨顺，而建云梯关禹王寺。

据史料记载，历史上禹王寺东南方向建有海神庙，悬四朝皇帝御匾，更使云梯关名扬天下。

庙中正殿供禹王像，上悬“法海津梁”匾额，系总河于成龙手书。乾隆二十九年（1764 年），江督高晋增建后殿，专祀禹王。乾隆帝御书钦颁“利导东渐”匾额

云梯关禹王庙（戴秀丽摄）

云梯关遗址碑（戴秀丽摄）

云梯关望海楼（邱志荣摄）

一块。嘉庆帝又御书“朝宗普庆”匾额一块。光绪十年（1884 年），左宗棠视察淮河时，专程到云梯关参拜禹王庙。其他历任河督及到此大臣所书匾联甚多。每年四月八日定期开放一次。

禹王庙正殿后，有“平成台”，台上造阁三层，俗名“望海楼”“八角亭”，为清乾隆初年河道总督完颜伟所建。道光年间（1821—1850 年），完颜伟的裔孙麟庆复督南河，曾视察云梯关，写成《平成济美》一文，并为望海楼题楹联：“与水不争能，力尽八年惟注海；开堂思肯构，目穷千里更登台。”如今古楼已不存，重建为七层浮屠，仍名“望海楼”。

云梯关是古淮河入海口，元时有庞大漕运船队往来。后黄河夺淮入海淤塞加剧，海岸线向东延伸 60 余千米，关隘变成平陆。

2011 年 12 月 19 日，云梯关被公布为第七批省级文物保护单位。

焦山碑林 · 禹迹图

全国编号： 60

地区编号： 苏 15

类　　别： 可移动 · 碑

地理位置： 江苏省镇江市东吴路焦山东麓宝墨轩

所属流域： 长江

简　　介： 焦山碑林由摩崖石刻与碑林组成，其源于北宋庆历八年（1048 年），现占地 7000 平方米，珍藏碑刻 500 余方，展示 400 余方。1988 年，被国务院公布为第三批全国重点文物保护单位。

《禹迹图》是我国现存最早的石刻地图之一，目前仅存两块：一块在西安碑林，刻于齐阜昌七年（1136 年）；另一块在镇江焦山碑林，刻于元符三年（1100 年）。至顺《镇江志》卷二一载：“禹迹图，以《禹贡》山川及古今州郡山水地名开方图之，每方折地百里。宋绍兴十二年十一月，左迪功郎

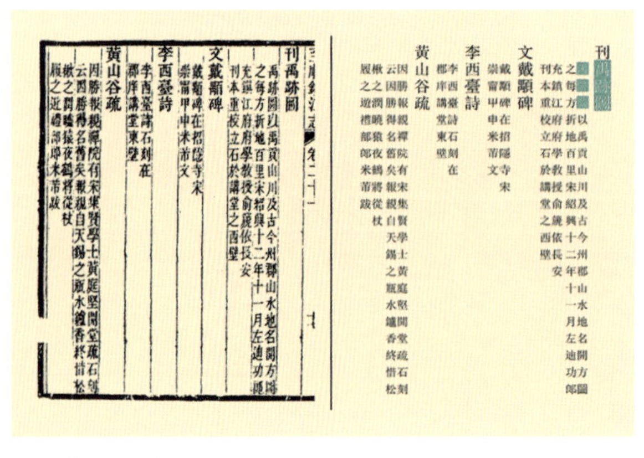

刊禹跡圖 以禹貢山川及古今州郡山水地名開方圖之每方折地百里宋紹興十二年十一月左迪功郎充鎮江府府學教授俞篪依長安刊本重校立石於講堂之西壁

文戴顒碑 戴顒碑在招隱寺宋崇甯甲申米芾文

李西臺詩 李西臺詩石刻在郡庠講堂東壁

黃山谷疏 因勝報親禪院有宋集賢學士黃庭堅開堂疏石刻云因勝得名舊矣報親自天錫之甌水爐香終惜松楸之潤曉猿夜鶴將從杖履之遊禮部郎米芾跋

至顺《镇江志》卷二一载“禹迹图”

镇江《禹迹图》(戴秀丽摄)

充镇江府府学教授俞箎依长安刊本重校，立石於讲堂之西壁。”

镇江《禹迹图》石刻地图原置于江苏镇江府学孔庙之中，作者不详，镌刻于宋代。这幅地图系根据唐代《海内华夷图》中《禹贡》九州部分缩制，因而称为《禹迹图》。

禹迹图长宽各1米多，图中采用计里画方的绘制方法，每方折地百里，横方71，竖方73，总共5110方。其中水系、海岸尤接近现今地图的形状。所绘内容十分丰富，行政区名有380个，标注名称的河流近80条，标名的山脉有70多座，标名的湖泊有5个。

英国学者李约瑟称此图是“当时世界上最杰出的地图”。

龙王庙行宫

全国编号：61

地区编号：苏16

类　　别：古建筑·殿

地理位置：江苏省宿迁市皂河镇通圣街行宫路交叉口

所属流域：淮河

简　　介：同治《宿迁县志》卷十一载：“安澜龙王庙，在县西北皂河镇。”龙

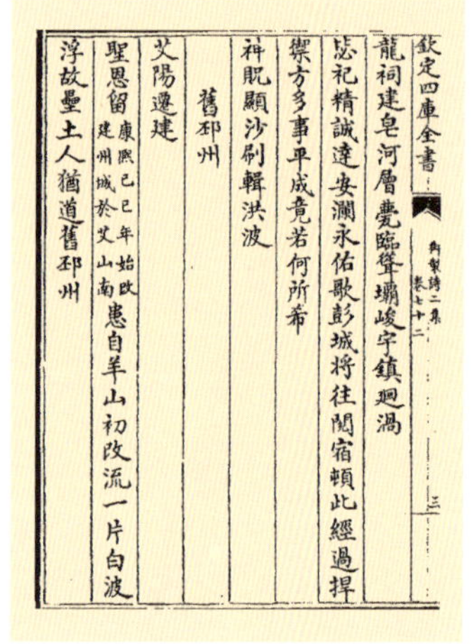
欽定四庫全書　御製詩二集 卷七十二　三

龍祠建皂河層甍臨聳墉峻守鎮廻渦
毖祀精誠達安瀾永佑歌彭城將往閱宿頓此經過捍
禦方多事平成竟若何所希
神貺顯沙刷輯洪波
舊邳州
艾陽遷建
聖恩留康熙己巳年始改建州城於艾山南患自羊山初改流一片白波
浮故壘土人猶道舊邳州

《御制诗二集》载“龙王庙行宫”

王庙行宫始建于清顺治年间，改建于康熙二十三年（1684 年）。后经雍正、乾隆、嘉庆历代多次修复和扩建，形成了占地三十六亩、三进四院北方官式建筑群。该建筑群系清代帝王为祈求龙王“安澜息波、消除水患”而建的祭祀建筑，故名“敕建安澜龙王庙”。后因清乾隆皇帝六下江南，五次驻跸于此，并建亭立碑，御笔题诗，故又称之为“乾隆行宫”。有《安澜龙王庙六韵》诗。

该建筑群布局方正，规模宏大，气势磅礴，雄伟壮观。南北中轴线上建筑有戏楼、山门、御碑亭、怡殿、龙王殿、灵官殿（分宫厅）、大禹殿（乾隆寝宫）。大禹殿（乾隆寝宫）始建于明末清初，原名为“草堂庙”，清康熙帝于 1684 年南巡至此，为治理洪灾，将其扩建，以敬奉大禹王。1959 年上层被拆除，2003 年复建为重檐重楼式建筑。清乾隆皇帝南巡，曾五次驻跸该殿二楼，故又称乾隆行宫或正宫。占地面积 359.8 平方米，建筑面积 308 平方米，该建筑屋面饰黄色琉璃瓦与清式龙吻，清代官式大作，上下两层，为典型的帝王殿宇建筑结构。整个殿宇坐落在青白石板筑成的 1 米高的须弥台上，通高 23 米，是整个建筑群中规模最大、规格最高、最为壮观豪华的殿宇。

龙王庙行宫（戴秀丽摄）

龙王行宫禹王殿乾隆寝宫（邱志荣摄）

龙王庙行宫中轴线两侧建筑有东西牌楼、钟鼓楼、东西配殿、东西滚龙殿、东西宫、御膳房、御书房、东西御花园等。整个建筑群结构严谨、左右对称，雕梁画栋、斗拱飞檐。1982 年被江苏省公布为省级文物保护单位，2001 年 6 月 25 日被国务院公布为第五批全国重点文物保护单位，2014 年成为大运河世界文化遗产点。

八、浙江省

禹 航

全国编号：62

地区编号：浙 1

类　　别：地名

地理位置：浙江省杭州市余杭区

所属流域：太湖

简　　介：又称禹杭、余杭、馀杭。古名“禹航”。相传大禹治水过此舍舟登陆于此，故名“禹航”。晋司马彪《续汉书·郡国志》：“禹航者，夏禹东去舍舟登陆，因以为名。”宋《太平寰宇记》：“杭因禹而得名，且谓山顶有石穴，相传是禹维舟处。”又记：“本名‘禹航’，后人俗讹为余杭。”明田汝成《西湖游览志余》卷一《帝会都会》：“杭州之名，相传神禹治水会诸侯于会稽，至此舍杭登陆，因名禹杭。至少康封庶子无馀于越，以主禹祀，又名余杭。”嘉庆《余杭县志》卷二载：“相传神禹治水会诸侯於会稽，至此舍杭登陆。因名禹杭。”

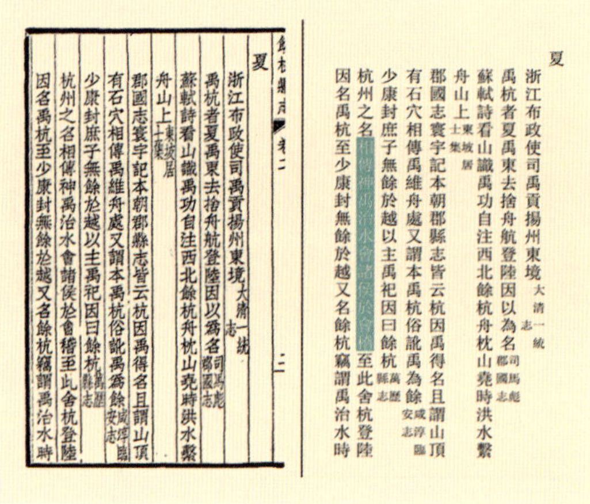

夏

浙江布政使司禹貢揚州東境（大清一統志）

禹杭者夏禹東去捨舟航登陸因以為名（司馬彪郡國志）

蘇軾詩看山識禹功自注西北餘杭舟枕山堯時洪水繫舟山上（東坡居士集）

郡國志寰宇記本朝郡縣志皆云杭因禹得名且謂山頂有石穴相傳禹維舟處又謂本禹杭俗訛禹為餘（咸淳臨安志）

少康封庶子無餘於越以主禹祀因曰餘杭（萬歷縣志）

杭州之名相傳神禹治水會諸侯於會稽至此舍杭登陸因名禹杭至少康封無餘於越又名餘杭竊謂禹治水時

嘉庆《余杭县志》卷二载“禹杭”

余杭大禹像

大禹铜像坐落在杭州市余杭区

余杭街道禹航路与凤新路交叉口的中心广场，是老余杭的地标建筑，落成于2003年，整体高24米，其中铜像本身高3米。铜像底座上有“同舟共济”四个大字，象征余杭古镇即为大禹治水舍航登陆之地。

附录：

余杭和大禹有着密切的关系，传说当年大禹治理苕溪并会天下诸侯于会稽，曾经在那一带留下许多航船，并为此专门设立余航国，派一个儿子管理这些船只。古代“航”“杭”相通，“余航”便成了“余杭”。古余航国的位置就在现在的余杭一带。且杭这个姓也源于古余航国，据说当年余航国的公族子孙皆以国为姓。

舟枕山（娘娘山）

全国编号： 63

地区编号： 浙2

类　　别： 山川·山

地理位置： 浙江省杭州市余杭区余杭街道

所属流域： 太湖

简　　介： 在余杭镇仙宅村。海拔397.7米，传说是大禹舍舟登山系舟的地方，一作舟航山、舟杭山。苏轼于熙宁五年（1072年）七月写有《宿余杭法喜寺后绿野亭望吴兴诸山怀孙莘老学士》一诗，诗中有“问谍知秦过，看山识禹功”句，苏轼自注：“尧时洪水，系舟山上。”南宋《咸淳临安志》载：“舟杭山，在（余杭）县

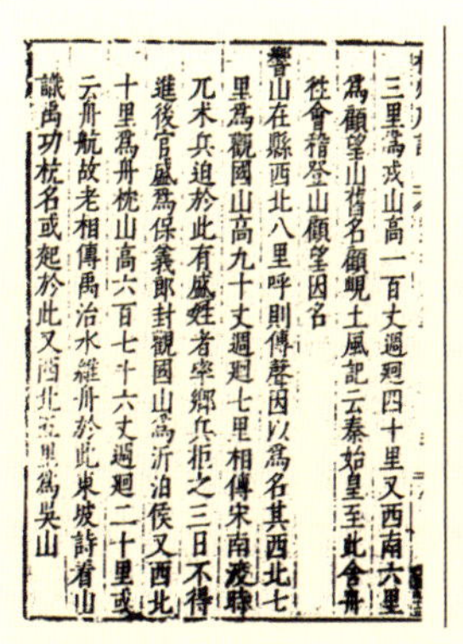

三里為戎山高一百丈週廻四十里又西南六里為顧望山舊名顧峴土風記云秦始皇至此舍舟往會稽登山顧望因名
謍山在縣西北八里呼則傳聲因以為名其西北七里為觀國山高九十丈週廻七里相傳宋南渡時兀朮兵迫於此有盛姓者率鄉兵拒之三日不得進後官盛為保義郎封觀國山為沂泊侯又西北十里為舟枕山高六百七十六丈週廻二十里或云舟航故老相傳禹治水維舟於此東坡詩看山識禹功杭名或起於此又西北五里為吳山

万历《杭州府志》卷二四载“舟枕山”

入洞遂剷間洞口漸進漸深秉燭以視內有三洞深二十餘丈峻壁擁石高十丈許左青右黃有僊人跡有玉芝有寶座又有如牖者如白龍者如獅子者二柱屹立一長八尺圍四尺一長六尺圍丈餘色甚潔白柱間有井深六尺內橫深不可計間吐烟霧氣微濕白龍體滴水不竭其餘怪石不可勝數
僊人洞在縣北一十五里高陸鄉地深幽古為僊人所隱故名
龍曰石在縣北高陸鄉臨溪有石其狀如龍飲水故

万历《杭州府志》卷二四载“仙人洞”

舟枕山（金小军摄）

舟枕山禹迹亭（金小军摄）

西北二十五里……山顶有石穴，古老云：禹治水维舟之所。”山下有大禹谷，也即娘娘山和长乐林场、甘岭水库的统称，今建有禹迹亭。山上还有系舟石，山顶石穴名仙人洞、娘娘洞，传说大禹治水时住过此洞。万历《杭州府志》卷二四载：“仙人洞，在县北一十五里高陆乡，地深幽古，为仙人所隐，故名。”山上有缆船坞，也叫滥船湾，原为娘娘山（舟枕山）麓一山坞，现是甘岭水库一长湾。滥船湾又叫烂船湾，意谓大禹乘坐的船几千年来早就烂掉了。

禹皇庙（五杭村）

全国编号：64

地区编号：浙 3

类　　别：古建筑·庙

地理位置：浙江省杭州市余杭区运河街道五杭村

所属流域：太湖

简　　介：在运河街道。原属五杭镇。相传大禹舣舟于此，乃渡江巡会稽。镇南端的庙桥河畔有禹皇禅寺，四乡百姓为敬祀大禹王，以每年十一月十三为禹皇庙会。中华人民共和国成立后一度改为五杭供销社络麻收购站，改革开放后恢复原貌，修缮了禅寺大门，重建了大雄宝殿、佛堂、戏台等建筑。后宗教事务局批复为“禹皇寺”。

五杭村禹王庙

夏禹王庙（夏禹路）

全国编号： 65

地区编号： 浙 4

类　　别： 古建筑 · 庙

地理位置： 浙江省宁波市海曙区机场路夏禹路衔接处

所属流域： 东南沿海诸河

简　　介： 位于海曙区机场路、夏禹路口。正厅祭拜大禹。整座庙宇原在附近的安泰社区一带，20 世纪 90 年代被拆毁，2014 年复建。

明嘉靖《宁波府志》有“谢女王庙”的记载，并传“谢女王”为捕蝗神。清康熙《鄞县志》纠正为“大禹王庙”（宁波话夏禹王、谢女王发音相近）。民国《鄞县通志》地图标出了“大禹王庙”。1950—1956 年宁波西郊设立夏禹乡，远近闻名。最近几年的城市改造中，联丰村改建为住宅社区，“夏禹”二字重现，出现了夏禹路、夏禹公园等，“大禹王庙”改称“夏禹王庙”。

海曙区高桥镇岐阳村下有三过自然村，有禹皇庙，2002 年村民捐资重建。此外宁波各地还有祭祀大禹的会稽庙，如民国地图上栎社飞机场东北庙桥附近就有一座会稽庙。

夏禹路夏禹王庙（张卫东供图）

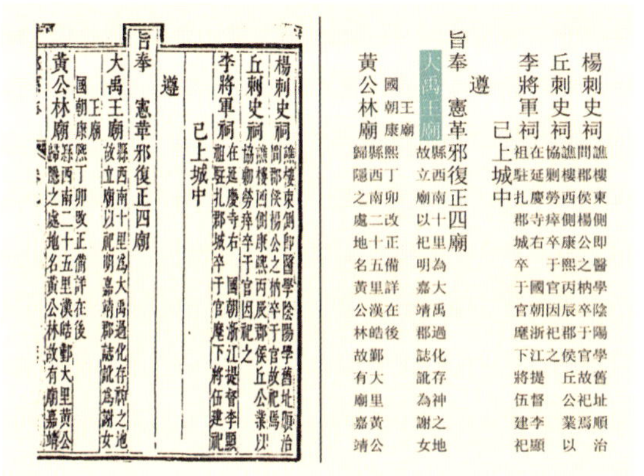

楊刺史祠（譙樓東側即醫學陰陽學舊址順治間郡侯楊公之納卒于官故祀焉）
丘刺史祠（譙樓西側康熙丙辰郡侯丘公業以協剿勞瘁卒于官因祀之）
李將軍祠（在延慶寺右國朝浙江提督李顯祖駐扎郡城卒于官麾下將伍建祀）
已上城中
遵
旨奉
憲革邪復正四廟
大禹王廟（縣西南十里為大禹過化存神之地故立廟以祀明嘉靖郡誌訛為謝女王廟國朝康熙丁卯改正備詳在後）
黃公林廟（縣西南二十五里漢皓鄞大里黃公歸隱之處地名黃公林故有廟嘉靖）

清康熙《鄞县志》卷九纠正“谢女王庙”为“大禹王庙”

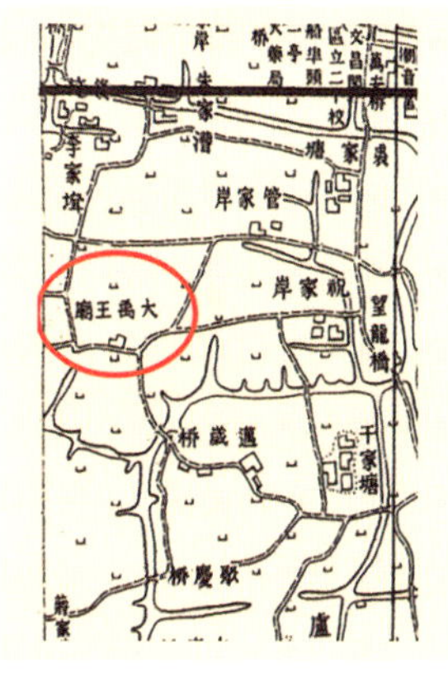

民国地图中的“大禹王庙”

秘图山

全国编号：66

地区编号：浙 5

类　　别：山川 · 山

地理位置：浙江省宁波市余姚市城区

所属流域：东南沿海诸河

简　　介：在余姚城区内舜水楼边。余姚有“禹藏秘图，舜耕历山”的典故，嘉泰《会稽志》卷九（秘图山）：“在县北六十七步。《旧经》云：上有石匮，夏禹所藏灵秘图之所。旧号方山，天宝六年改今名。上有严公堂、高风阁，皆以子陵而名。（此山旧为寿圣观址，县治在其南麓，观既废於建炎兵火，遂以弓手营地为广

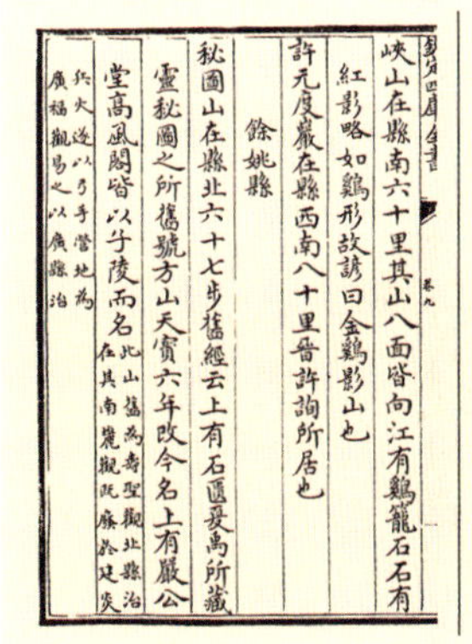

峽山在縣南六十里其山八面皆向江有鷄籠石石有紅影略如鷄形故諺曰金鷄影山也
許元度巖在縣西南八十里晉許詢所居也
餘姚縣
秘圖山在縣北六十七步舊經云上有石匱夏禹所藏靈秘圖之所舊號方山天寶六年改今名上有嚴公堂高風閣皆以子陵而名（此山舊為壽聖觀北縣治在其南麓觀既廢於建炎兵火遂以弓手營地為廣福觀易之以廣縣治）

嘉泰《会稽志》卷九载“秘图山”

秘图山遗址（邱志荣摄）

福观，易之以广县治。）”万历《绍兴府志》卷五载：“余姚秘图山，在县署北。署垣据北麓半，其南麓为知县廨。上有石匮，《旧经》云：神禹藏灵秘图之所。山高止丈许，周广数十步。初盖名方丈山，唐天宝六年改今名。”

从秘图山流下的水汇集成秘图湖。《越中杂识》上卷《川》：“秘图湖，在余姚丞廨之前，初本石窦，微有泉流，好事者因而广之，才丈许。岩石陡处，镌曰‘神禹秘图’。”

传说大禹曾把治水的秘图藏此山中，因此改名秘图山。山南麓有一水池，称为秘图湖。1995 年被地方政府卖给开发商移山填湖后造起了广厦，今仅存一高墩。

禹王庙（双河村）

全国编号：67

地区编号：浙 6

类　　别：古建筑・庙

地理位置：浙江省宁波市余姚市阳明街道双河村

所属流域：东南沿海诸河

简　　介：该禹王庙本来在原青山乡星光村朱家，始建于宋朝。因为妨碍开发，2016 年才被移建过来。

考察双河村禹王庙

庙有联：

治四渎定九州功盖华夏；
受舜禅置税赋德维大禹。

水行舟涂行橇三过家门而不入；
左准绳右规矩辛勤治水十三载。

当地传说余姚江是大禹治水的最后一条水道。

三官庙（碗窑村）

全国编号：68
地区编号：浙 7
类　　别：古建筑·庙
地理位置：浙江省温州市苍南县桥墩镇碗窑村
所属流域：东南沿海诸河

简　　介：三官庙坐落于碗窑东门街，是一座建成于清咸丰元年（1851 年）的木结构建筑，又称“三官大帝庙”。庙宇由月台、天灯和正殿组成，面阔 9.6 米，通高约 8 米，进深 6.8 米，悬山顶，中央大厅四根立柱支撑着庙宇的伞形屋顶，这是传统建筑中极为罕见的螺旋式藻井，共 13 旋，旋旋紧扣，浑然天成。藻井层层描绘人物、花草，工艺精湛，气派非凡。整座宫庙内构架纯木榫卯构造，不用一钉，朱栏红柱，丹青重彩，匠心独运，集宫廷与民间技艺之大成。

三官庙对面的古戏台建于清同治（1862—1874 年）时，为歇山顶木构建筑，1988 年被列为苍南县文物保护单位。戏台平面呈方形，台基高 1.54 米，下用夹柱石固定，上铺木板，四角立柱，面阔 4.28 米，通高 7.26 米，进深 5.85 米，设后副楼，为演员更衣、化妆和放置道具之用。整体亭台状外观，构造典雅精巧，朱栏重彩。柱上横向联系斗口枋，上施藻井，八角重拱。井口枋下置花牙子，板上彩绘有戏曲人物、故事图案。檐口出两跳，每跳出重柱，一置花板，一置挂落，垂柱样式有瓜篮、覆莲纹等。檐口饰装饰性象鼻昂，一柱出四昂，夸张轻佻。藻井四角及屋脊的彩绘与雕塑以古神兽为主，祈愿驱妖辟邪。藻井共九层十二瓣，切分成 108 格，分别绘制南戏的人物故事情节及花鸟、戏文等。其中 52 幅为《白蛇传》的故

碗窑古村（邱志荣摄）

碗窑三官大帝宫（邱志荣摄）

碗窑古戏台（邱志荣摄）

事情节，如《篷船借伞》《白娘子盗灵芝仙草》《水漫金山寺》《雷峰塔》《仕林祭塔救母》等，是研究“南戏”之难得的实物资料。戏台立柱上刻有“情节新奇出人意料，机关巧妙娱我视听”的对联。

“三官庙”与古戏台对峙而立，通过厢房形成一个连体建筑群，可容纳 1300 多人同时看戏。不管刮风下雨，台上照演，台下照看。这里也是碗窑村民祭祀、祈福普度、娱乐、红白喜丧之重要场所。该戏台于 1988 年被列为苍南县文物保护单位。现在三官庙、古戏台均为省级文物保护单位。

禹秦二王庙遗址

全国编号：69

地区编号：浙 8

类　　别：古遗址

地理位置：浙江省嘉兴市海宁市硖石街道会通桥西首

所属流域：太湖

简　　介：据民国《海宁州志稿·坛庙》卷七载，禹秦二王庙即社庙，隋大业间建，中具禹、秦二王主。大禹、秦始皇共庙，为史上仅见。宋景祐四年有释赞宁碑记，明有沈祏、沈友儒两记，所志各异。又有董延章一碑，其建始亦异。庙之兴废不一。（浙江省第三次全国文物普查，2007—2011 年）

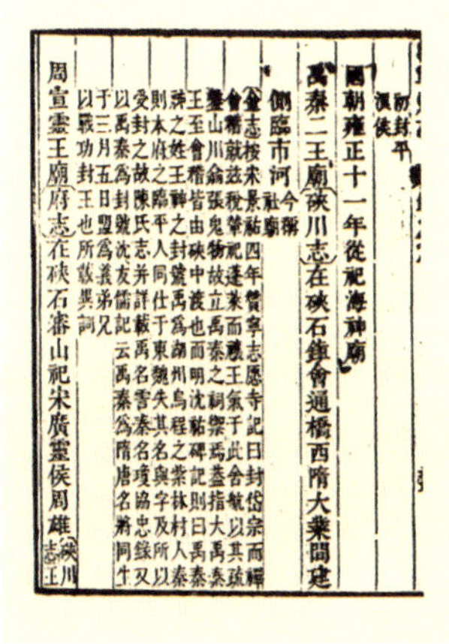
國朝雍正十一年從祀海神廟
禹秦二王廟（硤川志）在硤石鎮會通橋西隋大業間建
側臨市河今稱社廟
周宣靈王廟（府志）在硤石審山祀宋廣靈侯周雄（硤川志）

乾隆《海宁州志》卷六载“禹秦二王庙”

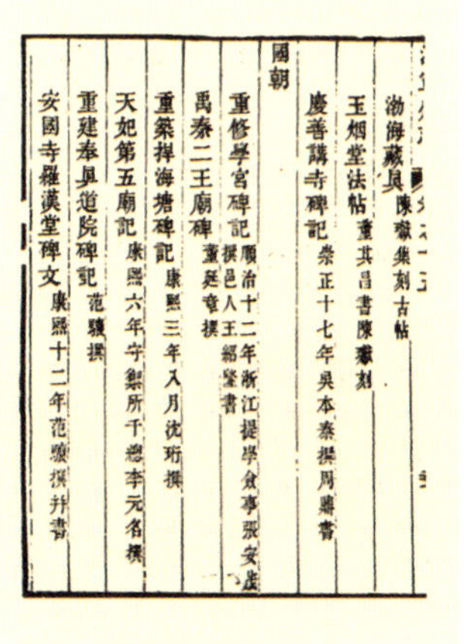
渤海藏真　陳璥集刻古帖
玉烟堂法帖　董其昌書陳瓛刻
慶善講寺碑記　崇正十七年吳本泰撰周鼎書
國朝
重修學宮碑記　順治十二年浙江提學僉事張安茂撰邑人王紹鑒書
禹秦二王廟碑　董廷章撰
重築捍海塘碑記　康熙三年八月沈珩撰
天妃第五廟記　康熙六年守禦所千總李元名撰
重建奉真道院碑記　范驤撰
安國寺羅漢堂碑文　康熙十二年范驤撰并書

乾隆《海宁州志》卷六载“禹秦二王庙碑”

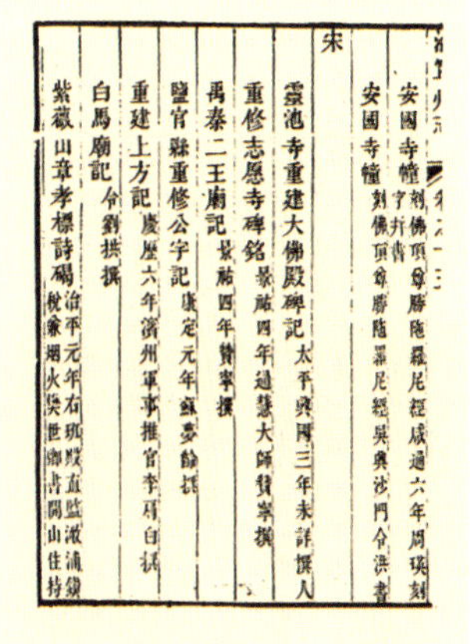
安國寺幢　刻佛頂尊勝陁羅尼經咸通六年周瑛刻字并書
安國寺幢　刻佛頂尊勝陁羅尼經吳興沙門令洪書
宋
靈池寺重建大佛殿碑記　太平興國三年未詳撰人
重修志愿寺碑銘　景祐四年通慧大師贊寧撰
禹秦二王廟記　景祐四年贊寧撰
鹽官縣重修公宇記　康定元年蘇夢齡撰
重建上方記　慶歷六年濱州軍事推官李珝白撰
白馬廟記　令劉拱撰
紫薇山章孝標詩碣　治平元年右班殿直監澉浦鎮稅兼煙火吳世卿書開山住持

乾隆《海宁州志》卷十五载“禹秦二王庙记”

防风祠

全国编号：70

地区编号：浙 9

类　　别：古建筑・祠

地理位置：浙江省湖州市德清县三合乡二都防风山

所属流域：太湖

简　　介：相传防风为尧舜时期的治水英雄，后被禹封为防风国王。有一天，禹在会稽涂山开庆功会，防风因迟到被禹斩杀。《国语・鲁语下》：“昔禹致群神於会稽之山，防风氏后至，禹杀而戮之。”当地传说：事后大禹查明，防风氏是因参加抗洪抢险才迟到，且防风氏治国有方，深受百姓爱戴。于是大禹不仅为他昭雪，而且还封为防风王，令防风国建造防风祠供奉防风氏神像。

下渚湖畔的防风祠是为纪念防风氏于西晋元康初年（约 291 年）由武康知县贺循筹建的。后唐五代时又由钱镠新建，由唐至清，其中可考的重修就有 6 次。清光绪年间武康县秀才梁英为其撰楹联：

五千年藩分虞夏，矢志靡陀，追思洪水龙蛇捍患到今留圣泽；
一百里壤守封禹，功垂不朽，试看崇祠俎豆酬庸终古沐神庥。

今祠为 1988 年重建，占地 455 平方米，建筑面积 377 平方米，大殿高 15.88 米，重檐翘角，气势壮丽。匾额书写有“风山灵德王庙”。祠中塑有防风氏神像，高大、慈善，令人肃然起敬。祠前东侧立有五代吴越王钱镠《修建风山灵德王庙碑记》（灵德王是钱镠封防风的号，风山即现在的防风山）石碑。碑文向后人展示了唐朝时防风祠的规模和祭祀防风氏的盛大排场，从中可见防风氏当时在太湖流域的地位。宋代陈必复有《防风氏庙》诗：“一去归期不复闻，故乡目断会稽云。乌江空堕将军

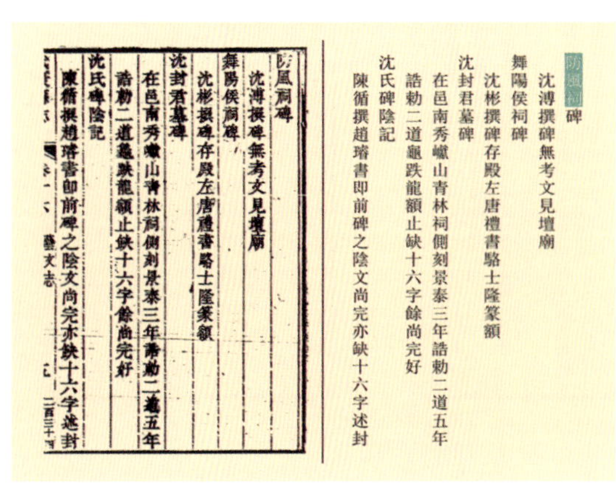

防風祠碑

沈溥撰碑無考文見壇廟

舞陽侯祠碑

沈彬撰碑存殿左唐禮書駱士隆篆額

沈封君墓碑

在邑南秀巘山青林祠側刻景泰三年誥勅二道五年誥勅二道龜趺龍額止缺十六字餘尚完好

沈氏碑陰記

陳循撰趙璿書即前碑之陰文尚完亦缺十六字述封

道光《武康县志》卷十六载“防风祠碑”

德清县防风祠（戴秀丽摄）

防风氏像（邱志荣摄）

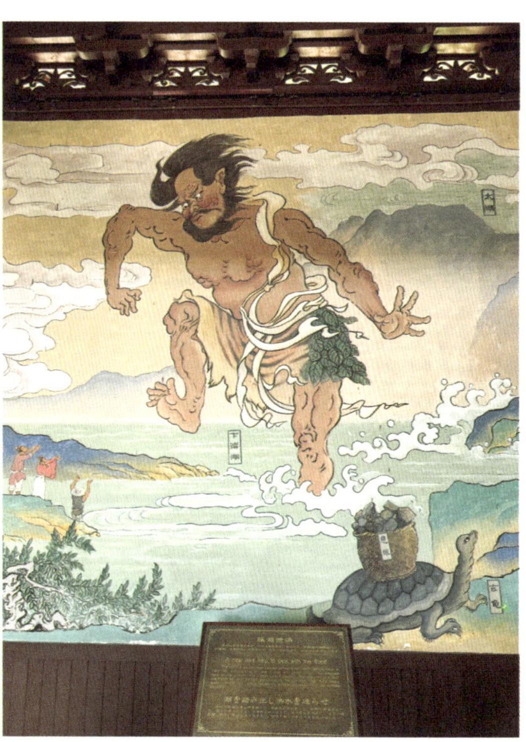

防风氏太湖治水壁画（邱志荣摄）

泪，蜀国曾招望帝魂。两壁衣冠存古貌，十年城郭说邦君。遗民尚指专车骨，老树槎牙枕庙门。”

据明嘉靖《武康县志》载：“古防风氏国於封隅，为今武康之地。”（武康县于1958年与德清县合并）古防风氏之国在封禺两山间之说，在唐《元和郡县志》、宋《太平寰宇记》及《余英志》等古文献中均有记载。防风氏神话在这片故土世代传承。

相传由防风氏开拓的下渚湖，现仍发挥着滞蓄东苕溪洪水和灌溉周边农田的功能，并因它优美的水生态环境，近年被列为国家湿地公园，省级风景名胜区。

此地有非遗“防风传说”。

附录：

一位上古治水英雄的史诗：防风治水

防风氏[①]的活动年代与大禹同时，他是浙北地区土著民族的祖先，在封禺之地创建了防风国，领导子民治水兴农，生息繁衍。

防风氏是上古时期神话传说中的治水英雄。当时，东苕溪洪水泛滥，百姓深受水患之苦，力大无穷的防风氏追随大禹，开山导流，踩湖泄洪，立下了治水大功。功成之日，大禹在会稽大宴群雄，但防风氏迟到，大禹以藐视规章为由杀之。刽子手一刀砍下，防风氏颈项却喷出雪白的血液，大禹大惊，知有冤情。后经查明，防风氏是因为东苕溪山洪，忙着抢险而迟到。大禹后悔不已，于是为防风氏平反昭雪，封其为“防风王”。

防风的故事，可以在《国语·鲁语》的孔子答客问找到佐证：“吴伐越，堕会稽，获骨焉，节专车。客执骨而问：‘敢问骨何为大？’仲尼曰：‘丘闻之，昔禹致群神於会稽之山，防风氏后至，禹杀而戮之，其骨节专车。此为大矣。’客曰：‘防风何守也？’仲尼曰：‘汪芒氏之地也，守封禺之山者也。’”从这段对话中，可知防风氏受封在封山和禺山之地，就在如今德清境内，现今下渚湖一带仍称为“防风古国”。这里正是中国“汪姓”的发源地，正合了孔子那句“汪芒氏之地也”。

防风氏作为治水先祖，世世代代受到故土人民的敬崇。

---

① 防风氏，中国上古时期神话传说中人物，他是巨人族，有三丈三尺高。他是远古防风国（今浙江德清县）的创始人，又称汪芒氏。防风氏生活在夏商之前的尧舜禹时代，当时他是一个部落的首领，这个部落叫作防风。因为他们生活的地点是一片沼泽地，而他们的后代也顺理成章地姓“汪”。换句话说，防风氏其实是今天“汪”姓的祖先。

德清防风祭祀活动（施伟强供图）

祭祀防风氏之风，由西晋开始绵延千年。每年农历八月二十五，鸣锣喝道，供上猪羊，燃烛焚香，官民同祭。祭神时，奏防风古乐，截竹长三尺，吹之如嗥，三人披发而舞。祭神后，防风王出巡游行，队前由小搭子开道，黑白两无常清场，接着是雄壮的仪仗，如四锣鼓、八执牌、四号炮、四清道、八乐队等。凡巡游所到村庄和宽敞街口，村民都搭有供棚，上供五牲福礼，并有专人迎候。各式队伍如乐队、抬阁、舞龙、舞狮、高跷、拜香、臂香等，都跟随游行队伍表演。神轿四人抬，轿后为四相公，前有大纛，后有侍卫，卫队均戴头盔，穿锦袍，佩宝刀，踏粉靴，执令旗、令箭和印玺。自觉加入游行的群众队伍有时长达数里，爆竹时鸣，锣鼓盈耳，观者人山人海，热闹非凡。

1965 年农历八月二十五，二都举办了“文革”前最后一次的防风祭祀仪式，次年停祭。1997 年，重建新防风祠竣工，八月二十五举行修复典礼，远近村民 6000 多人参加盛会。此后，防风祭典年年如期举行，2011 年 5 月被列为国家级非物质文化遗产。

（《浙水遗韵》编委会编:《清丽湖州》，杭州出版社 2022 年版，第 262—267 页）

禹迹寺古井

全国编号：71

地区编号：浙 10

类　　别：古建筑·井

地理位置：浙江省绍兴市越城区鲁迅故里与沈园之间

所属流域：东南沿海诸河

简　　介：嘉泰《会稽志》卷七载："大中禹迹寺，在府东南四里二百二十六步。晋义熙十二年，骠骑郭将军舍宅置寺，名'觉嗣'；唐会昌五年，例废；大中五年，僧居，立诣阙请僧契真复兴此寺，并置禅院於北庑，诏赐名'大中禹迹'，且命契真居所置禅院。寺门为大楼，奉五百阿罗汉，甚壮丽，初释氏自达摩至慧能以来传禅宗，然禅院皆寓律寺，至百丈山怀海始创为禅居，乃不复寓律寺。契真亦怀海弟子，是时禅寺虽创，尚未盛行，故犹寓禹迹。"

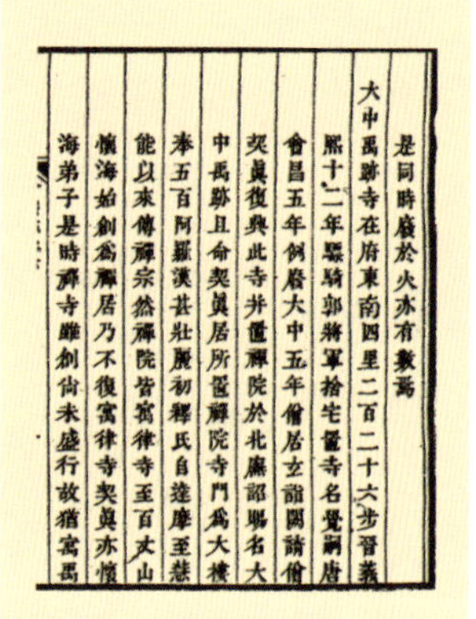

是同時廢於火亦有數焉
大中禹跡寺在府東南四里二百二十六步晉義
熙十二年驃騎郭將軍捨宅置寺名覺嗣唐
會昌五年例廢大中五年僧居玄詣闕請僧
契真復興此寺并置禪院於北廡詔賜名大
中禹跡且命契真居所置禪院寺門爲大樓
奉五百阿羅漢甚壯麗初釋氏自達摩至慧
能以來傳禪宗然禪院皆寓律寺至百丈山
懷海始創爲禪居乃不復寓律寺契真亦懷
海弟子是時禪寺雖創尚未盛行故猶寓禹

嘉泰《会稽志》卷七载"大中禹迹寺"

禹迹寺遗址在今鲁迅故里与沈园之间姜家园小区，现仅存马路边禹迹寺古井一口。禹迹寺现已不存，旧址在绍兴古城春波桥北。《越中杂识》载："春波桥，俗名罗汉桥，在禹迹寺前。"现春波桥北的鲁迅中路 521 号商铺正门口存有名叫"禹迹寺古井"的双井遗迹。

禹迹寺古井（戴秀丽摄）

附录：

禹迹寺古井

禹迹寺始建于晋义熙十二年（公元四一六年），唐大中五年（公元八五一年）诏赐名"大中禹迹"。寺宇年久废圮，唯存此古井。宋爱国学者、诗人曾几尝寓居于内，青年陆游从曾为师，进城必访。古沈园西北隅与禹迹寺仅一桥之隔。陆游晚年多次登寺楼，眺望沈园景色，缅怀前妻唐琬。寺前小桥，因陆游“伤心桥下春波绿，曾是惊鸿照影来”句而名“春波桥”。

绍兴市文物管理处立

一九八五年十一月

会稽山·钱塘江

全国编号：72

地区编号：浙 11

类　　别：山川·山

地理位置：浙江省绍兴市越城区稽山街道大禹陵景区

所属流域：东南沿海诸河

简　　介：会稽山丘陵的主干峰聚于绍兴市区和诸暨、嵊州边界，海拔 700 米左右。从主干按西南—东北走向，分出一批海拔 500 米左右的丘陵，形成西干山丘陵和化山丘陵，亦分别成为浦阳江和曹娥江的分水岭。万历《绍兴府志》卷一《疆域志》记：

《南新志》曰：“天下之山祖於昆仑，其分支於岷山者为南条之宗。掖江汉之流奔驰数千余里，历衡逾郴，包络瓯闽而东赴於海，又折而北以尽於会稽，故会稽为南镇。镇，止也。南条诸山所止也。越郡正当会稽诸山之中，郡城之外，万峰回合，若连雉环戟而中涵八山。八山者，又会稽诸山之所止也。”

此说明会稽之山为传统之说的中华祖山昆仑山向南山脉终止处，其地位由此可见。

《越绝书》卷八记载的“茅山”，亦称“苗山”，在今绍兴城东南，即“会稽山，在会稽县下南十三里，其山袤延数十里”。(《越

南镇会稽山牌（戴秀丽摄）

稽山何巍巍（刻石山、秦望山）（戴秀丽摄）

中杂识》上卷《山》）《水经注·浙江水》载：

又有会稽之山，古防山也，亦谓之为茅山，又曰栋山。《越绝》云：栋，犹镇也。盖《周礼》所谓扬州之镇矣。山形四方，上多金玉，下多玦石。《山海经》曰：夕水出焉，南流注于湖。《吴越春秋》称，覆釜山之中，有金简玉字之书，黄帝之遗谶也。山下有禹庙，庙有圣姑像，《礼乐纬》云：禹治水毕，天赐神女圣姑，即其像也。山上有禹冢，昔大禹即位十年，东巡狩，崩于会稽，因而葬之。有鸟来，为之耘，春拔草根，秋啄其秽，是以县官禁民，不得妄害此鸟，犯则刑无赦。山东有湮井，去庙七里，深不见底，谓之禹井。

《嘉泰会稽志》卷九除记述《水经注》等说法外，又引《旧经》："会稽山周回三百五十里，盖总言东南诸山之隶会稽郡者。"秦王朝建立后，在吴越地设立会稽郡，治吴县（今江苏省苏州市），在今浙江省境内有 10 个县。西汉的会稽郡领县 26 个，包括今浙江和江苏、福建等省的部分地区。此后会稽郡的属地逐渐缩小，至清代会稽仅为绍兴府所属的八县之一，和当时的山阴县一起，基本在今柯桥区和越城区范围之内。

“会稽者，会计也”，追根溯源，是因传说大禹在“茅山”“大会计”而名“会稽山”，再因此而名其地为会稽。

《浙江古今地名词典·会稽山》：古山名。原名茅山，又名苗山。《史记·夏本纪》：“禹会诸侯江南，计功而崩，因葬焉，命曰会稽。会稽者，会计也。”春秋时越王句践为夫差所败，以甲楯五千退保会稽山，即此。秦始皇曾上会稽，祭大禹，望南海，并刻石颂秦德。司马迁也曾上会稽探禹穴。其时会稽山指今绍兴东南和南部诸山。今山名。在越城、柯桥、嵊州、诸暨、东阳、上虞等区市间，南连大盘山，北接宁绍平原，为浦阳江和曹娥江分水岭。以古会稽山得名。呈东北—西南走向。长约 90 千米，宽约 30 千米。海拔一般在 500 米左右，几个千米以上山峰集居南部。主峰鹅鼻山，在嵊州市西北，海拔 700 米以上。最高点东白山，在东阳、诸暨两市界上，海拔 1194 米。主要由中生代火山熔岩、碎屑岩组成，局部有砂岩、页岩等分布。岩性松软的岩石构成山间小盆地。中段有新生代玄武岩，形成条带状台地。

会稽山属东南沿海的钱塘江流域。钱塘江是浙江省最大的河流，发源于安徽省

会稽山及禹河（邱志荣摄）

休宁县龙田乡江田村，干流流经安徽省和浙江省，最后出杭州湾注入东海。干流全长609千米，流域面积5.55万平方千米，落差858米。钱塘江潮被誉为天下第一潮，是世界一大自然奇观。

附录：

会稽鸟田

何信恩

与禹会诸侯于会稽的传说相关，古代今绍兴地区还有“会稽鸟田”的传说。

所谓鸟田，是指有百鸟助人耕田。春天叼去草根，秋天啄除杂草。为什么鸟类会来给人类耕田，而用不到农夫自己动手呢？据说这是因为禹忧民治水，舍身忘我，劳苦功高，最终病死后葬于会稽，禹死后还念念不忘黎民百姓之苦，其精神感动了百鸟，于是百鸟便来这里为农夫耕田，而且大小有差，进退有行，使会稽百姓得“鸟田”之利。当地官府便明令禁止人们伤害鸟类，否则就算犯罪而要被处以刑罚。

也许正是由于此，越地民俗把鸟当作吉祥物，以鸟作为崇拜的图腾。历年来绍兴境内先后出土的文物上都有鸟的文饰，如鸠杖等。于今在绍兴某些标志性的广场建筑物上，运用鸠鸟图形已不鲜见，这是后人对这一古代民俗的认同。其实，在越地，鸟是巫的象征。巫者，以降神者也，这是巫师的主要职责。所谓鸟耘，应是人们在祭台上模仿鸟类的形象和动作来表现耕耘的场面，所以叫作“鸟耘”。

（引自《绍兴大禹陵》，中国文史出版社2011年版）

大禹陵（庙·祠）

全国编号： 73

地区编号： 浙 12

类　　别： 古建筑·陵

地理位置： 浙江省绍兴市越城区稽山街道大禹陵景区

所属流域： 东南沿海诸河

简　　介： 大禹陵在绍兴城稽山门外东南 3 千米处，会稽山麓、鉴湖南畔，是一处合陵、庙、祠于一体的古建筑群，高低错落，各抱形势，展示了中国传统的建筑美。

大禹在越治水的历史传说在古代普遍流传，见之于众多的史籍文献，如：《竹

会稽山及大禹陵（郭民军摄）

书纪年·夏后氏》“（禹）八年春，会诸侯于会稽，杀防风氏”；《国语·鲁语下》“昔禹致群神於会稽之山，防风氏后至，禹杀而戮之”；《淮南子》“禹葬会稽之山，农不易其亩”。此外，司马迁在年轻时，曾经南游江、淮，“上会稽，探禹穴”（《史记·太史公自序》）。他在《史记·夏本纪》中记述：“十年，帝禹东巡狩，至于会稽而崩。”《史记·秦始皇本纪》又记秦始皇三十七年（前 210 年）来到越地，“上会稽，祭大禹，望于南海，而立石刻颂秦德”。

大禹陵大禹像

大禹陵岣嵝碑及亭（邱志荣摄）

大禹陵碑

大禹陵牌坊（邱志荣摄）

禹井亭（邱志荣摄）

禹祠（邱志荣摄）

大禹陵庙图（摹自嘉庆《山阴县志》，邱志荣供图）

对大禹来越治水，当以战国人著述，东汉人袁康、吴平加以辑录增删的《越绝书》记载为详，此书记大禹曾两次来越，并葬于会稽山："禹始也，忧民救水，到大越，上茅山，大会计，爵有德，封有功，更名茅山曰会稽。及其王也，巡狩大越，见耆老，纳诗书，审铨衡，平斗斛。因病亡死，葬会稽，苇椁桐棺，穿圹七尺；上无漏泄，下无即水；坛高三尺，土阶三等，延袤一亩。"

"《皇览》：禹冢在会稽山。自先秦古书，帝王墓皆不称陵。陵之名，实自汉始。"（万历《绍兴府志》卷二十）《汉书·地理志》载："山阴，会稽山在南，上有禹冢、禹井，扬州山。"说明汉代禹冢在会稽山的记载是十分明确的。《水经注·渐江水》记载：会稽山"山上有禹冢，昔大禹即位十年东巡狩，崩于会稽，因而葬之"。据《墨子》禹"葬会稽之山，衣裘三领，桐棺三寸"和《越绝书》卷八禹葬"苇椁桐棺，穿圹七尺；上无漏泄，下无即水；坛高三尺，土阶三等，延袤一亩"之说，似为薄棺深葬，葬礼简朴。由于年代久远，冢基确址已无从稽考。"近嘉靖中，闽人郑善夫定在庙南可数十步许，知府南大吉信之"。（万历《绍兴府志》卷二十）嘉靖十九年（1540 年），于山之西麓，原禹祠之上，立"大禹陵"碑，碑高 4 米，宽 1.9 米。"大禹陵"三字，每字达一米见方，端庄凝重，气势宏大，系南大吉所书。大禹陵坐东朝西，面临禹池，前有山丘分列左右，会稽主峰环绕其后。入口处有牌坊，内辟百尺青石通道。

大禹陵景区内有禹王庙。相传禹庙最早为启所建。《越绝书》卷八："故禹宗庙在小城南门外，大城内，禹稷在庙西，今南里。"此位置应在靠近绍兴城内的飞来山以北近处。《史记正义》："孔文详云：宋（指南朝刘宋）末，会稽修禹庙，於庙庭山土中得五等圭璧百余枚，形与《周礼》同，皆短小。此即禹会诸侯於会稽，执以礼山神而埋之。其璧今犹有在也。"《嘉泰会稽志》卷十三"白璧"条引《十道四蕃志》也有"（南朝）宋孝武使任延修禹庙，土中得白璧三十余枚，明知万国所执。梁初治庙，穿得碎珪及璧百余片"。均证明禹庙年代之久远，以及历代祭祀留下的遗物之丰富。禹王庙建成以来屡有兴废，现存禹王庙，基本保留了明代建筑规模和清代早期的建筑风格。

正殿正中央耸立着大禹塑像，高 5.85 米，衮袍冕旒，执圭而立，神态端庄，令人肃然起敬。这一艺术形象，是后人对大禹功德的极高赞誉。

塑像之后壁所绘的九把斧钺，象征着大禹疏凿九州劈山开河的艰难困苦和治水伟绩。

在殿前还有御碑亭，碑文系清乾隆帝祭禹诗句。左右两侧分别竖有两块碑：右侧为《会稽大禹庙碑》，碑文系民国 23 年（1934 年）中国水利工程学会会长李协所撰；左侧是《重建绍兴大禹陵庙碑》，碑文为民国22年（1933年）著名学者章太炎所著。再过东庑房便为碑房，陈列着数十块明清两代帝王和官员在此祭祀大禹的碑石。

禹祠。在陵的南侧数十米处，为一片古朴典雅的平房。据传始立于少康时。建祠3000余年来，屡废屡建。今禹祠分前后二进。第一进右面为《大禹三过家门而不入》的砖刻图，左边则为砖刻《大禹纪功图》。第二进中央为禹塑像，此为禹治水时辛劳朴实的形象，高约2米，头戴笠帽，脚着草履，手拿石铲，目光炯炯，有开天辟地、重振山河的英雄气概，同时又是一位普通劳动者的形象。

禹井。在禹祠左前侧，相传大禹治水在此居住，凿井取水。后人饮水思源，称为“禹井”。

1996年，大禹陵被国务院公布为第四批全国重点文物保护单位；2006年，大禹祭典被列入国家级非物质文化遗产保护名录。

附录：

禹陵颂并序

［清］爱新觉罗·玄烨

朕阅视河淮，省方浙地，会稽在望。爰渡钱塘，展拜大禹陵庙，瞻眺久之。敕有司岁加修葺，春秋莅祼，粢盛牲醴，必丰必虔，以志崇报之意。时康熙二十八年二月十五日也。缅维大禹接二帝之心传，开三代之治运，昏垫既平，教稼明伦，由是而起，其有功於后世不浅，岂特当时利赖哉！朕自御宇以来，轸怀饥溺，留意河防，讲求疏浚，渐见底绩，周行山泽，益仰前徽。爰作颂曰：

下民其咨，圣人乃生。危微精一，允执相承。克勤克俭，不伐不矜。随山刊木，地平天成。九州始辨，万世永宁。六府三事，政教修明。会稽巨镇，五岳媲灵。兹惟其藏，陵谷式经。百神守护，松柏郁贞。仰止高山，时切景行。

（《圣祖仁皇帝御制文集》第二集卷三十五）

禹陵村

全国编号： 74

地区编号： 浙13

类　　别： 地名

地理位置：浙江省绍兴市越城区稽山街道大禹陵景区

所属流域：东南沿海诸河

简　　介：禹陵村旧时也称“庙下”，大禹后裔姒氏族人多住在这里，他们每年按时祭祀大禹。绍兴姒氏主要居住于庙下禹陵村，绍兴市内外其他散居地也都属于庙下发展出去的。

大禹姓姒，禹陵旁就有负责守陵的姒姓后裔。

村中姒姓族人在清末时，共分五房，祖上传下祭祀田 20 亩。五房轮流种植，轮到的一房称作当年房，当年祭禹开支全由当年房负责。农历正月初一清晨，姒姓全体人员都能领到一支签，然后肃衣整冠到禹庙大殿（未婚姑娘除外）叩拜大禹。仪式结束后持竹签在当年房换取相当于 1 斤猪肉的钱，新媳妇可以领 2 份。六月初六大禹生日，当年房备足三牲福礼，全族至禹庙举行祭礼，礼仪甚为隆重。

2006 年，禹陵村做了全面整修，此后的禹陵村成了一处文化景观。村口新立镌有“禹陵村”三个篆字的巨石，巨石侧面尚有边款小记曰：“大禹治水，劳身焦思，最后病死在南巡途中的会稽山下。为缅怀大禹，其第五代孙少康便派庶子无馀到大禹陵守陵司祭，日久繁衍，遂成村落。大禹姓姒，相传因其母吃了薏苡而怀上了他，上古苡、姒相通。以后，由于各种原因，姒姓不断分化，演生出百余姓氏，至今沿用。”另村门石柱上还刻有“四千年一脉，百余姓同根”。故村中设立了禹祀馆和禹裔馆等。村后还有大禹后裔姒承家写的《禹陵村记》。

禹陵村禹裔馆
（戴秀丽摄）

禹陵村题刻（邱志荣摄）

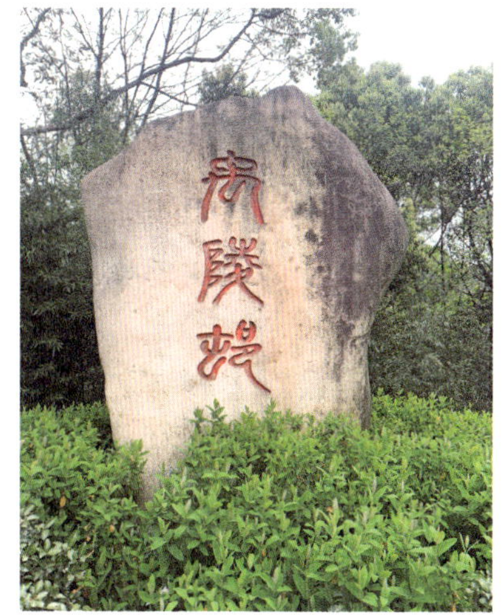

禹陵村刻石（戴秀丽摄）

附录：

禹陵村记

禹陵村旧时又称禹王庙下，因紧傍大禹陵庙而得名。

据古籍记载，大禹会诸侯江南而崩，葬于会稽。禹之子启，立宗庙于南山之上，春秋祭祀。至禹第五代孙少康，封其庶子无馀於越，守祀禹墓。宋代以降，历朝皆以会稽山禹庙作为朝廷法定祭禹之所，列入祀典，定专人守陵。而禹陵村则为守祀大禹陵庙者之居住地。此可谓禹陵村之古。

史载大禹姒姓，自无馀来越守祀大禹陵庙以来，姒族即在此繁衍生息，世代守祀禹墓、禹庙。越王勾践乃其第四十四世祖。此支守陵禹裔，虽历遭劫难，丁口不蕃，然祖传“培护陵祠，恭承先志”之训始终不忘，族祭大禹至今不断。古老氏族，历数千年不易其姓而绵绵不绝，聚居一地且世系历历可数，实为世所罕见。此可谓禹陵村之奇。

禹陵村地处会稽山麓，自然风光优美，人文景观丰富。禹庙之庄严巍峨、松柏长青，宛委之异峰峻岭、飞瀑鸣泉，古来骚人墨客对此多有赞美咏叹之作。此可谓禹陵村之秀。

禹陵村经二年整修，益显内美外秀，所蕴涵的村史之古、姒族之奇、风景之秀等文化遗存，亦能昭示于世。其人文精神与自然景观的和谐结合，将使大禹陵这一国家文保单位更显特色。

西元二〇〇六年仲春禹裔第一百四十三世孙姒承家撰

禹　河

全国编号： 75

地区编号： 浙 14

类　　别： 山川 · 河

地理位置： 浙江省绍兴市越城区稽山街道大禹陵景区

所属流域： 东南沿海诸河

简　　介： 绍兴历史上的禹河，在大禹陵附门前告成桥下。2003 年又挖掘了一条河，全长约 9 千米，因为连通大禹陵，人们又给它起了个名字叫禹河。禹河东连若耶溪，西接山阴道，是一条自然风光秀美、人文积淀深厚的历史名河；位于禹河古井园东侧，新建有禹贡桥，以传承和丰富绍兴大禹文化。

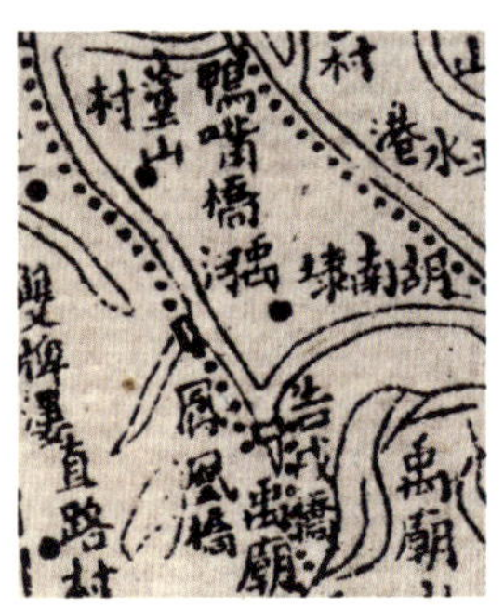

清光绪图中禹河及禹庙（邱志荣供图）

禹河流长（邱志荣摄）

禹河桥下禹河流（邱志荣摄）

禹　穴

全国编号：76

地区编号：浙 15

类　　别：山川・洞

地理位置：浙江省绍兴市越城区宛委山阳明洞天禹穴边

所属流域：东南沿海诸河

简　　介：宛委山中今有一巨石，石长丈余，中为裂罅，阔不盈尺，深莫知底，传闻此洞即禹穴，亦名阳明洞。“《旧经》诸书皆以禹穴系之会稽宛委山，里人以阳明洞为禹穴”（嘉泰《会稽志》卷九），口碑相传与记载相符。相传大禹在治水之始遇到艰难险阻，睡梦中受玄夷苍水使者指点，便在若耶溪边的宛委山下设斋三月，得到金简玉字之书，读后知晓山河体势、通水之理，治水终于大获成功。此事《水经注》《吴越春秋》《十道志》《太平御览》等经籍中均有记载。司马迁《史记・太史公自序》叙及“二十而游江淮，上会稽，探禹穴”中的“禹穴”即大禹得天书处。《水经注・渐江水》载“东游者多探其穴也”。

大禹取得治水书之宛委山（邱志荣摄）

宛委山禹穴（邱志荣摄）

附录：

禹穴碑铭并序

［唐］元 稹铭 郑 鲂序

惟帝圣世时，必有符命。在昔黄帝始受河图而定王箓，宓羲得神蓍而垂皇策，尧配璇玑玉衡以齐七政，舜继成六德，文王获赤雀丹书而演道定谟。予亦以谓禹探其穴，得开世之符而成乎水功[①]。夫神人合谋而行变化，天地定位，阴阳潜交，五

① 一作“成平水功”。

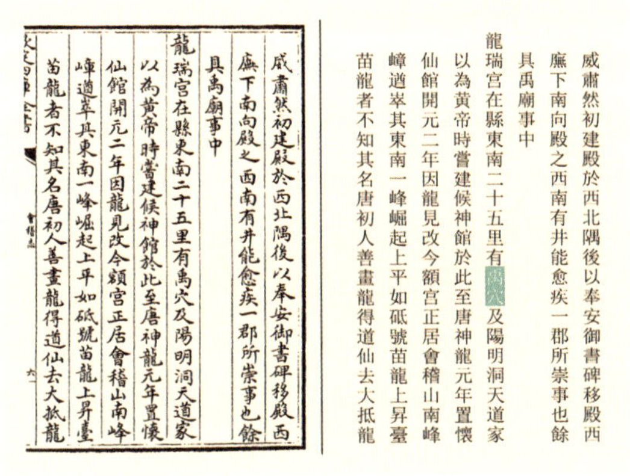

嘉泰《会稽志》卷七载“禹穴”

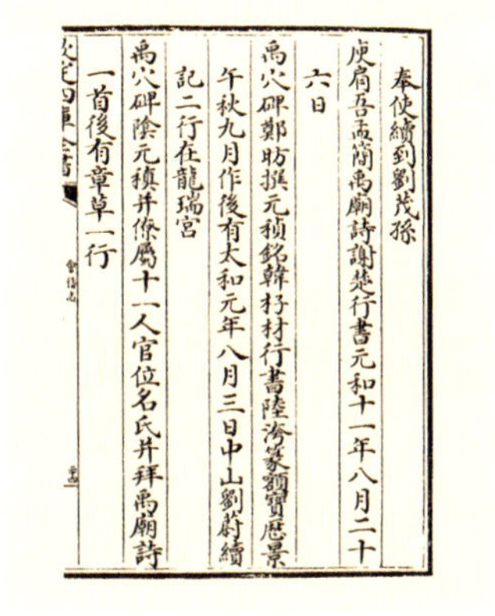

嘉泰《会稽志》卷十六载“禹穴碑”

行迭王，斗建司节，岳尊山而渎长川，乃至日星雷风，祯祥秘奥，三纲五纪，万乐百礼，人人物物，各由身生，无非元（玄）功冥持，至数吻合以及之者。王者奉天而行，故圣神焉，帝皇焉。彼圣如仲尼，有德而无应，故位止於旅人，福弗及生灵，乃叹曰：“凤鸟不至，河不出图，吾已矣。”夫然后知元命者轩，后命者羲，受命者①唐与虞，成命者禹，备命者文。仲尼不受命，乃假人事而言，故有宗予之说，后代无作焉。立言者一仁义以束世，教瞽矇②蚩蚩，使绝其非望，职业之外，存而不论。予读《夏书》，无是说。司马子长自叙始云：“登会稽，探禹穴。”不然，万祀何传焉？惑矣！苍山之渚，呀如渊如，陵徙谷迁，此中不蹇，雨洗烟空，厰然莫穷。噫！实禹迹之所始终。唐兴二百八祀，宝历景③午秋九月，予从事於是邦，感上圣遗轨而学者无述，作禹穴碑，廉察使旧相河南公见而铭之，曰：

禹穴宜载夏与秦，胡为而不载？古而不载，迁与郑胡为而载？予以谓天德统万，止言其盖。地德统万，止言其载。尧德统万，止言其大。千山万山，皆言其会。④一符一穴，不足为最。故夏与秦，俱不之载，而人以之昧。虽山之坚，虽洞之濊，有时而堙，有时而兑。岁其万千，风雨淘汏。亡其嵌呀，丛是虉荟。惟郑与迁，斯碑斯载，斯时之赖。

（引自清嘉庆《山阴县志》，民国25年11月绍兴县修志委员会校刊本，参校《浙江通志》卷二百六十八、《唐文粹》卷五十四等）

---

① 一作“受命者曰”。

② 一作“瞽聩”。

③ 一作“庚”，又作“丙”。

④ 一作“千川万山，皆禹之会”。

禹穴赋并序

［元］杨维桢

会稽山为南镇，见《周礼·职方》，至於今，祀典不废。人以不见《禹贡》为疑。《禹贡书》治水起止，自扬州止於震泽，故会稽与浙河皆不登载。禹穴在会稽山，见《皇览》，又见《太史公书》。人以葬衣冠为疑。考帝少康封庶子於会稽，以奉守禹之祀，则禹穴在会稽无疑也。《真诰》以禹醉钟山而仙去，此异说之谬也。又以穴藏禹治水秘策者，尤谬。故辨其说以为赋：

追太史之东游兮，蹑夏后之巡踪。过会稽之巨镇兮，登宛委之神峰。曰群圣之所栖兮，辟阳明之洞府。问东巡之故陵兮，固已失其窆所。绕古屋之云气兮，瞻衮冕之穹窿。雷霆掣夫铁锁兮，梅之梁兮已龙[①]。秋[②]空山其无人兮，挂长松之落日。枕荒草之芊[③]眠兮，栖专车之朽骨。忽白日其有烂兮，射五色之神晶。

窥神迹於一窦兮，眩太阴之窈冥。世以为衣冠之圹兮，神书之窦也。圭璧出乎耕土兮，彼巨石者不可扣也。曰玉匮之发书兮，遽渊沦而天飞。赖馀策以汩鸿兮，复韫椟以秘[④]之。夫以四载之跋履兮，亦云行其无事。锡玄圭以告成兮，始龟文之来瑞。何诞者之夸毗兮，异九畴而不经。使穴书之不泄兮，夫岂汩陈其五行。观连天之巨石兮，妙斧凿之无痕。南笥削乎其玉立兮，东娥接其雷奔。涂峰归其西北兮，执玉帛者万亿。夫既游而遂息兮，吾又何疑乎窀穸？绵祀典之常尊兮，石岂泐乎一拳？妄钟山之金酒兮，又何附会於妖仙？噫嘻！南望苍梧兮，东上会稽。九疑澒洞兮，窆石凄迷。秦之望兮低徊，悲沙丘兮不西。客有釃酒荒宫而和之以歌曰：稽之镇兮南之邦，纷万国兮来梯航。若有人兮东一方，酌予[⑤]菲兮荐予[⑥]芳。舞《大夏》兮象德，咏[⑦]东海兮西江。

（引自清嘉庆《山阴县志》，民国25年11月绍兴县修志委员会校刊本，参校《御定历代赋汇》卷二十二，杨维桢撰《丽则遗音》卷二，《浙江通志》卷二百六十八）

---

① “梅梁”又称“梅龙”。已龙，当有化龙飞去之意。

② 一作“湫”，又作“愀”。

③ 一作“阡”。

④ 一作“閟”。

⑤ 一作“余”。

⑥ 一作“余”。

⑦ 一作“泳”。

禹会殿

全国编号：77

地区编号：浙 16

类　　别：古建筑·殿

地理位置：浙江省绍兴市柯桥区华舍街道张溇村

所属流域：东南沿海诸河

简　　介：清宣统二年（1910 年）有禹会乡，驻地在今华舍街道之张溇，张溇有禹会桥与禹会殿，桥为一座三孔梁式石桥，于 2001 年拆除。禹会桥在南宋诗人陆游的《剑南诗稿》中便有记载，如“禹会桥头江渺然，隔江村店起孤烟”（《江上》）。明嘉靖《山阴县志》卷二亦有“禹会桥”之记载：“禹会桥，去县西六十里。”禹会桥至涂山的一段河道，古时即称为诸侯江，岸边旧有诸侯江村，这与陆游诗歌的描写相近。《史记·夏本纪》：“禹会诸侯江南，计功而崩，因葬焉，命曰会稽。会稽者，会计也。”

附录：

记禹会殿

诸侯江旁原先有座禹会桥，桥北有座禹会殿。中华人民共和国成立初，河沿还有一排五间平屋，可里面供奉的，都是关羽和张飞，因此都把这里叫作关张殿。这

禹会殿残壁断墙（戴秀丽摄）

张溇村会禹桥（盛建平摄）

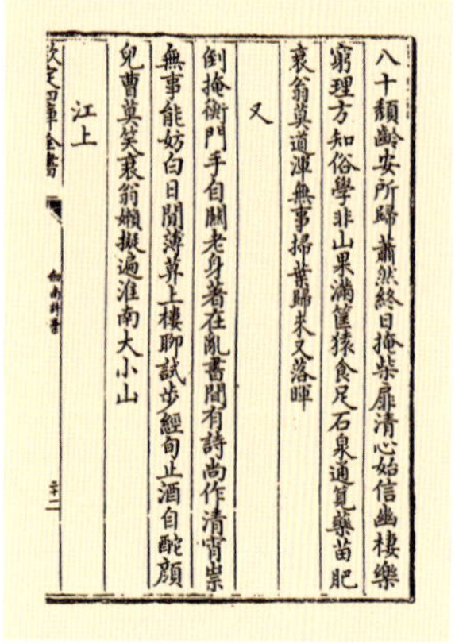
八十頹齡安所歸 蕭然終日掩柴扉 清心始信幽棲樂 窮理方知俗學非 山果滿筐猿食足 石泉通莧藥苗肥 衰翁莫道渾無事 掃葉歸來又落暉

又

倒掩衡門手自關 老身著在亂書間 有詩尚作清宵祟 無事能妨白日閒 薄莫上樓聊試步 經旬止酒自酡顔 兒曹莫笑衰翁嬾 擬遍淮南大小山

江上

南宋陆游《剑南诗稿》卷四十八载“《江上》”

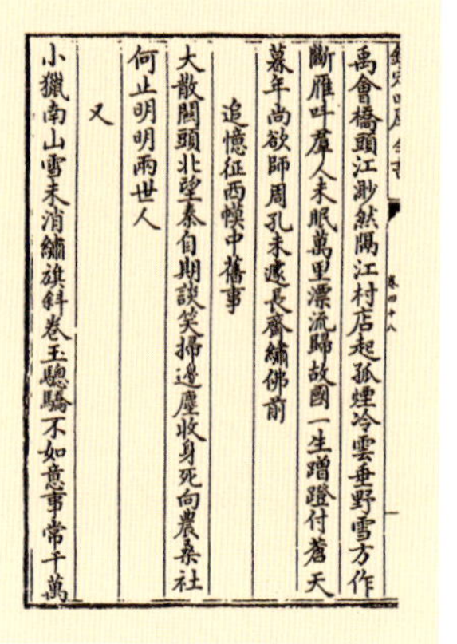
禹會橋頭江渺然 隔江村店起孤煙 冷雲垂野雪方作 斷雁叫群人未眠 萬里漂流歸故國 一生蹭蹬付蒼天 暮年尚欲師周孔 未遽長齋繡佛前

追憶征西幕中舊事

大散關頭北望秦 自期談笑掃邊塵 收身死向農桑社 何止明明兩世人

又

小獵南山雪未消 繡旗斜卷玉驄驕 不如意事常千萬

南宋陆游《剑南诗稿》卷四十八载“《江上》”

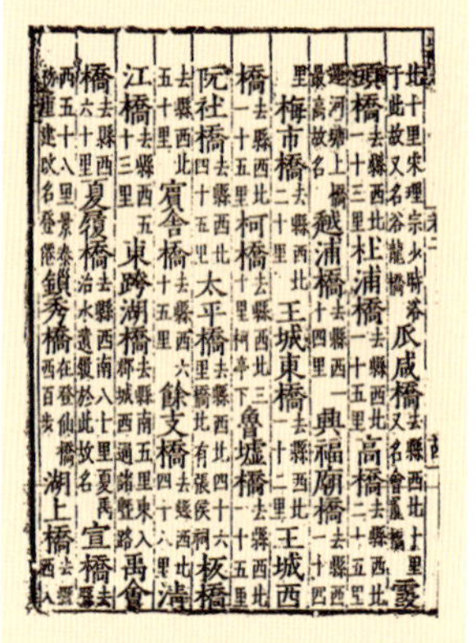
頭橋 去縣西北一十三里 杜浦橋 去縣西北一十五里 高橋 去縣西北二十五里 越浦橋 去縣西一十四里 典福廟橋 去縣西一十四里 梅市橋 去縣西北二十里 王城東橋 去縣西北一十二里 王城西橋 去縣西北一十五里 柯橋 去縣西北三十里 魯墟橋 去縣西北一十五里 阮社橋 去縣西北四十五里 太平橋 去縣西北四十六里 板橋 去縣西北五十里 賓舍橋 去縣西十五里 餘支橋 去縣西四十八里 清江橋 去縣西十三里 東跨湖橋 去縣南五里 禹會橋 去縣西六十里 夏履橋 去縣西南八十里 宣橋 去縣西五十八里 鎖秀橋 湖上橋 去縣西八

明嘉靖《山阴县志》卷二“禹会桥”之记载

禹会殿为什么一下变成了关张殿呢？

很早以前，姚弄关张殿叫作禹会殿，1958 年前关张殿大门后背门楣上方还有一块金字“禹殿”的匾挂在那里，后来拆殿，村人拿匾去垒猪窝，这匾就丢失了。

据说原来的禹会殿好大好大，从河沿一直向北延伸到诸侯江（村），几十间殿宇，占地十多亩。过去祭禹官员必先到禹会殿朝拜大禹王以后，再去涂山（今西扆山，传说大禹之妻涂山氏是这里人）祭禹。所以当时的禹会殿规模宏大，又长年香火不断，十分热闹。后来，在今天的大禹陵建了禹王庙，规模比这里大，官员们不到这里来祭禹了，禹会殿坏了也没人修；再后来只剩下南面河沿的一部分。绍兴人是很喜欢搞点敬神拜佛的活动的，因此乡人塑起关羽和张飞等的像，把殿名也改了，只在门背后保存了禹会殿的名。禹会桥在 2001 年拆去，禹会殿早在 1958 年后改成轧米厂，原址虽建起几间水泥屋，有人想恢复成禹会殿，终因财力不济，而没有建起来。

（引自俞日霞:《张川庙会文化》，2007 年，内刊）

型　塘

全国编号： 78

地区编号： 浙 17

类　　别： 地名

地理位置： 浙江省绍兴市柯桥区湖塘街道岭下村

所属流域： 东南沿海诸河

简　　介：据传禹治水会诸侯于会稽，长人防风氏后至，禹乃诛之。防风氏身长三丈，刑者不及，筑高台临之，故曰“刑塘”。后人为记其事，留刑塘而戒鉴，岁久谐音，亦避“刑”字，故雅称“型塘”。经现场调查，传禹斩防风氏，血流至此，故名。嘉泰《会稽志》卷十载：“刑塘，在县北一十五里，《旧经》引《贺循记》云：‘防风氏身三丈，刑者不及，乃筑高塘临之，故曰刑塘。’张伯玉《会稽山》诗云：‘防风独强梁，后至行趑趄。天威不可舍，败骨盈高车。至今憔悴烟，惨淡藏封隅。’”万历《绍兴府志》：“斩将台在涂山东，禹会诸侯，防风氏后

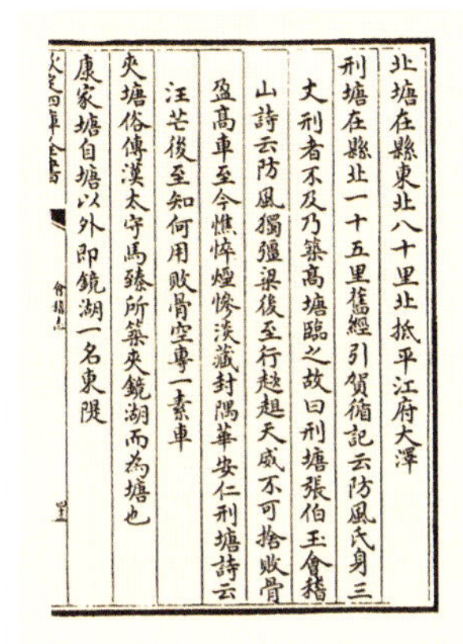
北塘在縣東北八十里北抵平江府大澤
刑塘在縣北一十五里舊經引賀循記云防風氏身三
丈刑者不及乃築高塘臨之故曰刑塘張伯玉會稽
山詩云防風獨彊梁後至行趑趄天威不可捨敗骨
盈高車至今憔悴煙慘淡藏封隅華安仁刑塘詩云
汪芒後至知何用敗骨空專一乘車
夾塘俗傳漢太守馬臻所築夾鏡湖而為塘也
康家塘自塘以外即鏡湖一名東陂

嘉泰《会稽志》卷十载“刑塘”

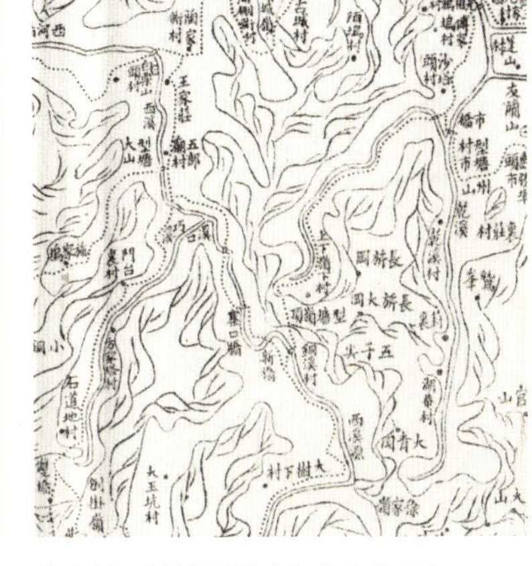
清光绪型塘地形图（邱志荣供图）

型塘鉴湖第一源碑

型塘乡碑（张钧德摄）

至，以其人长，筑台斩之。”又清《越中杂识》下卷《古迹》有“斩将台”记：“在涂山东。……今府城北十五里有刑塘，是其地也。”

附录：

禹诛防风

何信恩

大禹做了天子之后，巡行各地，最后又回到大越，他登上茅山，召九州群臣都来朝觐，以总结治国之道，传达国家政令和制度、休养生息政策。他论功行赏，分封土地给功臣，赏赐爵位给德高望重之人。他不徇私情，赏罚分明，小过亦罚，微功亦奖，群臣无不信服和敬仰。此后，茅山就改名为会稽（计）山，这就是禹会会稽的由来。大禹在会稽山上致群神，下会众臣，使祭祀之地会稽山成为天下众山之首，这就是禹禅会稽的来历。

大禹召群臣会聚茅山，各路诸侯无不欣然前来，惟有一位资深大臣防风氏没有按时报到。防风氏长得人高马大，曾随禹之父鲧一起治水，后又跟禹治水。他在四明山采用筑坝拦洪的方法治水，虽然不失为治水一法，但是没有成功。在茅山开会期间，他上山迟到，瞒着灾情来见大禹。其实大禹已经了解了事实真相。尽管防风氏是两代重臣，没有功劳也有苦劳，但按法犯了死罪。大禹对防风氏的重大失误，毫不姑息和手软，下令立斩。由于防风氏生得高大，大禹就叫人在山麓建造了一个刑堂，堂中设立一个高刑台，在当众宣读了防风氏的罪名之后，手起刀落，执行了死刑。据说绍兴县原来的型塘乡，就是当年“刑堂”的谐音。防风氏被诛后，当地老百姓便把防风氏的尸体葬在附近。后人在治理镜湖时，掘出一根七尺长的人骨，很可能就是防风氏的脚骨，于是将尸骨重新埋于马山，并建了一座防风庙，以志纪念。

（引自《绍兴大禹陵》，中国文史出版社 2011 年版）

金帛山

全国编号： 79

地区编号： 浙 18

类　　别： 山川 · 山

地理位置： 浙江省绍兴市柯桥区齐贤街道禹降村

所属流域： 东南沿海诸河

简　　介：金帛山位于禹降、山西、朝阳三村之间，北与壶瓶山、陶渊明故里陶里咫尺相望，南与上方山、下方山遥为呼应。古时，金帛山濒海。乾隆《绍兴府志》卷三载：“金帛山，（万历志）在府城西北四十三里。世传禹至涂山，诸侯执玉帛朝会于此。其岭有九龙池。”金帛山东南麓有禹降村，相传，禹治水到过此地，故村以“禹降”之名。1994 年因建高速公路穿破金帛山，当时绍兴县文保所对遗址进行过抢救性考古发掘，发现金帛山新石器时代晚期古文化遗址。

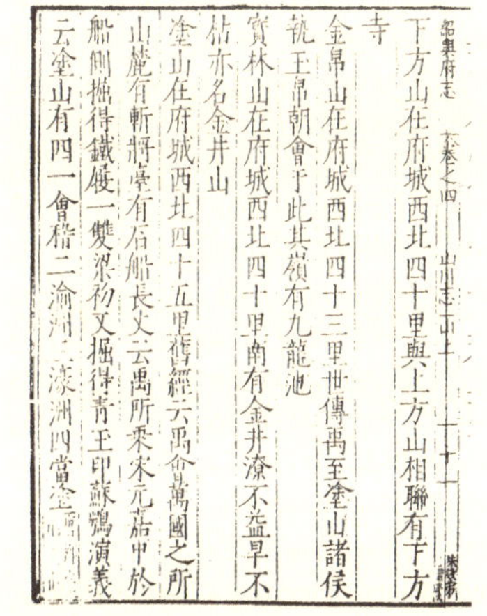

紹興府志　卷之四

下方山在府城西北四十里與上方山相聯有下方寺

金帛山在府城西北四十三里世傳禹至塗山諸侯執玉帛朝會于此其嶺有九龍池

寶林山在府城西北四十里南有金井潦不溢旱不枯亦名金井山

塗山在府城西北四十五里舊經云禹會萬國之所山麓有斬將臺有石船長丈云禹所乘宋元祐中於船側掘得鐵履一雙淳祐又掘得青玉印蘇鶚演義云塗山有四一會稽二渝州三濠洲四當塗

万历《绍兴府志》所载“金帛山”

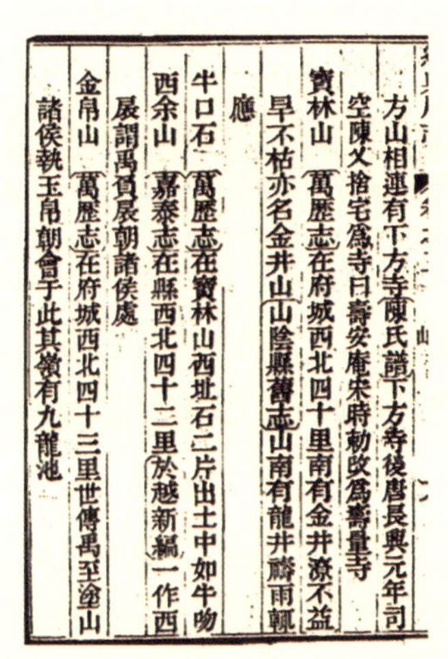

方山相連有下方寺陳氏譜下方寺後唐長興元年司空陳乂捨宅爲寺曰壽安庵宋時勅改爲壽量寺

寶林山　萬歷志在府城西北四十里南有金井潦不溢旱不枯亦名金井山山陰縣舊志山南有龍井禱雨輒應

牛口石　萬歷志在寶林山西址石二片出土中如牛吻

西余山　嘉泰志在縣西北四十二里於越新編一作西扆謂禹負扆朝諸侯處

金帛山　萬歷志在府城西北四十三里世傳禹至塗山諸侯執玉帛朝會于此其嶺有九龍池

乾隆《绍兴府志》卷三载“金帛山”

龙王禅寺碑（邱志荣摄）

涂 山

全国编号： 80

地区编号： 浙 19

类　　别： 山川 · 山

地理位置： 浙江省绍兴市柯桥区安昌街道西扆村

所属流域： 东南沿海诸河

简　　介： 位于原绍兴县安昌镇之东南，《安昌镇志》载：山“属西干山脉，牛头山东分支，东西 710 米，南北 755 米，海拔 116 米，面积 481 亩，古也称涂山、旗山”。

《越绝书》卷八载：“涂山者，禹所取妻之山也，去县五十里。”嘉泰《会稽志》卷九：“涂山在县西北四十五里，《旧经》云：禹会万国之所。”山之东有斩将台（今称“平台”，在山顶东南），禹在涂山会诸侯，防风氏后至，因其人身高长，须筑台斩之。相传血流至山下河中，故有红桥（今红桥村）。扆是帝王宫殿上户牖之间的屏风，禹以山为扆，朝见万国诸侯，西扆由此得名。今山之东麓谓西扆村。

《绍兴山岭古道记略》：西扆山。在安昌镇西扆山村与星光村之间。西扆山，又称旗山。《越绝书》：“涂山者，禹所取妻之山也，去县五十里。”明代以前山上有禹庙，为祭禹之处。山西面，今有诸侯江、禹会桥等名称。据传明国师刘基认为此山形似旗，其西白马山形似鼓，是兴龙之象，因拆除山顶之庙，破其风水，禹庙移至大禹陵下。唐胡曾《涂山》诗：“大禹涂山御座开，诸侯玉帛走如雷。防风谩有专车骨，何事兹辰最后来。”现山东侧有涂山寺，民居式。山上多坟茔，没有石级。山南自东向西有一条横贯山腰的小路。山间几条小道可供上下，山上植被以杂树为主。

涂山寺（戴秀丽摄）

西扆涂山现状航拍（戴秀丽摄）

附录：

涂　　山

西扆山在安昌镇境内之东南，古称涂山、西余山、旗山。东连西扆山村，西接旗山村。西邻顾家埭，北临红桥村。海拔116米，面积0.4平方千米。东南山脊间坳谷谓官弄，直上宋元墩，陆界沿再直上山顶称夏禹埭。

据东汉袁康、吴平辑录的《越绝书·记地传》载：“涂山者，禹所取妻之山也，去（山阴）县五十里。”宋人王十朋《会稽风俗赋并序》载“嵊山巍其东，涂山屹其西”，并注释“嵊山在剡县东三十四里，涂山在山阴西北四十五里”。西扆山正处于绍兴西北方向，与古籍记载相印证。旧《浙江通志》言山阴：“负涂山，面兰亭，秦望南屹，沧海北环。”而西扆山与兰亭均在东经120°31′附近，西扆山处北纬30°07′，兰亭处北纬29°56′，由此涂山古时已被确认。

宋《嘉泰会稽志》载：“涂山在（山阴）县西北四十五里，《旧经》云，禹会万国之所。按：《史记》《国语》：‘禹会诸侯於会稽，执玉帛者万国，防风氏后至，禹诛之。’”嘉庆《山阴县志》：“涂山东麓地名西扆，又名西余。”“西余山，《於越新编》一作西扆，谓禹负扆朝诸侯处。”扆是天子负斧面南而立的故称，本意是斧形屏风，而斧则代表戊，即钺，为越之象征，也就是越族。今禹庙内大禹身后九把斧钺，正是负斧钺的印证。大禹以山为扆，接受诸侯之朝见，西扆由此而得名。

《吴越春秋》中记述：“禹三十未娶。行到涂山，恐时之暮，失其度制，乃辞云：‘吾娶也，必有应矣。’”大禹在涂山娶涂山氏为妻，婚后四日即离家，治水十二年，三过家门而不入。“涂山之女令其妾候禹於涂山之阳”，翘首遥望，朝思暮想，乃作歌曰“候人兮猗”。这“涂山之歌”被称为我国最早的爱情诗歌。

大禹治水，使涂山附近方圆百里的水土成了吉壤，恩泽惠及黎民。后世敬仰大禹之功绩，在山上建大禹庙，以祭祀这位治水英雄的恩德。对禹迹相关之地，均以禹为名，如在涂山相邻的禹降村、禹会桥，旧时建禹会乡等。

涂山禹庙在《郡国志》《十道四蕃志》《太平寰宇记》《会稽记》中都有“石船”“石帆”（可能是古代航海模型）“二物见在庙中”的记载。《太平御览》引孔灵符《会稽记》一文说：“宋武（帝）修庙得古圭，梁武（帝）初修之又得青玉印。”

《乾隆绍兴府志》载：“《弘治志》：‘大禹庙在山阴县西余山。’《万历志》：‘山阴庙在涂山南麓，宋元以来，咸祀于此，今始即会稽山陵庙致祭，兹庙遂废。’”嘉庆《山阴县志》：“涂山大禹庙，在县西北四十五里……”根据历代志书的记载，古时涂山确建有禹庙。

今平坦山顶，即旧禹庙遗址，据传，后善男信女把禹庙神像、石碑移座于附近福安寺内供奉。明嘉靖年间（1522—1566年），随寺迁移至山麓东南溪旁的西扆村福安寺（涂山寺）。今残存圣旨石碑，重竖寺内。

西扆山从志书记述、地域方位、御碑文物、古刹残存、禹迹地名和民间口头流传，足以相互确证就是大禹会诸侯之涂山。

（引自《西扆村志》，中国广播影视出版社2020年版）

大禹庙

大禹庙是为纪念夏禹而建造。《郡国志》《十道四蕃志》《太平寰宇记》《会稽记》说：“宋武帝（420—422）修庙得古圭，梁武帝（502—520）又得青玉印。”

宋《嘉泰会稽志》载：“涂山大禹庙在县西北四十五里。”《郡国志》云：“东海圣姑，从海中乘石舟张石兜帆至此，遂立庙。”“涂山禹庙，始皇崩，邑人刻木为像，祀之，配食夏禹。后汉太守王郎弃其像江中，像乃溯流而上，人以为异，复立庙。”“（南朝宋）《会稽记》云：东海圣姑乘石船张石帆至。二物见在庙中，盖江北禹庙也。”《寰宇记》：“又有周时乐器錞于，铜为之，形似钟而有颈，映水，用芒茎拂之则鸣。”相传，明初刘伯温为破风水，不出反王，保明室江山，令其移庙之山东南麓。明万历《绍兴府志》载：“山阴大禹庙在涂山南麓，宋、元以来咸祀于此，国朝（明）始会稽山陵庙致祭，兹庙遂废。”

《西扆村志》编写人员登涂山顶实地考察，至今山顶平坦，尚存许多砖块、瓦片，证实山顶曾有古建筑，与大禹庙在此印证。

（引自《西扆村志》，中国广播影视出版社2020年版）

稽山大王庙

全国编号： 81

地区编号： 浙 20

类　　别： 古建筑·庙

地理位置： 浙江省绍兴市柯桥区兰亭街道里木栅村

所属流域： 东南沿海诸河

简　　介： 古也称伯益庙。嘉庆《山阴县志》载，在绍兴城西十五里三十都二图有伯益庙。今兰亭镇里木栅村。《绍兴史迹风土丛谈》第二册：“稽山大王，盖伯益也。”

康熙《山阴县志》卷十六《祠祀志三·稽山大王庙》：“明萧鸣凤读书处，有记。”案：萧鸣凤《伯益庙记略》载嘉庆《山阴县志》卷二十一《坛庙》。

嘉庆《山阴县志》载，在绍兴城西十五里三十都二图有伯益庙。明代学者萧

稽山寺正大门（邱志荣摄）

稽山寺伯益菩萨（邱志荣摄）

稽山寺《功侔大禹》碑（邱志荣摄）

凤鸣曾撰《伯益庙记》，云："前后八乡庙是神而俎豆焉。"又说"庙初址构于他处，一夕风雨移之"。

《史记·秦本纪》："秦之先，帝颛顼之苗裔……女华生大费，与禹平水土。已成，帝锡玄圭。禹受曰：'非予能成，亦大费为辅。'帝舜曰：'咨，尔费，赞禹功，其赐尔皂游。尔后嗣将大出。'乃妻之姚姓之玉女。大费拜受，佐舜调驯鸟兽，鸟兽多驯服，是为柏翳。舜赐姓嬴氏……"

据《尚书》《史记》等古籍记载，伯益是高阳氏颛顼之苗裔，又作伯翳，亦称大费。他善于畜牧和狩猎，被舜任为"虞"（虞是古代管山林川泽之官），为百虫将军。伯益为禹所重用，辅助大禹治水有功。《史记》载："与禹平水土，已成，帝锡玄圭。禹受，曰：'非予能成，亦大费（即伯益）为辅。'"舜帝在听了大禹的话之后赞扬了伯益，并预言伯益的"后嗣将大出"。伯益又辅佐舜驯服了以鸟兽为图腾的许多部族，舜赐姓嬴氏。因此，伯益是秦族的祖先（亦即秦始皇嬴政的祖辈）。

《吴越春秋》说，伯益又是《山海经》一书的作者。伯益因助禹治水有功而被选为王位继承人。禹崩，三年之丧毕，伯益避禹子启于箕山之阴，启继承了王位，是为夏朝。

附录：

功侔大禹碑

伯益（约公元前二十一世纪）。伯益亦称柏益、柏翳，又名大费。黄帝第四代孙。其父皋陶（亦称大业）为上古四圣之一。伯益长寿，活到二百多岁，亦《山海经》原著，中华隐士之鼻祖，与许由同人。是中华土地神、魁星君、伯公神等原型。伯益少年随舜帝治水，成年后助大禹平水土，治水有功。《史记·秦本纪》记载：大业取少典之子，曰女华。女华生大费，与禹平水土。已成，帝锡玄圭。禹受曰："非予能成，亦大费为辅。"帝舜曰："咨，尔费，赞禹功，其赐尔皂游。"赐姓嬴，赐黑色折旗帜军，又将爱女姚赐伯益为妻，并言尔后嗣将大出。伯益诞生二子，长子取名大廉，次子若木。是黄氏、梁氏、徐氏、江氏、赵氏、马氏、葛氏、裴氏、嬴秦朝王室之始祖。《国语·郑语》上说，伯益能议百物，以佐帝舜。伯益来自东夷少昊鸟氏族，所以传能知禽兽之言飞鸟通话，《汉书·地理志》云："伯益知禽兽。"《后汉书·蔡传》云："伯益综声于鸟语。"《尚书》：伯益"佐舜调驯鸟兽，鸟兽多驯服"，舜任虞官。《孟子·滕文公上》记载，舜派遣伯益担任火官，伯益用火焚烧山泽，迫使猛兽逃匿，推行鸟兽繁衍，发明烧土为墙，开垦荒地，种植水稻，使过着畜牧流徙生活。后世尊他为免遭猛兽伤害之神，即"百虫将军"，并修庙祭祀（《尚书·尧典》），掌管山泽，繁育鸟兽。而伯益的后人，包括费昌、仲衍、造父、处父辈以长于训鸟兽成立于世。《水经注·洛水》记载"百虫将军显灵碑"。《淮南子·本经》记载："伯益作井，而龙登玄云，神栖昆仑。"井即阱，捕野兽用的陷阱。还发明"占卜"。现今山东日照天台山还保留有"益井"（伯益的大墓）、祭祀伯益的"魁仙阁"。《尚书·大禹谟》：伯益提倡德治，提倡帝尧那样的仁德，认为治国要敬业谨慎，忠于职守，未雨绸缪。伯益远见卓识。舜时，三苗族离心离德，舜便派大禹武力征服，三苗不服，伯益提议，要恩威并举，德武相济。大禹接受了伯益的建议，撤退军队，实行文教德治。三苗族受到感化，终于归顺。伯益在治水时把所经历的地理山川、草木鸟兽、奇风异俗、轶闻趣事记录下来，成为《山海经》之原著。《史记》之《夏本纪》《秦本纪》记：帝舜禅位于禹后，伯益任虞官，大禹临终时，将天下授予益后，益遂让位于启。《史记·夏本纪》："益让帝禹之子启，而辟居箕山之阳。"《霞外攟屑·释谚稽山大王》："越城有禹迹寺，中楹祀禹，左楹祀稽山大王，盖伯益也。俗传稽山大王管百虫。"而《日知录》亦言世称益为"百虫将军"。《史记·秦始皇本纪》又载，秦始皇"上会稽，祭大禹，望于南海，而立石刻颂秦德"，即后"李斯碑"。越城南永和塔内亦有伯益图文记载。

史记：禹陵西十五里鹦哥山北麓伯益庙，明代南畿学政萧鸣凤撰有庙记碑。奉伯益为稽山大王，庙即当今稽山寺。稽山寺为风雨移来，史传神顺河而来，夜托梦于老农，次早果在河边得一神像，亦集百姓修庙供奉，多有灵验，传承至今。伯益实乃中华文明之圣者，历史长河，知伯益、念伯益者越来越少。据考，偌大的中国，现今只有绍兴的鹦哥山有纪念这位圣者的完整庙宇。为使后世不忘先德，特立此表此记以传永记。

二〇一九年秋月住持隆禅立

（本碑资料由稽山大王庙提供，略有订正）

伯益庙记略

郡东南岩壑最美，而神所栖则鹦哥山北麓也，林小而秀，谷浅而幽，前后八乡庙是神而俎豆焉，或曰：神与禹共治水有功。按俗称神掌百虫，昔伯益司昆虫草木，曾号百虫将军，此其是与！又曰：庙初址构于他处，一夕风雨移之。以神之英灵，此事诚宜有之。庙面秦望，方峭魁正如玉屏，右笔架，左天柱，香炉、琵琶诸山横其东，银山、亭山蜿其北，连冈复巘，四合而奔卫，其中塍亩百顷，川渠交错，会稽佳山水，一凭几而几尽之矣。神宫旁有椽数楹，墙数匝，高松古柏数百棵，风来月度，时时作笙竽声、琼瑰影，春夏日众鸟交呼，嘤嘤不绝。及欲振袖高峰，横睇群岫，自后阶举足，数十武即陟其巅；至夫泛涟漪、采菱蘅，苍波白水，相去不过百尺地。故仰而即山，俯而即水，登临者莫此为适。西望五里，兰亭以右军传；南眺十五里，秦山以秦皇传；东瞻八九里，禹穴以太史公传。兹山也，其孰扬之而孰传之与？将不恃于神而仍恃人以扬之、传之与！

明南畿学政萧鸣凤撰　乙酉仲春穀旦重立

夏履桥

全国编号： 82

地区编号： 浙 21

类　　别： 古建筑・桥

地理位置： 浙江省绍兴市柯桥区夏履镇夏履村

所属流域： 东南沿海诸河

简　　介：《吴越春秋》卷六记大禹："乃劳身焦思以行，七年闻乐不听，过门不入，冠挂不顾，履遗不蹑。"据传，大禹治水经过此地，曾失履一只，因治水时

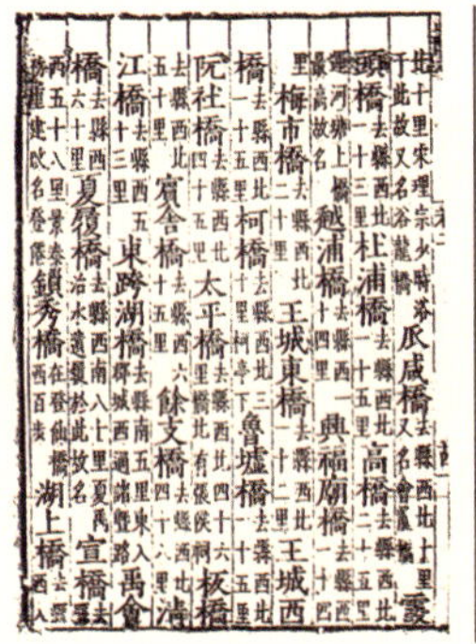

嘉靖《山阴县志》卷二载“夏履桥”

夏履桥题名（戴秀丽摄）

间紧迫，他竟顾不得拾取穿上，便赤脚行走。后人感念禹王治水功绩和勤业操劳精神，建桥志念，名为“夏履桥”。村因桥而名。嘉靖《山阴县志》卷二载：“夏履桥，去县西南八十里，夏禹治水遗履於此，故名。”

附录：

夏 履 桥

据《吴越春秋》载，大禹治水，“乃劳身焦思以行，七年闻乐不听，过门不入，冠挂不顾，履遗不蹑”。相传，“履遗不蹑”之事就发生在古代的芦头滩——现今的夏履桥。

禹带领众人到芦头滩治水，一天傍晚收工时，在一座小石桥边洗脚，一只草鞋（履）掉到了桥下，来不及捞起，被水冲走了。人们就把这座石桥叫“夏履桥”。从此，夏履桥这名字就代替了芦头滩。最早的夏履桥是座独块石板小桥，位于天医殿前，后在距这桥不远的东河上建一座三孔石板平桥，桥梁上刻“夏履桥”三字，人们称这桥为夏履桥，也叫浑塘桥。而原先的夏履桥因桥毁溪平而很少有人知道。

1973 年兴修水利，拓宽东河，三孔石板平桥（每孔都有三大块桥梁石）改建为独孔拱形钢筋水泥桥，位置向原三孔石桥下游移了十来米。1992 年，该桥又改建成水泥平桥，可通汽车，仍叫夏履桥。

（引自《夏履镇志》，中华书局 2010 年版）

夏盖山

全国编号：83

地区编号：浙 22

类　　别：山川・山

地理位置：浙江省绍兴市上虞区谢塘镇

所属流域：东南沿海诸河

简　　介：光绪《上虞县志》卷一九记载："夏盖山在县西北六十里，一峰崒嵂，高出天半，其形如盖。一名夏驾山，相传神禹曾驻於此，上有龙潭，常兴云雨。"山南有纪念大禹的净众寺，宋侍郎张即之书其门匾"大禹峰"，"禹峰"两字典出于此。《嘉泰会稽志》卷六《祠庙・上虞县》："夏盖夫人庙，在县北五十里。"

《上虞地名志》载："夏盖山，位于县北部盖北、谢塘、禹峰公社交界处，距县城 11.5 公里。夏盖山海拔 168 米，面积 0.5 平方公里。因孤山独立于虞北平原上，靠近杭州湾，地势险要，历来是军事要地。明嘉靖间通判雷鸣阳为抗倭寇曾驻兵山巅，并建有亭子（已废）。抗日战争时期，我新四军三五支队在山顶西北高 8.5 米的石崖上，凿刻下'还我河山''卧薪尝胆，湔雪国耻'等隶体大字。"

原禹峰公社位于原上虞县东北部，公社驻地三叉江村距县城 11 千米。公社辖区北近夏盖山。

清光绪夏盖山、夏盖湖、夫人庙位置图（邱志荣供图）

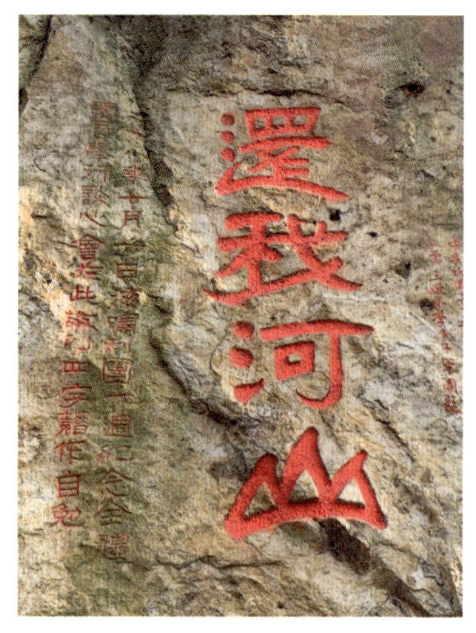

"还我河山"摩崖（邱志荣摄）

夏盖山航拍（戴秀丽摄）

夏盖山净众寺（邱志荣摄）

附录：

夏盖山村的“来源”

夏盖山村，古属越地。

距今七八千年前，夏盖山以北为一片海域。大禹治水时曾驻跸山上，“观潮涌潮落之定律，行循流疏导治理之术，除九州壑瀍之患，致达地平天成”。夏盖山西区渐成沼泽洼地，始有先民移居，依山而栖，繁衍生息。唐代夏盖湖筑成后，移民居住日渐增多。宋时，朝廷南迁，河南颍川之地移民纷纷迁徙至夏盖山，拓土立村，世代繁衍，至今已有近千年历史。

夏盖山村原称“信村”，为夏盖山陈氏先祖所制立。因坐落于夏盖山脚下，“天下皆尊禹王，唯山名冠以夏姓而广扬宇内”。后人以为村与山同名，可仰赖大禹之神威，蕴积天地之灵气，以达累世之昌盛，故弃“信村”之名而称夏盖山村。

大禹劈山

何信恩

相传古代有座大山，屹立在舜江（曹娥江）边，山上林木郁郁葱葱，山下百姓安居乐业。一天，江中冒出一个妖怪，口吐洪水，兴风作浪，拔树掀屋，吞噬生灵。大禹闻讯后，决心为民除害。就变作一条鱼，潜水察看，发现水下有个巨大的蛇窝，一股腥臭的混水从洞中源源喷出。于是，他跃出水面，在半空中对准大山用掌猛劈，在轰雷般的巨响中，大山被劈成两半，沿江的半山飞向空中。妖怪被震惊了，露出水面，张牙舞爪，与大禹展开恶斗，互相化身和变法，直打得昏天黑地，飞沙走石。最后，大禹打死了妖怪，妖怪现了原形，原来是一条罕见的大蛇。从此，这里风调雨顺，人寿年丰，而大山却只留下一半了，人们称为半边山；另一半落到后海，在海面露出顶盖，百姓为纪念夏禹，就把它称为夏盖山。

大禹领导众人凿山挖河，疏通淤泥，不辞劳苦，他身子消瘦了，皮肤晒黑了，手脚长满了老茧也全然不顾。于是，“手足胼胝”也流传为成语。“胼胝”即手掌或脚掌上因劳动过度或走路摩擦而生出的硬皮，俗名“趼”或“茧”。

长期拼命地苦干严重损坏了大禹的身体健康，使他得了一种全身性的风湿性关节炎，那“步不相过”的“禹步”是其明显的表征。鲁迅称之为“鹤膝风”。所谓“步不相过”，指的是禹在行走时，后脚向前举步的跨度不能超越前脚的位置。由此可见，大禹的膝关节炎已发展到相当严重的程度。后人因崇拜大禹的事功和精神，竟连同对大禹本人来说很感痛苦和艰难的这种步态也崇拜起来，并把它演化成一种祭祀舞蹈中的步法。

（引自《绍兴大禹陵》，中国文史出版社 2011 年版）

禹王庙（渡王山村）

全国编号：84

地区编号：浙 23

类　　别：古建筑·庙

地理位置：浙江省绍兴市新昌县城关镇渡王山村

所属流域：东南沿海诸河

简　　介：《新昌县水利志》第五章《古迹轶闻》第二节《轶闻》："县城北十里有山，相传大禹治水尝登其上。后人建有禹王庙，名渡王山。"

明成化《新昌县志》卷三记载："渡王山，在县东十里三十九都，绵亘三十里。相传大禹治水曾经此山。上有禹王祠。"卷十记载："禹王庙，去县北一十里渡王山上。俗传大禹治水经此，民为之立祠。"渡王山之名，出自大禹治水，渡王山也就成了村名。

禹王庙大门（邱志荣摄）

禹王庙及大禹像（邱志荣摄）

彼苍庙

全国编号： 85

地区编号： 浙 24

类　　别： 古建筑·庙

地理位置： 浙江省绍兴市新昌县儒岙镇儒一村

所属流域： 东南沿海诸河

简　　介： 明代古建筑，临溪而筑，祀大禹，坐西北朝东南。建筑占地 109 平方米。彼苍庙其原意是“天庙”。相传“修行一世，不如彼苍庙坐一息”之说。原建筑 20 世纪 60 年代毁损，现建筑按旧制在旧址上重建，为青瓦屋面歇山顶。彼苍庙主体建筑坐西北朝东南，然山门进门辟于东向，禹王殿为大殿一进、面宽三间，明间构架抬梁式，五架抬梁前施卷棚轩，后带双步八檩用四柱，牛腿、斗拱承托檐枋。现庙内尚存捐田、茶田、禁戏等碑记三通及石质烛台一个。捐田碑为清乾隆五十八

古桥连古庙（戴秀丽摄）

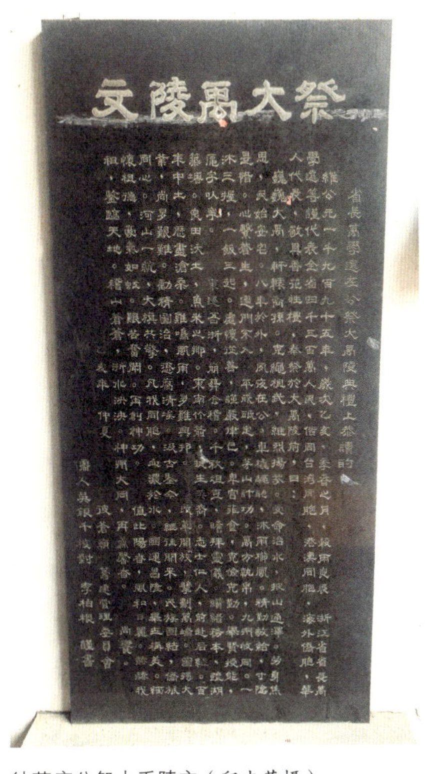

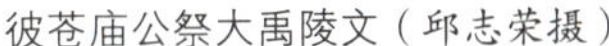
彼苍庙公祭大禹陵文（邱志荣摄）

彼苍庙禹王殿禹王像（邱志荣摄）

年（1793 年）立，茶田碑、禁戏碑均为清光绪三十三年（1907 年）立，石质烛台为清雍正九年（1731 年）制。围墙内有三棵五百年以上的古柏，与彼苍庙相映生辉。1994 年公布为新昌县文物保护点。（据浙江省 2007—2011 年第三次文物普查）

1994 年被公布为新昌县文物保护点。

禹王庙（南山村）

全国编号：86

地区编号：浙 25

类　　别：古建筑·庙

地理位置：浙江省绍兴市新昌县儒岙镇南山村

所属流域：东南沿海诸河

简　　介：建于乾隆年间（1736—1796 年）。南山是儒岙镇第一大村，处于天姥山下，2006 年曾独立举办民俗文化节，主要活动有做香袋、纺棉花、制作谢公屐等。

大禹像（邱志荣摄）

禹王庙大殿（邱志荣摄）

“地平天成”匾（邱志荣摄）

禹余粮石

全国编号：87

地区编号：浙 26

类　　别：山川・石

地理位置：浙江省绍兴市新昌县沃洲镇水帘村东岇山水帘洞

所属流域：东南沿海诸河

简　　介："一名远望尖，在绍兴府新昌县东四十里，其高以丈计者五千余。"（《东岇志略》）乾隆《绍兴府志》卷五记载："东岇山，（万历志）在县东四十里，一名远望尖，晋僧法深、支遁皆隐居此。"东岇山亦有"禹余粮"石，为大小不等的圆石，内有金针、萝卜丝、豆沙、肉粒等形状物体，酷似馒头食品，故俗称石馒头。乾隆《绍兴府志》卷五便有言："马蹄岩（在东岇山）旁多禹余粮石，其形如拳，碎之内有屑，如稻或类麻，或类豆，随人所欲而应，俗传盖禹所弃余粮，今化为石云。"《东岇志略》："禹余粮石，随人意劈开，呼麻类麻，呼菽类菽。"故有"信口呼来应不虚"（清释止喻《禹余粮石》）的诗句。

俯看水帘洞（戴秀丽摄）

余家山　新昌縣志去縣治東三十五里
東岇山　萬歷志在縣東四十里一名遠望天晉僧法深支遁皆隱居此世說支道林好鶴住剡東岇山又嘗就深公買岇山深公曰未聞巢由買山而隱
水濂洞　東岇山志山自正東直下一洞天開門懸飛瀑儼若珠簾曰水簾洞世說褚伯玉有隱操居剡瀑布山三十年即此萬歷志在縣東四十里大坑之中高十丈廣三丈餘洞口有飛瀑一派從高噴薄而下若垂簾然隨風東西光瑯奪目洞中懸石如猪肝紫色水滴下微紅下有石盆盛之前有石方丈許面有蹟若馬蹄名馬

紹興府志　卷之五　地理志五

乾隆《绍兴府志》卷五载“东岇山”

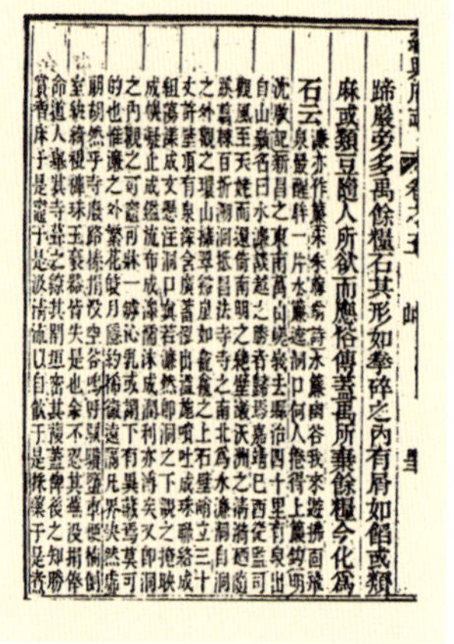

蹄巖旁多禹餘糧石其形如拳碎之內有屑如餡或類麻或類豆隨人所欲而應俗傳言禹所棄餘糧今化爲石云

乾隆《绍兴府志》卷五载“禹余粮石”

东岇山禹粮石（邱志荣摄）

顾东山

全国编号： 88

地区编号： 浙 27

类　　别： 山川 · 山

地理位置： 浙江省绍兴市新昌县沃洲镇祝家庄村

所属流域： 东南沿海诸河

简　　介： 据万历《新昌县志》记载：“顾东山在三十三都，县东五十里，世传禹治水时登之，以望东海诸山。”又据民国《新昌县志》卷三记述：顾东山“其由剡界岭上大湖山，过陈公岭、王罕岭下岗路，起顾东山，极蟠龙岗而止，为东乡支山之大者”。顾东山即今新昌县沃洲镇祝家庄村周边之山。相传大禹治水曾登上顾东山，因而旧时山的东南有禹王庙。

2017 年 11 月 30 日，由乡贤和村民集资 30 万元，从河北将汉白玉禹王

大禹像（邱志荣摄）

新昌祝家庄禹王庙（戴秀丽摄）

像运至祝家庄顾东山，进行开光祭奠仪式。并定于每年农历十月十三日举行大禹祭祀典礼，弘扬禹王文化，传承禹水精神。

了山·浦阳江

全国编号：89

地区编号：浙 28

类　　别：山川·山

地理位置：浙江省绍兴市诸暨市暨南街道三和村

所属流域：东南沿海诸河

简　　介：诸暨是古越发祥地之一，其地名与大禹有关。隆庆《诸暨县志》载："诸者，众也；暨者，及也"；"诸暨之得名……或曰禹会计而诸侯毕及也"。认为"诸"是众的意思，是指禹和天下诸侯，"暨"是及的意思，是指涉及、到达，"诸暨"即为禹及众诸侯所到达停留之地。

宋高似孙《剡录》卷二载："……其东北曰了山，山有余粮岭（东北二十里有余粮岭，产禹余粮，又有禹祠）。"光绪《诸暨县志·山水志》载，世人曾在了山建有禹思亭、了山祠、了山闸等，后毁。据 1982 年编制的《浙江省诸暨县地名志》

三和村风光秀丽（戴秀丽摄）

记，了山自然村在王家井公社江下大队。

传说大禹为治浣江洪水，曾亲临诸暨，在斗岩石室中得黄帝《水经》。大禹便按书中指点，沿浦阳江而上，到了擂鼓山北侧，得神力相助，平定水患。治水大业到此完成（终了），便欣然命之为“了山”。

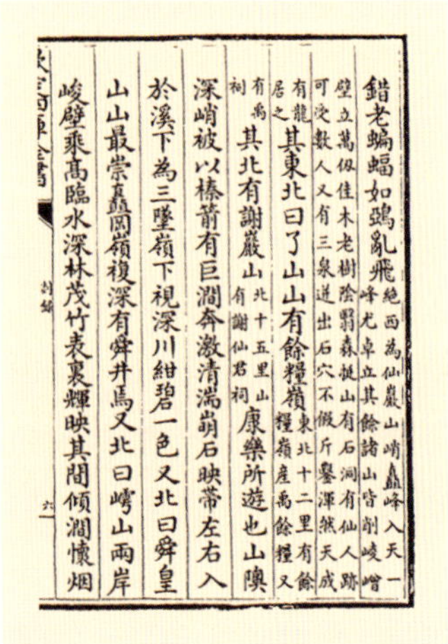

錯老蝙蝠如鵶亂飛絶西為仙巖山峭矗峰入天一峰尤卓立其餘諸山皆削峻嶒壁立萬仞佳木老樹陰翳森挺山有石洞有仙人跡可容數人又有三泉迸出石穴不假斤鑿渾然天成有龍居之其東北曰了山山有餘糧嶺東北十二里有餘糧嶺產禹餘糧又有為祠其北有謝巖山北十五里山有謝仙君祠康樂所遊也山隩深峭被以榛莽有巨澗奔激清湍崩石映帶左右入於溪下為三墜嶺下視深川紺碧一色又北曰舜皇山山最崇矗岡嶺複深有舜井焉又北曰嶀山兩岸峻壁乘高臨水深林茂竹表裏輝映其間傾澗懷烟

宋高似孙《剡录》卷二载“了山”

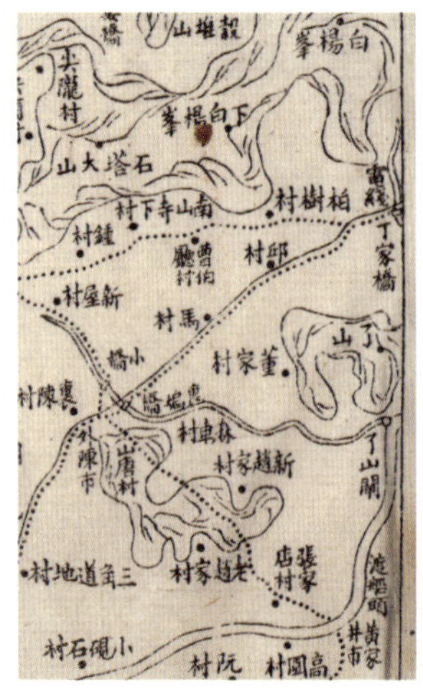

清光绪时诸暨了山地图（邱志荣供图）

历史上的浦阳江为独流入海的河流，由萧山临浦、麻溪经绍兴柯桥的钱清，至三江村入海（杭州湾），为东南三江之一。《禹贡》：“三江既入，震泽底定。”《太平寰宇记》引《郡国志》云：“《禹贡》三江，吴郡南松江、钱塘江、浦阳江是也。”古人对太湖三江的解释不尽相同，

“狭义”的三江均源自太湖，“广义”的三江包括钱塘江、浦阳江（古代独流入海）。

现在的浦阳江是钱塘江支流，发源于浦江县，流经诸暨市，在萧山渔浦从右岸汇入钱塘江。河长 150 千米，流域面积 3452 平方千米。

附录：

诸暨地名溯源

杨士安

了山、禹思亭。相传大禹曾为治理浦阳江而来诸暨。今王家井的了山，即与大禹有关。大禹治水，至此为了，因名“了山”焉。后人为纪念大禹功德，又有“禹思亭”之设。光绪《诸暨县志·山水志》载：“（浦阳江）北流经王家井，村在江东，有市，市旁有禹思亭，亭侧为道南书院。又北流经了山闸头，有了山渡，旁有了山亭。”清郭凤沼《诸暨青梅词》载：“一曲寒塘鸣佩环，十年五年水潺潺；青溪绿树多逢雨，樵唱声声出了山。”自注云：“了山，在三十一都。”又有“了山闸”“了山亭”等地名。

（资料来源：诸暨地名网）

了　溪

全国编号： 90

地区编号： 浙 29

类　　别： 山川・溪

地理位置： 浙江省绍兴市嵊州市剡湖街道

所属流域： 东南沿海诸河

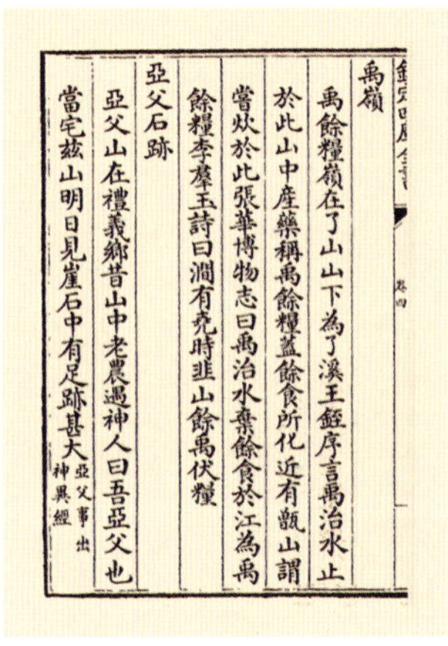

禹嶺

禹餘糧嶺在了山山下為了溪王銍序言禹治水止於此山中産藥稱禹餘糧蓋餘食所化近有甑山謂嘗炊於此張華博物志曰禹治水棄餘食於江為禹餘糧李奉玉詩曰澗有充時韭山餘禹伏糧

亞父石跡

亞父山在禮義鄉昔山中老農遇神人曰吾亞父也當宅茲山明日見崖石中有足跡甚大亞父事出神異經

宋高似孙《剡录》卷四载“禹岭”

简　　介： 地处今绍兴市嵊州城北 7 千米禹溪村。据传，古时这里是沼泽之地，庄稼常为洪水淹没，大禹治水到此，水患得以治理，治水终获成功，“了溪”因而得名。后来形成村落，亦名“了溪”。人们为纪念大禹治水之功，建禹王庙，塑大禹像，又将村名改为“禹溪”。史称“禹治水毕功于了溪”，就在此地。近处的“禹岭”相传曾是大禹治水时弃余粮之处，即禹余粮岭。宋高似孙《剡录》卷四载：“禹岭，禹余粮岭，在了山，山下为了溪。王铚序言：‘禹治水止於此。’山中产药，称禹余粮，盖余食所化。近有甑山，谓尝炊於此。张华《博

剡溪一名了溪（戴秀丽摄）

了溪源头（戴秀丽摄）

物志》曰：‘禹治水弃余食於江，为禹余粮。’李群玉诗曰：‘涧有尧时韭，山余禹伏粮。’”宋朝王十朋《了溪诗》曰：“禹迹始壶口，禹功终了溪。”宝庆《会稽续志》曰：“剡溪，古为了溪，禹治水至此毕矣。”

附录：

龙宫寺碑

［唐］李　绅

会稽地滨沧海，西控长江，自大禹疏凿了溪，人方宅土。而南岩海迹，高下犹存，则司其水旱，泄为云雨，乃神龙之乡、为福之所。寺曰龙宫，在剡之界灵芝乡嵊亭里……铭曰：沧海之隅，会稽巨泽。惟禹功力，生人始籍……

禹余粮山

全国编号： 91

地区编号： 浙 30

类　　别： 山川 · 山

地理位置： 浙江省绍兴市嵊州市剡湖街道八何洋村

所属流域： 东南沿海诸河

简　　介：《嵊县地名志》：据老农座谈，从前这里东南面有个湖，周围长约八里，一片汪洋，故名八里洋。村庄位于县城北面 6 千米处，坐落在余粮山东南面，

禹余粮山（邱志荣摄）

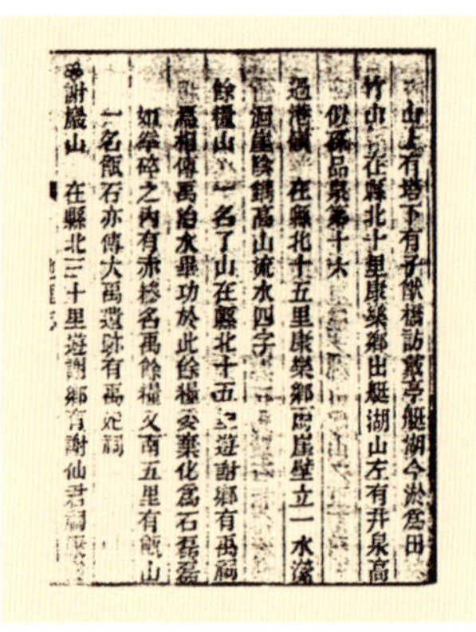

山上有塔下有子猷樹訪戴亭艇湖今淤爲田
竹山 在縣北十里康樂鄉出艇湖山左有井泉高
仞深品泉第十味
過港嶺 在縣北十五里康樂鄉兩崖壁立一水流
洞嶺餘錫高山流水四字
餘糧山 一名了山在縣北十五里遊謝鄉有禹祠
焉相傳禹治水畢功於此餘糧委棄化爲石磊磊
如拳碎之內有赤糝名禹餘糧又南五里有甑山
一名甑石亦傳大禹遺跡有禹妃祠
遊謝巖山 在縣北三十里遊謝鄉有謝仙君祠

同治《嵊县志》卷一载“余粮山”

杭温公路穿村而过。《剡录》卷四引张华《博物志》：“禹治水，弃余食於江，为禹余粮。”同治《嵊县志》卷一载：“余粮山，一名了山，在县北十五里，游谢乡有禹祠焉。相传禹治水毕功於此，余粮委弃，化为石，磊磊如拳，碎之内有赤糁，名禹余粮。又南五里有甑山，一名甑石，亦传大禹遗迹，有禹妃祠。”关于禹余粮之说在越地流传长久。禹溪一带山岭还常可寻找到“禹余粮石”，黄褐色，大致呈圆形，手摇可感觉到内有核动，破之，可见核为泥丸状，据载具有化瘀功能，可治病。

附录：

八何洋村禹余粮

相传许多年以前，这里曾经是一片汪洋，后来经过大禹的努力，终于治水成功，通过劈山开石，将此处的水引入曹娥江后，这里变成了一片盆地。但“八里洋”的名称却一直沿袭了下来。大禹治水，不仅平息了这一带的水患，还给这里带来了稀有的“禹余粮石”资源。

了溪禹余粮石（邱志荣摄）

“禹余粮石”又称魂石、响石、空青、药石、空石，是浙江嵊州独有的地方石种，是难得一见的石中珍品。其外形有的褶皱像山核桃，有的圆形似铁球状，用手摇之，其内核随即振动有声，据说砸碎后里面还有黄色无砂质感的粉末。

禹余粮实为氧化物类矿物褐矿的一种矿石，主要由含铁矿物经氧化后，再经水解汇集而成。采集后去净杂石即可作药用。禹余粮性味甘、涩，归脾、胃、大肠经，功能涩肠止血，主治久泻久痢等。煎汤，或入散剂、丸剂，外用适量，可研末撒或调敷。现代科学验明，禹余粮其外壳及内核由许多微量元素组成，它在科学、核能、医学等方面都有极其重要的用途。

关于“禹余粮石”的由来，有不同的说法。宋代王十朋《余粮山》诗云：“禹迹始壶口，禹功终了溪，余粮散幽谷，归去锡玄圭。”民间故事相传大禹治水，曾登东山顶，观察地势，并摇身一变成为一头似象非象、似牛非牛的怪兽，用又粗又长的鼻子在拱山。这时，他妻子涂山女正好给他送来一篮馒头做点心，见此情景，惊吓得跌坐在地上，把这篮馒头打翻了，化为怪兽的禹听见妻子的尖叫，知道发生误会，连忙恢复原形来打招呼。这样，在山上的馒头，后来变成了石团子。

又相传秦始皇统一六国后，曾几度南巡。快到剡县之时，为阻止其入剡，地方官遂编谎言：“剡县穷山恶水，有八里洋、两头门等险地，去了后恐有生命之虞。”秦始皇吓得再也不敢来剡县巡视。

（本资料由八何洋村提供）

大禹庙（里黄村）

全国编号：92

地区编号：浙 31

类　　别：古建筑·庙

地理位置：浙江省金华市浦江县前吴乡里黄村

所属流域：东南沿海诸河

简　　介：里黄溪是浦阳江上游的一条重要支流，里黄村则是里黄溪的发源地。里黄大禹庙建于元朝至正二十年（1360 年），正月十二祭祀非常隆重。当地有谚：大溪楼的戏，西门外前吴里黄的祭。可见传神活动之盛。现在正在申报县级非物质文化遗产项目。

留下两副对联，其一为：

里黄村大禹庙（张钧德摄）

三过其门虚度辛壬癸甲；

八年於外平成江淮河汉。

此联与绍兴大禹庙的相同。2018 年已重塑神像。

禹　山

全国编号：93

地区编号：浙 32

类　　别：山川・山

地理位置：浙江省金华市东阳市横店镇

所属流域：东南沿海诸河

简　　介：禹山，相传大禹治水曾亲驻此山勘导，故名。又名夏山、八面山，是一座第四纪死火山，号称中国小富士山。康熙《金华府志》卷三载：“夏山，县东南四十五里。侧有禹庙，故名。又其体具五星，亦名八面看。四围峭绝，顶上有洞有潭。吴从皋诗略：‘云绕五行参北极，风撑八面拥南天。千秋霞洞层峦敞，四海晶宫绝顶悬。’”禹山坐落于横店镇东北、南江畔，典型的火山锥，是横店镇的一大自然景观。山下是紫红色的碎石。有禹王阁，阁中供奉禹王塑像，有联：

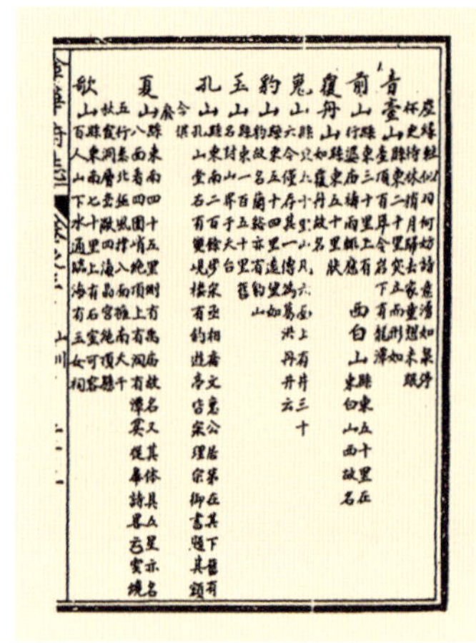

康熙《金华府志》卷三载“夏山”

东阳禹山（张钧德摄）

伏苍龙三过家门圣德巍钟山留履迹；

凿金鸡一平洪荒飞檐振黎明叨王恩。

禹迹洞

全国编号：94

地区编号：浙 33

类　　别：山川·洞

地理位置：浙江省衢州市常山县金川街道洞口自然村

所属流域：东南沿海诸河

简　　介：在金川街道新建村（原二都桥乡洞口村）。传说大禹治水乘船沿常山江而来，在洞内逗留，洞前有天然石桥，桥下流水，人们或为祈愿，或为探幽来到这儿。宋代诗人赵蕃有诗曰："问讯元从禹迹洞，我家虽近却愁悭。"

据明万历十三年《常山县志》卷二载："禹迹洞，在县南五里，出泉溉田二百余亩……郡守曹辅以岁旱，遣衙将往，汲泉水於瓶，率僚佐迎之，泉变黄黑，有云萦之，小顷，雨大至，郡以有年。"据该县志载，洞旁原有唐李阳冰之"禹迹洞"篆额，及五代后唐衢州刺史陆仁灿石刻。旧县志载，清康熙六十年（1721 年），常山知县孔毓玑来此祈雨，后命工匠勒石刻字"禹迹仙洞龙王之神"于洞侧，今字已不存。禹迹洞内有许多钟乳石，奇形怪状。上面还有两洞，一个叫天窗洞，另一个叫碧泉洞。今洞已趋湮灭。

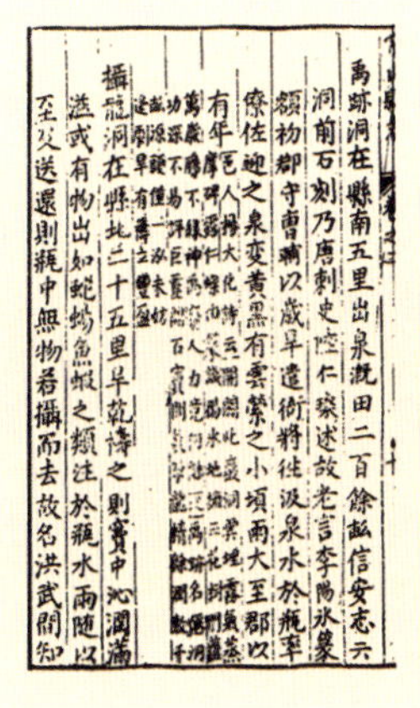

禹跡洞

在縣南五里出泉溉田二百餘畝信安志云
洞前石刻乃唐刺史陸仁璨述故老言李陽氷篆
額初郡守曹輔以歲旱遣衙將往汲泉水於瓶率
僚佐迎之泉変黄黑有雲縈之小頃雨大至郡以
有年
邑人楊大化詩云開闢此巖洞雲埋霧氣蒸
摩碑露仁燦由篆識陽氷地擁三花樹門藹
萬歲藤不緣神禹氣人力竟何能又禹跡名倦洞
功深不易評巨靈開石竇間氣孕龍精餘潤教千
崐源頭僅一泓未妨
逢劇旱有禱立豊盈

攝龍洞在縣北二十五里旱乾禱之則竇中沁潤滿
溢或有物出如蛇蜴魚蝦之類注於瓶水中雨隨以
至及送還則瓶中無物若攝而去故名洪武間知

万历《常山县志》卷二载"禹迹洞"

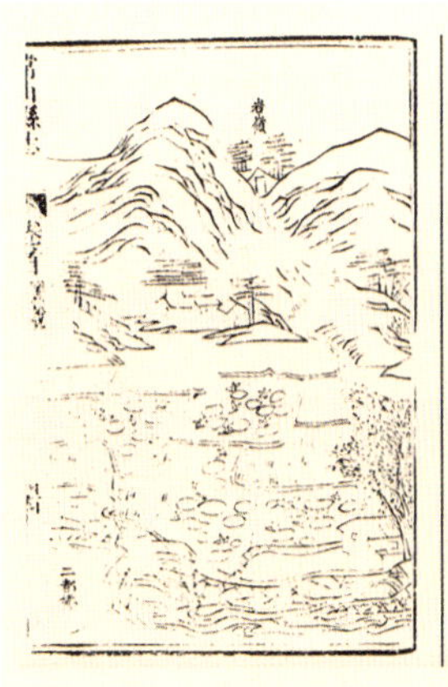

光绪《常山县志》卷首载"禹迹洞图"

禹王庙（前岸村）

全国编号： 95

地区编号： 浙 34

类　　别： 古建筑·庙

地理位置： 浙江省舟山市岱山县岱西镇前岸村

所属流域： 东南沿海诸河

简　　介： 俗称禹王殿。民国《岱山镇志》记载："大禹王庙，在剪刀头前岸山麓。嘉庆二十四年（1819年），徐廷侯等募建。相传是处向发大水，因思治水莫如大禹，故立大禹庙以镇之。"又有古迹：圣路石刻在"岱西剪刀头山嘴"，"巨石篆刻'圣路'二字，约10厘米见方"。

前岸村禹王庙近景（邱志荣摄）

前岸村禹王庙全貌（邱志荣摄）

禹王庙原在现村委位置，规模比现在大。1843 年、1905 年、1965 年、1983 年、1993 年屡屡重建。1965 年拆移至青黑山，一说 20 世纪 90 年代重建时迁至现址。

后岸村也有禹王庙，为近年新建。岱西镇剪刀头湾又称禹王湾。

禹王庙（方诸山）

全国编号：96

地区编号：浙 35

类　　别：古建筑·庙

地理位置：浙江省台州市黄岩区东城街道方诸（九峰）山

所属流域：东南沿海诸河

简　　介：始建于明洪武年间（1368—1398 年），清康熙年间（1662—1722 年）重修，清咸丰三年（1853 年）再次重修，殿前有两棵 300 多年的巨樟，浓荫蔽日。禹王庙东侧的山坡上有山泉喷出，传说是东海眼从山缝里涌出的清泉。泉旁边有石牛，传说是当年大禹治水时所骑。

禹王庙的大殿正大门与殿内挂着两副对联："功盖万世双樟荫下歌禹甸；德昭

黄岩东城禹王庙（戴秀丽摄）

台州市黄岩区东城街道方诸山（九峰）禹王庙（戴秀丽摄）

黄岩东城禹王庙碑（戴秀丽摄）

千秋九子峰前沐王恩。”“九州庆平水，大德无疆河清海晏喜迎稔岁；万载拜禹王，丰功有继国泰民安再创辉煌。”这些文字昭示着禹王的神功赫赫，也透露着人们对禹王深深的敬意。如今人们通过祭拜禹王，歌颂大禹“劳身焦思，居外十三年，三过家门而不入”“劳而忘身，率先垂范”的治水精神，继续发扬大禹临危受命、勇于担当、公而忘私、艰苦朴素、勤政爱民的精神。

圭　岩

全国编号： 97

地区编号： 浙 36

类　　别： 山川・石

地理位置： 浙江省台州市黄岩区茅畲乡

所属流域： 东南沿海诸河

简　　介： 当地传说大禹到茅畲治水，削石作圭，凿通了大田山与柏嘉山之间的山岭。在疏通九溪之后，他把石圭插在山上，后来化为巨大的圭岩。光绪《黄岩县志》卷二载：“圭岩，与幞头岩对峙，地最高峻，初日出海，光气先照岩顶……元牟若畯《圭

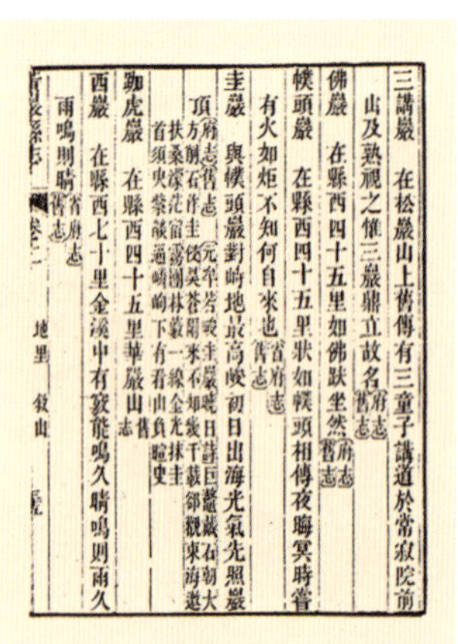

三講巖　在松巖山上舊傳有三童子講道於常寂院前山及熟視之惟三巖鼎立故名府志舊志
佛巖　在縣西四十五里如佛趺坐然府志舊志
幞頭巖　在縣西四十五里狀如幞頭相傳夜晦冥時嘗有火如炬不知何自來也府志舊志
圭巖　與幞頭巖對峙地最高峻初日出海光氣先照巖頂府志舊志
獅虎巖　在縣西四十五里華巖山舊志
西巖　在縣西七十里金溪中有豥能鳴久晴鳴則雨久雨鳴則晴府志舊志

光绪《黄岩县志》卷二载“圭岩”

岩晓日》诗：‘巨鳌戴石朝大方，削石作圭侵昊苍。尔来不知几千载，郤观东海邀扶桑。濛茫宿雾团林薮，一线金光抹圭首。须臾紫焰逼嶙峋，下有看山负暄叟。’”

涌禹庙

全国编号：98

地区编号：浙 37

类　　别：古建筑·庙

地理位置：浙江省台州市天台县赤城街道临川社区

所属流域：东南沿海诸河

简　　介：位于天台县赤城街道临川社区中巷与溪岸西路交叉口。始建于清嘉庆年间（1796—1820年），此庙址原为路廊，俗称路廊头，有许氏在此建庙始名“涌鱼庙”。后因年年涨大水，相传依靠大禹治理水患，遂更名“涌禹庙”。庙中祀文昌、关羽，溪头村有五月十三（关羽生日）送大水饭的风俗。该庙为单檐歇山顶，三开间，进深七檩，五架抬梁式带前后单步梁，庙后有石鱼。庙东面戏台保存较为完好，尚有乡贤姜作新于1919年为戏台撰写联语：“山水助清音，子夜弦歌弥嘹亮；柳桥团落絮，翁离妙舞共蹁跹。”该庙及戏台总体格局尚存，保存较好，有一定文物价值。

涌禹庙（傅峥嵘供图）

涌禹庙梁架（傅峥嵘供图）

禹王庙（岩下村）

全国编号：99

地区编号：浙 38

类　　别：古建筑 · 庙

地理位置：浙江省台州市温岭市城东街道岩下村

所属流域：东南沿海诸河

简　　介：在城东街道岩下村（社区）。村因地处百丈岩下得名，嘉靖《太平县志 · 地上》：“百丈岩，在五龙山横湖上，一名白象岩，有古桧一株，森耸可爱，岩之右可登。世传有禅师来游曰：‘此吾百丈禅师也。’故名。又呼为拍掌岩。”传庙建于南宋绍定四年（1231 年），有《岩下禹王庙碑记》。

附录：

岩下禹王庙碑记

岩下禹王庙，位于仰天龙西山麓后龙爪旁。东辉相映，玉兔敬拜，锦江环绕，寿星瞻视，仙姝（石夫人）仰望，神龙护抱，为百姓敬仰之圣地。

台州温岭岩下禹王庙（戴秀丽摄）

禹王殿前看古戏好热闹（邱志荣摄）

据传此庙建于宋代。

查岩下陈氏宗谱载："自闽迁后台之太平石夫人侧百丈岩下，筑室定居，垂七百余载。"名人录中又有"晞尹，宋宝祐进士；陈崇为、陈崇宾，明万历学士"。可见陈氏宗族至南宋宝祐前即已定居岩下。古人视神祀为国之大事、民之大事，宋宝祐进士之家乡孰能无庙？故此传可信，只不过具体建于南宋何年，不可考而已。

老辈传：庙内曾设有书院，有义田五六亩。明万历学士陈崇为、陈崇斌曾幼读于此，并曾于此会聚文人，会仰天龙上颚壁之诗刻即与此书院有关。陈氏家族为官宦之家书香门第，此传亦可信。一九四五年日寇在本县卖鱼桥丢炸弹，为保安全，今岩下小学之前身——湖屏小学的学生曾一度迁至庙内避难就读，此亦为历史记忆使然。

老辈又传：明末清初，温岭洪水滔天，忽见西北飘来一云，大风顿作，随之岩下庙中香炉被风缓缓升起，腾空旋转，飘至滩江河、九龙汇，后又神奇地飘至歧峰山下，旋即风停雨止。当地百姓一看是禹王庙香炉，楫舟重奉于庙中。并后世百姓认为是庙中禹王所为之佑民神事，共认禹王庙为岩下、横湖桥、下渭渚、瓦窑头、瓦林、渭渚六村百姓保界之神所，并沿袭地域冠名之习惯，仍名为岩下庙。清康熙（廿八年）巡之江南，极力褒崇先圣之明德，于是六地百姓重修庙宇，建石戏台和看场，并改庙名为禹王殿，一以彰显禹王万世不朽之功，一以表明为六村之公奉公有。

岩下禹王庙禹王殿
（戴秀丽摄）

岩下乡是温岭县实行土改的第一个试点乡，土改时庙产良田被分，二十世纪“文革”期间，禹王殿被毁，但遗址尚在。共产党十一届三中全会落实了宗教信仰自由政策，广大信众自发捐资出力，于一九九三年重修了禹王殿、观音殿、地藏王殿，并重塑了禹王像。二〇〇三年七月七日经温岭市宗教局批准，命名为岩下禹王庙。

百姓富则思圣，颂禹王之丰功伟绩。在各村干部大力支持下，六村群众又踊跃捐资捐物，于公元二〇〇九年二月再行全面拆扩新建，历经三年余而成今之大观。

艰苦奋斗而忘私，团结向上振兴中华，巍峨庙宇传承着中华文化。我市位于东海之滨，常受洪水海潮之害，禹王“三过家门而不入”的治水精钟，更须后代继承发扬，知书明理者当敬之、爱之、学之、光大之。

岩下禹王庙公元二〇一二年桂月立

东刊山

全国编号： 100

地区编号： 浙 39

类　　别： 山川 · 山

地理位置： 浙江省台州市临海市涌泉镇

所属流域： 东南沿海诸河

简　　介： 在涌泉镇北。最早记载台州大禹遗迹的是南朝宋孙诜的《临海记》："东刊山，山极高远。盖禹随山刊木，因以为名。"南宋陈耆卿嘉定《赤城志》卷十九《山水门一·临海》："东刊山，在县东九十一里。一名天柱。东南接黄石山。按《临海记》：山极高远，盖禹随山刊木，因以为名。晋任旭葬焉。"延恩寺即在东刊山或天柱峰下。

砦所徙
白山在縣東南二百五十里按臨海記郡東南有白山
望之如雪其上有湖舊傳金鵝於此集焉下有溪
其水金色
合旗山在縣東一百三十里舊傳僧淮頂居擴靜寺會
有海寇至頂講經自若寇見旌旗耀日有神皆丈
餘懼而遁故以名山
東刊山在縣東九十一里一名天柱東南接黃石山按
臨海記山極高遠蓋禹隨山刊木因以爲名晉任
旭葬焉
望海尖山在縣東北四里後嶺上其峰高聳宜遠眺今
土人多以為田麥時翠浪翻浮寔為可愛
日山在縣西五里以其面東朝日視諸峰獨高故名
牛極山在縣西北一十里以牧牛路至此極故名上有
平波數畝可遠眺
白巖山在縣西一十二里舊名白馬唐天寶六年改今

嘉定《赤城志》卷十九载"东刊山"

禹王庙（台山村）

全国编号： 101

地区编号： 浙 40

类　　别： 古建筑·庙

地理位置： 浙江省台州市玉环市清港镇台山村

所属流域： 东南沿海诸河

简　　介： 在清港镇台山村。台山又名苔山，因出海苔而名，原是海岛，后填海与陆地相连。清港镇大部分村都有禹王庙。

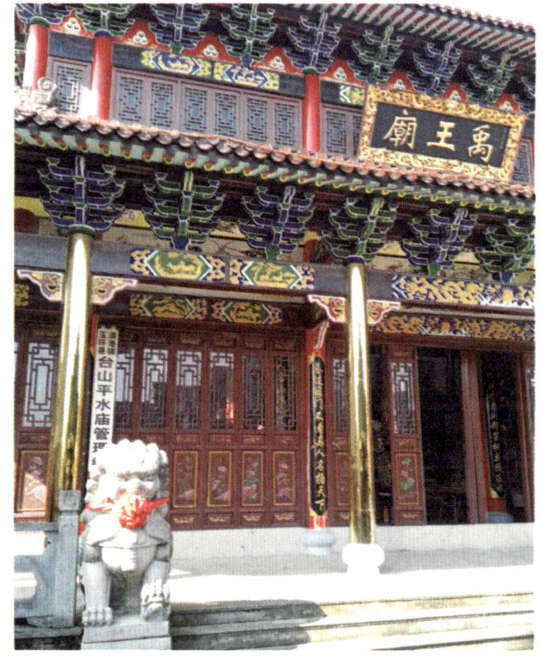

台山村禹王庙（傅峥嵘供图）

禹王庙（上陈村）

全国编号： 102

地区编号： 浙 41

类　　别： 古建筑·庙

地理位置： 浙江省丽水市莲都区雅溪镇上陈村

上陈村禹王庙正殿（傅峥嵘供图）

上陈村禹王庙正立面（傅峥嵘供图）

所属流域：东南沿海诸河

简　　介：清代建筑，坐南朝北，占地163.3平方米，呈“一”字形平面，建筑由正殿和偏殿组成，夯土地面，方形石质柱础，小青瓦阴阳合铺，勾头滴水，硬山顶。正殿面阔三开间，进深四柱七檩，梁架为抬梁式，五架抬梁带前后单步，后单步设佛龛，供奉大禹王等10尊佛像。东侧设偏殿，面阔一开间，进深三柱七檩，梁架为抬梁穿斗混合式，后檐墙设佛龛，供奉观音佛像。上陈禹王庙正殿金柱用材较粗，牛腿等木构雕刻精美，具有一定的历史、艺术和科学价值。（浙江省第三次全国文物普查，2007—2011年）

大禹殿（桐川村）

全国编号：103

地区编号：浙42

类　　别：古建筑 · 殿

地理位置：浙江省丽水市青田县高湖镇桐川村

所属流域：东南沿海诸河

简　　介：位于青田县高湖镇桐川村南。坐东朝西，据资料记载建于民国20年（1931年），系四合院式木结构建筑，占地面积637平方米。门台已改砖混结构，原貌已圮；主殿西侧置戏台，梁架为五檩三柱，上施八角藻井，歇山顶，正脊施吻兽；主殿面阔五间，梁架为七檩五柱，抬梁、穿斗混合式，明次间设佛龛；两侧厢庑各面阔四间，梁架为五檩二柱；主殿东侧 1991 年依山而建如来殿，面阔五间；三合土地面，悬山顶屋面，冷摊小青瓦。大禹殿是桐川村民的宗教活动场所。（浙江省第三次全国文物普查，2007—2011 年）

桐川村大禹殿（戴秀丽摄）

桐川村大禹像（戴秀丽摄）

村口庙（黄肚村）

全国编号：104

地区编号：浙 43

类　　别：古建筑·庙

地理位置：浙江省丽水市青田县章村乡黄肚村

所属流域：东南沿海诸河

简　　介：坐北朝南，分夫人殿和禹王殿，约建于清代。1981 年重建夫人殿，禹王殿多次修缮，占地面积 178 平方米。夫人殿位于禹王殿西侧，面阔三间，进深六檩四柱，硬山顶，禹王殿位于夫人殿东侧，山门相通，面阔五间，进深五檩五柱，明间抬梁式，硬山顶，供奉大禹像。禹王殿内立有“奉宪刊碑”一通，刻于清雍正十二年（1734 年），碑高 1.6 米，宽 0.8 米，碑文刻 13 行，凡行 36 字不等，楷书阴刻，正背面均有碑文。村口庙是村中主要宗教场所，奉宪刊碑具有地方史料价值。（浙江省第三次全国文物普查，2007—2011 年）

黄肚村村口庙（傅峥嵘供图）

步蟾桥

全国编号：105

地区编号：浙 44

类　　别：古建筑·桥

地理位置：浙江省丽水市庆元县举水乡月山村

所属流域：东南沿海诸河

简　　介：始建于明永乐年间（1403—1424 年），嘉庆《庆元县志》卷二载：“步蟾桥，一名步月，永乐间里人吴子兴建。”民国 6 年（1917 年）重建。步蟾桥系大跨度石拱廊桥，位于举水乡月山村水尾，东北、西南走向，举溪自西北向东南贯桥而过。由石拱券和廊屋两部分组成。石拱券：半圆形单孔，拱跨 16.40 米，矢高 8 米，用人工开凿的条块石垒筑而成，其上建造廊屋。廊屋全长 50.20 米，有廊屋 18 间，面阔三开间 5.20 米，明间为桥之通道，两次间设长木凳供行人小憩，

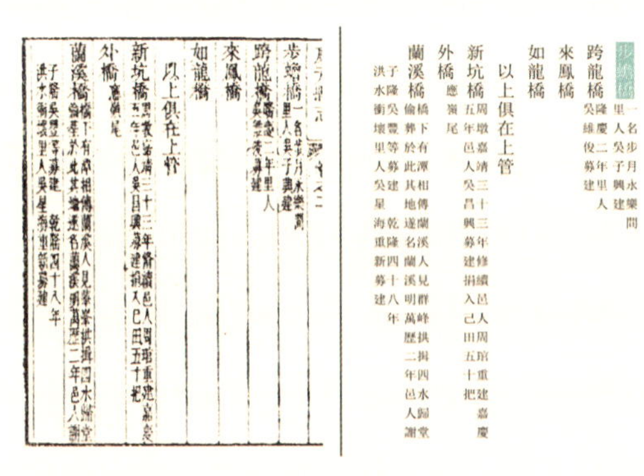

步蟾橋一名步月水樂間里人吳子興建

跨龍橋隆慶二年里人吳維佼募建

來鳳橋

如龍橋

以上俱在上管

新坑橋周墩嘉靖三十三年修續邑人周滔重建嘉慶五年邑人吳昌興募建捐入己田五十把

外橋應嶺尾

蘭溪橋橋下有潭相傳蘭溪人見群峰拱揖四水歸堂倫葬於此其地遂名蘭溪明萬曆二年邑人謝子隆吳豐等募建乾隆四十八年洪水衝壞里人吳星海重新募建

嘉庆《庆元县志》卷二载“步蟾桥”

桥面平缓无坡，中轴线与桥边铺条石，其余部位铺块石。梁架用九檩四柱，柱子直接顶在桥面上。廊屋当心间和东西桥头各一间分设三个重檐歇山顶桥亭，当心间施八角藻井和雕花垂莲柱，东南向次间设神龛供奉平水王大禹，其上额书“步蟾桥”古匾。桥身外鳞叠两层风雨板，上层开启几何图案窗，有花瓶、桃、扇、梅花等图案，形态各异。屋面施方椽、望板、小青瓦合铺。步蟾桥是石拱廊桥中代表性实物，其拱跨大，做法考究，具有较强的科学性；桥亭结合，外形美观，与旁边的参天古树与古塔，构成村口的一道亮丽风景，具有较高的艺术价值，极具观赏性，为游人流连之地；桥上墨书题记丰富，具有一定的历史价值。桥上游 50 米溪中有一蟾岩，东南面阴刻“中流砥柱”四字，为崇祯元年（1628 年）曾任过兵部司务的吴懋修所书。（浙江省第三次全国文物普查，2007—2011 年）

步蟾桥东南立面（傅峥嵘供图）

步蟾桥神龛（傅峥嵘供图）

九、安徽省

方涂巷

全国编号： 106

地区编号： 皖 1

类　　别： 地名

地理位置： 安徽省合肥市巢湖市苏湾镇司集村涂山

所属流域： 长江

简　　介： 涂山东，有村名方涂巷，传为大禹娶妻之地。古谣传唱：“涂一、涂二、涂三四，涂妈妈生了个夏皇帝。”

方涂巷（张卫东供图）

《康熙字典》：“涂山，国名，在寿春界巢县东北。”在方涂巷附近，有古地寿春城界。涂山所在，四周均有地名与大禹传说有关联。村有涂山娇，山有天禹岭。山下有河谓涂水，为滁河上游的一条支流。滁河为涂水名字演绎而来。

中　江

全国编号： 107

地区编号： 皖 2

类　　别： 山川 · 河

地理位置： 源自今安徽省芜湖市镜湖区长江边中江塔，东通太湖入海

所属流域： 长江

简　　介： 传说中江为大禹所开：“汶山道江……东为中江，入于海。”（《史记·夏本纪》）《汉书·地理志》：“芜湖，中江在西。”《史记三家注》：“中江从丹阳芜湖县西南，东至会稽阳羡县入海。”会稽指会稽郡（治苏州），下有阳羡县（今宜兴）。据谭其骧主编的《中国历史地图集》，中江就是芜湖到太湖的水道，由青弋江、水阳江、固城湖、荆溪等天然水道和胥溪这条人工河流组成，实际是“芜太运河”的前身。

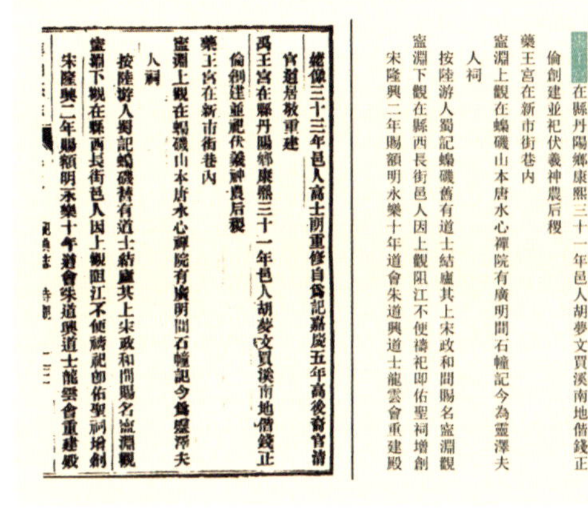

姥像三十三年邑人高士朗重修自為記嘉慶五年高後裔官清
官道居敬重建
禹王宮在縣丹陽鄉康熙三十一年邑人胡夢文買溪南地偕錢正
倫創建並祀伏羲神農后稷
藥王宮在新市街巷內
靈淵上觀在蟂磯山本唐水心禪院有廣明間石幢記今為靈澤夫
人祠
按陸游入蜀記蟂磯舊有道士結廬其上宋政和間賜名靈淵觀
靈淵下觀在縣西長街邑人因上觀阻江不便禱祀即佑聖祠增創
宋隆興二年賜額明永樂十年道會朱道興道士龍雲會重建殿

嘉庆《芜湖县志》卷三载“禹王宫”

禹王宫，原在弋江区禹王宫路上，又称开元寺，主祭大禹，后并祭伏羲神农氏。嘉庆《芜湖县志》卷三载：“禹王宫，在县丹阳乡，康熙三十一年邑人胡梦文买溪南地，偕钱正伦创建，并祀伏羲神农后稷。”史称“大禹导中江”，《尚书·禹贡》有“中江”之称。为了纪念大禹，芜湖百姓在中江的起点附近修建了这座禹王宫。

中江（张卫东供图）

清咸丰三年（1853 年），太平军和清军在芜湖激战，禹王宫众多建筑毁于此役。稍后，禹王宫被湖南会馆借作馆舍，据民国 8 年（1919 年）版《芜湖县志》记载："湖南会馆即楚军昭忠祠，原在河南禹王宫旧址。"到了清同治五年（1866 年）前后，建筑已经"因兵燹毁，所有屋宇倒塌不堪"，湖南会馆迁出，而禹王宫原址则逐渐成为百姓杂居之地，所有建筑不复存在，唯留禹王宫等地名。

芜湖市 2001 年修建鸠兹广场时，特意在广场的中心位置铸了一尊《大禹导中江》青铜塑像。

中江塔耸立于芜湖市中心青弋江与长江交汇处，始建于明万历四十六年（1618 年），也是船只进入芜湖城的航标。芜湖渡口有鸠兹故城。

涂　山

全国编号： 108

地区编号： 皖 3

类　　别： 山川 · 山

地理位置： 安徽省蚌埠市禹会区

所属流域： 淮河

简　　介： 主峰海拔 338.7 米。山上有禹庙（又名禹王宫）、候人石等。秦汉典籍对涂山记载的地望相当模糊，如《竹书纪年》：禹"五年巡狩，会诸侯于涂山"。《汉书 · 地理志》引应劭曰："禹所娶涂山，侯国也，有禹墟。"到西晋北魏以后，《左传注》《水经注》《大唐地理书钞》《太平寰宇记》《明一统志》等均明确涂

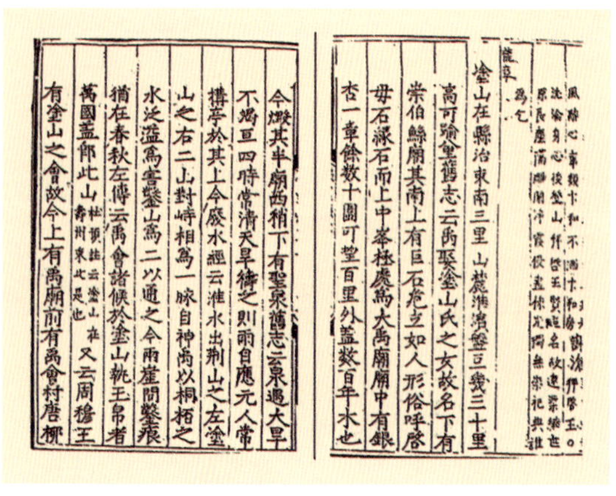

塗山在縣治東南三里 山巔潮濕盤亘幾三十里
高可踰皇舊志云禹娶塗山氏之女故名下有
崇伯鯀廟其南上有巨石危立如人形俗呼啓
母石緣石而上中峯極處爲大禹廟廟中有銀
杏一章餘數十圍可望百里外蓋數百年木也

今燬其半廟西稍下有聖泉舊志云泉遇大旱
不竭亘四時常清天旱禱之則雨自應元人常
構亭於其上今廢水經云淮水出荆山之左塗
山之右二山對峙相爲一脉自神禹以桐柏之
水泛溢爲害鑿山爲二以通之今兩崖間鑿痕
猶在春秋左傳云禹會諸侯於塗山執玉帛者
萬國蓋即此山 杜預註云塗山在壽州東北是也 又云周穆王
有塗山之會故今上有禹廟前有禹會村磨枷

明嘉靖《怀远县志》卷一载"涂山"

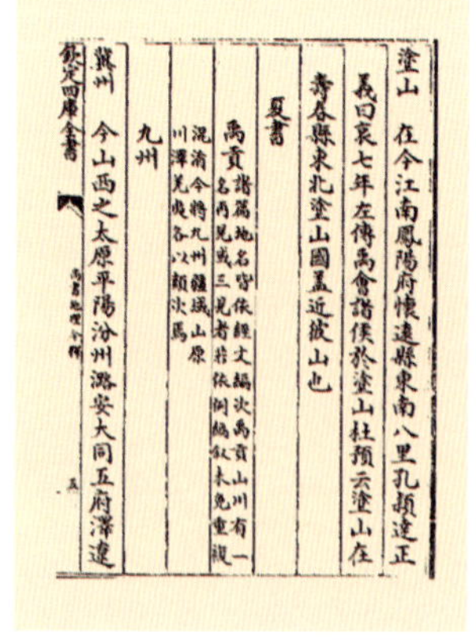

塗山 在今江南鳳陽府懷遠縣東南八里孔穎達正
義曰哀七年左傳禹會諸侯於塗山杜預云塗山在
壽春縣東北塗山國蓋近彼山也

夏書

禹貢 諸篇地名皆依經文編次禹貢山川有一名兩見或三見者皆依制編叙未免重複
混淆今將九州疆域山原川澤先後各以類次焉

九州

冀州 今山西之太原平陽汾州潞安大同五府澤遼

欽定四庫全書 尚書地理今釋 五

《尚书地理今释》载"涂山"

安徽蚌埠涂山禹王宫（张建平摄）

山在淮河岸边。清《古今图书集成·方舆汇编·山川典·涂山部汇考》：“涂山，在今江南凤阳府怀远县东南八里，与荆山对峙。相传禹娶涂山及会诸侯，皆于此山。西南有禹虚及禹会村。”

明嘉靖《怀远县志》卷一载：“涂山，在县治东南三里，山麓淮滨，盘亘几三十里，高可逾八里，《旧志》云：禹娶涂山氏之女，故名。下有崇伯鲧庙，其南上有巨石，危立如人形，俗呼启母石。缘石而上，中峰极处为大禹庙，庙中有银杏一章，余数十围，可望百里外，盖数百年木也，今毁其半。庙西稍下有圣泉，《旧志》云：泉遇大旱不竭，亘四时常清，天旱祷之则雨自应，元人常构亭於其上，今废。《水经》云：淮水出荆山之左，涂山之右，二山对峙，相为一脉。自神禹以桐柏之水泛溢为害，凿山为二以通之，今两崖间凿痕犹在。《春秋左传》云：禹会诸侯於涂山，执玉帛者万国，盖即此山；又云周穆王有涂山之会。故今上有禹庙，前有禹会村。”

农历三月二十八日，淮河两岸一直保留着“涂山庙会”，人数多达几万。另外六月六、九月九还有启母送泥娃娃的风俗。

2007 年，“涂山禹王庙会”被列入蚌埠市非物质文化遗产名录。2008 年，《涂山大禹传说》被列入安徽省非物质文化遗产名录。

涂山禹王庙会（张建平摄）

禹王宫（涂山）

全国编号： 109

地区编号： 皖 4

类　　别： 古建筑 · 宫

地理位置： 安徽省蚌埠市禹会区涂山风景区

所属流域： 淮河

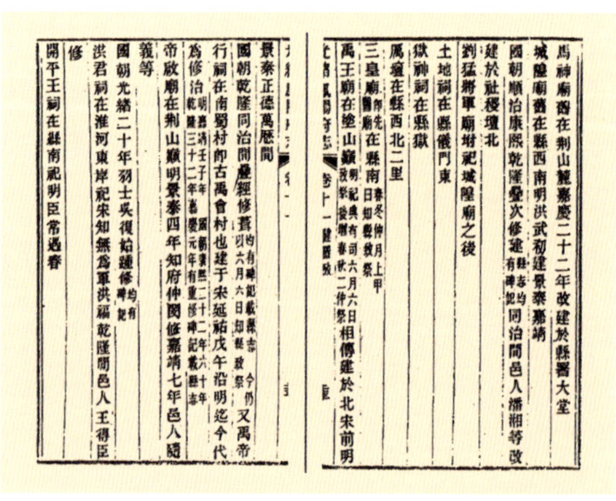

馬神廟舊在荆山麓嘉慶二十二年改建於縣署大堂
城隍廟舊在縣西南明洪武初建景泰嘉靖
國朝順治康熙乾隆疊次修建縣志均有碑記同治間邑人潘湘等改
建於社稷壇北
劉猛將軍廟附祀城隍廟之後
土地祠在縣儀門東
獄神祠在縣獄
厲壇在縣西北二里
三皇廟即先醫廟在縣南春冬仲月上甲日知縣致祭
禹王廟在塗山巔明祀典有司六月六日致祭後增春秋二仲祭相傳建於北宋前明
景泰正德萬歷間
國朝乾隆同治間屢經修葺均有碑記載縣志以六月六日知縣致祭今仍　又禹帝
行祠在南蜀村即古禹會村也建于宋延祐戊午沿明迄今代
為修治明嘉靖壬子年國朝康熙二十二年六十年乾隆三十二年嘉慶元年有重修碑記載縣志
帝啟廟在荆山巔明景泰四年知府仲圀修嘉靖七年邑人顧
義等
國朝光緒二十年羽士吳復始鍾修均有碑記
洪君祠在淮河東岸祀宋知無為軍洪福乾隆間邑人王得臣
修
開平王祠在縣南祀明臣常遇春

光绪《凤阳县志》卷十一载“禹王庙”

简　　介： 禹王宫，俗称禹王庙，又称涂山祠。《安徽省志 · 民族宗教志》（1997 年版）载：道士们历代相传，汉高祖十二年（前 195 年）在山顶建禹庙，迄今有 2200 余年历史。唐狄仁杰毁天下淫祀 2700 余所，惟禹庙得以保存。

明嘉靖《怀远县志》卷一便记载了涂山禹王庙的存在，在光绪《凤阳县志》卷十一则明确记载其建于北宋前：“禹王庙在涂山巅，明《祀典》：有司六月六日致

涂山禹王宫全景（吕超峰摄）

涂山禹王宫近景（戴秀丽摄）

考察组与当地学者、道长在涂山禹王宫合影

涂山禹王殿（邱志荣摄）

乾隆重修禹王宫碑记（邱志荣摄）

祭，后增春秋二仲祭。相传建于北宋前，明景泰、正德、万历间，国朝乾隆、同治间，迭经修葺，均有碑记，载县志。今仍以六月六日知县致祭。”

禹王宫坐北面南，占地面积约 5 亩，有五进十殿下院：第一进为山门；第二进为崇德院穿堂，是游人休憩品茗之所；第三进为禹王殿；第四进为启母殿，奉祀涂山氏坐像；第五进为玉皇楼。

殿前东侧有明万历二十四年（1596 年）所建香亭一座，西侧有清乾隆二十九年（1764 年）重修庙碑一通。启母殿前有“东峰银杏”，传说此树为大禹娶涂山氏时亲手所植，惜毁于雷火。今树内生树，为一大奇观。当地有“先有树，后有山，大禹问树有几千年”的传说。也有传说认为它是禹会诸侯于涂山时敕封的神树。

1984 年禹王宫被列为安徽省重点道观，1989 年被列为省级文物保护单位。

启母石

全国编号： 110

地区编号： 皖 5

类　　别： 山川 · 石

地理位置： 安徽省蚌埠市禹会区涂山风景区

所属流域： 淮河

简　　介： 启母石，坐落在涂山主峰南坡，俗称“望夫石”“石婆婆”，远远望去，犹如一位慈祥的老妪端坐在山崖之上，上有“涂山氏望夫”五字。明嘉靖《怀远县志》卷一载：“涂山……其南上有巨石，危立如人形，俗呼启母石。”

相传，禹娶涂山氏女，婚后四日离家治水，一别十三年不归。涂山氏女每日引颈远眺，盼夫归来，望穿秋水，朝思暮想，精诚所至，化为巨石。所望方向涂山西南 5 千米处有禹会村（禹墟），史载“盖禹会诸侯之地”，考古发现有大型祭祀建筑。

1987 年，怀远县将启母石列为文物保护单位。

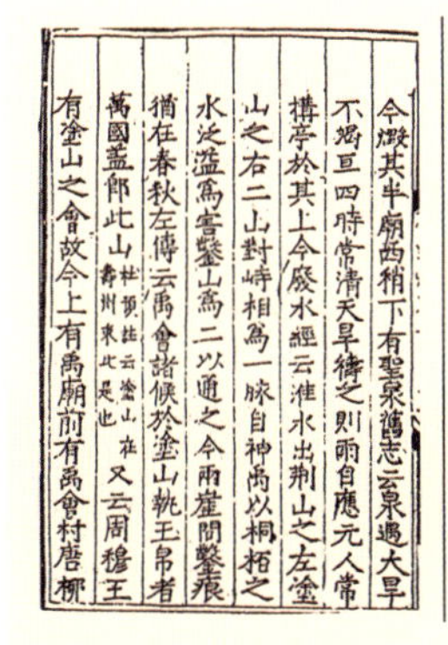

今燬其半廟西稍下有聖泉舊志云泉遇大旱
不竭亘四時常清天旱禱之則雨自應元人常
構亭於其上今廢水經云淮水出荆山之左塗
山之右二山對峙相爲一脉自神禹以桐栢之
水泛溢爲害鑿山爲二以通之今兩崖間鑿痕
猶在春秋左傳云禹會諸侯於塗山執玉帛者
萬國蓋即此山杜預註云塗山在壽州東北是也 又云周穆王
有塗山之會故今上有禹廟前有禹會村唐柳

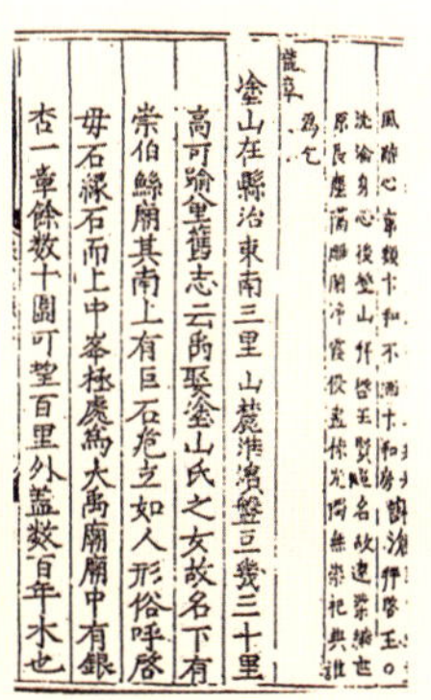

塗山在縣治東南三里 山麓淮濵盤亘幾三十里
高可踰望舊志云禹娶塗山氏之女故名下有
崇伯鯀廟其南上有巨石危立如人形俗呼啓
母石緣石而上中峯極處爲大禹廟廟中有銀
杏一章餘数十圍可望百里外蓋數百年木也

明嘉靖《怀远县志》卷一载“启母石”

启母石（邱志荣摄）

启母石文物碑（邱志荣摄）

防风冢

全国编号： 111

地区编号： 皖 6

类　　别： 古遗址

地理位置： 安徽省蚌埠市禹会区涂山风景区

所属流域： 淮河

简　　介： 从外观看，目前的“防风冢”不过是荒地中的土堆，但防风冢的神话流传久远。

禹会村遗址

全国编号： 112

地区编号： 皖 7

类　　别： 古遗址

地理位置： 安徽省蚌埠市禹会区秦集镇禹会村

所属流域：淮河

简　　介：在禹会区涂山西南淮河右岸与天河左岸的夹滩上，距山脚 5 千米。明《凤阳府志·山川考》：“涂山在怀远东南八里，高二百一十丈。山前有禹会村。”

《左传·哀公七年》：“禹合诸侯於涂山，执玉帛者万国。”禹会由此而得名。禹会村即郦道元《水经注·淮水注》中的“禹墟”。当地还有民间故事《天河与禹墟》。

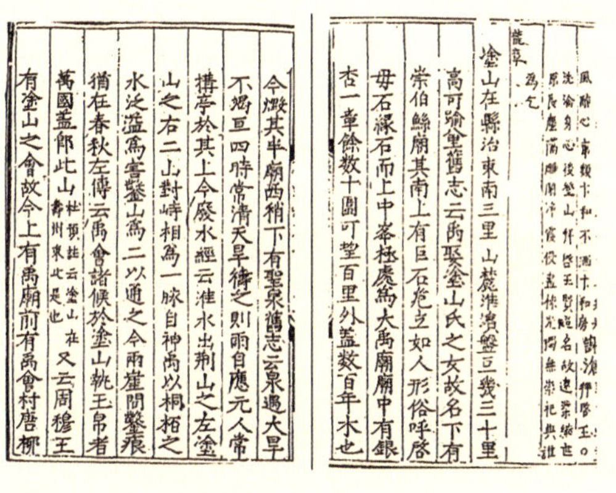
塗山在縣治東南三里 山麓淮濱盤亘幾三十里
高可踰里舊志云禹娶塗山氏之女故名下有
崇伯鯀廟其南上有巨石危立如人形俗呼啓
母石緣石而上中峯極處爲大禹廟廟中有銀
杏一章餘數十圍可望百里外蓋數百年木也

今燬其半廟西稍下有聖泉舊志云泉遇大旱
不竭亘四時常清天旱禱之則雨自應元人常
構亭於其上今廢水經云淮水出荊山之左塗
山之右二山對峙相爲一脉自神禹以桐柏之
水泛溢爲害鑿山爲二以通之今兩崖間鑿痕
猶在春秋左傳云禹會諸侯於塗山執玉帛者
萬國蓋郎此山杜預註云塗山在壽州東北是也又云周穆王
有塗山之會故今上有禹廟前有禹會村唐柳

明嘉靖《怀远县志》卷一载“禹会村”

禹会村旧有禹庙，宋《舆地纪胜·舆地碑记目卷二·濠州碑记》：“唐彭晁禹庙记（记大略曰：昔禹治水之日，会於涂山，则此地是也。今禹会乡因兹而立，今有禹家、夏家者，皆是禹之苗裔。元和十四年彭晁记）。”清嘉庆《怀远县志》卷四载：“禹帝行祠亦曰禹帝庙，在南蜀村，盖即古时禹会村也。祠建於宋延祐（应为宝祐）戊午（1258 年），自明迄今迭有修葺。”禹帝庙早已毁，据当地村民回忆，禹村古柳距离禹庙位置不远。古柳逐渐成为人们追忆凭吊禹庙的寄托。

1981 年，在第二次全国文物普查期间发现禹会村遗址。2005 年纳入“中华文

禹会村遗址（戴秀丽摄）

禹会村遗址现场（邱志荣摄）

禹会村遗址祭祀台现场（邱志荣摄）

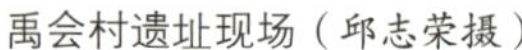

明探源工程”重大项目。2007 年发现祭祀广场。2017 年证实禹会村遗址是一座龙山古城，应为涂山氏国核心都城，四边城墙各长五六百米，城垣宽度达 20 多米。

禹会村遗址年代大约在公元前 2300—前 2000 年之间。分布范围东西宽约 300 米，南北长约 2000 米，面积约 60 万平方米。遗址中保存有 2000 多平方米的大型祭祀台基，是一处经过人工实施的具有专一性功能的大型盟会场所。经过挖槽、堆筑灰土、铺垫黄土、覆盖白土，最后形成一个南北长 108 米、东西宽 13～23 米不等的巨大的白土覆盖面。祭祀台基面的中轴线上附加了一系列的相关设施，如 90 平方米的椭圆形烧祭面，1 米见方的方土台，长达 50 米的一字排开的 35 个柱坑等。大禹、涂山、禹会诸侯存在着内在联系，禹会村遗址的考古资料已经提供了重要迹象，对考证“大禹治水”和“禹会诸侯”的历史，有着极其重要的学术价值。“禹会诸侯于涂山”由传说转向信史。

2013 年 3 月 5 日，禹会村遗址被国务院公布为第七批全国重点文物保护单位。2020 年 5 月 18 日，开工建设禹会村遗址国家考古遗址公园，现已初具规模。

禹帝庙（刘巷）

全国编号： 113

地区编号： 皖 8

类　　别： 古建筑 · 庙

地理位置：安徽省蚌埠市禹会区天河社区禹庙村刘巷自然村

所属流域：淮河

简　　介：始建于明代，清代重修。坐北朝南，面阔三间，进深三间，建筑面积约 70 平方米。砖木结构，硬山顶。保存状况一般。庙南 200 米有桥 1 座，为单孔石拱桥。

大禹庙（禹庙村）

全国编号：114

地区编号：皖 9

类　　别：古建筑・庙

地理位置：安徽省蚌埠市固镇县连城镇禹庙村

所属流域：淮河

简　　介：处于浍、澥两河交汇地，为祭祀治水英雄大禹而建。始建年代不详，明代有禹庙驿或禹庙铺。现有房三间，坐北朝南，砖木结构，硬山顶。占地面积约 50 平方米。墙砖多为明代砖，因经常维修，外观有变。

十、福建省

平水庙巷

全国编号：115

地区编号：闽 1

类　　别：地名

地理位置：福建省泉州市鲤城区开元街道开元社区

所属流域：东南沿海诸河

简　　介：平水庙巷位于鲤城区开元街道开元社区，东起裴巷，西抵静园附近。以前的平水庙，就是这 200 余米的小巷；如今范围扩大，包括连接新华北路的一段，全长已有 700 余米。因巷内早期建有奉祀禹王的平水庙而得名。

平水庙巷（张卫东供图）

平水庙位于小山的山脊之上，为泉州古城内制高点之一，也是古代军营驻扎处。旧时每遇洪水，泉州半城即为泽国，城北几处小山就是避水高地。唐代兴建开元寺，便选择在这小山南坡，修建一座供奉禹王的庙宇，借“夏禹治水”的典故，寄寓“平定水患”的愿景，取名“平水庙”，庙宇所在地便以“平水庙”命名。

平水庙不远处，曾有一座供奉雷神的小庙，名为“雷公厅”，二者都与水患有关。平水庙还有古城内罕见的井中井。

十一、江西省

禹王台

全国编号： 116

地区编号： 赣 1

类　　别： 古建筑・台

地理位置： 江西省九江市湖口县鄱阳湖中鞋山南端

所属流域： 长江

简　　介： 禹王台是鞋山岛主峰，高 90.7 米，一巨石上勒“禹王峰”。《水经注・庐江水》：“又有孤石，介立大湖中，周回一里，竦立百丈，矗然高峻，特为瑰异。上生林木，而飞禽罕集，言其上有玉膏可采，所未详也。耆旧云：昔禹治洪水至此，刻石纪功，或言秦始皇所勒。然岁月已久，莫能合辨之也。”相传大禹将一条作恶多端的江猪锁在了山脚下的鞋山洞内，传说是大禹治水的石刻则已磨灭。

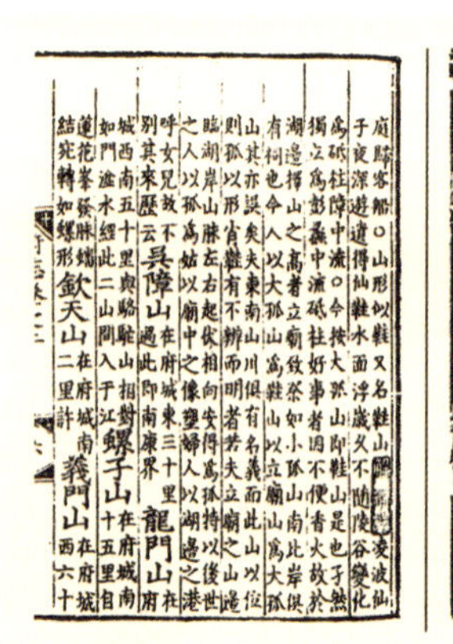
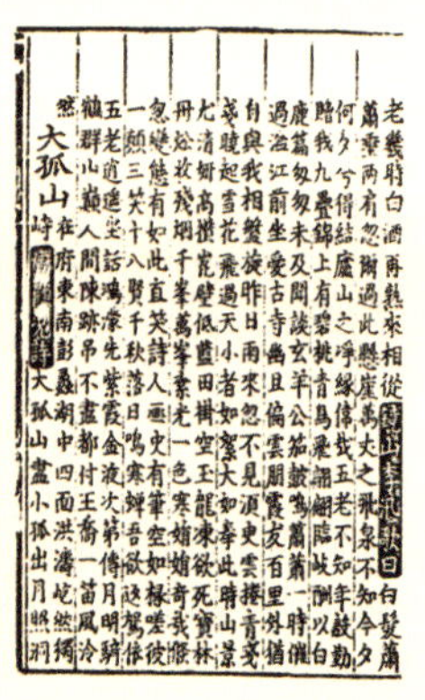

嘉靖《九江府志》卷二载“大孤山”

鞋山是第四纪冰川的杰作。地质时期，这块巨石横卧湖中，挡住了冰川的去路。冰川无奈，只好从它的左右两侧擦过，经过千百年的磨削，巨石成了今天这前窄后宽、形状如鞋的模样。

鞋山原名孤石，唐时名为大孤山，苏东坡始改称“大姑山”，明清以后取其形状改称鞋山。岛上名胜古迹众多，除禹王台外，还有望姑门、训腰石、大姑庙、望湖亭、鞋山塔等。

鞋山全景（刘晓东摄）

鞋山古建筑（金小军摄）

大禹勒石刻碑摩崖

全国编号：117

地区编号：赣 2

类　　别：石刻

地理位置：江西省九江市庐山市庐山紫霄峰

所属流域：长江

简　　介：大禹勒石刻碑摩崖相传是当地苗民为纪念大禹为民除害（杀死彭蠡泽中害人的庞然大物）、治平水患之功而刻制的。因年久漫漶，后人重刻一份置于石窟，南北朝时期文献记载石窟与碑刻犹存，但仅可辨识“鸿荒漾余乃槿”六字。

《水经注》卷三九《庐江水》：“庐江水出三天子都，北过彭泽县西，北入于江。”注曰：“庐山之南，有上霄石，高壁缅然，与霄汉连接。秦始皇三十六年，叹斯岳远，遂记为上霄焉。上霄之南，大禹刻石志其丈尺里数，今犹得刻石之号焉。湖中有落星石……耆旧云：昔禹治洪水至此，刻石纪功，或言秦始皇所勒。然岁月已久，莫能合辨之也。”

《古今图书集成·理学汇编·字学典》卷五十三引《舆地志》：“江西庐山紫霄峰下有石室，室中有禹刻篆文，有好事者缒入，摹之，凡七十余字。止有‘鸿荒漾余乃槿’六字可辨，余叵识。后复追寻之，已迷其处矣。”

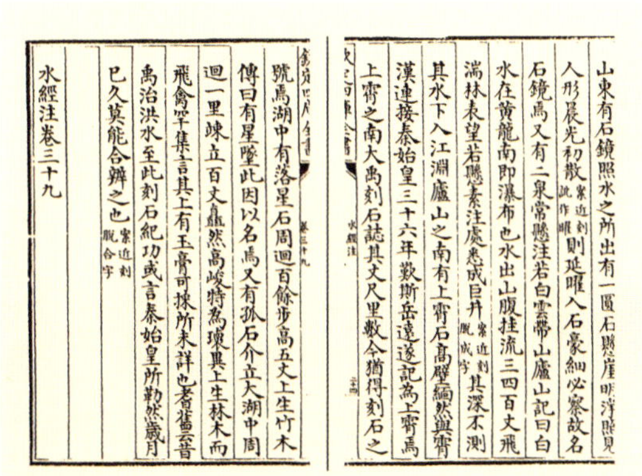

《水经注》卷三九载“大禹刻石”

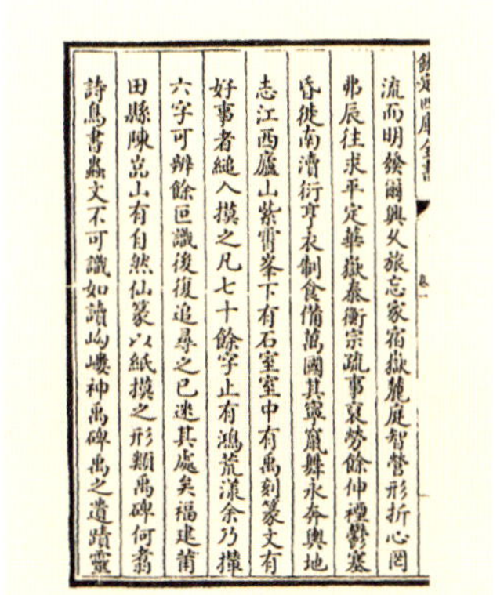

《金石文考略》卷一载“禹刻篆文”

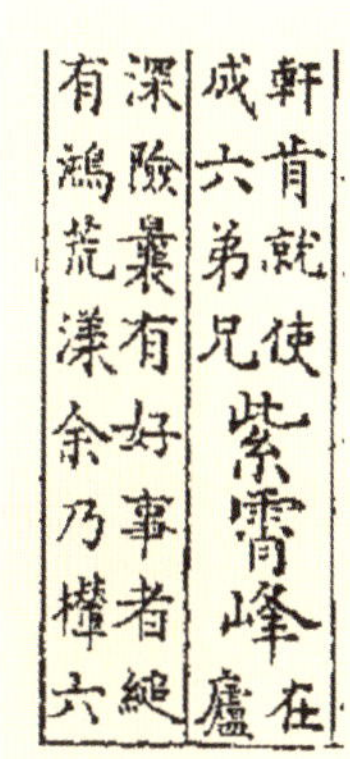

大禹勒石刻碑摩崖

尧山庙

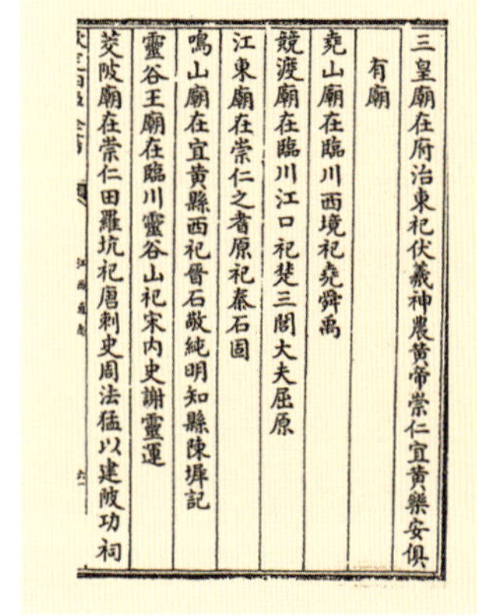
三皇廟在府治東祀伏羲神農黃帝崇仁宜黃樂安俱
有廟
堯山廟在臨川西境祀堯舜禹
競渡廟在臨川江口祀楚三閭大夫屈原
江東廟在崇仁之耆原祀秦石固
鳴山廟在宜黃縣西祀晉石敬純明知縣陳塀記
靈谷王廟在臨川靈谷山祀宋內史謝靈運
茭陂廟在崇仁田羅坑祀唐刺史周法猛以建陂功祠

《江西通志》卷一百九载“尧山庙”

全国编号： 118

地区编号： 赣 3

类　　别： 古建筑·庙

地理位置： 江西省抚州市临川区高坪镇尧山村

所属流域： 长江

简　　介： 清谢旻《江西通志》卷一百九：“尧山庙，在临川西境，祀尧舜禹。”今临川区高坪镇尧山村（又名饶山村）有尧山，为临川区西部界山。2023 年村里有庙，村民指为尧王庙。两坡悬山主殿，空间不大，三开间，中间柱跨约 4 米，边跨各约 1.5 米；左右设钟鼓，正中供奉四尊像，前面及两侧小像整齐排列。庙无匾无楹联，佛像也无名无姓。

村内有饶氏宗祠。现在的“饶”姓，由于历史原因，有人写成“尧”。当地人

尧山庙内景（金小军摄）

尧山村尧山航拍（金小军摄）

介绍，饶姓系上古五帝之一唐尧之后裔。54世尧萱从平阳（今山西临汾）徙居江西鄱阳（古饶州，今属江西）后迁临川（今抚州）。56世尧濙为京兆尉时，汉宣帝为了避尧帝讳，赐尧濙改姓“饶”（此为饶姓始祖），并要求天下凡姓“尧”的均改姓“饶”。

江西还有多处“尧山村”，分布在鄱阳县双港镇、广昌县盱江镇、资溪县高阜镇、武宁县罗溪乡等地。

彭蠡·鄱阳湖

全国编号： 119

地区编号： 赣4

类　　别： 山川·湖

地理位置： 江西省鄱阳湖

所属流域： 长江

简　　介： 鄱阳湖古名彭蠡，《禹贡》曰：“淮海惟扬州。彭蠡既猪，阳鸟攸居。三江既入，震泽厎定。”宋《禹贡指南》指出：“汉水南入于江，东汇泽为彭蠡。东为北江入于海。”彭蠡自古为东南大泽，其西有汉水入江，其东则“襟三江而带五湖”（今太湖附近地区河湖水系），地理上处于东南治水的中枢位置。鄱阳湖中有鞋山禹王台等禹迹。

鄱阳湖航拍（金小军摄）

落星墩航拍（金小军摄）

大禹治水为鄱阳湖地区的候鸟创造了天堂般的环境。《禹贡》记载："彭蠡既猪，阳鸟攸居。"清《禹贡锥指》有精湛解释："横流之际，彭蠡入江处必有淤淀，泽水弥漫，冬夏不殊，鸿雁之来，唯可陆居。及禹疏浚之后，下流通利，因为陂以障之，水潦大至，亦不过抵陂而止。背秋涉冬，则两涯涸如平野，苇花芦叶，到处可栖矣。想禹治彭蠡功毕，适当鸿雁来宾之候，故因所见而纪其事。阳鸟攸居，正在陂中，霜降水涸，自成芦苇之区，非禹特废其旁地以为芦苇也。"

附录：

鄱阳湖是我国最大的淡水湖，位于长江中下游右岸，江西省北部，水面面积2978平方千米（2004年9月17日对应于黄海高程14.68米水位时的资源卫星影像提取面积），容积328.7亿立方米。鄱阳湖年平均出湖水量为1460亿立方米，约占长江年平均水量的15%，水量十分丰富。鄱阳湖是吞吐型、季节性淡水湖泊，形成"洪水一片，枯水一线"的景观。该湖是白鹤等珍稀水鸟的重要栖息地，是世界上最大的鸟类保护区。鄱阳湖水系以鄱阳湖为辐聚中心，由赣江、抚河、信江、饶河、修水五大水系和环湖直接入湖河流及鄱阳湖组成。各河来水汇聚于鄱阳湖，经调蓄后于江西省湖口县注入长江。控制流域面积16.21万平方千米。鄱阳湖水系流域面积在100平方千米以上的河流有457条。

十二、山东省

原山庙禹王殿

全国编号：120

地区编号：鲁 1

类　　别：古建筑 · 殿

地理位置：山东省济南市莱芜区和庄镇北平洲村

所属流域：黄河

简　　介：原山庙位于北平洲村北原山顶，乾隆十八年（1753 年）修建。主要有原山阁、禹王殿、泰山行宫、碑林、长城墙等。泰山行宫为黄色琉璃瓦，其他为小黑瓦。另有建修庙石碑十几块。

汶水发源于原山，别名马耳山，远看主峰正是竖起的马耳，上有禹王殿，俗称禹王山。《山东通志》卷三十五之十八载：“魏收《志》云：‘嬴县有马耳山，汶水出焉，今莱芜县，本汉嬴县地，是饴与马耳皆原山之异名也。’”民国《莱芜县志》卷二载：“原山，在县东北七十里，东界博山，北界淄川，章邱耸秀出群山之上。主峰俗名禹王山，在史家崖之东，风门道之南，自主峰而外北起长城，东至青石关外，西至杨家横，南至文子岭，盘回百里，皆原山也。淄水出其阴，汶水出其阳，一名马耳山。”据传，夏禹治水曾到此地，人们感其功德，在山顶建禹王祠以示纪念，禹王山也由此而得名。主峰建有禹王祠，坐北朝南，始建年代不详，侧峰设立泰山行宫。

原山庙禹王殿（张卫东供图）

据传，原先禹王祠与泰山行宫前，石碑林立，但大部已毁，现仅存泰山行宫后的三块碑，其中两块为清康熙五十七年（1718 年）所立，另一块为嘉庆五年（1800 年）所立，均为重修碑。三碑当中，只有《重修虞望山泰山行宫记》一碑保存较完好，而其余两碑皆因风雨剥蚀，已不能辨认。清乾隆六年（1741 年）《重修虞望山泰山行宫记碑》：“山有二峰：东则神禹祠，西则泰山行宫。”神禹祠始建年代无考，已残坏殆尽。1995 年开始重修，每逢三月三、九月九庙会。

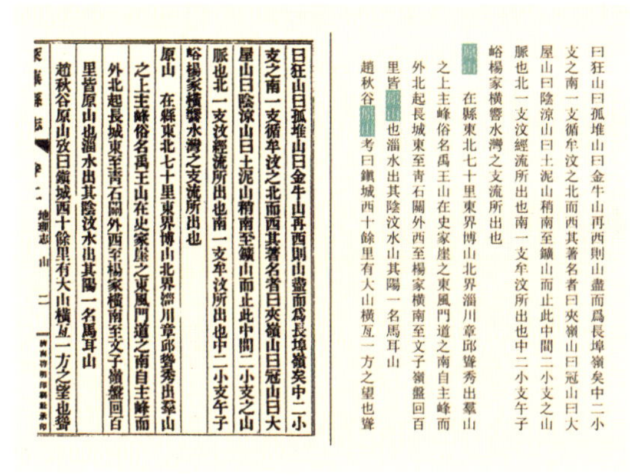

曰狂山曰孤堆山曰金牛山再西則山盡而爲長埠嶺矣中二小支之南一支循牟汶之北而西其著名者曰夾嶺山曰冠山曰大屋山曰陰涼山曰土泥山稍南至鑛山而止此中間二小支之山脈也北一支汶經流所出也南一支牟汶所出也中二小支午子峪楊家横嚮水灣之支流所出也

原山　在縣東北七十里東界博山北界淄川章邱聳秀出羣山之上主峰俗名禹王山在史家崖之東風門道之南自主峰而外北起長城東至青石關外西至楊家横南至文子嶺盤回百里皆原山也淄水出其陰汶水出其陽一名馬耳山

趙秋谷原山考曰鑛城西十餘里有大山横亙一方之望也聳

民国《莱芜县志》卷二载“原山”

玄帝阁、禹王庙（三德范庄村）

全国编号： 121

地区编号： 鲁 2

类　　别： 古建筑 · 庙

地理位置： 山东省济南市章丘区文祖街道三德范庄村

所属流域： 山东半岛独流入海水系

简　　介： 三德范玄帝阁、禹王庙，位于山东省章丘市文祖街道三德范庄村。

禹王庙位于旧时三德范庄之南端，故又称“南头庙”。该庙建于青龙池东侧石壁之上，该域地势高峻巨石参差，依地势而补筑石堰。筑成约 1000 平方米高台，古朴典雅的禹王庙巍然于上。殿内四周壁画十分精美，为清宣统年间所制，是按墙壁尺寸，将事先绘好的画卷粘贴于其上，宣纸绘制，做工十分精细，虽经百年，部分画面仍然色彩鲜艳，栩栩如生。禹王庙距玄帝阁（祀真武

三德范庄村玄帝阁（张卫东供图）

大帝）约 320 米，连同北头庙，形成三德范南北中轴线。

2015 年 6 月 23 日，三德范村玄帝阁、禹王庙被公布为第五批省级文物保护单位。

禹王庙（苏王庄）

全国编号： 122

地区编号： 鲁 3

类　　别： 古建筑 · 庙

地理位置： 山东省淄博市淄川区城南镇苏王庄禹王山

所属流域： 山东半岛独流入海水系

简　　介： 创建于元末明初，清康熙年间（1662—1722 年）重修。坐北朝南，占地东西宽约 40 米，南北深约 60 米。前后两进院落，原有山门、禹王殿、东西厢房及僧舍等建筑。现存山门和禹王殿，均为砖石砌筑。禹王殿，三间，面宽 9 米，深 5 米，高 6 米，殿内供禹王塑像。后院尚存一残碑，字迹模糊。

道光《济南府志》讲到禹王山上有夏王庙：“禹王山，在淄川县南十里，《旧志》云上有庙”，“夏王庙，在（淄川）县南禹王山上，邑人高侍郎念东有《重修禹王山庙记》，乾隆初邑人钱荣贵等修，教谕臧岳为记”。乾隆《淄川县志》载有《重修禹王山庙记》（高珩撰）、《重修禹王山禹王庙之碑》（臧岳撰），其中《重修禹王山禹王庙之碑》有言曰：“岱迤北二三百里，极于北辅，连峰沓嶂，绵亘缭绍，所在有山，莫能适名，明乎皆岱宗之支麓，义不得有专名也。此支麓中有小山焉，北距淄川十有余里，上峙禹庙，山缘庙名，士人遂赠之曰禹王山，意亦其禹迹所经。”

2014 年 3 月 17 日，苏王庄禹王庙被列为市级文物保护单位。

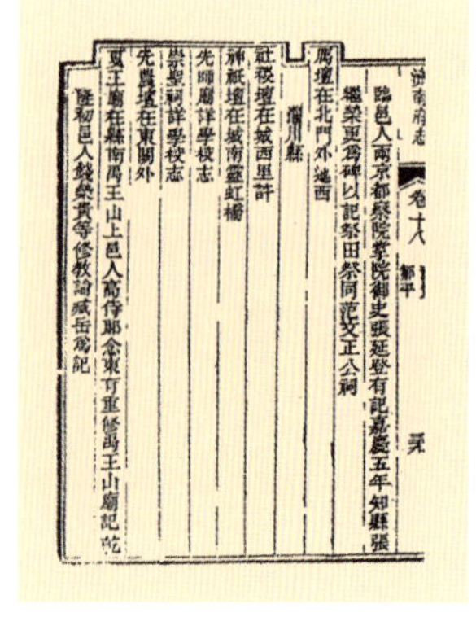

濟南府志　卷十八

臨邑人南京都察院掌院御史張延登有記嘉慶五年知縣張
鑑榮更爲碑以記祭田祭同范文正公祠
馬壇在北門外迤西
淄川縣
社稷壇在城西里許
神祇壇在城南靈虹橋
先師廟詳學校志
崇聖祠詳學校志
先農壇在東關外
夏王廟在縣南禹王山上邑人高侍郎念東有重修禹王山廟記乾
隆初邑人錢榮貴等修教諭臧岳爲記

道光《济南府志》卷十八载“禹王山夏王庙”

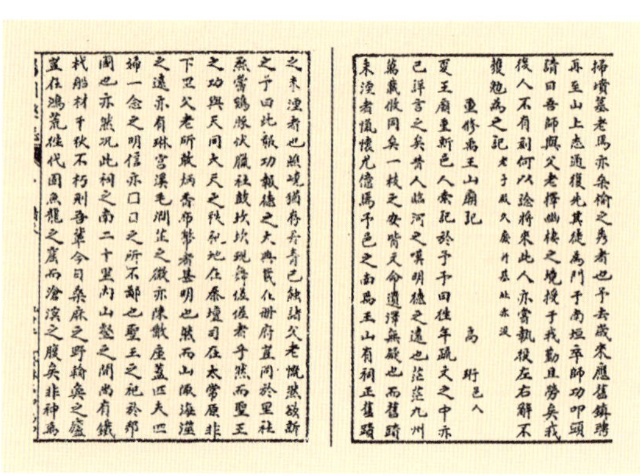

掃墳墓老馬亦桑榆之秀者也予去歲來應舊鎮聘
再至山上志遍復先其徒爲門于南垣率師功叩頭
請曰吾師與父老擇幽棲之境授予我勤且勞矣我
後人不有剔何以諗將來此人亦常執役左右辭不
獲勉爲之記
重修禹王山廟記　高珩 邑人
夏王廟重新邑人索記於予予田往年疏文之中亦
已詳言之矣昔人臨河之嘆明德之遠也茫茫九州
萬里攸同矣一枝之安皆天命遺澤無疑也而舊蹟
未湮者佩懷尤億焉予邑之南禹王山有祠正舊蹟
之未湮者也然境猶存丹青已蝕諸父老慨然欲新
之予曰此報功報德之大典民化冊府置列於里社
烝嘗鵝豚伏臘社鼓坎坎既錫嘏者乎然而聖王
之功與天同大天之秩祀地在泰壇司在太常原非
下里父老所敢炳香希幣者甚明也然而山陬海澨
之遠亦有琳宮溝毛澗芷之微亦陳歉座蓋匹夫匹
婦一念之明信亦口口之所不鄙也聖王之祀於邦
國也亦然况此祠之南二十里内山巒之間尚有鐵
栰船材千秋不朽則吾輩今日桑麻之野樀奐之盛
豈在鴻荒徙代罔魚龍之宸而滄溟之腹矣非神禹

高珩撰《重修禹王山庙记》

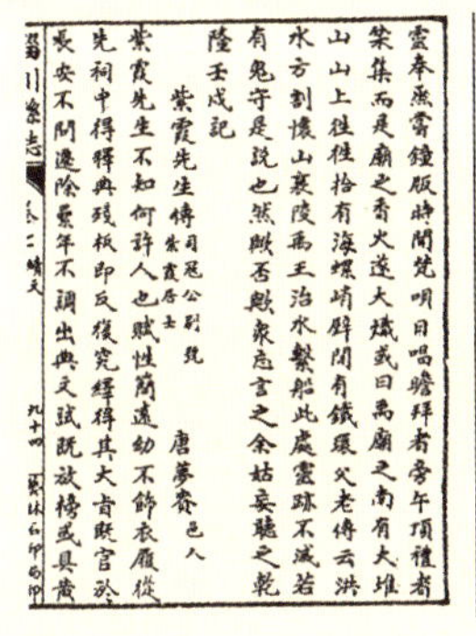

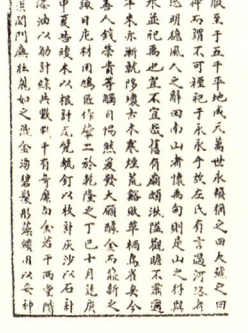

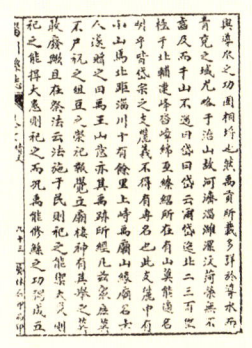

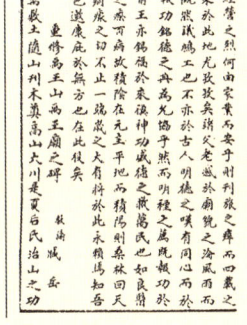

臧岳撰《重修禹王山禹王庙之碑》

禹王台庙宇群

全国编号： 123

地区编号： 鲁 4

类　　别： 古建筑・台

地理位置： 山东省潍坊市寒亭区高里街道

所属流域： 山东半岛独流入海水系

简　　介： 禹王湿地位于潍坊市寒亭区高里街道北部，白浪河下游，因景区内有禹王台而得名。现为国家湿地公园。

禹王台位于禹王台村西南角，海拔 22.47 米，底径约 75 米，面积约 5000 平方米，北距渤海约 20 千米。清乾隆《潍县志》云：“禹王台，在望海门北六十里，相传大禹治水时所筑，有禹庙在。”民国 30 年《潍县志稿・疆域志》称“即《水经注》所称秦始皇所筑之台也”。清光绪张府之《禹台论》认为：此台初为望海而设，后海水后退数十里，望海水而不得，遂感念上古大禹治水的恩德，借“望台”而名为“禹台”。郑板桥有《禹王台北勘灾》诗，并书“文明四海”匾悬于大殿。

1938 年禹王庙庙宇群焚毁，1992 年以后重修。每年正月十六日禹王台庙会，是方圆百里一大盛会。2009 年被列为省级文物保护单位。

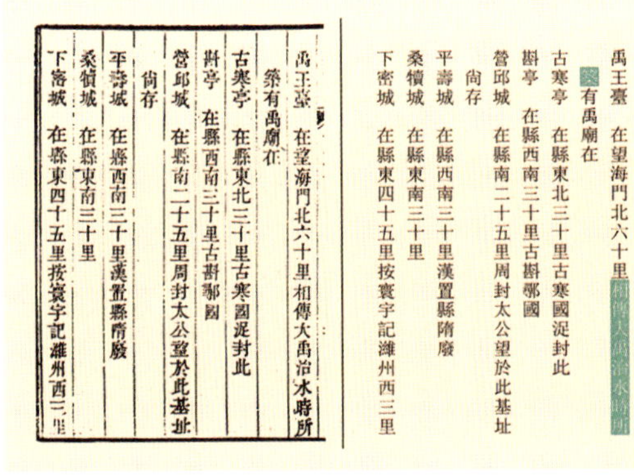

禹王臺　在望海門北六十里相傳大禹治水時所築有禹廟在
古寒亭　在縣東北三十里古寒國浞封此
斟亭　在縣西南三十里古斟鄩國
營邱城　在縣南二十五里周封太公望於此基址尚存
平壽城　在縣西南三十里漢置縣隋廢
桑犢城　在縣東南三十里
下密城　在縣東四十五里按寰宇記濰州西三里

乾隆《潍县志》卷一载“禹王台”

嘉祥武氏墓群石刻

全国编号：124

地区编号：鲁 5

类　　别：画像石

地理位置：山东省济宁市嘉祥县纸坊镇武翟山村武氏墓群石刻博物馆

所属流域：淮河

简　　介：嘉祥武氏墓群石刻，位于嘉祥县城南 15 千米武翟山下。立石时间为东汉元嘉元年（151 年），出土时间为清乾隆五十一年（1786 年），原石现存武氏墓群石刻博物馆。46 方画像石刻，与古埃及的金字塔、古希腊的瓶画并称“世界三绝”，被誉为研究中国历史的“百科全书”。

光绪《嘉祥县志》卷一载：“武氏墓，县南三十里。按汉从事武梁，字绥宗，吴郡丞武君，字开明，敦煌长史武班，执金吾丞武荣，字含和。墓在县南武翟山。武翟亦作武宅，又名紫云山。武氏石室宋元以来散落殆尽，乾隆五十年钱塘黄易、洪峒、李克正等先后访得四十余石，计武梁祠画像前石室一十四，两面者二，后石室十，石柱一，左右室十，祥瑞图四，及敦煌长史武班碑一，即其故地，树石立碑以垂永久。”

武梁祠西壁画像石是石刻中的一部分，画像内容多取自古代传说及史籍，共分五层：第一层刻西王母；第二层刻古代帝王；第三层刻我国古代最为经典的孝子故事，自右至左为曾子质孝、闵子骞御车失棰、老莱子娱亲、丁兰刻木供父；第四层刻刺客故事，自右至左为曹子劫桓公、专诸刺吴王、荆轲刺秦王；第五层刻车骑。

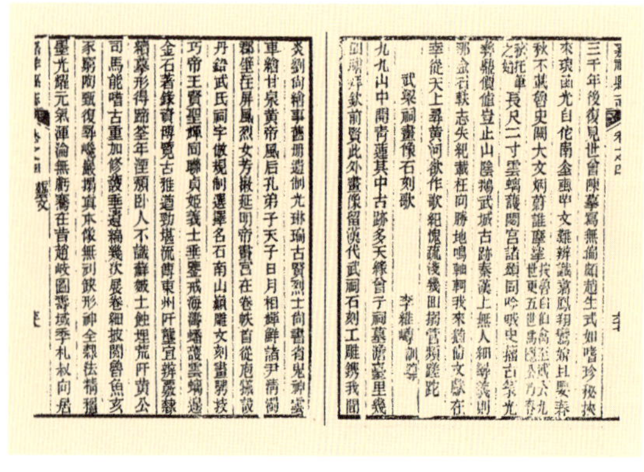

光绪《嘉祥县志》卷四载“武梁祠画像石刻歌”

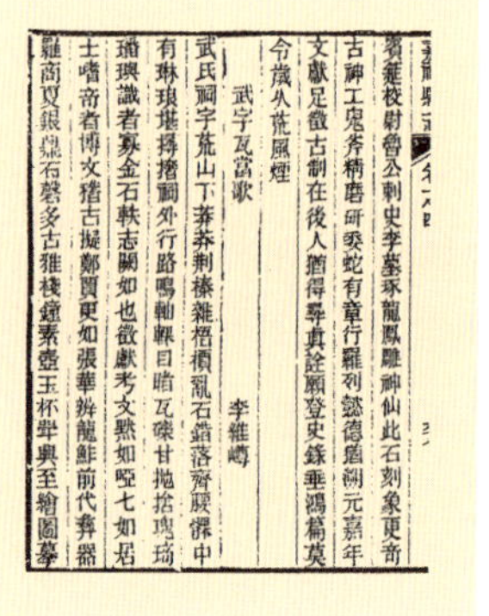

光绪《嘉祥县志》卷四载“武字瓦当歌”

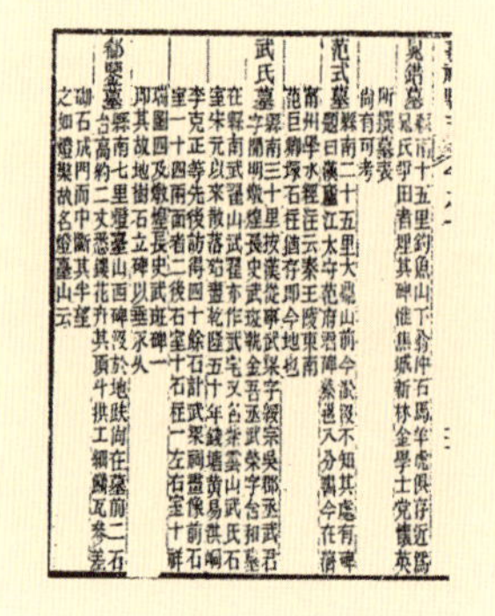

光绪《嘉祥县志》卷一载“武氏墓”

古代帝王画像共十图，分别为伏羲—女娲、祝诵氏、神农氏、黄帝、帝颛顼、帝喾、帝尧、帝舜、夏禹、夏桀等，各有榜题，其中大禹像的榜题为“夏禹长於地理，脉泉知阴，随时设防，退为肉刑”。古代帝王画像为武氏祠汉画石刻的代表作之一，也是中国汉画像石的经典珍品。它为研究古代历史文化提供了极为珍贵的形象资料，陕西黄帝陵的黄帝像、联合国水利馆中的大禹塑像及国家博物馆中唯一汉画图像大禹像，均取自这组画像中黄帝和大禹的图像。

嘉祥县的汉代画像石已陆续发现了近 200 块。这些画像的题材内容与武氏祠祠堂画像石相似，分为现实生活、历史故事、神话传说三大类。

1961 年，嘉祥武氏墓群石刻被国务院公布为全国第一批重点文物保护单位。

大禹刻像［引自《鲁迅藏拓本全集·汉画像卷》(一)，西泠印社 2014 年版］

附录：

夏　禹

在武梁祠画像中，夏禹位于舜之后。他头上没有帝王旒冕，而是戴一个斗笠，手上还持着翻土的工具——耒耜。这是画工为表现他治水有功而刻上的。

《史记·五帝本纪》说：“禹亦乃让舜子，如舜让尧子。”“诸侯归之，然后禹践天子位。”夏禹治水的故事脍炙人口。《庄子》说：“昔帝禹之湮洪水，决江河而通四夷九州也，名山三百，支川三千，小者无数，禹亲操橐耜而九杂天下之川；腓无胈，胫无毛，沐甚雨，栉疾风，置万国。禹大圣也，而形劳天下也如此。”《韩非子·五蠹篇》说：“禹之王天下也，身执耒臿，以为民先，股无胈，胫不生毛，虽臣虏之劳不苦於此矣。”《淮南子·本经训》说：“禹疏三江五湖，辟伊阙，……平通沟陆，流注东海，鸿水漏，九州干，万民皆宁其性。”《史记·夏本纪》说：“禹伤先人父鲧功之不成，受诛，乃劳身焦思，居外十三年，过家门不敢入。薄衣食，致孝于鬼神。卑宫室，致费于沟淢。……以开九州……帝舜荐禹于天，为嗣。十七年而帝舜崩。三年丧毕，禹辞辟舜之子商均于阳城。天下诸侯皆去商均而朝禹。禹于是遂即天子位。”武梁祠画像石上，禹手执耒耜的形象与《韩非子·五蠹篇》

说法相同。画像榜题曰:“夏禹长於地理，脉泉知阴，随时设防，退为肉刑。”所言“长於地理，脉泉知阴”，当指禹精通治水。所言“退为肉刑”一事，见于《汉书·刑法志》。该志云:“禹承尧舜之后，自以德衰，而制肉刑。汤武顺而行之，以俗薄於唐虞故也。”其实，制肉刑不是德衰的问题，而是因为产生了阶级和阶级斗争，形成了国家的结果。禹是儒家所尊崇的三王之一。画像石只刻一个禹，未刻其余二王，可见武氏祠画像未完全按照儒家思想办事。

禹被舜推荐为帝位继承人，国号夏。禹到东方巡察，死于会稽，并葬于此。今绍兴有大禹陵墓，也有禹王庙。庙宇建筑巍峨壮丽。

武氏墓群石刻

武氏墓群石刻，是东汉桓、灵时期（147—189 年）武氏家族墓地一组比较完整且具有代表性的石刻建筑群体，1961 年国务院公布为第一批全国重点文物保护单位。

武氏墓群石刻，保存有双阙、一对石狮、两方汉碑、武氏祠画像石四十六块。据石阙铭和武氏碑文记载，已知的武氏家族成员共有十一人，其中出仕为官者四人：武梁，官至从事；其弟武开明，官至吴郡府丞；武开明长子武班，官至敦煌长

武氏阙体遗存（邱志荣摄）

武氏尧舜禹刻石（邱志荣摄）

史；次子武荣，官至执金吾丞。由此可见，武氏一家世代为官，是显赫一方的官僚贵族。

武氏墓群石刻画像，取材广泛，内容丰富，造型生动，雕刻精湛，是汉化后刻艺术的代表之作，是我国古代劳动人民创造的璀璨的历史文化瑰宝，是研究汉代政治、经济、文化、艺术等领域不可多得的珍贵资料，在我国乃至世界美术史上占有重要地位，被联合国教科文组织视为全世界人类共同的历史文化遗产。

武氏墓群石刻的部分内容，在宋代已有发现。最早著录的有欧阳修的《集古录》、赵明诚的《金石录》和洪适的《隶释》等。清乾隆五十一年（1786年），济宁运河同知金石学家黄易等人对武氏墓群石刻陆续进行了发掘，并建房保护，从而引起了金石界的重视和轰动。

新中国成立以后，党和政府十分重视对武氏墓群石刻的保护，建立了文物管理所进行保护管理。1964年，将双阙、双狮原位提升并建阙室保护，将原存放于清代保护房中的武氏祠画像石搬入陈列。1981年，在院内清理出两座石室汉墓和一座祭坛。随后，又发现汉墓一座。1984年，修建西陈列长廊七间，把收集的县内六十余块汉画像石搬入陈列保护。2003年，嘉祥县文物管理局委托山东省文保中心编制了《武氏墓群石刻保护规划》，并由国家文物局立项。2004年，将武氏祠画像石搬入新建的陈列室封护陈列。

嘉祥县人民政府

二〇〇四年九月十六日

武梁祠画像石刻歌

李维嶟 训导

九九山中开青莲，其中古迹多天缘。
曾子祠墓澹台里，几回瞻拜钦前贤。
此外画像留汉代，武祠石刻工雕镌。
我闻炎刘尚绘事，旧册遗制光琳琿。
古贤烈士尚书省，鬼神云车绘甘泉。
黄帝风后孔弟子，天子日月相辉鲜。
诸尹清浊郡壁注，屏风烈女芳徽延。
明帝书宫在卷帙，首从庖牺设丹铅。
武氏祠宇仿规制，选择名石南山巅。
雕文刻画骋技巧，帝王贤圣辉同联。

贞姬义士垂鉴戒，海涛蟠护云螭边。
金石著录资博览，古雅遒劲堪流传。
东州阡垄宜辨核，隶续摹形得蹄筌。
年湮颓卧人不识，藓皴土蚀埋荒阡。
黄公司马能嗜古，重加修护垂遗编。
几次展卷细披阅，鲁鱼亥豕穷陶甄[①]。
复寻巉岩拓真本，像无刓缺形神全。
隶法精稳墨光耀，元气浑沦无亏骞。
在昔赵岐图寿域，季札叔向居宾筵。
校尉鲁公刺史李，墓琢龙凤雕神仙。
此石刻象更奇古，神工鬼斧精磨研。
委蛇有章行罗列，懿德犹溯元嘉年。
文献足征古制在，后人犹得寻真诠。
愿登史录垂鸿篇，莫令岁久荒风烟。

（清章文华修，官擢午纂，光绪《嘉祥县志》卷四，清光绪三十四年刻本，第 673—675 页）

龙王庙禹王殿

全国编号： 125
地区编号： 鲁 6
类　　别： 古建筑·殿
地理位置： 山东省济宁市汶上县南旺镇
所属流域： 淮河

简　　介： 南旺分水龙王庙建筑群始建于明永乐初年，清代多次重修，至咸丰年间形成一处庞大的建筑群。目前分为建筑群基址和现存建筑两部分，整个建筑群面向分水口，自南往北由龙王庙建筑群、禹王庙建筑群和祠堂建筑群三组院落构成。

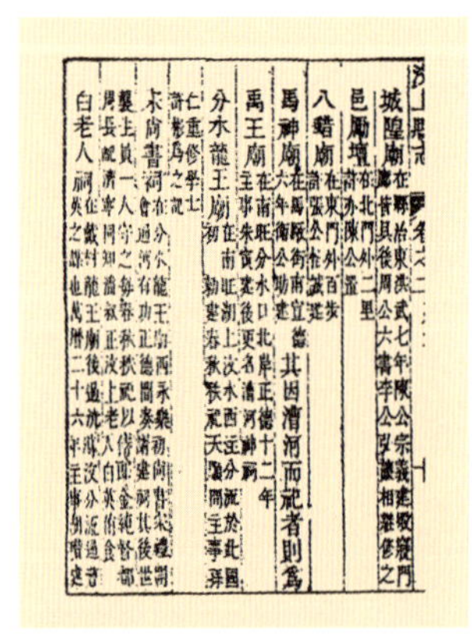
城隍廟
邑厲壇
八蜡廟
馬神廟
其因漕河而祀者則爲
禹王廟在南旺分水口北岸正德十二年
分水龍王廟
白老人祠

万历《汶上县志》卷二载“禹王庙”“分水龙王庙”

万历《汶上县志》卷二载：“禹王庙，在南旺分水

① 陶甄，古诗常用，此处应读作 táo juàn。

南旺遗址现场（邱志荣摄）

口北岸，正德十二年（1517 年）主事朱寅建，后更名‘漕河神祠’。分水龙王庙，在南旺湖上，汶水西注分流於此。国初敕建，春秋秩祀。天顺间（1457—1464 年）主事孙仁重修，学士许彬为之记。”

龙王庙建筑群主要有牌坊、山门、戏楼、钟楼、鼓楼、龙王大殿和关帝庙。禹王庙建筑群主要有永明楼、接宫厅、禹王殿和观音阁。祠堂建筑群由宋公祠、潘公

山东南旺龙王庙禹王殿（邱志荣摄）

南旺遗址禹王殿大禹像（邱志荣摄）

祠、白公祠、文公祠、蚂蚱神庙及西侧的白大王庙组成。除关帝庙、禹王殿、观音阁、宋公祠、文公祠和蚂蚱神庙外，其余建筑现仅存基址。

三官庙（泰山）

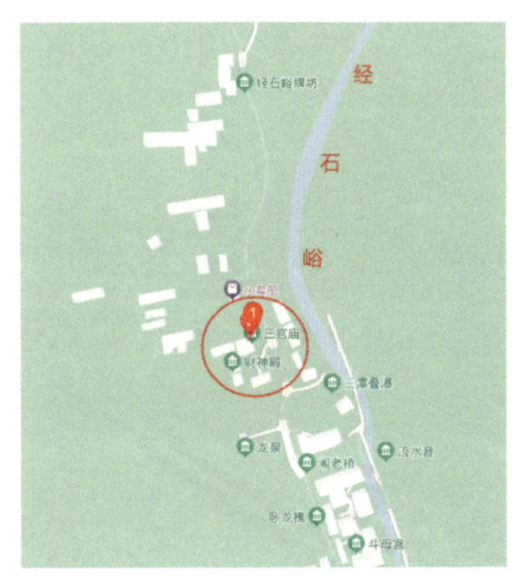

泰山三官庙位置图（张卫东供图）

全国编号： 126

地区编号： 鲁 7

类　　别： 古建筑 · 庙

地理位置： 山东省泰安市泰山区泰山中麓斗母宫北

所属流域： 黄河

简　　介： 泰山三官庙位于红门登山盘道上，介于斗母宫和壶天阁之间。由山门、钟鼓楼、西配殿、大殿组成，面积 780 平方米，气势宏伟。始建年代无考，明代之前是祭祀秦始皇的人祖庙，清代改为三官庙。清朝唐仲冕在《陶山文集 · 杂考》中说：“泰山经石峪西有三官庙，故明人祖殿也。”1995 年重修的三官庙悬于半山，山门台阶共有 53 级，俗称五十三参，远远望去石路台阶犹如一道天梯，拾级而上，给人一种渐入仙境的感觉。三官庙南门有一副对联：“内修一脉精气神，养生涤心悟道；外敬三官天地水，祈福赎罪消灾。”

泰山三官庙东门（程雪婷摄）

泰山三官庙三官殿（程雪婷摄）

禹王庙（堽城坝村）

乾隆《宁阳县志》卷六载“禹王庙”

全国编号：127

地区编号：鲁 8

类　　别：古建筑·庙

地理位置：山东省泰安市宁阳县伏山镇堽城坝村

所属流域：黄河

简　　介：乾隆《宁阳县志》卷六载：“汶河神庙，在堽城坝，明成化十一年（1475 年）员外郎张盛建坝，因立庙。……按今庙额曰‘禹王庙’，不知始改何时，俟考。殿前碑螭首有水痕，是名‘禹碑虹渚’。殿后老柏夭矫作龙形，是名‘虬枝歧柏’。邑八景，庙中得其二。”主体建筑名虹渚殿，明代建筑，供奉大禹。有古碑二通均名《堽城堰记》。东碑为明成化十一年立，碑首为两条青螭，无论天气如何干旱，两螭均有细密水珠不停渗出，聚于螭口，形成豆大水滴滑落于碑底。这种与季节、气候无关的现象，成为禹王庙一大奇观。明清宁阳八景之“禹碑虹渚”即由此得名。西碑为成化十三年（1477 年）立。

虹渚殿后有一高大平台，相传为大禹治水时的瞭望台，人称“禹王台”。2006 年 12 月，禹王庙被列为省级文物保护单位。

宁阳有《大禹出生的传说》《大禹镇水妖的传说》《筷子的传说》《禹王铲的传说》《禹步的传说》《建立禹王庙的传说》《伏山由来的传说》等大禹传说，均为省级非物质文化遗产。

大野泽

全国编号：128

地区编号：鲁 9

类　　别：山川·泽

地理位置：山东省泰安市东平县

所属流域：黄河

简　　介：东平古称“东原”，《禹贡》：“大野既潴，东原厎平。”孔颖达疏：

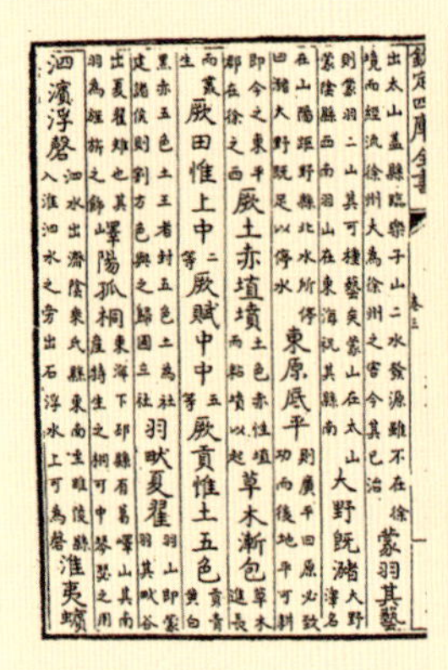

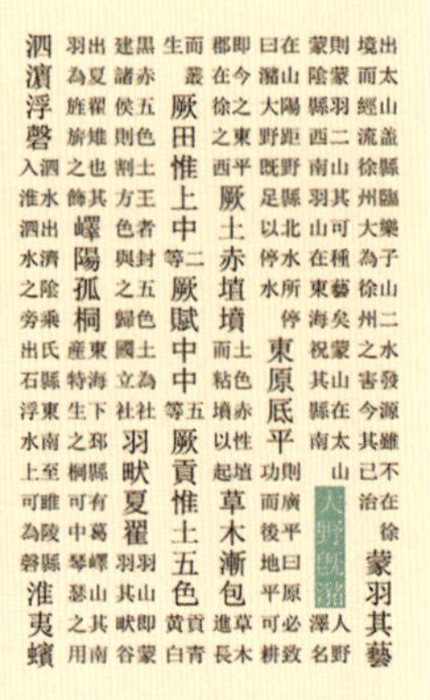

出太山盖縣臨樂子山二水發源雖不在徐境而經流徐州大為徐州之害今其已治蒙羽其藝則蒙羽二山其可種藝矣蒙山在太山蒙陰縣西南羽山在東海祝其縣南大野既豬人野澤名在山陽距野縣北水所停曰瀦大野既足以停水東原厎平則廣平曰原必致功而後地平可耕即今之東平郡在徐之西厥土赤埴墳土色赤性埴而粘埴以起草木漸包草木進長而叢生厥田惟上中二等厥賦中中五等厥貢惟土五色貢青黃白黑赤五色土王者封五色土為社建諸侯則割方色與之歸國立社羽畎夏翟羽山即蒙羽其畎谷出夏翟雉也其羽為旌旄之飾嶧陽孤桐東海下邳縣有葛嶧山其南產特生之桐可中琴瑟之用泗濱浮磬泗水出濟陰乘氏縣東南至睢陵縣入淮泗水之旁出石浮水上可為磬淮夷蠙

《尚书句解》卷三载“大野泽”

“东原，今之东平郡也。致功而地平，言其可耕也。”《禹贡锥指》卷五说“禹陂大野”，是说大禹把大野一带洼地辟为“滞洪区”——大野泽，把东原之水疏导到大野泽，遂“东原厎平”——东原一带水患缓和而土地露出，可以耕作了。

东平湖古称大野泽、巨野泽、梁山泊、蓼儿洼、安山湖等，今常年水面124平方千米左右。东平湖主要来水河流是大汶河，去路与黄河连通。老湖区属黄河流域。新湖区微向南倾斜，属淮河流域。

日照会稽山

全国编号： 129

地区编号： 鲁10

类　　别： 山川 · 山

地理位置： 山东省日照市东港区北部与五莲县街头镇交界处

所属流域： 山东半岛独流入海水系

简　　介： 相传是禹会诸侯的山，周边有数个龙山文化遗址及夏代古地名。山下有东、西两个土质“大墩”，蔚为壮观，尚未发掘或鉴定。

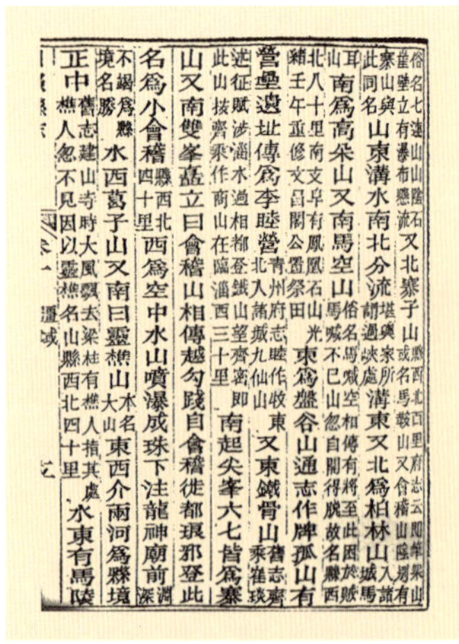

光绪《日照县志》有关小会稽山记载

《五莲县地名志》载：据说越王勾践自会稽迁都琅琊曾登此山，故有会稽之称。小会稽山位于县城东南25千米，街头镇南田庄、汤家沟村东侧，海拔611米，是五莲县与东港区的界山。因山上两峰对立，如二人稽首相会，得名。又言，越王勾践登此山，觉山景与家乡浙江绍兴会稽山颇似，故名之“小会稽山”。

汉袁康《越绝书》卷八：“句践伐吴，霸关东，从琅琊起观台。台周七里，以望东海。……句践大

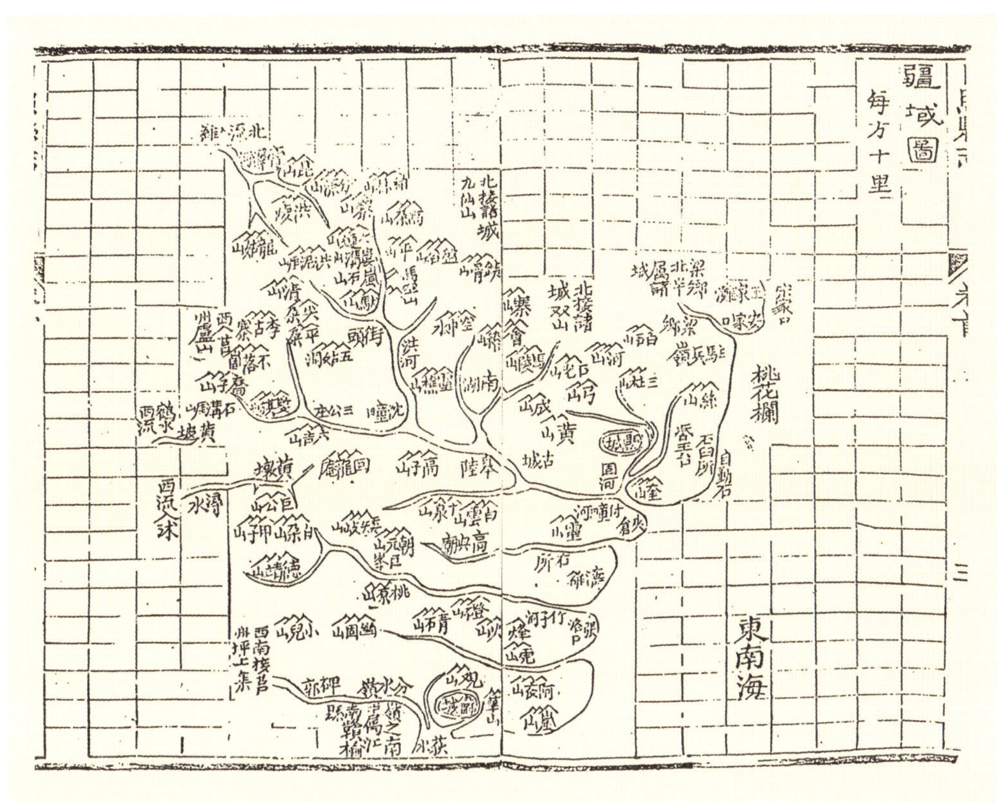

日照会稽山疆域图（戴秀丽合图）

日照会稽山（邱志荣摄）

霸称王，徙琅琊都也。……至句践，凡八君。都琅琊，二百二十四岁。”

清光绪《日照县志》卷一载：“……又南双峰矗立曰会稽山，相传越勾践自会稽徙都琅邪登此，名为‘小会稽’，县西北四十里。”

钱穆先生《先秦诸子系年考辨·越徙琅琊考》：“自赣榆北七十五里，即达山东之日照，县北四十里有会稽山，县志相传，越王尝登此，号小会稽山。”

《史记·封禅书》：“禹封泰山、禅会稽，汤封泰山、禅云云，周成王封泰山、禅社首，皆受命然后得封禅。”“云云”“社首”均距离泰山不远，今山东籍专家据此认为“禅会稽”也不应是远在浙江的绍兴，而就在“小会稽山”。

鄅国古城遗址

全国编号： 130

地区编号： 鲁 11

类　　别： 古遗址

地理位置： 山东省临沂市兰山区柳青街道南坊村古城村

所属流域： 淮河

简　　介： 周代鄅国都城遗址，位于沂河、柳青河之间，东西长 500 米，南北宽 400 米。城垣已圮，城基尚存。鄅，春秋时小国。《左传·昭公十八年》：“六月，鄅人籍稻。邾人袭鄅，鄅人将闭门……”鄅国在临沂历史上是见于文字记载中最早的国家。民国《临沂县志》卷二载：“鄅故国，春秋昭十八年邾人入鄅……临沂县北十五里即鄅国（今古城村南有鄅林子，盖鄅子墓云）。”

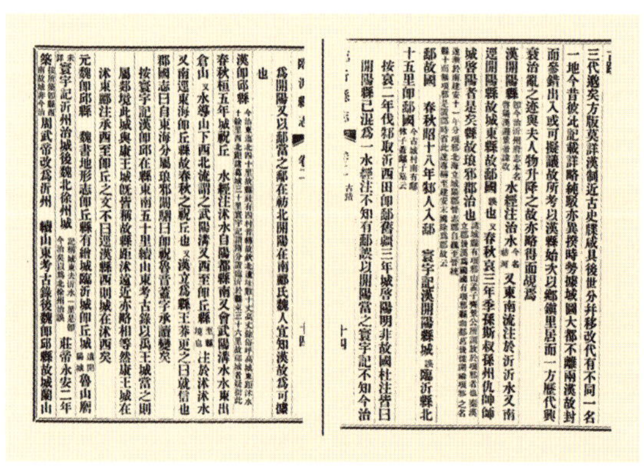

三代邈矣方版莫詳漢制近古史牒咸具後世分并移改代有不同一名一地今昔彼此記載詳略純駁亦異撥時勢擬城圖大都不離兩漢故封而參錯出入或可擬議故所考以漢縣始次以鄉鎮里居而一方歷代興衰治亂之迹與夫人物升降之故亦略得而覘焉

漢開陽縣 水經注治水 又東南流注於沂沂水又南逕開陽縣故城東縣故鄅國也 又春秋哀三年季孫斯叔孫州仇帥師城啓陽者是矣縣故琅邪郡治也

鄅故國 春秋昭十八年邾人入鄅 寰宇記漢開陽縣城 臨沂縣北十五里即鄅國

按哀三年伐邾取沂西田即鄅舊國三年城啓陽明非故國杜注啓曰開陽縣已混爲一水經注不知有鄅誤以開陽當之寰宇記不知今治爲開陽又以鄅當之鄅在沂北開陽在南鄅氏魏人宜知漢故爲可據也

漢即邱縣

春秋桓五年城祝丘 水經注沭水自陽都縣南又會武陽溝水水東出倉山 又水導山下西北流謂之武陽溝又西至即丘縣 注於沭沭水又南逕東海即丘縣故春秋之祝丘也 又漢立爲縣王莽更之曰就信也 郡國志曰自東海分屬琅邪闞駰曰即祝聲音蓋字承讀變矣

按寰宇記漢即邱在縣東南五十里蘭山東考古錄以爲王城當之則屬鄅境此城與康王城既皆稱故縣距沭遠近亦略相等然康王城在沭東鄅注承西至即丘之文不曰逕漢縣西則城在沭西矣

元魏即邱縣 魏書地形志即丘縣有繒城臨沂城即丘城 魯山廟 寰宇記沂州治城後魏北徐州城 莊帝永安二年築 周武帝改爲沂州 蘭山東考古錄後魏即邱縣故城蘭山

民国《临沂县志》卷二载“鄅故国”

鄅古城遗址现尚存部分城基，采集有龙山文化石斧、黑陶器盖、罐口、周代灰陶罐、汉代铁锛等文物。鄅国是周代初期（约公元前 11 世纪前半叶）“大封诸侯”时的封国之一，距今 3000 余年。据《春秋》和《临沂县志》，周武王伐纣灭商后，封了一个夏后氏的后世子孙，国号“鄅国”。

郿国古城遗址（仝小军摄）

禹王城村

全国编号： 131

地区编号： 鲁 12

类　　别： 地名

地理位置： 山东省临沂市河东区梅家埠街道禹王城村

所属流域： 淮河

简　　介： 因大禹治水而得名，禹王城村留下了很多大禹治水的传说。

禹王父亲鲧亲手建造的天下第一个城郭被称为“禹王城”，鲧居住过的地方被称为“父爷庙”，禹王城内的高台成为“点将台”。他的母亲被当地人称为“仙姑”。

日军攻陷“禹王城”后，将“父爷庙”毁之一炬，大火整整烧了三天。

大禹治水的“点将台”因年久失修和水土流失，变成了锥形，当地居民改称“尖墩子”。1958 年被彻底夷为平地。

禹王城村石刻（张卫东供图）

禹　城

全国编号： 132

地区编号： 鲁 13

类　　别： 地名

地理位置： 山东省德州市禹城市

所属流域： 鲁北沿海诸河

简　　介： 禹城尚有大禹塑像、“禹迹”石刻、“鬲津”石刻、禹王台、禹迹门、鬲津门、禹堤，以及禹兴街道、禹泽社区、禹迹社区等。

山东省禹城市相传大禹治水时在此建禹息城，大禹治水时曾留住此城，并以此城为“导河入海”的施政指挥中心。

禹城故城南北长 1450 米，东西长 1330 米。明万历四年（1576 年）加修了四个城楼：东门名“祝阿”，南门名“禹迹”，西门名“鬲津”，北门名“都杨”。“禹迹”指此地留有大禹治水的足迹。“鬲津”指此城西门外有古代鬲国民众协助大禹治理的鬲津河，河上有“鬲津桥”。“祝阿”“都杨”是为了纪念古称祝阿，又名督扬

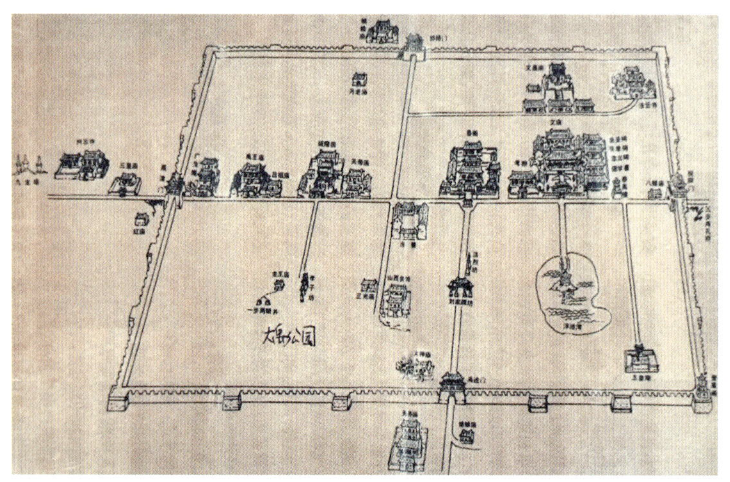

禹城故城布局图（禹城市融媒体中心供图）

禹城禹王亭（吕超峰摄）

禹城禹王殿（吕超峰摄）

（讹为都杨）。西门内路北有禹王庙，供奉禹王。禹城黎民为缅怀禹王治水的恩德，祀禹王于县衙前的谯楼上。明万历十二年（1584 年）迁祀到西街，建禹王庙。天启四年（1624 年）、清康熙四十年（1701 年）以至雍正、道光、咸丰年间都不断修缮。1930 年军阀内战，门楼遭受严重破坏，四个刻有城门名称的石碑也随之流落民间。20 世纪末期，禹城市扩建禹王亭博物馆，收藏了“禹迹”“祝阿”两块石碑，而“鬲津”与“都杨”却一直下落不明。

禹王亭

全国编号： 133

地区编号： 鲁 14

类　　别： 古建筑·亭

地理位置： 山东省德州市禹城市十里望回族镇十里望村

所属流域： 鲁北沿海诸河

简　　介： 禹王亭博物馆位于禹城市区西北 3 千米处，于 1997 年建成对外开放，内有禹王大殿、东西配殿、钟鼓楼等，由具丘遗迹、禹王亭和人工湖组成。

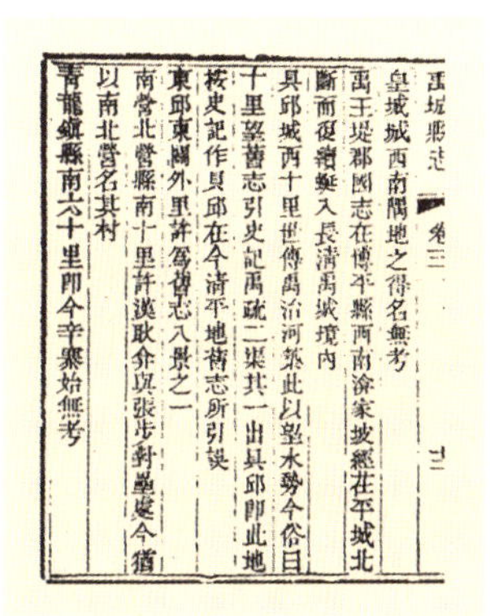

禹城縣志　卷三

皇城城西南隅地之得名無考
禹王堤郡國志在博平縣西南徐家坡經茌平城北
斷而復續蜒入長清禹城境内
具邱城西十里世傳禹治河築此以塹水勢今俗曰
十里望舊志引史記禹疏二渠其一出具邱即此地
按史記作具邱在今清平地舊志所引誤
東邱東關外里許舊志八景之一
南營北營縣南十里許漢耿弇與張步對壘處今猶
以南北營名其村
青龍鎮縣南六十里即今辛寨始無考

嘉庆《禹城县志》卷三载“具邱”

禹王亭博物馆（张卫东供图）

禹王亭遗址，古称具丘山，既是大禹治水遗留古迹，又是一处龙山文化遗址。具丘山高仅 8 米，占地 2000 余平方米。当地传说是大禹带领五百壮士担土而成。

明代为纪念大禹治水的恩德，在具丘上修建了禹迹亭。清代重修时改称禹王亭。

具丘，《史记》作“贝邱”。唐代在具丘上修禹王庙。明代建禹迹亭，清乾隆帝题“禹王亭”。清嘉庆《禹城县志》载：“具邱，城西十里，世传禹治河筑此，以望水势。今俗曰十里望。”“禹疏二渠，其一出具邱。”《山东省禹城县志补叙》载：城西具邱，亦称贝邱，世传大禹治河筑此，以望水邱。“具丘山”因此而得名。

新中国成立初期，禹王亭塌毁，残丘高 8 米。1974 年在十里望村东南、徒骇河北岸发现禹王亭遗址，1977 年成为省级文物保护单位。1996—2002 年在禹王亭遗址扩建了“禹王亭公园”，重建禹王殿、碑亭、山门和禹王亭，挖人工湖，造具丘山。

禹堤遗迹

全国编号： 134

地区编号： 鲁 15

类　　别： 古遗址

地理位置： 山东省聊城市茌平县、济南市长清区、德州市禹城市

所属流域： 鲁北沿海诸河

简　　介： 民国《禹城县志》载：“禹王堤在博平县西南滂家坡，经茌平城北，断而复续，蜒入长清、禹城境内。”

初步考证，禹城市张庄镇黎济寨村西有禹堤（禹王堤）遗迹。

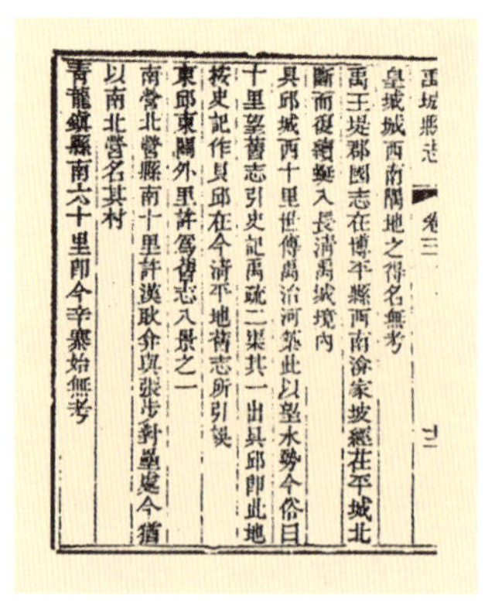
禹城縣志　卷三

皇城城西南隅地之得名無考

禹王堤郡國志在博平縣西南滂家坡經茌平城北

斷而復續蜒入長清禹城境內

具邱城西十里世傳禹治河築此以望水勢今俗曰

十里望舊志引史記禹疏二渠其一出具邱即此地

按史記作貝邱在今清平地舊志所引誤

東邱東關外里許舊志八景之一

南營北營縣南十里許漢耿弇與張步對壘處今猶

以南北營名其村

青龍鎮縣南六十里即今辛寨始無考

清嘉庆《禹城县志》卷三载“禹王堤”

徒骇河

全国编号：135

地区编号：鲁 16

类　　别：山川 · 河

地理位置：源自河南濮阳市，流经河北省一角，至山东滨州市沾化区入渤海

所属流域：鲁北沿海诸河

简　　介：单独入海的河流，《禹贡》九河之一。徒骇河原发源于河南省濮阳市清丰县，流入山东境；现发源于山东省莘县古云镇文明寨村，由西南向东北流动。干流自山东聊城市莘县文明寨起，在滨州市沾化区与秦口河汇流后，经东风港于暴风站入海，地跨河南、山东 2 省 14 个县（市、区），全长 436 千米。

徒骇得名，三国孙炎注《尔雅》曰："禹疏九河，用功虽广，众惧不成，故曰徒骇。"

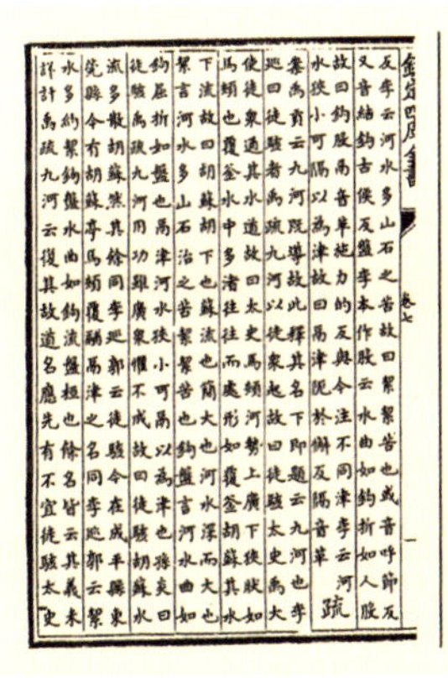

《尔雅注疏》卷七载"徒骇"

《汉书》记载的徒骇河流经成平（今河北泊头市）县境，与现代徒骇河了不相涉。今徒骇河曾名"土伤（商）河"，系汉代开挖的商河和脱胎于古漯（tà）川的土河合成。明万历十九年（1591 年）《山东临邑县志》载："徒骇河……俗名土河。"这是给当时的土河冠名《禹贡》徒骇河的最早记载。

无棣碣石山

全国编号：136

地区编号：鲁 17

类　　别：山川 · 山

地理位置：山东省滨州市无棣县碣石山镇大山村

所属流域：鲁北沿海诸河

简　　介：又名无棣山、盐山、马谷山、大山，海拔 63.4 米。有宫庙十几处，农历四月二十七日是碣石山传统庙会。民国《无棣县志》卷一载："马谷山，在县北六十五里。《齐乘》：有大山在无棣县，即此。山高三里许，周六七里。山半东西两峰，西峰下有洞，广二丈，深四五丈许。相传有龙马自中出，故名马谷山……《肇域志》以为古碣石也。"据县志，唐代刘文伟曾在无棣县任职，认为"马谷山在九河入海处，断为碣石无疑"。清初顾炎武《肇域志》："济南府海丰县有马谷山，即大碣石山。"据此，无棣县在 2001 年 9 月 15 日举行了"禹贡碣石山复名新闻发布会"。2005 年 6 月 24 日，鲁政函民字〔2005〕17 号文件批准将"大山镇"更名为"碣石山镇"。

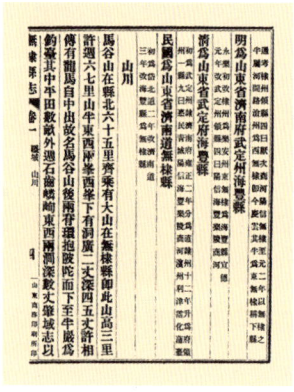

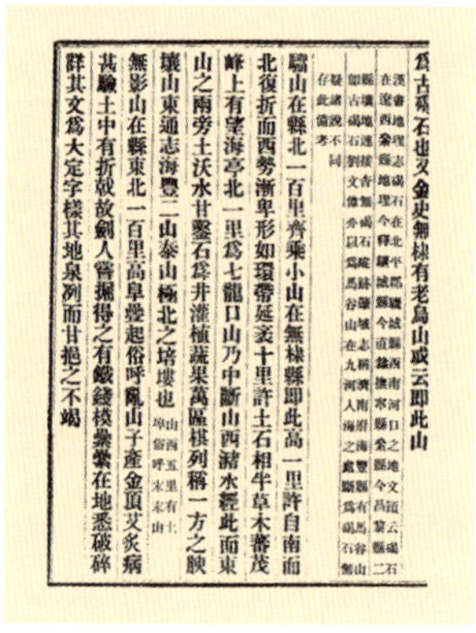
明爲山東省濟南府武定州海豐縣
清爲山東省武定府海豐縣
民國爲山東省濟南道無棣縣
山川
馬谷山在縣北六十五里齊乘有大山在無棣縣即此山高三里許週六七里山半東西兩峯西峯下有洞廣二丈深四五丈許相傳有龍馬自中出故名馬谷山後兩脊環抱陂陀而下至半巖爲釣臺其中平田數畝外週石齒嶙峋東西兩澗深數丈肇域志以爲古碣石也又金史無棣有老烏山或云即此山
騎山在縣北一百里齊乘小山在無棣縣即此高一里許自南而北復折而西勢漸卑形如環帶延袤十里許土石相半草木蕃茂峰上有望海亭北一里爲七龍口山乃中斷山西諸水經此而東山之兩旁土沃水甘鑿石爲井灌植蔬果萬區棋列稱一方之腴壤山東通志海豐二山泰山極北之培塿也
無影山在縣東北一百里高阜疊起俗呼鳳山子產金頂艾灸病甚驗土中有折戟故劍人嘗掘得之有鐵錢模槃槃在地悉破碎群其文爲大定字樣其地泉冽而甘挹之不竭

民国《无棣县志》卷一载"马谷山"

当地传说大禹、秦始皇、汉武帝、魏武帝曹操、北魏文成帝拓跋濬、明太宰杨巍等帝王将相曾涉足其中。无棣县碣石山文化旅游区主要景观有碣石山门、观海阁、禹王亭、曹操横槊赋诗群雕像、曹操饮马湖。

马颊河

全国编号：137

地区编号：鲁 18

类　　别：山川 · 河

地理位置：源自河南省濮阳市，流经河北省一角，在山东省滨州市无棣县入渤海

所属流域：鲁北沿海诸河

简　　介：马颊河为单独入海的河流，《禹贡》九河之一。据《尔雅 · 释水》，九河即徒骇河、太史河、马颊河、覆釜河、胡苏河、简河、絜河、钩盘河、鬲津河，"九河皆禹所名也"；马颊河得名是因为"河势上

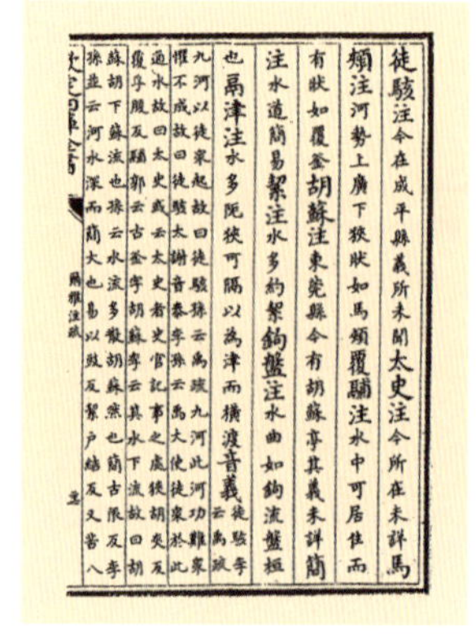
徒駭注今在成平縣義所未聞太史注今所在未詳馬頰注河勢上廣下狹狀如馬頰覆鬴注水中可居往往有狀如覆釜胡蘇注東莞縣今有胡蘇亭其義未詳簡注水道簡易絜注水多約絜鉤盤注水曲如鉤流盤桓也鬲津注水多阨狹可隔以爲津而橫渡音義徒駭李云禹疏九河以徒衆起故曰徒駭孫云禹疏九河此河功難衆懼不成故曰徒駭太湖音泰李孫云禹大使徒衆於此通水故曰太史或云太史者史官記事之處狹胡夾反覆孚服反鬴郭云古釜字胡蘇李云其水下流故曰胡蘇胡下蘇流也孫云水流多散胡蘇然也簡古限反李孫並云河水深而簡大也易以豉反絜戶結反又音八

《尔雅注疏》卷七载"马颊河"

广下狭，状如马颊”。据西汉河堤都尉许商考证，禹疏马颊河当在今河北省泊头市与东光县之间；今马颊河非禹疏之河。唐久视元年（700 年）武则天当权时，为分泄黄河洪水，在今河南省清丰县以东开挖了一条河，冠以古河之名，始称马颊河。马颊河发源于河南省濮阳市澶州坡，在山东省滨州市无棣县郢口镇黄瓜岭村老沙头北流入渤海。流经河南、河北、山东 3 省 19 个县（市、区），干流全长 443 千米。

三官庙（李朝花村）

全国编号：138

地区编号：鲁 19

类　　别：古建筑·庙

地理位置：山东省菏泽市高新区马岭岗镇李朝花村

所属流域：淮河

简　　介：庙西有千年古井三官井。出土有明末《重修三官神祠碑记》古碑。

据村里老人相传和碑文记载，李家庄三官庙规模宏大，占地二十几亩，碑林数十通，现仅存康熙年间（1662—1722 年）、乾隆元年（1736 年）重修三官神祠碑记。据康熙残碑：大清东明邑有十二景，古葵丘居其一，即邑之东南有五伯盟约，求和废禁治水，立修尧舜禹三官神祠一座于李家庄村东。同时《白衣行宫》石碑虽风化严重，也能够模糊发现依居“五伯岗”古葵丘等记载。李朝花村曾为冀鲁豫交界，素有“鸡鸣听三省”之说。周边古遗址甚多，属风水宝地，邻近古黄河河口，是上古三皇游牧之地。

十三、河南省

古洛汭

全国编号：139

地区编号：豫 1

类　　别：山川 · 河

地理位置：河南省郑州市巩义市河洛镇洛口村

所属流域：黄河

简　　介：“古洛汭”寨门原建于明嘉靖年间（1522—1566 年），刻有对联：“休气荣光兆北阙，赤文绿字焕东周。”附近一座小土丘就是伏羲台，是伏羲画八卦和古代帝王修坛沉璧的地方。

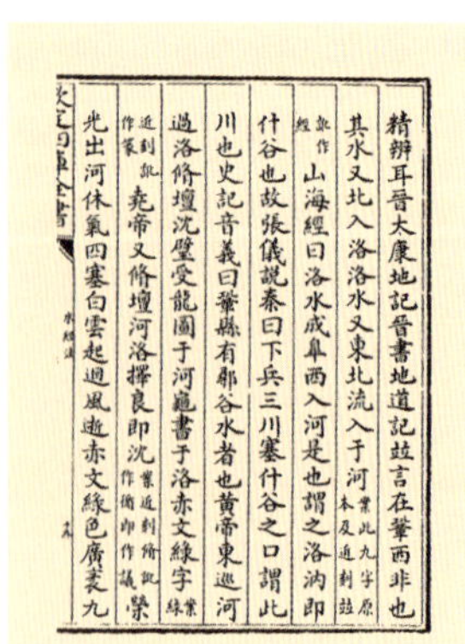

精辨耳晉太康地記晉書地道記竝言在鞏西非也
其水又北入洛洛水又東北流入于河
山海經曰洛水成皐西入河是也謂之洛汭即
什谷也故張儀說秦曰下兵三川塞什谷之口謂此
川也史記音義曰鞏縣有鄩谷水者也黃帝東巡河
過洛脩壇沈璧受龍圖于河龜書于洛赤文綠字
堯帝又脩壇河洛擇良即沈榮
光出河休氣四塞白雲起迴風逝赤文綠色廣袤九

《水经注》卷十五载“洛汭”

《水经注》载：“洛水又东北流，入于河……谓之洛汭……黄帝东巡河过洛，修坛沉璧，受龙图于河，龟书于洛，赤文绿字。”又载：“尧帝又修坛河洛，择良即沉。荣光出河，休气四塞……玄龟负书，背甲赤文成字，遂禅于舜。舜又习尧礼……荣光休至，黄龙卷甲，舒图坛畔，赤文绿错，以授舜，舜以禅焉。”意为黄帝在这里修坛沉璧，得到了河图洛书；尧、舜、禹在这里修坛沉璧，也得到了河图洛书，并举行了禅让仪式。

相传大禹治水时，河伯授图，神龟负书。《竹书纪年》载：“禹观於河，有长人白面鱼身，出曰：‘吾河精也。’呼禹曰：‘文命治水。’言讫，授禹《河图》，言治水之事，乃退入於渊。”《汉书 · 五行志》载：“禹治洪水，赐《洛书》，法而陈之，《洪范》是也。”

大禹治水，曾在洛汭修坛沉璧，禀告上天治水成功，后又在洛汭接受禅让。

河图、开山斧、避水剑以及伏羲馈赠的玉简，据传是大禹治水的四件法宝。

息壤岗

全国编号： 140

地区编号： 豫 2

类　　别： 山川・山

地理位置： 河南省郑州市登封市少林街道祖家庄自然村北

所属流域： 淮河

简　　介： 登封有 50 多处禹迹及 50 多个大禹故事，2008 年被中国民间文艺家协会命名为“中国大禹文化之乡”。息壤岗位于登封市少林街道王庄村大禹故里祖家庄（又称祖庄、左庄）自然村北，地势明显高于村中其他地方。相传古代少溪河洪水不管多大，都淹没不了它，水涨它也跟着往上长。相传因鲧治水时在此遗留下来一抔息壤而得名。群众相传大禹即出生于这个岗上，有石纽石。息壤和石纽石一样，历来受到人们的膜拜。

禹　岭

全国编号： 141

地区编号： 豫 3

类　　别： 山川・岭

地理位置： 河南省郑州市登封市少林街道（嵩山）

所属流域： 淮河

简　　介： 位于祖家庄村西，属少室山望岳峰的余脉，相传因大禹经常站在这里观察水势而得名。

竖碑石位于祖家庄村西禹岭之上，相传大禹治水成功，上天命人为其刻碑记功，文为蝌蚪文，人莫能识。

夏　地

全国编号： 142

地区编号： 豫 4

类　　别： 地名

石纽石（常松木供图）

地理位置： 河南省郑州市登封市少林街道（嵩山）

所属流域： 淮河

简　　介： 位于少林街道祖家庄村南，古代洛阳、江左、颍阳至登封的官道北侧，大禹建立夏朝后，百姓遂称其祖居之地为夏地。

东军地位于祖家庄村东，相传因大禹曾在这里操练军队而得名。

史书记载“禹生石纽”。传说石纽就在中岳嵩山少室山脚下的祖家庄（左庄）。嵩山少室山下的马庄、尚庄、张庄、王庄、左庄，古称“一溜石纽屯儿”，当地群众将音念转为“一溜水牛屯儿”。石纽石位于祖家庄村北息壤岗上，高约 1.5 米，宽 1 米，自古以来被群众视为神石，石上有一条龙纹。

金牛峰

全国编号： 143

地区编号： 豫 5

类　　别： 山川・岭

地理位置： 河南省郑州市登封市少林街道（嵩山）

所属流域： 淮河

简　　介： 位于少林街道祖家庄村西南，金牛峰是嵩山七十二峰之一，相传天上的金牛神兽曾帮助大禹治水，大禹治水成功后，金牛化为山峰，守护大禹故里。金牛峰下有金牛泉。

擂鼓石位于祖家庄村东，石高约 4 米，击之能发出“咚咚咚”的鼓声。相传即为大禹和涂山氏约定“闻鼓饷夫”所击的鼓。

禹王坛位于金牛峰顶，为三层圆坛，最上层直径约 30 米，有夯筑遗痕，群众相传为大禹祭祀上天的地方。

当地传说，金牛化作山峰的时候，牛角掉落了，分散在两处，形成了两块牛角石。

禹王祠

全国编号：144

地区编号：豫 6

类　　别：古建筑·祠

地理位置：河南省郑州市登封市少林街道（嵩山）

所属流域：淮河

简　　介：原名禹王庙，位于少林街道祖家庄村东姚沟北侧。原来规模很大，20 世纪 50 年代被拆毁。2015 年，于息壤岗西北复修。

登封禹王祠（常松木供图）

太室阙

全国编号：145

地区编号：豫 7

类　　别：古建筑·阙

地理位置：河南省郑州市登封市太室山中岳庙前

所属流域：淮河

简　　介：汉代太室山（太室山为禹妻涂山娇居所）庙的神道阙，阳城令吕常所建。其中两处鲧画像对研究大禹文化有重要参考价值。乾隆《登封县志》卷六载：“《旧志》：太室山在县北五里。《山海经》作泰室，《西征记》曰：谓之室，以其下各有石室

史記漢高祖本紀漢二年漢王使韓襄王孫信急擊
韓王鄭昌于陽城昌降
武帝又置崈高縣
漢書地理志潁川郡崈高注武帝置以奉太室山是
為中岳有太室少室山廟古文以崈高為外方山也
桉名勝志潁水又東逕東綸縣漢武帝置以奉太室
山俗謂之崧陽城今考地理志無東綸縣名勝志蓋
誤讀水經注也水經注曰五渡水導源崇高縣東北
太室東綸縣漢武帝置以奉太室山俗謂之崧陽城
木文以東綸絕句謂五渡水導源崇高東北太室東
綸也又注縣所起而曰縣漢武帝置以奉太室山名

乾隆《登封县志》卷三载“太室山庙”

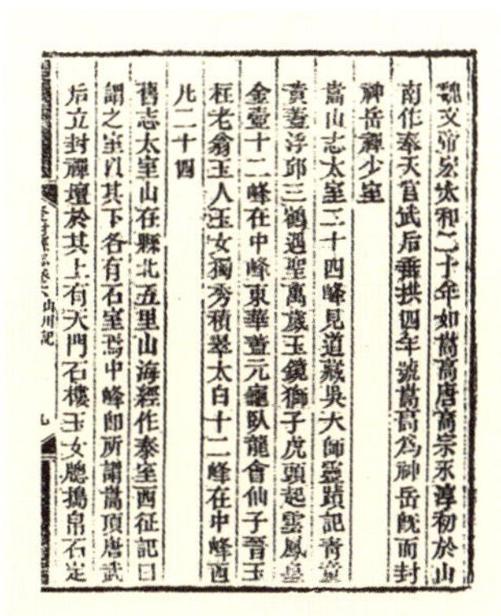

魏文帝太和二十年如嵩高唐高宗永淳初於山
南作奉天宮武后垂拱四年號嵩高為神岳既而封
神岳禪少室
嵩山志太室二十四峰見道藏與大師靈蹟記青童
黃蓋浮丘三鶴遇聖萬歲玉鏡獅子虎頭起雲鳳臺
金壺十二峰在中峰東華蓋元龜臥龍會仙子晉玉
柱老翁玉人玉女獨秀積翠太白十二峰在中峰西
凡二十四
舊志太室山在縣北五里山海經作泰室西征記曰
謂之室以其下各有石室焉中峰即所謂嵩頂唐武
后立封禪壇於其上有天門石樓玉女應搗帛石定

乾隆《登封县志》卷六载“太室山”

太室阙保护房（常松木供图）

焉。”卷三载：“《汉书·地理志·颍川郡·崇高》注：武帝置，以奉太室山，是为中岳，有太室、少室山庙。”

1961 年 3 月 4 日，太室阙被公布为第一批全国重点文物保护单位；2010 年 8 月 1 日，包含太室阙在内的登封“天地之中”历史建筑群入选世界文化遗产名录。

启母阙

全国编号：146

地区编号：豫 8

类　　别：古建筑·阙

地理位置：河南省郑州市登封市太室山南麓万岁峰

所属流域：淮河

简　　介：启母阙，又名开母阙，是启母庙前的神道阙，为东汉延光二年（123 年）颍川太守朱宠所建，与太室阙、少室阙并称为“中岳汉三阙”。

乾隆《登封县志》卷十载：“汉启母庙。《汉书·郊祀志》：成帝即位，衡谭奏郡国祠所不应礼，请皆罢。又罢孝武夏后启母石之属。《河南府志》：启母庙立于

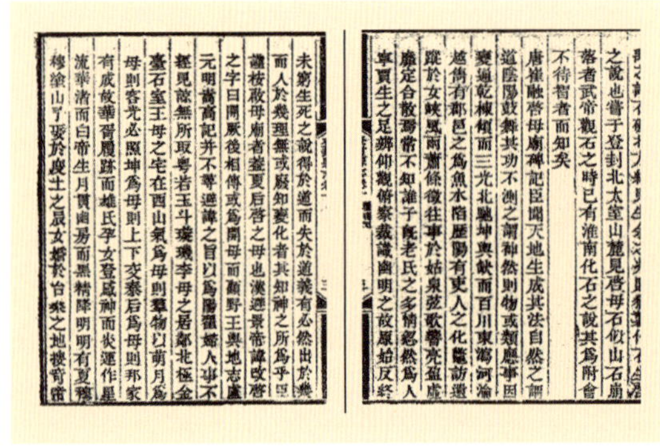

[illegible]
之說也嘗于登封北太室山麓見啓母石似山石崩
落者武帝觀石之時已有淮南化石之說其爲附會
不待智者而知矣
唐崔融啓母廟碑記臣聞天地生成其法自然之謂
道陰陽鼓舞其功不測之謂神然則物或類感事因
變通乾樞傾而三光北馳坤輿缺而百川東瀉河淪
遂徙有鄭邑之爲魚水陷歷陽有吏人之化體訪遺
蹤於女岐風雨蕭條徵往事於姑泉茲歌響亮益慮
靡定合散靡常不知誰子既老氏之多情怨然爲人
事買生之足辨仰觀俯察蠢識幽明之故原始反終

未窮生死之說得於道而失於道義有必然出於幾
而人於幾理無或殿知變化者其知神之所爲乎臣
謹按啓母廟者蓋夏后啓之母也漢避景帝諱改啓
之字曰開厥後相傳或爲開母而顏野王輿地志盧
元明嵩高記并不尋避諱之旨以爲陽翟婦人事不
經見詭無所取粤若玉斗璇璣李母之居鄗北極金
臺石室王母之宅在西山氣爲母則羣物以萌月爲
母則容光必照坤爲母則上下交泰后爲母則邦家
有成故華胥履跡而雄氏孕女登感神而炎運作星
流華渚而白帝生月貫幽房而黑精降明明有夏稱
穆塗山孑娶於塗土之辰女嬌於台桑之地接奇雷

乾隆《登封县志》卷十载“启母庙碑记”

今廟地元魏徙廟東南又徙神崟峰唐開元又徙今
廟地並詳在後
漢啓母廟
漢書郊祀志成帝即位衡譚奏郡國祠所不應禮請
皆罷又罷孝武夏后啓母石之屬
河南府志啓母廟立于孝武帝至後漢安帝延光二
年潁川守朱寵立石闕題曰開母廟神道石闕併記
姓名年月及二銘詞篆書在闕上以啓母爲開母者
漢避景帝諱也而漢書不諱者後人傳寫本耳唐
崔融以顏野王盧元明不遵避諱之旨以爲陽翟婦
人事不經見詭無所取似矣然嗣土歌南國徙闕侯

乾隆《登封县志》卷十载“汉启母庙”

孝武帝，至后汉安帝延光二年，颍川守朱宠立石阙，题曰‘开母庙神道石阙’，并记姓名、年月及二铭词，篆书在阙上。以启母为开母者，汉避景帝讳故也。而《汉书》不讳者，后人传写本耳。唐崔融以顾野王、卢元明不遵避讳之旨，以为阳翟妇人，事不经见，谅无所取，似矣。然谓士歌南国，徒闻侯（一作候）禹之词；石破北方，终见生余之兆，则犹袭化石生启之说也。尝于登封北太室山麓见启母石，似山石崩落者。武帝观石之时，已有淮南化石之说，其为附会，不待智者而知矣。”唐崔融有《启母庙碑记》。

启母阙以凿石雕刻砌成，分东西二阙，分别高 3.18 米、3.17 米。西阙北面有两方阙铭，一方为《开母庙石阙铭》，篆书刻写；另一方是《嵩高请雨铭》，在启母阙铭下，隶书刻写，堂溪典撰写。阙身雕刻马技、骑马出行、杂技、幻术、驯象、郭巨埋儿、夏禹化熊、果下马、狩猎、虎逐鹿、双蛟、月宫图、蹴鞠图等，阙顶雕刻瓦垄、瓦当、板瓦、垂脊等建筑构件，其中《女子蹴鞠图》是足球起源于中国的重要实物证据。启母阙雕刻艺术具有很高的历史、艺术、科学价值，在世界历史学金石雕刻史上占有重要地位。阙顶上雕刻的建筑构件的外形为研究汉代建筑提供了实物依据。

嵩山启母阙外观（邱志荣摄）

嵩山启母石遗存
（邱志荣摄）

1961 年 3 月 4 日，启母阙被公布为第一批全国重点文物保护单位；2010 年 8 月 1 日，包含启母阙在内的登封“天地之中”历史建筑群入选世界文化遗产名录。

附录：

《开母庙石阙铭》和《嵩高请雨铭》

启母阙由颍川太守朱宠兴建于东汉安帝延光二年（123 年），是中岳汉三阙中保存较为完整的石阙。启母阙现有铭文两篇，在西阙北面：一篇为《开母庙石阙铭》，篆书刻写；一篇为《嵩高请雨铭》，隶书刻写，叶奕苞《金石录补》、毕沅《中州金石记》、王昶《金石萃编》等皆有收录。

《开母庙石阙铭》铭文如下：

二月……颍川郡阳城县为开母庙兴治神道阙，时太守京兆朱宠、丞零陵泉陵薛政，五官掾阴林，户曹史夏效，监掾陈修，长西河圜阳冯宝，丞汉阳冀秘俊，廷掾赵穆，户曹史张诗，将作掾严寿，佐左福。

昔者共工，范防百川，柏鲧称遂，□□其原。洪泉浩浩，下民震惊。禹□大功，疏河泻玄。九山甄旅，咸秩无文。爰纳涂山，辛癸之间。三过无入，实勤斯民。同心济隘，胥建三正。杞缯渐替，又遭乱秦。圣汉禋享，于兹冯神。

翩彼飞雉，崪于其庭。贞祥符瑞，灵支挺生。出□彌化，阴阳穆清。兴云降雨，□□□盈。守一不歇，比性乾坤。福禄来归，柏宥我君。千秋万祀，子子孙孙。表碣铭功，昭视后昆。三□□□，延光二年。

重曰：□□□而作辟，德洋溢而溥优。□□□□□政，则文耀以消摇。□□□□时雍，皇极正而降休。□□□□□颍，芬兹楙于圃畴。□□□□□闭，木连理于芊条。□□□□□盛，胙日新而累熹。□□□而慕化，咸来王而会朝，□□□其清静，九域少其修治。□□□□祈福，祀圣母虖山隅。神灵享而饴格，厘我后以万祺。于胥乐而罔极，永历载而保之。

《嵩高请雨铭》铭文如下：

□□□□□汉侍中五官中郎将，鄢陵堂谿典伯并，熹平四年来请雨崇高庙。典大君，讳协，字季度。自为郡主簿，作阙铭文。后举孝廉、西鄂长，早终。叙曰：于惟我君，明允广渊，学兼游夏，德配臧文，殁而不朽。实有立言，其言惟何……

在《开母庙石阙铭》中，有比较完整的大禹传说，如“柏鲧称遂”所指的禹父伯鲧治水，“疏河泻玄”所指的大禹治水行动，“爰纳涂山”所指的禹娶涂山氏，“辛癸之间”所指的涂山氏生启，“三过无入”所指的大禹因治水三过家门而不入等。

（摘自朱鹏：《大禹传说作为中华正统观念中原叙事的意义——以登封大禹、启母与少姨的传说与信仰为中心》，《民俗研究》2021 年第 6 期）

启母石

全国编号： 147

地区编号： 豫 9

类　　别： 山川 · 石

地理位置： 河南省郑州市登封市太室山南麓万岁峰

所属流域： 淮河

简　　介： 乾隆《登封县志》卷十载：“登封东北十里有庙，庙有一石，号

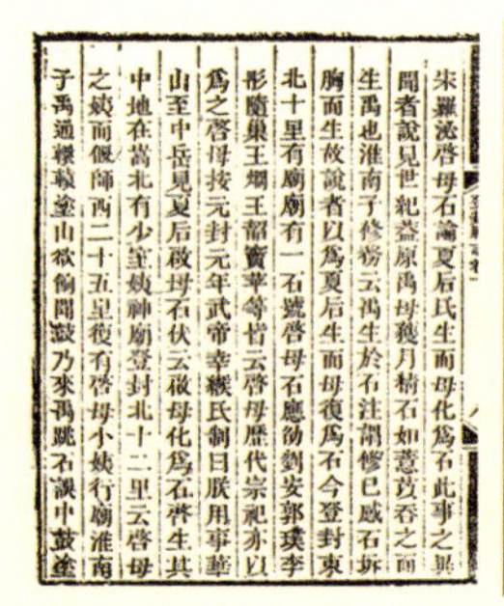

宋羅泌啓母石論夏后氏生而母化爲石此事之異
聞者說見世紀蓋原禹母獲月精石如薏苡吞之而
生禹也淮南子修務云禹生於石注謂修已感石拆
胸而生故說者以爲夏后生而母復爲石今登封東
北十里有廟廟有一石號啓母石應劭劉安郭璞李
彤隨巢王烔王韶賓萃等皆云啓母歷代宗祀亦以
爲之啓母按元封元年武帝幸緱氏制曰联用事華
山至中岳見夏后啓母石伏云啓母化爲石啓生其
中地在嵩北有少室姨神廟登封北十二里云啓母
之姨而假師西二十五里復有啓母小姨行廟淮南
子禹通轘轅塗山欲餉聞鼓乃来禹跳石誤中鼓塗

乾隆《登封县志》卷十载“启母石”

嵩山启母石（邱志荣摄）

启母石。”此石相传为大禹妻子涂山娇因看到大禹化为黄熊受到惊吓所化而成。《淮南子》等记载：大禹治水时化为熊，凿石掘土，石落误中鼓，禹妻涂山氏闻声送饭，见夫为熊，羞惭而归，至家门嵩山下化为石。禹追至石前曰：“归我子！”石破北方而生启。故名启母石。《汉书·武帝纪》载：西汉元封元年（前110年），武帝曾登中岳，瞻仰启母石。启母石下原有明朝蒋机撰写碑文的石碑，详细记载了启母化石的神话故事。

启母石的形势像山崖崩裂落下矗立于此。其石高、宽均10余米，西北边有坎型大窑，可容数十人，石之北面上方裂口内边填有古钱，可用小棍触及而不可掏出，故又名“金钱石”。

轘辕关

洛阳偃师古轘辕关（邱志荣摄）

全国编号： 148

地区编号： 豫10

类　　别： 地名

地理位置： 河南省洛阳市偃师区府店镇

所属流域： 淮河

简　　介： 轘辕关位于偃师区府店镇境内的轘辕山上，为东汉洛阳八关之一。西有鄂岭口，北有古道，处于河南省郑州市代管的巩义市、登封市和洛阳市偃师区交界地带。轘辕口传说为大禹治水时幻化为黄熊所凿。

轘辕作为地名，最早出现于周朝：“允姓戎迁于渭汭，东及轘辕。”轘辕山形势险要，东有太室（即嵩山），南有少室；西有鸡鸣山、香炉峰，是万安山与嵩山衔

古轘辕关山势（金小军摄）

古轘辕关俯视（金小军摄）

接处的壑口。《元和郡县志》载：“轘辕山……道路险隘，凡十三曲，将去复还，故曰轘辕。”轘辕口是洛、偃通往汝、颍、襄之捷径，也是历代兵家必争之地。新中国成立后，曾数次维修轘辕道，兴修十八盘改线、扩建工程，修建了国道，结束了古轘辕坂山高道险的历史。

轘辕古关现存建筑系用石灰岩垒砌，东西长 14.7 米，南北宽 10.5 米，高 6.2 米，正中是弧形顶门洞，洞高 4.7 米，宽 3.5 米。门洞上镶有长方关额“古轘辕关”，并书“乾隆十五年岁在庚午九月重修”。此关早已无人通行，关顶有少量恢复的建筑。关外有韩庄、唐窑两村的梯田数十块，有偃师、登封交界碑。

2007 年，轘辕关被公布为洛阳市文物保护单位；2009 年，轘辕关被公布为郑州市文物保护单位。

少室阙

全国编号：149

地区编号：豫 11

类　　别：古建筑 · 阙

地理位置：河南省郑州市登封市少室山东麓

所属流域：淮河

简　　介：位于河南省郑州市登封市嵩山少室山东麓，为少室山庙前的神道阙，大约建于汉安帝延光二年（123 年），与太室阙、启母阙并称为“中岳汉三阙”。

乾隆《登封县志》卷十载：“汉少室山庙……《河南府志》：……是庙建于前汉也，今少室东邢家铺西三里许有石阙二，左书铭大篆，尽泐不可辨，仅一石存。诸人爵里姓名数十字与启母庙阙姓名相同，盖亦朱宠所建者，其记年月，但有三月三

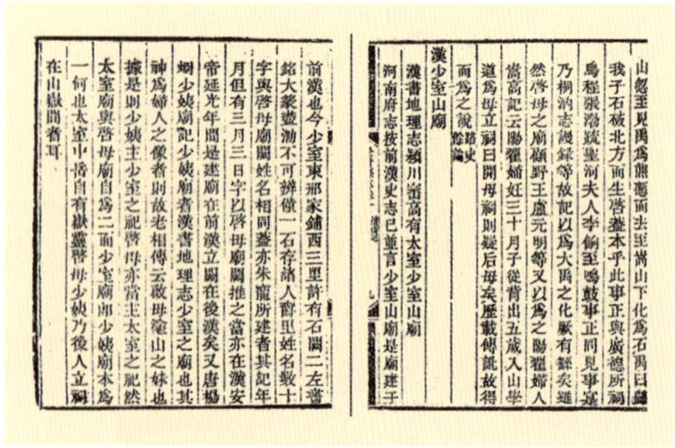
山忽至見禹爲熊慙而去至嵩山下化爲石禹曰歸
我子石破北方而生啓蓋本乎此事正與廣德所祠
爲程張渤蹟聖河夫人李偏至鳴鼓事正同見事寔
乃桐汭志祾錄等故記以爲大禹之化厥有餘矣雖
然啓母之廟顧野王盧元明等又以爲之陽翟婦人
嵩高記云陽翟婦妊三十月子從背出五歲入山學
道爲母立祠曰開母祠則疑后母矣歷載傳訛故得
而爲之說 路史餘論

漢少室山廟
漢書地理志潁川嵩高有太室少室山廟
河南府志按前漢史志已並言少室山廟是廟建于
前漢也今少室東邢家鋪西三里許有石闕二左書
銘大篆盡泐不可辨僅一石存諸人爵里姓名數十
字與啓母廟闕姓名相同蓋亦朱寵所建者其記年
月但有三月三日字以啓母廟闕推之當亦在漢安
帝延光年間是建廟在前漢立闕在後漢矣又唐楊
烱少姨廟記少姨廟者漢書地理志少室之廟也其
神爲婦人之像者則故老相傳云啓母塗山之妹也
據是則少姨主少室之祀啓母亦當主太室之祀然
太室廟與啓母廟自爲二而少室廟即少姨廟本爲
一何也太室中嶺自有嶽靈啓母少姨乃後人立祠
在山嶽間者耳

乾隆《登封县志》卷十载“汉少室山庙”

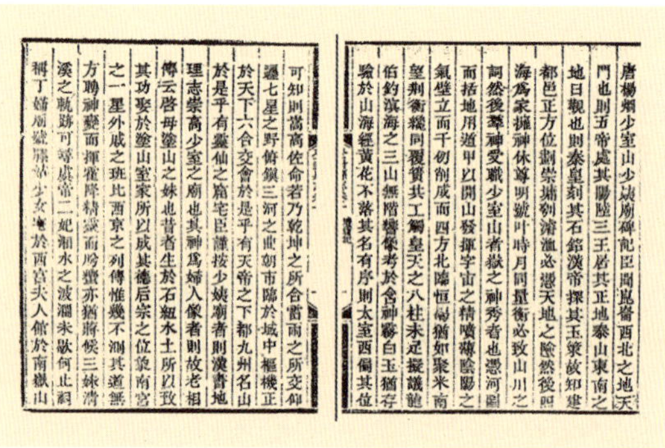
唐楊烱少室山少姨廟碑記臣聞嵩嵩西北之地天
門也則五帝處其陽陸三王居其正地泰山東南之
地曰觀也則秦皇刻其石銘漢帝探其玉策故知建
都邑正方位劃崇墉列濬洫必憑天地之險然後可
海爲家擁神休尊明號叶時月同量衡必致山川之
祠然後羣神受職少室山者嶽之神秀者也憑河圖
而括地用遁甲以開山發揮宇宙之精噴薄陰陽之
氣壁立而千仞削成而四方北臨恒嶽猶如聚米南
望荆衡纔同覆簣其工獨皇天之八柱未足擬議龍
伯釣滇海之三山無階攀參考於含神霧白玉猶存
驗於山海經黃花不落其名有序則太室西偏其位
可知則嵩高佐命者乃乾坤之所合雷雨之所交仰
瞻七星之野俯鎮三河之曲朝市臨於域中樞機正
於天下六合交會於是乎有天帝之下都九州名山
於是乎有靈仙之窟宅臣謹按少姨廟者則漢書地
理志崇高少室之廟也其神爲婦人像者則故老相
傳云啓母塗山之妹也昔者生於石紐水土所以致
其功娶於塗山室家所以成其德后宗之位象南宮
之一星外戚之班比西京之列傳惟幾不測其道無
方聊神變而揮霍降精靈而吟蠁亦猶蔣候三妹清
溪之軌跡可尋虞帝二妃湘水之波瀾未歇何止嗣
稱丁婦廟號旋姑少女於西宮夫人館於南嶽山

乾隆《登封县志》卷十载“唐杨炯《少室山少姨庙碑记》”

少室阙遗存（邱志荣摄）

日字，以启母庙阙推之，当亦在汉安帝延光年间，是建庙在前汉，立阙在后汉矣。”

少室阙以青灰色块石砌筑，分东西二阙。两阙结构相同，为二重子母阙，由阙基、阙身、阙顶三部分构成。东阙通高3.37米，西阙通高3.75米，间距7.60米。西阙北面三层中部有阴刻篆书“少室神道之阙”六字，阙铭也为篆书，约55行，每行4字，皆侵蚀，不可辨识。少室阙上雕刻的画像有车马出行、宴饮、羽人、玄鸟生商、四灵、兽斗、击剑、狩猎、犬逐兔、驯象、斗鸡、蹴鞠、羊头、鹿、虎、马技、月宫、常青树、柏树等，其中以马戏图和狩猎图最为出众。少室阙是古代祭祀少室山神的重要实物见证，也是中国古代祭祀礼制建筑的典范之一。

相传大禹娶了妻子涂山娇后，要把妻子带回崇地。涂山娇之妹涂山姚不愿离开姐姐，也一起到崇地安家。大禹把涂山娇安排在崇山脚下，把涂山姚安排在季山脚下。后来人们就把涂山娇居住的地方叫太室山，把涂山姚居住的季山叫少室山。因为大禹的两个妻子实为姊妹，所以当地人将少室山神庙称为“少姨庙”。太室阙和少室阙因此成为讲述大禹二妻神话的重要媒介。乾隆《登封县志》卷十有言：“……又唐杨炯《少姨庙记》：少姨庙者，《汉书·地理志》少室之庙也，其神为妇人之像者，则故老相传云启母涂山之妹也。据是，则少姨主少室之祀，启母亦当主太室之祀。然太室庙与启母庙自为二，而少室庙即少姨庙本为一，何也？太室中岳自有岳灵，启母、少姨乃后人立祠，在山岳间者耳。”少室山有唐杨炯《少室山少姨庙碑记》。

1961年3月4日，少室阙被国务院公布为第一批全国重点文物保护单位；2010年8月1日，包含少室阙在内的登封“天地之中”历史建筑群被列入世界文化遗产名录。

王城岗及阳城遗址

全国编号：150

地区编号：豫 12

类　　别：古遗址

地理位置：河南省郑州市登封市告成镇西北 500 米处

所属流域：淮河

简　　介：王城岗及阳城遗址，是中华文明探源工程首批重点六大都邑之一，位于登封市告成镇西北 500 米处，背依王岭尖，处于五渡河注入颍河的夹角地带。王城岗遗址面积约 50 万平方米，年代为公元前 2200—前 2020 年；阳城遗址城垣呈长方形，面积约 1.4 平方千米，建于约公元前 2070 年，即夏代初期。

夏王朝频繁迁都，文献记载有多处都城。《竹书纪年》记载：禹居阳城；启都夏邑（阳翟，今河南禹州境内），后迁安邑（山西夏县）；太康居斟鄩；相居商丘（即帝丘，今濮阳），九年居于斟灌（巩义西南）；少康先居斟鄩，十八年迁于原（济源西北）；杼居原，五年迁老丘（开封东南、陈留北）；廑居西河（河南内黄东南）；孔甲居西河；癸居斟鄩。目前，经过考古发掘，学术界认可的夏代都城遗址有王城岗、黄台、新砦、巩义花地嘴、偃师二里头、商丘、老丘、西河、安邑等遗址。中华文明探源工程预研究在嵩山周围确定了三个重点考古研究项目，分别是王城岗遗址、古城寨遗址、新砦遗址。

《帝王世纪》载："阳城南有启母冢。"阳城遗址即"王城岗遗址"的"西城"。

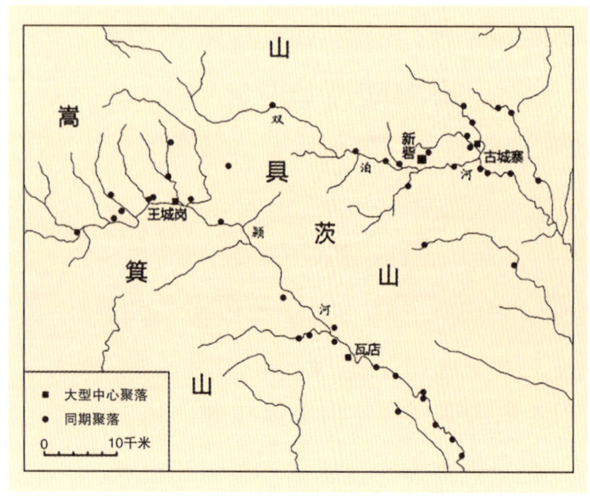

王城岗古城寨、新砦位置图（张卫东供图）

王城岗遗址发掘现场（常松木摄）

《古本竹书纪年》载："禹避阳城。"《世本》载："禹都阳城。"《孟子·万章上》载："舜崩，三年之丧毕，禹避舜之子於阳城。"《史记·夏本纪》曰："帝舜荐禹於天，为嗣。十七年而帝舜崩。三年丧毕，禹辞辟舜之子商均於阳城。天下诸侯皆去商均而朝禹，禹於是遂即天子位，南面朝天下，国号曰夏后，姓姒氏。"《水经注》："阳城……五渡水东南流入颍水。颍水径其县故城南。昔舜禅禹、禹避商均、伯益避启并於此也。"有观点认为，"禹都阳城"（又称禹居阳城、禹避阳城，均指大禹正式继位之前居住之地，并非真正建都）可能就在王城岗。

1996年，王城岗及阳城遗址被国务院公布为第四批全国重点文物保护单位。

禹王庙（大冶镇北）

全国编号：151

地区编号：豫13

类　　别：古建筑·庙

地理位置：河南省郑州市登封市大冶镇北五里庙

所属流域：淮河

简　　介：大冶镇北禹王庙又称北五里庙，始建年代不详，庙会是农历七月初一。2011年起，中国大禹文化研究中心、河南省民间文艺家协会、登封市大禹文化研究会等每年在此举办"中国大禹文化之乡民间艺术节暨祭祀禹王典礼"。

禹　洞

禹洞（常松木供图）

全国编号：152

地区编号：豫14

类　　别：山川·洞

地理位置：河南省郑州市登封市徐庄镇

所属流域：淮河

简　　介：天然溶洞，分前禹洞和后禹洞。此洞相传为大禹治水时，大禹及其麾下治水大军的住所。当地民众也传此洞为大禹休憩和藏宝之处。为郑州市文物保护单位。

济渎禹王庙（唐庄镇）

全国编号：153

地区编号：豫 15

类　　别：古建筑·庙

地理位置：河南省郑州市登封市唐庄镇

所属流域：淮河

简　　介：又称白疙瘩庙，相传为禹王锁蛟龙处，建于何时无考，康熙三十四年（1695 年）重修。新中国成立前后被拆毁，1992 年重修。

禹王台

全国编号：154

地区编号：豫 16

类　　别：古建筑·台

地理位置：河南省开封市禹王台区繁塔东路东一街 38 号禹王台公园

所属流域：淮河

简　　介：春秋时期晋国大音乐家师旷奏乐于此，故名古吹台。明成化十八年（1482 年）于台上建碧霞元君祠，正德年间（1506—1521 年）改为禹王庙，吹台改叫禹王台。禹王台上现存有牌坊、御书楼、禹王殿、左右两祠和御碑亭等建筑。御书楼因康熙帝为禹王庙手书“功存河洛”匾额而建，御碑亭刻乾隆帝登吹台诗。据《祥符金石志》载，禹王台有《重修禹王台碑记》（阎兴邦撰，田启光书，康熙三十年）、《禹王台记》（胡介祉撰，康熙三十四年）。

御书楼后为禹王庙，庭院二进，正殿五间，进深三间。大殿中供大禹站像，东西山墙砖雕《治水图》《庆功图》有汉画风格，是浙江美院师生 1981 年所作。殿北壁嵌有光绪二十三年（1897 年）河南巡抚刘树棠摹刻的岣嵝碑。

东配殿中有大禹三过家门而不入的泥塑，西配殿中有复制的古代治水工具，后墙有岣嵝碑的拓牌及释文。

大殿之西有道光十年修建的“水德祠”，祀古代治水功臣 38 人：（战国）史起、郑国，（汉）汲黯、郑当时、徐伯表、王延世、贾让、王景、王吴，（宋）曹翰、陈尧佐、张巩、张焘、司马光、张茂则、张商英，（元）尚文、那怀、刘赓、也仙不花、阿鲁脱怜、贾鲁、郭守敬、脱脱，（明）安然、于谦、年富、王暹、王亮、宋礼、袁应泰，（清）朱之锡、靳辅、陈鹏年、嵇曾筠、雅尔图、胡宝瑔、林则徐。

吹台（禹王台）四周原为莲池。清道光年间（1821—1850 年）淤为平地，同治十一年（1872 年）重修，形成龟蛇形象。1957 年正式建立禹王台公园。

1986 年 11 月 21 日，禹王台被公布为第二批河南省文物保护单位。

三官庙（康乐巷）

全国编号： 155

地区编号： 豫 17

类　　别： 古建筑 · 庙

地理位置： 河南省洛阳市老城区康乐巷

所属流域： 黄河

康乐巷三官庙（张卫东供图）

简　　介：《洛阳县志》："大明弘治二年（1489 年）伊王建，内祀三官，范铜为像。"俗称铜三官庙，后改称延福宫。明代为皇家道观、伊藩王府家庙，只对河南府官吏开放。每年天官节、地官节、水官节，河南府大小官吏和伊王及家人都集体到延福宫祈福迎神。

明代建筑群有三官殿、三清殿、后殿、玉皇阁，庙前有戏台等。今仅存后殿一座，占地约 130 平方米。

1961 年，三官庙被列为第一批市级文物保护单位。

洛　河

全国编号： 156

地区编号： 豫 18

类　　别： 山川 · 河

地理位置： 发源于陕东南，在河南洛阳汇合涧、瀍、伊河，于古洛汭入黄河

所属流域： 黄河

简　　介：《禹贡》："伊、洛、瀍、涧既入于河，荥波既猪……（大禹治水）

导洛自熊耳，东北会于涧、瀍，又东会于伊，又东北入于河。”世传禹“辟伊阙”则是在洛河支流伊河上。有非遗“河图洛书传说”。

洛河流域，是华夏文明的发源地之一，黄河、洛河交汇处的广大地区，被称为河洛地区。伏羲长期在河洛一带活动，受“河图”启发画了八卦。伏羲的女儿溺死于洛水，化为洛神。黄帝、帝喾也曾生活在河洛地区。相传伏羲氏时期，黄河里浮出一匹龙马，它身上的旋毛变成“一六居下，二七居上，三八居左，四九居右，五十居中”的图形，这就是“河图”，伏羲氏依“河图”画出八卦，《周易》一书由此而来；大禹治水之时，洛河里浮出一只神龟，神龟的背上长有纹、圈、点，自列成组，这就是“洛书”，大禹对“洛书”进行阐释，此即《尚书》中的《洪范》篇。

禹王池

全国编号： 157

地区编号： 豫 19

类　　别： 山川・池

地理位置： 河南省洛阳市洛龙区龙门石窟街道龙门石窟景区

所属流域： 黄河

简　　介： 龙门石窟景区内，进大门约百米的古阳阁旁、伊水岸边有禹王泉，泉水清澈，水温四季差异极小；泉水涌出处有禹石，高约 3 米，相传为大禹治理伊水时的镇水之石。

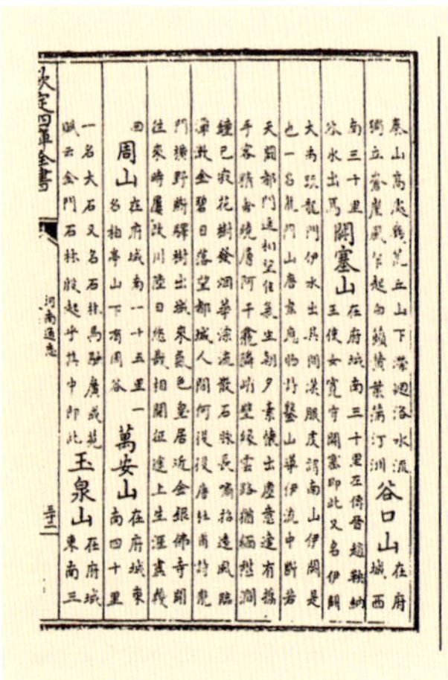

秦山高處幾荒丘山下瀠迴洛水流獨立蒼崖風乍起白蘋黃葉滿汀洲
谷口山在府城西南三十里谷水出焉
闕塞山在府城南三十里左傳晉趙鞅納王使女寬守闕塞即此又名伊闕大禹疏龍門伊水出其間漢服虔謂南山伊闕是也一名龍門山唐韋應物詩鑿山導伊流中斷若天闢都門遙相望佳氣生朝夕素懷出塵意適有攜手客精舍繞層阿千龕鄰峭壁緣雲路猶緬憩澗鐘已寂花樹發烟華淙流散石脉長嘯招遠風臨潭漱金碧日落望都城人間何役役唐杜甫詩龍門橫野斷驛樹出城來氣色皇居近金銀佛寺開往來時屢改川陸日悠哉相閱征途上生涯盡幾回
周山在府城南一十五里一名柏亭山下有周谷
萬安山在府城東南四十里
玉泉山在府城東南三一名大石又名石林馬融廣成苑賦云金門石林殷起乎其中即此

《河南通志》卷七载“阙塞山”

《水经注・伊水》：“又东北过伊阙。”注：“昔大禹疏以通水。”《河南通志》卷七载：“阙塞山，在府城南三十里。《左传》‘晋赵鞅纳王，使女宽守阙塞’，即此。又名伊阙。大禹疏龙门，伊水出其间。汉服虔谓南山伊阙是也。一名龙门山。”唐杜甫有诗《龙门》，韦应物有诗《龙门游眺》。

从地质学的角度看，伊阙形成于 20 万年前。由于流

禹王池（张卫东供图）

禹石（张卫东供图）

水冲刷，山体被切成两半，相隔 300 米，伊水从两山间流过，形成一座天然门阙，故称“伊阙”。

隋朝建都洛阳，伊阙改称“龙门”。龙门石窟就营建在伊水两岸长达 1 千米的山崖壁上。

禹王池在龙门石窟景区内。池中有石笋一支竖立其中，传说是大禹治水时所用的石砭，大禹用它凿开龙门山后，又用它镇压蛤蟆精，日久就成了石笋。蛤蟆精被钉在池中，满嘴淌涎，这就是禹王池的泉眼。

夏鹿台（高霞台）

全国编号： 158

地区编号： 豫 20

类　　别： 古建筑 · 台

地理位置： 河南省洛阳市洛宁县

所属流域： 黄河

简　　介： 亦称“高霞台”。《明一统志》卷二九载：“高霞台，在永宁县北七十里，禹治水至此山，独出一台，俗名鹿台山。”相传洪水时禹至此，见一群鹿衔土筑台，逃难的百姓站到台上躲过一劫。大禹劈开禹门山，使洛河水沿着峡谷流向下游。当地百姓为感谢大禹，将该河命名为禹门河，

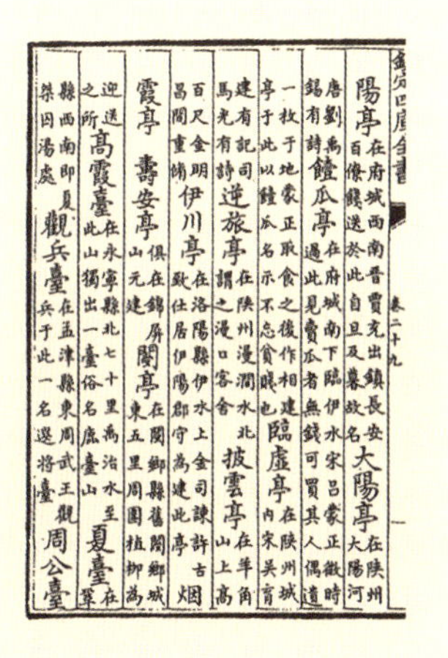
欽定四庫全書　卷二十九

陽亭在府城西南晉賈充出鎮長安百僚餞送於此自旦及暮故名大陽亭在陝州大陽河唐劉禹錫有詩饋瓜亭在府城南下臨伊水宋呂蒙正微時過此見賣瓜者無錢可買其人偶遺一枚于地蒙正取食之後作相建亭于此以饋瓜名示不忘貧賤也臨虛亭在陝州城內宋吳育建有記司馬光有詩逆旅亭在陝州漫澗水北謂之漫口客舍披雲亭在羊角山上高百尺金明昌閣重脩伊川亭在洛陽縣伊水上金司諫許古致仕居伊陽郡守為建此亭烟霞亭壽安亭俱在錦屏山元建閿亭在閿鄉縣舊閿鄉城東五里周圍植柳為迎送之所高霞臺在永寧縣北七十里禹治水至此山獨出一臺俗名鹿臺山夏臺在鞏縣西南即夏桀囚湯處觀兵臺在孟津縣東周武王觀兵于此一名選將臺周公臺

《明一统志》卷二九载“高霞台”

并建庙祭祀，至今尚存遗址。以后人们在台上立碑两通：一通纪念大禹治水，一通纪念群鹿筑台救人。

禹王庙（长水村）

全国编号： 159

地区编号： 豫 21

类　　别： 古建筑·庙

地理位置： 河南省洛阳市洛宁县长水镇西长水村龙头山巅

所属流域： 黄河

简　　介： 明《河南通志·古迹》载：“禹王庙，在永宁县西长水镇，昔禹治水成功，洛龟呈瑞，故立庙祀焉，宋淳化四年（993 年）建，元延祐三年（1316 年）学士薛友谅修，皇明正统间重修。”民国 6 年《洛宁县志》载，庙内原有宋易学家、海宁人罗正之为禹王庙题“洛书赐禹地”石刻和元代名士济南人杜人杰《题长水西洛书赐禹之地罗正之石刻》诗碑。

《汉书·五行志》：“禹治洪水，赐雒书，法而陈之，《洪范》是也。”《尚书·洪范》是夏禹提出的治理国家必须遵循的九条大法，也叫《洪范九畴》，相传是大禹治理洛水获得洛书后叙写而成的，所谓“洛书出而神禹叙畴”（清《大易通解》）。传说叙写《洪范九畴》的地方叫“叙畴坪”，位于今洛宁境内离洛河 2 千米的龙头山。

据清雍正十三年（1735 年）《河南通志》记载：“禹王庙，在永宁县西长水镇。

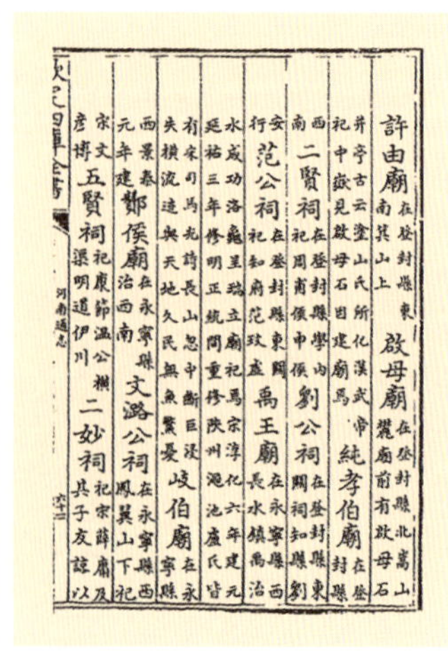

欽定四庫全書

許由廟在登封縣東南箕山上　啟母廟在登封縣北嵩山麓廟前有啟母石井亭古云塗山氏所化漢武帝祀中嶽見啟母石因建廟焉　純孝伯廟在登封縣西南　二賢祠在登封縣學內祀周甫侯中侯　劉公祠在登封縣東關祠知縣劉安行　范公祠在登封縣東關祀知府范致虛　禹王廟在永寧縣西長水鎮禹治水成功洛龜呈瑞立廟祀焉宋淳化六年建元延祐三年修明正統間重修陝州澠池盧氏皆有宋司馬光詩長山忽中斷巨浸失横流遠與天地久民無魚鱉憂　岐伯廟在永寧縣西景泰元年建　鄒侯廟在永寧縣治西南　文潞公祠在永寧縣西鳳翼山下祀宋文彥博　五賢祠祀康節溫公横渠明道伊川　二妙祠祀宋薛庸及其子友諒以

河南通志　六十二

《河南通志》卷四八载“禹王庙”

长水村禹王庙（李新光摄）

禹治水成功，洛龟呈瑞，立庙祀焉。宋淳化六年（995 年）建，元延祐三年（1316 年）修，明正统间重修。”

1995 年重修的禹王庙屹立于龙头山顶，庙前有重修禹王庙古碑数通。有一通是雍正十三年四月初四日之碑，《重修禹王庙碑记》详细记载清以前该庙三次重修经过。

“洛出书处”碑刻

全国编号： 160

地区编号： 豫 22

类　　别： 可移动 · 碑

地理位置： 河南省洛阳市洛宁县长水镇西长水村

所属流域： 黄河

简　　介：“洛出书处”位于河南省洛宁县西 20 千米的长水镇，这里是黄河最大支流洛河——出峡入川交界地。河洛文化之源——洛书就出在这里。该处，现在洛书之标志——刻有“洛出书处”四个大字的汉魏时期和清雍正二年的两通遗存大碑，恰在洛河上下游分界处，上游多系深山峡谷，下游一马平川，为先民繁衍生息之地。其西侧为龙头山，山顶有“禹王庙”“洛河龙神庙”“洛书赐禹之地碑”等古迹；其北为龙头山，山南有紫盖寺遗址及明代吏部尚书耿裕墓，其南临洛河，对面石壁上有“岳武穆行军至此”的石刻和武穆营遗址；其相邻为“仓颉造字台”；其

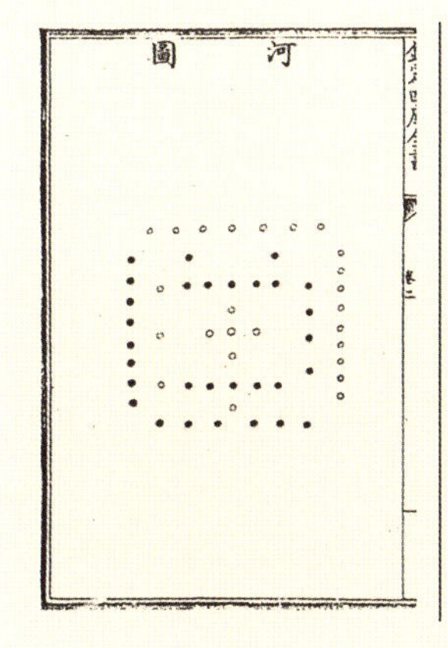

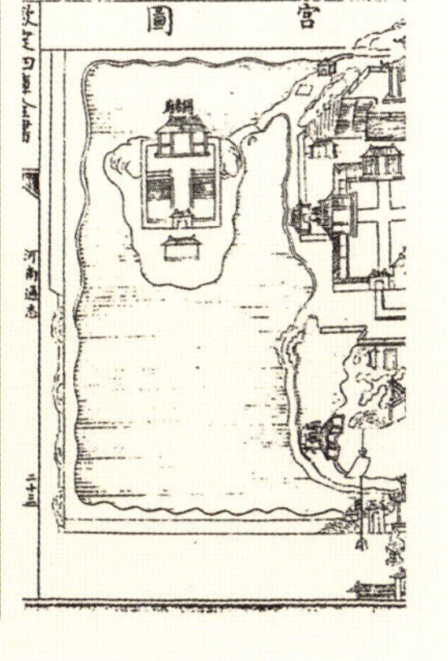

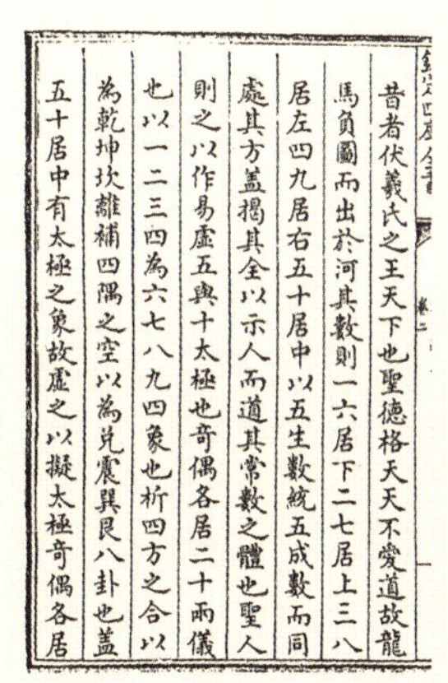
昔者伏羲氏之王天下也聖德格天天不愛道故龍馬負圖而出於河其數則一六居下二七居上三八居左四九居右五十居中以五生數統五成數而同處其方蓋揭其全以示人而道其常數之體也聖人則之以作易虛五與十太極也奇偶各居二十兩儀也以一二三四為六七八九四象也析四方之合以為乾坤坎離補四隅之空以為兌震巽艮八卦也蓋五十居中有太極之象故虛之以擬太極奇偶各居

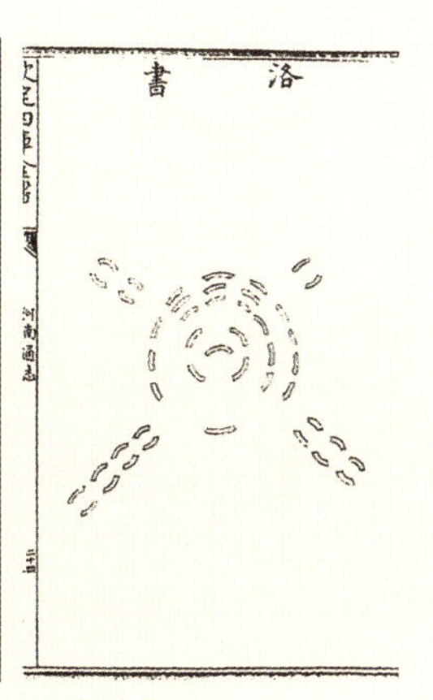

《河南通志》载“河图洛书”

“洛出书处”碑刻（程卫东摄）

西为“灵龟负书处”之玄沪水，至今，在悬崖峭壁上刻有广东道进士西蜀刘武臣书石刻诗一首，碑址在千亩淡竹包围之中。

洛河是大禹得《洛书》的地方。《周易·系辞上》：“河出图，洛出书，圣人则之。”

当地传说，大禹凿开了伊阙，伊水便向洛河下泄，湖水渐涸，湖底露出一个足有磨盘大的乌龟，大禹手下的人见了，忙挥剑去砍，被大禹拦住了，大禹看这只龟对百姓从没有做过坏事，便把它放生于洛河之中。不久整个洛阳城都被大雾笼罩，大禹率领手下到洛河岸边察看水情。忽然，在大雾茫茫的洛河里升起了一束五彩亮光，随之，罩在空中的大雾也烟消云散。那宝光升起的地方，浮出一只乌龟，那宝光也正是从乌龟背上的一块玉版上放射出来的。原来，乌龟为报大禹的搭救之恩，特意将玉版献上，并称这玉版为“洛书”。“洛书”上有65个红字，大禹他们一个也不认得，后来经过反复揣摩才整理出九个方面的内容，有历法、种植谷物、制定法令等。后来，人们又根据《洛书》的九章大法，整理出《洪范九畴》。这就是古代有名的“河图洛书”的传说。

按：“洛出书”的地方还有二说：一说为伊河与洛河汇合处，即今偃师区顾县镇曲家寨村北与杨村交界处；一说为洛河与黄河汇合处，即今巩义市洛口镇一带。

二石碑在洛神庙内，一通仅剩一“洛”字，一通上书“洛出书处”四个大字，碑额楷书“大清”二字；碑右侧行书“河南尹张汉书”六字，碑左侧上刻“雍正二年腊月”，下镌“永宁令沈育立”。

2014年12月，“河图洛书”传说正式入选国家级非物质文化遗产名录。

大伾山

全国编号： 161

地区编号： 豫23

类　　别： 山川·山

地理位置： 河南省鹤壁市浚县

所属流域： 海河

简　　介：《禹贡》："东过洛汭，至于大伾。"《河南通志》卷七载："大伾山，在浚县东南二里，山高四十丈，周围五里。《禹贡》导河至于大伾，即此，一名黎阳山，又名青坛山。"明王守仁有《登大伾山诗》。

大伾山上禹迹众多，其中有记录大禹的摩崖石刻，最早的刻于唐建中元年（780 年），其文内容如下：登于大岯，禹肏所经过。顶凸坤仪，根压洪河。天生忠良，济物宏多。山灵河神，俾环海戢戈。2011 年 7 月在大伾山和浮丘山之间的伾浮路上由东向西修建了 9 座牌坊，其中有"大河禹迹坊"。

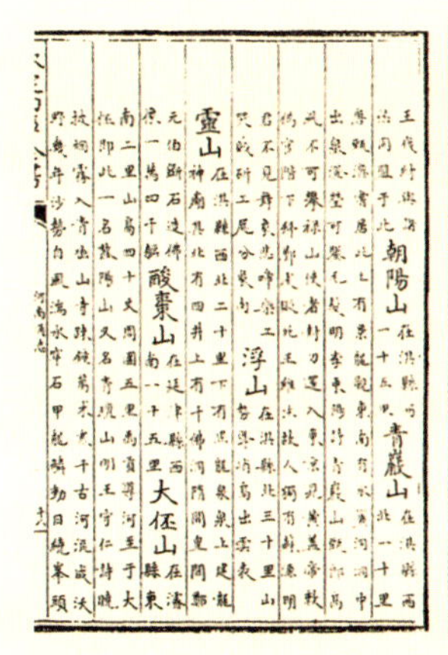

王伐紂與諸侯同盟于此朝陽山在淇縣西一十五里青巖山在淇縣西北一十里唐甄濟嘗居此上有景龍觀東南有水簾洞洞中出泉澄瑩可鑒毛髮明李東陽詩青巖山甄郎高風不可攀祿山使者封刀還入東京見黃蓋帝敕偽宮階下拜鄭虔貶死王維生故人獨有蘇原明君不見舞象悲啼欒工哭賊斫工屍分象肉浮山在淇縣北三十里山勢巉峭高出雲表靈山在淇縣西北二十里下有黑龍泉泉上建龍神廟其北有四井上有千佛洞隋開皇間鄭元伯蘄石造佛像一萬四千軀酸棗山在延津縣西南一十五里大伾山在濬縣東南二里山高四十丈周圍五里禹貢導河至于大伾即此一名黎陽山又名青壇山明王守仁許曉披烟霧入青巒山寺蹤鐘萬木寒千古河流成沃野幾年沙勢自風湍水穿石甲龍鱗動日繞峯頭

《河南通志》卷七载"大伾山"

大伾山上有龙脊峰，传说龙脊峰下有一口当年大禹锁蛟的石井。恶蛟不服，发誓有朝一日一定要水淹浚县，大禹遂用巨石将井口封死，恶蛟在里边横冲直撞，将石头撞成了龙脊形。一说为防止蛟龙跑掉再为害一方，大禹抽出宝剑，将它斩为数段，蛟龙竟变成了数段石头。这龙脊一样的石头，后来被人称为龙脊石。

禹王庙（大伾山）

全国编号： 162

地区编号： 豫 24

类　　别： 古建筑·庙

地理位置： 河南省鹤壁市浚县大伾山

所属流域： 海河

简　　介： 明代万历年间（1573—1620 年）建于半山腰，康熙十八年（1679 年）迁建于山顶。禹王执圭端坐殿中，殿前的《重建禹王庙记》已漫漶不清，难以辨认。

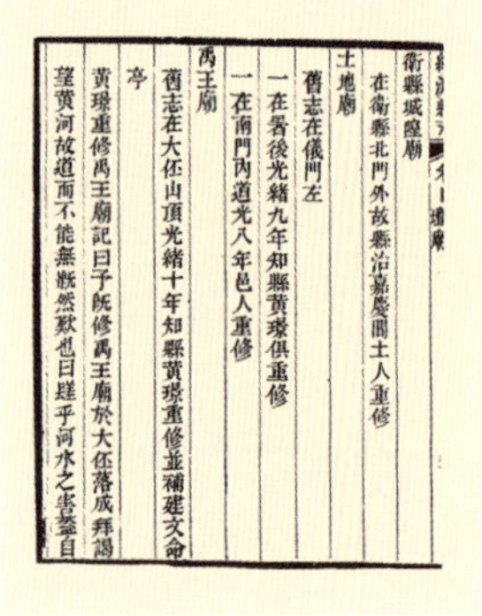
衛縣城隍廟
在衛縣北門外故縣治嘉慶間士人重修
土地廟
舊志在儀門左
一在署後光緒九年知縣黄璟俱重修
一在南門內道光八年邑人重修
禹王廟
舊志在大伾山頂光緒十年知縣黄璟重修並補建文命
亭
黄璟重修禹王廟記曰予旣修禹王廟於大伾落成拜謁
望黄河故道而不能無慨然歎也曰嗟乎河水之害蓋自

光绪《浚县志》卷四载“禹王庙”

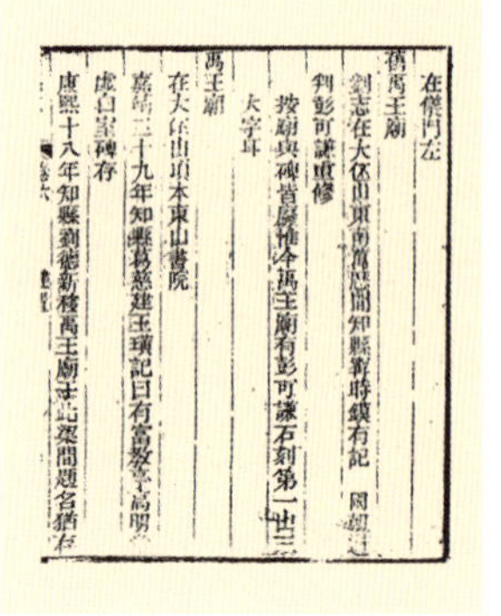
在儀門左
舊禹王廟
劉志在大伾山東南萬曆間知縣甯時鎮有記 國朝通
判彭可謙重修
按廟與碑皆廢惟今禹王廟有彭可謙石刻第一山三
大字耳
禹王廟
在大伾山頂本東山書院
嘉靖三十九年知縣葛慈建王璜記曰有富教亭高明
虛白室碑存
康熙十八年知縣劉德新移禹王廟于此梁間題名猶存

嘉庆《浚县志》卷六载“旧禹王庙”与“禹王庙”

嘉庆《浚县志》卷六载：“旧禹王庙，《刘志》在大伾山东南，万历间知县宁时镆有记，国朝通判彭可谦重修。按，庙与碑皆废，惟今禹王庙有彭可谦石刻第一山三大字耳。禹王庙，在大伾山顶，本东山书院。嘉靖三十九年知县葛慈建，王璜记曰有富教亭、高明堂、虚白室，碑存。康熙十八年知县刘德新移禹王庙于此，梁间题名犹存，无碑记。”光绪《浚县志》卷四载：“禹王庙，《旧志》：在大伾山顶，光绪十年知县黄璟重修，并补建文命亭。”有黄璟《重修禹王庙记》。

大伾山半腰有怀禹亭，亭前新建怀禹桥。亭柱有联：“请君歇歇，且看对面太行；到此依依，莫不远怀神禹。”

传说大禹奉命治理洪水，顺黄河来到大伾山，将船拴在山的东南麓，带领百姓修堤坝，清泥沙，疏通河道，制服蛟龙。

嘉应观禹王阁

嘉应观禹王阁（张卫东供图）

全国编号： 163

地区编号： 豫 25

类　　别： 古建筑 · 阁

地理位置： 河南省焦作市武陟县南杨庄村嘉应观

所属流域： 黄河

简　　介： 禹王阁为嘉应观主要建筑之一，在大王殿后中轴线最北端，又名后大殿，面阔七间，进深两间。阁前有“水清碑”，记载当年黄河水澄清 2000 余里、持续 20 多天的历史，也叫灵石碑。

嘉应观始建于清雍正元年（1723 年），是

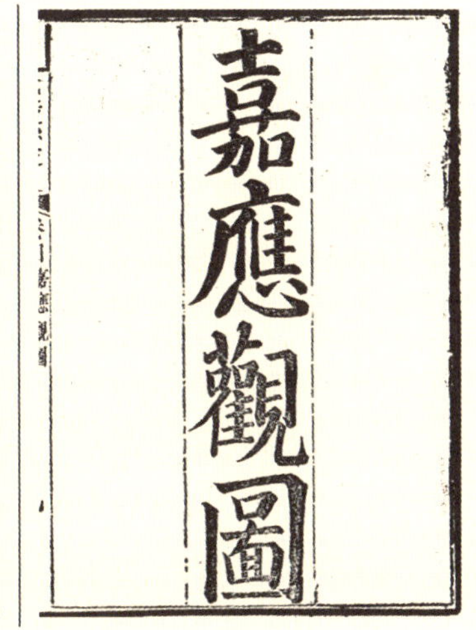

道光《武陟县志》卷二载“嘉应观图”

黄河流域现存历史文物价值最高的黄河河神庙。“一座嘉应观，半部治黄史”，这里见证着康雍盛世的治黄历史，更开启了新中国的治黄事业。2001 年 6 月，被国务院公布为第五批全国重点文物保护单位。

治河功臣殿供奉着 10 位治河功臣：西汉贾让，东汉王景，元朝贾鲁，明朝潘季驯、白英、宋礼、刘天和，清朝齐苏勒、嵇曾筠、林则徐。

禹寺遗址

全国编号：164

地区编号：豫 26

类　　别：古遗址

地理位置：河南省焦作市孟州市谷旦镇禹寺村

所属流域：黄河

简　　介：禹寺村地名见于明正德《怀庆府志·孟县乡村·太平乡》，历称禹寺镇、乡、大队、村等。

禹寺遗址发现的两座虞夏时期城池，年代上限为距今 4000 年左右。

2021 年被列为省级文物保护单位。

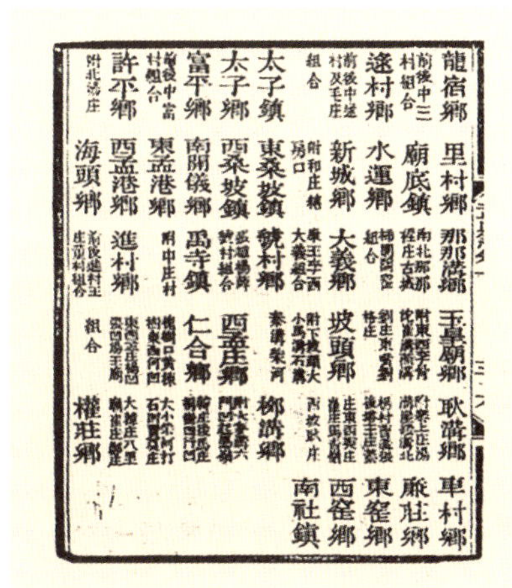
龍宿鄉　里村鄉　玉皇廟鄉　耿溝鄉　車村鄉
逯村鄉　廟底鎮
水運鄉　東窑鄉
新城鄉　大義鄉　坡頭鄉　西窑鄉
太子鎮　東桑坡鎮　南社鎮
太子鄉　西桑坡鎮　虢村鄉
富平鄉　禹寺鎮　仁合鄉
東孟港鄉
許平鄉　西孟港鄉　進村鄉
海頭鄉

民国《孟县志》卷一载“禹寺镇”

禹州市

全国编号：165

地区编号：豫 27

类　　别：地名

地理位置：河南省许昌市禹州市

所属流域：淮河

简　　介：《河南通志》卷四载：“禹州，《禹贡》豫州之域，禹所封国，帝启飨诸侯於钧台，即此。”禹州古称阳翟，别称夏都，因大禹治水有功受封于此而得名，是黄帝部落活动中心区域之一，夏朝都城。境内有具茨山文化和伏羲、黄帝、大禹文化，有 4000 年前的瓦店遗址等。文献中夏禹、启的记载多与禹州有关。禹州原名钧州，万历三年（1575 年）因避皇帝朱翊钧讳，明神宗“以州有禹山，亲定州名为‘禹州’”。

禹山坐落在禹州城西 15 千米方岗镇和文殊镇境内，东西走向，长 3 千米，海拔 350 米。传为大禹指挥治水时的营盘所在地，山上有许多大禹遗迹，诸如禹王庙（拉王庙）、禹王石椅、试剑石、老龙窝、拉庙坡、蛟龙骨、斧劈石、禹王阁、禹泉、娘娘泉等；山脚下有禹山坡村。“拉王庙”相传始建于唐代天宝年间（742—756 年），有大殿、二殿等建筑，供奉夏禹及夏启两尊神像。相传远古时期，这里一片汪洋，海眼出水，泛滥成灾，大禹搬来此山，压住海眼，制服水患。为纪念大

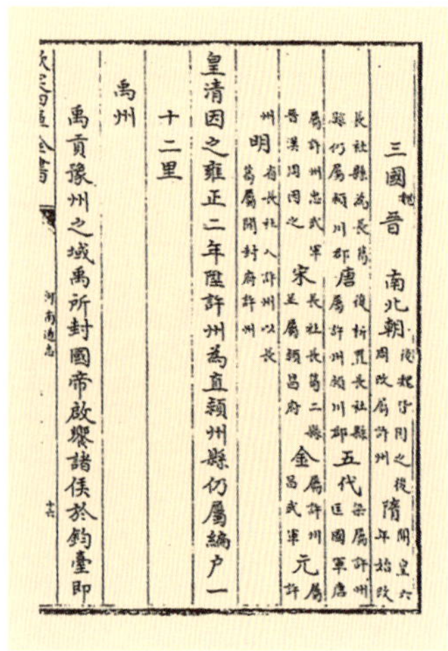
三國 晉 南北朝 隋
唐 五代
宋 金 元
明
皇清因之雍正二年陞許州為直隸州縣仍屬編户一
十二里
禹州
禹貢豫州之域禹所封國帝啟饗諸侯於鈞臺即

《河南通志》卷四载“禹州”

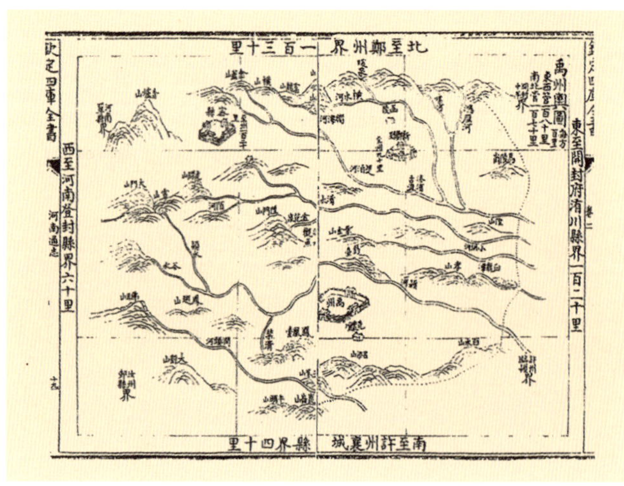

《河南通志》载“禹州舆图”

禹州市禹王庙全景（吕超峰摄）

神禹大帝殿

禹治水有功，上神从别处拉来一座大殿，据说当天清晨，家家牛都累得倒地不起，大汗淋漓，主人以为牛病了，用手摸嘴，取出一个大元宝，乃上帝用牛拉庙所赐，后才发现，山上平地生起一座庙宇，故又叫“拉王庙”。后经不断扩建，建成气势宏大的禹王庙。曾为西炉村中学，“文化大革命”中禹王庙毁于一旦。现仿照原样，新建前、后、中三座大殿，供有禹王、药王、菩萨、祖母等神。同时也是全国唯一称禹为“神禹大帝”的纪念庙宇。

禹州禹迹众多：城南 4 千米之柏塔山上有“二姨庙”（又叫少姨庙、禹妃庙）；城北 4 千米营有“夏禹故都”，城北 12 千米皇路河南岸有“诸侯山”、汗沟；城西 16 千米顺店镇有少康城（夏启传位于少康），少康城东皋阜处建有“禹王功德碑”（即“岣嵝碑”，据说此碑临摹于衡山）等。

2007 年禹州市被命名为“中国大禹文化之乡”。2012 年确定《大禹治水》为市歌。

禹王锁蛟井

全国编号： 166

地区编号： 豫 28

类　　别： 古建筑 · 井

地理位置： 河南省许昌市禹州市钧台街道南段

所属流域： 淮河

简　　介： 位于禹州市古钧台街南段。始建于明代，清末大部分建筑被毁。传禹治水，降服兴风作浪的水怪蛟龙，将其锁在都城内深井中。民国时古井被填，1980 年重修。井上建有歇山式亭阁，门额上刻有“禹王锁蛟井”，亭子卷脊挑角，金碧辉煌，内部粉壁彩屏，外壁檐下绘有 24 幅关于大禹治水的神话故事。井壁以砖甃券至顶，井口覆环形大石盘，禹王锁蛟塑像置井口边，井口复制有铁链

禹王锁蛟井遗存（邱志荣摄）

禹王锁蛟井刻石（全小军摄）

禹王锁蛟井正门
（邱志荣摄）

垂于井中，青石雕刻蛟龙头部浅露水面。殿内正中靠后塑有禹王立像一尊，右手摁住蛟头，左手握紧铁链。

古钧台（含禹王庙大殿）

全国编号： 167

地区编号： 豫 29

类　　别： 古建筑·殿

地理位置： 河南省许昌市禹州市古钧台东西街

所属流域： 淮河

简　　介： 古钧台又名夏台，现位于禹州市区古钧台东西街，是夏启大宴诸侯、举行开国典礼的地方。《河南通志》卷五二载："钧台，在州治北门外。《史》夏启即钧台以享诸侯，即此。""钧台之享"被称为中国第一国宴。此后，夏代诸帝践位、中央施政、与诸侯商议国事都在此，成为夏"皇宫帝苑"的重要组成部分。又因"夏桀囚商汤于钧台"，所以古钧台也被称为"中国第一座监狱"。

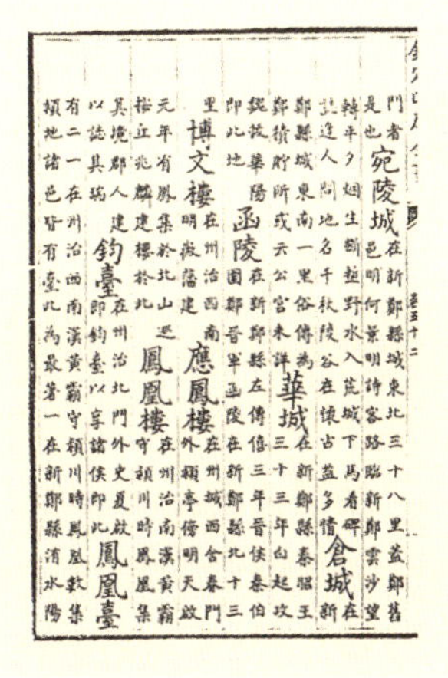
門者是也 宛陵城 在新鄭縣城東北三十八里蓋鄭舊邑明何景明詩客路臨新鄭雲沙望
韓平夕烟生斷壁野水入荒城下馬看碑在試迎人問地名千秋陵谷在懷古益多情 倉城 新
鄭縣城東南一里俗傳為鄭舊府所或云公宮未詳 華城 在新鄭縣秦昭王三十三年白起攻
鍜故華陽即此地 函陵 在新鄭縣左傳僖三十年晉侯秦伯圍鄭晉軍函陵在新鄭縣北十三
里 博文樓 在州治西南明崇禎建 應鳳樓 在州城西台春門外穎李僖明天啟
元年有鳳集於北山遂指立兆麟建樓於北 鳳凰樓 在州治南漢黃霸守穎川時鳳凰集
其境郡人建以誌其瑞 鈞臺 在州治北門外史夏啟即鈞臺以享諸侯即此 鳳凰臺
有二一在州治西南漢黃霸守穎川時鳳凰數集穎地諸邑皆有臺此為最著一在新鄭縣洧水陽

《河南通志》卷五二载"钧台"

禹州古钧台（刘俊杰摄）

现存古钧台系康熙十八年（1679年）重建，砖石结构，略呈方形，高4.4米，阔7.4米，台下有洞，进深6.15米。南面正中有洞门，宽2.46米，高2.87米，块石拱券，上额书“古钧台”。洞门两侧有砖刻对联：“得名始於夏；怀古几登台。”台上筑起的亭殿为双重檐，两滴水宫殿式，周围有24根明柱支撑，红柱黄瓦，透花门窗。四边围以青石雕刻栏杆，石栏20块，上刻与夏启有关的历史典故、风景文物画图，整体建筑古朴典雅，巍峨壮观。

古钧台后现存禹王庙大殿，为面阔三间的硬山式清代建筑。

清代以前，古钧台原址据说在城南十里处，三峰山之东。《竹书纪年》载：“帝启元年癸亥，帝即位于夏邑，大飨诸侯于钧台。”《水经注》：“（颍水）东径三封山东，东南历大陵西连山，亦曰启筵亭。启享神於大陵之上，即钧台也。《春秋左传》曰夏启有钧台之飨，是也。”

2008年6月，“古钧台·禹王庙大殿”被公布为河南省文物保护单位。

三门峡

全国编号：168

地区编号：豫30

类　　别：山川·峡

地理位置：河南省三门峡市三门峡水库景区、山西省运城市平陆县

所属流域：黄河

简　　介：《禹贡》：“导河积石……东至于底柱，又东至于孟津。”相传大禹治水时，凿龙门，开砥柱，凭着划水剑和开山斧两件宝物，劈出三个豁口，形成了

三门峡大禹像（张卫东供图）

人门、神门、鬼门三道峡谷，由北向南排列，三门峡即由此得名。

《水经注》云：“砥柱，山名也。禹治洪水，山陵当水者，凿之，故破山以通河。河水分流，包山而过，山见水中，若柱然，故曰砥柱。”

相传大禹治水凿砥柱山时杀死过一条恶龙，血溅山崖，故两岸山崖俱为红色；斩龙剑落在河中，化作通天巨石，这就是中流砥柱峰。附近有七口井，是大禹凿三门峡时所挖。鬼门的崖头有两个圆坑，比井还大，活像一对马蹄印，叫作“马蹄窝”，相传为大禹跃马过三门时留下的足迹。

三门峡大坝始建于 1957 年 4 月。现“三门”已压在大坝之下。从观景台仍可看见中流砥柱、梳妆台、张公岛、黄河古栈道等。另辟有大禹公园。

熊耳山

全国编号：169

地区编号：豫 31

类　　别：山川 · 山

地理位置：河南省三门峡市卢氏县，洛阳市洛宁、宜阳、嵩县、栾川

所属流域：黄河

简　　介：《尚书 · 禹贡》：“导洛自熊耳，东北会于涧、瀍，又东会于伊，又东北入于河。”《河南通志》卷七载：“熊耳山有三：一在宜阳县西一百二十里，汉光武破赤眉积甲宜阳城，与熊耳山齐，是也；一在卢氏县西南五十里，山连永宁县界；一在

熊耳山（张卫东供图）

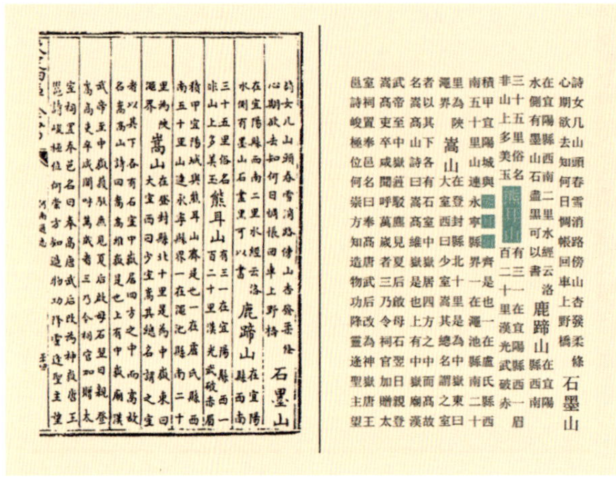

詩女几山頭春雪消路傍山杏發柔條心期欲去知何日惆帳回車上野橋

石墨山

在宜陽縣西南二里水經云洛水側有墨山山石盡墨可以書

鹿蹄山

在宜陽縣西南三十五里俗名非山上多美玉

熊耳山

有三一在宜陽縣西一百二十里漢光武破赤眉積甲宜陽城與熊耳山齊是也一在盧氏縣西南五十里山連永寧縣界一在澠池縣南二十里為陝澠界

嵩山

在登封縣北十里是為中嶽東曰大室西曰少室嵩其總名謂之室者以其下各有石室中嶽居四方之中而高故名嵩高山詩曰嵩高維嶽是也上有中嶽廟漢武帝至中嶽薦駁麃見夏后啟母石翌日親登嵩高吏卒咸聞呼萬歲者三乃令祠官加贈太室祠置奉邑名曰奉高唐武后改為神嶽唐王邑詩峻極位何崇方知造物功降靈遂聖主望

《河南通志》卷七载“熊耳山”

渑池县南二十里，为陕、渑界。”据说熊耳山因形似熊耳而得名。

熊耳山西起三门峡市卢氏县，向东北绵延至洛阳市伊川县折而向东，南接伏牛山系，北邻崤山，是长江流域和黄河流域的分界岭。

熊耳山风景区位于卢氏县横涧乡。熊耳山的道教文化从一些石刻、石像鉴证可追溯到唐宋时期。

神禹导洛处

全国编号： 170

地区编号： 豫 32

类　　别： 石刻

地理位置： 河南省三门峡市卢氏县范里镇大禹沟山河口大桥北侧岩壁

所属流域： 黄河

简　　介： 道光二十九年（1849 年），石刻原迹位于山河口高庙。1993 年 4 月因故县水库建设，移刻于山河口大桥北侧岩壁。相传大禹在疏浚洛河过程中主要搞了三大工程：一是在今卢氏东北的山口处打开一个缺口（老河口），据《河图括地象》记载，此缺口称为“地门”，南侧悬崖上“雒”字，传说是大禹亲手所刻，已模糊不清。清朝在石壁上又刻凿了“神禹导洛处”，字迹清晰可辨。二是洛水进洛宁境后，有一大山挡住去路，大禹听从伯益的建议，让洛水从该山的西侧绕道而过，后来经过河水的冲刷，这座大山越发显得高峻挺拔，后人就把这座山取名“高门”，汉代在此设有高门关，建有高门木城。三是在洛水将要穿出熊耳山的山口时，又有一座大山横亘其间，大禹便亲自带领民工凿通，人们称之为“禹门”。后人在卢氏老河口、洛宁龙头山西 2 千米处的禹门河都建有禹王庙。

而今，高门河上建了故县水库，禹门河上建了禹门河水库。

神禹导洛处（尚静伟摄）

荆紫关古建筑群

全国编号： 171

地区编号： 豫 33

类　　别： 古建筑 · 宫

地理位置： 河南省南阳市淅川县荆紫关镇

所属流域： 长江

简　　介： 内有禹王宫，又叫湖广会馆，是嘉庆十年（1805年）由湖广二省商人捐资修建。

宫门上下都用石条砌成。石条上多有雕刻精巧的石雕。门楣

荆紫关古建筑群（张卫东供图）

竖立着黑色大理石匾，匾上刻有“禹王宫”三个大字。

荆紫关古镇位于豫、鄂、陕三省接合部，有“内地小上海”之称。丹江穿境而过。荆紫关古建筑群现存古代建筑有荆紫关古街、禹王宫、平浪宫、“一脚踏三省”碑亭等。平浪宫祀水神杨泗爷，利用大禹生日六月初六作为会日，每年要搞三天庙会。2001 年 6 月，荆紫关古建筑群被国务院公布为第五批全国重点文物保护单位。

石柱山

全国编号：172

地区编号：豫 34

类　　别：山川 · 山

地理位置：河南省南阳市唐河县马振抚镇与祁仪镇交界处

所属流域：长江

简　　介：山顶有两块大石屹立如柱，高约 10 米，起名“禹王定锚桩”，今为唐河八大景之一“石柱擎天”。柱上有铁环，相传为大禹导淮系舟处。《河南通志》卷七载：“石柱山，在桐柏县西八十里，上有石柱，柱有铁环。”

清乾隆《桐柏县志》有《禹舟铁环》诗：“桐城西百里，两石双屹立。如柱撑高云，寒暑靡不直。上有老铁环，苍茫黝深黑。相传导淮时，系舟山此侧。禹去五千年，神迹谁能识？大字镌红崖，不朽贤明德。”

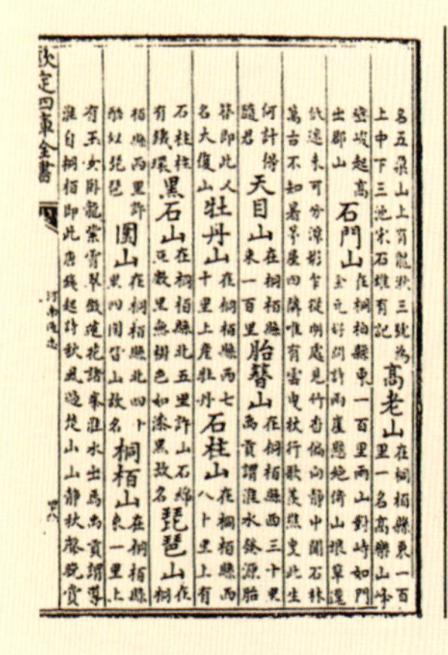

名五朵山上有龍湫三號為上中下三池宋石雄有記

高老山在桐栢縣東一百里一名高樂山峰巒峻起高出郡山

石門山在桐柏縣東一百里兩山對峙如門金元好問詩雨崖懸絕倚山垠草逕低迷未可分潭影乍從明處見竹香偏向靜中聞石林萬古不知暑茅屋四隣唯有雲曳杖行歌羨樵叟此生何計得隨君

天目山在桐栢縣東一百里

胎簪山在桐栢縣西三十里禹貢謂淮水發源胎簪即此又名大復山

牡丹山在桐栢縣西七十里上產牡丹

石柱山在桐栢縣西八十里上有石柱柱有鐵環

黑石山在桐栢縣北五里許山石綿亘數里無樹色如漆黑故名

琵琶山在桐栢縣西里許酷似琵琶

團山在桐栢縣北四十里四圍皆山故名

桐栢山在桐栢縣東一里上有玉女卧龍紫霄翠微蓮花諸峯淮水出焉禹貢謂導淮自桐栢即此唐錢起詩秋風過楚山山靜秋聲晚賞

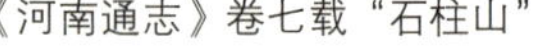

《河南通志》卷七载“石柱山”

石柱山（张卫东供图）

桐柏山·淮河

全国编号：173

地区编号：豫 35

类　　别：山川·山

地理位置：河南省南阳市桐柏县淮源镇

所属流域：淮河

简　　介：《禹贡》：大禹“导淮自桐柏，东会于泗沂，东入于海”。《河南通志》卷七载：“桐柏山，在桐柏县东一里，上有玉女、卧龙、紫霄、翠微、莲花诸峰，淮水出焉。《禹贡》谓‘导淮自桐柏’，即此。”

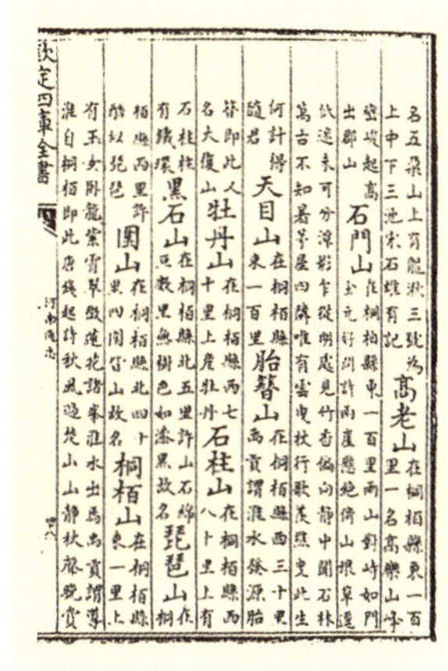
欽定四庫全書　河南通志

名五朶山上有龍湫三號為上中下三池宋石鐫有記　高老山在桐柏縣東一百里一名高樂山峯巒峻起高出鄰山　石門山在桐柏縣東一百里兩山對峙如門金元行祠許兩崖懸絕倚山根峯邊狀逶迤未可分淳影乍從樹處見竹杳偏向靜中聞石林萬古不知春芳蔓四隣唯有雲曳狀行歌羨羨史此生何計得隨君　天目山在桐柏縣東一百里　胎簪山在桐柏縣西三十里禹貢謂淮水發源胎簪即此人名大復山　牡丹山在桐柏縣西七十里上產牡丹　石柱山在桐柏縣西八十里上有石柱柱有纖環　黑石山在桐柏縣北五里許山石烯石數里無樹色如漆黑故名　琵琶山在桐柏縣西里許形似琵琶　関山在桐柏縣北四十里四闘皆山故名　桐栢山在桐柏縣東一里上有玉女卧龍紫霄翠微蓮花諸峯淮水出焉禹貢謂導淮自桐栢即此唐錢起詩秋風過楚山山靜秋聲晚賞

《河南通志》卷七载“桐柏山”

桐柏山主峰太白顶海拔 1140 米，在淮源镇。太白顶及周边的“淮源风景区”北属河南桐柏，南属湖北随州。太白顶上的淮源井，又称“大淮井”，块石砌成六角形井券，四周围着白石栏杆，这就是千里淮河的象征性源头。

附录：

淮河是中国七大江河之一，发源于河南桐柏山太白顶西北侧河谷，在江苏扬州市三江营入长江，干流全长 1018 千米，落差约 887 米，流经河南、湖北、安徽、江苏 4 省 12 市 38 县。以废黄河为界，分为淮河和沂沭泗河两大水系，流域面积分别为 19 万平方千米和 8 万平方千米。全流域多年平均年降水量 880 毫米，年径流量 621 亿立方米。

干流从淮源镇源头至洪河口为上游，长 371 千米；下至洪泽湖出口中渡为中游，长 488 千米；下游长 159 千米。支流众多，洪泽湖以上较大支流有史河、淠河、洪汝河、沙颍河、涡河、怀洪新河、濉河等；洪泽湖以下主要有入江水道、淮河入海水道、苏北灌溉总渠和分淮入沂水道等。

沂沭泗河水系本属淮河下游左岸支流，因黄河夺淮形成的“地上悬河”而被迫分离。泗水串联南四湖、骆马湖，在废黄河以北与沂河、沭河交汇，由新沂河等河流东注黄海。

古代淮河独流入海，为“四渎”之一。它与秦岭一起构成了我国南北方的自然气候分界线。流域涉及鄂豫皖苏鲁五省的 181 个县（市），2000 年总人口为 1.65

亿人，平均人口密度 611 人 / 平方千米，是全国平均水平的 4.8 倍，居七大江河之首。内河航运发达，有京杭运河等各级航道 1400 余条，总长 2 万多千米。

禹王庙（韩营村）

全国编号：174

地区编号：豫 36

类　　别：古建筑 · 庙

地理位置：河南省南阳市邓州市韩营村禹山风景区

所属流域：淮河

简　　介：邓州市西南部杏山东北 6 千米与淅川县九重镇交界处有座山叫“禹山”，上有“禹王庙”，山下有龙潭，传说大禹曾到此治水。西 5 千米有上禹山，山上也有大禹庙。附近彭桥镇有禹南村。

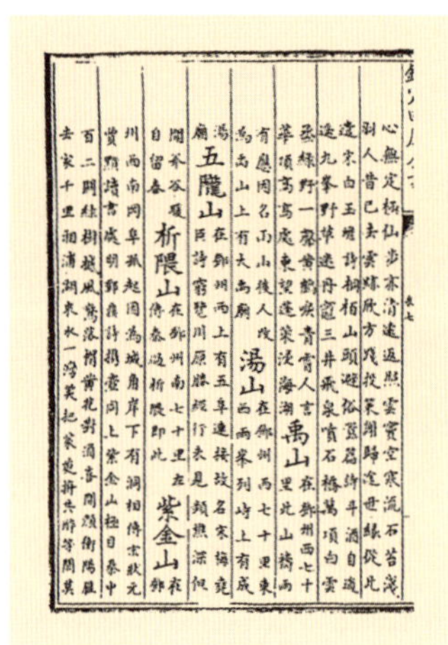

清《河南通志》卷七载“禹山”

清《河南通志》卷七：“禹山，在邓州西七十里。此山祷雨有应，因名雨山。后人改为禹山。上有大禹庙。”

2020 年邓州市建起了生态旅游小镇禹山风景区，位于杏山区韩营村，与南水北调中线工程陶岔渠首闸直线距离不足 1 千米。

十四、湖北省

禹稷行宫·长江

全国编号： 175

地区编号： 鄂 1

类　　别： 古建筑·宫

地理位置： 湖北省武汉市汉阳区禹功矶

所属流域： 长江

简　　介： 禹稷行宫（禹王宫），位于汉阳龟山东麓的禹功矶上，是武汉历代祭祀大禹之地，也是武汉市著名的历史文化建筑。明《一统志》卷五九载："祠庙大禹庙，在大别山麓，宋绍兴间司农少卿张体仁以此地'江汉朝宗之会'，乃建庙以祀大禹，而以益稷配焉。"同治《续辑汉阳县志》卷十一载："禹稷行宫……元世祖命有司重建。明洪武二十年，楚王躬行祭奠有司春秋二仲……同治三年重建，碑记均详艺文。"

禹稷行宫始建于南宋绍兴年间（1131—1162 年），位于汉阳大别山（今汉阳龟山）山麓，名为禹王庙，祭祀大禹。元、明屡次重修。明天启五年（1625 年）重

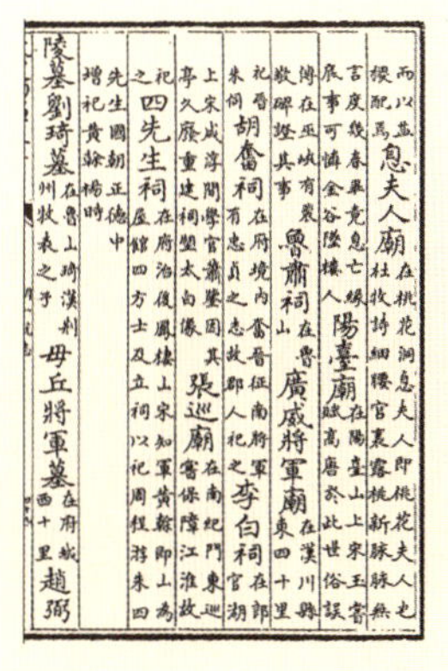
而以益稷配焉 息夫人廟 在桃花洞息夫人即桃花夫人也杜牧詩細腰宮裏露桃新脈脈無
言度幾春畢竟息亡緣底事可憐金谷墜樓人 陽臺廟 在陽臺山上宋玉賦高唐於此世俗誤
傳在巫峽有裹歎碑踐其事 魯肅祠 在魯山 廣威將軍廟 在漢川縣東四十里
祀晉朱伺 胡奮祠 在府境內晉征南將軍有忠貞之志故郡人祀之 李白祠 在郎官湖
上宋咸淳間學官龔鑒因其亭久廢重建祠塑太白像 張巡廟 在南紀門東巡嘗保障江淮故
祀之 四先生祠 在府治後鳳棲山宋知軍黃斡即山為屋館四方士及立祠以祀周程張朱四
先生國朝正德中增祀黃斡楊時
陵墓 劉琦墓 在魯山琦漢荊州牧表之子 毋丘將軍墓 在府城西十里 趙弼

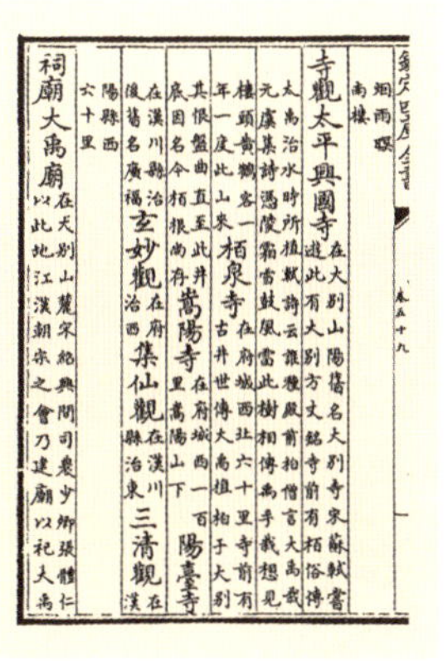
烟雨樓 南樓
寺觀 太平興國寺 在大別山陽舊名大別寺宋蘇軾嘗遊此有大別方丈銘寺前有栢俗傳
大禹治水時所植軾詩云誰栽殿前柏僧言大禹栽元虞集詩憑陵霜雪鼓風雷此樹相傳禹手栽想見
樓頭黃鶴客一年一度此山來 栢泉寺 在府城西北六十里寺前有古井世傳大禹植柏子大別
其根盤曲直至此井泉因名今栢根尚存 嵩陽寺 在府城西一百里嵩陽山下 陽臺寺
在漢川縣治後舊名廣福 玄妙觀 在府治西 集仙觀 在漢川縣治東 三清觀 在漢
陽縣西六十里
祠廟 大禹廟 在大別山麓宋紹興間司農少卿張體仁以此地江漢朝宗之會乃建廟以祀大禹

明《一统志》卷五九载"祠庙大禹庙"

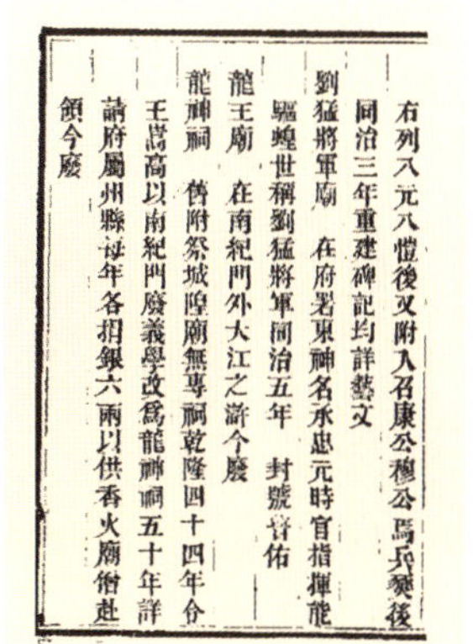
右列八元八愷後又附入召康公穆公馬兵燹後
同治三年重建碑記均詳藝文
劉猛將軍廟 在府署東神名承忠元時官指揮能
驅蝗世稱劉猛將軍同治五年 封號普佑
龍王廟 在南紀門外大江之滸今廢
龍神祠 舊附祭城隍廟無專祠乾隆四十四年令
王嵩高以南紀門廢義學改爲龍神祠五十年詳
請府屬州縣每年各捐銀六兩以供香火廟佾赴
領今廢

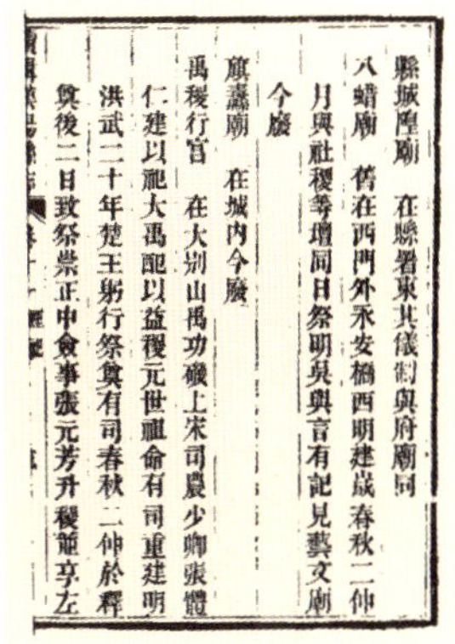
縣城隍廟 在縣署東其儀制與府廟同
八蜡廟 舊在西門外永安橋西明建歲春秋二仲
月與社稷等壇同日祭明吳與言有記見藝文廟
今廢
旗纛廟 在城內今廢
禹稷行宮 在大別山禹功磯上宋司農少卿張體
仁建以祀大禹配以益稷元世祖命有司重建明
洪武二十年楚王躬行祭奠有司春秋二仲於釋
奠後二日致祭崇正中僉事張元芳升稷[illegible]亨左

同治《续辑汉阳县志》卷十一载"禹稷行宫"

禹稷行宫正门（金小军摄）

禹稷行宫正殿（金小军摄）

禹稷行宫禹碑亭（金小军摄）

镇江柱（金小军摄）

修时，改名为“禹稷行宫”（光绪《汉阳县识》卷二：“知县王良相请之佥事张元芳，乃改大禹庙为禹稷行宫”），在原祭祀大禹的基础上，又加祀后稷、伯益、八元、八恺等先贤，有张元芳《重建禹稷行宫碑记》。明末，禹稷行宫毁于战火。清顺治九年（1652 年）重建禹稷行宫，其后又多次加修、扩建、重修、大修。

据元代林元《敕赐汉阳大别山禹庙碑记》载，唐以前称禹功矶，唐以后讹为吕公矶，元代复名禹功矶，在矶上复建大禹庙（即今禹稷行宫）。《嘉靖汉阳府志》也记载，禹功矶曾名吕公矶，元世祖曾驻跸黄鹄山，隔江望见此矶，故改名禹功，立禹祠于上。现有元建禹庙和无数禹柏。

2013 年 3 月 5 日，禹稷行宫被国务院公布为第七批全国重点文物保护单位。

附录：

长江是世界第三、中国第一长河，发源于青藏高原唐古拉山脉主峰各拉丹冬雪山西南侧，是世界大河中源头海拔最高的河流，落差约 5670 米。干流全长 6296 千米，落差约 5670 米，流经青海、西藏、四川、云南、重庆、湖北、湖南、江西、安徽、江苏、上海等 11 个省（自治区、直辖市），注入东海。湖北宜昌以上为上游，长约4500千米；中游长约914千米；江西湖口以下为下游，长约882千米。流域面积180万平方千米，流域人口规模和经济总量占全国40%以上。

长江正源为沱沱河，南源当曲，北源楚玛尔河。沱沱河以下称通天河，下接金沙江，在宜宾汇合岷江后始称长江。宜宾至宜昌又称川江，其中奉节以下也称峡江；枝城到城陵矶又称荆江；镇江以下亦名扬子江。

长江水系庞大，有7000余条支流，流域面积8万平方千米以上的支流有雅砻江、岷江—大渡河、嘉陵江、乌江、湘江、沅江、汉江、赣江等；中下游平原地区湖泊星罗棋布，主要有洞庭湖水系、鄱阳湖水系、巢湖水系、太湖水系等。

流域多年平均年降水量约1100毫米，水资源总量9960亿立方米，约占全国的36.5%。水能理论蕴藏量2.78亿千瓦，约占全国的40%，建有世界最大水利枢纽工程——三峡水利枢纽。长江是我国东西航运大动脉，干支流通航里程8万余千米。

附录：

重建禹稷行宫碑记

［明］张元芳

江汉，故古今隩区，经神禹手决而奠之，亦借后稷躬艺而粒之。六府三事，功施烂然，即欲畸重不得也。乙丑之秋，汉阳令王君谒予而言曰：大别山旧祠召康公、穆公，岁久就圮，春秋登豆亡所托，愿徼灵以鼎新之。予曰：唯唯。寻渡江而冯吊焉。登大别，梯晴川一望，龟蛇相对，山川绣错，人烟鳞集，洵洋洋大观也哉！俯而视之，庙貌颓然，有怆於中。问之，曰：禹王宫也。随屏息下拜，见巍然在上者，惟我神禹。夫禹首辟洪荒，平成聿奏，万世实永赖之。采江汉之蘋，以酬明德，殊未足以殚报也。惟是叩之左曰伯益，叩之右曰后稷。递而下之，拱立如生者曰八元、八恺，不具论，即益司火政以佐司空，功在禹下，侍坐宜也。稷何如功，而可亦侍坐乎哉？稷生履上帝之武，长播下土之种，辨五方燥湿，俾黍稌咸登，烝民用是粒食，万世而下，罔有转瘠沟中，与凿龙门、排伊穴，脱生民於鱼鳖者，并堪不朽。此而抑之，拱手禹侧，稷故未肯降也。即臣不佞，亦未敢王禹而不禘稷也。王禹者，以天下王也；禘稷者，克配上帝，厥后以天下祀也。故仲尼曰：禹稷躬稼而有天下。明乎以有天下属稷者，禹不独有也。子舆氏亦曰：禹思天下有溺者，由己溺之；稷思天下有饥者，由己饥之。未见民饥不危於民溺者，则未见救民饥不重於救民溺者。禹稷政未可轩轾也。彼江汉之氓，尸祝之众，食其德，思报其功，又可以正陪分乎哉？方今淫雨弥春，田卒汙莱，望之如浲水之不可涯涘，愧不得一由溺者奠之。继而旱魃为虐，黍苗立槁，农夫将盼盼终岁而不足以糊其人口，愧不得一由饥者粒之。繇今之世，溯禹稷之功，即孔孟同声贤之不能即而谓祀可以正陪分，臣未之闻也。若夫益封唐康公，稷公封燕伯，与公名爵差相等，即左右翼之，与八元肩随以侍，无不可者。独奈何以配天之稷，抑之使不得配禹？此胜国之陋规，神人所未快也。爰鼎新其宫而并祠之。是役也，鸠材庀工，有王明府良相率作省成，有侯司李加乘而主其议。捐微俸以首事者，臣元芳也，并得书。

（同治《续辑汉阳县志》卷二十七）

禹迹池

全国编号：176

地区编号：鄂2

类　　别：山川·池

地理位置：湖北省十堰市武当山紫霄宫

所属流域：长江

简　　介：始建于元代之前，明永乐年间（1403—1424年）重建。池中曾有禹迹亭，已废，康熙《均州志》卷一载："禹迹池亭：禹迹池上，昔禹治水时至此。"明代徐霞客《游太和山日记》载"禹迹池"："……峻登十里，则紫霄宫在焉。紫霄前临禹迹池，背倚展旗峰，层台杰殿，高敞特异……"明代王世贞《繇紫霄登太和绝顶记》有言曰："……千仞若屏，曰展旗峰，出憩禹迹池，泉声益怒，飞流缥碧可爱……"民国白衣道人《禹迹池》诗曰："导定山川感禹迹，功高万古震乾

可耐且為次日道路虞而倦甚目不勝睫也乃就枕

繇紫霄登太和絶頂記　王世貞

夜潺湲不已若夢中度三峽也比五鼓醒而絶不聞雨聲質明起禮前殿壁其後鐵色横上千仞若屏曰展旗峯出憩禹迹池泉聲益怒飛流縹碧可愛仰視雨脚下垂而暫若閡者甚畏之然已決策則勵輿人前池之右為福地古七十二之一也宫其上弗及訪俄而漸開霽所入皆陘徑兩壁直上無盡而三公五老諸峯以次現

《湖广通志》卷一百八载"《繇紫霄登太和绝顶记》"

上嶺則走紫霄間道也登嶺自草店至此共十里為回龍觀望岳頂青紫插天然相去尚五十里滿山喬木夾道密布上下如行緑幕中從此沿山行下而復上共二十里過太子坡又下入塢中有石梁跨溪是為九渡澗下流上為平臺十八盤即走紫霄登太和大道左入溪即溯九渡澗向瓊臺觀及八仙羅公院諸路也峻登十里則紫霄宫在焉紫霄前臨禹迹池背倚展旗峯層臺傑殿高敞特異入殿瞻謁由殿右上躋直造展旗峯

《徐霞客游记》卷一载"禹迹池"

禹迹池（金隽唯摄）

武当博物馆内禹迹池出土铸铜鎏金禹迹亭（金小军摄）

坤。休云福地王难到，迹遗池中尚有痕。”近百年来四面水土流下将池淤平，改为水田。1983 年当地水利局将淤泥清除，重造石条坝，恢复了禹迹池。

禹王庙遗迹（龙巢山）

全国编号： 177

地区编号： 鄂 3

类　　别： 古遗址

地理位置： 湖北省十堰市丹江口水库水下均州古城外龙巢山

所属流域： 长江

简　　介： 丹江口水库水底的“均州古城”城墙外，龙巢山山顶有座“禹王庙”，建有“禹迹亭”“禹迹池”。

明章潢《图书编》卷六十三：“禹迹池，池上有亭，谓神禹导山

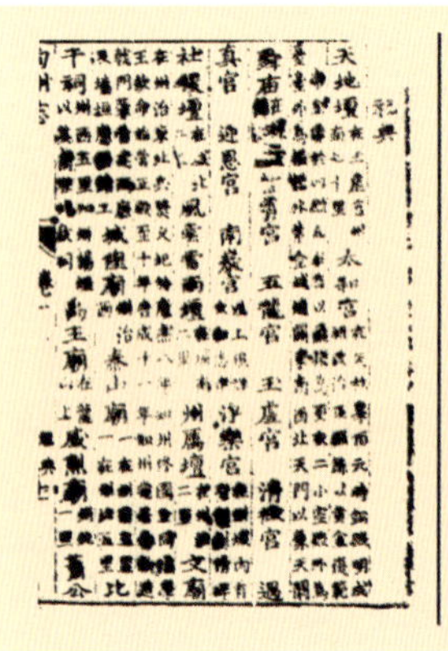
祀典

天地壇 …… 太和宮

舜廟 …… □紫霄宮 …… 五龍宮 …… 玉虛宮 …… 清微宮 …… 遇真宮 …… 迎恩宮 …… 南巖宮 …… 淨樂宮

社稷壇 …… 風雲雷雨壇 …… 州厲壇 …… 文廟

城隍廟 …… 泰山廟 …… 比干祠 …… 威烈廟 …… 蕭公

康熙《均州志》卷一载：“禹王庙，在龙山上。”

禹王庙遗址及龙山塔航拍（金小军摄）

曾寓此。”清《古今图书集成·方舆汇编·山川典》卷一百五十六：“禹迹池，在紫霄宫前，昔神禹随刊至此。禹王庙，在龙山顶。《水经注》所称龙巢山……相传神禹导水至此。”

禹断江·断江山

全国编号：178

地区编号：鄂 4

类　　别：山川·河

地理位置：湖北省宜昌市夷陵区长江南津关

所属流域：长江

简　　介：《水经注》：“江水历禹断江南，峡北有七谷村。两山间有水清深，潭而不流。又耆旧传言，昔是大江，及禹治水，此江小不足泻水，禹更开今峡口。水势并冲，此江遂绝。于今，谓之断江也。”

《禹贡锥指》：夷陵西南有断江山。《宜昌地区简志》载，断江峡位于石门岩上侧。《大清一统志》：断江山“在东湖县西北二十余里”。清代《宜昌府志》附图在南津关附近标注有“断江山”。同治《宜昌府志》卷二载：“断江山，在峡口南岸，去城十五里。《水经注》云：昔禹治水，以此江小不足泻水，更开今峡口，水势并冲。此江遂绝，谓之断江山，一名断江峡。”

三峡（金小军摄）

禹断江航拍（金小军摄）

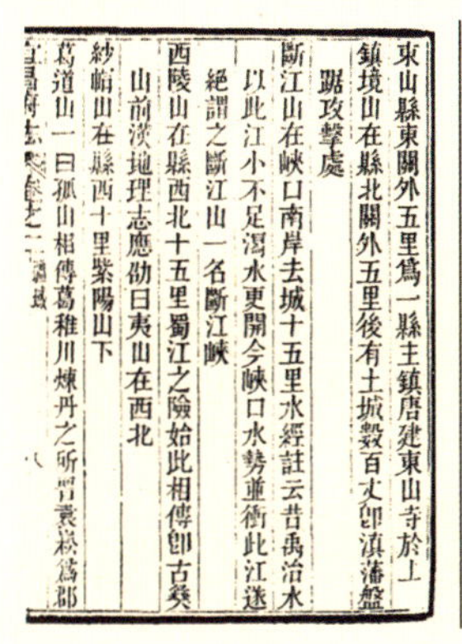

東山縣東關外五里為一縣主鎮唐建東山寺於上
鎮境山在縣北關外五里後有土城數百丈即滇藩盤踞攻擊處
斷江山在峽口南岸去城十五里水經註云昔禹治水以此江小不足瀉水更開今峽口水勢並衝此江遂絕謂之斷江山一名斷江峽
西陵山在縣西北十五里蜀江之險始此相傳即古彝山前漢地理志應劭曰夷山在西北
紗帽山在縣西十里紫陽山下
葛道山一曰孤山相傳葛稚川煉丹之所曾袁崧為郡

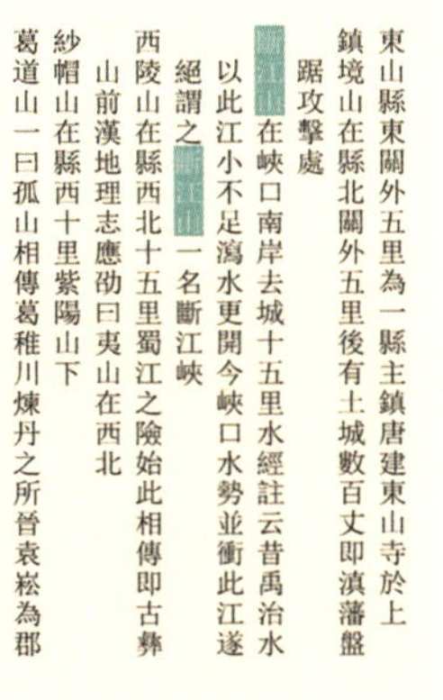

東山縣東關外五里為一縣主鎮唐建東山寺於上
鎮境山在縣北關外五里後有土城數百丈即滇藩盤踞攻擊處
斷江山在峽口南岸去城十五里水經註云昔禹治水以此江小不足瀉水更開今峽口水勢並衝此江遂絕謂之斷江山一名斷江峽
西陵山在縣西北十五里蜀江之險始此相傳即古彝山前漢地理志應劭曰夷山在西北
紗帽山在縣西十里紫陽山下
葛道山一曰孤山相傳葛稚川煉丹之所曾袁崧為郡

同治《宜昌府志》卷二载“断江山”

同治《宜昌府志》载“断江山图”

今人对于断江峡的位置有不同见解：《水经注疏·三峡注补》等认为断江峡位于三峡大坝（三斗坪）下游 12 千米处，也有人认为断江峡就是南津关（北岸）的下牢溪。

黄陵庙

全国编号：179

地区编号：鄂 5

类　　别：古建筑·庙

地理位置：湖北省宜昌市夷陵区三斗坪镇黄陵庙村

所属流域：长江

简　　介：位于三峡大坝下游 6 千米处黄陵庙村，原称黄牛庙，又称黄牛灵应庙。相传始建于汉，后毁。唐大中元年（847 年）复建，名黄牛祠，祭祀神牛。北宋景祐三年（1036 年）祀禹王，改今名。明代弘治《夷陵州志》卷六载：“黄陵庙，在州西北九十里黄牛峡，相传神尝佐禹治水有功，蜀汉诸葛武侯建祠兹土，一名黄牛庙，又名灵感庙，成化二十二年（1486 年）知州周肃

三峡大坝下游黄陵庙的黄牛（于文星摄）

三峡大坝（于文星供图）

三峡大坝夜景（于文星供图）

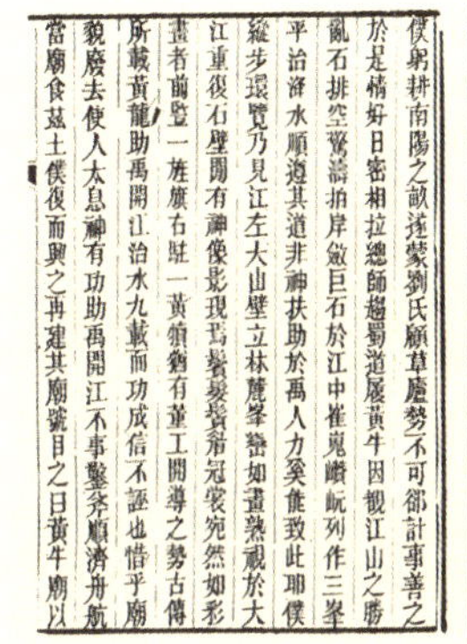

僕躬耕南陽之畝遂蒙劉氏顧草廬勢不可却計事善之
於是情好日密相拉總師趨蜀道履黃牛因覩江山之勝
亂石排空驚濤拍岸斂巨石於江中崔嵬巇屼列作三峯
平治淆水順遵其道非神扶助於禹人力奚能致此耶僕
縱步環覽乃見江左大山壁立林麓峯巒如畫熟視於大
江重復石壁間有神像影現焉鬚髮[illegible]冠裳宛然如彩
畫者前竪一旌旗右駐一黃犢猶有董工開導之勢古傳
所載黃龍助禹開江治水九載而功成信不誣也惜乎廟
貌廢去使人太息神有功助禹開江不事鑿斧順濟舟航
當廟食茲土僕復而興之再建其廟號目之曰黃牛廟以

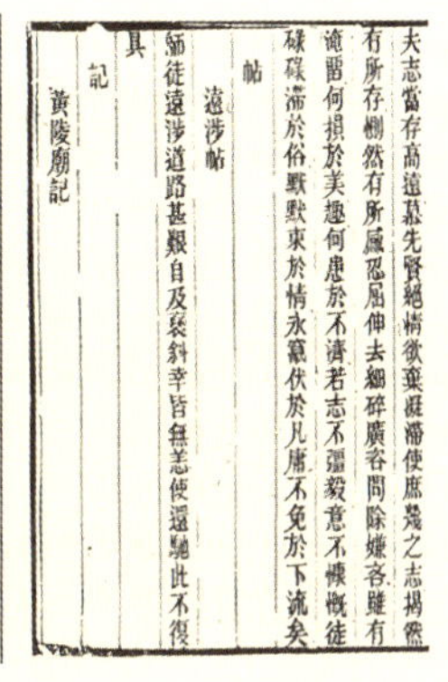

夫志當存高遠慕先賢絕情欲棄凝滯使庶幾之志揭然
有所存惻然有所感忍屈伸去細碎廣咨問除嫌吝雖有
淹留何損於美趣何患於不濟若志不強毅意不慷慨徒
碌碌滯於俗默默束於情永竄伏於凡庸不免於下流矣
帖
遠涉帖
師徒遠涉道路甚艱自及褒斜幸皆無恙使還馳此不復
具
記
黃陵廟記

《诸葛武侯文集》卷一载“黄陵庙记”

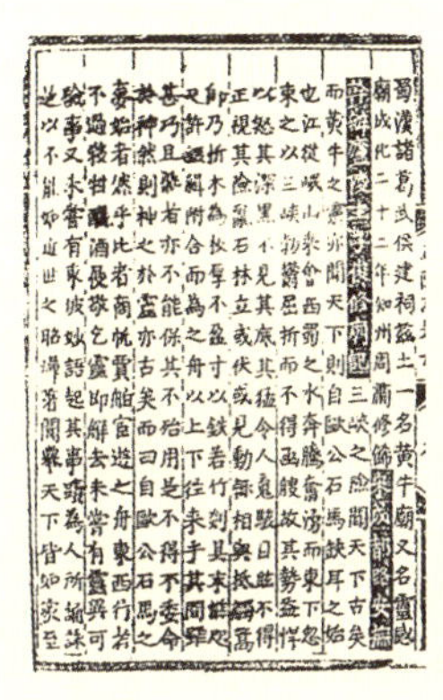

蜀漢諸葛武侯建祠茲土一名黃牛廟又名靈感
廟成化二十二年知州周灝修飾

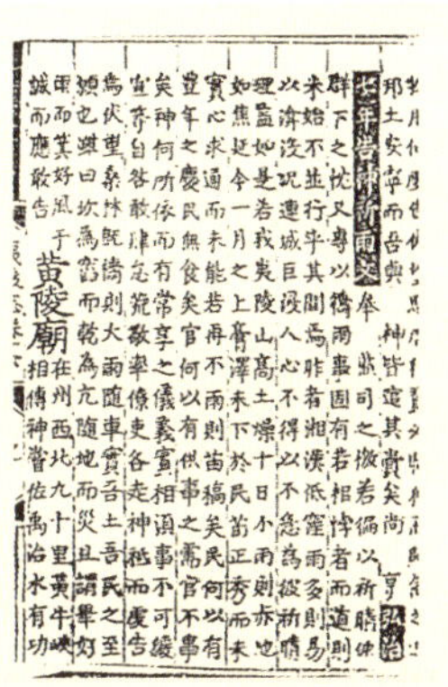

弘治《夷陵州志》卷六载“黄陵庙”

修饰。”历代名人如李白、白居易、欧阳修、黄庭坚、陆游等游此，均留有名篇佳句。现存庙宇有山门、禹王殿、武侯祠等，依次建造在逐级升高的台地之上。主体建筑禹王殿，建于明万历四十六年（1618 年）。面阔 18.44 米，进深 16.02 米，台明高 1.9 米，通高 17.74 米。檐下悬“玄功万古”匾额一方，传为明藩惠王朱常润所题。武侯祠、山门，均为晚清建筑。殿内存有圭形石碑，刊《黄牛庙记》，相传乃诸葛亮所撰。庙后有泉，甚清洌，清乾隆四十九年（1784 年）甃石为池，至今聚泉仍丰。庙院前临汹涌大江，后倚高岩如屏，四周橘林掩映，气势宏伟，风光绮丽。

黄陵庙（张钧德摄）

禹王殿三大组成部分是完整的明代原物，经受住了 1860 年、1870 年两次长江特大洪水。禹王殿内三十六根楠木立柱均保存有 1870 年洪水淹浸痕迹，檐下“玄功万古”匾被淹浸 47 厘米，成为三峡地区历史洪水标志。

2006 年 5 月 25 日，黄陵庙被国务院公布为第六批全国重点文物保护单位。

附录：

黄陵庙记（节文）

诸葛亮

仆躬耕南阳之亩，遂蒙刘氏顾草庐，势不可却，计事善之。于是情好日密，相拉总师，趋蜀道，履黄牛，因睹江山之胜，乱石排空，惊涛拍岸，敛巨石于江中，崔嵬巑岏，列作三峰，平治泽水，顺遵其道，非神扶助于禹，人力奚能致此邪？仆纵步环览，乃见江左大山壁立，林麓峰峦如画，熟视于大江重复石壁间，有神像影现焉，鬓发须眉，冠裳宛然，如彩画者。前竖一旌旗，右驻一黄犊，犹有董工开导之势。古传所载黄龙助禹开江治水，九载而功成，信不诬也。惜乎庙貌废去，使人太息。神有功，助禹开江，不事凿斧，顺济舟航，当庙食兹土。仆复而兴之，再建其庙号，目之曰黄牛庙，以显神功。

（《全蜀艺文志》卷三十七）

禹王庙（谷城县）

全国编号： 180

地区编号： 鄂 6

类　　别： 古建筑 · 庙

地理位置： 湖北省襄阳市谷城县

所属流域： 长江

简　　介： 今谷城县城以北19千米处汉江右岸冷集镇木排港村有禹王庙水库。据省志记载，历史上谷城县有禹王庙，只是离县城很近，距离与今禹王庙水库不符。清康熙《湖广通志》卷二十五谷城县：“禹王庙在县西门外五里，祷雨辄应。”同治《谷城县志》载：“雨王庙，在县西五里，祷雨辄应，或作禹王庙。”

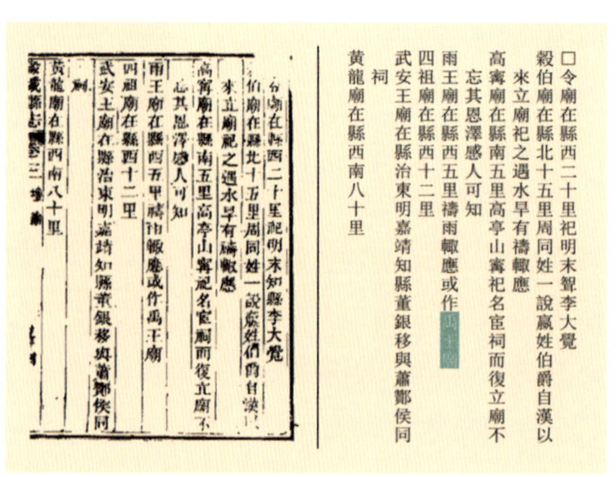

□令廟在縣西二十里祀明末賀李大覺
穀伯廟在縣北十五里周同姓一說嬴姓伯爵自漢以
來立廟祀之遇水旱有禱輒應
高𥨊廟在縣南五里高亭山𥨊祀名宦祠而復立廟不
忘其恩澤感人可知
雨王廟在縣西五里禱雨輒應或作禹王廟
四祖廟在縣西十二里
武安王廟在縣治東明嘉靖知縣董銀移與蕭酇侯同
祠
黃龍廟在縣西南八十里

同治《谷城县志》载“禹王庙”

禹王庙水库航拍（全小军摄）

禹家寨遗址

全国编号： 181

地区编号： 鄂 7

类　　别： 古遗址

地理位置： 湖北省襄阳市老河口市洪山嘴镇瓦城沟村

所属流域： 长江

禹家寨遗址位置图（张卫东供图）

简　　介： 禹家寨也叫余家寨、鱼家寨，也叫过喻家寨，位于瓦城沟村西北三里处。20 世纪五六十年代老河口大兴水利建设时，将禹家寨四周石墙拆毁，80 年代时东北端的两层碉楼也被拆毁，深挖还能见到碉楼原基址。

禹家寨原住民现在多数住在白楝树沟，余姓是大户，之外还有一百多鱼姓传人。鱼姓是助禹治水的伯益之后。

全国各地有四个禹家寨，只有老河口市（别名光化，楚丹阳地）洪山嘴镇的禹家寨（余家寨）在汉江之滨。

据韩国《丹阳禹氏族谱》记载，韩国丹阳禹氏坚信自己是大禹后裔。丹阳禹氏据传是由汉江入长江而下，漂洋过海到达高丽，禹氏先祖把家乡的地名（汉江、光化、丹阳、谷城等）也搬到了异国他乡，因此这支丹阳禹氏最有可能是从荆襄地区迁徙出去的大禹后裔。

秦　简

全国编号：182

地区编号：鄂 8

类　　别：可移动 · 图书

地理位置：湖北省孝感市云梦县睡虎地

所属流域：长江

简　　介：禹须臾（非物质）：据张鹏《秦汉简所见“禹须臾”与“禹步”新论》，“禹须臾”一词见于 1975 年出土的睡虎地秦简，又见于甘肃天水放马滩秦简及湖北随州孔家坡汉简。“禹须臾”是托禹之名而形成的一种重在推择外出日期、时辰的速成巫术。“禹步”之“禹”指“禹须臾”。这些法术在很长的历史时期与“大禹”联系了起来，与大禹传说的形成与发展也存在着千丝万缕的关联，也许“禹须臾”方术保留了一些大禹传说的痕迹。

禹符：据《符箓——符的起源》一文，战国的巫师已经使用符，称为“禹符”。又据张鹏《新论》，湖北云梦睡虎地秦简、甘肃天水放马滩秦简、内蒙古额济纳汉简发现“禹有直五横”“投禹符”等词，其中“直五横”“土五光”“五画地”可能都是在地上画出具有辟邪作用的“符”，与“禹符”功能一致。

宋代米芾《王右军稚恭帖赞》中有“神禹符，镇罅窟”。

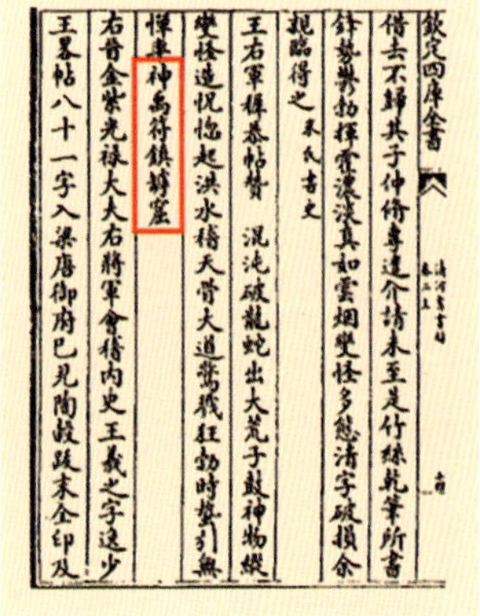

宋代米芾《王右军稚恭帖赞》中有“神禹符，镇罅窟”

息壤祠

全国编号： 183

地区编号： 鄂 9

类　　别： 古建筑・祠

地理位置： 湖北省荆州市荆州区荆州古城南门外西侧

所属流域： 长江

简　　介： 明代万历年间（1573—1620 年）在现在荆州古城南门城墙处建有禹王庙，收藏有宋代有关“息壤”的石刻和元代断碑。清乾隆年间（1736—1796 年）曾修庙，后庙毁碑失，今只留有禹王庙长 30 多米、宽近 20 米的墙基遗址，立有石桩 4 根。

明谢肇淛《五杂俎》：“今江陵南门有息壤祠云……万历壬午（1582 年）新筑南门城……置祠其上。”《江陵县志》：“禹王庙，在南纪门外。即古息壤地。”《东南纪闻》卷三记载了有关江陵息壤的传说：“息壤在江陵子城南门外，《旧记》以为不可犯，畚锸所及辄如故，又能致雷雨。唐元和中，裴宙为牧，掘之六尺，得石城，如江陵城楼状。是岁霖雨为灾，用方士说，复埋之，一夕如故。旧传如此。近世遇旱，则郡守设祭掘之，畚其土於傍，以俟报应。往往掘至城楼之檐则雨作，复以故土还覆之，不闻壤之息也。然掘土而雨，则辛稼轩幼安帅江陵时亲验之而信。秦甘茂盟息壤，乃在秦地，非此也。龙兴寺今在永州太平寺，而息壤不复见矣。江陵城内有法济院，今俗称为地角寺，乃昔息壤祠。……”

“江陵南门有息壤焉，隆起如伏牛马状”，最早见于北宋《息壤记》《溟洪录》

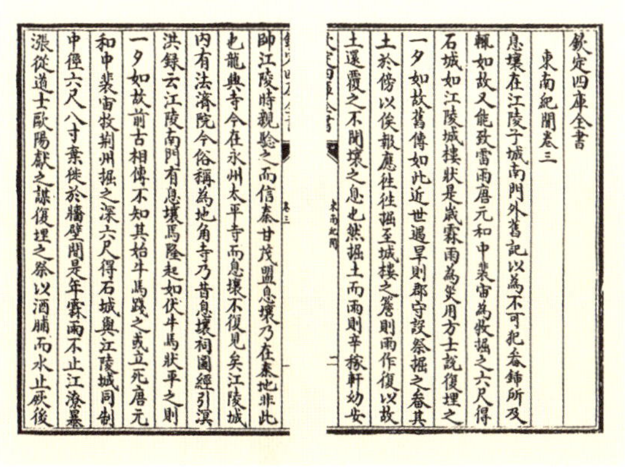

《东南纪闻》卷三记载的息壤传说

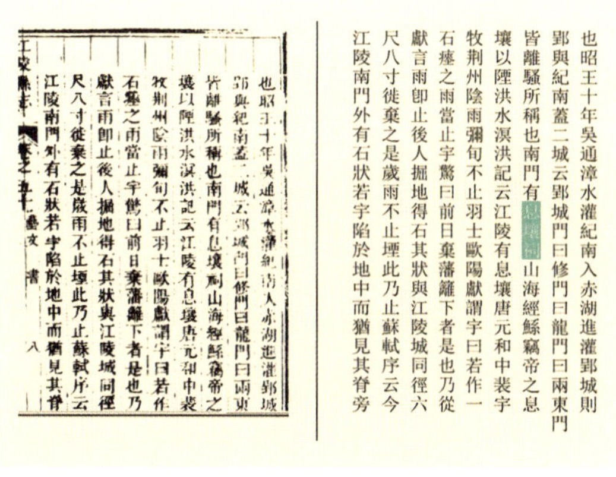

光绪《江陵县志》卷五十载“南门有息壤祠”

南纪门西息壤祠遗址航拍（金小军摄）

等。“鲧窃帝之息壤以堙洪水”“禹以息壤堙洪水”的传说则分别见于《山海经》《淮南子》等古籍。

历代有关息壤的记述，以湖北江陵一带最为集中，资料最为翔实，构成了一个连续、丰富而多元的历史文献序列。尹玲玲认为，江陵“息壤”为泥沙淤积而成的沙堤洲滩，鲧禹治水之“息壤”实乃“息石”，即治理管涌的巨石。如《太平广记》引《息壤记》云：“禹湮洪水，兹有海眼，泛之无恒。禹乃镌石，造龙之宫室，寘于穴中，以塞其水脉。”（参见《张修桂先生纪念文集》中《江陵“息壤”与鲧禹治水》一文）

禹王宫古戏楼（黄河村）

全国编号： 184

地区编号： 鄂 10

类　　别： 古建筑 · 宫

地理位置： 湖北省恩施土家族苗族自治州宣恩县晓关侗族乡黄河村十三组

所属流域： 长江

简　　介：禹王宫，位于宣恩县晓关侗族乡集镇东北450米处，黄河村十三组，是湖南商帮建于清嘉庆年间（1796—1820年）的会馆。禹王宫古戏楼据说是同治元年（1862年）由当地侗族陈、杨、李、乾、张五姓83户集资修建，上书“归去”“来兮”。原有戏楼、大殿、禹王宫、将军殿、观音殿等，现仅存山门、第一进戏楼、偏房和厢房。戏楼门首最高处竖写“禹王宫”三字，其下横书“万古平成”。戏楼正面有大禹画像，还绘有《西游记》中的故事。戏楼前侧有800多平方米的青石板院坝，为群众看戏场所，院内立有石碑，纪念1928年冬贺龙在此收编“神兵”壮大红军队伍。禹王宫古戏楼不仅保存完好，而且其建造方式和手法极具特色，具有较高的文化和艺术价值。

2019年初，禹王宫古戏楼被公布为第七批湖北省文物保护单位。

十五、湖南省

禹迹蹊

全国编号：185

地区编号：湘 1

类　　别：山川・岭

地理位置：湖南省长沙市岳麓区岳麓山禹碑峰

所属流域：长江

简　　介：禹碑左方山口有禹迹蹊，相传禹王开山疏河，道经这里，故名禹迹蹊。上面山坳叫拖船坳，也叫拖船埠，传说大禹到此拖过船。《湖广通志》卷七九载："《岳麓志》：蹊在山口，距江五里，大禹疏凿开山之径，上有施船凹。"

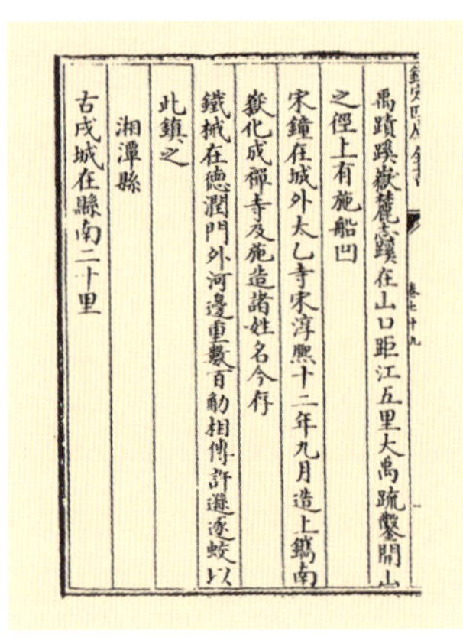

禹蹟蹊嶽麓志蹊在山口距江五里大禹疏鑿開山
之徑上有施船凹
宋鐘在城外太乙寺宋淳熙十二年九月造上鐫南
嶽化成禪寺及施造諸姓名今存
鐵械在德潤門外河邊重數百觔相傳許遜逐蛟以
此鎮之
湘潭縣
古戍城在縣南二十里

《湖广通志》卷七九载："禹迹蹊"

禹迹蹊（金小军摄）

禹王碑（岳麓山）

全国编号：186

地区编号：湘 2

类　　别：石刻

地理位置：湖南省长沙市岳麓区岳麓山云麓峰

所属流域：长江

简　　介：在岳麓山云麓峰左侧石壁，面东而立，南宋嘉定五年（1212 年）何致拓摹其文后刻于岳麓山巅。明嘉靖九年（1530 年）太守潘镒搜寻复出。明嘉靖三十年（1551 年）太守张西铭造亭护碑。明崇祯三年（1630 年）兵备道石维岳重修亭台，围以石墙，南北设门司启闭。清康熙年间（1662—1722 年），周召南、丁思孔又重修。现碑亭为 1935 年周翰重修，并于碑文上方加刻碑额“禹碑”两字。

禹王碑原刻于湖南衡山岣嵝峰，故称“岣嵝碑”，俗称夏碑、神禹碑、禹碑。岣嵝碑的记载最早见于东汉《湘中记》《吴越春秋》。明《一统志》卷六四载：“神禹碑：在岣嵝峰，又传在衡山县云密峰。徐灵期曰：禹治水碑，皆科斗文字。昔樵者曾见之，自后无有见者。”唐李冲昭《南岳小录》（清抄本）载：“云密峰，昔夏禹治水登此峰，立碑纪其山，高下丈尺，皆科斗文字。近代樵人或有遇者，其碑至灵，隐而不见。又有禹溪及隐真平、断石源、朱陵洞、丹崖仙人石室存焉。”宋《方舆胜览》卷二十四载韩愈诗：“岣嵝山尖神禹碑，字青石赤形摹奇。科斗拳身薤

《舆地纪胜》卷五十五记载“神禹碑”

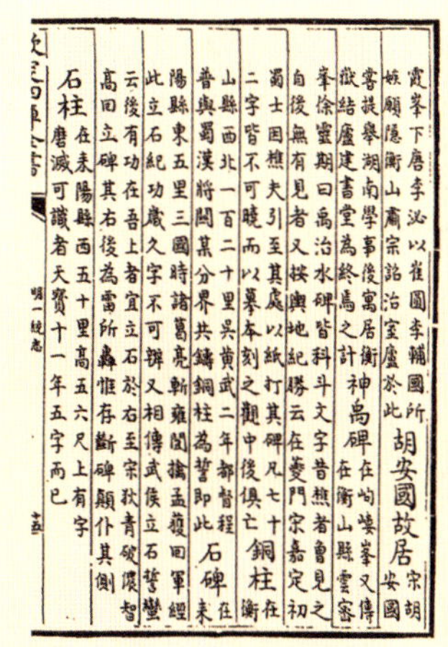

霞峯下唐李泌以崔圓李輔國所嫉願隱衡山肅宗詔治室廬於此

胡安國故居 宋胡安國嘗提舉湖南學事後寓居衡嶽結廬建書堂為終焉之計

神禹碑 在岣嶁峯又傳在衡山縣雲密峯徐靈期曰禹治水碑皆科斗文字昔樵者曾見之自後無有見者又按輿地紀勝云在夔門宋嘉定初蜀士因樵夫引至其處以紙打其碑凡七十二字皆不可曉而以摹夲刻之觀中後俱亡

銅柱 在衡山縣西北一百二十里吳黃武二年都督程普與蜀漢將關某分界共鑄銅柱為誓即此

石碑 在耒陽縣東五里三國時諸葛亮斬雍闓擒孟獲回軍經此立石紀功歲久字不可辨又相傳武侯立石誓蠻云後有功在吾上者宜立石於右至宋狄青破儂智高回立碑其右後為雷所轟惟存斷碑頗仆其側

石柱 在耒陽縣西五十里高五六尺上有字磨滅可識者天寶十一年五字而已

明《一统志》卷六四载：“神禹碑：在岣嵝峰，又传在横山县云密峰。”

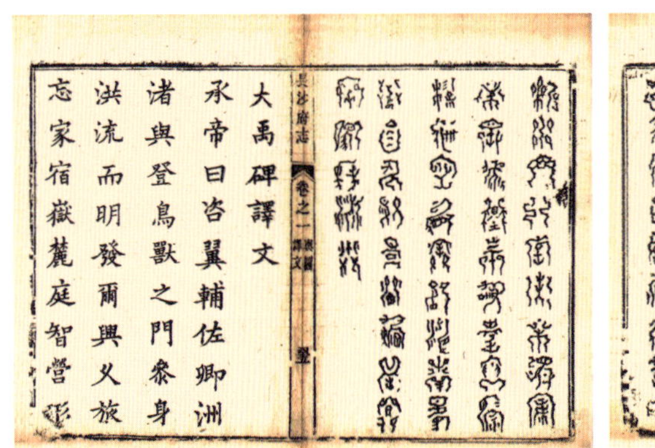
大禹碑譯文

承帝曰咨翼輔佐卿洲

諸與登鳥獸之門參身

洪流而明發爾興久旅

忘家宿嶽麓庭智營形

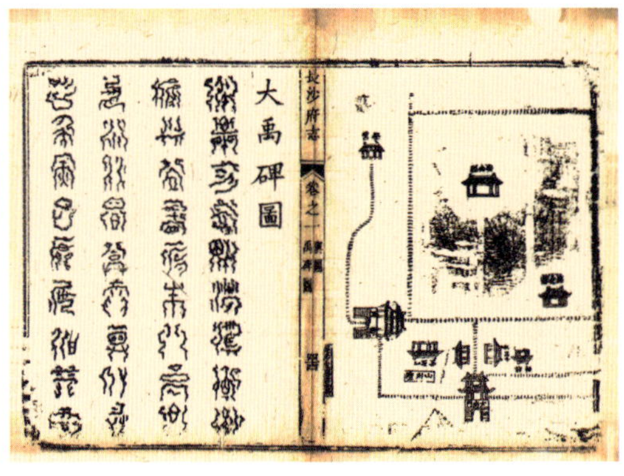
大禹碑圖

《长沙府志》载“大禹碑图”

叶披，鸾飘凤泊拿虎螭。事严迹怪鬼莫窥，道人独上偶见之。我来咨嗟涕涟洏，千搜万索何处有。森森绿树猿猱悲。”岣嵝峰，为衡阳南岳衡山七十二峰之一，古指衡山主峰祝融峰，故又兼衡山和南岳之名。云密峰位置有争议，有人认为位于祝融峰之东，海拔 1020 米，因山高云密而得名。2007 年 7 月，媒体爆料，衡山云密峰下云峰村发现禹王碑母本。在云密峰的峰半，有一块天然的巨石，1997 年被一农户砌进了厨房墙体。专家鉴定后初步认为：禹碑遗址在此无疑，但巨石是否禹碑母本，有待进一步考证。

碑高 1.84 米，宽 1.4 米，碑文 9 行 77 个字，每字长宽约 0.16 米。碑文形如蝌蚪，似篆非篆。明杨慎译其文曰：“承帝曰：咨！翼辅佐卿，洲渚与登。鸟兽之门，

岳麓山岣嵝碑（赵涛供图）

岳麓山岣嵝碑宋嘉定说明（赵涛供图）

参身洪流而明发尔兴。久旅忘家，宿岳麓庭。智营形折，心罔弗辰。往求平定，华岱泰衡。宗疏事裒，劳余伸禋。郁塞昏徙，南渎衍亨。衣制食备，万国其宁。窜舞永奔。”今人有新释文。

2013 年 3 月 5 日，禹王碑被国务院公布为第七批全国重点文物保护单位。

禹王宫（攸县西街）

全国编号： 187

地区编号： 湘 3

类　　别： 古建筑・宫

地理位置： 湖南省株洲市攸县西街

所属流域： 长江

简　　介： 此禹王宫起源于元至治元年（1321 年）黄甲洲禹庙。据同治《攸县志》所记，黄甲洲在县西二里（今莱花坪谭桥）。这里原来办有黄甲书院，人们在这个地方开挖渠道，引水东流灌溉书院北边的土地。该志卷四十九元姚绂《新复黄甲洲记》

同治《攸县志》卷四十九载“禹庙”

攸县西街禹王宫（金小军摄）

禹王宫大殿（金小军摄）

禹王宫大禹像（金小军摄）

载：“至治元年，民有谭任叔为浮梁於是溪，置禹庙其上。”明朝天顺元年至成化三年间（1457—1467 年），县籍兵部右侍郎王伟，因受于谦案株连，被英宗皇帝贬归故里，其间他为禹庙题写了“禹庙梅梁”匾额。清乾隆五十七年（1792 年），因黄甲洲地势低洼，常遭水患，禹庙迁入攸城南郊现址，渐次扩建为禹王宫。今已扩建为“大禹城”。

南岳庙 · 三元宫

全国编号： 188

地区编号： 湘 4

类　　别： 古建筑

地理位置： 湖南省衡阳市南岳区祝融街道北支街 2 号南岳大庙

所属流域： 长江

简　　介： 三元宫是南岳大庙第五宫，主殿为三官殿。湖南衡山南岳最早的道教活动始于东汉，南岳大庙被称作“江南地区第一庙”，是中国南方最大的传统文化博物馆和高超的艺术圣殿，素有“南国故宫”之称。

明代刘献《重修南岳庙记》载：“舜居社，南巡至南岳如岱礼，言祀觐之礼如岱也。禹受禅若帝之初。兹山之祀可推。周制：六年王时巡诸侯，朝于方岳。当时岳有明堂，为享帝尊亲之所，礼特隆焉。历汉而唐，极祀不衰。”这里的明堂应该就是南岳庙宇的前身。

南岳三元宫（张卫东供图）

南岳庙本在祝融峰上，为方便朝圣，隋代移至山下。据《南岳志》记载，唐初，建司天霍王庙；开元十三年（725 年），由唐玄宗诏建南岳真君祠；贞元年间（785—805 年）始称南岳庙。历代经六次大火和十六次修缮扩建，于清光绪八年（1882 年）重建并形成 98500 平方米的规模。现南岳庙布局为西佛东道，道教东八宫由前至后依次为玉虚宫、万寿宫、清和宫、仁寿宫、三元宫、寿宁宫、纯阳宫、铨德观。“文革”期间南岳庙再次被破坏，经复建竣工开放。

2006 年 5 月 25 日，南岳庙被国务院公布为第六批全国重点文物保护单位。

禹王城岩刻

全国编号： 189

地区编号： 湘 5

类　　别： 石刻

地理位置： 湖南省衡阳市南岳区南岳镇南岳衡山风景名胜区

所属流域： 长江

简　　介： 禹王城，又名“毗卢洞”。其实不是一个洞，而是祝融、喜阳、金简、紫盖诸峰夹抱的一个狭长谷地，长达 20 余里，其形状似洞，故以洞名。相传这 20 余里的峡谷，是当年大禹杀白马祭天得金简玉书获治水秘诀之地。

清李元度《南岳志》附智犁和尚《重修广济寺记》载：“祝融、紫盖两峰之间，罗青错黛，宽深二十余里，旧名禹王城，传为禹王治水时驻旌之故址。历汉、唐、宋、元，湮没无闻。”

禹王城（刘建平摄）

明代广济寺西北一里外有唐代崖刻“禹王城”三个大字。今禹王城位于广济寺南百余米，传说是大禹祈赐金简玉书之处，康熙《衡岳志》卷二载：“金简玉字之书，《吴越春秋》言禹治水获此书，刻石山之高处，今未有见者。”禹王城周围有禹碑岩、禹洞、禹溪、古吹台等景点。

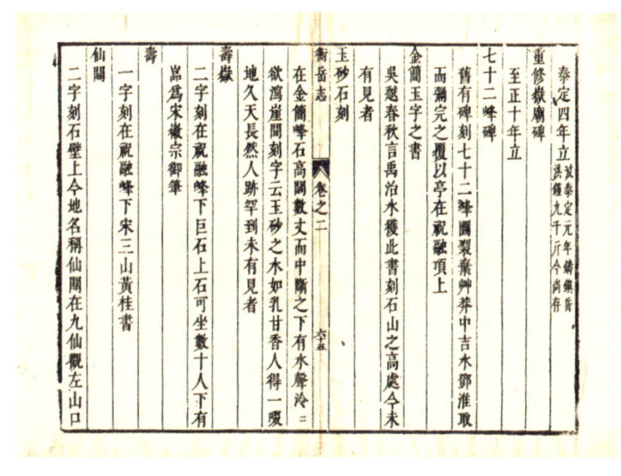
泰定四年立又泰定元年鑄鐵盾洪鐘九千斤今尚存
重修嶽廟碑
至正十年立
七十二峰碑
舊有碑刻七十二峰圖裂棄艸莽中吉水鄧淮取
而彌完之覆以亭在祝融頂上
金簡玉字之書
吳越春秋言禹治水獲此書刻石山之高處今未
有見者
玉砂石刻
在金簡峰石高闊數丈而中斷之下有水聲泠泠
欲瀉崖間刻字云玉砂之水如乳甘香人得一啜
地久天長然人跡罕到未有見者
壽嶽
二字刻在祝融峰下巨石上石可坐數十人下有
嵓爲宋徽宗御筆
壽
一字刻在祝融峰下宋三山黃桂書
仙關
二字刻石壁上今地名稱仙關在九仙觀左山口

衡岳志　卷之二　六十五

清康熙《衡岳志》卷二载“金简玉字之书”

禹王殿遗址

全国编号：190

地区编号：湘 6

类　　别：古遗址

地理位置：湖南省衡阳市衡阳县岣嵝乡岣嵝峰国家森林公园

所属流域：长江

简　　介：抗战时期遭日军空袭破坏，1993 年重建。

禹王殿遗址（金小军摄）

禹碑亭（金小军摄）

禹泉（金小军摄）

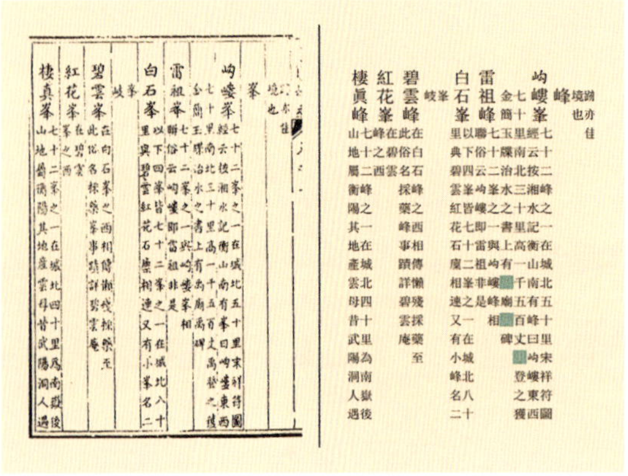

蹟亦佳境也

岣嶁峯 七十二峰之一在城北五十里宋祥符圖經云按湘水記衡山南有峯曰岣嶁東西七十里南北三十里高一千五百丈[illegible]登之獲金簡玉牒治水之書上有[illegible]廟[illegible]碑

雷祖峯 七十二峯之一與岣嶁峰相聯俗云岣嶁即雷祖非是

白石峯 以下四峯皆七十二峯之一在城北八十里典碧雲紅花石廩相連又有小峰名二十岐峯

碧雲峯 在白石峰之西相傳懶殘採藥至此俗名採藥峰事蹟詳碧雲庵

紅花峯 在碧雲峰之西

棲眞峰 七十二峰之一在城北四十里為南嶽後山地屬衡陽其地產雲母昔武陽洞人遇

乾隆《衡阳县志》卷二载岣嵝峰上的禹庙

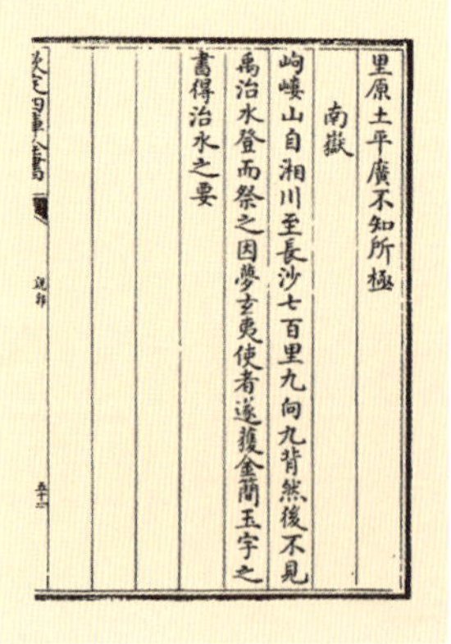

里原土平廣不知所極

南嶽

岣嶁山自湘川至長沙七百里九向九背然後不見禹治水登而祭之因夢玄夷使者遂獲金簡玉字之書得治水之要

《说郛》卷六载：“岣嵝山，自湘川至长沙七百里，九向九背。然后不见，禹治水登而祭之，因梦玄夷使者，遂获金简玉字之书，得治水之要。”

禹王殿（金小军摄）

《古今图书集成·方舆汇编·山川典》卷一百六十三引《西征记》谓："岣嵝山，自湘川至长沙七百里，九向九背。然后不见，禹治水登而祭之，因梦玄夷使者，遂获金简玉字之书，得治水之要。"乾隆《衡阳县志》卷二载："岣嵝峰，七十二峰之一，在城北五十里，宋《祥符图经》云：按《湘水记》：衡山南有峰曰岣嵝，东西七十里，南北三十里，高一千五百丈，禹登之，获金简玉牒治水之书。上有禹庙、禹碑。"

禹王碑遗址（云峰村）

全国编号： 191

地区编号： 湘 7

类　　别： 古遗址

地理位置： 湖南省衡阳市衡山县福田铺乡云峰村

所属流域： 长江

简　　介： 20 世纪 80 年代至 90 年代初，衡山县福田铺乡云峰村（因位于云密峰下而得名）七组村民王大成住宅墙体内一块重 10 余吨的神秘巨石，被认定为

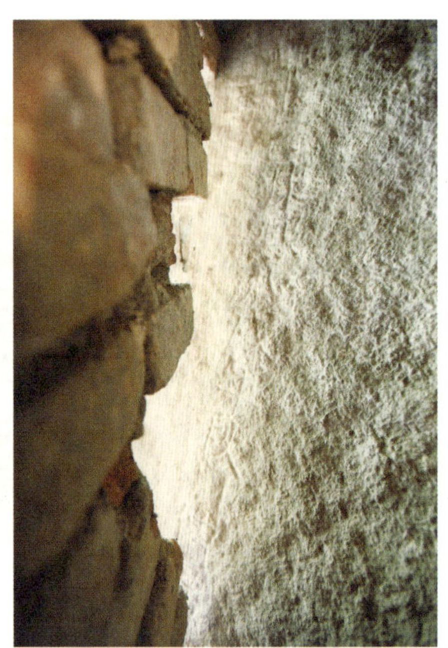

福田禹王碑（康熙戊戌年秋刻字）（刘建平摄）

禹王碑母本。云密峰右为紫盖峰，周边有禹王桥、大禹岩、禹溪等。

禹王碑因最先发现于湖南省衡阳市衡山岣嵝峰，又称岣嵝碑。刻文字体奇古，很可能是道家的一种符箓，也有说是道士伪造的。

韩愈、刘禹锡曾赋诗歌咏，但二人只是根据传闻作诗纪事，并未真正见禹王碑。

最早亲见并摹其碑文的是南宋的何致。嘉定五年（1212 年），何致游南岳，遇樵夫导引至藏碑处，始摹碑文。不久何致翻刻于长沙岳麓山峰。但此碑在何致之后就消失了，没有第二个人见过。

2011 年，禹王碑遗址被公布为省级文物保护单位。

禹王宫（邝庸村）

全国编号：192

地区编号：湘 8

类　　别：古建筑 · 宫

地理位置：湖南省衡阳市耒阳市仁义镇邝庸村

所属流域：长江

邝庸村禹王宫所在位置（赵涛供图）

“民祭大禹”仪式（赵涛供图）

简　　介：邝庸村俗称古塘，流传着神仙过洞的故事。传说在治水的过程中，大禹走遍天下，有一天，来到了仁义十里洞一带。当时十里洞一带长年干旱，大禹了解到这一点，想帮帮当地人，但他想先试试这里的民风如何，于是化作一个浪人，走进一户农家问：“有开水喝吗？”农户说：“灶没生火，哪有开水？”禹问：“有生水喝吗？”农户回答：“水都没挑，哪有生水？”禹再问：“有潲水喝吗？”农户生气：“牲畜都饿，哪有潲水？”禹再问：“有尿水喝吗？”农户愤怒：“老天无眼，滴雨未落，人畜皆死，哪来尿水？”禹听了叹了口气，什么也没说就走了。第二天，村民们反应过来了：“一般人怎么会问这么奇怪的问题？这人肯定不是凡人。”于是，村民们赶紧四处找人，把大禹请了回来，饭菜酒食招待。经过了解，禹王才知道，之前农户的无礼，是因为天旱无产而无奈，遂教村民一法：在田地中凿井储水。这样一来，储了渗水、雨水，十里洞一带从此旱灾不再。之后，村民们便修建了庙宇，以回报禹王恩泽。

“民祭大禹”是仁义镇传统信仰活动，遍布全乡七个村。每年八月初，由古塘邝氏、衡头姚氏、锡银岗周氏、泉水冲栗山下李氏和老虎冲欧阳氏、唐氏、廖氏、观座、茭塘和大芬曾氏、大蓊贺氏及曹、肖等 11 姓 27 个自然村轮祭。禹王宫是民祭大禹的主要场所。一年一小祭，三年一大祭。每到公祭大禹这天，当地十里八乡的村民，会早早地聚集禹王宫。时辰一到，锣鼓鞭炮齐鸣，禹王、王母出殿，从禹王宫一路穿过各村游行，禹王所经之地，家家户户都烧着香火摆着果品迎供，祈求来年风调雨顺。自道光年间（1821—1850 年）起，祭奉大禹在仁义镇流传 170 多年，从而造就了这一独特的民间文化现象，名声远扬。2009 年，仁义镇公祭大禹活动被列为衡阳市非物质文化遗产，同年被中央电视台现场采访报道。

禹山庙

全国编号：193

地区编号：湘 9

类　　别：古建筑·庙

地理位置：湖南省岳阳市华容县禹山镇

所属流域：长江

简　　介：禹山高 110 多米，早在唐朝就修建了禹山庙。明《一统志》卷六十二《岳州府·禹山》："夏禹浚川，尝登其巅。山上今有禹庙。"民国初，山上仍古柏苍松，为华容县八景之一。明《华容县志》："禹山……有禹王庙，有国祭、有鹑。"清光绪《华容县志》载："唐时山上有寺庙……中殿供禹王菩萨，有国祭。"相传禹山庙始建于西汉惠帝年间，命宣议大夫张汉臣所建。又传说唐肃宗曾登山祭祀。历代多次毁建。1993 年起重建。

禹山镇还立有大禹像。当地有大禹疏通华容河的传说。民国以前历代都有国祭。

华容县禹山镇禹山寺（王绮平摄）

十六、广东省

三元宫

全国编号：194

地区编号：粤 1

类　　别：古建筑 · 宫

地理位置：广东省广州市越秀区应元路 11 号

所属流域：珠江

简　　介：三元宫是广州市现存历史最长、规模最大的道教建筑。三元宫始建于东晋（319 年），初名越岗院，后改称鲍姑祠（纪念南海太守鲍靓的女儿、医药学家葛洪的妻子鲍姑）。唐称悟性寺。明朝万历年间（1573—1620 年）重修，崇祯年间（1628—1644 年）扩建大殿，改祀三元大帝，并改名三元宫，鲍姑祠改为配殿。光绪《广州府志》卷八八载：“三元宫，载粤秀山西麓，晋南海太守鲍靓建，名越冈院，明万历及崇祯重修，更今名。”

三元宫各殿堂建筑总面积约 2000 平方米，其中主殿三元殿宽 20.27 米，深 16.85 米，建在北面高一级的石台基上，与钟鼓楼和拜廊连成一体。正殿楹联曰：“尧帝天官舜帝地官禹帝水官圣德昭彰逾日月；上元一品中元二品下元三品神恩浩荡遍乾坤。”三元宝殿深处，正中位置供奉着“三元大帝”，殿外 2017 年《敬造三官大帝圣迹彩瓷壁画记》称，三官大帝“上古之时降生为尧舜禹三帝”，“大禹乃水官所降生”。

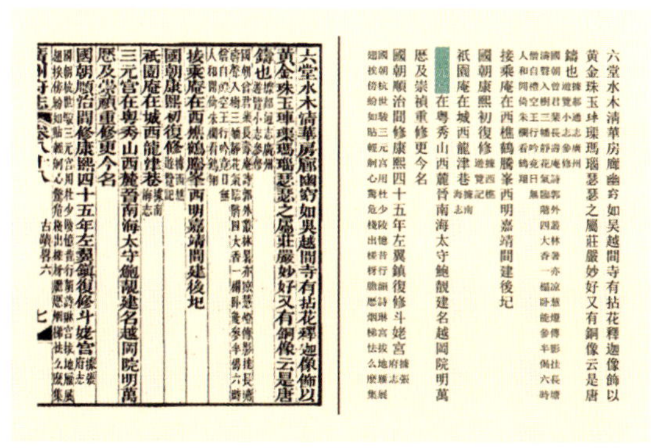

六堂水木清華房廊幽窈如吳越間寺有拈花釋迦像飾以
黃金珠玉琲瑱瑪瑙瑟瑟之屬莊嚴妙好又有銅像云是唐
鑄也
接乘庵在西樵鶴騰峯西明嘉靖間建後圮
國朝康熙初復修
祇園庵在城西龍津巷
三元宮在粵秀山西麓晉南海太守鮑靚建名越岡院明萬
歷及崇禎重修更今名
國朝順治間修康熙四十五年左翼鎮復修斗姥宮

光绪《广州府志》卷八八载“三元宫”

今大殿后为老君殿，大殿两

广州三元宫三元殿（张卫东供图）

侧自南向北，东侧为客堂、斋堂、旧祖堂、吕祖殿；西侧为钵堂、新祖堂、鲍姑殿等建筑。

1989 年 12 月，三元宫被公布为广州市文物保护单位。

广州三元宫是珠江流域为数不多的间接传播的禹迹之一。其余的间接性禹迹还有部分水仙庙和部分三界庙等。

十七、广西壮族自治区

禹王庙遗址

全国编号： 195

地区编号： 桂 1

类　　别： 古遗址

地理位置： 广西壮族自治区桂林市灌阳县

所属流域： 长江

简　　介： 清金鉷《广西通志》卷一百六第37—40页载宋淳祐壬子年（1252年）赵嘉庆《修建灌阳治记》：“单车至县实淳祐辛亥八月八日也。始至，谒舜祠於华山之阳，拜禹庙於瀚江之浒。”卷四十二第17页：“禹王庙在县西南三里白鱼洞。”

据侯杰文章介绍：禹王庙旧址在县西南三里许白鱼洞，为今灌阳镇仁江村何家和福星村杨家坳、茶子山一带。灌阳县于西汉文帝十二年（前168年）前已建县。

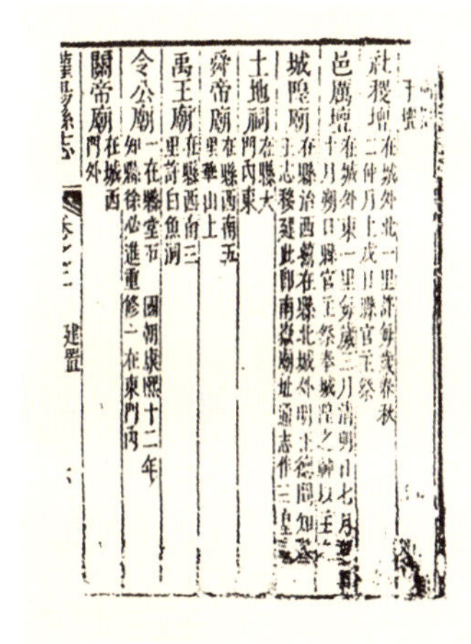

社稷壇 在城外北一里許每歲春秋二仲月上戊日縣官主祭

邑厲壇 在城外東一里每歲三月清明日七月望日十月朔日縣官主祭奉城隍之神以主之

城隍廟 在縣治西 舊在縣北城外明正德間知縣[illegible]舊志移建此即南嶽廟址通志作二[illegible]

土地祠 在縣大門內東

舜帝廟 在縣西南五里華山上

禹王廟 在縣西南三里許白魚洞

令公廟 一在縣堂下 國朝康熙十二年知縣徐必進重修 一在東門內

關帝廟 在城西門外

灌陽縣志 卷二 建置

康熙《灌阳县志》卷二载“禹王庙”

十八、重庆市

湖广会馆（禹王宫）

全国编号： 196

地区编号： 渝 1

类　　别： 古建筑·宫

地理位置： 重庆市渝中区菜园坝街道长滨路芭蕉园 1 号

所属流域： 长江

简　　介： 湖广会馆奉祀大禹，所以又叫禹王宫。禹王宫位于重庆湖广会馆

重庆湖广会馆禹王宫（杨邦德供图）

内，始建于清康熙年间（1662—1722 年），由早期移民中的湖南、湖北富商、乡绅捐资兴建，修复后建筑面积 2141 平方米。其正厅净空高达 10.65 米，是湖广会馆建筑群最高的殿堂。大殿和戏楼飞檐下，刻着《二十四孝》《西游记》《封神榜》人物故事及山水花鸟的环楼木雕。

重庆湖广会馆是重庆市城区最大的古建筑群，清乾隆二十四年（1759 年）始建，道光二十六年（1846 年）扩建，占地 1.84 万平方米。重庆约有 300 所清代移民会馆，基本上每个乡镇都建有会馆，现在保留下来的会馆数量未作准确统计，估计尚有保护价值的不足百处。

2006 年 5 月 25 日，湖广会馆被国务院公布为第六批全国重点文物保护单位。

景云碑

全国编号： 197

地区编号： 渝 2

类　　别： 可移动・碑

地理位置： 重庆市渝中区大溪沟街道人民路 236 号中国三峡博物馆

所属流域： 长江

简　　介：“景云碑”是东汉熹平二年（173 年）刊刻的一方碑刻，又称“汉巴郡朐忍令景云碑”。南北朝时埋进土中，2004 年 3 月在重庆市云阳县旧县坪遗址出土，现藏于重庆中国三峡博物馆，为“十大镇馆之宝”之一，一级文物。

云阳旧县坪遗址出土汉景云碑

景云碑高 239 厘米，宽 93 厘米，厚 21 厘米。隶书碑文 13 行，记述了景云的祖先由楚国迁入汉中、广汉等地以及景云为官深得人民爱戴等事迹。提到“术禹石纽汶川之会”即遵循大禹在石纽、汶川盟会之训，又说“惟汶降神”，即神禹降生于汶山郡。从汉代碑文中还发现了许多支持破解传说疑案的新证，如：北川县禹穴沟内“禹穴”二字来源新证，大禹在誓水柱盟誓出发新证，古蜀国与夏王朝联系紧密、存在交通要道新证，北川县坝底乡、梓潼县、三台县景氏家族来源于伯杼宗族等新证。

涂山寺

全国编号： 198

地区编号： 渝 3

类　　别： 古建筑 · 寺

地理位置： 重庆市南岸区涂山

所属流域： 长江

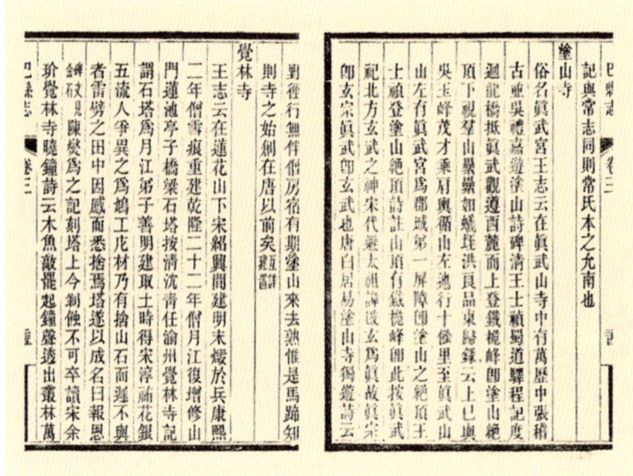
巴縣志　卷三

記與常志同則常氏本之允南也

塗山寺

俗名眞武宮王志云在眞武山寺中有萬歷中張稽古重吳禮嘉遊塗山詩碑清王士禎蜀道驛程記度迴龍橋抵眞武觀遵西麓而上登鐵櫃峰即塗山絕頂下視羣山纍纍如蟻垤洪良品東歸錄云上巳與吳玉峰茂才乘肩輿循山左迤行十餘里至眞武山山左有眞武宮爲郡城第一屏障即塗山之絕頂王士禎登塗山絕頂詩註山頂有鐵櫃峰即此按眞武祀北方玄武之神宋代避太祖諱設玄爲眞故眞宗即玄宗眞武即玄武也唐白居易塗山寺獨遊詩云對徑行無伴僧房宿有期塗山來去熟惟是馬蹄知則寺之始創在唐以前矣

覺林寺

王志云在蓮花山下宋紹興間建明末燬於兵康熙二年僧雪痕重建乾隆二十二年僧月江復增修山門蓮池亭子橋梁石塔按清沈靑任渝州覺林寺記謂石塔爲月江弟子善明建取土時得宋淳祐花銀五流人爭異之爲鳩工庀材乃有捨山石而竝不與者雷劈之田中因感而悉捨焉塔遂以成名曰報恩鐘敘見陳燓爲之記刻塔上今剝蝕不可卒讀宋余玠覺林寺曉鐘詩云木魚敲罷起鐘聲透出叢林萬

巴縣志　卷三

民国《巴县志》卷三载“涂山寺”

简　　介： 民国《巴县志》卷三载：“涂山寺，俗名真武宫，王志云：在真武山。”相传大禹治水曾经到此。汉代之先，江州涂山即有禹王祠及涂后祠。《华阳国志 · 巴志》载：“江州县郡治涂山，有禹王祠及涂后祠……帝禹之庙铭存焉。”又曰：“（禹）会诸侯於会稽，执玉帛者万国，巴蜀往焉。”杜预注《左传》：“巴国也，有涂山，禹娶涂山。”唐时，任忠州刺史的大诗人白居易曾写有《涂山寺独游》一诗，可见当时已易名涂山寺。明万历九年（1581 年）开始成为佛教寺庙，真武寺与禹王祠旧址合并，称“涂山寺”。位于涂山之巅，占地面积一万多平方米。供有释迦牟尼像，立有“禹王治水碑”，可称是佛道和睦共处的庙院。每年正月初一到十五朝山盛会，游人如织。

后人还给大禹的岳丈修了殿。据《巴蜀名胜记》引《倦游录》：“禹庙神仪侍卫极严肃。后殿一毡裘像，侍卫皆胡人，云是禹妇翁。”其实“毡裘”也是胡服。

涂山古洞

全国编号： 199

地区编号： 渝 4

类　　别： 山川 · 洞

地理位置： 重庆市南岸区南山街道老君坡

所属流域： 长江

简　　介：涂山古洞是一条深 5 米、宽 7 米的山洞，传为大禹夫妇婚后居住处，周围有许多摩崖人物石刻、花卉石刻和题记。还有涂山女挥泪送禹治水的“三块石”。

禹王庙（龙兴古镇）

全国编号：200

地区编号：渝 5

类　　别：古建筑

地理位置：重庆市渝北区龙兴镇

所属流域：长江

简　　介：龙兴禹王庙也称禹王宫，筹建于清乾隆二十四年（1759 年），嘉庆九年（1804 年）初建成正殿和乐楼（戏台），道光二十五年（1845 年）及光绪年间都进行过培修。新中国成立后作为龙兴区公所。龙兴禹王宫地势平坦，会馆规模宏大，为四合院布局，坐北朝南，按中轴线布局建造。戏楼面宽 5 米，进深 8 米，戏楼的台口、穿枋都镂刻有人物浮雕。戏楼两侧为耳房，上下两层，为穿斗结构，长 50 米，进深 3.5 米，耳楼外为砖砌封火山墙。正厅为三重檐歇山顶，面阔五间，宽

渝北龙兴寺（杨邦德供图）

龙兴寺山门

龙兴寺戏楼

约 22 米，抬梁结构。第一层檐下有横额木匣，题“帝德神功”，额下横枋镂刻九龙纹图案。第二层檐下左右各有横匣，左题“三江既奠”，右题“九州攸同”。

龙兴古镇有两大古庙，分别是龙藏宫（传说明初建文帝曾在此小庙避难）和禹王庙，两庙相距 250 米，与老街串联为一体。

禹王宫（丰盛古镇）

全国编号： 201

地区编号： 渝 6

类　　别： 古建筑 · 宫

地理位置： 重庆市巴南区福寿街丰盛古镇

所属流域： 长江

简　　介： 丰盛古镇为“中国历史文化名镇”，禹王宫是古镇上的标志性建筑之一，是往来丰盛镇的湖广商人建立的会馆。禹王宫供奉大禹，是祈祷风调雨顺、舟楫平安的场所，一般出现在水码头，而丰盛古镇位居古代巴县旱码头之首，“长江第一旱码头”却建有禹王宫，也足以说明过往客商对当地的巨大影响。

禹王宫与古镇原有的万寿宫（江门会馆）、万天宫同在中轴线上。禹王宫屋顶造型为硬山式，两边的高墙为风火墙，属典型的徽派建筑。其正殿脊上遗有“大清咸丰年秋月补修”字迹，即 1851—1861 年之间曾补修。据说经专家考证，此庙始

丰盛古镇禹王宫（杨邦德供图）

丰盛古镇禹王宫全景

建于明代。

在禹王宫外面的墙壁上有一个巨大的寿字，因为丰盛是最舒适、最宜居的地方，也是最养人的地方，是有名的长寿之乡。

2002 年 4 月，丰盛禹王宫被列为重庆市文物保护单位。

禹王庙（冷水关镇）

全国编号： 202

地区编号： 渝 7

类　　别： 古建筑·庙

地理位置： 重庆市南川区冷水关镇境内

所属流域： 长江

简　　介： 位于重庆市南川区冷水关镇幸福村罗家石坝自然村东北 450 米处。

南川禹王庙

禹王宫（安居古镇）

全国编号： 203

地区编号： 渝 8

类　　别： 古建筑·宫

地理位置： 重庆市铜梁区安居镇大南社区小南街

所属流域： 长江

简　　介： 又名安居湖广会馆，始建于明朝（1368—1644 年）中叶，明末毁于战乱。清乾隆年间（1736—1796 年）重建，咸丰（1851—1862 年）毁于火灾，光绪十四年（1888 年）由湖广士绅捐资重修。在安居古城南边，依山而建，由低到高共三进，占地面积 1331 平方米，呈四合院布局，前殿、正殿、后殿、戏台及厢房均保存完好。2003 年培修。宫门上方书“万世永赖”。古戏台前柱上斜撑雕刻精美，神仙人物栩栩如生。天井、院落造型独特，房间布局错落有致，石栏杆雕有狮子、麒麟、盘龙等瑞兽和图案。

2009 年，安居湖广会馆（禹王宫）被公布为重庆市级文物保护单位。

安居湖广会馆（郭洪摄）

安居湖广会馆戏台（郭洪摄）

禹王宫（双江古镇）

全国编号：204

地区编号：渝 9

类　　别：古建筑·宫

地理位置：重庆市潼南区双江镇

所属流域：长江

简　　介：又称潼南禹王宫、湖广会馆，位于双江古镇正街 43 号，为清初砖木结构古建筑，有 200 多年的历史。占地 12216 平方米，建筑面积 2556 平方米，保存完好，是重庆市规模最大保存最完好的古戏楼之一。

正门是由四块峡石作枋，门楣以上全是由刻镂有 20 多台戏目的青砖砌成，玲珑剔透，堪称佳作。上有竖书的“禹庙”两个楷书大字。

禹王宫的戏台建造气派华丽，戏台两厢“耳楼”形似今日剧院的包间。原戏台台口吊沿上镂刻有戏曲曲目 24 组近 100 个戏曲人物塑像。

2009 年，潼南禹王宫被公布为重庆市第二批文物保护单位。

潼南禹王宫（杨邦德供图）

禹王宫前青砖牌坊

禹王宫戏台

禹王宫（汉丰街道）

全国编号： 205

地区编号： 渝 10

类　　别： 古建筑·宫

地理位置： 重庆市开州区汉丰街道

所属流域： 长江

简　　介： 开州故城文化修复工程于 2018 年 5 月开工，复建了禹王宫。开州故城是因三峡工程而复建，与沉睡在汉丰湖底的开州千年母城血脉一体，脐带相连。建设有盛山堂、李家大院、沈家公馆、禹王宫、培俊堂、州衙等六大文化主体建筑。

汉丰街道禹王宫

禹　庙（忠州）

全国编号： 206

地区编号： 渝 11

类　　别： 古建筑·庙

地理位置： 重庆市忠县临江山

所属流域： 长江

简　　介： 忠州临江县（今重庆市忠县）临江山崖上曾有大禹庙。唐代杜甫《禹庙》诗云：“禹庙空山里，秋风落日斜。荒庭垂橘柚，古屋画龙蛇。云气生虚壁，江声走白沙。早知乘四载，疏凿控三巴。”

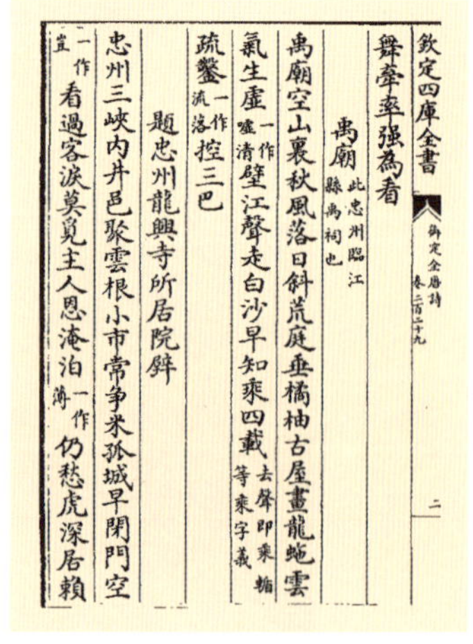

欽定四庫全書　御定全唐詩 卷二百三十九　二

舞牽率強為看

禹廟 此忠州臨江縣禹祠也

禹廟空山裏秋風落日斜荒庭垂橘柚古屋畫龍蛇雲氣生虛一作噓一作清壁江聲走白沙早知乘四載去聲即乘輴等乘字義疏鑿一作流落控三巴

題忠州龍興寺所居院壁

忠州三峽內井邑聚雲根小市常爭米孤城早閉門空一作豈看過客淚莫覓主人恩淹泊一作薄仍愁虎深居賴

杜甫《禹庙》诗

巫山神女峰

全国编号： 207

地区编号： 渝 12

类　　别： 山川・岭

地理位置： 重庆市巫山县巫峡长江北岸

所属流域： 长江

简　　介： 巫山十二峰之最。相传为巫山神女瑶姬居所。战国时“巫山”指今湖北云梦的阳台山，魏晋之后转指长江三峡巫山。唐末五代杜光庭《墉城集仙录》

重庆巫山神女峰（谭少华摄）

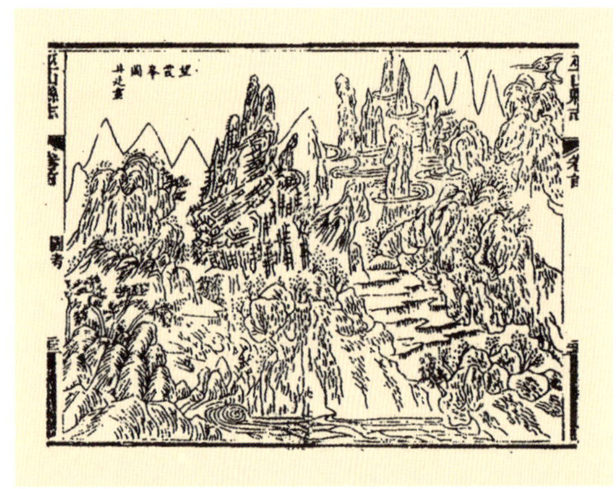
光绪《巫山县志》载“望霞峰图”

卷三：“云华夫人者，王母第二十三女……名瑶姬……时大禹理水驻其山下……拜而求助，即敕侍女授禹策召百神之书，因命其神狂章、虞余、黄魔、大翳、庚辰、童律等助禹……出丹玉之笈，开上清宝文，以授禹焉。禹拜授（受）而去。”

民间相传瑶姬等十二姐妹，偷下凡间，帮助大禹疏通峡道，解除水患，并爱上了三峡，为船民除水妖，为樵夫驱虎豹，为农夫布云雨……久而久之，她们忘记了回瑶池，化成了“巫山十二峰”。瑶姬所立山峰最高，每天第一个迎来朝霞，名曰“望霞峰”。

禹王宫（西沱镇）

全国编号： 208

地区编号： 渝 13

类　　别： 古建筑 · 宫

地理位置： 重庆市石柱土家族自治县西沱镇

所属流域： 长江

简　　介： 禹王宫，始建于明末，临江，湖广盐商会馆，俗称“湖广会馆”。清光绪二十六年（1900 年）重修，富丽堂皇。西沱镇作为长江中上游的沿江场镇，其独具优势的交通区位使其自古以来便是商业重镇。《石柱厅志》记载：“禹王宫，属湖北、湖南籍三楚会馆。西沱镇有禹王宫、三楚堂各一座。”为市级文物保护单位。

西沱云梯街（张卫东供图）

西沱禹王宫（张卫东供图）

禹王宫（酉酬）

全国编号： 209

地区编号： 渝 14

类　　别： 古建筑・宫

地理位置： 重庆市酉阳土家族苗族自治县酉酬镇溪口村

所属流域： 长江

简　　介： 酉阳土家族苗族自治县酉酬镇禹王宫修建于乾隆五十四年（1789年），距今 200 多年。它是一座四合院中式砖木结构建筑，正堂为古代祭祀的殿堂，两边的戏楼均为挑檐走廊。整座禹王宫飞檐翘角，横梁上雕有龙凤呈祥图案，屋顶为莲花吊顶，前壁系镂空青砖浮雕花卉、飞禽、走兽、鹿回头、二龙戏珠图案，刻工精美，表情生动。

2019 年，酉酬禹王宫被公布为第三批重庆市文物保护单位。

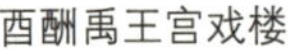

酉酬禹王宫戏楼

酉酬禹王宫正殿

禹王宫（靛水社区）

全国编号： 210

地区编号： 渝 15

类　　别： 古建筑・宫

地理位置： 重庆市彭水苗族土家族自治县靛水街道靛水社区

所属流域： 长江

简　　介： 始建于清道光二十六年（1846 年），为典型南方传统建筑，该建筑由戏楼、厢楼、正殿组成，坐南朝北，四合院布局，整个建筑依山而建，共分四级台基，由北向南逐级升高。该建筑占地面积 919 平方米，建筑面积 975 平方米。禹王宫是当时该区域移民文化和建筑文化的写照。

十九、四川省

洛带会馆·禹王宫

全国编号： 211

地区编号： 川 1

类　　别： 古建筑·宫

地理位置： 四川省成都市龙泉驿区洛带镇

所属流域： 长江

简　　介： 四川湖广会馆为湖广籍移民于清乾隆八年（1743 年）捐资修建，内供大禹像，故名禹王宫。咸丰十年（1860 年）重建。现存大殿建筑基本完好，建筑面积 2745.80 平方米。馆内虽无下水道，但无论下多大雨，即使街上已洪水漫涨，天井也不会淌水漫延，为该馆一大奇迹。

2006 年 5 月 25 日，禹王宫被国务院公布为第六批全国重点文物保护单位。

洛带会馆·禹王宫（张卫东供图）

禹王宫（土桥镇）

全国编号：212

地区编号：川 2

类　　别：古建筑·宫

地理位置：四川省成都市金堂县土桥镇

所属流域：长江

土桥镇禹王宫（张卫东供图）

简　　介：土桥禹王宫，原名禹庙，又名湖广馆，湖南移民所建。始建于清乾隆二十一年（1756 年）或道光二十九年（1849 年），占地约 3000 平方米，建筑面积 1921.45 平方米。宫前有正面牌坊一座，三道拱门，正门前有大石狮一对。宫内设戏台，戏台下为通道。2001 年进行修缮，基本恢复了原貌。

2012 年，被列为省级文物保护单位。

禹王宫（都江堰景区）

全国编号：213

地区编号：川 3

类　　别：古建筑·宫

地理位置：四川省成都市都江堰市都江堰景区

所属流域：长江

简　　介：都江堰的禹王宫，始建于清道光年间（1821—1850 年），建在二王庙与玉垒关之间。2000 年都江堰申报世界文化遗产成功后，宫内恢复了大禹专祠并作为四川省大禹文化研究委员会会址，专门研究大禹水利文化。1999 年禹王宫楹联是：“西羌巍秀降神禹；三过永载留丹青。”每年农历六月初六大禹诞辰，都江堰市均举行纪念活动。

白龙池

全国编号：214

地区编号：川 4

类　　别：山川·池

地理位置：四川省成都市都江堰市龙池镇

所属流域：长江

简　　介：《九州方圆话大禹》载："相传都江堰市龙池镇与汶川县交界处有白龙池，又称慈母（禹母）山龙神池。"宋扈仲荣《成都文类》卷三十二载田况《益州增修龙祠记》："蜀之西山有池，曰滋茂，亦曰母慈，以其能兴云雨，救旱暵，楙养百谷，而得是名。"《蜀中广记》卷七略同，唯以"慈母"契合"滋茂"。今都江堰市有龙池国家森林公园。

有方池週四十里廣幾百畝清水鏡開芳草四積真靈境也登真書云滋茂龍池一曰慈姥在益州西南四百里有靈藥可以已疾山無毒害猶慈姥焉故曰母田況益州龍祠記云蜀之西山有池曰滋茂亦曰慈母以其能興雲雨救旱暵楙養百穀而名唐開元中章仇兼瓊既得平戎城夢一女子謂曰我此城之龍也今弃戎歸唐願有以居我章仇異之表為立祠按總志慈母山在縣南百五十里昔有婦人引子采藥山中虎負其子去母

《蜀中广记》卷七载"母慈池"

禹王宫（养马镇）

全国编号：215

地区编号：川 5

类　　别：古建筑·宫

地理位置：四川省成都市简阳市养马镇沱江街 45 号

所属流域：长江

简　　介：清康熙年间（1662—1722 年）一批湖广籍移民迁居到此，筹资修建了这所同乡会馆，名禹王宫。整体建筑面积 600 平方米，占地面积 735.27 平方米，由戏台、前殿、正殿、配殿、厢房、耳房等组成。整体沿中轴线呈两进四合院分布，前殿和正殿两侧由配殿等合围形成小四合院。1950 年划给养马镇粮站使用。

禹王宫（牛佛镇）

全国编号：216

地区编号：川 6

类　　别：古建筑・宫

地理位置：四川省自贡市大安区牛佛镇箱子街

所属流域：长江

简　　介：系湖广会馆，又称鄂庙，为牛佛的“五省八庙”之一，始建于清康熙十一年（1672 年）。1958 年，此处设为牛佛人民公社驻地。20 世纪 80 年代后改作民居，庙内文物悉毁，现存正殿部分木结构、牌楼与贺乐堂共壁的风火墙。山门已改为中西合璧的砖砌牌楼，有五角星和“富顺县牛佛人民公社”印记。

牛佛镇禹王宫（张卫东供图）

禹皇宫（回龙镇）

全国编号：217

地区编号：川 7

回龙镇禹皇宫（张卫东供图）

类　　别：古建筑・宫

地理位置：四川省自贡市大安区回龙镇

所属流域：长江

简　　介：建于清代，为湖广入川移民修的会馆，内供大禹像，故名禹皇宫，又名湖广会馆。现存正殿和左右厢房建筑基本完好，正殿与厢房的墙面上有刻有“禹皇宫”三字的青砖，说明当年禹皇宫的青砖都是定制的。正殿后有两个天井，左右配殿各一个天井，共四个天井。封火墙高大而精美，具有很高的建筑和艺术价值。

2018 年，被列为自贡市第七批文物保护单位。

禹王宫村

全国编号： 218

地区编号： 川 8

类　　别： 地名

地理位置： 四川省攀枝花市米易县撒莲镇禹王宫村

所属流域： 长江

禹王宫村（张卫东供图）

简　　介： 禹王宫村在米易县撒莲镇安宁河畔，位于撒莲镇东北部，距米易县城约 16 千米。清康熙年间（1662—1722 年）有大量湖广人移民此地，见米易撒莲地势平坦、水源丰足，便在这里建起了颇具规模的禹王宫。一方面祈求风调雨顺、河流安宁，另一方面也方便了家乡人在此聚会。到了清朝末年，禹王宫被开辟为私塾，后来改为禹王宫学堂。1915 年，这里还是会理县立高等小学。

如今，禹王宫村是攀枝花市重点打造的 10 个国家级（省级）特色康养村之一。村子以“康养 + 农业”为发展主题，从一个传统的村庄一跃成为冬日里人们追逐阳光、享受康养、徜徉花海的网红打卡村。

九联坪禹穴

全国编号： 219

地区编号： 川 9

类　　别： 山川 · 洞

地理位置： 四川省德阳市什邡市蓥华镇红白场社区木瓜坪村

所属流域： 长江

民国《重修什邡县志》载“九联坪禹母祠遗址图”

简　　介：九联坪在木瓜坪村通往李家山、唐家河的深林之中，为山间九个相连的大坪。相传大禹王生于九联坪。人们感念禹王母子功德，在九联坪之第五坪上立碑设祠，现庙基犹存，且基址宏阔。在第六坪有一巨石，高五尺余，围二丈五尺，石中划断如锯解开约一厘米，深切土中，名锯解石，土人传为立碑建祠所剩。九联坪上有金岩窝，传为禹穴。九联坪的禹母祠，因年代久远，庙基遗址已埋没在荒蓁草莽之中，恐后来无知，光绪七年（1881 年）当地又在红庙场上场口新建了禹母祠供后人祭祀。

《山海经·中次九经》记载：“岷山之首，曰女几之山。”根据郝懿行等研究，女几、女伎、女僖、女嬉等均为同一人名的不同写法，都指大禹母亲。夏禹王及其母亲女几的传说在什邡山区长久流传，嘉庆、民国《什邡县志》均有记载。龙门山又称茶坪山、湔山，为纪念大禹，称龙门山。而其中最高峰九顶山就在什邡境内，古称有女几山等。

红白场山中广布着大小龙门（传为大禹凿山治水处）、龙行沟（传为大禹经行地）、香炉山、九鼎山（传为大禹依其形而铸造九鼎）、禹母河、黄龙山（传为大禹父亲所化）、大禹读天书处、金岩窝等与大禹传说相关的古老地名。

禹　庙（曲山镇）

全国编号：220

地区编号：川 10

类　　别：古建筑·庙

地理位置：四川省绵阳市北川羌族自治县曲山镇

所属流域：长江

曲山镇禹庙

简　　介：唐代以前，石纽山麓即建有禹庙（1935 年被焚）。清乾隆年间

（1736—1796 年）于禹穴沟口建禹王庙。自唐以来，县境坝底、片口、曲山、陈家坝、通口乡镇场镇先后建有禹王庙或禹王宫。当代曲山镇米石沟左岸新建禹王宫，石纽山侧原东岳宫址新建了禹王庙。1991 年，在北川县治城（今禹里）修建了全国第一个大禹纪念馆，2008 年汶川特大地震中完全损毁。2020 年 7 月开工重建，选址北川永昌镇郊野公园内；2021 年底规划选址论证报告进行了公示。

禹　庙（禹里镇）

全国编号： 221

地区编号： 川 11

类　　别： 古建筑·庙

地理位置： 四川省绵阳市北川羌族自治县禹里镇

所属流域： 长江

简　　介： 乾隆《石泉县志》卷三载："大禹庙，县东南一里石纽山下，禹生於石纽村，故未设县先有是庙。国朝康熙七年，署令杨朝柱重建，乾隆丙戌令姜炳璋重修大殿，建后殿祀圣父崇伯、圣母有莘氏，又建大门三间，左右赁与贾人，收值修庙。春秋邑令有祀，又禹穴溪外亦有禹庙故址。按：相传六月六日为神禹生辰，是日里境有祭。"

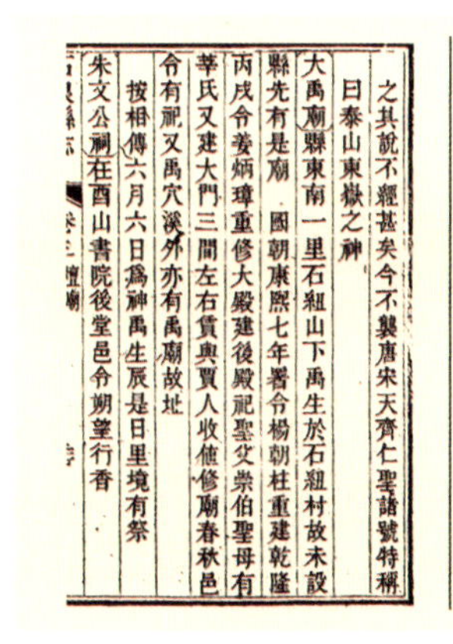
之其說不經甚矣今不襲唐宋天齊仁聖諸號特稱
曰泰山東嶽之神
大禹廟縣東南一里石紐山下禹生於石紐村故未設
縣先有是廟　國朝康熙七年署令楊朝柱重建乾隆
丙戌令姜炳璋重修大殿建後殿祀聖父崇伯聖母有
莘氏又建大門三間左右賃與賈人收值修廟春秋邑
令有祀又禹穴溪外亦有禹廟故址
按相傳六月六日爲神禹生辰是日里境有祭
朱文公祠在西山書院後堂邑令朔望行香

乾隆《石泉县志》卷三载“大禹庙”

禹里镇原先是北川县城。今镇上有神禹故里坊、禹庙、岣嵝碑等。禹里镇禹庙有南宋计有功作于绍兴二十八年（1158 年）的《大禹庙记》，是有文献为证的四川最早的禹庙。

位于禹里镇南石纽山，始建于唐贞观八年（634 年）前，宋、明、清均有重建，是民间和官府祭祀大禹的重要地点。清乾隆三十三年（1768 年）县令姜炳璋再次大规模重建后，被定为国家祭祀大禹的地点。1935 年被烧毁，后复建。2008 年地震后，更名为广莲寺，并塑立大禹像。

北川广莲寺（邱志荣摄）

大禹像

附录：

大禹庙记

计有功

圣法天，以身任道；天作圣，以地发祥。舜生于诸冯，文王生于岐，周生异地而治同功，乃知上天为生民挺生神圣，有开必先，皆非偶然者，崧高长发，流播雅颂，推原本始，盖示万世以不可忘也。方册所载，禹生石纽，古汶山郡也。崇伯得有莘氏女，治水行天下而生禹于此。稽诸人事，理或宜然。因人事以验天心，其可考者，禹功自汶。《河图括地象》曰：岷山之精，上为井络，帝以会昌，神以建福。太史公《本纪》谓岷为汶，故曰汶岷山，导江岷嶓，既艺天生，圣人发神于此，而万世之功亦起于此，其可忘哉？然而自汶山西出钳江埼，巫铃庙绝，箫鼓鱼菽，犹为俚人之社。汶以东至于石泉，虽缙绅未尝言之，尝求其故，大抵山川敻邈，代远时移，郡邑名号废置离合，而石纽故处，莫适主名。秦汉而下，为国曰冉駹，为道曰绵虒，为邑曰广柔。广柔，一也。汉灵帝析而郡之曰汶山，后周又析而邑之曰汶山，唐贞观八年又析而县之曰石泉。唐以前石泉之名未立，谯周、陈寿、皇甫谧皆指石纽为汶山之地。周曰：禹生于汶山广柔之石纽，其地为刳儿坪。寿曰：禹生汶山石纽。彝人不敢牧，其地自石泉之名立。其后，唐《地里志》、国朝《职方书》、先儒《舆地记》皆以石纽归石泉。虽莫辨其故，然汶山之山曰铁豹，沍水出焉；汶川之山曰玉垒，湔水出焉；石泉之山曰石纽，大禹生焉。合之则一，离之则散，处于三邑之近，无可疑者。石泉始隶于茂，国朝熙宁割利于绵，政和抚戎又升而军之。礼乐文物，日浸月长，且谓石纽彝地，置而弗论。太守赵公元动世以笑谈坐镇，披牒考古，将庙祀禹，而疑论未释。郡士计有功、版曹尹商彦多闻博雅，绎究数千年事，灿如目击，庙议遂决。卜郡左四百余武，北倚层峰，江自西来，雷奔箭发，汇于庙下，如反本念德；渊洄翔舞，迤逦绕出，如朝宗得途。庙以门计，一十有八，形丽势胜，神明拥会，涓刚落成，乃烹乃奏，芬芳璀璨，礼荐乐彻，缙绅耆老，手抃情激，劝九叙之歌，叹明德之远。贤哉，禹功于是乎大。乃以图以书，以学官李蘩暨尹君之文属记于有功，或曰：士有守一方，尽一节，论封庙食，千里襁负，无有誓命，如加明刑，禹功绝德，谁不蒙亨？而空山古屋，感慨前作，岂固忘之耶？曰：一方一节，有施有报，禹庙之功，无往不在，故无名。禹无心于万世，万世由焉，而不知所以为绝德也。夫使人之灵畏祸于尸祝之间，则何以为禹？然惟功大德盛，故称神禹。末世乃取臆地胸，析钩钤王计，河伯示图，沧水授简，第怪幻而神之。至其祠祀，则巫记胼胝之步，鸟耕山阴之冢，汉祈开母之石，晋享黄熊之厉。由是观之，焄蒿诡于汶王，汶川之民祠禹为汶王石纽，置而弗论，无足怪者。《传》曰：礼也者，反本修古，不忘其所由生。越之人曰：吾禹之会稽；楚之人曰：吾禹之宛委。思其人，宝其地，使蜀之人不曰吾禹之石纽，是不知天降神，地发祥，人永赖也。公一举三善皆得，且遐方邃古而惓惓然，其在今日尠矣。报上之心为何如哉！宜请于朝，崇载祀典，以秩伟绩于灵源，耿辉光于遐裔。惟禹之神，弥天地，布六合，于是为反本之祀。系之词曰：有汶惟山，帝生帝禹。汶水发源，降神之所。帝指其处，以启神功。厥土既敷，四海会同。蠢蠢群生，茫茫万古。岂享其利，而忘其故。石纽山名，石泉之墟。近在耳目，犹迷厥初。禹色山融，禹声江注。长发其祥，地灵常聚。地秘其灵，朝烟夕霏。粤岁三千，公其发之。乃涓乃卜，乃庙乃祀。报本反始，此方斯址。大江西来，如揖如顾。直路朝宗，洋洋东去。惟公承宣，德感化行。咨询民瘼，究民之生。民生于禹，禹生于此。庙则咫尺，心兮远矣。公推是心，以仁昌时。以抚民彝，神人是依。前乎数千年，其愧于斯；后乎亿千年，其怍于斯。

（《钦定古今图书集成·方舆汇编·职方典》卷六百二十）

石纽山（石纽村）

全国编号：222

地区编号：川 12

地理位置：四川省绵阳市北川羌族自治县禹里镇石纽村

所属流域：长江

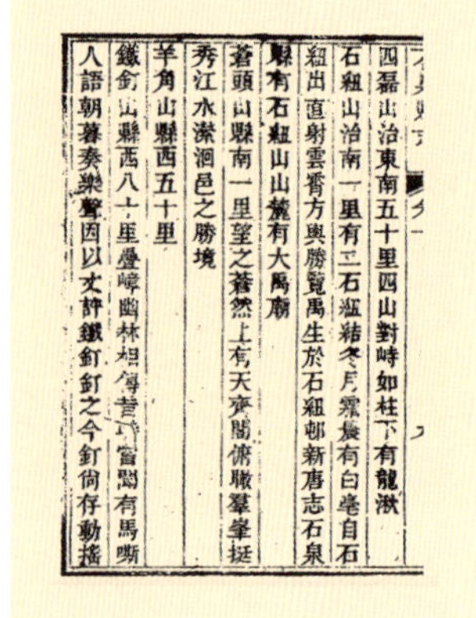
四磊山治東南五十里四山對峙如柱下有龍湫
石紐山治南一里有二石巫結冬月霜晨有白毫自石
紐出直射雲霄方輿勝覽禹生於石紐邨新唐志石泉
縣有石紐山山麓有大禹廟
蒼頭山縣南一里望之蒼然上有天爽閣儼然羣峯挺
秀江水潆洄邑之勝境
羊角山縣西五十里
鐵釘山縣西八十里疊嶂幽林相傳昔[illegible]當聞有馬嘶
人語朝暮奏樂聲因以丈許鐵釘釘之今釘尚存動搖

乾隆《石泉县志》卷一载“石纽山”

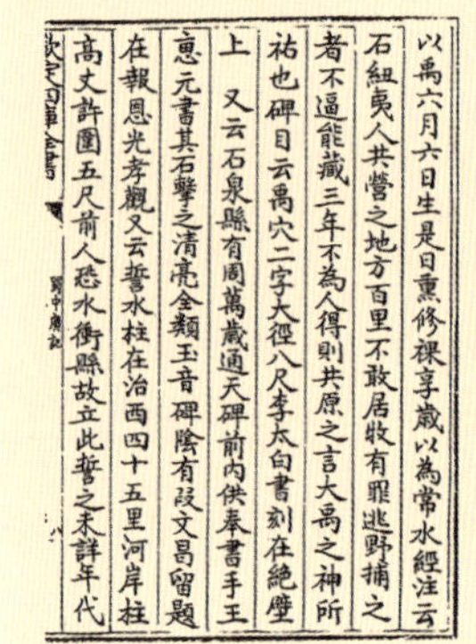
鷄城皆虜之險要今石泉三十里威蕃亭地名柵底即
唐之威蕃柵宜先築堡寨以禦其來次壁石泉為軍以
重其權然後調恩然義軍以制其暴則取功一時為利
後世不然蜀之憂未艾也義史盡用其策　石泉圖
經國乎泉山之限林麓叢箐樵蘇悉取不食地利而
生計亦足　寰宇記縣蜀山史記黃帝子昌意娶蜀山
氏女蓋此山也　郡國志云石紐山今在石泉縣南帝
王世紀以為鯀納有莘氏胸臆坼而生禹於石紐郡人
以禹六月六日生是日熏修裸享歲以為常水經注云
石紐夷人共營之地方百里不敢居牧有罪逃野捕之
者不逼能藏三年不為人得則共原之言大禹之神所
祐也碑目云禹穴二字大徑八尺李太白書刻在絕壁
上　又云石泉縣有周萬歲通天碑前內供奉書手王
惠元書其石擊之清亮全類玉音碑陰有段文昌留題
在報恩光孝觀又云誓水柱在治西四十五里河岸柱
高丈許圍五尺前人恐水衝縣故立此誓之未詳年代

《蜀中广记》卷十载“石纽山”

简　　介：乾隆《石泉县志》卷一载：“石纽山，治南一里，有二石纽结，冬月霜晨有白毫自石纽出，直射云霄。《方舆胜览》：禹生於石纽村。《新唐志》：石泉县有石纽山，山麓有大禹庙。”

禹里南一里许有石纽山。山腰石林中有二巨石纽结，上有阳刻篆书“石纽”二字。相传为扬雄所书。早在汉代，石纽一带就是以羌族为主的少数民族管辖的地方，不准放牧，犯罪之人潜入此地，朝廷也不得入内追捕，三年后可获赦免。《蜀中广记》卷十载：“《郡国志》云：石纽山今在石泉县南，《帝王世纪》以为鲧纳有莘氏，胸臆坼而生禹於石纽，郡人以禹六月六日生，是日熏修裸享，岁以为常。《水经注》云：石纽，夷人共营之地，方百里不敢居牧，有罪逃野捕之者，不逼能藏三年，不为人得则共原之，言大禹之神所佑也。”

石纽山麓有禹庙，每年六月六日大禹诞辰，人们都要聚集在禹庙前举行祭祀活动。

与石纽山隔江相望的崖壁上原有摩崖阴刻楷书“甘泉”二字。据传，女获（禹母）暮汲石纽山下泉，水中得月精如鸡子，爱而含之，不觉而吞，遂有娠，十四月生夏禹。今北川县曾名石泉县，唐贞观八年（634 年）置县时，即从当地石刻“石纽”“甘泉”各取一字为县名。

“石纽”石刻

全国编号：223

地区编号：川 13

类　　别：石刻

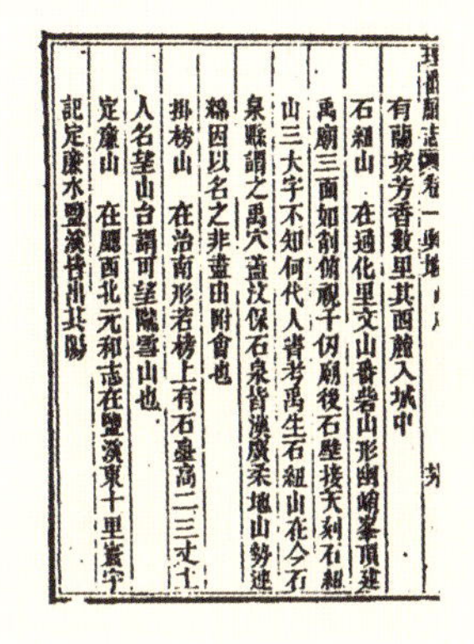

理番廳志卷一 輿地

有蘭坡芳香數里其西離入城中
石紐山　在通化里文山番砦山形幽峭峯頂建
禹廟三面如削俯視千仞廟後石壁接天刻石紐
山三大字不知何代人書考禹生石紐山在今石
泉縣謂之禹穴蓋汶保石泉皆漢廣柔地山勢連
綿因以名之非盡由附會也
掛榜山　在治南形若榜上有石壘高二三丈土
人名望山台謂可望隴雪山也
定廉山　在廳西北元和志在鹽溪東十里寰宇
記定廉水豐溪皆出其陽

同治《直隶理番厅志》卷一载“石纽山”

“石纽”石刻（邱志荣摄）

地理位置： 四川省绵阳市北川羌族自治县禹里镇石纽村

所属流域： 长江

简　　介：“石纽”在禹里南一里许石纽山上。山腰有二巨石纽结，石上有阳刻篆书“石纽”二字，相传为汉朝扬雄所书。

禹王宫（禹穴村）

全国编号： 224

地区编号： 川 14

类　　别： 古建筑·宫

地理位置： 四川省绵阳市北川羌族自治县禹里镇禹穴村

所属流域： 长江

简　　介： 乾隆《石泉县志》卷三载：“又禹穴溪外亦有禹庙故址。”乾隆《石泉县志》所示“禹穴图”可见有“禹王宫”，禹王宫内还有“峋嵝碑”。

禹王宫位于禹穴沟口。始建于清乾隆年间（1736—1796 年），道光十年（1830 年）由石泉知县赵德林重修。1935 年，石纽山下禹庙被焚后，民间祭禹活动集中于此。2008 年地震损坏，现庙于 2012 年重建。正殿东侧建有一白色水泥小屋，屋门右侧白色外墙上用红字题有“禹王庙”三字。

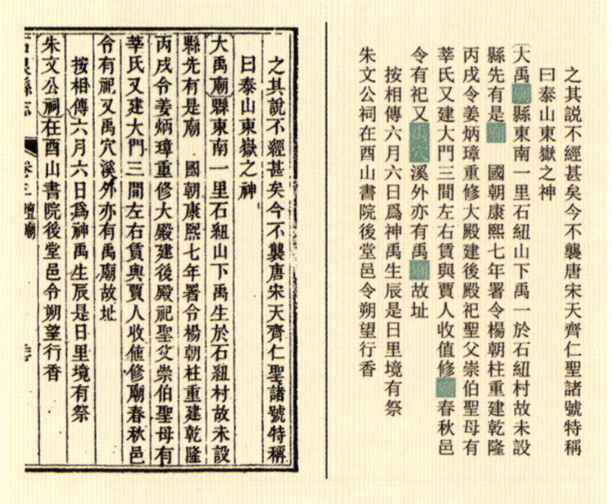

之其說不經甚矣今不襲唐宋天齊仁聖諸號特稱
曰泰山東嶽之神
大禹廟縣東南一里石紐山下禹生於石紐村故未設
縣先有是廟 國朝康熙七年署令楊朝柱重建乾隆
丙戌令姜炳璋重修大殿建後殿祀聖父崇伯聖母有
莘氏又建大門三間左右賃與賈人收值修廟春秋邑
令有祀又禹穴溪外亦有禹廟故址
按相傳六月六日爲神禹生辰是日里境有祭
朱文公祠在西山書院後堂邑令朔望行香

乾隆《石泉县志》卷三载“禹穴溪外亦有禹庙故址”

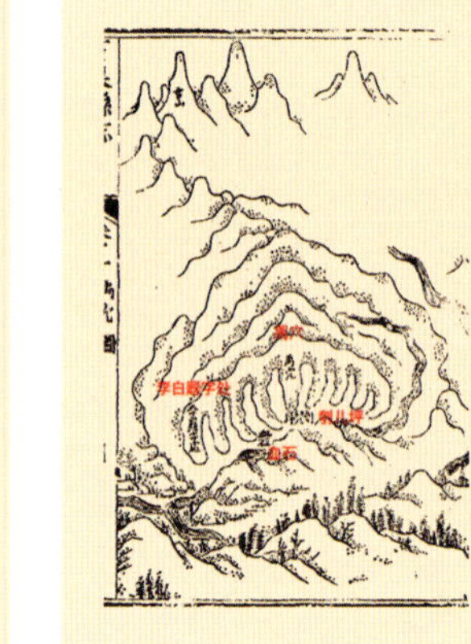

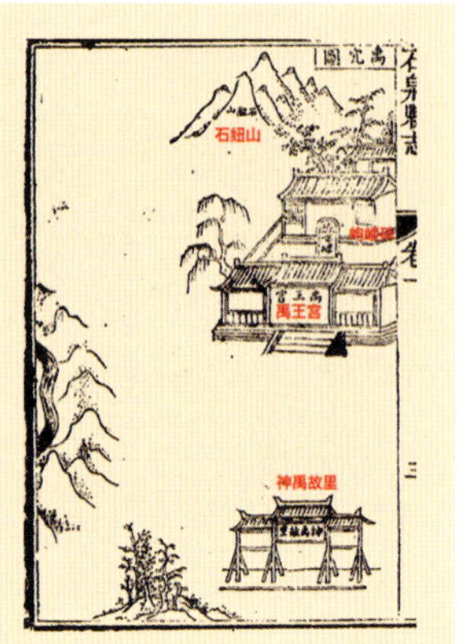

乾隆《石泉县志》所示“禹穴图”

禹穴沟禹王宫（张卫东供图）

禹穴沟

全国编号： 225

地区编号： 川 15

类　　别： 山川 · 峡

地理位置： 四川省绵阳市北川羌族自治县禹里镇

所属流域： 长江

简　　介： 禹穴沟为一条长数千米的峡谷，位于禹里以北 10 千米，因内有三

禹穴沟碑（邱志荣摄）

禹穴摩崖石刻（邱志荣摄）

处“禹穴”石刻，故称“禹穴沟”。沟内峭壁凌空，三处“禹穴”石刻中，沟口“禹穴”为唐颜真卿书；沟中段正楷“禹穴”为唐李白所书，民国《北川县志》载：“……峡口壁刻唐李白楷书‘禹穴’，字长六七尺……”；最内“洗儿池”附近的虫篆体“禹穴”传为大禹所书，但根据近年学者对照东汉景云碑考证，认为是禹七世孙夏王伯杼回乡时所刻的可能性较大。

据传，禹穴沟为大禹诞生地。汉扬雄《蜀王本纪》载：“禹生石纽，其地名刳儿坪。”

禹穴沟内有禹王庙、禹王宫、采药亭等。沟口有原中共四川省委书记杨超题写的“禹穴沟”碑刻。

北川各大乡镇，也都有大禹庙或禹王宫。境内还有1992年国家主席杨尚昆为北川题写的“大禹故里”碑。

刳儿坪·洗儿池

全国编号： 226

地区编号： 川16

类　　别： 山川·池

地理位置： 四川省绵阳市北川羌族自治县禹里镇禹穴沟

所属流域： 长江

简　　介： 刳儿坪位于九龙山第五峰下，相传即圣母生禹之处。乾隆《石泉县志》卷四载：“刳儿坪，在九龙山第五峰下，地稍平，有迹俨如人坐卧状。相传圣

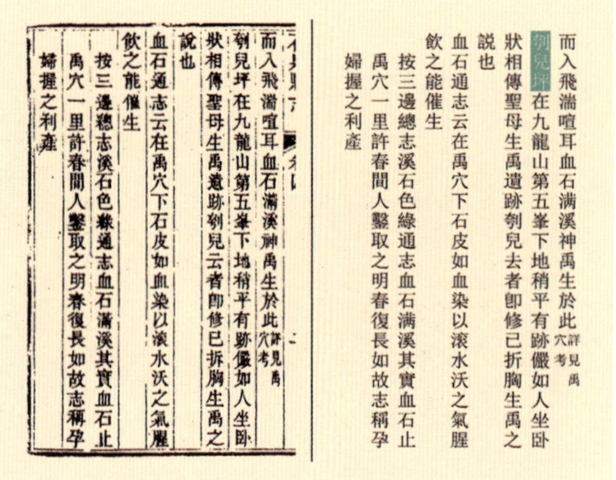

而入飛湍喧耳血石满溪神禹生於此穴（詳見禹考）
刳兒坪在九龍山第五峯下地稍平有跡儼如人坐卧
狀相傳聖母生禹遺跡刳兒去者卽修已折胸生禹之
說也
血石通志云在禹穴下石皮如血染以滚水沃之氣腥
飲之能催生
按三邊總志溪石色綠通志血石满溪其實血石止
禹穴一里許春間人鑿取之明春復長如故志稱孕
婦握之利產

乾隆《石泉县志》卷四载“刳儿坪”“血石”

刳儿坪·洗儿池（张卫东供图）

母生禹，遗迹刳儿，云者即修已折胸生禹之说也。”

洗儿池位于禹穴沟。沿刳儿坪溪流而下，有一连山巨石，其状如盆，即洗儿池，其“水色金赤，四季不变，相传禹母诞禹后洗儿处也”。（民国《北川县志》）洗儿池下游的溪流中，“白石累累，俱有血点浸入，刮之不去。相传鲧纳有莘氏女，胸臆坼而生禹，石上皆是血溅之迹”。（《锦里新编》）乾隆《石泉县志》卷四载：“血石，通志云在禹穴下，石皮如血染，以滚水沃之，气腥，饮之能催生。……《通志》：血石满溪。其实血石止禹穴一里许，春间人凿取之，明春复长如故，志称孕妇握之利产。”

大、小“禹穴”石刻

全国编号： 227

地区编号： 川 17

类　　别： 石刻

地理位置： 四川省绵阳市北川羌族自治县禹里镇禹穴沟

所属流域： 长江

简　　介：《山有九岭传说大禹出生地——九龙山》中介绍，禹里镇禹穴沟距洗儿池不远的绝壁上刻有虫篆体“禹穴”二字，字高 70 余厘米，“传为大禹所书”。因与其下游金锣岩上的禹穴石刻相比字体小一些，称“小禹穴”。距小禹穴石刻数百米外的金锣岩上，有楷书“禹穴”二字，“大径八尺，仙才天放，谨严有度”，人称大“禹穴”。据宋、明、清历代史志记载，此为李白所书。

大“禹穴”石刻（张卫东供图）

小“禹穴”石刻（张卫东供图）

小“禹穴”为何人所书有多种说法。民国《北川县志·山川》载黄尚毅《大小禹穴跋》说：禹穴沟“峡口壁刻唐李白楷书‘禹穴’，字长六七尺。穴（沟）内刻小篆‘禹穴’，字长二尺，朴茂似汉人书。”清《四川通志》说，民间传云乃大禹所书。不可信。一谓唐代李阳冰书。

禹穴沟拱桥头，有“禹穴”碑刻。碑身为青灰色岩石，正面楷书有“禹穴”二字，每字高约 52 厘米、宽约 40 厘米，下书有小字落款“颜真卿书”。碑身正面落款旁以及碑身侧面都刻有小字，但因常年风雨侵蚀，无法准确辨认。

禹王庙（罗城镇）

全国编号： 228

地区编号： 川 18

类　　别： 古建筑·庙

地理位置： 四川省乐山市犍为县罗城镇

所属流域： 长江

简　　介： 罗城古镇为船形布局，地处山顶，始建于明崇祯年间，镇上有禹王庙、萧公庙、川主庙、灵官庙、星鑫庙等“五庙”。川主，一说夏禹，一说蜀王杜宇与开明，一说李冰，一说刘备，一说隋嘉州刺史赵昱，一说唐忠州刺史李鸿渐。清《川主五神合传》载：“治水者，皆称神。”夏禹居川主五神之首。

川主庙内遗址（程雪婷摄）

川主庙内遗址（程雪婷摄）

川主庙（程雪婷摄）

灵官庙（程雪婷摄）

禹王宫（长乐镇）

全国编号： 229

地区编号： 川 19

类　　别： 古建筑·宫

地理位置： 四川省南充市高坪区长乐镇幸福街

所属流域： 长江

简　　介： 2007 年被列为省级文物保护单位。建于清嘉庆乙丑年（1805 年），占地 1700 平方米，建筑面积 1500 平方米。民国《新修南充县志》卷五载："禹王宫，在小北门外禹王街，别称湖广会馆，建筑华美，与万寿宫伯仲。"

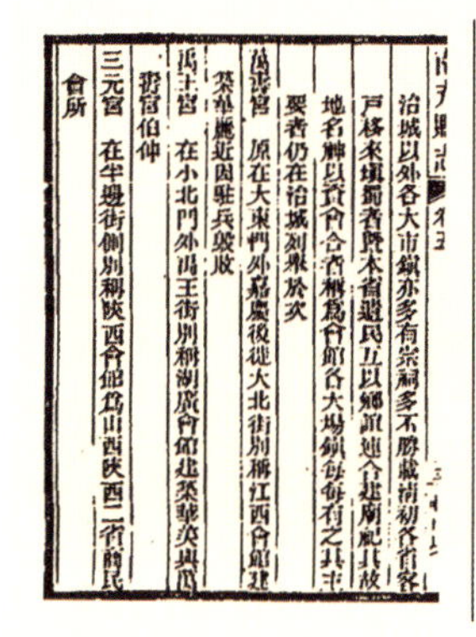

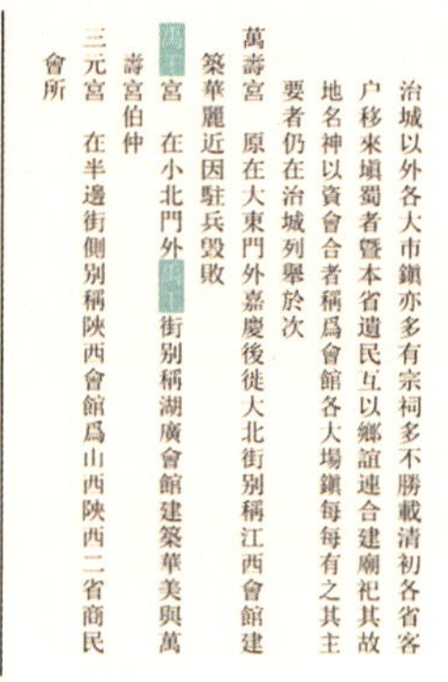

治城以外各大市鎮亦多有宗祠多不勝載清初各省客户移來塡蜀者暨本省遺民互以鄉誼連合建廟祀其故地名神以資會合者稱爲會館各大場鎮每每有之其主要者仍在治城列舉於次

萬壽宮　原在大東門外嘉慶後徙大北街別稱江西會館建築華麗近因駐兵毁敗

禹王宮　在小北門外禹王街別稱湖廣會館建築華美與萬壽宮伯仲

三元宮　在半邊街側別稱陝西會館爲山西陝西二省商民會所

民国《新修南充县志》卷五载"禹王宫"

气势磅礴的禹王宫位于螺溪河南岸，是研究我国古代建筑的实物资料。宫内戏楼保存较完整，既展示了历史上的建筑工艺，对于研究古代表演艺术具有一定价值，也成为持续百余年的"湖广填四川"的见证。各地"填四川"的移民建起很多会馆，湖南、湖北的多称禹王宫，陕西的多称三元宫，均有纪念大禹功德、祈求平安的功能。

禹迹山摩崖造像

全国编号： 230

地区编号： 川 20

类　　别： 石窟寺

地理位置： 四川省南充市南部县碑院镇禹迹山风景区

所属流域： 长江

简　　介： 道光《南部县志》卷二载："禹迹山，在县东北三十里，禹治水经此。山顶平衍有小石泉，清洌可爱，宋何汝贤有记。"山顶有传说大禹治水留下的足印——禹迹石。

禹迹山有摩崖造像，又名禹迹山大佛。位于县城东 16 千米的碑院镇大佛村。

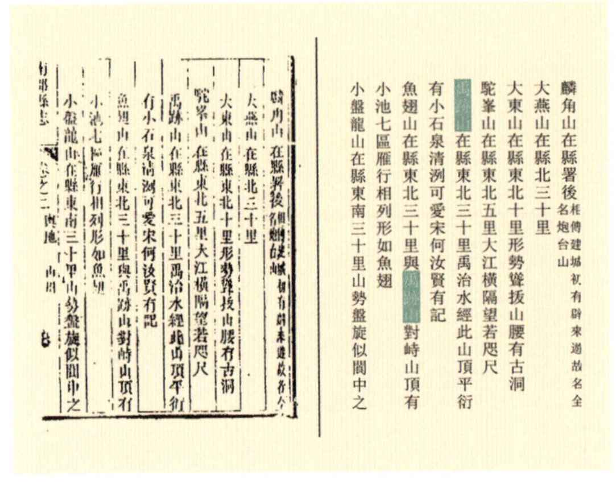
麟角山在縣署後相傳建城初有麟來遊故名全名炮台山
大燕山在縣北三十里
大東山在縣東北十里形勢聳拔山腰有古洞
駝峯山在縣東北五里大江橫隔望若咫尺
禹跡山在縣東北三十里禹治水經此山頂平衍
有小石泉清冽可愛宋何汝賢有記
魚翅山在縣東北三十里與禹跡山對峙山頂有
小池七區雁行相列形如魚翅
小盤龍山在縣東南三十里山勢盤旋似閬中之

道光《南部县志》卷二载“禹迹山”

大佛刻凿在海拔667米的禹迹山腰，背岩而立，面南稍偏西。佛高18米，腰宽6.1米，下肢宽5.2米，脚掌长宽均1.3米。面颊丰腴，两耳齐肩，面容端庄，双目微启平视，表情于静穆威肃中寓慈祥。头饰螺髻，袒胸束腰，左手平举与胸齐，掌心向上，右手施“说法印”状。内着僧衣，薄而贴体，外为袈裟罩体，僧衣末端略显飘逸，袖长过膝。大佛头部与下肢皆镂空圆雕，仅腰背与山石相连。佛像雕凿造型严谨，唯头部稍大，远望略有比例不适之感，但近观则不失其古朴自然之神韵。大佛脚后石缝有山泉流出，汇而为池，清澈见底。《明一统志·保宁府》载：“禹迹山……山有寺，因崖斫石为重佛像，层楼覆之。”峭壁上有清代开凿的禹迹山石窟，形成禹迹山寨和古堡秘道，为四川境内至今保存规模最大和最完整的古代军事防御工事体系。

禹迹山摩崖造像（张卫东供图）

禹迹山石窟（张卫东供图）

禹迹山大佛是四川省最高的石刻立佛。造像虽无题刻稽考，但就其雕刻艺术手法和造型风格特征看，应为唐末宋初所刻。山顶有禹迹石。

2013 年 3 月 5 日，禹迹山摩崖造像被国务院公布为第七批全国重点文物保护单位。

茶马古道 · 禹王宫（蒙山村）

全国编号： 231

地区编号： 川 21

类　　别： 古建筑 · 宫

地理位置： 四川省雅安市名山区蒙顶山镇蒙山村

所属流域： 长江

简　　介： 禹王宫位于蒙顶山镇蒙山村四组，地处蒙山天梯南面，坐南向北，总占地面积约 1270 平方米。相传大禹治水成功后率众登蒙山祭天，曾经天梯道，在此休息。禹王宫即为纪念大禹而建，后又新建高 5.3 米大禹像。禹王宫大殿约 450 平方米，于 1985 年由城区西大街迁于现址。始建于同治元年（1862 年），四合院落布局，有正殿和两配殿、前门组成，结构典雅，庄重古朴。为清代建筑艺术提供实物资料。

2013 年 3 月 5 日，茶马古道—禹王宫被国务院公布为第七批全国重点文物保护单位。

禹王宫（长赤镇）

全国编号： 232

地区编号： 川 22

类　　别： 古建筑 · 宫

地理位置： 四川省巴中市南江县长赤镇朱陵宫街

所属流域： 长江

简　　介： 禹王宫位于南江县长赤镇，建于清嘉庆二年（1797 年），为四合院中式砖木结构建筑。山门前壁系镂空青砖浮雕花卉、飞禽、走兽、喜字图案和白鹤寿星图等，刻工精美，表情生动。左右厢殿，悬空建有回廊、栏杆。大殿正中为禹王坐像，高 4 米，用整块樟木雕成，体态魁梧端庄。

长赤镇禹王宫（张卫东供图）

1933年中国工农红军第四方面军长征过南江，建立长赤县苏维埃政府于禹王宫，前殿三道石门框上，红军刻的“谁是世界上的创造者，只有我们劳苦工农”“铲除封建势力，实行土地革命”“只归生产者所有，那里容得寄生虫”等标语，字大25厘米，今犹完整。前殿内还有10多条红军标语。如今大殿已经成为南江县红军石刻标语陈列园。

山下数百步有龙山书院，院前有一龙池，水色深黝，不溢不涸。同济大学曾搬迁至此。

岷山（汶山）·岷江

全国编号： 233

地区编号： 川23

类　　别： 山川·山

地理位置： 汶山郡（今四川省汶川县、北川县、都江堰市等）

所属流域： 长江

简　　介： 岷山，古山名。“汶”与“岷”通。《元和郡县志》茂州：“汶山即岷山也。”《山海经·海内东经》：“大江出汶山。”《尚书·禹贡》：“岷山通江。”一作渎山，《史记·封禅书》：“渎山，蜀之汶山。”又称汶阜山，《三国志·蜀志·秦宓传》：“蜀有汶阜之山，江出其腹。”古有汶山郡，包括今都江堰、汶川、北川等县市。

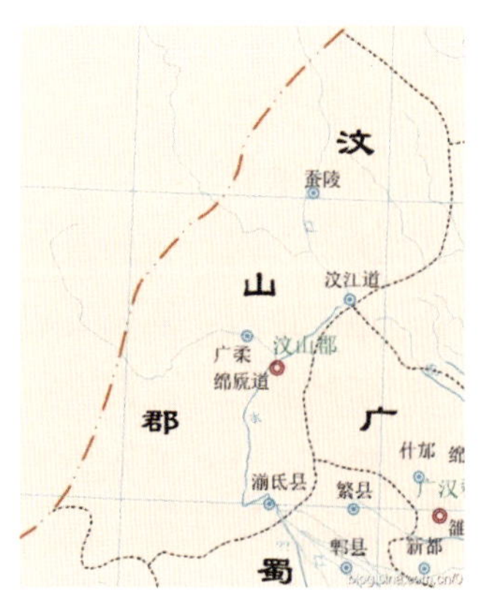

岷山（汶山）·岷江位置图（张卫东供图）

岷江，长江上游的重要支流，因“岷山导江”而得名。历史上，岷江曾被认为是长江正源，明代徐霞客通过实地踏查得出：金沙江一支才是长江正源。岷江传统上以发源于四川松潘县岷山南麓的一支为岷江正源。《禹贡》：“岷山导江，东别为沱。”汶川和北川有国家级非遗“禹的传说”。都江堰市也留下了许多大禹治水的美丽传说，“东别为沱”描述的是传说中大禹治理岷江的工程，自出山口引导岷江分流入沱江；后世李冰开凿“离堆”引岷江水入成都平原，尾水注入沱江，效果相似。

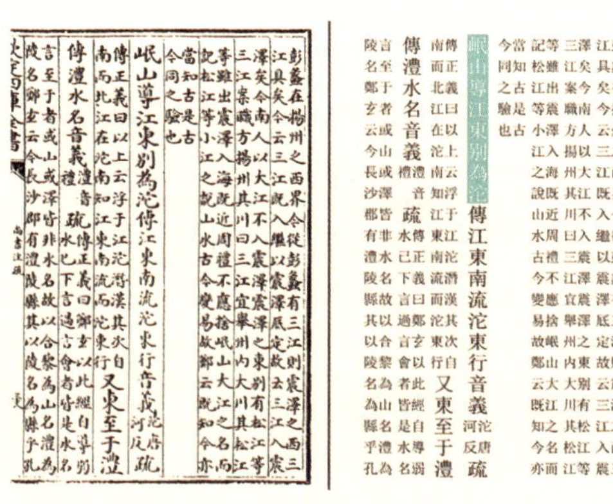

《尚书正义》载“岷山导江”

治理岷江，历史上有三个重要阶段：4000 多年前大禹治理岷江、2000 多年前李冰治理岷江、当代中国共产党领导下治理岷江，合称为“三治岷江”。

附录：

岷江是长江水量最大的支流，流经四川盆地西缘，于宜宾汇入长江。大渡河应为岷江正源，发源于青海、四川边境的果洛山，但长久以来习惯将大渡河视为岷江右岸一级支流。自大渡河源头起算，岷江干流河长 1240 千米，落差约 4208 米。干流流经青海省、四川省的两个市（州）23 个县，流域面积 13.54 万平方千米。

禹王祠（威州镇）

全国编号： 234

地区编号： 川 24

类　　别： 古建筑・祠

地理位置： 四川省阿坝藏族羌族自治州汶川县威州镇

所属流域： 长江

简　　介： 威州禹王祠位于姜维城遗址之“点将台”西侧，占地面积 800 平方米。祠内正殿上塑有大禹王站像，殿右侧有其妻涂山氏塑像，左侧有其子启的塑像。殿右廊有侍臣百工、司徒官、传递官、乐官塑像，殿左廊有舜王，助手伯益、皋陶，侍臣农官塑像。禹王祠在 2008 年“5・12”汶川特大地震中损毁严重。

威州镇禹王祠（陈晓华摄）

禹碑岭

全国编号： 235

地区编号： 川 25

类　　别： 山川 · 岭

地理位置： 四川省阿坝藏族羌族自治州汶川县威州镇禹碑岭村

所属流域： 长江

简　　介： 位于羊龙山脉，因岭上有禹碑（树吞碑）而得名，传说是涂山女娇望夫归家的山岭，亦称望夫岭。羊龙山高耸入云，山腰向岷江河谷分出几道岭，中间为禹碑岭，岭下即汶川县城威州镇。岷江峡谷、杂谷脑河峡谷，为川西北羌、藏、汉交汇地区交通要道。

禹碑岭位置图（张卫东供图）

附录：

望夫岭的传说

自从大禹离别妻子，涂山女娇日夜思念丈夫，每天倚门眺望，并暗暗祈神保佑乡亲们和丈夫治水成功，百姓们免受洪涝之苦，离散的亲人早日团圆。女娇盼了一天又一天，等了一年又一年，还是不见大禹还乡，就决心去寻找大禹，看看能不能助丈夫一臂之力。

山路崎岖，道路艰难，山川阻隔，路途遥远。涂山女娇久病虚弱的身子经不住长途跋涉的折腾，走到汶山郡的渴查（今汶川威州）一带就再也走不动了。可她的心里想着治理江河，想着丈夫带领百姓治理江河的方向，支撑起身子，望啊望——望眼穿，泪滴干，慢慢地变成一座形同人身、势如眺望的大山。

后来，涂山女娇日日望夫归家的山岭，就被羌民们唤作望夫岭。羌民们感念涂山女娇和大禹治水的恩德，就在女娇望夫的山岭上树立一尊石碑，记载与赞颂大禹治水的功绩。于是，望夫岭又叫禹碑岭。

（引自《阿坝州禹迹图》，第 87 页）

禹王碑（树吞碑）

全国编号：236

地区编号：川 26

类　　别：古遗址

地理位置：四川省阿坝藏族羌族自治州汶川县威州镇禹碑岭村羊龙山

所属流域：长江

简　　介：汶川县的禹王碑，指的是县城威州镇西面羊龙山上半山腰里禹碑岭村的树吞碑。传说在很久以前，羊龙山上的羌民为了让子孙后代记住大禹治理水患的丰功伟绩，在禹碑岭立了一座禹王碑。为了不让石碑遭日晒雨淋，羌民们在距碑不远的地方栽种了一棵黄桷树。这棵树似

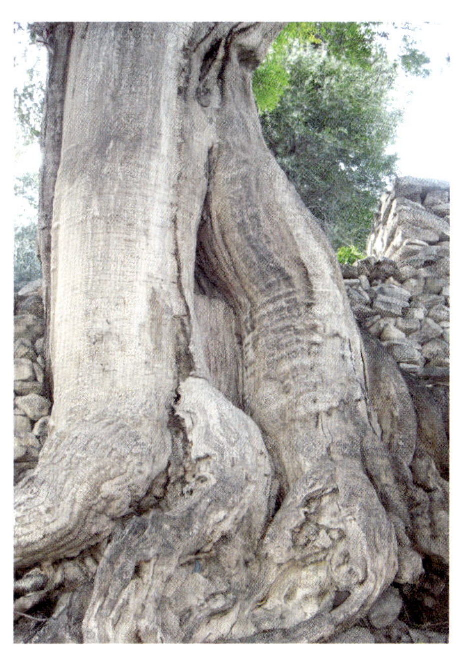

吞碑树（陈晓华摄）

乎通晓人情，它慢慢长大，除了为碑遮光挡雨，抵御风沙，还逐渐把碑包进自己的树身内，彻底将它保护起来。这让禹王碑不仅保存完好，而且成了一道神奇的景致。禹王碑曾有“树吞碑”黑白照片，现碑已不见，仅有一棵吞碑树。

禹王庙（枫香树村）

全国编号：237

地区编号：川 27

类　　别：古建筑·庙

地理位置：四川省阿坝藏族羌族自治州汶川县映秀镇枫香树村

所属流域：长江

简　　介：映秀镇地处汶川县南部，境内有相传大禹所题的“日映龙潭，秀开天地”。映秀禹王庙位于映秀镇枫香树村，传为映秀人民为纪念治理岷江水患的大禹而建，又称禹庙。传说大禹在治理岷江水患时，在映秀召集各路诸侯商议治水方案，并带领映秀人民治水，平息了水患。

禹王庙历史悠久，古意盎然，形制精美。大禹殿临水而筑，台基高 1 米，15 米见方，楠木梁柱高 10 米，正面屋脊上有“风调雨顺”四个大字，大殿内塑有大禹像一尊。后遭火焚水灾，多次被毁。清嘉庆年间（1796—1820 年）重修，新中国成立初期毁坏，现仅存遗址。

禹迹纪事碑

全国编号：238

地区编号：川 28

类　　别：可移动·碑

地理位置：四川省阿坝藏族羌族自治州汶川县映秀镇桃关村戴家坪

所属流域：长江

简　　介：映秀桃关戴家坪原有一座有关禹迹的纪事碑，为乾隆五十年（1785 年）汶川知县郑命新立，详述了汶川境内的禹迹，认为大禹生于汶川石纽山。

附录：

戴家坪禹迹纪事碑文

汶川县南（今绵虒镇）十里许，名飞沙关。山顶有石纽刳儿坪，相传即禹诞生处。论者谓禹为石泉人，盖古石泉县有“禹穴”故耳。不知“禹穴”为憩息处，无石纽名。今考《蜀志·秦密传》谓“禹生石纽”，即今之汶川县。按汶始于汉，五代时置郡、置县，称汶川、汶山不一。自隋及唐，罢郡建汶川县，属茂州，至今因之。《皇舆表》载：“汶山县省入茂州，汶山即汶川也。”谯周《蜀本纪》：“禹本汶山郡广柔县人，生于石纽，其地名刳儿坪。”按广柔县：晋初，属汶山郡，寻废。则广柔之地，已并入汶川也。今刳儿坪石纽现在，知禹生汶川，洵不诬矣。夫神圣诞生之区，后人往往传闻附会，争之为里邑光。况禹生汶川，稽之往册，实有明征，而竟令其久而不传，则官斯土者咎也。因续入志乘，并泐石焉。

（引自《阿坝州禹迹图》，第 97 页）

禹王宫（绵虒镇）

全国编号：239

地区编号：川 29

类　　别：古建筑·宫

地理位置：四川省阿坝藏族羌族自治州汶川县绵虒镇政府驻地

所属流域：长江

简　　介：绵虒禹王宫在汶川绵虒镇政府驻地中街。已知最早的绵虒禹王宫兴建于乾隆五十年（1785 年），道光十一年（1831 年）重修，坐东朝西，占地亩余，建筑面积 600 平方米，专为纪念大禹而修，保存基本完好。

正殿面阔三间，进深四间，为穿斗木结构单体歇山式顶，通高 9.02 米，走廊长 13.66 米。殿内有神龛，高 1.4 米，供禹王像。正殿对面为戏台、戏楼。殿宇楼阁均饰以木刻浮雕，顶饰彩绘“藻井”，图案精美，栩栩如生。图案中有一种有角的虎，即绵虒的“虒”。禹王宫内外四周均为精湛壁画，为当地体现羌禹文化的重要建筑。宫内有众多雕刻艺术品，宫门一侧有民国 29 年（1940 年）于右任先生所题“明德远矣”字碑。

禹王宫是绵虒人民最重要的祭祀大禹的场所。每年正月耍龙灯时，人们总要先到禹王宫里耍了以后再到街上耍。每遇天旱时节，人们总是到庙里求雨朝拜禹王，

绵虒禹王宫旧影（陈晓华供图）

绵虒禹王宫（王小荣供图）

请求恩赐，以保五谷丰登、六畜兴旺。每年的二月初二、六月初六、九月初六，是禹王宫朝拜的高峰时节。成百上千的人们涌进禹王宫，以真诚之心朝拜，这已成了当地习俗，保持至今。

禹王宫在 20 世纪六七十年代被损，后经过整修。“5・12”汶川特大地震，地震后残存禹王宫正殿和对面的戏台楼阁，戏台楼阁上的木刻浮雕壁画数幅及旧时官宦、仕女水边游乐图壁画尚存，有岷江水文化之特色。灾后重建中，由珠海市援建组于 2010 年 7 月重修了禹王宫。

刳儿坪

全国编号：240

地区编号：川 30

类　　别：山川・岭

地理位置：四川省阿坝藏族羌族自治州汶川县绵虒镇石纽山

所属流域：长江

简　　介：刳儿坪因圣母剖腹生禹而得名，“刳”意为剖开。刳儿坪位于石纽山半山腰上，是一段坡度比较平缓的山梁，是整座石纽山最为平旷的地方。刳儿坪土层深厚而肥沃，林木茂盛，郁郁葱葱。飞瀑流泉，鸟语花香，在古代确是难得的宜居之地。一直到当代，这里都有羌民居住。后来，党和政府为了村民更加便利地生活，把村民迁到石纽山脚下，那就是大禹村。大禹村北端有路通往禹穴沟，再沿着石纽山北面山坡开出的砂石盘山公路，可到达刳儿坪。

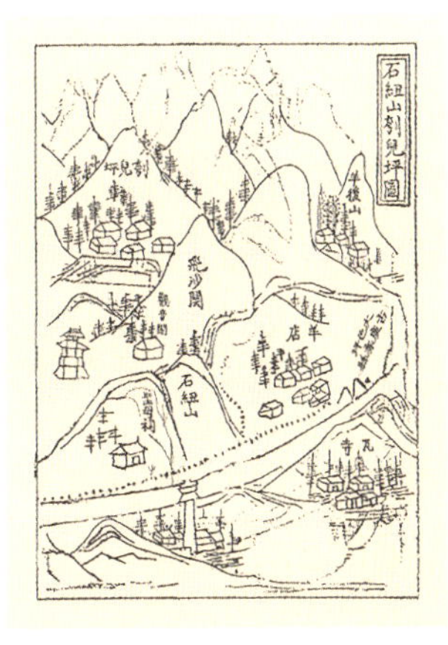

《汶志纪略》载“石纽山刳儿坪图”

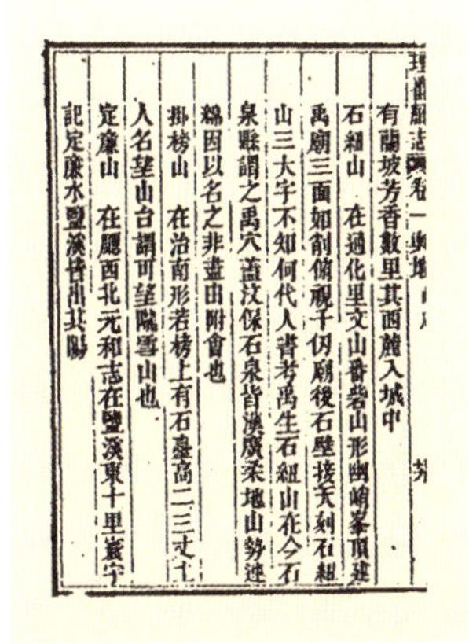
有蘭坡芳香數里其西麓入城中
石紐山　在通化里文山番砦山形幽峭峯頂建
禹廟三面如削傍覩千仞廟後石壁接天刻石紐
山三大字不知何代人書考禹生石紐山在今石
泉縣謂之禹穴蓋汶保石泉皆漢廣柔地山勢迤
綿因以名之非盡由附會也
掛榜山　在治南形若榜上有石壘高二三丈土
人名望山台謂可望隴雪山也
定廉山　在廳西北元和志在鹽溪東十里寰宇
記定廉水鹽溪皆出其陽

同治《直隶理番厅志》卷一载“石纽山”

刳儿坪（王小荣供图）

“禹迹”石刻

禹迹石刻（陈晓华供图）

全国编号： 241

地区编号： 川 31

类　　别： 石刻

地理位置： 四川省阿坝藏族羌族自治州汶川县绵虒镇石纽山

所属流域： 长江

简　　介： 禹穴的石上刻有“禹迹”二字，字大约一米见方。该石刻年代不可考，岩石风化，“禹迹”二字笔画隐约可见。

禹　穴

全国编号： 242

地区编号： 川 32

类　　别：山川·洞

地理位置：四川省阿坝藏族羌族自治州汶川县绵虒镇石纽山

所属流域：长江

禹穴（王明军摄）

简　　介：绵虒镇石纽山刳儿坪禹王庙左上50余米处，有一处洞穴，洞深一丈多，宽五尺有余，可纳八九人栖身。岩石上刻有“禹穴”二字，字大数尺。经过漫长岁月的风化，今天已不易辨识。“禹穴”的得名，有三种传说：一是大禹幼时玩耍之穴；二是大禹藏书简之穴；三是大禹出生之穴。

附录：

禹穴的故事

相传，大禹出生在石纽山刳儿坪岩穴里，被世人增添了许多传奇色彩。

夏朝之前，天下大涝，汶山郡石纽山上来了一位怀孕的年轻妇人，挺着大肚子到一山穴处栖身，她就是大禹的母亲。大禹的母亲刚怀孕时，曾经做了个梦，梦中有一个神仙给了她一粒仙药，放在手中闪闪发光，于是她就吃了下去，从梦中惊醒，仍余香满口。等到大禹出生时，红光满穴，时值夜晚，红光从山穴中射出，人们见石纽山上空红彤彤的，很远都能看到。大禹初生时，哭声很大，传得很远，哭声传到了石纽村人的耳朵里，引得村里妇人纷纷前往探视。

他们见这对母子很是可怜，住在山洞里，没房住，没吃的，主动拿出家里的吃食供这对母子生活，又找来石头、木头，在山洞不远的平地上，砌筑了一间石屋，这对母子总算有了遮风挡雨的地方。之后，石纽村人有的送锅，有的送碗，有的送盆，有的送玉麦等粮食，好歹为这对母子建起了一个家。后来，这个妇人就在石纽村里帮人干活养活自已和孩子。直到鲧治水到此，找到这对母子后，人们才知道这个头大耳长的孩子叫大禹，这位妇人，就是后来的圣母。大禹出生的山洞，就是今天人们见到的禹穴。

（引自《阿坝州禹迹图》，第30—31页）

洗儿池

全国编号：243

地区编号：川 33

类　　别：山川・池

地理位置：四川省阿坝藏族羌族自治州汶川县绵虒镇石纽山

所属流域：长江

简　　介：距刳儿坪不远处，有一瀑布，从高处飞泻而下，如一条白练挂于山岩。瀑布下有一清泉，泉水清澈，香甜可口，池底石块现出斑斑红色——传说圣母刳腹生禹后，鲧把禹抱到这里，在池水中洗涤。胎血浸透了池底的石头，不再褪色，红色石头在阳光下闪现出各色光环，玉石宝珠般绚烂。当地羌民叫它“洗儿池”。

附录：

羌民有为初生婴儿洗浴的习俗，俗称“洗三”——婴儿出生后第三日，要举行沐浴仪式，会集亲友为婴儿祝吉，也叫“三朝洗儿”。“洗三”的用意，一是洗涤污秽，消灾免难；二是祈祥求福，一生平安。大禹在夏历六月初六出生，正值盛夏，所以，鲧在飞瀑流泉中为儿子洗礼。血润池石，似乎昭示着大禹的不凡；血色不褪，像是一个预言：这孩子将尽付心血，留名青史。

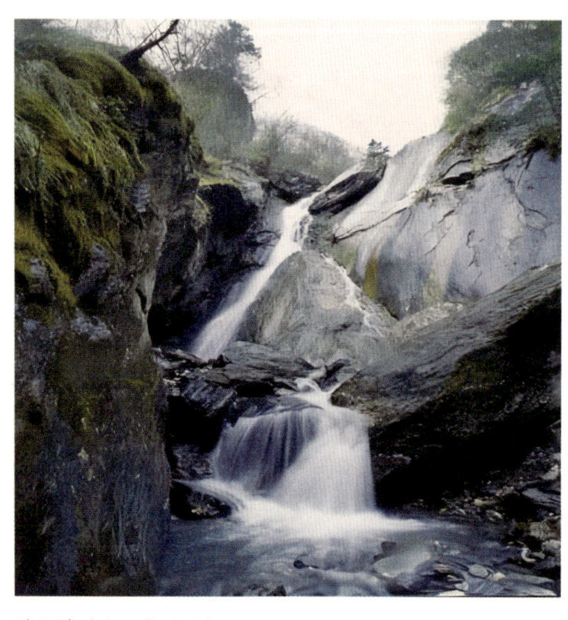

洗儿池（张卫东供图）

关于“洗儿池”还有一种说法。鲧抱着禹到刳儿坪旁边的石窠泉水中洗去胎血，血水浸润了水窠边上的草，草叶变成血红色。鲧剖腹取儿之地叫“刳儿坪”，那个水窠就是“洗儿池”，那种变成血红色的草被称为“血红草”。

“阅史探踪颇着难，而今石

纽已斑斑。岩留虫楷洞犹丽，池洗胎儿血尚鲜。”巴中川陕革命根据地博物馆苟廷一、谯光发二位老先生的赋诗便是对洗儿池生动的描述。

（引自《阿坝州禹迹图》，第 26—27 页）

禹王庙（绵虒镇）

全国编号： 244

地区编号： 川 34

类　　别： 古建筑・庙

地理位置： 四川省阿坝藏族羌族自治州汶川县绵虒镇石纽山

所属流域： 长江

简　　介： 为了纪念大禹，后世在大禹出生地刳儿坪修建了禹王庙。刳儿坪最早的禹王庙何时修建，已不可考。羌族早期的民间传说一直把大禹称作“神禹”，没有“禹王”一说。“禹王”是羌汉文化融合以后出现的。据当地羌民讲，原先的禹王庙占地数亩，石木结构。庙宇虽朴实无华，但香火鼎盛。清朝时被焚，后又修复，为三楹两进。前殿供大禹，后殿供大禹父亲崇伯鲧和圣母修已。禹王庙布局严谨，气势古朴，给人以肃穆森严之感。

遗憾的是禹王庙在“文革”中被毁。汶川大地震灾后重建中，广东珠海市对口援建绵虒镇，在刳儿坪上重建了禹王庙。大殿里的大禹为席不暇暖的站像，高约 4 米，手捧玉圭，身披玄衮，神采飘逸，十分威武，同时显示出禹王生亦劳苦、死亦劳苦的伟大形象。禹王神像前塑有一古时木轮马车，一匹高头雪白大马拉着木轮轴车，由一马夫扬鞭驾驭，栩栩如生。

“大禹王故里”石刻

全国编号： 245

地区编号： 川 35

类　　别： 古遗址

地理位置： 四川省阿坝藏族羌族自治州汶川县绵虒镇石纽山

所属流域： 长江

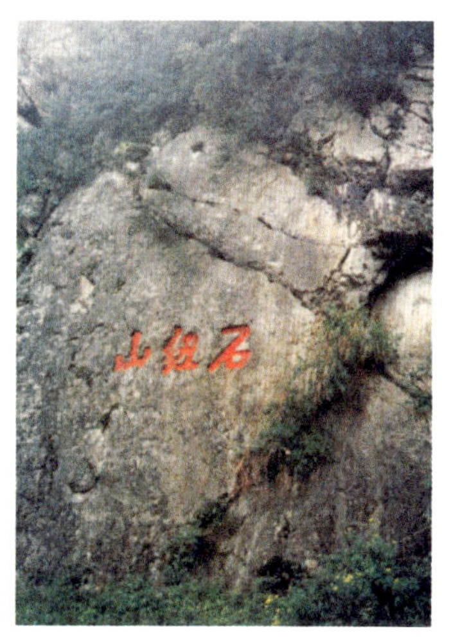

石纽山题刻（王小荣供图）

简　　介：传说李白西游到石纽山，探访大禹出生地，在刳儿坪以北古道的岩壁上题写了“大禹王故里”五个大字，字径大约七十厘米，向世人昭告：这里就是大禹的出生地石纽山。“大禹王故里”石刻也成为著名的景观，古代往来经过古道的人们，都要在此歇息，在瞻仰诗仙书法的同时，更能想起大禹和他治水安民的丰功伟绩。遗憾的是，随着近现代岷江河谷道路的修通，山上古道逐渐荒废，诗仙李白书“大禹王故里”的石刻，也因山体塌方而毁。

大禹村

全国编号：246

地区编号：川 36

类　　别：地名

地理位置：四川省阿坝藏族羌族自治州汶川县绵虒镇石纽山下

所属流域：长江

简　　介：大禹村位于石纽山脚下，岷江东岸，213 国道顺村而过，成汶高速临江通达。今天大禹村的村民中，有部分原先居住在石纽山上的刳儿坪。刳儿坪的原住民世世代代居住在大禹的出生地。新中国成立后，党和政府感念刳儿坪村民住在山上有诸多不便，于是动员刳儿坪村民搬迁至石纽山脚下的高店村。高店村地处岷江河谷，比较开阔，山脚山坡有不少耕地，更有便捷的交通，村民能更好地安居乐业。

天然神禹像（王小荣摄）

2019 年 4 月 11 日，汶川县召开大禹文化研究座谈会，建议将高店村更名为大禹村。后经汶川县人民政府批准，在大禹故里绵虒镇举行了绵虒镇高店村更名为大禹村的揭牌仪式。

天然大禹石像位于大禹村后禹穴沟内的半山腰上，为天然岩石，看上去极似一尊大禹像：身披玄衮，手执耒锸，仍在风雨里视察洪水灾情，沐雨栉风，神采飘逸，十分威武。

石纽山及村落全景（王小荣供图）

禹王谷

全国编号：247

地区编号：川 37

类　　别：地名

地理位置：四川省阿坝藏族羌族自治州汶川县绵虒镇石纽山

所属流域：长江

简　　介：禹王谷位于大禹农庄南面的山谷，在大禹农庄泄洪道至岷江口修建“禹王谷”标志性景观大门，门的上方署“汶川大禹故里禹王谷”九个大字，使过往高速公路上的旅客能看到刻有醒目文字的大门。同时，展现“禹门三级浪，平地一声雷”场面，弘扬大禹“尽力沟洫”精神。大禹农庄为“5·12”汶川地震后（2009 年）的当代建筑，众多景观以“禹”命名。

涂禹山

全国编号：248

地区编号：川 38

类　　别：山川·山

地理位置：四川省阿坝藏族羌族自治州汶川县绵虒镇涂禹山村

所属流域：长江

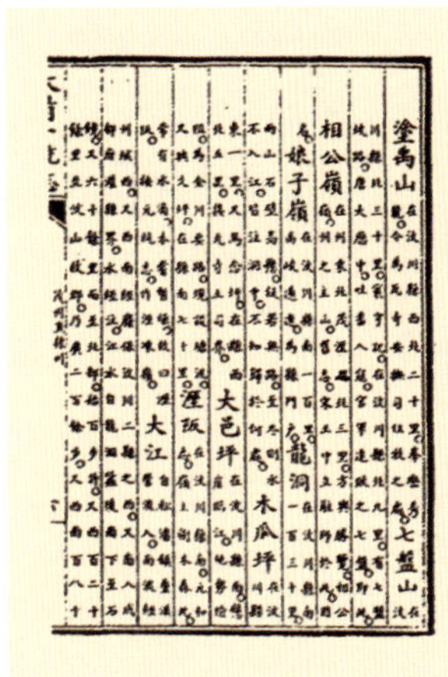

《大清一统志》载“涂禹山”

简　　介：涂禹山，原名涂山，位于石纽山斜对面北侧，距绵虒镇 4 千米，海拔 1938 米，高出岷江河水位近 700 米。与刳儿坪隔江遥遥相对。《大清一统志》载：“涂禹山，在汶川县西北二十里，峰峦秀丽，今为瓦寺安抚司住牧之处。”

全国各地均有“涂山”地名，且各地都因为对大禹的敬仰，而把本地涂山附会为大禹之妻涂山氏女娇的家乡，这是大禹文化的体现。但这些涂山均与“禹生西羌”不符，更和史料记载的汶川石纽山、刳儿坪相距太远。唯有绵虒镇的涂山，与石纽山东南—西北隔江相望，不但符合史书记载，更从地理上相近，民族及文化相同。涂禹山是涂山侯王的部落，是大禹娶涂山女娇之地，亦即大禹的丈母娘家，故后世称涂禹山。

汶川禹文化有三山：石纽山、涂禹山和天赦山。2011 年汶川创建大禹文化旅游区，景区涵盖绵虒镇和威州镇。

涂山庙

全国编号：249

地区编号：川 39

类　　别：古建筑 · 庙

地理位置：四川省阿坝藏族羌族自治州汶川县绵虒镇涂禹山村

所属流域：长江

简　　介：涂山庙位于涂禹山村外的山坡上。因女娇出生在涂山，以地为氏，故称涂山氏。传说大禹与涂山氏结为连理以后，新婚仅四天，即告别爱妻，到南方去治理九河，13 年未归。后人为了纪念涂山氏女娇，在此修建了一座涂山庙，供奉女娇。

涂禹山（王小荣摄）

龙母岩窝

全国编号：250

地区编号：川 40

类　　别：山川 · 洞

地理位置：四川省阿坝藏族羌族自治州汶川县绵虒镇羌锋村

所属流域：长江

简　　介：龙母岩窝位于绵虒镇羌锋村后 10 千米处。数千年来，羌民一直把大禹视为龙的化身，大禹的母亲修已也被尊称为龙母。

附录：

龙母岩窝和龙爪草的传说

上古时期洪水肆虐，天下百姓受尽苦难。在四岳的推荐下，帝尧命有崇部落的首领——鲧治理洪水。鲧用了筑堤堵水之法，连治九年，依然未能彻底平息洪水。

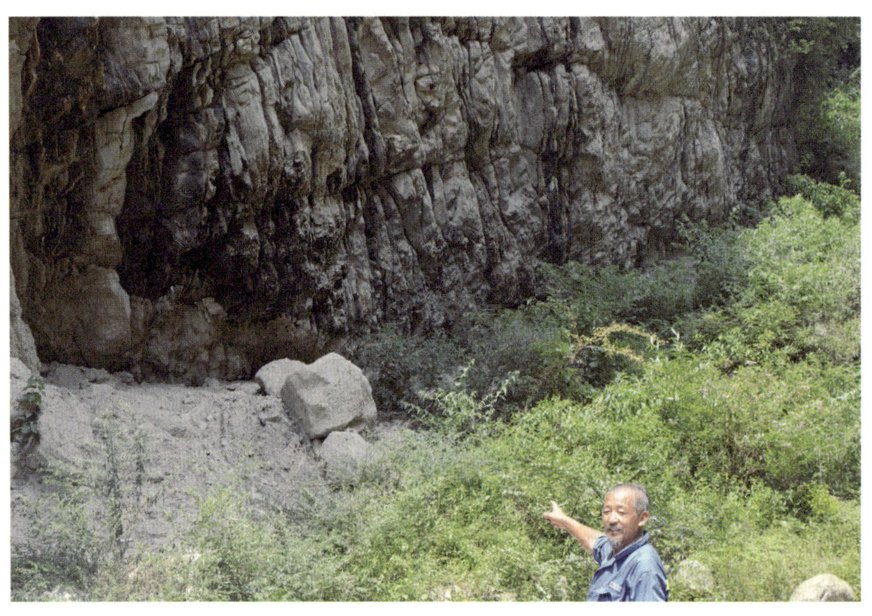

龙母（老母）岩窝（王小荣摄）

鲧知道帝尧一定会降罪自己，于是带着有身孕的妻子修己逃到羌锋大沟里的岩窝里避祸。修己深明大义，她知道缘由后，就劝丈夫回去。鲧叹息一声，说："我这些年来为治水一事殚精竭虑，但洪水仍未平息，回去以后很可能有杀身之祸。更何况你有了孩子，我怎么忍心丢下你们呢？"修己说："你受命治水，就当以拯救万民为己任，怎么能因一己之私而罔顾天下百姓的疾苦呢？"鲧想了一夜，第二天一早就告别妻子，留下修己独自在岩窝居住。后来，修己剖腹生下一子，含辛茹苦地将孩子抚养长大，这个孩子就是大禹。大禹从小就听说父亲治水的故事，后来继承了父亲未竟的事业。他总结了鲧治水失败的教训，经过十三年的治理，终于消除了中原洪水泛滥的灾祸。大禹才能非凡，功绩卓著，在人们心中，他就是真龙的化身。而大禹母亲修己居住过的岩窝，就被人们称为龙母岩窝了。

大禹的治水成功带给族人幸福安定的生活，后人便用舞龙的方式来表达对大禹的纪念。每年正月初八会有一家人主办舞龙，热热闹闹的活动一直持续到正月十四。主办舞龙这家人就是本年的"回首"，回首舞龙时收到的腊肉就是"龙肉"。正月十四这天晚上，全村所有男丁自愿赴回首家吃龙肉。大家还会喝用白菜做成的"龙汤"，品尝用龙爪草做成的"龙爪菜"。人们希望通过这样的纪念方式，龙的化身——大禹可以保佑全村来年风调雨顺。

（引自《阿坝州禹迹图》，第 79 页）

里（禹）坪

全国编号： 251

地区编号： 川 41

类　　别： 地名

地理位置： 四川省阿坝藏族羌族自治州汶川县绵虒镇羌锋村

所属流域： 长江

简　　介： 里坪又叫禹坪，是羌锋村的一个小组，地处岷江河边一大坪，位于今文庙与文星阁之西面。其地有约一华里长，传说此地为大禹治水期间休整之处。现在是村民住地与耕地。

里坪（王小荣摄）

石纽山（大禹村）

全国编号： 252

地区编号： 川 42

类　　别： 山川・山

地理位置： 四川省阿坝藏族羌族自治州汶川县绵虒镇大禹村

所属流域： 长江

简　　介： 大禹治水成功，使得天下万民能够安居乐业而被敬仰崇拜，被称为“神禹”“禹王”，并衍生出许多传说来夸赞大禹的神性——传说圣母在此生神禹而致使山梁扭曲变形成纽状，故名石纽山。

石纽山位于汶川县绵虒镇以南 2 千米处，山脚即飞沙关，岷江在这里拐了个弯，213 国道和都汶高速在飞沙关经过。从飞沙关向上望去，石纽山是一道从龙门山脉的高峰向着岷江迤逦而来的山梁，仿佛一条巨龙向着岷江游来，龙首在江边微微翘起形成高崖，与岷江对岸的山体形成关隘。石纽山脚飞沙关北端，山坳的石壁上刻有“石纽山”三个大字，传说为唐李白西游隐栖岷山南麓期间所题。字大盈尺，笔力遒劲、浑古，诗仙雄风犹存。

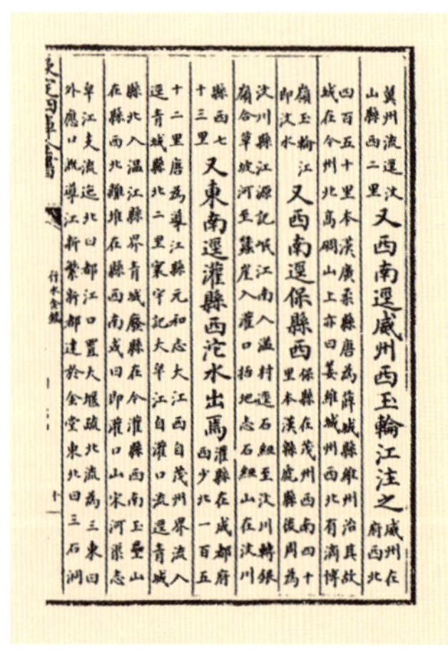
又西南逕威州西玉輪江注之
又西南逕保縣西
又東南逕灌縣西沱水出焉

《括地志》云：“石纽山在汶川县西七十三里。”

唐《括地志》云：“石纽山在汶川县西七十三里。”同治《直隶理番厅志》卷一载：“石纽山，在通化里文山番寨，山形幽峭，峰顶建禹庙，三面如削，俯视千仞。庙后石壁接天，刻‘石纽山’三大字，不知何代人书。考：禹生石纽山，在今石泉县，谓之禹穴，盖汶保石泉，皆汉广柔地，山势连绵，因以名之，非尽由附会也。”山崖上除了阴刻横排“石纽山”三字，另有清代“禹迹”石刻和“大禹故里”四字。石纽山半坡上有禹王庙、圣母祠遗址。禹王庙左上 50 余米处有禹穴，可纳八九人栖身。岩石上刻有“禹穴”二字。禹穴左侧 300 米瀑布下是洗儿池。洗儿池以下溪流中有“血石”。

大邑（禹）坪

全国编号：253

地区编号：川 43

类　　别：地名

地理位置：四川省阿坝藏族羌族自治州汶川县绵虒镇羊店村

所属流域：长江

简　　介：《四川通志》卷二五载："大邑坪，在（汶川）县南，悬崖临江，地险阻，常有飞石伤人。"大禹坪位于今之绵虒镇羊店村河坝，历史上为广柔县治所在地。因大禹为汶山郡广柔县人而得名，今称之为大邑坪。因其地势高，不易被洪水淹没，禹王治水足迹、遗迹至今尚存。

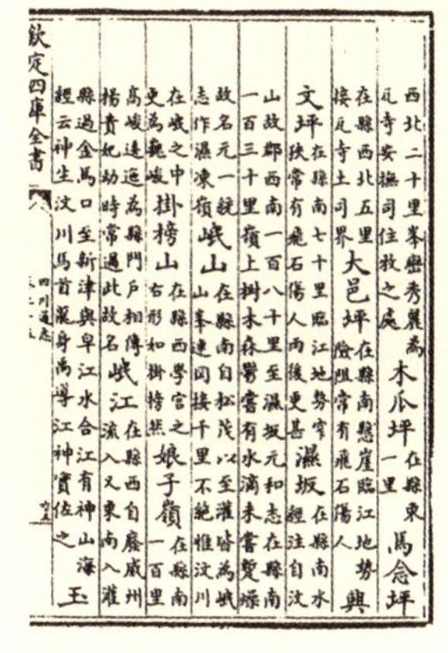
欽定四庫全書　四川通志

西北二十里峯巒秀麗爲瓦寺安撫司住牧之處 木瓜坪在縣東一里 馬念坪
在縣西北五里接瓦寺土司界 大邑坪在縣南懸崖臨江地勢險阻常有飛石傷人 與
文坪在縣南七十里臨江地勢窄狹常有飛石傷人雨後更甚 灄坂在縣南水經注自汶
山故郡西南一百八十里至灄坂元和志在縣南一百三十里嶺上樹木森鬱常有水滴未嘗斷絕
故名元一統志作灄凍嶺 峨山在縣南自松茂以至灌皆爲峨山峯連同接千里不絕惟汶川
在峨之中更爲巍峨 掛榜山在縣西學宮之右形如掛榜然 娘子嶺在縣南一百里
高峻逶迤爲縣門戶相傳楊貴妃幼時常過此故名 岷江在縣西自威州流入又東南入灌
縣過金馬口至新津與皁江水合江有神山海經云神生汶川禹首湔身禹導江神實佐之 玉

《四川通志》卷二五载"大邑坪"

飞来石

全国编号：254

地区编号：川 44

类　　别：古遗址

地理位置：四川省阿坝藏族羌族自治州汶川县绵虒镇羊店村

所属流域：长江

简　　介：飞来石原位于绵虒镇大禹坪岷江边上，自古与江山并存，2008 年毁于地震。

附录：

飞　来　石

禹王当年治水，在广柔县治的岷江边，任命当地有名望的张山为县令。禹王命令随到官拿来竹简，准备书写文书杀掉蛟龙，可没有桌子、凳子。禹王是大家的领头王，是上天恩赐的圣人，写文书怎么能站着写呢！大家正一筹莫展时，土地

飞来石遗址（王小荣摄）

老儿出来说：河边有一方圆体、平整光滑的石包可作书写的天然石桌。大家簇拥着禹王来到河边，果然有一天然石包可作桌子。桌子有了，可没有凳子呀，站着怎么写？这事被对面山顶守候的天将看在眼里，即回天庭报告玉帝，玉帝即令山神送来一石凳，那石凳凌空飞来，落在大石包旁，正好作为凳子，人们便给它取名叫“飞来石”。传说虽然朴素，却寄托着当地人民对大禹的纪念。

（引自《阿坝州禹迹图》，第 82 页）

晒书石

全国编号：255

地区编号：川 45

类　　别：古遗址

地理位置：四川省阿坝藏族羌族自治州汶川县绵虒镇羊店村

所属流域：长江

简　　介：晒书石原位于绵虒镇大禹坪岷江边上，在“5·12”汶川特大地震时毁坏，并被岷江洪水淹没冲走。

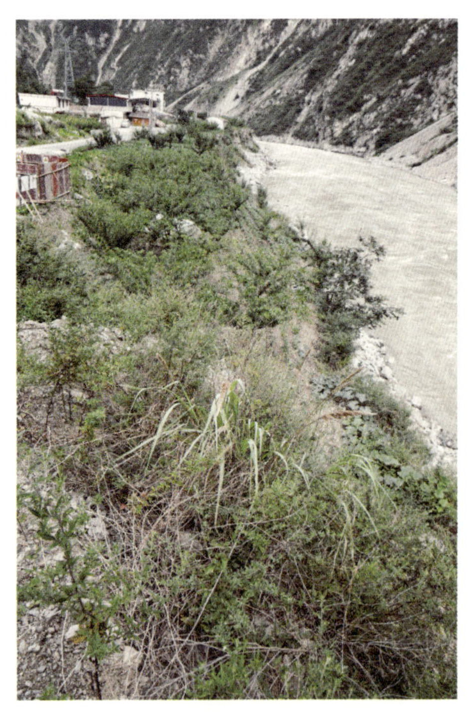

晒书石遗址（王小荣摄）

附录：

晒　书　石

大禹王在石桌前的石凳坐下后，拿出竹简和毛笔写杀死恶龙的命令时，天下起了大雨，把书写好的文书给淋湿了。这是杀头的文书啊，来不得半点马虎，但也不能重写，重写就违反天规。怎么办？大家正一筹莫展时，天空突然一亮，射出万丈光芒，太阳出来了，禹王忙拿出竹筒文书放在一块大石上晒。不一会儿，文书就晒干了，该行刑了。禹王一声令下，龙被拖了出来，行刑时一刀将恶龙头砍下。人们欢呼雀跃，紧紧簇拥在禹王的身边。后来人们给这块大石取名叫“晒书石”。这块大石一直矗立在大邑坪的岷江岸边，很多老年人都见到过。

（引自《阿坝州禹迹图》，第 83 页）

天赦山

全国编号：256

地区编号：川 46

类　　别：山川・山

地理位置：四川省阿坝藏族羌族自治州汶川县绵虒镇草坡片区与耿达乡交界处

所属流域：长江

简　　介：天赦山位于汶川县城西南方向绵虒镇草坡片区与耿达乡交界处，被认为是“大禹禁地”。不同于阿坝州其他地方的崇山峻岭，天赦山并不陡峭，因此水土保持很好，山中林木繁茂。

从前因为交通不便，天赦山人迹罕至。在羌族人民心中，天赦山是一处神圣的禁地，人们不能在山上牧畜。而且，如有罪人逃进山中，其他人也不再继续追捕。这是怎么回事呢？

原来相传此地邻近大禹出生的石纽山，羌民将大禹出生地的方圆百里视为祭祀圣地。如果在天赦山追赶罪人，那是对神禹不敬。那些逃入天赦山的罪人，等三年过去，即可因大禹神佑而赦免其罪。“天赦”一名，就是这么来的。

天赦山（禹羌文化公司供图）

天赦山曾经不知所在，2019 年再次发现。清嘉庆十年（1805年）李锡书知县所著的《汶志纪略》卷三："按草坡河出天赦山。"书上附地舆图，在"天赦山"左右两侧清晰地标着"跟达"和"草坡"两个地名。据此，认定绵虒镇草坡片区与耿达镇交界处为"天赦山"所在地。

附录：

大禹故里记

今之汶川，古为汶山郡，乃夏后氏发迹之地，大禹出生之处。汶山汶水，曩为形胜之地。汶山会昌，皇以建福，汶水千里，沃野启蜀，夏后氏与蜀山氏两大部族长期结盟于此，共创文明，同谋发展。"夏"释为"大"，"后"释为"育"，夏后氏者，高大巨人生育之子孙也。故大禹名文命，字高密。

大禹乃夏后氏之划时代首领，四千年前生于汶山郡广柔县刳儿坪之石纽。石纽传说历经四千余年，多有变异。早在唐宋时，即有古今石纽之分。"古石纽"在今汶川县绵虒镇，"今石纽"隶石泉郡，皆在汶山郡境内。

"大禹兴于西羌"，西蜀羌乡实为夏后氏故里，大禹之生养地。

大禹以汶人而先汶事，邀盟"石纽汶川之会"，其治水，先之以"岷山导江，东别为沱"，继之以通九山九泽，决九河九州，定都于河洛，渐于南巢，会诸侯于江南，终葬于会稽。

大夏文化西兴东渐进程中，大禹累立殊功，导海疏江，神州方得陆处，石纽渐成胜景，育贤诞圣，华夏遂有国家。

大禹乃夏朝第一位君主，是华夏国家文明之初祖，治水兴农之先师，华夏民族凝聚团结的奠基者，中国山水生态综合治理的第一人。

古石纽、天赦山、涂禹山、草坡等胜迹及禹王官、启圣祠等遗存，遍布县境，实有民族核心精神传承之重大历史价值，乃汶山人世代守望之精神家园，故于县境立像立石并建大禹祭坛景区，以供观瞻。

谭继和撰，庚寅年腊月

（引自《阿坝州禹迹图》，第90页）

大　禹　记

禹，姒姓，夏后氏，名文命，黄帝之玄孙而帝颛顼之孙也。史载，禹兴西羌，即今川西之地也。当帝尧之时，洪水滔天，万民不堪其忧。禹乃受天命，秉遗志，奋大勇，劳身焦思，沐雨栉风。过家门而不入，久风雨而逾行。踏九州、导九河、存四渎、定五界，历十年乃令万河归海，四方朝宗，百姓安乐，举世欢颜。后世感其功德，乃尊为大禹。

汶川地动，惨绝人寰。南粤驰援，百业重兴。嗟呼，今人虽承古人之仁爱，而智勇者不啻古人哉，遂立圣像于威州，感其睿智、勤奋、亲民，曰华夏之魂也！

中共汶川县委、汶川县人民政府立
广州对口援建威州工作组、广州市政协办公厅捐建
广州珠江实业集团有限公司捐建
（引自《阿坝州禹迹图》，第90—91页）

禹王山

全国编号：257

地区编号：川47

类　　别：山川·山

地理位置：四川省阿坝藏族羌族自治州理县桃坪镇

所属流域：长江

简　　介：禹王山坐落在理县桃坪镇裕丰岩村对面，杂谷脑河南岸，从东往西看，宛如一个躺着的人。民间传说大禹王治水途经此地，感觉很疲惫便躺下休息，他头戴的帽子变成长长的北坡，他的身体上长出茂密的森林，睡觉时身躯覆盖的地方渐渐变成了一座山。

附录：

禹王山的由来

当年大禹治理岷江支流杂谷脑河的时候，附近山里有一群山怪出没。这群山怪半夜下山，到营寨四周呦呦怪叫，扰得大禹和河工们没法休息；还有山怪趁大家睡熟之际，溜到营寨里偷东西——吃的、穿的、用的，只要能带走的，无所不偷。

大家被这群山怪搅得不胜其烦，却又毫无办法。因为它们身手敏捷，在黑夜之中来无踪去无影。大禹下定决心好好教训这些山怪。他到山里暗中观察，发现了山怪们每晚下山上山走的路径，决定提前埋伏在山怪的必经之路上。果然，到了半夜，八九个山怪悄悄来了。大禹突然现身，挥着宝剑向着山怪砍去。可是，这些

山怪极其灵活，眼看着剑要及身，猛地躲到大树的背后，还有的跳上树枝，上蹿下跳……大禹不知砍断了多少树木枝丫，也没有伤到一只山怪，自己却累得精疲力竭。

大禹知道自己需要帮手，在第二夜，他带着十几个身强力壮的河工埋伏在同一条山道上。可他们等啊等，一直等到大半夜，山怪都没有现身。过了好一阵，他们听到山下传来杂乱的喊叫声——原来这些狡猾的山怪换了一条路下山捣乱了。等大禹带人急匆匆地赶回山下，山怪们早就跑得不见踪影了。

大禹没有办法，只好召唤善于降妖除魔的黄龙前来帮忙。黄龙来了以后，却没有现身，而是潜入山上的瀑布水潭里。

半夜里，山怪们又出动了。他们从山下偷了东西上山，美滋滋地钻进自己的山洞里。待山怪们全部进洞后，突然间，只听轰隆一声，洞口居然自动关上了！原来山怪进的不是山洞，而是龙嘴！

黄龙下山，来到大禹及河工面前，龙嘴一张，把肚子里的山怪悉数吐在地上——山怪们沾着龙涎，身上都湿漉漉的，手里还握着刚偷到手的东西。

山怪们这才明白是怎么回事，它们转身跪在黄龙跟前，一边请求饶命，一边要奉黄龙为王。黄龙一声长吟，然后指着大禹说："这才是王！"

于是，这群精怪赶忙向大禹跪拜叩头，连声称"王"，并保证自己绝不再捣乱，还愿意帮助大禹治水。

大禹没有为难山怪们。他给了山怪们一些吃的，让它们在工地上帮忙干活。

后来，人们感念大禹的仁慈，就把这座山称作"禹王山"。

（引自《阿坝州禹迹图》，第112—113页）

"石纽山"石刻（汶山寨）

全国编号：258

地区编号：川48

类　　别：石刻

地理位置：四川省阿坝藏族羌族自治州理县通化乡汶山寨

所属流域：长江

简　　介：同治《直隶理番厅志》卷一载："石纽山，在通化里文山番寨，山形幽峭，峰顶建禹庙，三面如削，俯视千仞，庙后石壁接天，刻'石纽山'三大字，不知何代人书。考：禹生石纽山，在今石泉县，谓之禹穴，盖汶保石泉，皆汉

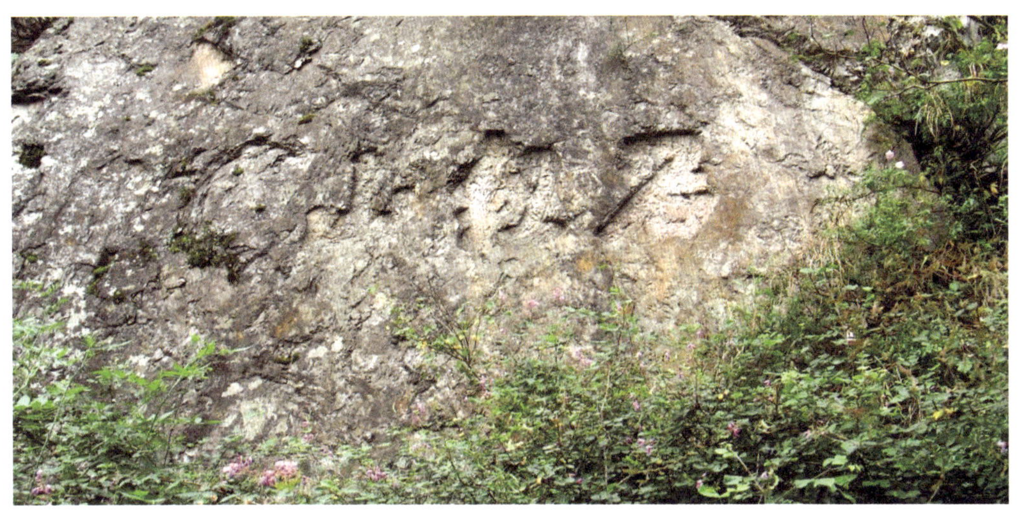

“石纽山”石刻（张卫东供图）

广柔地，山势连绵，因以名之，非尽由附会也。”汶山寨被当地人传为大禹出生地，这里也有一座石纽山。从汶山寨村外沿着之字形盘山公路再向上，就是理县石纽山景区。石纽山为 U 字形山峰中凸出山谷的一座山包，状如按钮，故名石纽。石纽山景区有治蛊泉，沿治蛊泉向上，石阶山道拐弯处，悬崖顶端有“石纽山”摩崖石刻。“石纽山”三字纵向排列，虽经漫长岁月，字迹模糊，依然可识。

治蛊泉

全国编号： 259

地区编号： 川 49

类　　别： 山川 · 湖

地理位置： 四川省阿坝藏族羌族自治州理县通化乡汶山寨

所属流域： 长江

简　　介： 治蛊泉位于石纽山景区石阶通道的中段，右边岩壁下有一清泉石窠，泉水淙淙。相传大禹曾用此泉水为村民治病，十分有效，故名“治蛊泉”。据汶山寨的村民说，治蛊泉对胀臌病治疗效果较明显，村里过去有人患

理县治蛊泉（王小荣摄）

过这种病，喝上几天治蛊泉水后，病即痊愈，并能除根。治蛊泉向上有观景台，观景台中央立有大禹像，禹像基座背面，镌刻有当代人作的《禹王赋》，其诗表达了对大禹的纪念和敬仰。

洗儿池

绵虒洗儿池（王明军摄）

全国编号： 260

地区编号： 川 50

类　　别： 山川・池

地理位置： 四川省阿坝藏族羌族自治州理县通化乡汶山寨

所属流域： 长江

简　　介： 洗儿池深约 60 厘米，口径 50～60 厘米。传说这里就是大禹出生后，其父在此为他洗礼之处。

禹乡村

全国编号： 261

地区编号： 川 51

类　　别： 地名

地理位置： 四川省阿坝藏族羌族自治州茂县凤仪镇

所属流域： 长江

简　　介：“圣人出，凤凰来仪。”相传大禹生于此地，地处茂县东南部的凤仪镇因而得名。凤仪镇百姓为了表达对大禹的景仰和纪念，用“禹乡”来命名自己居住的地方。凤仪镇禹乡村、菜市场前街的禹乡街、菜市场侧街的禹乡巷，皆因大禹而得名。

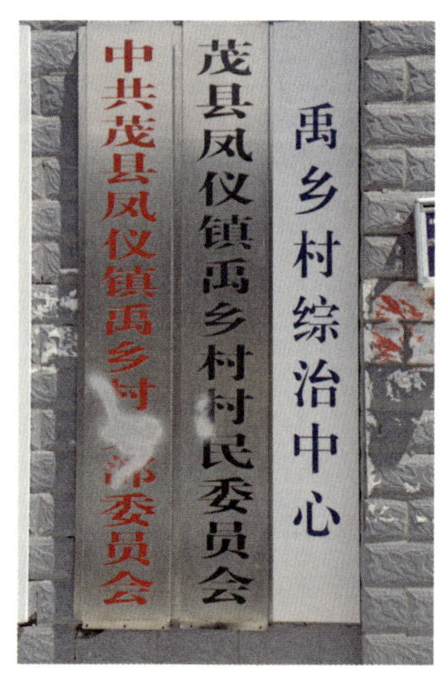

茂县禹乡村（王小荣摄）

羌城大禹殿（凤仪镇）

全国编号：262

地区编号：川 52

类　　别：古建筑·殿

地理位置：四川省阿坝藏族羌族自治州茂县凤仪镇银龟圣山

所属流域：长江

简　　介：古羌城左侧的银龟圣山，是羌族人民缅怀先祖先贤的圣山净土。人们依着山势，从高到低依次建立炎帝、大禹、李元昊三座纪念大殿。三殿均为羌族建筑风格，以土黄色块石、片石垒成，气势恢宏。大禹殿位于三大殿中部，大门造型为大禹治水所用耒锸，大殿内供有大禹塑像供人们朝拜。大门内两侧墙上，挂有大小长短不等的各种耒锸，是大禹治水的象征。大禹殿外立有羌城大禹石碑。

凤仪镇羌城大禹殿（张卫东供图）

附录：

羌城大禹石碑碑文

大禹，又称夏禹，号夏后氏，公元前 3376 年农历六月六日出生于汶山郡广柔县石纽乡刳儿坪，是羌族历史上又一代羌王羌圣，敢于与天抗衡，治理水患第一人，是中华民族核心价值的心灵建筑师，华夏民族大融合、大团结、大统一的先师和典范，是中华多元一体民族文化的奠基者，

羌城大禹像（王小荣摄）

中华国家文明诞生和中华民族共同的人文始祖。

史载，禹兴于西羌，羌王夏禹名文命，父崇伯鲧，因九年治水不成被诛。禹由此接替父鲧未竟重任，是江源岷山导江第一人。他创造的治水方式、体系和理念，形成了“上善若水”、尊重自然生态法则的精神。由其开创的“岷山导江，东别为沱”的治水经验一直沿用至今。大禹“开九州，铸九鼎，陂九泽，度九山”，“三过家门而不入”，治水十三年，终平水患。

舜帝禅位于禹，称夏禹王，后人尊称为大禹王。他创造了夏羌文化，创造了以羌语为母本的古羌文字《夏书》和羌族历法《夏小正》，在湖南衡山亲书石刻 77 字，享誉国内外，史学界称为《岣嵝碑》，羌人称为《神禹碑》。其子夏启开国，建立了中国历史上第一个奴隶制王朝——夏，建都河南阳城（今河南登封县告成镇）。从禹王到末帝夏桀共帝王 17 世，立政 472 年，史称夏朝。

因积劳成疾，途经会稽（浙江绍兴），不幸病故，就地安葬。六世夏王少康封庶子勾践于越，专门掌管禹的祭祀。

（引自《阿坝州禹迹图》，第 132—133 页）

九鼎山

全国编号：263

地区编号：川 53

类　　别：山川 · 山

地理位置：四川省阿坝藏族羌族自治州茂县南新镇九鼎山景区

所属流域：长江

简　　介：《四川通志》卷二五载：“岷山，在（茂）州南……其高直上六十里，山有九峰，四时积雪不消，一名雪山，俗呼九顶山。旧志：岷山在州东南二十里，又九顶山在州东南二十五里，临江寨上，西望雪山，日熳如银，其高无际。土人云：此雪山佛居也，有狮子，人常见之。按：此非古岷山也，《汉志》岷山在湔氐

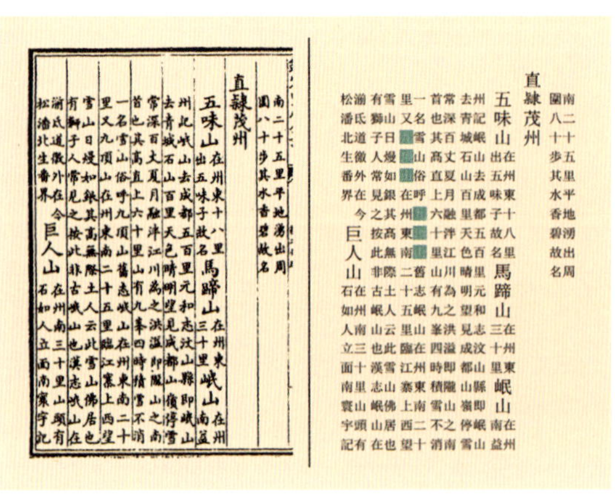

南二十五里平地湧出周圍八十步其水香碧故名

直隸茂州

五味山在州東十八里出五味子故名

馬蹄山在州東三十里

岷山在州南益州記岷山去成都五百里元和志汶山縣即岷山去青城石山百里天色晴明望見成都山嶺停雪常深百丈夏月融泮江川為之洪溢即隴山之南首也其高直上六十里山有九峯四時積雪不消一名雪山俗呼九頂山舊志岷山在州東南二十里又九頂山在州東南二十五里臨江寨上西望雪山日熳如銀其高無際土人云此雪山佛居也有獅子人常見之按此非古岷山也漢志岷山在湔氐道徼外在今松潘北生番界

巨人山在州南三十里山頭有石如人立面南寰宇記

《四川通志》卷二五载“九顶山”

汶川遥望九顶山（张卫东摄）

九鼎山（张卫东供图）

道徼外，在今松潘北生番界。”

唐代大诗人杜甫留居蜀地时，写下关于岷山的诗句：“彝界荒山顶，蕃州积雪边。筑城依白帝，转粟上青天。”九鼎山坐落于岷山山系龙门山脉中部，因山有九峰而得名，最高的狮子王峰海拔高达 4989 米，属龙门山脉群峰中最高点，真可谓“转粟上青天”了。峰顶四时积雪，每当清晨日出，霞光熠熠，故有“九顶朝霞”的美誉。

九顶山之名，当有九峰之故。此山亦名“九鼎山”，有禹铸九鼎之说，山上黑龙池和白龙池，相传都与大禹有关。

附录：

黑白双龙助禹战共工

舜帝继位之后，联合北方的各个部落治理洪水。可南方有个叫共工的部落拒绝与舜帝结盟，想要独霸一方。共工不时向北方扩张领地，挑起战乱，滋扰百姓。

舜帝继位不久，对此颇感力不从心。共工挺进舜帝的联盟领地，到处劫掠，还说舜帝为庸才之辈，全然不把舜帝放在眼里。共工只对舜帝赐封为司空的大禹王稍有顾忌，他疏导九江，平定水患，深受人民拥戴。在共工眼中，天下除了禹之外，没有谁能与自己抗衡。

大禹多次去共工部落商议，要求他以天下民众疾苦为重，放弃征战，积极参与天下水患的治理，可共工阳奉阴违，只是口头上答应。

大禹来到南方治水，遇到共工阻挠。大禹先派百工等人装扮成冶炼工匠潜入共工部落进行策反，却被共工识破。共工宣称军队装备精良，一旦开战大禹必将一败涂地。原来他很早就采用冶炼之术锻造铜铁兵器，他们使用的武器极具杀伤力，锐利程度远胜其他军队的兵器。再加上共工又有撼山岳之功，唤洪水之气，更是嚣张跋扈不可一世。

共工的得逞并未动摇大禹的决心。他召来黑白双龙，借助二龙雷鸣电闪之威，亲自拿起弓箭，冲锋在前。黑白双龙则从两翼神龙摆尾，龙尾扫得共工军队人仰马翻，溃不成军，很多兵将成为大禹的俘虏。共工见大势已去，慌忙向不周山逃窜，哪知黑白双龙在后面紧追不舍。共工自知不及，便一头撞在不周山的石头上，呜呼哀哉，喷血而亡。共工亡后，南方归顺。大禹乘势在南方掀起了治水高潮。

大禹治水成功，继位成王后，开山取矿，炼制青铜，铸造九鼎分镇九州。此山因而又名“九鼎山”。大禹铸造九鼎时，黑白双龙帮助他开山取矿，累了就在山上水池里洗澡歇息，后人将其命名为黑龙池和白龙池。

（引自《阿坝州禹迹图》，第 124—125 页）

渭门（禹门）关

全国编号： 264

地区编号： 川 54

类　　别： 地名

地理位置： 四川省阿坝藏族羌族自治州茂县渭门镇

所属流域：长江

简　　介：渭门关在茂县渭门镇渭门村以南。岷江到此收窄，形成一个峡谷关口，故称“渭门关”。相传大禹当年在这里带领羌民治理水患，所以“渭门关”也被称为“禹门关”。当地人说，正是在这里，大禹发明了用于江两岸河工往来运输物料的溜索桥（笮桥）。

附录：

大禹发明“溜索桥”

大禹治理岷江的时候，率领河工疏导格溜（羌语指茂县）地界的堰塞湖时遇到了许多困难，其中之一就是两岸往来的问题。一天，他指挥疏导，河东岸急需增加人力排石除泥，而河西岸人力过多，窝工严重。禹见状当机立断，要河西撤出一半人力到河东来。

河西领工问禹：“江河阻隔，咱们怎么到河东呀？”这一问，可把禹难住了。他眼见滔滔激流，意识到问题的严重。

这可怎生是好呢？禹仰望苍天，向苍天祈求道：“天神呀，请你赐给我智慧，教给我过河的方法吧。”

正当禹对此事一筹莫展的时候，九天玄母娘娘出现在他眼前。她手持纺线锤，说：“禹呀，这点困难算什么！你看到我手中的羊毛线了吗？”经九天玄母娘娘的点拨，大禹豁然开朗——有了！我可以利用对河两岸的地形高差架设溜索，让河工自由往来。

禹拜谢九天玄母后，便让人将当地出产的油竹砍来。他带着人民将竹竿破成竹篾丝，编成两条粗大的绳索，并列横跨岷江：一条绳索东高西低，可以溜索过去；一条绳索西高东低，可以溜索回来，从而沟通了岷江两岸。禹又让人做了木制悬筒（溜筒），并在上面系上绳索让人自由滑翔，于是岷江两岸的峡谷中便有了“溜索”。

随着实践经验不断积累，族人又想法在对河两岸建桥楼，立圆柱，中挖圆孔，穿一横木，用人力推动横木，让竹绳绕梁旋转，将过江的竹绳绷紧拉平。这样，“溜索桥”就更加牢固了，得到了“天下第一桥”的美誉。

大禹四处治水，他发明的“溜索桥”渡河法也随之带到全国各地，得到了广泛运用。即使在当代，在一些山高谷深的偏远地区，人们依旧能靠溜索渡河。

（引自《阿坝州禹迹图》，第 134 页）

黄龙寺

全国编号：265

地区编号：川 55

类　　别：古建筑·庙

地理位置：四川省阿坝藏族羌族自治州松潘县黄龙乡

所属流域：长江

简　　介：民国《松潘县志》卷五载："黄龙寺，在县东七十里，明兵使马朝觐建，亦名雪山寺。相传黄龙真人养道於此，故名。有前、中、后三寺，殿阁相望各距五里。山顶清泉层叠而下，至山腰则散如溅花，随地荡漾，潴成沼池，方圆不一，澄清澈底。寺前一洞深不可测，岩泉滴沥，石髓凝聚，其状如佛、如龙、如虎，下有石屑如面，细腻可食，携出则坚矣。沿山产松柏，苍翠蔽天，复有波罗花，生香不断，洵人世之嫏嬛也，气寒地僻，游人绝少，惜哉。"

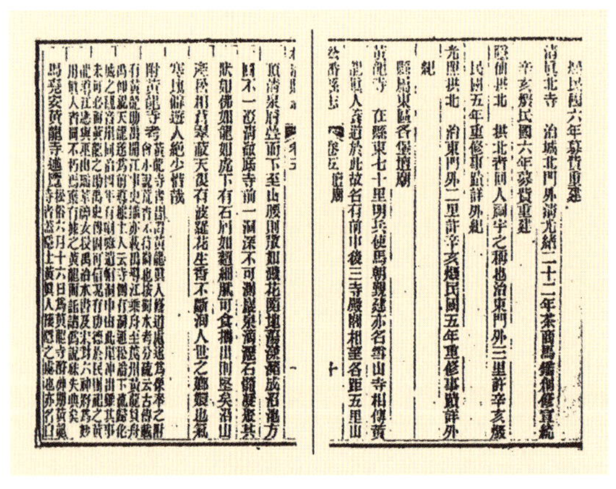

民國六年募貲重建

清真北寺　治城北門外清光緒二十二年茶商馬鏞倡修宣統辛亥燬民國六年募貲重建

拱北　拱北者回人祠宇之稱也治東門外三里許辛亥燬民國五年重修事蹟詳外紀

光明拱北　治東門外二里許辛亥燬民國五年重修事蹟詳外紀

縣屬東區各堡壇廟

黃龍寺　在縣東七十里明兵使馬朝覲建亦名雪山寺相傳黃龍真人養道於此故名有前中後三寺殿閣相望各距五里山頂清泉層疊而下至山腰則散如濺花隨地蕩漾瀦成沼池方圓不一澄清澈底寺前一洞深不可測巖泉滴瀝石髓凝聚其狀如佛如龍如虎下有石屑如麵細膩可食攜出則堅矣沿山產松柏蒼翠蔽天復有波羅花生香不斷洵人世之嫏嬛也氣寒地僻遊人絕少惜哉

附黃龍寺考

民国《松潘县志》卷五载"黄龙寺"

黄龙寺位于松潘县城北35千米黄龙乡玉翠山麓，藏语称"色尔错拉康"，羌语称"雪海斯格"，意思都是"金海子寺庙"。黄龙寺原称雪山寺，又名白鹿寺，后因此地有黄龙负舟助禹治水和黄龙真人修炼的传说，改为现名。《松潘县志》载："黄龙寺，明兵马使马朝觐建，亦名雪山寺，相传黄龙真人养道于此，故名。"当地传说，大禹治水至茂州地方，东海黄龙为其负舟过江，充当向导，立下了功劳。后成为黄龙真人，其身化作十里金沙，其鳞化作千座彩池。后人记其功德，建黄龙寺。有罗汉堂、中寺、后寺、禹王庙等。

黄龙庙会在农历六月十六日，方圆数百里（历史上包括松潘、九寨沟、黑水、红原、阿坝、若尔盖及青海果洛）藏、羌、回、汉各族人民集会黄龙寺……清人马尧安《黄龙寺述览》云："每届会期，士女多赴寺游览，布帐炉烟，行歌互答，岁以为例。"

黄龙寺（张卫东供图）

附录：

黄龙负舟

大禹在汶川九龙山，遇到了一条黄龙。黄龙是来帮大禹治水的，但大禹不认识它，把黄龙当成了黄蛇。黄龙觉得自己蒙受了奇耻大辱，但它又忌惮大禹的神力，于是愤愤地游到岷江上游的黄龙沟，在那里住了下来。黄龙降伏了附近的妖魔鬼怪，每日优哉游哉，自得其乐。

一日，黄龙听说大禹在茂州岷江治水，想起自己当初好心帮他反受侮辱，于是想着要去报复一下。

漆黑的夜里，黄龙乘风而去，到了茂州地界，却看见江边灯火点点，原来这里是大禹治水的营寨。黄龙隔江窥视了许久，半夜后，等到对岸灯火只剩下一盏，又偷偷过江，溜到大禹营寨的后山。就近窥视，看到唯一亮着灯的棚子里，大禹和几个人在一起，比比画画，商量着什么。

等到其他人走了，大禹也吹灯睡下了，营寨一片沉寂。黄龙顿觉无趣，转身想走，却又心有不甘。黄龙暗地里想了想，决定捣捣乱捉弄捉弄大禹。于是，黄龙静悄悄地腾身而起，飞到营寨上空，龙尾下拖，稀里哗啦就扫倒了大禹住的棚子，惊醒了大禹和所有人，营寨里一片喧哗。

黄龙悄悄躲在营寨的后山，看着营寨里人们一片惊惶。大禹毫发无损地出来了，默默看着倒塌的棚子，吩咐大家回去睡觉，说明天还要干活，得好好歇着，自己就在这倒塌的棚架子上睡。可是大伙儿不答应，非要帮大禹修好倒塌的棚子。人们七手八脚忙起来，直到五更才把棚子弄好。

黄龙趁黑溜回了黄龙沟。第二天白天，黄龙又从水里潜游过去，看到营寨下的岷江两边，大家都在干活，丝毫没受昨晚的影响。大禹站在一艘船上，船上装满了砂石，要运到下游去。突然，江面上狂风大作，巨浪滔天，眼看着大禹的船要被风浪弄翻了。黄龙不禁思忖道：大禹为民治水，本就辛苦操劳，昨晚还被自己搅得没睡好觉。他顾不得好好休息，今天还要冒着生命危险操舟。想到这里，黄龙又是歉疚又是感动，赶紧从水底游过去，用龙身稳住了将要侧翻的船。龙尾拍打着水浪，发出久久的长吟——龙吟声中，风停了，浪平了，大禹安然无恙。黄龙这才从水中出来，和大禹相见——营寨里一片欢腾。

此后，黄龙就经常来营寨，帮大禹负舟运送砂石物料。

（引自《阿坝州禹迹图》，第 131 页）

二十、贵州省

三元宫

全国编号： 266

地区编号： 贵 1

类　　别： 古建筑·宫

地理位置： 贵州省贵阳市贵阳美术馆旁

所属流域： 长江

简　　介： 原名三官庙，建于清朝嘉庆年间（1796—1820 年），光绪十四年（1888 年）改建为三元宫。民国 6 年（1917 年），又建高约 20 米的三层八角阁楼“明文阁”。民国 8 年在阁旁修一船楼。20 世纪 50 年代拓宽市西河，拆除了大部分三元宫建筑，现仅存明文阁和船楼。

有泉定番三官殿在城内西中街康熙十三年建道光十二年重修廣順五顯廟在城内開州祖師觀一名北極觀在州治北山下有白沙龍井崇禎三年河防道僉事洗魁楚建康熙元年井中龍見知州徐昌以羊豕祀之龍乃不復出牛馬王廟在城隍廟右衛神廟在州署儀門左貴定三聖宮在舊縣武廟右郎天敕建康神廟在縣城内十字街又一在城北十里前堡牛王廟在縣城内北隅又一在小塲虎塲又一在平伐營三官廟在縣城内南街又一在舊縣城西門樓三官閣在縣城内北隅又一在平伐塲羅衣屯

道光《贵阳府志》卷四一所载“贵阳三官庙”

贵阳三元宫（张卫东供图）

禹门寺

全国编号：267

地区编号：贵 2

类　　别：古建筑 · 寺

地理位置：贵州省遵义市红花岗区新舟镇沙滩村禹门山

所属流域：长江

简　　介：乐安江畔有禹门山，周围有沙滩村、禹门村。道光《遵义府志》卷四载："禹门山，在城东七十里，巨峦深翠，林壑翼然，西面颓岩悬壁，古木修苍，乐安江经其下，回为深潭，中有巨鳖，出则波光皆金，树石晃漾。"明万历之前禹门山已有沙滩寺，顺治年间（1644—1661 年）易名禹门寺。后屡毁屡建，现存建筑为 1995 年后修复。

莫友芝（1811—1871 年）《禹门山》诗云："禹门多古木，俯仰一翠气。从来溪上人，不见山中寺。"《遵义府志》《康熙黎氏家谱》等载有"禹门寺"历史。文人有《禹门六景》诗、《禹门寺记》等。道光《遵义府志》卷八载："禹门寺，在治东七十里，山周四五里，其西乔林崇壁，乐安江经其下，回潭一碧，环山而东。明万历初，黎朝邦父子始创伽蓝於上，名沙滩寺。明亡，朝邦子黄冈知孙怀智落发住此，名龙兴禅院。顺治丁亥，僧丈雪避乱来居，旋去，丁丑冬再至，遂开道场易名禹门寺……丈雪有《禹门六景》：《石头山》《锁江桥》《溪声》《牧笛》《沙汀》《月浦》。六诗今寺中释藏如旧。"

禹门山摩崖（郑珍、莫有芝、黎庶昌书刻）为省级文物保护单位。

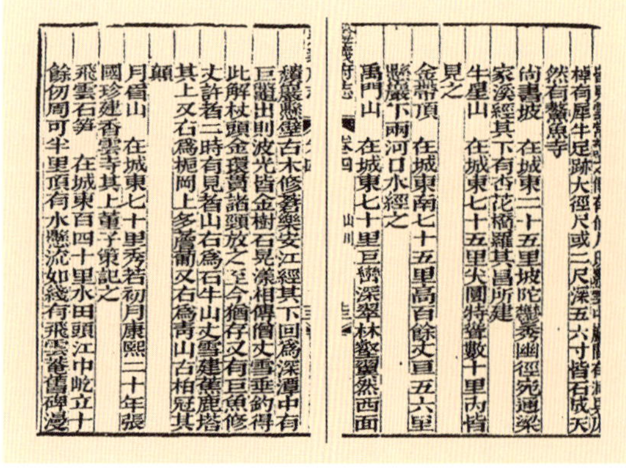
棹有犀牛足跡大徑尺或二尺深五六寸皆石成天
然有鰲魚寺
尚書坡　在城東二十五里坡陀鬱秀幽徑宛通梁
家溪經其下有杏花橋羅其昌所建
牛星山　在城東七十五里尖圓特聳數十里內皆
見之
金帶頂　在城東南七十五里高百餘丈亘五六里
懸巖下兩河口水經之
禹門山　在城東七十里巨巒深翠林壑翼然西面
頹巖懸壁古木修蒼樂安江經其下回爲深潭中有
巨鼇出則波光皆金樹石晃漾相傳僧丈雪垂釣得
此解杖頭金環貫諸頸放之至今猶存又有巨魚修
丈許者二時有見者山右爲石牛山丈雪建舊鹿搭
其上又右爲梔岡上多薝蔔又右爲青山古柏冠其
巔
月眉山　在城東七十里秀若初月康熙二十年張
國珍建香雲寺其上章子策記之
飛雲石筍　在城東百四十里水田頭江中屹立十
餘仞周可半里頂有水懸流如綫有飛雲菴舊碑漫

道光《遵义府志》卷四载"禹门山"

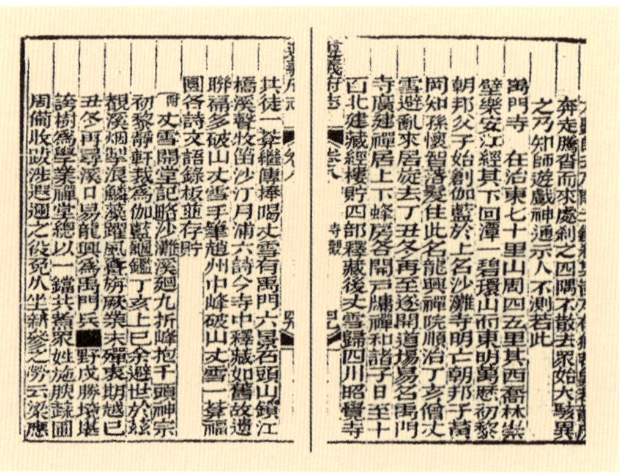
奔走騰沓而來處剎之四隅不散去衆始大駭異
之乃知師遊戲神通示人不測若此
禹門寺　在治東七十里山周四五里其西喬林崇
壁樂安江經其下回潭一碧環山而東明萬歷初黎
朝邦父子始創伽藍於上名沙灘寺明亡朝邦子黃
岡知孫懷智落髮住此名龍興禪院順治丁亥僧丈
雪避亂來居旋去丁丑冬再至遂開道場易名禹門
寺廣建禪居上下蜂房各闢戶牖禪和諸子日至十
百北建藏經樓貯四部釋藏後丈雪歸四川昭覺寺
其徒一奔繼傳捧喝丈雪有禹門六景石頭山鎖江
橋溪聲牧笛沙汀月浦六詩今寺中釋藏如舊故遺
聯禱多破山丈雪手筆趙州中峰破山丈雪一葉福
圓各詩文語錄板並存貯
附丈雪開堂記略沙灘溪迴九折峰抱千頭神宗
初黎靜軒栽爲伽藍颺鑑丁亥上巳余避世於茲
覩溪烟擊浪鱗藻躍風飛旃厥業夫彈指期越巳
丑冬再尋溪口易龍興爲禹門兵■野戍勝境堪
誇樹爲學業禪堂總以一鐺共煮衆姓施腴鍊圃
周備收跋涉遐邇之役免外坐耕參之勞云然應

道光《遵义府志》卷八载"禹门寺"

禹门寺（张卫东供图）

禹　步

全国编号：268

地区编号：贵 3

类　　别：非物质・祭舞

地理位置：贵州省铜仁市德江县

所属流域：长江

简　　介：禹步，亦称禹跳，谓夏禹跛行。

东周《尸子》卷下云："古者龙门未辟，吕梁未凿……禹於是疏河决江，十年不窥其家，手不爪，胫不生毛，生偏枯之病，步不相过，人曰禹步。"西汉扬雄《法言・重黎》云"巫步多禹"，李轨注曰"俗巫多效禹步"，表明禹步最早为巫祝采用。《洞神八帝元变经・禹步致灵》："禹步者，盖是夏禹所为术……昔大禹治水……见鸟……常作是步，禹遂模写其行，令之入术。"

西南地区称踩九州、踩八卦、走罡，贵州省铜仁市德江县傩坛罡步据说有 72 种。近年有人认为禹步的原型即商羊舞，焚巫求雨的习俗也源于此舞。这种舞蹈实际上就是"踏歌"，因为人们常于祈雨仪式上跳此舞，这种舞因而就获得了祈雨救

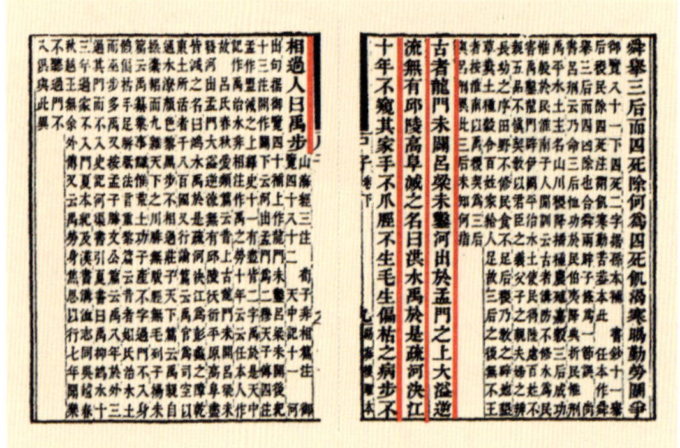
舜舉三后而四死除何爲四死飢渴寒暍勤勞鬭爭

古者龍門未闢呂梁未鑿河出於孟門之上大溢逆
流無有邱陵高阜滅之名曰洪水禹於是疏河決江
十年不窺其家手不爪脛不生毛生偏枯之病步不
相過人曰禹步

东周《尸子》卷下云："古者龙门未辟，吕梁未凿，……禹於是疏河决江，十年不窥其家，手不爪，胫不生毛，生偏枯之病，步不相过，人曰禹步。"

旱或祈晴祛潦乃至于征神役鬼的魔力，并因此被称为禹步。

传统观点认为，"禹步"应该被理解成是一种托名大禹的方术的步法。徐日辉教授则认为，"禹步"乃是大禹治水施工过程中时丈量工具，是用脚步丈量长度时的代表性行进姿态。人称"禹步"是对大禹发明测量手段的肯定，是对大禹"左准绳、右规矩""身为度"的赞美。

附录：

"禹步"为丈量长度考

徐日辉

大禹是人，所谓"禹步"的基本框架是人行走的姿态，而且是大禹在治水过程中被流传下来的具有代表性的行进姿态，或者说特殊动作，否则不会冠名为"禹步"，因而具有一定程度的可知性。今读司马迁《史记·夏本纪》相关记载，偶有心得，遂成此文，述略如下。

一、"禹步"真实存在

大禹是中华民族的英雄偶像，距今天已有4000多年之遥，具体的细节已经难以得知。比如走路的姿态，是内八字步还是外八字步，是习惯于步伐急促还是四平八稳，还有具有功能性动作，等等。作为具体行姿的描述，以战国时期《尸子》一书的记载颇有影响。文曰：

> 古者龙门未辟，吕梁未凿，河出於孟门之上，大溢逆流，无有丘陵，高阜灭之，名曰洪水。禹於是疏河决江，十年不窥其家。手不爪，胫不生毛，生偏枯之病，步不相过，人曰禹步。

《尸子》所言乃是讲述大禹治水不辞劳苦，十三年将自身置之度外，辛劳过度，落下一身的毛病，尤其是两条腿受伤害最大，以至于改变了走路的姿态。对此，《庄子·天下篇》曰：

墨子称道曰："昔者禹之湮洪水，决江河而通四夷九州也，名川三百，支川三千，小者无数。禹亲自操橐耜而九杂天下之川；腓无胈，胫无毛，沐甚雨，栉疾风，置万国。禹大圣也，而形劳天下也如此。"

显而易见，作为语类文献，上述"禹步"的出现，是建立在大禹治水历尽千辛万苦"形劳天下"的基础之上，其积极意义就在于为我们勾画出一幅中华民族战天斗地人定胜天的壮丽场面。另外，出土简牍《容成氏》记载：

舜听政三年，山陵不处，水潦不浴，乃立禹以为司工。禹既已受命，乃草服、箁箬、茅蒲、蓺□，疋□，面□皵，胫不生之毛。

传统文献与出土材料都印证了一个事实，至少在战国时期有关"禹步"之说已经被认同，其内涵是对大禹治水辛劳的具体描述，具有一定的教育意义。后来司马迁撰写《史记·李斯列传》，亦有相同的记载：

尧之有天下也，堂高三尺，采椽不斫，茅茨不翦，虽逆旅之宿不勤於此矣。……禹凿龙门，通大夏，疏九河，曲九防，决渟水致之海，而股无胈，胫无毛，手足胼胝，面目黎黑，遂以死于外，葬於会稽，臣虏之劳不烈於此矣。

上述是秦二世回答李斯劝谏的一段话，意思是说能够统治天下的贤明人，如果连自家都得不到好处，还怎么样治理天下。在秦二世看来，作为首领不能一味地付出，而不知道享受是不对的也是不可以的。秦二世借用韩非子那里听来的理论，在为自己重大过错狡辩的同时，否定了大禹专一奉献而不知享受的做法。

毫无疑问，史称之"禹步"，本是大禹行走的步伐，确与治水活动相关。李零先生认为："在中国古代传说中，九州是禹用脚丫子走出来的。他所走过的地方，大江南北，到处都留下他老人家的足迹，而'禹迹'者，则是用'禹步'走出来的。"不过，杨德春先生认为："禹步有两种，一种是大禹之禹步，其特点是步不相过，这是最早的具有创始意义之禹步；另一种是俗巫多效禹步，但巫步并非禹步，其产生在大禹之禹步之后，巫步称为禹步法，简称禹步，其特点是步已相过，绝非大禹之禹步，仅具禹步之名而已。"事实上，"禹步"具有特殊的动作表现和功能性内涵，大禹具体的"禹步"步伐早在文字出现之前，虽未彻底淡化，却已相当模糊了，后来的记载都属于口耳相传的语类文献，而且是根据不同时代教育的需求的特点不断地加工、丰富与发展。

二、道教对“禹步”的拓展及探讨

围绕着“禹步”的社会影响，当广大于道教，毋庸置疑。尤其于“禹步”内涵与外延之拓展用功之深者，非道教莫属。道教给“禹步”不仅设定了具体动作的规范，而且还赋予了不同的内涵，包括神秘文化在内，遗憾的是与“禹步”的内核却愈行愈远。如晋代葛洪的《抱朴子·内篇·登涉》曰：

> 又禹步法：正立，右足在前，左足在后，次复前右足，以左足从右足并，是一步也。次复前右足，次前左足，以右足从左足并，是二步也。次复前右足，以左足从右足并，是三步也。如此，禹步之道毕矣。凡作天下百术，皆宜知禹步，不独此事也。

可以看得出，在这里“禹步”成为道教活动过程中不可缺少的基本动作，其后的道教有关“禹步”步伐的具体展示，大体上是在葛洪所记的基础之上有所拓展，如《洞神八帝元变经》称：

> 禹步法：于室内，术人铺前，面向神坛，以夏时尺量三尺为星，相去之间，率以清净白灰为星图及八卦之数。术人立在地户巽上，面向神坛坐之。方鸣天鼓十五通，即闭气步之。先举左足践离，右足践坤，左足践震，右足践兑，左足从右并作兑。乃先前右足践艮，左足践坎，右足践乾，左足践天门，右足践人门，左足从右足并在人门上立。然后通气，乃为咒。

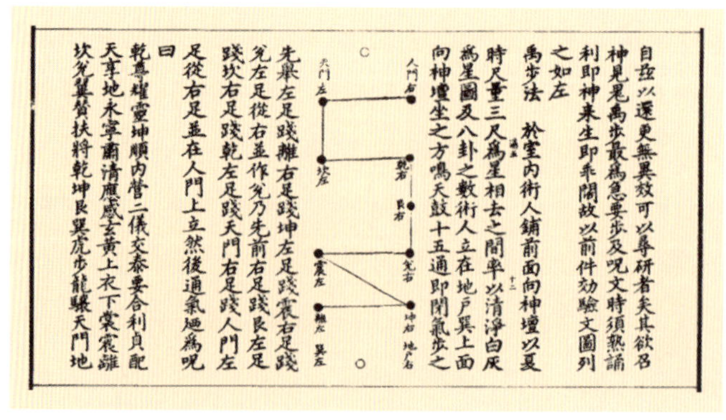

自兹以還更無異叙可以尋研者矣其欲召
神鬼禹步最爲急要步及呪文時須熟誦
利即神來生即乖闕故以前件効驗文圖列
之如左
禹步法　於室内術人鋪前面向神壇以夏
時尺量三尺爲星相去之間率以清淨白灰
爲星圖及八卦之數術人立在地戶巽上面
向神壇坐之方鳴天鼓十五通即閉氣步之

先舉左足踐離右足踐坤左足踐震右足踐
兌左足從右並作兌乃先前右足踐艮左足
踐坎右足踐乾左足踐天門右足踐人門左
足從右足並在人門上立然後通氣廼爲呪
曰
乾尊耀靈坤順内營二儀交泰要合利貞配
天享地永寧肅清應感玄黃上衣下裳震離
坎兌巽贅扶將乾坤艮巽虎步龍驟天門地

《洞神八帝元变经》载“禹步法”（张卫东供图）

另外，《抱朴子·内篇·仙药》亦称：

禹步法：前举左，右过左，左就右。次举右，左过右，右就左。次举左，右过左，左就右。如此三步，当满二丈一尺，后有九迹。

九迹，九个脚印，是验证“禹步”的标准。对于“禹步”步伐的具体解读，熊永翔、王进、谭超诸先生称：“禹步的三步九迹，是丁字九步，一步七尺，三七二十一尺。这是禹步最基本的步伐。其步先举左足，三步九迹，迹成离坎卦。此法在道教的科书中，称之为三步九迹星纲。”其性质，一般认为：“禹步是巫和道士所操的一种巫术或法术，禹步是战国巫师创造的一种整齐有序、规范严谨的巫术步法。”对此，王青先生称：“禹作为通天通神的大巫，又有登山涉水，遭遇神鬼精怪、毒虫猛兽的传奇经历，人们又有对夏铸鼎象物的记忆，因此，大禹在人们的信仰里面就有了禁御百物的神奇本领。”对此，晁天义先生指出：“禹步巫术就是历史人物在不同时期先后被神话化，进而被巫术化的文化产物。”时代局限，作为古人的认识，其自有原因，今随古而解无需苛求。

夏德靠先生认为：“主要缘于对‘步’的性质缺乏足够的认知和重视。其实，‘步’在上古社会是一种禳除灾害的祀典仪式，而禹与这种‘步’发生联系又同禹的山川神主特殊身份有关。”大禹是中国事实上的第一位主山川的大首领。所以，李剑国、张玉莲二位先生提出：“禹步系春秋战国巫觋依据大禹传说而创造，是模拟禹偏枯‘步不相过’的一种巫步，包含着禹铸鼎象物禁御百物的巫术意义。”

还有，任塘珂先生明确提出：“禹步，传说系古代河洛地区大禹所创造，后来演化为巫和道士所操的一种巫术或法术。”禹都阳城，为大禹建夏治国的重心，但并非大禹治水的重点，既然“禹步”的形成乃是治水过程中的产物，故此，不可能局限于一城一地。

余健先生则从“禹步”出现的时间节点考察，提出“禹步”不是大禹的步伐，而是巫借用了大禹之名，“‘禹步’本乃酋长大巫之舞步，其态蹒跚凝重，非庶民能行，踽或即禹步的本字。后世或因大禹曾舞，而增治水之说以溢美之，实则是禹效巫步，而非‘俗巫多效禹步’，古巫、舞字本亦相通。”该观点颇有意思，将“禹步”出现的年代有所前提，可与传统的民俗相对应。不过，“古巫、舞字本亦相通”却与部分专家的观点相吻合。刘宗迪先生就认为“禹步”与原始舞蹈、巫师有关，并且列举“商羊舞”等予以说明。

考察“禹步”的渊源，学界一直有着不同的观点，以文献解读，大体上是以大禹治水辛劳过度身体受到损伤后留下的病疾为本；以民俗解读，多与各地祈福驱邪所表现的带有巫的性质的传统活动相关；文化艺术解读，以地方性舞蹈活动相关联，其中也包含着祈福驱邪等。从道教的角度，则是放大了大禹的能量，以步伐、手势等肢体语言，配合符咒等，以期达到神秘的效果。所以《洞神八帝元变经·禹步致灵第四》云：

禹步者，盖是夏禹所为术，召役神灵之行步。以为万术之根源，玄机之要旨。昔大禹治水，不可预测高深，故设黑矩重望，以程其事。或有伏泉盘石，非眼所及者，必召海若河宗，山神地祇，问以决之。然禹届南海之滨，见鸟禁咒，能令大石翻动。此鸟禁时，常作是步。禹遂摹写其形，令之入术。自兹以还，术无不验。因禹制作，故曰禹步。

上述“然禹届南海之滨，见鸟禁咒”，可能与鸟能够进行交流相关，其内涵崇拜正是古越的鸟崇拜。《越绝书》卷十称：

大越海滨之民，独以鸟田，大小有差，进退有行，莫将自使。其故何也？禹始也，忧民救水，到大越，上茅山……因病亡死，葬会稽……无以报民功，教民鸟田，一盛一衰。……当禹之时，舜死苍梧，象为民田也。

鸟作为古越人的图腾崇拜，至少从距今5300—4300年前的良渚文化时期就已经存在，如具有代表性的反山、瑶山等高规格遗址，其出土的鸟及神鸟和鸟图形，并一直影响着后代。因此，程群先生提出：“‘禹步’起源于鸟类步伐的说法无论是否可以据为信史，这种说法与舞蹈起源于对动物行为摹仿的看法是相类似的。”言之有理。

张鹏先生另辟蹊径，利用出土文献睡虎地秦简之《日书》(甲种)、天水放马滩秦简《日书》乙种165号简等，提出：“合理的追溯逻辑应该是从禹步追溯到‘禹须臾’，再从‘禹须臾’追溯到大禹神话，如果把‘禹须臾’这一环节去掉，直接把禹步与大禹神话联系，难免会产生不少附会。……因此，我们抛开古人对禹步的附会，把它置于‘禹须臾’术之下解释，则‘禹步’仅是一种方术之步法，与大禹未必有直接的联系。”另外，胡新生先生的文章《禹步探源》，用功颇深，值得关注。他认为：“联系社会史的背景来分析，禹步只能是在春秋战国时代跛者为巫现象盛极一时的环境中形成的一种巫术步法，它的首创者是当时那些腿脚有残疾的巫师，它的直接渊源就是跛脚巫师所跳的跛舞。”至于具体的姿态，胡新生先生描述为：“夏禹治水时腿脚落下残疾，两脚走路不能递相跨越，只能有一个并步的动作，这就叫‘步不相过’。”人们为了学习大禹治水公而忘私的情怀，并将其不同的特征作为教育后人的具体内容呈现予以传播。不过，道家将其开拓为己所用，在科学不发达的古代，属生活之正常。今天可以评判，却不能代替在历史上曾经发生过的文化影响，包括“禹步”对宇宙的探索。

道教对宇宙的探索，与北斗七星密切相关，所以“禹步”也称为步罡踏斗，斗即北斗。中国人对北斗的崇拜由来已久，考古发现最早的是1978年湖北随州曾侯乙墓，在出土的漆衣箱上的漆画中发现了二十八宿图以及北斗星，有意义的是二十八宿的中央是一个篆书写的“斗”字，“斗”字代表着北斗星，是古人北斗崇拜的见证。今山东滕州博物馆收藏有一块北斗画像石，其“滕州画像石中老者足踏北斗，下压刀斧，表明死者亡魂归于斗极之时，以禹步除道，厌辟刀兵”。山东滕州出土的《禹步踏斗巫术画像》，证明与北斗星相关，虽然“祠北斗虽虚妄，但体现的则是功利性，即求解困，求重生”。巫师通过踏禹步“使灵魂早归北斗”、北斗崇拜，作为道教文化的传统，以天象对应人事，结合现实解决生活中出现的具体问题，正是中国农业文明惯常的做法。

道教是中国的本土宗教，受传统文化的影响，道教相对朴实接地气，往往以解决现实生活中的实际问题为目的。所以“禹步”在道教的实践过程中，功能性目的非常明确，并且具有治病救人与康健益寿的功能。在马王堆出土的文献当中就有明确的记载。刘玉堂、贾海燕二位先生的研究表明：“禹步和祝由《五十二病方》祛疣方四的‘禹步’，祛疣方七的‘祝尤（疣）’，都带有明显的巫术色彩。其他如用（块）、葵茎等磨疣等方法，很可能也与巫术有关。《五十二病方》祛疣方四中，有‘以晦往之（块）所，禹步三’。‘禹步’，是一种特殊的步伐，为驱鬼逐魔的巫术。”对于《五十二病方》，袁玮先生则认为：“祝由疗法多配合‘禹步’，禹步之法所传不一。《病方》有六处祝由法标有‘两步三’。虔诚的患者在祝由者咒语的引导下模仿禹步，如果再加上呼吸吐纳的配合，其中便含有体操或气功的因素。”至于具体的疗效，通过“禹步”的动作与治疗疾病保健安康和延年益寿结合起来，能否见效，不得而知，但不排除心理暗示的效果。

三、“禹步”是大禹治水时使用的测量手段

“禹步”，我的研究认为，应该是大禹治水时使用的测量手段之一，是用脚步丈量长度并以此测算面积。

出土简牍《清华简·厚父》记载：“王若曰：‘父！遹闻禹□□□□□□□□□□□川，乃降之民，建夏邦’。”十分遗憾，该简中缺11字。由于遂公盨的出现，所以整理专家根据遂公盨，拟补为“受帝命，敷土定九州，随山浚”，如是，则全文为“厚父！遹闻禹受帝命，敷土定九州，随山浚川，乃降之民，建夏邦”，与《尚书·禹贡》“禹敷土，随山刊木，奠高山大川”记载相吻合。意思是太甲说：厚父，我听说大禹接受帝的命令带领百姓勤恳劳作，治理洪水，始定九州，建立了夏朝。作为前提，大禹建夏王朝治水是关键，所以成为中国人四千年来赞颂的民族英雄。

《史记·夏本纪》在记载大禹治水时曾经采取了类似于今天的测量技术，其中就有“行山表木，定高山大川”和“左准绳，右规矩”等。“行山表木”，就是采取了发动民众先做前期的勘测工作；并且以刻木为桩标配合测量，使之更加精确。

首先，确立高山大川的基本走势，如遂公盨铭记载“天命禹敷土，随山浚川”；其次，分辨清楚高山大川与洪水之间的关系，因为中国的水系并非全都是由西向东流，受山势的影响，不少水恰恰是随山依势由东向西、由南向北，民间称之为“倒流”。所说“定高山大川”与“行山表木”一样，是大禹治水的前期测量工作，作为工程施建的重要环节，丈量长度与计算面积土方等正是大禹治水成功的科学依据。具体而言，“行山表木”就是用刻木为桩标。“说明禹治水时曾用着准绳和规矩的工具”，并且应用数学的方法使之更加精确。在精确勘测与调查研究的基础之上，大禹才制定出切合实际的工程方案，改“围”之壅堵，为以排流为主的“疏导”方法，获得了巨大的成功。

“左准绳，右规矩”，《史记索隐》称“左所运用堪为人之准绳，右所举动必应规矩也”。准、绳、规、矩，分别是测量平面的水平仪、丈量长度的绳索、校核圆的规和平面长方的矩。

左右是相对而言，是说大禹在治水的过程中不时地要使用准、绳、规、矩四种测量工具，除了水平仪之外其余三样工具都有一定的体积和重量，并非大禹左手拿着水平仪和绳索，右手拿着圆规和矩，不能用今天的水平去对应4000年前的社会。据《周髀算经》记载：圆本出于方，圆出于地宇宙的认识。在大禹治水的年代，规划方圆与今天大不一样，不是直接就求出圆，而是从方中求圆，这在考古发现的红山文化建筑的圆形祭坛、良渚文化之玉琮的天圆地方之在射方上取圆等，便是最好的解释。

《史记·夏本纪》又载：“禹为人敏给克勤；其德不违，其仁可亲，其言可信；声为律，身为度，称以出；亹亹穆穆，为纲为纪。”《史记集解》引王肃曰“以身为法度”。《史记索隐》按：“今巫犹称‘禹步’。”由此可见，“禹步”是“身为度”的具象化，负有“法度”意义。表明“禹步”之“法度”，作为丈量的标准，必须统一执行。所以，在司马迁笔下宣传的是大禹设立的“法度”，树立的是完美形象，赞誉的是为人表率，突出的则是“身为度”的不朽典范。

度和量是不同的器物，度，量器，容，乃容器。早夏时期小范围的度器比较精确，但没有大面积大范围的度器，因此往往以人身体的不同部位为标准进行测量，通常以手、臂度物以量长短，所称“禹步”者，正是以大禹的步幅为标准，进行大地测量。以人身体部位命名，是中国优秀文化的传统，如同今天在表述青铜器身上部位时，使用“耳”“肩”“腹”“足”一样。

在20世纪50年代以前，中国农村有不少地方就是以步幅来丈量土地。如我在调研甘肃省天水大禹遗迹“导流山”下的农民时，他们告诉我过去丈量土地面积时，就是用两步一弓的“禹步”来丈量的，并且请出老者为我现场演示，包括对山坡地的丈量。

用脚步丈量长度是最简单最有效的方法，关键在准确度的掌握。20世纪90年代，在一些建筑工地正式放线之前，依然使用这种方法测量。我曾经采访过一位资深的领工员，现场测试，三步二米，在100米内，没有误差。他们之间唯一的区别就在于，老者在山坡地丈量是躬身甩手，建筑工地丈量则是挺胸背手，颇似拔正步。

四、结语

“禹步”从物理性的因素讲，就是作用与反作用和摩擦力能，是直立走路的人类区别于其他动物的基本要素。但是，由于工作环境的需要，改变走路姿态以达目的，屡见不鲜。大禹治水在进行工程测量时以特殊的步伐行进，而且步幅必须是同一距离，行进的节奏也不能更改。对于旁观者而言，一眼望去与常人走路的姿态大不相同，所以美其名曰“禹步”。当时人称“禹步”是对大禹发明测量手段的肯定，是对大禹为民谋福祉的赞美。随着时间的远去，人们不清楚“禹步”的本来内涵，逐渐演变为犹如残疾之跛行。尽管“禹步”被各方赋予了深刻的文化内涵，但与本意却相差甚远。

（作者系中华伏羲文化研究会原副会长。张卫东校订，参考文献略）

禹王宫（岑巩县）

全国编号：269

地区编号：贵4

类　　别：古建筑·宫

地理位置：贵州省黔东南苗族侗族自治州岑巩县思旸镇龙江村

所属流域：长江

简　　介：禹王宫现为县文物陈列室所在地，始建年代不详。据梁题文字记载：“大清光绪二年（1876年）春月穀旦，三楚阖省众姓重新建修。”坐西朝东，三间两进房屋，面阔12米，进深20米，占地面积240平方米。由前殿、后殿、小天井、左右过厅五部分组成，前殿顶棚有重叠八边形藻井。

2015年5月，岑巩县禹王宫被列为第五批省级文物保护单位。

二十一、云南省

三元宫

全国编号：270

地区编号：云 1

类　　别：古建筑·宫

地理位置：云南省曲靖市麒麟区西城街道西山社区

所属流域：珠江

简　　介：《云南名胜古迹辞典》：重要会议旧址。三元宫会议是中共中央、中革军委在遵义、扎西会议后召开的一次重要会议，对于红军保存实力、顺利渡过金沙江起到了决定性作用。参加会议的有毛泽东、周恩来、朱德、刘伯承、张闻天、王稼祥、博古、陈云、李富春等。

曲靖三元宫（张卫东供图）

军委总部首长宿营三元宫遗址碑（枫景柳摄）

扎西会议旧址（禹王宫）

全国编号：271

地区编号：云 2

类　　别：古建筑·宫

地理位置：云南省昭通市威信县扎西镇龙井社区

所属流域：长江

简　　介：长征会议旧址，又名湖广会馆。扎西会议旧址位于云南省昭通市威信县扎西镇，原为江西会馆和湖广会馆旧址，总占地面积 4686 平方米。江西会馆又称万寿宫，始建于清咸丰六年（1856 年），为木结构建筑，面积 514 平方米。湖广会馆又称禹王宫，始建于清光绪四年（1878 年），为四合院木结构，面积 336 平方米。湖广会馆一直保存完好，江西会馆于 1962 年被拆除，1976 年在旧址上按原样重建。扎西会议旧址以及中央红军长征路居旧址，毛泽东、周恩来、朱德等同志路居旧址都已恢复原貌，还新建了扎西会议纪念馆和红军烈士纪念碑。

1983 年，被列为省级重点文物保护单位。

扎西会议旧址（张卫东供图）

威信县禹王宫（邱志荣摄）

威信县禹王宫简介牌

河　桩

全国编号： 272

地区编号： 云 3

类　　别： 山川・石

地理位置： 云南省临沧市凤庆县澜沧江与黑惠江合流处

所属流域： 澜沧江水系

简　　介： 云南省顺宁县城东澜沧江与黑惠江合流处有一条石桩，圆径不足 2 尺，常与江水同高下，或高于江水一二尺，相传为大禹治水时制服蛟龙留下的遗迹。

禹门寺

全国编号： 273

地区编号： 云 4

类　　别： 古建筑・寺

地理位置： 云南省红河哈尼族彝族自治州弥勒市弥东乡石岩脚村

所属流域： 珠江

简　　介： 禹门寺始建于明万历三十六年（1608 年），重建于清康熙年间（1662—1722 年），建筑面积约 1600 平方米。1981 年公布为弥勒县文物保护单位。

清《云南通志·弥勒州》：“禹门寺，在城东六里，岩悬千仞，河泻平原，明葛一龙（1567—1640年）题有诗。”禹门寺瀑布位于弥勒城东八里之地的禹门河上，因附近有禹门寺而得名。明末儒将杨绳武少时在这里苦读，其读书的石洞至今犹存。

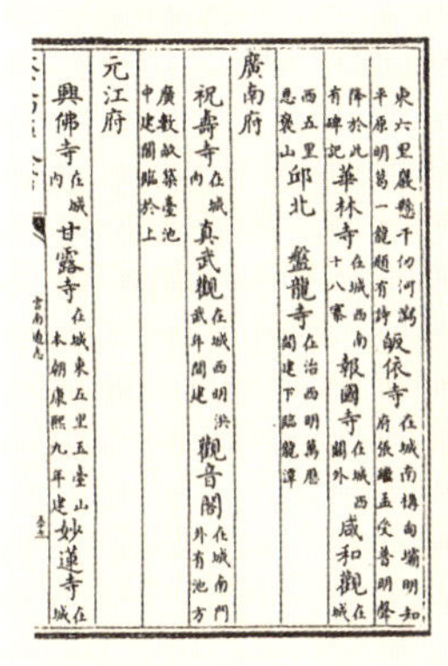

東六里巖懸千仞河瀉平原明葛一龍題有詩 皈依寺在城南構南端明知府張繼孟受普明聲
降於此有碑記 華林寺在城西南十八寨 報國寺在城西關外 咸和觀在城
西五里息象山 邱北 盤龍寺在治西明萬曆間建下臨龍潭
廣南府
祝壽寺在城內 真武觀在城西明洪武年間建 觀音閣在城南門外有池方
廣數畝築臺池中建閣臨於上
元江府
興佛寺在城內 甘露寺在城東五里五臺山本朝康熙九年建 妙蓮寺在城

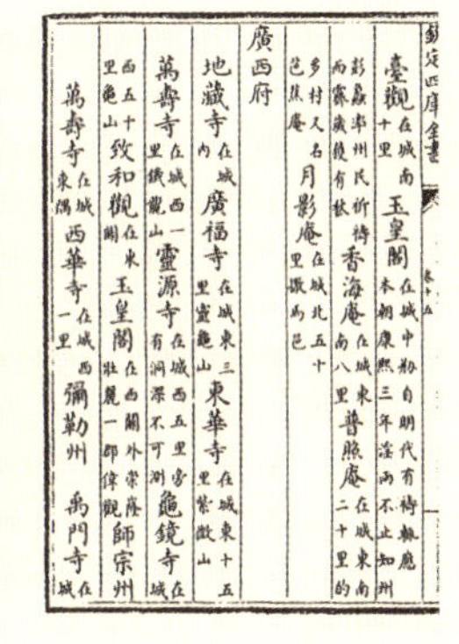

欽定四庫全書　卷十五
臺觀在城南十里 玉皇閣在城中粉自明代有榜無應本朝康熙三年滇雨不止知州
彭蠡率州民祈禱雨霽歲復有秋 香海庵在城東南八里 普照庵在城東南二十里的
多村人名邑凡庵 月影庵在城北五十里潋丙邑
廣西府
地藏寺在城內 廣福寺在城東三里靈龜山 東華寺在城東十五里紫微山
萬壽寺在城西一里鐵龍山 靈源寺在城西五里寄有洞深不可測 龜鏡寺在城
西五十里龜山 致和觀在東關 玉皇閣在西關外崇奉壯麗一郎偉觀 師宗州
萬壽寺在城東隅 西華寺在城西一里 彌勒州 禹門寺在城

清《云南通志》卷一五载“禹门寺”

禹门寺（张卫东供图）

禹功扎西曲批林寺

全国编号：274

地区编号：云5

类　　别：古建筑·寺

地理位置：云南迪庆藏族自治州德钦县燕门乡

所属流域：澜沧江水系

简　　介：禹功村位于澜沧江峡谷东岸。东与国家级自然保护区白马雪山接壤，西与梅里山脉隔江相望。全村以藏族为主，主要农作物有青稞、玉米、小麦，

禹功村村委会（张卫东供图）

一年一熟。村集高寒、边远、贫困为一体。附近有禹功河、禹功重面、禹功曲达。

禹功寺全称禹功扎西曲批林寺，位于禹功村北山腰。始建于明朝万历年间（1618 年），属噶玛噶举派。清朝末年格鲁巴教派兼并噶举巴寺院时，该寺由于地处偏僻，得以幸存。“文化大革命”前，有经堂大殿一座，僧房 12 所。最为珍贵的是清朝乾隆年间（1736—1796 年）的巨大匾额。

二十二、陕西省

西安碑林 ·《禹迹图》

全国编号：275

地区编号：陕 1

类　　别：可移动 · 碑

地理位置：陕西省西安市碑林区三学街 15 号

所属流域：黄河

简　　介：《禹迹图》是我国现存最早的石刻地图之一，我国目前仅存两块：一块在西安碑林，刻于齐阜昌七年（1136 年）；另一块在镇江焦山碑林，刻于元符三年（1100 年）。美国国会图书馆地图部所藏最早的中国地图是 1136 年刻绘的《禹迹图》的 19 世纪拓本。

西安《禹迹图》石刻地图原置于陕西省省会西安以西 120 里的凤翔府岐山县的

黄河口残碑（金小军摄）

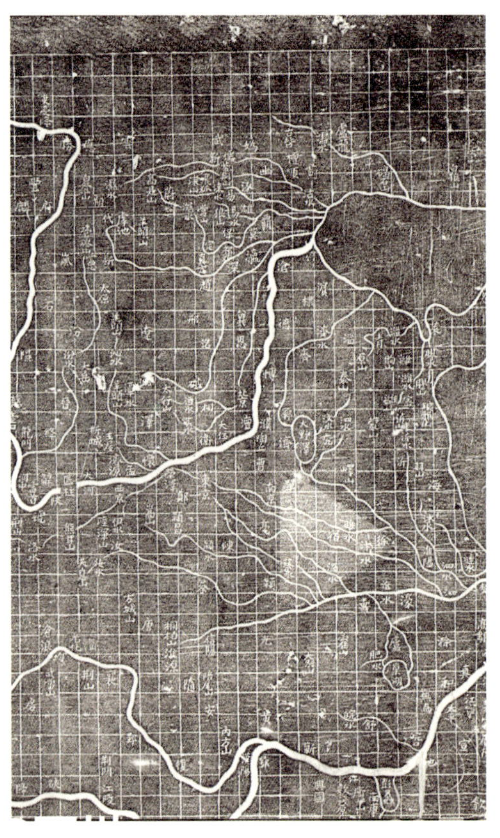
西安碑林博物馆《禹迹图》局部（耿涛供图）

明嘉靖十四年黄河图说碑（金小军摄）

县学中。地图作者不详，镌刻于宋代。这幅地图系根据唐代《海内华夷图》中《禹贡》九州部分缩制，因而称为《禹迹图》。

《禹迹图》长宽各 1 米多，图中采用计里画方的绘制方法，每方折地百里，横方 71，竖方 73，总共 5110 方。其中水系、海岸尤接近现今地图的形状。所绘内容十分丰富，行政区名有 380 个，标注名称的河流近 80 条，标名的山脉有 70 多座，标名的湖泊有 5 个。

英国学者李约瑟称此图是“当时世界上最杰出的地图”。

禹绩冢

全国编号：276

地区编号：陕 2

类　　别：古建筑 · 冢

地理位置：陕西省西安市长安区马王街道客省庄村

所属流域：黄河

简　　介：村中沣河岸边有一座夯土台基，当地人称为“禹绩冢”，传说是百姓为纪念大禹后代而修建的衣冠冢。

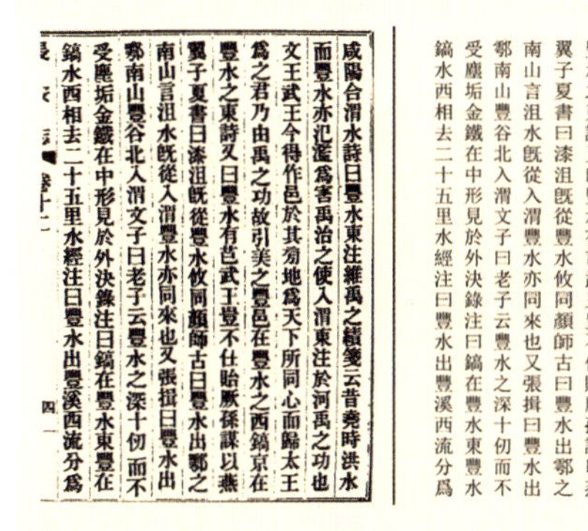
咸陽合渭水詩曰豐水東注維禹之績箋云昔堯時洪水
而豐水亦氾濫爲害禹治之使入渭東注於河禹之功也
文王武王今得作邑於其口地爲天下所同心而歸太王
爲之君乃由禹之功故引美之豐邑在豐水之西鎬京在
豐水之東詩又曰豐水有芑武王豈不仕詒厥孫謀以燕
翼子夏書曰漆沮既從豐水攸同顔師古曰豐水出鄠之
南山言沮水既從入渭豐水亦同來也又張揖曰豐水出
鄠南山豐谷北入渭文子曰老子云豐水之深十仞而不
受塵垢金鐵在中形見於外決錄注曰鎬在豐水東豐水
鎬水西相去二十五里水經注曰豐水出豐溪西流分爲

熙宁《长安志》卷一二载：“丰水东注，维禹之绩。”

《禹贡》：“黑水、西河惟雍州……沣水攸同。”《诗经·大雅·文王有声》：“丰水东注，维禹之绩。”熙宁《长安志》卷一二载：“诗曰：‘丰水东注，维禹之绩。’笺云：‘昔尧时洪水，而丰水亦泛滥为害，禹治之使入渭，东注於河，禹之功也。’”

丰水即沣河，发源于西安市长安区滦镇街道沣峪沟内，出沣峪口，经长安区高桥街道严家渠村，于西咸新区沣东新城沣东街道鱼王村汇入渭河。全长近 83 千米。沣河上中游地区汉朝时属皇家园林上林苑。汉武帝时又引沣水开昆明池训练水军。

禹王庙村

全国编号：277

地区编号：陕 3

类　　别：地名

地理位置：陕西省西安市鄠邑区秦渡街道

所属流域：黄河

简　　介：禹王庙村位于秦渡街道办南偏西约 4 千米，原有禹王庙一座。明万历十九年（1591 年）前，庙旁居人成村，村取庙名，沿用至今。

宋代《长安志》沣水下注：“《诗》曰：‘丰水东注，维禹之绩。’笺云：‘昔尧时洪水，而丰水亦泛滥为害，禹治之使入渭，东注于河，禹之功也。’”民国《重修鄠县志》载：鄠县秦镇地处沣河西岸，有纪念大禹治理沣河的“禹王庙”。民国《鄠县志》卷二“禹王庙（村）”载：“村西有禹王庙，庙前有泉，曰圣水池。”卷一载：“禹泉，在县东南禹王庙村西门外禹王庙前，其状为圆形，围甃以砖，直径约二丈余，深不可测，旱祷甚灵。”

据唐代《史记正义》：“夏商周皆有崇国，崇国盖在丰、镐之间。”鄠邑区（户

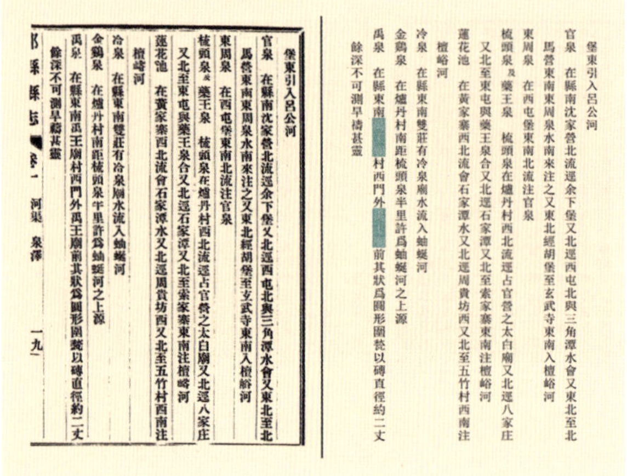

堡東引入呂公河

官泉 在縣南沈家營北流逕余下堡又北逕西屯北與三角潭水會又東北至北馬營東南東周泉水南來注之又東北經胡堡至玄武寺東南入檀峪河

東周泉 在西屯堡東南北流注官泉

梳頭泉及藥王泉 梳頭泉在爐丹村西北流逕占官營之太白廟又北逕八家庄又北至東屯與藥王泉合又北逕石家潭又北至索家寨東南注檀峪河

蓮花池 在黃家寨西北流會石家潭水又北逕周貴坊西又北至五竹村西南注檀峪河

冷泉 在縣東南雙莊有冷泉廟水流入紬蜓河

金雞泉 在爐丹村南距梳頭泉半里許爲紬蜓河之上源

禹泉 在縣東南禹王廟村西門外禹王廟前其狀爲圓形圍甃以磚直徑約二丈餘深不可測旱禱甚靈

鄠縣縣志 卷一 河渠 泉澤 一九

民国《鄠县志》卷一载“禹泉”

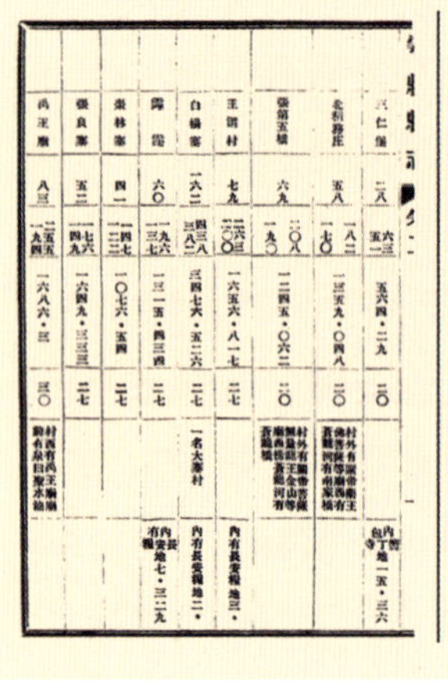

三仁堡	二八	六三 一五一	五六四·二九	二〇		內管丁地一五·三六包寺
北稻務莊	五八	一八二 一七〇	一三五九·〇四八	二〇	村外有關帝廟王佛菩薩等廟西有菩薩河有南家橋	
張第五橋	六九	二〇八 一九〇	一二四五·〇六二	二〇	村外有關帝菩薩無量龍王金山等廟西傍菩薩河有菩薩橋	
王渭村	七九	二六三 二〇〇	一六五六·八一七	二七		內有長安糧地三·
白楊寨	一六二	四三八 三八二	三四七六·五二六	二七	一名大寨村	內有長安糧地二·
霹靂	六〇	一九六 一三七	一三一五·四三四	二七		內有長安糧地七·三二九
棗林寨	四一	一四七 一二二	一〇七六·五四	二七		
張良寨	五二	一七六 一四九	一六四九·三三三	二七		
禹王廟	八三	二五五 一九四	一六八六·三	三〇	村西有禹王廟廟前有泉曰聖水池	

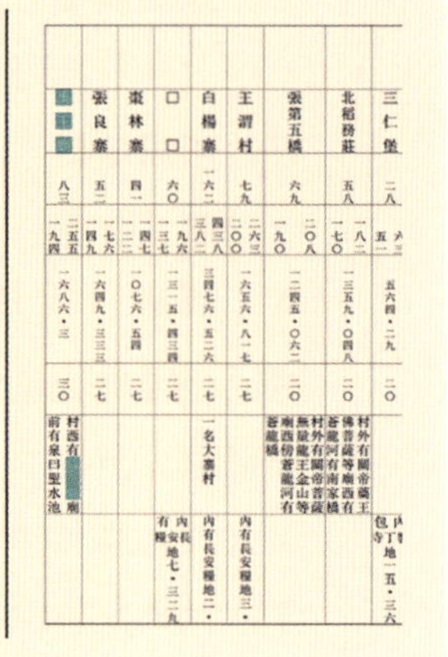

民国《鄠县志》卷二载“禹王庙（村）”

鄠邑禹王庙
（耿涛供图）

县）就是古崇国，鄠邑区的有扈氏也是禹的后人。《史记·夏本纪》：“启与有扈大战于甘之野。”即大战于鄠邑区的甘河、甘峪口一带。今禹王庙村西南 22 千米有甘峪口，东北 8 千米有甘河村。

禹王庙村保留下了禹王庙的“龙泉”井，称“禹王龙泉”，石刻龙头还在，泉已干涸。禹王庙内原立有一块《圣水观常住记》石碑，刻制时间为元代中期，拆庙时石碑遭损毁断为两截，1974 年禹王庙修建戏楼时，石碑被镶嵌在戏楼台基上。1985 年，该碑被公布为第二批县级文物保护单位。现今禹王庙戏楼广场的墙壁上，有大禹治水故事的壁画。

禹王井（耿涛供图）

余姚村（禹王村）

全国编号：278

地区编号：陕 4

类　　别：地名

地理位置：陕西省西安市鄠邑区涝店街道

所属流域：黄河

简　　介：原名禹王村。地处渭河故道。

《户县地名志》载："余姚村，原名禹王村，传说为夏禹之乡，因名。"北宋末期，浙江余姚县有一举人严肃，字恭钦，出仕豫州，任西京通判，在洛阳做官二十

夏

三過村　在鄠縣北二十里按地輿志鄠古崇國也連山易云顓頊五代孫鯀封於崇史記鯀治水功用不成舜殛於羽山舉禹以代禹痛父罔功八年間三過其門不入今三過村舊傳即其處也鄠縣志

甘亭　在鄠縣西南五里緒漢書在甘水之東長水鄉長安志馬融曰甘有扈氏南郊地名索隱曰夏啟所伐鄠南有甘亭史記夏本紀注

《陕西通志》卷七三载"三过村"

余姚村简介（耿涛供图）

余载。至宣和六年（1124年）金兵南侵，人心不安，严举人告老回乡。起程三四日，因被金兵阻滞难归故里，故又西行赴秦逃难。途中邂逅两位浙江同乡，即时任西京巡抚戴宗和西京学士李谋，便结伴同路入秦地关中，至鄠邑之北禹王村落户立家，后该村原户族绝迹，严姓居首。至元代时，为纪念祖籍，遂改禹王村为余姚村。

三过村为余姚村（禹王村）邻村，原有禹王庙。清康熙《鄠县志·关中胜迹图》、清乾隆《鄠县新志》、民国《重修鄠县志》均记载三过村为“禹治水三过其门而不入”的地方。

大禹庙（周原村）

全国编号： 279

地区编号： 陕5

类　　别： 古建筑·庙

地理位置： 陕西省渭南市韩城市新城街道周原村

所属流域： 黄河

简　　介： 韩城大禹庙，位于陕西省韩城市新城街道周原村北，原名大夏禹王庙，为了区别其他地区的禹王庙，又名周原大禹庙。乾隆《韩城县志》卷二载：“神禹庙。《元史·世祖本纪》：至元元年七月，龙门禹庙成……按县《山川志》载：龙门山，县东北六十里，一名禹门。又考左懋第《禹庙序》，禹门之上禹庙在焉。”

大禹庙始建于元大德五年（1301年），献殿石柱上刻有“时大元国大德五年岁次辛丑孟夏置”。明万历年间（1573—1620年）、清嘉庆年间（1796—1820年）曾

大禹庙（王志贤摄）

韩城大禹庙（王志贤摄）

大禹庙山门（金小军摄）

重修，建筑状况良好，彩塑精美，是国内大禹庙之中保存最为完整的一座，有“禹庙之最”的美誉。

周原大禹庙原占地面积 1983 平方米，中轴线建筑有山门、献殿和正殿各三间。两殿西侧是一主祀佛爷的小院，有角门一间，东厢四间，西厢五间，佛殿三间。献殿前东西两侧原有对称的戏楼，现仅存西戏楼北侧与戏楼连通的楼房三间。靠东戏楼北侧的楼房和东道院、三义庙等建筑均无存。现存原建筑 8 座，共 25 间，总建筑面积 530 平方米。主体建筑献殿和正殿，尤其是正殿，具有重要的历史价值和极高的艺术价值。正殿内，有华丽的砖基木做神龛。龛内有三组彩塑神像。主神像是禹王坐像，居龛中央，头戴垂帘皇冠，端庄威严，高 2.5 米，两旁侍者二尊。殿左是三头六臂腾云驾雾神像，手持法器，面目狰狞。殿右当地传说是唐将封为汾阳王的郭子仪和送子娘娘并坐像。两旁侍从各一尊。殿内东面山墙壁画为唐僧取经西天，途中孙悟空收降红孩儿的故事；西面画着《宴庆图》和《郭子仪单骑见回纥图》。

1998 年扩建为二进式院落，占地 6500 平方米。第一院是仿古园林绿化区。第二院是原有古建文物保护区，占地面积 1983 平方米，主要建筑有献殿、寝殿及西厢房。正殿内还保存有明清时期神楼 5 个。每年六月初十至十二日有庙会。

1996 年 11 月 20 日，韩城大禹庙被国务院公布为第四批全国重点文物保护单位。

梁　山

全国编号：280

地区编号：陕 6

类　　别：山川・山

地理位置：陕西省渭南市韩城市桑树坪镇梁山村

所属流域：黄河

简　　介：《尚书・禹贡》：“冀州：既载壶口，治梁及岐。”《诗经・大雅・韩奕》：“奕奕梁山，维禹甸之。”郑笺：“梁山在夏阳（韩城古称）西北。”乾隆《韩城县志》卷一载：“《隋书・地里志》：‘韩城县有梁山。’《新唐书・地里志》：‘韩城县有梁山。’”

《水经注》：“昔者大禹导河积石，疏决梁山，谓斯处也。即《经》所谓龙门矣。《魏土地记》曰：梁山北有龙门山，大禹所凿，通孟津河口，广八十步，岩际镌迹，

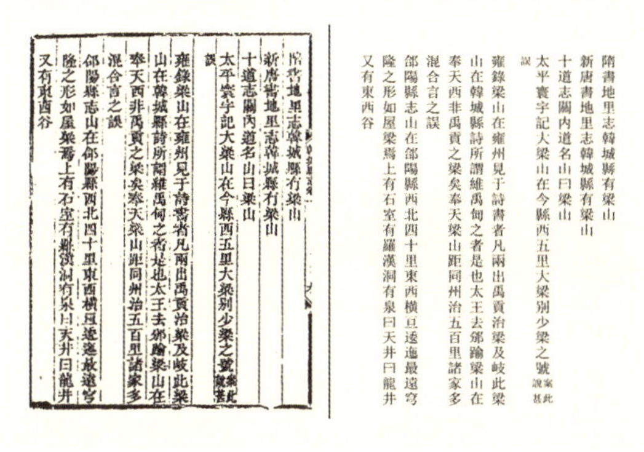
隋書地里志韓城縣有梁山
新唐書地里志韓城縣有梁山
十道志關內道名山曰梁山
太平寰宇記大梁山在今縣西五里大梁別少梁之號案此說甚誤
雍錄梁山在雍州見于詩書者凡兩出禹貢治梁及岐此梁山在韓城縣詩所謂維禹甸之者是也太王去邠踰梁山在奉天西非禹貢之梁矣奉天梁山距同州治五百里諸家多混合言之誤
郃陽縣志山在郃陽縣西北四十里東西橫亘逶迤最遠穹隆之形如屋梁焉上有石室有羅漢洞有泉曰天井曰龍井又有東西谷

乾隆《韩城县志》卷一载："韩城县有梁山。"

遗功尚存。岸上并有庙祠，祠前有石碑三所，二碑文字紊灭，不可复识，一碑是太和中立。"

梁山山脉主峰之一巍山，俗称禹山，位于城区西 14 千米处，海拔 1224.1 米，东西走向，长 10 千米，南北跨度 2 千米，为当地名山。原有古庙宇，现已拆除。韩城人民为了纪念大禹治水及治理韩城的功绩，称巍山为禹山。

梁山有"圣母庙"，传说是大禹为其母所建。有娘娘庙，内供韩塬圣母，相传为大禹的妻子涂山氏。

禹山庙宇遗迹（王志贤摄）

大禹庙（咎村）

全国编号： 281

地区编号： 陕 7

类　　别： 古建筑·庙

地理位置： 陕西省渭南市韩城市西庄镇咎村

所属流域： 黄河

20 世纪 60 年代昝村禹王庙（西庙）庙门

简　　介：韩城市昝村有大禹庙。《龙门李氏宗谱》记载，昝村禹王庙，又称“西庙”，位于古昝村以西黄土台塬上，建于元至元元年（1335 年）。古代，为关中地区最大的禹王庙。

禹王庙坐北面南，规模宏大，气势雄伟，面积一万多平方米。四面均为青砖围墙。墙基全部用麻石条砌筑、围墙全部用青砖、青瓦砌筑而成。庙院有高大戏楼、献殿。禹王大殿前壁三开间，殿内四开间，后壁五开间，为全国独一无二的元代殿内无柱大殿。正中供奉禹王坐像，两侧分别为狱神皋陶、井神伯益。禹王大殿西侧为禹王娘娘寝宫和献殿，均为元代建筑，规模比禹王殿小。西北有两小院，有厢房、井房、伙房、磨房等十余间。

农历六月初六为禹王诞辰，当地民众举行三天的“禹王会”。民国 2 年（1913 年），韩城县政府在禹王庙创办韩城县高级小学。20 世纪 60 年代，禹王庙毁于“文化大革命”之中，庙院为昝村小学校舍。1977 年开始，禹王庙献殿被搬迁至韩

原西庙（禹王庙）已移至司马迁祠（金小军摄）

城县芝川公社司马迁祠异地重建。80年代，其他建筑随咎村学校的搬迁而被拆毁。90年代，咎村民众在盘河与汶水交汇处之北复建仿元代禹王庙殿堂一座，大殿四周墙壁上绘有禹王治水壁画，成为新的祭祀禹王场所。

禹王庙（史带村）

全国编号：282

地区编号：陕8

类　　别：古建筑·庙

地理位置：陕西省渭南市韩城市西庄镇史带村

所属流域：黄河

简　　介：韩城市史带村有禹王庙献殿。史带村原名梁公村，据传因唐光宅年间（684年），宰相狄仁杰（狄梁公）曾居于此而得名。后因村北沿黄河岸再建三村（王带村、张带村、梁带村），共成带状，且该村史姓聚居故名史带村。史带村、梁带村、王带村均建有禹王庙。史带村禹王庙仅存献殿，始建年代不详，据献殿梁下墨书题记，清乾隆八年（1743年）重修。殿为单檐悬山顶，布筒瓦，抬梁式，六椽栿。通面阔14.00米，柱和梁架按五间安排，各间相等，面阔均为2.80米。前檐柱采用减柱法，将当心间柱向左右移置，减去次间柱，使前檐变为三间

史带村禹王庙献殿（金小军摄）

（明间 4.80 米，次间 4.60 米）的模样，形成前三后五式。斗拱五铺作，出双昂，重拱计心造。斗拱铺作六攒，除角柱外不在柱头上，而是在一条通长柱额之上仍按五间制作斗拱。从建筑形制、风格看，具有元代建筑的特征。史带村禹王庙中塑像毁于 1964 年。后作为油坊使用；20 世纪 70 年代至 90 年代初作为学校使用。1980 年韩城县文物保护单位标牌上注明的时代为“元”，而省级文物保护单位名录上标注的时代则为“明—清”。

2018 年 7 月，史带禹王庙献殿被列为第七批陕西省文物保护单位。

大禹庙（梁带村）

全国编号：283

地区编号：陕 9

类　　别：古建筑·庙

地理位置：陕西省渭南市韩城市西庄镇梁带村

所属流域：黄河

简　　介：韩城市西庄镇史带村、梁带村、王带村均建有禹王庙。梁带村大禹庙仅存三开间正殿，据正殿梁下墨书题记“万历六年（1578 年）布政司承差梁邦彦……施”，可知此时重修过。此庙原来规模大，建筑精良，献殿石雕盘龙柱和

梁带村大禹庙（金小军摄）

戏楼十字歇山式，很有名气，民间流传着“西原的潦池，下干谷的庙，梁代村的台子四角翘”，以赞其戏楼之宏大精美。可惜献殿、戏楼已不复存在，现仅存正殿一座。殿为单檐悬山顶，布筒瓦雕花琉璃脊，抬梁式，四椽栿。无斗拱铺作。通面阔 14.95 米，面阔五间，当心间 3.15 米，次稍间相等，各 2.95 米。就其形制、风格而言具有元代建筑特点。20 世纪 50 年代至 21 世纪第二个十年后期，梁带村禹王庙曾经作为学校使用。另外在大禹庙原山门正前方约 20 米处，保留有不规则的圆形水塘一口。

禹王庙（依锦村）

全国编号：284

地区编号：陕 10

类　　别：古建筑・庙

地理位置：陕西省延安市宜川县云岩镇依锦村

所属流域：黄河

简　　介：在壶口风景区上游宜川县云岩镇依锦村。乾隆《宜川县志》卷四载：“大禹庙，在县北一百里，平佐里壶口山坡上。”“文革”中庙被毁。八旬长者指认回忆，庙院长方形，占地 600 多平方米，有戏台，每年有庙会。据 2000 年《宜川县志・民间传说选录》，大禹在宜川壶口治水时，于洪水中救出几家。周家老两口为感谢救命之恩，把女儿许配给大禹。周姓氏族为了纪念大禹的恩德，修了禹王庙。依锦村的人都为大禹是自己的亲戚而自豪，称他为“祖老姑父”，禹王庙也就称“姑父庙”了。人们又为周家女儿立了庙，称“姑姑庙”。

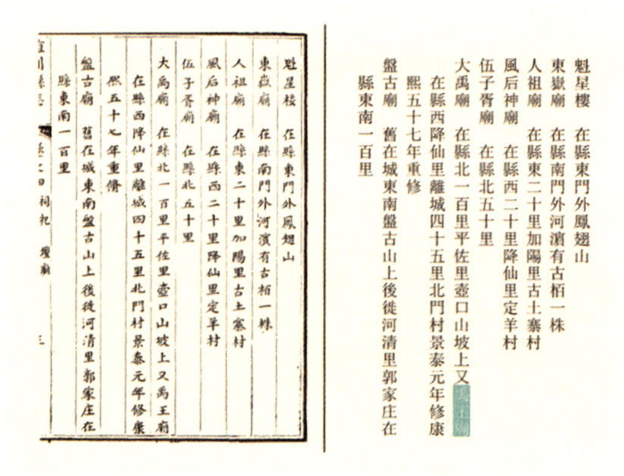
魁星樓　在縣東門外鳳翅山
東嶽廟　在縣南門外河濵有古栢一株
人祖廟　在縣東二十里加陽里古土寨村
風后神廟　在縣西二十里降仙里定羊村
伍子胥廟　在縣北五十里
大禹廟　在縣北一百里平佐里壺口山坡上又禹王廟
在縣西降仙里離城四十五里北門村景泰元年修康
熙五十七年重修
盤古廟　舊在城東南盤古山上後徙河清里郭家庄在
縣東南一百里

乾隆《宜川县志》卷四载“大禹庙”

宜川县依锦村姑夫庙（大禹庙）遗址（耿涛、赵西安供图）

孟门山

全国编号：285

地区编号：陕 11

类　　别：山川・山

地理位置：陕西省延安市宜川县壶口镇、山西省临汾市吉县壶口镇

所属流域：黄河

简　　介：孟门山在壶口下游 5 千米处黄河中。壶口至孟门为“十里龙槽”。在孟门，黄河谷底的河床中有两块梭形巨石巍然屹立在巨流中，形成两个河心岛，这就是古代被称为“九河之磴”的孟门山。相传这两个小岛原为一山，阻塞河道，引起洪水四溢，大禹治水时，把此山一劈为二，导水畅流。大孟门岛长约 300 米，宽约 50 米，高出水面约 10 米；小孟门岛长仅 50 余米。

鞍狗嶺　在縣東北九十里縣圖在汾川縣西寰宇記
孟門山　在縣東北百十里與山西吉州接界黄河中
流大石横亘數百步河水分流俯視如門禹鑿石導
流之處又石澄在水南村黄河中遠望横崖數百丈
其形壁立水氣噴薄如霧人不能近土人呼為澄口
縣册龍門未闢吕梁未鑿河出孟門之上大溢逆流名
曰洪水大禹疏通謂之孟門呂氏春秋北登孟門九河之
磴穆天子傳孟門即龍門之上口也實謂黄河之巨阨北
石經始禹鑿河中漱廣夾岸崇深傾崖返捍巨石臨
危若墜復倚其中水流交衝素氣雲浮往來遥觀者
窺深悸魄懸流千丈渾洪贔怒濤波頹疊迄于下口
方知慎子下龍門流駛竹箭非駟馬之追也水經注在
汾川縣東南二十里寰宇記汾川故城在縣東北在宜川縣東北
石澄下三里明一統志西直宜川縣與韓城之龍門相對
在黄河中長七十餘尺禹貢錐指
重覆山　在縣東北百四十里縣圖門山縣北有山其形

《陕西通志》卷十载“孟门山”

《淮南子》说：“龙门未辟，吕梁未凿，河出孟门之上，大溢逆流，无有丘陵，名曰洪水。大禹疏通，谓之孟门。”《水经注》：“此石经始禹凿，河中漱广，夹岸崇深，倾崖返捍，巨石临危，若坠复倚。”《陕西通志》卷十载：“孟门山在（宜川）县东北百十里，

孟门山航拍（金小军摄）

孟门山（张卫东供图）

禹王庙大禹像（金小军摄）

与山西吉州接界，黄河中流，大石横亘数百步，河水分流，俯视如门，禹凿石导流之处……孟门即龙门之上口也，实谓黄河之巨厄……其中，水流交冲，素气云浮，往来遥观者窥深悸魄，悬流千丈，浑洪赑怒，浚波颓迭，迄于下口，方知慎子下龙门，流驶竹箭，非驷马之追也。”

孟门的真正成因是十里龙槽溯源侵蚀过程中遗留在河床上两个石岛。

壶口瀑布

全国编号： 286

地区编号： 陕 12

类　　别： 山川 · 河

地理位置： 陕西省延安市宜川县壶口镇、山西省临汾市吉县壶口镇

所属流域： 黄河

壶口瀑布航拍（金小军摄）

山西黄河壶口瀑布（张卫东摄）

简　　介：《禹贡》："既载壶口，治梁及岐。"壶口两岸，高山对峙。滚滚黄河由北向南，穿行在秦晋峡谷中，左岸为山西吉县，右岸为陕西宜川县。黄河流入壶口时，约 400 米宽的水面骤然收缩到 50 米，倾入 40 米深的石槽中，声势如同从巨大无比的壶中倾倒，形成大小不一、形态各异的瀑布群，翻起滚滚波浪，飞流直下，气势磅礴，被称为黄河奇观。

壶口瀑布是我国第二大瀑布，也是世界上最大的黄色瀑布。景区内景点有孟门月夜、镇河石牛、旱地行船、清代长城、明清码头、梳妆台、古炮台、克难坡等。

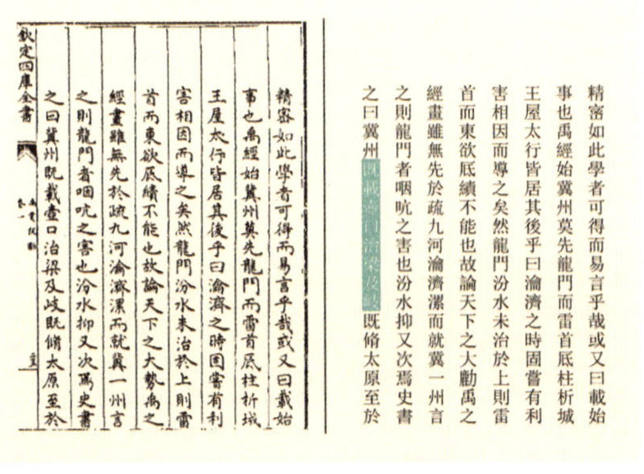

精密如此學者可得而易言乎哉或又曰載始事也禹經始冀州莫先龍門而雷首厎柱析城王屋太行皆居其後乎曰瀹濟之時固嘗有利害相因而導之矣然龍門汾水未治於上則雷首而東欲厎績不能也故論天下之大勢禹之經畫雖無先於疏九河瀹濟漯而就冀一州言之則龍門者咽吭之害也汾水抑又次焉史書之曰冀州既載壺口治梁及岐既脩太原至於

《禹贡说断》卷一载："既载壶口，治梁及岐。"

禹王宫（烈金坝村）

全国编号： 287

地区编号： 陕 13

类　　别： 古遗址

地理位置： 陕西省汉中市宁强县大安镇烈金坝村汉王沟的 108 国道北侧

所属流域： 长江

简　　介： 禹王宫亦名禹王庙、嶓冢祠，始建于唐代，重修于明代，毁于“文革”。原为一套古典三合院，桂花树植于庭院中，即是禹宫古桂。

相传汉中乃夏禹治水亲历之区。最迟在五代时期，此处就建有嶓冢祠，位于宁强县嶓冢山下古汉源。历经兴废，明嘉靖十六年（1537 年）知州王儒再建禹王庙。明嘉靖《汉中府志》卷之九记载：“宁羌州禹王庙：嶓冢山下。旧疑‘汉王’，郡人王作辨为‘禹王’。事见《禹贡》及胡曾、王仁裕诗。关南道副使李凤，命知州张梦徵重修。”清雍正《陕西通志》记载：“（嘉靖）二十四年（1545 年）知州萧遇祥重修，御史舒鹏翼记，略云：嶓冢为汉江发源，禹实经焉，故祀。”20 世纪 70 年

禹宫古桂（金小军摄）

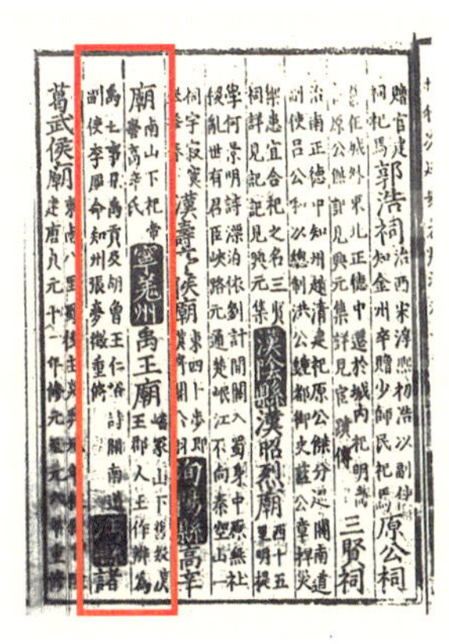

嘉靖《汉中府志》卷九载“禹王庙”

重建禹王庙碑记（金小军摄）

代初建设阳安铁路，庙拆碑毁。今原址尚有一株“禹王宫千年古桂”，巨枝七出，枝繁叶茂，形若华盖，成为凭吊古迹的标识。1982年9月，禹王宫古桂公布为宁强县文物保护单位。

禹王宫旧址东侧有一小溪，俗名“汉王沟”，即漾水。沿漾水北上约5千米，有绝壁千仞，白如涂垩，名“白岩湾”。半山石洞口有一钟乳石，状如卧牛，高155厘米，长310厘米，其背及臀部有8个字，奇古难辨，后人推测为“嶓冢导漾，东流为汉”。漾水淙淙，出于石牛下，传为汉水发源地。

禹王庙（坝河镇禹驾山）

全国编号： 288

地区编号： 陕14

类　　别： 古建筑·庙

地理位置： 陕西省安康市汉滨区坝河镇禹驾山

所属流域： 长江

简　　介： 坝河镇禹驾山有禹王庙。相传农历七月半是伯鲧誓师治水之日，农历八月十五是大禹誓师治水之日，故老云：解放前每年逢七月十五和八月十五，川陕鄂三省都有老百姓云集胥姑垭、

胥姑庙现状（金小军摄）

胥姑庙航拍（金小军摄）

胥姑庙内景（金小军摄）

禹驾山来参加祭祀活动。

陕南安康伏羲山东北部坝河镇，有鲧禹庙、禹驾寨、禹驾垭、禹驾山。其山生长棕竹与《山海经》记载吻合："禹山，其木多棕，其草多竹。"其地有涂山（因其侄"司巴"而称孟涂山、孟王寨）、候驾山（涂山氏唱《候人歌》处）、美涂湾、太涂垭（有涂山氏女娲庙遗存）。

候驾山（坝河）

全国编号： 289

地区编号： 陕 15

类　　别： 山川·山

地理位置： 陕西省安康市汉滨区坝河镇胥姑河村

所属流域： 长江

候驾山航拍（金小军摄）

简　　介：候驾山，传说涂山氏在此等候大禹。古老的《候人歌》仍在此地传唱。有白狐沟、白狐洞，民间有《白狐精助大禹》传说："有只狐狸修行千年而成白狐精，见洪水滔天世人无法治理，怜鲧功业未成身冤死，怕禹重蹈鲧之覆辙，于是变化成姣美淑女迷住大禹，传授给禹用烈火烧裂石岩而让洪水涌出向低奔流而退的方法，促使伯禹大功告成而王天下。"《汉水巴人民歌》曰："禹见涂山女娲精，迷恋亲爱野合坪，三十未娶情似火，容易分水难分情。"又曰："涂山候人歌南音，禾苗候雨雨候云；果实候花花候蜂，女娲候禹甜透心。女娲踩着禹脚印，山高水深也要寻。"

禹王宫（石泉县城关镇）

全国编号：290

地区编号：陕 16

类　　别：古建筑・宫

地理位置：陕西省安康市石泉县城关镇老城东门

所属流域：长江

简　　介：始建于唐代开元年间（713—741 年），唐宋时期，四川和陕西两地的石泉禹庙都是著名的历史古庙。明弘治年间（1488—1505 年）再次修建万寿宫，

城关镇禹王宫（金小军摄）

宫内立禹王塑像。据民国《石泉县志》，现存禹王宫是清乾隆年间（1736—1796年）所建，是“会馆式”庙宇，已不同于原来的禹庙。

建筑面积2万平方米的禹王宫是县内外百姓祭祀大禹的重要场所。每年六月六举办禹王会，自宋以来广泛流传。木偶、皮影“闹龙宫、捉水怪”等剧目都与大禹治水有联系。

2003年9月24日，该禹王宫被列为第四批省级文物保护单位。

旬阳禹穴

全国编号：291

地区编号：陕17

类　　别：山川·洞

地理位置：陕西省安康市旬阳县关口镇女娲洞

所属流域：长江

简　　介：旬阳禹穴俗称女娲洞。《大清一统志》：“禹穴，在洵阳县东一百三十里。高八尺，深九尺，旁镌‘禹穴’二字。穴右有泉，味甚清洌，世传禹决汉水时居此。”

洞穴是在高出江面约50米的崖壁上凿制而成，北依山峦，南临汉水，洞前

禹穴（雷保寿供图）

旬阳禹穴大禹像（全小军摄）

禹穴　在縣東百三十里穴傍鐫禹穴二字有古碑剥落相傳禹導漾時經此雍勝略
浮雲山　在縣東百五十里其峰高聳上有廻龍觀南臨漢水北接羣山抵商州界縣志
當門山　在縣東百七十里兩峰相對望之如門輿地紀勝
硃砂洞　在縣東二百四十里今封閉縣志
龍山　在縣東北百二十里山有靈泉旱禱即應輿地紀勝
水銀山　在縣東北百四十里南臨蜀河北連鶴嶺有

禹穴　在縣東百三十里穴傍鐫禹穴二字有古碑剥落相傳禹導漾時經此雍勝略
浮雲山　在縣東百五十里其峰高聳上有廻龍觀南臨漢水北接羣山抵商州界縣志
當門山　在縣東百七十里兩峰相對望之如門輿地紀勝
硃砂洞　在縣東二百四十里今封閉縣志
龍山　在縣東北百二十里山有靈泉旱禱即應輿地紀勝
水銀山　在縣東北百四十里南臨蜀河北連鶴嶺有

《陕西通志》卷十二载“禹穴”

是路，路中间有“禹树”。石洞有大小两个。大石洞高 2.9 米，宽 3.5 米，洞深 4.4 米，洞内有石凳、石榻，以安放大禹神像、香炉及祭祀物品之用。小洞高 2.1 米，宽 2.1 米，深 2.7 米，洞内凿有神龛，有石像残部留存。考古学者认为，属隋唐遗迹。洞口有摩崖石刻两块，一刻隶书“禹穴”二字，另一刻记述大禹疏浚治江功绩的小楷字 300 余个，虽字迹斑驳，仍隐约可见。

穴右 10 余米有“温凉泉”，味甘，夏凉冬暖，当地群众称为神水。

“禹穴遗踪”为旬阳老八景之一。

石泉禹穴

全国编号：292

地区编号：陕 18

类　　别：山川・洞

地理位置：陕西省安康市旬阳县（古属石泉县）

所属流域：长江

简　　介：清人董诏认为石泉禹穴与北川、绍兴禹穴并列：“西蜀与东越，共仰三不朽。”历史上四川北川县曾名石泉县，与今陕西石泉县同名，有关大禹出生陕西石泉县的善意误会持续了 1200 多年。今人释陕西石泉县禹穴为大禹憩息处。《陕西通志》卷七三载：“石纽村，石泉县石纽村，大禹生此，石穴杳深，人迹不到，近世掘地得古碑，有‘禹穴’二字，乃李白所书，乃知会稽禹穴之误。按《雍胜略》：禹穴在旬阳县，与此异。”

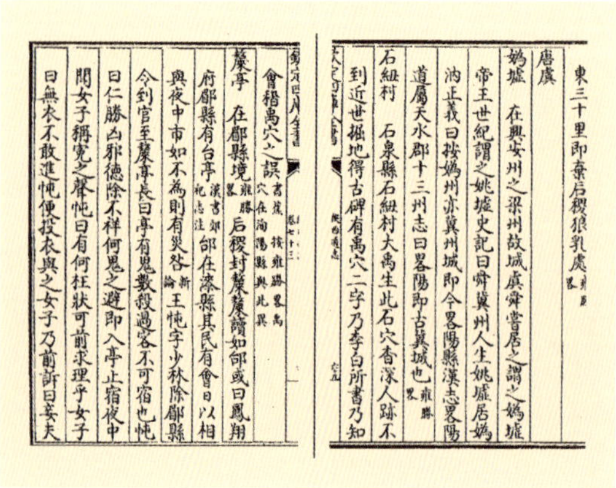

明陈继儒《书蕉》：“石泉县石纽村，大禹生此。石穴杳深，人迹不到，近世掘地得古碑，有‘禹穴’二字，乃李白所书。”

清毕沅《关中胜迹图志》：“《通志》：‘石泉县石纽村，大禹生此，石穴杳深，人迹不到。近世掘地得古碑，有“禹穴”二字，乃李白所书，乃知会稽禹穴之误。’谨按：二说颇异，今姑两存之。”

《陕西通志》卷七三载“石纽村”

古代洵阳县（历史上与石泉

县同为一县），境内汉江北岸有一禹穴，有摩崖刻石篆书“禹穴”，下离地面 30 厘米，有宽 207 厘米、高 129 厘米楷书石刻，竖书，共 54 行，上半部字迹多已漫漶，断文较多，但仍依稀可辨。留有清人诗作。

禹王宫（山阳县）

全国编号： 293

地区编号： 陕 19

类　　别： 古建筑・宫

地理位置： 陕西省商洛市山阳县城关街道东街 18 号

所属流域： 长江

简　　介： 禹王宫又名湖广会馆，位于山阳县城关街道东街 18 号，坐北向南，总面积 3000 多平方米，规模宏伟，保存完整。禹王宫于乾隆五十八年（1793 年）由湖广客商修建，据《建修湖广会馆引》记载，明末清初，山阳屡遭战乱，人口大减，至乾隆年间，清政府积极推行移民政策，各省移民纷纷来山阳定居谋生，而湖广之人更多。这些湖广移民来山阳后，为了有个聚会、议事、祭祀、娱乐的地方，就于乾隆五十八年正式动工修建湖广会馆。会馆正殿主神塑大禹像，所以湖广会馆取名禹王宫。新中国成立后作为人民会场使用。

2003 年 9 月 24 日，山阳县禹王宫被公布为省级文物保护单位。

山阳县禹王宫简介牌（耿涛供图）

二十三、甘肃省

禹王庙（白塔山）

全国编号： 294

地区编号： 甘 1

类　　别： 古建筑·庙

地理位置： 甘肃省兰州市城关区白塔山金山寺

所属流域： 黄河

简　　介： 光绪《重修皋兰县志》卷十八载：“禹王庙，一在金山寺，一在一条城河北。”兰州市白塔山上有一座金山寺，清康熙四十四年（1705 年）重建，20 世纪 60 年代因历史原因拆除。在金山寺外有座禹王庙，庙内塑大禹像，庙前立有传说为大禹所书的“禹王碑”，记载大禹治水的经过，该碑现移至白塔山公园牡丹厅内。这些建

兰州白塔山禹王碑（张卫东供图）

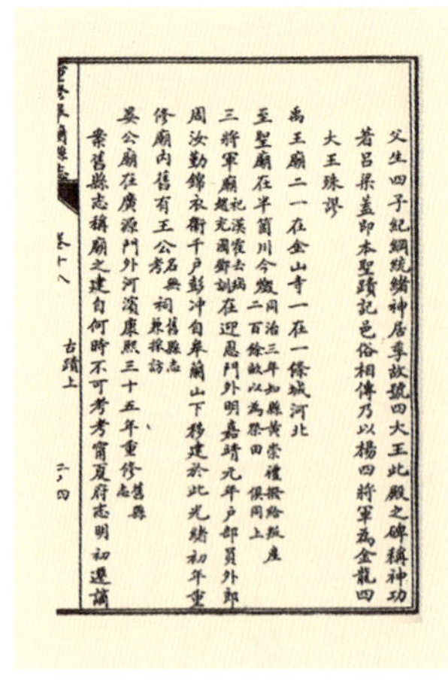
父生四子紀綱統緒神居季故號四大王此殿之碑稱神功
著呂梁蓋即本聖蹟記邑俗相傳乃以楊四將軍為金龍四
大王誅謬
禹王廟二一在金山寺一在一條城河北
至聖廟在半箇川今燬同治三年知縣黃崇禮撥給叛產二百餘畝以為祭田俱同上
三將軍廟祀漢霍去病趙充國鄧訓在迎恩門外明嘉靖元年戶部員外郎
周汝勤錦衣衛千戶彭沖自皋蘭山下移建於此光緒初年重
修廟內舊有王公考名無祠舊縣志採訪
晏公廟在廣源門外河濱康熙三十五年重修舊縣志
案舊縣志稱廟之建自何時不可考考甯夏府志明初還滴

重修皋蘭縣志　卷十八　古蹟上　二〇四

光绪《重修皋兰县志》卷十八载“禹王庙”

夏禹岣嵝碑（全小军摄）　　修建碑记（全小军摄）

筑物多为悬楼，寺庙间以栈道沟通，奇险绝悬。

碑名“夏禹岣嵝碑”，最早立在湖南衡山的岣嵝峰上。宋宁宗嘉定五年（1212年）何贤良请人翻刻于岳麓山巅，后复刻全国各地10余处。兰州的这通碑是咸丰十一年（1861年）酒泉侯建功摹刻的。

碑高3米，宽1米，古篆字共9行77字。碑原在金山寺禹王庙六面亭，1963年移到北高峰牡丹亭。“文革”期间倒地，后移到白塔寺的塔院里用玻璃罩保护起来。

兰州九州台

全国编号： 295

地区编号： 甘2

类　　别： 古建筑·台

地理位置： 甘肃省兰州市安宁区九州台

所属流域： 黄河

简　　介： 光绪《重修皋兰县志》卷十载：“九州台，一名九龙台，在县北五里，自麓至顶十五里，形势峻拔直上如台，台上平原数顷，登之可以望远。旧《县志》：秦维岳《九州台》诗：望远九州著，台原号九龙。荷衣皴百道，芝盖耸千重。雨渥每随愿，云层足荡胸。巍然天北镇，锁钥更何庸。”兰州市区周边最近的一个高峰，峰顶似台，平坦如砥，略呈长形。传说大禹导河积石，路过兰州时曾登临此台。大禹将盘旋在九州台旁边的九条巨龙赶到了黄河边，由此九州台旁边也形成九条山脉，大禹治水成功后就在此地划分天下九州，九州台由此得名。

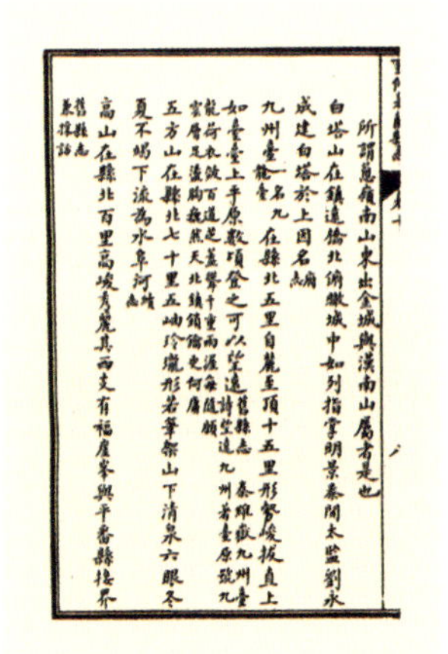

所謂黛嶺南山東出金城與漢南山屬者是也

白塔山在鎮遠橋北俯瞰城中如列指掌明景泰閒太監劉永成建白塔於上因名 舊志

九州臺 一名九龍臺 在縣北五里自麓至頂十五里形勢峻拔直上如臺臺上平原數頃登之可以望遠 舊縣志 秦維岳九州臺詩 望遠九州著臺原號九龍荷衣皴百道芝蓋聳千重雨渥每隨願雲層足盪胸巍然天北鎮鎖鑰更何庸

五方山在縣北七十里五峰玲瓏形若筆架山下清泉六眼冬夏不竭下流為水阜河 縣志

高山在縣北百里高峻秀麗具西支有福崖峯與平番縣接界 舊縣志 採訪

光绪《重修皋兰县志》卷十载“九州台”

九州台航拍（金小军摄）

黑山峡

全国编号： 296

地区编号： 甘 3

类　　别： 山川・峡

地理位置： 甘肃省白银市靖远县至宁夏回族自治区中卫市沙坡头区

所属流域： 黄河

简　　介： 道光《靖远县志》卷二载："黑山，在大庙堡东北（康熙志）。"黑山峡起于甘肃靖远县大庙村，终于中卫市沙坡头区小湾村，全长约 70 千米，峡谷深且水流急。相传大禹治水到此，劈山成峡，导黄河北上。

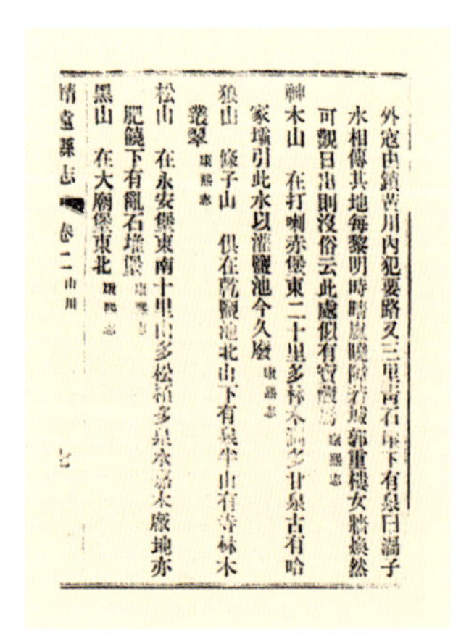

外寇由鎮蒼川內犯要路又三里青石崖下有泉曰湍子
水相傳其地每黎明時晴嵐映障若城郭重樓女牆儼然
可觀日出則沒俗云此處似有寶藏焉 康熙志
神木山 在打喇赤堡東二十里多林木洞多甘泉古有哈
家墻引此水以灌鹽池今久廢 康熙志
狼山 條子山 俱在乾鹽池北山下有泉半山有寺林木
叢翠 康熙志
松山 在永安堡東南十里山多松柏多泉水[illegible]未廢地亦
肥饒下有亂石墻堡 康熙志
黑山 在大廟堡東北 康熙志

靖遠縣志 卷二 山川 七

道光《靖远县志》卷二载"黑山"

黑山峡（张卫东供图）

毛家坪遗址

全国编号：297

地区编号：甘 4

类　　别：古遗址

地理位置：甘肃省天水市甘谷县磐安镇朱圉山下

所属流域：黄河

简　　介：毛家坪遗址，位于甘肃省天水市甘谷县磐安镇毛家坪村渭河南岸的二级台地上，面积约 60 万平方米，是周朝时期秦文化遗址。千百年来，附近的朱圉山流传着“禹奠朱圉”的传说。据传，大禹治水路过甘谷，曾在朱圉峰前祭奠伏羲。

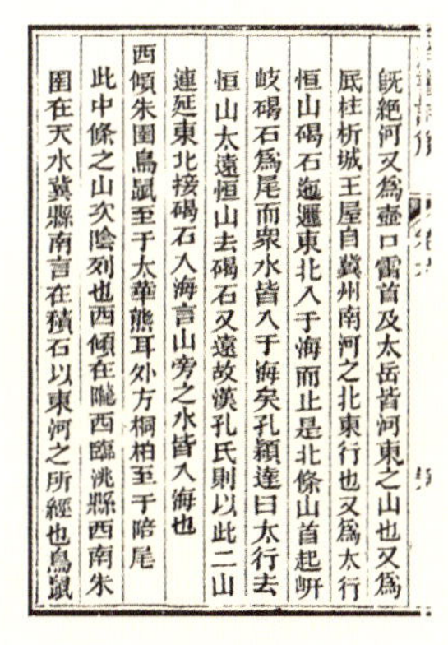

既絶河又為壺口雷首及太岳皆河東之山也又為
厎柱析城王屋自冀州南河之北東行也又為太行
恒山碣石迤邐東北入于海而止是北條山首起岍
岐碣石為尾而衆水皆入于海矣孔穎達曰太行去
恒山太遠恒山去碣石又遠故漢孔氏則以此二山
連延東北接碣石入海言山旁之水皆入海也
西傾朱圉鳥鼠至于太華熊耳外方桐柏至于陪尾
此中條之山次陰列也西傾在隴西臨洮縣西南朱
圉在天水冀縣南言在積石以東河之所經也鳥鼠

《尚书详解》卷六载：“西倾、朱圉、鸟鼠，至于太华……”

“禹奠朱圉”石刻（张卫东供图）

至今朱圉山山崖上仍刻有“禹奠朱圉”摩崖（20 世纪 50 年代修定天公路时毁去，2006 年 11 月重镌）。

《尚书·禹贡》：“西倾、朱圉、鸟鼠，至于太华……”《禹贡》的“朱圉”、《汉书·地理志》的“朱圄”，可确定在今甘肃甘谷县西南。朱圉山恰好是秦国为周天子养马的牧场，礼县红河乡西垂宗庙遗址是发现春秋秦公簋的地方，簋上铭文有“鼏宅禹迹”，有 2500 年以上历史，是朱圉山大禹传说来源的又一个“铁证”。

2019 年 10 月 7 日，毛家坪遗址被国务院公布为第八批全国重点文物保护单位。

天水嶓冢山·古汉水

全国编号：298

地区编号：甘 5

类　　别：山川·山

地理位置：甘肃省天水市秦州区西南 30 千米处（秦岭镇附近）

所属流域：长江

简　　介：天水市东南西汉水之源所出之山，即《禹贡》“嶓冢导漾”“岷嶓既艺”之嶓冢山。《元和郡县志》卷三九载：“嶓冢山，在县（上邽县，即今天水市清水县）西南五十八里，漾水之所出也，东流为汉水。”

班固以及后来的郑玄、郦道元皆记载汉江发源于西汉水支流漾水之嶓冢山。公元前 186 年的武都道大地震，震中在今略阳、宁强一带，造成宁强汉王山一带发生巨大山体滑坡，滑坡体阻断了古汉水，使汉水上游（西汉水）并入了嘉陵江，汉江正源从此改在宁强嶓冢山，北魏还设置了嶓冢县。

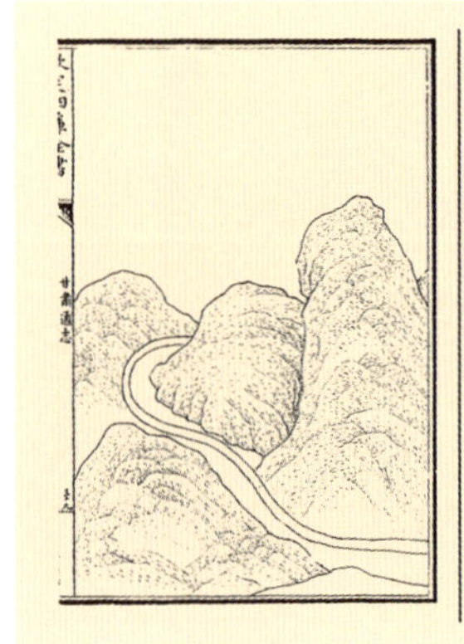
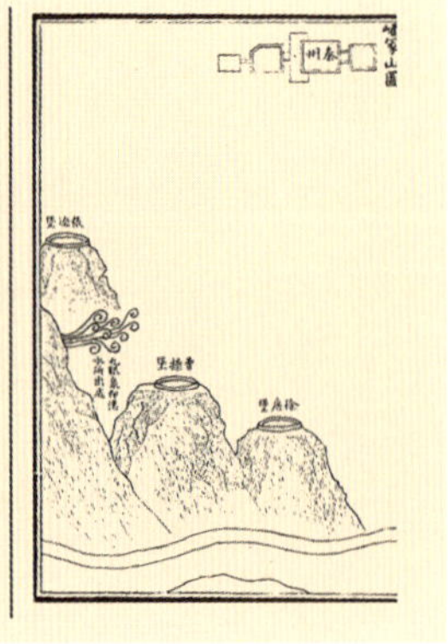

《甘肃通志》载“嶓冢山图”

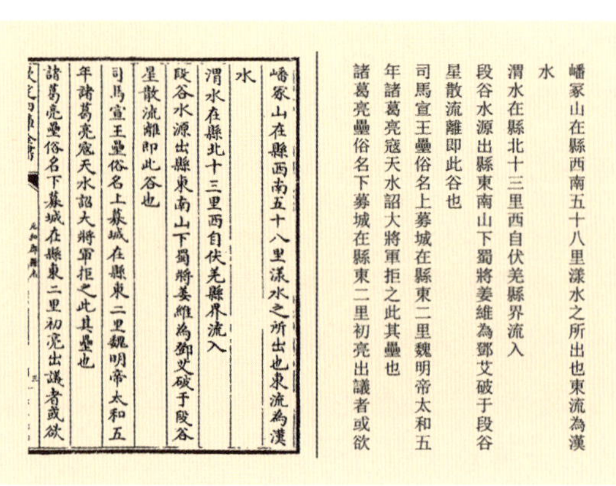

嶓冢山在縣西南五十八里漾水之所出也東流為漢水
渭水在縣北十三里西自伏羌縣界流入
段谷水源出縣東南山下蜀將姜維為鄧艾破于段谷星散流離即此谷也
司馬宣王壘俗名上募城在縣東二里魏明帝太和五年諸葛亮寇天水詔大將軍拒之此其壘也
諸葛亮壘俗名下募城在縣東二里初亮出議者或欲

《元和郡县志》卷三九载“嶓冢山”

甘肃嶓冢山·古汉水（齐寿山）近景航拍（仝小军摄）

福慧寺（仝小军摄）

猪野泽（潴野泽、都野泽）

全国编号： 299

地区编号： 甘 6

类　　别： 山川 · 泽

地理位置： 甘肃省武威市民勤县（青土湖）

所属流域： 河西走廊—阿拉善河内流区

简　　介： 乾隆《武威县志》卷二载：“潴野泽，县东北二里，有池二亩许，水不涸，名曰禹池。”《禹贡》载：“原隰底绩，至于猪野。”猪野泽是《禹贡》记载的 11 个大湖之一，全盛时是一个面积至少 1.6 万平方千米的巨大湖泊。

猪野泽有大禹治水的传说。

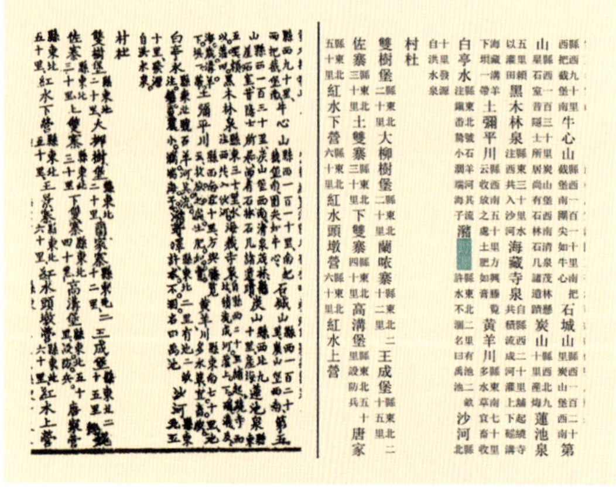

乾隆《武威县志》卷二载“潴野泽”

猪野泽（张卫东供图）

镇夷峡（正义峡）· 黑河

全国编号： 300

地区编号： 甘 7

类　　别： 山川 · 峡

地理位置： 甘肃省张掖市高台县罗城镇、酒泉市金塔县鼎新镇

所属流域： 河西走廊—阿拉善河内流区

简　　介：镇夷峡今名正义峡，黑河三峡之一，位于高台县西北黑河下游。河西走廊中部有两条河：一条从东边的焉支山向西流，古称弱水，今名山丹河。一条从南边的祁连山向北流，古称羌谷水，即今之黑河。二水在张掖城西北汇流，向西流入高台县境。古镇夷峡口，是二水汇合后西流的唯一孔道，峡口狭窄，壁陡石怪，如斧劈刀削一般，当地人称之为石峡。《高台县志》载：“镇夷峡口，为当年禹导弱水所劈。”

民国《高台县志》卷八载：“合黎山峡，俗名镇夷峡口，《水经》所云至会水县入合黎山腹者也。”

黑河古称弱水，大禹导弱水是西北地区治水活动的象征。《禹贡》：“导弱水至于合黎，余波入于流沙。道黑水至于三危，入于南海。”“黑水西河惟雍州：弱水既西，泾属渭汭。漆、沮既从，沣水攸同。荆、岐既旅，终南、惇物至于鸟鼠。原隰厎绩，至于猪野。三危既宅，三苗丕叙。”

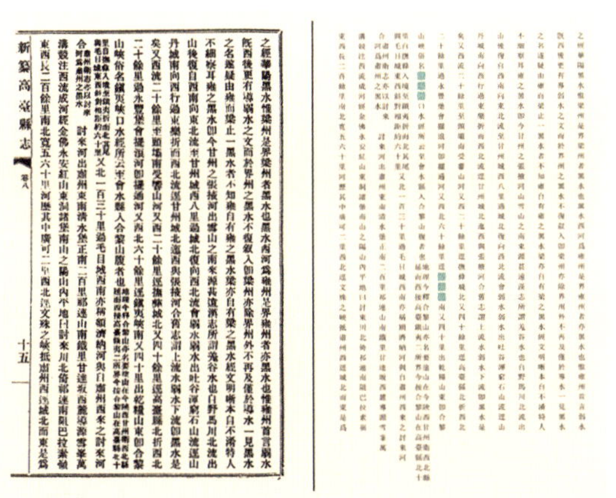
新纂高臺縣志 卷八 十五

之經華陽黑水惟梁州是界梁州者黑水也黑水西河惟雍州是界雍州者亦黑水也惟雍州首言弱水既西後更有導弱水之文而於界州之黑水不復敘入即梁州亦除界州外不再及僅於導水一見黑水之名蓋疑由雍而梁止一黑水耆不知雍自有雍之黑水梁亦自有梁之黑水經文明晰本自不淆特人不細察耳雍之黑水即今甘州之張掖河出雪山之南來源甚遠漢志所謂羌谷水也曰野馬川北流出山後復自西南向東北流赴甘州城西八里過城北復向西北流會弱水弱水出吐谷渾窮石山流逕山丹城南向西行過東樂折而西北流逕甘州城北遙西與張掖河合舊志謂上流水弱水下流即黑水是矣又西流二十餘里至鹽池南受響山河又西二十餘里逕撫彝城北又四十餘里逕高臺縣北折西北二十餘里過永豐堡會擺浪河即擺通河又西北六十餘里逕鎮夷峽南又四十里出乾糧山東即合黎山峽俗名鎮夷峽口水經所云至會水縣入合黎山腹者也（里自撫彝入境至鎮夷折而北流見爾毛目城東西斜對相距約六十里）又北一百三十里過毛目城西南亦稱額濟納河與自肅州西來之討來河合（肅州衛志亦以討來河為肅州之黑水）討來河出肅州東南清水堡正南二百里鄂達山南鐵里甘達坂西麓源雪峯萬溝穀注西流成河經金佛永安紅山東洞諸堡南山之陽山內平地曰討來川北會鄂達南阿巴拉素嶺東西長二百餘里南北寬五六十里河歷其中廣可二里西北逕文殊之峽抵肅州西逕城北而東是爲

民国《高台县志》卷八载“镇夷峡口”

镇夷峡（张卫东供图）

附录：

黑河是我国第二大内陆河，也是流经省区最多的内陆河，是河西走廊三大内陆河之一。发源于青海省祁连山腹地，由东、西两条支流汇合而成。黑河流经青海、甘肃、内蒙古三省（自治区），在内蒙古阿拉善盟额济纳旗境内分为东、西两支，分别流入东、西居延海。干流全长 883 千米，流域面积 8.08 万平方千米，落差约 4440 米，多年平均年径流量 36.7 亿立方米。

大禹导弱水碑

全国编号： 301

地区编号： 甘 8

类　　别： 古碑遗址

地理位置： 甘肃省张掖市山丹县城西 5 千米石嘴山北祁家店水库边

所属流域： 河西走廊—阿拉善河内流区

简　　介：《禹贡》："导弱水至于合黎，余波入于流沙。"传说古代弱水被合黎山阻隔，形成大湖。大禹率众在合黎山南麓凿开正义峡，湖水泄入流沙（今内蒙古额济纳旗）。后人在正义峡山巅修建禹王庙，又在城西 5 千米石嘴山北树立"大禹导弱水碑"，志其功德。今碑已不见。

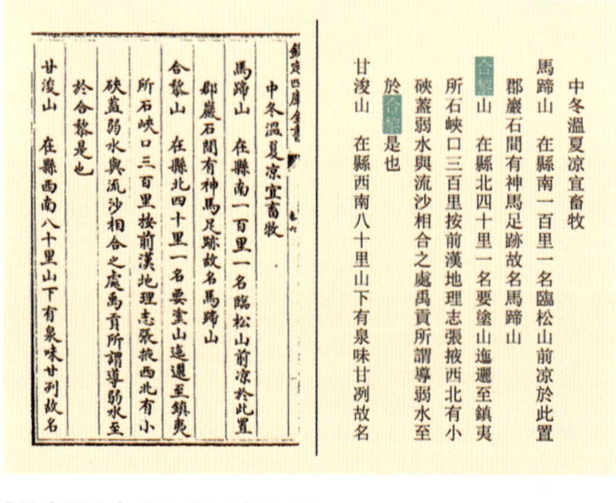
中冬溫夏涼宜畜牧
馬蹄山　在縣南一百里一名臨松山前凉於此置
郡巖石間有神馬足跡故名馬蹄山
合黎山　在縣北四十里一名要塗山迤邐至鎮夷
所石峽口三百里按前漢地理志張掖西北有小
硤蓋弱水與流沙相合之處禹貢所謂導弱水至
於合黎是也
甘浚山　在縣西南八十里山下有泉味甘冽故名

《甘肃通志》卷六载"合黎山"

《甘肃通志》卷六载："合黎山，在县北四十里，一名要涂山，迤逦至镇夷所石峡口三百里。按：前汉《地理志》：张掖西北有小硖，盖弱水与流沙相合之处，《禹贡》所谓'导弱水至于合黎'是也。"

三危山

全国编号： 302

地区编号： 甘 9

类　　别： 山川・山

地理位置： 甘肃省酒泉市敦煌市 217 省道莫高窟

所属流域： 河西走廊—阿拉善河内流区

简　　介： 敦煌莫高窟之南就是三危山。《禹贡》："导黑水至于三危，入于南海。"传说大禹在治理西域水患的同时，大力开发敦煌，安抚迁移到三危地区的三苗人。司马迁对此说："三危既度，三苗大序。"有人评价说，大禹是西部大开发第一人。

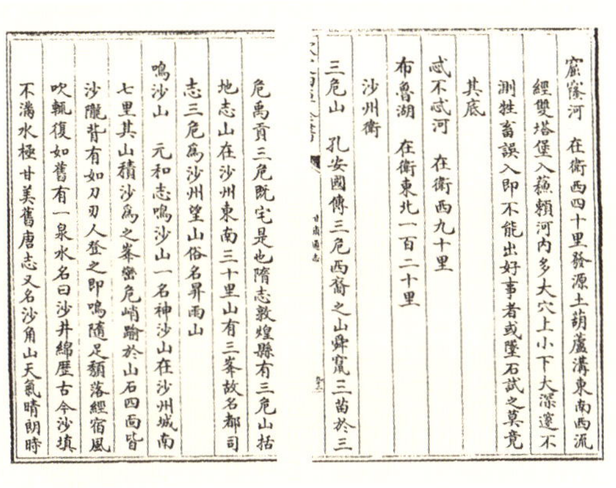
窟㟏河　在衛西四十里發源土葫蘆溝東南西流
經雙塔堡入蘇賴河内多大穴上小下大深邃不
測牲畜誤入即不能出好事者或墜石試之莫竟
其底
㖖不㖖河　在衛西九十里
布魯湖　在衛東北一百二十里
沙州衛
三危山　孔安國傳三危西裔之山舜竄三苗於三
危禹貢三危既宅是也隋志敦煌縣有三危山括
地志山在沙州東南三十里山有三峯故名都司
志三危爲沙州望山俗名昇雨山
鳴沙山　元和志鳴沙山一名神沙山在沙州城南
七里其山積沙爲之峯巒危峭踰於山石四面皆
沙隴背有如刀刃人登之即鳴隨足頽落經宿風
吹輒復如舊有一泉水名曰沙井綿歷古今沙填
不滿水極甘美舊唐志又名沙角山天氣晴朗時

《甘肃通志》卷六载“三危山”

三危山（秦川供图）

《甘肃通志》卷六载：“三危山，《孔安国传》：三危，西裔之山，舜窜三苗於三危。《禹贡》‘三危既宅’是也。《隋志》：敦煌县有三危山。《括地志》：山在沙州东南三十里，山有三峰，故名。《都司志》：三危为沙州望山，俗名升雨山。”

渭源禹河

全国编号： 303

地区编号： 甘 10

类　　别： 山川・河

地理位置： 甘肃省定西市渭源县鸟鼠山

所属流域： 黄河

简　　介： 道光《兰州府志》卷二载：“鸟鼠山，在渭源县西二十里，《禹贡》‘导渭自鸟鼠同穴’，即此。”

渭河发源于鸟鼠同穴山，上有摩崖“大禹导渭”。

鸟鼠山上有始建于周初的禹王庙，庙宇宏伟壮观，是周围数县之冠。庙内供有大禹及其助手伯益、应龙、河伯。

鸟鼠山中有马藏寺，其楹联曰：禹奘奠基圣心始畅；古刹重建佛化再扬。

2014 年起，在渭河源景区禹王广场举行“渭源大禹公祭大典”。

渭河是黄河最大支流，全长 818 千米。渭河有三源：居中是发源于五竹山（豁豁山）的清源河，南源是发源于锹峪峡的锹峪河，北源是发源于鸟鼠同穴山的禹河。

祭渭坛（金小军摄）

禹王殿（金小军摄）

大禹导渭石刻（金小军摄）

龙门涧（金小军摄）

鸟鼠山

全国编号：304

地区编号：甘 11

类　　别：山川 · 山

地理位置：甘肃省定西市渭源县鸟鼠山

所属流域：黄河

简　　介：鸟鼠山，又称“鸟鼠同穴”，是渭河发源地。《尚书 · 禹贡》：“导渭自鸟鼠同穴。”传说大禹治水曾在此凿山疏导渭水，后人在山上建起“禹王庙”，庙旁恰有三眼泉水，名品字泉。

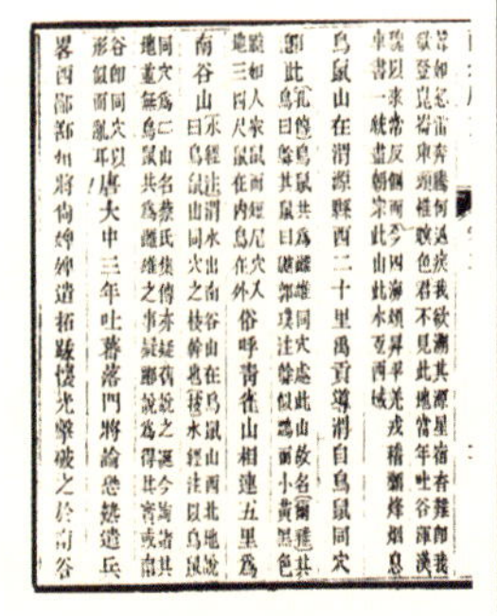

欲登崑崙舉頭惟睨色君不見此地當年吐谷渾漢魏以來常反側而今四海頌昇平羌戎稽顙烽烟息車書一統盡朝宗此山此木互西域

鳥鼠山在渭源縣西二十里禹貢導渭自鳥鼠同穴即此孔傳鳥鼠共為雌雄同穴處此山故名爾雅其鳥曰鵌其鼠曰鼵郭璞注鵌似鵽而小黃黑色鼵如人家鼠而短尾穴入地三四尺鼠在內鳥在外俗呼青雀山相連五里為南谷山水經注渭水出南谷山在鳥鼠山西北地說曰鳥鼠山同穴之枝幹也按水經注以鳥鼠同穴為二山名蔡氏集傳亦疑舊說之誕今詢諸其地並無鳥鼠共為雌雄之事疑鄭說為傳其實或南谷即同穴以形似而亂耳唐大中三年吐蕃落門將論恐熱遣兵略西鄙鄯州將尚婢婢遣拓跋懷光擊破之於南谷

道光《兰州府志》卷二载“鸟鼠山”

道光《兰州府志》卷二载：“鸟鼠山，在渭源县西二十里，《禹贡》‘导渭自鸟鼠同穴’，即此。《孔传》：‘鸟鼠共为雌雄同穴，处此山，故名。《尔雅》：其鸟曰鵌，其鼠曰鼵。郭璞注：鵌似鵽而小，黄黑色；鼵如人家鼠而短尾，穴入地三四尺。鼠在内，鸟在外。’俗呼青雀山，相连五里为南谷山。《水经注》：渭水出南谷山，在鸟鼠山西北地。”

鸟鼠山航拍（金小军摄）

大禹石

全国编号：305

地区编号：甘 12

类　　别：山川・石

地理位置：甘肃省定西市临洮县南屏镇洮河南岸腰路山

所属流域：黄河

简　　介：大禹石是一座高 60 多米的巨大石笋，又名春笋石，因为颇像当地造酒用的曲子，故又称曲子石。它还有个名字叫背篼石。

相传古时南屏山和石家山、腰路山、苟家山是一座山，洮河经此受阻泛滥。大禹为根治洮河水患，用斧劈开，分为南屏山和石家山，这便是黑甸峡。大禹又挖开腰路山和苟家山之间的河道，用背篼把土石一趟趟运出去。一次，由于装得太多，压断了背篼绳，石块便倒在了腰路山的半坡上。从此就留下了这块岩石。人们为了纪念大禹，就在背篼石上建庙供奉大禹，日久成俗，临洮、会川、康乐等县的民众把农历四月初八定为大禹庙会，盛况空前。

洮河起源于碌曲县西南的西倾山。关于大禹在洮河流域的治水神话，《水经注》卷二《河水》说："禹治洪水，西至洮水之上，见长人，受黑玉书于斯水上。"又卷

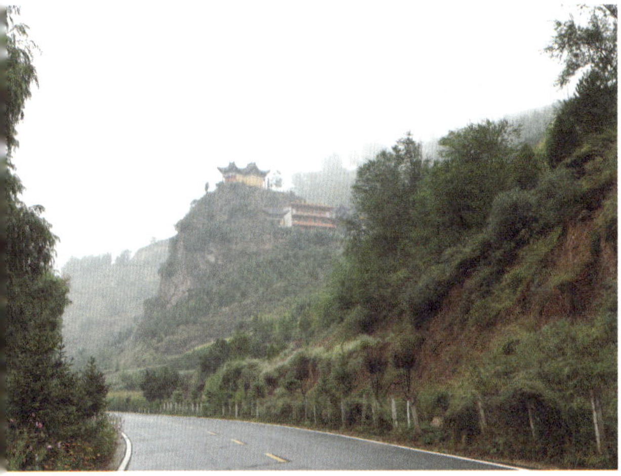

大禹石（全小军摄）

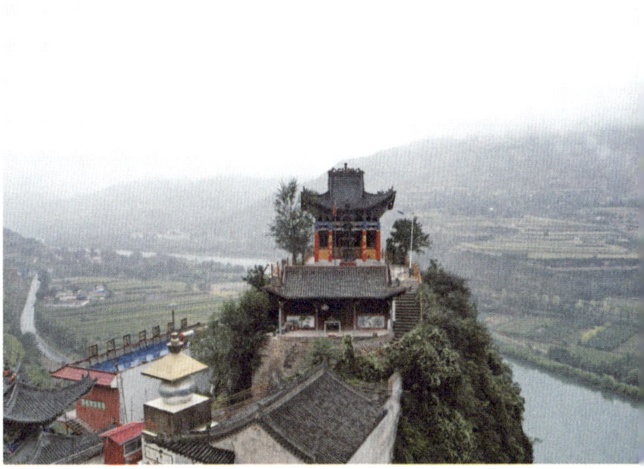

势至寺航拍（全小军摄）

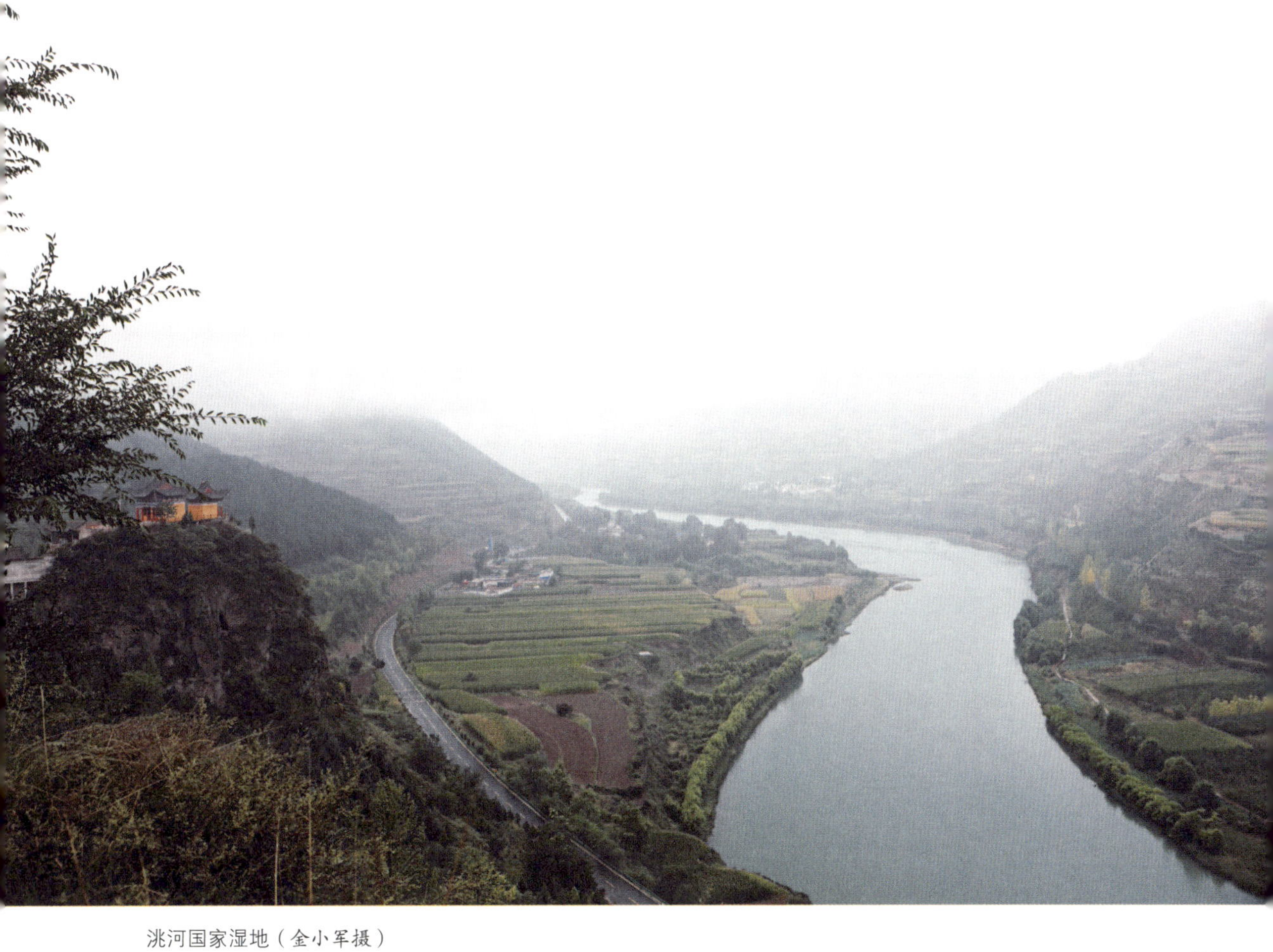

洮河国家湿地（全小军摄）

五《河水》："又东过平县北，湛水从北注之。"注云："昔禹治洪水，观于河，见白面长人，鱼身，出曰：'吾河精也。'授禹《河图》而还于渊。"又《十三州志》："岷山无草木，其西有天女神，洮水径其下，即夏禹见长人、受黑玉书处。"

透明山

全国编号： 306

地区编号： 甘 13

类　　别： 山川 · 山

地理位置： 甘肃省陇南市成县宋坪乡石门沟村

所属流域： 长江

简　　介： 地处西秦岭南脉，海拔 1700 米。透明山为喀斯特地貌，亿万年的地质自然演化形成了"天生桥"地貌，当地人叫透明山。当地山上有两个通透的山洞。

传说大禹当年到石门，只见沟间横一石壁阻止了水路，构成了深数丈、长数十丈的水槽。大禹见状后，亲自凿通石壁疏通河道流水，引水入河。大禹一行顺山梁来到此处休息时，传授伯益凿壁之法。伯益虚心刻苦习练，凿成了今日之透明山。

透明山航拍（金小军摄）

石门沟石洞（金小军摄）

透明山（邱志荣摄）

临　夏

全国编号：307

地区编号：甘 14

类　　别：地名

地理位置：甘肃省临夏回族自治州

所属流域：黄河

简　　介：《晋书·地道记》："（大夏）县有禹庙，禹所出也。"南北朝萧绎《金楼子》卷一《兴王篇》云："帝禹夏后氏，名曰文命，字高密。母曰修已，出行见流星贯昴，梦接意感，又吞神珠薏苡，胸坼而生禹于石坳。夜有神光。长於陇西大夏县，龙角珠庭，虎鼻大口，两耳参镂，首戴钩铃，身长九尺九寸，胸有黑子如

临夏州简介（金小军摄）

玉斗焉。手长至膝，胫无毛，左手中十七黑子。为人敏给克勤，其德不违，其言可信。声为律，身为度……”

大夏县，因大夏川（今广通河）而得名。西汉置，属陇西郡。治所即今甘肃临夏州广河县西阿力麻土乡古城。

临夏不仅有大夏川、大夏县、大夏古城，还有很多和大禹有关的传说。

炳灵寺禹穴（石窟）

全国编号：308

地区编号：甘 15

类　　别：石窟寺

地理位置：甘肃省临夏回族自治州永靖县大寺沟村

所属流域：黄河

简　　介：唐杜甫《秦州杂诗二十首》有诗云：“唐尧真自圣，野老复何知。晒药能无妇，应门幸有儿。藏书闻禹穴，读记忆仇池。为报鸳行旧，鷦鹩在一枝。”学者一般认为指的就是炳灵寺 169 号天然石窟。炳灵寺石窟与积石山保安族东乡族撒拉族自治县隔黄河相望，这一带有大禹导河起于积石的传说，故杜甫有理由把炳灵寺石窟称作“禹穴”。

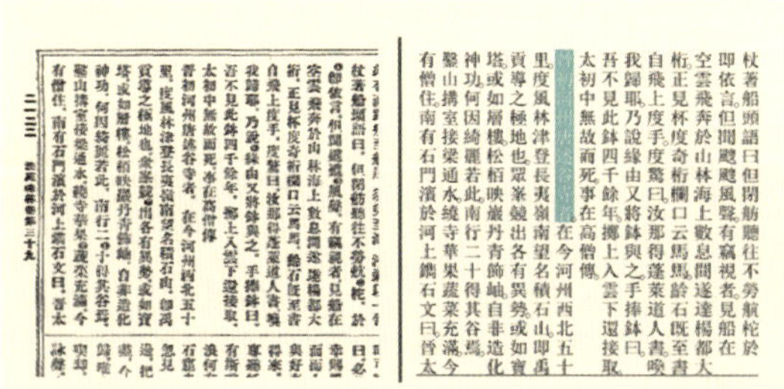

唐《法苑珠林》卷三九载“积石山”

唐《法苑珠林》云：“晋初河州唐述谷（炳灵寺所在峡谷）寺者，在今河州西北五十里。度风林津，登长夷岭南望，名积石山，即《禹贡》导之极地也。……得其谷焉，凿山构室……镌石文曰：‘晋太始年之所立也。’”

积石山炳灵寺石窟与莫高窟、云冈石窟、龙门石窟、麦积山石窟、龟兹石窟并称中国六大石窟，原名龙兴寺，又名灵岩寺（炳灵是藏语“十万佛”的意思），石窟开凿于 5 世纪初，现存窟龛 195 个，大小石雕佛像 694 躯，泥塑佛像 82 躯，洞窟内壁画色泽鲜艳，丰富多彩，尤其是 169 号窟保存的西秦建弘元年（420 年）壁画，是中国现存壁画中有确切纪年的最早作品。

炳灵寺石窟（金小军摄）

炳灵上寺（金小军摄）

大夏古城禹王庙遗址

全国编号：309

地区编号：甘 16

类　　别：古遗址

地理位置：甘肃省临夏回族自治州广河县阿力麻土乡古城村

所属流域：黄河

简　　介：广河县古称“大夏”。《汉书・地理志》：“陇西郡有大夏县。”《水经注》引《晋书・地道记》：“县有禹庙，禹所出也。”古城村有大禹庙。

《广河县志》载，“下古城”就是夏古城。这里作为大夏郡县的所在地，从西汉至唐代一直存在。唐广德元年（763 年）后，河州全境为吐蕃占据达 300 多年。下古城消亡后，到宋朝时改名为“定羌”，建立上古城。

《大禹导河之州——临夏文明古今谈》一书认为：“大夏县（在今广河县阿力麻土乡），王莽统治时期叫夏顺县，历史上有名的治水英雄大禹就出生在这里。广河人管彩陶叫夏陶……”

大夏古城大体上由三部分构成。最高的城堡，在山间二级台地的最高点上，先民充分利用了山顶平坦、三面断崖的地理优势，堡墙则正好堵在路上，形成了一个

大夏古城复原图（古城村马锋主任供图）

大夏古城烽火台遗址航拍（金小军摄）

非常完整的防御系统。现残存的城墙高四五米，基础宽 1 米多，长 30 米左右。其他三面仅剩墙基。山下则是大夏古城的另外两个城堡，人们称为上、下古城村。三城遥相呼应。

当地学者还认为，夏王朝这个“夏”就来自临夏的大夏川，大夏川就是今天的广通河，汉以前也称为“夏水”。

广通河全长仅 42 千米，发源自太子山南麓的夏河县境内，然后流经和政，在广河县汇入洮河。

禹王庙（积石关）

全国编号： 310

地区编号： 甘 17

类　　别： 古遗址

地理位置： 甘肃省临夏回族自治州积石山保安族东乡族撒拉族自治县大河家镇关门村黄河南岸台地上

所属流域： 黄河

简　　介： 据今人才旺瑙乳《积石山：大禹凿山导河的源头》：积石山县禹王庙修建于 1490 年，原址在积石峡出口大河家镇积石关外，1524 年移到大河家镇关

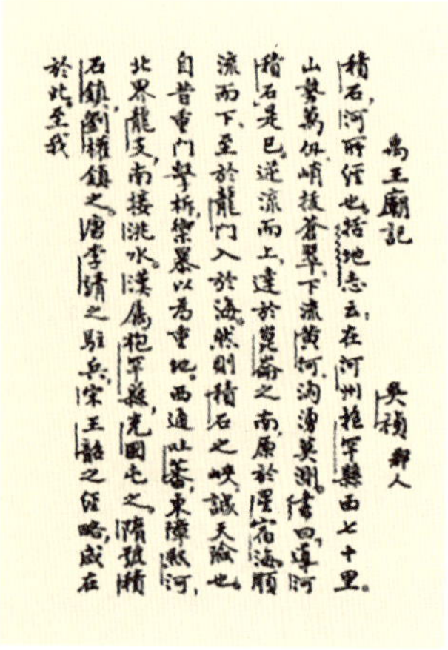

积石山县禹王庙

门村黄河南岸台地上。上游 1.5 千米处今建有积石峡水电站。《甘肃通志》卷五载：“积石山，《府志》《禹贡》：导河自积石至龙门，两山如削，河流经其中，外临番界、金城要地，俗所谓小积石也，在州西北百二十里。……宋元立积石州，明洪武改为关。上有神禹庙。”

据今人董克义《大禹导河积石》：明代河州人吴祯有《禹王庙记》，尚书彭泽有《重修积石禹王庙记》，总制唐龙有《重修禹王庙记》。

禹王庙修过多次，屡遭兵燹。明代和清初，这座殿阁宏伟的庙宇遐迩闻名。清光绪年间，该庙与积石关门楼一起毁于大火。

积石山县黄河对岸为青海省海东市民和回族土族自治县和甘肃省永靖县。积石峡出口（关门村）下游约 10 千米处为喇家国家考古遗址公园（在民和县）；下游约 18 千米处有禹王峡景区（与民和县共有）；下游约 30 千米处为炳灵寺石窟（在永靖县）。

积石山 · 黄河

全国编号： 311

地区编号： 甘 18

类　　别： 山川 · 山

地理位置： 甘肃省临夏回族自治州积石山保安族东乡族撒拉族自治县、青海省海东市循化撒拉族自治县

所属流域： 黄河

简　　介： 青海省果洛藏族自治州境内的阿尼玛卿山古称“大积石山”，其下游甘青交界的积石峡所在的积石山称“小积石山”。一般认为古代认识黄河源头能力有限，《禹贡》所记大禹“导河积石”是在“小积石山”。但是，乾隆《甘肃通志》卷五认为：“积石本在徼外，自唐以静远城置积石军，始移其名於内地。”即唐仪凤二年（677 年）置积石军以前，没有小积石山之名。今《三江源志》认为，春秋战国时期，对黄河源的认知已经达到了果洛州的阿尼玛卿山，所以《尚书 · 禹贡》中“（禹）导河积石”所指的“积石山”，《山海经 · 海内西经》记载的“禹

积石山远景航拍（金小军摄）

积石山（吕超峰摄）

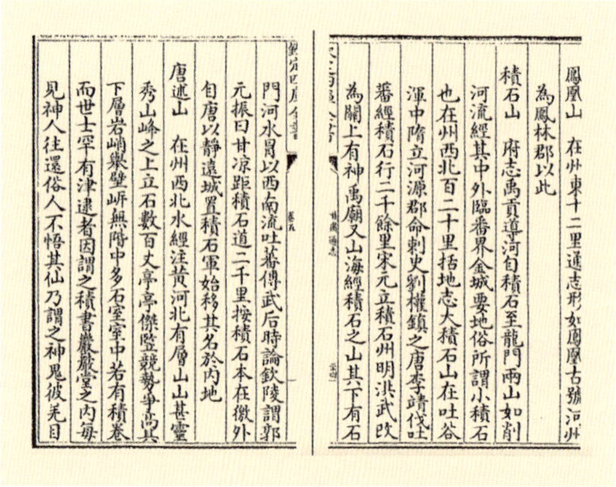

《甘肃通志》卷五载“大积石山”“小积石山”

所导积石山”等等，均应是大积石山。

公元677年以来，积石山有了大小之分。乾隆《甘肃通志》卷五：“《括地志》：大积石山，在吐谷浑中，隋立河源郡，命刺史刘权镇之。唐李靖伐吐蕃经积石，行二千余里”，以上是说大积石山；“宋元立积石州，明洪武改为（积石）关。上有神禹庙”，这是说小积石山。

《禹贡》记载：大禹“导河积石，至于龙门，南至于华阴，东至于厎柱，又东至于孟津；东过洛汭，至于大伾；北过降水，至于大陆；又北播为九河，同为逆河，入于海”。《禹贡》勾勒的黄河入海流路与今日黄河相去甚远。

附录：

黄河是中国第二长河，因河水浑而色黄得名，是世界上输沙量最大、含沙量最高的河流。发源于青海省巴颜喀拉山北麓海拔约4500米的约古宗列盆地，横跨青藏高原、内蒙古高原、黄土高原、华北平原，呈“几”字形，流经青海、四川、甘肃、宁夏、内蒙古、山西、陕西、河南、山东等9个省、自治区，于山东省东营市垦利区注入渤海。干流全长5678千米，落差4480米，流域面积81.31万平方千米。

从河源到内蒙古托克托县河口村为上游，长3625千米；中游长1280千米；河南桃花峪以下为下游，长约782千米。主要支流有洮河、湟水—大通河、汾河、渭河、伊洛河、沁河、大汶河等。

流域大部分属干旱、半干旱大陆性气候，年降水量约452毫米，天然年径流量580亿立方米，相当于长江的1/17，仅占全国的2%。黄河流域水土流失严重，下游河道水少沙多，年输沙量长期高达16亿吨，造就了25万平方千米的黄河冲积扇，历史时期形成“地上悬河”，河床每年抬高7～10厘米，频繁决口泛滥。

几千年来，流域人民除水害、兴水利，培育出灿烂的黄河文明。近70多年来，古老黄河发生沧桑巨变，从“中华之忧患”变为一条利民之河、安澜之河，为世界大河保护与治理树立了典范。

禹王庙遗址（积石关内关门村）

全国编号： 312

地区编号： 甘 19

类　　别： 古遗址

地理位置： 甘肃省临夏回族自治州积石山保安族东乡族撒拉族自治县大河家镇关门村

所属流域： 黄河

简　　介： 禹王庙在积石关内关门村黄河南岸台地上。原在积石关外，建庙时间不详。万历《临洮府志》卷六载："大禹庙在州积石关。"据明嘉靖《河州志》记载，明嘉靖甲申年重修，并移至关内，后随毁随修。清乾隆《甘肃通志》卷五载："宋元立积石州，明洪武改为（积石）关。上有神禹庙。"清光绪二十一年（1895年）毁于战乱。现遗址尚存。

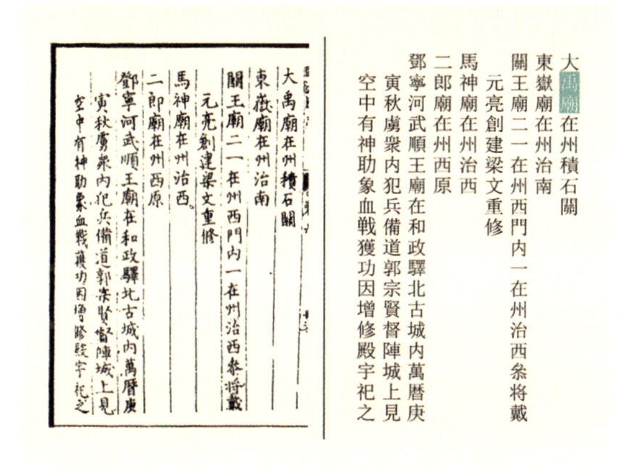

大禹廟在州積石關
東嶽廟在州治南
關王廟二一在州西門內一在州治西条将戴
元亮創建梁文重修
馬神廟在州治西
二郎廟在州西原
鄧寧河武順王廟在和政驛北古城內萬曆庚
寅秋虜衆内犯兵備道郭宗賢督陣城上見
空中有神助象血戰獲功因增修殿宇祀之

万历《临洮府志》卷六载"大禹庙"

积石关遗址

全国编号： 313

地区编号： 甘 20

类　　别： 古遗址

地理位置： 甘肃省临夏回族自治州积石山保安族东乡族撒拉族自治县大河家镇关门村西端

所属流域： 黄河

简　　介：《禹贡》《史记》等都有大禹"导河积石"的记载。清梁份《秦边纪略》："盖黄河入中国，始于河州，禹之导河积石是也。"积石峡谷是兰州黄河谷地通往青藏高原的要隘。历代在峡谷出口筑积石关屯兵驻守，为明河州二十四关的

积石关遗址航拍（金小军摄）

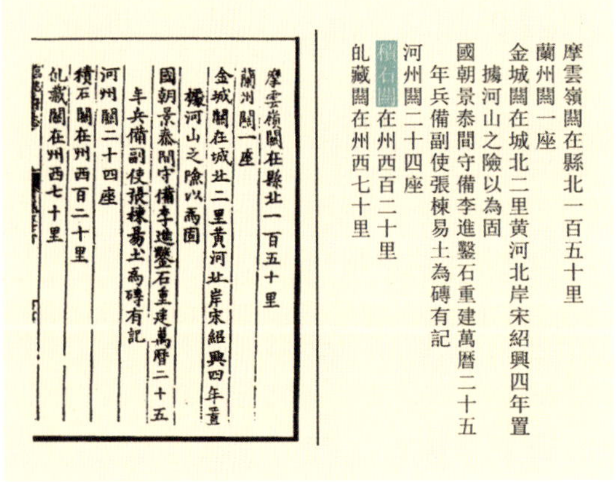

摩雲嶺關在縣北一百五十里
蘭州關一座
金城關在城北二里黄河北岸宋紹興四年置
據河山之險以為固
國朝景泰間守備李進鑿石重建萬曆二十五
年兵備副使張棟易土為磚有記
河州關二十四座
積石關在州西百二十里
乩藏關在州西七十里

万历《临洮府志》卷十一载“积石关”

第一关，号称“积石锁钥”。万历《临洮府志》卷十一载：“河州关二十四座，积石关在州西百二十里。”积石关下游约 10 千米左岸青海民和县有喇家遗址，有专家考证系大约公元前 1730 年的大地震和积石峡巨型堰塞湖溃决洪水所毁灭。

二十四、青海省

积石峡

全国编号：314

地区编号：青 1

类　　别：山川 · 峡

地理位置：青海省海东市循化撒拉族自治县、民和回族土族自治县

所属流域：黄河

简　　介：《禹贡》记载“导河积石”。当地传说，积石山挡住滚滚黄河，每到雨季，壅塞的黄河水泛滥成灾。禹王经过千辛万苦，终于凿开一条石峡，消除了水患，这条峡谷，就是积石峡。

积石峡长约 25 千米，上游段约 19.5 千米位于循化撒拉族自治县境内，下游段约 5.5 千米位于民和回族土族自治县境内，出口处右岸即甘肃积石山保安族东乡族撒拉族自治县积石关，峡谷内外留有许多大禹传说遗迹，如禹王庙、禹王石、大禹

积石峡东视航拍（金小军摄）

积石峡水电站（吕超峰摄）

斩蛟崖、骆驼石、大禹支锅石、天下第一石崖等。

积石峡内索同村附近黄河南岸有一尊磐石，传说大禹坐过，被称为禹王石，当地奉为神石。如今被积石峡水库淹没。

距禹王石不远处黄河北岸，有石壁峭拔高耸，森然巍峨，其色赤红。相传，黄河泛滥成灾，乃恶龙起蛟发洪所致。大禹治水到此，首先擒斩恶龙，鲜血直喷射到对岸石崖，因此石崖呈赤红色，故人们称为“大禹斩蛟崖”。

斩蛟崖下黄河激流中，有一中流砥柱，石顶面积约 10 平方米，高出水面十数米，巍然耸立，当地人称骆驼石。传说是帮助大禹斩蛟龙的金骆驼所化，一直在黄河中镇压着蛟龙。

龙羊峡（积石峡）

全国编号： 315

地区编号： 青 2

类　　别： 山川 · 峡

地理位置： 青海省海南藏族自治州共和县、贵德县、贵南县

所属流域： 黄河

简　　介：《禹贡》记载“导河积石”。当地传说，龙羊峡即积石峡，为大禹所开。民国《贵德县志》卷二载：“龙羊峡，在县西七十里，两峰峙立，势若门户，黄河贯流其中，奔流澎湃，涛涌雄壮，险若天堑，亦称胜地，不异吕梁之巨观也。”

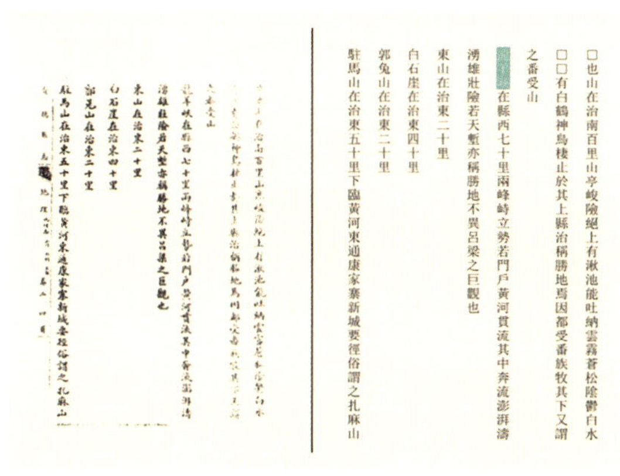

□也山在治南百里山亭峻險絕上有湫池能吐納雲霧蒼松陰鬱白水
□□有白鶴神鳥棲止於其上縣治稱勝地焉因都受番族牧其下又謂
之番受山
[illegible]在縣西七十里兩峰峙立勢若門戶黄河貫流其中奔流澎湃濤
湧雄壯險若天塹亦稱勝地不異呂梁之巨觀也
東山在治東二十里
白石崖在治東四十里
郭兔山在治東二十里
駐馬山在治東五十里下臨黄河東通康家寨新城要徑俗謂之扎麻山

民国《贵德县志》卷二载“龙羊峡”

龙羊峡长33千米，唐宋金时期属积石军、积石州（治今贵德县河西镇，辖今青海循化、尖扎、贵德、同仁，甘肃临夏、夏河等地）。据《青海日报》，传说大禹治水到积石州，看到黄河水流入青海湖，湖水上涨，危及河湟。于是专程到“昆仑之丘”向博学多才的西王母请教。《荀子·大略篇》：“尧学於君畴，舜学於务成昭，禹学於西王国。”大禹在西王母的帮助下将河海分家，隆起日月山，引导黄河经浪麻流入积石峡（其中首段即龙羊峡），拯救了环湖地区和河湟地区。因此，世代居住在“昆仑之丘”的父老，筑禹王台，修禹王庙。20世纪60年代初，日月山下还有禹王庙，内有禹王神像，壁间绘有大禹治水的宏大场面。

龙羊峡（张卫东供图）

二十五、宁夏回族自治区

青铜峡

全国编号：316

地区编号：宁 1

类　　别：山川・峡

地理位置：宁夏回族自治区吴忠市青铜峡市青铜峡库区

所属流域：黄河

简　　介：青铜峡有多处大禹遗迹，有青铜禹迹、禹王神洞，禹王庙。当地有民谣流传："禹练十年功，铸斧开青铜。金牛镇峡口，斩龙保年丰。"乾隆《宁夏府志》卷三载："青铜峡，在广武堡北，两山对峙，河水经焉。中有禹王庙，又有古塔一百八座，不知所始，或云昔人厌胜之具。有新月、白电、美女、弹筝诸峰，复壁森峭，奔流湍驶，泛舟其间，虽盛夏六月，寒神凄骨，亦塞上一伟观云。"

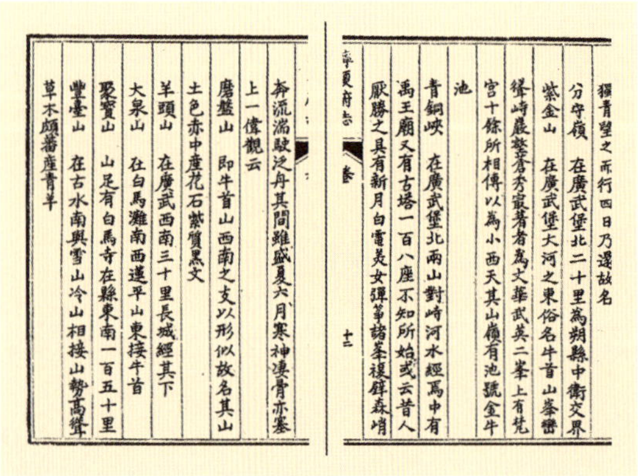

乾隆《宁夏府志》卷三载"青铜峡"

青铜峡水库库区牛首山斜对面有大禹文化园，广场北首有 36 米高青铜色大禹立像。大禹左手执长柄耒耜，右手指向前方黄河，脚下一条长龙盘绕，象征其治水之功。青铜峡大禹文化园内还有九鼎苑、河图洛书苑、大禹生平堂、大禹精神堂、大禹治水堂、大禹政绩堂等。大殿中又有 18 米高大禹坐像，庄严肃穆，头顶金冠。上方牌匾书"千秋仰望"，座前两根立柱上写："治水理民功侔三皇五帝；铸鼎安国泽被千秋万世。"

大禹文化园同时兴建了黄河楼、黄河坛、九鼎等。其中九鼎荆州仿克黄鼎，雍

青铜峡（张卫东供图）

州仿秦公鼎，冀州仿兽面纹圆鼎或方鼎，豫州仿云雷纹扁足鼎，青州仿禹方鼎，扬州仿江苏溧水乌山出土的方鼎，徐州仿山东滕州庄里西出土的滕侯方鼎，兖州仿象鼻开形足方鼎，梁州仿四川成都羊子山出土的大圆鼎。

二十六、台湾省

《大禹治水图》

全国编号： 317

地区编号： 台 1

类　　别： 可移动 · 绘画

地理位置： 台北故宫博物院

所属流域： 台湾水系

简　　介： 文献记载，东晋顾恺之、隋代展子虔和五代朱简章、南宋赵伯驹等人都曾作大禹治水图，乾隆皇帝判断此图为南唐周文矩所作，故题为《唐人大禹治水图》。

以此为蓝本的清代临仿品，画面色彩鲜艳，线条清晰，出自乾隆朝宫廷画家谢遂之手。谢遂摹本为大禹治水图玉山和缂丝大禹治水图轴的蓝本。

缂丝《大禹治水图》轴

全国编号： 318

地区编号： 台 2

类　　别： 可移动 · 绘画

地理位置： 台北故宫博物院

所属流域： 台湾水系

简　　介： 清代缂丝大禹治水图轴，以谢遂摹本为据制成。此画尺幅巨大，人物众多，结构复杂。以工艺繁复的缂丝手法进行复制，且安然保存至今，弥足珍贵。

《大禹治水图》（台北故宫博物院藏）

缂丝《大禹治水图》轴（台北故宫博物院藏）

台南水仙宫

全国编号： 319

地区编号： 台 3

类　　别： 古建筑・宫

地理位置： 台湾省台南市西区水仙里神农街 1 号

所属流域： 台湾水系

简　　介：《福建通志・台湾府・坛庙・台湾县》："水仙庙在西定坊港口。祀大禹王，配以伍员、屈原、王勃、李白。康熙五十四年（1715 年），泉漳诸商建。一在澎湖妈宫前。"一说奉祀大夏圣帝、白盟尊王、忠烈尊王、西楚尊王、五盟辅王等，俗称一帝两王二大夫。

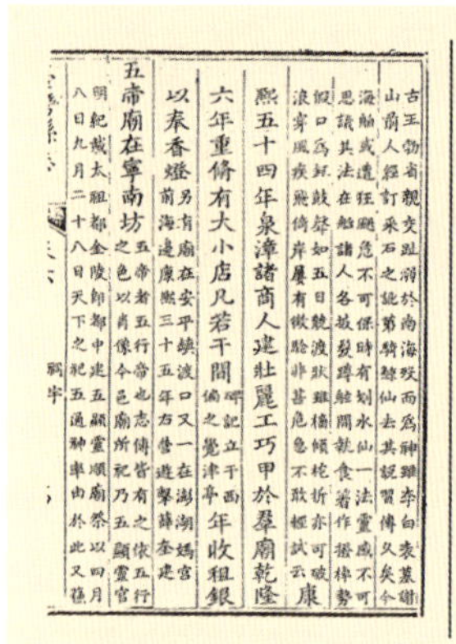
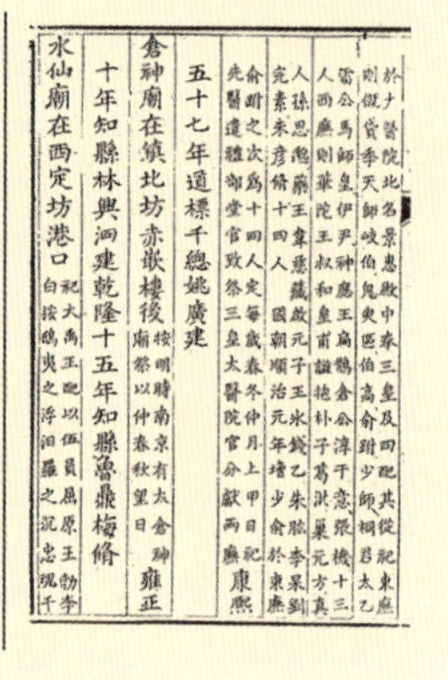

於太醫院北名景惠殿中奉三皇及四配其從祀東廡則僦貸季天師岐伯鬼臾區伯高俞跗少師桐君太乙雷公馬師皇伊尹神應王扁鵲倉公淳于意張機十三人西廡則華佗王叔和皇甫謐抱朴子葛洪巢元方真人孫思邈藥王韋慈藏啟元子王冰錢乙朱肱李杲劉完素朱彥脩十四人 國朝順治元年增少俞於東廡俞跗之次為十四人定每歲春冬仲月上甲日祀先醫遣禮部堂官致祭三皇太醫院官分獻兩廡 康熙

五十七年遊標千總姚廣建

倉神廟在鎮北坊赤嵌樓後按明時南京有太倉神廟祭以仲春秋望日 雍正

十年知縣林興泗建乾隆十五年知縣魯鼎梅修

水仙廟在西定坊港口祀大禹王配以伍員屈原王勃李白按鴟夷之浮汨羅之沉忠魂千古王勃省親交趾溺於南海歿而為神雖李白表墓謝山爵人經訂采石之跳第騎鯨仙去其說習傳久矣今海舶或遇狂飆危不可保時有劃水仙一法靈感不可思議其法在船諸人各披髮蹲舷間執食箸作撥棹勢假口為鉦鼓聲如五日競渡狀雖檣傾柁折亦可破浪穿風疾飛倚岸屢有徵驗非甚危急不敢輕試云 康

熙五十四年泉漳諸商人建壯麗工巧甲於群廟乾隆

六年重修有大小店凡若干間碑記立于西偏之覺津亭年收租銀

以奉香燈另有廟在安平鎮渡口又一在澎湖媽宮前海邊康熙三十五年右營遊擊薛奎建

五帝廟在寧南坊五帝者五行帝也志傳皆有之依五行之色以肖像今已廟所祀乃五顯靈官明紀載太祖都金陵即都中建五顯靈順廟祭以四月八日九月二十八日天下之祀五通神率由於此又徧

乾隆《重修台湾县志》卷六载"水仙庙"

我国各地均留有水仙宫遗存，各地祭祀对象也不尽相同，如原

台南水仙宫

（张卫东供图）

来闽南地区水仙宫多为祭祀妈祖，岭南地区则为祭祀大禹，上海老城厢水仙宫祭祀明代“八仙”中的吕洞宾。目前民间的水仙庙（水仙宫），大多以大禹为主祀神，配祀伍子胥、屈原、王勃、李白等四人。而这五位尊神与水都有特别密切的关系，后人尊称为水仙王，为航海生活的船长、海员或以贸易为业的商贾所崇奉，祀以保佑海上交通的平安。

水仙崇拜由来已久。宋末刘克庄有《重修水仙庙疏》，祀嘉应惠利侯父子；元朝海宁州有《褒封水仙记》，祀冯琳兄弟三人及蔡某、丁仲修五人。清初，神已变为大禹等人。

新竹长和宫－水仙宫

全国编号：320

地区编号：台 4

类　　别：古建筑·宫

地理位置：台湾省新竹市北区北门街 135 号

所属流域：台湾水系

简　　介：水仙宫主祀水仙尊王，是海洋之神，也就是夏代开国君主禹帝。因大禹治水的能力以及精神，海路商人与渔民等靠海维生的民众皆拜祀大禹以祈求平安。水仙尊王原奉祀于长和宫后殿，为新竹北门地区郊商崇祀的航海神，后因市街日渐发展，于 1863 年时拆除长和宫左侧店家，由新竹的郊商捐款兴建水仙宫，3 年后清同治五年（1866 年）水仙宫竣工落成，将原本供奉于长和宫后殿的水仙尊

新竹长和宫（张卫东供图）

新竹水仙宫（张卫东供图）

王移祀至水仙宫。水仙宫的建筑格局为二殿二廊式，左侧外墙有三块石碑，其中长和宫碑是水仙宫的兴建记录，为水仙宫的珍贵文物。

每年的农历十月初十是水仙尊王圣诞，是最盛大的庆典节日。

各地供奉的水仙尊王有所不同，其中一种水仙王“组合”是一帝、二王、二大夫，也就是禹帝（大禹）、奡王（寒奡，寒浞之子）、楚王（项羽）、伍大夫（伍子胥）、屈大夫（屈原）等五位。

笨港水仙宫遗址

全国编号： 321

地区编号： 台 5

类　　别： 古遗址

地理位置： 台湾省云林县北港镇与嘉义县新港乡之间

所属流域： 台湾水系

简　　介：《福建通志台湾府·坛庙·嘉义县》：“水仙宫在笨港南港街，乾隆四年（1739 年）建。”乾隆四年笨港郊商、船户捐资合建水仙宫，供奉水仙尊王（大禹）。乾隆四十五年（1780 年）笨港贡生林开周倡起募集巨金扩建。不料嘉庆八年（1803 年）笨港溪（即今北港溪）泛滥，河床改道，笨港街被冲毁，街上的水仙宫和其北侧的协天宫也遭冲毁。笨港水仙宫成为遗址。

笨港水仙宫遗址地图（张卫东供图）

据寺庙信息网等资料，嘉庆十九年至二十一年（1814—1816 年），水仙宫在笨南港（今南港村现址）易地重建为两进两厢式庙宇，即新港水仙宫，地址在今嘉义县新港乡南港村旧南港 58 号。嘉庆八年（1803 年）之前，水仙宫位于笨港老街上。笨港溪（即今北港溪）泛滥后，河床改道，笨港拆分为笨南港（嘉义县新港乡）与笨北港（云林县北港镇），水仙宫移至笨南港重建，据此判断，遗址在新港水仙宫以北不远处，即嘉义县新港乡与云林县北港镇交界处附近。

新港水仙宫

全国编号： 322

地区编号： 台 6

类　　别： 古建筑・宫

地理位置： 台湾省嘉义县新港乡南港村旧南港 58 号

所属流域： 台湾水系

简　　介： 新港水仙宫位于嘉义县新港乡南港村旧南港 58 号，承乾隆笨港水仙宫旧制，祀主神禹帝等，所以也沿用“笨港水仙宫”名称。

据地方志和寺庙信息网记载，清乾隆四年（1739 年）笨港郊商、船户捐资共同合建水仙宫，供奉水仙尊王（大禹），为笨港街建立的第二间庙宇。乾隆四十五年（1780 年）扩建。嘉庆年间（1796—1820 年）笨港溪水涨，笨港水仙宫毁于洪水，成为遗址。

清嘉庆十九年（1814 年）地方士绅商贾又斥资易地重建于笨南港街，即为现址，今名新港水仙宫。道光二十八年（1848 年）增建后殿，祀奉“关圣帝君”。民国 36 年（1947 年）大修前后两殿，加建忠义亭、治水亭，至 1950 年竣工，1985 年 11 月 27 日成为台湾嘉义县内唯一的“第二级古迹”。1990—1992 年再度大修形成现貌。2005 年 12 月后又进行维护，包含壁画及木造结构彩绘修复、彩绘施作等内容。

水仙宫现分为三殿：前祀天上圣母，中祀水仙尊王，后祀关圣帝君。庙中部分构件仍保存清嘉庆十九年（1814 年）重建时之建材，面宽三间，三进两廊式建筑，

笨港水仙宫位置图（张卫东供图）

嘉义笨港水仙宫（张卫东供图）

坐向与道光时期的记载类同。此外，水仙宫也以殿内墙面的浮塑彩绘著名，十分珍贵。庙内另有县丞庞周立的“日月争光”匾额一方，是嘉庆二十一年（1816 年）易地重建完成时的文物。

澎湖水仙庙

全国编号：323

地区编号：台 7

类　　别：古建筑·庙

地理位置：台湾省澎湖县马公市中央里中山路六巷九号

所属流域：台湾水系

简　　介：《福建通志·台湾府·坛庙·台湾县》：“水仙庙在西定坊港口，祀大禹王，配以伍员、屈平、王勃、李白。康熙五十四年，泉漳诸商建。一在澎湖妈宫前。”“一在澎湖妈宫前”即澎湖马公（妈宫）市妈祖宫前的水仙庙，也称澎湖水仙宫、台厦郊会馆。台厦郊会馆为澎湖四大古庙之一，同样祀大禹、伍员、屈原、王勃、李白等五水仙，与妈祖同为海上救难之神。清康熙三十六年（1697 年），按察使郁永河巡察台湾，途遇暴风，靠“划水仙”（海难者蹲舷双手后划谓之）而安抵澎湖，便下令游击薛奎建宫祀之。光绪元年（1875 年）修建后充为台厦郊会所。台湾陷日后，于 1900 年改称“实业会馆”。这是澎湖民间商业团体之滥觞，也是行商休憩的地方。会员 70 名，由中央街商人组成。今水仙宫位于二楼，一楼为“实业会馆”。

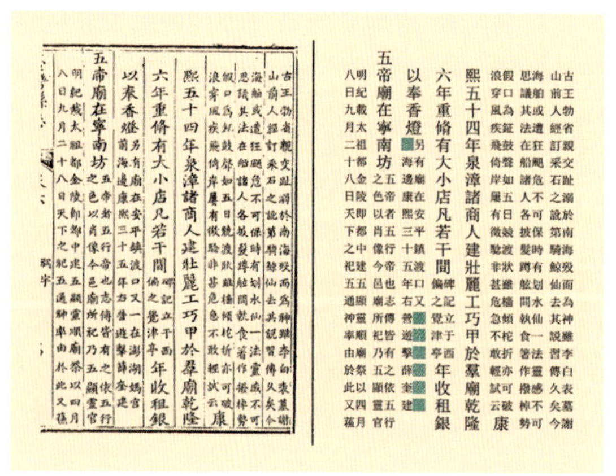
古王勃省親交趾溺於南海歿而為神雖李白表墓謝山前人經訂采石之說第騎鯨仙去其說習傳久矣今海船或遭狂颶危不可保時有划水仙一法靈感不可思議其法在船諸人各披髮蹲舷間執食箸作撥棹勢假口為鉦鼓聲如五日競渡狀雖檣傾柁折亦可破浪穿風疾飛倚岸屢有徵驗非甚危急不敢輕試云康熙五十四年泉漳諸商人建壯麗工巧甲於羣廟乾隆六年重脩有大小店凡若干間碑記立于西偏之覺津亭年收租銀以奉香燈另有廟在安平鎮渡口又一在澎湖媽宮前海邊康熙三十五年右營遊擊薛奎建

五帝廟在寧南坊五帝者五行帝也志傳皆有之依五行之色以肖像今邑廟所祀乃五顯靈官明紀載太祖都金陵即都中建五顯靈順廟祭以四月八日九月二十八日天下之祀五通神率由於此又蘊

乾隆《重修台湾县志》卷六载“（水仙庙）一在澎湖妈宫前”

台湾三级县定古迹。

中國禹跡圖导读

下

中国水利博物馆　绍兴市鉴湖研究会◎编

邱志荣　张卫东◎主编

中国文史出版社

目　录

中编　补录释文

下编　相关史料辑录

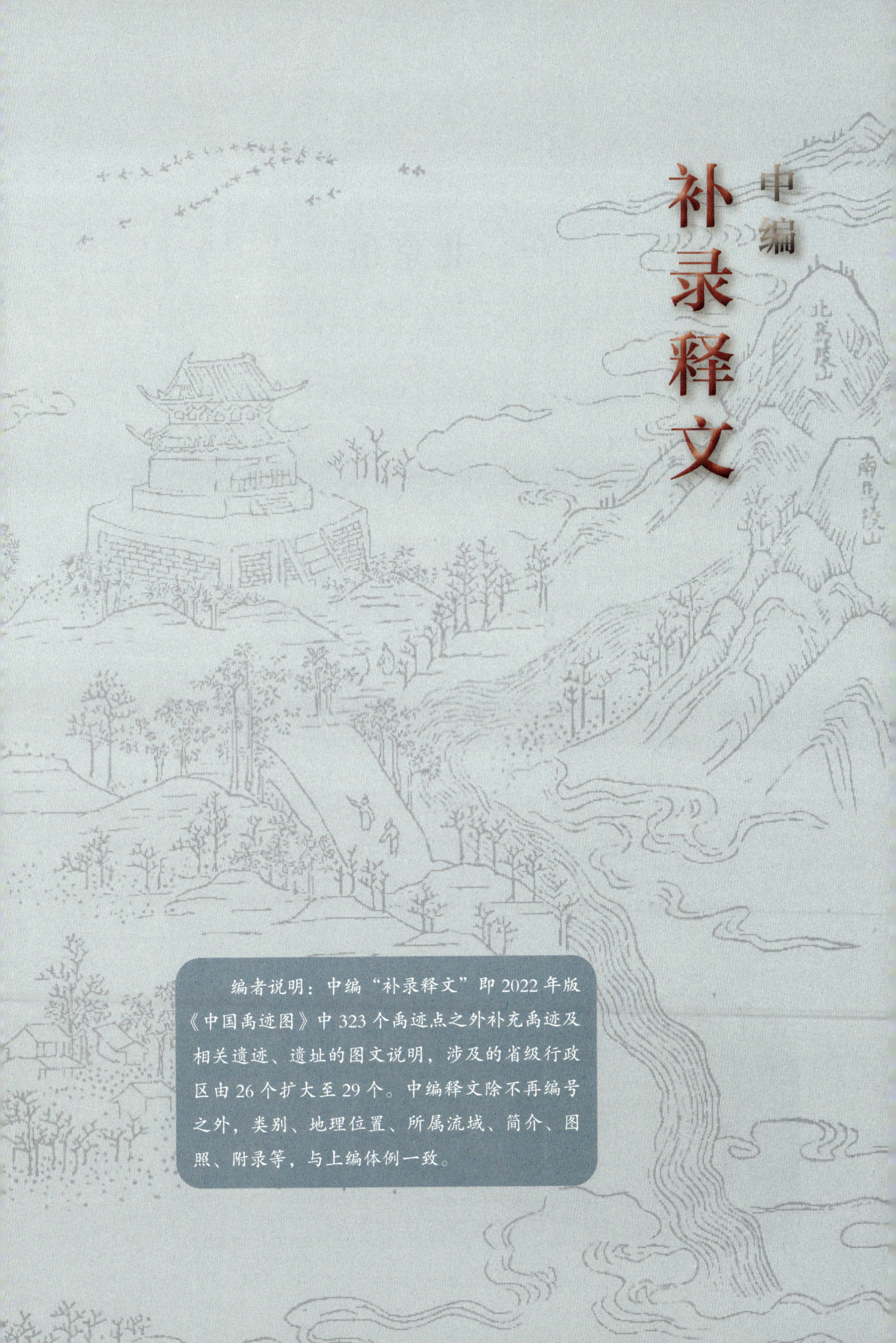

中编 补录释文

编者说明：中编“补录释文”即2022年版《中国禹迹图》中323个禹迹点之外补充禹迹及相关遗迹、遗址的图文说明，涉及的省级行政区由26个扩大至29个。中编释文除不再编号之外，类别、地理位置、所属流域、简介、图照、附录等，与上编体例一致。

一、北京市

灵应三官庙

类　　别：古建筑·庙

地理位置：北京市东城区北晓顺胡同1号

所属流域：海河

简　　介：位于北京市中轴线前门大街东侧，正阳门箭楼东南140米处，建于清乾隆四十六年（1781年），山门上门楣有金字，大字是“灵应三官庙”，小字是“乾隆辛丑年”，庙内有一座大殿，正殿三间，供奉天官（掌天文，主持赐福）、地官（制地理，主持赦罪）、水官（治水利，主持解厄，即解救危难）。山门内原有重建三官庙石碑一通，现已无存。

道教“三官”即天官、地官、水官，亦称“三元大帝”，起源于汉代，所指三人历代有多种说法，清康熙以来多指为尧、舜、禹。传说天官赐福，地官赦罪，水官解厄。上元天官正月十五生，中元地官七月十五生，下元水官十月十五生。唐张君房《云笈七签》卷五十六云：“夫混沌分后，有天地水三元之气，生成人伦，长养万物。”有《三官宝号经》。旧时各地都建有三官庙（三元宫、三官殿、三元庵等），多建于河湖之畔。

灵应三官庙是东城区普查登记文物，未开放。

灵应三官庙（宋壮壮摄）

大慈延福宫（三官庙）建筑遗存

类　　别：古建筑·庙

地理位置：北京市东城区朝阳门内大街 203 号

所属流域：海河

简　　介：大慈延福宫位于朝阳门内大街 203 号，明成化十七年（1481 年）赐建，以奉天、地、水三元之神，又称三官庙。现存有东路的正殿、后殿以及部分西配房。正殿三间，歇山黑琉璃瓦顶，梁架斗拱等保留有明代建筑特征。明间神龛及藻井保留完整，雕刻精细，除龙头有损，大部保存完好。该建筑遗存，是研究元、明之际北京城市变迁的重要实物。据记载，1949 年前庙内有壁画、三四块驮碑、华丽的藻井和高大的道教神像。

相传在明末，李自成即将兵临城下，崇祯到庙中求签，连抽三次都是一个“上”字，崇祯极为恼怒，大骂老道说：“莫非让朕上吊乎？”于是下旨称此庙永远不得香火。后来崇祯果然在煤山上吊而亡。他死了，但留下了“三官庙——不进香火”的歇后语。三官庙自此断了香火，直到乾隆年间（1736—1796 年）才略有恢复。到了清末民初，三官庙门口是估衣摊集中地，成了京城“估衣街”。

1990 年 2 月 23 日，大慈延福宫建筑遗存被公布为北京市第四批文物保护单位。

大慈延福宫建筑遗存（张龙摄）

三官殿（火神庙）

类　　别：古建筑·殿

地理位置：北京市西城区地安门外大街 77 号火德真君庙内

所属流域：海河

简　　介：三官殿位于北京火德真君庙内。

火德真君庙，俗称“火神庙”，最初为西药王庙，始建于唐贞观六年（632 年），元代重修，明万历三十八年（1610 年）改建为火德真君庙，清乾隆二十四年（1759 年）重修，2010 年对外开放。火神庙位于什刹海东岸、大运河起始段北岸，火德真君庙坐北朝南，山门东向，门里竖彩色牌楼一座，上书“寿国山林”（东侧）、“丹天圣境”（西侧）；坐西朝东、正对山门的是三官殿，供奉天、地、水三官。南北中轴线上三进院落，自南而北为灵官殿（隆恩殿）、荧惑宝殿（火祖殿）、斗姥阁、万岁景命阁（俗称玉皇阁）。火神庙是京城唯一皇家供奉火神的庙宇，也是道教全真派祖庭白云观的下院。

北京火德真君庙地理位置图（张卫东供图）

1984 年 5 月 24 日，火德真君庙被公布为北京市第三批文物保护单位。

三官庙（恭俭胡同）

类　　别：古建筑·庙

地理位置：北京市西城区景山后街恭俭胡同 43 号

所属流域：海河

简　　介：三官庙位于景山后街内官监胡同（今恭俭胡同）43 号，始建于明万历年间（1573—1620 年），当为原内官监宦官所立。明代宦官施舍建庙成风，内官监各厂、各作皆出资立庙。据本院居民所述，三官庙也是明代航海家三宝太监郑和的供奉之所，清光绪三十三年（1907 年）太监张兰出资重修，后为私人购置，

北京市恭俭胡同三官庙（赵志海摄）

再为民居。供奉天地水三元大帝，坐北朝南，一进院落，正殿三间，东、西配殿各三间。此外该胡同自南口向北分别为火神庙、三官庙、大马关帝庙及素云观。

2019 年 3 月，新修缮的三官庙被认定为西城区文物保护单位。

三官殿（白云观）

类　　别： 古建筑·殿

地理位置： 北京市西城区西便门外白云观街道

所属流域： 海河

简　　介： 白云观位于北京西便门外，始建于 739 年。新中国成立后，道教界的全国性机构均曾设立在白云观。白云观的建筑分中、东、西三路及后院，规模宏大，布局紧凑。中路依次有照壁、牌楼、华表、山门、窝风桥、灵官殿、钟鼓楼、三官殿、财神殿、玉皇殿、救苦殿、药王殿、老律堂、邱祖殿和三清四御殿。三官殿内楹联曰：天官地官水官，赐福赦罪解厄，善恶攸分；上元中元下元，纲维三界十方，较籍功过。三官殿门联曰：赐福解冤，录风乡之鬼籍；举功奏过，司旸谷之龙文。

2001 年，白云观被列为第五批全国重点文物保护单位。

白云观三官殿外景（张卫东摄）

白云观三官殿（张卫东摄）

白云观三官殿内景（张卫东摄）

三元庵（三元桥）

三元庵地理位置图（张卫东供图）

类　　别： 地名

地理位置： 北京市朝阳区霄云路三元庵

所属流域： 海河

简　　介： 北京市三环路通往首都机场的三元桥，命名的核心要素是三元庵。今三元东桥东北 300 米处有三元庵公交站。附近曾有三元庵古刹，始建于清代，毁于 20 世纪 80 年代。附近一个小区始建于 1979 年，因北有三元庵，南有水源八厂，1982 年取名“三源里”。三元庵的“三元”是“三元大帝”的合称，含有崇禹之意。

大王庙（北天堂村）· 永定河

类　　别： 古建筑 · 庙

地理位置： 北京市丰台区宛平街道老庄子乡北天堂村左堤路

所属流域： 海河

北天堂村大王庙内龙王殿（张卫东摄）

简　　介： 大王庙位于宛平街道北天堂村。始建于光绪十七年（1891 年）。1890 年永定河河堤决口，洪水淹至北京广安门一带。清朝官员在堵口成功后，奏准利用余料建此庙纪念。各殿柱础 84 块，有 60 块用了河工上的石硪。慈禧太后与光绪皇帝亲题“永佑安澜”“金堤永固”。原建筑坐北朝南，两进院。2003 年老庄子乡自筹资金扩建为四进院，总建筑面积

582 平方米，2004 年 10 月竣工。

大王庙是北京市永定河现存唯一的治水庙，修复扩建后包括：前院灵官殿（山门殿）；二进院正殿大王殿，西配殿关帝殿，东配殿文昌殿；三进院主殿龙王殿，供奉“三官大帝”牌位，西配殿三星殿，东配殿慈航殿；后院碑林院，连通后山，并突出大禹治水元素。

碑林院北墙有垂花月亮门，匾额“禹门”。禹门外有小土山，上有“元（玄）龟亭”，亭内有方桌形石台，顶面刻“九州山川”四个大字，侧面刻黄龙、玄龟协助大禹治水的传说：“晋王嘉《拾遗记》云：禹治水，堙疏并举，时黄龙曳尾于前，玄龟负青泥于后。玄龟，河精之使者也。龟颔下有古篆文印，曰‘九州山川’。禹所穿凿之处，皆以青泥封记其所，使玄龟印其上。今刻斯印，以颂禹治水之殊勋伟业也。甲申刘欣耕并记。”

2003 年 10 月，大王庙被公布为丰台区文物保护单位。

附录：

永定河是海河水系北系的最大河流。干流流经陕西、内蒙古、河北、北京、天津等 5 个省（自治区、直辖市），在天津滨海新区临港工业区汇入海河，最后流入渤海。干流全长 869 千米，流域面积 47396 平方千米。

三官庙（赵辛店）

类　　别：古建筑·庙

地理位置：北京市丰台区赵辛店北岗洼村

所属流域：海河

简　　介：赵辛店三官庙位于丰台区赵辛店北岗洼村，周口店路百兴盛源宾馆北侧约 130 米处，只有一进院落，相当于一座三合院。为 2019 年北京市丰台区普查登记文物。修缮后的三官庙没有请神、塑像，而是为村民开辟了活动场所，门口没有庙匾，而是挂着一块“赵辛店村文化大院”的牌子。活动室内木梁上的油彩深重而斑驳，正殿房梁上左侧写有“大清康熙十八年岁次己未仲春月望日吉旦”，表明该庙最早建成于 1679 年。

赵辛店三官庙（张卫东摄）

三官殿（石景山金阁寺）

类　　别：古建筑

地理位置：北京市石景山区古城街道石景山上

所属流域：海河

简　　介：1986 年 10 月 9 日，石景山古建群（元君庙）被石景山区人民政府公布为第二批文物保护单位。2010 年底，首钢全面停产后，山上的古迹遗存得到了全面保护和修缮。石景山最高处的金阁寺始建于晋唐时期，古碑残文“唐武德初建”等字迹清晰可见，说明古寺至今已有 1400 年以上历史。举目远望，钢城、群明湖、永定河尽收眼底。金阁寺东配殿为三官殿，内供奉天官、地官、水官，民间称为尧、舜、禹。

金阁寺三官殿（张卫东供图）

《重建石景山天主宫碑记》残文（张卫东供图）

三官庙胡同

类　　别：地名

地理位置：北京市通州区三官庙胡同

所属流域：海河

简　　介：三官庙别名三元庙，正德十一年（1516年）春在通州新城南门内迤东南水关侧创建，位于玉带河大街北侧，佟麟阁街东侧。嘉靖二年（1523年）、万历三十四年（1606年）重修。由此，居民渐夥，形成小巷，以庙而名。

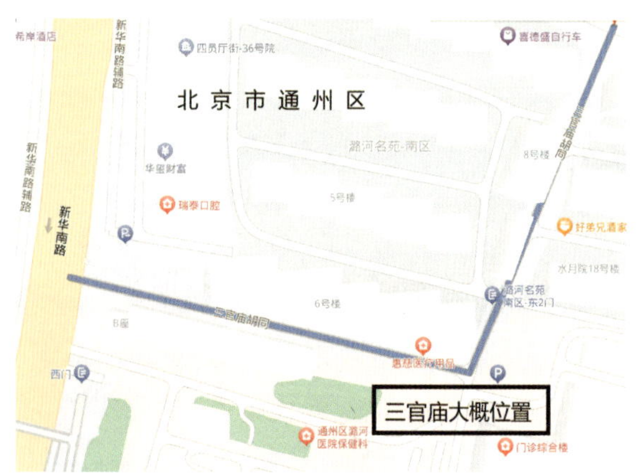

北京市三官庙胡同地理位置图（张卫东供图）

义和团曾在三官庙演习操练，杀过洋教士。八国联军侵占通州后，1900年9月5日烧杀三官庙。当时有29名义和团妇女，为避洋人之辱，同投一井而死。为纪念英烈，1919年重建三官庙，周围形成了民居胡同。1987年因建公路技校将三官庙拆除，只留下了街道名称。

二、天津市

寨上盐母三官庙

类　　别：古建筑遗址

地理位置：天津市滨海新区寨上街道新开南路 102 号

所属流域：海河

简　　介：寨上盐母三官庙遗址位于滨海新区寨上街道新开南路 102 号天津电大汉沽分校院内。此庙坐北朝南，分前殿和后殿。前殿正房 5 大间，供奉盐圣母等，称盐母庙，建于清代。后殿正房 5 大间：西面的两间供奉天官、地官、水官，称三官殿；中间一大间供奉观音菩萨等，称观音殿；东面的两间供奉如来佛、十八罗汉等。后殿统称三官庙，由汉沽的盐灶户与当地盐商建于明初。前后殿合称寨上盐母三官庙。

盐母庙于五代始建于芦台，清嘉庆十三年（1808 年）再建于汉沽寨上。道光

右練軍千餘駐其中總鎮吳公殿元唐公仁廉先後
督工籌畫周密堅固輝煌彌壯觀瞻矣因原其始末
以爲之記
重修塞上鹽母三官廟碑記 鹽場大使金承詔桐城人
蘆臺地濱海厥產惟鹽粤稽五代時鹽絕歲餘忽有
老姥教人爲鹽之法隨即化去人皆神之因建祠曰
鹽母廟蓋報本反始也其在鎮之西者載於志乘當
事者歲時享祀叠加修理迄今完固若夫在塞上者
緣嘉慶戊辰年村人李斗賓等舉義捐資創建於三
官廟之左爲時既久傾圮頹仍適余承乏斯土每因
公務往來憩息於兹瞻仰徬徨則見棟折榱崩風雨
侵蝕斷垣破牖觸目驚心隨復周覜於外實以地居
窪下潮溼浸漬致柱木易就腐爛亟思所以新之討
功程需費甚鉅余試捐廉首倡幸莊中紳民翕然慷
慨助捐又兼四方樂善君子亦爭先施舍所以樂輸
姓名俱於事成刻石其經之營之也先引土培高基
址乃規仿舊制次第興築左則鹽母廟也右則三官
廟也後則觀音殿也而前之抱厦後之配房以及後
殿之右有齋房左有禪室皆昔所本無廟之南舊有
一小蹊直通南村其中間有埠所以濟津河也今已
廢無遺跡亦併修起以便往來因命曰太平橋噫是
役也雖曰重修實不啻創始矣又賴老成持重者數
人不憚勤勞爲之鳩工庀材人力均齊用能不數月
而功竣琳宫整潔法象莊嚴自兹以往神之嘉惠斯
民者詎有艾歟至隨時修葺俾永臻於勿壞則有厚
望於後之同心好善者是爲記
重修東嶽大帝行宫記 乾隆庚戌

《重修塞上盐母三官庙碑记》（光绪《宁河县志》）

十年（1830年）重修盐母三官庙并立碑，今正碑无存，仅存副碑于电大院内，碑高、宽、厚分别为190、50、50厘米，书有“道光十年（1830年）岁次庚寅桂月上浣”字样。庙已毁于1976年唐山大地震。光绪《宁河县志》卷十三载有“《重修塞上盐母三官庙碑记》”（其中“塞上”即今“寨上”）。

2013年，“盐母和盐母庙的传说”入选天津市非物质文化遗产名录。

附录：

重修塞上盐母三官庙碑记

盐场大使金承诏（桐城人）

芦台地滨海，厥产惟盐。粤稽五代时，盐绝岁余，忽有老姥教人为盐之法，随即化去。人皆神之，因建祠曰盐母庙，盖报本反始也。其在镇之西者，载於志乘，当事者岁时享祀，叠加修理，迄今完固。若夫在塞上者，缘嘉庆戊辰年，村人李斗宾等举义捐资，创建於三官庙之左。为时既久，倾圮频仍。适余承乏斯土，每因公务往来，憩息於兹，瞻仰彷徨，则见栋折榱崩，风雨侵蚀，断垣破牖，触目惊心。随复周视於外，实以地居洼下，潮湿浸渍，致柱木易就腐烂，亟思所以新之。计功程需费甚巨，余试捐廉首倡，幸庄中绅民翕然慷慨助捐，又兼四方乐善君子，亦争先施舍，所以乐输姓名，俱於事成刻石。其经之营之也，先引土增高基址，乃规仿旧制，次第兴筑。左则盐母庙也，右则三官庙也，后则观音殿也。而前之抱厦，后之配房，以及后殿之右有斋房，左有禅室，皆昔所本无。庙之南旧有一小蹊，直递南村，其中间有埠，所以济津河也。今已废无遗迹，亦并修起，以便往来，因命曰太平桥。噫！是役也，虽曰重修，实不啻创始矣。又赖老成持重者数人，不惮勤劳，为之鸠工庀材，人力均齐，用能不数月而功竣。琳宫整洁，法象庄严。自兹以往，神之嘉惠斯民者，讵有艾欤！至随时修葺，俾永臻於勿坏，则有厚望於后之同心好善者。是为记。

天后宫

类　　别：古建筑·宫

地理位置：天津市南开区古文化街80号

所属流域：海河

简　　介：康熙《天津卫志》卷三载：“天妃宫，在本卫城东河边，元朝建，明永乐年重建，正统十年参将杨节重修。”

天津市处于京杭运河必经之地，也是元代以来海上漕运上岸必经之地，妈祖文化十分兴盛。天后宫位于天津三岔河口西岸、古文化街上。建于1326年（元泰定三年），原名天妃宫，俗称娘娘宫，历经多次重修，是天津市区最古老的建筑群，也是中国现存年代最早的妈祖庙之一。建筑群坐西朝东，面向海河，由山门、牌坊、前殿、大殿等组成。据清梁章钜《楹联续话》卷一“庙祀”记：郑仁圃有题天后宫联云：

补天娲神，行地母神，大哉乾，至哉坤，千古两般神女；
治水禹圣，济川后圣，河之清，海之晏，九州一样圣功。

郑仁圃，即郑瑞麒，清嘉庆二十四年（1819年）进士，官内阁中书，直军机。他以补天英雄女娲、治水英雄大禹，来烘托妈祖作为航海保护神的丰功伟绩，并认为妈祖作为航海保护神，其功堪与女娲、大禹比肩。

2013年3月5日，天后宫被国务院公布为第七批全国重点文物保护单位。

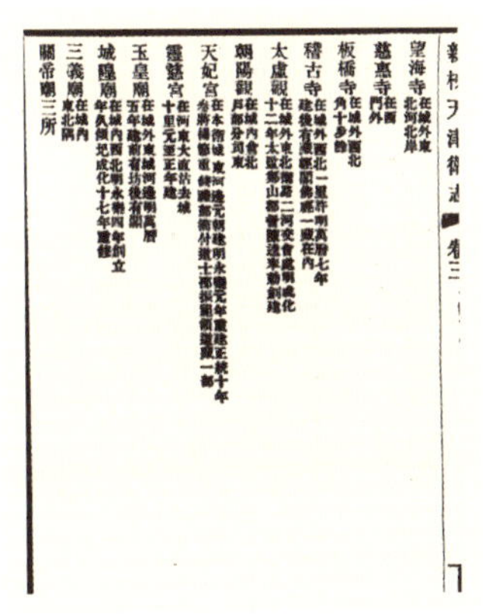
望海寺
慈惠寺
板橋寺
稽古寺
太虚觀
朝陽觀
天妃宫
靈慈宫
玉皇廟
城隍廟
三義廟
關帝廟三所

康熙《天津卫志》卷三载“天妃宫”

天津天后宫山门（王文运摄）

 三官庙街（宝坻）

类　　别：地名

地理位置：天津市宝坻区海滨街道

所属流域：海河

简　　介：天津市宝坻区海滨街道，北城路与东城路交叉路口西南方向曾有三官庙。现在路口西南 170 米处有三官庙工会宿舍，230 米处有天津市基督教两会宝坻区三官庙街聚会点，这是天津市范围内残留至今的三官庙地名。

天津市宝坻区三官庙街地理位置图（张卫东供图）

三、河北省

大禹庙遗址（徐河桥村）

类　　别：古建筑遗址

地理位置：河北省保定市莲池区韩庄乡徐河桥村附近

所属流域：海河

简　　介：嘉庆《安肃县志》云：“大禹庙，在徐河桥。”这是清代安肃县唯一记入县志的大禹庙。原安肃县徐河桥（村）即今保定市莲池区韩庄乡徐河桥村附近。

《明一统志》：“徐河桥，在安肃县南四十里，隋时建。”其后几百年河道屡有变迁。嘉庆《安肃县志》记金代再建徐河桥：“徐河桥，在县南三十五里……创自大定庚子（1180 年），落成於明昌乙卯（1195 年）。”徐河桥地处京南十二省通道之上，地位重要，规模很大，金朝廷为建此桥竟然花了 15 年时间。大禹庙始建年代不详，但应该与徐河桥创建有很大关联。清同治年间（1862—1875 年），徐河改道，徐河桥废毁，此后大禹庙香火似趋于冷落，但民国 21 年（1932 年）《徐水县新志》一如既往地记载“大禹庙在徐河桥（村）”。同时还记载：“舜帝庙在小公村，有碑记。”“伯益庙在县南关，明正德、崇祯相继重修，有碑记。按：伯益佐禹治水有功，后世祀之宜也。”“三官庙所在多有，即天官地官水官之神。”可见 90 多年前徐河桥大禹庙和其他庙宇都还存在。

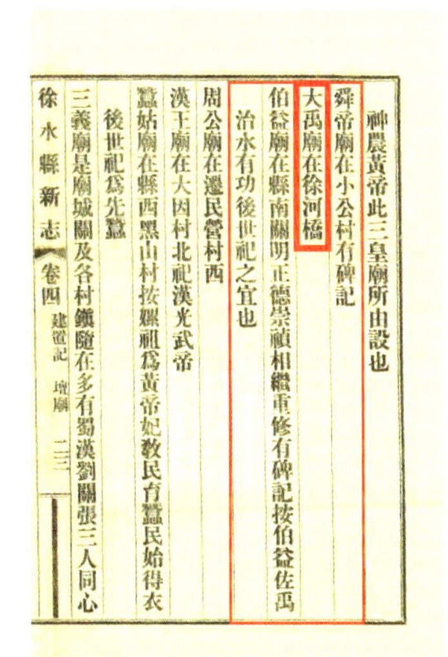

神農黃帝此三皇廟所由設也
舜帝廟在小公村有碑記
大禹廟在徐河橋
伯益廟在縣南關明正德崇禎相繼重修有碑記按伯益佐禹
治水有功後世祀之宜也
周公廟在遷民營村西
漢王廟在大因村北祀漢光武帝
蠶姑廟在縣西黑山村按嫘祖爲黃帝妃教民育蠶民始得衣
後世祀爲先蠶
三義廟是廟城關及各村鎮隨在多有蜀漢劉關張三人同心

徐水縣新志　卷四　建置記　壇廟　二三

1932 年《徐水县新志》“大禹庙”

四、山西省

系舟山

类　　别： 山川·山

地理位置： 山西省太原市阳曲县东北部系舟山脉

所属流域： 黄河

简　　介： 系舟山，原指山西省阳曲县、忻府区交界处的小五台（其忻州市忻府区南部一支也称读书山），后扩展为五台山西南方向阳曲县东北部诸山的总称，或称系舟山脉，为汾河与滹沱河之分水岭。

忻州志卷六
山川 水利附
繫舟山在州南三十五里靈山記五臺山有四埵各去臺百二十里南繫舟山號為南埵上有銅環鐵軸昔帝堯遇水繫舟於此土人謂禹治水繫舟有石如環軸曰繫舟嵬一曰小五臺下有薛雲谷金元德明嘗隱於此趙秉文改名曰讀書山 元好問赤石谷詩南臺說有金銀氣可是并汾處士星詩註繫舟山僧徒謂之小五臺九月中時有景星如佛光云
陀羅山在州西北五十五里怪石淩空懸崖欲墜有文殊

《忻州志》卷六载“系舟山”

系舟山的传说起源很早，《隋书》中已出现“系舟山”。宋代《太平寰宇记》认为与尧有关：“尧遭洪水，系舟於此山，因以名之。”《明一统志》认为与大禹有关：“禹治水，系舟此山，故名。”清雍正《山西通志》则调和二说：“昔帝尧遇水，系舟於此。土人谓：禹治水，系舟。”“禹治水，系舟其上，故名。”历代没有争议的是，山上“有石如环轴，曰系舟嵬”。

系舟山有禹王洞。

地图上的系舟山（张卫东供图）

恒山三元宫

恒山三元宫（张卫东供图）

类　　别：纪念建筑·宫

地理位置：山西省大同市浑源县恒山岳门湾

所属流域：海河

简　　介：北方著名宫观，始建于明弘治二年（1489 年）。1958 年修建恒山水库，原三元宫被淹。21 世纪在恒山水库东岸按照原貌恢复，占地 9.6 万平方米，2016 年 9 月开放。

三元宫坐东朝西，依山面水，其主要建筑分别坐在自西向东、依次升高的四层平台上。第三层平台当中的三元殿是三元宫中最宏伟的单体建筑，红墙黄瓦，单檐庑殿顶，面阔五间，进深三间。三元殿主祀尧、舜、禹三位大帝。

郭道村

类　　别：地名

地理位置：山西省长治市沁源县瑶峰镇郭道村

所属流域：黄河

简　　介：郭道村原名过道村，据传当年大禹治水曾从此经过，故名。后来横洛渠决口，过道村面临洪水淹没危险，该村法门寺一位郭姓和尚将寺门取下来堵水救灾，和尚却被大水冲走。人们为纪念郭姓和尚，故将过道村更名为郭道村。为纪念大禹和郭姓和尚，每年四月初八举办集会。①

舜帝庙

类　　别：古建筑·庙

地理位置：山西省晋城市沁水县土沃乡交口村

① 参见毕旭玲等：《中华禹迹寻踪：中华鲧禹创世神话田野调查报告》，上海人民出版社 2020 年版，第 76 页。

所属流域：黄河

简　　介：光绪《沁水县志》卷二载："历山，县西九十里，即舜耕处，上有舜庙。庙旁有沩、汭二泉，其北有大洪池、小洪池。《山海经》谓其木多槐，其阳多玉。此地深山穷谷，林木箐丛，民居鲜少。"

舜耕历山的传说在沁水县流传已久，并且以历山舜王坪、舜帝庙为中心，附近的一些乡镇形成了以舜帝庙为依托的舜帝文化崇拜现象。据调查，现存的沁水县舜帝庙中，交口舜帝庙属于保存较好、布局完整的庙宇之一。位于沁水县土沃乡交口村北，建于高岗之上，坐北朝南，西依通往中原的丝绸古道，南临明代建造的交龙桥。一进院落，占地 785 平方米。创建于元至正六年（1346 年），现存建筑为清代风格。中轴线上为舞楼（新建）、献殿、正殿，两侧为妆楼、看楼、耳殿。庙外影壁现已不存。正殿石砌台基，面宽三间，进深五椽，六檩前出廊，单檐悬山顶。庙内存碑刻 8 通，记载历年维修事宜。正殿中间两石柱上镌刻有一副楹联："地近历山，怨慕号泣，遗迹千载未泯；势连蒲坂，明良喜起，休风万古犹存。"室内存人物故事、花鸟题材壁画 30 平方米。绘制年代为清乾隆三十二年（1767 年）。[①]

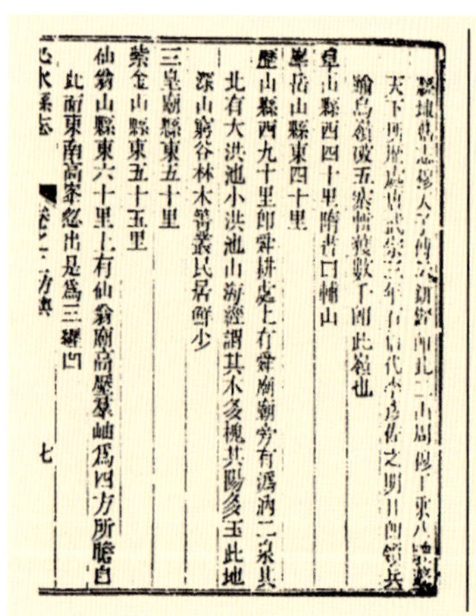

縣地舊志穆天子傳支鉼鏗即凡二山周穆工乘八駿遊
天下所歷處唐武宗三年石信代李彥佐之明日即領兵
踰烏嶺破五寨斬獲數千即此嶺也
阜山縣西四十里隋書曰輔山
峰岳山縣東四十里
歷山縣西九十里即[illegible]耕處上有[illegible]廟廟旁有溈汭二泉其
北有大洪池小洪池山海經謂其木多槐其陽多玉此地
深山窮谷林木箐叢民居鮮少
三皇廟縣東五十里
紫金山縣東五十五里
仙翁山縣東六十里上有仙翁廟高壓群岫為四方所瞻自
此而東南高峰忽出是為三繩凹

光绪《沁水县志》卷二载"历山、舜庙"

2019 年 6 月，交口村被列入第五批中国传统村落名录。

禹凿石门

类　　别：山川・山

地理位置：山西省晋城市阳城县东南 2.5 千米处

所属流域：黄河

简　　介：两山壁立如削，有斧凿痕迹，濩泽水从中流过，故名石门。相传为

① 参见马艳芳：《沁水县现存舜帝庙宇调查研究》，《文物世界》2019 年第 1 期，第 62—64 页。

大禹治水时所凿。同治《阳城县志》卷三载："濩泽水……又东历石门，两山分划，迹似斤凿，水流其中。南为小崦山，北则鹜岭也。"且县志卷十六有《石门》诗载："万山奔一城，石门当水口。仰垂千仞壁，清潭俯承臼。森然敞雄界，包鐍此重厚。缅自陶唐年，凿出神禹手。炳灵人物萃，过绩徒虚有。朅来据崭岩，风霜涤埃垢。嵚崟万古心，倾写寓杯酒。谁能隘六合，独后天地朽。"

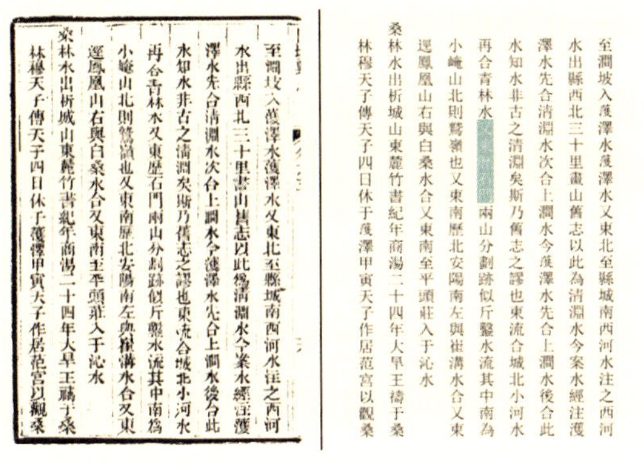
至瀾坡入濩澤水濩澤水又東北至縣城南西河水注之西河
水出縣西北三十里盡山舊志以此為清淵水今案水經注濩
澤水先合清淵水次合上瀾水今濩澤水先合上瀾水後合此
水知水非古之清淵矣斯乃舊志之譌也東流合城北小河水
再合青林水[illegible]兩山分劃跡似斤鑿水流其中南為
小崦山北則鶩嶺也又東南歷北安陽南左與崔溝水合又東
逕鳳凰山右與白桑水合又東南至平頭莊入于沁水
桑林水出析城山東麓竹書紀年商湯二十四年大旱王禱于桑
林穆天子傳天子四日休于濩澤甲寅天子作居范宮以觀桑

同治《阳城县志》卷三载"石门"

上方圓醋泉上人
朝來金谷遊夜宿祇園樹東[illegible]閒晴泉穿林犯香霧賞妍聆妙法
觀空得真悟[illegible]李雜天花零落不知數
宿靈泉院
人說靈泉松夜夜明月光兹來非月夕清風生微涼上方一燈懸
東泉何[illegible]唐靜坐[illegible]
石門
萬山奔一城石門當水口仰垂千仞壁清潭俯承臼森然敞雄界
包鐍此重厚緬自陶唐年鑿出神禹手炳靈人物萃過績徒虛有
朅來據嶄巖風霜滌埃垢嶔崟萬古心傾寫寓盃酒誰能隘六合
獨後天地朽
天王臺古意
[illegible]

同治《阳城县志》卷十六有《石门》诗

夏门（灵石）

类　　别：山川·山

地理位置：山西省晋中市灵石县夏门镇

所属流域：黄河

简　　介：大禹治水时，有"打开灵石口，空出晋阳湖"之说。"晋阳湖"指汾河所在的晋中盆地，当年曾为一座大湖，大禹凿开"灵石口"之后，"晋阳湖"才水落地出，蝶变为富饶的太原盆地。"灵石口"即今夏门所在处，《山西通志》卷九载："（灵石）《县志》：北有灵石口之严关。"夏门指夏禹开通之门，村、镇均由此得名。

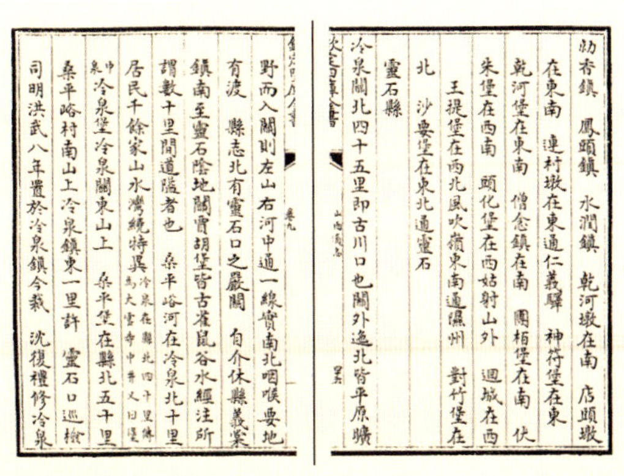
[illegible]香鎮 鳳頭鎮 水潤鎮 乾河墩在南 店頭墩
在東南 連村墩在東通仁義驛 神符堡在東
乾河堡在東南 僧念鎮在南 團柏堡在南 伏
朱堡在西南 願化堡在西姑射山外 迴墩在西
王提堡在西北風吹嶺東南通隰州 對竹堡在
北 沙要堡在東北通靈石
靈石縣
冷泉關北四十五里即古川口也關外迤北皆平原曠
野而入關則左山右河中通一線實南北咽喉要地
有渡 縣志北有靈石口之嚴關 自介休縣義棠
鎮南至靈石陰地關賈胡堡皆古雀鼠谷水經注所
謂數十里間道隘者也 桑平峪河在冷泉北十里
居民千餘家山水灣繞特異 冷泉在縣北四十里傳為大雲寺中井又曰堡中泉
冷泉堡冷泉關東山上 桑平堡在縣北五十里
桑平峪村南山上冷泉鎮東一里許 靈石口巡檢
司明洪武八年置於冷泉鎮今裁 沈復禮修冷泉

《山西通志》卷九载"灵石口"

王禹村（灵石）

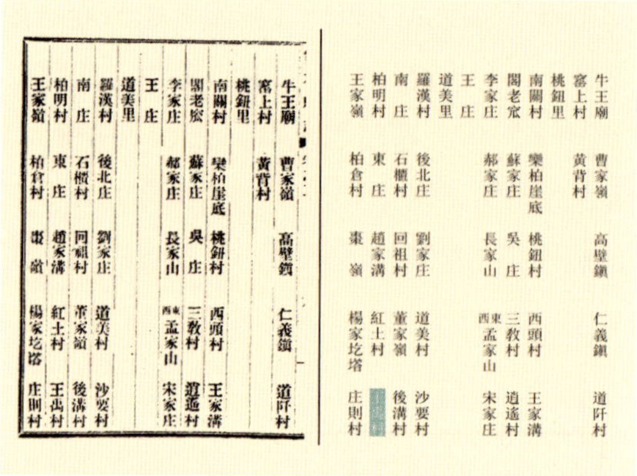

类　　别： 地名

地理位置： 山西省晋中市灵石县王禹乡王禹村

所属流域： 黄河

民国《灵石县志》卷二载“王禹村”

简　　介： 大禹治水时，有“打开灵石口，空出晋阳湖”之说。“晋阳湖”指汾河所在的晋中盆地，当年曾为一座大湖，大禹打开“灵石口”之后，“晋阳湖”才演变为富饶的太原盆地。大禹为治水临时住过的地方叫作王禹，村、乡由此得名。现在村里的大街叫作禹王新街。

附录：

打开灵石口，空出晋阳湖

相传古代晋中盆地是一片大湖，常因湖水泛滥成灾，百姓叫苦不迭。当时夏部落首领舜，看到人们流离失所、叩头祈祷的悲惨情景，就差一个叫鲧的人去治理水患。鲧即组织人们拦截中游，结果屡次决口，造成更大水患，死伤百姓，难以数计。舜召集部落联盟会议，将鲧处以死刑。然后，让鲧的儿子禹继任治理水患。

禹认真总结父亲以堵为主的治水教训，决定用“以导为主”的方法根治水患。他告别新婚妻子，翻山越岭，跋涉数百里，顺水南下，查看水情，三过家门而不入，来到“大湖”南端即灵石县城西南20里处，发现三湾口北，横挡着一道岩石壁，三面是山，形似“凹”字，正好堵住漫漫湖水南下。上游湖水汹涌而来，像脱缰野马一样，直逼石壁，起排空浊浪，湖水经撞击后，又溢向上游。禹找到了水患的根源，心里异常高兴，因连日疲劳，不觉靠壁而睡。朦胧之中，做了一梦：有一老妇，拿瓢往瓮里舀水，眼看瓮中水已满，就要溢出，老妇拿起铁锤用力一击，瓮被打了个大口子，水“哗”地流掉，溢到自己身边。禹大喊惊醒，却是一梦。他想：眼下地势，如同瓮中放水，只要打一缺口，即可疏导水势，消除水患。于是，禹通令下游百姓，快速迁居山巅，以免放水受灾。在这期间禹说服了拒不迁居的季部落，离川上山，季首还率全部落与禹协同作战，凿石开山，奋战十三载，终于打开横立两山的石壁，水势顺流而下，日久成河，就是现在的汾河。水患被制伏了，空出一片肥沃的土地，就是现在的晋中盆地。从此，便流传开了“打开灵石口，空出晋阳湖”的佳话。

大禹治水后，人们为了表示对他的怀念，就把他治水时住过的地方叫王禹村。因夏禹治水，凿开了晋阳湖的南大门，故将禹王规划治水之处三湾口北叫夏门村，这就是王禹村和夏门村的来历。

（引自晋中市人民政府网站）

三官庙戏台

运城三官庙戏台大梁刻写的重修记录

类　　别：古建筑·庙

地理位置：山西省运城市盐湖区三路里镇三路里村

所属流域：黄河

简　　介：三官庙戏台坐落在山西省运城市盐湖区三路里镇三路里村，始建年代已无从考证，据残碑记载，该戏台在元代就已存在，明正德十五年（1520 年）、崇祯十年（1637 年）、清康熙五年（1666 年）、道光二十二年（1842 年）均有修葺。面宽三间，进深二间，前歇山、后硬山顶，建筑平面呈“凸”字形。大梁上还有清晰的重修文字记录。整座戏台古朴而不失华丽，分前沿和后台两部分，整体保护还算良好，功能结构依然齐全。戏台角柱为雕龙石柱。如今此处庙已不存，独留戏台。

2004 年，三官庙戏台被列入第四批山西省文物保护单位。

三官庙（张开东村）

类　　别：古建筑·庙

地理位置：山西省运城市稷山县化峪镇张开东村

所属流域：黄河

简　　介：张开东村原来庙宇遍布，可惜现在荡然无存，仅存三官庙牌楼一

张开东村三官庙（张卫东供图）

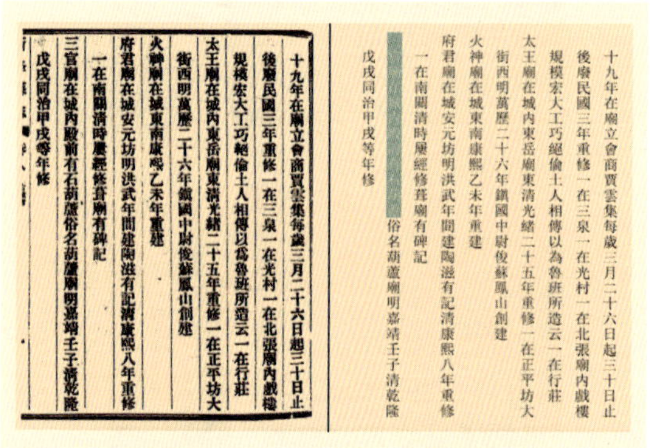

十九年在廟立會商賈雲集每歲三月二十六日起三十日止
後廢民國三年重修一在三泉一在光村一在北張廟內戲樓
規模宏大工巧絕倫土人相傳以為魯班所造云一在行莊
太王廟在城內東岳廟東清光緒二十五年重修一在正平坊大
街西明萬歷二十六年鎮國中尉俊蘇鳳山創建
火神廟在城東南康熙乙未年重建
府君廟在城安元坊明洪武年間建陶滋有記清康熙八年重修
一在南關清時屢經修葺廟有碑記
三官廟在城內殿前有石葫蘆俗名葫蘆廟明嘉靖壬子清乾隆
戊戌同治甲戌等年修

十九年在廟立會商賈雲集每歲三月二十六日起三十日止
後廢民國三年重修一在三泉一在光村一在北張廟內戲樓
規模宏大工巧絕倫土人相傳以為魯班所造云一在行莊
太王廟在城內東岳廟東清光緒二十五年重修一在正平坊大
街西明萬歷二十六年鎮國中尉俊蘇鳳山創建
火神廟在城東南康熙乙未年重建
府君廟在城安元坊明洪武年間建陶滋有記清康熙八年重修
一在南關清時屢經修葺廟有碑記
俗名葫蘆廟明嘉靖壬子清乾隆
戊戌同治甲戌等年修

民国《新绛县志》载“三官庙”

座。三官庙原址位于村东，始建年代不详，旧时香火鼎盛，是附近村民祈福、赦过、解厄（天官、地官、水官职能）之地。现国泰民安，村民自发捐款修复三官庙，恢复这一文物古迹。

三官庙（新绛县）

类　　别：古建筑·庙

地理位置：山西省运城市新绛县县城内韩家巷西口

所属流域：黄河

简　　介：新绛三官庙俗称葫芦庙，距新绛稷益庙东北 22.1 千米。据庙内彩塑主像胸中木柱上纪年，该庙为元至正元年（1341 年）创建。明清均有修葺。民国《新绛县志》载：“三官庙在城内，殿前有石葫芦，俗名葫芦庙。明嘉靖壬子、清乾隆戊戌、同治甲戌等年修。”现仅存

新绛县三官庙（张卫东供图）

献殿和正殿，为元代所建。殿内塑三清与诸神将、侍女等彩色泥塑像十一尊，与建筑同期。庙内存清代重修碑二通。

2006 年，新绛三官庙被国务院公布为第六批全国重点文物保护单位。

青　台

类　　别： 纪念建筑 · 台

地理位置： 山西省运城市夏县禹王镇禹王村、庙后辛庄、郭里村一带

所属流域： 黄河

简　　介： 青台，在夏县城西北 6 千米“禹王台旧址”。《太平御览》卷一七八引《郡国志》：“蒲州蚩尤城，鸣条野，禹娶涂山女，思恋本国，筑台以望之，谓之青台。”《水经注》卷六《涑水》：“安邑，禹都也。禹娶涂山氏女，思恋本国，筑台以望之，今城南门台基犹存。”光绪《夏县志》卷一载：“青台，在县西十五里，高百余尺，晓登遥望，野色空濛，最为胜景。上有禹庙，《十二州志》‘俗传禹妃涂山氏女，思禹筑台’，恐系附会。《省志》作夏禹台，又有涂山台（注：一名青台，疑本一台而歧其名也）。”

青台主体为土台，当地人也将它叫作禹庙圪塔或望夫台。据传大禹将妻子涂山氏女娇送到自己的封地安邑，筑室成家，自己却为了治水长时间没有回家。涂山氏女娇就经常登上门前的土台举目眺望，期盼丈夫归家，后来人们就把那土台叫“涂山氏望夫台”。

今青台遗址尚存，南北长 70 米，东西宽 65 米，高 9 米。台上还有水井遗迹。

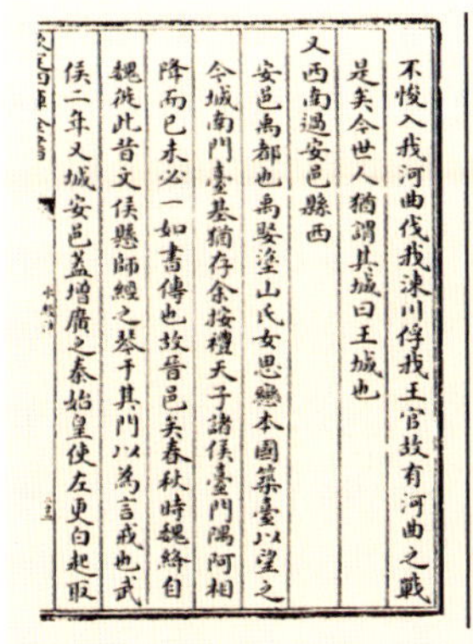

不悛入我河曲伐我涑川俘我王官故有河曲之戰
是矣今世人猶謂其城曰王城也
又西南過安邑縣西
安邑禹都也禹娶塗山氏女思戀本國築臺以望之
今城南門臺基猶存余按禮天子諸侯臺門隅阿相
降而已未必一如書傳也故晉邑矣春秋時魏絳自
魏徙此昔文侯懸師經之琴于其門以為言戒也武
侯二年又城安邑蓋增廣之秦始皇使左更白起取

《水经注》卷六载“禹娶涂山氏女，思恋本国，筑台以望之”

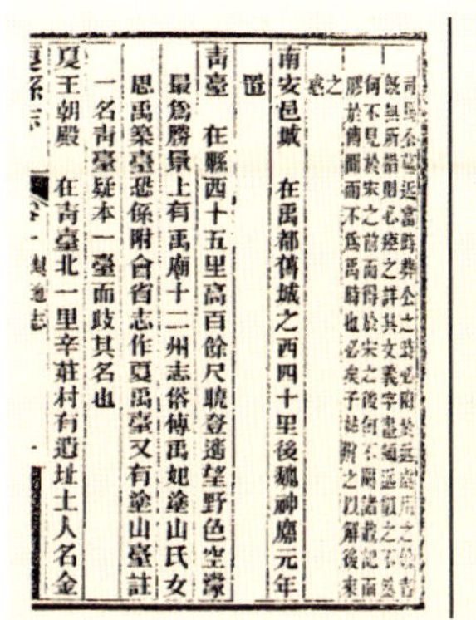

司馬公塋近當時葬公之時必陶於近處用之餘者
既無所措則必為之詳其文義字畫不顧近似之不然
何不見於宋之前而得於宋之後何不聞諸載記而
勝於傳聞而不為禹時也必矣子姑辨之以解後來
惑之
南安邑城　在禹都舊城之西四十里後魏神䴥元年
置
青臺　在縣西十五里高百餘尺曉登遙望野色空濛
最為勝景上有禹廟十二州志俗傳禹妃塗山氏女
思禹築臺恐係附會省志作夏禹臺又有塗山臺註
一名青臺疑本一臺而歧其名也
夏王朝殿　在青臺北一里辛莊村有遺址土人名金

光绪《夏县志》卷一载“青台”

青台禹庙

类　　别：古建筑·庙

地理位置：山西省运城市夏县禹王城遗址小城内东南方

所属流域：黄河

简　　介：青台上古已有禹庙，最早的禹庙建于何时已很难考证。有文献认为汉文帝时青台上已建庙祭禹。《太平御览》卷一七八引《郡国志》：“（青台）上有禹祠，下有青台驿。”光绪《夏县志》卷三载：“魏太和十六年，诏曰：夏禹御洪水之灾，建天下之利，可祀於安邑。”北宋时期，司马光与其兄司马旦曾一起来拜谒过禹王，并留下了“禹王庙题名碑”。

青台禹庙屡次兴建，光绪《夏县志》中记载，青台禹庙在唐咸通九年（868年）、后汉乾祐元年（948年）、元至正十四年（1354年）、明正德十年（1515年）均有重修经历。1556年初地震被毁，只存正殿遗像，因此嘉靖乙丑年（1565年）官民联合，重修禹庙，直至隆庆二年（1568年）才竣工，马峦为之记。光绪《夏县志》卷三中记载了此碑碑文。清代时禹庙也屡次重修。

直到民国年间，青台禹庙依然保留了较大的规制，包括文命阁、娘娘殿、姒启祠、少康祠等，是官方与民众祭祀夏禹及涂山氏、启、少康、皋陶、伯益等人的重要场所。每年在大禹生日与大禹祭日，禹庙都会举行庙会，四面八方的民众都赶来敬香叩拜。1946年禹庙毁于战火。

目前见到的禹庙为20世纪80年代后民间集资修建，规模小而简陋，外观与普

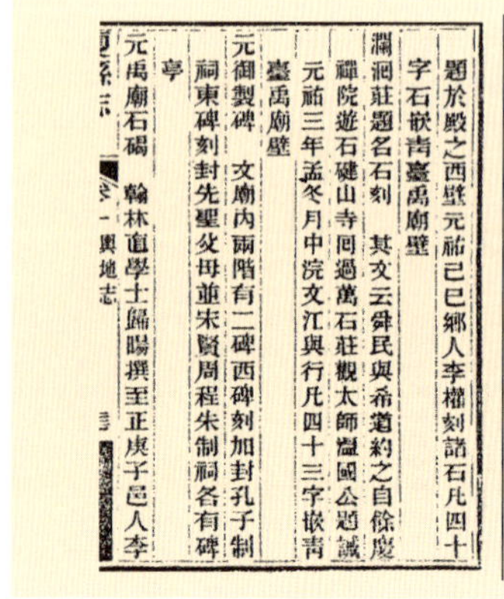

題於殿之西壁元祐己巳鄉人李樵刻諸石凡四十
字石嵌青臺禹廟壁
澗洄莊題名石刻　其文云舜民與希道約之自餘慶
禪院遊石磓山寺同過萬石莊觀太師溫國公題識
元祐三年孟冬月中浣文江與行凡四十三字嵌青
臺禹廟壁
元御製碑　文廟內兩階有二碑西碑刻加封孔子制
祠東碑刻封先聖父母並宋賢周程朱制祠各有碑
亭
元禹廟石碣　翰林直學士歐陽撰至正庚子邑人李

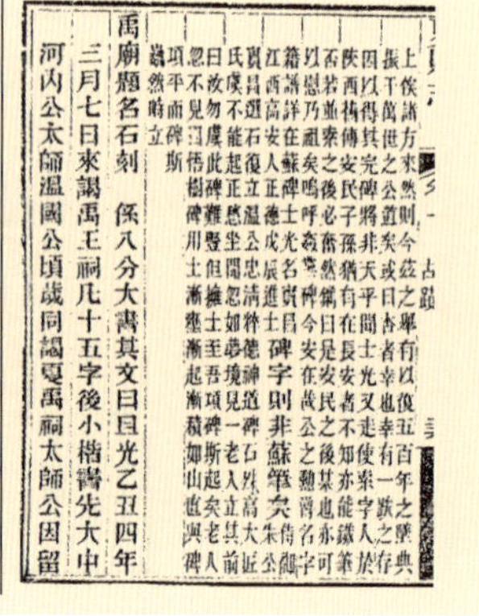

禹廟題名石刻　係八分大書其文曰旦光乙丑四年
三月七日來謁禹王祠凡十五字後小楷書先大中
河內公太師溫國公墳歲同謁夏禹祠太師公因留

光绪《夏县志》卷一载“禹庙题名石刻”

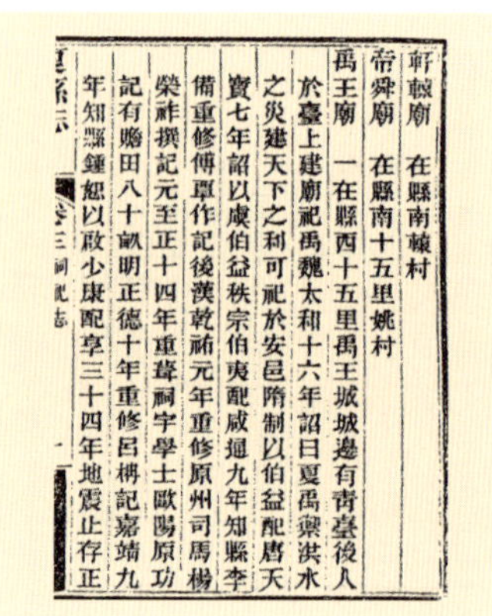

軒轅廟　在縣南轅村
帝舜廟　在縣南十五里姚村
禹王廟　一在縣西十五里禹王城城邊有青臺後人
於臺上建廟祀禹魏太和十六年詔曰夏禹禦洪水
之災建天下之利可祀於安邑隋制以伯益配唐天
寶七年詔以虞伯益秩宗伯夷配咸通九年知縣李
備重修傅覃作記後漢乾祐元年重修原州司馬楊
榮祚撰記元至正十四年重葺祠宇學士歐陽原功
記有贍田八十畝明正德十年重修呂柟記嘉靖九
年知縣鍾恕以啟少康配享三十四年地震止存正

光绪《夏县志》卷三载“禹王庙”

通民宅差别不大。这座小禹庙有三间，中间供奉禹王像，门上悬挂“禹王大帝”匾额，两边其中一间为“娘娘宫”，供奉大禹之妻像，另一间门楣上书“佛光普照”，为佛殿。青台下有几座更简陋的砖房，一座摆放夏禹后世夏王塑像，一座称“老佛祖庙”，一座为“圣贤堂”。

青台禹庙旧有的五代后汉乾祐元年（948 年）《重修建禹庙记》、宋元祐四年（1089 年）《禹王庙题名碑》、明《夏县禹庙记》等石碑俱已佚失。现存碑刻仅有清代《重修大禹庙碑记》和《重修大禹庙碑记》两通。

青台禹庙（金小军摄）

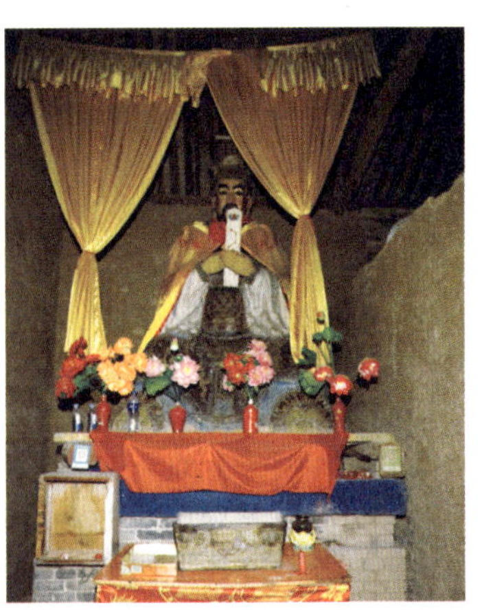
青台禹庙大禹像（金小军摄）

附录：

“禹庙题名石刻”碑曾保存在青台禹庙，后佚失。据记载，碑高 43 厘米，宽 51 厘米。光绪《夏县志》卷一载：“禹庙题名石刻，系八分大书，其文曰：‘旦光乙丑四年三月七日来谒禹王祠。’凡十五字。后小楷书：‘先太中河内公太师温国公顷岁同谒夏禹祠，太师公因留题於殿之西壁。元祐己巳乡人李权刻诸石。’凡四十字。石嵌青台禹庙壁。”

“旦光”应指司马旦、司马光兄弟；元丰八年（乙丑，1085 年），这是 66 岁的司马光最后一次回山西夏县老家。他与兄长司马旦一同到禹王祠祭拜大禹，并在西壁上题了十五个字。元祐四年（己巳，1089 年）乡人刻为石碑，《山西通志》记载“石嵌青台禹庙壁”。太中、河内公为司马光生前部分头衔，太师、温国公为追赠封号。

（张卫东注）

附录：

禹妻失手[1]

传说，禹治水到了河南，非打通轘辕山不可。因为当时工具差的限制，急切间又想不出好的办法，只得变为一头大猪，去拱山扒泥。但自己化猪的事，又不愿让妻子知道。所以，化猪以前，他和妻子约定，击鼓为号，听见鼓声，再去送饭。一天，他又变成猪，在那里连扒带拱地工作。不料，一足踩蹦石头，不偏不斜，正好撞在号鼓上，“咚”的一声号鼓响了。涂山氏听见鼓响，忙把饭送来。却见一只大猪，正在那里扒呀拱的，不觉大吃一惊。禹正欲上前接饭，看见妻子惊恐态度，才觉悟到自己尚未还原人形，于是恼羞成怒，便把涂山氏的左手咬掉了。

直到如今，幼年人给长辈或客人端茶端饭，若用一只手递碗，老年人常说“你的那一只手叫猪咬了吗！”就源于这个故事。

东下冯遗址

类　　别：古遗址

地理位置：山西省运城市夏县埝掌镇东下冯村东北的青龙河南北两岸台地上

所属流域：黄河

简　　介：面积约25万平方米。考古学家推测东下冯类型文化的相对年代大致在公元前19世纪至公元前16世纪，处于文献记录的“夏墟”的范围，大致年代就在夏时期。

东下冯遗址考古文物保护单位碑（金小军摄）

2001年6月，东下冯遗址被国务院公布为第五批全国重点文物保护单位。

① 该传说解释了青台禹庙中涂山氏塑像为何只有右手而无左手。收录于王万旭主编：《华夏之根运城人》（上册），中国社会出版社2008年版，第400页。转引自毕旭玲等：《中华禹迹寻踪：中华鲧禹创世神话田野调查报告》，上海人民出版社2020年版，第60—61页。

东下冯遗址考古现场航拍（金小军摄）

西阴遗址

类　　别：古遗址

地理位置：山西省运城市夏县尉郭乡西阴村西北部

所属流域：黄河

简　　介：西阴遗址东西长 600 米，南北宽 500 米，总面积约 30 万平方米，文化类型主要以新石器时代仰韶庙底沟类型、庙底沟二期为主，包括西王村三期文化、三里桥类型文化和商代二里岗文化。

西阴村遗址文物保护单位碑（张卫东供图）

西阴遗址距今 3000—7000 年，所在区域是神话中夏禹活动的中心地带。北倚鸣条岗，南临青龙河，西南距战国时期的古魏国都城“安邑”即“禹王城”8 千米，东北距全国重点文物保护单位“东下冯遗址”8 千米。

1996 年，西阴遗址被国务院公布为第四批全国重点文物保护单位。

放桀台

类　　别： 古遗址 · 台

地理位置： 山西省运城市夏县水头镇张庄村鸣条岗

所属流域： 黄河

简　　介： 一丈多高、一亩左右的高台被当地村民称为“放桀台”。放桀台是禹王城的门户，当地民众认为夏桀曾在此设立兵营，后来商汤在这里打败了夏桀，并放逐了夏桀。康熙《夏县志》卷一载：“放桀台，在县西三十里，高丈余，成汤放桀之地。”因此称其为“放桀台”。后来，这块驻军之地也被称为“放夏台”。据县志记载，邑人曾于此地“建庙祀汤并尧舜禹”，庙称为“四圣庙”，塑尧舜禹汤四圣像。

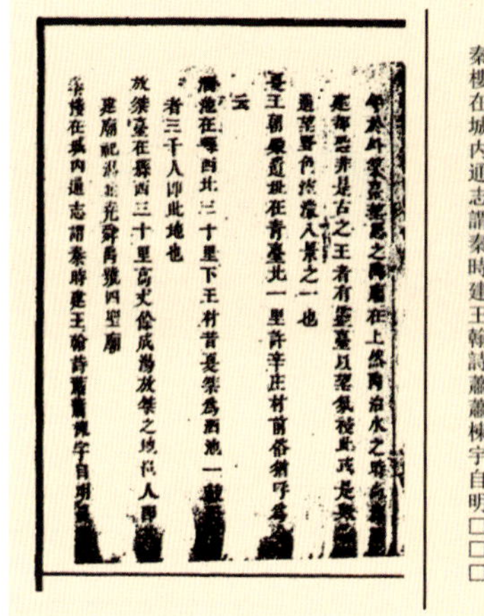

年於外築臺望思之禹廟在上然禹治水之時尚□□□
建都恐非是古之王者有靈臺以望氛祲此或是歟□□
遥望野色□濛八景之一也
夏王朝殿遺址在青臺北一里許辛庄村前俗猶呼爲□□
云
酒池在縣西北三十里下王村昔夏桀爲酒池一鼓□□□
者三千人即此地也
放桀臺在縣西三十里高丈餘成湯放桀之地邑人即□□
建廟祀湯並堯舜禹號四聖廟
秦樓在城内通志謂秦時建王翰詩蕭蕭棟宇自明□□□

康熙《夏县志》卷一载“放桀台”

冶鼎地

类　　别： 地名

地理位置： 山西省运城市夏县禹王城遗址东南

所属流域： 黄河

简　　介： 曾出土不少冶炼金属的残渣、矿物质等，相传是大禹铸造九州之鼎的地方，被称为“冶鼎地”。

金殿地（金沟地）

类　　别：地名

地理位置：山西省运城市夏县禹王镇庙后辛庄村

所属流域：黄河

简　　介：相传是禹王居住和办公的地方。

鸡鸣关

类　　别：地名

地理位置：山西省运城市夏县禹王镇郭里村

所属流域：黄河

简　　介：相传禹王的大臣居住在禹王城外，早起上朝道路比较远。为了不耽误上朝，官员们必须在鸡鸣时赶到北城关（也就是北城门）集中上朝，此关因此又叫作鸡鸣关。

鸡鸣关航拍（金小军摄）

鸡鸣关城墙断面（金小军摄）

鸡鸣关现状（金小军摄）

西浒村

类　　别： 地名

地理位置： 山西省运城市夏县裴介镇姚暹渠和白沙河畔的平原上

所属流域： 黄河

简　　介： 相传，从前古运粮河、青龙河都从村里流过，在此汇聚成一个池泊。村在池泊以西，名西浒村，而修筑池泊、造福乡民的英雄就是大禹。因此每年清明节，村民就集会纪念修池泊的大禹。

三大庙（金小军摄）

三官庙内饰（金小军摄）

墙下村

类　　别：地名

地理位置：山西省运城市夏县裴介镇墙下村

所属流域：黄河

简　　介：相传，禹王建都时筑有城墙，该村在城墙外边，因地势较低，因此起名为墙下村。村中央有气势宏伟的关帝庙。每年农历十月十日是村里的庙集日，目的是纪念大禹和关公。该村的关帝庙被列为第八批全国重点文物保护单位。

墙下关帝庙献亭及正殿（全小军摄）

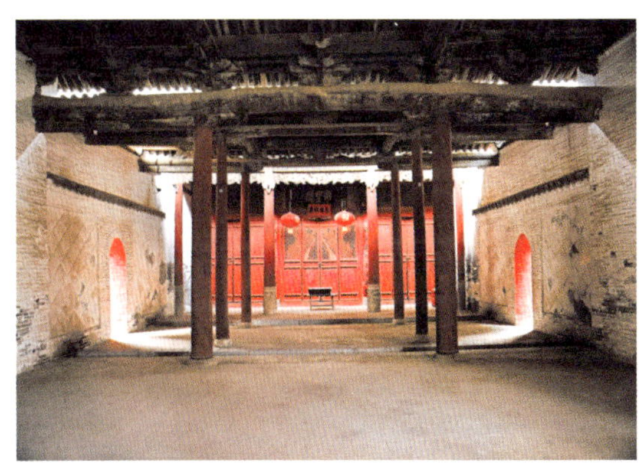
看亭（全小军摄）

禹门口（中条山）

类　　别：山川·山

地理位置：山西省运城市芮城县西陌镇上庄村禹门口自然村

所属流域：黄河

简　　介：禹门口位于芮城县城东北10余千米的禹门口自然村。所在的中条山又称甘枣山，横跨临汾、运城、晋城三市，山势狭长，东北端与王屋山相接处有历山。禹门口东有共水，《水经注》卷四载："《山海经》曰：'薄山之首曰甘枣之山，共水出焉，而西流注于河。'"

光绪《永济县志》卷三载："雷首山，《禹贡》《水经注》：'雷首山临大河，北去蒲坂三十里。'《尚书》所谓'壶口雷首'者。"《史记三家注》卷一《五帝本纪第一》

禹门口村边摩崖石刻“舟於此出水得”（金小军摄）

禹门口摩崖石刻边上的小石窟（金小军摄）

“舜耕历山”注引《括地志》云：“蒲州河东县雷首山，一名中条山，亦名历山，亦名首阳山，亦名蒲山，亦名襄山，亦名甘枣山，亦名猪山，亦名狗头山，亦名薄山，亦名吴山。此山西起雷首山，东至吴阪，凡十一名，随州县分之。历山南有舜井。”

禹门口村西，是洞沟水源头，有摩崖石刻“舟於此出水得”（“得”为近似字），还有神龛。为北魏所刻，估计是追念大禹在此造舟，后由此漂流达河治水。①

陶　城

类　　别：古文化遗址

地理位置：山西省运城市永济市北 30 里

所属流域：黄河

简　　介：光绪《永济县志》卷一载：“《水经注》云：‘陶城在蒲阪城北，城即舜所都。’依道元所说，则以今县北三十里之陶邑乡为舜都之旧。”据县志所说，陶城大致方位在永济市北三十里处。相传是舜帝考察水势、教民制作陶器之

① 大禹渡扬水工程管理局编撰：《大禹渡的传说》，内部资料，第 3 页。

地。《史记》说："舜耕历山，历山之人皆让畔；渔雷泽，雷泽上人皆让居；陶河滨，河滨器皆不苦窳。一年而所居成聚，二年成邑，三年成都。"《水经注·河水》卷四载："舜陶河滨，皇甫士安以为定陶，不在此也。然陶城在蒲阪城北，城即舜所都也，南去历山不远。或耕或陶，所在则可，何必定陶方得为陶也！舜之陶也，斯或一焉。孟津有陶河之称，盖从此始之。"

传说舜与大禹考察水势曾相会于此。二人交谈之中，对治理洪水的方略不谋而合，大有相见恨晚之感。正因此，后来舜竭力支持禹继其父业，继续治理洪水。[①]

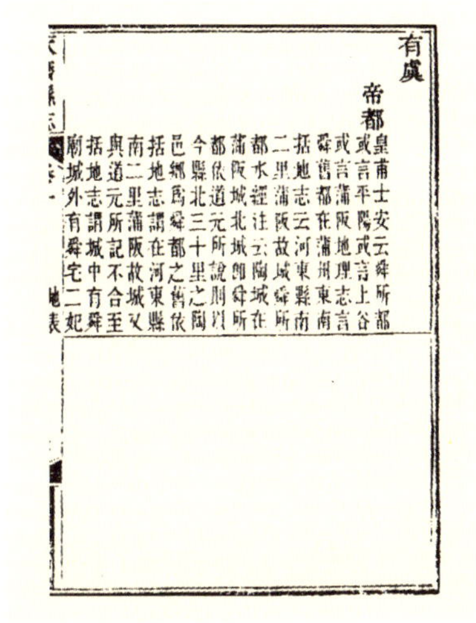
有虞
帝都
皇甫士安云舜所都
或言平陽或言上谷
或言蒲阪地理志言
舜舊都在蒲州東南
括地志云河東縣南
二里蒲阪故城舜所
都水經注云陶城在
蒲阪城北城即舜所
都依道元所說則以
今縣北三十里之陶
邑鄉爲舜都之舊依
括地志謂在河東縣
南二里蒲阪故城又
與道元所記不合至
括地志謂城中有舜
廟城外有舜宅二妃

光绪《永济县志》卷一载"陶城"

三元庙（尧王台）

类　　别： 古建筑·庙

地理位置： 山西省运城市永济市城西街道介峪口村南的中条山上

所属流域： 黄河

简　　介： 尧王台俗称"九州疙瘩"，据传尧让位于舜、舜禅让之禹的仪式都是在尧王台举行的，因此尧王台又称为"禅让台"。尧王台有"三庙"，分别为玉皇庙、祖师庙、三元庙，现存为明代建筑，皆为砖券窑洞式结构，八卦藻井，上雕兽头、花卉图案，对研究明代建筑、中国道教及地方历史文化具有重要价值。是运城市文物保护单位。

其中三元庙建于北魏太和二十一年（497 年），同时供奉尧、舜、禹三大古帝。

禹王洞（系舟山）

类　　别： 山川·洞

地理位置： 山西省忻州市城东南 20 千米的系舟山腰

① 李永鑫编著：《大禹传》，中国文史出版社 2021 年版，第 326 页。

所属流域：黄河

简　　介：禹王洞位于忻州市城南20千米的系舟山腰，相传大禹治水沿汾河北上，曾在此系舟治水，并在此居住。旧志称仙人洞，亦称仙登窑。洞内有一石像，酷似禹王，后改称禹王洞。禹王洞惊险奇特，人称“华北第一洞”。

洞外山势雄伟，林茂气爽，风景秀丽；洞内九曲回环，奇笋怪石，景象万千。洞内宽处可容六七百人，窄处仅一人能够通过，到处可见石花、石瀑、石笋、石佛、石塔、石柱、石钟乳等，是一处天然旅游胜地。据明万历《忻州志》载，洞可通往河北平山县，但只探明2000多米。1992年，修筑盘山公路、索道，整修山洞700余米，设禹王宫及三厅十洞50多个景点，其中“群狮迎宾”“金龟出洞”“二仙对弈”“瑶池仙境”“蓬莱仙岛”“镇海宝塔”“禹王观瀑”等造型奇特，形象逼真。

1992年11月建立禹王洞国家森林公园，2016年12月公园成为国家4A级景区。

陶寺遗址

类　　别：古文化遗址

地理位置：山西省临汾市襄汾县陶寺村南

所属流域：黄河

简　　介：陶寺遗址为全国重点文物保护单位，中华文明探源工程首批重点

陶寺遗址出土的龙盘

六大都邑之一。中国黄河中游地区以龙山文化陶寺类型为主的遗址，华夏文明的源头之一。近年判断陶寺文化的绝对年代为公元前2300—前1900年之间。遗址东西约2000米，南北约1500米，面积约280万平方米，分布有宫殿区、大型礼制建筑、手工业区、王陵区、仓储区、普通居民区等，功能齐备。遗址已经具有完备的都城功能，进入早期文明社会。其因素影响了夏商周三代的制度建设，成为中华文明的重要基石。

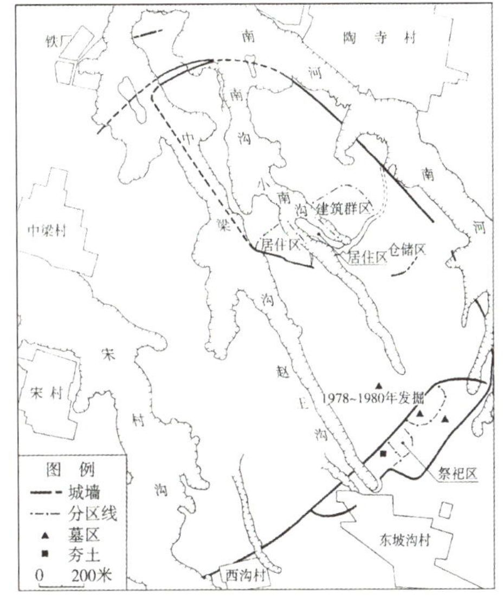

陶寺遗址平面图（引自《中国考古学大辞典》）

陶寺城址的年代、所处位置、城址规模和等级等方面与文献记载的尧所居都城——平阳相吻合。多数历史学家和考古学家认为，它极有可能正是尧都平阳。[①]

禹王殿（耿壁祖师庙）

类　　别：古建筑·殿

地理位置：山西省临汾市洪洞县赵城镇耿壁村祖师庙

所属流域：黄河

洪洞耿壁祖师庙禹王殿（张伟兵摄）

① 参见王巍：《听首席专家讲述中华文明探源工程》，东方出版社2023年版，第159页。

简　　介：耿壁祖师庙禹王殿位于洪洞县赵城镇耿壁村，占地面积 746.7 平方米。创建年代不详，现存为清代建筑。祖师庙正殿脊檩题记："时大清光绪三十年（1904 年）……重修。"祖师庙坐西面东，四合院布局：中轴线上现存正殿，面宽三间，进深五椽，单檐悬山顶，五檩前廊式构架，南侧脊饰残损，门窗经改建；北侧存配殿即禹王殿，面宽五间，进深五椽，硬山顶，近年殿内新绘制了大禹治水壁画；原有山门、南配殿，20 世纪 60 年代损毁。

禹王殿内（张伟兵摄）

禹王洞（悬泉山）

类　　别：山川 · 洞

地理位置：山西省霍州市悬泉山

所属流域：黄河

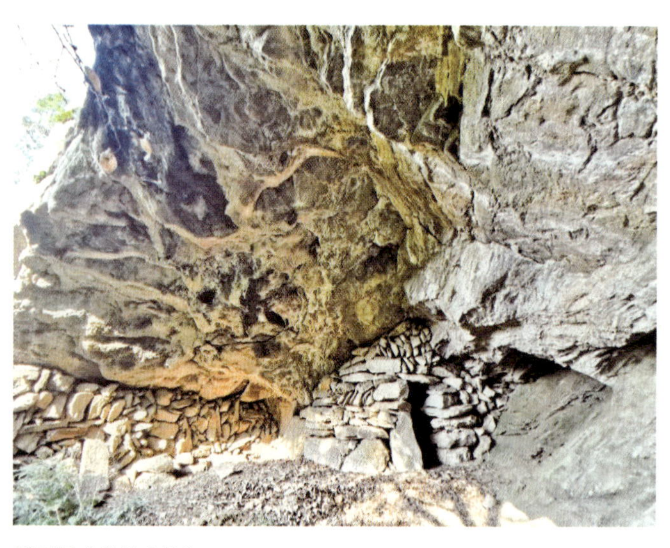

禹王洞（张福义摄）

简　　介：又称大禹石窑，为天然洞穴。悬泉山自然风景区位于霍州市区东 20 千米霍山中麓，海拔约 1800 米，因悬泉瀑布气势磅礴而得名，游览面积 10 多平方千米；悬泉山素有"小华山"之称，主要景点有悬泉飞瀑、凌空古刹、大禹石窑、八仙神话等。

夏王宫遗址

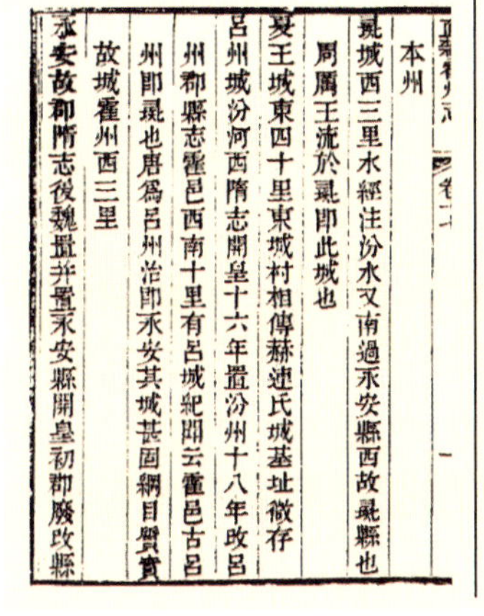
本州

彘城西三里水經注汾水又南過永安縣西故彘縣也

周厲王流於彘即此城也

夏王城東四十里東城村相傳赫連氏城基址微存

呂州城汾河西隋志開皇十六年置汾州十八年改呂

州郡縣志霍邑西南十里有呂城紀聞云霍邑古呂

州即彘也唐為呂州治即永安其城甚固綱目質實

故城霍州西三里

永安故郡隋志後魏置并置永安縣開皇初郡廢改縣

道光《直隶霍州志》卷十七载“夏王城”

类　　别：古建筑遗址

地理位置：山西省霍州市悬泉山

所属流域：黄河

简　　介：悬泉山山谷中有一古建筑遗址名夏王宫，传说为1000多年前五胡十六国夏王赫连勃勃的避暑山庄。据《霍州志》载：五胡十六国时期夏王赫连勃勃的陪都曾建于今霍州市三教乡东城村。传说此处为夏王每年夏季避暑的山庄，该山庄原建有亭台楼阁、富丽堂皇，可惜因年代久远，建筑全毁。唐宋时，传说皇帝每年农历七月三十日都要派朝臣到悬泉山进香朝拜，以求来年国泰民安。而当代学者根据有关史书及资料考证，所谓夏王，当指4000年前夏后氏之王大禹，此宫便是大禹治水的大本营。

陶唐峪风景旅游区

类　　别：山川・山

地理位置：山西省霍州城东南20千米处霍山

所属流域：黄河

简　　介：陶唐峪风景旅游区游览面积40平方千米，传说因尧帝曾避暑于此而得名。入谷逆流而上，先后有浮桥、仙女池瀑布、仙女池、尧王避暑山庄、招魂楼、瞭望塔、青龙潭、水帘洞、犀牛石、滴水崖瀑布、五龙池、水底龙宫、猛虎下山石、云龙瀑布、天然盆景瀑布、流星瀑布、观峰峡、石门、一线天、槐树沟瀑布、阶水凹瀑布、擎天玉柱峰、玉泉寺、龟山、莲花山等景观。清康熙皇帝当年观赏此处后，欣然御书：“日色才临仙掌动，香烟欲傍衮龙浮。”

近年来，霍州市先后研究整理了“尧王避暑在霍山”“大禹治水始霍山”“天下霍姓出霍州”“天下门神源霍州”等文化渊源，提高了霍山陶唐峪旅游的价值与品位。

三官庙（张家坡）

类　　别：古建筑·庙

地理位置：山西省吕梁市临县招贤镇渠家坡村张家坡自然村

所属流域：黄河

简　　介：张家坡三官庙，为方圆几十里所仅见，庙内供奉天地水三官（尧、舜、禹）。旧碑毁于“文化大革命”中。据该村老人记忆，碑上布施人姓名多含“宏、廷、大”等字，按家谱推算已有10辈人约300年。

张家坡二次移民来自临县三交镇“义居都”。义居都有义居寺，又名天官寺下院，始创于北魏，为第六批全国重点文物保护单位。似受天官寺下院影响，张家坡三官庙也称天官庙。

张家坡三官庙（张连宝摄）

五、内蒙古自治区

三官庙（包头）

类　　别：古建筑遗址

地理位置：内蒙古自治区包头市东河区财神庙路东口南侧

所属流域：黄河

简　　介：老包头城垣内有七座砖木结构的三官庙，北梁有官井梁三官庙、召梁头道巷南口三官庙。每一座三官庙附近有一临街房，住有一位更夫，三更前打锣，三更后打梆子。召梁头、二、三、四道巷是南北走向，因在召梁头道巷南口有三官庙，所以其四条巷南口的东西走向的街称为三官庙街。

老城有一条东西走向的草市街，西口对着草市街三官庙土台，这座土台又把街西口分成了西南、西北（今财神庙路）两条斜街，形成了一处城中枢纽。

每年正月十四至十六日，包头城内还要搭起 26 个木制的三官棚，最为精巧的是北梁草市街木制三官棚，上有飞檐出厦，下有红圆漆柱，后有神堂，前有卷篷，四周有曲栏走廊，全部是木制榫卯连接。屋顶四周和棚内四壁都有彩绘和壁画。每早人

包头三官庙街地图（张卫东供图）

们要到三官庙或三官棚敬表接三官，最热闹的是正月十五，三官庙前生起旺火，放鞭炮，火树银花，人潮涌动。

2013 年北梁棚户区改造中划定了“北梁三官庙传统街区”，东至博托河，西至召拐街，南至水口街，北至东北门里为保护范围，包含三官庙街和召梁头道、二道、三道巷等 4 条传统街巷及三官庙街 9 号院等 19 处院落，是老包头自然、人文、社会、历史的物质载体，是珍贵的历史文化遗产。

今日东河区即老包头城区，居民管理机构也称“三官社”，今东河区回民街道还有三官庙社区，可见老包头人对三官的信仰根深蒂固。远离家乡的“走西口”人敬奉三官（尧、舜、禹），就是期盼在外能平安和吉祥。

禹王庙（南海子）

类　　别：古建筑遗址

地理位置：内蒙古自治区包头市南海子码头

所属流域：黄河

简　　介：南海子禹王庙位于包头市南海子码头，面向黄河，相传建于清嘉庆初年（1796 年），供奉大禹。据说包头南海子码头的船户多为山西河曲人，禹王庙的建立或许与河曲人“走西口”有关。河曲人想到“走西口”过黄河随时都有危险，便祈求神禹消灾免难，或为保亲人平安，或期盼亲人的亡灵回归故里。河曲人有祭禹放河灯的古老习俗，相传南海子禹王庙庙会也有放河灯的习俗。

包头南海子禹王庙山门（张卫东供图）

1937 年时的包头南海子禹王庙（张卫东供图）

现今禹王庙已不存。从 1937 年留存的照片资料可看出，禹王庙山门完整别致，东西有挑角覆檐钟鼓楼，山门前高耸两个旗杆，正殿辉煌，山门上方悬挂“禹王圣帝”金字匾，十分壮观。它是迄今为止塞外发现的唯一禹王庙。民国《包头市志·艺文志》还载有一首孙斌的《谒禹王庙》诗，其序曰：（禹王庙）在包头城南十五里南海子乡，黄河北岸。每年七月一日演戏祀神，男女焚香者往来不绝。诗为：导河积石及流沙，刊木功成历岱华。庙食千秋垂不朽，年年报赛万千家。

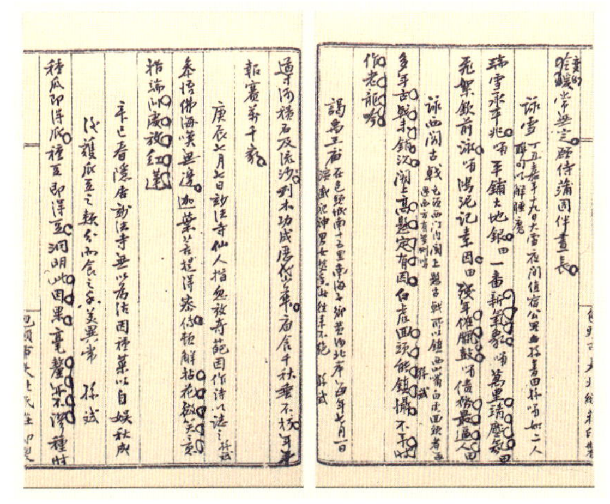

《包头市志》收录的《谒禹王庙》一诗（张卫东供图）

六、辽宁省

三官庙

类　　别： 古建筑·庙

地理位置： 辽宁省大连瓦房店市元台镇二陶村白云山麓

所属流域： 辽东半岛诸河

简　　介： 三官庙位于瓦房店市元台镇二陶村上沟屯的白云山中。《大连市志·宗教志》第四章道教载："三官庙，元台镇二陶村，始建于明嘉靖年间（1522—1566年），庙会日四月初八，毁于1947年。"2000年始，在三官庙旧址上复建此庙，经过十余年的建设，现已建成三清殿、三官殿、瑶池王母殿、财神殿、天师殿、药王殿、龙王殿、玉皇殿等。山门额花隶书"三元宫"，三官殿供奉天、地、水三官，现已完工。

修复后的二陶村三官庙（张卫东供图）

七、吉林省

三官庙屯

三官庙屯地理位置图（张卫东供图）

类　　别：地名

地理位置：吉林省吉林市丰满区旺起镇

所属流域：松辽

简　　介：民国 24 年（1935 年）伪满当局“清乡并屯”，将大二道河子、小二道河子、东西错草沟、赵家堡子等 40 余户强行并为三官庙屯。村南 4.4 千米处有三官庙沟。

三清宫·三官殿

类　　别：古建筑·殿

地理位置：吉林省吉林市丰满区旺起镇大石村

所属流域：松辽

简　　介：大石三清宫是吉林地区最大的道观，占地 1.2 万平方米，位于吉林市丰满区旺起镇大石村。道观建筑坐北朝南，背后的山叫麒麟崖，古树参天，林木茂密；山门正对着大石河湖湾，河水在此流入松花湖，湖光山色，景色宜人。此地是清朝时期老道沟旧庙的遗址，曾建有白龙观和龙王庙，毁于“文化大革命”时期。1994 年开始重建，1998 年 9 月 24 日建成。

大石三清宫宫门三楹，中门上方书白底黑字“三清宫”，进门后为第一大殿关圣殿，其后建有三清殿，左右各有祖师殿、娘娘殿和东西配庑的超生殿、护法殿、真武殿、三官殿、药王殿、太乙殿、斗姆殿、慈航殿、肉身殿等。

八、黑龙江省

三元宫（大庆水库）

类　　别： 古建筑·宫

地理位置： 黑龙江省大庆市萨尔图区水库村西

所属流域： 松辽

简　　介： 此处三元宫位于大庆市萨尔图区水库村西 1.5 千米处，大庆水库西南岸，是一座历史悠久的道教寺庙，被誉为东北地区的“小白宫”。

大庆水库是大庆市境内的一座水库，位于瀑河右支流上，建于 1975 年。水库正常库容为 510 万立方米，集雨面积为 82 平方千米，海拔为 661.6 米。水库解决了大庆市区及周边村镇的用水紧张问题，同时也为石油开采等工业活动提供保障，创造了极高的经济价值。

大庆市萨尔图区水库村三元宫地理位置图（张卫东供图）

九、上海市

马桥文化遗址

类　　别：古文化遗址

地理位置：上海市闵行区南部，马桥镇俞塘与竹港的汇合处

所属流域：太湖

简　　介：马桥文化继承了少量良渚文化的文化因素，而且整类良渚文化因素在马桥文化中不占主导地位。研究成果表明，马桥文化来源于浙西南山地的原始文化，同时它还包含了山东地区的岳石文化、中原地区的二里头文化因素。马桥文化的年代大致与中原的夏和商相当。

2013 年 3 月 5 日，上海马桥遗址被国务院公布为第七批全国重点文物保护单位。

三元宫坤道院

类　　别：纪念建筑・宫

地理位置：上海市浦东新区花木街道高科西路与锦绣路交叉口

所属流域：太湖

简　　介：始建于清雍正六年（1728 年），本为周太仆祠，又称周郡侯祠，俗称周太爷庙。祠祀治水有功、以身殉职的松江知府（追赠太仆寺少卿）周中鋐。嘉庆《松江府志》卷十八载："周郡侯祠，在吴松江陈家渡口，祀松江府知府周中鋐，侯浚吴松江死事，松民惜之，为立祠，雍正六年建。"原坐落在上海市川沙县严桥乡境内。1989 年修复后改建为"三元宫坤道院"（女性修行的道教场）。2004 年，为配合浦东新区开发，易地重建。2006 年 1 月 8 日竣工。

主祀奉天官、地官、水官和周太仆。主要宗教节日有上元节（农历正月十五），中元节（七月十五），下元节（十月十五），以及周中鋐诞辰（八月初二）、殉职纪念日（三月二十九）。

附录：

周太仆祠

周太仆祠，前志作周郡侯祠，在吴松江陈家渡口。雍正六年士民建，祀松江府知府周中铉。道光八年两江总督蒋攸銛、巡抚陶澍，题请列祀。周太仆，名中铉，浙江山阴人，雍正间任松江府，时方挑浚吴松，中铉承筑大坝，因潮水汹悍，屡筑屡溃，不能合龙。中鋐亲率河标把总陆章，乘船冲流，督夫下埽。风急水溜，陆章请移舟登岸，中铉不可，遂与陆章俱没於水，而堤亦旋合。时雍正六年三月二十九日也。事闻，奉旨议恤，赠太仆寺卿，予祭葬。乾隆二十六年巡抚陈宏谋题祀，名宦士民追思旧泽，建私祠於吴松江畔，岁时报享。道光间浚吴松，复著灵异。巡抚陶澍请立专祠，列入祀典，其春秋祭祀，循照成案，於学租款内支给，归地方官办理。道光八年三月二十一日奉上谕：准其建立专祠，列入春秋祀典。咸丰九年知县刘郇膏筹捐承买二十四保四图不等田二十三亩八分七厘九毫，岁收租钱四十八两四钱一分六厘，二十八保十并十一图不等，田四十六亩三分八厘四毫，岁收租钱八十七两四钱一厘一毫，除支用春秋祭祠费外，余归祠裔周金殿收领，以备岁终之用。今案：公与把总陆章俱没於水，公邀恤赠，而陆恤典不详。近见平湖贡生顾敬修《陆章附祀周太仆议》，略云：窃见陆千总章与周太仆中铉，督理吴松江水道时，公以松江府摄太仓州篆，陆以地方武弁偕焉。夫以陆循分守职，乐事劝功，克殚厥心，不避鞅掌；而太仆公与之共事，挈以偕行，必有不世出之才，能大过人之谋略。而乃时与愿违，身随事没。一则伟绩常昭於百世，一则精魂莫慰於九泉，是宜考其里居，稽其甫字，与

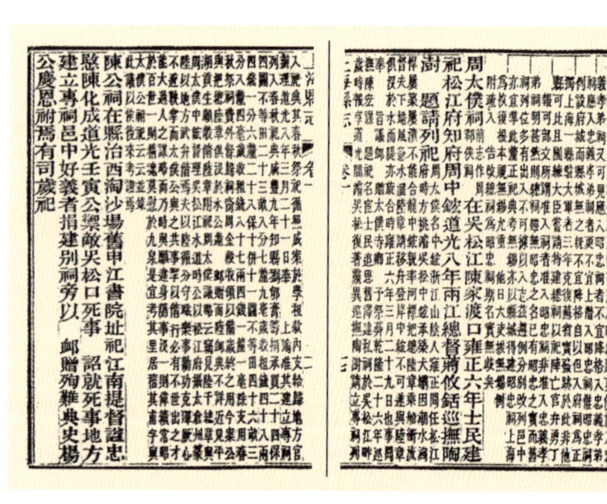

周太僕祠　在吳松江陳家渡口雍正六年士民建
祀松江府知府周中鋐道光八年兩江總督蔣攸銛巡撫陶
澍題請列祀

陳公祠　在縣治西滬沙場舊申江書院址祀江南提督謚忠
愍陳化成道光壬寅公禦敵吳淞口死事詔就死事地方
建立專祠邑中好義者捐建別祠旁以　卹贈殉難典史楊
公慶恩祔焉有司歲祀

同治《上海县志》卷十载“周太仆祠”

潘方伯祠　在舊演武場上祀明布政使潘允端公以參
政董漕儲加惠桑梓士民請於官祠之萬歷間建唐文
獻記
國朝乾隆三十八年裔孫某移建在北門外
孟侍御祠　在三十五保祀明御史孟暘景泰中建
徐文定祠　在太卿坊祀明大學士徐光啓崇禎間建賜
額曰王佐儒宗
喬將軍祠　在西門外祀明游擊將軍贈都督同知
國朝賜謚忠烈喬一琦天啓中建
周郡侯祠　在吳松江陳家渡口祀松江府知府周中鋐

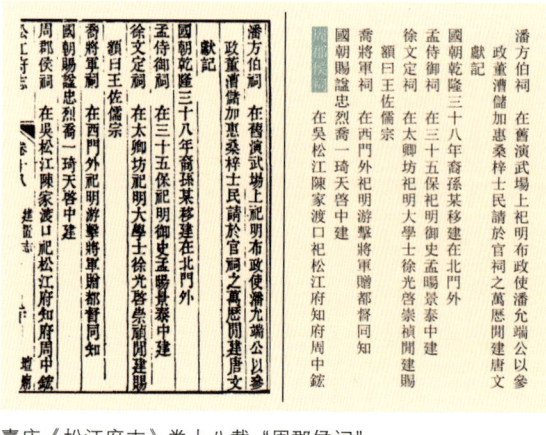

嘉庆《松江府志》卷十八载“周郡侯祠”

三元宫坤道院山门（张卫东供图）

三元宫坤道院塑像（张卫东供图）

太仆公祔祀云云。并录此议，以俟后来考证焉。

（清应宝时修，俞樾纂：同治《上海县志》卷十，清同治十一年刊本，第 735—736 页）

广富林文化遗址

类　　别：古文化遗址

地理位置：上海市松江区方松街道广富林村

所属流域：太湖

简　　介：1959 年采集到新石器良渚文化时期与商周时代陶器残片，遗址由此被确认。内有新建三元宫。

广富林文化分三层：上层为春秋战国时期的吴越文化层，中层为夏商时代的马桥文化层，下层为新石器时代的良渚文化层。广富林文化是新石器时代考古学文化，主要分布在环太湖地区，距今 4300—4000 年。

2013 年 3 月，广富林文化遗址被国务院公布为第七批全国重点文物保护单位。

广富林文化遗址公园内新建的三元宫（张卫东供图）

十、江苏省

三官庙遗址（三官村）

类　　别：古建筑遗址

地理位置：江苏省南京市栖霞区龙潭街道三官村

所属流域：长江

简　　介：清乾隆年间（1736—1796年），三官村富户李氏家一女子，因一直未出嫁，便为该女造了一座尼姑庵，供其出家念佛。后来在庵前造五间房屋，当中一间塑“天官、地官、水官”像，故当地人称“三官庙”。新中国成立后屡经翻建，庙宇面貌全非。曾为三官小学校舍。

林屋洞

类　　别：山川·洞

地理位置：江苏省苏州市吴中区西山镇林屋山

所属流域：太湖

简　　介：林屋洞位于西山镇东北部，在林屋山西部，林屋山又名包山。林屋洞以溶洞奇观和梅海胜景著称。洞口石壁上镌刻着“天下第九洞天”“林屋洞”“仙府”“灵威丈人得大禹素书处”等大字。据《云笈七签》等道教经典记载，天下有十大洞天、三十六小洞天、七十二福地，皆仙人所居，林屋洞为第九洞天，一称“左

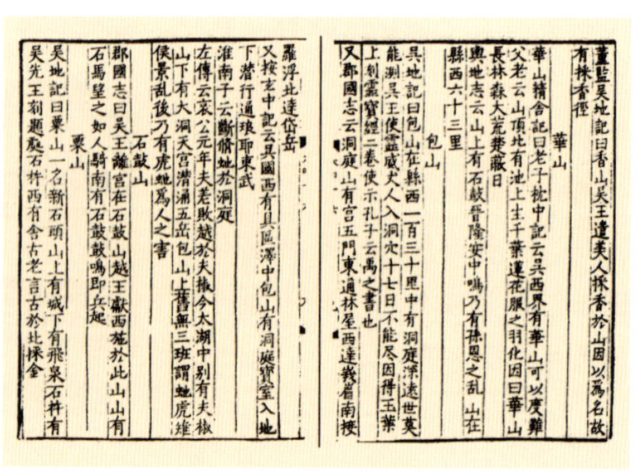

畫監吳地記曰香山吳王遣美人採香於山因以爲名故
有採香徑
華山
華山精舍記曰老子枕中記云吳西界有華山可以度難
父老云山頂北有池上生千葉蓮花服之羽化因曰華山
長林森大荒棘蔽日
輿地志云山上有石鼓晉隆安中鳴乃有孫恩之亂 山在
縣西六十三里
包山
吳地記曰包山在縣西一百三十里中有洞庭深遠世莫
能測吳王使靈威丈人入洞穴十七日不能盡因得玉葉
上刻靈寶經二卷使示孔子云禹之書也
又郡國志云洞庭山有宮五門東通林屋西達峩眉南接
羅浮北達岱岳
又按玄中記云吳國西有具區澤中包山有洞庭寶室入地
下潛行通琅耶東武
淮南子云斷脩虵於洞庭
左傳云哀公元年夫差敗越於夫椒今太湖中别有夫椒
山下有大洞天宮潛通五岳包山上舊無三班謂虵虎雉
侯景乱後乃有虎虵爲人之害
石鼓山
郡國志曰吳王離宮在石鼓山越王獻西施於此山山有
石馬望之如人騎南有石鼓鼓鳴即兵起
粟山
吳地記曰粟山一名斳石頭山上有城下有飛泉石井有
吳先王刻題處石井西有舍古老言古於此採金

《太平御览》卷四六引《吴地记》载“包山”

神幽虚之天”，别称“天后别宫”。相传，古时有龙居林屋洞内，故洞体似龙，又称“龙洞”，林屋山亦俗称龙洞山。林屋洞历史悠久，历代记载、传说大多与大禹治水有关。古时也有以林屋山来代称整个西山的。

洞内广如大厦，立石成林，最大特点是“顶平如屋”，故称林屋。林屋洞相传是大禹治水时的藏书之处。《太平御览》卷四六引《吴地记》载：“包山，在县西一百三十里，中有洞庭，深远世莫能测。吴王使灵威丈人入洞穴十七日，不能尽。因得玉叶，上刻灵宝经二卷，使示孔子，云禹之书也。”

宋范成大《吴郡志》卷十五引《郡国志》：“洞庭山有宫五门，东通林屋，西达峨眉，南接罗浮，北连岱岳。东有石楼，楼下两石，扣之清越，所谓神钲。”又引《玄中记》：“吴国西有具区，中有包山。洞庭地下潜通琅邪东武山。山穴道一名椒山。哀公九年，越败吴夫差于夫椒，即此，是又名洞庭山。吴大帝时，使人行二十余里而返，云上闻波浪声，有大蝙蝠如鸟，拂杀火穴中，高处照不见颠，左右多有道人马迹。禹治水过会稽，梦人衣玄纁，告治水法，在此山北锢函中，并不死方，禹得藏於包山石室。吴人得之，不晓，问孔子云：‘王居殿，赤鸟衔集庭，此何文字？’曰：‘此禹石函文也。’”再引《五符》：“林屋山，一名包山，在太湖中。下有洞，潜通五岳，号天后别宫。夏禹治水，平后，藏五符於此。吴王阖闾使灵威丈人

林屋洞“天下第九洞天”题刻（戴秀丽摄）

俞樾题刻“灵威丈人得大禹素书处”（戴秀丽摄）

入山所得是也。”引《真诰》：“包山下有石室银房，围百里。又有白芝隐泉，其水紫色。”又引《战国策》载：“句曲山闻有灵府，洞庭四开。古人谓为天坛之灵区，天后之便阙，清虚之东窗，林屋之隔沓。众洞相通，七涂九便，四方交达。天后者，林屋洞中之真君。住在太湖包山下，灵威丈人所入得灵宝符处也。”

林屋古洞，《山海经》《风土记》等古书也均有记载，足见历史之悠久、洞府之深邃。唐宋时遇有水旱之灾，朝廷常派官员至林屋洞祭神。

林屋洞景点面积 18 公顷，洞口有宋朝尚书李弥大的《道隐园记》等颇为珍贵的摩崖石刻，为省级文物保护单位。

鼋　山

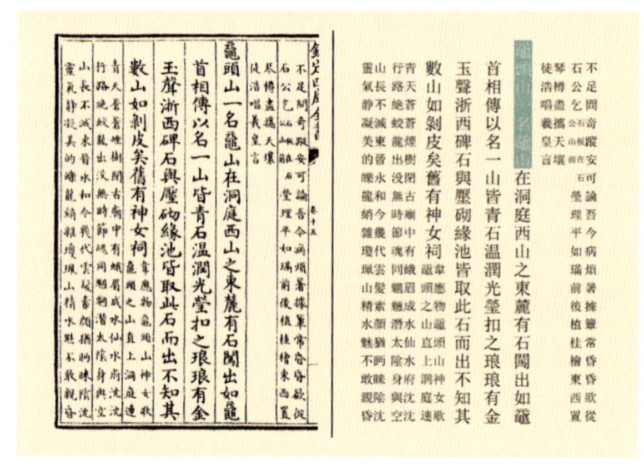
不足問奇蹤安可論吾今病煩暑據簟常昏昏欲從石公乞石公山在石板前石瑩理平如瑞前後植柱檜東西置琴樽盡攜天壤徒浩唱羲皇音

黿頭山一名黿山在洞庭西山之東麓有石闖出如黿首相傳以名一山皆青石溫潤光瑩扣之琅琅有金玉聲浙西碑石與壓砌緣池皆取此石而出不知其數山如剝皮矣舊有神女祠韋應物黿頭山神女歌黿頭之山直上洞庭連青天蒼蒼煙樹閉古廟中有蛾眉成水仙水府沈沈行路絕蛟龍出沒無時節魂同魑魅潛太陰身與沈空山長不滅東晉永和今幾代雲髮素顏猶睡眠陰沈靈氣靜凝美的皪龍綃雜瓔珮山精水魅不敢親昏

《吴郡志》卷十五载“鼋山”

类　　别： 山川·山

地理位置： 江苏省苏州市吴中区

所属流域： 太湖

简　　介：《吴郡志》卷十五载：“鼋头山一名鼋山，在洞庭西山之东麓，有石闯出如鼋首，相传以名。一山皆青石，温润光莹，扣之琅琅有金玉声。浙西碑石与压砌缘池皆取此石而出，不知其数，山如剥皮矣。旧有神女祠。”苏州一带流传的神话《鼋背山与鼋头山》记录它的来历与大禹治水有关。

附录：

鼋背山与鼋头山

禹治水成功后，打算凿一只石鼋作为镇妖石，永远镇住太湖水龙。一天，他在禹期山旁边的小山顶上看到一块一丈多高、腰可十围的大青石，石色晶莹，十分好看，便用开山巨斧凿起来。神斧向下劈去，劈得碎石飞溅，不多一会，一只石鼋便凿成了。石鼋伸颈展爪，神气活现地立在山顶。大禹王又用他身边带着的女娲补天的五色宝石，在石鼋身上划上许多花纹，石鼋身上就长出了甲壳。从那以后，这座小山头便被人们称为鼋山。那些在劈石时飞溅出来的石块，经过湖水冲刷，也就变成了玲珑剔透的太湖石。

传说还讲：宋朝的苏州出了一个浪荡公子，因进贡太湖石当了官，并奉命回到苏州组织“花石纲”进贡，把主意打到了大禹雕刻的石鼋上。他不顾民众反对，想将鼋头敲下来，断了的鼋头顺着山势滚下了湖，并在湖中掀起了巨浪，把浪荡公子和他的狗腿子都卷到了太湖里。风浪平息后，在鼋头滚下去的湖面上，又出现了一座小山，活像伸起的鼋头，于是后人把原来的鼋山称为“鼋背山”，把旁边的小山称为“鼋头山”。[1]

水平王庙

类　　别： 古建筑遗址

地理位置： 江苏省苏州市吴中区金庭镇

所属流域： 太湖

简　　介：《姑苏志》卷二七载：“太湖水神庙在洞庭湖销夏湾水心，俗号水平王庙。宋知军州事胡宿尝奏列祀典，神像与几案皆石为之，乡人祀之甚。至其地，本水中一洲，尝与水平，虽巨浸不没，故名众安山，湖中多有此庙。”相传后稷庶子帮助大禹治水，死后被封为水平王。《林屋民风》载此庙为南宋建炎年间（1127—1130 年）建，明嘉靖年间（1522—1566 年）重修，唐鹤徵有重修记。据《苏州府志》，胡宿为宋庆历间知州事，“旧传神即汉雍州刺史郁使君也”。此庙原为禹庙，祀大禹，宋后并祀水平王。庙废于“文化大革命”中，遗址尚存。

弘治《吴江志》卷一载“太湖水神庙图”

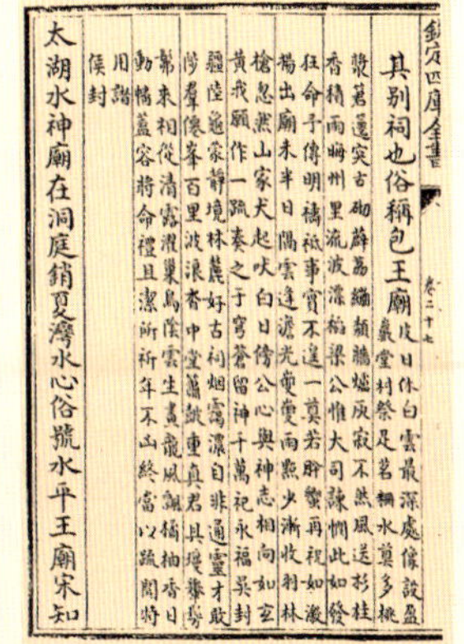

欽定四庫全書　卷二十七

其別祠也俗稱包王廟皮日休白雲最深處像設盈龕堂村祭足茗糈水草多槐
蔡蒼蓮突古砌蘚苔緣頹牆爐灰寂不然風送杉桂
香積雨晦州里流波漾稻粱公惟大司諫惆此如發
狂命予傳明禱祇事實不遑一奠若聆蠻再視如激
揚出廟未半日隅雲逢迸光黄黄雨點少漸收羽林
槍忽然山家犬起吠白日倚公心與神志相向如玄
黄我願作一疏奏之于穹蒼留神千萬祀永福吳封
疆陸逸蒙靜境林麓好古祠烟霭濃自非通靈才敢
陟羣像峯百里波浪香中堂蕭鼓重真君具獲黎旁
帝來相從清露濕巢鳥陰雲生貴龍風飄橘柚香日
動幡蓋容將命禮且潔所祈年不山終當以疏闕時
用諧
侯封
太湖水神廟在洞庭銷夏灣水心俗號水平王廟宋知
軍州事胡宿嘗奏列祀典神像與几案皆石爲之鄉
人祀之甚至其地本水中一洲嘗與水平雖巨浸不
沒故名衆安山湖中多有此廟舊傳神爲漢雍州刺
史郁君廟即其廟宅又郁史君廟在衡山毘陵古云水平王舊傳后稷庶子佐禹平
水至會稽海人沒遵因祀之又水平王廟一
在吳縣西北八十里一在吳縣西北二百里
五龍堂在今長洲縣東南唐真元中建李紳記宋淳熙閒
賜額靈濟廟紹興四年勅封第一東靈侯第二西成
侯第三中應侯第四南平侯第五北寧侯宋淳熙十年郡守耿

《姑苏志》卷二七载“太湖水神庙”

[1] 参见毕旭玲等：《中华禹迹寻踪：中华鲧禹创世神话田野调查报告》，上海人民出版社 2020 年版，第 188 页。

殛鲧泉

类　　别：山川·泉

地理位置：江苏省连云港市东海县温泉镇羽山村

所属流域：淮河

简　　介：在羽山上有口殛鲧泉，泉水甘甜，传说鲧死后变成三条腿的鳖，住在这个泉中，所以殛鲧泉每遇阴雨天气，泉水便腥不可闻。遗憾的是1958年“大跃进”时期，当地一名生产助理员异想天开地要引羽山的水灌溉农田，结果派人用炸药炸殛鲧泉，千古名泉毁于一旦。由于地质构造被破坏，从此再也没有泉水流出来了。

试剑石（三缝石）

类　　别：山川·石

地理位置：江苏省连云港市东海县温泉镇羽山村

所属流域：淮河

简　　介：羽山顶峰东侧有座巨石裸露的小山头，整个山头从上到下如同斧劈刀削形成三条裂缝，民间称之为“试剑石”。传说舜殛鲧前，曾试劈三剑，将此小山头劈成三条直缝，又叫“三缝石”。当中两条石缝像快刀打豆腐一样边斩四齐。千年一瞬，遥想着那个远古的传说，似乎还能感觉到当年的一丝血腥。

羽山试剑石（戴秀丽摄）

神掌崖

类　　别：山川·崖

地理位置：江苏省连云港市东海县温泉镇羽山村

所属流域：淮河

简　　介：从羽山峰顶向东缓落的坡间，矗立着一块高 20 米、宽 10 余米的扁形山崖，四周直壁如刀劈，于青峰绿茵中，雄峙虎踞，十分壮观。传说为鲧自刎后，仍惦记着疏洪的大计，右臂伸向东方。手掌高举，掌心向外，意告大禹：一定要引洪水东入大海，故此留下了这神掌崖的名胜。

羽山石趣

类　　别：山川·石

地理位置：江苏省连云港市东海县温泉镇羽山村

所属流域：淮河

简　　介：羽山顶部，是一派奇丽的峻崖风光。东望主峰，尖崖排列，峻立蓝天；过双岩门，只见三块卡车大小的圆形巨石卧于草丛，传说为专司洪水的恶龙所生，大禹治水，斩龙于此，并施法，将龙蛋石化于羽山之巅。只见无石不峭的山顶坡地，疏林散落，绿茵密布。向西有相叠岩石，上似鳄鱼翘首，下似卧龟爬行，天然成趣。随处可见裂缝的岩石，既细洁如玉又险峭挺拔。

三元宫（云台山）

类　　别：纪念建筑·宫

地理位置：江苏省连云港市云台山青峰顶上

所属流域：淮河

简　　介：云台山主庙，也是花果山主体建筑，亦名海宁禅寺。早年供三元圣像，现改塑释迦牟尼佛。

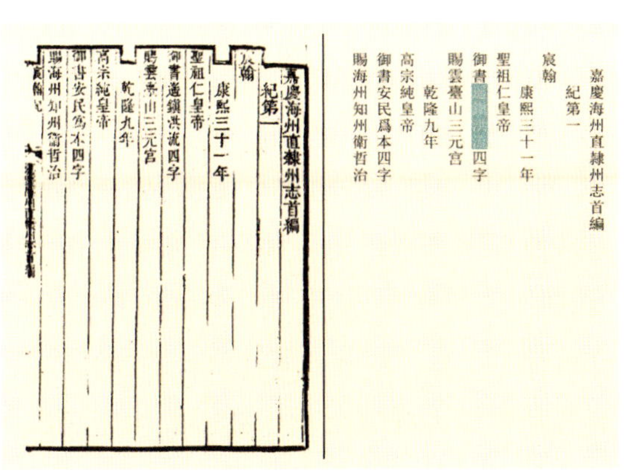

嘉慶海州直隸州志首編
紀第一
宸翰
康熙三十一年
聖祖仁皇帝
御書[illegible]四字
賜雲臺山三元宮
乾隆九年
高宗純皇帝
御書安民爲本四字
賜海州知州衛哲治

嘉庆《海州直隶州志》载："康熙三十一年，圣祖仁皇帝御书'遥镇洪流'四字赐云台山三元宫。"

沭陽清凉社重建大殿記碑○康熙十七年兵部督捕左理事官徐越撰文禮部右侍郎陳廷敬書丹
海州知州孫公去思碑○康熙十九年胡簡敬為知州孫明忠撰
重建海州雲臺山青峰頂記碑○康熙十九年漕運總督帥顏保撰文內翰林院侍講學士孫一致書丹太常寺少卿楊名耀篆額文載寺觀錄
雲臺山三元宮碑○康熙十九年大學士索額圖撰
雲臺山觀音殿碑○康熙十九年大學士索額圖撰
右二豐碑因重不能運上山頂遂亭於大村今斷碎矣
萬蕭裔詩刻○康熙三十二年勒雲臺山三元宮壁

嘉庆《海州直隶州志》载“云台山三元宫碑”

敕賜護國三元宮海寧禪寺碑○崇禎四年張兆增撰
梁邑侯去思碑○崇禎八年沭陽葛惟垣為知沭陽縣梁勝任撰
陳維恭詩刻文曰我來斯君奮出果前期綏後卹平生歡鞭弭役輕購寫防色䩦●崇禎九年冬十月甲辰守海州陳維恭中來記
右文四行行七字徑八寸五分篆書勒故鬱林觀東巖危石上
吳邑侯生祠碑○崇禎十年葛維垣為知沭陽縣吳侶撰文載祀典考
贛榆復學宮向建文昌閣記碑○崇禎十三年山東布政

嘉庆《海州直隶州志》载“敕赐护国三元宫海宁禅寺碑”

云台山三元宫山门（张卫东供图）

云台山三元宫始建于唐，重修于宋，明万历年间（1573—1620 年）大规模扩建，明神宗赐云台山主庙宇三元宫为天下名山寺院。嘉庆《海州直隶州志》载：“康熙三十一年，圣祖仁皇帝御书‘遥镇洪流’四字赐云台山三元宫。”1938 年三元宫被日军炸毁。近年又得以修复，宫院坐北面南，殿宇依山而筑，正门横额题“敕赐护国三元宫”，为清道光皇帝手书，正殿内供奉天、地、水三官大帝塑像，另有前殿、二殿、团圆宫等建筑；两棵高入云天的千年银杏树浓荫整个宫院，山门下筑有陡峻如天梯的七十四级石阶。据嘉庆《海州直隶州志》载，三元宫有“敕赐护国三元宫海宁禅寺碑”，崇祯四年张兆增撰记；“云台山三元宫碑”，康熙十九年（1680 年）大学士索额图撰碑文。

重修淮渎庙碑

类　　别： 题刻·碑

地理位置： 江苏省淮安市洪泽区老子山镇龟山村

所属流域： 淮河

简　　介： 重修淮渎庙碑为明代嘉靖年间（1522—1566年）所立，碑额尚存，碑身曾断裂过，1998年8月经修缮后于原址重新树立。碑文记述了淮水苍浑的雄势及禹王治水三至桐柏获水神巫支祁镇压于龟山的故事，为议大夫都察院右副都御史前总督漕运兼巡抚凤阳等处地方兰溪渔石唐龙撰书。

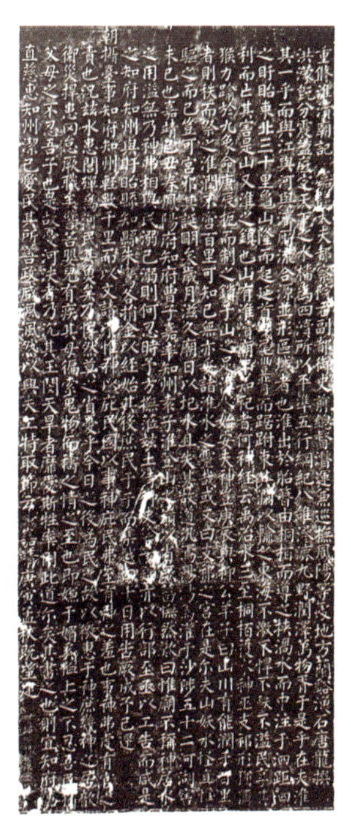

重修淮渎庙碑拓片（引自《洪泽湖大堤石刻遗存》，邱志荣供图）

洪泽湖内龟山航拍（戴秀丽摄）

三元宫（洪泽湖大堤）遗址

“金堤永固”石刻拓片（引自《洪泽湖大堤石刻遗存》，邱志荣供图）

类　　别：纪念建筑遗址

地理位置：江苏省淮安市洪泽区高良涧街道越城洪泽湖大堤上

所属流域：淮河

简　　介：洪泽区越城为洪泽湖大堤上的重要节点。明代总理河道潘季驯《河防一览》记载，万历六年（1578年）大修高家堰六十里，北起武家墩，南至越城。越城三元宫俗称西庵，与东庵（岔河三元宫）相对。道教以天、地、水为三元，其中水官大帝即大禹。庵房早年破毁，现仅存银杏树1棵，树高18米，胸径1.2米，树龄400年左右，约植于明代万历时期（1573—1620年）。“越城银杏树”1994年被列入洪泽县文物保护单位。

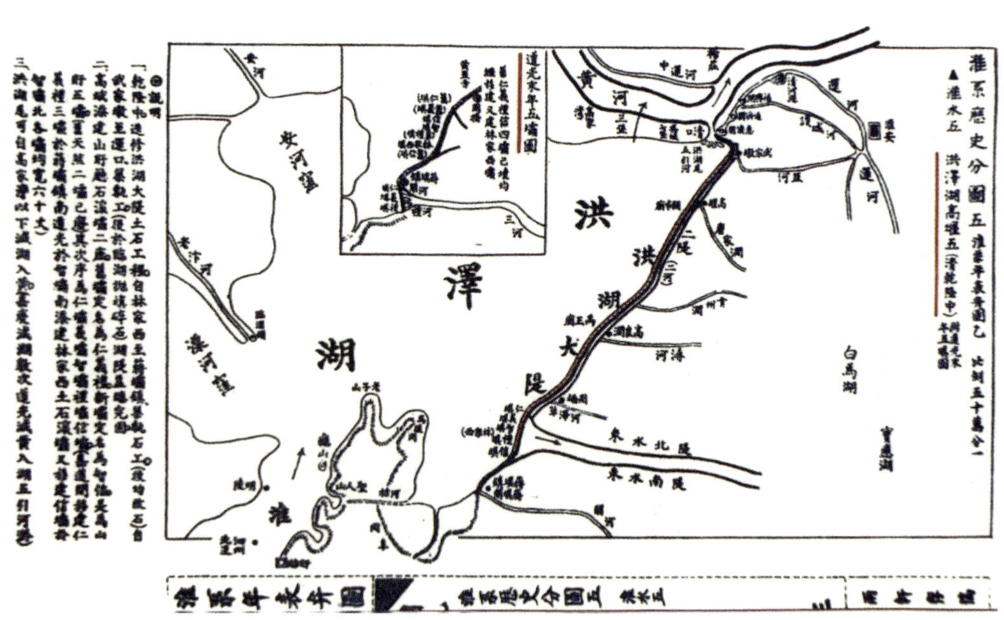

《淮系年表弁图》中记录的清乾隆时期洪泽湖大堤及乾隆、道光时设置的减水坝（引自《洪泽湖大堤石刻遗存》，邱志荣供图）

曹庙东汉画像石

类　　别：碑刻·画像石

地理位置：江苏省宿迁市泗洪县界集镇曹庙画像石墓

所属流域：淮河

简　　介：1974年底，南京博物院在泗洪县曹庙公社（今属界集镇）裴墩大队征集到11块东汉画像石。1984年春，泗洪县图书馆又在曹庙乡祝圩村征集到30块，其中第七石高0.9米，宽0.59米，自上而下第三格似刻《大禹治水图》。画面中有4位披长发、穿蓑衣的羽人两两左右对立，人物之间刻有滔滔洪水。其中右侧一长者双手拄锸，双目凝视远方；左侧有一身材魁梧之人，双手提一泥橐，疾步向前。画面中央刻一件抬土的木架泥橐，橐内盛满泥土。据《庄子·天下》记载："墨子称道曰：昔者禹之湮洪水……禹亲自操橐耜而九杂天下之川；腓无胈，胫无毛，沐甚雨，栉疾风，置万国。禹大圣也，而形劳天下也如此。"又据《韩非子》卷十九："禹之王天下也，身执耒锸，以为民先。"曹庙东汉画像石正是这些记载的鲜活再现。

江苏泗洪曹庙出土的东汉画像石，第三格所刻似《大禹治水图》（引自《文物》2010年第6期，尹增淮供图）

十一、浙江省

涂川村及福主庙

类　　别： 古建筑

地理位置： 浙江省杭州市萧山区进化镇涂川村

所属流域： 东南沿海诸河

简　　介： 相传大禹在今涂川村一带治过水，深受村民爱戴，亦获得涂川女的爱情。涂山上有庙，祀奉大禹和女娇，20 世纪称福主庙，近年改为五社庙。涂川原名涂里坞，划入萧山县前属“绍兴县夏履区象山乡”。五社庙门联曰：四岭环抱福主千载赐名；五社联盟庶民百代兴盛。

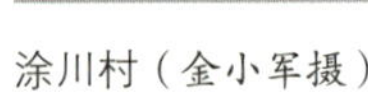
涂川村（金小军摄）

福主庙（金小军摄）

夏山埭夏家东祠堂

类　　别： 古建筑・祠

地理位置： 浙江省杭州市萧山区所前镇山联村夏山埭自然村东北部

所属流域： 东南沿海诸河

简　　介： 坐北朝南（偏东 10 度），为清代建筑，建筑占地面积 298 平方米。

前后两进，由门厅和正厅组成，第一进为门厅，面阔三间 12.3 米，进深 5.8 米，木柱石础。第二进为正厅，面阔三间，进深 9.1 米，木柱石础，部分为石柱，地面为石板墁地。据民国 4 年（1915 年）《绍兴栖圈夏氏宗谱》载，夏山埭夏氏与东山夏的夏氏同宗，均为大禹后裔，所前夏氏尊宋代夏正清为始祖，七世孙夏兴自临安迁居山阴福原（今东山夏），至十六世夏孟斌“始迁下（夏）埭”，现已传至三十六代。夏家东祠堂保存状况一般，结构较稳定，且为夏山埭夏氏族人情感所系，具有一定的文物价值。

夏山埭夏家西祠堂

类　　别：古建筑·祠

地理位置：浙江省杭州市萧山区所前镇山联村夏山埭自然村西北部

所属流域：东南沿海诸河

简　　介：夏山埭夏家西祠堂又称“敦本堂”，坐北朝南，为清代建筑，占地面积 371 平方米。前后两进，由门厅和正厅组成。第一进为门厅，面阔三间 13.5 米，进深 8 米。第二进为正厅，面阔三间，进深 9.7 米，硬山顶，盖阴阳小青瓦，勾头滴水，木柱石础，部分为石柱，有牛腿、雀替等构件。据民国 4 年（1915 年）《绍兴栖圈夏氏宗谱》载，夏山埭夏家西祠堂始建于清嘉庆二十四年（1819 年），成于清道光二年（1822 年），新中国成立后作为村仓库，20 世纪 70 年代后改成祠堂，多次重修。夏山埭夏氏与东山夏夏氏同宗，均为大禹后裔。夏山埭夏家西祠堂保存状况较好，格局较完整，结构稳定，且为所前夏氏族人情感所系，具有一定的文物价值。（浙江省第三次全国文物普查，2007—2011 年）

夏家东祠堂（金小军摄）

夏家西祠堂（金小军摄）

西险大塘

类　　别：水利工程·塘

地理位置：浙江省杭州市余杭区

所属流域：太湖

简　　介：东苕溪右岸堤塘称为西险大塘，起自余杭镇的石门桥，经余杭镇、瓶窑镇、良渚镇、仁和镇劳家陡门至湖州德清大闸止，全长44.94千米，其中余杭区境内长38.98千米。“西险”二字起源于何时已无从查考。东汉熹平年间（172—178年），余杭县令陈浑沿塘一带增设塘堰数十处。南宋淳熙六年（1179年），钱塘县分段筑塘间以陡门，名为“十塘五闸”。明陈善《南湖考》载：“大禹筑塘，名西海险塘。”至清光绪十三年（1887年），出现“西险大塘”之名。历朝历代均有苕溪洪水成灾的记录，亦有不断修筑西险大塘的工程。《杭州府志》：“西险大塘，旧以险名，当三苕（南苕溪、中苕溪、北苕溪）汇合之冲，左（岸）多高山，右（岸）皆平壤。”

西险大塘（金小军摄）

良渚古城遗址

类　　别：古文化遗址

地理位置：浙江省杭州市余杭区良渚街道、瓶窑镇

所属流域：太湖

简　　介：良渚文化距今 5300—4300 年，持续发展约 1000 年。良渚古城遗址被誉为“中华第一城”，内城长 1800 米，宽 1500 米，面积近 300 万平方米；外城面积达 800 万平方米。良渚古城遗址外围水利系统由自然山体、丘岗和 11 条堤坝连缀而成，是迄今所知中国最早的大型综合性水利工程，也是世界最早的水坝系统，距今已经有 4700—5100 年。

良渚古城位于东苕溪流域上游出山口地区，是中国长江下游环太湖地区的一个区域性早期国家的权力与信仰中心。它是人类文明发展史上具有杰出代表性的东亚地区史前大型聚落遗址。

良渚文明于距今 4300 年前突然消失，一般认为是一场灾难性的大洪水（或海洋灾害）所致。古城所在的东苕溪流域流传有防风古国治水英雄防风氏的传说，防

良渚古城内外水网图（张卫东供图）

风山、防风氏祠距古城仅 14 千米。防风氏于公元前 2070 年之前某一年参加大禹召集的会盟，却因迟到而被“杀而戮之”。这是大禹生前“到大越，上苗山，大会计，爵有德，封有功”期间发生的一件震动群臣的大事，载入了史册。

1996 年，良渚古城遗址被国务院公布为第四批全国重点文物保护单位。2019 年 7 月 6 日，良渚古城遗址获准列入世界遗产名录。

大堰桥（大禹堰）

类　　别：古建筑·桥

地理位置：浙江省杭州市余杭区径山镇径山村里洪自然村

所属流域：太湖

简　　介：清代建筑。南北向跨里洪港，系桥北里洪通向南边高塘坞，黑岭斜坑的必由之桥。因桥下有大禹堰而得名。单孔石拱桥，桥长 8 米，宽 5.6 米，高 4.7 米，桥孔跨径 5.6 米，桥面平坦无弓形。栏板低矮（长石柱）桥，刻有“大堰桥”和“清道光庚戌年间”字样。2004 年列为杭州市文物保护点。大堰桥结构保存完整，对于研究余杭区地方桥梁史具有较高的参考价值。（浙江省第三次全国文物普查，2007—2011 年）

大堰桥（金小军摄）

夏禹桥村

类　　别：地名

地理位置：浙江省杭州市临安区玲珑街道

所属流域：太湖

简　　介：现场调查，传说村中先人治水时曾向绍兴大禹陵求得神像供奉。

会稽庙

类　　别：古建筑・庙

地理位置：浙江省宁波市海曙区横街镇厉宾岸后仓

所属流域：东南沿海诸河

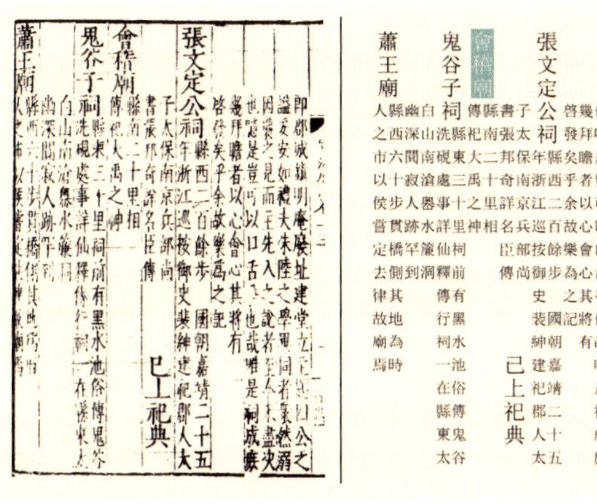

即郡城鎮明庵廢址建堂立主題四公之謚妥安如禮夫朱陸之學異同者衆然溺因襲之見而主先入之說者至今未盡決也噫是豈可以口舌爭也哉唯是祠成庶幾拜瞻者以心會心其將有啓發矣乎余故樂為之記

張文定公祠　縣西二百餘步　國朝嘉靖二十五年浙江巡按御史裴紳建祀郡人太子太保南京兵部尚書張邦奇詳名臣傳

已上祀典

會稽廟　縣南二十里相傳祀大禹之神

鬼谷子祠　縣東三十里祠前有黑水池俗傳鬼谷洗硯處事詳仙釋傳行祠一在縣東太白山南滄嶴水簾洞幽深閒寂人跡罕到

蕭王廟　縣西六十步貫橋側其地為時人之市以侯嘗定去律故廟焉

嘉靖《宁波府志》卷十五载“会稽庙”

简　　介：《桃源乡志》卷五记载原鄞县有会稽庙。《四明清诗略》有晚清慈溪王家振诗一首《诣梁令祠归过会稽庙时方落成》：“一夜西风特地凉，芦花摇曳稻花香。棠阴依旧思鄮令，栋宇从新谒夏王。神运不知谁主宰（自注：会稽庙宋时亦祀梁山伯，今改祀禹王），江潮大似客奔忙。村氓里媪踵相错，输与闲鸥卧夕阳。”可见会稽庙建成于宋代之前，曾经兼祀梁山伯，嘉靖《宁波府志》卷十五载：“会稽庙，县南二十里，相传祀大禹之神。”可见明朝时该庙便已祭祀大禹。

丹城平水庙

类　　别：古建筑・庙

地理位置：浙江省宁波市象山县丹西街道西大街西端

所属流域：东南沿海诸河

简　　介：遗址在今丹西街道西大街西端。《宝庆四明志》作平帅庙。嘉靖《象山县志》：“在县西二百步，以禹平水有功于民，故庙祀之。”乾隆《象山县志》

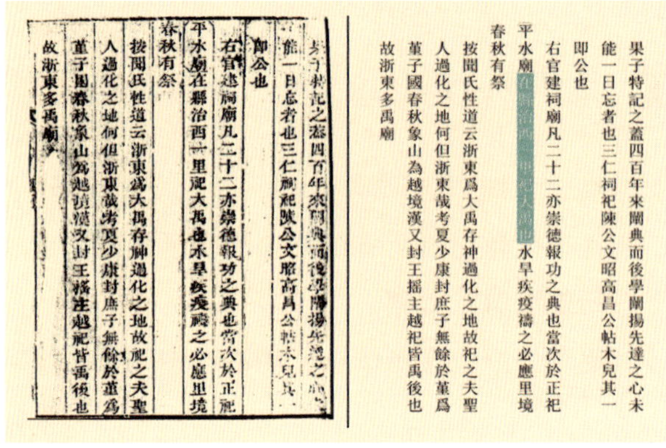
果子特記之蓋四百年來闡典而後學闡揚先達之心未
能一日忘者也三仁祠祀陳公文昭高昌公帖木兒其一
即公也
右官建祠廟凡二十二亦崇德報功之典也當次於正祀
平水廟在縣治西一里祀大禹也水旱疾疫禱之必應里境
春秋有祭
按闕氏姓道云浙東爲大禹存神過化之地故祀之夫聖
人過化之地何但浙東哉考夏少康封庶子無餘於董爲
董子國春秋象山為越境漢又封王搖主越祀皆禹後也
故浙東多禹廟

乾隆《象山县志》卷七载“平水庙”

卷七载：“在县治西一里，祀大禹也。水旱疾疫，祷之必应，里境春秋有祭。”道光《象山县志》：“嘉庆十七年创造门楼。道光十年重建大殿、两庑，并创建后殿，又建翼室于大殿东。”当地清诗人钱沃臣《蓬岛樵歌·大夏》“大夏王宫灯事奢”，所指的大夏王宫就是丹城过去的平水庙“走元宵”“闹灯会”之热闹场景。今遗迹尚存一口古井，井栏圈当街而立，成为街心公园并属文物保护对象。

南堡黄平水庙

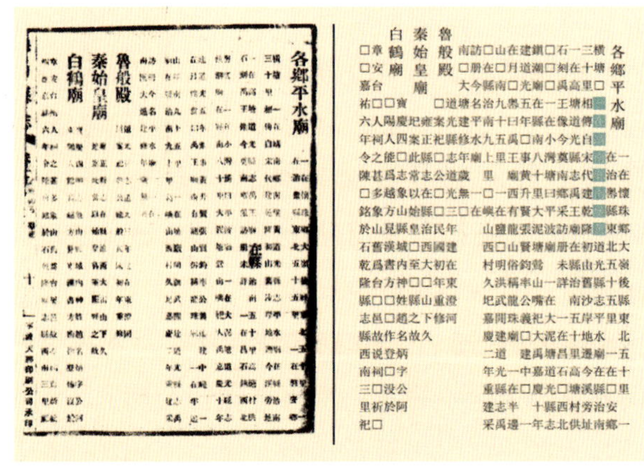
白 秦 魯
□章 鶴 始 般 南訪□山在建鎮□石一三横 各
□安 廟 皇 殿 □册在□月道瀾□剡在十塘 鄉
嘉台 廟 大今縣南□光廟□禹高里□ 平
祐□□寶 □道塘名治九懸五在一王塘相 水
六人陽慶圯雍案光建平南十曰年縣在像道傳 廟
年祠人四案正祀縣修水九五禹□南小今光白
令之能□此縣□志年廟上里王事八灣奠縣宋 在一
陳甚爲志常志公道歲 里 廟黃十塘南志代 治在
□多越象以在□光無一□一西升里曰鄉禹建 縣懐
銘象方山始縣□三□在嶼在有賢大平采王乾 縣珠
於山見縣皇治民年 山鹽龍張泥波訪廟隆 東鄉
石舊漢城□西國建 西□山賢塘廟册在初道北大
乾爲書內至大初在 村明俗鈞鶯 未縣山光五嶺
隆台方神□□年東 久洪稱峯山一詳治舊縣十後
縣□□姓縣山重澄 圯武龍公嘴在 南沙志五縣
志邑□趙之下修河 嘉間珠義祀大一五岸平里東
縣故作名故久 慶建廟□大泥在十地水 北
西说登炳 二道 建禹塘昌里遷廟一五
南祠□字 年光一中嘉道石高今在在十
三□没公 重縣在□慶光□塘溪縣□里
里祈於阿 建志半 十縣西村旁治安
祀□ 采禹邊一年志北供址南鄉一

民国《象山县志》卷十五载“各乡平水庙”

类　　别：古建筑·庙

地理位置：浙江省宁波市象山县东陈乡樟岙村南堡黄自然村西北

所属流域：东南沿海诸河

简　　介：清代古建筑。祀大禹。该庙坐西南朝东北，平面布局由正殿、厢房、戏台、穿廊和台门组成，砖木结构平房。保存较好，格局完整，木作考究，具有一定建筑工艺价值。（浙江省第三次全国文物普查，2007—2011 年）民国《象山县志》卷十五“各乡平水庙”载：“……一在靖南乡南堡黄，道光县志：平水庙在县治三十里，相传自宋代建，乾隆初由旧沙岸地迁合溪旁址……”

西街平水庙

类　　别：古建筑·庙

地理位置：浙江省宁波市象山县丹西街道方井头村西街

所属流域：东南沿海诸河

简　　介：清代古建筑。民国《象山县志》载，宋宝庆年间（1225—1227 年）已有此庙，称平帅庙。明万历十六年（1588 年）重修，历经嘉庆、道光、光绪多次维修。据建筑的时代风格判断为清代建筑。面朝东南，原平面布局由山门、戏台、穿堂、正殿及两厢组成。因道路扩建，现仅存正殿及一古井。平水庙原建筑格局已不完整，雕刻简单。供奉平水大帝（大禹）。（浙江省第三次全国文物普查，2007—2011 年）

堇子国

类　　别：地名

地理位置：浙江省宁波市奉化区西坞街道白杜村

所属流域：东南沿海诸河

简　　介：堇子国都城在西坞街道白杜村，今村中有城隍庙。清代顾祖禹《读史方舆纪要》卷九二《宁波府·奉化县·鄞城》称："夏有堇子国，以赤堇山为名，堇，草名也，加邑为鄞，读若银。《国语》：'勾践之地，东至于鄞'……"民国《奉化县补义志》载："堇子国，县东四十里白淮涂山麓，有虞时，为余姚之墟，夏禹时已有堇子国之名。"按，堇子国于公元前 472 年前后被越王勾践吞并。

白杜村城隍庙（张钧德摄）

涂　山

类　　别：山川·山

地理位置：浙江省宁波市慈溪市匡堰镇石人山村赵字地

所属流域：东南沿海诸河

简　　介：当地相传为大禹娶妻之地。涂山是匡堰境域平原中的一处孤丘，位于匡堰镇石人山村赵字地，距匡堰镇政府所在地约 2 千米。涂山海拔 70 米，山体占地面积 110 余亩，其四周是农田。2009 年寺马线匡妙公路建成后，涂山西面紧靠公路，东边是石人山至赵家池村道，南北两侧仍然是农田。

涂山文化遗址 2007 年第三次全国文物普查时发现，发掘后回填。

匡堰镇涂山文化遗址（邱志荣摄）

龙山庙

类　　别：古建筑·庙

地理位置：浙江省宁波市余姚市凤山街道经济开发区同光村胡口弄自然村 55 号

所属流域：东南沿海诸河

简　　介：清代古建筑。该庙坐北朝南，南北中轴线上依次分布门厅、大殿，左右厢房，占地约 480 平方米。门厅歇山顶七开间平屋，原设两大门，现仅开明间东侧的大门，其他部分都用于供奉神像。门厅明间后立面屋檐出挑，设廊，内置佛像、香炉、烛台，其中香炉上刻有“龙山庙同治六年”等字样，可见该庙历史之悠久。大殿歇山飞檐，七开间，高平屋；明间抬梁式，四柱八檩；次、梢、尽间穿斗式，五柱八檩；西尽间为 2004 年新建，故西山墙处无木柱，檩直接架于砖墙上；正殿明间孤柱上蝶木、斗拱装饰，下设一孔，疑似插杆以挂幡用。殿内供奉大禹，故又称“大禹殿”，两侧挂有对联，分别书：

治水利民众三过家门不入；
夏朝功德高历代共仰至今。

东西厢房，各三间，三柱五檩，穿斗式梁架。该庙在乡村土庙中保存较好，格局完整，有乡村寺庙特色；崇祀大禹从一定程度上反映了当地的风土人情。（浙江省第三次全国文物普查，2007—2011 年）

龙山庙大殿内景（傅峥嵘供图）

𤞤犴舞

类　　别： 非物质·祭舞

地理位置： 浙江省宁波市余姚市

所属流域： 东南沿海诸河

简　　介： 流传于泗门镇东蒲村、张直村及牟山湖一带，传为祭祀舜禹之舞。

𤞤犴舞又称八节黄鳝舞，“是舞龙的一种变体，掺入了小区片内的历史文化内涵，稍北一点的泗门犴舞也是如此。总体上应该都属于舞龙”。此舞的形状宛如一条大黄鳝，当地人也称作黄龙。全身黄色，头部远看像条龙，没有角，没有须，也没有鳞片，眼睛没有龙那么明亮，尾巴也没有龙那么威风，全身平平滑滑。从头到尾与日常所见的鳝鱼没有什么两样，所不同的就是全身有八节，而且非常大。

它起舞的舞姿与舞龙有所不同，舞起来迅速勇猛，遍地打滚，上三圈，下三圈，左右盘旋再三圈，一共是三三进九圈。

据当地舞者传述，在舞动时，在宽大的地盘上，插上五杆旗帜，以一旗为中心，另四旗各据四角，形成四个三角形状。在舞动时，八个身强力壮的青年分别擎头、身段和尾巴，并需要锣鼓伴奏。其中擎头、尾者不仅要强壮，而且还要灵活。他们的衣着土打土扮，表现出浓厚的乡土气息。

一般每逢庙会、节日表演此舞，保佑村民五谷丰登、六畜兴旺。

据 2006 年浙江省余姚市史志办公室调查，𤞤犴舞也由余姚市张直村传到了日本。

余姚𤞤犴舞（任岗供图）

前禹王庙（宣郎岙村）

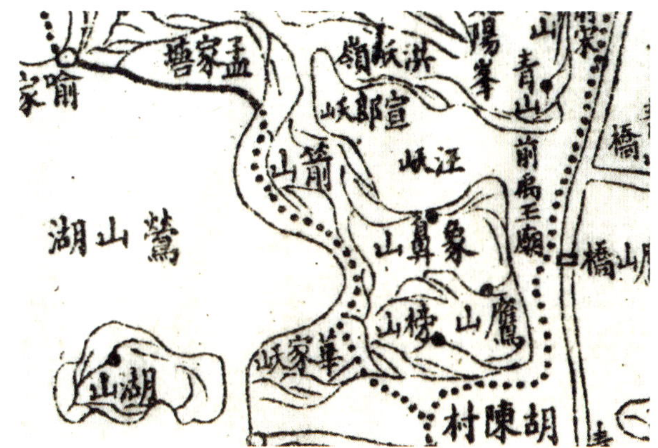

前禹王庙村图（引自清光绪二十年《浙江全省舆图并水陆道里记》，邱志荣供图）

类　　别：古建筑・庙

地理位置：浙江省宁波市余姚市青山乡，莺山湖象鼻山东侧宣郎岙村

所属流域：东南沿海诸河

简　　介：清光绪二十年（1894年）《浙江全省舆图并水陆道里记》《余姚县图》有载。又据《余姚市地名志》位置在余姚青山乡，莺山湖象鼻山东侧宣郎岙村。

牟山湖

类　　别：水利工程・湖

地理位置：浙江省宁波市余姚市牟山镇

所属流域：东南沿海诸河

简　　介：牟山湖，传说为大禹在余姚治水时最早开掘的湖。光绪《余姚县志》卷二载："牟山湖，在县西北三十五里（嘉泰《会稽志》），一名新湖（嘉靖志）。"

大禹牢记舜的遗愿，要把姚江水患治理好。大禹认真察看了余姚的地形，绘制了治水蓝图。他认为，要彻底根治姚江下游地区的洪水泛滥，最好采用疏导的办法。姚江上游水势凶猛，必须缓解水流。牟山湖一带的位置，三面环山，易于拦水。于是，在北面筑堤，并疏通上游水道，分流入内；同时疏通姚江，因势利导，往东泄洪入海，从而彻底解决了姚江洪水泛滥的问题。

附录：

复牟山湖碑记

万历十六年

夫维扬，泽国也，自夏后氏浚洪，而彭蠡、震泽为万世利，从来尚矣。我国朝重农，仿古立制，其去江潮远，无涧溪可通，则凿湖荫亩备旱潦，在我姚为三十一所。牟山湖距邑西三十里，南环姜山诸峰，西芝山，东峨嵋山，北固横塘十二里，石闸二门。案《志》记载，周五百顷四十三亩三角三十步，溉田二万二千七百顷有奇。东灌长泠，左右直走滨海，盖东山、兰风、孝义、开元、烛溪、云柯六乡九里之命府也。咸赖渥泽，一邑之水利其最矣。夫何嘉、隆以来，豪暴射利，丈占升课，虎视蝟集，俺无湖也。夫占一亩湖，约耗民田数十亩，占一顷湖，约耗民田数千亩。嗟嗟！安忍此万灶之害以为一家利哉！曩岁大旱侵荫，民之蒿目泣槁，枵腹啼饥，莩骸载道，痛骨莫敢谁何。先令我姚者，往往动复湖念，为有力者夺，议随寝。宛侯先治上高，考最，天子贤之，调治姚，盖视姚为岩邑也。比侯至，培元剔蠹，百废次第举，棱棱有古循良风。姚民窃叹侯来暮，北乡民讼汝仇湖者，岁久弗解，侯即为请复。魏汉、张奕、严奇等以牟山湖事闻於台司诸大吏。事下，侯曰："汝仇、牟山湖一也，民亦一也，吾岂能缩朒坐视，寄民命於天上乎？若辈毋嗷嗷也。"语诸搢绅曰："湖之坏也，水勿可蓄。水不蓄，田无可荫，农人无以为耕，衣食索，贡赋艰矣。湖在矣，乌可以不复哉？湖复矣，不增塘以防之，与不复同。塘筑矣，不甃石以固之，与不筑同。"乃并所规画，丈勘明悉，遂上其事。傅、常二中丞公，直指使王公，都水使夏公，太傅刘公、石公，佥曰：可。因以鸠工启土，伐木运石，枫林横河，通浚诸渠，悉皆董治，准备漏泄。向之犁然田者，今则汪然复为湖矣。栖亩登场，已不在他日，而穰穰可庆，孰非侯之湛恩濊泽哉！姚民德侯深，更仆未易数，而此治迹最为章灼。民胥辟址构堂，肖像而祝之，请记於余。余闻之《传》曰：怀生之物，有不浸润於泽者，贤者耻之。况数十里生灵之命府乎？宜乎侯之

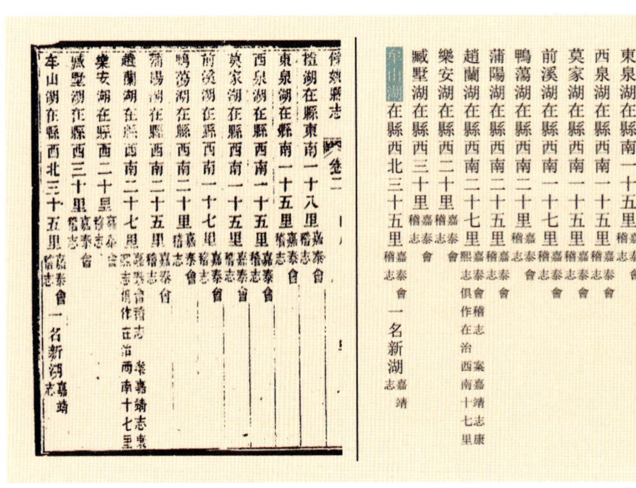
餘姚縣志 卷二
樝湖在縣東南一十八里嘉泰會稽志
東泉湖在縣南一十五里嘉泰會稽志
西泉湖在縣西南一十五里嘉泰會稽志
莫家湖在縣西南一十五里嘉泰會稽志
前溪湖在縣西南一十七里嘉泰會稽志
鴨蕩湖在縣西南二十里嘉泰會稽志
蒲陽湖在縣西南二十五里嘉泰會稽志
趙蘭湖在縣西南二十七里嘉泰會稽志案嘉靖志康熙志俱作在治西南十七里
欒安湖在縣西二十里嘉泰會稽志
臧墅湖在縣西三十里嘉泰會稽志
牟山湖在縣西北三十五里嘉泰會稽志一名新湖嘉靖志

光绪《余姚县志》卷二载"牟山湖"

深为念也。昔谢灵运从文帝请田回踊湖，会稽守孟觊（当作颉）前后坚勿予。翟方进坏坡以自利，汇南民愤形於谣。后邓辰治汇南，即复於民。兹两人者，或复於方请，或复於已坏，为不畏强御矣。至今读史者犹壮之。是故兴水利之臣，无如召南阳：初为谷阳长，贤，又调上蔡长，始入为谏议大夫，后以南阳晋少傅，列九卿，人羡其以功名终也。今上高、余姚，侯之谷阳、上蔡也，而次迹公卿，姚之人共祝公百世之下，又岂无目侯如邓如孟者也。

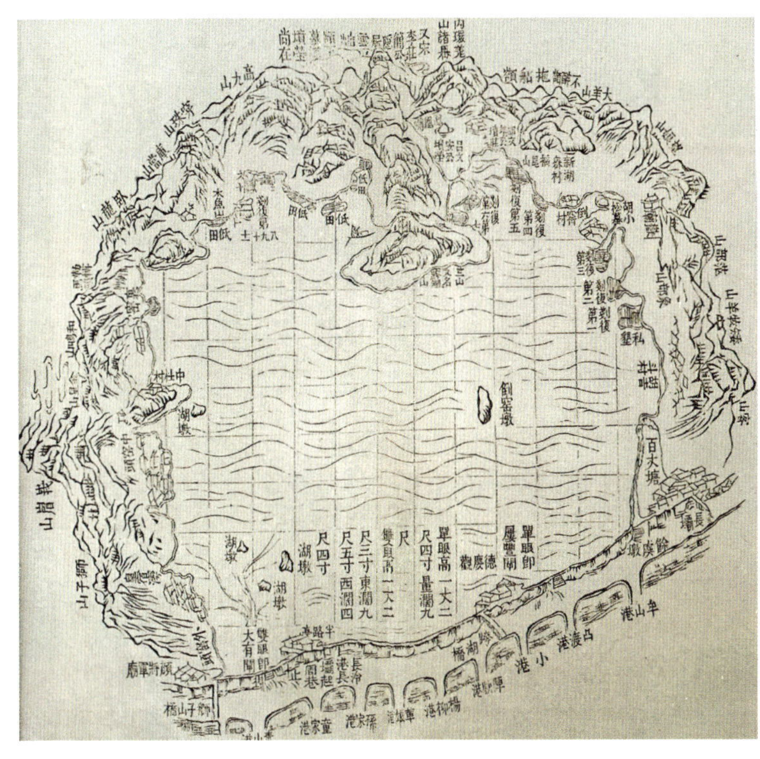

清牟山湖图（邱志荣供图）

万历戊子年五月，都察院左都御史太子少保吏部尚书赵锦立，太医院使兼纂史钦升圣济殿太子少保资德大夫赵世政撰。

（案：原碑已佚。道光中，赵氏后人重刻，立於牟山湖之跨湖桥。）

（张卫东　校核）

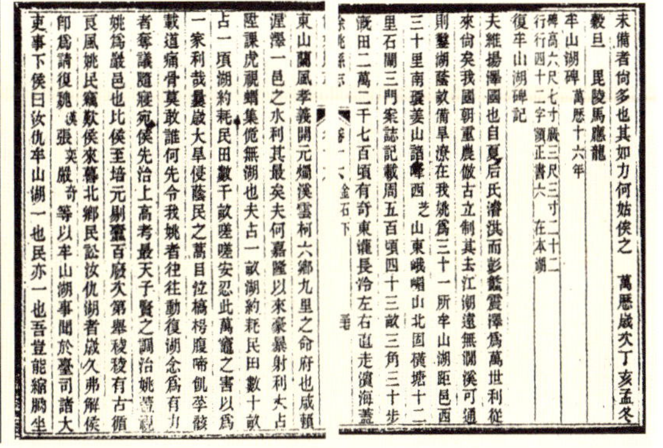

未備者尚多也其如力何姑俟之　萬曆歲次丁亥孟冬
穀旦　毘陵馬應龍
牟山湖碑　萬曆十六年
碑高六尺七寸廣三尺三寸二十二行行四十二字額正書六　在本湖
復牟山湖碑記
夫維揚澤國也自夏后氏濬洪而彭蠡震澤爲萬世利從
來尚矣我國朝重農倣古立制其去江湖遠無淵溪可通
則鑿湖蓄欲備旱潦在我姚爲三十一所牟山湖距邑西
三十里南環姜山諸峰西　芝山東峨嵋山北固横塘十二
里石閘三門案誌記載周五百頃四十三畝三角三十步
溉田二萬二千七百頃有奇東灌長泠左右逌走濱海蓋

餘姚縣志　卷十六　金石下

東山蘭風孝義開元燭溪雲柯六鄉九里之命府也咸賴
渥澤一邑之水利其最矣夫何嘉隆以來豪暴射利大占
壓課虎視蝟集儼無湖也夫占一畝湖約耗民田數十畝
占一頃湖約耗民田數千畝嗟嗟安忍此萬竈之害以爲
一家利哉曩歲大旱侵蔭民之蒿目泣橋枵腹啼飢孥[illegible]
載道痛骨莫敢誰何先令我姚者往往動復湖念爲有力
者奪議隨寢究侯先治上高考最天子賢之調治姚甞觀
姚爲巖邑也比侯至培元剔蠹百廢次第舉稜稜有古循
良風姚民竊歎侯來暮北鄉民訟汝仇湖者歲久弗解侯
卽爲請復魏漢張奕嚴奇等以牟山湖事聞於臺司諸大
吏事下侯曰汝仇牟山湖一也民亦一也吾豈能縮胸坐

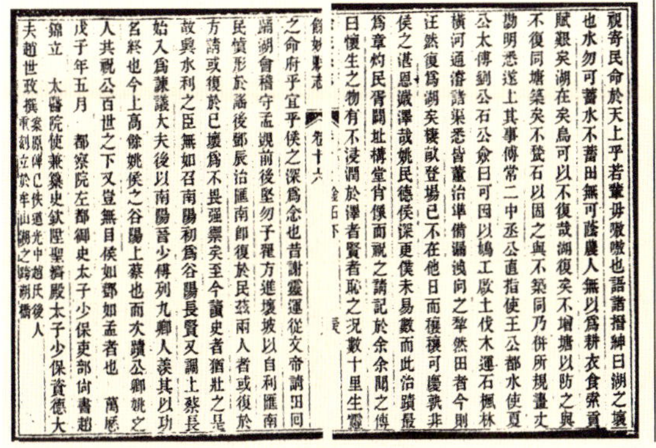

視寄民命於天上乎若輩毋聚噭也語諸搢紳曰湖之壞
也水勿可蓄水不蓄田無可蔭農人無以爲耕衣食索[illegible]
賦艱矣湖在矣鳥可以不復哉湖復矣不增塘以防之與
不復同塘築矣不甃石以固之與不築同乃併所規畫丈
勘明悉遂上其事傳常二中丞公直指使王公都水使夏
公太傅劉公石公僉曰可因以鳩工啟土伐木運石𠋣林
横河通濬諸渠悉皆釐治準備漏洩向之𢦏然田者今則
汪然復爲湖矣幾畝登場已不在他日而穰穰可慶孰非
侯之湛恩瀲澤哉姚民德侯深更僕未易數而此治蹟最
爲章灼民胥闢址構堂肖像而祀之請記於余余聞之傳
曰懷生之物有不浸潤於澤者賢者恥之況數十里生靈

餘姚縣志　卷十六　金石下

之命府乎宜乎侯之深爲念也昔謝靈運從文帝請田回
踊湖會稽守孟覬前後堅勿予翟方進壞坡以自利匯南
民憤形於謠後鄧辰治匯南卽復於民茲兩人者或復於
方請或復於已壞爲不畏強禦矣至今讀史者猶壯之是
故興水利之臣無如召南陽初爲谷陽長賢又調上蔡長
始入爲諫議大夫後以南陽晉少傅列九卿人羡其以功
名終也今上高餘姚侯之谷陽上蔡也而次蹟公卿姚之
人共祝公百世之下又豈無目侯如鄧如孟者也　萬曆
戊子年五月　都察院左都御史太子少保吏部尚書趙
錦立　太醫院使兼纂史欽陞聖濟殿太子少保資德大
夫趙世政撰　案原碑已佚道光中趙氏後人重刻立於牟山湖之跨湖橋

光绪《余姚县志》卷十六载《复牟山湖碑记》

大禹王庙（鹿城区）

类　　别：古建筑·庙

地理位置：浙江省温州市鹿城区

所属流域：东南沿海诸河

简　　介：嘉靖《永嘉县志》：“夏大禹王庙，在东城外山下。”

乾隆《温州府志》卷九：“大禹王庙，在镇海门外海坛山上。《永嘉县志》：宋雍熙年间建。”

光绪《永嘉县志》卷四：“大禹王庙，在海坛山上。宋雍熙四年建。”

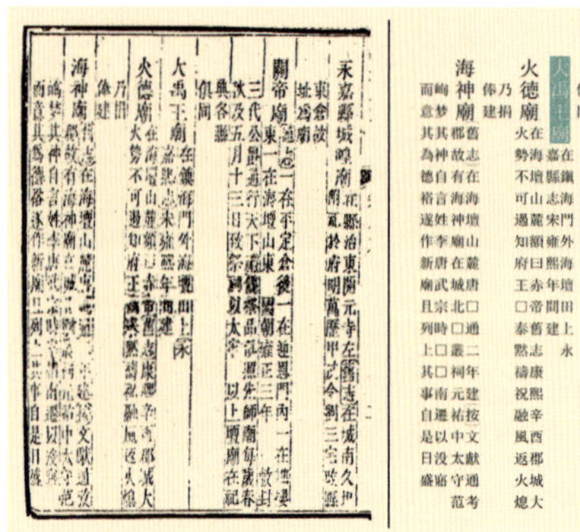

永嘉縣城隍廟 在縣治東開元寺左舊志在城南久圮附祀於府明萬曆甲戌令劉三宅改縣東倉故址為廟

關帝廟 通志一在平定倉後一在迎恩門內一在譙樓東一在海壇山東　國朝雍正三年　敕封三代公爵通行天下禮□祭品俱照先師廟每歲春秋及五月十三日致祭祠以太牢以上增廟在祀典各縣俱同

大禹王廟

火德廟 在鎮海門外海壇山上永嘉縣志宋雍熙年間建在海壇山麓額曰赤帝舊志康熙辛酉郡城大火勢不可遏知府王□泰黙禱祝融風返火熄乃捐俸建

海神廟 舊志在海壇山麓唐□通二年建按文獻通考郡故有海神廟在城北□叢祠元祐中太守范峋夢其神自言姓李唐武宗時□□南遷以沒廟而意其為德裕遠作新廟且列上其事自是日盛

乾隆《温州府志》卷九载“大禹王庙”

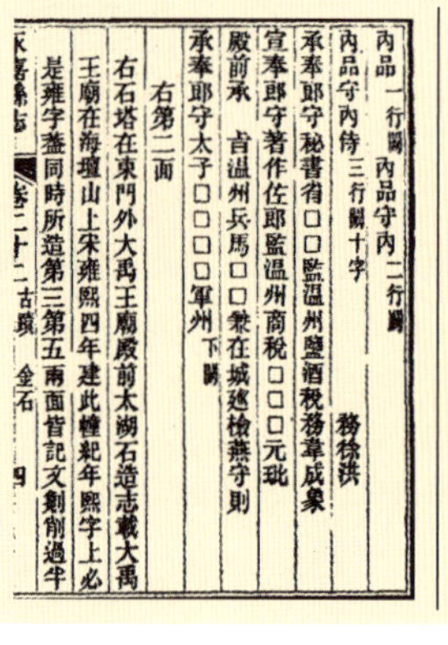

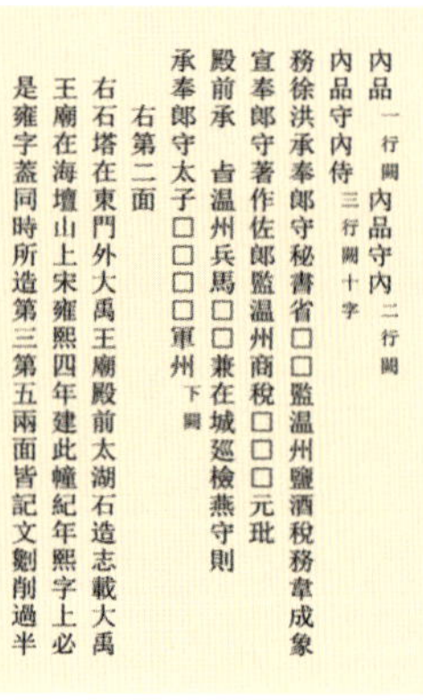

內品 一行闕 內品守內 二行闕

內品守內侍 三行闕十字

務徐洪承奉郎守秘書省□□監溫州鹽酒稅務韋成象

宣奉郎守著作佐郎監溫州商稅□□□元玭

殿前承　旨溫州兵馬□□兼在城巡檢燕守則

承奉郎守太子□□□□軍州 下闕

右第二面

右石塔在東門外大禹王廟殿前太湖石造志載大禹王廟在海壇山上宋雍熙四年建此幢紀年熙字上必是雍字蓋同時所造第三第五兩面皆記文剗削過半

光绪《永嘉县志》卷四载“大禹王庙”

三官殿巷

类　　别：地名

地理位置：浙江省温州市鹿城区

所属流域：东南沿海诸河

简　　介：属于老城区。以巷中有三官殿而得名。三官殿巷供奉的“三官大帝”是唐尧（天官）、虞舜（地官）和夏禹（水官）。过去温州还有点“三官灯”的习俗，祈求“三官大帝”辟邪保平安。

明嘉靖《永嘉县志》卷八载：“三元宫，在道俗巷。”清光绪《永嘉县志》卷三载：“棣华坊，俗曰道俗巷，今曰三官殿巷。”该县志卷三六载：“三元宫，在导俗巷，元大德间建，明宣德间，知府何文渊祈雨有征，重修，少保黄淮有记。万历间知府刘芳誉躬祷大雨，捐俸重建。（旧府志）一在棣华坊，一在尚膳桥。（康熙志）”据县志载，道光二十九年（1849 年），三官殿巷还立有福州梁章钜所撰写的《重建三元宫碑记》。

光绪《永嘉县志》卷三六亦载：“冰壶道院旧名三元宫，在新街西施水寮巷内，元至正壬辰建，内有施水龙井。明洪武十九年，虚白道人顾太真祈雨有验，有题记（旧志）。国朝嘉庆六年，应道观宣道人徒项萃恩劝募，重建。巡道李公銮宣题额，改今名，又建斗阁。”施水寮巷与三官殿巷距离 450 ～ 700 米。

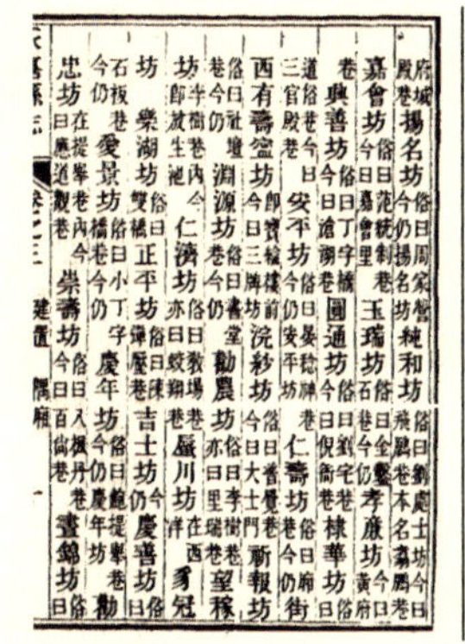

光绪《永嘉县志》卷三载：“棣华坊，俗曰道俗巷，今曰三官殿巷。”

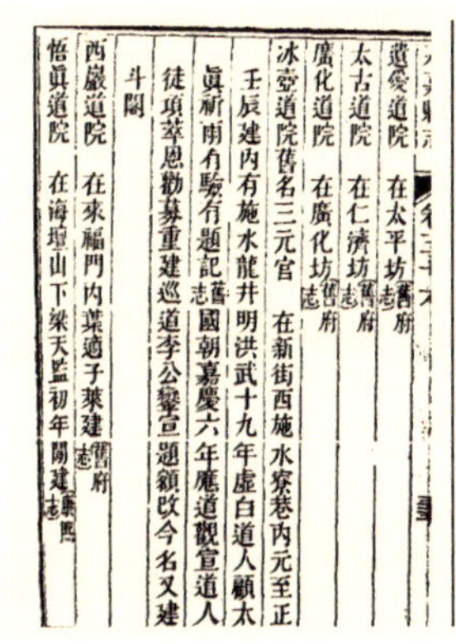

遺愛道院　在太平坊舊府志
太古道院　在仁濟坊舊府志
廣化道院　在廣化坊舊府志
冰壺道院舊名三元宮　在新街西施水寮巷內元至正壬辰建內有施水龍井明洪武十九年虛白道人顧太眞祈雨有驗有題記舊志國朝嘉慶六年應道觀宣道人徒項萃恩勸募重建巡道李公鑾宣題額改今名又建斗閣
西巖道院　在來福門內葉適子棻建舊府志
悟眞道院　在海壇山下梁天監初年開建康熙志

光绪《永嘉县志》卷三六载：“冰壶道院旧名三元宫。”

三官宫（永嘉溪口村）

类　　别：古建筑 · 宫

地理位置：浙江省温州市永嘉县岩坦镇溪口村

所属流域：东南沿海诸河

简　　介：三官宫位于千年古村溪口村，建造时间不详。三官宫坐南朝北，整个渡口和滩林尽收眼底。面积不大，大殿两侧木板上绘有彩画，题有诗句。

盐官防风氏庙

类　　别：古建筑 · 庙

地理位置：浙江省嘉兴市海宁市盐官县

所属流域：太湖

简　　介：据民国《海宁州志稿》载：双庙在（盐官）县西一百三十步，雍熙四年（987 年）建，祀唐睢阳太守许远。《图经》：旧系防风氏庙，梁大同二年（536 年）建，后改祀许公。后增祀张中丞巡，号双庙。绍兴八年（1138 年）县令胡夫与邑人礼部侍郎张九成请于朝，增祀南霁云、雷万春、姚訚，皆赐公爵，号五国公庙。绍熙元年（1190 年）县令陈恕重建，榜曰“雄挺尽节”，钟必万为之记。咸淳三年（1267 年）县令吴由始以十月十六日率邑官寓士祭于庙，识公尽节之日也，邑人杨均作侑祭乐歌迎神辞。元至正十一年（1351 年）夏，邑侯尹公重修，钱惟善为之记，据记补纂。明洪武四年（1371 年）礼部议以海宁许公所生之地，理宜庙祀，称“唐睢阳太守许公之神”。万历十二年（1584 年）县令陈楚产重修，茅坤撰碑，旋庙灾。天启元年（1621 年）重建，雍正十年（1732 年）裔孙许容请帑重修。乾隆二十七年（1762 年）三月初四日翠华临幸海宁，遣兵部侍郎张映辰奠酒，三十年（1765 年）闰二月初五日重幸海宁，遣工部侍郎范时纪拈香奠酒。嘉庆四年（1799 年）发帑重修，裔孙许惟寅为之记。洪杨之劫又遭破落，同治八年（1869 年）复修。1975 年前后拆除。

颛顼墓

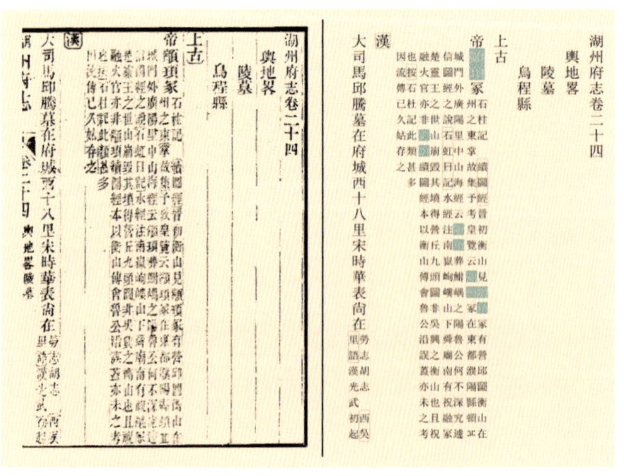

湖州府志卷二十四

輿地畧

陵墓

烏程縣

上古

帝　　冢

漢

大司馬邱騰墓在府城西十八里宋時華表尚在

同治《湖州府志》卷二四载“颛顼冢”

类　　别：山川・山（陵）

地理位置：浙江省湖州市吴兴区南郊十八里横（衡）山漾的横（衡）山上

所属流域：太湖

简　　介：唐颜真卿《石柱记》：“衡山上有颛顼冢。”万历《湖州府志》卷四《陵庙》：“晋初，衡山崩，见颛顼冢，中有营丘图、九首鸠兹。”又卷二《山川》：“襄公三年楚子重伐吴，克鸠兹至於衡山，即此。”按，颛顼系大禹祖父。

颛项墓（邱志荣摄）

杼　山

类　　别：山川・山

地理位置：浙江省湖州市吴兴区妙西镇

所属流域：太湖

简　　介：晋以前称“稽留山”，晋代名“东张山”，唐代始称“杼山”。唐茶圣陆羽考证此山为“夏杼南巡之所”。禹的第六代孙夏杼时政局统一，国力强盛。他曾率部南下寻根，至浙西驻跸金斗山东南延峦妙峰一带，故这一带山称为杼山。嘉泰《吴兴志》载：“杼山在县西南三十里。陆羽旧志云：‘山高三百尺，周回一千二百步，昔夏后杼巡猎之所。今山下有夏王村，西北有夏驾山。’”《太平寰宇记》卷九四载：“杼山，在县西南三十里，《山墟名》云：昔夏后杼狩之所。今山上有古城避地。唐大历八年，刺史颜真卿於山上起桂棚三癸亭、谢临川写真亭。”

杼山顶为一数百亩广的平岗，尚留有避它城遗址，遗址之上则建有饮马寺。山下夏王村今为妙西镇所在。

果如其言西吳里語山與烏程卞山俱爲吳興主山故稱蒼卞
烟霞塢　名勝志在縣東七里唐劉穎士秀叔別業
中有龜巖巖前瀑泉聲激如雷谷口梅花綿亘數
里有橋亭名曰掛雲
風渚湖　萬歷湖州府志在縣東南一十七里一名
巽渚一名封渚一名九里湖一名下渚湖餘英志
云防風氏在封禺兩山之間故名毛滂下渚湖詩春渚連天濶春風夾岸香飛花渡水急垂柳向人長遠岫分蒼翠微波映渺茫此身萍梗爾泊處即爲鄉

《浙江通志》卷十二载“下渚湖”

防风湖（下渚湖）

类　　别：山川·湖

地理位置：浙江省湖州市德清县三合乡

所属流域：太湖

简　　介：下渚湖，又名防风湖，位于德清县三合乡，水域面积3.4平方千米，是浙江第五大湖。湖中港汊交错，屿墩棋布。清代戏曲家洪昇（1645—1704年）有《下渚湖》诗，其中一句“地裂防风国，天开下渚湖”气势十足地写出了下渚湖湖面开阔、水天一色的造化神奇之貌。相传4000多年前，防风氏精通先祖水利之法，率领族人疏通溪流，开凿河道，掘湖泄洪，将这里的水分别导入太湖与东海，是名噪一时的治水英雄。而防风氏所掘之湖，得名风渚湖、防风湖，即现在的下渚湖。当地传说防风氏身材高大，威猛无比，脚用力一蹬就踩出一个下渚湖，叫作“踩湖泄洪”。尧帝立此为防风国，封治水英雄为防风王。一说此地住有三户财主，分别为夏、朱、胡姓，人们称这里为“夏朱胡”，久之讹为“下渚湖”。

德清下渚湖（戴秀丽摄）

禹皇庙寺庙遗址（禹越镇）

类　　别：古遗址

地理位置：浙江省湖州市德清县禹越镇东港村庙西自然村中

所属流域：太湖

简　　介：清代古遗址。东港村地处禹越镇东南部，2001 年村级区划调整过程中由原坝里村与徐家庄村合并而成。民国《德清县志》卷三载："禹王庙，在县东南徐家庄，祀夏禹，殿宇宽广。"禹王庙始建年代不详，原建筑坐北朝南，南北

新建禹王庙大门（傅峥嵘供图）

禹王庙大殿外景（傅峥嵘供图）

长 30 米，东西宽 27 米，面积为 810 平方米。原庙有二进建筑，面阔七间。该地有传说是大禹疏通当地水道，故立庙纪念。1953 年改为学校。1995 年起当地村民在旧址上恢复禹王庙建筑，规模较前更为可观，庙前为广场，周围为村民住宅。当地村民回忆，禹王庙是清代建筑。2005 年批准为宗教场所。大门之联：江淮河汉思明德；精一唯危见道心。大殿之联：导河入海遗功百世造福岂唯吴越；率民归居伟迹一人祭祀不限冬春。（浙江省第三次全国文物普查，2007—2011 年）

《新建风山灵德王庙记》碑

类　　别：题刻·碑

地理位置：浙江省湖州市下渚湖街道二都村防风祠

所属流域：太湖

简　　介：《新建风山灵德王庙记》碑由吴越国王钱镠所立，年代为吴越宝正六年（931 年），已历千载。吴越国是钱镠在唐亡后建立的地方政权，坐拥两浙十三州，保境安民。因为防风氏祷告灵验，封为“风山灵德王”，并重建防风祠，立碑纪念。碑刻记载了修建防风祠的缘由以及建成后的皇皇规制，是防风神话极其珍贵的历史资料。2006 年公布为县级文物保护单位。

附录：

新建风山灵德王庙记

盖闻天地氤氲，[运]寒暑而滋品汇；幽灵肸响，司土地而福生民。人神理在於相须，显晦期臻於感契。虽先圣著难明之说，而《礼经》垂严祀之文。爰自五运相承，百王理化，或以劳定国，或尽力勤王，或利济及於蒸民，或勋烈光於史策。并皆立严祠於境土，享庙食於春秋。而况江浙古[区]，鱼盐奥壤，历象则区分牛斗，封维乃表里江山。昔年霸越强吴，今日双封列国。旷代之灵踪不少，前贤之庙貌实多。寡人自定乱平袄，勤王佐命，五十年抚绥军庶，数千里开泰土疆。四朝叠受册封，九帝拱扶宗社。改家为国，兴霸江南。一方偃息兵戈，四境粗安耕织。上荷玄穹眷祐，次繄神理[护]持。统内凡有往帝前王、忠臣义士，遗祠列像、古迹灵坛，悉皆褒崇重峻於深严。祀典常精於丰洁，冀承灵贶，同保军民。其有风山灵德王庙，本系属城，近归畿甸。考诸旧记，即先是武康县风山。又按《史记》云，汪冈（罔）氏之君，守封禺之山，今属吴兴武康县。稽立庙之初，则年华眇邈；详图谍之说，则词理异同。惟有元和年再构檐楹，见存碑记。彼既已具叙述，此固不复殚论。聊书制置之由，直述旌崇之意。丙戌年春，寡人以玉册叠膺於典礼，清宫未展於严禋，遂辍万机，暂归锦里。寻属节当炎暑，犹未却回□□□□□□□□□□□□□［刺史］陆仁璋佐国［精忠，事君竭孝，］心悬扈从，遍祝灵祇。以风山灵德王昔年因举兵师，曾陈祷祝，无亏响应，显有感通，遂恳悃告虔，许崇堂殿。洎清秋却归□□披睹□陈既忠诚感动神明，行褒赠先酬神贶，次乃亲分指画，委仗腹心，按山川展拓基垧，顺［冈］阜增添墉垲。形胜并皆换旧，规模一概从新。居中而殿宇崇严，四面而轩廊显敞。周回户牖，甃砌阶墀。构之以杞梓楩楠，饰之以玄黄丹漆。外则浚川源之澄澈，内则添竹树之青苍。至於广厦神仪，崇轩侍卫，车舆仆从，帐幄帘栊，鼎饪庖厨，笾簦器皿，请福祈恩之所，献牲纳币之筵，并极鲜华，事无不备。丙戌年八月二十四日起首，至其年十一月毕功。土木皆是精新，禋祀常严

《新建风山灵德王庙碑记》（邱志荣摄）

丰洁，仍展牲牢箫鼓，庆乐迎神。耀威灵而万古传芳，标懿号而千秋不朽。一则酬忠臣之启愿，二则答阴骘之［匡］扶。唯冀明神，永安缔构。禀玄化而［同］垂恩福，镇土疆而荫护军民。保四时风雨顺调，□□□□□□永绝天灾地沴，常欢俗阜时康。［巍］乎焕乎，美矣盛矣！今则功用既就，良愿已酬，因勒贞珉，聊书摭实。所贵后来贤彦，知予精敬神明。不假繁文，粗纪年月。时［宝正］六年，重光单阏［岁］为相之月二十有三日记。天下都元帅吴越国王（一有“钱镠”）。

（张卫东据原碑照片并参《十国春秋·重修防风山灵德王庙成王敕撰庙记》《钦定全唐文·新建风山灵德王庙记》校订）

查看灾情

大洪水肆虐，家国支离破碎，百姓流离失所。防风氏决心除水害，宵衣旰食，殚精竭虑，访查水情，日夜奔忙于治水之路上。

共工争帝

据《淮南子》记载，上古时代，共工因与颛顼争夺帝位失败，一怒之下撞断天柱不周山，使天地为之倾斜，引发了大洪灾，东南地区受灾尤甚。

禹受帝命

鲧受尧帝之命治理水患，修堤堵水失败被杀。舜帝即位后，命鲧之子禹领导治水，禹吸取教训，改“堵”为“疏”，十三年“三过家门而不入”，治水成功。其后，天下归心，受禅为帝，定鼎九州。

防风治水

防风氏受禹命，协同四弟相公，乘应龙到德清，众志成城治洪水。他疏导千河百港流归太湖，又在领地内疏通了湘溪、英溪、阜溪、塘泾河，开凿了通往东苕溪的河道，立下治水大功。

踩湖泄洪

洪水让百姓苦不堪言，防风氏身材高大，威猛无比，脚用力一蹬踩出一个下渚湖，拦蓄洪水，又疏通水道，把洪水泄到大海中，救百姓于水深火热之中。

涯 草

涯草，乃防风氏第九任老婆，聪慧灵明，技艺高超，极得防风喜爱，协助防风为族人做好事，得一方赞誉。

防风立国

防风氏因治水有功而受大禹赐予封山和禺山之间以及方圆百里之地，外立国为王，是为防风国。而令下渚湖一带为防风古国中心。

会稽会盟

大禹治水功成后于会稽山会盟诸侯，防风氏因天目山“出蛟”，苕溪河“泛洪”，率众抢险而迟到。

防风蒙冤

禹怒杀防风于刑塘，头颅被砍下后，一股白血如洪水般从颈腔冲天而喷，以示冤情。

防风昭雪

防风被杀，举国哀悼，大禹得知真相十分后悔。为防风氏平反昭雪，敕封其为“防风王”。

首祭防风

据《征异记》记载，西晋元康初年，武康县有人在半夜看到一个巨人坐在城楼上。县令贺循听说后，认为是防风氏在故土显灵，于是在县城东立庙祭祀。

历代祭奠

据《述异志》记载，古越大地历来有祭防风神的习俗，奏防风古乐，跳防风舞。吴越钱王更是重修防风祠，立碑以传。至今，德清乃至湖州地区仍保留秋祭防风的习俗。

（以上十二则为防风祠壁画注文）

鳳亭山在縣西北四十里高一百十丈周十五里山墟名云昔有鳳棲其上故名張志

南臯山在縣西北四十里煤市張志邢志按長興縣二都南臯口鳥山沖為縣治龍脈攸關久禁私開乾隆九年六月士民丁觀型等呈請府憲梁出示勒石永禁以保龍脈是年十一月知縣譚肇基遵奉憲示立碑

堯市山在縣西北四十一里高一百四十丈周十里一名石門山山上有堯市堯時洪水居民于此作市因名有纜船石石上多孔人以為攬船處唐皎然詩堯市人稀紫筍多皮日休詩來尋堯市山遂入深深塢又云最是夏初時茶花滿烟雨山多白石子山下田

同治《长兴县志》卷十载“尧市山”

尧韵山庄（邱志荣摄）

尧市山（邱志荣摄）

石门山

类　　别： 山川·山

地理位置： 浙江省湖州市长兴县水口乡顾渚村与江排村之间

所属流域： 太湖

简　　介： 石门山，又名尧市山，界于水口乡顾渚村与江排村之间。石门山呈东西向排列，从寿圣寺南的尧王庙自然村向西一直延伸到斜备自然村东，群峰巍峙，最高处海拔450米。从顾渚贡茶院处对望石门山（尧市山）西峰，山顶排布的巨石阵犹如石门，故名。清同治《长兴县志》卷十记载：“尧市山在县西北四十一里，高一百四十丈，周十里，一名石门山。山上有尧市，尧时洪水，居民于此作市，因名。”

历史上，石门山（尧市山）与顾渚山同样久负盛名，自唐以来即为名胜佳地。皎然、陆龟蒙置办茶园，陆羽、皮日休畅游其中；宋高僧净端结庐于山顶，创办石门庵；元明清三朝，先后有杨维桢、沈贞、茅翁积、王豫、丁凝、魏星杓、鲍鈖等人游石门山后留下游记、赞诗多篇，其中魏星杓《长兴志剩》中云："石门山，尧市之右岩也。双岩若关同，峰势陡削，磴穿级崇，高盘鸟道。山半危崖峭举，翠屏壁立，一线旁通，仄行逾险，渐觉夷旷。绝顶构精舍数间，藩以竹树。俯视杳绝人烟，枯禅耽寂，根尘俱净矣。舍后方池，水裁尺许，大旱不涸。"

尧皇庙、舜帝庙旧址（水口乡）

类　　别：古遗址

地理位置：浙江省湖州市长兴县水口乡顾渚村与江排村之间

所属流域：太湖

简　　介：尧皇庙旧址，在尧王庙自然村的尧韵山庄对面的杉树林中，几无遗迹，只留有一残碎的武康石构件，当地老人介绍：尧皇庙拆迁前，正殿三间平房进深 10 米、宽 4 米，偏屋十来间。

舜帝庙旧址，在"四月天"东侧不远处的公路旁，无丝毫遗迹，但有拆迁前的水泥香炉，说明这里就是遗址所在地。问询"舜哥田"，只知附近包括"四月天景区"在内原本都是田地，但现在已经没有农田了。

关于"尧皇庙""舜帝庙""舜田"，虽然旧址不在，但有确切的记载。清同治《长兴县志》如此记载："（尧市山）山多白石子，山下田，父老号曰'舜田'，俗

尧皇庙遗址
（邱志荣摄）

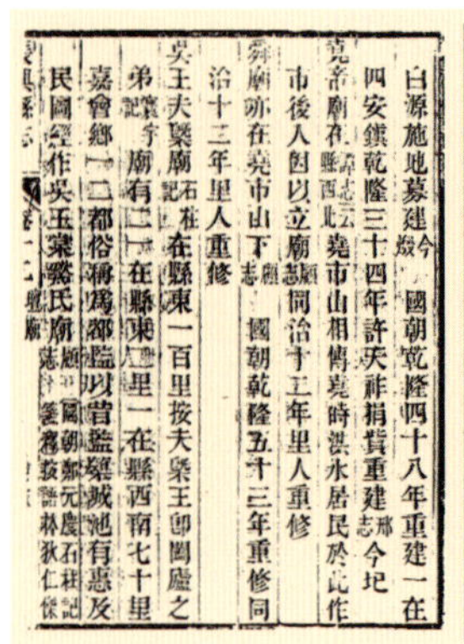

白源施地募建今燬 國朝乾隆四十八年重建一在四安鎮乾隆三十四年許天祚捐貲重建邢志今圮

堯帝廟在譚志云縣西北堯市山相傳堯時洪水居民於此作市後人因以立廟顧志同治十二年里人重修

舜廟亦在堯市山下顧志 國朝乾隆五十三年重修同治十二年里人重修

吳王夫槩廟石柱記在縣東一百里按夫槩王即闔廬之弟寰宇記廟有二一在縣東二里一在縣西南七十里嘉會鄉一二都俗稱為都監以昔監築城池有惠及民圖經作吳王棠谿氏廟顧志 國朝鄭元慶石柱記箋釋按語林狄仁傑

同治《长兴县志》卷十二载“尧帝庙”

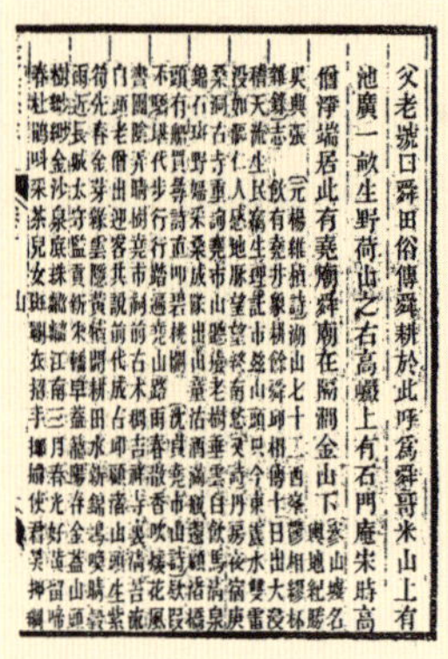

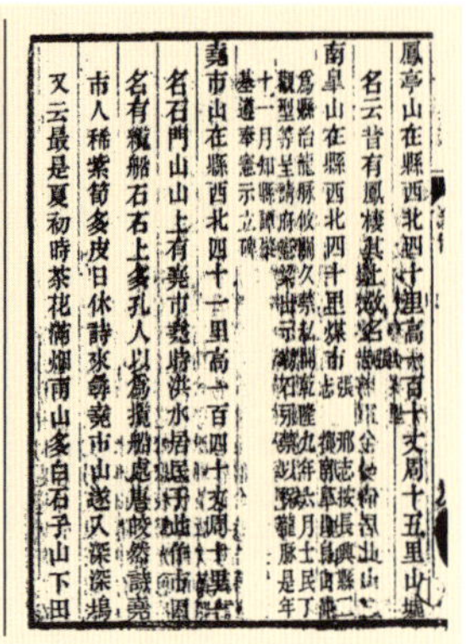

同治《长兴县志》卷十载“舜田、舜庙、尧庙”

传舜耕於此，呼为‘舜哥米’。山上有池，广一亩，生野荷。山之右高岩上有石门庵，宋时高僧净端居此。有尧庙、舜庙在隔涧金山下。”对于“尧皇庙”的记载更为详细：“相传尧时洪水，居民於此（尧市山）作市。后人因以立庙，同治十二年（1873 年）里人重修。”

村民重建的舜帝庙（邱志荣摄）

舜帝庙（金山村）

类　　别： 古建筑 · 庙

地理位置： 浙江省湖州市长兴县金山村金沙涧北岸

所属流域： 太湖

简　　介： 村民于此重建“舜帝庙”，供奉了很多菩萨，当中为土地公公和婆婆像。在千年演变中，“三皇五帝”之一的舜帝成了金山村的土地公公。

缆船石

类　　别： 山川 · 石

地理位置： 浙江省湖州市长兴县尧市山西麓的石坞岕

所属流域： 太湖

简　　介：石坞岕（kǎ）是陆羽置办茶园的古茶山，山间有古道通向山腰处的“缆船石”。乾隆《长兴县志》卷三记载：“（尧市山）有‘缆船石’，石上多孔穴，犹类系索处。”同治《长兴县志》卷十：“有缆船石，石上多孔，人以为揽船处。”

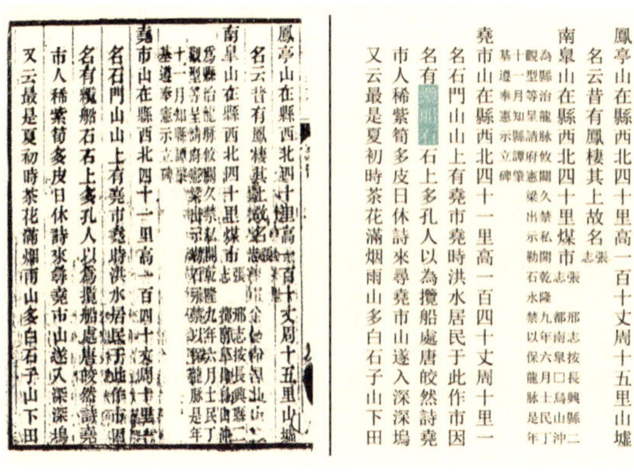
鳳亭山在縣西北四十里高一百十丈周十五里山墟名云昔有鳳棲其上故名張志
南臯山在縣西北四十里煤市張志邢志按長興縣二都南臯口烏山沖為縣治龍脈攸關久禁私開乾隆九年六月士民丁觀型等呈請府憲梁出示勒石永禁以保龍脈是年十一月知縣譚肇基遵奉憲示立碑
堯市山在縣西北四十一里高一百四十丈周十里一名石門山山上有堯市堯時洪水居民于此作市因名有纜船石石上多孔人以為攬船處唐皎然詩堯市人稀紫筍多皮日休詩來尋堯市山遂入深深塢又云最是夏初時茶花滿烟雨山多白石子山下田

同治《长兴县志》卷十载“缆船石”

禹王庙遗址（煤山镇）

类　　别：古建筑遗址

地理位置：浙江省湖州市长兴县煤山镇的襄王岭顶

所属流域：太湖

简　　介：在煤山镇的襄王岭顶曾有一座襄王庙，又称“禹王庙”，供奉“大禹”，当地称作“大禹菩萨”，相传是本地神灵“祠山菩萨”的舅舅。曾经十分知名的“傩戏”“十番锣鼓”就是当地庙会传承的非遗项目。

太湖柳母

类　　别：山川・树

地理位置：浙江省湖州市安吉县大汉岭

所属流域：太湖

简　　介：在大汉岭上，有几人合抱粗。相传大禹治水来到太湖源头之一浙北大峡谷的山上休息时，顺手折了些柳条插在地上，后来就长成了粗大的“太湖柳母”。此后柳树成荫，洪水不再泛滥。

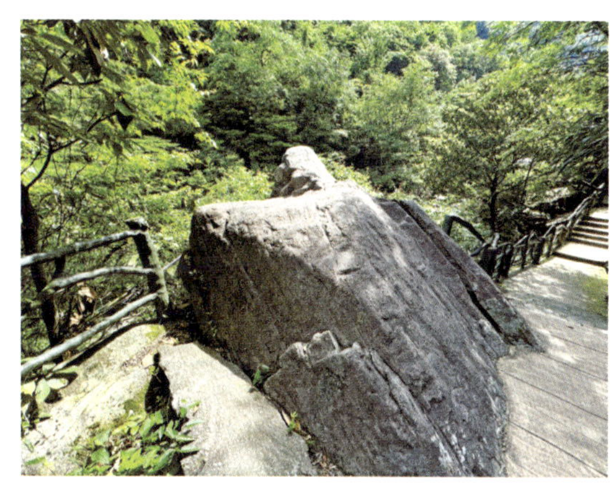
大峡谷中的石龟，传说与大禹治水有关（邱志荣摄）

禹足石

环城河稽山园禹足石（邱志荣摄）

类　　别：山川 · 石

地理位置：浙江省绍兴市越城区稽山园

所属流域：东南沿海诸河

简　　介：现场调查，原在嵊州剡溪三溪江，现立于绍兴环城河稽山公园，神似禹足。

皋隍庙

类　　别：古建筑 · 庙

地理位置：浙江省绍兴市越城区东湖街道丰光村古高平里丘遗地

所属流域：东南沿海诸河

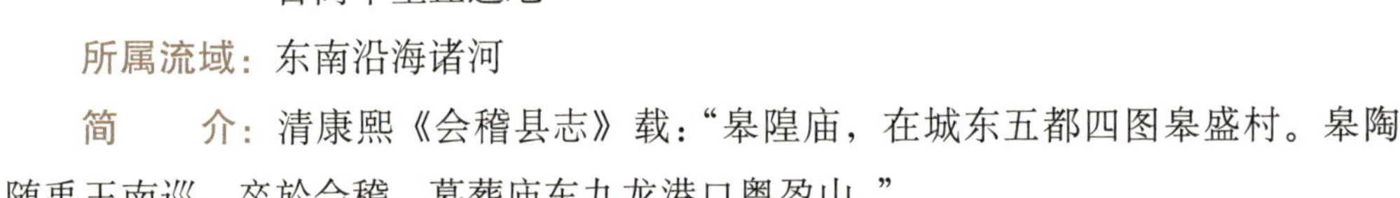

简　　介：清康熙《会稽县志》载：“皋隍庙，在城东五都四图皋盛村。皋陶随禹王南巡，卒於会稽，墓葬庙东九龙港口粤盈山。”

相传大禹治水时有执掌司法的大臣皋陶死后葬于皋盛村（今高平村附近），今尚有皋隍庙。高平村曾有皋陶墓，当地传说皋陶生辰为农历正月廿七，故以此日为庙会日。

皋隍庙外景（戴秀丽摄）

禹王庙（大禹山村）

类　　别：古建筑·庙

地理位置：浙江省绍兴市柯桥区马鞍街道大禹山村（现大鱼山村）

所属流域：东南沿海诸河

简　　介：明万历《绍兴府志》卷四《山川志一·山（上）》："禹山在府城北三十里，旧传大禹驻跸于此。"清康熙《会稽县志》亦有记载，始建年代不明。古时禹姓后裔姒氏一支亦曾迁三江。

大鱼山（邱志荣摄）

七尺庙

类　　别：古建筑·庙

地理位置：浙江省绍兴市柯桥区湖塘街道

所属流域：东南沿海诸河

简　　介：绍兴民间有"十

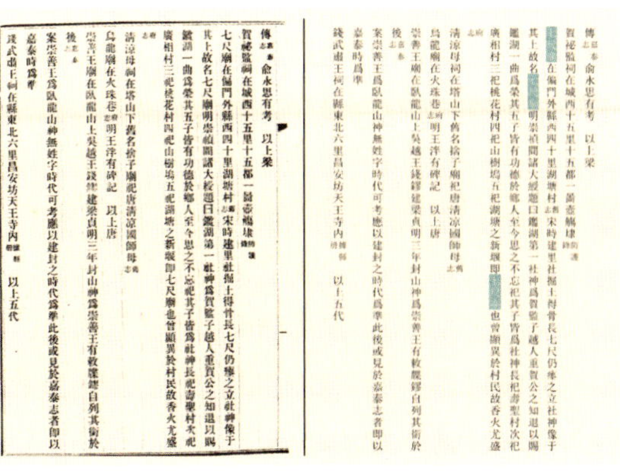

傳（嘉泰志） 俞永思有考　以上梁
賀祕監祠在城西十五里十五都一圖壺觴埭
七尺廟在偏門外縣西四十里湖塘村（舊志）宋時建里社掘土得骨長七尺仍瘞之立社神像于其上故名七尺廟明崇禎間諸大綬題曰鑑湖第一社神爲賀監子越人重賀公之知退以賜鑑湖一曲爲榮其五子皆有功德於鄉人至今思之不忘祀其子皆爲社神長祀壽聖村次祀廣相村三祀桃花村四祀山樹塢五祀湖塘之新堰即七尺廟也曾顯異於村民故香火尤盛（府志）
清涼母祠在塔山下舊名捨子廟祀唐清涼國師母（舊志）
烏龍廟在火珠巷（府志）明王洋有碑記　以上唐
崇善王廟在臥龍山上吳越王錢鏐建梁貞明三年封山神爲崇善王有敕牒鏐自列其銜於後（嘉泰志）
案崇善王爲臥龍山神無姓字時代可考應以建封之時代爲準此後或見於嘉泰志者即以嘉泰時爲準
錢武肅王祠在縣東北六里昌安坊天王寺內　以上五代

嘉庆《山阴县志》卷二一载"七尺庙"

里湖塘七尺庙”之说。湖塘位于绍兴西部。七尺庙位于湖塘街上。据嘉庆《山阴县志》记：山门中有“鉴湖第一社”横匾，为明代嘉靖三十五年（1556年）状元诸大绶书。据历史文献记载：鉴湖第一社社神为贺监子。越地重贺公知进退之道，以赐鉴湖一曲为荣。贺公五子皆有德于乡人，所以里人皆祀之为社神，长祀寿圣村，次祀广相村，三祀桃花村，四祀山树坞，五祀湖塘之新堰，即为七尺庙。

据传宋时乡人为贺公子建此庙时，掘土中得七尺长骨，因此地离型塘近，疑为防风氏遗骨，瘞于神座之下，因此，乡人名为“七尺庙”。嘉庆《山阴县志》卷二一便有记载：“七尺庙，在偏门外县西四十里湖塘村。宋时建里社掘土得骨，长七尺仍瘞之，立社神像于其上，故名七尺庙。明崇祯间，诸大绶题曰‘鉴湖第一社’，神为贺监子。越人重贺公之知退，以赐鉴湖一曲为荣，其五子皆有功德於乡人，至今思之不忘祀，其子皆为社神……曾显异於村民，故香火尤盛。”此虽为传说，也是代代相传对古防风氏的纪念。

七尺古庙大门（戴秀丽摄）

“七尺庙”文物保护单位碑（戴秀丽摄）

陆家埭防风祠庙

类　　别： 古建筑·庙

地理位置： 绍兴市越城区马山街道庙横自然村

所属流域： 东南沿海

简　　介： 陆家埭村防风氏庙又名土地庙，面朝庙前江而建，占地面积270余平方米。主体建筑三开间、两进，山门、大殿及川堂构成了“工”字形的平面布局。庙内共有清嘉庆十二年（1807 年）《重建土谷防风祠碑记》、道光二十五年（1845 年）《勒五社捐资崇春祈祀典记》、宣统元年（1909 年）《奉府宪示禁》和民国 2 年（1913 年）《公禁佃碑》石碑四通。其中清嘉庆十二年《重建土谷防风祠碑记》，写到陆家埭土谷防风祠（俗称土地庙）为马山防风庙的分庙，很久以前就有祭祀防风氏的习俗，提及防风氏的封国、汪姓来源，详细记录了倪伟士等呕心沥血把土谷防风祠从“旧制三楹”的小庙扩建成“为轩、为川堂、为戏台、为台门、为后宇”颇具规模的庙宇。该庙及碑刻于 2008 年第三次全国文物普查时发现[①]，现为“三普”登录点。

《重建土谷防风祠碑记》（陆菊仙供图）

马山防风氏庙（邱志荣摄）

① 王强、钟建华、管小华：《2008 年第三次全国文物普查陆家埭土地庙登记表》。

东担山、西担山

类　　别： 山川·山

地理位置： 浙江省绍兴市柯桥区柯岩街道州山村

所属流域： 东南沿海诸河

简　　介： 在柯桥区柯岩街道州山村。传说是大禹所担息壤倒翻所化。相传禹治水时有孽龙不甘心被赶下海，就联合各江恶龙一次次反扑，潮水直逼会稽山脚。大禹用父亲鲧治水剩下的息壤建起一道海塘把潮水挡住。息壤只能放在神龟背上，因为只要一小点接触到泥地就会生长。大禹取来息壤挑了一担担地工作，途中虽走丢了草鞋却不敢歇落担子捡。孽龙一看心生一计，就在大禹两脚之间使了个绊子。大禹没留神，一个趔趄，两筐息壤倒在了地上，顿时长成了两座小山……

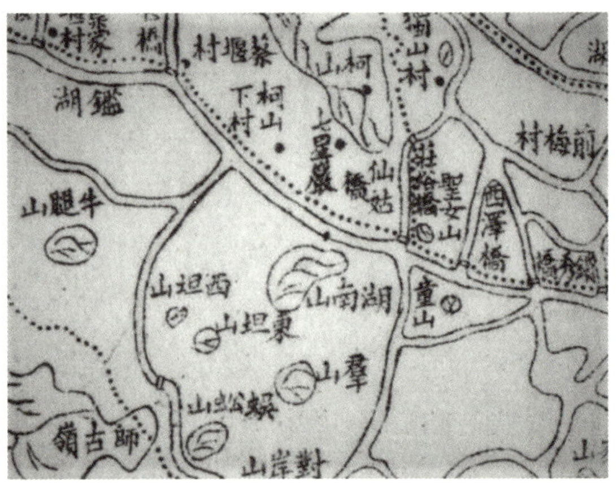

舟山村东担山、西担山图（引自清光绪二十年《浙江全省舆图并水陆道里记》，邱志荣供图）

东担山公园（戴秀丽摄）

冢斜村

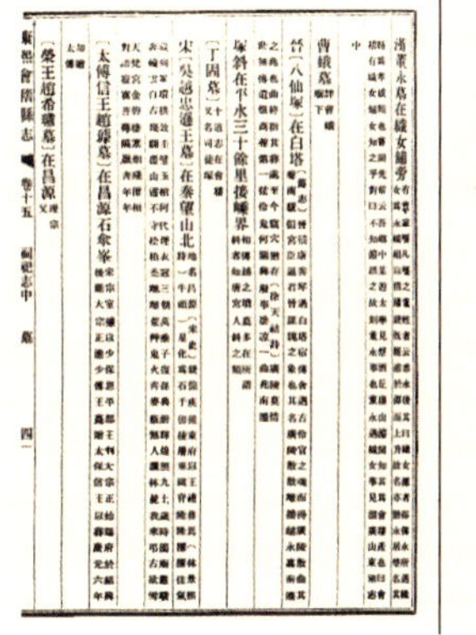

漢董永墓在織女舖旁

曹娥墓

晉八仙塚在白塔

冢斜在平水三十餘里接嵊界

丁固墓

宋吳越忠遜王墓在秦望山北

太傅信王趙璩墓在昌源石傘峯

榮王趙希𤩽墓在昌源

康熙會稽縣志 卷十五 祠祀志中 墓

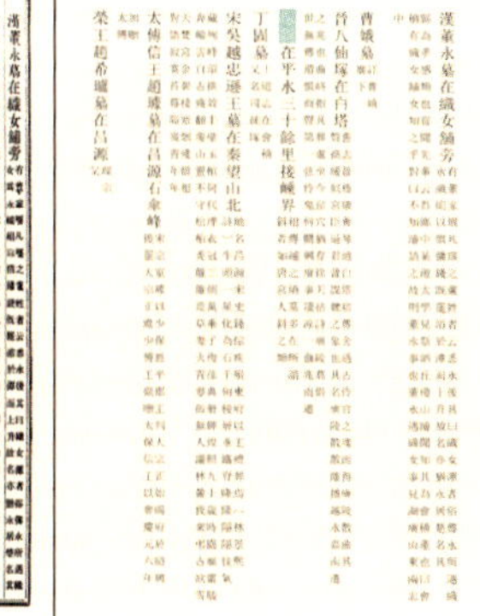

康熙《会稽县志》卷十五载“冢斜”

类　　别： 地名

地理位置： 浙江省绍兴市柯桥区稽东镇冢斜村后山涂山氏墓地碑旁

所属流域： 东南沿海诸河

简　　介： 冢斜地处绍兴市柯桥区南部稽东镇，距绍兴市区 32 千米。东接王坛镇，南界嵊州市与诸暨接壤，北与平水镇毗邻。四面环山，著名的小舜江由村西流经，环东而去。康熙《会稽县志》卷十五载：“冢斜，在平水三十余里，接嵊界。相传越之坟墓多在所谓斜者，如唐宫人斜之类。”一说冢斜是早期越国古都——嶕岘大城所在地（见余茂法主编《冢斜古村》），即《水经注·渐江水》中“山南有嶕岘，岘里有大城，越王无馀之旧都也”。据《冢斜余氏宗谱》载，大禹有子三，大儿名“启”，三儿名罕。其中还记：“余氏始于夏，禹之三子罕者，时则以地建封，禹娶涂山（氏），因涂有余字，遂赐罕为余氏。则自罕而下，千流万派，宁知天壤间可以亿兆记耶，然则孰宗之为是也。”冢斜

传为涂山氏墓地（邱志荣摄）

余氏为大禹后裔，现冢斜村余姓占 80% 多。

自古以来，冢斜村的祭禹之风颇盛。又据传说，除祭大禹外，还要祭“舜妃”“禹妃”，因相传舜帝、大禹之妻都葬于该村大龙山麓的铜勺柄，历代朝廷均要派遣大臣到冢斜祭祀。

伯仙庙

类　　别：古建筑·庙

地理位置：浙江省绍兴市柯桥区平水镇下灶村迎峰自然村

所属流域：东南沿海诸河

简　　介：迎峰伯仙庙为清代古建筑，位于绍兴市柯桥区平水镇下灶村迎峰自然村原村委院内。迎峰伯仙庙坐北朝南，南临迎峰溪及下（灶）迎（峰）公路，北靠高山，西接下灶村。现存大殿三开间，单层单檐，明间五架抬梁式，次间穿斗式，用七檩五柱。西次间内壁

伯仙庙古井（邱志荣摄）

伯仙庙外景（邱志荣摄）

嵌有石碑两通，均为青石质，字迹湮灭；东次间内壁嵌有同治年间（1862—1874年）石碑一通，字迹湮灭。

庙前有残碑一通，字迹尚可辨识。东次间外侧留有古井一口，双重井圈，井水清冽。伯仙庙系纪念大禹之大臣伯益而建，为研究越地大禹文化提供了实物佐证。（据浙江省第三次文物普查，2007—2011年）

狴犴龙舞

类　　别：非物质·祭舞

地理位置：浙江省绍兴市上虞区上浦镇冯浦村

所属流域：东南沿海诸河

简　　介：当地俗称“硬脚龙舞”，传承地在上虞区上浦中学和冯浦村。为第二批浙江省非物质文化遗产项目。

狴犴龙舞道具（戴秀丽摄）

禹王庙（禹溪村）

类　　别：古建筑·庙

地理位置：浙江省绍兴市嵊州市剡湖街道禹溪村

所属流域：东南沿海诸河

简　　介：禹王庙。位于今嵊州市剡湖街道禹溪村。禹溪村旧名了溪村，相传禹治水毕功于此，为纪念禹治水之功，建禹王庙，塑大禹像。同治《嵊县志》卷七载：“禹王庙，在县北游谢乡禹粮山。禹治水毕功於此，后人立祠祀之。”今庙为清道光十九年（1839 年）重建，坐北朝南。现存正殿三间，通面宽 9.7 米，通进深 8.5 米，硬山顶。有道光十九年“重修禹王庙碑”。

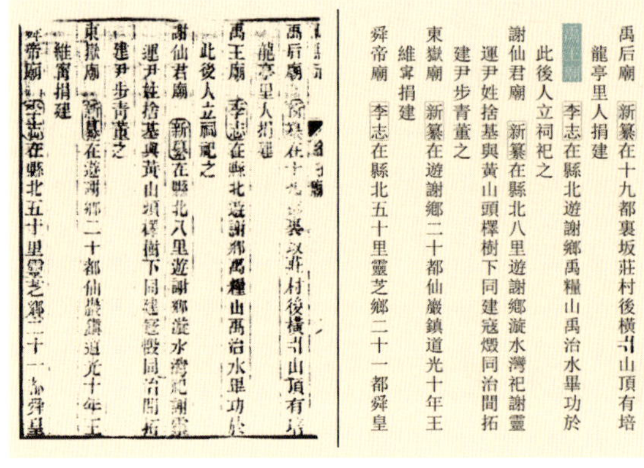
禹后廟 新纂在十九都裏坂莊村後横引山頂有培
龍亭里人捐建
禹王廟 李志在縣北遊謝鄉禹糧山禹治水畢功於
此後人立祠祀之
謝仙君廟 新纂在縣北八里遊謝鄉漩水灣祀謝靈
運尹姓捨基與黄山頭欅樹下同建寇燬同治間拓
建尹步青董之
東嶽廟 新纂在遊謝鄉二十都仙巖鎮道光十年王
維甯捐建
舜帝廟 李志在縣北五十里靈芝鄉二十一都舜皇

同治《嵊县志》卷七载“禹王庙”

禹溪禹王庙禹王殿（邱志荣摄）

禹后庙（里坂村）

类　　别：古建筑 · 庙

地理位置：浙江省绍兴市嵊州市剡湖街道里坂村

所属流域：东南沿海诸河

简　　介： 同治《嵊县志》卷七载：“禹后庙，在十九都里坂庄村后横片山顶，有培龙亭，里人捐建。”庙建于明崇祯元年（1628 年），是乡人为纪念大禹夫人禹后娘娘深明大义，担当家庭重任，支持大禹治水成功的功德所立。庙坐北朝南，四合式，有门厅、戏台、厢房和大殿，为嵊州市文物保护单位。庙内有崇祯十五年（1642 年）邑人进士王心纯撰文的“禹后灵祠碑”。

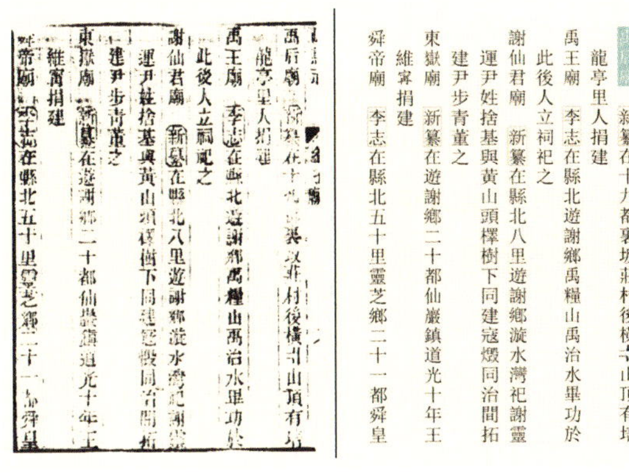

禹后廟　新纂在十九都裏坂莊村後横片山頂有培龍亭里人捐建
禹王廟　李志在縣北遊謝鄉禹糧山禹治水畢功於此後人立祠祀之
謝仙君廟　新纂在縣北八里遊謝鄉漩水灣祀謝靈運尹姓捨基與黄山頭櫸樹下同建寇燬同治間拓建尹步青董之
東嶽廟　新纂在遊謝鄉二十都仙巖鎮道光十年王維寗捐建
舜帝廟　李志在縣北五十里靈芝鄉二十一都舜皇

同治《嵊县志》卷七载“禹后庙”

禹后供奉（邱志荣摄）

禹后像（邱志荣摄）

禹后庙外景（邱志荣摄）

嶀浦

类　　别： 地名

地理位置： 浙江省绍兴市嵊州市三界镇嶀浦村，今清风大桥到嶀浦的剡溪两岸

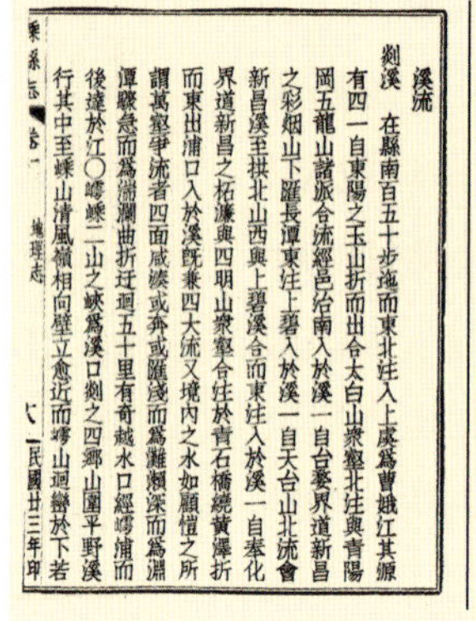

溪流

剡溪　在縣南百五十步迤而東北注入上虞爲曹娥江其源
有四一自東陽之玉山折而出合太白山衆壑北注與青陽
岡五龍山諸派合流經邑治南入於溪一自台婺界道新昌
之彩烟山下匯長潭東注上碧入於溪一自天台山北流會
新昌溪至拱北山西與上碧溪合而東注入於溪一自奉化
界道新昌之柘溗與四明山衆壑合注於青石橋繞黄澤折
而東出浦口入於溪既兼四大流又境内之水如顧愷之所
謂萬壑爭流者四面咸湊或奔或匯淺而爲灘瀨深而爲淵
潭驟急而爲湍瀾曲折迂廻五十里有奇越水口經嶀浦而
後達於江〇嶀嵊二山之峽爲溪口剡之四鄉山圍平野溪
行其中至嵊山清風嶺相向壁立愈近而嶀山廻轡於下若

民国《嵊县志》卷一载“嶀、嵊二山之峡为溪口”

所属流域： 东南沿海诸河

简　　介： 在嵊州市剡溪嶀浦潭两岸。此段河道狭窄，峭岩壁立。传说以前岸西的嶀山和岸东的嵊山是相连的，剡中盆地是一个大湖，后来大禹劈开嶀、嵊二

嵊州嶀浦传为大禹开凿（戴秀丽摄）

嶀浦曹娥江段风景（戴秀丽摄）

山，将剡中湖水泄出，剡中才变成了一个盆地。

据童剑超《嵊州剡溪禹迹考》：“嵣浦。附近嵊山、嵣山，峰岭相连，其间倾涧怀烟，泉溪引雾，是剡溪最大的峡口和深渊。乘高瞰下，有深林茂竹，倒影辉映，剡溪水深而清。”民国《嵊县志》卷一“剡溪”：“嵣、嵊二山之峡为溪口。剡之四乡，山围平野，溪行其中，至嵊山清风岭相向壁立，愈近而嵣山回峦於下，若遮若护，舟行距二三里外，望之恍不知水从何出。传云：此为一山，禹凿而两之以决水。旧《(剡)录》所谓‘苍崖壁立，下束清流’是也。”

禹　山

类　　别：山川・山

地理位置：浙江省绍兴市嵊州市仙岩镇禹山村

所属流域：东南沿海诸河

简　　介：在今嵊州市仙岩镇仁村。《嵊县地名志》：相传，夏禹治水曾驻此运筹帷幄，禹山（片村）因此得名。后人建有东、西两座禹亭以示纪念。晋车骑将军谢玄，曾依山傍溪筑舍，尽幽居之乐，故过去曾有游谢乡之名，并建有独山庙塑像供祀，车骑山也因而得名。宋驸马都尉竹简，因与奸臣蔡京不合，隐居禹山，传为嵊县竹氏之始祖。

禹山茶园（戴秀丽摄）

大禹积砂岩

类　　别： 山川·山

地理位置： 浙江省绍兴市新昌县七星街道五联村铁佛寺

所属流域： 东南沿海诸河

简　　介： 位于新昌县七星街道五联村南岩禅寺山壁。明成化《新昌县志》载：“山岩陡险，皆沙石积成，如筑墙状，以物触之，纷纷而落，时或有崩堕者。世传大禹治水东注，积沙成岩。人掘其地，有螺蚌壳，云岩下乃海门也。”

原志 今碑已佚咸同間燬於賊同治九年由僧戒清募捐重建 採稿
鐵佛寺　縣西二十里在南巖山 增
興善寺　縣西十五里後溪村 增
地藏寺　縣西二十五里梅渚村 增
九峯寺　縣西南二十里宋元嘉二年建唐咸通八年賜列翠院
額 嘉泰會稽志　洪武初改禪寺
宋石衍之詩 九峯環遶白雲遮山好何如博士家日永祇應聞鳥雀春回猶未到桑麻陶潛欲往誰沽酒陸羽慵便自煮茶遂作香山白居士後人應入畫圖詩
興福寺　縣西南四十里晉太康十一年西域僧幽閒卜築於此
號新建寺會昌廢大中祥符元年重建廣明元年賜號興國禪
新昌縣志卷十七　寺觀　四

民国《新昌县志》卷十七载：“铁佛寺，县西二十里，在南岩山。”

南岩寺大禹积沙岩（戴秀丽摄）

缆船峰、百郎殿

类　　别：山川·山

地理位置：浙江省绍兴市新昌县镜岭镇

所属流域：东南沿海诸河

简　　介：新昌县镜岭镇雅庄村穿岩十九峰之一。山上有岩，传说大禹曾缆船其上。南宋王爚有诗曰："有峰俯仰如鹅鼻，世传任公钓鱼地。缆舟凿石宛然在，海变桑田几千年。"

新昌县穿岩十九峰南侧有百郎峰，山顶有岩洞，深广各10余米，俗传大禹治水有人员百余曾驻此，因名百郎殿。《新昌县水利志》第五章《古迹轶闻》第二节《轶闻》："百郎会聚。县城西南五十里穿岩十九峰，南侧有百郎峰，其下有洞，深广各10余米，俗传大禹治水有人员百余曾驻此，因名百郎殿。"

缆船峰下留巨石（邱志荣摄）

大禹庙（文溪村）

类　　别：古遗址

地理位置：浙江省金华市浦江县浦南街道文溪村之浦阳大桥

所属流域：东南沿海诸河

简　　介：桥南原有龙王庙，桥北原有禹王庙，也称桥头殿。龙王庙被拆于 1959 年，禹王庙被拆于 1980 年。光绪《浦江县志》里记载有很多龙王庙，此为其中之一。

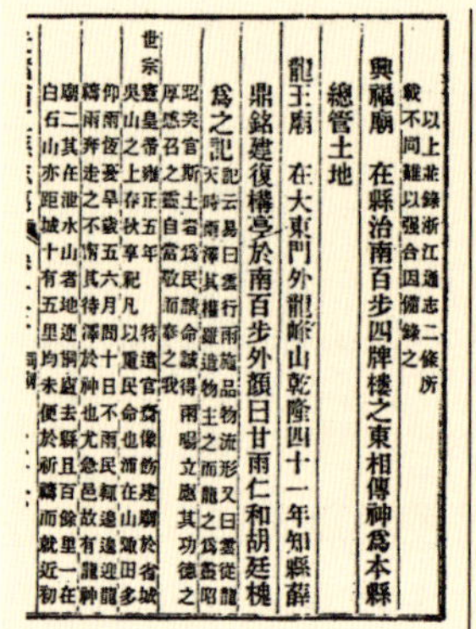

以上並錄浙江通志二條所載不同難以强合因備錄之

興福廟　在縣治南百步四牌樓之東相傳神爲本縣總管土地

龍王廟　在大東門外龍峰山乾隆四十一年知縣薛鼎銘建復構亭於南百步外額曰甘雨仁和胡廷槐爲之記 記云易曰雲行雨施品物流形又曰雲從龍天時雨澤其權歸造物主之而龍之爲靈昭昭矣官斯土者爲民請命誠得雨暘立應其功德之厚感召之靈自當敬而奉之我世宗憲皇帝雍正五年特遣官齎像飭建廟於省城吳山之上春秋享祀凡以重民命也浦在山陬田多仰雨恆憂旱歲五六月間十日不雨民輒遑遑迎龍禱雨奔走之不暇其待澤於神也尤急邑故有迎龍神廟二其在泄水山者地逖阻去縣且百餘里一在白石山亦距城十有五里均未便於祈禱而就近初

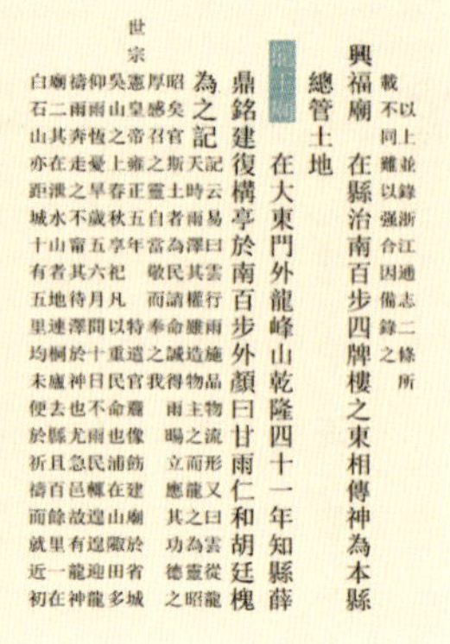

以上並錄浙江通志二條所載不同難以强合因備錄之

興福廟　在縣治南百步四牌樓之東相傳神為本縣總管土地

龍王廟　在大東門外龍峰山乾隆四十一年知縣薛鼎銘建復構亭於南百步外額曰甘雨仁和胡廷槐為之記 記云易曰雲行雨施品物流形又曰雲從龍天時雨澤其權歸造物主之而龍之為靈昭昭矣官斯土者為民請命誠得雨暘立應其功德之厚感召之靈自當敬而奉之我世宗憲皇帝雍正五年特遣官齎像飭建廟於省城吳山之上春秋享祀凡以重民命也浦在山陬田多仰雨恆憂旱歲五六月間十日不雨民輒遑遑迎龍禱雨奔走之不暇其待澤於神也尤急邑故有迎龍神廟二其在泄水山者地逖阻去縣且百餘里一在白石山亦距城十有五里均未便於祈禱而就近初

光绪《浦江县志》载“龙王庙”

轩辕殿及周边禹迹

类　　别：古建筑·殿

地理位置：浙江省金华市浦江县仙华街道道光村

所属流域：东南沿海诸河

简　　介：相传大禹治水时，跑遍浦江山川。当夏禹来到天子山，到他的五世太祖轩辕、四世太姑婆和渊龙太公曾南巡和修炼的位于天子山南麓的桐柏山（道观山），听“三老”介绍轩辕黄帝曾在此处驻跸的故事时，就率众一起拜祭黄帝，还在废墟上盖起祠庙，这就是后来的轩辕殿。

轩辕殿（戴秀丽摄）

大禹继承大位后，巡狩东南，

再次来到浦江。当时，大禹车辇驻跸的轩辕殿西面畈原，后来人们称之为“黄伞羽畈”；军士屯扎的一垄山弯，人们称之为“长龙弯”；马队停驻的山坪，人们称为“百马坪”；在溪流上建的一座石堰，人们叫它为“铁堰”；轩辕殿南面，大禹置鼎之处，人们称之为“鼎湖”。殿西 300 米处又有大禹山，为一座低矮的小山，曾是方氏祖山。宋方凤《卦尖望鼎》诗曰：“遥岑谁画卦？置此荆山鼎。乍可姹女飞，千秋觇溟滓。”轩辕殿旁有禹塘，也叫鱼塘或藕塘。

大禹祠（后潘村）

类　　别：古建筑・祠

地理位置：浙江省金华市浦江县仙华街道后潘村

所属流域：东南沿海诸河

简　　介：据民国 30 年（1941 年）重修《浦阳楼氏合族宗谱・后潘建设记》记载，大禹祠建筑起始年份可推至民国 7 年（1918 年），2004 年重修。中间悬挂“夏禹流芳”金漆牌匾，匾下画 3.8 米 ×2.8 米《大禹治水图》。墙上镶嵌《夏禹本纪》《夏禹流芳》碑刻。

黄宅镇有堪称“华夏一绝”的黄宅“千人迎会”，历史悠久，曾被上海电视台摄制成专题片，名扬海内外。

后潘村大禹祭祀（楼永清供图）

后潘村大禹祠钟（戴秀丽摄）

后潘村大禹祠“禹闻天下”（戴秀丽摄）

后潘村大禹祠（戴秀丽摄）

大禹滩·大禹庙·大禹桥（黄宅镇）

类　　别：山川·滩

地理位置：浙江省金华市浦江县黄宅镇官岩村

所属流域：东南沿海诸河

简　　介：官岩山脚下，古时曾有一大溪滩，叫大禹滩，在如今三江口附近。话说大禹治水浦江，许多地方出现反复，不是前功尽弃，就是无功而返，但就是找不出原因。大禹很是焦急，多次召集百官、乡贤商讨，也得不出结论。大禹对大家说：从前先祖轩辕黄帝南巡时，曾派渊龙到浙地治水，后来又有康侯在此治水，我等何不去天子山一带察看水情？一来已有多年不去天子山朝拜先帝驻跸圣地；二来顺便到康侯墓地祭祀缅怀有功之人；三来去浙水源头看看，也许能够有所启发。百官都齐声叫好。

大禹率众去天子山。途经康侯山（今称官岩山）。大禹特意下船登临山顶，到康侯墓前祭祀，忽见江水似在倒流，不由眼睛一亮，心中大彻大悟。原来，大禹在康侯山上看出了古浦阳江的流向与海潮互为作用带来了治水难题的症结所在。大禹把

浦江县黄宅镇三江口（旧称大禹滩），山脚为中山中学(G60 入口旁)

大禹滩位置图

他心中的所思所想对近侍们一说，大家都说所言极是。于是，大禹召集负责治理浦阳江的官员到山下一溪滩现场共商大计。大禹对浦阳江水患难以根治的原因和这溪滩的形成分析给大家听，并要求尽快布置改变浦阳江水流向，阻止海潮直接涌进浦阳江的治理工程。大禹说："看得出这溪滩是人为修建，是康侯所创，只可惜溪滩宽度不够，难起彻底改变潮水流向的作用。吾等务必把它开拓广大，使潮水在此有回旋余地，从而减弱水势。"洪国荣有《大禹滩的传说》（载《浦江大禹文化钩沉》）。

后来浦江百姓为了纪念大禹，就把大禹倡议扩建的溪滩取名为"大禹滩"，并在"大禹滩"边建了"大禹庙"。据民国《浦江县志稿》，浦江县有四座"禹庙"：一是普义庙，在古塘村东普义桥，中奉禹皇；二是夏禹庙，在县东三十五里夏禹桥头；三是禹王庙，在县北四十二里石姆岭头；四是禹皇庙，在县西十三里三椏岭头。

同时，人们又把大禹住过的这个村改名为"夏禹村"，就是现在浦江的"夏禹桥头"村（官岩村下于桥头自然村），还在大禹上岸进村的地方建了"大禹桥"。

大禹桥即夏禹桥，又名定龙桥，元朝至大三年（1310 年）于氏从前于村迁居官岩山下夏禹桥东，就以该桥命名村名。夏禹桥重建于明万历十七年（1589 年），为木质结构。清道光年间（1821—1850 年）复建为石桥，长 48 丈，宽 8 尺，桥墩两面为斧形，以防钱江潮。1969 年改建为拱形混凝土桥，现移址建为水泥平板桥。

禹王庙（下湾村）

类　　别： 古建筑 · 庙

地理位置： 浙江省金华市浦江县虞宅乡下湾村

所属流域：东南沿海诸河

简　　介：建于何时无从考证，据下湾村叶顺法讲述，元朝后期叶氏祖先叶沂从丽水迁来下湾村。由于此地地势较低，又处在多个弯道处，常有洪水来袭。禹王为平水英雄，为祈祷平安幸福，村民建禹王庙供奉禹王以镇水患。该庙初建仅一进庙宇。清乾隆年间（1736—1796 年），第十三世叶守登重修禹王庙，雕梁画柱，金碧辉煌，分前后二进。新中国成立后，禹王庙前殿因道路拓宽被拆毁，现仅存后殿；庙内塑像已拆除，中间立了两个牌位，用红纸写着夏禹王、夏禹娘娘。

禹王庙（下薛宅村）

类　　别：古建筑·庙

地理位置：浙江省金华市浦江县杭坪镇

所属流域：东南沿海诸河

简　　介：村民称“新庙”，有道光七年（1827 年）的《禹王庙碑记》：“今夫盛衰兴废者人事也，而实有天意焉。芦溪之侧向有禹王古庙，曰平水殿，年湮世远，而栋宇欹颓，旧地不胜其芜秽。爰卜灵墟，重开胜境，带曲水以环青，襟平畴而错绣。群峰拱列，恍来（赉）玉帛於涂山；嘉木葱茏，俨贡琳琅於安邑。一时捐赀赴功，踊跃以勷成者，思若启也，行若翼也，夫亦曰天也。”落款时间是“大清道光柒年桂月”。祀大禹和大禹娘娘。

下薛村禹王庙碑（张钧德摄）

庙内石柱六根，石柱上刻着两副对联：九川涤源祇台德；万世永赖时乃功。当日已忧天下溺；於今水在地中行。

20 世纪中后期大禹塑像被毁，2010 年村民募资重建。2014 年再遭毁坏。

禹王庙（西桠村）

类　　别：古建筑·庙

地理位置：浙江省金华市浦江县前吴乡三桠村西桠岭

所属流域：东南沿海诸河

简　　介：据西椏村村民蒋厚彬讲述，民国时期尚存，后年久失修倒塌。至今庙宇已成为废墟，废墟上树木参天。2009 年以蒋厚彬、蒋金潮、蒋理星、蒋厚喜、蒋红仕、赵山林为首，在西椏村口重建槐荫庙，重塑平水爷爷（夏禹王）、平水奶奶（涂山氏）像于庙中。

钟宅会龙庙

钟宅会龙庙大门（傅峥嵘供图）

类　　别：古建筑·庙

地理位置：浙江省金华市浦江县郑家坞镇钟宅村

所属流域：东南沿海诸河

简　　介：清代古建筑。坐东北朝西南，共二进。门厅三开间，抬梁式结构，二柱落地，明间设大门。正殿三开间，明间五架抬梁带前后单步，三柱落地。殿内供奉大禹治水塑像。会龙庙是当地村民的信仰所在地，附近村民每逢农历初一、十五前来祭祀。（浙江省第三次全国文物普查，2007—2011 年）

禹皇庙（洞源村）

洞源村禹皇庙（张钧德摄）

类　　别：古建筑·庙

地理位置：浙江省金华市兰溪市灵洞乡洞源村

所属流域：东南沿海诸河

简　　介：传说从前是片荒蛮之地，早在夏朝时候，大禹皇帝用神斧劈出了秀丽的洞源溪。因此，洞源村有禹皇庙，翻盖称“平水殿”，殿里塑夏禹王和两个平水老爷塑像，是祭祀大禹等治水英雄的圣地。

五路岭平水殿

类　　别：古建筑・殿

地理位置：浙江省金华市兰溪市

所属流域：东南沿海诸河

简　　介：在金钩里（原属浦江县）。始建于北宋。塑有夏禹王、禹王娘娘、财神、土地四尊神像。2006 年由金钩里各村村民捐款，拆去旧殿，拓建新殿，重塑旧殿四神像。现该殿四尊塑像完好，夏禹王身着华衮，头戴冕旒，面容端庄，凝视众生。

禹山村・禹阳村・禹东村

类　　别：地名

地理位置：浙江省金华市东阳市横店镇

所属流域：东南沿海诸河

八面山（张钧德摄）

简　　介：传说横店原是一片汪洋，后在火山喷发中冒出一座山，因其孤峰耸立，八面凌空，故称八面山。现在八面山到处都可以看到乌亮的石块，而且一边挖石块就一边往下塌。有人说，整座山都是松动的，传说当年大禹和民众欢庆治水成功时，由于大禹神力在身，当他挥舞“夵柱”劈掉八面山的山尖时，顿时地动山摇，把整座山都震碎了，所以，原先连为一体的山岩变成了一堆大小不一的碎石。整个山体都被震松了以后，突然从山顶冒出了一股泉水，这泉水越冒越多，最后就形成了一个不见底的深潭。今天，人们在山上潭边能看到刻有“天池”的石碑。

南　江

类　　别：山川・江

地理位置：浙江省金华市东阳市

所属流域：东南沿海诸河

简　　介：又称画溪、南马江，发源于磐安县大盘山西南仰槽尖附近山谷，入东阳境后经徐宅乡长庚村入南江水库。出水库经西堆、清潭，至湖溪镇名湖溪。经上田、夏溪滩、半傍山，纳屏岩山水至荆浦村，名荆溪。过横店经方家、夏源、后大路、马坊、下园畈，名延弯。纳柽溪经泉府、南马、安恬，纳磁窑溪始名画溪。经黄田畈、王坎头至南岸向西进入义乌，在佛堂镇北汇入义乌江。

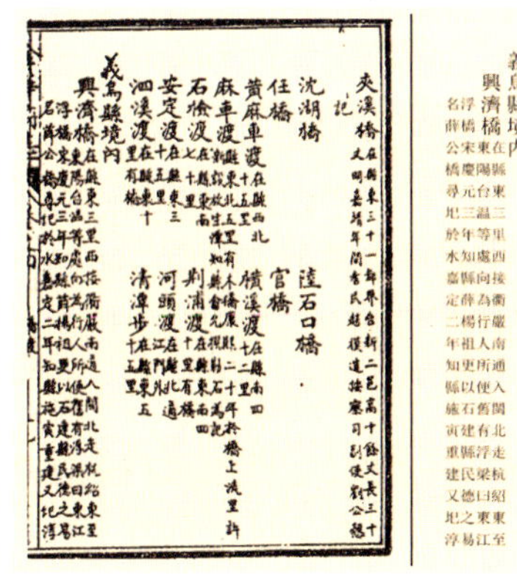

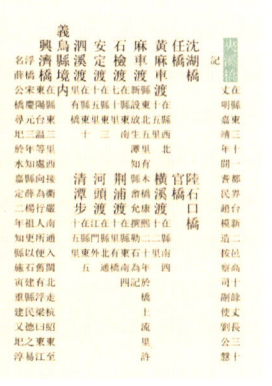

康熙《金华府志》卷四载“夹溪桥”

相传大禹到东阳治理南江时，在八面山上看到尖山一带洪水成灾，就前往尖山治理洪水。

夹溪桥

类　　别：古建筑·桥

地理位置：浙江省金华市磐安县尖山镇夹溪岭下

所属流域：东南沿海诸河

简　　介：明嘉靖十七年（1538 年）始建石桥，康熙《金华府志》卷四载：“夹溪桥，在县东三十一都界台新二邑，高十余丈，长三十丈，明嘉靖年间耆民赵模造。按：察司副使刘公愨记。”后屡圮屡建，今之桥建于清代光绪二十一年（1895 年）。桥高 15 米，长 38.5 米，宽 6.8 米。两岸山势险峻，甚为壮观。桥栏上有象征大禹治水之石斧和纹龙图案雕刻。桥上可俯视“十八涡”之部分景观。明刘愨有记。1990 年列为县级文物保护单位。

神斧涡

类　　别：山川·潭

地理位置：浙江省金华市磐安县

所属流域：东南沿海诸河

简　　介：十八涡之一。上有说明：“传说大禹治理好东阳南江后，得知磐安东北台地洪水成灾，便赶来解难，抡起神斧劈出一峡谷，洪水得治，此涡潭边还留下了神斧劈过的痕迹。为纪念大禹的功德，后人在夹溪大桥两侧各镶嵌了两把石斧。”

水王庙（三山村）

类　　别：古建筑·庙

地理位置：浙江省衢州市柯城区姜家山乡三山村

所属流域：东南沿海诸河

简　　介：传说大禹东巡会稽路过现在的三山村，看见前方水势很大，难以过去，就在地势稍高的三山歇脚。住下后他就派了两个将官发动百姓治水，这时上天也派了两个霹雳大仙下凡，掘了一个塘，现在叫霹雳塘，有400亩大，挑了掘出的泥准备帮助大禹，那塘泥堆起的高地就是三山。

大禹庙（长芦村）

类　　别：古建筑·庙

地理位置：浙江省衢州市开化县长虹乡五林村长芦自然村南

所属流域：东南沿海诸河

简　　介：坐东朝西。为双坡顶，阴阳合瓦，一进带前廊，面阔三间，方形木柱础，原来泥土地面，2008年浇筑水泥。脊檩上墨书“中华民国十三年”字样。木栅栏大门，两边次间隔板，门前有三级石踏跺，左右、后山墙鹅卵石砖砌。据老农口述，因村庄遭遇水灾被毁，后在此建庙供奉大禹保村平安，保存完好，有一定的宗教建筑特色，具有一定的历史文化价值。（浙江省第三次全国文物普查，2007—2011年）

横坑殿

类　　别：古建筑·殿

地理位置：浙江省衢州市衢江区

所属流域：东南沿海诸河

简　　介：民国《衢县志》卷四载：“横坑殿（嘉庆县志）在南山紫薇峰右（俗称水门尖），双溪合襟，元时创建，内供平水神（俗称平水大王），祷雨辄应，南乡诸大村落赖其保障焉。”

横坑祖殿又称“禹王庙”，位于茶坪村横坑自然村，是一座清代四合院式建筑，坐南朝北，画栋雕梁，飞檐翘角，古风犹存，是区级文保单位。六月初六这天，是“禹王”的生日，众人在这里看戏、跪拜、烧香、祈福。

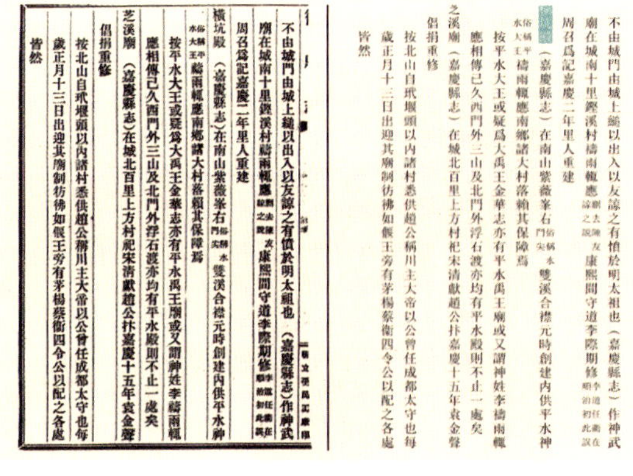
不由城門由城上縋以出入以友諒之有憾於明太祖也（嘉慶縣志）作神武廟在城南十里鑿溪村禱雨輒應（縣去陳友諒之說）康熙間守道李際期修（李道任衢在順治初此誤）周召爲記嘉慶二年里人重建

橫坑殿（嘉慶縣志）在南山紫薇峯右（俗稱本門尖）雙溪合襟元時創建內供平水神（俗稱平水大王）禱雨輒應南鄉諸大村落賴其保障焉

按平水大王或疑爲大禹王金華志亦有平水禹王廟或又謂神姓李禱雨輒應相傳已久西門外三山及北門外浮石渡亦均有平水殿則不止一處矣

芝溪廟（嘉慶縣志）在城北百里上方村祀宋清獻趙公抃嘉慶十五年袁金聲倡捐重修

按北山自祇堰頭以內諸村悉供趙公稱川主大帝以公曾任成都太守也每歲正月十三日出迎其廟銅彷彿如饗王旁有茅楊蔡衛四令公以配之各處皆然

民国《衢县志》卷四载“横坑殿”

殿内供奉的“禹王”栩栩如生，被称为“民间雨神”，为人们带来甘霖、丰收和安康。自清代开始，村里就有抬禹王像巡游的习俗，哪里干旱、哪里闹蝗灾、哪里粮食歉收，人们便抬着禹王像去哪里。由于抬禹王像祈雨颇为“灵验”，四面八方闹灾的地方就常来横坑祖殿“抢禹王”，甚至遂昌县的壮汉们都来抢。

如今黄坛口禹王祭祀巡游的形式渐渐简化了，但每年六月初六的祭祀大典，却一年比一年热闹，演化成了这里的一个传统节日。

禹贡通衢坊

类　　别： 古建筑遗址

地理位置： 浙江省舟山市定海县

所属流域： 东南沿海诸河

简　　介： 据嘉靖《定海县志》记载：“禹贡通衢坊。镇远门外，嘉靖四年（1525 年）潘仿建。”现已不存。

嘉靖《定海县志》卷七载“禹贡通衢坊”

禹皇庙（前洪村）

类　　别： 古建筑·庙

地理位置： 浙江省台州市椒江区洪家街道前洪村

所属流域： 东南沿海诸河

简　　介： 以前叫水砌庙，庙供奉禹王。后经民族宗教部门批准为禹皇庙。当街门联：绝壁耸千寻两岸平分秦晋界；洪涛奔万里中流澎湃古今天。

前洪村禹皇庙（张钧德供图）

禹　钟

类　　别：古建筑·庙

地理位置：浙江省台州市椒江区洪家街道前洪村

所属流域：东南沿海诸河

简　　介：民国《台州府志》卷九五载：“禹钟，山志：玉霄峰麓洞天宫有禹钟，高二尺，重百余斤，形如铎，上有三十六敔，有文隐起。相传夏禹所铸，或云越王乐器。尝空中夜鸣，堕入禹庙。咸通中浙东李（绾）之为钟铭，具以岁月刻其上。”

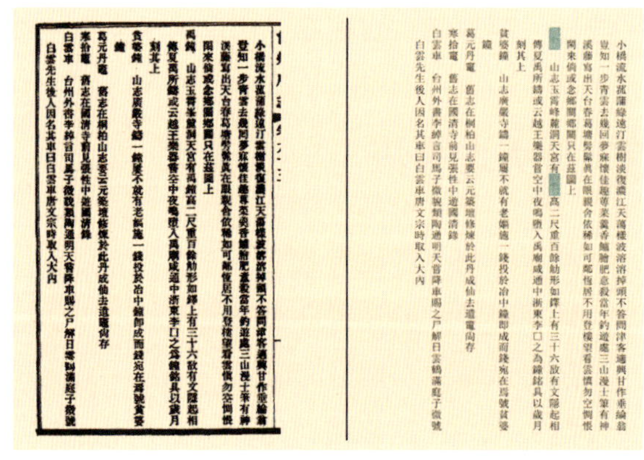

小橫流水泝蒲綠遠汀雲樹淡復濃江天萬樓波溶溶掉頭不答問津客遍興甘作乘綸翁
豈知一步青雲去幾回夢寐懷佳趣等柰囊香鱸膾肥意殺當年釣遊處三山漫士筆有神
溪藤寫出天台春葛塘鬖鬖隔眞在眼親舍依稀如可鄰恆居不用登樓望看雲慎勿空惆悵
閒來倘或念鄉關鄉關只在茲圖上

禹鐘　山志玉霄峰麓洞天宮有禹鐘高二尺重百餘觔形如鐸上有三十六敔有文隱起相
傳夏禹所鑄或云越王樂器嘗空中夜鳴墮入禹廟咸通中浙東李□之為鐘銘具以歲月
刻其上

貧婆鐘　山志廣嚴寺鑄一鐘屢不就有老嫗施一錢投於冶中鐘即成而錢宛在爲號貧婆
鐘

葛元丹竈　舊志在桐柏山志要云元築壇修煉於此丹成仙去遺竈尚存

寒拾竈　舊志在國清寺前見張性中遊國清錄

白雲車　台州外書李綽言司馬子微製類陶通明天皆降車賜之尸解日雲鶴滿庭子微號
白雲先生後人因名其車曰白雲車唐文宗時取入大內

民国《台州府志》卷九五载“禹钟”

杨砌庙

类　　别：古建筑·庙

地理位置：浙江省台州市椒江区洪家街道上港村

所属流域：东南沿海诸河

简　　介： 庙建于乾隆十七年（1752 年），1991 年重修，供奉禹王。有联：夏立志治水江淮河汉思明德；禹决意为民精一危微见道心。戏台之联为：乾坤一戏场请君更看戏中戏；俯仰皆身鉴对影莫言身外身。

杨砌庙（张钧德供图）

覆釜山

类　　别： 山川・山

地理位置： 浙江省台州市临海市东 171 里海中

所属流域： 东南沿海诸河

简　　介： 相传大禹登此山而得龙符之瑞，唐改龙符山。《临海记》与《太平寰宇记》也记："东海有山，形似覆釜。"

嘉定《赤城志》卷十九载"龙符山"

南宋陈耆卿嘉定《赤城志》卷十九《山水门一・临海》："龙符山，在县东一百七十一里海中。本名覆釜。按《舆地志》云：章安县东五十里海际有覆釜山。《临海记》及《寰宇记》云：东海有山，形似覆釜。《吴越春秋》云：吾得覆釜书，除天下之灾。而刘世轨记云：夏帝登此山，得龙符之瑞。唐天宝六年，遂改今名。山有巨迹，相传夸父逐日之所践云。"《太平御览》卷四十七引《郡国志》云："台州覆釜山……有巨迹，云是夸父逐日之所践。"

三浦禹王殿（三浦新闸殿）

类　　别： 古建筑·殿

地理位置： 浙江省台州市临海市杜桥镇汇头村

所属流域： 东南沿海诸河

简　　介： 杜桥原名杜渎，也叫涂下桥。三浦禹王殿，也叫三浦新闸殿，祀平水大王。建此庙的初因是前清时涨大水时漂来一具大禹像，民众就在原来的老爷殿上供起了大禹。庙造好后，当地非常太平，即使台风在椒江登陆，此地依然风平浪静，民众觉得神奇，越发相信。每月廿日都有庙会，尤以五月廿日为最，有五六千信众来吃斋。庙在汇头村境，实际距土城村更近。

三浦禹王殿（邱志荣摄）

台州市临海市三浦《禹王殿碑记》（邱志荣摄）

据新立的《禹王殿碑记》记述，三浦禹王殿传说始建于清光绪三年（1877 年），古殿位于杜桥镇土城村，团横往南直落 700 米的新闸西边，古称“浙江台州海乡三石浦禹王殿”，在海坝坝脚闸门旁的南面。渔民们用石板筑成一间小屋做殿宇，里面供奉禹王、土地、财神等神像，还搭茅棚做厢房。到 1950 年倒塌，群众集资第二度用木结构建成三间殿宇，三间小屋做厢房，到“文化大革命”期间被拆除。2014 年，第三度用水泥结构修建三间大殿，厢房单层五间，前面门楼五间，占地 1230 平方米。到 2016 年殿宇变成危房，汇头、团横、闸头、新湖、朝南屋、厂横、炮台、小厂横等村协商，出于老年活动场所的需要，集资 346.8 万元重建禹王殿，上有木结构，地下用钢筋混凝土做基础。从 2016 年初到 2017 年初，建成禹王殿五间，东厢房六间，殿前门楼五间，西厢房未建留空基七间，有文昌阁三间，厨房二间，总占地面积 3600 平方米。

联一：圣尊登宝殿位三浦神威环宇；禹王治水功在九州德行全寰。

联二：平水功高天庭封赏赐席位；大王恩德下界仰仗拜威仪。

大王庙（黄岩马鞍山村）

类　　别：古建筑·庙

地理位置：浙江省台州市黄岩区北城马鞍山村

所属流域：东南沿海诸河

简　　介：马鞍山上有一奇岩高耸，半峰绝顶，是为“半峰岩”。林荫深处，大王庙坐落其间。大王庙门前平台开阔，樟树郁郁葱葱，朝南便能眺望到悠悠永宁江在此绕了一个大弯向东而去。大王庙与永宁江密不可分，供奉的主神是水官大帝大禹、平水大王周凯。

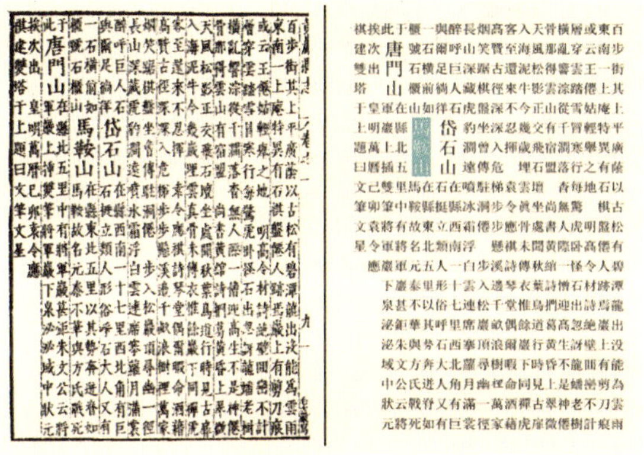

万历《黄岩县志》卷一载“马鞍山”

据传方诸山（九峰）好发洪水，有东华帝君看到这里经常洪灾泛滥，心生慈悲，便派遣青樟童子去绍兴会稽山请水官大帝大禹安排平水大王周凯前往。经过平水大王周凯的治理之后，洪灾不再暴发，人们生活安定。为了纪念水官大帝大禹、平水大王周凯的功劳，就在马鞍山上建立了大王庙，供奉水官大帝大禹、平水大王周凯。

黄岩马鞍山大王庙牌坊（邱志荣摄）

黄岩马鞍山大王庙（邱志荣摄）

附录：

大王庙序

黄邑善化乡道林里马鞍山大王庙始建于清代中期。庙宇坐落半峰山麓，背北面南，三间开面。庙中敬奉本地土地兴福尊神、平水尊王、掌通天达地招财进宝尊神等像。每年农历三月初三是平水尊王寿诞，大王庙撑旗挂灯，举办庙会，演大戏舞狮子，家家炊庆糕，户户邀贵客，全村欢庆，好不热闹。

二十世纪四十年代，大王庙年久失修倾废。随后本村善信者杨信根为头组织在原址重建独间开面、东西两边稻草帘斜披的大王庙。六十年代大王庙拆除改建学校，保界老爷借座半峰岩景区五十年。

祖国改革开放，时局盛世太平，政府号召发展中华文化事业，抢救非物质文化遗产，建设宜居宜游环境，构建和谐社会。马鞍山大王庙筹建委员会和筹建办公室工作人员同心协力，积极工作，广大善男信女踊跃参助，大力支持，一座五楹重檐琉璃瓦新建筑大王庙于农历辛卯年（公元二〇一一年）三月十三日卯时上梁在半峰山坡易地建成。

启建庙堂在庚寅，五楹仿古亦无银。借得佛力民赞助，造就琼楼传千秋。

公元二〇一一年十二月立

禹王庙（浦西村）

类　　别： 古建筑·庙

地理位置： 浙江省台州市黄岩区北城镇浦西村

所属流域： 东南沿海诸河

简　　介： 此庙用材巨大高敞，皆为柳桉。当地传说，大禹到黄岩西乡，凿通永宁江上游水路多处。民国《台州府志》卷五四载：“禹王庙，在卫北城外夏公奥；一在卫南城外。”

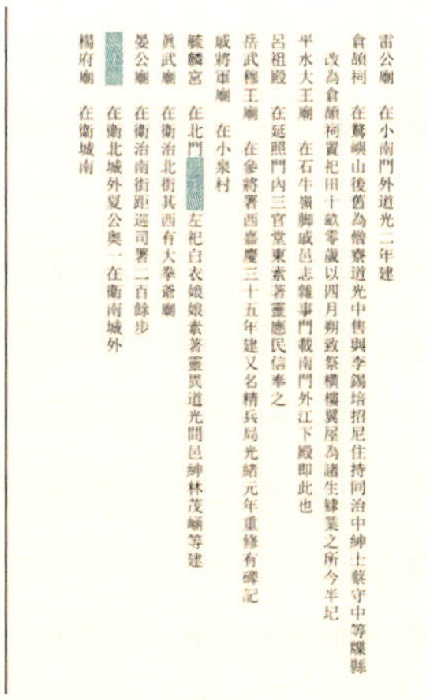

雷公廟　在小南門外道光二年建
倉頡祠　在鷲嶼山後舊爲僧寮道光中曾與李錫培招尼住持同治中紳士蔡守中等牒縣改爲倉頡祠置祀田十畝每歲以四月朔致祭橫樓翼屋爲諸生肄業之所今半圮
平水大王廟　在石牛嶺脚威邑志雜事門載南門外江下殿即此也
呂祖殿　在延照門內三官堂東素著靈應民信奉之
岳武穆王廟　在參將署西嘉慶二十五年建又名精兵局光緒元年重修有碑記
威將軍廟　在小泉村
麒麟宮　在北門禹王廟左祀白衣娘娘素著靈異道光間邑紳林茂崳等建
眞武廟　在衛治北街其西有大拳巖廟
晏公廟　在衛治南街距巡司署二百餘步
禹王廟　在衛北城外夏公奧一在衛南城外
楊府廟　在衛城南

民国《台州府志》卷五四载“禹王庙”

浦西村禹王庙（张钧德供图）

禹　岭

类　　别： 山川·山

地理位置： 浙江省台州市黄岩区宁溪镇蒋岙村觉慈寺后

所属流域： 东南沿海诸河

简　　介： 传说大禹带领他的治水队伍屯驻在这道山岭上，凿通前垟山与蒋岙口山嘴头之间的山岭，使南港顺利地注入宁溪。后人为了纪念大禹，便把这道岭称为禹岭。岭上建有宫殿，有诗为证：“峰回水绕岭崎斜，夏后坛壝景孔嘉。”“夏后”就是夏禹王；“坛”指大禹住宿的宫殿；“壝”是围绕在宫殿外的矮墙。“夏后坛壝”虽然早已消失，但为了纪念大禹治水的功绩，后人在禹岭上为大禹立祠（庙）塑像。一年四季，香火旺盛。大禹还凿通黄岩溪上游大溪坑的岩门，凿通黄岩溪中游山田岭龟山与下郑覆船山之间的山岭，凿通永宁溪中游乌岩伏虎山与长潭山之间的山岭……

禹王庙（横泾后岸村）

类　　别：古建筑·庙

地理位置：浙江省台州市黄岩区院桥镇横泾后岸村

所属流域：东南沿海诸河

简　　介：农历二月十六及八月十六为传神之日。有《重建横泾禹王庙碑记》：清光绪年间（1875—1908 年），横泾前后岸村民，为纪念大禹治水之丰功伟绩，推陈秀生为首事，共同募资，择地于两村交界处、乐善桥西侧，兴建禹王庙……

横泾后岸村禹王庙（张钧德供图）

韦羌山摩崖

类　　别：题刻

地理位置：浙江省台州市仙居县淡竹乡

所属流域：东南沿海诸河

简　　介：当地相传为大禹治水时所刻，现代考古则认为是

脊綿接今縣西蒼嶺亦其所通也按寰宇記云括蒼山在州西四十里今臨海真隱山本號括蒼而天台之東亦有蒼山蓋一山而綿亘三邑云

韋羌山在縣西四十里絶險不可升按臨海記云此衆山之最高者上有石壁刊字如科斗晉義熙中周廷尉為郡造飛梯以蠟模之然莫識其義俗傳夏帝踐歷故刻此石其後守阮録携吏民往觀雲雨晦冥累日不見而旋舊有綠筠庵按舊志載運羌山亦名天姥或

嘉定《赤城志》卷二二载“韦羌山”

古越族文字。

《太平御览》卷四十七：“天姥山与括苍山相连。石壁上有刊字蝌蚪形，高不可识。春月，樵者尝闻箫鼓之声聒耳。”

嘉定《赤城志·山水门四》：“韦羌山，在县西四十里，绝险不可升。按《临海记》云：‘此众山之最高者，上有石壁，刊字如科斗。晋义熙中，周廷尉为郡，造飞梯以蜡模之，然莫识其义。俗传夏帝践历，故刻此石。其后守阮录携吏民往观，云雨晦冥，累日不见而旋。’”北宋仙居县令陈襄作诗云：“去年曾览伟羌图，云有仙人古篆书。千尺石岩无路到，不变蝌斗字何如？”

禹王宫（观岙村）

类　　别：古建筑·宫

地理位置：浙江省台州市温岭市城南镇观岙村

所属流域：东南沿海诸河

简　　介：当地称涂头庙。门联为：青龙星平治洪水万民安居；夏禹王造福天下百姓乐业。浩气丹田万古忠诚昭日月；佑民福国千秋功绩永山河。

后街新村禹王宫（张钧德供图）

禹王庙（东兴村）

类　　别：古建筑·庙

地理位置：浙江省台州市温岭市石塘镇东兴村

所属流域：东南沿海诸河

简　　介：有道光二十一年（1841 年）之“重建禹王庙捐资□□碑”。庙正准备推倒重建。联一：平定三江气壮云天万古长存；疏通九脉名垂青简千秋永在。联二：滨海沐神庥水土既平报赛须凭贤事；孟秋演新剧宫商迭奏听歌莫问班名。

东兴村禹王庙（张钧德供图）

显圣庙

类　　别：古建筑·庙

地理位置：浙江省台州市温岭市滨海镇新横径村

所属流域：东南沿海诸河

简　　介：主祀平水禹王。显圣庙老庙在现横径大桥西，清道光十三年（1833年），新街一带洪水泛滥，为求风调雨顺，莫氏祖先倡议立庙祀求夏禹王保佑安康，因大禹治水功绩显著，故名为显圣庙。显圣庙里面曾办过横径小学，直至1978年才由四柱民众齐心协力，在横径大队七队和八队老宅基上迁建显圣庙（即现址）。1985年扩建，占地面积820平方米，建筑面积410平方米。1998年又进行扩建，占地面积2460平方米，建筑面积1460平方米。2014年恢复庙会活动，每逢二月十六、八月十六祭禹皇。联一：三过其门虚度辛壬癸甲；八年於外平成河汉江淮。联二：显运启涂山万古神犴悬禹鼎；圣功成水土千秋歌舞仗王庥。

新横径村显圣庙（张钧德供图）

温岭市还有若干禹王庙，如北港禹王庙坐落在松门镇北港村的上呑自然村，以农历七月十八为禹王寿诞，据说有150多年历史，1986年修复时题额“治水安民”。松门镇洞下村里坑自然村原有大王庙，1995年也改为“平水禹王庙”。

禹王宫（新河镇后街新村中闸）

类　　别：古建筑·宫

地理位置：浙江省台州市温岭市新河镇后街新村中闸

所属流域：东南沿海诸河

简　　介：民国《台州府志》卷五四记载：“禹王庙，在南监北闸，宋朱文公疏水时建。栋木至今如新，石二方，色白润，叩之有声。”光绪《台州府志》载：中闸，原迂浦埭，《赤城志》记属灵山乡，后分隶繁昌乡，在十一都，与永丰、周洋诸闸相望，南宋淳熙年间朱子议建改闸。这一带河流曲折蜿蜒，汇头有 18 个之多，所以古时候称迂浦，或称回浦、汇浦。大门有联，联一：立功万里胆包身；注述六家胸有甲。联二：夏存心治水三过倚门不理家庭事；禹有道为民造福之恩留下万代传。

另戏台之联为：伟大功勋如日月经天千秋永在；光辉业绩若潇洒行地万古长流。

今日禹王庙已找不到那栋梁与白玉石了，有两块断碑，是几年前疏浚河道时从中闸桥下挖出的。其中一块碑上刻“大清道光九年季秋……宋朱文公遗迹……管理黄岩场正堂卓异候升县加三级五次”；另一块字体已经很模糊，仔细辨认，有“明崇祯八年……宋朱文公遗迹……后学知太平县事广陵彭承……”

禹王庙（下湫村）

类　　别：古建筑·庙

地理位置：浙江省台州市玉环市清港镇下湫村

所属流域：东南沿海诸河

简　　介：现场调查，祀大禹。

香炉（张钧德摄）

禹王庙（双郑塘村）

类　　别：古建筑·庙

地理位置：浙江省台州市玉环市清港镇双郑塘村

所属流域：东南沿海诸河

简　　介：现场调查，祀大禹。据越剧资讯平台“东方大舞台”《每日戏讯速递》，玉环市清港镇双郑塘禹王庙，玉城街道瑶岙村平水禹王庙，芦浦镇道头村平水禹王庙、井头禹王庙、漩门禹王庙等，至今仍作为地方戏曲巡演场所。

玉环市现存很多有关禹的地名：如山里村禹王庙，苔山村禹王庙，里岙平水禹王庙，花岩礁村禹王庙，庆澜社区大麦屿街道尤蒙岙平水禹王庙，后岭禹王宫，芦浦镇禹王院，鸡山岛“平水禹皇”等。还有若干“平水庙”，其中许多也与大禹治水传说有关联。

禹王庙（李山头村）

类　　别：古建筑·庙

地理位置：浙江省丽水市龙泉市塔石街道李山头村

所属流域：东南沿海诸河

简　　介：李山头村禹王庙始建于明朝，重建于清同治年间，至今保留着一年一次的“作灶”仪式，成为浙江省非遗普查十大新发现20个候选项目之一。为市、县级文物保护单位。

李山头村禹王庙（张钧德供图）

平水王社庙（徐山后村）

类　　别：古建筑·庙

地理位置：浙江省丽水市龙泉市龙渊街道徐山后村

所属流域：东南沿海诸河

简　　介：有700多年历史。省级文物保护单位。有联：业绩山川怀夏禹；驰龙法书仰徐昊。

竹坑大禹殿

竹坑大禹殿正殿（傅峥嵘供图）

类　　别： 古建筑·殿

地理位置： 浙江省丽水市云和县云坛乡竹坑村村口

所属流域： 东南沿海诸河

简　　介： 原脊梁上题记建于清道光二十八年（1848年），后几经修缮，坐北朝南，占地面积112平方米。通面阔10.93米，通进深10.33米。一进三开间，硬山顶、小青瓦屋面。明间用四柱七檩，抬梁式；次间用五柱七檩，穿斗式梁架。殿四周夯土墙，中间辟大门，门内有一阔10.93米、深2.6米的天井，正中设三级踏跺通向正殿。殿内梁枋、牛腿等木构件雕刻简洁。竹坑大禹殿于2006年9月29日重建，梁柱等木构件被更换，瓦片翻新。殿内现存清光绪七年（1881年）石香炉一座，有一定的历史价值。（浙江省第三次全国文物普查，2007—2011年）

竹坑大禹殿全景（傅峥嵘供图）

禹王庙（饭甑笼村）

类　　别： 古建筑·庙

地理位置： 浙江省丽水市云和县紧水滩镇饭甑笼村

所属流域： 东南沿海诸河

简　　介：离村二里路，一条山岗逶迤横伸梓枋坑，如青龙翔游。禹王庙就建在青龙头上，庙前有一条小溪名梓枋坑，环青龙头转绕 180 度折向东流。云和境内多山，历史上旱涝灾害频发，当地老百姓相继建起了寺庙，祈求一方平安。禹王庙的中央主祭大禹王，上面横梁上挂着清光绪八年（1882 年）的一幅匾额，题“广济群生”。左边供奉土地公，上题有光绪八年匾额“合境康宁”。门厅坊内题匾为壬午年卜增槐、飞熊等刊“德敷宏济”四字，内外墙均有壁画。庙内的柱子上有木刻烫金两副对联。寺庙掩映在高大的甜槠密林中，庙北谷涧泉水潺潺，环境优美。

禹王庙（下宅街村）

类　　别：古建筑·庙

地理位置：浙江省丽水市松阳县大东坝镇下宅街村中部

所属流域：东南沿海诸河

简　　介：现庙内脊檩上留有墨书“中华民国二十三年复造”等字。建筑坐北朝南，平面呈长方形，三合院式，通面阔 13.2 米，进深 15.5 米，占地面积 205 平方米，为一进三开间带二厢单檐泥木结构，屋面硬山式，马头墙，阴阳合瓦。一进（正殿）五架梁带前双步后单步用四柱，明间内设夏禹王之神位，中轴线上辟木大门，厢房面阔二间，原泥土墁地，天井卵石铺设。禹王庙布局规整，格局仍在，是当地百姓为纪念大禹治水而建，具有一定的历史价值。（浙江省第三次全国文物普查，2007—2011 年）

禹王庙（后宅村）

类　　别：古建筑·庙

地理位置：浙江省丽水市松阳县大东坝镇后宅村北首一里处公路边

所属流域：东南沿海诸河

简　　介：据当地群众介绍，该禹王庙始建于清代，早年已毁，现存禹王庙建筑在原址于 1987 年重建。建筑坐东南朝西北，平面略呈正方形，三合一式，通面阔 11 米，进深 12 米，占地面积 132 平方米，为一进三开间带二厢单檐，泥木结构。正屋三柱六檩前单步，明间内塑禹王像，厢房面阔二间，西厢房辟木大门，上墨绘“禹王庙”三字。禹王庙格局规整，为松阳民间纪念大禹治水的建筑，具有一定的意义。（浙江省第三次全国文物普查，2007—2011 年）

禹王庙外景（傅峥嵘供图）

禹王庙正屋（傅峥嵘供图）

洋坑埠头村永宁社

类　　别：古建筑·庙

地理位置：浙江省丽水市松阳县大东坝镇洋坑埠头村

所属流域：东南沿海诸河

简　　介：建于清代，供奉大禹王、财神、土地。占地面积 47.6 平方米，坐东朝西，大门朝南，厅堂结构，面阔三间，次间较狭，四柱五檩，牛腿雕 S 纹、人物神像、瑞兽等装饰。泥墙青瓦，硬山顶马头墙，地面改水泥地，天井卵石拼花。

永宁社外景（傅峥嵘供图）

永宁社正殿（傅峥嵘供图）

2003 年重修，更换部分木构件，满堂油漆粉刷。

周围环境良好，古树名木多株。该建筑经 2003 年重修后，古建风貌仍可识别，仍具有一定文物价值。（浙江省第三次全国文物普查，2007—2011 年）

大王庙（牛角圩村）

类　　别：古建筑・庙

地理位置：浙江省丽水市松阳县大东坝镇牛角圩村

所属流域：东南沿海诸河

简　　介：建于清代，民国元年（1912 年）重修。占地面积 94.2 平方米，坐东朝西，石门枕、石门槛、石门框。三开间，五架梁前后单步梁，牛腿浮雕曲带、锦鸡、松鼠等纹饰。泥墙青瓦，硬山顶马头墙，泥土墁地，阶沿条石砌，天井卵石拼花。明间供奉大禹王，次间分别供奉夫人和土地。大门外有古树桂花、香樟、楮树。该建筑平面布局和梁架结构保持原貌，具有一定的文物价值。（浙江省第三次全国文物普查，2007—2011 年）

大王庙外景（傅峥嵘供图）

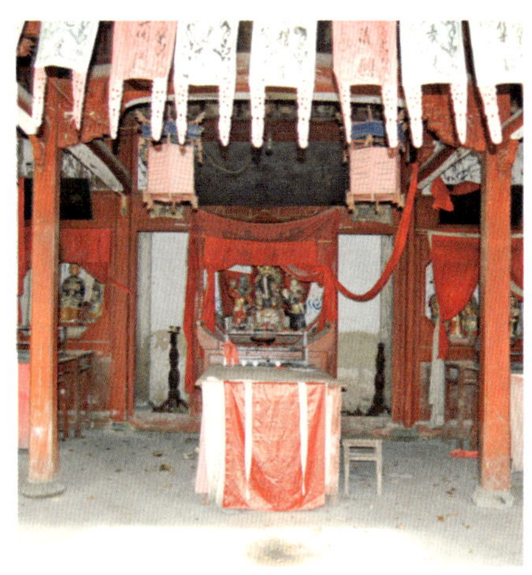

大王庙正殿（傅峥嵘供图）

安岱后村社庙

类　　别：古建筑・庙

地理位置：浙江省丽水市松阳县安民乡安岱后村村口

所属流域：东南沿海诸河

简　　介：北距善继桥 20 米。建于清代，坐西朝东，建筑占地面积 156 平方米。中轴线上二进二厢房，面阔三间，门厅二柱三檩，正殿五架梁前后双步梁，柱梁枋用材硕大，牛腿浅浮雕曲带、瑞兽、插花等纹饰。明间设戏台。硬山顶马头墙，泥墙青瓦，阶沿条石砌，天井地面卵石砌。供奉大禹王、土地、夫人等神像。抱柱联四副。联一：此曲须知天上有；斯人莫道世间无。联二：继帝开王度土歌乐利；仁民爱助安澜庆平成。联三：三过其门虚度辛壬癸甲；八年於外平成河汉江淮。联四：抗洪水奠当年饭美鱼香；澄清时思俭德泳勤沐泽。

禹王庙（曹竹村）

类　　别：古建筑·庙

地理位置：浙江省丽水市松阳县安民乡曹竹村

所属流域：东南沿海诸河

简　　介：距村东 150 米。建于清代。坐西南朝东北，建筑占地面积 132 平方米。中轴线上二进二厢房，梁架为抬梁穿斗混合结构，门厅五架梁，正殿五架梁前后单步梁，柱梁枋用材较大，牛腿浅浮雕曲带、瑞兽、花卉等纹饰。泥墙青瓦，硬山顶马头墙，地面改为水泥地。供奉大禹王、土地、夫人神像。该建筑平面布局和梁架结构保持原貌，柱梁用材较大，木构件保存较完好，具有一定的文物价值。（浙江省第三次全国文物普查，2007—2011 年）

禹王庙外景（傅峥嵘供图）

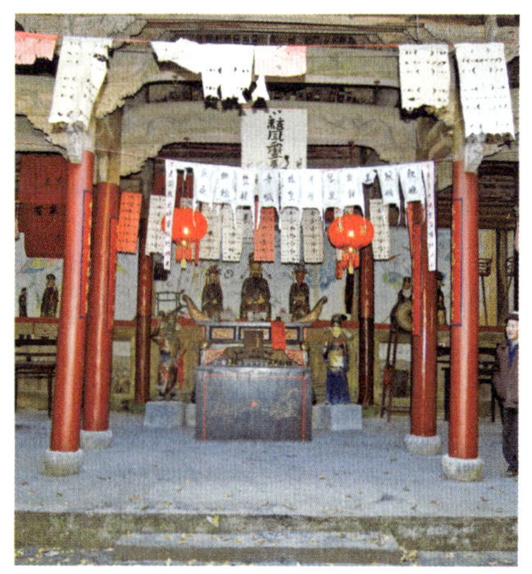

禹王庙内景（傅峥嵘供图）

禹王庙（交塘村）

类　　别： 古建筑 · 庙

地理位置： 浙江省丽水市松阳县玉岩镇交塘村

所属流域： 东南沿海诸河

简　　介： 建于清代。占地面积 46.1 平方米，坐东朝西，面阔一间，三柱五檩，泥墙红瓦，硬山顶马头墙，地面改为水泥地，天井卵石砌。供奉大禹王。20 世纪 90 年代做过修缮。该社庙体量虽小，但建筑格局规整，平面布局和梁架结构基本保持原貌。虽重修，古建风貌仍可识别，仍具有一定文物价值。（浙江省第三次全国文物普查，2007—2011 年）

禹王庙前立面
（傅峥嵘供图）

周安村仁安桥

类　　别： 古建筑 · 桥

地理位置： 浙江省丽水市松阳县玉岩镇周安村水口

所属流域： 东南沿海诸河

简　　介： 距周安村 0.5 千米。建于清康熙年间（1662—1722 年）。仁安桥为单孔木梁廊屋桥，跨周安坑，东西走向，孔跨 10.7 米，东西桥台块石砌筑，木梁九根，每根木梁直径约 40 厘米，梁上铺设木板，桥长 14.7 米，宽 5.7 米。廊屋硬山顶，明间歇山造，面阔五间，各间均为抬梁结构，五架梁前后单步梁。牛腿雀替浮雕曲带、S 纹、云纹等纹饰，神龛坐南朝北，供奉大禹王。明间施天花，天花彩绘严重剥落。该桥建造年代久远，虽几经修葺，仍保持清式风格，单孔跨度大，桥上施廊屋，既有利于保护桥梁，又便于行人避风雨，具有一定的历史、科学和艺术价值。（浙江省第三次全国文物普查，2007—2011 年）

仁安桥外立面（傅峥嵘供图）

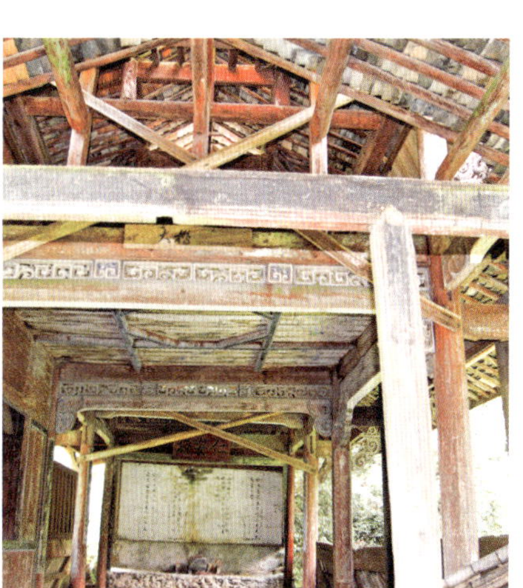

仁安桥东面梁架（傅峥嵘供图）

根坑村新兴社庙

类　　别：古建筑・庙

地理位置：浙江省丽水市松阳县玉岩镇根坑村松树坑自然村

所属流域：东南沿海诸河

简　　介：建于清咸丰三年（1853 年）。占地面积 63.5 平方米，坐南朝北，八字门墙，面阔三间，五架梁前后单步梁，牛腿镂雕人物神像，明间设神龛供祀大禹王。泥墙青瓦，硬山顶马头墙，地面改为水泥。该建筑平面布局和梁架结构保持原貌，具有一定的文物价值。（浙江省第三次全国文物普查，2007—2011 年）

新兴社庙外景（傅峥嵘供图）

新兴社庙正殿（傅峥嵘供图）

根坑村永兴社庙

类　　别：古建筑·庙

地理位置：浙江省丽水市松阳县玉岩镇根坑村

所属流域：东南沿海诸河

简　　介：建于清末，1991 年修缮。占地面积 47.5 平方米，坐西朝东，大门横开朝北，面阔一间，三柱五檩，牛腿浮雕曲带、松柏、狮子等纹饰。泥墙青瓦，硬山顶马头墙，泥土墁地，天井卵石砌，供奉大禹王、财神、土地神。该建筑虽经 1991 年修缮，平面布局和梁架结构仍保持原貌，具有一定文物价值。（浙江省第三次全国文物普查，2007—2011 年）

平水禹王庙（高亭村）

类　　别：古建筑·庙

地理位置：浙江省丽水市松阳县玉岩镇高亭村

所属流域：东南沿海诸河

简　　介：原称社殿，亦称“平水禹王庙”，现被宗教事务局改为“钟山古寺”，祀四神祇：五谷佛、徐侯大王、平水禹王、唐葛周三元帅（做成一尊神像）。每年农历六月十五日举办迎神赛会。现在，高亭村的迎神赛会已是松阳县非物质文化传承基地。

禹王宫（界首村）

类　　别：古建筑·宫

地理位置：浙江省丽水市松阳县赤寿乡界首村

所属流域：东南沿海诸河

简　　介：建成于清乾隆三十九年（1774 年），1996 年遭火灾，仅存门厅。大门外四石柱，分别有联，联一：四海清流皆圣泽；一溪赤水亦恩波。联二：庙倚寿山山永奠；门环赤水水咸安。联三：寿麓他年传玉简；赤溪今日见黄龙。联四：八年於外备尝辛苦勤王事；三过其门历尽风霜忘室家。

另禹王宫外长街上有三个拱门依次耸立，上面横匾“怀德古里”“彭城旧家”“松川锁钥”“德被苍生”“功垂奕祀”“栝水浚疏”，后三则是传颂大禹功德的，传说是乾隆皇帝游万寿山时亲笔手书。禹王宫门楼气派，两对方形石柱巍然而立，门旁还有一对雕花石鼓。旧时正月初八有祭禹活动，场面壮观。

葛湖村八龙庙

类　　别：古建筑·庙

地理位置：浙江省丽水市缙云县新建镇葛湖村东北侧

所属流域：东南沿海诸河

简　　介：清代建筑。坐西北朝东南，占地面积 97 平方米，土木结构。八龙庙正殿为三开间明间四柱五檩。次间五柱五檩。柱磉均为石质，石柱柱头均为简单的“S”形牛腿。明间供奉大禹与夫人，西南次间供奉财神、送子娘娘，东北次间供奉土地公婆泥塑。天井为泥土，中间有一棵大樟树。八龙庙西南侧还有小庙，为供奉五谷神，构造极简单。葛湖村八龙庙整体保存基本完整，是附近村民求神祈福民间信仰的重要场所，具有一定的文物保护价值。（浙江省第三次全国文物普查，2007—2011 年）

禹王庙（下村）

类　　别：古建筑·庙

地理位置：浙江省丽水市遂昌县蔡源乡蔡和村下村村口

所属流域：东南沿海诸河

简　　介：坐东朝西偏南 10 度，现为清代建筑。总面阔 14.6 米，总进深 9.61 米，总面积 140.31 平方米。禹王庙为一进三开间布局，后廊明间设神龛，上祭禹王。1993 年重修，栋梁更换。禹王庙系为祭祀大禹防治山洪而造，有一定的历史及民俗价值。（浙江省第三次全国文物普查，2007—2011 年）

下村禹王庙（傅峥嵘供图）

一进（傅峥嵘供图）

上周大殿及戏楼

类　　别：古建筑·殿

地理位置：浙江省丽水市缙云县双溪口乡上周村 374 号东侧

所属流域：东南沿海诸河

简　　介：始建于明代，现建筑以清代为主。坐西北朝东南，占地面积 207.23 平方米。中轴线上依次为戏楼、中厅、大殿。戏楼为一间，尚存。广场北侧即为中厅，中厅开放式，三开间。紧接中厅的为大殿。大殿前不设门墙。大殿面阔三开间，雕刻不甚精。大殿主祭菩萨为平水大王，即大禹王。明代中后期始建。当地农民称，建村伊始即有此大殿。整体建筑保存较好，建筑始建时间较早，具有一定的文物保护价值。（浙江省第三次全国文物普查，2007—2011 年）

方溪村本保殿

类　　别：古建筑·殿

地理位置：浙江省丽水市缙云县方溪乡方溪村公路边

所属流域：东南沿海诸河

简　　介：民国建筑。坐北朝南，占地面积77.28平方米。方溪村本保殿一字三间，进深四柱七檩，抬梁式，土木结构。外檐柱八角，梁架设精美雕花。主祭平水大王（大禹）、山神土地等泥塑像16尊。南侧原墙临溪坎，今则其下为公路，正面无门。门为殿中走廊东西向，而南侧为矮墙，向南开放，便于采光，两侧次间靠墙为四柱，金柱不落地。方溪村本保殿有一定的民俗意义。（浙江省第三次全国文物普查，2007—2011年）

平水王庙（岚头村）

类　　别：古建筑·庙

地理位置：浙江省丽水市景宁畲族自治县外舍乡岚头自然村南侧山坡上

所属流域：东南沿海诸河

简　　介：该殿建于清同治二年（1863年），坐北朝南，建筑占地面积28.05平方米。为单层木结构，砖石建筑，悬山顶，三柱七檩抬梁式梁架，殿内供奉土地公、平水王大禹、插花娘娘等五尊神像。平水王殿保存一般，但却是乡土文化研究的重要实证，有一定的人文史学价值。（浙江省第三次全国文物普查，2007—2011年）

十二、安徽省

古埂文化遗址

类　　别：古文化遗址

地理位置：安徽省合肥市肥西县上派镇东 1.5 千米处

所属流域：长江

简　　介：新石器时代遗址，遗址东西长 350 米，南北宽 65—180 米，面积 3.5 万平方米。古埂岗又名古城岗、古埂塘，处于丘陵地带。1983 年 5 月进行发掘，1998 年 5 月核定为省级文物保护单位。派河流域夏文化很发达。

三官庙遗址（桃花镇）

类　　别：古文化遗址

地理位置：安徽省合肥市肥西县桃花镇顺和社区

所属流域：长江

简　　介：三官庙遗址中发现了二里头文化时期保存完整的两座红烧土房址，其主体年代在二里头四期晚段至二里岗下层之间，即夏商更替时期。先秦文献《国语》记载“桀奔南巢”，似可有所印证。三官庙，祭祀天、地、水三官尧舜禹。

涂山朝禹路（邱志荣摄）

朝禹路

类　　别：其他建筑・路

地理位置：安徽省蚌埠市禹会区涂山

所属流域：淮河

简　　介：朝禹路位于涂山主峰的南侧，曾为登涂山的羊肠小道，相传为涂山禹王宫的道士与民众所开凿。1995 年后重修为石坡道、石台阶、柏油路等。

歇马亭

类　　别：古建筑 · 亭

地理位置：安徽省蚌埠市禹会区涂山

所属流域：淮河

简　　介：歇马亭，坐落于朝禹路上中段，亭旁有系马石。相传，唐朝以来，文武官员登山朝拜大禹，文官须于此下轿，武官于此下马。游人到了歇马亭，通常要稍事歇息，整肃衣冠，而后徒步登山朝拜大禹。

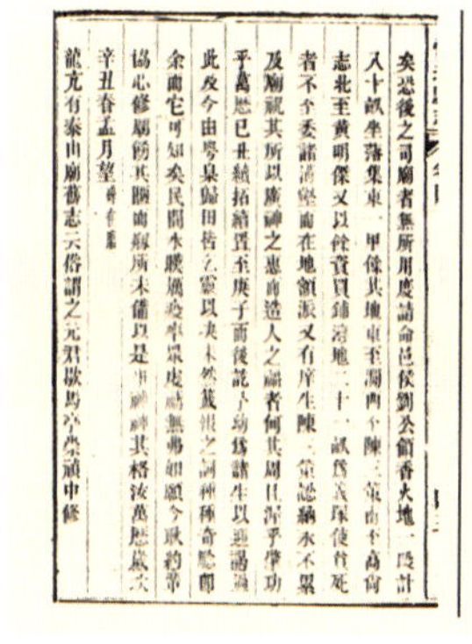
矣恐後之司廟者無所用度請命邑侯劉公領香火地一段計
八十畝坐落集東一里餘其地東至澗西至陳三策南至高尚
志北至黃明傑又以餘資買鋪灣地二十一畝爲義塚使貧死
者不至委諸溝壑而在地額派又有庠生陳三策認納永不累
及廟祝其所以廣神之惠而造人之福者何其周且渥乎肇功
乎萬歷己丑續拓續置至庚子而後訖予幼爲諸生以迎謁過
此及今由粵臬歸田皆乞靈以決未然叢報之詞種種奇驗卽
余而它可知矣民間水暵厲疫率眾虔禱無弗如願今耿約聿
協心修廟飭其陋而剏所未備以是事神神其格汝萬歷歲次
辛丑春孟月望 碑在廟
龍亢有泰山廟舊志云俗謂之元君歇馬亭崇禎中修

嘉庆《怀远县志》卷四载“歇马亭”

相传明初，有位到怀远任职的麻脸武官，仗着自己战功赫赫，常骑高头大马在大街小巷耀武扬威，撞到行人也不下马道歉。适逢涂山禹王庙会，麻脸武官骑马到了此处一不下马、二不放慢速度，反而扬鞭打马向山上奔去。民众实在受不了，告到了府衙，因事实清楚有理有据，麻脸武官受到罚俸银、调离怀远的处分。

歇马亭（邱志荣摄）

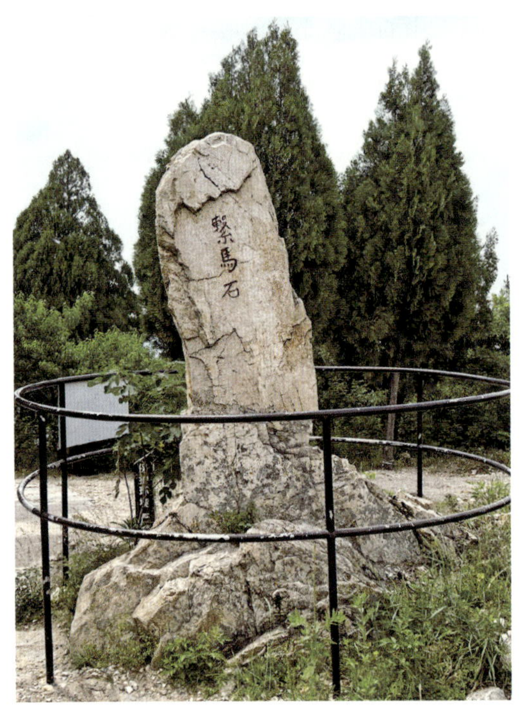

系马石（邱志荣摄）

系马石

类　　别：山川·石

地理位置：安徽省蚌埠市禹会区涂山

所属流域：淮河

简　　介：系马石位于东山南坡的朝禹路边。石柱高约两米，历千载风雨侵蚀而兀然独立。据史籍载，唐以来，文武百官，每年农历六月六日大禹诞辰登东山朝禹，文臣须到这个地方下轿，武将到这个地方也要下马，武官之马就系在此石上，系马石由此得名。

候人石

类　　别：山川·石

地理位置：安徽省蚌埠市禹会区涂山风景区

候人石

所属流域：淮河

简　　介：候人石为涂山南坡的一块巨石。相传大禹治水来到涂山古国遇到涂山氏女，两人一见倾心，但因治水任务紧急不得不暂时别离。涂山氏女思念大禹，让侍女站在涂山南坡上等候大禹归来，并创作了《候人之歌》，歌词只有四个字——“候人兮猗”，为南音之始。侍女所站立的这块大石，后来就被称为“候人石”。

乃令其妾待禹于塗山之陽塗山在九江近當塗也山南曰陽也女乃作

歌歌曰侯人弓猗實始作為南音南方國風之音周公及召公取風焉以為周南召南取塗山氏女南音為樂歌周昭王親將征荊周昭王康王之子穆王之父楚也秦莊王諱楚避之曰荊荊辛餘靡長且多力為王右右兵車之右也還反涉漢梁敗王及蔡公抎於漢中抎隕音曰頗隕之隕辛餘靡振王北濟又反振蔡公振救也傳曰齊桓公伐楚讓之曰爾貢苞茆不入王祭不供無以縮酒寡人是徵昭王南征沒而不復寡人是問對曰貢之不入寡君之罪敢不共乎昭王之不復君其問諸水濱由此言之昭王為沒於漢辛餘靡為得振王北濟哉周公乃侯之于西翟實為長公西翟西方也以辛餘靡有振王之力故賞之為長公殷整甲徙宅

田獵也天大風晦盲盲瞑也孔甲迷惑入于民室主人方乳乳產或曰后來見良日也之子是必大吉之其或曰不勝也之子是必有殃后乃取其子以歸曰以為余子誰敢殃之子長成人幕動拆橑斧斫斬其足遂為守門者以其無足遂為守門之官所謂之子有殃也孔甲曰嗚呼有疾命矣夫乃作為破斧之歌實始為東音為東陽之音禹行功見塗山之女禹未之遇而巡省南土遇禮也禹未之禮而巡狩南行也省南方之土塗山氏之女乃令其妾待禹于塗山之陽塗山在九江近當塗也山南曰陽也女乃作

《吕氏春秋》卷六载："禹行功见涂山之女，禹未之遇而巡省南土，涂山氏之女乃令其妾待禹于涂山之阳，女乃作歌，歌曰：'候人弓猗（候人兮猗）!'实始作为南音。"

卧仙石与聚仙台

类　　别：古建筑·石

地理位置：安徽省蚌埠市禹会区涂山风景区

所属流域：淮河

简　　介：嘉庆《怀远县志》卷一记录，涂山山腰有聚仙台与卧仙石。相传卧仙石是大禹和诸侯集会时休息的地方。卧仙石北有聚仙台，相传为神仙聚会朝拜大禹之处，也有神话认为此处是禹召群神三上桐柏捉拿水怪巫支祁的所在。

十六里水經云荊山左塗山右二山對峙相爲一脉自神禹以桐柏之水泛溢爲害鑿山爲二以通之今兩岸鑿痕猶存左傳禹會諸侯于塗山卽此今山巔有禹廟廟東數武有朝陽石上鐫傳心十六字廟西下陡峻處有泉澄瑩四時不竭遇旱禱雨泉邊輒應故鐫其石曰靈泉山半有聚仙臺卧仙石山之東有虎兒窩淮西岸有防風塚西麓有崇伯觀以祀伯鯀者山前有禹會村史記諸書以爲禹會諸侯在會稽宋濂遊荊塗二山記云當稽之左氏以壽春爲正按所引水經誤同顧氏乾隆江南通志塗山在懷遠縣南八里與荊山兩岸對峙而淮流經其中古塗山氏國于此春秋傳云禹會諸侯于塗山杜預謂在壽春東北者是也山下有禹墟及禹會村又山半有聚仙

嘉庆《怀远县志》卷一载"聚仙台"

卧仙石

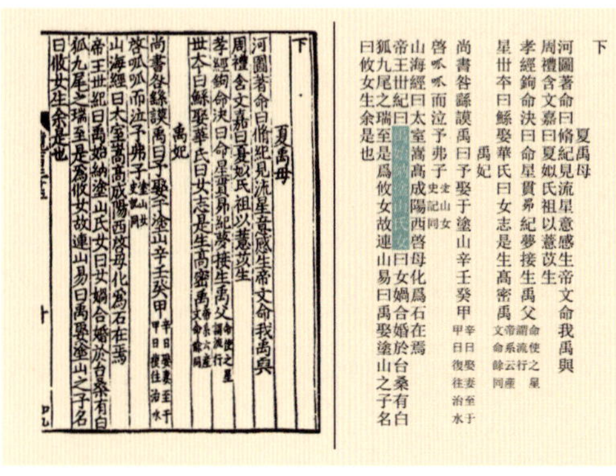

下

夏禹母

河圖著命曰脩紀見流星意感生帝文命我禹與

周禮含文嘉曰夏姒氏祖以薏苡生

孝經鉤命決曰命星貫昴紀夢接生禹父命使之星謂流行

星卋本曰鯀娶華氏曰女志是生高密禹帝系云產文命餘同

禹妃

尚書咎繇謨禹曰予娶于塗山辛壬癸甲辛日娶妻至于甲日復往治水

啓呱呱而泣予弗子塗山女史記同

山海經曰太室嵩高成陽西啓母化爲石在焉

帝王世紀曰禹始納塗山氏女曰女媧合婚於台桑有白

狐九尾之瑞至是爲攸女故連山易曰禹娶塗山之子名

曰攸女生余是也

宋代《太平御览·皇亲部一·禹妃》引《帝王世纪》佚文载："台桑。"

台桑（台桑石）

类　　别：山川·石

地理位置：安徽省蚌埠市禹会区涂山

所属流域：淮河

简　　介：台桑位于涂山南坡朝禹路边，也称"台桑石"，是古代男女幽会之处。"台"在古汉语中，与"怡"相通，此时读"怡"。《天问》曰："禹之力献功，降省下土四方，焉得彼涂山女，而通之于台桑？"王逸注："言禹引治水道，娶涂山氏之女，而通夫妻之道於台桑之地。"也就是说，在神话中，台桑是大禹与涂山氏女行夫妻之事的地方。宋代《太平御览·皇亲部一·禹妃》引《帝王世纪》佚文也载："禹始纳涂山氏女，曰女娲，合婚於台桑，有白狐九尾之瑞至，是为攸女。"涂山当地民众认为夏启就是在此孕育的。

在蚌埠流传的"禹娶涂山"神话中，涂山氏女与九尾白狐有着千丝万缕的联系，九尾白狐可能是涂山氏的象征，或者可能就是涂山氏本人。涂山氏与九尾白狐的联系早在汉代赵晔的《吴越春秋·越王无余外传》中就出现了：

禹三十未娶，行到涂山，恐时之暮，失其度制，乃辞云："吾娶也，必有应矣。"乃有九尾白狐造於禹。禹曰："白者，吾之服也，其九尾者，王之证也。涂山

台桑碑（邱志荣摄）

台桑刻石（邱志荣摄）

之歌曰：‘绥绥白狐，九尾厖厖。我家嘉夷，来宾为王。成家成室，我造彼昌。天人之际，於兹则行。’明矣哉!”禹因娶涂山，谓之女娇。

“安邦”“定国”石刻

类　　别：题刻

地理位置：安徽省蚌埠市禹会区涂山

所属流域：淮河

简　　介：“安邦”“定国”石刻在涂山北麓落马涧的石上，“安邦”二字歌颂大禹平息洪水后四海升平、国泰民安；“定国”二字歌颂大禹会诸侯于涂山，开创夏朝四百年基业。四字相传为苏轼游涂山时所书。

“定国”石刻（张卫东供图）

“旷览平成”石刻

类　　别：题刻

地理位置：安徽省蚌埠市禹会区涂山

所属流域：淮河

简　　介：“旷览平成”石刻在朝禹路的“旷览石”（即白虎石）上，相传为清代书法家、篆刻家邓石如所篆。

“旷览平成”石刻（张卫东供图）

圣泉·灵泉

类　　别：题刻

地理位置：安徽省蚌埠市禹会区涂山禹王宫西侧

所属流域：淮河

简　　介：二泉相邻，其上方均有题刻。“圣泉”二字出自宋代苏轼，“灵泉”为宋代濠州太守刘仲光登山祈雨所留。明宋濂《游涂荆二山记》提到“圣水亭”。清康熙《凤阳府志》卷五载：怀远县涂山有禹庙，“庙西下陡峻处有泉澄莹，四时不竭，遇旱祷雨泉边辄应，故镌其石曰灵泉”。在当地民众中还流传着圣泉与灵泉的神话：大禹率领的治水大军曾被妖怪（疑为巫支祁）围困在涂山上，时间久了，饥渴难耐。河蚌仙子圣珠、灵珠姐妹二人不忍治水大军遭受磨难，因此牺牲了自己，化为两眼清泉。[①]

十六里水經云荊山左塗山右二山對峙相爲一脉自神禹以桐柏之水泛溢爲害鑿山爲二以通之今兩岸鑿痕猶存左傳禹會諸侯于塗山卽此今山巔有禹廟廟東數武有朝陽石上鎸傳心十六字廟西下陡峻處有泉澄瑩四時不竭遇旱禱雨泉邊輒應故鎸其石曰靈泉山半有聚仙臺卧仙石山之東有虎兒窩淮西岸有防風塚西麓有崇伯觀以祀伯鯀者山前有禹會村史記諸書以爲禹會諸侯在會稽宋濂遊荊塗二山記云當稽之左氏以壽春爲正按所引水經誤同顧氏
乾隆江南通志塗山在懷遠縣南八里與荊山兩岸對峙而淮流經其中古塗山氏國于此春秋傳云禹會諸侯于塗山杜預謂在壽春東北者是也山下有禹墟及禹會村又山半有聚仙

嘉庆《怀远县志》卷一载“灵泉”

圣泉与灵泉（张卫东供图）

荆山峡（断梅谷）

类　　别： 山川・峡

地理位置： 安徽省蚌埠市禹会区涂山、怀远县荆山之间

所属流域： 淮河

简　　介： 荆山峡又名“断梅谷”，相传大禹治水时用神斧劈出，以治理淮河中游因被山峦堵塞而成的水患。嘉庆《怀远县志》卷一载：“……断梅谷，《一统志》谓之断接谷，谓是神禹凿山处，山势趣淮水，水中有州为曹家洲，相传以为防风冢石洲也。”又载：“断梅谷，周（世）宗征淮，以荆涂二山乃濠州之朝冈，有王者气，命断之。有梅族居此，因曰断梅谷。”元末明初宋濂所作《游涂荆二山记》云：“临濠古迹，唯涂、荆二山最著。”峡下水中有石横亘，被称为“禹门槛”。石后有岩穴，相传为大禹锁水怪巫支祁的山洞，称为“支祁洞”，荆山峡也因此得名“支祁川”。

① 参见毕旭玲等：《中华禹迹寻踪：中华鲧禹创世神话田野调查报告》，上海人民出版社 2020 年版，第 128 页。

附录：

上巳日，与二子迨、过游涂山、荆山，记所见

［宋］苏　轼

此生终安归，还轸天下半。蝎来乘樏庙，复作微禹叹。

从祀及彼呱，像设偶此粲。秦祖当侑坐，夏郊亦荐祼[1]。

其走集之地轃商賈蓄廛里者曰渦河鎮曰洛河鎮曰上窰鎮曰
考城鎮曰龍亢城爲最著其餘負販所會逢期趂墟者每五六里
內輙有之茆塘蘇家集何溜集何家集馬頭集其大者也
縣境諸山
荊山縣所倚也在治西南濱淮突起旁無附麗或云其脉自平阿
山迤邐而來頗斷續不可尋也山之顛啓廟在焉騎嶺而南分一
隴東行其麓有三皇廟其右爲大聖寺嶺又南一高隴直東行土
人謂之大山膀子俗謂臂爲膀言其如臂之面抱也坡陁而下盡
于淮爲上洪古名荊山洪其西南分隴復起小山爲[illegible]一統
志謂之斷接谷謂是神禹鑿山處山勢趣淮水水中有州爲曹家
洲相傳以爲防風塚石洲也自山巔脊嶺稍北分二隴一隴西行

宋蘇軾東坡集上已日遊塗山荊山記所見自注曰荊山下有
卞氏採玉坑石如玉不受鑱刻取出山下輒變色不復溫潤
元豐九域志蘄縣有荊山鎮
祝穆方輿勝覽荊山在鍾離縣西八十三里梁魏戰爭時又築
堰以灌壽陽[illegible]周宗征淮以荊塗二山乃濠州之朝岡
有王者氣命斷之有梅族居此因曰[illegible]
王應麟玉海濠州安撫使荊山在西濠水合流
宋濂遊荊塗二山記自塗山麓北經縣治折而西行約　里所
至荊山梁魏交兵時就山築堰以灌壽春其遺跡猶斑斑可見
復行三十步崖厂如屋側身而入石平如床可坐為卞和洞自
西上復一里所過避雨石石斜倚可避風雨故名又六十里至

嘉庆《怀远县志》卷一载“断梅谷”

从涂山山腰远眺荆山峡（张卫东摄）

① 祼，音 guàn。

可怜淮海人，尚记弧矢旦。荆山碧相照，楚水清可乱。
刖人有馀坑，美石肖温瓒。龟泉木杪出，牛乳石池漫。
小儿强好古，侍史笑流汗。归时蝙蝠飞，炬火记远岸。

游涂荆二山记

［明］宋　濂

濂既游琅琊山，起行，至池河驿，适邮卒递内使监公牒至。及开缄，中藏《濠梁古迹》一卷，宸翰亲题其外，令濂披访，与青宫言之。濂因启曰："临濠古迹，唯涂、荆二山最著。按图经，涂山在昔钟离县西九十五里，荆山亦在县西八十三里，二山本相联属，而淮水绕荆山之背，神禹凿开，使水流二山间。其疏凿之踪故在，人思其功，迄今弗能忘。"青宫曰："至中都，当共往游焉。余将渡淮狩于王庄，先生宜溯流而上，届今怀远县治以俟。"濂奉教行，以洪武乙卯冬十一月己巳发舟，庚午日曛，始泊县西门，而青宫已驻跸於门东五里矣。辛未，濂上谒，青宫喜甚，下令以壬申游二山。濂至期，约怀远文学掾王景彰宿舟中，黎明，棹舟至涂山足，曳杖入山。

山傍废址，旧皆民庐。前，渡石梁，复斗折而北，累石为墉，多艺椒之园。行可三里余，视大磐石，青绿间错，颓然倚足。坐，谛视之，干藓交封之。其间有草生石上，高一尺，其花可玩，不假土力，人取悬檐间，呼为石莲花。复行四里所，岩石荦确，插起道左，危倾欲飞坠。复二里所，微径入灌莽，抵崖罅，贮泉一泓，味甚甘，覆以生茨。四圣水亭取水以禜雨，多验。复一里余，至山巅，禹庙在焉。庙已毁，唯颓垣破础存。游目四顾，长淮西来，涡河北汇，而寿春、临濠、宿州之境，皆在冥茫昏杳中。缅想南北战争屯戍处，为感慨者久之。山之下聚落甚盛，庙史云禹会村，乃禹会诸侯之地。庐舍之比如栉。移踵入庙。庙前杏树一章，大可蔽牛，二柏参差左右。树东置小瓮，杏柯之水，时津津滴其中。庙史云："当晨雾四集，水愈多，其来如泉，可代井汲。"石碣二：一大书"有夏皇祖之庙"六字，下方刻宋庆元初州守刘仲光自造《祷雨记》；一亦记祷雨事。皇甫斌绍熙庚戌来为郡，命钟离尉丁大荣作，石未剥泐，文尚可读。复从庙西循石坡而下，巨石危立如人形，遥望之，一妪俨然也，相传为启母石。庙史云："居人每刲羊豕祭之，至有以粉黛饰其貌者。"闻之不觉失笑。山坳旧有僧房，今废。久俟鹤驾不来。忽使者至，云："扈从士马多，无桥可以渡河，青宫不复至矣。"言未既，但见旌旗如锦绣，摇曳上荆山矣。濂亦下山麓，入县庙。见所题神号鄙俚，弃而不睨。出，读祖无择所赋歌，京口孙临为书碑，盖无择谪守寿春，过此而作也。

复北经县治，折而东行，约三里所，至荆山。梁、魏交斗时，就山筑堰，以灌寿春，其遗迹犹班班可见。复行三十步，崖广如屋，侧身而入，石平如床，座可坐人，号为卞和洞。自西上，复一里所，过避雨石。石斜倚，可避雨，故名。复六十步，至产玉坡，奇石骈列，玄质而白缘，粲如雪。西有玉池，榛荆迷路，不可寻。景彰欲导游青峰庵，足倦遂止。时青宫已猎远郊，濂因登舟，先还中都云。

惟二山见诸载记者，其说多乖殊。以涂山言之，《春秋左氏传》云："禹会诸侯於涂山"，杜预注云："在寿春县东北。"说者云今濠州是也。《国语》《史记》则又云：禹会诸侯於会稽，故会稽亦有涂山。《吴越春秋》亦以涂山在会稽，又兼载《涂山之歌》。应劭云："涂山在永兴北。"说者云：今会稽萧山是也。是二说已不能归於一致矣。至於《苏鹗演义》又云："涂山有四：一会稽，二渝州，三濠州，四当涂。"然其处皆有禹迹，或者遂谓禹之治水，固尝遍历宇内，而会诸侯实在会稽之涂山。柳子厚《涂山铭》，苏子瞻、子由《涂山诗》，指在濠州者皆非是。濂之存疑而未决者一也。以荆山言之，荆山，楚山也。楚之先王熊绎辟在荆山，筚路蓝缕，以处草莽，传至成王始盛，又七传至昭王，始迁都郢。昭王有言曰："自吾先王受封，望不过江、汉，河非所获罪。"则楚之封疆可知。郢即今之江陵，其地有荆山，一名景山。荆，故楚号也，有之诚宜。世则指为濠州。濠州，古钟离子国，与寿春密迩。楚自昭王之后又历十一传，至考烈王始徙都寿春，《韩非子》所载卞和献玉事，乃在厉、武、文三王之际，昭王上接武王，已越十世，当三王时，钟离何尝属楚，而强谓卞和至此山邪？《新序》又谓抱玉而泣在共王之时，《杂记》又谓在怀王及其子平王之时。平王乃昭王之父，下距怀王九世，共王上至武王亦六世，何至颠倒错乱如是邪？濂之存疑而未决者二也。大抵山川遗迹，非本诸经史者，多不可信。如葛洪丹井与郭景纯之墓在在有之，纵以高世之智，将何自辨其真伪邪？必欲可信，涂山当稽之左氏，以寿春为正；荆山当正诸史传，以江陵为正。有谓涂山氏乃古国名，禹曾娶其女者，别是一说，与此殊不相涉也。

濂耄矣，诸书遗忘欲尽，所记忆者，未必无舛讹，辄缘纪游，因挂漏书之，以发游者一笑。同游者盖太子正字桂彦良，晋府长史朱伯言，楚府长史朱伯清、吴府伴读王致远及景彰云。后一月某日记。

（据《宋文宪公全集》卷二十六，参校《文宪集》卷四）

斩洪涧·上下洪·防风冢

类　　别： 山川·冢

地理位置： 安徽省蚌埠市禹会区涂山

所属流域： 淮河

简　　介： 嘉庆《怀远县志》卷一载："防风冢，在县南七里曹家洲，《旧志》谓：禹会诸侯，防风氏后至，戮之，葬于此。此洲水长亦长，从不淹没，亦奇。"

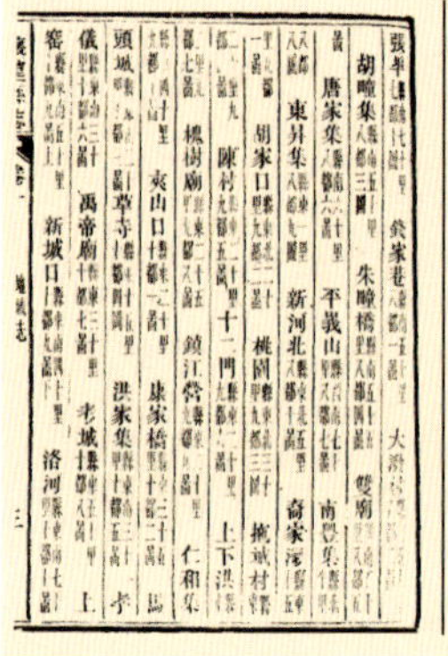

嘉庆《怀远县志》卷一载"上下洪"

《左传·哀公七年》载："禹合诸侯於涂山，执玉帛者万国。"大禹治水成功后，在涂山召集各部落首领集会，这就是著名的"禹会涂山"。《国语·鲁语下》记录说：吴国在伐越中获得大骨，一节骨头就要用一辆车来装。吴国诸侯派人请教孔子，孔子回答说："丘闻之，昔禹致群神於会稽之山，防风氏后至，禹杀而戮之，其骨节专车，此为大矣。"《国语》中记录说斩杀防风氏是在会稽之会而非涂山之会中。但蚌埠当地民众相传，大禹斩杀防风氏也是发生在禹会涂山中，根据当地民众介绍，相传大禹会诸侯时，部族首领防风氏居功自傲，姗姗来迟，不服从指挥，为大禹下令所斩，鲜血染红了涧水，所以在涂山西侧有"斩洪涧"。

"洪"为"红"的谐音，斩洪（红）涧为防风氏被斩杀之地，因为防风氏身躯庞大，血流把涧中的水都染红了，因此被称为"斩洪（红）涧"。

防风氏的血不仅染红了山涧，还流到附近的村落，形成了上洪（红）村和下洪（红）村，当地有防风氏死后"血流上下洪（红）"的俗语。

"防风冢"在斩洪（红）涧边上，是荒地中的土堆。

位于曹洲湾天河口的"防风冢"故地（张卫东供图）

附录：

斩防风

大禹召集三千诸侯商议下一步治水怎么干，发现少了他的外甥、大个子的防风氏。原来防风氏居功自傲，开会故意迟到，会开了三天，快散了，他才姗姗来迟。大禹经过激烈的思想斗争，觉得应该服从纪律，斩杀防风氏。

可是斩他，又怎么斩法呢？执刑的武士倒为难起来："个头这么大，咋办?"

禹王爷命令防风氏跪下来，叫刽子手爬到文笔峰的山顶上，又搭了个又高又大的脚手架，用那柄锋利的降伏过"无支祁"的"降魔剑"，使劲地往防风氏的脖颈子上捅，刽子手捅累了就换人。一共换了几十人，每人汗水都湿透了衣衫，一个个累得受不了。诸侯百姓等在山下仰着脸看，惊得目瞪口呆，没一个不钦佩禹王爷执法如山、大公无私的。

那时候的防风氏，还在呜呜地哭，眼泪滴在淮河里，像暴雨一般，只见那河水猛地涨了起来。后来血把河水染红了，尸首倒了下来，有几里地，骨头用几百辆车子往外拉。至今这里还有"尸倒九里，骨拉千车，血流上下红（洪）"的古老说法。现在涂山脚下的上洪（红）村、下洪（红）村的名字就是打那时留下来的。

涂山西南淮河边上，还有处十几亩的大沙丘，就叫"防风冢"。

（以上内容参见毕旭玲等：《中华禹迹寻踪：中华鲧禹创世神话田野调查报告》，第124、131、132页）

禹王庙遗址（歙县）

类　　别： 古建筑遗址

地理位置： 安徽省黄山市歙县龙井山上

所属流域： 长江

简　　介： 道光《歙县志》卷二载："禹王庙，在龙井山。此山为郡治水口，当渔梁坝下水土冲激之交，故立此庙以镇之。上有文昌阁，康熙元年（1662年）知府蔺一元重建，雍正十二年（1734年）邑人许登瀛修，后圮。道光五年（1825年）知府马步蟾劝捐重建。"又据民国《歙县志》卷二，禹王庙毁于咸丰十年（1860年）。龙井山下有古代著名水利工程渔梁坝横卧于练江之上。

尧舜祠（大历山）

类　　别：古建筑·祠

地理位置：安徽省池州市东至县尧渡镇大历山

所属流域：长江

简　　介：据《大历山志》记载，大禹晚年治理长江流域水患时，途经大历山拜谒尧舜圣迹，在舜城兴建了尧舜祠。鉴于当时之条件，尧舜祠乃三间草屋，中间为正堂，正中供着两块石碑篆刻的尧舜塑像，两边墙上刻着尧舜生平、业绩。日常由舜城民众管理香火和节日祭祀，后来舜城之人逐渐迁居山下，舜城亦名存实亡。

后汉时，孙氏家族雄踞江东，为策应浔阳和安庆之军事活动，以大历山之历口为据点，常驻一万多兵力，吴之将领鲁肃等时游大历山，扩建尧舜祠于大历山南麓，至唐宋时期，长盛不衰。宋徽宗时，崇尚道教，托道家管理尧舜祠，至此尧舜祠昌盛空前，声震大江南北。

尧舜祠衰于元朝，因元人以共工氏为鞑靼之始祖，而被尧舜诛于涂山，故元人视尧舜为世敌。元兵几次欲烧毁大历山尧舜祠，因当地民众与寺庙僧众相护而未遂。尧舜祠最终毁于清代战火。今人于旧址新建一座小庙，名“尧舜庙”。

夏　霖

类　　别：地名

地理位置：安徽省宣城市宁国市中溪镇夏林村

所属流域：长江

简　　介：夏霖，远古时称石门里，位于宁国市东南 27 千米处，与禹尧尖相邻。相传宁国曾天旱地裂，石门里百姓跪地求雨。从淮南巡视治水返回浙江会稽山的大禹恰好经过此地，立刻加入百姓求雨行列，天果降大雨，万物澍生。人们为感激大禹，遂将石门里改称“夏霖”。

禹尧尖

类　　别：山川·山

地理位置：安徽省宣城市宁国市中溪镇中田村荷花塘溪坞里

所属流域：长江

简　　介：嘉靖《宁国县志》卷一载："禹尧尖，在治南七十里慕信乡，峰峦耸峙，上有龙池，世传尧使禹治水过此，故名。未详。"据传禹尧尖上建有禹庙。

禹尧尖上建有禹尧尖寺，元朝诗人章周宪《禹尧尖寺》云："神禹随山治水时，会乘四载履颠危。至今遗迹多灵响，云雨能兴应祷祈。"现存的禹尧尖寺约建于2009年，庙内有神禹像，重塑于2014年3月。

十三、福建省

水仙路（厦门）

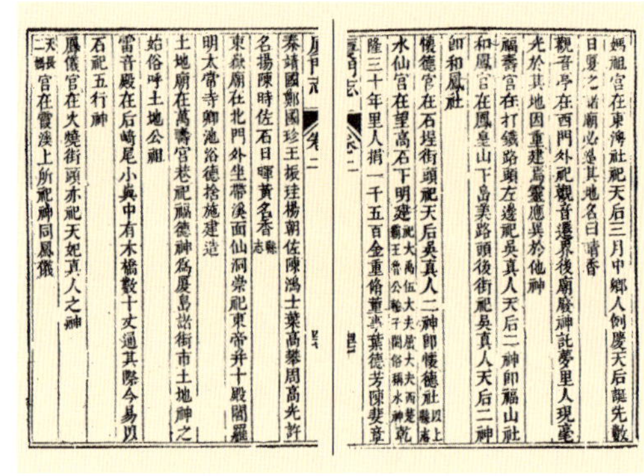

媽祖宮在東澳社祀天后三月中鄉人倒慶天后誕先數
日夏之諸廟必遶其地名曰請香
觀音亭在西門外祀觀音邊界後廟燬神託夢里人現毫
光於其地因重建爲靈應異於他神
福壽宮在打鐵路頭左邊祀吳真人天后二神卽福山社
和鳳宮在鳳凰山下島美路頭後街祀吳真人天后二神
卽和鳳社
懷德宮在石堤街頭祀天后吳真人二神卽懷德社以上縣志
水仙宮在望高石下明建祀大禹伍大夫屈大夫西楚霸王魯公輸子閩俗稱水神乾
隆三十年里人捐一千五百金重脩董事葉德芳陳斐章
泰靖國鄭國珍王振珪楊朝佐陳鴻士葉高攀周高光許
名揚陳時佐石日暉黃名香縣志
東嶽廟在北門外坐帶溪面仙洞祟祀東帝并十殿閻羅
明太常寺卿池浴德捨施建造
土地廟在萬壽宮巷祀福德神爲廈島諸街市土地神之
始俗呼土地公祖
雷音殿在后崎尾小嶼中有木橋數十丈通其際今易以
石祀五行神
鳳儀宮在大燒街頭亦祀天妃真人之神
天長宮在霞溪上所祀神同鳳儀

道光《厦门志》卷一载“水仙宫”

类　　别：地名

地理位置：福建省厦门市思明区水仙路

所属流域：东南沿海诸河

简　　介：厦门岛有两座水仙宫，其中一个水仙宫建于明中叶，在厦门老城南门外，水仙宫路（今思明区水仙路）尽头，背山面海。道光《厦门志》记载：“水仙宫在望高石下，明建。（注：祀大禹、伍大夫、屈大夫、西楚霸王、鲁公输子，闽俗称水神。）乾隆三十年，里人捐一千五百金重修。”至明末，这一带成了繁华的码头街市，商船、战船往来络绎不绝，水仙宫前还常有戏班演出，热闹非常。庙里供奉的是大禹王，出海的渔人水手、祈盼亲人平安归来的妇人、水师兵将、商船货主，皆常来此拜祭。从事闽台贸易的郊商，多祭祀水仙，早年并以水仙宫为“郊商”公所，共同事宜皆到水仙宫会商。甲午之后，闽台贸易渐为日本人所控制，郊商日渐没落，水仙宫的地位一落千丈。1928 年，厦门路政处修马路，水仙宫被拆除，宫址被售卖，留下水仙宫、水仙路、水仙码头等几个地名。“水仙路”名称保留至今。

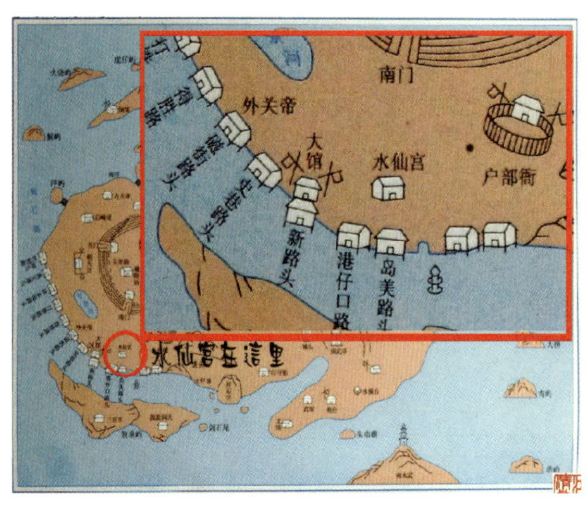

清道光厦门岛地图中水仙宫位置（江清良资料室供图）

还有一座叫内水仙宫，在今思明区菜妈街后。当时尚未填海，内水仙宫面对海湾，每逢端午节赛龙舟，必须先到此演戏鼓棹，名曰“请水”。现已不存。

水仙宫（海沧区）

类　　别： 古建筑·宫

地理位置： 福建省厦门市海沧区沧虹路长延楼西北侧约100米处

所属流域： 东南沿海诸河

简　　介： 此处有“水仙宫”，地图标记为“文物古迹”。

海沧区水仙宫（张卫东供图）

厦门三官道院

类　　别： 古建筑·宫

地理位置： 福建省厦门市思明区龙虎北路41号，梅海岭往东坪山路走1.3千米

所属流域： 东南沿海诸河

简　　介： 厦门三官道院历史悠久，明弘治年间（1488—1505年）就建有三官宫，系厦门较早的道教大型宫庙之一。后来，厦门三官道院逐渐衰落。2014年，厦门市道教协会对三官道院进行了恢复重建。据清道光《厦门志》记载：“三官宫在东门外，祀三官大帝，宫后有石。”

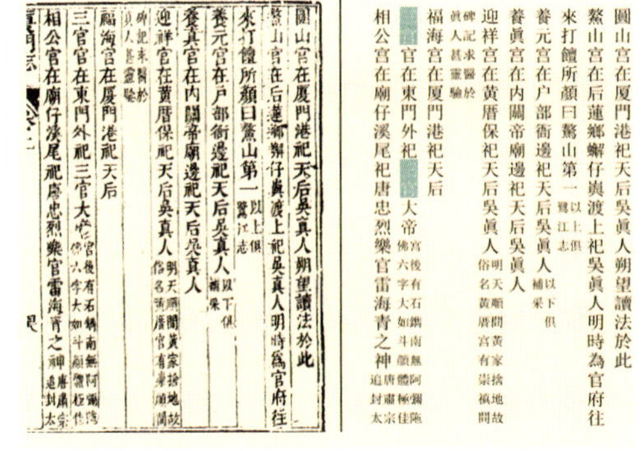
圓山宮在厦門港祀天后吳眞人朔望讀法於此
鰲山宮在后蓮鄉蟳仔嶼渡上祀吳眞人明時為官府往
來打醮所顏曰鰲山第一以上俱鷺江志
養元宮在户部衙邊祀天后吳眞人以下俱補采
養眞宮在内關帝廟邊祀天后吳眞人
迎祥宮在黃厝保祀天后吳眞人明天順間黃家捨地故俗名黃厝宮有崇禎間碑記求醫於眞人甚靈驗
福海宮在厦門港祀天后
三官宮在東門外祀三官大帝宮後有石鐫南無阿彌陀佛六字大如斗顏體極佳
相公宮在廟仔溪尾祀唐忠烈樂官雷海青之神唐肅宗追封太

道光《厦门志》卷二载“三官宫”

三官庙（宁化）

类　　别： 古建筑·庙

地理位置： 福建省三明市宁化县翠城北山公园西侧

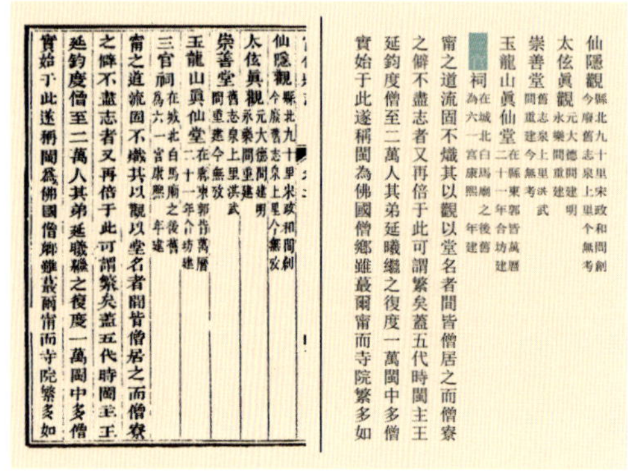
仙隱觀縣北九十里宋政和間創今廢舊志泉上里个無考
太攸眞觀元大德間建明永樂間重建
崇善堂舊志泉上里洪武間重建今無考
玉龍山眞仙堂在縣東郭皆萬曆二十一年合坊建
三官祠在城北白馬廟之後舊為六一宮康熙年建
甯之道流固不熾其以觀以堂名者間皆僧居之而僧寮之僻不盡志者又再倍于此可謂繁矣蓋五代時閩主王延鈞度僧至二萬人其弟延曦繼之復度一萬閩中多僧實始于此遂稱閩為佛國僧鄉雖蕞爾甯而寺院繁多如

康熙《宁化县志》卷二载“三官祠”

所属流域：东南沿海诸河

简　　介：康熙《宁化县志》卷二载：“三官祠，在城北白马庙之后，旧为一宫，康熙年建。”1949 年后称三官堂，大门上竖匾题“三官庙”。现位于翠城北山公园西侧，西临聚福堂。先前的白马庙已被拆毁。300 余年来，经数次修缮。1986 年全面修缮，供祀释迦牟尼佛、观音菩萨、地藏菩萨、三官大帝等，大门内供弥勒、韦驮等菩萨。1995 年后，几次改修扩建，前面加建围墙大门，使得庙宇较前宽敞完整。庙为古祠式建筑，上厅下廊，中有天井，砖木结构。

十四、江西省

彩虹桥禹迹

类　　别：古建筑·桥

地理位置：江西省上饶市婺源县清华镇

所属流域：长江

简　　介：彩虹桥是婺源廊桥的代表作，据说为宋代古桥。这座桥以唐代诗人李白的诗句“两水夹明镜，双桥落彩虹”之意为名。桥中间有神龛，龛内供奉三人：左边手执斧子的是负责设计建造彩虹桥的民间桥梁水利工匠大师，被后人尊称为创始理首胡永班；右边手托钵盂的是为建造彩虹桥出家化缘筹款的和尚，后人尊称为募化僧人胡济祥；中间手握铁铲的是上古时代治理洪水的大禹，用以镇住洪水保护古桥。神龛前有对联曰：“一心为公三次过门不入；万代犹颂九年治水有功。”

2006 年，彩虹桥被列为第六批全国重点文物保护单位。

通济桥

类　　别：古建筑·桥

地理位置：江西省上饶市婺源县思溪村口泗水之上

所属流域：长江

简　　介：该桥建于明代景泰年间（1450—1456 年），是思溪村俞宗亨公发动子孙募集资金建成的，桥长 22 米，宽 3.8 米。桥中间是“河神祠”，供奉着治平洪水的禹王牌位。上书：夏禹王姒字高密大禹之神位，功治水，铸九鼎，奠山川，象九州。背后墙壁是双龙戏珠图案，供桌上有香炉、水果，可知平时有村民在祭拜。

十五、山东省

九节长白山

类　　别：山川·山

地理位置：山东省济南、滨州、淄博交界处

所属流域：山东半岛独流入海水系

简　　介：在济南章丘、滨州邹平、淄博周村交界处，绵延数十千米，向有“泰山副岳”“小泰山”之称。传说大禹从泰山担了99担石头筑堰挡水，这道堰后来变成了九节长白山。主峰摩诃顶山北峭壁有船道峪，相传为洪水时系船处，今船环已坏，石橛犹在。

三圣殿（趵突泉公园）

类　　别：古建筑·殿

地理位置：山东省济南市历下区趵突泉公园内

所属流域：山东半岛独流入海水系

简　　介：三圣殿因纪念尧、舜、禹三圣帝而名，为明代建筑。三圣殿前为娥英祠，以娥英祠为主殿，其为后殿，因所祀之尧，乃娥英之父，舜乃娥英之夫。

三圣殿大门的楹柱上有联曰：趵突腾飞，三泉歌唱尧舜禹；中华昌盛，万代长明日月星。

此殿在趵突泉的北院，所祀之神为三人，与趵突泉之三股泉源遥相呼应，遂有“趵突腾飞，三泉歌唱尧舜禹”的上联。下联联系现实，既是对祖国昌盛的美好祝愿，也传承了尧、舜、禹三位圣人的夙愿。

禹登山

类　　别：山川·山

地理位置：山东省济南市历城区龙洞山

所属流域：山东半岛独流入海水系

简　　介：相传大禹曾登此山考察水势，起蜇龙治水，故又名禹登山。山有洞，洞门内高如殿堂，洞内深邃幽奥，据传有龙藏于此，故名龙洞。乾隆《历城县志》卷六载：“东龙洞山，府东南三十里。山如重甗（音言甑也，《尔雅》：‘重甗，隒。’此山类之），西洞透深一里许，秉火可入。东洞在万仞绝壁之上，洞口釜鬲尚存烟火之迹，如墨盖，昔人避兵引絙以上，中必有泉，不知其深几许耳。有翠屏岩、独秀峰、三秀峰，峰侧龙祠郡，邑祷雨极应，宋封灵虚公。《九域志》又云禹登山，谓禹治水尝登。”

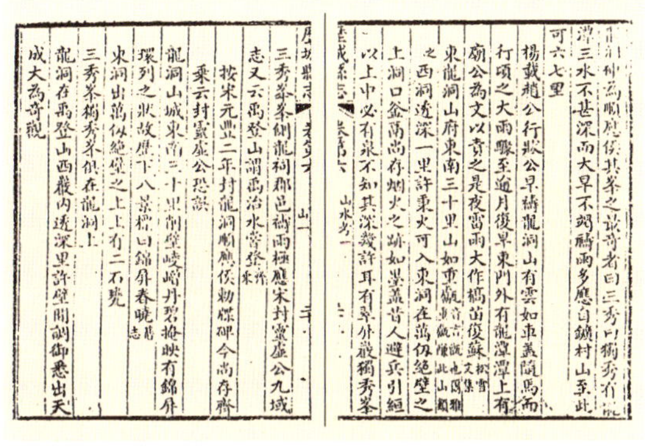
利為順應侯其峯之說者曰三秀曰獨秀有
灣三水不甚深而大旱不竭禱雨多應自鎮村山至此
可六七里
楊載趙公行狀公旱禱龍洞山有雲如車蓋隨馬而
行頃之大雨驟至逾月復旱東門外有龍潭潭上有
廟公為文以責之是夜雷雨大作槁苗復蘇（松雪文集）
東龍洞山府東南三十里山如重甗（音言甑也爾雅重甗隒此山類之）
西洞透深一里許秉火可入東洞在萬仞絕壁之
上洞口釜鬲尚存烟火之跡如墨蓋昔人避兵引絙
以上中必有泉不知其深幾許耳有翠屏巖獨秀峯
歷城縣志　卷第六　山水考一
三秀峯峯側龍祠郡邑禱雨極應宋封靈虛公九域
志又云禹登山謂禹治水嘗登（此）
按宋元豐二年封龍洞順應侯勑牒碑今尚存齊
乘云封靈虛公恐誤
龍洞山城東南三十里削壁峻峭丹碧掩映有錦屏
環列之狀故歷下八景稱曰錦屏春曉（舊志）
東洞出萬仞絕壁之上上有二石[illegible]
三秀峯獨秀峯俱在龍洞上
龍洞在禹登山西巖內透深里許壁間[illegible]御[illegible]出天
成大為奇觀

乾隆《历城县志》卷六载“东龙洞山”

三官庙遗址（朱戈庄）

类　　别：古建筑遗址

地理位置：山东省青岛市胶南市灵山卫镇朱戈庄北面茔山上

所属流域：山东半岛独流入海水系

简　　介：有很多神话传说，可惜庙已不存。但山上巨石上“三官庙”三个大字依稀可见，并且还有一座指挥台，有石凿宝座一个，居高临下。下面地势非常平坦，并且四周有碗口大的石洞，据说是插旗用的。

三元宫庙基（大庵子村）

类　　别：古建筑遗址

地理位置：山东省青岛市崂山区沙子口镇大庵子村北

所属流域：山东半岛独流入海水系

简　　介：又名茶涧庙、岔河庙。创建于明代中期，大殿内祀三官，故名三元宫，庙内有康熙二十八年（1689 年）铸巨型铁钟一口。民国年间已倾圮，1966 年拆除，现仅存庙基和院内的一株木兰花。

1984 年，三元宫被列为县级文物保护单位。

三官庙（戴家村）

类　　别：古建筑·庙

地理位置：山东省淄博市博山区池上镇戴家村东端两溪交汇处

所属流域：山东半岛独流入海水系

简　　介：三官庙位于戴家村东边，大约建于明代后期至清乾隆年间（1736—1796 年），呈东西走向，分为东殿、北二殿，共三殿。北二殿，是菩萨殿和三官殿；东一殿，是关公殿。三官庙建筑风格古朴，殿前有石碑，为清光绪三十四年（1908 年）立。石碑高 177 厘米，宽 65.5 厘米，厚 18 厘米。额题“重修碑记”。碑体完整，文字清晰。

戴家村防洪形势示意图（张卫东供图）

传说光绪年间，每到夏季，洪水如猛兽奔涌而来，良田被淹，房屋被毁，死难无数。戴家村名士戴法唐、西坡名士李盛远带动周边善男信女扩修了三官庙。自此，尽管洪水无数，却再也不曾发生大的水灾。据说该庙直对河流中心，洪水至此必绕开三官庙转向西流。由此看来，三官庙应是该村防洪工程的组成部分。

三官庙（下龙巷村）

类　　别：古建筑

地理位置：山东省淄博市沂源县悦庄镇下龙巷村

所属流域：山东半岛独流入海水系

简　　介：坐落于下龙巷村村东沂河岸边，保存完整。根据碑文记载，明天启年间曾经重修。

民间传说，这里是少昊的老家。传说禹王治理水灾后，沂河两岸风调雨顺。为了纪念禹王的伟业，人民在太古三皇茅草屋正堂修建了三官庙，三官（天官、地官、水官）即尧舜禹。还有一说，是皇古三官伏羲、燧人、神农（天皇、地皇、人皇）。三官庙东堂是龙王，西堂是药王泰皇太医泰山奶奶，背堂是观音菩萨，后堂是玉皇大帝。

龙巷村三官庙（张卫东供图）

禹凿山口

类　　别： 山川 · 山

地理位置： 山东省临沂市郯城县郯城街道鲁庄村、郯东村

所属流域： 淮河

简　　介： 沭河在郯城县原循由北向南连绵数百里的马陵山东侧南流，受山体阻隔，不能入海，于是大禹采用伯益的建议，并以伯益为主要施工组织者凿山（宽）二十丈，把沭河从马陵山东侧（鲁庄村）引到西侧（郯东村），并建禹王台镇压沭河南下入淮。这凿开的马陵山口被后世称为“禹凿山口”。沭河“郯城八景”中的禹台柳莺、龙门桃浪均与此有关。

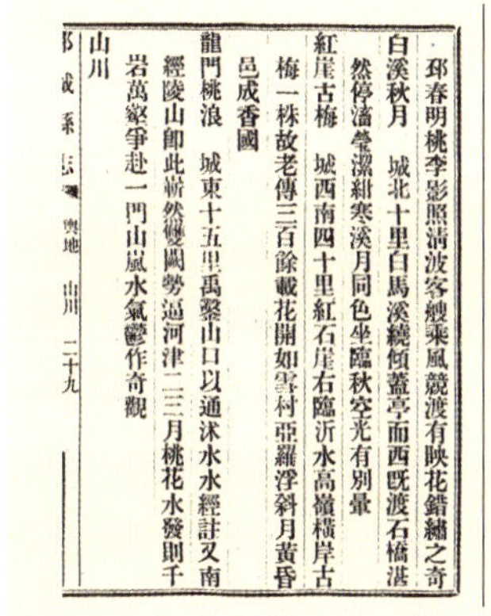

郯春明桃李影照清波客艘乘風競渡有映花錯繡之奇

白溪秋月　城北十里白馬溪繞傾蓋亭而西既渡石橋湛然停滀瑩潔紺寒溪月同色坐臨秋空光有別暈

紅崖古梅　城西南四十里紅石崖右臨沂水高嶺橫岸古梅一株故老傳三百餘載花開如雪村亞羅浮斜月黃昏邑成香國

龍門桃浪　城東十五里禹鑿山口以通沭水水經註又南經陵山即此嶄然雙闕勢逼河津二三月桃花水發則千岩萬壑爭赴一門山嵐水氣鬱作奇觀

山川

郯城縣志　輿地　山川　二十九

郯春明桃李影照清波客艘乘風競渡有映花錯繡之奇

白溪秋月　城北十里白馬溪繞傾蓋亭而西既渡石橋湛然停滀瑩潔紺寒溪月同色坐臨秋空光有別暈

紅崖古梅　城西南四十里紅石崖右臨沂水高嶺橫岸古梅一株故老傳三百餘載花開如雪村亞羅浮斜月黃昏邑成香國

龍門桃浪　城東十五里禹鑿山口以通沭水水經註又南經陵山即此嶄然雙闕勢逼河津二三月桃花水發則千岩萬壑爭赴一門山嵐水氣鬱作奇觀

山川

乾隆《郯城县志》卷二载“禹凿山口”

郯城街道山南头村老人们介绍说，听老一辈人介绍，上古时期大禹的父亲因为在这里治水没有成功被流放到东边十多里处的羽山，后来死了，大禹很心痛，接受治水的任务后就带领一个专门管开山的叫伯益的大头领来到这里，要治住羽山一带的水患。他沿着沭河来到这里向南一看，水势浩大，遍地汪洋。问到当地人说前边是什么地方，当地人说“前方七贤”，说的是前方有个叫“七贤”的村庄，大禹听成了“七县”，就说“宁凿三山，不淹七县”。于是安排大益带领部落全体人马上阵，凿开了三座山头，引导水向西折弯南行。从此，羽山一带再没有水患。

禹王台·禹王庙·竹络坝

类　　别：古建筑遗址

地理位置：山东省临沂市郯城县郯城街道东城社区坝子村东北沭河岸边

所属流域：淮河

简　　介：古时郯城县马陵山西面沭河岸边建有一座高台，镇压水妖，命名“禹王台”。乾隆《郯城县志》卷四载：“禹王台，在县东北十里安坞穴，世传神禹治水时，因沭水在马陵山东不能入海，故凿马陵山，引水穿山而西，筑台于此以镇水势。及明正德间（1506—1521年），因贼乱，修拱极门，毁台取石用之，有剑鱼荷叶之异。识者以为，沭水冲害城池，将为后来必然之祸。嗣后百余年间，每至夏秋沭水泛涨而西，壕堑冲决，城覆于隍者数见。”

竹络坝位于郯城县坝子村东北沭河大弯道西岸顶冲处所，又称玲珑石坝，是历史上保护大运河安全的著名险工。乾隆《郯城县志》卷四载：“康熙二十八年（1689年）始修竹络坝。乾隆八年（1743年）又重修，并建禹王庙于石坝之北。”据《沂州府志》记载：“清雍正八年（1730年）六月，山水暴涨，禹王台之堤坝皆溃，庙亦被冲。大学士总管河事嵇曾筠奏请改建玲珑石坝四百六十丈，土坝二百丈。”

由于禹王台及竹络坝等水工建筑物的阻挡，沭河穿过马陵山后被迫南拐入淮入海，不与沂河汇流，沂、沭互不相干，使得郯城一带“不罹沭之患”。今禹王台、禹王庙、竹络坝（玲珑石坝）均已不存。

竹络（竹笼）坝技术起源于西汉。公元前28年，西汉河堤使者王延世，在黄河上采用了竹络技术堵口，把长四丈、大九围的竹络装满石头，用两条船夹送投放到决口处。后人多沿用此法围堵决口。

雍正三年（1725年）成书的《行水金鉴》之禹王台图（吴旭供图）

附录：

禹王台柳莺

［清］屈 复

城东七里，禹王台畔，长堤横卧，万柳参天。春日绿荫飔水，雪浪薄云，坐听莺鸣，笙簧流韵。诗云：

禹台柳色绕长河，黄鸟啼花白雪多。
宛转无心逢丽日，风流遗韵似灵和。
暖烟叠翠飞如织，春水传声解是歌。
不负双柑兼斗酒，遥随十里飏烟波。

马陵山的传说

徐廷法 撰文 张卫东 摘编

传说生灵之母女娲娘娘的一根白头发，飘落到东海之滨的一道山岭上，化成一条白龙，住在“白龙涧”。白龙化作甘冽的溪水，供十里八乡使用。当地人称此溪为“独龙涧”，也叫“白龙沟”。

这山岭就是“八百里马陵”。据《郯城县志》记载：“此山岗陵起伏，形似奔马，故称马陵山。”从地理学角度上讲，马陵山地处北东向郯庐断裂带（为我国东部巨型断裂带，北起辽宁沈阳南到安徽庐江）中段，故有山体扭曲的地质景观，有错落有致的千层崖、泥裂龟壳崖，有“天然博物馆”之称。

大禹曾在这马陵山凿山引水，后人遂建“禹王台”来纪念。据传孔子周游列国出访郯国时，曾与郯国国君郯子到此登楼望海观看日出，因此又有孔望山。清代诗人屈复长期隐居此山写下美篇。清乾隆皇帝五下江南，三过这里，并写下多首赞美之诗。禹王台柳莺、望海楼朝霞、仙洞云壑、清泉寺等名胜古迹数不胜数。

当地名人志士极多：少昊、皋陶、伯益、若木、孔子、郯子、荀子、诸葛亮、书圣王羲之、算圣刘洪……留下郯子朝鲁、孔子师郯、以鸟命官、鹿乳奉亲、二十四孝、东海孝妇等诸多佳话。

早在四千多年前，洪水泛滥成灾，尧帝命令鲧负责治理。鲧是天神，他叫来了神龟将“息壤”驮放人间，用“息壤”障水，就是发动民工通过高筑堤坝的方式拦截洪水。然而，这洪水却越拦越高，水患越拦越大，历时九年，到了舜帝即位时也未能平息。由于鲧治水不力，舜帝便下令在治水现场的羽山将鲧就地处死。这个羽山，就是位于郯城以东约 20 千米处，现在属于江苏省东海县的那座小山。别看这山不大，却因为舜帝在这里处死了鲧而变得很有名气。《左传》《史记》《汉书》等典籍都有“殛鲧于羽山”的记载。现在羽山南面脚下还有一片湖水叫作“殛鲧泉”，当地人称“鲧池”。鲧死三年后，肚子裂开，生出天神禹，鲧就变成一条玄鱼游走了。

尧传位给舜帝之后，舜决定派禹去治水，伯益协助。在水患严重的郯城东部地区，龙门是个咽喉，大禹坐镇禹城，花了五年时间，把南北走向的马陵山拦腰凿穿，开凿出一个豁口，即通往东海的山凿口。流经马陵山东部的沭河水西折穿山南流入淮，这一地区的水患消除。

大禹采用疏的方法，同老百姓共患难十三年，三过家门而不入，终于把大水治理好，完成了鲧的遗愿。关于这段史实，古书有载：禹“凿马陵山以导沭水”。这凿开的马陵山口被后世称为“禹凿山口”。古时郯城县令还在马陵山西面的沭河岸边修了一座“禹王台”，以资纪念。

而在此过程中，有一位辅佐大禹治水的实干家，功不可没的功臣，就是伯益。伯益协助大禹治理水患，成功治水，民众得以安居乐业。舜就将姚姓女嫁给伯益，并赐他嬴姓。伯益后裔都有一技之长，或“通晓鸟语、调顺鸟兽”，或“相马驾车、天生神力”。

夏商周时期有一个方国叫徐国，伯益之子若木被封于徐地立国，史学家也称徐国为徐方，或徐夷、徐戎。古代划分“九州”，分别是冀州、兖州、青州、徐州、扬州、荆州、豫州、梁州、雍州。徐州的行政中心就在山东郯城一带。由于战乱频发，徐国的行政中心位置也随着发生过几次变化，相继迁移过山东的滕州、费县，江苏的泗洪、邳州等地。徐若木后代人才辈出，屡建大功。传四十四代国君。

《史记》记载：“海岱及淮惟徐州。”意思是说：“东至海滨，北到泰山，南及淮河流域，这片地方属于九州之一的徐国。”在郯城这块土地上乃至东夷大片地区，这是有史以来建立的第一个方国。

禹息古城遗址

类　　别：古遗址

地理位置：山东省德州市禹城市伦镇

所属流域：鲁北沿海诸河

简　　介：嘉庆《禹城县志》卷三载：“禹息城，《寰宇记》：（祝阿）县（西）南三十里有废禹息故城。《水经注》：禹以息土填鸿水，以为名山。义本取此。”尧舜时期，洪水泛滥，大禹受命治水，据传大禹来到伦镇西面古高阳城一带，设指挥部于此，掘此地息壤而筑坝。息壤厚而无底，取之不尽，用之不竭，在治水中发挥了巨大的神威，故而后人将这个埋藏着息壤的古城称为禹息古城。

禹息古城遗址占地约 13.5 平方千米。沿古城寻觅和勘探，城址偏西侧有一高台，北部有深沟，含有早期文化陶片。沟下是松土，并有瓦砾，城下有文化层。该遗址为禹息文化、大禹治水历史典故的研究提供了更加翔实的资料，具有很高的历史、文化和科学价值。

2015 年 6 月 25 日，禹息古城遗址被公布为山东省文物保护单位。

徒骇河国家城市湿地公园

类　　别：山川 · 河

地理位置：山东省滨州市沾化县城

所属流域：鲁北沿海诸河

简　　介：《禹贡》：“济、河惟兖州：九河既道……”又曰：“导河积石……又北播为九河，同为逆河，入于海。”《尔雅 · 释水》：“徒骇、太史、马颊、覆鬴、胡苏、简、絜、钩盘、鬲津——九河。”

徒骇河国家湿地公园规划面积 90 亩。表流湿地全长 3 千米，至北外环桥以北 500 米处，规划面积 700 亩。湿地深度净化污水处理厂外排中水，经多层梯度疏导，流入徒骇河，体现大禹治水“因势利导”理念。

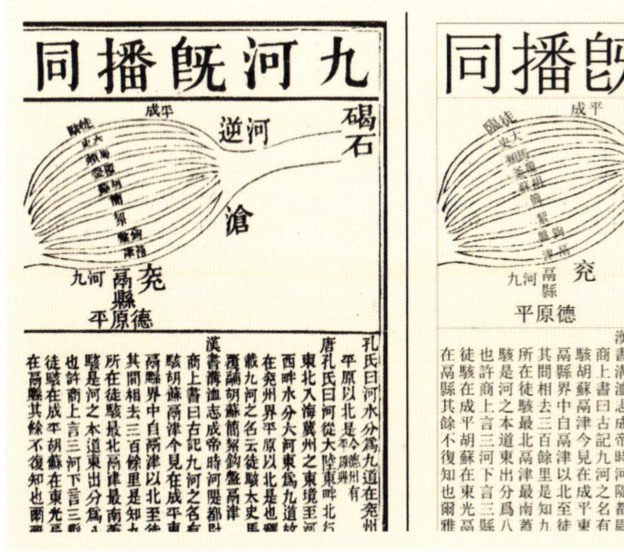

九河既播同

孔氏曰河水分爲九道在兖州平原以北是今德州有平原縣唐孔氏曰河從大陸東畔北行東北入海冀州之東境至河西畔水分大河東爲九道故在兖州界平原以北是也釋載九河之名云胡蘇簡絜鉤盤鬲津漢書溝洫志成帝時河隄都尉商上書曰古記九河之名有駭胡蘇鬲津今見在成平東鬲縣界中自鬲津以北至徒其間相去三百餘里是知九所在徒駭最北鬲津最南蓋駭是河之本道東出分爲八也許商上言三河下言三縣徒駭在成平胡蘇在東光鬲在鬲縣其餘不復知也爾雅

《禹贡说断》载“九河”

湿地规划建设了 9 处生态栖息岛、9 处亲水亭台、9 条滨水栈道及健身园路、广场等，与徒骇河水利风景区融为一体。湿地内有大量的滩涂、芦苇，以及枣园、果园，原始生态保持良好，生物多样性特点显著。

济渎庙（菏泽）

类　　别：古建筑·庙

地理位置：山东省菏泽市牡丹区东方红大街西段、环城公园西北 100 米处

所属流域：淮河

简　　介：济渎庙有三间大殿，内祀济渎神塑像。殿右前方有块赑屃碑，载有“光绪二十八年立”字样。殿左前方有重修济渎庙的石碑，记载着 1994 年和 2010 年两次由居民捐资重建的历史。据《曹州府志》记载，庙自后周，历金、元，黄河水决，庙与城俱灭。直到明正统年间，由知府范希正筹资重建。清康熙初年，郡人又募资重修。每年农历三月十七，都有庙会，唱大戏，郡人纷纷前来听戏、焚香、祭拜，很是热闹。

据当地老人讲述，原济渎庙为一建筑群，有山门，有廊坊，有厢房，有享殿，颇具规模。正殿中央有济渎神铜像一尊，高 2.56 米，膝有寸径一孔，传说下通海眼。庙宇所祭祀的济渎神，应该是一位济水的水神。济水古时与长江、黄河、淮河并称“四渎”，是尧舜时期治水的主要河流。据说，大禹的父亲鲧采取“筑堵”的方法治理，却没有成效，因而被贬，后又由于与丹朱争位，遭受牵连被杀。但百姓念其筑堤围城，使菏泽避于水患，得以保存，为感恩并纪念鲧的功德，建庙祭祀。全国唯菏泽有纪念鲧的济渎庙。

十六、河南省

《袁博碑》碑文

类　　别：题刻 · 碑

地理位置：河南省郑州市金水区农业路 8 号河南博物院

所属流域：黄河

简　　介：《袁博碑》又称《汉甘陵相尚府君碑》，是 1922 年在洛阳城北张羊村北陵出土的碑石。现存河南博物院。

隶书，碑残为两块：一块残高 152 厘米，宽 22 厘米，存文五行；一块残高 181 厘米，宽 24 厘米，存文六行。行首字均缺，行 30 余字，计 143 字，共存隶书 315 字。碑主姓氏已残佚，王国维等其他学者以为袁博，主要依据此碑出土于洛阳，与后汉《袁安碑》《袁敞碑》同出一地。其中有“每怀禹稷，恤民饥溺之思，不忘百姓之病也”之句。

《袁博碑》拓片（邱志荣、程雪婷供图）

该碑拓片经康有为鉴定，认为书丹者是东汉大文豪蔡邕。

附录：

《袁博碑》碑文

残石（无穿石）：

□讳博，字季智，司空公之少子也。孝弟昭於内，忠□耀於外。聪叡广渊，兼览七／□。坟典素丘，河洛运度。该三五之籍，歇周孔之奠。常以易诗尚书授，训诲不倦。／□其食弗食，非其服弗服。群儒骏贤，朋徒自远。有韩魏之家，自视歉然。得士若／□，闻善若惊。思纯履劲，经德不回。学优则仕，历郡习坐，再辟。司隶公薨，拜郎中／□察，孝廉平□，悉以病去。司空辟。遭公夫人忧，服阕。司空司隶并举，贤良方正。

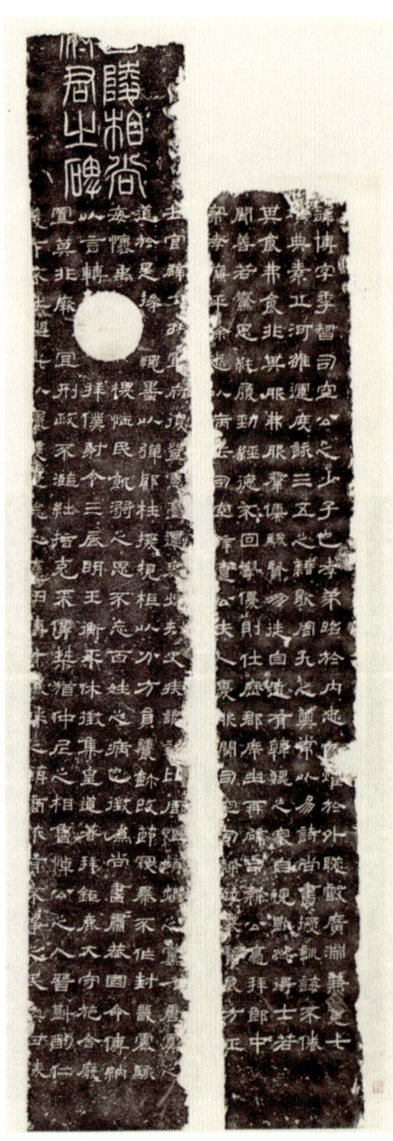

《袁博碑》碑文（邱志荣、程雪婷供图）

残石（有穿石）：

去官。辟大将军府。复登宪台，迁兖州刺史。疾谗□比周。愠频频之党，□唐虞之／道。於是操绳墨以弹邪枉，援规柜以分方员。[①] 饕飻改节，寇暴不作，封畿震骇。每怀禹稷，恤民饥溺之思，不忘百姓之病也。征为尚书。肃恭国命，傅纳／以言。转拜仆射令。三辰明，王衡平，休征集，皇道著。拜钜鹿太守。施舍废／置，莫非厥宜。刑政不滥，绌掊，克采俊桀。犹仲尼之相鲁，悼公之入晋，斟酌仁／义，下不失边此以屡获□□之应。田畴有让畔之萌，商旅有不争之民。换甘陵……

① 意为“援规矩以分方圆”。

启母阙题刻（邱志荣摄）

嵩阳景区

类　　别：山川·山

地理位置：河南省郑州市登封市区以北2千米处

所属流域：淮河

简　　介：嵩阳景区位于登封市区以北2千米处，总面积43.4平方千米，是嵩山风景名胜区的重要组成部分，也是世界文化遗产登封“天地之中”历史建筑群8处11项的核心区之一，景区内的世界文化遗产有嵩阳书院、嵩岳寺塔、会善寺、启母阙四处。景区内人文景观星罗棋布，还有法王寺、崇福宫、崇唐观、无极洞等景点；自然奇景引人入胜，有嵩门待月、峻极远眺、浮戏叠翠、龙潭贯珠、启母化石、石笋闹林、仙人采药等。嵩山由太室山和少室山组成，嵩阳景区内的太室山是中岳嵩山的主体，主峰峻极峰海拔1492米。西有少室山侍立，南有箕山面拱，前有颍水奔流，北望黄河如带，倚石俯瞰，脚下峰壑开绽，大有一览众山小之气势。北宋著名文学家范仲淹在游历嵩山太室山后就留下了“不来峻极游，何以小天下”的千古名句。

少室阙所处位置（邱志荣摄）

大禹故里祖家庄

类　　别： 地名

地理位置： 河南省郑州市登封市少林街道（嵩山）

所属流域： 淮河

简　　介： 祖家庄隶属登封市少林街道王庄村，东距登封市区 4 千米。当地传说，大禹父亲封地崇国在此，大禹出生于此，故大禹后裔称之为祖家庄。相传“禹生石纽”的石纽石就在中岳嵩山少室山脚下的祖家庄村北。嵩山少室山下的马庄、尚庄、张庄、王庄、左庄，古称“一溜石纽屯儿”，当地群众将音念转为“一溜水牛屯儿”。其中的左庄原名祖家庄，在蒲氏家谱、刘氏家谱和嘉庆十六年蒲氏祖茔古碑上都有记载。2014 年，左庄自然村更名为“祖家庄”。现命名为“大禹故里祖家庄”，有非常多的大禹文化遗迹。

2011 年 4 月，登封大禹神话传说公布为河南省级非物质文化遗产。

祖家庄（吕超峰摄）

登封祖家庄大禹故里文化广场（吕超峰摄）

祖家庄望嵩山（吕超峰摄）

祖家庄禹王祠（常松木供图）

祖家庄禹王祠中的大禹与其二妻涂山娇、涂山姚坐像（常松木供图）

姚　沟

类　　别：山川·沟

地理位置：河南省郑州市登封市少林街道（嵩山）

所属流域：淮河

简　　介：位于少林街道“大禹故里”祖家庄村东南，长约500米，东北西南走向，相传涂山姚代姐育婴，嫁给大禹后即住在这里。[①]

东军地

类　　别：地名

地理位置：河南省郑州市登封市少林街道（嵩山）

所属流域：淮河

简　　介：位于少林街道“大禹故里”祖家庄村东，相传因大禹曾在这里操练军队而得名。[②]

① 参见常松木：《登封与大禹故里研究》，内部资料，第4页。

② 参见常松木：《登封与大禹故里研究》，内部资料，第4页。

擂鼓石

类　　别：山川·石

地理位置：河南省郑州市登封市少林街道（嵩山）

所属流域：淮河

简　　介：位于少林街道“大禹故里”祖家庄村东，石高约 4 米，击之能发出“咚咚咚”的鼓声。相传即为大禹和涂山氏约定“闻鼓饷夫”所击的鼓。[①]

竖碑石

类　　别：山川·石

地理位置：河南省郑州市登封市少林街道（嵩山）

所属流域：淮河

简　　介：位于少林街道“大禹故里”祖家庄村西禹岭之上，相传大禹治水成功，上天命人为其刻碑记功，文为蝌蚪文，人莫能识。[②]

禹王坛

类　　别：山川·坛

地理位置：河南省郑州市登封市少林街道（嵩山）

所属流域：淮河

简　　介：位于金牛峰顶，为三层圆坛，最上层直径约 30 米，有夯筑遗痕，群众相传为大禹祭祀上天的地方。[③]

嵩高山

类　　别：山川·山

地理位置：河南省郑州市登封市少林街道（嵩山）

---

① 参见常松木：《登封与大禹故里研究》，内部资料，第 4 页。

② 参见常松木：《登封与大禹故里研究》，内部资料，第 5 页。

③ 参见常松木：《登封与大禹故里研究》，内部资料，第 5 页。

所属流域：淮河

简　　介：嵩高山，即今嵩山。在今河南登封市少林街道北部，以其嵩高而大，故名。嵩山有七十二峰，太室山和少室山各占三十六峰。太室山为嵩山之东峰，最高峰峻极峰，海拔 1491.73 米。据传，禹王的第一个妻子涂山氏生启于此，山下建有启母庙，故称之为“太室”（室，妻也）。少室山连天峰，海拔 1512 米，为嵩山最高峰，传说夏禹王的第二个妻子涂山氏之妹栖于此，人于山下建少姨庙敬之，故山名谓“少室”。

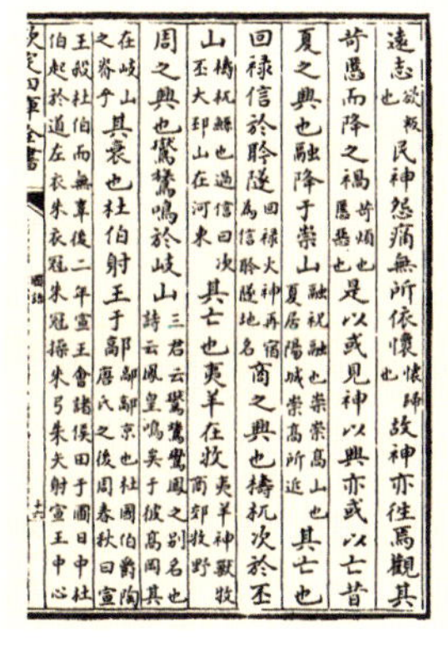
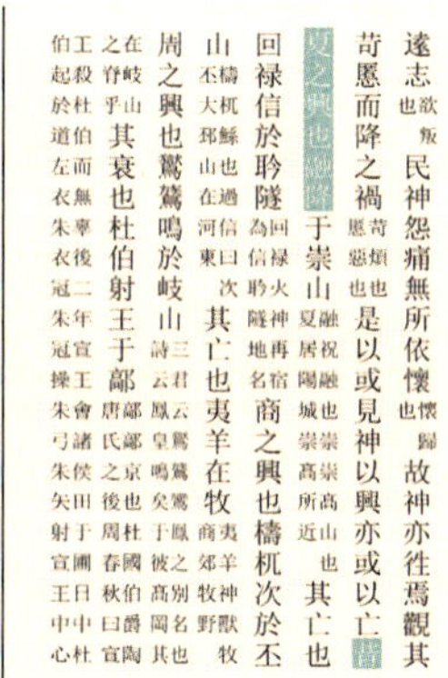

遠志（欲叛也）民神怨痛無所依懷（懷歸也）故神亦往焉觀其苛慝而降之禍（苛煩也慝惡也）是以或見神以興亦或以亡昔夏之興也融降于崇山（融祝融也崇崇高山也夏居陽城崇高所近）其亡也回祿信於聆隧（回祿火神再宿為信聆隧地名）商之興也檮杌次於丕山（檮杌鯀也過信曰次丕山大邳山在河東）其亡也夷羊在牧（夷羊神獸牧商郊牧野）周之興也鸑鷟鳴於岐山（三君云鸑鷟鳳之別名也詩云鳳皇鳴矣于彼高岡其在岐山之脊乎）其衰也杜伯射王于鄗（鄗鄗京也杜國伯爵陶唐氏之後周春秋曰宣王殺杜伯而無辜後三年宣王會諸侯田于圃日中杜伯起於道左衣朱衣冠朱冠操朱弓朱矢射宣王中心）

《国语》卷一载“昔夏之兴也，融降于崇山”

嵩山有全国重点文物保护单位 16 处，河南省文物保护单位 16 处，各类文物珍品 6700 多件。

在夏代即有嵩高山之称。《国语·周语上》：“昔夏之兴也，融降于崇山。”后改称崇高，嵩高山。汉武帝元封元年（前 110 年），登嵩高山，闻三呼“万岁”声，诏改崇高山，并置崇高县于山下。东汉灵帝熹平五年（176 年），复名嵩高。

山下登封市少林街道“大禹故里”祖家庄。

嵩高山（邱志荣摄）

嵩山灵石

类　　别： 山川·石

地理位置： 河南省郑州市登封市少林街道（嵩山）

所属流域： 淮河

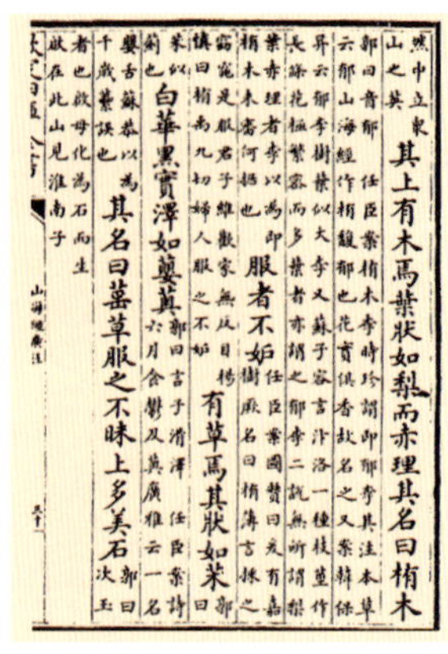
其上有木焉葉狀如梨而赤理其名曰栯木
服者不妒
有草焉其狀如茶
白華黑實澤如蘡薁
其名曰䔄草服之不昧上多美石

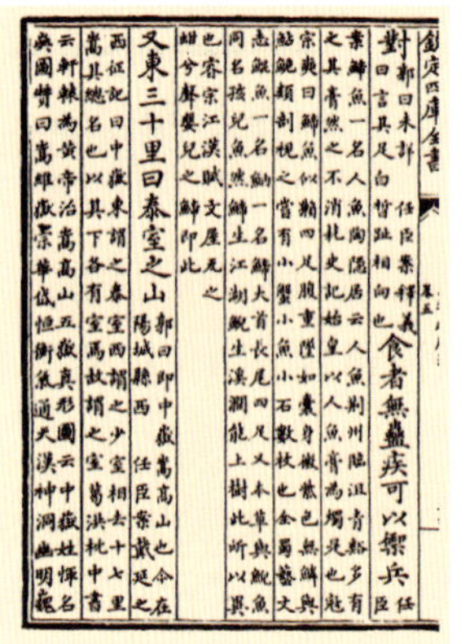
欽定四庫全書
對
食者無蠱疾可以禦兵
又東三十里曰泰室之山

《山海经广注》卷五载“泰室之山”

简　　介： 夏部族曾以石为图腾。《淮南子·修务训》载：“禹生於石。”《艺文类聚》卷六引《随巢子》亦谓：“禹产於昆石，启生於石。”而《路史》中亦记载：“禹母获月精石，如薏苡，吞之而生禹……而母复为石。今登封东北十里有庙，庙有一石，号启母石。”《山海经·中山经》说：“又东三十里曰泰室之山……上多美石。”郭璞注曰：“启母化为石而生启，在此山。”这些禹产于石、涂山氏化为石、石裂而生启的记载，说明了大禹、夏启部族对灵石的崇拜。嵩山的山体主要由石构成，嵩山的一些石头被赋予了特殊的意义，如面壁石、三公石、卧牛石、寿星石、地胆石等，而与大禹文化有关的名石更多，除启母石、石纽石外，还有与大禹有关的马蹄石、禹影石、照爷石、擂鼓石、棺材石等，与夏启有关的磨斧石、试斧石等。①

嵩山灵石（邱志荣摄）

① 参见常松木：《登封与大禹故里研究》，内部资料，第 58 页。

神　树

类　　别： 其他·树

地理位置： 河南省郑州市登封市少林街道（嵩山）

所属流域： 淮河

简　　介： 夏部族有神树信仰，以松树为神树，而古代，“嵩”“崧”通用，故嵩山亦被称作崧山。嵩山地区古碑中多有以“崧”代“嵩”者。王曾《崇圣帝碑》：“事光虞典，备五载之时巡；绩著夏王，正九州之封略。惟中崧之绝巘，直关塞之奥区。京邑在其旁，经渎流其域。万邦辐辏，霜露之所均；二室天开，风云之所蓄。”而古代嵩山生长有大量松树，与嵩山相关的典籍中，有很多描述嵩山松树的诗文。以《说嵩》收录的古诗为例，武则天《同太平公主游九龙潭》、宋之问《下山歌》、王维《送方尊师归嵩山》、李白《赠嵩山焦炼师》、李颀《少室雪晴送王宁》、卢象《家叔征君东溪草堂二首》、储光羲《至岳寺即大通大照禅塔上温上人》、白居易《从龙潭寺至少林寺题赠同游者》、梅尧臣《峻极寺》、元好问《会善寺》、冯璧《同希颜怪松》、雷渊《会善寺怪松》等诗中都有描述松树的诗句。袁宏道《嵩游记》、徐宏祖《徐霞客游记》等散文亦多次提及松树。这些诗文表明嵩山地区的确有大量的松树，为夏部族以松树为神树的信仰提供了有力的旁证。[①]

三官庙（唐庄镇三官庙村）

类　　别： 纪念建筑·庙

地理位置： 河南省郑州市登封市唐庄镇三官庙村

所属流域： 淮河

简　　介： 建于何时无考。现存清代大殿三间、卷棚三间，殿内供奉三官神像。乾隆《登封县志》卷十载：“三官庙，旧志在西关外。”

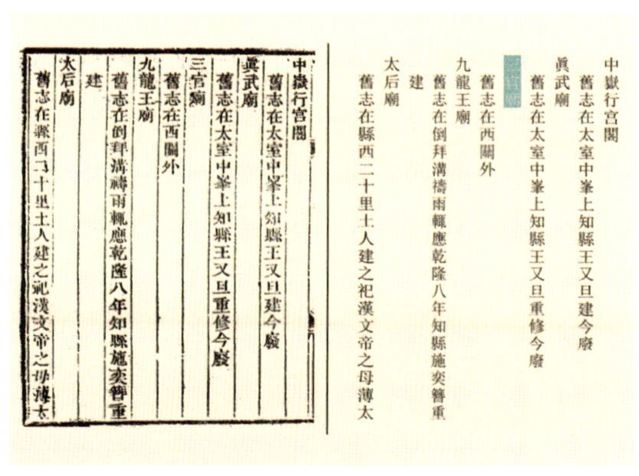

中嶽行宮閣
舊志在太室中峯上知縣王又旦建今廢
眞武廟
舊志在太室中峯上知縣王又旦重修今廢
三官廟
舊志在西關外
九龍王廟
舊志在倒拜溝禱雨輒應乾隆八年知縣施奕簪重
建
太后廟
舊志在縣西二十里士人建之祀漢文帝之母薄太

乾隆《登封县志》卷十载“三官庙”

① 参见常松木：《登封与大禹故里研究》，内部资料，第59页。

唐庄三官庙中水官禹王像（常松木供图）

启母冢（毛女冢）

类　　别：古文化遗址

地理位置：河南省郑州市登封市告成镇冶上村

所属流域：淮河

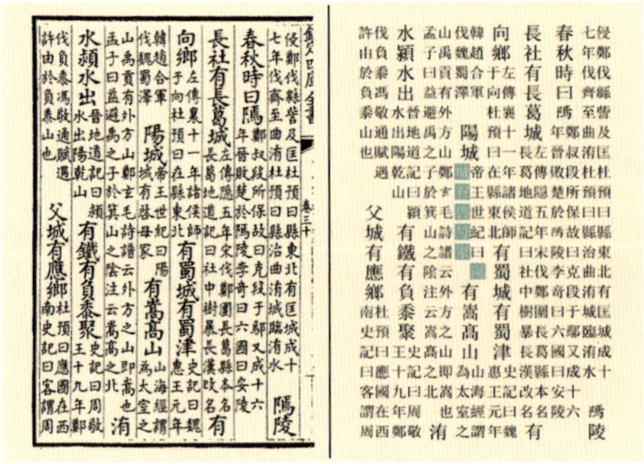

《后汉书》卷三十引《帝王世纪》曰："阳城有启母冢。"

启母冢（常松木供图）

简　　介：《后汉书》卷三十引《帝王世纪》曰："阳城有启母冢。"遗址位于登封市告成镇冶上村。

石纽石

禹王祠内石纽石（常松木供图）

类　　别： 山川·石

地理位置： 河南省郑州市登封市少林街道祖家庄禹王祠内

所属流域： 淮河

简　　介： 位于“大禹故里”祖家庄村北息壤岗上，高约1.5米，宽1米。自古以来，被群众视为神石，石上有一条龙纹。传说石纽石是大禹出生的地方。祖家庄西南还有牛角石头。①

独脚舞

类　　别： 非物质·独脚舞

地理位置： 河南省郑州市登封市君召乡胥店村前孟自然村

所属流域： 淮河

简　　介： 独脚舞，又叫独脚龙、独腿龙，俗称独腿猴，发源于君召乡胥店村前孟自然村，是嵩山地区独有的一种传统民间社火舞蹈，相传系大禹当年在嵩山地区治理水患时为庆祝治水成功而创。几千年来流传在胥店村、前孟村及附近村庄，是以高跷打底、杂技镶边的融杂技、高跷舞蹈为一体的独特艺术形式，兴起于1886年，现在是河南登封特有的“武社火”之一。

2009年，独脚舞被列入河南省非物质文化遗产名录。

大禹塑像

类　　别： 雕塑

地理位置： 河南省郑州市西30千米黄河风景名胜区

所属流域： 黄河

① 参见毕旭玲等：《中华禹迹寻踪：中华鲧禹创世神话田野调查报告》，上海人民出版社2020年版，第106页。

1993 年 4 月，河南省中国禹氏族史研究总会在郑州黄河游览区大禹塑像前举行大禹逝世 4235 周年纪念活动

简　　介：大禹塑像位于黄河风景名胜区内骆驼岭主峰之上，塑像全高 10 米，重 150 吨，以钢筋混凝土铸塑，于 1984 年 5 月建成。塑像坐西朝东，面向黄河及东部平原。大禹头戴斗笠，身穿粗衣，右手持耒，左臂挥扬，形象朴实庄重，充满智能和力量。像座由粗麻石砌成，正中嵌有一碑，镌刻“美哉禹功，名德远矣”八个大字。

2007 年，《大禹治水》被评为郑州市十大历史故事之首。

禹都阳城（古城寨遗址）

类　　别：古文化遗址

地理位置：河南省郑州市新密市曲梁镇大樊庄村

所属流域：淮河

简　　介：中华文明探源工程预研究在嵩山周围确定了 3 个重点考古研究项目，分别是王城岗遗址、古城寨遗址、新砦遗址。

古城寨遗址北城墙长度约 460 米，东城墙长约 345 米，南城墙长约 460 米，西城墙复原长度约 370 米，城内面积约 17.6 万平方米（连同城外遗址，总面积约 270 万平方米）。它是中原地区已发现较大的龙山文化城址，为二里头文化宫殿基址和廊庑基址找到了源头，也为郑州商代宫殿基址坐落东北部的布局开了先河。专家们目前并未作出和“禹都阳城”直接有关的结论，但是古城寨遗址为探索夏文化、研究中国文明起源与国家形成，提供了重要资料。

2001 年 6 月 25 日，古城寨城址被国务院公布为第五批全国重点文物保护单位。

禹都阳城（新砦遗址）

类　　别：古文化遗址

地理位置：河南省郑州市新密市刘寨镇新砦村西部

所属流域：淮河

简　　介：新砦遗址位于新密市东 23 千米刘寨镇新砦村西部，面积约 100 万平方米。中原龙山文化晚期和二里头文化早期遗址，中华文明探源工程首批六大都邑之一，可能是历史记载中的“夏启之居”。

1979—2005 年的持续发掘，已初步确定新砦遗址设有外壕、城壕、内壕共三重防御设施，中心区建有大型城址。“中华文明探源工程预研究”认为：新砦遗址极有可能是苦苦寻找多年的夏代开国之君夏启的都城。夏启结束了尧舜禹时代盛行的“禅让”制度，是传子制度的开创者，从某种意义上讲夏启是真正的夏王朝开国之君。2005 年碳 -14 测定新砦遗址年代为公元前 1900—前 1700 年，2008 年参考年代修改为公元前 2050—前 1750 年，均处于夏王朝统治时期。根据《水经注》所云夏启之居的地望，结合其年代及相关历史文献记载，专家们认定新砦遗址很可能是黄台之丘附近的夏启之居，即夏启的都城。

2006 年 5 月，新砦遗址被国务院公布为第六批全国重点文物保护单位。

新砦遗址（吕超峰摄）

洛阳市“大禹治水”汉画像石

类　　别：可移动 · 画像石

地理位置：河南省洛阳市伊滨区吉庆路 6 号洛阳师范学院图书馆一楼

所属流域：黄河

洛阳汉画艺术博物馆所藏“大禹治水”汉画像石

简　　介：洛阳汉画艺术博物馆藏有几百件汉代画像石、画像砖，其中一块“大禹治水”画像石，发现于平顶山市汝州，2000 年前后入藏博物馆并成为镇馆之宝。画像石宽 84 ～ 85 厘米，高 82 ～ 83 厘米，浅浮雕，线条流畅、粗犷。大禹头戴斗笠，手持耒耜向前用力，驾着独木舟，大禹正前方是“河图洛书”形象，身边有仙鹤、凤凰、黄河大鲤鱼等紧紧追随。天上众多神仙驾着祥云，手持规、矩、旗帜、耒耜等从四面八方赶来协助，不远处普通劳动者手举锤錾、耒臿、长柄斧、船桨竹篙等紧张劳作。画面紧凑，内容丰富，生动活泼，充满勤劳祥瑞之气。

禹宿谷堆

类　　别：古遗址

地理位置：河南省洛阳市伊滨区万安山北麓，主峰小南顶下、南宋村北

所属流域：黄河

简　　介：禹宿谷堆为一扁圆形山丘，相传为大禹治水时的歇脚处。东汉、曹魏、西晋、北魏建都洛阳之时，均曾在当时的洛阳城南郊建有用以祭天的圜丘。据考证，曹魏、西晋、北魏圜丘在委粟山，即禹宿谷堆。

传说大禹凿通龙门后，伊水下泄。他便乘木筏顺流而下，在南岸停船查看地形，走到小南顶山下，见天色已晚，且睡意沉沉，大禹想找个地方歇息，可是没有找到如意的地方，他不由跺了跺脚，叹道：“我旱路坐车，水路坐船，泥路坐橇，山路坐樺，

偌大中华，何处不是家？难道此处就没有我的卧身之地了？”言罢，只觉得大地微动，脚下地面不断隆起，不大工夫长出了一个山丘，大禹喜出望外，就地躺倒睡觉。

谁知就在当夜，山洪暴发，眼看就要淹没山丘，大禹因疲乏沉睡而完全不知。然而奇异的事情发生了，不管洪水怎么涨，都无法淹到他，洪水涨寸，山丘长寸，洪水涨尺，山丘长尺。等到第二天日出，洪水退去，山丘也不再长了。大禹醒过来，从容走下山丘。

之后，人们感念大禹治水之功德，将此山丘称为“禹宿谷堆”，传说还在大禹所躺之处建立禹王庙，现今庙已不存。山顶上存有唐代雕凿石窟造像群，系洛阳市级文物保护单位。

二里头遗址

类　　别：古文化遗址

地理位置：河南省洛阳市偃师市翟镇镇

所属流域：黄河

简　　介：二里头遗址为第三批全国重点文物保护单位（1988 年），中华文明探源工程首批重点六大都邑之一。遗址位于洛阳盆地东部的偃师区境内，遗址上最为丰富的文化遗存属二里头文化，其年代约为距今 3800—3500 年，相当于古代文献中的夏、商王朝时期。该遗址南临古洛河，北依邙山，背靠黄河，范围包括二里头、圪当头、四角楼等村，面积不少于 3 平方千米。

二里头文化绿松石镶嵌铜牌

二里头夏都遗址博物馆广场（邱志荣摄）

二里头遗址对研究华夏文明的渊源、国家的兴起、城市的起源、王都建设、王宫定制等重大问题具有重要的参考价值，被学术界公认为中国最引人瞩目的古文化遗址之一。

2003 年，考古人员在二里头遗址宫殿区发现了面积逾 10 万平方米的宫城，其布局开了中国古代都城规划制度的先河，被誉为中国最早的“紫禁城”。该考古发现入选 2004 年全国十大考古新发现。

附录：

中华文明探源工程

中华文明探源工程于 2001 年正式提出。2004 年，在全国范围内众多古文化遗址中，选定了河南郑州大师姑遗址、河南灵宝西坡遗址、河南登封王城岗遗址、河南新密新砦遗址、河南洛阳偃师二里头遗址及山西襄汾陶寺遗址等中原地区六座规模大、等级高的城邑为第一阶段重点发掘和研究的中心性遗址。其间还通过对浙江良渚遗址、陕西石峁遗址、湖北石家河遗址等都邑性遗址和黄河流域、长江流域、辽河流域的其他中心性遗址实施重点发掘，并对这些遗址周边的聚落群开展大规模考古调查，以丰富的考古资料实证了中华大地 5000 多年文明。

2018 年 5 月 28 日，国务院新闻办公室召开“中华文明探源工程”成果发布会，国家文物局负责同志介绍相关情况。探源工程实证了中华文明的起源和早期发展是一个多元一体的过程，在长期交流互动中相互促进、取长补短、兼收并蓄，最终融汇凝聚出以夏代中晚期河南洛阳偃师二里头文化为代表的文明核心，开启了夏、商、周三代文明。

大禹湖

类　　别：水利工程 · 湖

地理位置：河南省新乡市卫辉市新城区

所属流域：淮河

简　　介：1959 年 6 月 22 日，毛泽东主席在河南视察时谈道：“汲县（卫辉旧称）是夏禹封的，汲县人是大禹的子孙。”如今，“大禹湖”三个毛体集字的红色铭文已经镌刻在了卫辉市新城区大禹湖畔巨石之上。

大禹湖为国家 3A 级旅游景区。景区规划以“水”为核心，围绕调蓄池及孟姜女河进行设计开发。主要景点有卫辉古八景、禹王碑亭、太公垂钓等。

大禹湖（张卫东供图）

禹王碑亭

类　　别：纪念建筑·亭

地理位置：河南省新乡市卫辉市新城区

所属流域：淮河

简　　介：岣嵝碑，也称“禹王碑”或“大禹功德碑”，原刻于南岳衡山之巅的岣嵝峰，故而得名。相传此碑为颂扬禹王治水功绩所立，原迹在湖南衡山，曾佚失千年。卫辉的岣嵝碑翻刻于明万历年间（1573—1620 年），由卫辉知府周思宸据拓而刻，初立于潞府关帝庙内，后移至县城西门外三圣庵前卫河岸边以镇水，现存于市博物馆。因年代久远，碑面早已漫漶不清，模糊难识，仅能拓出寥寥数字。

为使岣嵝碑早日重见天光，大禹湖景区管理处多方征求有关专家意见，专门安排人员到处访碑、寻碑，参考借鉴全国各地知名的岣嵝碑拓片，完美复原了卫辉万历版岣嵝碑的真实面目，又邀请中原地区刻石高手精心摹刻，历时近三个月，终于使岣嵝碑得以重立，并建有禹王碑亭，亭匾“禹王碑亭”为中国书法家协会会员张怀忠先生所书写。禹王碑的建立为大禹湖成功创建国家级 3A 级景区增添了历史文化内涵。

禹州大禹像（邱志荣摄）

夏禹故都

类　　别：古建筑遗址

地理位置：河南省许昌市禹州市北八里营村

所属流域：淮河

简　　介：相传夏禹故都在禹州市城北八里营，目前尚未找到考古痕迹。但从八里营再往北四五千米，有一处庞大遗址群，面积远大于瓦店遗址。未公布遗址试掘时候灰坑除了房屋柱础遗迹、火塘灰堆、动物残骨、大量陶器之外，还出土了玛瑙器、鼎腿以及陶器上的刻画符号，甚至出土了一枚精致的三角形石头胸牌。

大禹封国于禹州，夏启即位于禹州，夏朝建都于禹州。禹州市有禹王山、禹王村、拉王庙、古钧台、禹王锁蛟井等古迹，今有大禹像位于禹王大道与画圣路交叉处。

据《竹书纪年》记载：“元年癸亥，帝（启）即位于夏邑，大飨诸侯于钧台，诸侯从。”《汉书·地理志》颜师古注：“阳翟：夏禹国……应劭曰：夏禹都也。臣瓒曰：《世本》：禹都阳城。《汲郡古文》亦云居之，不居阳翟也。师古曰：阳翟本禹所受封耳，应瓒之说皆非。”据此，禹州是大禹封地，但大禹并未在此建都，而是大禹儿子启曾建都于此（后期迁往山西安邑）。后人笼统称阳翟（今名禹州）为“夏禹故都”。

《禹州市志》：“自夏朝至战国，禹境曾先后数为夏、韩都城。夏禹在城北八里营建的夏禹故都，是我国第一个国都。少康复国后，在城西北建少康城（今禹州市顺店镇康城村），布局严整，规模宏大。该城北部为内城（紫禁城），内城左右有两耳城，现尚存部分遗址，可窥当时一斑。”

禹妃庙

类　　别：古建筑·庙

地理位置：河南省许昌市禹州市古钧台街

所属流域：淮河

简　　介：《史记索隐》记载，大禹治水时，娶了涂山氏的两个女儿为妻。自辛日结婚，到甲日（辛、壬、癸、甲，甲为第四天）就外出治水去了，即便后来有了儿子启，大禹也没有监护教养他。居外13年，过家门不敢入，才得以治服水患，使天下百姓过上了好日子。在他治水期间，全靠二妻料理家事，抚育儿子。后人为表彰二女贤淑仁慧、助禹治水、养启成人之美德，就在今梁北镇三峰山东头的柏山南坡建一庙宇，这就是禹妃庙，也称双姨庙、二姨庙。庙内供奉有太姨、少姨二女塑像。每年农历三月初八庙会，远近民众都去朝拜进香，香火旺盛，至今庙宇尚存，仍有不少百姓前去烧香。①

康　城

类　　别：古建筑遗址

地理位置：河南省许昌市禹州市古钧台街

所属流域：淮河

简　　介：据史籍记载，夏启死后，将帝位传给了儿子太康。太康终日不理政事，宴饮游乐，东夷有穷氏的首领后羿乘机把太康赶下台。不久，后羿又被他的亲信寒浞杀掉，寒浞取得王位。太康死后，他的弟弟中康得立，中康的儿子相，投靠同姓斟灌氏和斟鄩氏，但仍然被寒浞所杀。相的妻子无以为计，只好逃到有仍氏娘家，生下了儿子少康。少康成人后又被寒浞所打败，投奔有虞氏。有虞氏国君见少康年轻有为，就把自己的两个女儿嫁给他，为他修建了纶邑（今禹州顺店康城）让他居住。纶邑西有嵩山，北有具茨山，南临颍水，土地肥沃，气候宜人，有田一成（方圆十里），有众一旅（五百人），少康从此有了安身之地。少康便以纶邑为根据地，抚恤招纳散亡的夏遗民旧部，发展生产，积蓄力量。又纠集自己的亲信氏族及对寒浞不满的部族，合力消灭了寒浞及其余党，"整威仪东南行，求阳翟夏王之故都"，葺宫室，修钧台，视九鼎，天下诸侯纷纷拥戴。夏帝太康失国数十年后，少康终于"坐钧台而朝诸侯"，重登天子之位，历史上称之为"少康中兴"。

昔日少康居住的地方叫纶邑，也叫少康城，在今禹州市顺店镇北4千米处。西汉到三国时期，纶邑归颍川郡管辖，叫纶氏城。北魏到唐在此设立康城县。后来行政建制虽屡有变迁，但康城地名始终沿袭未变。康城距离禹州市区17千米，旧城

① 参见王和平编：《禹州历史名人胜迹》，中州古籍出版社2000年版，第160页。

康城遗址（吕超峰摄）

址北部为紫禁宫城，东部为外城，城中有两丈多高的墩台，相传为少康练兵点将之地。夏禹建都夏邑后，曾到崆峒山朝拜黄帝得道处，路经此地时曾驻跸休息，建有亭台。少康在此建城后，在原亭台处建夏禹王功德台一座，台上竖有功德碑，碑上刻有 77 个字，以纪念夏禹治水之功。现在康城村东头尚有功德台遗迹。少康城历经风雨几千年，旧城遗迹大部分已荡然不存，唯有部分残缺城墙依稀可见。①

瓦店遗址

类　　别：古文化遗址

地理位置：河南省许昌市禹州市火龙镇瓦店村

所属流域：淮河

简　　介：嵩山周围分布有大量龙山文化遗址，经发掘最著名的有洛阳王湾、临汝煤山、禹州瓦店、新密新砦、巩义稍砦、偃师斟鄩等。据许顺湛先生统计，禹州市龙山文化遗址共有 19 处。登封和禹州的龙山文化遗址绝大部分都是分布在颍河流域内，形成了一个聚落群。

瓦店遗址位于瓦店村北部高台地上，其北有颍河，南有滑济河（古名嵎水渠）

① 参见王和平编：《禹州历史名人胜迹》，中州古籍出版社 2000 年版，第 161—162 页。

瓦店遗址（邱志荣摄）

襟带，占地面积130万平方米。是龙山文化晚期全国面积最大的人类聚落之一，夏代早期的都城遗址。主要包含有龙山文化早、中、晚期遗存，并以晚期遗存为主。1979年发现，1980、1981、1983年河南省文物考古研究所与郑州大学对此进行了三次考古发掘，1986年至1987年河南省文物考古研究所和美国密苏里州大学对瓦店遗址进行了考古调查。1997年河南省文物考古研究所承担的夏商周断代工程夏代年代学研究“早期夏文化研究”专题组对瓦店遗址进行了为期两个月的考古发掘工作。该处遗址文化层厚度在2～4米之间，内涵丰富，主要遗物有陶鼎、罐、甑、盆、斝、鬶、觚、瓮、刻槽盆、陶酒器、玉鸟、玉璧、玉铲和大卜骨、镞、骨锥、龟甲等。2007年，由北京大学考古文博学院和河南省文物考古研究所共同承担“中华文明探源工程（二）‘颍河中上游流域聚落群综合研究——以河南登封王城岗和禹州瓦店为中心’”的课题研究，对瓦店遗址进行了全面考古调查、勘探。在西北台地中部和东南台地南部出土了大量的石器、陶器、骨器、蚌器、玉器等遗物；还发现了瓦店古城遗址。该遗址对探索研究豫东、豫西及颍河流域的龙山文化和夏商周文化，以及该时期文化类型的区域系类型的课题提供了一批新颖、宝贵的资料，具有很高的历史、艺术、科学价值。二普时已登记，1986年被公布为第二批省级文物保护单位，2006年被公布为第六批全国重点文物保护单位。

具茨山岩画

类　　别： 题刻·岩画

地理位置： 河南省新郑、新密、禹州三市交界区

所属流域： 淮河

简　　介： 具茨山岩画主要分布在具茨山的山脊及南坡、东坡的砂岩上，地

岩画遍布山体（邱志荣摄）

跨河南省新郑、新密、禹州三市。据不完全统计，具茨山岩画的存量达3000多处。岩画数量大，分布范围广，内涵丰富，填补了我国中原地区岩画考古发现的空白，丰富了中原地区古文化的内涵，为研究包括黄帝文化在内的中原上古文化提供了一类新的实物资料，具有重要的学术和文化价值。

2009年6月12日，具茨山岩画被列入第五批省级文物保护单位。

九派图

斜卧在具茨山顶的远古水系图。照片中，左为吴旭，手抚“嵩山－伊洛河”；右为刘俊杰，手指“汳水－泗水”（刘寒影摄）

类　　别： 题刻·岩画

地理位置： 河南省新郑、新密、禹州三市交界区

所属流域： 淮河

简　　介： 具茨山岩画中发现的水系图有很多，但是能与现实地理联系起来的，目前只有这一幅。人们把它叫作“九派图”“大禹导淮图”“黄淮平原水系图”。

“20年前，我第一次向水利史学科奠基人姚汉源介绍这幅图，他就说，应该与大禹治水联系起来。”具茨山岩画发现者刘俊杰说，“禹州是大禹封地，是夏代最初的国都，理应留下一些遗迹。古书中有大禹来到具茨山，向云华夫人求取治水之术的记录。附近村庄中也有相关传说，可以结合起来探讨。”

“九派图”（张卫东、吴旭、刘俊杰制图）

明张居正《神母授图万年永赖颂》：“按道书《云笈七签》云，云华夫人，居於具茨之山，云楼玉台，碧宫琼阙，灵官侍卫，狮子抱关，天马启图，毒龙电兽，八威备轩。神禹造拜，求治水之术。夫人命侍女凌容华，出丹玉之笈，开上清宝文以授禹。”

诸侯山

类　　别：山川·山

地理位置：河南省许昌市禹州市无梁镇

所属流域：淮河

简　　介：距禹州市无梁镇政府不远的具茨山中，有座诸侯山。相传大禹治水之时，常和各路诸侯登上山顶，坐在一块大石头上，商量遇到的各种艰难险阻。天长日久，他在坐过的大石头上，磨出了深深的印痕。大石前面的一条深谷，据说由大禹的汗水冲刷而成，称作“汗沟”。

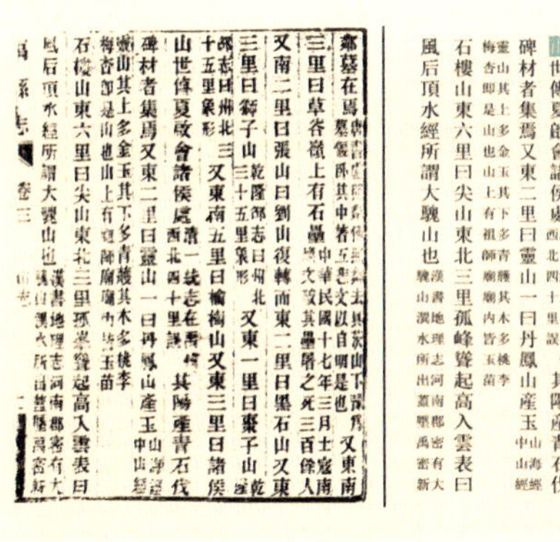

鄭墓在焉（唐書盧照鄰傳照鄰去具茨山下豫爲墓偃臥其中著五悲文以自明是也）又東南三里曰草谷嶺上有石壘（中華民國十七年三月土寇南燬文破其壘屠之死三百餘人）又南二里曰張山曰劉山復轉而東二里曰黑石山又東三里曰獅子山（乾隆郡志曰州北三十五里象形）又東一里曰棗子山（乾隆郡志曰州北三十五里象形）又東南五里曰榆樹山又東三里曰諸侯山世傳夏啟會諸侯處（清一統志在禹州西北四十里誤）其陽產青石伐碑材者集焉又東二里曰靈山一曰丹鳳山產玉（山海經中山經靈山其上多金玉其下多青雘其木多桃李梅杏即是山也山上有祖師廟廟內皆玉苗）石樓山東六里曰尖山東北三里孤峰聳起高入雲表曰風后頂水經所謂大騩山也（漢書地理志河南郡密有大騩山潩水所出蓋謂禹密新）

民国《禹县志》卷三载“诸侯山”

也有记载说此山与夏启有关，民国《禹县志》卷三载：“又东三里曰诸侯山，世传夏启会诸侯处。”

三官庙（会河村）

类　　别：纪念建筑·庙

会河村三官庙（金小军摄）

地理位置： 河南省长葛市增福镇西北的会河村清溴河畔

所属流域： 淮河

简　　介： 据诸多古稀老人回忆，沿清溴河曾有会河十三庙，三官庙是重中之重。庙内青砖碧瓦，雕梁画栋。庙前八角碑亭，历代君王重修石碑 15 通。敬奉历史明君尧舜禹三官大帝。

如今会河村三官庙有唐三彩麒麟怪兽，宋代古砖雕花，清代雕龙碑，以及雍正、乾隆、嘉庆皇帝重修三官庙石碑等。左侧古庙危楼二层墙缝更有龙树拔地而起，身粗根细，令人惊叹不已。2014 年以来，村民自发新修大殿，延续文明。

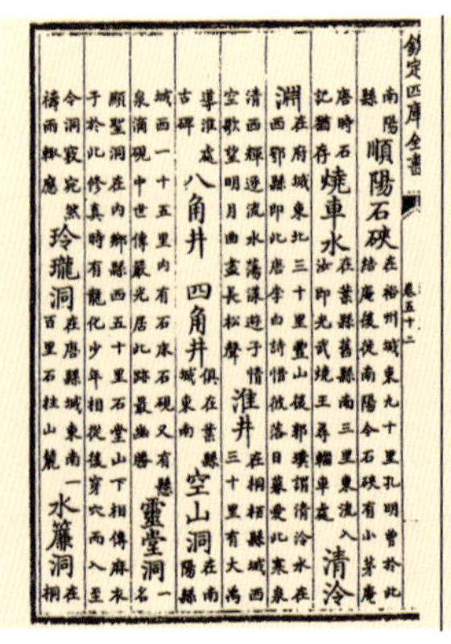

欽定四庫全書　卷五十二

南陽縣 順陽石硤 在裕州城東九十里孔明曾於此結廬後從南陽令石硤有小茅庵 唐時石記猶存 燒車水 在葉縣舊縣南三里東流入汝即光武燒王尋輜車處 清冷淵 在府城東北三十里豐山後郭璞謂清冷水在西鄂縣即此唐李白詩惜彼落日暮愛此寒泉清西輝逶流水蕩漾遊子情空歌望明月曲盡長松聲 淮井 在桐柏縣城西三十里有大禹導淮處古碑 八角井 四角井 俱在葉縣城東南 空山洞 在南陽縣城西一十五里內有石床石硯又有懸泉滴硯中世傳嚴光居此路最幽僻 靈堂洞 一名順聖洞在內鄉縣西五十里石堂山下相傳麻衣子於此修真時有龍化少年相從後穿穴而入至今洞窈究然禱雨輒應 玲瓏洞 在唐縣城東南一百里石柱山麓 水簾洞 在桐

《河南通志》卷五二载“淮井”

淮源井

类　　别： 山川 · 井

地理位置： 河南省南阳市桐柏县固庙镇

所属流域： 淮河

简　　介：传说大禹锁无支祁于淮源井，也叫淮井。桐柏有五口淮井，其中两眼在桐柏山上，三眼在淮祠即今淮渎庙内。《河南通志》卷五二载："淮井，在桐柏县城西三十里，有大禹导淮处古碑。"

大禹锁蛟之井，多地皆有，如江苏龟山锁蛟井、河南禹州锁蛟井、河南商丘禹王锁蛟井，故事也十分相似。

固庙（淮源镇）·淮渎庙（桐柏县城）

类　　别：纪念建筑·庙

地理位置：固庙，河南省南阳市桐柏县淮源镇；淮渎庙，桐柏县城

所属流域：淮河

简　　介：固庙（禹王庙），祭祀治淮功臣大禹，在桐柏县城西偏北 15 千米的淮源镇，原为"淮渎庙"，宋太祖开宝六年（983 年）遣使，将淮渎庙由淮井铺移到桐柏县城东北隅，此处改称禹王庙，又称固庙（故庙，一说孤庙）。2022 年 12 月，"淮源"划归桐柏山淮源风景名胜景区管理会后，改称淮祠。

淮渎庙祭祀治淮功臣大禹，相传秦始皇二十六年（前 221 年）诏建。"桐柏庙碑"也称淮源庙碑，立于汉延熹六年（163 年）。《水经注》载淮渎庙"庙前有碑，是南阳郭苞立；又二碑，并是汉延熹中守令所造"。

北宋时，该庙迁至桐柏县城东北隅，仍称"淮渎庙"，历代皆有增补修葺，仅清朝就修葺 10 次。庙内文物除历代祭祀淮渎神、增修庙宇的碑记外，尚有北宋庆

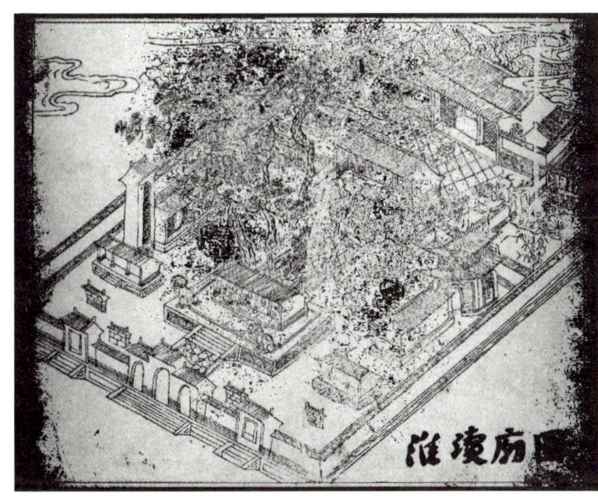

乾隆《桐柏县志》中的淮渎庙（吴旭供图）

乾隆《桐柏县志》中的禹庙图（吴旭供图）

新修复的禹庙大殿（吴旭摄）

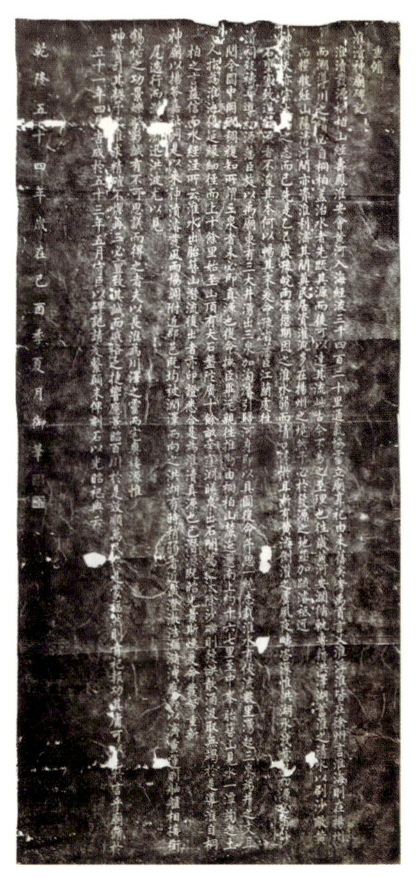

《乾隆重修淮渎神庙碑记》碑拓（吴旭供图）

历三年（1043 年）铸造的铁华表一对，宋代镇水石兽四只，元天历二年（1329 年）精美铁狮子一对。康熙三十三年（1694 年）十月曾为大殿御书“灵渎安澜”匾额。乾隆五十年（1785 年）御制《淮源记》，五十一年御批重修桐柏淮渎庙，五十四年六月御笔题写《重修淮渎神庙碑记》。自秦至清，历代朝廷曾派朝臣前来祭淮 50 余次。

《禹贡》“导淮自桐柏”指的就是“淮渎庙”所在的淮源。两千年来，淮渎庙几经兴衰。明成化二年（1466 年）焚于野火。清康熙年间复建，民国 15 年（1926 年），淮亭、牌楼等房舍及竹林、院落全毁于火。1927 年冯玉祥督豫，将庙改建为学堂，今在桐柏县职教中心校内，仅存大殿遗址、明清祭祀碑数块及古柏数株。

1999 年，桐柏县委、县政府在淮源镇启动了淮源修复工程，2002 年全部竣工，称“淮源”，建有禹王殿、碑廊、淮源文化陈列馆、走读淮河微缩景观等景点。

附录：

汉代“桐柏庙碑”

淮渎庙，在桐柏县东，康熙三十三年御书“灵渎安澜”四字，遣官赍送，制匾悬挂。汉王延寿记，延禧（熹）六年正月八日乙酉，南阳太守中山卢奴郭君，处正好礼，尊神敬祀。以淮水出平氏，始於大复，潜行地中，见於阳口。立庙桐柏，春秋崇奉，灾异告愬，水旱请求。位比诸侯，圣汉所尊。受珪上帝，太常定甲。郡守奉祀，斋洁沉祭。从郭君以来，二十余年，不复身至，遣行承事，简略不敬，明神弗歆，灾害以生。五岳四渎，与天合德。仲尼慎祭，常若神在，若淮则大圣，亲之桐柏。奉建庙祠，崎岖逼狭。开创神门，立阙四达，增广坛场，饰治华盖，高大殿宇，整齐传馆。石兽表道，灵龟十四。衢廷宏敞，宫庙高竣（峻）。祗慎庆祀，一年再至。躬进三牲，执玉以沉。为民祚福，灵其报祐。天地清和，嘉祥昭格。禽兽硕茂，草木芬芬。黎庶赖祉，民用作颂。其辞曰：

泫泫淮水，圣禹所导。汤汤其逝，惟海是造。疏秽济远，柔顺其道。弱而能强，仁而能武。昼夜不舍，明哲所取。实为四渎，与河合矩。烈烈明府，如古之则。虔恭礼祀，不愆其德。惟前废弛，匪功匪力。灾异以兴，阴阳以忒。陟彼高冈，臻兹庙侧。肃肃其敬，灵湫降福。雍雍其和，民用悦服。穰穰其庆，年谷丰殖。望君舆驾，扶老携息。慕君尘轨，奔走忘食。怀君惠贶，思君罔极。于胥乐兮，传於万亿。

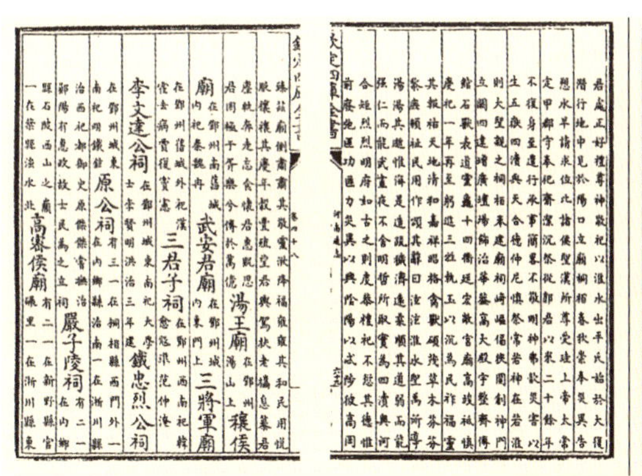

雍正《河南通志》卷四八载汉代“桐柏庙碑”

太阳城

类　　别： 其他建筑

地理位置： 河南省南阳市桐柏县淮源风景名胜区内

所属流域： 淮河

简　　介： 相传天将庚辰随大禹治水来到桐柏，降伏了“千古第一奇妖”无支祁，立下赫赫战功。而此后庚辰因迷恋桐柏美景，不愿再随大禹东征治水，大禹一怒之下将其斩首。当地百姓感念庚辰伏妖功高，就用石块将大禹怒斩庚辰的整个山顶围砌起来，命名“太阳城”。传说苏东坡曾到此山，后人取东坡字体，镌刻“太阳城”三个大字于山崖上。现存城池系元末农民起义时修筑，清代为防捻军又重新修整启用。

平粮台古城

类　　别：古文化遗址

地理位置：河南省周口市淮阳区刘振屯镇大朱庄村

所属流域：淮河

简　　介：新石器时代河南龙山文化的古城，建城年代约为公元前 2400 年以前，时代跨度到汉代，经历了大禹治水时期（公元前 2070 年之前）。遗址位于河南淮阳大朱庄村西南，文献称为“平粮冢”“贮粮台”。考古工作者认为，平粮台古城址和太昊故墟宛丘是一个地方，至此，“陈为太昊之墟”“神农初都陈”等历史文献的记载得到了初步证实。

古城城址高出附近地面 3 ～ 5 米，面积近 100 亩，呈正方形，边长各 185 米，城内面积约 3.5 万平方米，加上城垣、城壕共占地 5 万平方米。现存城墙最高处达 3.6 米，底宽 13.5 米。城内有陶排水管和纵横排水沟共同构成了目前所知的我国最早的、最为完备的城市排水系统。有南北走向的“中轴线”道路，发现轴距 0.8 米的车辙印迹，碳 –14 测年距今 4200 年。考古发现证实，这里是当时世界上科学文化较为发达的城市。

1988 年，平粮台古城遗址被国务院公布为第三批全国重点文物保护单位。2019 年，被评为全国十大考古新发现之首。

十七、湖北省

禹功矶

类　　别：山川·矶

地理位置：湖北省武汉市汉阳区晴川街道洗马长街中段长江边

所属流域：长江

简　　介：据元代林元《大别山禹庙碑记》载，唐以前称禹功矶，唐以后讹为吕功矶。元代复名禹功矶，在矶上复建禹王庙（即今禹稷行宫）。明嘉靖《汉阳府志》说禹功矶："在县治东北大别山东，初名吕公矶，元世祖驻跸於黄鹤山，问诸父老，曰：'隔江山头石矶何名

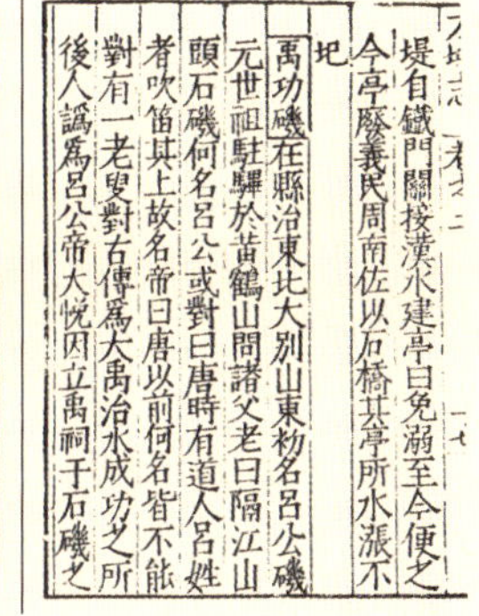

堤自鐵門關接漢水建亭曰免溺至今便之
今亭廢義民周南佐以石橋其亭所水漲不
圯
禹功磯在縣治東北大別山東初名呂公磯
元世祖駐驛於黃鶴山問諸父老曰隔江山
頭石磯何名呂公或對曰唐時有道人呂姓
者吹笛其上故名帝曰唐以前何名皆不能
對有一老叟對曰傳爲大禹治水成功之所
後人譌爲呂公帝大悅因立禹祠于石磯之

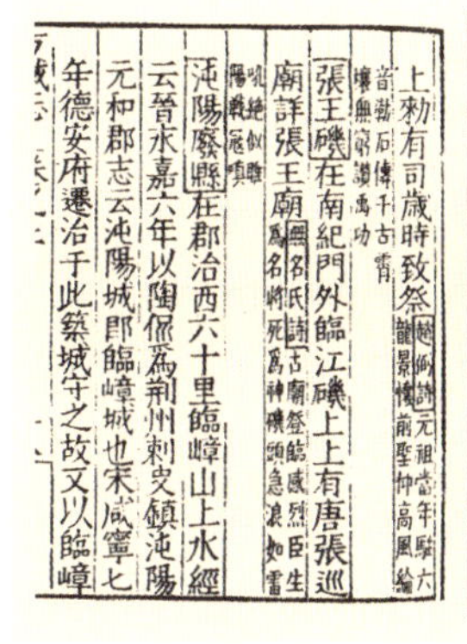

上勑有司歲時致祭 趙俶詩 元祖當年駐六龍景懷前聖仰高風綸音勒石傳千古憤無窮讚禹功
張王磯在南紀門外臨江磯上有唐張巡
廟詳張王廟 無名氏詩 古廟登臨感烈臣生爲名將死爲神磯頭急浪如雷吼絶似睢陽戰鼓嗔
沌陽廢縣在郡治西六十里臨嶂山上水經
云晉永嘉六年以陶侃爲荊州刺史鎮沌陽
元和郡志云沌陽城即臨嶂城也宋咸寧七
年德安府遷治于此築城守之故又以臨嶂

明嘉靖《汉阳府志》载"禹功矶"

禹功矶（全小军提供）

吕公？’或对曰：‘唐时有道人吕姓者吹笛其上，故名。’帝曰：‘唐以前何名皆不能对。’有一老叟对：‘古传为大禹治水成功之所，后人讹为吕公。’帝大悦，因立禹祠于石矶之上，敕有司岁时致祭。赵弼诗：‘元祖当年驻六龙，景怀前圣仰高风。纶音勒石传千古，霄壤无穷赞禹功。’”乾隆时期即有元建禹庙和无数禹柏。

晴川阁

类　　别： 纪念建筑·阁

地理位置： 湖北省武汉市汉阳区

所属流域： 长江

简　　介： 晴川阁，又名晴川楼，位于湖北省武汉市汉阳区，地处长江北岸龟山东麓的禹功矶上，北临汉水，东濒长江，与黄鹤楼夹江相望，互为衬托；始建于明嘉靖年间（1522—1566 年），为汉阳知府范之箴在修禹稷行宫（禹王庙）时增建，重建于 1984 年，总占地面积 386 平方米，高 17.5 米。得名于唐朝诗人崔颢“晴川历历汉阳树，芳草萋萋鹦鹉洲”诗句，有

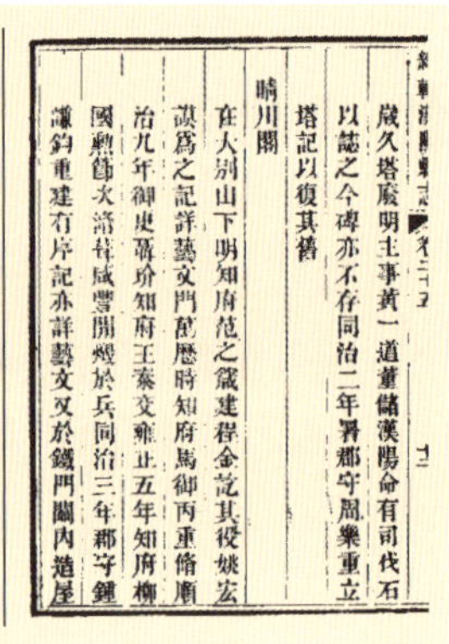
續輯漢陽縣志 卷二十五 十二

歲久塔廢明主事黃一道董儲漢陽命有司伐石
以誌之今碑亦不存同治二年署郡守閻樂重立
塔記以復其舊

晴川閣

在大別山下明知府范之箴建程金范其役姚宏
謨爲之記詳藝文門萬歷時知府馬御丙重脩順
治九年御史蕭玠知府王秦交雍正五年知府柳
國勲飭次修葺咸豐閒燬於兵同治三年郡守鍾
謙鈞重建有序記亦詳藝文又於鐵門關內造屋

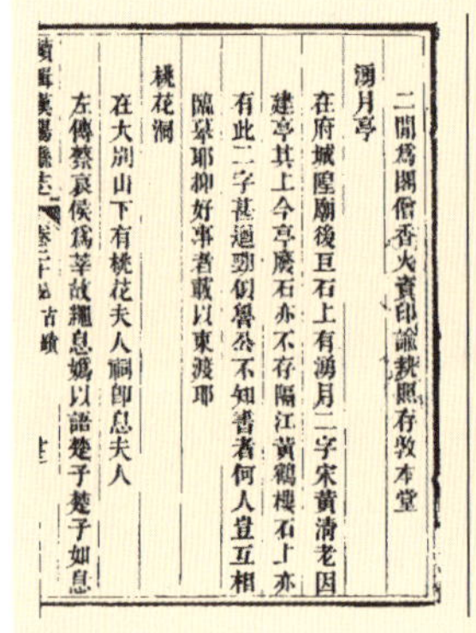
二間爲閣僧香火資印諭執照存敎本堂

湧月亭

在府城隍廟後巨石上有湧月二字宋黃清老因
建亭其上今亭廢石亦不存隔江黃鶴樓石上亦
有此二字甚遒勁似髯翁不知書者何人豈互相
臨摹耶抑好事者戴以東渡耶

桃花洞

在大別山下有桃花夫人祠即息夫人
左傳蔡哀侯爲莘故繩息嬀以語楚子楚子如息

續輯漢陽縣志 卷二十五 古蹟 十三

同治《继辑汉阳县志》卷二五载“晴川阁”

晴川阁

“三楚胜境”之美誉，与黄鹤楼、古琴台并称为“武汉三大名胜”，世称“楚天第一楼”。

同治《续辑汉阳县志》卷二五载：“晴川阁，在大别山下，明知府范之箴建，程金讫其役，姚宏谟为之记，详艺文门。万历时知府马御丙重修；顺治九年御史聂玠、知府王泰交，雍正五年知府柳国勋节次修葺。咸丰间毁於兵，同治三年，郡守钟谦钧重建，有序、记，亦详艺文。又於铁门关内造屋二间，为阁僧香火资。印谕执照，存敦本堂。”

晴川阁景区内有禹稷行宫、楚波亭、朝宗亭、禹碑亭、敦本堂碑、山高水长碑、荆楚雄风碑、临江驳岸、诗词碑廊、禹柏、岣嵝碑、大禹神话园等建筑群。

2013 年 3 月 5 日，“禹稷行宫”被国务院公布为第七批全国重点文物保护单位。

禹观山（金水闸）

类　　别：山川・山

地理位置：湖北省武汉市江夏区金水闸路 93 号

所属流域：长江

简　　介：禹观山金水闸 1935 年 3 月建成，位于金水河下游。相传 4000 多年前大禹治水曾登临此山，俯视长江与金水河水势。山以人系，得名禹观山。

1984 年文物普查在禹观山下游金口发现“涂川古碑”。金水史称涂水，以纪念大禹之妻涂山氏而得名，入长江处称涂口。到宋代，此地因发现金矿，遂改为金口，涂水因之改称金水。

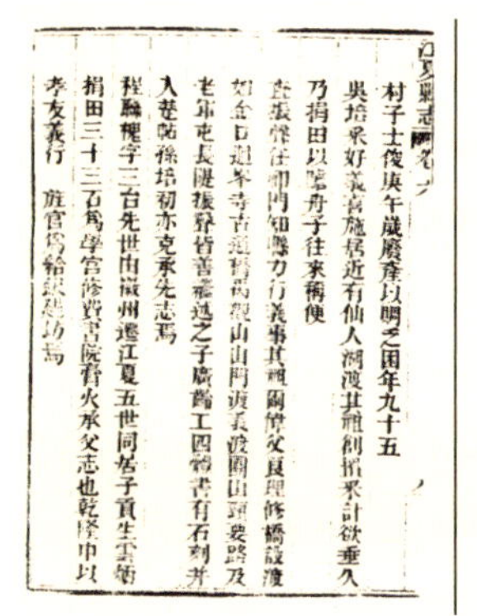

江夏縣志卷六

村子士俊庚午歲廢產以賙乏困年九十五
吳培采好義喜施居近有仙人湖渡其祖創置采計欲垂久
乃捐田以贍舟子往來稱便
查振聲任祁門知縣力行義事其祖爾偉父良理修橋設渡
如金口迴峯寺古通橋禹觀山山門渡義渡團山頸要路及
老軍屯長隄振聲皆善繼述之子廣齡工四體書有石刻并
入楚帖孫培初亦克承先志焉
程聯槐字三台先世由徽州遷江夏五世同居子貢生雲納
捐田三十三石爲學宮修費書院膏火承父志也乾隆中以
孝友義行　旌官爲給銀建坊焉

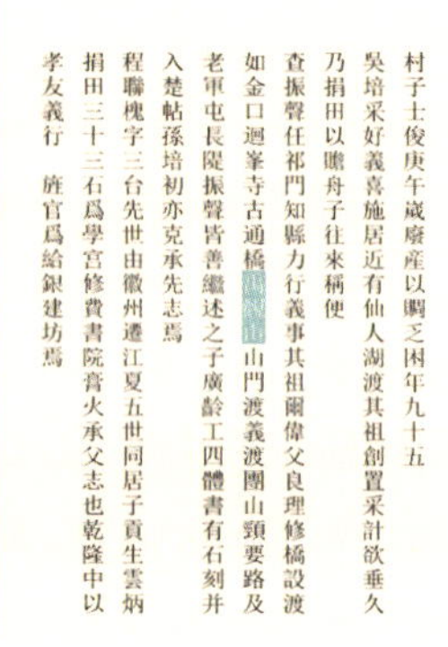

村子士俊庚午歲廢産以賙乏困年九十五
吳培采好義喜施居近有仙人湖渡其祖創置采計欲垂久
乃捐田以贍舟子往來稱便
查振聲任祁門知縣力行義事其祖爾偉父良理修橋設渡
如金口迴峯寺古通橋禹觀山山門渡義渡團山頸要路及
老軍屯長隄振聲皆善繼述之子廣齡工四體書有石刻并
入楚帖孫培初亦克承先志焉
程聯槐字三台先世由徽州遷江夏五世同居子貢生雲納
捐田三十三石爲學宮修費書院膏火承父志也乾隆中以
孝友義行　旌官爲給銀建坊焉

同治《江夏县志》卷六载“禹观山”

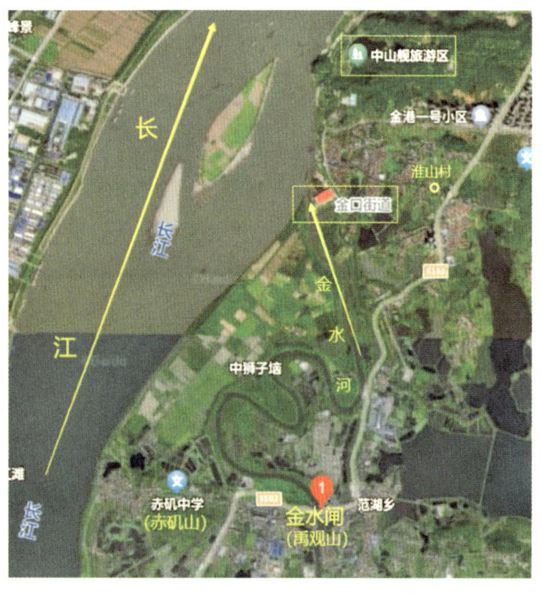

金水闸位置图（张卫东供图）

江夏金口

类　　别： 山川·河

地理位置： 湖北省武汉市江夏区

所属流域： 长江

简　　介： 江夏金口古称涂口，以蜿蜒曲折的美丽金水河（古称涂川、涂水）汇入长江而得名。相传大禹治水时，曾登上濒临长江和涂川的一座山观察水势，后人尊此山为“禹观山”。《吕氏春秋·音初》载：“禹行功，见涂山之女，禹未之遇而巡省南土，涂山氏之女乃令其妾候禹于涂山之阳”。金水河流域先民怀念大禹，以其妻之名将这条河流称为涂水。金口乃古涂口，晋代文化

口在漢陽西南三十里今名沌口若祖拒吳爲今江夏不應
反扼塞於上流也或曰漢陽城北亦有卻月城相傳祖之所
守當時沿江置戍是不一城但以挾守沔口按之則在沔口
者爲正而今江夏可不問而定其非矣然古夏口亦非今之
夏口夏口者春秋所謂夏汭楚辭所謂夏首也一統志云本
在江北自孫權築城取對岸名夏口而江北之名始晦史又
稱吳以程普爲江夏太守治沙羨蓋其時江北地非吳有僑
置之耳晉則江夏郡治仍在西陵惟劉宋始於沙羨置江夏
郡隋初廢郡改汝南縣曰江夏其名其實遂相沿不改然前
代江邑嘗治[illegible]者今邑南六十里之金口鎮也即古

沙羨亦非今治按水經注江水東逕大軍山南又東北至江
夏沙羨縣西北沔水從北來注之又東逕欸父山南又東逕
魯山南魯山者今漢陽之大别山也觀其次第沙羨之非今
治明矣張志
邑之沿革鄉先正論之詳矣近張太史因之作沿革表又頗
訂其譌誤然亦互有得失如郭志謂漢高帝六年置江夏郡
治沙羨三國時黃祖守江夏始於沙羨置邑張志張前漢地
理志江夏郡領縣十四首西陵謂西陵正古江夏郡治黃祖
爲江夏太守仍治西陵其言極辨此張之得也張表載晉太
康中更沙羨爲沙陽縣按晉書地理志武昌郡領縣七五曰

同治《江夏县志》卷二载“涂口”

金水闸（金小军摄）

名人陶渊明有诗《辛丑岁七月赴假还江陵夜行涂口作》堪为佐证。金口不仅是古涂口，而且有涂山氏传说，金口街道至今还有一个淮山村。

涂口历史悠久。史载：周显王十九年（前 350 年），置沙羡堡于涂口。汉高祖六年（前 201 年），始置沙羡县，隶江夏郡，治涂口。同治《江夏县志》卷二载："涂口者，今邑南六十里之金口镇也，即古沙羡。"京剧《借东风》里诸葛亮祭坛借风后"趁此时返夏口再作主张"，道明刘备当年即屯兵夏口（即涂口，今金口）。唐宋时期，因在涂口发现金矿，涂口遂改名为金口。

三官殿街道

类　　别：地名

地理位置：湖北省十堰市丹江口市三官殿街道

所属流域：长江

简　　介：地名来源说法有二：一是早年三官殿镇北面有座三官庙，群众称大庙，庙内供"天官、地官、水官"，故称"三官殿"。二是历史上光化、谷城、均州三县以古镇十字街中心的水井为县界，井边盖庙，庙内塑了三个县官的像，庙就起名叫三官殿，该地因此得名。

丹江口三官殿镇（金小军摄）

禹王城遗址

类　　别： 古遗址

地理位置： 湖北省黄冈市黄州区禹王街道刘家大屋村

所属流域： 长江

简　　介： 禹王城遗址，又名邾城、女王城、汝王城、吕阳城、永安城等。《水经注·江水》中记载道：“江水又东，径邾县故城南，楚宣王灭邾，徙居于此，故曰邾也。”明弘治《黄州府志》中记载：“城中多土堆，俗呼女王城。”称禹王城可能是明代以后的事。城址现存面积 1.5 平方千米，整体呈长方形，周长约 5.5 千米。城垣大部分保存较好，高 5 ~ 8

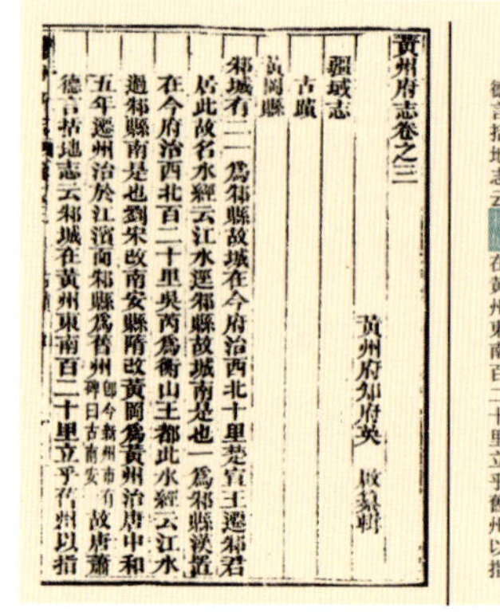

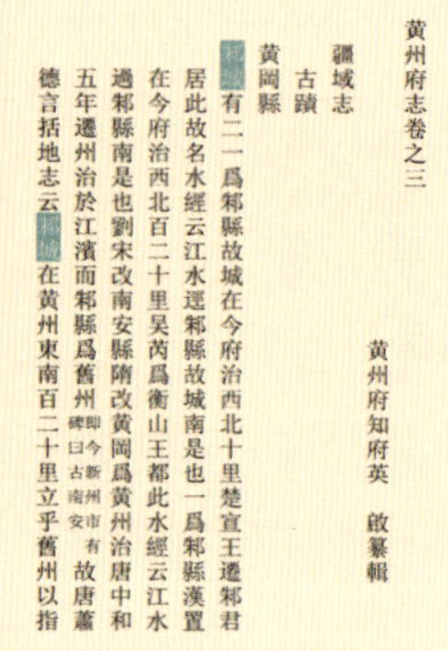

黄州府志卷之三

黄州府知府英 啟纂輯

疆域志

古蹟

黄岡縣

邾城有二一爲邾縣故城在今府治西北十里楚宣王遷邾君居此故名水經云江水逕邾縣故城南是也一爲邾縣漢置在今府治西北百二十里吴芮爲衡山王都此水經云江水過邾縣南是也劉宋改南安縣隋改黄岡爲黄州治唐中和五年遷州治於江濱而邾縣爲舊州即今新州市有碑曰古南安故唐蕭德言括地志云邾城在黄州東南百二十里立乎舊州以指

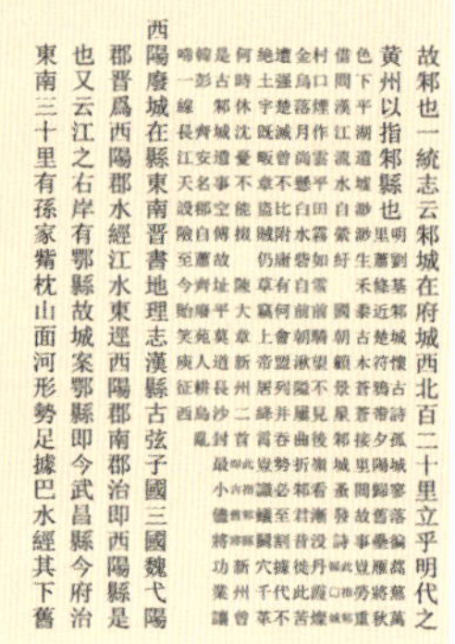

故邾也一統志云邾城在府城西北百二十里立乎明代之黄州以指邾縣也

西陽廢城在縣東南晉書地理志漢縣古弦子國三國魏弋陽郡晉爲西陽郡水經江水東逕西陽郡南郡治即西陽縣是也又云江之右岸有鄂縣故城案鄂縣即今武昌縣今府治東南三十里有孫家觜枕山面河形勢足據巴水經其下舊

光绪《黄州府志》卷三载“邾城”

禹王城遗址牌坊（金小军摄）

米，宽 8 ～ 15 米，在南北城垣各有一宽 5 ～ 7 米的缺口，东部城垣有两个 6 ～ 7 米的缺口，西部城垣毁坏严重；城垣的缺口处应为门道。禹王城是黄冈最古老的城址。

光绪《黄州府志》卷三“黄冈县”载：“邾城有二：一为邾县故城，在今府治西北十里，楚宣王迁邾君居此，故名……一为邾县，汉置，在今府治西北百二十里。”

据记载，楚灭邾（今山东邹县），徙国君邾子移居邾城（现黄州禹王街道）。邾城俗名女王城，传为楚王女之封地，后谐音为禹王城。晋咸康四年（338 年）毁于战乱。

2002 年，禹王城遗址被公布为湖北省文物保护单位。

石家河遗址

类　　别：古文化遗址

地理位置：湖北省天门市石家河镇北郊

所属流域：长江

简　　介：石家河遗址代表的石家河文化，地处江汉平原北部与大洪山南麓接合处的山前地带，是长江中游地区已发现面积最大、等级最高、延续时间最长的史前聚落遗址群，长江中游地区新石器时代晚期的文明中心，持续时间跨度为距今 4600—4000 年，晚期已进入夏王朝时代。石家河古城面积 120 万平方米，护城河周长约 4800 米。城内城外建有堤坝、小型水库、引水工程等水利工程系统。

地有餘也今又以爭地之故而反相賊也然則是虧不足而重有餘也今還夫好攻伐之君又飾其說以非子墨子曰以攻伐之為不義非利物與昔者禹征有苗湯伐桀武王伐紂此皆立為聖王是何故也子墨子曰子未察吾言之類未明其故者也彼非所謂攻謂誅也昔者有三苗大亂天命殛之日妖宵出雨血三朝龍生廟犬哭乎市夏冰地坼及泉五穀變化民乃大振高陽乃命元宮禹親把天之瑞令以征有苗四電誘祇有神人面鳥

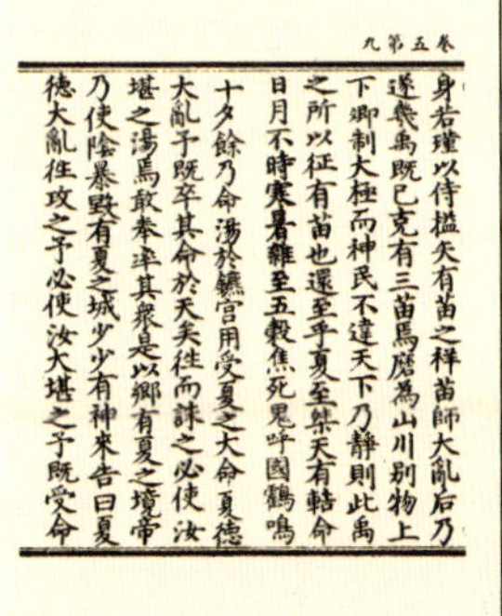

身若瑾以侍搤矢有苗之祥苗師大亂後乃遂幾禹既已克有三苗焉磨為山川別物上下卿制大極而神民不違天下乃靜則此禹之所以征有苗也還至乎夏王桀天有輅命日月不時寒暑雜至五穀焦死鬼呼國鶴鳴十夕餘乃命湯於鑣宮用受夏之大命夏德大亂予既卒其命於天矣往而誅之必使汝堪之湯焉敢奉率其眾是以鄉有夏之境帝乃使陰暴毀有夏之城少少有神來告曰夏德大亂往攻之予必使汝大堪之予既受命

《墨子》卷五载“昔者有三苗大乱”

石家河遗址多被认为与历史文献记载的“禹征三苗”事件的时代、地理位置大致吻合。一种意见认为，“石家河文化”就是古三苗国，石家河古城应为三苗国都，进而与其在肖家屋脊文化（后石家河文化）的衰落相对应。《墨子·非攻下》载："昔者有三苗大乱，天命殛之。日妖宵出，雨血三朝，龙生庙，大哭乎市，夏冰，地坼及泉，五谷变化，民乃大振。高阳乃命玄宫，禹亲把天之瑞令，以征有苗。四电诱祇，有神人面鸟身，若瑾以侍，扼矢有苗之祥。苗师大乱，后乃遂几。禹既已克有三苗焉，磨为山川，别物上下，卿制大极，而神民不违，天下乃静。则此禹之所以征有苗也。"战国时军事家吴起说："昔者三苗之居，左有彭蠡之波，右有洞庭之水，文山在其南，而衡山在其北，恃此险也。为政不善，而禹放逐之。"（《战国策·魏策一》）文山在今江西吉安东南，衡山指今安徽霍山。

1996 年 11 月 20 日，石家河遗址被国务院公布为第四批全国重点文物保护单位。2021 年 10 月，石家河遗址入选全国"百年百大考古发现"。

石家河遗址（金小军摄）

十八、湖南省

三元宫（三元村）

类　　别：纪念建筑·宫

地理位置：湖南省浏阳市枨冲镇三元村

所属流域：长江

简　　介：三元村有一座古庙，名为“三元宫”，庙内香火鼎盛，逢年过节，除了村民以外，浏阳城里人都会来祭拜，以祈求平安。湖南省“三元村”相当多，三元宫文化间接反映出尧舜禹崇拜的普遍性。

浏阳三元宫（金小军摄）

三元宫航拍（金小军摄）

禹碑亭

类　　别：古建筑·亭

地理位置：湖南省衡阳市石鼓区石鼓书院

所属流域：长江

简　　介：禹碑亭位于石鼓书院，始建于明万历九年（1581 年），亭内的禹王

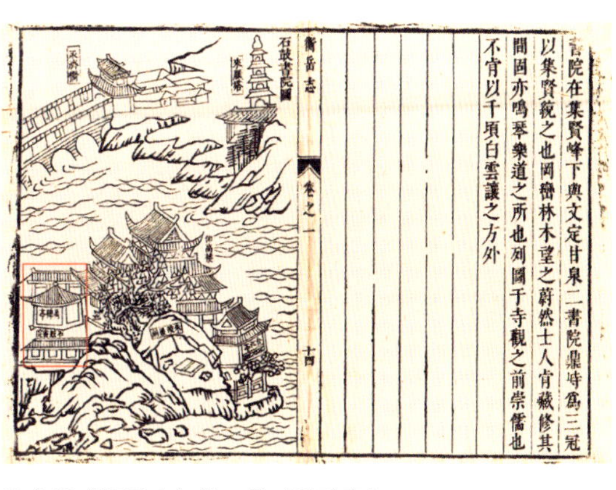

書院在集賢峰下與文定甘泉二書院鼎峙爲三冠以集賢稅之也岡巒林木望之蔚然士人肓藏修其間固亦鳴琴樂道之所也列圖于寺觀之前崇儒也不肓以千頃白雲讓之方外

石鼓書院圖

衡岳志　卷之一　十四

清康熙《衡岳志》卷一载“禹碑亭”

禹碑亭（金小军摄）

碑又称神禹碑，为大禹治水功成在南岳衡山岣嵝峰所刻，亭内禹王碑为摹刻。禹碑亭亭柱上有一副对联：蝌蚪成点画，天地衍大文。

金简峰（禹藏书处）

类　　别：山川·峰

地理位置：湖南省衡阳市衡山县金简峰

所属流域：长江

简　　介：乾隆《南岳志》卷二一引《一统志》载：“禹藏书处，在金简峰黄庭观，右有金简台，为禹藏书处。”传说，夏禹治水一开始没有成功，于是他历诸四海为治水求贤。后来，大禹听说黄帝曾把一部专讲治水之道的“金简玉书”埋藏在南岳，他便来到南岳，杀一匹白马以祭山岳，然后开始寻找。一日，他累极卧倒在一座山峰上。睡梦中，一位自称玄夷苍水使者的仙人告诉他藏书之处。梦醒后，大禹果然找到了这部书。按书的指点退水之后，他把“金简玉书”又送回原处，用磐石压盖起来。后来，人们就把掘出宝书的山峰称作“金简峰”。

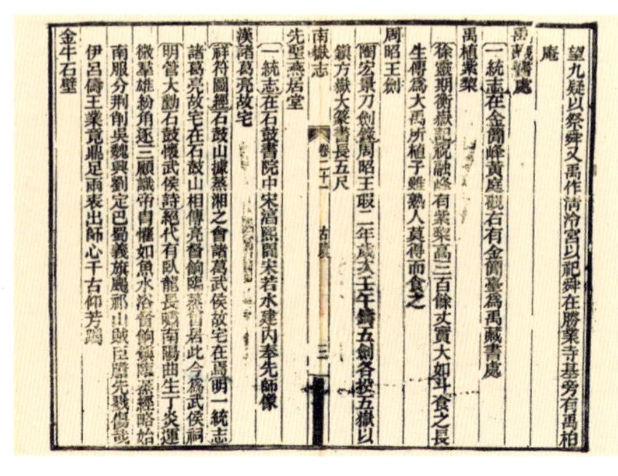
望九疑以祭舜又禹作清泠宮以祀舜在勝業寺基旁有禹柏
庵
禹藏書處
一統志在金簡峰黃庭觀右有金簡臺爲禹藏書處
禹植紫梨
徐靈期衡嶽記祝融峰有紫梨高三百餘丈實大如斗食之長
生傳爲大禹所植子雖熟人莫得而食之
周昭王劍
陶宏景刀劍錄周昭王瑕二年歲次壬午鑄五劍各投五嶽以
鎮方嶽大篆書長五尺
南嶽志　卷二十一　古蹟　三
先聖燕居堂
一統志在石鼓書院中宋淳熙間宋若水建內奉先師像
漢諸葛亮故宅
祥符圖經石鼓山據蒸湘之會諸葛武侯故宅在焉明一統志
諸葛亮故宅在石鼓山相傳亮督餉臨蒸曾居此今爲武侯祠
明管大勳石鼓懷武侯詩絕代有臥龍長嘯南陽曲生丁炎運
微羣雄紛角逐三顧識帝胄權如魚水洽督餉臨蒸經略始
南服分荆俯吳魏興劉定巴蜀義旗颺祁山賊臣臚先戮傷哉
伊呂儔王業竟鼎足兩表出師心千古仰芳躅
金牛石壁

乾隆《南岳志》卷二一载“禹藏书处”“禹植紫梨”

还有一种说法：大禹治水到衡时受阻，梦中得仙人（伏羲）

指点，杀白马祭衡山后，在湖南衡山祝融峰（也称“宛委山”）凿石得“金简玉牒（书）”，得治水之法（“玄女之法”）。禹治水成功后，将书藏于原处，并用巨石盖住洞口（即藏书之“禹穴”）。禹将治水之事刻于石碑，立于岣嵝峰上。后人称“岣嵝碑”，亦称“禹碑”“禹王碑”，或称“大禹功德碑”。把大禹杀白马以祭祀的山峰叫作“白马峰”，把掘出宝书的山峰叫作“金简峰”，藏书的山洞叫作“禹穴”。

祝融峰（禹植紫梨）

类　　别： 山川 · 峰

地理位置： 湖南省衡阳市衡山县祝融峰

所属流域： 长江

简　　介： 乾隆《南岳志》卷二一引徐灵期《衡岳记》载“禹植紫梨”：“祝融峰有紫梨，高三百余丈，实大如斗，食之长生，传为大禹所植。子虽熟，人莫得而食之。”

白马峰（禹祭天处）

类　　别： 山川 · 峰

地理位置： 湖南省衡阳市衡山县白马峰

所属流域： 长江

简　　介： 乾隆《南岳志》卷二一引《一统志》载：“禹祭天处，在白马峰，禹巡狩至此，血白马祭天，峰因是名。”

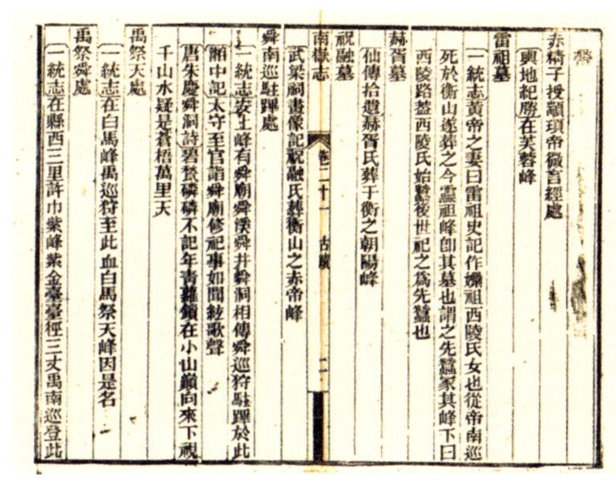

赤精子授顓頊帝微旨經處
輿地紀勝在芙蓉峰
雷祖墓
一統志黃帝之妻曰雷祖史記作嫘祖西陵氏女也從帝南巡死於衡山遂葬之今雷祖峰即其墓也謂之先蠶冢其峰下曰西陵路蓋西陵氏始蠶後世祀之為先蠶也
赫胥墓
仙傳拾遺赫胥氏葬于衡之朝陽峰
祝融墓
武梁祠畫像記祝融氏葬衡山之赤帝峰

南嶽志　卷二十一　古蹟　二

舜南巡駐蹕處
一統志安上峰有舜廟舜葬井舜洞相傳舜巡狩駐蹕於此
湘中記太守至官謁舜廟修祀事如聞絃歌聲
唐朱慶餘舜洞詩碧甃磷磷不記年青蘿鎖在小山巔向來下視千山水疑是蒼梧萬里天
禹祭天處
一統志在白馬峰禹巡狩至此血白馬祭天峰因是名
禹祭舜處
一統志在縣西三里許巾紫峰紫金臺臺徑三丈禹南巡登此

乾隆《南岳志》卷二一载“禹祭天处”“禹祭舜处”

巾紫峰（禹祭舜处）

类　　别： 山川 · 峰

地理位置： 湖南省衡阳市衡山县巾紫峰

所属流域： 长江

简　　介： 乾隆《南岳志》卷二一引《一统志》载“禹祭舜处”：“在县西三里许，巾紫峰紫金台，台径三丈。禹南巡，登此望九疑（湖南宁远县南的山，被认为是舜的陵墓所在地），以祭舜。”

大禹岩

类　　别： 山川・岩

地理位置： 湖南省衡阳市衡山县云密峰

所属流域： 长江

简　　介： 光绪《衡山县志》卷七载："大禹岩，在云密峰下，旧传禹治水致斋於此。"

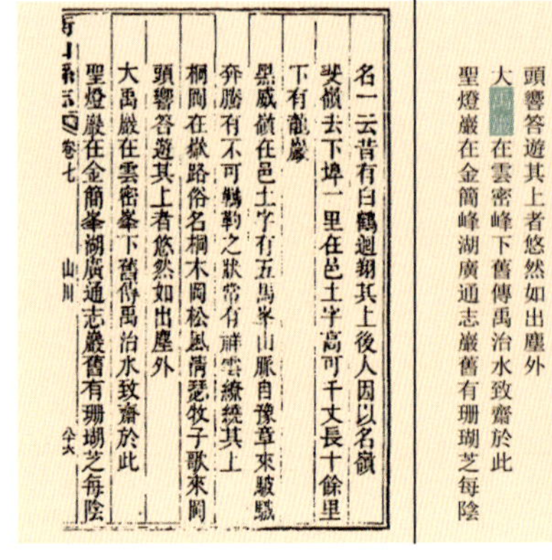

名一云昔有白鶴迴翔其上後人因以名嶺
斐嶺去下埠一里在邑土字高可千丈長十餘里
下有龍巖
黑威嶺在邑土字有五馬峰山脈自豫章來駿驟
奔騰有不可羈靮之狀常有祥雲繚繞其上
桐岡在嶽路俗名桐木岡松風清瑟牧子歌來岡
頭響答遊其上者悠然如出塵外
大禹巖在雲密峰下舊傳禹治水致齋於此
聖燈巖在金簡峰湖廣通志巖舊有珊瑚芝每陰

光绪《衡山县志》卷七载"大禹岩"

憩山岭

类　　别： 山川・岭

地理位置： 湖南省常宁市柏坊镇大新村

所属流域： 长江

简　　介： 憩山岭海拔187.7米，濒临湘江，距市城16千米，以传说大禹治水时曾在此憩息而得名。山顶昔有禹王庙、狮子岩，北麓有蟠吟宫，"文化大革命"中均被毁，现仿建。据传山上有禹石像，同治《常宁县志》卷十二载："禹石像，县北憩山，禹治水憩此，刻石像之。"山北湘江中有憩山潭，潭水湛蓝，其深莫测，传说禹有四臣随禹治水时死于此。憩山岭主要由砂岩构成，地下铜矿石储量丰富。1958年7月，柏坊乡在铜鼓岭开办铜矿。1960年，柏坊铜矿交水口山矿务局管理。柏坊铜矿生产区在此。

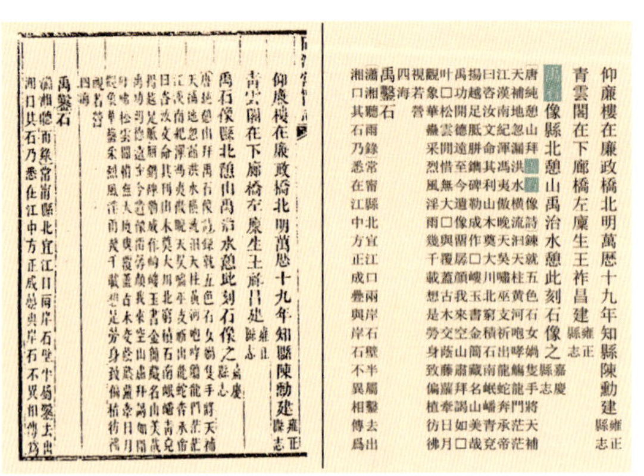

仰廉樓在廉政橋北明萬歷十九年知縣陳勳建 縣雍正志
青雲閣在下廊橋左廩生王祚昌建 縣雍正志
禹石像縣北憩山禹治水憩此刻石像之

同治《常宁县志》卷十二载"禹石像"

老盟山岭

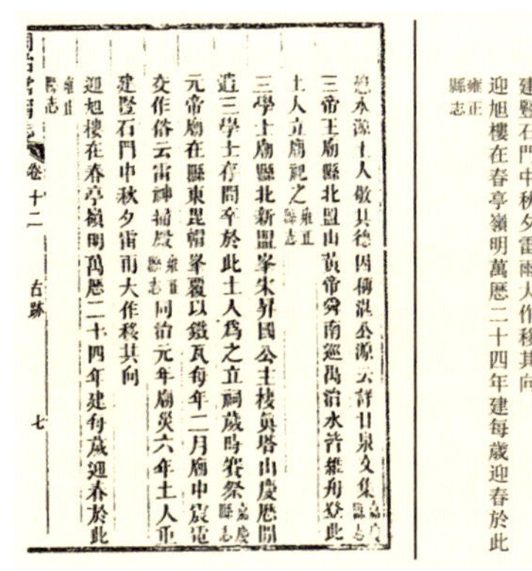

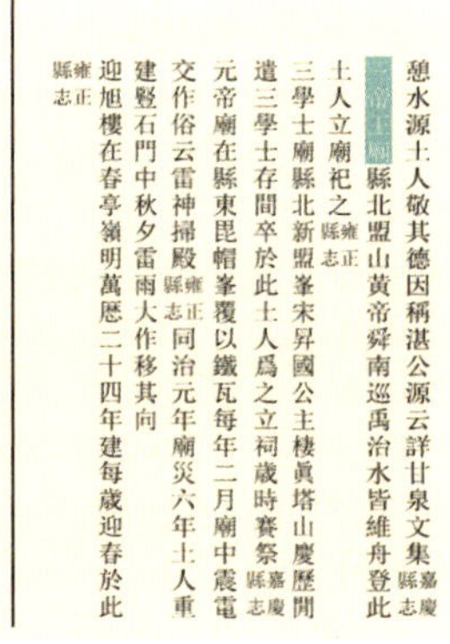

憩水源士人敬其德因稱湛公源云詳甘泉文集 嘉慶縣志

三帝王廟 縣北盟山黃帝舜南巡禹治水皆維舟登此士人立廟祀之 雍正縣志

三學士廟縣北新盟峯宋昇國公主棲眞塔山慶歷間遣三學士存問卒於此士人爲之立祠歲時賽祭 嘉慶縣志

元帝廟在縣東昆帽峯覆以鐵瓦每年二月廟中震雷交作俗云雷神掃殿 雍正縣志 同治元年廟災六年士人重建豎石門中秋夕雷雨大作移其向

迎旭樓在春亭嶺明萬歷二十四年建每歲迎春於此 雍正縣志

同治《常宁县志》卷十二载“三帝王庙”

类　　别：山川·岭

地理位置：湖南省常宁市水口山镇新同村

所属流域：长江

简　　介：老盟山岭坐落水口山镇新同村，东与烟洲镇良和村新盟山岭遥遥相望，故得名老盟山岭，海拔 253.5 米。盟山上建有三帝王庙。同治《常宁县志》卷十二载：“三帝王庙，县北盟山，黄帝、舜南巡，禹治水，皆维舟登此，土人立庙祀之。”今庙已了无踪迹，亦不知圮于何时，但留下了“庙边组”地名。老盟山岭主要由花岗岩和石灰岩构成，山势平缓，多树木，地下蕴藏铅、锌等，属水口山铅矿开采区。

禹凿石

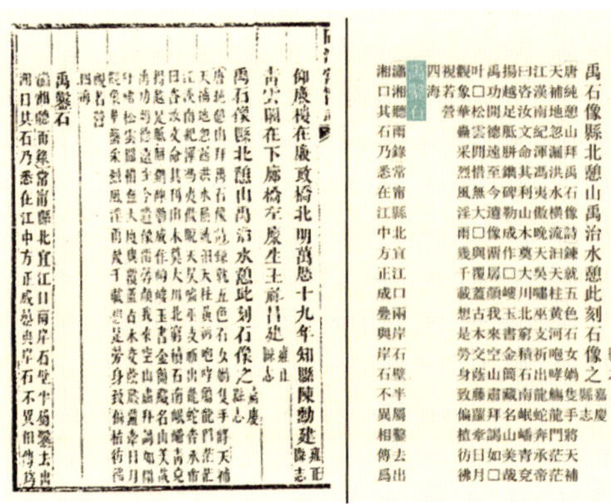

仰廉樓在廉政橋北明萬歷十九年知縣陳勷建 雍正縣志

青雲閣在下廊橋左廳生王祚昌建 雍正縣志

禹石像縣北憩山禹治水憩此刻石像之 嘉慶縣志

唐純愍山拜禹石像詩鍊就五色石女媧斐手將天補天補地怨漏洪水橫流汩天柱黃河咆哮[illegible]龍門茫茫江漢南紀渾馮夷傲晚天吳嘯巫支祈出龍蛇奔承帝曰咨汝文命其利山木奠大川北窮積石南岷嶓胥兗揚越足胝胼鐫碑勒成作□嶁玉書金簡藏名山美歲禹功開德遠至今遺像爾居顏我來空山肅拜謁如□叶□松雲聞惜無大□與覆蓋古木交蔭藤羅牽日月觀象華彝采烈風洋雨幾千載想是勞身致偏植彷彿視若營四海

禹鑿石 瀟湘聽雨錄常寧縣北宜江口兩岸石壁半屬鑿去出湘口其石乃悉在江中方正成疊與岸石不異相傳爲禹

同治《常宁县志》卷十二载“禹凿石”

类　　别：山川·石

地理位置：湖南省常宁市宜江口

所属流域：长江

简　　介：同治《常宁县志》卷十二引《潇湘听雨录》载：“禹凿石，常宁县北宜江口，两岸石壁半属凿去，出湘口，其石乃悉在江中，方正成叠，与岸石不异，相传为禹凿石。”

大禹庙（新邵县）

类　　别：古建筑·庙

地理位置：湖南省邵阳市新邵县新田铺镇大禹庙村

所属流域：长江

简　　介：大禹庙坐落于大禹庙村中东头资江河畔。原有大禹庙“寺之宏丽，乃为一方之冠”。据说二十世纪五六十年代因故拆除，改建为仓库，原建筑“寺、庭、房、室、堂、宇、斋、阁、厨、库、廊、庑”荡然无存，只留一个殿院，现在名为龙华寺大禹南岳殿，此外还有不少碑刻。

新邵县大禹庙建于何年？宋代文献《邵州大禹山慈云寺记》说明，宣和四年（1122 年）之前，就有“禹庙”很久了。

清嘉庆《邵阳县志》卷五提到“大禹山”，并说“县北四十里，石门山上有大禹庙。宋教授陈伯震记”。石门山就在大禹庙村附近。宋代陈伯震《邵州大禹山慈云寺记》云：“邵阳之北四十五里有大禹山，而庙在焉，则邵州又有禹庙矣……”现存大禹庙殿院除了不是在石门山上，地理方位完全吻合。“大禹山之庙，居邵河六十六滩之上”，其主要作用应该是为过险滩的船民纤夫提供精神力量。

1993 年，大禹庙被公布为新邵县文物保护单位。

嘉庆《邵阳县志》卷三四载“乾道八年陈伯震《邵州大禹山慈云寺记》”

附录：

邵州大禹山慈云寺记

［宋］陈伯震

予始读《地理志》云：会稽之山有禹祠，相传其下有群鸟耘其田，则会稽尝有禹庙矣。后读老杜忠州《禹庙》诗，谓其疏凿以控三巴，则忠州亦有禹庙矣。后又读东坡游涂山记，所见谓乘四载之庙，而淮人相传六月六日为弧矢之旦，则涂山又有禹庙矣。今守官於邵，观图经所载，邵阳之北四十五里有大禹山，而庙在焉。则邵州又有禹庙矣。岂非禹之功施於四海，而神气则无不之也？

大禹山之庙，居邵河六十六滩之上。滩之为言，犹曰厄难云尔。盖其中水石相激，高下不等。水涨则高者潜伏，摧触舟楫；水缩则下者抵船不得进。其甚处，土人谓之滩。商舟之往来，过於滩者，必祷於其庙，而展敬乞灵焉。

庙之设，不知其起於何时，庙之旁，奉之者每难其人。有信士梁瑫者，於祠之右营大圣堂，请浮屠焚诵，以为植福之所。后闻於有司，移西路秋田慈寿寺额於大圣堂之基，创为今寺。以其徒弟宝实主之。是岁，宣和四年也。

寺之初，惟佛殿一，余荫以茅茨。实既没（一作殁），有太平兴国寺慧温，以德行孤高，为众推举。宝实之后，乃建钟楼，造三门，架斋堂，立官厅，而规模成矣。既而温之嫡子善卫承嗣，未几而退席。绍兴丁丑岁，其仲子善德随缘演唱，晨香夕灯，规行矩步，奉祀尤谨而持律严正，翻贝叶以证果，业梵呗以度人。未几，而檀施日开，四方商旅之过於祠下者，捐金钱无所爱惜，寸寸而计，铢铢而积。然后以所有者葺治其寺、殿、庭、房、室、堂、宇、斋、阁、厨、库、廊、庑，皆一新之。壁画天神罗汉之像，光耀夺目，金碧相照。而寺之宏丽，乃为一方之冠。

余推其意而言曰：善德学佛者也，惟寂灭之为乐，戒定慧之为性，乌识所谓致孝於鬼神，尽力於沟洫，何若是之勤耶？盖在昔周，刘定公临洛汭而叹曰："美哉禹功，明德远矣。微禹，吾其鱼乎！"今乃知功之永赖，非特吾儒尊仰，而方外亦祇於崇事。则善德固未可以苾刍而忽易之也。於是乎书。

乾道九年六月二十二日。

（清嘉庆《邵阳县志》卷之三十四）

幕阜山

类　　别：山川·山

地理位置：湖南省岳阳市平江县

所属流域：长江

简　　介：幕阜山上"禹治水，登此山"的石壁刻铭，叙述着大禹治水时期，禹到幕阜山祭祀伏羲的传说。幕阜山古称天岳山，阜山实乃浮山，浮通"瓠"，因洪水滔天而山独高出于水面，故名。

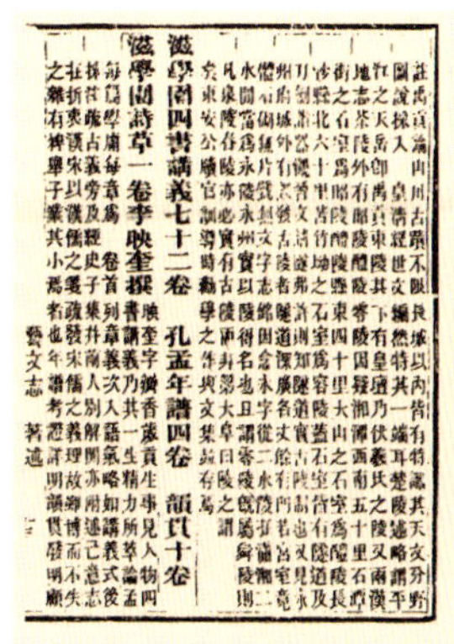

滋學園四書講義七十二卷　孔孟年譜四卷　韻貫十卷
滋學園詩草一卷　李映奎撰

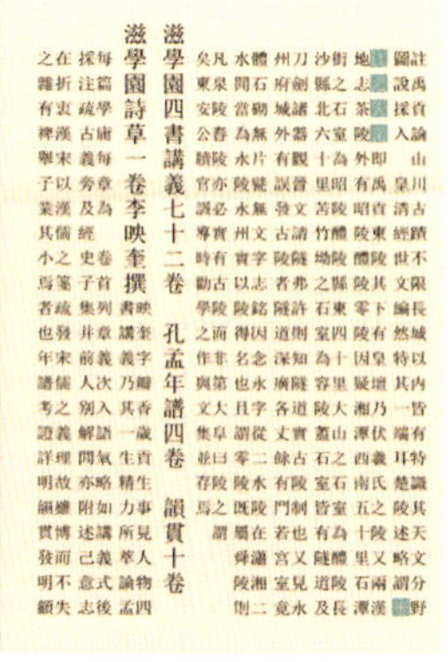

同治《平江县志》卷五十一："《楚陵述略》谓：平江之天岳，即《禹贡》东陵。其下有皇坛，乃伏羲氏之陵。"

同治《平江县志》卷五载："幕阜山，一曰天岳山，又称天柱山，高一千八百丈，周回五百里，跨义宁通城数州县界，道书曰'二十五洞天'。岳州称岳阳，以在天岳之阳也。山有石壁，刻篆文曰'夏禹治水到此'。"张瓒昭所著《楚陵述略》谓："平江之天岳，即《禹贡》东陵。其下有皇坛，乃伏羲氏之陵。"北宋时编著的《岳阳风土记》载："幕阜山洞天，天宝中改名昌江山。《幕阜山记》曰：'山有石壁（壁）刻铭，上言禹治水登此山。'"清乾隆时平江名士彭其位作《天岳山论》，指出"且石壁有'神禹治水至此'古篆文六字"。

《岳阳风土记》载"幕阜山洞天"

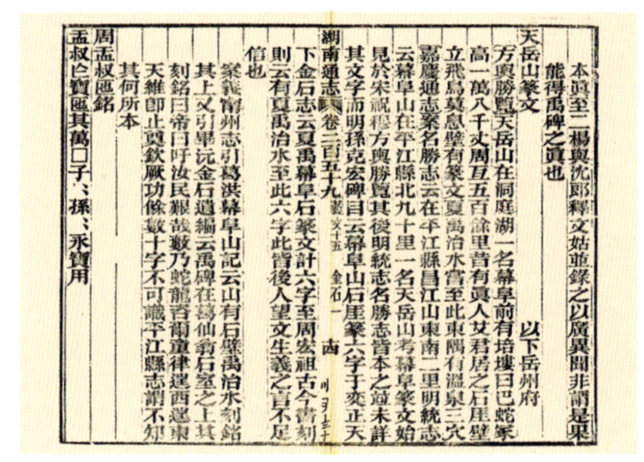
本眞至二楊與沈郎釋文姑竝錄之以廣異聞非謂是果
能得禹碑之眞也
天岳山篆文　以下岳州府
方輿勝覽天岳山在洞庭湖一名幕阜前有培塿曰巴蛇冢
高一萬八千丈周互五百餘里昔有眞人女君居之石崖壁
立飛鳥莫息壁有篆文夏禹治水嘗至此東隅有溫泉三穴
嘉慶通志案名勝志云在平江縣昌江山東南二里明統志
云幕阜山在平江縣北九十里一名天岳山考幕阜篆文始
見於宋祝穆方輿勝覽其後明統志名勝志皆本之竝未詳
其文字而明孫克宏碑目云幕阜山石崖篆六字于奕正天
下金石志云夏禹幕阜石篆文計六字至周宏祖古今書刻
則云有夏禹治水至此六字此皆後人望文生義之言不足
信也
湖南通志卷二百五十九　藝文十五　金石一
篆義甯州志引葛洪幕阜山記云山有石壁禹治水刻銘
其上又引畢沅金石遺編云禹碑在葛仙翁石室之上其
刻銘曰帝曰吁汝民艱哉數乃蛇龍香衛童律逞西逞東
天維即止眞欽厥功條數十字不可識平江縣志謂不知
其何所本
周孟叔匜銘
孟叔乍寶匜其萬□子、孫、永寶用

清光绪《湖南通志》卷二五九载"天岳山篆文"

同治《平江县志》卷五五还记载了一段考证幕阜篆文的文字："考幕阜篆文，始见于宋祝穆《方舆胜览》，其后明《一统志》《名胜志》皆本之并未详其文字，而明孙克弘碑目云：'幕阜山石崖篆六字。'于奕正《天下金石志》云：'夏禹幕阜石篆文计六字。'至周宏祖《古今书刻》则云：'有"夏禹治水至此"六字。'殆后人望文生义之言欤。"

附录：

天岳山论

［清］彭其位

闻之山高而尊为众山宗者曰"岳"，犹尧时命官，尊四岳为百官长也。故海内群山之宗惟华、岱、恒、衡、嵩得以岳称。然各以方隅名之，如华西、岱东、恒北、衡南、嵩中。其为宗，相若而尊，莫相尚者也。尝遍历五岳，见其峰峦之高峻，岩谷之幽奇，洞壑之佳胜，果各不相下。而游览朝谒者，亦各不相让为欢，其称岳皆不诬。乃吾乡有幕阜山，亦以岳称。其称以岳也，自古然，非由今始。何以知其然也？以岳州在山之西，故名，岳阳亦因兹山名，而知之耳。其山高一千八百余丈，左拥黄龙，右挟凤皇，既高而尊，为众山宗，固应以岳称。其上有崖，有洞，有天池，有温泉，有飞瀑，有丹坛、杵臼、石田诸仙迹，且石壁有“神禹治水至此”古篆文六字，其胜概皆足与五岳相匹休，而其名之显独，不若五岳者何哉？无亦以地处僻远，周王之马迹不至，谢公之屐齿不登，是以寂寂人间耳。然其形超物外，峻极於天，与天为徒，不轻受人世物色，故不以方隅名而独名曰“天岳”，知其名与实符，非盗虚声者比矣。

（同治《平江县志》卷五三）

禹碑（幕阜山）

类　　别： 题刻·碑

地理位置： 湖南省岳阳市平江县

所属流域： 长江

简　　介： 据传东晋葛洪曾在幕阜山修行炼丹，其《幕阜山记》记载：“山有石壁，刻铭其上，言禹治水登此山。”如今幕阜山上已难寻这块石壁，但同治《平江县志》记载了清代诗人童先及的《禹篆》一诗：“等闲乘兴踏嵚巇，幕阜山前欲探奇。拨去云霞寻古迹，刷开苔藓认残碑。千年手泽依然在，八载丰功尚可追。当世共推明德远，迄今底定水东之。”其中“刷开苔藓认残碑”和“千年手泽依然在”两句，证明作者在幕阜山亲眼看见了这篇石壁碑文。

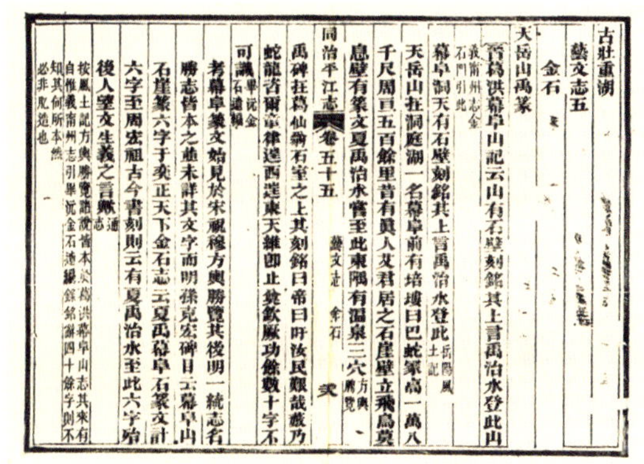
古壯重湖
藝文志五
金石
天岳山禹篆
晉葛洪幕阜山記云山有石壁刻銘其上言禹治水登此山 義甯州志金石門引此
幕阜洞天有石壁刻銘其上言禹治水登此 岳陽風土記
天岳山在洞庭湖一名幕阜前有培塿曰巴蛇冢高一萬八千尺周亘五百餘里昔有異人艾君居之石崖壁立飛鳥莫息壁有篆文夏禹治水嘗至此東隅有溫泉三穴 方輿勝覽
同治平江志 卷五十五 藝文志 金石 弍
禹碑在葛仙翁石室之上其刻銘曰帝曰咨汝民艱哉蘊乃蛇龍否爾章律遠西遷東天維即止堯欽厥功餘數十字不可識 畢沅金石遺編
考幕阜篆文始見於宋祝穆方輿勝覽其後明一統志名勝志皆本之並未詳其文字而明孫克宏碑目云幕阜山石崖篆六字于奕正天下金石志云夏禹幕阜石篆文計六字至周宏祖古今書刻則云有夏禹治水至此六字殆後人望文生義之言歟 通志
按風土記方輿勝覽諸書本於葛洪幕阜山志其來有自惟義甯州志引畢沅金石遺編錄銘辭四十餘字則不知其何所本然必非僞造也

同治《平江县志》卷五五载“幕阜山禹篆”

关于这篇石壁碑文的内容，有两种不同的说法。一是北宋《淳化阁帖》中收录的《夏禹书》，明代文学家杨慎著《法帖神品目》记载：“石壁篆文夏禹书，在平江县昌江山。”唐天宝年间幕阜山曾改名昌江山。北宋《淳化阁帖》收录的《夏禹书》有12个字，尚未明确其含义。另一

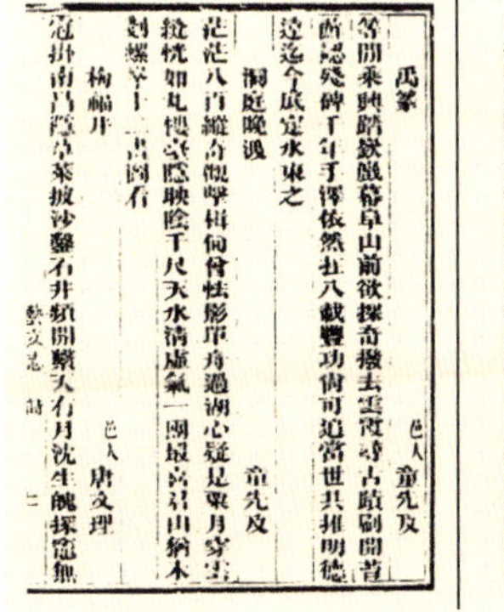
禹篆 邑人 童先及
等閒乘興踏嶔巇幕阜山前欲探奇撥去雲霞尋古蹟刷開苔蘚認殘碑千年手澤依然在八載豐功尚可追當世共推明德遠迄今底定水東之
洞庭晚渡 童先及
茫茫八百繞奇觀擊楫何曾怯影單舟過湖心疑是粟月穿雲縫恍如丸樓臺隱映陰千尺天水清虛氣一團最喜君山猶未剗螺峯十二畫圖看
梅福井 邑人 唐文理
竉掛南昌隱草萊披沙鑿石井頻開繫大有月沈生魄探竈無
藝文志 詩 二

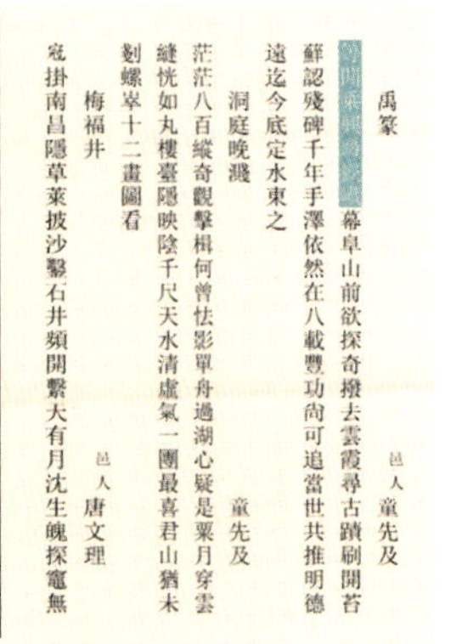
禹篆 邑人 童先及
等閒乘興踏嶔巇幕阜山前欲探奇撥去雲霞尋古蹟刷開苔蘚認殘碑千年手澤依然在八載豐功尚可追當世共推明德遠迄今底定水東之
洞庭晚渡 童先及
茫茫八百繞奇觀擊楫何曾怯影單舟過湖心疑是粟月穿雲縫恍如丸樓臺隱映陰千尺天水清虛氣一團最喜君山猶未剗螺峯十二畫圖看
梅福井 邑人 唐文理
竉掛南昌隱草萊披沙鑿石井頻開繫大有月沈生魄探竈無

同治《平江县志》卷五五载“《禹篆》诗”

种说法是同治《平江县志》卷五五引用清代学者毕沅编印的《金石遗编》的记载：“禹碑，在葛仙翁石室之上，其刻铭曰：‘帝曰：吁！汝民艰哉！薮乃蛇龙。咨尔童律，迂西迂东。天维即止，奠钦厥功。’余数十字不可识。”

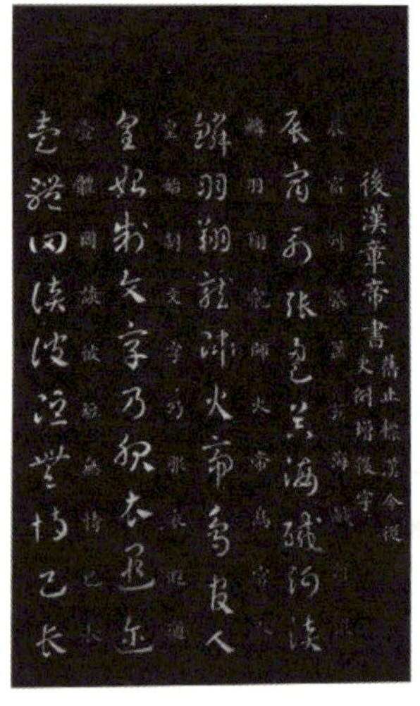

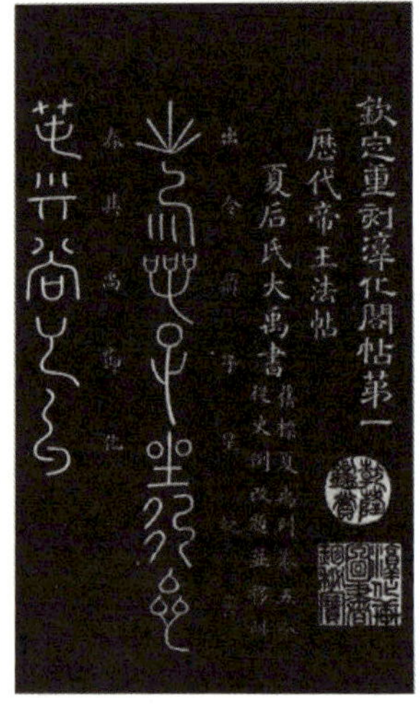

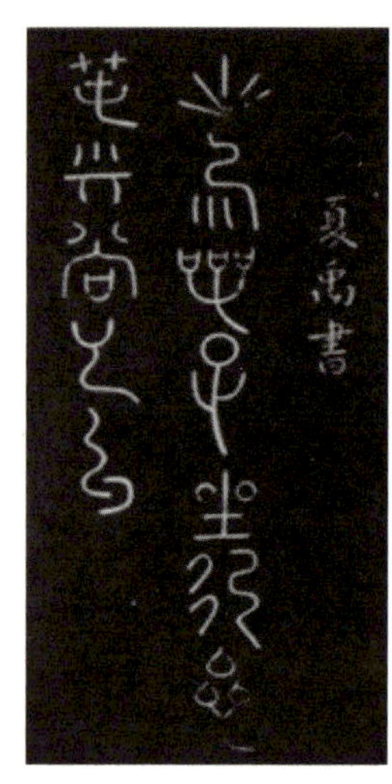

禹亭拓片

三元宫遗址

类　　别：古建筑遗址

地理位置：湖南省常德市澧县梦溪镇三元宫村

三元宫遗址航拍（金小军摄）

所属流域： 长江

简　　介： 三元宫遗址位于湖南省澧县梦溪镇三元宫村，澧阳平原北部边缘地带，涔水北岸，为长江中游新石器时代大溪文化和屈家岭文化的遗址。该遗址所在的三元宫村，以三元命名村名，反映出当地群众对主管大自然三要素（天、地、水）的三官（三元大帝）的崇拜，间接反映出对尧舜禹的崇拜。湖南省舜迹、禹迹较多，以“三元”“三官”命名地名的现象也相当普遍。

2013 年 3 月，“三元宫遗址”被国务院公布为第七批全国重点文物保护单位。

禹迹龙门桥

考察组见到的“桃源洞”“仙人桥”（金小军摄）

类　　别： 古建筑 · 桥

地理位置： 湖南省郴州市嘉禾县石桥镇仙人桥社区

所属流域： 长江

简　　介： 同治《嘉禾县志》卷三载“禹迹龙门”图。禹迹龙门桥位于嘉禾县石桥镇仙人桥社区（原名仙江村）侧，是横跨钟水两岸的天然大石桥，俗称仙人桥，旧题“禹迹龙门”，为嘉禾八景之一。该桥东西向，中通一孔，可通帆船。

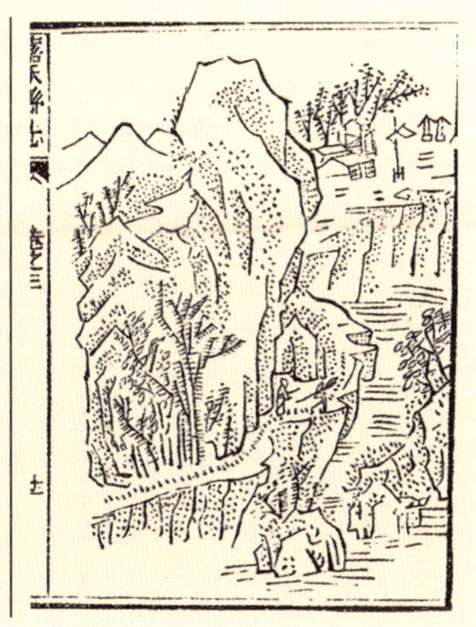

同治《嘉禾县志》卷三载《禹迹龙门》图

圣人山禹王碑（赵涛供图）

圣人山禹王碑

类　　别：题刻·碑

地理位置：湖南省怀化市溆浦县深子湖镇圣人山村

所属流域：长江

简　　介：圣人山，在溆浦县深子湖镇与低庄镇交界处。也是溆浦、沅陵、辰溪、安化四县山水相连的地方，属雪峰山脉北支，南北走向，主峰海拔 1355.3 米，为县内群峰之首。乾隆《溆浦县志》卷之三载：“圣人山，县北一百二十里，宣阳江水出焉，高可二十余里，绵亘数十里，为宫为霍，或独或罣，俱巉岩可愕。水泉味峻厉，使陆羽

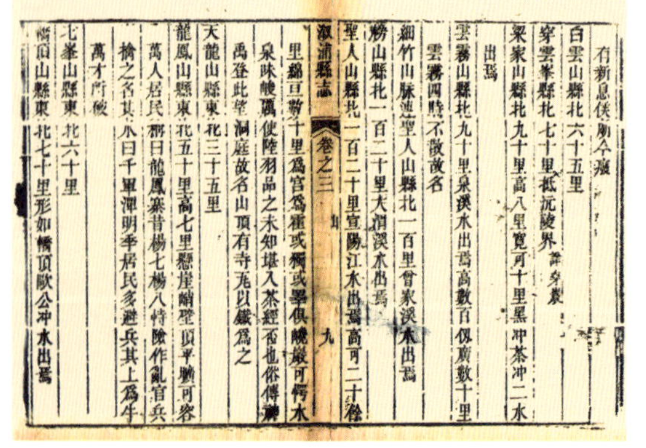

有新息侯廟今廢
白雲山 縣北六十五里
穿雲峯 縣北七十里抵沅陵界
𣑱家山 縣北九十里高八里寬可十里黑冲茶冲二水
出焉
雲霧山 縣北九十里泉溪水出焉高數百仞廣數十里
雲霧四時不散故名
細竹山 脉連聖人山縣北一百里曾家溪水出焉
勝山 縣北一百二十里大涓溪水出焉
聖人山 縣北一百二十里宣陽江水出焉高可二十餘

溆浦縣志　卷之三　九

里綿亘數十里爲宮爲霍或獨或罣俱巉巖可愕水
泉味峻厲使陸羽品之未知堪入茶經否也俗傳神
禹登此望洞庭故名山頂有寺尨以鐵爲之
天龍山 縣東北三十五里
龍鳳山 縣東北五十里高七里懸崖峭壁頂平曠可容
萬人居民稱曰龍鳳寨昔楊七楊八恃險作亂官兵
擒之名其水曰千罩潭明季居民多避兵其上爲牛
萬才所破
七峯山 縣東北六十里
觜頂山 縣東北七十里形如觜頂歐公冲水出焉

乾隆《溆浦县志》卷三载“圣人山”

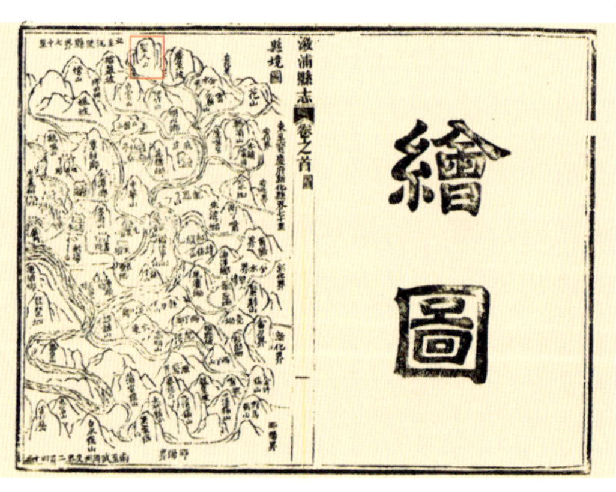

同治《溆浦县志》“县境图”（局部）载“圣人山”

敗之追逐至黔陽磨子嵓比返汲始醒問之亦不知所爲
民國以來縣知事之賢明者咸以徐錦爲最徐字蔚生其居官
以清慎自持遇事博訪周諮而不輕信征権不假權吏佐使
得中飽時國賦以銀元解省庫而先以錢折收元價驟落得
贏餘頗豐將去交士紳逐一檢校收管初嘗謂此當盡存爲
縣有或以近時官吏多謀飽宦囊未之信及此乃知其無一
豪私因以所檢交半置積穀用志不忘
相傳夏禹治水嘗登縣北界聖人山望洞庭山因以名上有石
刻爲禹紀事之碑往時樵夫深入林谷曾見之然好事者屢

訪求不能得也近有蕨菜坡鄉人田正旦得之云在此山天
平峰支嶺山牛灣距天平寺約七七里左白環溪右來鳳溪
此水至嵩溪口左入白環溪 石開有駁劣不堪鐫勒處因之書不成行字
則奇古不能辨識取所拓一紙觀之約十五六字雖稍有漫
滅而刻畫顯然但文體非篆非科又大小長短均不一或竟
二寸許或竟五寸許又有縱横俱竟七八寸者似爲兩字三
字相連屬也旋探尋至其地所謂山牛灣者則在聖人山東
麓白環溪右岸灣左嶺有黄姓數家居焉土人稱曰黄家腦
自黄家腦緣右嶺上至刻石處約五里又上至嶺巅約半里

民国《溆浦县志》卷二八载“圣人山、禹王碑”

品之，未知堪入《茶经》否也。俗传神禹登此望洞庭，故名。山顶有寺，瓦以铁为之。"

圣人山上有禹王碑，主峰顶建有天平寺。民国《溆浦县志》卷二八载："相传夏禹治水，尝登县北界圣人山望洞庭，山因以名。上有石刻，为禹纪事之碑。往时樵夫深入林谷曾见之，然好事者屡访求不能得也。近有蕨菜坡乡人田正旦得之，云在此山天平峰支岭山牛湾……石间有驳劣不堪镌勒处，因之书不成行，字则奇古，不能辨识。取所拓一纸观之，约十五六字，虽稍有漫灭，而刻画显然。但文体非篆非科，又大小长短均不一，或竟二寸许，或竟五寸许，又有纵横俱竟七寸者，似为两字三字相连属也。"后经多次寻访，有人照得照片，确如《县志》所言。

十九、广西壮族自治区

三界庙（上绵村）

类　　别： 古建筑·庙

地理位置： 广西壮族自治区来宾市武宣县东乡镇上绵村

所属流域： 珠江

简　　介： 武宣县东乡镇上棉村的三界庙，为砖石瓦平房结构，坐落于村子东北，坐东南朝西北，三间敞开无门，面积约 70 平方米。居中一间略大，庙房内壁台坎上主要供三界公、盘古、雷王、土地诸神，三界公坐正位；左右两间供五谷、秧姑、花婆及地方英雄神。逢年过节，村人都杀鸡煮肉，拿三牲供品到庙里祭拜。

上绵三界庙“破四旧”时被毁，1983 年群众集资重新修建。每年农历二月初二和八月十五日，村人都要到庙里祭拜，祈求三界公保佑群众平安祥福，同时祈求盘古公保佑风调雨顺、生产丰收。①

三界公是谁？道教宇宙生成观认为，天、地、水是三界成形的基础，神格化的天官、地官、水官统辖三界府署，民间俗称三官大帝为“三界公”。

广西、广东、福建、台湾，均有很多的三界庙。清赵翼《檐曝杂记》：“三界庙：粤西之梧、浔、南宁三府，有三界庙最灵。”

武宣东乡镇三多村部分神像祭祀（邱志荣摄）

① 谭茂同：《盘古在武宣——生态文化考察例证》，民族出版社 2013 年版。

二十、重庆市

大禹庙

类　　别： 纪念建筑·庙

地理位置： 重庆市石柱土家族自治县

所属流域： 长江

简　　介： 清道光二十三年（1843 年）刻本《补辑石柱厅新志》载：“大禹庙，在老街，楚商建（有同知王萦绪记，见艺文），嘉庆辛未（1811 年）庙灾，年来复修，正殿两廊栋梁甫就，尚未竣功。”大禹庙在重庆比较少见。

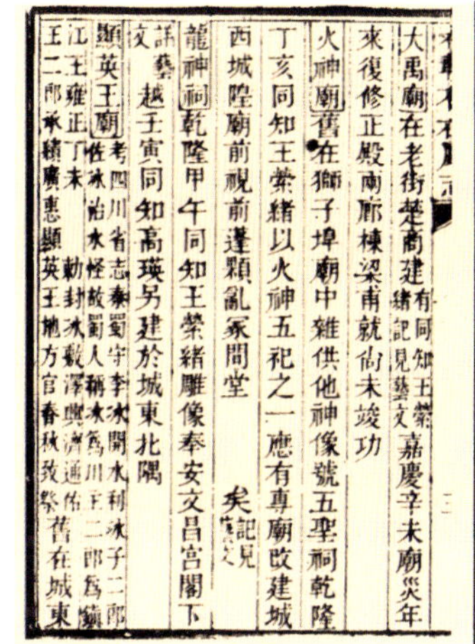

大禹廟在老街楚商建（有同知王縈緒記見藝文）嘉慶辛未廟災年
來復修正殿兩廊棟梁甫就尚未竣功
火神廟舊在獅子埠廟中雜供他神像號五聖祠乾隆
丁亥同知王縈緒以火神五祀之一應有專廟改建城
西城隍廟前視前蓬顆亂冢間堂　矣（記見藝文）
龍神祠乾隆甲午同知王縈緒雕像奉安文昌宮閣下
（詳藝文）越壬寅同知高瑛另建於城東北隅
顯英王廟（考四川省志秦蜀守李冰開水利冰子二郎佐冰治水怪故蜀人稱冰爲川主二郎爲鎮
江王雍正丁未勅封冰敷澤興濟通佑王二郎承績廣惠顯英王地方官春秋致祭）舊在城東

清道光《补辑石柱厅新志》载“大禹庙”

二十一、四川省

金沙遗址

类　　别： 古遗址

地理位置： 四川省成都市青羊区苏坡街道

所属流域： 长江

简　　介： 金沙遗址位于成都市城西青羊区苏坡街道金沙村，分布范围约5平方千米，是公元前1250—前650年（相当于商周时代）长江上游古代文明中心——古蜀王国的都邑。2022年最新研究发现：金沙遗址大致相当于三星堆文化的第三期，和三星堆的关系更为密切。

2006年5月25日，被国务院公布为第六批全国重点文物保护单位。

金沙遗址博物馆基本陈列（林涛摄）

金沙遗址博物馆内景（林涛摄）

宝墩古城遗址

宝墩遗址之一（林涛摄）

类　　别：古遗址

地理位置：四川省成都新津区宝墩镇宝墩村

所属流域：长江

简　　介：1995 年以后，相继在成都平原新津区宝墩、郫都区古城、都江堰市芒城、温江区鱼凫、崇州市双河和紫竹等村发现了 6 座古城遗址，命名为“宝墩文化”。其年代为公元前 2550—前 1700 年，相当于尧舜禹时期到整个夏朝。

其中，宝墩古城是川西地区最早和最大的古城，其建造年代在公元前 2550 年，废弃年代在公元前 2330 年；面积先为 60 万平方米，后扩增为 276 万平方米。宝墩古城应该就是蜀国开国之都。

宝墩文化的发现完善了古蜀文明四个发展阶段演进的脉络：宝墩文化；三星堆文化（前 1800—前 1200 年）；十二桥文化（前 1200—前 500 年）；战国青铜文化（前 500—前 316 年）。

2001 年，宝墩古城遗址被国务院公布为全国重点文物保护单位。

禹王社区

禹王社区位置图（张卫东供图）

类　　别：地名

地理位置：四川省成都市都江堰市共建路都江堰禹王社区

所属流域：长江

简　　介：都江堰市天马镇有禹王社区。禹王社区七组都江堰玫瑰花溪谷（西北角）有禹王村、禹王庙。此为都江堰市现存两座禹王庙之一。

禹王庙（大禹村）

类　　别： 纪念建筑·庙

地理位置： 四川省成都市金堂县高板街道大禹村

所属流域： 长江

简　　介： 四川省成都市金堂县高板街道大禹村雨旺自然村西，有禹王庙。此为金堂县现存三座禹王庙之一。

金堂县大禹村位置图（张卫东供图）

汶川大禹村（张卫东摄）

禹庙（郫都区）

类　　别： 纪念建筑·庙

地理位置： 四川省成都市郫都区禹庙街

所属流域： 长江

简　　介： 位于四川省成都市郫都区禹庙街。民国《郫县志》

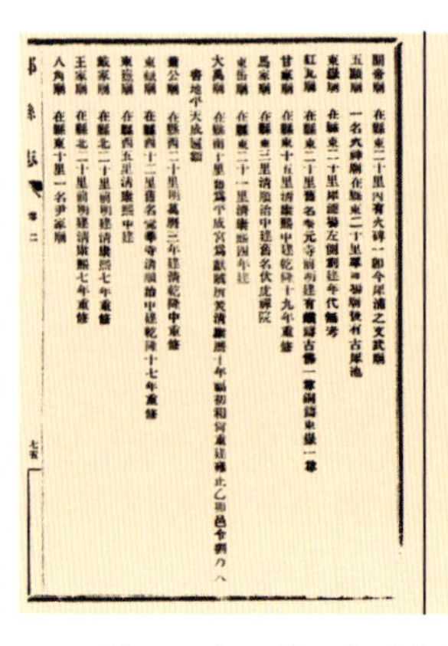

關帝廟　在縣東二十里內有火碑一卽今犀浦之文武廟
五顯廟　一名火神廟在縣東二十里犀浦場廟後有古犀池
東嶽廟　在縣東二十里犀浦場左側創建年代無考
紅瓦廟　在縣東二十里舊名泰元寺前明建有鐵鑄古佛一尊銅鑄東嶽一尊
甘家廟　在縣東十五里清康熙中建乾隆十九年重修
馬家廟　在縣東三里清順治中建舊名伏虎禪院
東岳廟　在縣東二十一里清康熙四年建
大禹廟　在縣南十里舊爲平成宮爲獻賊所焚清康熙十年楊初和尚重建雍正乙卯邑令劉乃人
書地平天成匾額
蕭公廟　在縣西二十里明萬曆三年建清乾隆中重修
東嶽廟　在縣西十二里舊名覺華寺清順治中建乾隆十七年重修
東嶽廟　在縣西五里清康熙中建
戴家廟　在縣北二十里前明建清康熙七年重修
王家廟　在縣北二十里前明建清康熙七年重修
八角廟　在縣東十里一名尹家廟

郫縣志　卷二　七五

關帝廟　在縣東二十里內有火碑一卽今犀浦之文武廟
五顯廟　一名火神廟在縣東二十里犀浦場廟後有古犀池
東嶽廟　在縣東二十里犀浦場左側創建年代無考
紅瓦廟　在縣東二十里舊名泰元寺前明建有鐵鑄古佛一尊銅鑄東嶽一尊
甘家廟　在縣東十五里清康熙中建乾隆十九年重修
馬家廟　在縣東三里清順治中建舊名伏虎禪院
東岳廟　在縣東二十一里清康熙四年建
大禹廟　在縣南十里舊爲平成宮爲獻賊所焚清康熙十年楊初和尚重建雍正乙卯邑令劉乃人
書地平天成匾額
蕭公廟　在縣西二十里明萬曆三年建清乾隆中重修
東嶽廟　在縣西十二里舊名覺華寺清順治中建乾隆十七年重修
東嶽廟　在縣西五里清康熙中建
戴家廟　在縣北二十里前明建清康熙七年重修
王家廟　在縣北二十里前明建清康熙七年重修
八角廟　在縣東十里一名尹家廟

民国《郫县志》记载“大禹庙”

记载："大禹庙，在县南十里，旧为平成宫，为献贼（张献忠）所焚，清康熙十年（1671 年）福初和尚重建，雍正乙卯（1735 年）邑令刘乃人书'地平天成'匾额。"

禹庙村（郫都区）

类　　别： 地名

地理位置： 四川省成都市郫都区德源街道禹庙村

所属流域： 长江

简　　介： 村内曾修有大禹庙，村因此得名。

三星堆遗址

类　　别： 古遗址

地理位置： 四川省德阳市广汉市西北鸭子河南岸三星镇

所属流域： 长江

简　　介： 三星堆遗址位于广汉市西北的鸭子河南岸，南距成都 40 千米，东距广汉市区 7 千米，是一座由众多古文化遗存分布点所组成的庞大遗址群。遗址群年代上起新石器时代晚期，下至商末周初，上下延续近 2000 年，已有 5000—3000 年历史。这个时段包含了大禹治水时期。

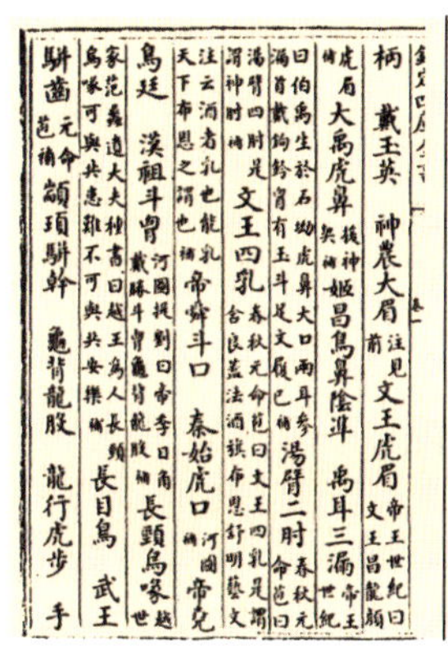

柄 戴玉英 神農大眉 注見前 文王虎眉 帝王世紀曰文王昌龍顏虎眉 補 大禹虎鼻 援神契補 姬昌鳥鼻陰準 禹耳三漏 帝王世紀 曰伯禹生於石坳首戴鉤鈐胷有玉斗足文履己 補 湯臂二肘 春秋元命苞曰湯臂四肘 補 是 文王四乳 春秋元命苞曰文王四乳是謂含良蓋法酒旗布恩舒明藝文 注云酒者乳也能乳天下布恩之謂也 補 帝舜斗口 秦始虎口 補河圖 帝堯鳥廷 漢祖斗胷 河圖提劉曰帝季曰角戴勝斗胷龜背龍股 補 長頸鳥喙 越王 家范遺大夫種書曰越王為人長頸烏喙可與共患難不可與共安樂 補 長目鳥 武王 駢齒 元命苞 補 顓頊駢幹 龜背龍股 龍行虎步 手

《北堂书钞》卷一引《帝王世纪》曰："伯禹生於石坳，虎鼻大口，两耳参漏……"

三星堆有的出土青铜神像造型与西汉《淮南子》"禹耳参漏"（"参漏"一作"参镂""叁镂"）以及后人转引西晋《帝王世纪》的"（伯禹）虎鼻大口，两耳参漏，首戴钩钤，胸有玉斗，足文履已（'已'一作'己''吉'）"等有关禹王"异表""异相"的记载相符。"耳参镂"与儿童"破相"消灾的藏羌走廊风俗

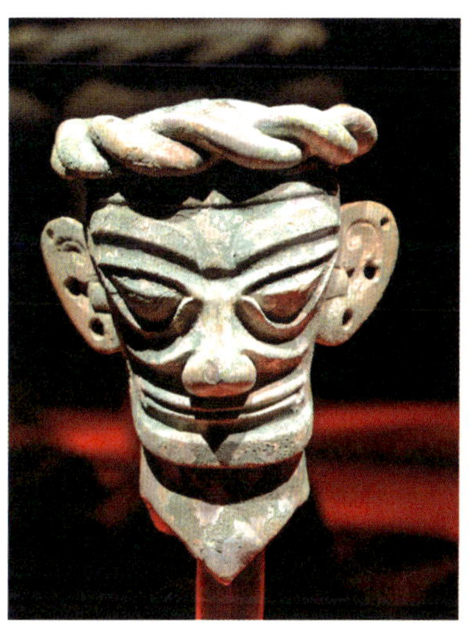

三星堆出土的"禹耳参漏"青铜人像（翁卫和供图）

相符。

1988 年 1 月，三星堆遗址被国务院公布为全国重点文物保护单位。

禹王宫 - 帝主庙（仓山镇）

类　　别：古建筑 · 宫

地理位置：四川省德阳市中江县仓山镇

所属流域：长江

简　　介：禹王宫与帝主庙相邻而建，禹王宫在帝主庙北，总占地 2000 余平方米，现存古建筑 600 余平方米，其中正殿为明代建筑，建于明万历年间（1573—1620 年），观音殿及左厢房为清代建筑。帝主庙建于清雍正年间，现存牌坊式门楼、戏楼、耍楼、正殿及左右回楼，占地面积近 2000 平方米，建筑面积 1300 余平方米。整个建筑群保存完整，规模宏大，并具有丰富的文化内涵。

2007 年 6 月，禹王宫 - 帝主庙被列为四川省文物保护单位。

禹王广场（北川）

类　　别：纪念建筑

地理位置：四川省绵阳市北川羌族自治县永昌镇

所属流域：长江

简　　介：2018 年 7 月 18 日的大禹祭祀活动在此举行。在 2008 年“5 · 12”汶川特大地震中，北川老县城被夷为平地，永昌镇是震后异地重建的北川县城。传承大禹文化，除将最有特色的大桥取名为禹王桥外，新县城步行街中心位置的广场也以禹王命名。禹王广场新建了大禹雕塑和反映大禹功绩的浮雕。新县城还有与大禹有关的街道名称，分别叫石纽路、望崇街。

北川禹王广场大禹塑像（王小荣供图）

岣嵝碑

类　　别： 题刻·碑

地理位置： 四川省绵阳市北川羌族自治县禹里镇禹穴村

所属流域： 长江

简　　介： 亦称禹碑。明嘉靖四十年（1561 年）刻建，历经 1935 年、2008 年两次损毁，残碑立于禹里禹碑亭内，1994 年复制新碑并立于禹穴沟禹王宫。①

乾隆《石泉县志》卷四载："岣嵝碑，县南一里石纽山下禹王庙前。《通志》云：'大禹所书，字画奇古。'"

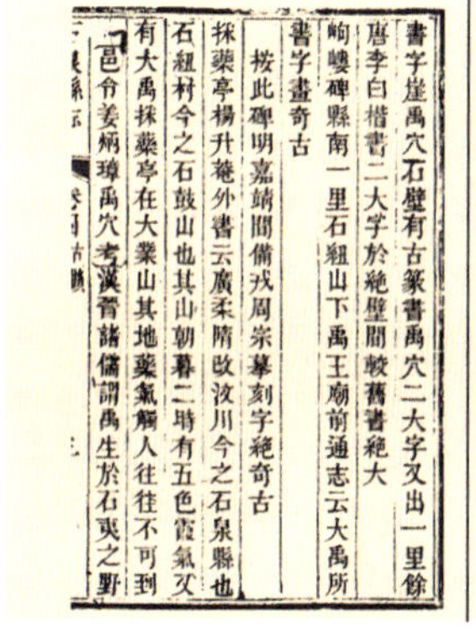

書字崖禹穴石壁有古篆書禹穴二大字又出一里餘
唐李白楷書二大字於絶壁間較舊書絶大
岣嶁碑縣南一里石紐山下禹王廟前通志云大禹所
書字畫奇古
按此碑明嘉靖間備戎周宗摹刻字絶奇古
採藥亭楊升菴外書云廣柔隋改汶川今之石泉縣也
石紐村今之石鼓山也其山朝暮二時有五色霞氣又
有大禹採藥亭在大業山其地藥氣觸人往往不可到
邑令姜炳璋禹穴考漢晉諸儒謂禹生於石夷之野

乾隆《石泉县志》卷四载"岣嵝碑"

1994 年由原县政协主席母广轼主持、根据民国《北川县志》相关图片翻刻的岣嵝碑，现立于禹穴沟禹王庙旁（王小荣供图）

① 参见谢兴鹏主编：《九州方圆话大禹》，2002 年内部资料，第 29 页。

“神禹故里”坊

类　　别： 古建筑遗址

地理位置： 四川省绵阳市北川羌族自治县

所属流域： 长江

简　　介： 清乾隆三十三年（1768 年）所建，木质结构，立于治城（今禹里）南石纽山下。原坊“文化大革命”中被毁，1991 年北川县政府重建，2008 年“5·12”特大地震中震毁。[①]

乾隆《石泉县志》卷四载：“神禹故里坊，县南三里，夏王宫之右，邑令姜炳璋建。题坊左云：‘石纽之村笃生圣人，皇皇史册古迹常新。’题坊右云：‘刳儿之坪产石如血，青莲好古大书“禹穴”。’”

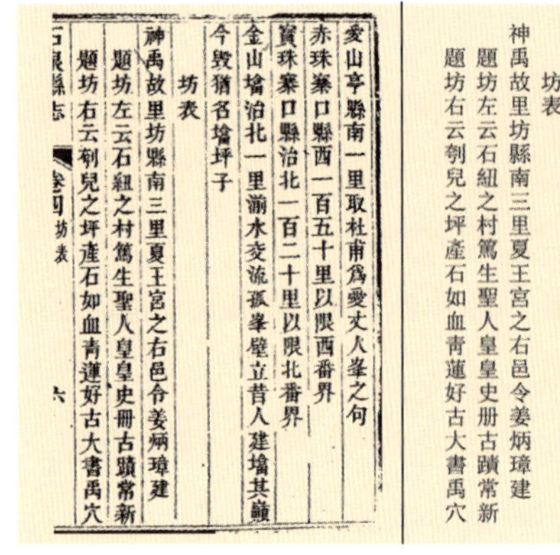

愛山亭縣南一里取杜甫爲愛丈人峯之句
赤珠寨口縣西一百五十里以限西番界
寶珠寨口縣治北一百二十里以限北番界
金山墖治北一里湔水交流孤峯壁立昔人建墖其巔
今毁猶名墖坪子
坊表
神禹故里坊縣南三里夏王宫之右邑令姜炳璋建
題坊左云石紐之村篤生聖人皇皇史册古蹟常新
題坊右云刳兒之坪產石如血青蓮好古大書禹穴

乾隆《石泉县志》卷四载“神禹故里坊”

“神禹故里”坊（王小荣供图）

誓水柱

类　　别： 题刻

地理位置： 四川省绵阳市北川羌族自治县

所属流域： 长江

简　　介： 位于禹里西望崇山下青片河与白草河交汇处，上刻 12 字，为虫篆体，宋《淳化阁

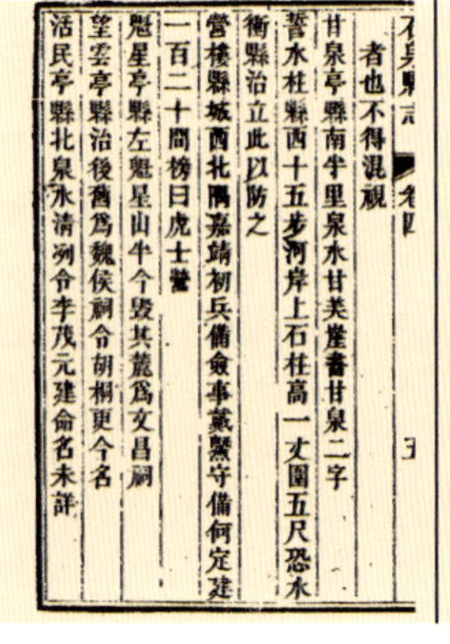

者也不得混視
甘泉亭縣南半里泉水甘美壁書甘泉二字
誓水柱縣西十五步河岸上石柱高一丈圍五尺恐水
衝縣治立此以防之
譙樓縣城西北隅嘉靖初兵備僉事戴鰲守備何定建
一百二十間榜曰虎士營
魁星亭縣左魁星山半今毁其麓爲文昌祠
望雲亭縣治後舊爲魏侯祠令胡桐更今名
活民亭縣北泉水清洌令李茂元建命名未詳

乾隆《石泉县志》卷四载“誓水柱”

① 参见谢兴鹏主编：《九州方圆话大禹》，2002 年内部资料，第 30 页。

帖》释为“出令聂子星纪齐春其尚节化”。传为大禹治水时出的手令。[①] 乾隆《石泉县志》卷四载：“誓水柱，县西十五步河岸上，石柱高一丈，围五尺，恐水冲县治，立此以防之。”

望崇山

类　　别：山川·山

地理位置：四川省绵阳市北川羌族自治县

所属流域：长江

简　　介：在石纽山对面。圣母思念崇伯，常登此山遥望禹父归程，故曰“望崇山”。乾隆《石泉县志》卷一载：“望崇山，治东一里，层叠起伏，拱抱县城，其麓为学宫。”

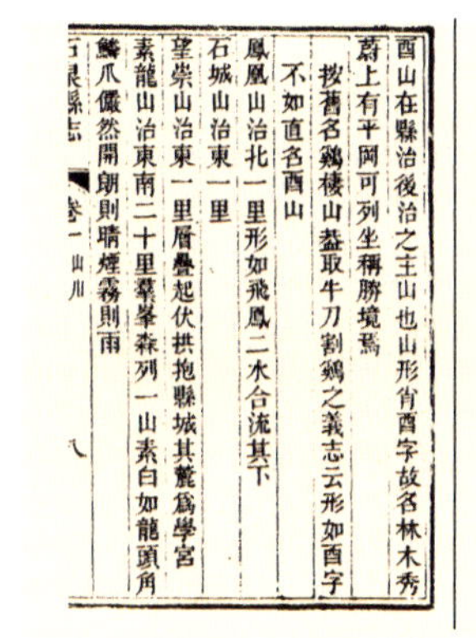
西山在縣治後治之主山也山形肖西字故名林木秀
蔚上有平岡可列坐稱勝境焉
按舊名鷄棲山蓋取牛刀割鷄之義志云形如西字
不如直名西山
鳳凰山治北一里形如飛鳳二水合流其下
石城山治東一里
望崇山治東一里層疊起伏拱抱縣城其麓爲學宮
素龍山治東南二十里羣峯森列一山素白如龍頭角
鱗爪儼然開朗則晴煙霧則雨

乾隆《石泉县志》卷一载“望崇山”

禹王宫（遂宁市）

类　　别：古建筑·宫

地理位置：四川省遂宁市安居区禹王宫街米市街西头

所属流域：长江

简　　介：湖南会馆，供大禹王。建于清乾隆三年（1738年），系石木结构，一进三重，呈目字形四合院布局，建筑面积约1600平方米。正门上书“禹王宫”三字；左门上书“继往”，右门上书“开来”。门上龙凤板均用青峡石板制作而成，上刊刻文字、图案。

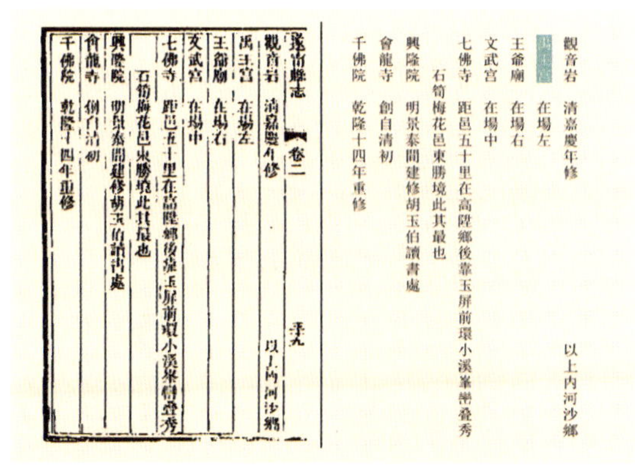
觀音岩　清嘉慶年修　以上內河沙鄉
禹王宮　在場左
王爺廟　在場右
文武宮　在場中
七佛寺　距邑五十里在高陞鄉後靠玉屏前環小溪峯巒疊秀
石筍梅花邑東勝境此其最也
興隆院　明景泰間建修胡玉伯讀書處
會龍寺　創自清初
千佛院　乾隆十四年重修

《遂宁县志》卷二载“禹王宫”

民国时期曾一度设为军工厂，后设米粮市场、中学校舍。新中国成立后，修建

① 参见谢兴鹏主编：《九州方圆话大禹》，2002年内部资料，第31页。

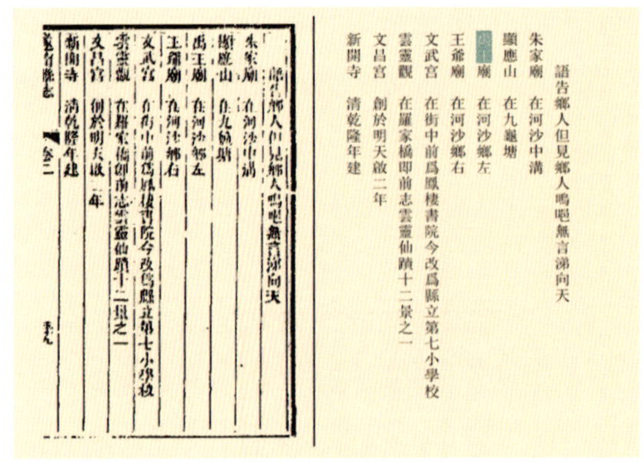

語告鄉人但見鄉人嗚咽無言涕向天
朱家廟　在河沙中溝
顯應山　在九龜塘
禹王廟　在河沙鄉左
王爺廟　在河沙鄉右
文武宮　在街中前爲鳳棲書院今改爲縣立第七小學校
雲靈觀　在羅家橋即前志雲靈仙蹟十二景之一
文昌宮　創於明天啟二年
新開寺　清乾隆年建

《遂宁县志》卷二载“禹王庙”

成遂宁军分区大礼堂，后殿及其他附属建筑为县粮食局使用。

民国《遂宁县志》载“禹王宫”四处：一在大南街，一在高升乡场左，一在西眉镇，一在桂花镇场内；“禹王庙”五处，一在河沙乡左，一在龙凤乡，一在三家镇，一在分水乡场内，一在吉祥乡。

隆昌石刻牌坊群·禹王宫山门坊

类　　别： 古建筑

地理位置： 四川省内江市隆昌市新马路与白塔路交叉口东北角

所属流域： 长江

禹王宫山门坊（王小荣供图）

简　　介： 隆昌石刻牌坊群堪称中国石牌坊之冠。现存清代石牌坊共17座，其中城区13座，由北到南分别是：郭陈氏节孝坊，禹王宫山门坊，牛树梅德政坊，孝子总坊，刘光第德政坊，肃庆德政坊；郭玉峦功德坊，舒承湜百岁坊，节孝总坊（共2座），李吉寿德政坊，觉罗国欢德政坊，郭王氏功德坊。

其中的禹王宫山门坊，位于隆昌二中旁边，原本是禹庙（湖广会馆）的山门，始建于清乾隆初年（1736年），重建于清同治六年（1867年），是一座单面牌坊，也是隆昌牌坊里面最精美的一座。围绕“禹庙”二字有九条龙，称九龙匾，在隆昌牌坊中级别最高。

山门坊正上匾由湖广商会会首范泰衡手书“灵承楚蜀”四个大字（有人误读作“蜀楚承灵”），表达了楚蜀同源共祖、同沐禹德之意。牌坊正匾右上角刻有“同治六年仲春月重建”的上题款。山门坊左右侧匾为范泰衡之子范运鹏题写的“政修”“功叙”，意为当政者要像禹王那样政务勤修、功德叙记史册。“政修”和“功叙”皆出于《尚书·大禹谟》：“德惟善政，政在养民。水、火、金、木、土、谷，惟修。正德、利用、厚生惟和。九功惟叙，九叙惟歌。”

2001 年 6 月 25 日，隆昌石刻牌坊群被国务院公布为第五批全国重点文物保护单位。

禹王宫（九井村）

类　　别：古建筑·宫

地理位置：四川省乐山市犍为县九井乡九井村九井坳

所属流域：长江

简　　介：九井乡最早为九井场，在明末清初已经形成。九井场因九井坳而得名，九井坳因古时曾在此开过 9 口盐井而得名。场外，还星罗棋布地坐落着禹王宫、川祖庙、万寿宫、南华宫等 4 座建筑。1958 年，乡政府从九井坳搬到国道 213 线董家沟时，因新建政府和学校，将庙宇拆除，古场九井坳逐渐消失，仅存禹王宫。

禹王宫建于清嘉庆二十四年（1819 年），占地约 2 亩，为县境内规模最大、保存最完好的禹王宫。

2012 年，禹王宫被列为省级文物保护单位。

禹王宫（柳垭村）

类　　别：古建筑·宫

地理位置：四川省南充市仪陇县柳垭镇柳垭村

所属流域：长江

简　　介：柳垭镇上禹王宫始建于清同治十三年（1874 年），坐北朝南，由戏楼、左右厢房和正殿组成四合院式群体建筑，正脊两端施吻兽，风火墙紧靠四周后壁，占地面积 870 平方米。戏楼底层是正门，夯土台基高 0.15 米，面阔 17.2 米，进深 14.3 米，穿斗结构，第二层是戏楼楼台建筑，悬山式屋顶，小青瓦屋面；正殿台基高 1.4 米，面阔 15.9 米，进深 10.2 米，歇山式顶；两边厢房都是二层建筑，楼上施一廊道。中间一天井。正殿后墙体上有彩绘祥云、飞龙等图案。现保存完好。

2019 年，柳垭禹王宫被公布为第九批省级文物保护单位。

柳垭村禹王宫（王小荣供图）

马鞍古建筑群·禹王宫（马鞍镇）

类　　别： 古建筑·宫

地理位置： 四川省南充市仪陇县马鞍镇

所属流域： 长江

马鞍镇禹王宫位置图（张卫东供图）

简　　介： 仪陇县马鞍镇马鞍老街始建于清雍正十年（1732 年），西北东南走向，长约 500 米。街道南端现存有关帝庙，中间修筑有龙母宫、广圣宫、文昌宫、禹王宫、万寿宫等古建筑（系原湖南、江西、广东等地的客家会馆），统称“五宫一庙”。禹王宫由湖南、湖北移民集资修建，也称“楚蜀宫”，取两湖人移居四川之意。

禹王宫坐落于马鞍老街西北头，占地330平方米，正殿6间，面宽15米，进深9米，通高8米，檐高6米。正殿及左右厢房与街道共同形成四合院，中间是天井。整个建筑为宫殿式长方形，屋檐斗拱，房角高翘，雕龙画凤，金碧辉煌，气势恢宏。主要供奉大禹，还有观音、药王、财神等神像30多尊。每年四月二十八日举行盛大庙会。如果这一年天旱，还会把禹王用八人大轿抬着游山过街，祈求风调雨顺。

1933年秋，中国工农红军攻克仪陇，解放了马鞍。红九军指挥部设在禹王宫内。1933年10月上旬，建立了区苏维埃政权。红军在街道石墙和封火墙上镌刻了众多的宣传标语，1960年朱德元帅回故乡视察时，马鞍老街取名红军街。

2007年，马鞍古建筑群被公布为省级文物保护单位。

禹王宫（日兴镇）

类　　别：古建筑·宫

地理位置：四川省南充市仪陇县日兴镇

所属流域：长江

简　　介：日兴镇起源于清康熙十年至雍正初年（1671—1723年），两广两湖和江西等省的移民陆续迁来日兴定居，建立集镇至今。草街子场头有两湖移民“楚蜀会”修建的禹王宫，又名“楚蜀会馆”。系砖木结构的宫殿式建筑，四合院结构，占地面积在3500平方米左右，宫墙高3丈，厚1.5尺，院内有正殿、偏殿戏楼、厢楼、天井、广场。神像高大、庄严肃穆，飞檐斗拱，雕梁画栋，气势恢宏，十分壮观。新中国成立后，禹王宫一度成为粮站库房。

禹王宫（李庄镇）

类　　别：纪念建筑·宫

地理位置：四川省宜宾市翠屏区李庄镇境内

所属流域：长江

简　　介：现名慧光寺，建于清道光十一年（1831年）。大山门上面原有赞颂大禹治水的匾额和两边的石刻对联。寺内的戏台，是四川保存最完整的古戏台之一。1942年5月同济大学35周年校庆就在这里举行。

禹帝宫（屏山县）

类　　别：古建筑·宫

地理位置：四川省宜宾市屏山县县城小南门

所属流域：长江

简　　介：禹帝宫原位于屏山老县城小南门，创建于明代，原在县城东门外犀牛桥东，清嘉庆十三年（1808 年）迁入小南门内。现禹帝宫复建于书楼马湖府古城，主殿为单檐歇山式九脊顶大殿，正脊火珠宝顶，大吻战兽齐全，前卷棚廊，廊下雕花驼峰，檐下满饰如意斗拱，斗拱雕有各式花卉。庙内石柱上刻有水文标志四个，这些标志忠实地记载了金沙江百多年来历次洪峰，具有重要的水文科学价值，为修建葛洲坝、三峡和向家坝水电站提供了历史资料。庙内三圣之王禹帝的塑像，威严肃穆，金光灿烂。

《屏山县志》记载，早在清代乾隆三十三年（1768 年）和乾隆六十年，两次大兴土木修造禹帝宫，建成了山门、戏楼、正殿。清嘉庆十九年（1814 年）受损后重建。

1992 年，禹帝宫被公布为省级文物保护单位。

禹神树

类　　别：其他·树

地理位置：四川省阿坝藏族羌族自治州汶川县绵虒镇南石纽山上

所属流域：长江

简　　介：刳儿坪禹王庙旁有一棵独木参天的柏树，传为“术（述）禹石纽，汶川会”时栽的神树。树龄究竟几何，虽难以确定，但肯定不是“汶川之会”时栽种的。当地有古谚云：“先有山，后有树，禹王庙旁种神树。”“禹神树”应该是古代建禹王庙时栽种的。[①]

① 参见汶川县文化体育和旅游局编：《阿坝州禹迹图》，2021 年内部资料，第 34 页。

汶川县石纽山和禹神树（画面中心线山顶之树，张卫东摄）

地震后恢复的刳儿坪禹王庙外景（王小荣供图）

附录：

传说：禹神树

在羌民的传说中，大禹本是天上神龙的化身，投胎到石纽山来，是为了根治水患，拯救羌民。大禹出生后，三天会说话，三个月就能够走路，十分神奇，因为他想快快长大，好治理岷江水患，造福羌民。大禹长大后，号召羌民和他一起治水，并经常显示自己的神力，开山劈岭，疏导岷江，终于消除了水患。羌民又过上了幸福的日子，把大禹当作神，称为“神禹”，禹王庙旁的这棵柏树也就被唤作“禹神树”。

禹神树伫立在石纽山上刳儿坪，俯瞰着整条岷江河谷，像是大禹重临，依然关注着岷江，关怀着岷江流域的人民。

（参见汶川县文化体育和旅游局编:《阿坝州禹迹图》，2021 年内部资料，第 34—35 页）

圣母祠

类　　别：古建筑·祠

地理位置：四川省阿坝藏族羌族自治州汶川县绵虒镇南石纽山上

所属流域：长江

简　　介：后世纪念生养了大禹的修己，奉她为圣母，在修建禹王庙时也修建了圣母祠。圣母祠占地亩余，为石木结构，青瓦飞檐，古朴典雅。圣母殿正中塑有圣母端坐神像。圣母头缠纱帕，身穿羌服，肩上的“缸花披”围至胸前，脚穿“云云鞋”，两眼平视前方，仿佛还在观看大禹治理岷江水患。

圣母祠曾几经损毁和重修。清朝时重修圣母祠，立碑勒石，有《石纽山圣母祠碑记》。圣母祠碑文描述了飞沙关及刳儿坪的地貌形态，并从圣母祠说到圣母怀胎的各种传说，虽不认可，却认为大禹治水泽被后世，汶川人民因而对大禹及圣母崇拜有加，这种感情是值得肯定的。圣母祠碑今不存。[①]

禹迹石纹

禹迹石纹（王小荣供图）

类　　别：山川·石

地理位置：四川省阿坝藏族羌族自治州汶川县绵虒镇南石纽山上

所属流域：长江

简　　介：在石纽山腰的刳儿坪周围，先后发现有奇异的石纹 30 余处。岩石上的石纹图案有的像龟壳上的网纹，有的像飞禽走兽，有的像汉字的点、横、撇、捺等笔画，有的像草绳结，有的是长方形的，有的是圆形的……千奇百怪，形状各异。[②]

---

① 参见汶川县文化体育和旅游局编：《阿坝州禹迹图》，2021 年内部资料，第 35 页。

② 参见汶川县文化体育和旅游局编：《阿坝州禹迹图》，2021 年内部资料，第 31 页。

飞沙关

“5·12”汶川特大地震前的飞沙关（王小荣供图）

类　　别：山川·山

地理位置：四川省阿坝藏族羌族自治州汶川县绵虒镇石纽山下

所属流域：长江

简　　介：飞沙关，位于石纽山下的岷江边，为石纽山梁蜿蜒向下至岷江的尽头，凸出于江流。岷江河谷在此大幅收窄，形成一道关隘，成为“群峰锁钥，众壑门关”。因关口长年风大，常常飞沙走石，故名飞沙关。传说大禹治理岷江水患，最早就是从清理飞沙关下的堰塞湖开始的。①

圣母塔

类　　别：古建筑遗址

地理位置：四川省阿坝藏族羌族自治州汶川县绵虒镇飞沙关

所属流域：长江

简　　介：飞沙关的标志性建筑。传说

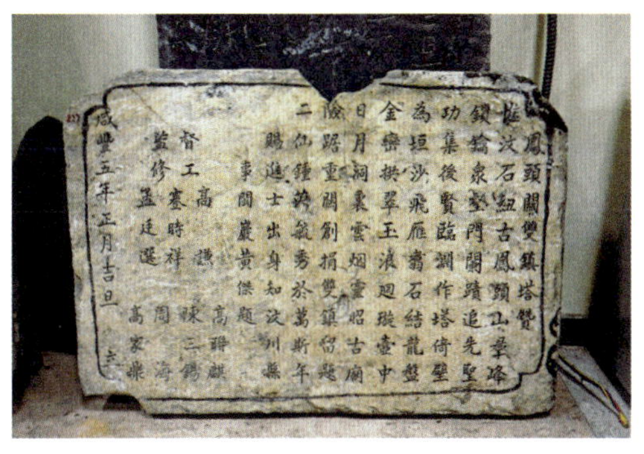
圣母塔－汶川县绵虒凤头关双镇塔赞（王小荣供图）

圣母塔（阿登供图）

① 参见汶川县文化体育和旅游局编：《阿坝州禹迹图》，2021 年内部资料，第 38 页。

南宋年间，京城巡抚出钱建造，取名圣母塔，又名双镇塔，以镇邪扶正，告谕后人。后几经损毁。清咸丰五年（1855 年），汶川知县黄杰捐俸银重修圣母塔，但也损毁于兵荒马乱之中，只留下近 7 米高的半座塔。“5・12”汶川特大地震，仅有的半座圣母塔也被震垮，现仅存塔座基石。①

大禹祭坛

大禹铜像（王小荣供图）

类　　别： 纪念建筑・坛

地理位置： 四川省阿坝藏族羌族自治州汶川县绵虒镇石纽山下

所属流域： 长江

简　　介： 大禹祭坛。位于汶川县绵虒镇石纽山下，飞沙关北面的山坡上，依着山势，从山脚随着甬道逐级向上。2008 年“5・12”汶川特大地震后，珠海市负责绵虒镇的援建工作，他们在帮助绵虒人民重建家园的同时，一并设计兴建了大禹祭坛。祭坛分为大禹书院暨禹王纪念馆、大禹祭台和大禹殿、大禹像三大部分。其组成包括大禹书院暨大禹纪念馆、甬道、大禹祭台、大禹殿、圣母祠，以及祭台碑廊、经书石、岣嵝碑、景云碑、应龙玄龟石碑、“岷山导江，东别为沱”石刻等，是一组纪念大禹、祭祀大禹的综合建筑群，也是迄今为止全国规模最大的纪念大禹的建筑群。

大禹石刻甬道。连接大禹广场、祭台和大禹殿的步步高式石阶通道，通过三组台阶串联而成。每组甬道又分为五段，寓意金、木、水、火、土的《洪范》五行。在每组甬道起始处都设置石刻，分别为“望柱”、仿汉“石琮”和“石璧”。

大禹书院。位于大禹祭坛起点处东侧，是一组中式仿古建筑群，是大禹文化的汇聚地。大禹书院已成为阿坝州传统文化、大禹精神和爱国主义教育基地。

大禹祭台。为一个 63 米见方的坛场，是祭祀大禹的场所。祭坛正前方之地面刻有《山海经》中的一段文字，有一句为“此天地之所分壤树谷也”。祭台上圆下方，寓“天圆地方”之意。坛区共设“九鼎八簋”，为仿商晚期出土青铜器，有

① 参见汶川县文化体育和旅游局编：《阿坝州禹迹图》，2021 年内部资料，第 38 页。

“禹铸九鼎定九州”之意。中鼎设于坛顶，其余分布于坛下四周。坛顶另设西周青铜仿制品“遂公盨”，用来放置大禹祭文。

祭坛碑廊。位于大禹祭坛中轴线北侧，碑廊结构，红柱灰瓦，总长度为 99 米。碑廊共三段，每段立有 13 块碑，代表大禹治水十三年。石碑均由岷江石刻制。

经书碑。位于祭坛第六层，碑上刻有《尚书·禹贡》，北宋程大昌的《禹贡山川地理图》和清代胡渭的《禹贡锥指》。用这三部代表性经书，佐证历朝均有对“禹定九州”功绩的叙述和赞誉。

“岷山导江，东别为沱”石刻。“岷山导江，东别为沱”是《尚书·禹贡》及《史记·夏本纪》中的句子，这八个字高度概括了大禹治理岷江水患的方法和功绩，即开山分流，导流入沱。

大禹殿。为汉式风格的石质大殿，九开间。大殿前广场设香炉三座，供民间烧香祭祖之用。中间方炉参考汉代出土“上林方炉”，两侧圆形香炉则参考汉代刘胜墓出土“刘胜香炉”；大殿内正中供奉大禹的汉石刻像，此石刻像乃山东嘉祥东汉武梁祠历代帝王像中的大禹像，是传世最早的大禹像，是更接近真实的艺术形象。在大禹殿前广场两侧是应龙、玄龟石碑，应龙、玄龟是大禹治水过程中的得力助手，在《山海经》中载有“应龙画江河”“玄龟负青泥”的故事。石碑采用汉阙造型，正面为应龙、玄龟雕刻，背面为相关介绍。

大禹祭坛全景（王小荣供图）

大禹铜像。大禹殿再向上是大禹铜像，伫立在祭坛建筑群最高处。大禹雕像是大禹祭坛的核心，为当代著名雕塑大师叶毓山先生所作。雕像高 16.1 米，为锻铜所制，体现出大禹作为治水英雄、开国帝王、人文初祖的形象。雕像基座四周刻有大禹颂词、诗赋，正面为四川省著名史学家谭继和撰写的《大禹颂》，歌颂大禹的伟德、盛德、仁德及睿智。基座左右两侧刻有《万里长江图》和《九曲黄河图》。大禹雕像基座下，一条水流缓缓流出，寓意“太一生水，文明之母”；水流在大禹殿侧分为两股，并沿着甬道潺潺流下，到底部又汇成一股，通过用卵石堆成的类似都江堰的“鱼嘴分水堤”，最终汇入岷江，充分体现出华夏文明一脉相承的治水理念。①

汶川广柔县遗址

类　　别：古遗址

地理位置：四川省阿坝藏族羌族自治州汶川县绵虒镇羊店村大邑坪组

所属流域：长江

简　　介：史书记载中多次提及大禹出生地石纽山在广柔县境内。《蜀中广记》卷五一载：“石泉县，汶山郡之石纽村，禹所生也，汉广柔县矣。”乾隆《石泉县志》卷四载：“谓禹本汶川郡广柔县人，生於石纽者，谯周《蜀本纪》也；谓禹六月六日生於石纽者，皇甫谧《帝王世纪》也。范蔚宗《东汉书·戴良传》云：仲尼生於东鲁，大禹生於西羌。郦道元《水经注》：禹生於蜀之广柔

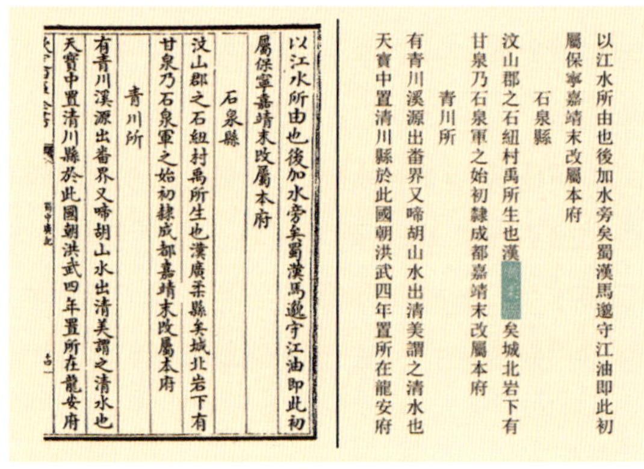

以江水所由也後加水旁矣蜀漢馬邈守江油即此初
屬保寧嘉靖末改屬本府
石泉縣
汶山郡之石紐村禹所生也漢廣柔矣城北岩下有
甘泉乃石泉軍之始初隸成都嘉靖末改屬本府
青川所
有青川溪源出番界又啼胡山水出清美謂之清水也
天寶中置清川縣於此國朝洪武四年置所在龍安府

《蜀中广记》卷五一载“广柔县”

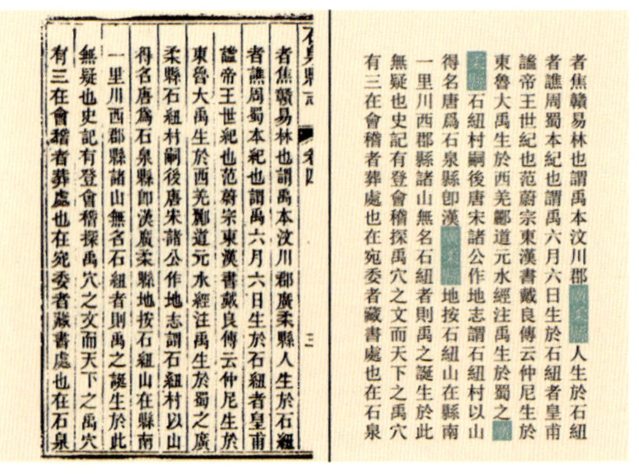

者焦贛易林也謂禹本汶川郡廣柔人生於石紐
者譙周蜀本紀也謂禹六月六日生於石紐者皇甫
謐帝王世紀也范蔚宗東漢書戴良傳云仲尼生於
東魯大禹生於西羌酈道元水經注禹生於蜀之廣
柔石紐村嗣後唐宋諸公作地志謂石紐村以山
得名唐爲石泉縣即漢廣柔地按石紐山在縣南
一里川西郡縣諸山無名石紐者則禹之誕生於此
無疑也史記有登會稽探禹穴之文而天下之禹穴
有三在會稽者葬處也在宛委者藏書處也在石泉

乾隆《石泉县志》卷四载“广柔县”

① 参见汶川县文化体育和旅游局编：《阿坝州禹迹图》，2021 年内部资料，第 47—62 页。

县石纽村。嗣后唐宋诸公作地志，谓石纽村以山得名，唐为石泉县，即汉广柔县地。按，石纽山在县南一里，川西郡县诸山无名石纽者，则禹之诞生於此无疑也。”

李锡书编修的《汶川志略》认为“广柔治在今治（绵虒）之南大邑坪”，民国时期祝世德编撰《汶川县志》时，另专著《大禹志》，亦表明广柔县在今汶川县绵虒镇南大邑坪。

当代学者孙松寿《广柔县考》认为，自汉元鼎六年设汶山郡后，即有了广柔县的建置。其间经过蜀汉、西晋、成汉、东晋，隶属、疆域虽有变更，但建制未动。东晋灭于420年，广柔县随废。广柔县存在的时间为531年。其县治所在地，初在薛城，后迁至漩口，最后迁回大邑坪，这是由于当时战乱频繁，才有这两次的迁移。

综上史料记载，大禹为广柔县人，汶川广柔县遗址位于汶川县绵虒镇羊店村大邑坪组，故羊店河坝的广柔县址又被称为大禹坪。[①]

升堂房 · 灯杆坪

类　　别：古遗址

地理位置：四川省阿坝藏族羌族自治州汶川县绵虒镇

所属流域：长江

简　　介：大禹坪的古广柔县治，遗址上为堂房地——衙门升堂办公的地方。

绵虒灯杆石（王小荣摄）

① 参见汶川县文化体育和旅游局编：《阿坝州禹迹图》，2021年内部资料，第80页。

灯杆坪是旧时点灯照明的地方。在古代，也只有官衙旁，才有条件树立灯杆，挂灯照明。[①]

三官庙（绵虒镇）

类　　别：古建筑·庙

地理位置：四川省阿坝藏族羌族自治州汶川县绵虒镇

所属流域：长江

简　　介：三官庙位于绵虒镇三官庙村，背靠大山，面对岷江。庙宇为一间一进两层，供奉有天、地、水三官彩绘塑像，天官唐尧、地官虞舜、水官夏禹。上有彩绘顶饰，四周檐下有回廊。三官庙的墙壁上，有一组主题为“大禹治水”的浮雕。浮雕上，大禹手执耒锸，站在岸边，看着波涛汹涌的江水。浮雕左下角题有“古有大禹治水，三过家门而不入”，表现大禹一心治水、公而忘私的精神品格。[②]

绵虒三官庙“大禹治水”浮雕（王小荣供图）

大禹广场（绵虒镇）

类　　别：纪念建筑

地理位置：四川省阿坝藏族羌族自治州汶川县绵虒镇

① 参见汶川县文化体育和旅游局编：《阿坝州禹迹图》，2021 年内部资料，第 81 页。

② 参见汶川县文化体育和旅游局编：《阿坝州禹迹图》，2021 年内部资料，第 70 页。

所属流域：长江

简　　介：绵虒镇具有悠久的历史文化，曾为古汶川县城。汉羌混合式民居建筑独具特色，现有古城墙、禹王宫遗址。绵虒古城于明正德七年（1512 年）始建，清乾隆二十八年（1763 年）扩建，至 1953 年汶川县城迁威州，前后经历 441 年。为纪念大禹和弘扬大禹精神，大地震后在镇政府前建设了大禹广场。广场及周边建有大禹塑像、禹王宫及戏台、华夏文明初祖大禹碑、“虒”雕塑、古城墙等。

绵虒老街大禹治水浮雕（王小荣摄）

大禹广场上的“虒”雕塑，为青铜塑像，虒三脚着地，一脚微抬，扭首向后做嘶吼状，十分威武勇猛，是灾后重建时山东威海市捐塑。虒为绵虒之名的来源，取其岷江绵延境内，虒能行于水，既有虎之威，亦有龙之能。传说大禹年轻时在岷江流域治水，是从家乡石纽山下的飞沙关开始的。而虒，是最早帮助大禹治水的神兽。

大禹像伫立在绵虒镇广场中央，面朝 213 国道——大禹高立座基之上，头戴方笠，身披蓑衣，双掌重叠握着耒锸顶端，一副指挥若定的英武形象。大禹像身后有

绵虒大禹广场上大禹雕像（王小荣摄）

汉白玉制成的大禹碑，其上镌刻着谭继和教授撰写的碑文。

绵虒老街也有大禹浮雕墙。这是当地民众利用围墙而造的艺术浮雕，按照时间线索表现大禹的一生，分为“洪水纵横，祸害百姓”“天授重任，大禹降生”“羌女献图，涂山联姻”“送夫治水，鞋绣彩云”“助禹勘察，黄龙伴行”“勤于治水，难入家门”“征服乌龙，禹妻助阵”“奋力移山，导流东奔”八大版块，具有很高的艺术性。[①]

穗威桥大禹像 · 大禹浮雕墙

类　　别： 纪念建筑 · 雕塑

地理位置： 四川省阿坝藏族羌族自治州汶川县威州镇

所属流域： 长江

简　　介： 大禹像为当代塑像，高 16 米，重 30 吨，立于群山和岷江之间。广州雕塑院副院长许鸿飞创作，形象取自古代壁画以及古书白描。碑座正面刻有谭继和撰写的《大禹故里记》，后面刻有《大禹记》。

大禹浮雕墙。红砂岩浮雕墙，共三组，高度概括出大禹一生的三个阶段：“大禹出生”“大禹治水”“大禹继位”。[②]

威州大禹雕像（王小荣摄）

① 参见汶川县文化体育和旅游局编：《阿坝州禹迹图》，2021 年内部资料，第 65—66 页、第 72 页。

② 参见汶川县文化体育和旅游局编：《阿坝州禹迹图》，2021 年内部资料，第 87 页。

石巷子大禹像

汶川石巷子大禹像（王小荣摄）

类　　别：纪念建筑·雕塑

地理位置：四川省阿坝藏族羌族自治州汶川县威州镇

所属流域：长江

简　　介：为纪念大禹，当地人民在石巷子岷江边立大禹像。石巷子大禹像所塑大禹形象十分质朴，他头戴斗笠，肩披蓑衣，长须飘飘，双袖高卷，裤管至膝，一手持耒锸，一手叉腰，仿佛刚刚从治水的劳动中直起身来在风雨之中巡视工地。[①]

“日映龙潭，秀开天地”

类　　别：地名

地理位置：四川省阿坝藏族羌族自治州汶川县映秀镇

所属流域：长江

简　　介：相传当年大禹治水途经此地，感念这里山川秀美，土地肥沃，便运用天造神功，在青峰崖上写下“日映龙潭，秀开天地”八个大字，这成为“映秀”之名的由来。[②]

当地村民尚玉萍手指映秀禹王庙遗址所在（王小荣摄）

① 参见汶川县文化体育和旅游局编：《阿坝州禹迹图》，2021年内部资料，第91页。

② 参见汶川县文化体育和旅游局编：《阿坝州禹迹图》，2021年内部资料，第93页。

卧龙镇卧龙关

卧龙（王小荣摄）

类　　别：山川·山

地理位置：四川省阿坝藏族羌族自治州汶川县卧龙镇

所属流域：长江

简　　介：“卧龙关侧，山势如龙蛇颓卧，故名卧龙。”（《汶川县志》）民间传说中，道酷似颓卧之龙的山梁，正为卧龙所化。卧龙曾帮助大禹治水。[①]

卧龙关（王小荣供图）

① 参见汶川县文化体育和旅游局编：《阿坝州禹迹图》，2021年内部资料，第99页。

三圣庙卧地龙

类　　别：古建筑·庙

地理位置：四川省阿坝藏族羌族自治州汶川县卧龙镇

所属流域：长江

简　　介：三圣庙原址位于三圣沟，后迁址卧龙关现在所在位置，占地约三亩。“三圣庙”的“三圣”，是明正统年间汶川涂禹山瓦寺土司的三弟。他出家修行，在卧龙三圣沟的山野中得道。传说在他圆寂之后，因道法高强，径自成为当地护法山神，坐骑为青羊。因其排行老三，百姓遂谓之“三圣”，并建三圣庙以供奉。圣庙内还供奉着羌民心中帮助大禹治水的卧龙，当地称为“卧地龙”。[①]

卧龙镇三圣庙（王小荣摄）

① 参见汶川县文化体育和旅游局编：《阿坝州禹迹图》，2021年内部资料，第99页。

漩口宇（禹）公庙

类　　别： 古建筑·庙

地理位置： 四川省阿坝藏族羌族自治州汶川县漩口镇

所属流域： 长江

简　　介： 传说大禹率川西人民治理岷江，一日视察上游水情，来到漩口镇古溪沟畔。大禹见这里地势开阔，林茂物丰，便在这里建有一宅，劳累之后在此小憩。民众为感恩大禹的治水功绩，就在大禹建宅的地方修了一座庙，名为禹公庙。今庙宇基址已建成电子工厂的车间厂房。①

当地村民苏玉田手指漩口竹园归档记事碑遗址（王小荣摄）

漩口镇禹包（抱）石

类　　别： 山川·石

地理位置： 四川省阿坝藏族羌族自治州汶川县漩口镇

所属流域： 长江

简　　介： 漩口镇广东街临江有一块大石包屹立在岷江岸边，大石包上有双手搂抱时留下的手指印迹。相传这手指印为大禹所留。②

---

① 参见汶川县文化体育和旅游局编：《阿坝州禹迹图》，2021 年内部资料，第 101 页。

② 参见汶川县文化体育和旅游局编：《阿坝州禹迹图》，2021 年内部资料，第 103 页。

禹抱石遗址（王小荣摄）

禹抱石－漩口天彭门（陈晓华供图）

水磨黄龙岗

类　　别： 山川·台

地理位置： 四川省阿坝藏族羌族自治州汶川县水磨镇

所属流域： 长江

简　　介： 黄龙岗位于水磨镇政府东的坪台上，也叫黄龙岗坪台，其上有黄龙道观（也称黄龙寺）。黄龙道观曾是青城山的重要庙宇，为“青城十八景”之一。传说黄龙在黄龙洞修炼得道后，协助大禹治理岷江水患。后人感念其恩德，遂在此建立寺观，供奉黄龙真人，纪念黄龙并倡导“为善最乐”。[①]

水磨黄龙岗（王小荣供图）

① 参见汶川县文化体育和旅游局编：《阿坝州禹迹图》，2021 年内部资料，第 105 页。

三江镇九龙山

九龍山治北三十里峋嶙九嶺如龍起伏第五嶺下即刳兒坪神禹生於此詳見古蹟
雲峯山治北四十里峭壁峻拔五峯參差時現五色雲霞有眞武觀甚靈土人春秋奉祀下爲永平堡
金鳳山治東北八十里如鳳飛翔故名
雪峯山治北四十里甚高峻冬有積雪經久不銷望之若銀屏
馬頭山治北四十里
老鄧山治東北六十里羣山環列一峯突兀插漢有玉

乾隆《石泉县志》卷一载“九龙山”

类　　别： 山川・山

地理位置： 四川省阿坝藏族羌族自治州汶川县三江镇

所属流域： 长江

简　　介： 九龙山有九条山脉汇聚，似九龙相汇，故名九龙山。乾隆《石泉县志》卷一载：“九龙山，治北三十里，峋嶙九岭如龙起伏，第五岭下即刳儿坪，神禹生於此。”据民国《汶川县志》记载，九龙山之名与大禹有关。

九龙山（王小荣供图）

古城村古广柔县治

类　　别： 古建筑遗址

地理位置： 四川省阿坝藏族羌族自治州理县桃坪镇古城村

所属流域： 长江

简　　介：古城村属桃坪镇，东为桃坪羌寨，西为通化村，因历史悠久，所以称作“古城”。史载大禹生于广柔县，古城亦有古广柔县治，且遗存有一座古代的县衙，木柱结构，片石墙，羌族建筑风格。大门上方有“正大光明”匾额，初进为小院，正屋三开两进，左右为厢房，中为大堂，是县令办公审案的地方。古广柔县衙右后是禹王庙遗址。①

禹王庙（古城村）

类　　别：古建筑遗址

地理位置：四川省阿坝藏族羌族自治州理县桃坪镇古城村

所属流域：长江

简　　介：古城禹王庙最早建于何时已不可考。古城村禹王庙在 20 世纪 60 年代毁坏，逐渐倒塌，其遗址现在成为一块水泥地，只有一棵高大的禹柏树依然耸立，树龄有 1200 年。②

理县禹王庙遗址（王小荣摄）

① 参见汶川县文化体育和旅游局编：《阿坝州禹迹图》，2021 年内部资料，第 109 页。

② 参见汶川县文化体育和旅游局编：《阿坝州禹迹图》，2021 年内部资料，第 109 页。

桃坪大禹治水浮雕

类　　别：纪念建筑·雕塑

地理位置：四川省阿坝藏族羌族自治州理县桃坪镇桃坪羌寨

所属流域：长江

简　　介：桃坪大禹浮雕和大禹像位于桃坪文旅小镇内。桃坪羌民有着浓厚的大禹文化情结，他们敬仰大禹治水的丰功伟绩，奉大禹为祖先。“5·12”汶川特大地震后，人们在古羌寨下方兴建羌寨文旅小镇时，一并兴建了大禹像和大禹治水浮雕，以纪念先祖大禹。①

桃坪大禹治水浮雕（毕昇公司供图）

通化古广柔县治

类　　别：地名

地理位置：四川省阿坝藏族羌族自治州理县通化乡通化村

所属流域：长江

① 参见汶川县文化体育和旅游局编：《阿坝州禹迹图》，2021 年内部资料，第 111 页。

简　　介：据史书记载：此处本汉广柔县地，后周武帝置石门镇，隋开皇六年于金川镇（今通化村）置金川县，十年后改名“通化”。仁寿元年（601 年）改金川县为通化县。历经唐、宋、元三朝，于明太祖洪武六年（1373 年）置通化县，通化设县前后达 700 余年。历史上，通化村曾为通化县治、广柔县治所在地。[①]

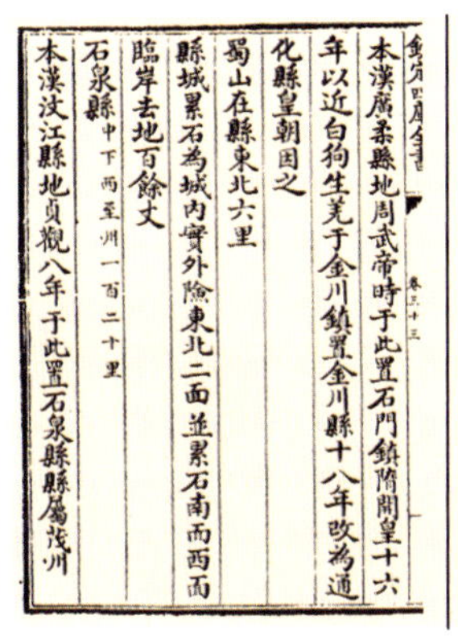
本漢廣柔縣地周武帝時于此置石門鎮隋開皇十六
年以近白狗生羌于金川鎮置金川縣十八年改為通
化縣皇朝因之
蜀山在縣東北六里
縣城累石為城內實外險東北二面並累石南面西面
臨岸去地百餘丈
石泉縣 中下 西至州一百二十里
本漢汶江縣地貞觀八年于此置石泉縣縣屬茂州

《元和郡县志》卷三三载“通化县”

《元和郡县志》卷三三载：“通化县，本汉广柔县地，周武帝时于此置石门镇。隋开皇十六年，以近白狗生羌于金川镇，置金川县；十八年改为通化县。皇朝因之。”

理县“禹王故里”·大禹故里坊

类　　别：古建筑遗址

地理位置：四川省阿坝藏族羌族自治州理县通化乡通化村

所属流域：长江

简　　介：昔日通化城门上曾悬挂着“禹王故里”的大匾，毁于民国时期。传“禹王故里坊”年久失修，被拆，原址上建了村舍。[②]

禹王宫·大禹像

类　　别：纪念建筑·雕塑

地理位置：四川省阿坝藏族羌族自治州理县通化乡汶山寨

所属流域：长江

简　　介：汶山寨被当地人传为大禹出生地，这里也有一座石纽山。从汶山寨村外沿着之字形盘山公路再向上，就是理县石纽山景区。石纽山景区停车场背面是景区入口，入口处是“禹王宫”门牌楼。

① 参见汶川县文化体育和旅游局编：《阿坝州禹迹图》，2021 年内部资料，第 111 页。
② 参见汶川县文化体育和旅游局编：《阿坝州禹迹图》，2021 年内部资料，第 118 页。

理县禹王宫大禹像（毕昇公司供图）

石纽山景区观景台中央，立有大禹像。方正的花岗岩基座，镌刻着“禹王”二字；基座上端四周饰以云纹。大禹一袭官服，呈坐姿，神态安详——这是阿坝州室外大禹像中唯一坐着的大禹。大禹像基座背面，镌刻有当代人作的《禹王赋》。①

夏禹庙（汶山寨）

类　　别：古建筑·庙

地理位置：四川省阿坝藏族羌族自治州理县通化乡汶山寨

所属流域：长江

简　　介：汶山寨石纽山峰顶建有夏禹庙，又称禹王庙。飞檐翘角，雕梁画栋，供奉大禹王。其庙毁于20世纪六七十年代，如今仅存遗址。②

薛城映月亭禹联

类　　别：碑石文刻

地理位置：四川省阿坝藏族羌族自治州理县薛城镇

① 参见汶川县文化体育和旅游局编：《阿坝州禹迹图》，2021年内部资料，第114—116页。

② 参见汶川县文化体育和旅游局编：《阿坝州禹迹图》，2021年内部资料，第114页。

所属流域：长江

简　　介：薛城有映月亭，亭柱上有楹联：“大禹殊功导海决江神州方得陆处；纽石胜景骏贤诞圣华夏遂有国家。”[1]

茂县石纽乡

类　　别：地名

地理位置：四川省阿坝藏族羌族自治州茂县凤仪镇

所属流域：长江

简　　介：石纽乡位于茂县县城南边，因“禹生石纽”而得名。1952 年石纽乡一部分划入今南新镇；1961 年石纽乡扩为石鼓乡，2006 年并入凤仪镇。今凤仪镇有禹乡村，位于茂县县城凤仪镇城乡接合区，岷江边。

石龙对石鼓（石鼓村）

类　　别：山川・石

地理位置：四川省阿坝藏族羌族自治州茂县凤仪镇石鼓村

所属流域：长江

简　　介：“石龙对石鼓”自然景观坐落于岷江江畔茂县石鼓村，是和大禹传说相关的遗存。“石鼓”地名由来已久，《宋史・王光祖传》即有在石鼓村与吐蕃交战的记载，明代置石鼓堡。1961 年石纽乡与石鼓村合并成立石鼓公社，1983 年改为石鼓乡。2006 年，石鼓乡并入凤仪镇。“石龙对石鼓”在 2008 年“5・12”地震中毁坏，被江流冲走，仅有仿制的“石龙石鼓碑”存于茂县凤仪镇古羌文化园。

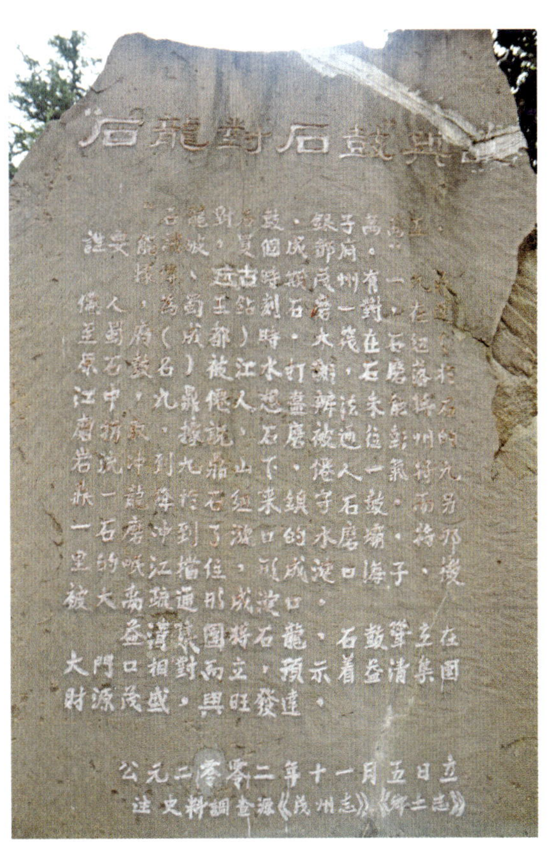

茂县石龙对石鼓碑（刘志高摄）

① 参见汶川县文化体育和旅游局编：《阿坝州禹迹图》，2021 年内部资料，第 121 页。

大禹镇江神石（茂县）

类　　别：山川·石

地理位置：四川省阿坝藏族羌族自治州茂县南新镇

所属流域：长江

简　　介：《青城记》载："禹生石纽，起于龙冢。龙冢者，江源岷山也。"茂县南新镇岷江有一块巨大的石头，相传是大禹留下的镇江神石。①

大禹营寨

类　　别：地名

地理位置：四川省阿坝藏族羌族自治州茂县凤仪镇

所属流域：长江

简　　介：大禹营寨位于茂县凤仪镇外岷江江边，是一处比较平缓的坡地，传说此处为当年大禹治水时河工们驻扎的地方。②

涂禹山寨（王小荣摄）

---

① 参见汶川县文化体育和旅游局编：《阿坝州禹迹图》，2021 年内部资料，第 126 页。

② 参见汶川县文化体育和旅游局编：《阿坝州禹迹图》，2021 年内部资料，第 130 页。

古羌文化园内禹迹

类　　别：纪念建筑

地理位置：四川省阿坝藏族羌族自治州茂县凤仪镇古羌文化园

所属流域：长江

简　　介：古羌文化园内除了有“石龙石鼓碑”仿制碑（原碑毁于2008年“5·12”大地震），还有古先贤群像浮雕、禹鼎九州香炉（石质）、茂县神禹之邦书法雕刻等与大禹相关的作品。大禹像位于古羌文化园古先贤群像浮雕的最右端，大禹手执耒锸，俨然开山凿河的模样。浮雕下方刻有介绍文字。[①]

禹王庙（土门镇）

类　　别：古建筑遗址·庙

地理位置：四川省阿坝藏族羌族自治州茂县土门镇

所属流域：长江

简　　介：因年久失修倒塌，其遗址处建了土门镇小学校。[②]

茂县土门禹王庙遗址（王小荣摄）

① 参见汶川县文化体育和旅游局编：《阿坝州禹迹图》，2021年内部资料，第128页。

② 参见汶川县文化体育和旅游局编：《阿坝州禹迹图》，2021年内部资料，第135页。

黄龙藏身洞

类　　别：山川·洞

地理位置：四川省阿坝藏族羌族自治州松潘县黄龙乡黄龙风景名胜区

所属流域：长江

简　　介：黄龙藏身洞在黄龙风景名胜区黄龙沟二级台阶上，在高 10 米、宽 40 米的瀑布水流后面，水大时隐藏不见。民国《松潘县志》卷二载：“黄龙洞，县东七十里黄龙寺内，相传黄龙真人胎息处也，洞深莫测，积年石乳凝成佛像、龙蛇等状，时有水泉滴沥。朱晦翁诗云：‘一窍有泉通地脉，四时无雨滴天浆。’此洞似之矣。”

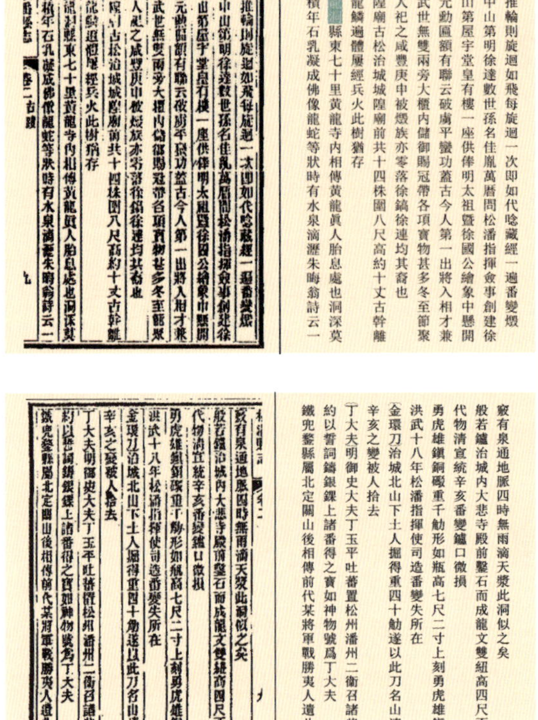

力推輪則旋迴如飛每旋迴一次即如代唸藏經一遍番變燬
徐中山第明徐達數世孫名佳胤萬曆間松潘指揮僉事創建徐中山第屋宇堂皇有樓一座供俸明太祖暨徐國公繪象中懸開國元勳匾額有聯云破虜平蠻功蓋古今人第一出將入相才兼文武世無雙兩旁大櫃內儲御賜冠帶各項寶物甚多冬至節聚族人祀之咸豐庚申被燬族亦零落徐鎬徐連均其裔也
城隍廟古松治城隍廟前共十四株圍八尺高約十丈古幹離奇龍鱗遍體屢經兵火此樹猶存
黃龍洞縣東七十里黃龍寺內相傳黃龍真人胎息處也洞深莫測積年石乳凝成佛像龍蛇等狀時有水泉滴瀝朱晦翁詩云一竅有泉通地脈四時無雨滴天漿此洞似之矣
般若鑪治城內大悲寺殿前鑿石而成龍文雙紐高四尺不知何代物清宣統辛亥番變鑪口微損
勇虎雄鎮銅礮重千觔形如瓶高七尺二寸上刻勇虎雄鎮字明洪武十八年松潘指揮使司造番變失所在
金環刀治城北山下土人掘得重四十觔遂以此刀名山清宣統辛亥之變被人拾去
丁大夫明御史大夫丁玉平吐蕃置松州潘州二衛召諸蕃酋長約以誓詞鑄銀鏁上諸番得之寶如神物號爲丁大夫
鐵兕鑿縣屬北定關山後相傳前代某將軍戰勝夷人遺此示威

民国《松潘县志》卷二载“黄龙洞”

松潘黄龙藏身洞（王小荣摄）

禹王庙（黄龙乡）

类　　别：古建筑·庙

地理位置：四川省阿坝藏族羌族自治州松潘县黄龙乡黄龙风景名胜区

所属流域：长江

简　　介：黄龙沟禹王庙位于黄龙寺后，七彩池旁。传说黄龙曾协助大禹治水，所以后人在修建黄龙寺时，也修建了禹王庙来供奉大禹。[①]

藏龙山

类　　别：山川·山

地理位置：四川省阿坝藏族羌族自治州松潘县黄龙乡黄龙风景名胜区

所属流域：长江

简　　介：藏龙山海拔 4500 米以上，绵亘于玉翠山东西部。山与黄龙协助大禹治水有关。民国《松潘县志》卷一载：“藏龙山，县东七十里，山势如龙，纵约十五里，横约三里，沿山松柏阴翳，薜萝交错，高仅雪山之半。兴龙泉自山右倾泻而下，澄澈涧底，灿黄若金。山腹池沼相连，如叠荷盖，水光荡漾，差分七色。一洞幽深，相传黄龙真人得道於此，倘或然欤？前列玉翠山，拱卫如屏，上涌三峰，岩石峥嵘。明马朝觐建前中后三寺，各距五里，名曰雪山，一名曰黄龙，并建有迎仙、宿云两桥，相距一里，俱在山麓。为县境名区，每年六月往朝者众。”

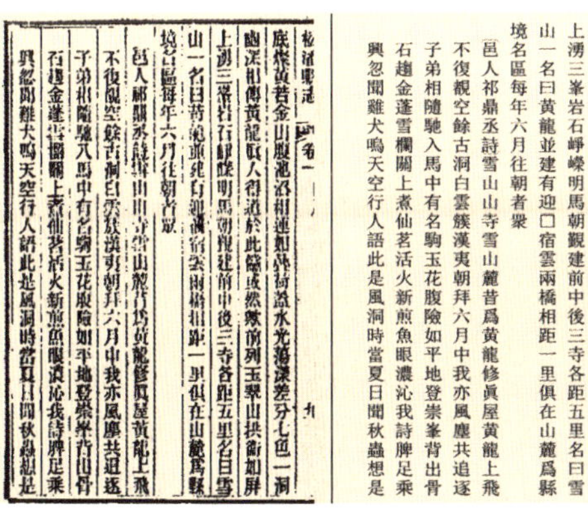

底燦黃若金山腹池沼相連如疊荷蓋水光蕩漾差分七色一洞
幽深相傳黃龍眞人得道於此儻或然歟前列玉翠山拱衛如屏
上湧三峯岩石崢嶸明馬朝覲建前中後三寺各距五里名曰雪
山一名曰黃龍並建有迎□宿雲兩橋相距一里俱在山麓爲縣
境名區每年六月往朝者衆
邑人祁鼎丞詩雪山山寺雪山麓昔爲黃龍修眞屋黃龍上飛
不復覩空餘古洞白雲簇漢夷朝拜六月中我亦風塵共追逐
子弟相隨馳入馬中有名駒玉花腹險如平地登崇峯背出骨
石趣金蓬雪欄闌上煮仙茗活火新煎魚眼濃沁我詩脾足乘
興忽聞雞犬鳴天空行人語此是風洞時當夏日聞秋蟲想是

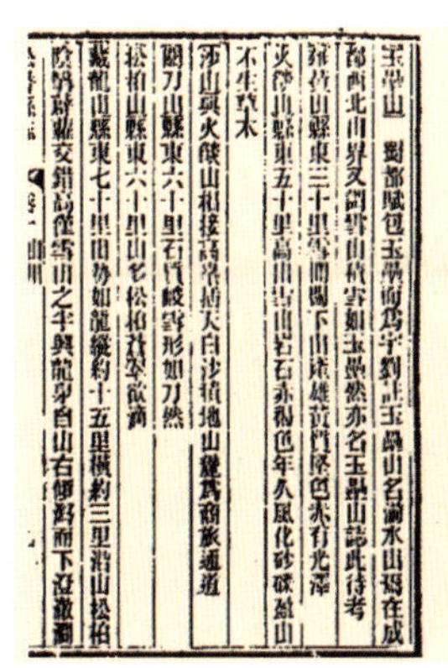

玉壘山　蜀都賦包玉壘而爲宇劉註玉壘山名湔水出焉在成
都西北山界又謂雪山積雪如玉壘然亦名玉壘山誌此待考
雄黃山縣東三十里雪□關下山產雄黃質堅色赤有光澤
火𡽀山縣東五十里高出雪山岩石赤褐色年久風化砂礫盈山
不生草木
沙山與火𡽀山相接高峯插天白沙積地山麓爲商旅通道
關力山縣東六十里石質峻雪形如刀然
松柏山縣東六十里山多松柏蒼翠欲滴
藏龍山縣東七十里山勢如龍縱約十五里橫約三里沿山松柏
陰翳薜蘿交錯高僅雪山之半興龍泉自山右傾瀉而下澄澈澗

民国《松潘县志》卷一载“藏龙山”

① 参见汶川县文化体育和旅游局编：《阿坝州禹迹图》，2021 年内部资料，第 143 页。

松潘黄龙禹王庙（王小荣摄）

九寨沟县藏龙海

类　　别：山川·海

地理位置：四川省阿坝藏族羌族自治州九寨沟县九寨沟景区

所属流域：长江

简　　介：同黄龙景区的“藏龙山”一样，九寨沟的“藏龙海”也流传着大禹的故事。[①]

小金县热龙关

类　　别：山川

地理位置：四川省阿坝藏族羌族自治州小金县四姑娘山镇

所属流域：长江

简　　介：热龙关位于通往四姑娘山的古道上，山形似龙蜿蜒，向着四姑娘山主峰延伸。热龙关流传着大禹的故事。[②]

① 参见汶川县文化体育和旅游局编：《阿坝州禹迹图》，2021年内部资料，第144页。

② 参见汶川县文化体育和旅游局编：《阿坝州禹迹图》，2021年内部资料，第146页。

二十二、贵州省

三官庙

类　　别：古建筑·庙

地理位置：贵州省六盘水市六枝特区岩脚镇北六织公路旁

所属流域：长江

简　　介：该庙建于清乾隆年间（1736—1796 年），庙右侧有道士坟三座，均为表条石垒砌，立有碑记及装饰石柱，镌刻有楹联，属保护较好的石墓群。

二十三、云南省

望江山

类　　别：山川·山

地理位置：云南省丽江市玉龙纳西族自治县石鼓镇镇西南五里

所属流域：长江

简　　介：《禹贡》中说大禹“导黑水至于三危”。《丽江府志略》记载：“唐樊绰曰，丽水即黑水，三危山临峙其土。又云，罗些（丽江古称）城北有三危山。”“杨升庵以为三危必在丽江地，以玉龙山当之。”明代丽江土司木公有诗曰：“政暇西行华马国，铁桥南渡石门关；北来黑水通巴蜀，东注三危万里山。”纳西族著名学者赵银棠评注：“华马国，丽江巨津州之旧称，元世祖驻跸于此，黑水指金沙江，木公曾考证‘三危即在丽江’。”清朝云南呈贡举人孙似茗的《雪山赋》中，也有“辟地过神农之表，诘戎陟禹迹之方”“亘三危兮络绎，傍九隆兮透蛇”之句。清代滇南督学孙人龙为澄清对“黑水”纷然杂出的诸家之说，作了实地考察，在《丽江志略序》一文中专题作了论述，并得出结论：“黑水与澜沧、金沙，悉经丽江

玉龙雪山（耿鸿江供图）

府境，流入中国，无疑也。”测绘专家扶永发在《神州的发现——山海经地理考》一书中指出：在丽江石鼓一带发现了大禹治水遗迹“共工之台”“众帝之台”。

长江在丽江古城西 50 千米的石鼓镇由向南转而向东北来了个 130 度的大转弯，这一改天换地的神功，是天工所为还是人力所为？石鼓有许多大禹在此治水的传说。石鼓镇镇西南五里一峰耸立，高达云端，叫望江山，当地人称其为“高拉居”。山之绝顶为平坡，相传上有禹王船，禹在导黑水时，曾就此山作碇来观望江水的形势，水势退却后，就把船留在了山顶。船身经风雨侵蚀，腐化无存，当地至今有时还能找到散落的船钉。钉子上镌蝌蚪文字，人们把它当成圣物，驱鬼避祟。据说有人还把它作药饵，把烧红的铁钉投入水中，服用此水，立见神效。[①]

断头石

类　　别：山川・石

地理位置：云南省丽江市玉龙纳西族自治县石鼓镇东北 10 千米

所属流域：长江

简　　介：在石鼓镇东北 10 千米，有一巨石屹立大江中，抵拒洪流。石顶平滑如刀裁一般，呈殷红颜色血痕状，下端则呈褐色。当地人称其为断头之石。相传

金沙江中的断头石（耿鸿江供图）

① 参见云南省水利厅编著：《丽江之水》，中国水利水电出版社 2007 年版，第 36—37 页。

禹导黑水时，石兵石将不分昼夜，赶到打楞江中排成阵势封堵江水（打楞，地名，在丽江城西 70 千米处。今打楞江中有顽石数十个，像军队一样排成一列）。等禹王赶来，传石将军听令，屡传不到，派人去找，发现他因劳累过度，在半路上睡着了。禹王大怒，拔剑斩了他，并将首级悬于江东，以振军威。当时殷红的血水流了三天三夜。①

禹将石

类　　别：山川・石

地理位置：云南省丽江市玉龙纳西族自治县石鼓镇

所属流域：长江

简　　介：大禹治水时，长江被玉龙和哈巴雪山阻挡，江水上漫成灾，大禹命令随行将军凿山疏江导水，可岩石坚硬，奋力凿了三天三夜，仍未凿通。为了拯救百姓，将军用头撞开岩石，江水才畅通，但将军化成了有身无头的岩石，人们为了纪念这位勇士，把它叫作“禹将石”。②

虎跳峡

类　　别：山川・峡

地理位置：云南省迪庆藏族自治州香格里拉市虎跳峡镇

所属流域：长江

简　　介：虎跳峡是长江第一弯江水改向东流之后的重要门户，在此流传着大禹治水的故事。虎跳峡最早的纳西语称为“里斯利美公弓古”，意为弓箭传递处，后河谷逐渐变宽，弓箭已难传递，只有猛虎才能跳跃过去，故称“嗽丛嗽洛古”，即虎跳峡。清朝纳西族著名诗人木正源的《雪山十二景图》中有《金江劈流》一诗，序言中写道：“金沙由西域流经丽郡，破雪山而行，两岸劈立，江贯其间，奇险万状。相传为禹所劈，其或然耶!”《金江劈流》诗曰：“巨灵劈不倒，江自破山行。无雨云常显，如雷石乱鸣。落涛和地卷，飞瀑撼天惊。内界经流始，神功莫可名。”距虎跳峡 50 千米的巨甸纳西语称“过堆”，意为“河水干涸的地方”，坝子南面的山上有古渡遗址，当地人称之为“仙人划船处”。在距丽江东北 70 千米处有一

① 参见云南省水利厅编著：《丽江之水》，中国水利水电出版社 2007 年版，第 37 页。

② 参见云南省水利厅编著：《丽江之水》，中国水利水电出版社 2007 年版，第 37—38 页。

座圆锥形大山，叫太子关。相传因禹导水至太子关，为山所阻，便带人凿山疏河而得名。①

虎跳峡说明碑（邱志荣摄）

① 参见云南省水利厅编著：《丽江之水》，中国水利水电出版社2007年版，第38—39页。

二十四、陕西省

《石门颂》碑文

类　　别：题刻·碑

地理位置：陕西省

所属流域：长江

简　　介：《石门颂》（全称为《汉故司隶校尉犍为杨君颂》，后世简称为《石门颂》）是东汉建和二年（148 年）由当时汉中太守王升撰文、书佐王戎书丹刻于石门内壁西侧的一方摩崖石刻，现藏于汉中博物馆。

《石门颂》记有“禹凿龙门，君其继踪”（邱志荣、程雪婷供图）

《石门颂》歌颂了东汉汉顺帝时的司隶校尉、犍为（今属四川乐山）人杨孟文“数上奏请”修复褒斜道的事迹。其中记有“禹凿龙门，君其继踪”之句。

《石门颂》拓片（邱志荣、程雪婷供图）

整块摩崖通高 261 厘米，宽 205 厘米，题额高 54 厘米。素有隶书中的草书之称，是汉隶中的精品佳作。

《石门颂》是中国书法史上的一座丰碑，它与略阳的《郙阁颂》、甘肃成县的《西狭颂》并称为“汉三颂”，是汉代颂体代表作。

附录：

《石门颂》碑文

（碑额）故司隶校尉犍为杨君颂

惟坤灵定位，川泽股躬。泽有所注，川有所通。余（斜）谷之川，其泽南隆。八方所达，益域为充。

高祖受命，兴於汉中。道由子午，出散入秦。建定帝位，以汉诋焉。后以子午，途（原碑鲞）路涩难。更随围谷，复通堂光。凡此四道。垓鬲尤（一作允）艰。

至於永平，其有四年，诏书开余（斜），凿通石门。中遭元二，西夷虐残，桥梁断绝，子午复循。上则县（悬）峻，屈曲流颠；下则入（原碑作人）冥，廎（倾）写（泻）输渊。

平阿源泥，常荫鲜晏。木石相距（拒），利磨确磐（原碑作硌），临危枪砀，履尾心寒。空舆轻骑，遰（滞）导（碍）弗前。恶虫弊（原碑加艹）狩（兽），蛇蛭毒蚄（原碑近似“螗”）。未秋截霜，稼苗夭残。终年不登，匮馁之患。卑者楚恶，尊者弗安。愁苦之难，焉可具言？

於是明知（智），故司隶校尉楗（犍）为武阳杨君厥字孟文，深执忠伉，数上奏请。有司议驳，君遂执争，百辽（僚）咸从，帝用是听。废子由斯，得其度经。功饬尔要，敞而晏平。清凉调和，烝烝艾宁。

至建和二年仲冬上旬，汉中太守、楗（犍）为武阳王升字稚纪，涉历山道，推序本原，嘉君明知（智），美其仁贤。勒石颂德，以明厥勋。其辞曰：

君德明明，炳焕弥光。刺过拾遗，厉清八荒。奉魁承杓，绥亿衙（御）强。春宣圣恩，秋贬若霜。无偏荡荡，贞雅（原碑牙似楷书“耳”，为篆书隶变，非“耳”）以方。宁静烝庶，政与乾通，辅主匡君，循礼有常。

咸晓地理，知世纪纲。言必忠义，匪石厥章。恢弘大节，谠而益明。揆往卓今，谋合朝情。醳（释）艰即安，有勋有荣。

禹凿龙门，君其继纵（踪）。上顺斗极，下答坤皇。自南自北，四海攸通。君子安乐，庶士悦雍，商人咸憙，农夫永同。春秋记异，今而纪功。垂流亿载，世世叹诵。

序曰：明哉仁知，豫识难易。原度天道，安危所归。勤勤竭诚，荣名休丽。

五官掾南郑赵邵字季南，属褒中晁汉强字产伯，书佐；西成（城）王戒字文宝，主。

王府君闵谷道危难，分置六部道桥。特遣行丞事西成（城）韩朗字显公、都督掾，南郑魏整字伯王（玉）。后遣赵诵字公梁，案（按）察中曹卓行。造作石積，万世之基。或解高格（阁），下就平易。行者欣然焉。

伯玉即日徙署行丞事，守安阳长。

（张卫东据拓片并参《隶释》《水经注释》《全后汉文》等与字海网校订）

《郙阁颂》碑文

类　　别： 题刻·碑

地理位置： 陕西省

所属流域： 长江

简　　介：《郙阁颂》是刊刻于东汉建宁五年（172年）二月十八日的一方摩崖石刻，由仇靖撰文、仇绋书丹，属隶书书法作品。原在陕西略阳县嘉陵江西岸，现存于陕西省汉中市略阳县灵岩寺。

《郙阁颂》通高170厘米，宽125厘米，刻文19行，满行27字，记述了东汉武都太守李翕重修郙阁栈道之事。其中有“禹导江河，以靖四海。经记厥续，艾康万里”之句。

《郙阁颂》记有“禹导江河”（邱志荣、程雪婷供图）

附录：

析里桥郙阁颂[①]

惟斯析里，处汉之右。溪源漂疾，横柱于道。涉秋霖漉，盆溢（阏，一作滔）漏（一作涌）。涛波滂沛，激扬绝道。汉水逆让，稽滞商旅。路当二州，经用祄（一作柠）沮。沮县士民，或给州府。休谒往还，恒失日晷。行理咨嗟，郡县所苦。

① 据《东汉文纪》卷二十七、《全后汉文》卷八十一引原注：《天下碑录》云：仇子长书，名绋。

《郙阁颂》碑文拓片（邱志荣、程雪婷供图）

《郙阁颂》石刻现状（邱志荣、程雪婷供图）

斯溪既然，郙阁尤甚。缘崖凿石，处隐定柱。临深长渊，三百余丈。接木相连，号为万柱。适（一作过）者慄慄，载乘为（阙，一作下）。常车迎布，岁数千两。遭遇隤纳，人物俱偹（一作隋）。沈没洪渊，酷烈为祸。自古迄今，莫不创楚。於是太守汉阳阿阳李君讳翕字伯都，以建宁三年二（一作三）月辛巳到官，思惟惠利，有以绥济。闻此为难，其日久矣。嘉念高帝之开石门，元功不朽，乃俾衡官掾下辨仇审，改解危殆，即便求隐。析里大桥，於今乃造。校致攻坚，（阙二字）工巧。虽昔鲁班，亦莫拟象。又醳散关之嶃漯，从朝阳之平燥，减西（阙二字）高阁，就安宁之石道。禹导江河，以靖四海。经记厥续，殳（一作艾）康万里。臣（阙三字），勒石示后。乃作颂曰：

（阙四字），降兹惠君。克明俊德，允武允文。躬俭尚约，化流若神。爱氓如（阙三字，首字一作子）平均。精通皓穹，三纳苻银。所历垂勋，香风有邻。仍致瑞应，丰稔（阙五字）乐，行人夷欣。慕君靡已，乃咏新诗：

（阙四字）兮，川（一作坤）兑之间。高山崔嵬兮，水流荡荡。地既塉确兮，与寇为邻。（阙六字）以析分。或失绪业兮，至于困贫。危危累卵兮，圣朝闵怜。髦殳（一作艾）究（阙字）兮，幼（阙五字）救倾兮，全育（阙，一作孑）遗。劬劳日稷兮，惟惠勤勤。黄邵朱龚兮，盖不（阙四字）充赢兮，百姓欢欣。佥曰太平兮，文翁复存。建宁五（阙二字）月十八日癸（下阙）。时衡官（阙三字）[①] 仇审字

① 对照《西狭颂》，所缺三字或为“有秩掾”。

孔信，从史位（阙四字，一作下辨仇靖）字汉德，为此颂；故吏下辨（阙三字，一作仇绋字）子长，书此颂。

三过村

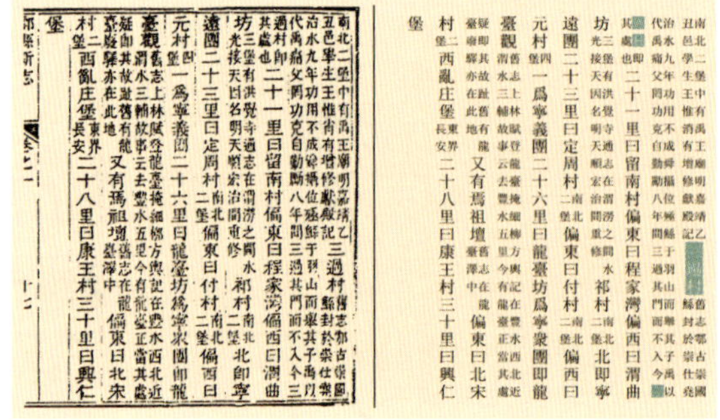
南北二堡中有禹王廟明嘉靖乙丑邑學生王惟消有增修獻殿記三過村舊志鄠古崇國鯀封於崇仕堯
治水九年功用不成舜攝位殛鯀于羽山而舉其子禹以代禹痛父罔功克自勤勵八年間三過其門而不入今三
過村即其處也二十一里曰留南村偏東曰程家灣偏西曰渭曲
坊三堡有洪覺寺通志在渭澇之間水光接天因名明天順宏治間重修祁村南北二堡北即寧
遠團二十三里曰定周村南北二堡偏東曰付村南北二堡偏西曰
元村四堡一爲寧義團二十六里曰龍臺坊爲寧衆團即龍
臺觀舊志上林賦登龍臺掩細柳方輿記在豐水西北近渭水三輔故事云去豐水五里今有龍臺正當其處
疑即其故趾舊有龍臺遺蹟亦在此地又有焉祖壇舊志在龍臺澤中偏東曰北宋
村二堡西亂庄堡東界長安二十八里曰康王村三十里曰興仁
堡

乾隆《鄠县新志》卷一载“三过村”

类　　别： 地名

地理位置： 陕西省西安市鄠邑区涝店镇

所属流域： 黄河

简　　介： 三过村为余姚村（禹王村）邻村，原有禹王庙。清康熙《鄠县志·关中胜迹图》、清乾隆《鄠县新志》、民国《重修鄠县志》均记载三过村为“禹治水，三过其门而不入”的地方。乾隆《鄠县新志》卷一载：“三过村，旧志：鄠，古崇国，鲧封於崇仕，尧治水九年，功用不成，舜摄位殛鲧于羽山，而举其子禹以代。禹痛父罔功，克自勤励，八年间三过其门而不入，今三过村即其处也。”

三过村（耿涛供图）

三官庙镇

类　　别：地名

地理位置：陕西省西安市蓝田县

所属流域：黄河

简　　介：传说明万历十九年（1591 年）大旱，“三太白”降雨济民，后修三官庙以祀奉，遂得村名三官庙。清改名“庙背后”，后又复今名。因镇政府驻三官庙村而得名。

禹王殿（华清池）

类　　别：古建筑·殿

地理位置：陕西省西安市临潼区华清池

所属流域：黄河

简　　介：华清池禹王殿，始建于清道光年间，是民间祭祀大禹的庙宇。建筑布局为传统关中四合院形式，分为正殿和东、西两个配殿，外围由连接回廊组成。禹王殿大殿正中安放大禹神像，神像两耳垂轮，双眉入鬓。头戴四面斜坡平天冠，腰束一条飘然降龙带。右手执耒锸，足蹬笮编芒鞋。面孔悬胆方口，表情果毅深思。在神像前安放着供桌，放置鼎一尊、烛台一对、花觚一对，称为五供。五供也

临潼华清池禹王殿

称五献，其法是将五种献祭品，即香、花、灯、水、果献于神坛之上。

1989 年禹王殿成为县级文物保护单位。2012 年 5 月，禹王殿恢复旧时功能，成为纪念禹王的主要场所。每逢骊山庙会单子会及禹王纪念日时，信众们都会来此祈福发愿，祈求风调雨顺、家和事兴。

禹王庙（岐山）

类　　别：古建筑 · 庙

地理位置：陕西省宝鸡市岐山县索王村以北山坡上

所属流域：黄河

简　　介：《禹贡》载：“禹敷土，随山刊木，奠高山大川。冀州：既载壶口，治梁及岐。”《禹贡说断》注释“岐”曰：“在今凤翔府（今凤翔区隶属于陕西省宝鸡市，东邻岐山县）岐山。”

在岐山县城东北方，索王村以北山坡上，有禹王庙一座。光绪十年，知县胡昇猷在编修的《岐山县志》中载：“夏禹王庙在县东北十三里，创建无考，元至元二十七年知县祝严重修，明嘉靖三十八年知县令狐一豸重修，庙前有古柏九十余株。”该庙存明清碑刻数通。

双石铺

类　　别：地名

地理位置：陕西省宝鸡市凤县双石铺

所属流域：黄河

简　　介：相传，很久以前，凤县县城嘉陵江下游不远处的桥头庄，有一块巨大的连山石，横卧在嘉陵江的江面上，犹如一道天然的拦河大坝，把嘉陵江拦腰截断。因此，凤县县城成为一片汪洋大海。每年雨季，山洪暴发，淹没农田，冲毁房屋，民众陷入深重的灾难之中。老百姓只好由低处搬向高处居住。直到现在，双石铺镇的安沟村堡子组、十里店村的堡子山，村民们仍然居住在半山腰和山顶上。

大约在 4000 多年前的尧舜时代，黄河连年暴发洪水，大禹受命治服洪水的事迹，很快传遍全国。凤县百姓很受鼓舞，推举代表，恳请大禹来凤县治水。大禹立即带着治理黄河时的三件宝物（河图、开山斧、定海神针）来到凤县，决定用神力为民众根治水患。只见他站在江边的高地上，举手一挥，瞬时满天乌云，电闪雷

双石铺（张卫东供图）

双石铺大禹像（张卫东供图）

鸣，“轰”的一声巨响，烟雾四起，横卧在嘉陵江上的这块巨石被劈成两半，江水夺路而下。从此，民众免受洪水危害，过上了安居乐业的日子。如今，凤县县城嘉陵江下游这块劈开的连山石，左右两岸仍旧保留着两块石质相同、石色一致、相互对称的大石头。凤县县城“双石铺”也由此得名。在大禹站过的地方，如今还立起了大禹塑像。

禹王台与混元寺

类　　别：古建筑·台

地理位置：陕西省宝鸡市陇县城西的蒲峪川东南隅

所属流域：黄河

简　　介：相传，禹王台始建于先秦时期。那时候，蒲峪川尚为一片茫茫湖沼，称为弦蒲薮。《周礼·职方》记载：“正西方曰雍州，其泽薮曰弦蒲。”《明一统志》则更明确地记述：“弦蒲薮在陇州西四十里。”清乾隆《陇州续志》记道：“天下九薮，此其弦蒲。”许多古代典籍，都把弦蒲薮称为“天下九薮”之一。

相传先秦时期，秦部落以养马为业，初在甘肃天水、秦安一带游牧生息。到部落首领非子时期，甘肃东部发生了一次罕见的旱灾，河水干涸，草木枯萎，大批牲畜病饿而死。秦人部落面临灭顶之灾。为寻求活路，部落首领派人四处寻找水源和草场。当他们翻越关山，到达陇县境内后，见弦蒲薮及千河川道一带水源充足，草场丰美，真乃牧养生息的风水宝地，便陈请部落首领率部来此安营扎寨。由于水丰草茂，秦人牧养的马匹骠肥体壮，“马大蓄息”，得到周孝王的嘉奖。秦部落因此而迅速兴盛起来。沧桑变幻无穷。几年之后，陇州又遇上罕见的洪涝，数百里地面变成一片汪洋。在生与死的考验面前，秦人为乞求上苍护佑，也是出于对大禹治水的敬仰，非子命人在今混元寺所在地辟建禹王台，烧香礼拜。后来，当地人在古禹王台址建起了禹王庙。

唐代，又新建圣母宫。佛教兴盛后，开元十四年（726年），该地兴建佛殿，取名混元寺，供混元老母及诸佛菩萨。是时，范家营一带殿宇成群，庙貌辉煌，规制宏伟，建造壮阔。每逢会期，陕甘信徒及四方群众摩肩接踵，声势十分浩大。清同治年间，混元寺殿宇建筑在战乱中先后被焚。

如今，随着对寺院建筑布局的规划与建设，混元寺已成为陇县历史悠久的旅游风景区。

大禹庙（王带村）

类　　别：古建筑·庙

地理位置：陕西省渭南市韩城市西庄镇王带村

所属流域：黄河

简　　介：王带村大禹庙始建年代不详。据梁下墨书题记，清嘉庆八年（1803年）重修。现存献殿、正殿两座。献殿，单檐悬山顶，抬梁式，两椽栿。面阔五间，明间2.95米，次间2.15米，梢间2.30米，通阔11.85米。山墙均布满壁画，内容为人物故事，绘画细腻。正殿，单檐悬山顶，抬梁式，两椽栿。通面阔9.45米，面阔三间，各间面阔相等。壁画山墙两幅，背墙两幅，共四幅，绘制粗犷奔放。

王带村禹王庙现状：献殿虽然残破，但结构基本完整；正殿已倒塌，仅残留西

王带村禹王庙正殿（王志贤摄）

禹王庙西山墙内侧壁画（王志贤摄）

山墙及部分南墙（前墙）、东山墙。20 世纪六七十年代，王带村禹王庙曾经作为生产队饲养室的饲料库使用。

延川县大禹山

大禹山

类　　别：山川·山

地理位置：陕西省延安市延川县北大街与大禹广场交叉路口往南约 170 米

所属流域：黄河

简　　介：相传，大禹治水来此山峰，肩负神斧，伫立凝思，筹谋疏浚。先民们缅怀大禹治水的旷世功勋，称此山峦为“大禹山”。

延川县城有大禹广场。

嶓冢山（张义宏摄）

宁强嶓冢山·汉江

类　　别：山川·山

地理位置：陕西省汉中市宁强县大安镇

所属流域：长江

简　　介：《禹贡》记载：“嶓冢导漾，东流为汉，又东为沧浪之水，过三澨，至于大别，南入于江。”汉中市宁强县大安镇北汉源所出之山，并非《禹贡》“嶓冢导漾”“岷嶓既艺”之嶓冢山。中国有两座嶓冢山，一座是甘肃天水嶓冢山，还有一座在它的东南方向——陕西宁强县境内。根据已知资料，两座嶓冢山都是汉水发源地，所不同的是宁强嶓冢山是现在汉江发源地，天水嶓冢山是古汉水源头。《陕西通志》卷八载：“嶓冢有二：一在天水；一在汉中宁羌，汉水所出……嶓冢以东水皆东

“汉源”石刻（张义宏摄）

流，嶓冢以西水皆西流，俗以嶓冢为分水岭（《汉中记》）。嶓冢山在宁羌州北九十里，其相连者为汉王山（《汉中府志》）。”

班固、郑玄、郦道元皆根据上古文献记载，认为汉江发源于天水嶓冢山（下游通过西汉水与汉江连通）。公元前 186 年武都道大地震引起河流改道，天水嶓冢山发源的西汉水被迫归入嘉陵江水系。于是新的汉江正源“迁移”到宁强嶓冢山，延续至今。北魏还设置了嶓冢县，也是因宁强嶓冢山得名。

附录：

汉江是长江中下游最大的支流，发源于陕西省秦岭南麓，于湖北省武汉市龙王庙注入长江。汉江是我国四大巨流之一，虽然是长江支流，但历史上江、淮、河、汉常常相提并论。干流全长 1528 千米，流域面积 15.11 万平方千米，落差约 2104 米。干流流经陕西省、湖北省的 9 个市（州）36 个县。流域水系发育，呈叶脉状，中上游的丹江口水库是南水北调中线工程的水源地。

禹王宫巷位置图（张卫东供图）

禹王宫巷（汉台区）

类　　别： 地名

地理位置： 陕西省汉中市汉台区

所属流域： 长江

简　　介： 汉中市汉台区中山街南、天汉大道以东有禹王宫巷。据清嘉庆《汉中府志》、当代《汉中地区志》记载，此地曾有禹王宫，始建于明代，汉中解放后改为民宅。

禹王宫（镇巴县）

类　　别： 古建筑遗址·宫

地理位置： 陕西省汉中市镇巴县泾洋街道北门社区附近

所属流域： 长江

简　　介：汉中市镇巴县禹王宫，嘉庆十四年（1809 年）建，清时位于镇巴县北关外（镇巴县城为狭长条状，北关外似在今北门社区附近泾洋河畔）。清嘉庆《汉中府志》有记载，现已不存。

禹王宫（西乡县）

类　　别：古建筑遗址・宫

地理位置：陕西省汉中市西乡县

所属流域：长江

简　　介：西乡县曾有禹王宫，位于西乡县南门西南。清嘉庆《汉中府志》有记载，现已不存。

石峁遗址

类　　别：古文化遗址

地理位置：陕西省榆林市神木市高家堡镇石峁村

所属流域：黄河

简　　介：石峁遗址，是中国已发现的龙山晚期到夏早期规模最大的城址，位于石峁村的秃尾河北侧山峁上，地处陕北黄土高原北部边缘。2006 年定为全国重点文物保护单位。初步判断其文化命名为石峁类型，属新石器时代晚期至夏代早期遗存。

石峁遗址是探寻中华文明起源的窗口，可能是夏早期中国北方的中心 。石峁遗址是距今 4000 年左右，面积约 425 万平方米。这个曾经的“石城”寿命超过 300 年。2019 年 9 月测定，皇城台的建造年代大约在公元前 2200—前 1900 年之间。石峁遗址的外城东门遗址被专家誉为“华夏第一门”，面积大约 2500 平方米。考古人员在这里确认了体量巨大、结构复杂、构筑技术先进的门址、石城墙、内外瓮城等重要遗迹，出土了玉器、壁画、陶器等重要遗物。这些砌石建筑直观地反映了大禹治水所处历史时期人类社会相当高的生产力水平。

石峁遗址以“中国文明的前夜”入选 2012 年十大考古新发现和“世界十大田野考古发现”以及“21 世纪世界重大考古发现”。

石峁遗址的夏代院落（张卫东摄）

石峁古城外城东门遗址复原模型（张卫东摄）

石峁遗址皇城台（张卫东摄）

禹寨·禹山·禹垭

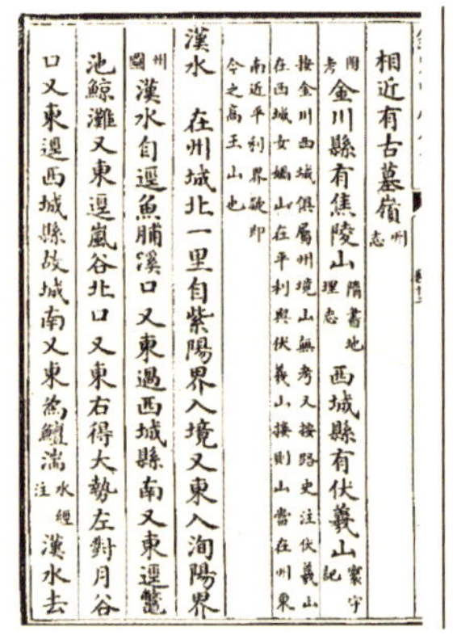
相近有古墓嶺州志
附考 金川縣有焦陵山隋書地理志 西城縣有伏羲山寰宇記
按金川西城俱屬州境山無考又按路史注伏羲山在西城女媧山在平利與伏羲山接則山當在州東
南近平利界疑即今之高王山也
漢水 在州城北一里自紫陽界入境又東入洵陽界
州圖 漢水自逕魚脯溪口又東過西城縣南又東逕鼉
池鯨灘又東逕嵐谷北口又東右得大勢左對月谷
口又東逕西城縣故城南又東為鱣湍水經注 漢水去

《陕西通志》卷十二载“伏羲山”

类　　别： 山川·山

地理位置： 陕西省安康市汉滨区坝河镇伏羲山

所属流域： 长江

简　　介： 陕南安康伏羲山东北部坝河，有鲧禹庙、禹驾寨、禹驾垭、禹驾山；其山生长棕、竹与《山海经》记载吻合：“其木多棕，其草多竹。”其地有涂山（又称孟涂山、孟王寨），有祭祀大禹王妃涂山氏的太涂垭（纽涂山、涂山娘寨、念涂垭）太涂女娲庙，有涂山氏等候大禹、唱《候人歌》的候驾山。有美涂湾。有石纽坡寺遗址出土的石雕像群（藏安康市博物馆）。有祭祀伯鲧的遗存崇山鲧城，出土历代伯鲧石雕像群（藏胥姑垭华胥庙），鲧化黄龙的黄龙寨、黄龙沟、黄龙庙；鲧妻有莘氏的莘姑寨、临娩洞，有莘氏生禹的石纽山、石纽湾、石纽垭。

这些遗存地名含故乡亲情世代相传。当地流传《汉水巴人民歌》，其中一首歌唱道：“涂山女娲对禹白，我俩结交不用媒，不用鹿皮作聘礼，一心等你治水回。”

《孟子》说大禹治水“决汝汉”。汉水支流坝河古称巴河、汝河，今坝河仍有一条支流名为汝河，当地流传一首民歌《大禹治水决汝汉》：“汝河水，弯又弯，洪水滔天淹上山。劈开险关三百三，疏导洪水决汝汉。”①

禹寨·禹山·禹垭（耿涛供图）

① 参见黄镇山：《禹娶涂山氏女娲》。

鲧禹启夏庙

类　　别： 纪念建筑・庙

地理位置： 陕西省安康市平利县西河镇石郎沟口夏庙

所属流域： 长江

简　　介： 庙有楹联："治水九州障决导；立国华夏鲧禹启。"俗传石郎沟为鲧禹治水之耒臿把，流入西夷河几字形水道为耒臿头，鲧禹受此地形启示而造出治水耒臿。

虞帝庙

类　　别： 古建筑遗址・庙

地理位置： 陕西省安康市汉滨区江北街道中渡村委会南约 1 千米的中渡台

所属流域： 长江

简　　介： 尧舜禹三帝密不可分。据记载，虞舜曾在安康江北中渡台一带居住，并教授百姓制陶、捕鱼的技术，为纪念他，安康的先民就在这里建了一所虞帝庙。清康熙《兴安州志》也说："舜帝庙，在汉江北岸，明隆庆中

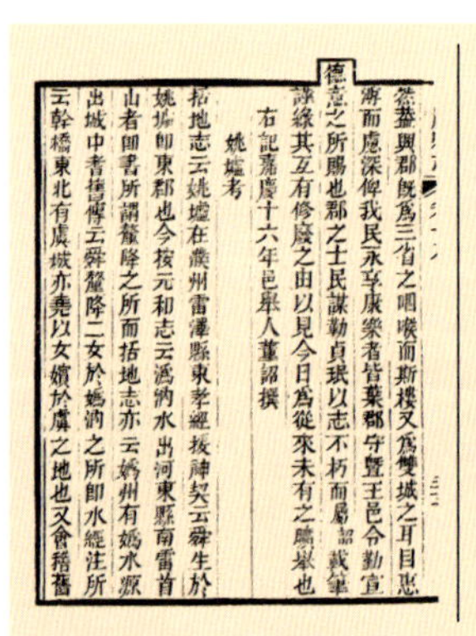

然蓋興郡既爲三省之咽喉而斯樓又爲雙城之耳目惠溥而慮深俾我民永享康樂者皆葉郡守暨王邑令勤宣德意之所賜也郡之士民謀勒貞珉以志不朽而屬詔載筆謹緣其互有修廢之由以見今日爲從來未有之曠舉也

右記嘉慶十六年邑舉人董詔撰

括地志云姚墟在濮州雷澤縣東孝經援神契云舜生於姚墟即東郡也今按元和志云溈汭水出河東縣南雷首山者即書所謂釐降之所而括地志亦云嬀州有嬀水源出城中耆舊傳云舜釐降二女於嬀汭之所即水經注所云幹橋東北有虞城亦堯以女嬪於虞之地也又會稽舊

記云舜上虞人去虞三十里有姚北即舜所生也然越州餘姚顧野王以爲舜後支庶所封舜姚姓故曰餘姚鄞道元云虞濱西三十里有虞山餘姚縣西七十里有漢上虞故縣太康地記謂帝避丹朱於此故縣北有百官橋一曰舜橋也是濮州河東嬀州越州皆非舜所生之區矣世本云饒內舜所居一作嬀墟帝王世紀作姚墟杜歧公曰饒內即國語之嬴內音嬀墟也漢書地理志漢中郡西城下注應邵曰世本嬀虛在西北舜之所居路史引世本云嬀虛在西城西舜之居顓容釋例亦謂舜居西城西初學記云西城故城內有虞舜祠蓋舜母見大虹意感而生舜於姚虛因以爲姓故世本又曰帝舜姚姓也至胡公滿周乃

賜姓嬀或謂瞽瞍已姓嬀非也虞思猶姓姚矣然姚虛在西城西今安康有姚虛者西城本魏之安陽縣晉太康初改爲安康故皇甫謐云安康謂之嬀虛或謂之姚虛也若泗水之嬀亭乃謝息所遷之姚虛長沙之嬀水又因巡狩駐蹕而名下雒潘城之嬀實元王契所受封俱無於與有鰥矣後漢鄭宏上書云舜生於姚虛信爲確說彼司馬子長以舜爲冀州人得毋據其所遷者而稱之乎

右記嘉慶十四年武威張澍撰

重修越嶺關碑記

漢陰安康之間有關焉曰鐵嶺蜒蜿萬山中脊高而路狹嶺西峭壁斷崖月河繞其下蓋天險也明季流寇蠭起漢

嘉庆《安康县志》载"姚墟考"

（1567—1572 年）建，正殿五间，大门、重门各三间。”并专门立碑。碑文是：“虞舜陶渔河滨处。”

虞帝庙在明万历十一年（1583 年）毁于水灾，万历四十五年至四十六年重修，时任兴安知州的许尔忠还撰写了《重建虞帝庙记》。可惜后来又遭水毁。

据《陕西分区简史》《安康史简编》《安康文物名胜》记载：“曾经的虞帝庙，地处安康市江北岸中渡台，与安康水西门隔江相望，雕梁画栋，飞檐翘角，香火旺盛。”

清嘉庆十三年（1808 年），安康再次重修虞帝庙时，著名史学家张澍曾亲赴遗址考察，并撰写《姚墟考》一文，辨析舜居安康的理由。

张澍考证后说：当时的帝舜遗迹，湖南是舜帝巡狩去世而建的虞帝庙；浙江余姚是“舜支庶所封，舜姚姓，故曰余姚”；冀州蒲坂姚墟，乃司马迁“据其所迁者而称之”。只有安康，才有“陶渔河滨处”的记载。

“陶渔河滨处”这个典故出自战国的《韩非子》一书：“历山之农者侵畔，舜往耕焉，期年圳亩正（相谦故正也），河滨之渔者争坻（坻，水中高地，钓者依之），舜往渔焉，期年而让长；东夷之陶者器苦窳（苦窳，恶也），舜往陶焉，期年而器牢……”

光绪年间，安康知县屈寿昌再次在这里立了“虞帝陶渔河滨处”石碑，并且盖了碑亭。以后这块石碑在安康江北出土，好多安康人才知道，原来舜帝曾在安康教

中渡台虞帝庙“虞帝陶渔河滨处”碑刻（周方林摄）

中渡台虞帝庙遗址神坛（周方林摄）

化先民。

现今虞帝庙遗址坐东向西，东距汉江约 300 米，西为杨玉宝宅，北为中渡台遗址，南临渡口路。遗址东西长 20 米，南北宽 15 米。现仅存民国年间神坛一座，宽 2.1 米，进深 1.8 米，青砖结构，合瓦覆顶，神龛内置石香炉一座，高 0.38 米，阴刻“平浪宫”三字及“丁亥年置”等铭文。其余部分均为 1999 年建筑。庙门左侧刊立圆首石碑一通，高 1.47 米，宽 0.62 米，阴刻楷书“虞帝陶渔河滨处”，万历□□年款（或曰万历四十六年岁在戊午仲春吉日），碑文严重漫漶。

二十五、甘肃省

《西狭颂》碑文

类　　别：题刻·碑

地理位置：甘肃省

所属流域：长江

简　　介：《西狭颂》摩崖石刻位于甘肃省成县县城西 13 千米处的天井山鱼窍峡中，碑文全称《汉武都太守汉阳阿阳李翕西狭颂》，又称《惠安西表》，民间俗称《李翕颂》《黄龙碑》。东汉建宁四年（171 年）六月，仇靖撰刻并书丹的摩崖石刻，隶书书法作品。

《西狭颂》有额、图、颂、题名四部分，篆额有“惠安西表”四字。正文右侧刻有《邑池五瑞图》，即黄龙、白鹿、嘉禾、木连理和承露人。颂在图之左，阴刻隶书 20 行，共 385 字，每字约 4 厘米见方。颂之左为题名，隶书竖行 12 行，计 142 字。记载武都太守李翕生平，歌颂其修复西狭栈道为民造福的政绩，其中有“继禹之迹，亦世赖福”之句。

《西狭颂》中有“继禹之迹，亦世赖福”之句（耿志荣、程雪婷供图）

《西狭颂》摩崖石刻碑（仝小军摄）

《西狭颂》摩崖石刻（仝小军摄）

附录：

《西狭颂》碑文

汉武都太守汉阳阿阳李君，讳翕，字伯都。天姿明敏，敦《诗》悦《礼》，膺禄美厚，继世郎吏，幼而宿卫；弱冠典城，有阿郑之化。是以三剖符守，致黄龙、嘉禾、木连、甘露之瑞。动顺经古，先之以博爱，陈之以德义，示之以好恶；不肃而成，不严而治，朝中惟静，威仪抑抑，督邮、部职，不出府门，政约令行，强不暴寡，知不诈愚，属县趋教，无对会之事；徼外来庭，面缚二千余人；年谷屡登，仓庾惟亿，百姓有蓄，粟、麦五钱。郡西狭中道，危难阻峻，缘崖俾阁，两山壁立，隆崇造云，下有不测之溪，厄芒促迫，财容车骑。进不能济，息不得驻，数有颠覆霣隧（坠）之害，过者创楚，惴惴其栗。君践其险，若涉渊冰。叹曰："《诗》所谓'如集于木，如临于谷'，斯其殆哉！困其事则为设备，今不图之，为患无已。"敕衡官有秩李瑾、掾仇审，因常繇道徒（途），鐉烧破析，刻刍確嵬，减高就埤，平夷正曲，柙致土石，坚固广大，可以夜涉。四方无雍，行人欢悀，民歌德惠，穆如清风，乃刊斯石。曰：

赫赫明后，柔嘉惟则。克长克君，牧守三国。三国清平，咏歌懿德。瑞降丰稔，民以货稙。威恩并隆，远人宾服。鐉山浚渎，路以安直。继禹之迹，亦世赖福。

建宁四年六月十三日壬寅　造

时府丞，右扶风陈仓吕国，字文宝

门下掾，下辨李虔，字子行

故从事、议曹掾，下辨李旻，字仲齐

故从事、主簿，下辨李遂，字子华

故从事、主簿，上禄石祥，字元祺

五官掾，上禄张亢，字惠叔

故从事、功曹，下辨姜纳，字元嗣　书文

故从事、尉曹史，武都王尼，字孔光

衡官、有秩，下辨李瑾，字玮甫

从史位，下辨仇靖，字汉德

下辨道长，广汉什邡任诗，字幼起

下辨丞，安定朝那皇甫彦，字子才

（张卫东校注）

兰州八盘峡

类　　别：山川 · 峡

地理位置：甘肃省兰州市黄河上游最西端

所属流域：黄河

简　　介：光绪《重修皋兰县志》卷十载："青石峡，一名八盘峡。"八盘峡位于甘肃省兰州市黄河上游最西端，有大禹治水劈山凿石的传说。传说禹王爷劈开八盘峡时，开出的石头没处堆放，禹王爷想了想说："把它分成八摊，堆放在石山旁边吧！"就这样，被削平的大山旁边，增添了八个小山，黄河水就从这八座小山之间流去。打这以后，这里就被称作"八盘峡"。

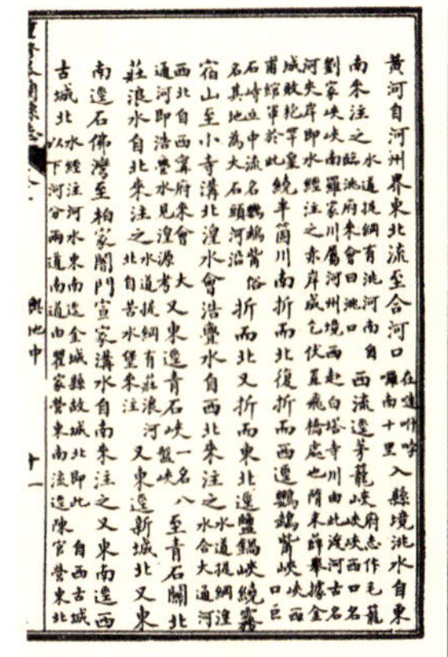

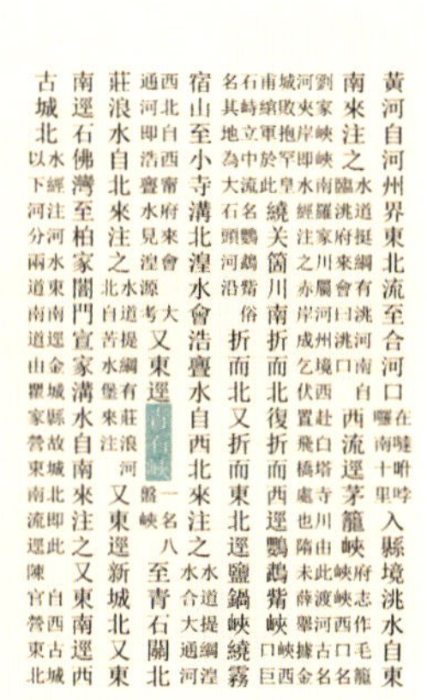

黃河自河州界東北流至合河口在[illegible]十里入縣境洮水自東南來注之水道提綱有洮河南自臨洮府來會曰洮口西流逕茅籠峽府志作毛籠峽峽西口名劉家峽峽南羅家川屬河州境西赴白塔寺川由此渡河古名河夾岸即水經注之赤岸成乞伏置飛橋處也隋末薛舉據金城敗抱罕皇甫績軍於此繞关箇川南折而北復折而西逕鸚鵡背峽峽西口巨石峙立中流名鸚鵡背俗名其地為大石頭河沿折而北又折而東北逕鹽鍋峽繞霧宿山至小寺溝北湟水會浩亹水自西北來注之水道提綱湟水合大通河西北自西甯府來會大通河即浩亹水見湟源考又東逕青石峽一名八盤峽至青石關北莊浪水自北來注之水道提綱有莊浪河北自苦水堡來注又東逕新城北又東南逕石佛灣至柏家閣門宣家溝水自南來注之又東南逕西古城北水經注河水東南逕金城縣故城北即此自西古城以下河分兩道南道由瞿家營東南流逕陳官營東北

光绪《重修皋兰县志》卷十载"青石峡"

八盘峡吊桥航拍（金小军摄）

兰州桑园峡

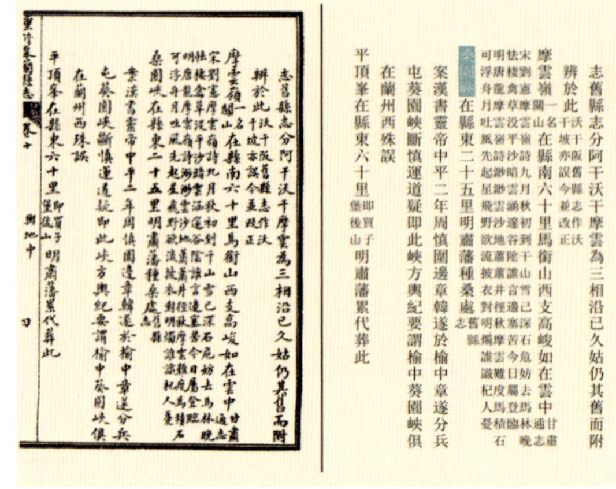
志舊縣志分阿干沃干摩雲為三相沿已久姑仍其舊而附辨於此沃干阪舊縣志作沃干坡亦誤今並改正

摩雲嶺一名關山在縣南六十里馬銜山西支高峻如在雲中甘肅通志宋劉憲摩雲嶺詩九月秋初到干山雪已深石危妨去馬林晚怯棲禽草沒平沙暗雲涵遼谷陰誰言邊塞苦今日屬登臨明唐龍摩雲嶺詩渺渺雲沙地蕭蕭井徑秋摩雲難度馬積石可浮舟月吐風先起星飛野欲流披衣對明燭誰識杞人憂

桑園峽在縣東二十五里明肅藩種桑處舊縣志案漢書靈帝中平二年周慎圍邊章韓遂於榆中章遂分兵屯葵園峽斷慎運道疑即此峽方輿紀要謂榆中葵園峽俱在蘭州西殊誤

平頂峯在縣東六十里即賈子堡後山明肅藩累代葬此

光绪《重修皋兰县志》卷十载“桑园峡”

类　　别：山川·峡

地理位置：甘肃省兰州市

所属流域：黄河

简　　介：光绪《重修皋兰县志》卷十载：“桑园峡，在县东二十五里，明肃藩种桑处。”故名。桑园峡两岸石壁峭拔，岩层嶙峋，浑似神工鬼斧凿成。传说是大禹劈开。

桑园峡有上下之分。上桑园峡在兰州市区以东 13 千米，峡长 5 千米，也叫小峡；下桑园峡在小峡下游 5 千米，峡长 30 千米，也叫大峡。

传说中古代黄河并不经过桑园峡，而是通过苑川河流淌的，当时的兰州到处都是湖泊沼泽，人们都在山上生活。大禹治水到了兰州，发现必须凿开桑园峡，让黄河水顺着峡谷流淌，才能解除兰州的水患。于是，动员一批工匠夜以继日开山凿石，经过十年努力才把桑园峡凿开，兰州的水患大大减轻了。传说中大禹三次到兰

桑园峡航拍（金小军摄）

州，指导凿山通水，可惜每一次都没有停留多久。不过兰州人一直感激大禹。周世崐先生说，甘肃许多地方流传一首《小放牛》："天上索萝萝什么人儿栽？地下的黄河什么人儿开？——天上索萝萝王母娘娘栽！地下的黄河大禹王开！"

三官殿（白塔山）

类　　别：纪念建筑·殿

地理位置：甘肃省兰州市白塔山

所属流域：黄河

简　　介：白塔山，因山头有一元代白塔而得名。白塔原为纪念去蒙古谒见成吉思汗而在兰州病故的一西藏萨迦派喇嘛而建，明正统十三年（1448 年），镇守甘肃内监刘永诚在白塔古刹遗址上重建白塔寺。白塔山三官殿位于白塔寺西南凤岭山悬崖峭壁上，清康熙间始建，嘉庆二十四年（1819 年）、道光六年（1826 年）修葺，1922 年主持僧曹隆义募捐重修，2013 年大修。自台阶进入四合院，正殿供奉三官（天官、地官、水官）；东侧院供奉菩萨、药王、财神、灵官。有道光六年孟柏《重修河北凤岭山三官殿圆满功德碑》、民国 11 年县知事颐永福《北塔山三官菩萨药王财神灵官各殿重修告竣序碑》。

白塔山塔（金小军摄）

白塔山三官殿（金小军摄）

另外，白塔寺内收有《岣嵝碑》（《禹王碑》），清咸丰十一年（1861 年）酒泉侯建功摹刻，蝌蚪文，记述大禹治水的业绩。

朱圉山

类　　别：山川·山

地理位置：甘肃省天水市甘谷县磐安镇三十铺村

所属流域：黄河

简　　介：《禹贡》："禹敷水土，随山刊木，奠高山大川。"曾历"西倾、朱圉、鸟鼠至于太华"。"圉"（yǔ）为马场之意。《史记·秦本纪》以后，朱圉山历代有记。明《一统志》卷三五载："朱圉山，在伏羌县西南三百里，即《禹贡》所谓'朱圉'，俗名白崖山。"

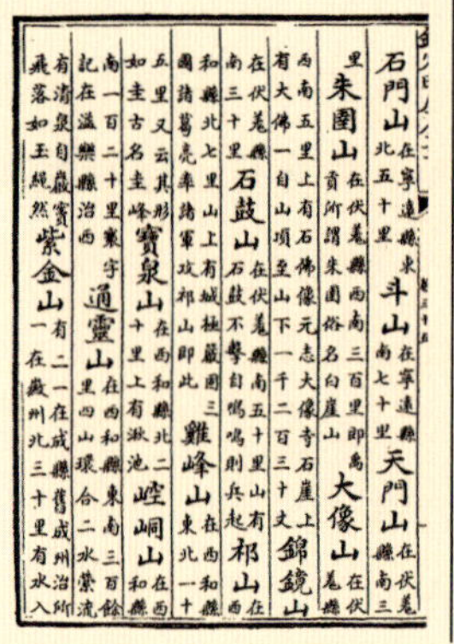

石門山在寧遠縣東北五十里　斗山在寧遠縣南七十里　天門山在伏羌縣南三里　朱圉山在伏羌縣西南三百里即禹貢所謂朱圉俗名白崖山　大像山在伏羌縣西南五里上有石佛像元志大像寺石崖上有大佛一自山頂至山下一千二百三十丈　錦鏡山在伏羌縣南三十里　石鼓山在伏羌縣南五十里山有石鼓不擊自鳴鳴則兵起　祁山在西和縣北七里山上有城極嚴固三國諸葛亮率諸軍攻祁山即此　雞峰山在西和縣東北一十五里又云其形如圭古名圭峰　寶泉山在西和縣北二十里上有湫池　崆峒山在西和縣南一百二十里寰宇記在溢樂縣治西　通靈山在西和縣東南三百餘里四山環合二水縈流有清泉自巖竇飛落如玉繩然　紫金山有二一在成縣舊成州治所一在徽州北三十里有水入

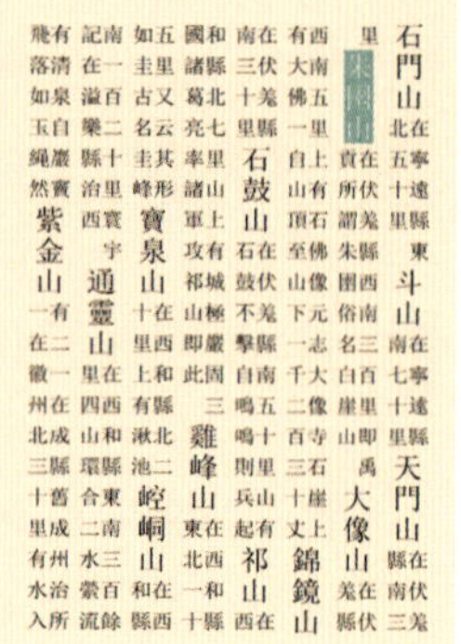

石門山在寧遠縣東北五十里　斗山在寧遠縣南七十里　天門山在伏羌縣南三里　朱圉山在伏羌縣西南三百里即禹貢所謂朱圉俗名白崖山　大像山在伏羌縣西南五里上有石佛像元志大像寺石崖上有大佛一自山頂至山下一千二百三十丈　錦鏡山在伏羌縣南三十里　石鼓山在伏羌縣南五十里山有石鼓不擊自鳴鳴則兵起　祁山在西和縣北七里山上有城極嚴固三國諸葛亮率諸軍攻祁山即此　雞峰山在西和縣東北一十五里又云其形如圭古名圭峰　寶泉山在西和縣北二十里上有湫池　崆峒山在西和縣南一百二十里寰宇記在溢樂縣治西　通靈山在西和縣東南三百餘里四山環合二水縈流有清泉自巖竇飛落如玉繩然　紫金山有二一在成縣舊成州治所一在徽州北三十里有水入

明《一统志》卷三五载"朱圉山"

朱圉山为秦岭支脉，层峦叠嶂，连峰耸峙，连绵于甘谷县西南者，皆可称为朱圉山。朱圉山极峰为石鼓，其脉北过艾家川，又拔地亘为十八盘，至古坡头分东、西、中三梁（岭），三岭呈叶状伸延，四通八达，磅礴于百里之间。

在三十铺村东，有一块石碑阳刻楷书"朱圉山"，碑通高 2.32 米。2015 年列为县级文保单位。

朱圉山航拍（金小军摄）

县城西朱圉山岩上还有《禹奠朱圉》摩崖，20 世纪 50 年代修定天公路时毁坏，2006 年 11 月重镌。文曰：

横亘绵邈，磅礴县南。维我朱圉，名垂禹典。
梧中一聚，三脉相衍。东为天门，西成马鞍。
旗鼓雄中，气势巍然。石鼓灵凤，摩云参天。
华盖雪岩，崎峪挂剑。恢弘壮美，峰尽奇观。
禹王刊奠，秦祖纵鞭。丝绸如云，唐蕃车辇。
王侯将相，勒石梦远。天翻地覆，再谱新篇。
物华天宝，锦绣连绵。佑我生民，福寿绵延。
政通人和，国泰民安。弘扬国粹，祭我灵山。
千秋庇佑，万代感念。灵其来格，享此肥甘。
尚飨。

导流山

类　　别： 山川 · 山

地理位置： 甘肃省天水市麦积区石佛镇

所属流域： 黄河

简　　介： 导流山位于甘肃省天水市麦积区石佛镇，距天水市区 20 千米。相传远古时候，河水泛滥，大禹率领民众在此劈山导流，使得河水安然东去。据说，大禹治水之时，是在这里东山挖窑搭棚、安营扎寨，领导人们用疏导的方法，凿东山而引洪水。历经数载，终于凿出了一条沟壑，积水畅流，川原浮现，人们在这块土地上生活耕作，繁衍生息。为了纪念大禹导渭治水的功绩，

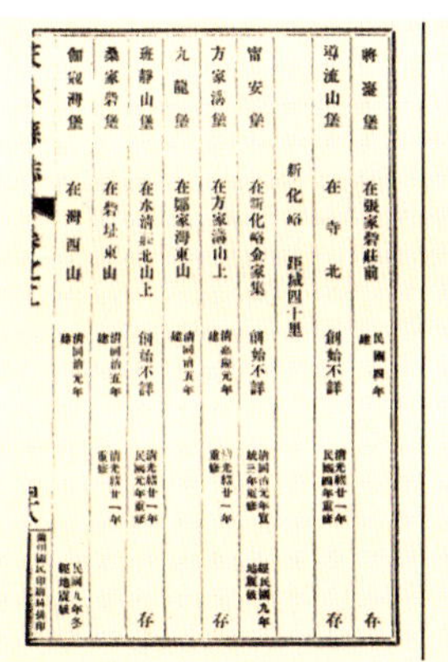
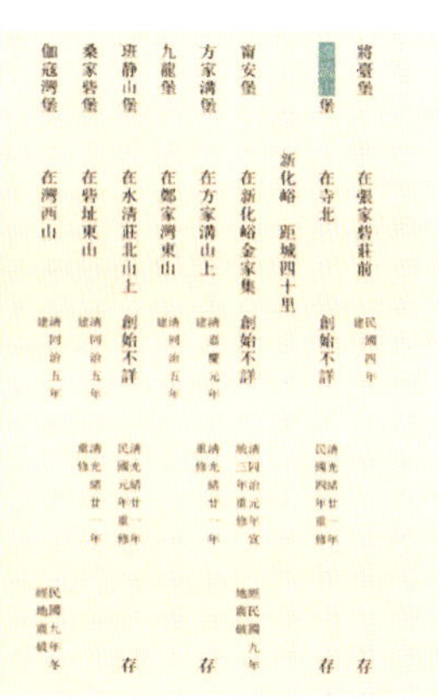

將臺堡	在張家砦莊前	民國四年建		存
導流山堡	在寺北	創始不詳	清光緒廿一年民國四年重修	存
新化峪 距城四十里				
甯安堡	在新化峪金家集	創始不詳	清同治元年宣統三年重修	經民國九年地震毀
方家溝堡	在方家溝山上	清嘉慶元年建	清光緒廿一年重修	存
九龍堡	在鄒家灣東山	清同治五年建		
班靜山堡	在水清莊北山上	創始不詳	清光緒廿一年民國元年重修	存
桑家砦堡	在砦址東山	清同治五年建	清光緒廿一年重修	
伽寇灣堡	在灣西山	清同治五年建		民國九年冬經地震毀

民国《天水县志》卷二载“导流山堡”

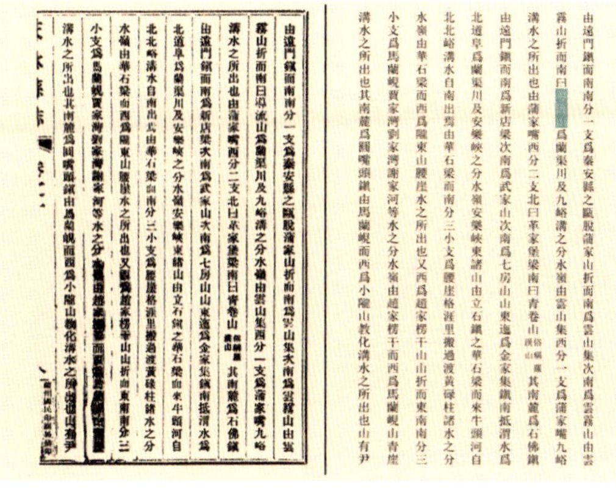

由遠門鎮而南南分一支爲秦安縣之甑脫蒲家山折而南爲雲山集次南爲雲霧山由雲霧山折而南曰導流山爲蘭渠川及九峪溝之分水嶺由雲山集西分一支爲蒲家嘴九峪溝水之所出也由蒲家嘴西分二支北曰革家堡梁南曰青卷山（俗稱藏山）其南麓爲石佛鎮由遠門鎮而南爲新店梁次南爲武家山次南爲七房山山東迤爲金家集鎮南抵渭水爲北道阜爲蘭渠川及安樂峽之分水嶺安樂峽東諸山由立石鎮之華石梁而來牛頭河自北北峪溝水自南出焉由華石梁而南分三小支爲腰崖格涯里搬過渡黃碌柱諸水之分水嶺由華石梁而西爲隴東山腰崖水之所出也又西爲趙家楞干山山折而東南南分三小支爲馬蘭峴賈家灣劉家灣謝家河等水之分水嶺由趙家楞干而西爲馬蘭峴山青崖溝水之所出也其南麓爲閻嘴頭鎮由馬蘭峴而西爲小隴山教化溝水之所出也山有尹

民国《天水县志》卷一载“导流山”

人们把东山改名为导流山。

山上有一始建于宋代的城堡，叫渭滨堡。堡内殿宇亭台，天然形胜，引无数文人题联吟咏。有联为证："山峻映清流，听渭水波澜，龟蛇遗蜕今何在；门高迎远岫，看卦台耸峙，龙马负图此处留。"据民国《天水县志》载，导流山堡创始年代不详，清光绪二十一年（1895 年）和民国 4 年（1915 年）重修。明正德年间（1506—1521 年）修建起来的殿宇建筑，曾经历三次大的人为和自然毁坏，并有三次重建和修葺。近年在被毁原址再次修复后，导流山殿宇宏伟壮观，金碧辉煌。

导流山是民间庙会的文化活动场所。每逢农历三月初三，上香朝拜之人约 2 万人，煞是热闹。盛开的油菜花、星罗棋布的村落，与屹立西天的画卦台、斗折蛇行

禹王殿（金小军摄）

重修碑记（金小军摄）

导流山航拍（金小军摄）

的渭河水相得益彰。新民谣说："三阳川，真神奇，下瞧像块小盆地，上望似臼大鱼池；山连水，水连山，中间屹立导流山，青山绿水绕三川。四桥如虹跨北南，号称'西北小江南'，大禹路过不愿还……"

禹王庄

类　　别： 地名

地理位置： 甘肃省临夏回族自治州临夏县土桥镇三角村禹王庄

所属流域： 黄河

简　　介：《临夏大辞典》主编马志勇撰文说，临夏有三处禹王庙：一在积石山县，一在临夏县三角乡，一在广河县。董克义《临夏：大禹的故乡》载：临夏县的北塬三角（今属土桥镇）有大禹庙、禹王庄。才旺瑙乳《积石山：大禹凿山导河的源头》载：禹王庄全村皆姓王，自称是禹王后代。

禹王庄禹王庙山门（金小军摄）

导流山航拍（金小军摄）

二十六、青海省

喇家遗址

类　　别： 古文化遗址

地理位置： 青海省海东市民和回族土族自治县

所属流域： 黄河

简　　介： 喇家遗址是迄今为止发现的我国唯一一处大型灾难遗址。该遗址位于民和县官亭镇，保留了4000年前大地震、黄河大洪水等多重灾难遗迹。喇家遗址史前灾难和大禹活动时间相近，有专家推测和大禹治水有密切联系。大禹“导河积石”的积石峡（所谓小积石峡）就在附近。

喇家遗址碑（金小军摄）

喇家遗址航拍（金小军摄）

喇家国家考古遗址公园铭牌（金小军摄）

遗址最早发现于 20 世纪 70 年代农田建设中，在 1982 年文物普查中予以确认，1986 年公布为省级文物保护单位。1999 年至 2016 年，中国社科院考古研究所、四川大学考古系、青海省文物考古研究所、民和县博物馆联合对喇家遗址进行了考古发掘，发现了聚落居址、陶窑、环形壕沟、祭坛广场等主要遗迹，也出土了人类已知最早的面条和中国考古史上最大的石磬，并出土了大量的石器、陶器、玉器、骨器和其他各类文物千余件。

喇家遗址下游黄河峡谷俗称禹王峡，左岸是青海民和县，右岸是甘肃积石山县，峡谷内有禹王宝座、禹王脚印、禹王石臼、禹王岭、洗脚池、洗脸池、禹王仓廪、储水池、禹王洞、禹王祭祀台和岩画等关于大禹的传说遗迹。（参见董克义《临夏：大禹的故乡》）

2001 年 6 月 25 日，喇家遗址被国务院公布为第五批全国重点文物保护单位，同年被评为全国十大考古新发现之一。

禹王石

类　　别： 山川 · 石

地理位置： 青海省海东市循化撒拉族自治县清水乡索同村

所属流域： 黄河

简　　介： 在循化撒拉族自治县索同村黄河边积石峡水库中。原有一尊磐石，高约 3 米，周围直径约 10 米，石上有人休息时的坐痕，似双腚压出的阔可 2 米左右的痕迹，形象逼真。同侧上部有耒耜之柄靠放压出的痕迹，也很形象。这块石头叫“禹王石”。当地人说它全身青黑光滑，是神石，每到农历初一、十五，就会到巨石旁祭祀。《续修导河县志》记禹王石：“索屯村河边，高八尺，宽七尺，长十尺，其色青。相传大禹导河时憩息其上，坐痕至今犹存。因系以辞曰：‘维石岩岩，在河之滨，名以禹传，寿与天齐。’”诗人张建《禹王石歌》写道：“积石关外索屯村，河边奇石劚云根。高约八尺宽七尺，黛色经雨留青痕。凸凹不平形奇诡，相传神禹昔坐此……”如今被积石峡水电站水库淹没。

大禹治水雕塑

类　　别： 纪念建筑・雕塑

地理位置： 青海省海南藏族自治州贵德县

所属流域： 黄河

简　　介：《禹贡》“导河积石”。《后汉书》：“河关，故属金城，积石山在西南，河水出焉。”贵德县古属金城郡河关县，属积石山地区。贵德县城下游 100 千米处有小积石山（今有海东市循化撒拉族自治县积石镇），得名于唐代；上游西南方向 220 千米有大积石山（阿尼玛卿山）主峰玛卿冈日，位于果洛藏族自治州玛沁县雪山乡境内，东经 99.4 度，北纬 34.8 度。

贵德自古有大禹治水传说。2007 年在县城黄河岸边虎头崖上修建了大禹治水雕塑广场，碑上刻“河出昆仑”“溯源探流”“劈山导河”等图文。由于虎头崖土质松软，近年广场暂停开放。

贵德大禹治水雕塑（张诚供图）

附：中编所载禹迹及相关遗迹、遗址分布情况表

省级行政区	禹迹	尧迹、舜迹	天后宫	古遗址
北京市	10			
天津市	2		1（天后宫）	
河北省	1			
山西省	24	3（舜帝庙、陶城、陶唐峪风景旅游区）		3（东下冯遗址、西阴遗址、陶寺遗址）
内蒙古自治区	2			
辽宁省	1			
吉林省	2			
黑龙江省	1			
上海市	1			2（马桥文化遗址、广富林文化遗址）
江苏省	11	1（试剑石）		
浙江省	98	3（尧皇庙、舜帝庙旧址，舜帝庙，石门山）		1（良渚古城遗址）
安徽省	15	1（尧舜祠）		1（古埂文化遗址）
福建省	4			
江西省	2			
山东省	12			
河南省	32			3（瓦店遗址、太阳城、平粮台古城）
湖北省	6			1（石家河遗址）
湖南省	16			
广西壮族自治区	1			
重庆市	1			
四川省	56			3（金沙遗址、宝墩古城遗址、三星堆遗址）
贵州省	1			
云南省	4			
陕西省	16	1（虞帝庙）		1（石峁遗址）
甘肃省	7			
青海省	2			1（喇家遗址）
合计	328	9	1	16

下编 相关史料辑录

编者说明：其一“论述”，主要收录近现代有关大禹文化的论述，有着最新的研究成果及深刻的启示；其二“文献”，主要选录先秦时期文献对大禹的记载和论述，是大禹文化最精粹的内容；其三“考察”，是禹迹文化调查发现的经典案例示范；其四“报道”，是《人民日报》《中国日报》等对禹迹图编制意义和价值的专题报道；其五“对外交流”，选录了大禹文化在东亚的传播内容和途径以及中日大禹文化交流的精彩片段；其六“规范文件”，记录了浙江省人大对禹迹图编制的支持，以及编制单位在实践的基础上形成的禹迹图编制规范要求。

第一部分：论　述

从五千年治水看中华文明五大特性

汤鑫华*

2023年6月2日，习近平总书记在北京出席文化传承发展座谈会，并发表重要讲话。他用连续性、创新性、统一性、包容性、和平性这“突出的五性”来概述中华文明的突出特性。习近平总书记强调，中华优秀传统文化有很多重要元素，共同塑造出中华文明的突出特性。回望波澜壮阔、灿若银河的中国水利史，我们有充足理由相信，五千年治水及其形成的水利文化，是塑造中华文明的重要乃至核心元素，是中华文明突出而有机的组成部分，对中华文明的连续性、创新性、统一性、包容性与和平性普遍而持续地作出了举足轻重的贡献。

一、五千年治水与中华文明的连续性

习近平总书记说，中华文明具有突出的连续性，从根本上决定了中华民族必然走自己的路。如果不从源远流长的历史连续性来认识中国，就不可能理解古代中国，也不可能理解现代中国，更不可能理解未来中国。

中华文明从滥觞到汇流，到蜿蜒逶迤、发展壮大，到一泻千里、奔向世界文明的海洋，形成源远流长、永不断流的文明长河，以五千年时光、八千里江山洋洋洒洒地绘就磅礴壮丽、绵延不绝的文明画卷，必定有个源头或策源地。它就是治水。

（一）治水是中华文明连续性的策源地

英国历史学家汤因比认为，文明首先起源于挑战。挑战有两种：一种是自然环境的挑战；另一种是人为的挑战。最先出现的六种文明，包括中华文明，都是人类应对自然环境挑战而生的。而第二代和第三代的许多文明，则大多是在人为的挑战下产生的。单看这一点，他是有道理的。

---

* 汤鑫华，中国水利学会副理事长兼秘书长。

中华大地疆域辽阔，雄驻东方，具有独特的地理环境：大江大河尽朝东，高原海洋环四周。这样的地势与水情，在陆上、海面和空中交通运输不够发达的特定历史阶段，为古代中国社会一定程度的封闭性和稳定性提供了天然条件。与此同时，太平洋的季风气候、广袤数千千米的陆地疆域、突兀隆起的青藏高原、形成阻隔的巨大山脉，导致我国降水在时空分布上严重不均。在空间维度上，胡焕庸线以西绝大部分地区的年降水量不足 400 毫米。在时间维度上，许多河流、地区降水的年内年际分布极不均衡，长江、黄河、珠江等重要流域的降水显著具有夏丰冬枯的特征。

水是生命之源、生态之基、生活之需、生产之要。水之于人又兼具有利有弊的两面性，有如一枚硬币的两面。因此，自打“逐水草而居”起，人类就学会了“择丘陵而处”，在兴水利的同时尽量除水害。在智人时代，人类靠打猎、采果为生，尚未发明发现医药、农业或构筑建筑，就有意无意地近水、亲水；日积月累，用水、防水、治水逐渐从被动走向主动，从自发走向自觉，从必然王国走向自由王国，形成了人类最早的文明。因此，治水书写了人类文明最早最原始的第一页，成了人类文明的策源地。

2019 年 7 月 6 日，蜚声中外的良渚古城遗址获准列入世界文化遗产名录。由此，良渚文化成为世界迄今确认的中华文明的第一篇章。良渚古城存续于约公元前 3300 年至公元前 2300 年，延续近 1000 年。在良渚古城外围的北部和西部，我们的先人修建了一个由 11 道堤防（有人认为更像原始的埽工，有人则判定为水坝）构成的，兼具灌溉、防洪、供水和滩涂围垦等综合功能的水利工程。这是迄今已知世界上建设最早的大规模水利系统，也是世界上最早的堤防系统。该系统已建成约 4700—5100 年。

假如良渚堤防系统是我国最早的水利工程，它已使中国水利史有了约 5000 年的时长，比大禹治水早了大约 1000 年。假如良渚文化就是中华文明的滥觞，作为良渚古城重要组成部分的堤防系统证明，彼时的治水成就，作为迄今所知中国水利史的第一页，已与城市规划、玉陶制造等一道，共同构成了五千年中华文明的第一篇章，成为中华文明连续性的物证原点。

大禹治水是上古典籍《尚书》等予以文字记录的我国先民最早的治水事迹。在大约 4000 年前的部落联盟时代末期，改变我国历史进程的大洪水发生了，华夏部落联盟领袖尧、舜先后带领民众积极抗洪，继位的舜先后指令所属部落首领共工、鲧治水。共工、鲧治水，多年不成，被罢免、放逐，鲧的儿子禹受命继续治水。禹治水十三年，“三过家门而不入”，率领民众疏通九川、治理九泽、平治水土，使华夏安澜。此后，大禹成为中华民族先人治水的集大成者和杰出代表，世代为中华民族所景仰。大禹治水还有更多的文化价值：它是中华文明的一个转捩点，一方面开启了以山川命名、九州区划为标志的华夏地理发现时代，另一方面滋生了以天下为公理念与威权政治制度为核心的文明基因。自战国时代开始特别是西汉之前，大禹逐渐被塑造为中华民族的先帝。现在，与大禹治水相关的文化遗产遍及全国，乃至日本、韩国等海外诸国。

（二）治水贯穿中华文明全过程

受地理、气候环境影响，我国的水情具有三大特性：多元性，跨越从热带到寒带、从湿润到干旱、从平原到高原等多种气候单元；复杂性，从流域到区域，从洪水到干旱，从冰冻雨雪灾害到泥石流、山洪地质灾害，样样都有；极端性：从降水、洪涝到旱灾，都曾创造并且保持世界历史上的纪录。这些条件决定了，治水自古是中华民族必须面对、极难应对的头等大事。

大禹治水取得了历史性成就。但由于上述特性的存在，随着人口的增长、疆域的拓展、气候的变化，洪涝灾害并未绝迹，一直是中华民族的心腹大患。为了消除这种祸患，我国人民不屈不挠地斗争了几千年，创造了惊天地、泣鬼神的辉煌业绩。与此同时，治水也多方面地、持续不断地为我国人民提供了赖以生存的物质基础和极其丰厚的民生福祉。在一定程度上，一部中华民族的繁衍发展史堪称我国人民兴水利、除水害的历史；换言之，治水贯穿了中华文明发端、发展、绵延、变迁、革新、升华的全过程。数千年的水利事业与成就，主要体现在防治洪水、农田灌溉、水上运输三个方面。

防治洪水，简称防洪。由于黄河流域是华夏部落和中华文明的发祥地，黄河又多沙善徙、危害深重，很多时代治理黄河成为头等大事，因此有了治河、治黄这种专用词。历代人民在长期的防洪排涝实践中，修筑和加固了以堤防工程为核心，包括堵口工程、护岸工程、河流制导工程，配以减水河和滞洪区等措施的工程体系。堤防，在大禹治水之前已显雏形，春秋时期已有文字记载，西汉已在黄河下游系统化；此后，历代兴筑不断，规模越来越大，几乎遍及全国所有重要的江河水系。黄河大堤（春秋中期已成形，现有黄河大堤主要重建于15—19世纪，长达1370千米）、长江中游的荆江大堤（又称万城大堤，始建于5世纪，16世纪中叶连成一线，长约182千米）、鱼鳞大石塘（始建于1542年，位于浙江省海盐、海宁钱塘江北岸，海宁现存26千米以上）、洪泽湖大堤石工墙（始建于1580年，长约60千米）等，是历代堤防工程建设成就的伟大标志，在我国江河防洪中长期发挥着不可替代的重要作用。

农田灌溉，简称灌溉。“水利是农业的命脉。”在以农业为主要经济部门的古代社会，发展农田灌溉对国计民生至关重要。早在春秋战国时期，我国已出现众多大型灌溉工程，如始建于公元前600年前后、位于今安徽省寿县（当时属于楚国）的芍陂（又称安丰塘），始建于公元前425年、位于河南省安阳县（当时属于魏国）的引漳十二渠，始建于公元前256年、位于四川省都江堰市（当时属于秦国）的都江堰，始建于公元前246年、位于陕西省泾阳县（当时属于秦国）的郑国渠等，这些工程显著促进了当地农业的大发展。秦汉以来，灌溉工程逐渐实现遍地开花。汉代修建的漕渠（始建于公元前130年前后，位于陕西省西安、渭南等市）、龙首渠（始建于公元前120年前后，位于陕西省澄城等县）、白渠（始建于公元前95年，位于陕西省泾阳等县）和成国渠（始建于公元前90年前后，渠首位于陕西省眉县），曹魏时期淮河流域的屯田水利，后来出现的宁夏引黄、内蒙古河套引黄等工程，都是有历史影响的大型灌溉工程。三国以降长江中下游、淮河与太湖流域的圩垸等灌溉工程，唐宋以后两湖地区大发展的围垸工程，元明时期大兴的畿辅水利工程，岭南兴盛千年的基围工程，西北的河西走廊、新疆地区的灌溉工程等，都是体现出地方水情特色、闪耀着人民智慧光芒的灌溉工程。目前，我国已有30处世界灌溉工程遗产，超过全球的两成；其中许多工程的历史远比他国悠久，都江堰等还是世界文化遗产。这些工程的兴建促进了大范围水土资源的开发，造就了成都平原、关中平原、河套平原、两湖平原、长江三角洲、珠江三角洲等富庶地区，使其成为国家粮食供应基地和基本经济区，奠定了古代王朝和农耕文明的基础。15世纪初，我国已有30%的耕地是人工灌溉的耕地；在随后的五六个世纪里，这个比例持续提高；两三千年里，它远高于同时期的欧洲、印度和世界上其他地区。也正因为如此，我国人民在这两三千年的大部分时间内，享受着比世界大部分地区更高的治水利益和生活水准。

水上运输，简称水运。早在文字出现之前，水运就已成为交通运输手段。我国的大江大河多为自西向东流，因此上古时期的水运多在东来西往的封闭系统里转悠。勤劳智慧的华夏先民很早就开启了运河开凿时代，逐渐使大江大河被一条又一条南北向运河串联起来，构成船达四方的水运网络。早期的运河多用于军事，春秋时期的邗沟、秦代的灵渠、东汉的白沟是典型代表。国家疆域趋于稳定后，特别是为保障北方政治中心与南方发达地区的经济联系，运河逐渐成为货运与客运的大动脉。秦汉、隋唐宋、元明清三次全国江山一统时期，开凿、整治、维护运河特别是著名的隋唐大运河、京杭大运河，成为全国治水的中心任务。当代兴建的南水北调东线工程，三分之二的经行路线与历史上开凿的京杭大运河重合。几条重要的运河将我国中心地带的黄河、淮河、海河、长江和珠江等连成一体，形成了沟通全国、世所罕见的辽阔水运交通网，水运因此成为发展全国经济、维持社会稳定、促进国家兴旺的强劲动力。

（三）治水最能体现中华文明的人民性

一种文明，为什么能够经久不衰，保持其绵延不绝的连续性？归根结底，不是因为它很强大或所向无敌，而是因为它具有名副其实的人民性。人间正道是公道，任何一项事业、工程或成就，当且仅当它为最广大人民服务、有利于最广大人民福祉时，才具有广泛而持久的公正性，才具有人民性，才可能得到最广大人民的支持、参与，才可能长久存续下去。所谓中华文明具有突出的连续性，实际是因为中华文明的发端、发展恰恰是这样一项伟大光明的事业。而治水成就是最普惠的民生福祉之一，五千年治水最能体现中华文明的人民性。

例如防洪，就天然具有这样的人民性。洪水泛滥，所有人的生命、财产，无论其贫富贵贱，都会受到威胁乃至遭受损毁。修建防洪排涝工程，将使受益范围内所有人的生命、财产，无论其贫富贵贱，免受威胁、损毁。同理，灌溉和水运都天然具有这样的人民性。

治水一般又具有空间尺度上的广泛性。一项水利工程从堤防或渠首到受益范围的末端，往往方圆几十甚至上千千米、广袤几十甚至上千万亩。例如：黄河大堤保护的，是辽阔黄淮海平原上的 12 万平方千米人民生命财产的安全；荆江大堤保护的，是著名而富庶的江汉平原 1000 万亩以上的耕地和 1000 万人以上的生命；洪泽湖大堤保护的，是淮河下游苏北地区 2600 万人民和 3000 多万亩土地；都江堰滋润的，是 1100 余万亩农田，以及成都、都江堰等城市；京杭大运河南北纵贯 1794 千米，连通的是五大水系、六个省级行政区的水流、人脉和财富……

治水一般还具有时间尺度上的持久性。都江堰建成近乎 2280 年，仍然不改初心，发挥其当初的作用；郑国渠建成只比都江堰晚了 10 年，现在还是当地一大灌区的主体部分；灵渠也已诞生 2200 余年，如今不仅是文旅胜地，而且是世界灌溉工程遗产；京杭大运河开通 700 余年，近年又成了南水北调东线工程的主体部分……类似的工程或成就，不胜枚举。

环顾全球，纵视历史，遍理各行各业，不难发现，鲜有什么单方面的事业、工程或成就能像治水那样，同时具有普遍惠及民生福祉的人民性、广泛波及辽阔疆域的广泛性、长久发挥积极作用的持久性。这些特性，使五千年治水为中华文明的连续性贡献了最大份额。

二、五千年治水与中华文明的创新性

习近平总书记说，中华文明具有突出的创新性，从根本上决定了中华民族守正不守旧、尊古不复古的进取精神，决定了中华民族不惧新挑战、勇于接受新事物的无畏品格。五千年治水，深刻、响亮而持续地诠释了这种进取精神和无畏品格，诠释了中华文明的创新性。

（一）治水锻造了中华民族的进取精神

“自从盘古开天地”，生于长于黄河流域的华夏先民为了生存繁衍，就开启了战天斗地的史前华章，形成了救亡图存、发愤图强的民族基因，使中华民族自古就内生了斗争意识、进取精神。古代中国在这方面最具有代表性。翻开宗教典籍、神话传说或官修史籍，我们就能发现，人类社会出现之初，面对洪水，几乎全世界的先民都是设法回避退让的，诺亚方舟的传说是典型故事；唯独古代中国人敢于斗争、善于斗争，总是积极而主动地与洪水做斗争，而且不断取得成功和胜利。大禹治水是其中的典型代表。类似的传说故事还有女娲补天、精卫填海等。当代涌现的红旗渠精神、九八抗洪精神，与大禹治水精神是一脉相承的，是社会主义中国的大禹治水精神。

（二）治水锤炼了中华民族的无畏品格

五千年来，中华民族不断遭遇各种风险挑战，特别是自然灾害、武装侵略、文化冲击的挑战。中华民族从防治洪水、抗击匈奴等的长期斗争中，用斗争意识、进取精神铸就了不惧挑战、敢于应战的无畏品格，形成了以柔克刚、所向无敌的磅礴力量，书写了坚持就是胜利、胜利连接胜利的辉煌篇章。最能体现这种品格的，是中华民族两三千年的治河实践。

为了治河，古人很早就开始在黄河两岸修筑堤防，有效遏制了河水的泛滥。但河水常常暴涨暴落，又有雄冠全球、高得出奇的含沙量，河堤决口、河流改道的重大灾害层出不穷、史不绝书。统计表明，在有文字记录的公元前602年至公元1938年间，黄河一共发生了1590次决口，包括数量不多的人为决口，平均差不多三年两次；发生了26次重大改道，使河道形成来回摆动之势，进而“拖泥带水”、塑造了辽阔的黄淮海平原；这些决口与改道，吞没了不计其数的生命财产。面对这种旷世灾害，中华民族从未退缩，总是坚持不懈地开展波澜壮阔的治河斗争，书写了中国水利史上极其靓丽（没有之一）的治河篇章，在全球所有大江大河大湖治理上极具风采，对中华民族无畏品格的形成、坚守发挥了绝无仅有的促进、强化作用。

（三）治水造就了中华民族的创新秉性

中华民族不仅积极进取、无所畏惧、敢于斗争，而且善于斗争、勤于创新。当代数值模拟分析表明，大约诞生于5000年前的良渚古城外围的堤防系统，可以有效阻挡所在流域短期内960毫米的连续降水，即可抵挡该地区百年一遇的洪水。它与埃及文明、两河文明同期修建的以引水为主要功能，以渠道和水窖为表现形式、自发分布的水利工程群体，形成了鲜明的对照。个别文明也更早修建过水坝，但良渚古城修建了世界最早的堤防系统。该系统在堤址选择、地基处理、堤料选材、结构设计、填筑工艺、交通运输等方面表现出较强的科学性和系统性，也说明彼时的古人已具备规模浩大、工序复杂水利工程系统的施工组织能力，闪耀着早期中华文明创新性的光芒。

治水上的创新具有持续数千年的传统。例如，鲧禹父子的治水历程和后续故事生动说明，中华民族守正不守旧、尊古不复古、重科学不重权威、重实践不重教条，具有开放悠久的创新秉性和实事求是的科学精神。鲧以堤防为主要手段治水，归于失败；其实比诸前代，堤防是治水手段的一次飞跃，只是在尧舜时期的形势下可能无效甚至有害。禹吸取他父亲的教训，改堵为疏，成功息洪分洪，实现了防洪思路的第二次飞跃。但单纯疏导也不能做到一劳永逸，因为对于峰高沙多的黄河等河流来说，简单疏导洪水反而使泥沙加速淤积、河床不断抬高。后人不断探索新思路、推出新方略，先后在汉代提出了“水力刷沙”的思想，在明代由万恭、潘季驯等人创立了“束水攻沙”的理论，等等。

潘季驯的理论赋予堤防新的功能定位：堤防不再是消极地防御洪水的工具，更是在多沙河流中通过束窄河槽、提高流速、冲沙而稳定河床的积极设施；因此，治河方略实现了划时代的转变。他还设计了“遥、缕、格、月”堤防系统，完善、提升了初级堤防工程；理论成功付诸实践，对后世黄河的稳定和变迁发挥了巨大促进作用。在此后长达四五百年的时间里，治河方略都程度不同地吸收了潘季驯的理论精髓。直到公元2000年，黄河小浪底水库开始调水调沙，自此黄河不断流，治河再次进入一个新时代。

（四）治水催生了一大批科技成就

五千年治水实践，在基础理论、勘测规划、工程设计、施工组织、施工工法、工程管护、水力机具等方面催生了一批又一批科技发明、发现、创造，又广泛而持久地从中受益，形成了良性循环，有力促进了水利发展。例如：

在基础理论方面，战国古籍（指成书于战国时期、流传至今的著作，下同）《吕氏春秋》已描述了水循环现象；《管子》已明确提出水是生命之源，阐述了地下水与土壤、植物的关系，梳理了地表径流的分类，定性描述了水跃、环流等水力学现象和明渠水流、有压管流的规律；《尔雅》按其出流形式，将泉水分为七八种；《墨经》已有浮力理论的定性表述，公元前 3 世纪初已有应用水浮力的实例；汉代，已有人描述了水文循环；北宋对黄河水文情势的认识已很深入；宋代，时人借助不同物候之名，系统描述了水情；元代，郭守敬提出了海拔高程和绝对高程的概念，这比西方早 500 年；明代，时人基本定性掌握了河流泥沙运动的规律；等等。

在勘测规划方面，战国古籍《周礼》评价了全国的水资源，提出了以水平定高低、以垂球定垂直等测量技术；同期古籍《左传》阐述了水土开发的勘测规划原理，以及测量灌排系统的方法；可能问世更早的《尚书》提出了全国水土治理的设想，梳理了田间灌排系统的分类，描述了蓄水、防水、引水、分水、灌水、排水等一系列工程；北魏，有人提出了海河流域的防洪排涝规划；唐代出现了原始的太湖流域规划；宋代，基本掌握了相对流速、水面高差的测量方法，普遍安置了木制或石制的水则（水位标尺）和量雨器、量雪器；明代，已出现了测量队组织。

在工程设计方面，《周礼》记录了灌溉渠道的通用尺寸；秦汉两代，灵渠的开凿标志着世界上第一条越岭运河和第一座多级船闸的诞生（比西方早 1000 余年），黄河修建了千里堤防，各地还出现了坎儿井那样的“井渠”、渡槽、分水闸门和堰埭之类的土坝；三国时期，浙东出现了御咸蓄淡工程、河道渠化工程；南朝，淮河干流建设了当时世界最高的拦河坝——浮山堰；魏晋时期，水攻战事已然遍及江淮河海各大水系；唐宋，中原和江南出现了完善的城市水利和运河工程体系，包括类似现代船闸的复闸；元代，出现了大型滚水石堰。

在施工组织方面，《管子》《左传》均记录了土建施工、计量方法；战国古籍《慎子》描述了一种堵口材料——埽工（唐代已很成熟）三国时屯田水利建设管理技术趋于成熟；唐宋治河有了马头、木笼等类护岸工程和遥堤、缕堤、月堤等多级堤防，以及锯牙进占等成熟的施工技术；元代出现了修筑海塘的大型石囷堰；明代出现了铁制鱼嘴、五纵五横鱼鳞大石塘。

在工程管护方面，战国古籍《韩非子》记录了蝼蚁溃堤（至今依然层出不穷）及其防治办法；《管子》记录了堤防维修制度、巡查办法；西汉已有黄河修防制度、专职官吏和农水法规；唐代出现了史上首部水利法律《水部式》，北宋则有《农田水利约束》；随后各代，水利工程管理、维修制度越来越完善。

在水力机具方面，战国时期，已有提水工具——桔槔、计时仪器——铜壶滴漏和警示水器——欹器；汉代，已有加工谷物的水碓、冶铸所用的鼓风设备——水排（比西方早 1000 余年），以及水转浑天仪和渴乌（虹吸管），毕岚发明了提水翻车

（186 年，即后来的龙骨水车）；三国时，广泛使用了龙骨水车（直到 16 世纪，欧洲才出现了仿制品），出现了原始的斜面升船机；唐宋，出现了简单的测量用水平仪和经纬仪，水碾、水磨已很发达，脚踏机船从简单到先进，还出现了高转筒车、原始水轮机，以及铁龙爪等疏浚机械；元代，出现了世界上最早的水转大纺车，后来促进了欧洲水力纺纱机的发明。

（五）治水创造了一大批文化遗产

五千年治水，成就了全球罕见的水利大国，创建了数量庞大的工程群体和深厚多彩的水利文化。时至今日，那些工程，有的已然损毁湮没，只存于历史文献或人类记忆；有的仍在发挥作用，成为古老而鲜活的文化遗产。有的不是地道的水利工程，却是地道的文化遗产。总体上看，它们可以分为物质水利文化遗产和非物质水利文化遗产，其中前者又可细分为防洪工程遗产、灌溉工程遗产和水运（运河）工程遗产。

其一，防洪工程遗产。防洪工程主要是指沿江沿湖沿海的堤防，其中著名的有黄河下游防洪工程体系的主骨架——黄河大堤，长江中游江汉平原的生命线——荆江大堤，围出我国五大淡水湖之一洪泽湖的人工岸线——洪泽湖大堤，以及江浙海塘工程的杰出代表——五纵五横鱼鳞大石塘等。

其二，灌溉工程遗产。灌溉工程遗产现存数量最多、分布最广、形态各异。根据原始工程性质，还可细分为五类：

一是蓄水工程，其灌溉用水直接取自河湖井泉，如安徽的芍陂，始建于公元 140 年、位于浙江省绍兴市的鉴湖；有些蓄水工程是渠塘结合、状如长藤结瓜的，如始建于公元前 279 年、位于湖北省宜城市的白起渠（又称长渠），始建于公元前 100 年左右、位于河南省正阳县一带的鸿隙陂。

二是引水工程，又分有坝引水、无坝引水两类。前者如引漳十二渠，始建于公元 250 年、位于北京市石景山区的戾陵堰；后者如都江堰、郑国渠。

三是御咸蓄淡工程，主要分布于东南沿海，如始建于公元 833 年、位于浙江省宁波市的它山堰，始建于公元 1064 年、位于福建省莆田市的木兰陂。

四是圩垸工程，大多分布于沿江滨湖临海地区，如太湖溇港（10 世纪初即已初步建成，位于浙江省湖州市一带）、桑园围（相传始建于 12 世纪初，位于广东省佛山市）、百里洲垸（16 世纪中叶大规模兴建，位于湖北省枝江市）。

五是地下灌渠，大多分布于西北地区，新疆的坎儿井是其典型代表。

其三，运河工程遗产。著名的至少有：

邗沟（又称山阳渎等，最早沟通长江与淮河的人工运河，始建于春秋时期；元代成为京杭大运河的一部分)。

鸿沟（又称浪荡渠等，最早沟通黄河与淮河的人工运河；始建于公元前 360 年；在今河南省荥阳北引黄河水，东经开封而折向南，至淮阳分为两支——南入颍河、东入沙水，二者皆入淮河；自古系兵家必争之地，成为事物界线的代名词）；

隋唐大运河（利用两汉、三国、魏晋所建区间运河成就，始建于公元 584 年，自南而北由浙东运河、江南运河、淮扬运河、汴河、关中漕渠、永济渠构成，沟通东部的今杭州、西部的今西安、北部的今北京的大运河，亦称东西大运河）；

京杭大运河（从杭州直接北上至北京的大运河；利用原有部分运河而建，始建于 1283 年，十年后贯通，主要服务于元明清各代朝廷漕运的人工运河；1901 年停止漕运；2022 年恢复全线通水）；

灵渠（沟通长江与珠江的人工运河，始建于公元前 214 年，位于广西壮族自治区兴安县；最早用于军事运输，至今仍在发挥灌溉等作用）等。

其四，非物质水利文化遗产。这方面的文化遗产，从内容本身来看，虽然看不见、摸不着，却有更大的数量、更广的分布、更全的受众、更强的力量。如果予以分类，至少包括问世百年以上的水利古籍档案、古代水利理论、水利施工方法、水力机具制法、水利文化艺术、水利碑刻题刻、古代管水建筑、河道文化遗迹、治水人物故事、大禹纪念遗迹、水神崇拜设施等。

限于篇幅，这里略举数例。水利古籍档案方面，先秦典籍几乎都有水利篇章，《史记·河渠书》为第一部水利通史，此后问世的水利典籍之多只能用汗牛充栋来形容，1725 年以来陆续成书的《行水金鉴》《续行水金鉴》《再续行水金鉴》乃集大成之作，今人又编纂出版了《中国水利史典》。水利碑刻题刻方面，长江两岸的洪水题刻多达 1000 余处，重庆涪陵的白鹤梁题刻则为著名的枯水题刻（全国重点文物保护单位）。治水人物故事方面，水利部于 2019 年公布了首批“历史治水名人”——大禹、孙叔敖、西门豹、李冰、王景、马臻、姜师度、苏轼、郭守敬、潘季驯、林则徐、李仪祉，凡 12 人。入选国家级非物质文化遗产的大禹祭典、坎儿井开凿技艺、黄河号子、都江堰放水节、河图洛书传说等，是其中影响较大的几种。

三、五千年治水与中华文明的统一性

习近平总书记说，中华文明具有突出的统一性，从根本上决定了中华民族各民族文化融为一体、即使遭遇重大挫折也牢固凝聚，决定了国土不可分、国家不可乱、民族不可散、文明不可断的共同信念，决定了国家统一永远是中国核心利益的核心，决定了一个坚强统一的国家是各族人民的命运所系。中华文明的统一性，与治水有至为密切的关系：治水成就了华夏早期的城市和国家，塑造了古代中国大一统的政治文明；而且，治水历来是帝王将相的大事。

（一）治水成就了华夏早期的城市和国家

如前所述，良渚古城可能是华夏最早的城市，它以取水之利、避水之害为前提。早在春秋时期，齐国政治家管仲就曾说："凡立国都，非於大山之下，必於广川之上；高毋近旱而水用足；下毋近水而沟防省。"言下之意，为国都选址，要善于借水之利、避水之害。国都如此，城镇亦然；古代如此，现代亦然。

在大禹实行大规模治水的同时，古代社会形态转变，初级行政功能发育，部落联盟的政体转型为治水集权，形成国家形态的威权制度，进而催生了中央王权和大一统的国家形态，实现了从部落联盟到奴隶制国家的划时代嬗变。禹治水成功后，舜帝禅位于禹，禹遂成为后世所称的禹帝或大禹。后来，大禹传位于其子启，后者进一步创建了中国第一个国家形态的朝代——夏朝。

单从防洪排涝上看，城市自古就须臾离不开治水。两千多年来成都市的兴盛与延续，就得益于都江堰的灌溉与供水。建成于北宋熙宁年间（1068—1077 年）的江西赣州古城的福寿沟排水系统与数百口池塘相连，又使其连通城内城外的河湖水系，形成"城壕环绕、河渠穿城、湖池散布"的格局，有效规避了洪涝灾害，历经千年仍在发挥作用。北京故宫建成六百余年，没有洪涝致灾的记录。这是因为故宫水系发达，其护城河分为宫内的内金水河与宫外的外金水河，它们相互连通、蓄排可控。遇有大雨，宫内的积水可从高处流向低处、进入地下暗河，再从暗河流入内金水河、排出宫外。内金水河的蓄水量相当于一座小型水库，雨季可以蓄水，平时可助消防，涝时可以外排。外金水河与中南海等水系相通，使内金水河排涝无后顾之忧。

（二）治水塑造了大一统的政治文明

首先，治水成功以国家大一统为前提条件。治水，特别是治河那样难度极大、规模极大的水利事业，是一项直接关系大量生命财产安全的事业，一项需要集中决策、统一指挥、科技支撑、团结协作的事业，一项需要巨大人力、物力、财力支撑的事业，一项公益性很强、容易搭便车的事业，一项需要长期坚持和努力的事业，一项失败概率较大、成功概率较小的事业。这样的事业决定了，社会成员必须统一意志、统一思想、统一行动，必须汇聚力量、树立权威，形成足够强大的战斗力。上古时期的华夏，恰好面临这样的局面，又具备这样的条件，超大规模的国家、高度集权的国家应运而生。

其次，治水客观促进了华夏社会和疆域的统一。最迟从大禹治水开始，顺从水情、河性而推行的行政区划，客观上打破了部落、诸侯、政权的地方割据；黄河、长江等横贯东西大江大河的数千年治理利用，客观上促进了上下游、左右岸、干支流地区的协同合作；一系列纵贯南北运河的建设运营，客观上促进了南方与北方的政治统一、经济联系、文化融合。

其三，治国必先治水的理论成为政治文明的亮点。夏朝因水而兴，说明水运连着国运，水治则邦兴，水殇则国衰。古人从华夏先民的历史进程和社会实践中总结经验，获得启迪，进而反复阐明了这个道理。管仲就说过："善治国者，必先除其五害……五害之属，水最为大。"晚至清代，还有很多人阐述相似的道理。例如：清初地理学家刘继庄说，"水利兴而后天下可平，外患可息，而教化可兴矣"；文学家戴名世说，"水利不修，天下无由治也"；河道总督慕天颜说，"兴水利，而后有农功；有农功，而后裕国"；等等。

其四，治水滋生了中华民族的家国情怀。如前所述，我国历史上自古需要面对水旱灾害、引水灌溉农田、挖渠支撑漕运。从事这些事业的官员、民众乃至各界人士必然有同情心理、睦邻情感、协作精神和大局意识，整个社会因此而自然滋生和强化了中华民族的集体主义、家国情怀乃至爱国主义。三位历史名人的金句——"居庙堂之高则忧其民，处江湖之远则忧其君"（范仲淹，治水名人）、"位卑未敢忘忧国"（陆游）、"苟利国家生死以，岂因祸福避趋之"（林则徐，治水名人）等，就是爱国主义精神的文艺表达。

（三）治水历来是帝王将相的大事

历朝历代，华夏的国家级统治者无一例外地把治水作为治国安邦的大事；那些敢担当、有作为的帝王将相，更是曾在治水方面亲力亲为、建功立业。例如：

秦始皇在成为我国第一个封建帝王前，就决策修建了都江堰、郑国渠等传世水利工程，为统一华夏奠定了坚实的经济基础。建立大一统的封建王朝后，他又决策开凿了另一文化遗产——灵渠，把岭南稳定而永久地纳入帝国的版图。

胸怀雄才大略、开创汉武盛世的汉武帝在关中大兴水利，恢复和巩固了当地的灌溉与交通。他还亲自指挥黄河的瓠子堵口，并在堵合的口门上修建"宣房宫"，写下著名的《瓠子歌》，成为我国史上第一位亲自堵塞黄河决口的帝王。

隋炀帝杨广在位不足 14 年（整个隋朝也就 37 年），却花了 6 年时间、动员百万民众，在前人成就的基础上修建了举世闻名的隋唐大运河，把当时的大半个中国连成一体。现在，它与京杭大运河、浙东运河一道，成为世界文化遗产。

唐太宗开创贞观之治的一大秘诀是兴修水利。面对黄河泛滥，他亲自到洛阳城外的白司马坂（一名白马山）视察水灾。他还亲自整顿治水机构，制订水利与水运的专门法规。

宋太祖亲自决策通达首都开封的运河工程。他将流经开封的三条运河——汴河、惠民河、五丈河比作三条宝带，说明了漕运的重要性。政治家范仲淹在各地任职期间，兴建了多项大型水利工程，包括江苏东部泽被后人的御咸工程——范公堤，实现了“先天下之忧而忧”的宏愿。

康乾盛世的首创者、清圣祖康熙曾经六次南巡河工，两次派人查勘黄河源头。他曾言：“朕听政以来，以三藩及河务、漕运为三大事，夙夜廑念，曾书而悬之宫中柱上。”皇帝的三件大事，两件是治水！

四、五千年治水与中华文明的包容性

习近平总书记说，中华文明具有突出的包容性，从根本上决定了中华民族交往交流交融的历史取向，决定了中国各宗教信仰多元并存的和谐格局，决定了中华文化对世界文明兼收并蓄的开放胸怀。在我国古代，治水强化了中华文明的理性基因，促进了部落民族的交流融合，推进了文化文明的兼收并蓄，还增强了中华民族的学习能力。

（一）治水强化了中华文明的理性基因

治水是实实在在的事业，容不得虚假和迷信的事业。我国人民在长期治水实践中初步感悟了科学的世界观和方法论，自发运用了朴素的辩证唯物主义和历史唯物主义，为中华文明注入了与马克思主义基本原理不谋而合的理性基因。这种理性基因，具体可以从三个维度予以解读：

其一，空间维度上的宏观理性。中华民族通过治水，做到了既坚持微观真实、更坚持宏观真实，实现了二者的辩证统一，避免了只见树木、不见森林的短视和陋见。修建郑国渠、开凿大运河等，都是这方面的成功范例。

其二，时间维度上的历史理性。整个中国水利史，实际是一部不断探索试错、不断积累经验、不断总结提高的历史。从大禹治水开始，中华民族勤于、善于从历史实践中汲取经验教训，使堤防的作用经历了否定之否定、螺旋形上升的历程，最具代表性。

其三，价值维度上的科学理性。中华民族通过治水做到了破除迷信、崇尚科学、坚持真理，践行和弘扬了科学精神、辩证思维、系统思维。《史记》所载发生于 2400 余年前的故事——“西门豹治邺”，是科学理性的生动例证。

（二）治水促进了部落民族的交流融合

一部中国水利史，就是一部各民族交往交流交融的民族团结史。大禹治水时期，华夏不同部落通过协同治水，形成了巨大的合力，促进了部落的团结、部落联盟的巩固，最终形成了大一统的奴隶制王朝。战国末期，秦国大兴水利，兴建了以都江堰、郑国渠为代表的一大批水利工程，不仅促进了当地的经济发展、民族团结，而且有力促进了秦国统一华夏大地、建立第一个封建王朝——秦朝，彻底改变了中国历史进程。

秦朝建立后，治水在促进民族团结方面发挥了越来越广泛而持久的作用。仅以宁夏水利博物馆展现的今宁夏引黄灌溉史为例：秦汉军民屯垦、北魏筑坝引水、唐代开发新渠、西夏举国修渠、元代因旧谋新、明代大力屯田、清代康乾兴水、近代修渠开垦，以及新中国成立后大力发展水利事业，在在促进了民族的融合与团结。黄河流经宁夏形成宁夏平原，这里便成了北方游牧民族与中原农耕民族交往交流交融的交汇地带。历史上，宁夏平原向为多民族融合发展之区。在这片大地上，汉族和各少数民族人民通过合力开发、共同维护宁夏引黄灌溉等工程，丰富了黄河文化的内涵；秦渠、汉渠、唐徕渠等，一条条以朝代命名的渠道惠泽至今，见证了宁夏引黄灌溉的历史。而黄河文化又与西夏文化、民族文化水乳交融、交相辉映，促进了统一的中华民族的形成发展。

（三）治水帮衬了文化文明的兼收并蓄

大禹治水的故事在过去两千多年里越来越成为文化符号，不仅在中华大地上广为传播，而且远渡重洋，走向日本、韩国，乃至美国、欧洲，促进了中外文化交流融合。最近，我国水文化工作者组织编制了《中国禹迹图》，图文并茂地介绍了这方面的情况。其实，不止大禹治水，五千年治水对不同文化、文明的交流融合多有促进，对中华文明的兼收并蓄也多有帮衬。

中华文明在兼收并蓄文化文明的能力上，究竟有多强?！仅举两例。公元初叶，佛教自印度传入中国，中华民族是被动接受它的。此前已有万千年宗教传统的中华民族不仅没有排斥它，反而让其开枝散叶，主动发展出大乘佛教，派生出禅宗等八大宗派。最奇妙的是，中国人把儒、释、道融会贯通起来，让它们和谐共生、相得益彰。这与基督教、伊斯兰教形成了鲜明的对比。

20 世纪初叶，救亡图存的中华民族主动从欧洲引进了马克思列宁主义，进而通过中国革命的实践，不断推进马克思主义中国化时代化，先后创立了毛泽东思想、邓小平理论、“三个代表”重要思想、科学发展观，以及当代中国的马克思主义、21 世纪的马克思主义——习近平新时代中国特色社会主义思想。

有比较，才能有鉴别。你能想象，美国人、欧洲人把儒家学说当作他们的指导思想吗？诞生于印度的佛教，早在印度失传了，那里连佛教寺庙也难觅踪迹了！近年来，印度罔顾民族、宗教的差异和矛盾，罔顾科学精神和现代文明，不断施行各种有悖常理的操作——从领导人纵容印度教徒大规模屠杀穆斯林，到中小学教材删除元素周期表，等等。其目的大概只有一个：强制推行印度教治国。

说到宗教，啰唆几句。我国传统文化群经之首——《周易》，一开篇就推出乾卦和坤卦。前者的大象辞为“天行健，君子以自强不息”，诠释的是中华文明的主体性；后者的大象辞为“地势坤，君子以厚德载物”，诠释的正是中华文明的包容性。中华文明不同于西方基督教文明的一神论，她深刻认识到阴、阳差异的存在，并予以发自内在的尊重；它尊重各种宗教信仰，长期为它们营造多元并存的和谐格局。她极其看重信仰的力量与作用，但摈弃了宗教的束缚与羁绊，是世界上唯一没有全民信教的文明。本文认为，这是中华文明包容性的文化基因所在，而绝非文明的一个缺陷。不信教，而代之以“中庸之道”，是因为中国人遵循规律，不走极端，追求中正平和，这正是包容性的题中应有之义。相比之下，汤因比过分强调宗教在文明起源、发展中的作用，暴露了他在文明和历史观上的局限性。正如马克思所言，宗教是人类历史上一种阶段性的精神现象，早晚会消亡。

（四）治水增强了中华民族的学习能力

具有强大而持久的学习能力，是中华文明具有突出包容性的一大坚强后盾。治水恰恰增强了中华民族的学习能力。仅以都江堰历经两千余年而仍在有效运行为例，它是中华民族通过治水持续向实践学习的典范。始建于秦昭王末年（约公元前256年）的都江堰是服务于成都及其周边地区的灌溉、供水与防洪的，历经两千余年仍在发挥作用。为什么？因为历朝历代的设计者、建设者、养护者，坚持不懈地遵从规律，遵从水性，因地制宜，因势利导，坚持不懈地创新建设理念，不断优化运用，坚持养护维修，使之永葆青春。

类似地，中华民族通过治水持续向自然学习（如鉴于河床不断下切的现实，不断主动地上移郑国渠的进水口），向人民学习（如在建设、维护都江堰的历程中，广泛汲取劳动人民的智慧，长期采用竹笼、杩槎、羊圈等就地取材、实用耐用的建筑材料），向历史学习（如在长期的治河实践中，不断汲取大禹治水、贾让三策、束水攻沙等的合理养分），向外国学习（如自明代以来，积极学习借鉴欧洲的治水科技，注重引进、消化、吸收、再创新）等，为学习能力的增强与运用，乃至中华文明包容性的形成与巩固，有力地贡献了治水力量。

五、五千年治水与中华文明的和平性

习近平总书记说，中华文明具有突出的和平性，从根本上决定了中国始终是世界和平的建设者、全球发展的贡献者、国际秩序的维护者，决定了中国不断追求文明交流互鉴而不搞文化霸权，决定了中国不会把自己的价值观念与政治体制强加于人，决定了中国坚持合作、不搞对抗，决不搞“党同伐异”的小圈子。五千年来，中华民族通过治水，孕育了和平基因，化解了战争风险，促进了中外交流，播撒了和平种子，扎扎实实为中华文明的和平性作出了历史性贡献。

（一）治水孕育了和平基因

中华民族治水不乏斗争精神，敢于与天斗、与地斗、与人斗。但这不是好战，中国人深知：“国虽大，好战必亡”；也不是盲目蛮干，更不是胡搅蛮缠、以邻为壑。在中国人看来，与天斗，要守天道，即尊重自然规律；与地斗，要守地理，即追求人水和谐；与人斗，要守理节，即做到公平合理，努力实现互利共赢。中国人还善于自我革命，就是在治水实践中勇于反躬自省、反求诸己、承认错误、改进错误，从而有所进步。因此，治水从根本上孕育了和平基因。

（二）治水化解了战争风险

在中国水利史上，治水总体上是兴利除害、发展生产的，但也有一些水利工程和水事活动与战争相关，只是它们的占比很小；而且，这类工程、活动一般最终都带来了和平，促进了发展。战国末期秦国兴建郑国渠，是其典型实例。这原本是韩国的“疲秦之计”，施计人是韩国的水工（相当于当代的水利工程师）——郑国。秦国早就识破了韩国的计谋，还是花费十年时间、大张旗鼓地完成了渠道与灌区的兴建，并将渠道命名为“郑国渠”。历史已证明，兴建郑国渠不仅没有拖垮秦国，反而提高了它的生产力与战斗力，加快了秦国统一华夏的进程和中华民族的繁荣。邗沟、鸿沟、灵渠等，都有类似的反转故事。

（三）治水促进了中外交流

坎儿井究竟起源于哪里？迄今尚无定论。清代史学家王国维在《西域井渠考》一文中表示，坎儿井起源于“井渠”，并引用《史记》中的一个故事支持此说。但当代有人认为它来自中亚——古代的波斯、现代的伊朗，那里的坎儿井最早可以追溯到公元前 8 世纪的西亚之亚述帝国。但在我国吐鲁番市托克逊县发现的岩画，有 4000—6000 年的历史；其中刻有明晰可见的疑似坎儿井图案，这就有可能推翻坎儿井 2500 年前从波斯人那里传至吐鲁番的假说。新疆坎儿井引用的主要是地下水，西汉龙首渠引用的则为地表水，但二者在地下输水渠道上的施工方法是基本相同的。我们可以肯定的是，坎儿井和龙首渠使用的井渠法是中华民族高度智慧的结晶，它为世界水利事业提供了宝贵的经验。坎儿井的发展史，从一个侧面说明，中华文明不仅能创新，而且能博采众长、互鉴共进。

中华民族在治水上的中外交流成就，远不止坎儿井一件。有记载表明，公元前 103 年有汉人把凿井技术传到了大宛（今费尔干纳盆地，乌兹别克斯坦、塔吉克斯坦和吉尔吉斯斯坦三国交界地区）；中国的灌溉技术东传朝鲜、日本，也可以追溯到公元前；公元 1 世纪开始，中国的水排、水碾、龙骨车等水力机具渐次向西传播，直至欧洲；5 世纪，中国僧侣把渠塘结合的蓄水灌溉技术带到了斯里兰卡；7 世纪，日本的灌溉系统和坝工数量猛增，水利设施由政府集中管理，这都是受唐代的影响所致。

封建时期特别是清朝后期，中国也大量引进中亚和欧洲的水利技术。元初，赛典赤·赡思丁在云南大兴水利，就使用了西域技术。公元 17 世纪，来华传教者先后带来了大量欧洲的水利技术、工法、器具等，成书于 1612 年的《泰西水法》（徐光启、熊三拔合作译著）对此进行了系统介绍。19 世纪中叶以来，西方水利科技大量传入我国，有力促进了我国水利事业的现代化。

（四）治水播撒了和平种子

治水，不管是防治洪水、发展灌溉还是开凿运河，最晚在大禹时代就让中华民族深刻体悟到，只有和平共处、团结协作才能达到目的。其结果，治水很早就在中华民族的心田种下了和平种子。治水促进了农业发展，也滋长了定居文明，自然也强化了中华民族的和平意识。久而久之，中华文明的和平性不断增强。

如前所述，水是生命之源、生态之基、生活之需、生产之要。人人都需要水、都需要适量的水，生命、生态、生活、生产都需要水，上下游、左右岸、干支流、地表里都需要适量的水，少了固然不行，多了同样不行。基于这些浅显的公理，中华民族通过统筹兼顾、互谅互让、协作协同，处理了无数涉水矛盾，化解了无数争水纠纷，维护了社会稳定，实现了和平共处。对不同个人、不同地区、不同部落、不同民族是这样，对不同国家照样如此。明代郑和下西洋，传送的是物产、友谊与和平，而非战争、掠夺或奴役。当代中国人治水，总是本着共商共建、互利共赢的原则同周边国家和平友好地处理国际河流问题，赢得了广泛认同与尊重。古往今来，中华民族通过治水，播撒了和平种子。

也有反其道而行之的例子。战国时期，魏国有个丞相叫白圭的，善于治水；只是，他的方法主要是修堤筑坝，阻拦洪水于国境之外；至于邻国是否将因此泛滥成灾，他就不管了。孟子因此指责道：“禹之治水，水之道也，是故禹以四海为壑。今吾子以邻国为壑。”此话创造了一个成语——“以邻为壑”。其大意为：大禹治水是顺应自然，让洪水顺着河道流淌，最终奔向大海；白圭是在以邻为壑。当然，后来白圭改邪归正了。这个故事也反证了：不和平，治水是没有出路的；“己所不欲，勿施于人”，按照中国人的这个逻辑治水，和平才有保障。

治水要和平，不仅体现在人与人的关系上，也体现在人与自然的关系上。天人合一、人水和谐，自古就是中国人的追求。大禹平治水土，主张顺应自然规律。汉代，贾让提出治河三策，强调要顺从水性：“治土而防其川，犹止儿啼而塞其口。”清代，官员彭树葵则大声疾呼：“人与水争地为利，以致水与人争地为殃。”如何兴水利、避水害？首先要为水腾出必要的空间。人给水出路，水给人活路。

六、结语

中国共产党成立100余年以来，特别是新中国成立70多年来，中华民族在党的领导下继承和壮大了五千年治水形成的宝贵精神财富，为巩固和弘扬中华文明五大特性谱写了现代治水华章。

党的十八大以来，以习近平同志为核心的党中央高度重视水利事业，开创了五千年治水的崭新时代。习近平总书记亲自提出了“节水优先，空间均衡，系统治理，两手发力”的十六字治水思路，先后十余次就治水发表高瞻远瞩的系统讲话，亲自确立了世所罕见的“江河战略”，亲自擘画了国家水网建设的宏伟蓝图，为当代治水提供了根本遵循。

新时代新征程治水，要以习近平新时代中国特色社会主义思想为根本遵循，以十六字治水思路为行动指南，勤于、善于从五千年治水伟大历程中汲取经验、智慧。

我们回望五千年治水史，要从中汲取哪些力量？就是要更加全面把握中华文明的连续性、创新性、统一性、包容性、和平性，更加深刻领悟“两个确立”的决定性意义，不断增强“四个意识”，更加坚定“四个自信”特别是文化自信，切实做到“两个维护”，更加自觉听党话跟党走；就是要传承弘扬大禹治水精神（有人说是“敢于斗争、艰苦奋斗，因势利导、科学创新，公而忘私、以人为本”），从五千年治水的辉煌历史中汲取更多力量、智慧；就是要传承弘扬“万众一心、众志成城，不怕困难、顽强拼搏，坚忍不拔、敢于胜利”的九八抗洪精神，珍惜现有的伟大成就和幸福生活；就是要传承弘扬“自力更生、艰苦创业、团结协作、无私奉献”的红旗渠精神，为当代治水注入强大精神动力。

（动笔于2023年6月6日，搁笔于8月20日。张伟兵、徐少军、谭徐明、张卫东、陈茂山、胡昌支、邱志荣等，先后对本文有贡献，谨表谢忱。）

先秦传说中的大禹治水及其含义的初步解释

周魁一*

提要：大禹治水是发生在4000年前的重大历史活动。由于缺乏直接的文字记录，后世对这一历史事件有着多种解释。本文依据先秦史籍，对大禹治水的科学内涵，历史传说的真实性以及它在当时社会形态演变中所起的作用，提出了新的理解。

大禹治水是我国广为流传的历史传说，是我们祖先治理洪水斗争的生动画卷，体现了劳动人民在征服自然的过程中不屈不挠的斗争精神。大禹治水还代表着治河工程的一个重要发展阶段，对后世治河也颇有影响，因此，有必要进一步加以讨论。本文拟根据先秦传说（引用文献的时代下限截止到西汉前期），对禹治水的活动情况，治水传说的历史真实性以及它对当时社会变革可能发生的影响等方面作一初步探讨。

一

相传大禹治水是发生在大约距今4000年前的事情，那时我国已进入发达的锄耕农业阶段，黄河下游居住的氏族部落已经很多，那里有着广阔而肥沃的土地。在平原地区生产和生活，既希望靠近河流湖泊，又担心洪水的危害。最初，人们根据洪水淹没的情况，逐渐试探着在距离河流湖泊一定距离内定居下来，开荒种地。平水年份虽然也存在洪水的威胁，但修筑一些简单的堤埂和土围子拦阻漫溢的洪水，倒也可以过得去，而当气候变迁，河水猛涨，四出泛滥，原来简单的堤埂就抵挡不住洪水的冲击，房屋被冲毁，田地被淹没，酿成巨大的灾害。相传在尧舜禹时代，黄河流域就曾连续出现特大洪水。滔天的洪水淹没了广大的平原，包围了丘陵和山岗。人畜死亡，房屋和积蓄都被洪水吞没。大水终年不退，农业无法进行，给人民带来了深重的灾难。《尚书·尧典》记载着这次大水灾："汤汤洪水方割，荡荡怀山襄陵；浩浩滔天，下民其咨。"好不容易开辟出来的家园，被洪水荡涤一空，不能不引起人们极大的震惊。虽然损失是极为严重的，但是我们的祖先在这巨大的自然灾害面前并不是听天由命，再倒退回去过那采集渔猎的生活，而是同大自然

* 周魁一，中国水利学会水利史研究会荣誉会长。

展开了英勇的搏斗。陆贾在《新语·道基》一文中说:“后稷……辟土殖谷，以用养民；种桑麻，致丝枲，以蔽形体。当斯之时，四渎未通，洪水为害，禹乃决江疏河，……然后人民得去高险，处平土。”这个历史传说，正说明了农业发展和治河防洪工程起源之间的因果关系，也说明了大禹治水的历史背景。

关于这次征服洪水的传说，我国古代史籍和文献留下了许多珍贵的记录。传说在洪水威胁面前，当时有关部落的首领曾聚集在一起，召开了一次部落联盟议事会议。会议最初决定由禹的父亲鲧负责主持治水。鲧是个很有干劲的人，接受任务之后，就率领群众努力工作。他治水所采用的办法，据说仍然沿用以往修筑堤埂的传统。在先秦的记载中有“鲧障洪水”[①],“鲧作城”[②],都是用堤埂和土围子把主要居住区和临近的田地保护起来的意思。但是，这次洪水却非同小可，第一年加高了的堤埂，第二年被冲垮。第二年再把原有堤埂加高，以为可以抵挡得住了，但终因洪水过猛，第三年又被冲垮。然而鲧并不气馁，继续率领群众一次又一次地把被冲垮的堤埂加高培厚，重新修筑起来。不过那时农业已有较大发展，成为社会的基本经济部门。防洪要保证农业生产的进行，堤埂和土围子所保护的范围就应当包括主要的田地。然而当时他们所能采用的主要工具都是石头、蚌、骨等材料做的，筑堤埂的效率和质量很低，要修建足以保护农田的大量堤埂是不可能的。因而，虽经连年的努力，洪水还是没有被制服，鲧也因工程失败而被贬逐。但鲧的敢于斗争的精神，长久以来被人民所追念。传说夏朝人把鲧看作是他们的光荣的先祖，每年都要举行祭祀，大约就是这个缘故。[③]

接着，部落会议又推举鲧的儿子禹继续主持治水工作。相传禹是一个勤劳勇敢、聪明智慧的人。他吸取了父亲失败的教训，虚心向有经验的人请教，努力探索新的治水方法。他还找到伯益、后稷以及共工氏的后代四岳等部落首领做帮手，决心制服洪水，为民除害。前车之鉴，后事之师，他们吸取了先辈失败的教训，总结了治水的新经验，终于找到了一个变通的办法，以疏通河道为主，把河水顺着西高东低的地形，导流到东面的大海里去，也就是“决江、浚河，东注之海，因水之流也”[④]。所谓“因水之流”，就是根据水往低处流的道理，疏通水的去路，加速洪水的排泄。他们因势利导，广大群众一齐动手。

① 《国语·鲁语上》。

② 《吕氏春秋·郡守》。

③ 《国语·鲁语上》载:“夏后氏禘黄帝而祖颛顼，郊鲧而宗禹。”禘、祖、郊、宗分别为不同的祭祀典礼。

④ 《淮南子·泰族训》。

禹作为一个部落首领也“身执耒臿，以为民先”[①]。工作艰苦而繁忙，在治水期间，禹三过家门而不入。他没有功夫梳洗，腿上的汗毛被磨光了，皮肤也被太阳晒得黑黑的。由于人们群策群力，艰苦奋斗，经过了十年左右的时间，终于平息了水患。洪水退去之后，人们于是“降丘宅土”[②]，从平原上的丘陵高地搬到肥沃的平原来居住和生产了。后世的人们热情歌颂这次治洪的胜利，他们把禹治水的故事编成劳动时唱的歌曲，广为传颂。他们唱道：“洪水茫茫，禹敷下土方”[③]，称颂“禹有功，抑下洪，……傅土平天下”[④]。

禹时的经济生活主要以黄河流域为中心区域，治水活动大约也主要是在这一带。那时黄河经行的大致形势在《尚书·禹贡》中有所说明。关于《禹贡》著作的年代，今人已有基本一致的看法，成书约在战国中期，是一本托名圣王，总结战国时地理知识的著作。显然，《禹贡》作者当时也只能依据传说，指出一两千年前禹河经行的大略。《禹贡》的记载说：“导河积石，至于龙门，南至于华阴，东至于砥柱，又东至于孟津。东过洛汭至于大伾，北过降水至于大陆。北播为九河，同为逆河入于海。”

这里说的是黄河主流的经行。黄河在孟津以上，夹于山谷之间，数千年来没有大的变化。至孟津以下，会合洛水等支流。此后，黄河改向东北流，经过今河南省北部，再北流至今河北省南部，汇合漳水（即古降水）。黄河和漳水再一齐向北，流入今邢台、巨鹿北边的古大陆泽中。[⑤]出了大陆泽，黄河随后又分歧为几支，即所谓“播为九河”[⑥]。“播为九河”大约是黄河下游支流散漫状况的描述。各分支顺着地势，向东北方向入海。入海之处因受潮汐影响，河水好像倒流，故形容之为逆河。在一般河口三角洲上，河流往往分为多支入海，但在《禹贡》的简短记述中，特别指出黄河“播为九河”，似非一般河口三角洲上的现象，似乎说的是当时黄河下游分支较多，分支较大的情况。黄河下游“播为九河”，而大陆泽以上黄河主流

---

① 《韩非子·五蠹》。

② 《尚书·禹贡》。

③ 《诗·商颂·长发》。

④ 《荀子·成相》。

⑤ 大陆泽是古代的一个大湖的名字，原来大约是黄河和漳水冲积扇间的洼地。《尔雅》将其列为古代十薮之一。那时这一带地势很低，成为黄河自然汇聚的地方。大陆泽的位置，“在邢州及赵州界，一名广河泽，一名钜鹿泽也”（《史记正义》），大约在今天的邢台、巨鹿以北。后来大陆泽又被黄河泥沙所淤平，现在的宁晋泊大约是它的遗迹。

⑥ 前人研究表明，古代的所谓九，并不一定指的是一个确实的数字，而往往用来形容多数的意思。如九川、九山、九天、九载、九族之类的用法很多。所谓“播为九河”，大约是黄河下游支流散漫状况的描述。

独行，这种不同可能是基于那时各地开发程度的差别。河南北部和河北南部禹时已经比较重要，传说中著名的颛顼帝的帝都，就在今天的濮阳，自然不宜让黄河在这一带散漫横流。而河北东部在当时就较少有人居住，这一带至今未发现有石器时代文化遗址，因此在治理上并不着重，任黄河尾闾“分播为九”也是可能的。参见禹河经行图。

这样大范围地疏导河水，要有相应的技术措施才行。《淮南子・原道训》载：“禹之决渎也，因水以为师。”以水为师就是善于总结水流运动的规律。水往低处流是极为明显的现象，当时人们大约就是根据这一原理，因势利导，疏浚排洪。相传大禹治水的主要方法是：“决九川距四海，浚畎浍距川。”[①] 距在这里是到的意思。也就是说，疏通主干河道，导引漫溢出河床的洪水和积涝回到河中并输送入海。可以想见，洪水出槽，在广阔的平原上向下游奔驰，势必把平地冲成千沟万壑。在这些沟壑中，主流所经的河道，总是比较宽大的，如果能集中力量把这些主干河道疏浚通畅，裁弯取直，加速洪水的排泄，然后再在两岸加开若干排水沟，使漫溢出河床的洪水和积涝有可能迅速回归到河槽中来，那必将减轻洪水的威胁。这样，夏季允许洪水泛滥出槽，而在汛后再来加速排泄沥水，肥沃的耕地又会重新显露出来，从而使得“水由地中行，然后人得平土而居之”[②]。和堤埂、土围子比较，要保护较大的范围，疏导的方法自然比较容易取得成效，河水泛滥的危害减小了。

用疏导的方法治水，还必须了解下游地区的地形情况，以便疏浚排水去路。相传禹治水时已经发明了原始的测量，即所谓“左准绳，右规矩”，“行山表木，定高山大川”[③]。“准绳”和“规矩”就是今天所说的铅垂、角尺和圆规，都是最基本的测量工具。“表”在这里是标明、测量的意思。“行山表木”，《尚书・皋陶谟》作“随山刊木”。“刊”有削的意思，也有刻画的意思。可见所“刊”的木不是普通的木，而是刻有尺度的测量标桩。“随山刊木”大约是原始的水准测量。我们的祖先使用这些原始的测量工具，创造了古代的水利测量学。[④]

---

① 《尚书・皋陶谟》（通行本）。

② 《孟子・滕文公下》。

③ 《史记・夏本纪》对大禹治水的活动概括叙述为：“禹乃遂与益、后稷奉帝命，命诸侯、百姓兴人徒以傅土。行山表木，定高山大川。……左准绳，右规矩，载四时，以开九州，通九道，陂九泽，度九山。令益予众庶稻，可种卑湿。”

④ 相传在大禹治水的过程中，数学也得到了发展。《周髀算经》写道：“故禹之所以治天下者，此数之所生也。”汉代赵君卿进一步注解说：“禹治洪水，决疏江河……使东注於海。”虽然数的出现当在早于禹的远古结绳记事时代，勾股定理的发明未必肯定就在禹的时候，但禹治水过程中定然离不开原始的数学计算，治水本身也会对数学的发展有所推动。

如何看待这场人类征服自然的辉煌胜利呢？有人说："禹之决江水也，民聚瓦砾。事已成，功已立，为万世利。禹之所见者远也，而民莫之知，故民不可与虑化举始，而可以乐成功。"[①]也就是说在大禹深谋远虑治水的时候，人民群众却只知道用瓦砾保护自己的住处，甚至用瓦砾投掷大禹。大禹治水成功了，人民坐享其成。这是唯心史观的结论。

西汉初年著名政治家贾谊在他所写的《新书·修政语》一文中提出了另一种说法，他借用大禹的口气说："大禹曰，民无食也，则我弗能使也；功成而不利於民，我弗能劝也。……民劳矣而弗苦者，功成而利於民也。"贾谊借助禹治水的历史故事，只是为了说明新兴地主阶级巩固封建统治（"治天下"）的方法，但却客观地反映出，没有人民群众参加就不会有治水的胜利的事实。今天，我们用唯物史观来分析这些史料，则可以肯定地说：大禹治水的传说是我国古代劳动人民艰苦卓绝的治水斗争的生动记录，表现出劳动人民与天奋斗和人定胜天的决心和勇气。大禹则是这场斗争的辉煌的代表性人物。

后世在谈论大禹治水时，往往有人曲意褒贬，把治水成功的功劳完全归在禹的身上，把失败的责任则全部推到鲧的头上，这也是不公正的。禹治水以疏为主，这无疑不同于鲧，但禹的方法是有鉴于单纯障的教训而总结出来的，是障的方法的合乎规律的发展，不能无视鲧的治水成就，数典而忘祖，这是其一。其二，禹治水也不是单纯的疏导，他还吸收了前代的经验，用堤埂作治水的必要辅助手段。《禹贡》中记载有"九泽既陂"的话，陂就是湖泊、池塘周围的堤埂。陂的利用说明了禹对障的方法的继承。特别在开始治水的时候，人们为了保护生产和生活的进行，必然要依靠这种土围子和堤埂。"禹之时天下大雨，禹令民聚土积薪，择丘陵而处之"[②]，就是说的这种情况。在洪水未治之前，择平原上较高的"丘"避水居住，是合乎情理的。当时在治水的重点地区兖州（今鲁西、豫北一带），较少有山，而以丘名的高地却有许多，如《禹贡锥指》卷三所统计，在今濮阳、浚、滑等县境内，就有帝丘、旄丘、瑕丘、铁丘、清丘、敦丘等这样的高地。但丘的高程有限，需要土围子来辅助，而"聚土"，大约是用来修筑土围子的。不仅在治水之前是这样，即使在人们"降丘宅土"之后，也离不开堤埝和土围子的保护。因为，那时的黄河并不是像今天的两岸有系统堤防的黄河一样，而是主流所经即为河床。平时河水容纳于河床之中，而在洪水到来的时候，难免要四处漫溢。好在黄河洪峰流量也不顶

① 《吕氏春秋·乐成》。

② 《淮南子·齐俗训》。

大，洪峰维持的时间也只有几天[①]，依靠土围子临时保护一下，住在较高的地带也就可以勉强度汛了。《礼记·祭法篇》载：“禹能修鲧之功。”《国语·鲁语上》载：“禹能以德修鲧之功。”三国时人韦昭解释“修鲧之功”说：“鲧功虽不成，禹亦有所因，故曰修鲧之功。”也就是说，禹在疏导之外，也吸取了鲧障洪水的经验作辅助，所说极是。

大禹治水的传说在治河史上处于这样的阶段：在它以前，防洪主要依靠堤埂和土围子，而在春秋战国以后，又演变为以系统堤防为防洪的主要手段。禹所采用的疏导办法，较之相传的共工和鲧所采用的“障洪水”的办法进了一大步，可以照顾到更大的范围。“疏”否定“障”，这是治河思想上第一次重要发展。疏浚的办法日后又进一步演变为堤防的办法，从而实现了由被动防水到积极治水的新飞跃。“堤”否定“疏”，这是治河思想上的第二次重要发展。“堤”是“障”的更高一级的循环，是“疏”的再否定。“自然界的一切归根到底是辩证地而不是形而上学地发展的”[②]，治水思想也同样呈现出“障”—“疏”—“堤”的辩证发展过程，当然，“障”和“疏”是对立的统一，它们在一定的条件下是可以互相转化，相辅相成的。在以疏导为主的时候，辅之以土围子，在以堤埂

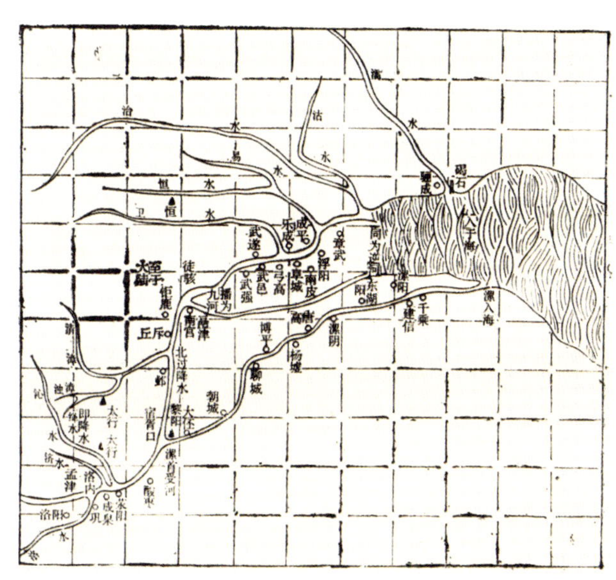

禹河经行图（引自胡渭《禹贡锥指·导河图》）

① 和长江洪水比较，黄河洪水的特点就比较清楚了。从近代情况来看，黄河年径流量大约只是长江的1/20。二者洪峰流量相差也比较大，其中黄河（秦厂站）洪峰流量大于1万（立方米每秒）者不到洪峰总数的5%，而长江（汉口站）超过4.7万（立方米每秒）者已达洪峰总数的5.5%；从一次洪峰持续时间来看，黄河下游洪水“一日之间昼减夜增”（《汉书·沟洫志》），危害最大的伏汛，“洪水来急去速，猛涨暴落，持续时间不过几天”。峰形尖瘦，黄河花园口站洪峰相对陡峻度高达0.789。而长江下游洪水涨落速度较慢，峰形矮胖。长江汉口站洪峰相对陡峻度仅有0.02。参阅钱宁、周文浩：《黄河下游河床演变》，科学出版社1965年版。

② 《马克思恩格斯选集》第3卷，人民出版社1972年版，第62页。

为主的时候，也辅之以疏浚。日后，“障”和“堤”更辩证地统一在一起，形成了“束水攻沙”的新的治河思想。从这个意义上讲，大禹治水在我国治河发展史上占有重要的地位。

二

上面我们分别讲到传说中禹治水的活动和他们所采用的技术措施。但是，那时是否有可能成就如此规模的治水工程呢？禹治水是否真有其事呢？

20 世纪 20 年代，在我国历史界存在有疑古的思潮，对传说时代的古史材料颇多怀疑。大禹治水的传说最完整，流传最广，影响最大，因此议论也最多。有人怀疑禹治水是否真有其事，还有人把禹治水的传说和西欧的洪水神话相提并论，这是不恰当的。首先，春秋战国时期有关禹治水的记载颇多。那时，诸子百家作为不同阶级和派别的不同思想流派，他们之间的争论是十分激烈的。但在互相指责和互相揭发的过程中，不仅没有谁提出过对古代这件极其轰动的事件的怀疑，而且对洪水发生的时间、规模、主要技术措施、施工时间的长短和主要成就的说法都大体一致，可见，大禹治水的活动绝非后代所编造。① 此外，大禹治水的传说和西欧的洪水神话也有实质的不同。欧洲的神话从遍于世界的洪水引出人类的起源和再造的结论，这是洪水的现实“对于人们所引起的一种幼稚的、想像的、主观幻想的变化……所以它们并不是现实之科学的反映”②，因此，甚至成为古代宗教制造上帝创造世界的迷信说法的根据。而大禹治水的传说则不然，滔天的洪水并未毁灭人类，人们不仅没有逃上诺亚方舟和被上帝所拯救，而是原始公社的人们在他们的领袖的领导下，总结和发展了先辈的治水经验，用自己的双手和自己制造的劳动工具，经过十多年的艰苦努力，制服了洪水，这是治水现实的真实写照。大禹治水的名称所代表的，正是劳动人民的治水斗争。

那么，真实的情况可能是怎样的呢？禹时尚未发明文字，那时人类的突出活动用传说的形式口口相传。到了文字发明以后，才为后代所追记。禹治水的活动正是这样一种历史传说。既然是传说，自然会有差异，后人的追记也会因而有所夸大，而且后代其他一些治水活动，也会由于禹治水的成就卓著，而附会到禹的身上。因此，如果我们把大禹在黄河下游的治水活动，理解为从禹以后直到西周（铁器时代以前）劳动人民治水成就的集合，可能比较接近历史真实。其次，在先秦诸子的记

① 参见徐旭生：《中国古史的传说时代》，科学出版社 1960 年版。

② 《毛泽东选集》，人民出版社 1964 年版，第 319 页。

载中也提到禹治水的范围达到江、汉、淮、汝诸水。是否禹时江、淮、河、汉一同发水，治水区域一定遍及长江、淮河？也无从考察。不过古代劳动人民早已在长江、淮河流域劳动、繁衍，也必然会开发水利，治理水害。传说住在今天淮河下游以及苏北和山东东南沿海一带的是夷族，其首领伯益就曾和大禹协作，共同治水。这是最早的各氏族团结治水的范例。各地区、各氏族防洪治水的成就，大约也因为禹治水的声名远播而包含在一起了。再次，有的记载提到禹“凿龙门”“辟伊阙”，这又是怎么一回事呢？龙门在陕西韩城县与山西河津县之间的黄河上。伊阙则在洛阳的南边，两山夹峙如门。黄河和伊水分别在其中流过。这本是大自然创造的奇迹，是千万年地质变动和水流冲刷的结果。古时科学不发达，把自然力的创造疑为鬼斧神工，而谁能做出这样伟大的工程来呢？这种猜测自然地附会到以治水闻名的圣人身上，正如“非禹其谁能修之”[①]的推想所表达的。这又是自然现象的附会。传说中夹杂着这样一些附会是很自然的事情。这种时间、地域以及自然现象的附会更加强了禹治水的传说色彩。不过，历史传说是以历史事实为基础的，在这点上它根本不同于神话。那么，大禹治水又为什么如此突出和著称，以至掩盖了后代其他类似的治水活动呢？我们再从社会原因方面来考察。

三

传说中大禹治水规模巨大，成就卓著，是整个社会的集体行动，其影响会波及社会的各个方面，对社会发展产生重要的影响。那么，大禹治水与我国奴隶制国家政权的形成之间是否存在着某种联系呢？作为一种可能性，我们作如下初步探讨。

禹治水是发生在原始公社正在向奴隶社会过渡时期的事情。那时生产力已较前代大为进步。[②]传说甜酒的酿造也是从禹的时候开始的。酒的酿造说明农产品除氏族本身吃用外，还进一步有了剩余。龙山文化遗址的考古发掘证明，“墓葬的形制大小不同，随葬品的多寡也很悬殊，这可能表明当时已出现了私有财产和贫富差别，而处于原始氏族公社的解体阶段”[③]。对龙山文化遗物的碳素测量表明，其时

① 《左传・襄公二十九年》。

② 传说中有多处提到那时已应用铜器。古史《越绝书》载风胡子说：“禹穴之时以铜为兵，以凿伊阙，通龙门，决江导河，东注於东海。”明确地说，禹的时候已经有了铜制兵器，并用以治水，这还有待考古发掘来证明。

③ 参见中国科学院考古研究所编著：《新中国的考古收获》，文物出版社 1961 年版，第 20 页。

代大约相当公元前廿一世纪，[①] 正是禹的时代。这时战争中的俘虏就不必再被杀掉，而被捉来充作奴隶。私有制发展的结果，出现了阶级、阶级压迫和阶级斗争，原始公社开始瓦解，奴隶制生产关系开始出现。这和传说中禹时社会的变化是一致的。[②] 这时，正如恩格斯所指出的："氏族制度已经过时了。它被分工及其后果即社会之分裂为阶级所炸毁。它被国家代替了。"[③] 关于国家起源，作为背景材料，我们仅作如上简单叙述。下面我们着重探讨奴隶制国家政权机器的形成和大禹治水之间的连带关系。

在我国，由原始公社到奴隶制的转变，其间大约经过了数百年的时间。而标志着这个转变的完成，即奴隶制国家政权的出现是从何时开始的呢？从历史传说中分析，奴隶制国家政权的出现，恰好处在大禹治水以后。说明这一变化的最明显不过的事情是由禅让制到世袭制的转变。在禹以前，部落联盟议事会议的首领是通过选举的形式产生的，著名的尧舜禹禅让的传说就是如此。但从禹开始，禅让的传统被破坏了。禹的儿子启用武力夺取了禹原来的职位，开始传子世袭制。奴隶制国家最终形成了。这就是传说中我国第一个奴隶制国家——夏王朝。除了由禅让制到世袭制的转变之外，传说中能够说明治水与奴隶制国家形成间的连带关系的还有以下两件事：

第一，地域的划分。《山海经·海内经》中说，"禹卒布土，以定九州"；《淮南子·修务训》也说，"禹……平治水土，定千八百国"。特别指出治水以后出现了新的社会组织形式，治水后正式划分的州、国与由血缘关系形成的原始公社的氏族部落不同，已经成为一种地区行政区划。而"国家和旧的氏族组织不同的地方，第一点就是它按地区来划分它的国民"[④]。值得指出的是，在我国古代第一篇系统地理著作《禹贡》中，作者把全国的地域按行政区域划分为冀、兖、青、徐、扬、荆、豫、梁、雍九州，并把九州的划分和大禹治水直接联系起来，这恐怕不是偶然的。

---

① 见《考古学报》1975 年第 1 期《磁县下潘汪遗址发掘报告》。其中提到，对下潘汪龙山文化遗存的蚌刀残片年代测定，其年代距今 4050±95 年（公元前 2100±95 年）。这与被推定为夏的年代即公元前约 21 世纪至公元前 16 世纪基本相符。

② 《礼记·礼运》中说：禹以前的社会状况是，"大道之行也，天下为公。……货恶其弃於地也，不必藏於己（产品公有），力恶其不出於身也，不必为己（各尽所能）"，是公有制的原始公社制。而禹之后，则是"货力为己（财产私有），大人世及以为礼（世袭是合理的制度）"的私有制国家。

③ 《马克思恩格斯选集》第 4 卷，人民出版社 1972 年版，第 165 页。

④ 《马克思恩格斯选集》第 4 卷，人民出版社 1972 年版，第 166 页。

第二，权力的分配。《国语·郑语》中说："夏禹能单平水土以品处庶类者也。"这句话是什么意思呢？韦昭注解说："单，尽也；庶，众也；品，高下之品也。禹除水灾，使万物高下各得其所。""使万物高下各得其所"，当是等级和阶级的划分。社会以明确的形式划分为统治阶级与被统治阶级，在统治阶级中又区分为权力高下不等的若干阶层或等级，这是国家形成的又一个标志。

那么，我国第一个奴隶制国家政权为什么恰恰形成于大禹治水之后呢？治水在国家形成过程中究竟起着什么样的作用呢？要回答这个问题，让我们先来看看类似的例子。恩格斯曾经指出：社会划分为阶级，"而同一氏族的各个公社自然形成的集团最初只是为了维护共同利益（例如在东方是灌溉）、为了抵御外敌而发展成的国家，从此就具有了这样的目的：用暴力来维持统治阶级的生活条件和统治条件，以反对被统治阶级"[①]。在这里，恩格斯指出，东方存在有由于维护灌溉的共同利益而组成的机构日后演化为国家机器的情况。他所说的东方是古代的波斯和印度。也有由军事指挥机构演化为国家机器的情况，如古代的德意志。那么，我国是否存在这种由原始公社维护共同利益的组织，演化为奴隶制国家机器的情况呢？可以认为，治水过程中形成的领导机构有条件演变为国家机器。这是由于治理洪水是牵涉范围很广的事情。当时洪水为害如此严重，成为各氏族部落共同的生死攸关的头等重要问题。因此，各个部落不仅要通力合作，而且也需要强有力的统一领导，需要组成固定的领导机构，去大规模地组织人力物力。这时各部落公推的领袖人物就获得了部落联盟议事会议的首领从未有过的权力。在古史的传说中，有这样一件事："禹朝诸侯之君会稽之上，防风之君后至，而禹斩之"[②]。禹专断地处决了参加会议迟到的氏族部落首领，说明紧迫的治水任务已使他拥有至高无上的权力和威望。可见，在长时间的治水过程中，形成了一套严格的领导机构，领袖人物也以专断代替了民主。这时禹和其他氏族首领不再是平等的协商关系了，而代之以新的隶属关系即国王和诸侯的臣属关系。

治水领导机构对于国家政权的形成是有重要意义的。在西方氏族社会（例如德意志）中，军事首长的扈从队制度日后演变为奴隶制国家机器的重要组成部分，因此它"促进了王权的产生"[③]。在我国，大禹治水过程中形成的制约各氏族部落的领导机构，当是奴隶制国家机器的前身，因而，治水本身也像化学反应中的催化剂一

① 《马克思恩格斯选集》第 3 卷，人民出版社 1972 年版，第 188 页。

② 《韩非子·饰邪》。

③ 《马克思恩格斯选集》第 4 卷，人民出版社 1972 年版，第 141、149 页。

样，在奴隶制国家的形成过程中起着促进的作用。这大约是我国第一个奴隶制国家政权为什么恰好出现在禹治水之后的缘故。而大禹治水与奴隶制国家政权的出现有如此密切的联系，当是这次治水特别著称的社会原因。

* 本文写作中得到姚汉源教授指导。

（原载《武汉水利电力学院学报》1978 年 3—4 期。收入本书时，张卫东作了校订）

禹祭四千年

——写在 2020 年网上公祭大禹陵之际

冯建荣*

大禹是治水英雄、立国始祖、中华圣王。葺禹庙、修禹陵、祭大禹，是华夏儿女 4000 多年来绵延不绝的传统。

“江淮河汉思明德，精一危微见道心。”大禹以其明德、道心，以其光辉业绩和伟大精神，赢得了华夏儿女的不绝思念与崇敬。“礼有五经，莫重於祭。夫祭者，非物自外至者也，自中出，生於心也，心怵而奉之以礼。是故唯贤者能尽祭之义。”大禹以道心换得了民心，葺庙、修陵、祭祀、树碑，成了人们思念和崇敬大禹最基本、最传统的表达形式。

历代对大禹陵庙的修葺，通常以官方为主，具体有三种形式：一是朝廷拨款并派员主持修葺，也有委托地方主持的。二是地方出钱并负责修葺。三是在官修过程中，地方官员、乡绅、黎民捐款相助。这些修葺，既有制度性安排的例修，也有根据帝王旨意与地方长官主意而行的特修。

历代对大禹陵庙的祭祀，既有官祭，亦有民祭，大体上可以分为五种情况：一是皇帝亲临致祭。二是皇帝遣官致祭。三是地方有司祭祀。四是禹裔宗亲祭祀。五是庙会社团祭祀。

第一，最早祭禹的，可以追溯到夏王启派遣的使者及禹之后人。

“启使使以岁时春秋而祭禹以越，立宗庙於南山之上。”这是有关祭禹及禹之宗庙的最早记载。

或许是由于每年派使臣往返祭祀的不便，也或许是为了更好传承禹祭，守好禹冢，到大禹六世孙少康时，进一步作出了守冢与祭祀一举两得、世代相沿的重大制度安排，把庶子无余分封到了越地。“禹以下六世而得帝少康，少康恐禹祭之绝祀，乃封其庶子於越，号曰无余”，以守禹冢。

这一重大制度安排，一直延续到了一千八九百年后的越王句践时期，他的一项重大使命，正是搞好禹祭，守好禹冢。“越王句践，其先禹之苗裔，而夏后帝少康之庶子也，封於会稽，以奉守禹之祀。”

---

* 冯建荣，绍兴市文史研究馆馆长，绍兴市政协原副主席。

上面这些文献上的记载，告诉了我们三个重大的史实。其一，禹庙之建与祭禹活动，始于夏代。禹庙建于会稽山，祭禹经历了从遣使致祭到封越祭祀的过程。其二，祭祀的地点，在越之会稽山。其三，无余是越之先君，句践是禹之苗裔，他们均封于越，以奉守冢与祭祀之责。

第二，最早亲祭大禹的帝王，是秦始皇。

如果说，在越地立宗庙，遣使臣来越祭大禹，后又封禹裔于越以守冢、祭祀，多少还带有点宗亲家祭性质的话，那么，秦始皇来越地亲祭大禹，则是他唯一的一次到先代帝王陵寝所在地举行的祭祀，首创了帝王祭禹祀典的先例，是为大禹举行国家祭典的滥觞，开启了祭禹的最高礼仪。“三十七年（前 210 年）十月癸丑，始皇出游……行至云梦，望祀虞舜於九疑（通‘嶷’）山……上会稽，祭大禹，望于南海，而立石刻颂秦德”。秦始皇不远万里来到越地，是为了歌颂秦德、弘扬秦风，恩威越人、稳定越地，而祭拜大禹、以示大统，无疑也是主要的目的。他对虞舜，是于九嶷山“望祀”；而对大禹，则是“上会稽”亲祭，足见大禹在其心目中的巨大影响与崇高地位。

在秦始皇巡越祭禹的第二年，即公元前 209 年，秦二世胡亥仿其父巡越时，也举行了礼祀大禹的活动。

司马迁是一位非常严谨的史学家，为了写好《史记》中相关的内容，他专门临越实地考证禹穴，得出了大禹葬于会稽的结论，并慎重而又郑重地写入了他的不朽著作当中。“二十而南游江、淮，上会稽，探禹穴，窥九疑（通‘嶷’），浮於沅、湘”。司马迁对九嶷是“窥”，对禹穴是“探”，想必是探了个究竟的。

第三，最为难得的，是自汉至元的 1500 多年间，对修禹庙与祭大禹的坚持不断。

其一，汉代时，保持了在越地祭祀大禹的传统。汉高祖刘邦灭秦建汉后，让闽君摇做越王，作为越国的后代供奉祭祀。

其二，南朝时的宋、梁，存世只有百余年，却留下了三次修庙、两次皇帝遣使致祭的记载。宋武帝永初间，敕修禹庙。宋文帝元嘉初，遣使代至会稽祭祀。宋孝武帝时，又遣使到会稽修缮禹庙。梁武帝时，曾组织修缮禹庙，并遣使代至会稽祭祀。

其三，隋唐至吴越国的四百年间，越地有关禹庙的碑方相续、诗文相传，显示着这是一方令人留恋的热土、众人朝拜的圣地。

隋时，有立于隋炀帝大业二年（606 年）史陵正书的禹庙碑等。

其四，唐代与吴越国时的修葺与祭祀，呈现出了次数多、诗文多、碑版多的特征。碑版方面，见之于文献记载的，有剡县（今浙江嵊州）人、会稽郡公徐浩撰并书的“题禹庙诗碑”等9通。除了这些庙碑之外，还有大量的庙诗、庙文，载录于《全唐诗》《全唐文》等当中。

这一时期的禹祭，既有皇帝遣使致祭，也有越州长史往祭，还有社会名流拜祭，形成了此后祭典的雏形。

其五，宋时很重视对大禹陵庙的看护、修葺，呈现出了制度性安排的特征。尤其在北宋前期，朝廷屡次下诏，强调对历代帝陵的保护，并将越州大禹陵庙列为重点保护对象。

宋时祭禹，有官祭、民祭。官祭已成制度，规定得十分具体；民祭颇为热闹，进行得有条不紊。宋高宗绍兴元年（1131年），还“命祠禹於越州，及祠越王句践，以范蠡配”。这既表明了朝廷对句践与范蠡历史贡献与地位的充分肯定，也表明了朝廷是将句践视为禹之后裔的。

民祭方面，每逢大禹生日，禹庙游客甚盛，成为市民节日。“三月五日，俗传禹生之日，禹庙游人最盛。无贫富贵贱，倾城俱出。士民皆乘画舫，丹垩鲜明，酒樽食具甚盛。宾主列坐，前设歌舞。小民尤相矜尚，虽非富饶，亦终岁储蓄以为下湖之行。”

其六，元代时，曾两次对禹庙进行整修。一次在元武宗至大四年（1311年），由绍兴路达鲁花赤多尔赤主持，江浙儒学提举邓文原撰《帝禹庙碑文》。另一次在泰定元年（1324年），由太守王克敬主持，次年毕工时，儒学大家韩性撰《元绍兴路修庙记》。

关于祭祀，元代也有明确的规定。元泰定帝“致和元年（1328年），礼部移太常送博士议，舜、禹之庙合依尧祠故事，每岁春秋仲月上旬卜日，有司蠲洁致祭，官给祭物”。

第四，最浩大隆重的修葺与祭祀，在明清两朝与中华民国。

其一，明代时，对包括大禹陵庙和宋六陵在内的先代帝王陵寝的守护、修营和建设，胜于以前各朝。明太祖洪武三年（1370年），遣官访先代帝王陵寝，将大禹列为36位功德昭著者之一，并大修禹庙。明世宗嘉靖二十年（1541年），知府张明道建立岣嵝碑与亭。明神宗万历十七年（1589年）初刊刻的《绍兴府志》中，出现了历史上第一幅大禹陵庙图。

特别是明世宗嘉靖三年（1524年），知府南大吉大修庙宇建筑，新建大禹陵区，基本上确立了今日大禹陵陵园的格局，实在是功德无量之举。一是修建禹庙。

对禹庙进行了有史以来规模最庞大、功能最完备的一次修葺与建设。二是树立“大禹陵”碑，新建相关配套建筑。碑身高 4 米，阔 1.9 米，字径 1.23 米，为南大吉亲笔所书，至今巍然矗立，成为大禹陵陵区的核心所在。三是形成了大禹陵陵园风貌。此前的大禹陵庙，文献上只偶尔出现“庙”“殿”“庑”等字样，事实上空间相对狭小，建筑也相对简单。而南大吉兴建的大禹陵园，与原庙区山地同体，中间只隔一墙，两下占地 20 余公顷，其中陵区新增面积超过三分之二。

明代对大禹的祭祀，典礼详备。除了京师立庙致祭外，还将会稽祀夏禹列为重点。有明一代，皇帝登极特遣告祭，就史料所见，有洪武四年（系补祭）及宣德、正统、景泰、天顺、成化、弘治、正德、嘉靖、隆庆、万历元年，共 11 次；皇帝遣使传制致祭，有 14 次。

其二，清代对大禹陵庙的修营、守护与祭祀空前重视，特别是顺治、康熙、雍正、乾隆等皇帝，或亲自顾问，或亲临祭祀，表明崇禹、尊禹、祀禹，已成为华夏民族的共识。

清时，诏修、重修大禹陵庙，根据方志、史书与碑方所载，较大规模的有 12 次。

清代修大禹陵庙，最具代表性的人物，是绍兴知府觉罗百善。他任知府达 14 个年头，是历届知府中任期最长的一位，因年七十而去任。离任时，自绍兴城西郭门至钱塘江边西兴驿百里道上，乡人扶老携幼，焚香遮道相挽留，两日始得渡江而去，可见是一位和合满汉百姓、身体力行“百善”、践行大禹精神的好官。

清代祭禹，呈现出了次数频繁、皇帝亲祭、礼仪隆重三大特点。有清一代，总共有 7 帝遣官祭禹 43 次，其中康熙时 10 次、雍正时 3 次、乾隆时 18 次、嘉庆时 5 次、道光时 4 次、咸丰时 1 次、光绪时 2 次。凡登基、亲政、建储、巡视、平叛、靖边、升祔、庆寿辰、晋徽号、神主配享、为民祈福等，皆致祭，并立告祭碑。祭文、香帛，遣官自京赍送。特别值得记下的是，康熙、乾隆二帝南巡会稽、亲祭禹陵，还破例行了三跪九拜之最高礼仪。

其三，中华民国时期，战乱频仍，内忧外患，政废财竭，民不聊生，大禹陵少有修缮。然祭祀活动之多，前所未有，表达了人们在特殊时期，对大禹的特别思念与精神寄托。

修缮方面，较大规模的一次，在中华民国 21 年（1932 年）5 月至次年 7 月，毕工时置立了“重建绍兴大禹陵庙碑”，由中国近代民主革命家、思想家章炳麟撰文。

祭祀方面，较有代表性的有 7 次。其中包括：中华民国 5 年（1916 年）8 月 20 日，孙中山偕胡汉民、朱执信等，瞻仰大禹陵庙，抚摩窆石，辨识题刻。

民国 28 年（1939 年）3 月底，中共中央革命军事委员会副主席、中共南方局书记周恩来，以国民政府军事委员会政治部副部长的公开身份，临绍视察抗日，省亲祭祖。29 日下午，瞻谒了大禹陵庙，在大禹像前肃立良久，在大禹碑前摄了单人照留念，在禹庙拜厅前石阶上与随行人员合照一张，屡屡称颂大禹业绩，号召发扬大禹精神。

民国 36 年（1947 年）4 月 11 日下午，国民党总裁、国民政府主席、国民政府军事委员会委员长蒋介石瞻谒大禹陵庙。

第五，最自觉、最自信的是新中国对大禹陵庙的保护、修缮与祭祀。

其一，新中国成立之初，大禹陵庙的保护、修缮即引起了群众的关注与政府的重视。1961 年 4 月，大禹陵庙被列为浙江省首批 42 处文物保护单位之一。

其二，随着改革开放的启动和推进，大禹陵庙的保护工作得到了不断的加强。1976 年至 1981 年，地方政府对大禹陵庙进行新中国成立后的第三次大修，因大部分项目集中在 1979 年，因称“1979 年第三次大修”。1982 年 4 月，禹陵文保所正式成立。1988 年 5 月 26 日，浙江省文化厅、城乡建设厅批准大禹陵庙文物保护范围和建设管控地带。1989 年 5 月 15 日，绍兴市人民政府常务会议审议通过《关于限期迁移禹陵文物保护区坟墓及严禁建坟的通告》。

其三，20 世纪 90 年代，在新中国修禹陵、祭大禹史上，具有十分重大的转折性意义。1994 年 12 月 15 日，中共绍兴市委、绍兴市人民政府向中共浙江省委、浙江省人民政府呈送《关于举行’95 浙江公祭大禹陵活动的请示》。同年 12 月 22 日，中共浙江省委召开专题会议，决定于 1995 年 4 月 20 日（农历三月廿一，谷雨），在大禹陵举行“1995 年浙江省暨绍兴市各界公祭大禹陵”活动。

1995 年 3 月 15 日，中共浙江省委办公厅、浙江省人民政府办公厅印发《关于’95 浙江省暨绍兴市各界公祭大禹陵活动总体方案》的批复。同年 4 月 5 日，在禹陵入口处眠牛山、眠犬山之间新建的大禹陵牌坊落成，由牌坊通向大禹陵的新建神道主干道工程完工。4 月 20 日，浙江省人民政府与绍兴市人民政府，在禹庙正殿，隆重举行“浙江省暨绍兴市各界公祭大禹陵典礼”。这次祭祀，是新中国成立后的首次公祭，标志着传承 4000 年之久、已中断了 60 年的公祭大禹陵传统的恢复。《人民日报》对此作了专门报道，称“中断了整整 60 年的公祭大禹陵典礼，今天在历史文化名城绍兴举行”。自此以后，谷雨成了约定俗成的祭禹日，并形成了每年一小祭、五年一公祭、十年一大祭的惯例。5 月 15 日，中共中央总书记、国家主席江泽民视察大禹陵，回京后为大禹陵牌坊题写了“大禹陵”三字坊额。

1996 年 10 月 14 日，国家教委、文化部、解放军总政治部等六部委，将大禹陵列为全国百家中小学爱国主义教育基地之一。11 月 20 日，国务院公布大禹陵为全国重点文保单位。

其四，进入 21 世纪，修禹陵、祭大禹被赋予了续文脉、明荣辱的崭新含义与崇高使命。2006 年 3 月 28 日，中共浙江省委书记、浙江省人大常委会主任习近平以《祭禹陵，续文脉，明荣辱》为题，致信绍兴公祭大禹陵活动，指出“公祭大禹陵是一件十分有意义的事情”，“对于坚持以爱国主义为核心的民族精神和以改革创新为核心的时代精神……都是有益的”；强调“必须传承中华文明，继承优秀传统文化……促进社会主义先进文化的繁荣与发展，为经济社会全面协调可持续发展提供源源不断的精神动力”。(《绍兴日报》2006 年 4 月 2 日第 1 版）这是当代中国人不忘本来、面向未来的文化自信，也是当代中国人忠实传承和弘扬中华优秀传统文化、积极引领和践行中国先进文化的文化自觉。

2006 年 5 月，国务院公布“大禹陵祭典”为第一批国家非物质文化遗产名录。

2007 年 4 月 20 日，文化部与浙江省人民政府共同举行公祭大禹陵典礼，标志着祭禹上升为国家级的祭祀活动。

2011 年，经国家文物局批准，绍兴市人民政府组织实施了对禹庙的大修，重点解决了大殿屋顶渗漏、室内油漆剥落等问题。

2019 年，大禹陵庙再次启动修建工作。此前的 2004 年 3 月，曾建成祭祀广场和神道二期工程，陵区空间东至古献陵殿大禹山山尖，南至禹池南岸，西至神道前门门阙，北至禹庙大殿龙头墩，面积扩至 1 平方千米许。2005 年，又建成了大禹陵享殿。这次修建，主要是实施扩建祭坛和新建博物馆两大项目。这是弘扬大禹文化、传承中华文明的实际行动。

清明已过，万物盎然。谷雨将至，百谷欲登。又是一年的祭禹大典即将举行。当前，英勇的华夏儿女正在伟大的中国共产党领导下，与新中国成立以来在我国发生的传播速度最快、感染范围最广、防控难度最大的新冠肺炎疫情，进行着严峻的斗争。疫情防控阶段性成效进一步巩固，复工复产取得重要进展，经济社会运行秩序加快恢复，但防范疫情输入压力不断加大，复工复产和经济社会发展面临新的困难和挑战。在这样的形势下，进一步凝聚起中华民族大家庭的强大合力，就显得尤为重要。这也赋予了今年祭禹的特殊意义。

在昔洪灾骇浪滔，人为鱼鳖难亡逃。
大禹胼胝担重任，圣王苦焦创夏朝。
会稽诸侯统天下，泽被遐荒济众兆。
今具珍果兼佳酿，尤盼我祖佑风调。
愿我华夏大地禹风浩荡，荡涤污泥浊水，长保风调雨顺！
愿我华夏儿女春风如意，意得良辰美景，尽显神清气爽！

夏禹文化的新探索

——近年来夏禹文化研究述评

谭继和 *

摘要：本文综述了近年来夏禹文化研究的方向、趋势及成果。包括夏禹与西蜀、成都平原古城文明关系，夏禹文化的内涵与传播，大禹历史与传说考证等。

夏代是中国由史前时期向文明社会演进，由部落向国家演进的完成阶段。而大禹作为文献记载的夏王朝的第一世帝王，则是这个完成阶段的临界点和结穴点。欲探索整个夏代文化，不能不研究夏的先祖鲧和禹的时代在由史前向文明演进历程中处于怎样的历史地位和文化地位，又是如何成为古代文明起源的结穴点的。这是夏代文化研究中一个具有重要意义的课题。

自 20 世纪 80 年代以来，由于对二里头文化类型的确立和探索，夏代文化已在考古学上找到了自己的坐标位置，并出现了新的研究趋势：一是由综合性研究向分时期的阶段性研究发展。整个夏代，可分阶段如下：禹时代是先夏文化的时期，夏启到太康中兴是夏文化前期，太康中兴至孔甲方神是夏文化后期，孔甲至夏桀之亡是夏文化的末期。这几个时期都有学者分别加以研究，而四川学者的研究则多集中在以禹为代表的先夏时期课题上。二是由重点集中于河洛地区夏文化的研究，向晋南地区的“大夏”“夏墟”文化研究，山东二斟氏文化的研究，安徽涂山－南巢夏文化的研究和四川“禹兴于西羌”的研究等分区研究扩展，出现了一些可喜的成果。特别是把大禹文化作为夏文化之源加以探索，是四川学者近年来着重致力的工作。从 1995 年以来，四川学者每年都要聚会于都江堰市龙池，以大禹及其文化为主题开展热烈的讨论，出现了一批研究成果；并为此在四川省历史学会内组织了夏禹文化研究委员会，团结史学界、考古学界和水利学界的同仁，大大推动了对夏禹其人及其出生地、夏禹文化西兴及其向东传播的深入研究。现将研究中的主要观点和问题，综议如下：

* 谭继和，四川省社会科学院大禹研究中心首席专家。

一、夏禹与西蜀的关系

文献有“禹兴于西羌”“禹生石纽”之说，引起不少学者讨论的兴趣。李学勤认为：“禹生于今四川的传说起源甚早”，“有着相当深远的历史背景”。近年来，四川学者对这一“历史背景”进行了深入探讨，认为夏禹文化与古羌文化、古蜀文化有着渊源甚长的亲缘关系。所谓“禹生于西蜀之地”，实质就是研究先夏文化是发源于西蜀的问题。林向从古城、字符和对龙的崇拜三方面的不同对比，证明夏禹与古蜀有文化上的同源关系。他认为：(1)“夏鲧作城郭”，显示古羌人亦即夏人有过筑城时代，这同古蜀人的成都平原以宝墩文化为代表的古城时代是一致的；(2) 禹字与蜀字都从虫，这个“虫”符就是“龙”符，禹与蜀都是颛顼系的龙子龙孙；(3) 三星堆“建木”青铜树和羊头龙令牌，东周巴蜀青铜器的手心纹，表明巴蜀有对夏禹神龙崇拜的习俗。总之，“夏蜀同源问题既于文献有征，又得地下出土物的印证”，“是无须怀疑的了”。李绍明则从民族学资料与文献学相结合的角度，提出禹与羌同一族源说。他着重分析了羌族的白石崇拜是从古至今的传统，与有关禹和启的白石——“血石”崇拜的记载和遗迹，是一致的，“不难看出禹与羌实有着族源与文化上的密切关系”。杨光成则提出了“夏羌文化”的概念，认为，它形成于夏禹时代。李茂则把夏羌文化视为“中华民族凝聚力”“最根本最内核的基因”。显然，“夏羌文化”概念是否即中华民族最根本的“基因”，这还有待于讨论。但夏和羌在文化习俗上确有很深的渊源关系，这是无可否认的。祁和晖虽然承认“在血缘上，夏禹人与古羌人、古蜀人有着渊源”，“但是否就是羌族祖先或巴蜀先民祖先，则勿轻定”。她主张“夏禹族属华夏”，“夏禹是华夏文化族的共同祖先”。这一观点显然植根于族属问题的实质是文化问题而不是血缘的理论，具有启发性。林向从羌戈大战的分析中认为禹为从西北南下岷山的羌人。谭继和续申其说，认为羌戈大战的传说是禹为代表的横目羌人与戈为代表的纵目蜀人之争的历史影子。戈人即斟戈（灌）人，“有可能就是蜀王的第二代柏灌”，“是被羌人打败了而后臣服于羌部族的戈人，后来随夏迁到了中原，夏灭亡后又迁到了山东”。冯广宏更进一步认为，“夏禹文化与蜀史之间有一个结合部，是一块新的天地”，值得我们探索。他从诸种文献所记述的各代蜀王的年代的不同和歧异的比较中，找出鱼凫氏到杜宇氏之间“至少有 1800 年的空白区”，而这一空白区正是大禹和蜀山氏及其祖先颛顼活动的年代。他认为“大禹史事补充了古蜀史的空白”，这是极有价值的创见。

二、成都平原古城文明与大禹时代

近年来，成都市文物考古工作队对新津县宝墩村、郫县古城村、都江堰芒城村、温江县鱼凫村、崇州双河村和紫竹村等六座古城遗址的发掘，展现了成都平原相当于中原龙山文化晚期、下接夏商二里头文化时期的古城址文化面貌及其前后衔接的演变过程。

这六座古城同三星堆古城遗址构成了成都古代城市文明的发展轮廓，证明成都平原是长江上游古文明起源的中心。它也说明古蜀文明的起源是同古蜀城市文明的起源相一致的。王毅等把它命名为“宝墩文化”。由于宝墩文化距今 4500 年至 3700 年，这正与文献上的虞夏时代相当，因此，不少学者对二者的关系从多侧面进行了探讨。王毅、蒋成、陈剑比较分析了大禹时代与成都平原早期城址考古成果所反映出的社会发展状况和水平，发现二者存在惊人的相似性，应大体处于同一社会发展阶段，这从考古上证明夏禹文化与成都平原古城址有一定联系。王纯五认为，成都平原古城文明的开发史就是治水的历史。古城址与古河道有密切的关系。他发现芒城遗址、双河遗址、紫竹遗址、宝墩遗址正位于岷江中游的重要支流——文井江古河道的上、中、下三个地域，鱼凫城则位于古岷江干流，郫县古城遗址则位于《禹贡》江沱古河道近旁。这些地域正是成都平原农业开发和陶器制作最早的地区之一，这与夏禹治水始于江汉，发源于岷江，正好处于同一时期。古城文明正是大禹治水的结果。谭继和进一步就古城址面貌与夏禹时代关系作了分析。他认为：(1) 鲧作城即龟作城。闻一多认为即成都平原的龟城，说明成都平原上曾经历过作城迁徙的时代，正与蚕丛氏“民无定居，随其所在致市焉”的情况相当。(2) 夏人尚黑。赵光贤认为夏文化是灰陶文化。这正与宝墩文化器物多为泥质灰陶和夹砂褐陶相当，也可称为“灰陶文化”。(3) 成都宝墩文化时代与先夏时期相当。因此，成都宝墩文化极有可能是先夏文化。以上看法，由于六座古城发掘的城邑布局、遗物的社会发展水平、建筑样式及内涵还不十分清晰，因此，还带着很大的猜测性。不过，把“古城”考古与文献记载对照是有相当意义的。我们知道，我国文明的起源大体经历了农耕聚落形态—中心聚落形态—都邑国家形态三大发展阶段。后两种形态正与从酋邦发展到国家的阶段相当。成都平原古城址正是中心聚落阶段也即方国酋邦阶段的体现，正是由史前到文明起源的过渡时期。弄清成都平原古城文明时期的社会性质和文化内涵，对于研究巴蜀文明的渊源、初发地域及发生过程，进而研究巴蜀文明的结构体系，有着十分重要的意义。目前，这种研究还仅是一个开端，还有待于深入发展。

三、夏禹文化的内涵

对夏禹文化的内涵，学者们提出了不同的看法。较多的学者主张夏禹文化的内涵是治水文化。熊达成认为“大禹治水的胜利”，“形成了中国独特的水文化思想体系”，“由于对江河干支流系统的了解，产生了江汉朝宗于海的‘中华大一统’的共识”。“大禹‘岷山导江，东别为沱’的治水战略，至今还在起作用”。“大禹治水的精神，即大仁、大智、大勇的精神”，是禹文化的精神核心。熊老上述意见着重从精神文化内涵上阐述了夏禹文化的特征，具有卓见。冯广宏、周烈勋、陈渭忠等均就此加以发挥，进一步阐述了禹文化与治水的关系，与岷江水利的关系，使得岷江水利工程与大禹治水发生了历史联系，这是近年来四川学者研究禹文化的一项重要成果。谭继和则从文化学的角度对大禹文化的内涵及其来源加以了特殊的分析。他认为，“禹文化就是西羌人的文化。夏文化的发源地在西羌。岷山西羌是江源文明最先发展起来的地方。以江源之地的水文化为动力，形成为高阳氏家族公社与高辛氏农村公社两个部族结为联盟的农牧经济。夏后氏与蜀山氏世为婚姻，是父系家长制家族公社与母系母权制农村公社长期联盟关系。夏后氏在西蜀地区属于低等农业的农牧经济阶段，通过治水发展为高等农业，东迁中原后就成为经济比其他族更发达的高等农业部族”。冯广宏则主张：“夏禹文化是以大禹为中心的文化表现。从时间上说，处于夏文化的开端，它是夏文化的渊源。”龙显昭对夏禹文化的地位和作用加以了进一步的分析。他指出：“夏禹治水成功，开创了我国的农耕文化，随之而产生了观象授时的‘夏历’，使人民在农业文明中过着定居的生活，通过观天象，依农时，从事农业生产，创造社会财富。夏言、夏礼使古老的中华民族有了共同的语言，有了大体相同的思想行为规范，并由此形成了相对稳定的共同心理素质。”“夏禹所开启的一代文化正是我们的根、我们的源。”

关于夏禹文化的内涵问题是十分复杂的一个命题，显然应该从多层次多方面去加以解剖，然后才谈得上总体的把握。目前的研究还仅仅是初步的，有待于进一步的探讨。研究夏禹文化内涵，因为这是中华文明起源阶段的归宿处，就涉及由史前的游团—部落阶段如何经由酋邦阶段向国家文明过渡的问题。目前，对这一问题的研究还远远不够。在四川学者中，还只有林向、段渝等运用了“酋邦制”的概念。显然，今后的研究方向还得向“酋邦制”内涵的深入发掘努力，必能开辟出新的研究天地。

四、夏禹文化与道教的关系

研究巴蜀道教的渊源是四川学者的强项。王家、王纯五、龙显昭等道教专家则从夏禹文化与道教的关系及其在巴蜀的物化形式方面进行了深入的研究。王家、王纯五主张“道教，其初始应肇自夏禹时代”。“其文化渊源可以追溯到夏禹时期母系氏族社会的原始巫教”。这种原始巫教发源于夏禹部族的祖居地“西羌”“西戎”“西蜀”，随着该部族的西兴东渐，而从西部传到中原，再传全国各地。它与东方夷人和东南越人的原始宗教相融合，形成为滨海地区的方仙道。它在其祖居地西蜀则演变为巫鬼道（早期的五斗米道、李家道）。禹步、禹符、枚卜、拜斗等道教习俗都来源于夏禹，发端于西蜀。这些论点，无疑地把对道教的渊源的研究推向了新境界，具有创新的意义。龙显昭则从四川禹庙兴起的角度分析夏禹文化的作用和影响。他认为，“夏禹文化源远流长，对后世产生了重要影响，各地的禹庙便是这种影响存在的特征”。他把四川的禹庙分为夏禹肇迹处禹庙、德教功能性禹庙和移民“会馆式”禹庙三种类型，认为它们是“禹文化的载体”，“对传播和保存禹文化的作用不可低估”。这就把对禹庙的研究提到了一个新的高度。

五、夏禹文化的西兴东渐

对夏禹文化的研究，不仅探讨它的始源地，而且探讨它传播的途径，这是近年来四川学者研究的一个特色。一些学者已开始接触到这一问题。谭继和主张夏文化经历西兴东渐的发展过程。夏部族由西向东迁徙形成三大区域、三大中心：早期为西蜀岷江和江汉流域，是夏文化的初始期，以羌人农牧经济为内容。鼎盛时期在今晋南豫西豫中。衰亡时期在南巢，即荆楚江淮流域。夏文化由西蜀发展到中原，就由农牧部族变为了农业部族，夏禹也就因治水而变成了农业神。夏禹执耒而耕的形象应形成于此时。他认为：“夏禹兴于西羌，夏朝盛于河洛，夏人亡于东夷，这是文化传播。置于这样的历史背景下来看禹文化，它的源头在西蜀，成功却在河流，它东传江浙，甚至于日本。”研究禹文化，理解蜀为夏文化源头之地是有意义的，惜乎这方面的研究专文还不多。黄河流域文化与长江流域文化是中华文化中最具代表性和影响力的两支主体文化。巴蜀正位于这两支主体文化之间，又是长江和黄河的文化源头所在之地。夏禹文化诞生于岷山西羌的广阔地域，正是黄河与长江两支文化源头的结穴处。弄清夏禹文化的面貌和内涵，对于促进中华文化这两支主体文化的研究肯定是有重要意义的。

六、大禹历史与传说考证

对大禹其人的真实性、其神话传说与真实历史内核的关系，是从古史辨派以来就引人注目的研究问题之一。对这一问题，冯广宏、曲英杰、祁和晖、段渝等学者进行了有益的探讨。他们努力从传说中剥离夏禹其人真实的历史内核，均有其独到之处。曲英杰对《禹贡》所经的九州岛，逐一考证了其具体地理位置，认为禹划九州岛当以水为界，各州之分是长期发展自然形成的。关于夏禹其人的有无问题，曾经是二三十年代争论不休的问题。近年来，四川学者重新拾起这个话题，从新的角度进行了探讨。祁和晖运用古史辨派“层垒式结构”和“箭垛式人物”的观点，提出了“类型化模拟习惯”的理论，并运用这一理论分析夏禹是夏朝创业先民领袖群体的代表符号。这一符号有着深刻的历史含量。夏禹代表的群体是实有的历史存在，大禹个人则只是组成群体符号的一个成员。段渝则从历史文献在不同时期的不同传述的角度，将传说从“早出”到“后起”的各个阶段加以剥离，从而还大禹其人的真实面目，较好地解决了大禹是神还是人的问题。他从古史传说在三代流传的不同情况入手加以考证，指出现存夏代流传下来的材料说明禹是一个活生生的人王，而不是一个具有神性的天神；殷商及其后裔宋国所述的禹是先殷而王中原的王者，是人而不是神；西周早期文献中的禹仍是人王，而到西周中叶和晚期的文献则明显开始带上了神化禹的气息，春秋时代的文献对禹的神化传述增多，表明周人首开神化大禹的风气。到战国时期，诸子传述大禹出现两种倾向：一种是以人文主义态度从社会关系及人与自然的关系的角度加以传述；另一种是从神化的角度加以传述。但其主流仍把禹当作人而不是神。段渝用这种传说层层剥离的方法，证明禹的天神性是后人在原始史实元素的基础上附会添加上去的。这样，他就用古史辨派“层垒地构成的古史观”的方法，证明了后起的神话是叠加在早存的史实之上。古史辨派用的逆推方法，把后起的神话当作真实。段渝则是用顺推的方法，把先出的传述当作真实。这种论证方法，以其人之道还治其人之身，是一种有效的有创见的科学论证，能还历史以本来面目。

人类由史前向文明社会的演进，是在不同地域的不同生态环境和社会环境下的漫长的演进过程。在史前阶段和文明阶段之间有个过渡性质的社会，五帝时期和夏禹时期恰恰正处在这个过渡性质社会的阶段。过去，我们对这个阶段的研究和认识还远远不够。四川学者把夏禹及其文化作为专题研究单独列出来，并且已取得初步成果，这对于研究多元一体的中华民族文化起源时的具体历史面貌，无疑是有重要意义的。

（原载《中华文化论坛》2000 年第 1 期）

九州区划与江河命名

谭徐明*

《尚书·夏书》称禹治水:“通九道,陂九泽,度九山。”这是先秦时对夏朝疆域的大致划定。夏还以“四渎”为其疆域东南西北的四至:“东为江,北为济,西为河,南为淮。”[①]济水发源河南济源市,其水道后为黄河所夺,流经今河南郑州、封丘,山东定陶、东平、济南,至博兴入海。其时黄河在河北沧州以北入海。这个范围正是分布在山西南部、河南中西部和山东西南即二里头夏文化遗址范围。这一切与治水密切相关。

先秦时期诸子阐释疆域往往以禹治水而后水落州分为起源,遂引申到最早的行政区划——州。以禹为首的华夏部落与不同区域不同氏族治水的行动,加速了各氏族间的融合,各部落认识了部落领地以外更大范围的山川江河,使江河成为政区最早划分的依据,并在后世多有沿袭。《山海经·海内经》:“禹卒布土以定九州。”《禹贡》的九州为:冀、兖、青、徐、扬、荆、豫、梁、雍。(图1-2-1)[②]同时期成书的《周礼·职方氏》则为冀、兖、青、扬、荆、豫、雍、幽、并九州。不同文献表述的九州略有不同。两者的出入是《禹贡》徐、梁二州,而《周礼》为幽、并二州,这一差异是因为《禹贡》与《周礼》成书时间不同,周天子封地有所不同,或反映了不同区域的开发程度和人口密度。《淮南子·修务训》:“(禹)平治水土,定千八百国。”这是汉代人对治水与政区因果关系的阐释。

与九州同时被记载的湖泊和江河,是中国疆域最早获得命名的水体。到战国时人们将诸侯国领地与九州所在一一对应:“何谓九州?河汉之间为豫州,周也。两河之间为冀州,晋也。河济之间为兖州,卫也。东方为青州,齐也。泗上为徐州,鲁也。东南为扬州,越也。南方为荆州,楚也。西方为雍州,秦也。北方为幽州,燕也。”[③]

九州与春秋战国诸侯国的疆界划分成为中国政区划分的基础(见下表)。

---

* 谭徐明,中国水利学会水利史研究会会长。

① 《史记·殷本纪》卷3,中华书局1962年版,第97页。

② 《九州山川实证总图》,成图于南宋淳熙四年(1177年),作者依据《禹贡》山、河、湖、海及九州疆域的记载绘制而成。图中的文字标注古今(夏与南宋)的沿革,凡宋代建置用阳文,地名套以黑圈,山河名加方框,河道变迁辅以说明。

③ 《吕氏春秋·有始览》,《诸子集成》六,中华书局1957年版,第125页。

《周礼·职方氏》记载的九州范围及水资源分布情况表

州名	相当于今范围	主要江河湖泊分布
扬州	淮河中游以南到海，即今江苏南、上海、安徽东南、浙江东部	泽薮：具区（即今太湖） 川：三江，指长江下游及太湖一带的河道网 浸：五湖，泛指长江下游太湖平原诸湖
荆州	长江中游及汉水下游以南的地区，即湖南、湖北及江西部分地区	泽薮：云梦及今长江两岸沼泽 川：江水和汉水，指长江及汉江中游 浸：颍、湛指今长江中游涢水和沮漳河
豫州	大致相当于今河南省	泽薮：圃田，在今郑州、开封间，与黄河通，北宋以后为黄河泥沙湮没 川：荧、雒，即今颍河和洛河 浸：波溠，即今汝河和唐白河
青州	今江苏、安徽的淮北，河南东部，山东南部及半岛大部	泽薮：望诸，今豫东和鲁南一带的古湖泊，已湮没 川：淮水和泗水 浸：沭水和沂水
兖州	今山东西南及北部、河南北部、河北东南部	泽薮：大野，今山东巨野东北至东平一带古沼泽湖泊，已湮没 川：黄河和济水，已湮没 浸：卢维，指古漯水及汶水
雍州	今晋陕黄河以西地区	泽薮：弦蒲，在今陕西陇县以南，千水两岸的古沼泽地 川：泾水及支流油水 浸：渭水和北洛河
幽州	今河北东北部，辽宁南部及山东半岛东端	泽薮：貕养，今山东莱阳东的古沼泽地 川：河水和济水 浸：即淄水及其支流时水
冀州	今山西和河北省南部	泽薮：杨纡，西汉时称大陆泽和宁晋泊等 川：漳河 浸：汾水和潞水
并州	今河北省西北部，山西北部	泽薮：昭余，在今汾河东山西介休东北至祁县以东，已湮没 川：虖池、呕夷，即滹沱河及永定河 浸：涞水、易水

何谓“九河”？自战国时期至西汉著作《尚书》《山海经》《吕氏春秋》《周礼》《淮南子》大同小异，反映了相应时期江河流域的开发程度。西汉《淮南子·地形训》对江河水系的阐释最有代表性：“何谓九薮？曰越之具区，楚之云梦，秦之阳纡，晋之大陆，郑之圃田，宋之孟诸，齐之海隅，赵之钜鹿，燕之昭余。……何

谓六水？曰河水、赤水、辽水、黑水、江水、淮水。”① 六水中不含先秦四渎中的济水，西汉末年黄河屡屡决溢夺济水水道，时济水已经为鸿沟水系所取代。此外西汉对江河地理的认知从中原扩展至东北地区。12 世纪时，南宋人将先秦记载的九州、九薮落实到当时的地图上，一千多年的行政区沿革，河流湖泊演变，南宋人已经把握得非常清晰。

（节选自作者所著《中国古代物质文化史 · 水利》，开明出版社 2017 年版）

① 《淮南子 · 地形训》，《诸子集成》七，中华书局 1957 年版，第 56 页。

我国河长制的起源

——简论鲧、禹治水

邱志荣*

治水是治国安邦之大事，责任之重，重于泰山。自古以来，我国对治水活动就有严厉的责任考核制度，其中以行政责任人为主体的河长制是为强有力的措施保障之一。至于河长制的起源和印记可追溯到远古的尧、舜时期，传说中的鲧、禹治水便是典型范例。

一、中华第一位河长——鲧治洪水

据《史记·夏本纪》载："当帝尧之时，鸿水滔天，浩浩怀山襄陵，下民其忧。尧求能治水者，群臣四岳皆曰鲧可。尧曰：'鲧为人负命毁族，不可。'四岳曰：'等之，未有贤於鲧者，愿帝试之。'於是尧听四岳，用鲧治水。九年而水不息，功用不成。於是帝尧乃求人，更得舜。舜登用，摄行天子之政。巡狩，行视鲧之治水无状，乃殛鲧於羽山以死。"

以上记载说明，当天下洪水滔滔，水灾为民众大害之时，最高统治者尧把选取治水首领当作头等要事。最后在有争议之中选定了鲧为治水责任人，并严明责任要求。当时洪水滔天，水环境十分险恶，这河长治的是普天之下的大洪水，任务极其繁重。鲧是治水能人，治水不可谓不尽力，他埋头苦干，勤劳敬业，持之以恒地连续在艰难困苦中度过了九年的治水岁月。《山海经·海内经》载，治水中鲧还不顾自身安危"窃帝之息壤以堙洪水，不待帝命"，也可谓是舍生忘死之举。然即使如此，水患还未治平。历史时期的特大洪水原因众多，控制殊非易事：在滨海地区，卷转虫海侵引起沧海变幻，海水倒灌平原；在江河上中游，可能有极端气候作怪，或者地震形成巨大堰塞湖，山崩地裂造成水道变迁、洪水泛滥的自然现象，非人力所可抗拒。鲧治水是继承前人经验"障"和"堙"的做法，也就是用泥土筑堤防把聚落和农田保护起来。但面对滔天洪水，低标准的堤防一冲即溃。虽然是事出有因，人力所不可抗拒，尚可谅解，但舜为了严明治水责任，还是采用了极其严厉的措施，殛之于羽山。[①]

---

* 邱志荣，中国水利学会水利史研究会副会长、绍兴市鉴湖研究会会长。

① 《史记·夏本纪》。

鲧是上古时期部族领袖尧选拔任命的第一个治水河长，虽治水失败，为悲剧人物，但鲧也是民族治水英雄，他的治水精神一直为人民所追念，传说夏代人们把鲧当作光荣的先祖，每年都要祭祀。[①] 没有鲧的失败经验教训，也就不会有之后禹治水的成功。

二、中华第二位河长——大禹治水

"於是舜举鲧子禹，而使续鲧之业。"[②] 禹被推上了政治舞台，开始承担第二位天下大河长之重任。鲧被杀当然是禹家族的耻辱，大禹被舜推举治水既是对禹的肯定，又是对禹能力的考验，风险极大。禹的伟大之处是不计个人的恩仇，而以天下、民族的利益为重，肩负起了治水的重任。

且看大禹这位中华民族的英雄大河长是如何治水的。

其一，不辱使命，献身治水。禹牢记鲧治水失败教训："伤先人父鲧功之不成受诛，乃劳身焦思，居外十三年，过家门不敢入。"[③]《韩非子·五蠹》说："禹之王天下也，身执耒臿，以为民先。股无胈，胫不生毛，虽臣虏之劳不苦於此矣。"又《黄氏逸书考》辑《逸庄子》："两神女浣於白水之上，禹过之而趋曰：治天下奈何？女曰：股无胈，胫不生毛，颜色冻烈，手足胼胝，何以至是也。"为了治平洪水，大禹置自身利益于不顾，"三十未娶，行到涂山"后，"恐时之暮，失其度制……禹因娶涂山，谓之女娇"。婚后仅四天，又辞别娇妻，前往治水一线，长年在外，过门不敢入，致使"启生不见父，昼夕呱呱啼泣"[④]。

禹治洪水，遭遇凶险而英勇无畏，置生死于度外。《淮南子·精神训》记："禹南省，方济于江，黄龙负舟。舟中之人，五色无主。禹乃熙笑而称曰：'吾受命於天，竭力而劳万民。生，寄也；死，归也。何足以滑和！'视龙犹蝘蜓，颜色不变。龙乃弭耳掉尾而逃。"此外，禹治水重实干，不追求骄奢淫逸的生活，如《战国策·魏策》记载："昔者，帝女令仪狄作酒而美，进之禹，禹饮而甘之，遂疏仪狄，绝旨酒，曰：后世必有以酒亡其国者。"

其二，深入实践，探求方略。为治平洪水，禹深入实地考察，研究治水之理。《吴越春秋·越王无余外传》载：禹"循江，溯河，尽济，甄淮，乃劳身焦思，以

① 《国语·鲁语上》记："夏后氏禘黄帝而祖颛顼，郊鲧而宗禹。"禘、祖、郊、宗分别为不同的祭祀典礼。

② 《史记·夏本纪》。

③ 《史记·夏本纪》。

④ 《吴越春秋·越王无余外传》。

行七年。闻乐不听，过门不入，冠挂不顾，履遗不蹑，功未及成，愁然沉思”。大禹得到高士指点，在大越宛委山得到金简玉字之书，通晓治水方略后，再深入实地调查研究，“遂巡行四渎，与益、夔共谋。行到名山大泽，召其神而问之山川脉理、金玉所有、鸟兽昆虫之类及八方之民俗，殊国异域土地里数，使益疏而记之。故名之曰《山海经》”。

禹不墨守成规，深入实地，虚心听取民众意见，总结鲧及前人治水教训经验，采取了“疏”的办法，利导江河，即“决九川距四海，浚畎浍距川”[①]。“导弱水至于合黎，余波入于流沙。道黑水至于三危，入于南海。”[②]又“江水历禹断江南，峡北有七谷村，两山间有水清深，潭而不流。又《耆旧传》言，昔是大江，及禹治水，此江小，不足泻水，禹更开今峡口”[③]。也就是疏通主要江河，引导漫溢于河道之外的洪潮归于大海。于是“水由地中行，江、淮、河、汉是也。险阻既远，鸟兽之害人者消。然后人得平土而居之”[④]。

又相传禹治水时已出现了原始的测量，即所谓“行山表木，定高山大川”。“左准绳，右规矩”[⑤]。

其三，封赏有功，会计天下。所谓“禹迹始壶口，禹功终了溪”[⑥]。传说中禹治水的地域范围大致是从黄河到长江，最后到了大越的了溪（今绍兴市所属的嵊州市），治水大获成功，地平天成。《史记·五帝本纪》在记舜在对二十二位大臣的考核和论功时也评说：“此二十二人咸成厥功……唯禹之功为大，披九山，通九泽，决九河，定九州，各以其职来贡，不失厥宜。方五千里，至于荒服。南抚交阯、北发，西戎、析枝、渠廋、氐、羌、北山戎，发、息慎，东长、鸟夷，四海之内咸带帝舜之功。”说明舜是高度评价了禹治水的伟大功绩。

《越绝书》记载：“禹始也，忧民救水，到大越，上茅山，大会计，爵有德，封有功，更名茅山曰会稽。”治水成功后，大禹在大越召开了全国性的最高政治会议，对品德高尚的人赏以爵位，对治水有功的人进行封赏；对不服从统一调度的人进行严厉惩罚。《韩非子·饰邪》：“禹朝诸侯之君会稽之上，防风之君后至而禹斩之。”绍兴广泛流传着大禹治水会诸侯于会稽，长人防风氏后至，禹乃诛之。防风氏身长三丈，刑者不及，筑高台临之，故曰“刑塘”。后人感禹王执法如山，为记其事，

① 《尚书·益稷》。

② 《尚书·禹贡》。

③ 《水经注·江水》卷三十四。

④ 《孟子·滕文公下》。

⑤ 《算经十书》。

⑥ 宋高似孙《剡录》卷六。

留刑塘而戒鉴，岁久谐音，亦避“刑”字，故雅称“型塘”。

大禹还将茅山改名为会稽山，这便是传说中会稽山的来由。当然这也是一次新的治水会议，想必是定研究确定了治水新思路和新举措。

三、启示

鲧、禹治水的传说流传广泛，影响深远，是为中华民族远古时期治水英雄的缩影和象征，而最具影响力的应是大禹留下的代表中华民族传统美德和伟大的治水精神（今日概括为献身、负责、求实的水利行业精神），形成了中华水文化的基石。一代又一代的治水人物本其精神而治水，缵禹之绪[①]，发扬光大。同时传说中远古时代治水严厉的责任追究和水利责任主体，也为历代所借鉴和重视。

综上，也可见今天实施的河长制，源远流长，是对中华民族治水历史和优秀文化的传承和弘扬。

（原载《中国水利报》2016 年 11 月 3 日。收入本书时，张卫东作了校订）

① “缵禹之绪”为明徐渭为绍兴三江闸的缔造者汤太守祠题写的对联，原作为：“凿山振河海，千年遗泽在三江，缵禹之绪；炼石补星辰，两月新功当万历，于汤有光。”

良渚文化遗址水利工程的考证与研究

邱志荣 张卫东 茹静文*

摘要：良渚文化遗址的探寻始于20世纪30年代，是目前发现的现存我国上古时期时间最早、规模最大、技术含量最高的水利围垦灌溉工程遗址之一。文物部门确认良渚古坝为水利工程是对中国古代水利史研究的重大贡献。经实地考证和阅读有关文献资料，运用考古、地质、测绘的成果，从钱塘江两岸上古水利史发展的角度，结合历史地理、气象、农业、人类等学科对良渚遗址塘坝工程的规模、功能、性质等进行较全面系统的分析和研究，发现遗址中的山地（上坝）—山麓（下坝）—平原（城墙与城河等）水利工程的建设与发展遵循了自然演变和人类适应与改造自然的规律，坝充分显示了良渚古代文明的发达程度，也说明水利工程在社会文明发展中占有重要地位。

关键词：良渚；水利工程；古坝遗址；水利史研究

良渚文化遗址（距今5300—4200年前），位于钱塘江北岸杭州市余杭区良渚、瓶窑两镇（街道）地域内，总面积约42平方千米。文物部门确认良渚古坝为水利工程建筑，年代距今约5000年等，是对中国古代水利史研究的重大贡献，也为开展多学科的进一步研究奠定了基础。

1. 良渚文化遗址所处的时代地理环境

对钱塘江两岸历史地理变迁的研究从史前开端，这就是地理学科按时代分类的所谓“古地理学”。从第四纪晚更新世起着手研究，有着特别重要的意义。因为从第四纪更新世末期以来，自然界经历了星轮虫、假轮虫和卷转虫三次地理环境沧海桑田的剧烈变迁[①]。

（1）第一次变迁 星轮虫海侵发生于距今10万年以前，海退则在7万年以前，这次海侵就全球来说，留存下来的地貌标志已经很少了。

（2）第二次变迁 假轮虫海侵发生于距今4万多年以前，海退则始于距今约2.5

* 邱志荣，中国水利学会水利史研究会副会长、绍兴市鉴湖研究会会长；张卫东，中国水利报社原副总编辑；茹静文，绍兴市鉴湖研究会秘书长。

① 邱志荣，魏义君. 湘湖与浙东运河的申遗建议和思考[J]. 浙江水利水电学院学报，2015，27（01）：1−6.

万年以前。到了 2.3 万年前，东海岸后退到 −136 米的位置上，不仅今舟山群岛全处内陆，钱塘江河口也在今河口 300 千米之外。

（3）第三次变迁　卷转虫海侵在距今 1.2 万年前后，海岸到达现水深 −110 米的位置上。距今 1.1 万年前后，上升到 −60 米的位置。在距今 8000 年前，海面上升到 −5 米的位置，舟山丘陵早已和大陆分离成为群岛。而到距今 7000—6000 年前时，这次海侵到达最高峰，东海海域内侵到了今杭嘉湖平原西部和宁绍平原南部，这里成为一片浅海。20 世纪 70 年代，在宁绍平原的宁波、余姚、绍兴，杭嘉湖平原的嘉兴、嘉善一带城区开挖人防工程时，发现在地表以下 10～12 米之间，普遍地存在着一层海洋牡蛎贝类化石层，这就是海侵最好的例证。①

海侵在距今 6000 年前到达高峰以后，海面稳定一个时期，随后发生海退。在这期间海进、海退或又几度发生。这一时期各河口与港湾的基本特征是：“由于海面略有下降或趋向稳定，陆源泥沙供应相对丰富，河水沙洲开始发育并次第出露成陆，溺谷、海湾和潟湖被充填，河床向自由河曲转化，局部地段海岸线推进较快，其轮廓趋平直化，但大部分缺乏泥沙来源的基岩海岸仍然保持着海侵海岸的特点，并无明显的变化。”②《钱塘江志》认为，钱塘江河口“距今五六千年以来，海面变化不大，河口两岸平原地貌和岸线的变化，主要是江流、潮浪对泥沙冲蚀淤积的结果”。③

钱塘江两岸诸多地貌是相似的。据 20 世纪 80 年代初绍兴环保等部门地质调查，在绍兴萧甬铁路以南至会稽山麓之间原鉴湖湖区的广阔平原中，蕴藏着广泛的泥煤层，分布范围 81 平方千米，在湖周长 45 平方千米范围内泥煤层长度占 78%。泥煤分上下两层，上层泥煤埋藏在 1.5～3.0 米地表浅层，层厚 10～30 厘米，层位稳定，连续性好。下层埋藏在 4～6 米深处，层厚 5～20 厘米，相对上层泥煤而言，层位不稳定，分布范围小。泥煤勘探地质纵横剖面见示意图（图 1、图 2）。

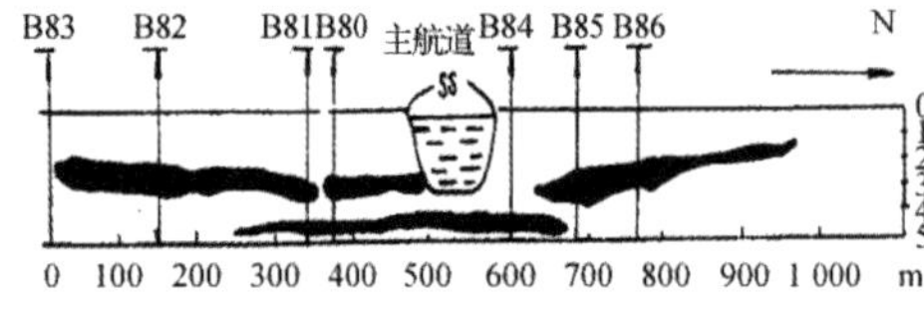

图 1　鉴湖泥煤勘探地质横剖面图

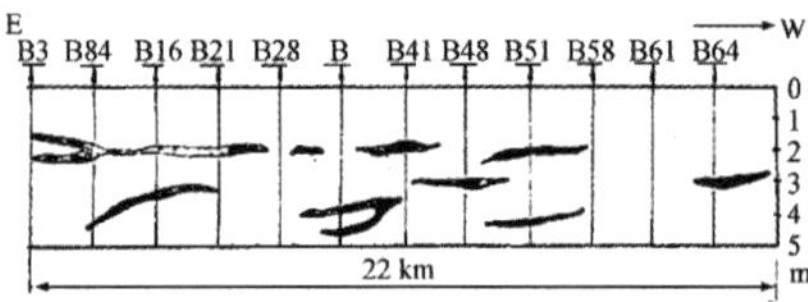

图 2　鉴湖南岸泥煤勘探地质纵剖面图

这些泥煤层分别形成于距今 7000 年海侵以来的“海湾—湖沼—平原”的演变

① 陈桥驿 . 越文化研究四题 [C]// 车越桥 . 越文化实勘研究论文集，北京：中华书局，2005：5.

② 金普森，陈剩勇，徐建春 . 浙江通史・先秦卷 [M]. 杭州：浙江人民出版社，2005：31.

③ 戴泽蘅 . 钱塘江志 [M]. 北京：方志出版社，1998：65.

过程中，当时生长在沼泽地的薹草、芦苇、咸草子和细柳大量繁殖，乃至死亡未及氧化和细菌分解就被淤泥所掩盖，成为泥煤。海进、海退或湖沼消失，泥煤被埋藏于灰黄黏土之下，由于形成年代的不同，有上、下两层。这与冯应俊《东海四万年来海平面变化与最低海平面》所持的“当时滨海平原地区地势比现今低，在海进过程中几乎均被海水淹没，今日长江三角洲、杭嘉湖平原及浙江滨海小平原，均是6000 年以来海平面相对稳定后，沉积海退的结果”观点是一致的。①

有考古学者认为在距今 7000 年前时的海侵达到全盛期，“良渚一带沦为浅海，出露于海面的主要是大遮山群岛、大雄山群岛和若干孤岛”。②

在距今大约 5000 年前，良渚地区的地貌景观是：“北翼有火山喷出岩构成的大遮山丘陵，绵亘于今德清与余杭之间，主峰大遮山，海拔高 483 米。丘陵西与莫干山南翼诸丘陵相连。从梯子山、中和山等东迤，在主峰以东又有百亩山、上和山诸峰，从今余杭南山林场直抵西塘河西缘。丘陵中的不少峰峦如中和山、王家山、青龙冈、东明山等，均超过海拔 300 米，200 米以上的峰峦则连绵不断。大遮山丘陵以南，分布着一片山体和高度都较小的大雄山丘陵，也是一片火山岩丘陵。主峰大雄山，海拔高 178 米；此外还有朱家山、大观山、崇福山等。在这两列丘陵间的沼泽平原上，则分布着许多孤丘，最高的如马山超过 300 米，獐山超过 200 米。超过 100 米的就更多。这类孤丘，在海进时期原来就是孤岛。山体较大的孤丘，海进时期也可能有良渚人居住。还有更多在 100 米以下的……海退以后则星罗棋布地崛起于沼泽平原之间，构成了这片沼泽平原的特殊地貌景观，而且在沼泽平原的开拓中发挥了重要的作用。”③

在距今 5000 年前的良渚地区的水环境特点是：（1）沼泽遍布，洪潮频仍。海平面应逐渐趋于下降并稳定，但感潮河段和沼泽地并存，一般的湖泊在洪水季是湖泊，在枯水季则是沼泽。土地盐渍化，淡水资源缺乏。此外就是潮汛和台风期潮汐更会上溯侵入，造成灾害，所谓“万流所凑、涛湖泛决、触地成川、枝津交渠”之地④。值得注意的是，今良渚塘山坝边有村名“后潮湾村”，莫原所始，按照地名的演变特点，这里在历史上应是潮水出没之地。（2）地势低洼。根据地貌变化，其时的平原地带，地面高程至少应比今日低 3 米，今高程多在黄海 2.5～4 米。（3）东苕溪东南注。当时“源出于天目山，经临安、余杭的东苕溪古河道，曾经杭州东郊

① 冯应俊．东海四万年来海平面变化与最低海平面 [J]. 东海海洋，1983（02）：36–42.

② 赵晔．良渚文明的圣地 [M]. 杭州：杭州出版社，2013.

③ 陈桥驿．论良渚文化的基础研究 [C]// 陈桥驿．吴越文化论丛，北京：中华书局，1999：571.

④ 郦道元．水经注校释 [M]. 陈桥驿，校释．杭州：杭州大学出版社，1999：524.

注入杭州湾。余杭镇附近的东苕溪直角拐转，即是袭夺湾；由余杭经宝塔山、仓前至祥符的古河道，即是袭夺后残留的断头河”。[①] 东苕溪河道变迁示意图（图 3）。

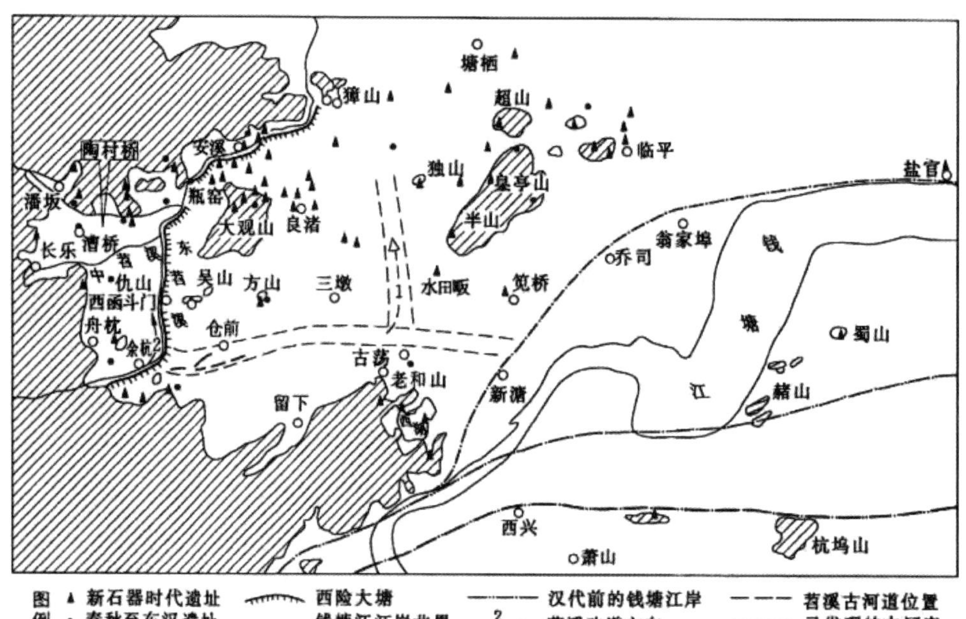

图 3　东苕溪河道变迁图

2. 海侵对良渚聚落发展的影响

卷转虫海进时使钱塘江两岸的自然环境遭到了渐进性的破坏，环境开始变得恶劣，越族生存的土地面积大量缩减。此前生活繁衍于平原上的越族人纷纷迁移，当时的越族主要分四批迁徙：第一批越过钱塘江进入今浙西和苏南丘陵区的越人，以后成为句吴一族，是马家浜文化、崧泽文化和良渚文化的创造者；第二批到了南部的会稽山麓和四明山麓，河姆渡人就是越人在南迁过程中的一批，他们在山地困苦的自然环境中，度过了几千年的迁徙农业和狩猎业的生活；第三批利用平原上的许多孤丘，特别是今三北半岛南缘和南沙半岛南缘的连绵丘陵而安土重迁；第四批运用长期积累的漂海技术，用简易的木筏或独木舟漂洋过海，足迹可能到达台湾、琉球、南部日本等地。[②③] 其时“人民山居”，良渚人主要生活在山丘，过着“随陵陆而耕种，或逐禽鹿而给食”的生活。[④]

---

① 韩曾萃，戴泽蘅，李光炳，等 . 钱塘江河口治理开发 [M]. 北京：中国水利水电出版社，2003：21.

② 邱志荣，陈鹏儿 . 浙东运河史 [M]. 北京：中国文史出版社，2014：50.

③ 陈桥驿 . 越族的发展与流散 [C]// 陈桥驿 . 吴越文化论丛，北京：中华书局，1999：43.

④ 赵晔，徐天祜，苗麓，等 . 吴越春秋 [M]. 南京：江苏古籍出版社，1999.

如前所述，至卷转虫海退时的良渚地区是一种丘陵、孤丘和湖沼的自然环境，人们开始渐进式地由山丘向山麓地带开拓发展。其部族的活动中心按照山地—山麓—平原（海退之后的滩涂地区、河口三角洲地区）的顺序发展。此时“气候变化也促使水稻农业成为维系社会经济之命脉，仅靠原有的居住地周边的小地块耕地无法满足人口需求，因此，原先很少涉足的低洼地都必须开发出来，因为这些区域恰恰是水稻的合适作业区”。[①] 人们的生产方式也适应新的自然环境，逐步以稻作农业代替渔猎采集。其间在崧泽末良渚初期，考古专家发现了石犁等工具，表明稻作农业进入精耕细作的阶段。水稻种植，必然有农田水利灌溉《淮南子·说山训》认为，“稻生於水，而不能生於湍濑之流”。因为“稻作农业需要有明确的田块和田埂，田块内必须保持水平，否则秧苗就会受旱或被淹。还必须有灌排设施，旱了有水浇灌，淹了可以排渍”。[②] 考古还发现“崧泽末、良渚早中期的遗址呈爆发型增长”。[③] 说明了其时农业经济的发展已使人口迅速增长，垦区也随之扩大。又从良渚遗址的分布看，早期的遗址多在山麓冲积扇地带，而在之后新开发基地基本都在低地。而这其中的原因主要应是当时人们的综合生产能力在不断提高。

有资料显示，在良渚中晚期气候逐渐变冷，已出现了不利于稻作农业生产发展的趋势。[④] 其时年平均气温约为12.98～13.36℃，比今低2.2～2.7℃；年均降水量为1100～1264毫米，比今少140～300毫米。又有学者认为良渚文化中晚期存在海平面上升的现象，海水上升使这一地区自然排洪能力下降，洪涝灾害易发。海水上升这当然是应考虑的因素之一，而笔者更认为此时期是由于苕溪古河道东南出受阻，改北出，穿越良渚之地，便出现其地难以容纳浩大的东苕溪来水的情况。目前的资料显示东苕溪瓶窑以上的集雨面积为1408平方千米，河长80.1平方千米。[⑤] 因此，这里的水环境发生重大变化，水灾陡然增多。这种状况会有一个很长的调整过程，也必定影响良渚人的生存与发展。

3. 良渚塘坝工程遗存之分析

自然环境演变，海侵发展变化，河流改道，形成独特的地理环境，加上人类生产、生活的需要，就产生了与之相适应的水工程。目前发现的良渚塘坝，位于良渚古城的北面和西面，共由11条堤坝组成，就区域位置看可分为三部分（图4）。

---

① 朱金坤，姜军．遥远的村居——良渚文化的聚落和居住形态[M]. 杭州：西泠印社出版社，2010.

② 严文明．稻作农业与东方文明[C]// 严文明．农业发生与文明起源，北京：科学出版社，2000：48.

③ 朱金坤，姜军．遥远的村居——良渚文化的聚落和居住形态[M]. 杭州：西泠印社出版社，2010.

④ 张瑞虎．江苏苏州绰墩遗址孢粉记录与太湖地区的古环境[J]. 古生物学报，2005（02）：314–321.

⑤ 浙江省水利厅．浙江省河流简明手册[M]. 西安：西安地图出版社，1999：64.

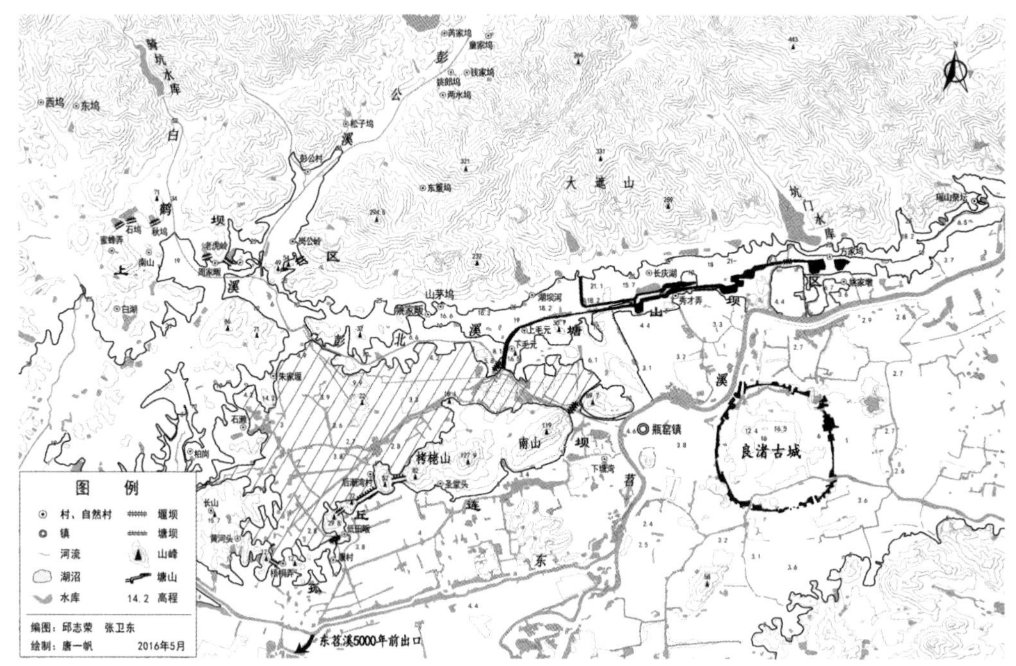

图 4 良渚遗址水利塘坝位置示意图

3.1 上坝堤塘

3.1.1 位置和规模

首先要说明的是文物考古专家按照方位所称的“高坝”应作“上坝”，“低坝”应作“下坝”。因为在坝工领域“高坝”“低坝”有特定含义：“按坝的高度可分为低坝、中坝和高坝（中国规定坝高 30 米以下为低坝，30 ~ 70 米为中坝，70 米以上为高坝）。”[①] 坝位于大遮山之西丘陵的谷口位置，包括岗公岭、老虎岭、周家畈、秋坞、石坞、蜜蜂弄等 6 处。又可分为东（岗公岭、老虎岭、周家畈）、西（秋坞、石坞、蜜蜂弄）两组。上坝坝顶海拔高程（黄海高程，下同）一般为 35 ~ 40 米。因谷口一般较狭窄，故坝体长度在 50 ~ 200 米间，大多为 100 米左右。坝体下部厚度为几十米到百米之间。

值得注意的是这两组坝体，并未把之上集雨面积在山谷形成的主溪流完全截断。现场考察发现在东坝部分老虎岭和周家畈坝体是存在的，而老虎山和岗公岭之山岙间海拔高程多为 11 ~ 13 米，宽度约为 200 米，现场考察中又发现老虎岭—岗公岭直接流经的彭公溪溪流古河道清晰可见，其中所经（约在老虎岭—岗公岭之下

① 《中国水利百科全书》第二版编辑委员会，中国水利水电出版社．中国水利百科全书・第 1 卷 [M]. 北京：中国水利水电出版社，2006：17.

约 100 米处）最狭窄之地的山谷东西宽仅为约 40 米（图 5）。东端东西向由一组最高点海拔高程分别为 27 米、49 米、54.7 米自然山体组成；西端则为一最高点海拔高程为 50 米的自然山体。上游集雨面积约为 6 平方千米，如要建坝也应在此位置，但现场考察，主溪流通过处无筑坝痕迹，为自然山体。也或在东端 27 米、49 米、54.7 米自然山体处会有人工筑坝建独立小山塘的可能。

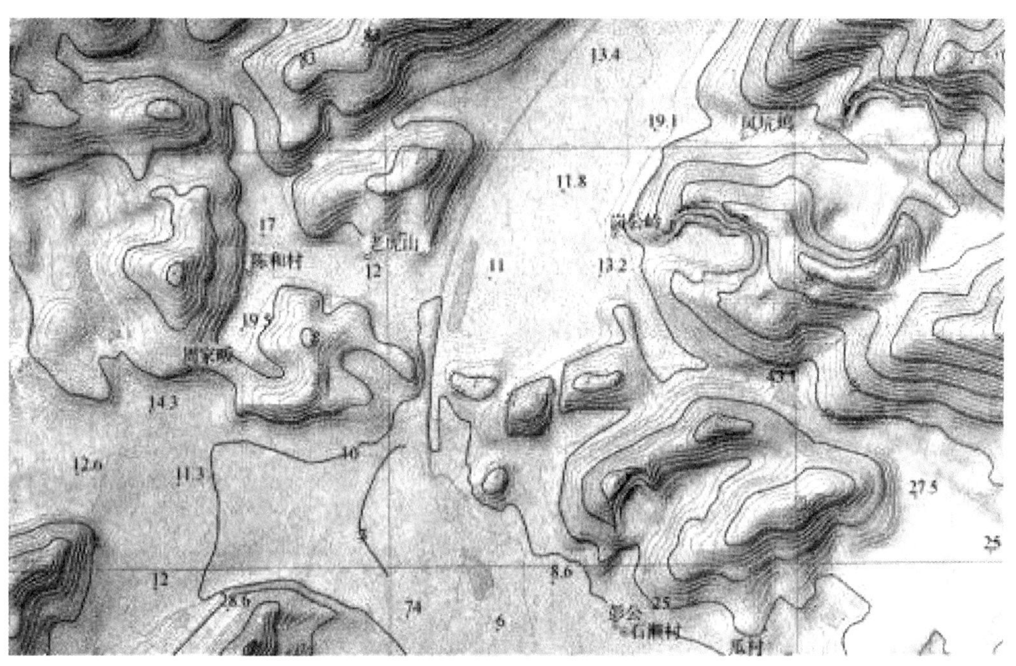

图 5　岗公岭老虎山地形图

同样，在西坝区秋湖头、石岭之间的坝体也可见遗存，至今依然蓄着不少水，为当地灌溉和旅游之用；而其上白鹤溪流经的主流河道所经的秋湖头和周家畈之间的堤坝遗存则几乎是不存在的，上游集雨面积约 5.5 平方千米。其上游位于今白鹤溪骑坑里村的小（1）型奇坑水库，于 1967 年 10 月动工，1980 年 6 月竣工。大坝时为黏土心墙混合坝（2004 年标准化建设，大坝迎水面改为干砌块石护坡），坝高 25 米。集雨面积 3.41 平方千米，总库容 119.74 万立方米，兴利库容 96.92 万立方米，灌溉面积 93.33 公顷。之下的古河道也是沿着山麓盘绕而下。[①]

可以肯定如果当时分别在白鹤溪和彭公溪所经的主流溪之间建有塘坝，理论上至今会留有遗存。既然现场暂时还未发现确凿的证据，似说明良渚时期所建的塘坝，在技术上未能在山地拦截较大溪流建成小（1）型以上水库，或是建成又溃决

① 孙连法 . 余杭水利志 [M]. 北京：中华书局，2014.

了。可能当时只控制了一些支流蓄水，集雨面积很小，蓄水量一般应在 10 万立方米以下，多为山塘类。为了取水灌溉下游农田等，上坝各处还要通过堰坝控制，总蓄水量不会超过 50 万立方米。

3.1.2 **年代**

目前考古已测定的部分坝体最早年代在距今 5100 年前。分析建坝年代主要在海进高峰期（距今约 6000 年）和海退期间（距今约 5000 年前），应是良渚早期的堤坝工程。

3.1.3 **功能**

海侵使得近海山地曾为良渚人主要的生活、生产区（当时部族居住的变动性是较大的），潮汐出没尚在此以下。因此这里的堤坝主要是为蓄淡和灌溉之用，因为如果良渚人要在近海山地生产、生活，必须要有长年不断的淡水可供，蓄淡是必要条件。还应该看到的是，如果仅是蓄水 5 万～10 万立方米，何以要建如此高大（底宽 100 米、顶长 100 米）的塘坝？良渚附近山上有许多“坞”，如童家坞、钱家坞、两水坞、东篁坞、西施坞等等，特别有意思的是，上坝偏西的几个塘坝各自对应着一个带“坞”的地名，即秋坞、石坞、姚坞（老乡称姚坞的坝已毁于修路）。关于“坞”的解释，其一：“土堡，小城”；其二：“四面高中间低的谷地，如山坳叫山坞。”《辞海》解释与此类似：“构筑在村落外围作为屏障的土堡。”[①] 与它密切相关的词是“坞壁”，是指一种民间防卫性建筑，在我国分布甚广，历史久远，如河南禹州新郑交界处的具茨山城堡、山东肥城石坞山寨等。大型的坞壁（也叫坞堡）相当于村落，有的旁侧另附田圃、池塘、泉井。今日藏在密林深处的旅游点石坞，依稀可辨古代坞壁地貌景象。所以认为几座上坝的功能不仅仅是蓄水灌溉，也不仅是后代可能存在过的“坞壁”，可能早在良渚时期就有部落城堡工事的作用。

3.2 **下坝堤塘**

现状总体看，下坝断续分布在长 10 余千米的范围内，形成东西向的闭合圈，其内区域略呈三角形，西部宽阔而东部略显狭窄。下坝在目前发现的良渚塘坝中处于主体和核心地位，因此应重点论述。

3.2.1 **位置和规模**

下坝位于大遮山以南，分别由自然山体“孤丘连坝”和人工山前长堤“塘山坝”组成。

（1）孤丘连坝。位于上坝南侧约 5.5 千米的平原上，由西到东分别有梧桐弄、

① 辞海（第六版缩印本）[M]. 上海：上海辞书出版社，2010：2019.

官山、鲤鱼山、狮子山4条坝将平原上的孤丘连接成线，坝顶海拔在10米左右。坝长视孤丘的间距而定，在35～360米间不等，连坝总长约5千米，人工坝体长度不超过1/5。其内（北侧）是一片低洼之地，海拔高程多在2.5～3.5米之间，面积约3平方千米，是较理想的蓄水与垦殖之地。

（2）塘山坝。原称塘山或土垣遗址，位于良渚古城北侧约2千米，北靠大遮山，距离山脚100～200米，全长约5千米，基本呈东西走向，地处山麓与平原交界地带，从西到东可分成三段：西段为矩形单层坝结构。中段为南北双堤结构，北堤和南堤间距20～30米，并保持同步转折，形成渠道结构；北堤堤顶海拔高程在15～20米，南堤略低，堤顶海拔高程12～15米。"渠道"底部海拔高程7～8米。东段为单坝结构，基本呈直线状分布，连接到罗村、葛家村、姚家墩一组密集分布的土墩（部分为山丘）。以上塘山坝宽度在20～50米之间，呈北坡缓、南坡较陡状。塘山坝南侧则有筑坝取土时留下的断断续续的护塘河。

随着考证的深入，还发现这段塘山坝至山麓以内地面海拔高程多在10～15米之间，更有多处在海拔20米以上，也就是与"孤丘连坝"之内的2～3米的地面海拔高程相差在10米以上，不可能成为同一蓄水之所。

值得注意的是，在大遮山南麓的小冲积扇地带，多有蓄水1万立方米左右的小山塘，沿山棋布。

以上"孤丘连坝"和"塘山坝"多为与山丘相连的人工堆积而成，看似大致相连，其实有明显不同：（1）所处位置。前者基本是自然山体之间的连接，后者则是在一片山麓台地上连成的人工坝体。（2）坝的高程。前者海拔高程一般在10米，其内地面海拔高程一般为2.5～3.5米；后者海拔高程12～15米，其内地面高程也多在海拔10～15米之间。（3）蓄水类型。前者在其内可形成沼泽湖泊水库，蓄水量较大；后者主要是护塘河、小山塘及南北向的自然河流。（4）集雨面积。前者明显比后者大。以上两坝比较相同的是坝之外（南侧）的地面海拔高程类同，多为2.5～4米，如果通过堰坝控制实施农种或其他自流灌溉用水，应都是便利的。

3.2.2　年代

考古认为塘山坝在1996、1997、2002、2008、2010年经过多次发掘，有确凿的地层学依据证实其为良渚时期遗迹。测定为距今5000年左右。笔者认为应略迟于上坝年代，主要是基于"山地—山麓—平原"开发顺序的渐进考虑。又据对后潮湾村开挖段坝下原始基层土由现场考古人员取样，并由绍兴市水利水电勘测设计院检测中心土工试验，测定为海相沉积粉沙土，属碱性土。说明在未筑坝时这里确实为海潮直薄进出之地。

3.2.3 功能

(1)“下坝”蓄水量是有限的

受制于上游大遮山及坝上游集雨面积和来水的多少。据水文部门估算，“下坝”以上的集雨面积约为30平方千米，按多年平均年降水1300毫米、径流系数0.4计，年来水量约为1500万立方米。现存水库除奇坑水库外，另在大遮山有一座小（1）型康门水库（坑门水库），1958年10月动工，1960年2月建成。坝型为黄泥心墙坝，坝高17.30米。集雨面积仅为4.65平方千米，兴利库容97.61万立方米，灌溉面积154.4公顷。[①] 因此“下坝”的蓄水能力不能过分夸大。当时的蓄水主要在其内的湖沼、河道及护塘河之内。按复蓄系数2，湖沼水面3平方千米，水深2米计，孤丘连坝之内蓄水在500万～600万立方米之间；塘山坝之内的护塘河（按长5000米、宽20米、深2米）、河道、小水塘（10余处）蓄水量100万～150万立方米。下坝内的正常蓄水量估计有650万～750万立方米。

(2)“下坝”内水位的控制及与外围河道的连通主要靠堰坝（泄水或取水建筑物）

理论上无论是水库泄洪还是对外引水灌溉都必须有溢洪道或堰坝。按良渚时期的技术能力应以自然古河道加低平堰坝控制蓄水为主。在堤坝未筑时这里存在着多条古河道。建坝后主要会在原水道流经处形成多条堰坝，既能控制正常水位，为下游提供自流水源，又能在汛期溢洪，还能阻挡下游海潮上溯。满足以上条件的堰顶高程有一个合理范围，最低一般不会低于海拔2米，同时最高也不会超过海拔5米（孤丘连坝之过水堰坝）或10米（塘山坝之过水堰坝）。

今存的古河道主要是：从“上坝”白鹤溪、彭公溪流经彭北溪到毛元岭出口至东苕溪的河道；由“双堤”桥头村，经大滩村到东苕溪的河道；由康门水库通往东苕溪的河道。建堰坝的另一位置应主要在堤坝山麓的山岙间，如“孤丘连坝”中康村和低田畈村两山岙间应为古堰坝所在地；又如整条塘山坝又有“九段岗（九个缺口）”之说。[②] 这些缺口，无疑是建堰坝的首选位置。

(3)“下坝”不能形成对良渚古城的保护

缺少“下坝”为古城防御洪水的数据证明，即使后来改道后的苕溪也在“下坝”与古城之间穿过。但古城建立后，通过堰坝及古河道有为城内河道提供淡水资源的功能，如毛元岭出口河道。

基于上述距今约5000年前时良渚之地的地理、水文环境条件和人们的生产、

① 孙连法．余杭水利志[M]．北京：中华书局，2014.

② 赵晔．良渚文明的圣地[M]．杭州：杭州出版社，2013.

生活方式，尤为稻作生产所需，将下坝定性为：所建成的“下坝”严格意义上是在山麓与平原交界地带、多层地形区建成的早期良渚人聚落围垦区。可视为我国东南沿海最早的围垦塘坝之一。

下坝主要功能为对外挡潮拒咸，保护其内的人民生命、生产安全，其内蓄淡灌溉，包括自流灌溉和人力提水灌溉，也可为之外的平原地区开发提供部分生产、生活用水。

按山麓线10米等高线计，下坝保护区范围约为8.5平方千米。又可分为“孤丘连坝”和“塘山坝”两块。前者以蓄水为主，后者可能是生产、生活区。以此推测，这里或许是良渚古城建成之前良渚人聚集活动的中心，可能存在“山麓版”的良渚古城。

至于双堤，笔者认为在其上应是以人居为主的活动区，此外还兼有公共活动场地功能。塘山坝中心位置，尤为宽大平整，适于公共活动，有东西向河道贯穿其中。另外值得关注的是双堤今所处的村名为“河中村”，一作“何中村”，似与古村落有关。①

3.3 古城城墙堤塘

3.3.1 位置和规模

良渚古城（莫角山），俗称“古上顶”。位于“下坝”以下，直线距离最短约3千米。古城城墙呈“一个正方向圆角长方形的整体，南北纵长900～1800米，东西宽1500～1700米，总面积290万平方米”。古城城墙底部宽度大多为40～60米，最宽处多达100米。“城墙一般底部先铺一层20厘米的青胶泥，再在上面铺设石块基础面，然后用黄土堆筑成墙体。”②

3.3.2 年代

只有在良渚文明相对发展的背景下，才有可能建立城市。因此良渚古城应是建于下坝系统略后的工程。需说明的是，这个推断是假设良渚人没有像河姆渡人那样在海进开始之前就已经在平原上发展出更早的文明。

3.3.3 功能

从水利工程的角度分析，此城墙有着防洪、挡潮的作用。此外古城还有环城河、城内河道、水城门等水系和设施。部分遗迹尚存。诸如城墙西、北、东三面都发现有内外壕沟，宽度20～40米不等。城墙西、南两面还发现有内壕沟，北城墙内侧现有数十米的河道，也可能是良渚时期的内壕沟。考古者多称良渚时期交通以水运为主，城墙基础铺有一层数量可观的块石，据信是通过护城河和竹筏取自远处的山谷地带。城内城外水网密布，水面率超30%，水门在6处以上，因此，也可

① 赵晔.良渚文明的圣地[M].杭州：杭州出版社，2013.

② 赵晔.良渚文明的圣地[M].杭州：杭州出版社，2013.

称良渚古城是我国最早的水城之一。

4. 同期钱塘江两岸还有类似工程体系

《越绝书·卷四》中曾这样描写古越后海的水环境："西则迫江，东则薄海，水属苍天，下不知所止。交错相过，波涛浚流，沉而复起，因复相还。浩浩之水，朝夕既有时，动作若惊骇，声音若雷霆，波涛援而起，船失不能救，未知命之所维。念楼船之苦，涕泣不可止。"同钱塘江北岸一样，面对卷转虫海侵造成自然环境沧海桑田的巨大变化和恶化的水环境，大越民族一直致力于开展对自然的抗御和改造，其主要方式之一便是筑堤防蓄淡水、挡洪潮。

4.1 余姚河姆渡遗址为阻挡海进的简易塘坝遗存

金普森等[①]认为：距今6555～5850年间的皇天畈海进开始以后，海水的不断上涨，致使"河姆渡人"居住的村落和田地逐渐为海水吞没，之后又渐次为海侵时的沉积物所覆盖，从而构成第四文化层。在皇天畈海进逼近村落之初，河姆渡人不甘心离开自己的家园，使用大小石块进行回填筑堤建坝，借以抵御海水的侵袭，保护自己的家园，因此而造成一些遗物和回填的石块与海水沉积物相掺混的现象，形成第三文化层。但由于抗御自然的能力有限，难以抵挡浩浩上涨汹涌进犯的海水，河姆渡人最后迁到了四明山麓去生活居住，可以认为河姆渡人实施大小石块回填阻止海水侵袭的简易堤坝工程，即是当时一种小规模的阻挡海水的建筑物，应是最早的海塘。图6为上山、小黄山、跨湖桥、河姆渡、良渚等遗址位置示意图。

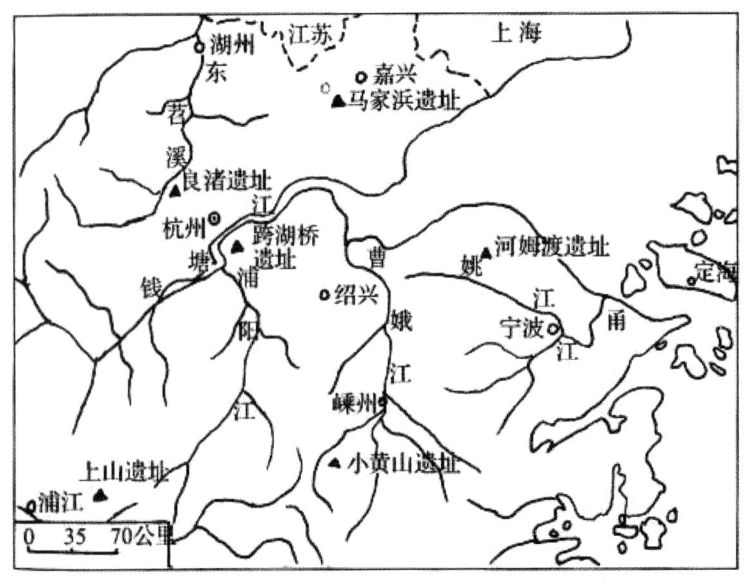

图6 上山、小黄山、跨湖桥、河姆渡、良渚等遗址位置示意图

① 金普森，陈剩勇，林华东．浙江通史·史前卷[M]．杭州：浙江人民出版社，2005：75.

4.2　会稽山地早期塘坝

与海进一样，海退也是一个持续多年的进程。越人从会稽山区进入平原，是一个复杂的历程。因为海水是逐渐北退的，滩涂平原也是逐渐扩展的。而且随着海退而出现的平原，是一片沼泽，一日两度的咸潮，土地斥卤，垦殖维艰，越人依靠北流的河川溪涧和天然降水，筑堤建塘，拒咸蓄淡，一小片一小片地从事垦殖。

绍兴会稽山以北的山—原—海之地也发现了诸如位于兰亭、南池、坡塘的古越时期山地古塘。以今兰亭景区南侧（景区入口）一条被称为西长山的山塘为例进行分析：西长山西接兰渚山麓，东近木鱼山，海拔高程 20～24 米，高约 10 米，东西长多达 250 米，宽 30～35 米。西山麓处为今兰亭江通道，约 20 世纪 70 年代初兰亭江裁弯取直时开塘形成。据当地年长村民回忆，20 世纪 70 年代开挖此塘通过兰亭江时，见此塘均为黄泥堆积，部分亦有木桩。2015 年笔者在实地看到兰亭江正在河道砌礴开挖坝体，坝体的各填筑层清晰可见，获得其中青膏泥、黄泥、芦根等在不同堆积层面中显露，明显为人工堆筑。

此西长山即宋吕祖谦《入越录》中“寺右臂长冈达桥亭，植以松桧，疑人力所成者”之“长冈”。西长山应是越国早期的塘坝工程，基本判断是类似良渚下坝的工程，主要作用是为这一带古越聚落筑塘坝御咸、蓄淡、灌溉。西长山西段是全封闭的，到以东与木鱼山交界段明显低于主体段，其原因，一要溢流过水（之下又为溪流），二是此地亦为原山阴城往兰亭古道（南北向）过往之地。[①]

4.3　会稽山麓与平原交接地区的早期围垦区

绍萧平原还可参证的较典型的围垦工程是越国的富中大塘。《越绝书 · 卷八》载：“富中大塘者，句践治以为义田，为肥饶，谓之富中，去县二十里二十二步。”据考，富中大塘在绍兴平原东部，大致范围南至会稽山北麓，东、西两侧分别为富盛江和若耶溪，北为一人工挑筑的长堤，长约 10 千米。塘内面积约 51 平方千米，有近 4000 公顷可耕农田。

富中大塘北拒由后海直薄山会平原河流的潮汐，东、西可摒富盛江和若耶溪的洪水于外，塘内又拦截上游溪河形成诸多淡水湖泊以蓄淡灌溉，干旱时又可引塘外之水灌溉。

富中大塘建成以前，越部族的农业生产相当落后，其时产量低下，粮食匮乏，主要农业生产在南部山丘一带。此塘兴建后，山会平原的水利条件有了一定范围的改善，农业生产的重心开始由山丘向平原水网地带转移，是越族自海进后较大规模

---

① 邱志荣 . 绍兴风景园林与水 [M]. 上海：学林出版社，2008：80-89.

向平原大范围开发发展的重要围垦工程。水稻已成为主要农作物，良好的种植条件又使稻谷产量和质量不断提高，“三年五倍，越国炽富”。甚至吴王夫差也称：“越地肥沃，其种甚嘉，可留使吾民植之。”[①] 其时，越族主要产粮区便在富中大塘。此塘的建成也为山会平原自然环境的改造和经济、文化的发展奠定了重要基础。

复述富中大塘的开发方式，旨在间接说明良渚下坝并不是单纯的蓄水大坝，而是一个类似富中大塘的围垦工程，垦区内有河湖，也有田地庐舍；外有滩涂，也有不断扩大的可垦区。

4.4 越国都城由山地向平原发展的证明

越国的早期都城也经历了在南部山地嶕岘大城，到山麓地带平阳，再到句践到平原建都城的过程。

《水经注・渐江水》中记载，越部族的中心原有两处：一是“埤中”，在诸暨北界；二是“山南有嶕岘，岘里有大城，越王无余之旧都也”。无余，相传为禹五世孙少康氏之庶子。所建的大城位置约在若耶溪的源头，即《水经注・渐江水》中“溪水上承嶕岘麻溪”之说。以上都城均在会稽山地内部。至越王句践（约前520—前465）时，海进早已经结束，原来的浅海，成为一片沼泽之地，山麓与平原交接的地势较高之地，已逐渐成为越族人民耕作和居住之地。越王句践不甘久居山里，将都城迁到了若耶溪以北今平水镇边的平阳，这里地处会稽山北，地势广阔平坦，又因群山环抱，既利生产种植，又易守难攻。越部族的生产生活中心，进入了会稽山冲积扇地带。越王句践又于其七至八年（前490—前489年）接受了大夫范蠡提出的“今大王欲立国树都，并敌国之境，不处平易之都，据四达之地，将焉立霸主之业”[②] 建议先筑小城，即“句践小城，山阴城也，周二里二百二十三步”[③]，位置在今卧龙山东南麓。这里位于山会平原的中心地带，是一片有大小孤丘九处之多，东西约五里，南北约七里，相对略高于平原的高燥之地。之后，又建大城“周二十里七十二步，不筑北面”[④]，成为越国政治、军事中枢。当时的大小城已颇具气势和规模，当然城墙建筑应还较简陋，以土木为主。大城设“陆门三、水门三”。大小城范围设四个水门。

5. 结语

（1）海侵不但使钱塘江两岸的自然环境产生了沧海桑田的巨大变迁，而且对这

① 赵晔，徐天祜，苗麓，等．吴越春秋 [M]. 南京：江苏古籍出版社，1999.

② 赵晔，徐天祜，苗麓，等．吴越春秋 [M]. 南京：江苏古籍出版社，1999.

③ 张仲清．越绝书校注 [M]. 北京：国家图书馆出版社，2009：205.

④ 张仲清．越绝书校注 [M]. 北京：国家图书馆出版社，2009：205.

里史前的人类文明发展有着决定兴衰的作用。良渚文化中遗址中的山地（上坝）—山麓（下坝）—平原（城墙与城河等）水利工程的建设与变化发展，遵循着自然的演变和人类适应与改造自然的规律。

（2）良渚山地的上坝出现在良渚早期，控制范围有限，主要溪流白鹤溪和彭公溪没有被拦截成水库。通过堰坝控制，总蓄水量不会超过 50 万立方米。上坝的主要功能为蓄水、灌溉及城堡工事等。这里产生了我国历史上第一批大坝、水库。

（3）下坝出现在良渚的全盛期，为围垦工程，可分为两部分：低丘连坝蓄水 500 万～600 万立方米；塘山坝蓄水 100 万～150 万立方米。下坝总蓄水量 650 万～750 万立方米。蓄水主要通过堰坝控制。主要功能是综合的，随着自然环境与人类需要而变化：一个时期主要是挡潮、防洪、蓄淡，保护塘内的农田、人口、聚落安全；另一个时期主要是为下游农业垦种提供灌溉用水，或为良渚古城以及航运等供水。当然，不论什么时期都还应有渔业养殖等功能。这里有了继河姆渡之后的海塘，有了堤防，有了大坝、水库，有了相应的取水、泄水建筑。

（4）良渚古城是我国最早的水城之一。城墙有着防洪、挡潮、防卫等作用。此外古城还有环城河、城内河道、水城门等水系和设施，可用于航运。城内城外水网密布，水面率超过 30%，水门在 6 处以上。这里还有了人工运河。

（5）良渚古堤坝是目前发现的现存我国上古时期时间最早、规模最大、技术含量最高的水利工程遗址之一。特别是水利工程体系的规划布局思想，解决堰坝溢洪等问题的能力，以及鲤鱼山、老虎岭等地发现的草裹泥、草裹黄泥（或黄土）筑坝工艺等，充分显示了良渚古代文明的发达程度和社会组织能力，也反映了水利在文明发展中的重要地位。

（6）钱塘江两岸的地貌、历史地理演变、人类改造自然活动有着诸多相似性，良渚、河姆渡、富中大塘，同是大越治水，可互为印证。多学科的进一步深入研究对探索钱塘江两岸人类文明的活动形态、系统构成、演变发展、传承关系等有着重要意义。

致谢：除特别注明外，文中有关良渚考古引用的相关数据主要参考浙江省文物考古研究所 2015 年十大田野考古新发现申报材料《良渚古城外围大型水利工程的调查与发掘》，感谢浙江省文物考古所王宁远先生的支持，并提供资料！

（原载《浙江水利水电学院学报》2016 年第 3 期）

从考古发现中寻找大禹

王吉怀*

长期以来，无论是先秦史学界还是历史学界，都是从文献记载中研究大禹，但始终不知道大禹是人、是神还是传说人物。通过考古发掘能够证实大禹的，目前只有安徽蚌埠的禹会村遗址，这是一处含金量十足的遗址，也可以说，由于禹会村遗址的发现，才增加了大禹是在中国大地土生土长的信心。所以，从考古的角度去寻找大禹，我们只能从禹会村遗址中提取资料。

禹会村又称禹会，还有“禹墟”之称，位于安徽省蚌埠市西郊涂山脚下的淮河岸边，东临天河、北依涂山。虽然在中国的版图上不容易找到它的位置，但它的的确确是一个名见经传的地方。古籍中记载的“禹合诸侯於涂山，执玉帛者万国”（《左传·哀公七年》），指的就是这个地方。“合”，本身就有“会集”“聚合”的意思，后来就慢慢地演变成了“禹会诸侯于涂山，执玉帛者万国”，“禹会”由此而得名，并从汉代沿用至今。别看这短短的十三个字，却蕴含着丰富的历史内容，其中，把事件中的人物、地点、内容、形式、规模交代得一清二楚。人物就是大禹，地点就是涂山，内容就是会诸侯，形式就是执玉帛，规模就是万国。其实，我们不要把“万国”认为是个实数，是形容很多的意思。

一、考古人关注禹会村

其实，禹会村遗址早在20世纪80年代就已经发现，但始终没有得到进一步的关注，直到“中华文明探源工程”实施以后，考古人才踏上了这块久违的土地。

禹会遗址真的跟大禹事迹有关系吗？史书上记载的禹会诸侯的地点在哪儿？“执玉帛者万国”的盛况能否再现？从原始社会过渡到奴隶社会，这个将中国带入文明社会的转折是如何发生的？这一切是否隐藏在这个叫作“禹会”的遗址内呢？学术界充满着期待，社会各界也寄予了厚望，希望我们考古人能从这个遗址中找到答案。

但有一点我们自信，这个禹会又有“禹墟”之称，是淮河中游一带较大的原始社会晚期遗存，这一带既是文献记载的涂山氏国的所在地，也是夏王朝建都之前，华夏族主要的活动区域，而且当地人又有许多关于大禹的传说。我们怀揣着梦想步

---

* 王吉怀，中国社会科学院考古研究所研究员。

入了禹会村，对这处神秘的遗址进行了有计划、有目的的工作，梦想着揭开尘封于地下几千年的秘密。

二、禹会村发掘收获

从2006年到2011年，中国社会科学院考古研究所组织力量对禹会村遗址进行勘察、钻探、试掘和大规模发掘，真正开始了通过考古手段的“探禹之旅”，期待着在这里能寻找到跟村名来历有关的禹迹。经过几年的大规模发掘，成果丰硕，收获满满，而且都与文献记载的“禹会诸侯于涂山，执玉帛者万国”事件密切吻合。遗址中的各种遗迹现象，为禹会诸侯的事件提供了有力的佐证。

1. 大型礼仪性建筑

所谓礼仪性建筑，我们又称之为祭祀台。祭祀台基是一处呈不规则“T”形或叫“甲”字形的建筑遗迹，南北长108米，上端宽23米，下端宽14米，总面积达2000多平方米。最上部的白土铺垫层非常明显，清理时与上部的地层土会自然脱落。这是一个经过人工堆筑、铺垫、覆盖而成的大型礼仪性建筑。更重要的是，在白土覆盖的台基面之上，从北往南看，还分布着凸塄、凹槽、烧祭面、方土台、圆底坑、柱洞坑等。

①凸塄，呈不规则的“X”状，当地老百姓把这个地点传说叫“跑马岭”，说是大禹在治水期间经常骑马巡视水情的必经之路。

②凹槽，与凸岭相邻，呈不规则的弯曲状，其槽的两壁和底部也是从下而上用灰土堆筑、黄土铺垫、白土覆盖而成，类似于弯曲的河流。

③烧祭面，是祭祀台面上的主要设施之一。该处烧祭面已经达到了89.46平方米的范围，从局部被火烧过的迹象表明，用火的时间、烧祭的次数和用火的规模都达到了一定的程度。从平整、光滑、坚硬的烧土面来看，并非一日之功或在短期内烧祭所能达到的效果，充分显示了烧祭的规模和场面之大，应具有隆重的仪式和复杂的内容。同时，在烧祭面附近，也有多处经过长时间烧烤而形成的小面积圆形烧痕，构成了在大面积烧祭活动中又同时进行小范围的燎祭形式，类似的烧祭面在国内同类型遗址中尚属罕见。在烧祭面周围还遗有陶甗、陶杯、磨石等，应该是在祭祀过程中必用的器物。

我们也把这个现象叫作“燎祭”。所谓“燎祭”，就是当时在大禹会诸侯期间，烧玉、烧帛、烧三牲（猪、牛、羊）和其他物品，认为只有烧这些东西才能通天神，以达到人和神沟通的目的。通过天神下降，来辅佐人们去完成人类完不成的事业。

④方土台，位于祭祀台基的中间。方土台保存了长、宽、高各 1 米的形状。这处遗迹，被专家认定为大禹当年会诸侯站的指挥台。当然这也是一种猜想，也可能是摆放着特殊的物品，我们暂且认为它是大禹会诸侯站的台子。

方土台的出现，给整个祭祀台基赋予了重要内涵，它既构成了整个祭祀台基面上的重要设施之一，又包含着特殊的功能。由于方土台的顶部被破坏，使我们无法知道其本来的高度，但应该是一个呈平面、方形的固定设施。尽管该设施没有发现明显的夯迹，但依据方土台的高度和现状以及它本身的密度和硬度判断，如果只是利用堆筑的方法是很难达到如此的高度的，我们仅在底部边缘发现个别地方有板筑的迹象，应该是通过板筑经夯而成。至于方土台的用途，在整个祭祀过程中是否扮演着神台的角色，是值得我们深思的问题。

⑤圆形圜底坑，在烧祭面和方土台附近，分布着大小相等的八个圆形圜底坑。这些坑的坑壁和底部，从下而上也是用灰土堆筑、黄土铺垫、白土覆盖而成，其中有七个集中在烧祭面和方土台附近，另一个位于北部的凹槽内。专家现场考证，这种现象可能与祭祀天象有关，七个集中在一起的应该象征着北斗七星，一个位于北部，应该象征着北极星。

⑥柱洞坑，位于祭祀台基中间的南部，呈南北向的布局。共有 35 个柱洞，南北一字排列，长达 50 米。

柱洞或柱坑，是考古中常见的遗迹现象，每当发现这种遗迹，我们就会自然地跟建筑联系起来，比如宫殿、房子之类的建筑。但无论是宫殿还是房子，都应该呈现出某种形状，比方说呈长方形、椭圆形、方形、圆形等等。但是这里的柱洞在一条直线上，而且长度达 50 米，这种现象我们无论如何都和建筑联系不起来。因此，我们只能在“禹会诸侯於涂山，执玉帛者万国”的内容中寻找答案。

经过专家们的现场考察，认为是在会万国诸侯的时候竖立诸侯国国旗或图腾柱的地方。而且这个地点与古史记载的“涂山南八里有禹会村，盖禹会诸侯之地”完全相符。这处大型的礼仪性建筑基址，显然是带着某种理念，经过了统一规划设计，并有凝聚力的人物坐镇指挥，依靠宗教的力量，集体施工的大工程。

2. 祭祀沟

祭祀沟位于祭祀台基的西侧，经过全面清理，得知该沟长 35.7 米，宽 5.4～7.3 米，深 0.8 米。沟内的自身堆积厚度为 0.40～0.60 米。沟内的填埋物，特征非常明显：第一是大量的陶器碎片；第二是被火烧过的兽骨；第三是数量较多的磨石。其中的填充物主要是草木灰土。从沟内的遗物现象观察分析，跟抛弃物从沟边滚落有关。沟内共出土陶片 17879 块，可分为夹砂红褐陶、泥质红陶、泥质灰陶、泥质灰褐陶和白陶五种，能看出器型的，有山东龙山文化的鬼脸式鼎足、河南龙山文化的侧三角鼎足、良渚文化的凹底罐、具江汉平原文化特征的陶盉等。同时，沟内掺杂着大量的草木灰，在草木灰土中有大量被火烧过的动物骨骼。除陶器和兽骨外，就是相当数量的磨石。这些物品，反射出了当时的真实情景，由此我们想象到了当时磨刀霍霍、杀牲祭祀的场面。

根据摔在沟里的陶器，我们会自然地联想到现在农村里出殡的时候还有一些习俗叫“摔火盆”“摔火罐”。因为祭祀用过的器具，人们在生活中不会再去用它，祭祀完了以后，就把这个东西扔掉了，还集中扔在一个沟里。这种现象，在古书中叫“燔燎”与“瘗埋”[①]（fán liáo yǔ yì mái），是祭天、祭地、祭祖先神的一种形式。

祭祀沟的文化内涵，为祭祀内容提供了十分重要的资料。

3. **祭祀坑**

祭祀坑根据形状可以分为以下几个类型：

第一种是窖穴式深坑。这种是先挖一个较深的土坑，把器物完整地放进去，就像储藏东西的窖藏一样，然后再埋上土。清理提取的时候，虽然器物为上下叠压，但都非常完整，这是“瘗埋”的一种祭祀形式。

第二种是圜底深坑。这是一种两层填埋器物的祭祀坑，从清理时可以看出有以下几个步骤：

第一步：在原地挖好坑后进行烧祭，整个坑壁和坑底均为红烧土硬痕，硬痕之上遗有木炭灰痕，灰痕的层面之上为丢弃的一层能看出完整个体的陶器碎片。

第二步：在器物之上填土，又呈坑状，厚度 10～20 厘米。坑壁和坑底还是形成红烧土硬痕，硬痕之上遗有木炭灰痕，之上又丢弃一层能看出个体的器物碎片。

第三步：又在器物之上填土，最后进行烧祭。我们只能利用示意图的方式展示两层器物的填埋现象。坑的最上层呈平面，火烧的迹象非常明显，显示的是“燔燎与瘗埋”的祭祀迹象。

第三种是平底浅坑，是把器物完整地埋在里面，清理以后发现，每件陶器破碎的范围非常集中，提取后都能复原出完整的器型，表现的是“瘗埋”现象。

不同类型的祭祀坑，位于祭祀台基之外的居住区地点，这个地点的人应该是部落中的普通成员，是没有资格进入祭祀台基那个位置的。所以，他们在外围同时举行祭祀活动。

不同类型祭祀坑的发现，丰富了祭祀的内容、规模和形式。可以说，从主祭

① 《礼记·郊特牲》；《礼记·祭法》。

区的大型礼仪性建筑到居住区的各类祭祀坑，它们遥相呼应，再加上极具特色的器物，给我们提供了充满想象的画面感，好像当年大禹盟会诸侯的场面，还在眼前浮现。

4. 简易式工棚建筑

禹会村遗址属于考古学上的龙山文化，在这个阶段，人类建造房屋的技术已经达到了非常高的水平。以前的考古资料显示，龙山文化时期的房子多数经过了火的烧烤，有的墙面用白灰面来装饰，房子内的生活设施也比较完备，有烧火做饭的地方，也有保存火种的地方，同时还有相应的生活用具。但禹会村遗址的房子不然，面积都很大，40 平方米或上百平方米不等，但相当简陋。先在地面挖一个沟槽，栽上柱子，作为主墙，也叫承重墙，然后在其他方位直接栽柱子，形成一个木构的框架，然后在柱子两侧抹泥，铺上稻草，形成一个遮风挡雨的临时场所，房内地面未经过加工处理，也未见与生活有关的遗迹和遗物，我们把它叫作简易式的工棚建筑。

为什么做成这样的房子呢？因为在会诸侯期间，来自四面八方的人要在这儿短期居住，总得有一个能睡觉的地方，所以就简单地搭建了这些临时场所。这些现象，都与短期的大型活动有关，并且也表现了与祭祀活动有关。

5. 专属通道

在 2006 年第一次钻探时，在祭祀台基的西侧就发现有类似路土的现象，当时并没敢确定就是道路，因为真正的道路，是经过人们多次往返而出现的硬结面，同时还必须具备呈千页状的踩踏面。当时发现的“类似”现象，只能初步定位为似路非路的认识。后来，在祭祀台基南部的居住区，真正揭开了通往祭祀场所的专属通道，这才使我们对前期钻探时发现的类似路土的现象恍然大悟。

这条道路完全是人工用白土铺垫而成，宽 2.5～2.8 米，往北直通一区的祭祀台基西侧北部位置，但由于民房和水泥路的覆盖，通往祭祀台基的具体入口尚不清楚，依据通道在二区的暴露部位和祭祀台基中部的长度，可知通道的南北长度至少为 100 多米。

通道边缘不甚规则，但路面比较平整，土质较纯，具有一定的硬度和密度，但与长期所形成的路土踩踏现象相比，还有一定的差异，路土面尚未形成“页状”叠压现象。

迹象表明，通道是为在祭祀场内活动的人群专门铺设的，具有专一的功能，或说具有“神道”的意义。它的出现，进一步证实了祭祀台基是当时重要而又神秘的场所，是一处非常独立而又封闭的祭祀场地，在活动期间或活动过程中，具有严格的进出场途径和严密的礼仪制度，各诸侯国国君是三拜九叩地进入场内去接受大禹的盟会，这种形式表明了祭祀过程中的宏大场面和繁杂程序。

6. 祭祀器物

说到禹会村遗址的祭祀器物，主要表现在陶器方面。从器物的造型看，与我们发掘过的同类遗址没有任何区别，都是生活类实用器的造型，如鼎、罐、鬶、长颈壶、陶盘、假腹簋、盉、大型器盖、高柄器盖、豆、盆、甑、甗等等。但是，同样的造型，却反射出了不同的信息。

我们知道，陶器作为新石器时代开始的标志之一，是承载着相应遗址的地域特征、文化属性、技术发展水平、年代范围及功能等信息的关键物证。龙山文化晚期的陶器制作技术十分成熟，该现象在众多的龙山文化遗址中均有反映。

在一般的聚落遗址中，陶器多是扮演着日常生活用具的角色，而作为生活器皿的烧成温度基本上达到了 900 摄氏度以上。

然而，蚌埠禹会村遗址却不尽相同，其中，数量众多制作粗糙、质地疏松、保存状况较差的陶器，同该时期应有的制陶水平有着显著差异。同时，遗址出土的陶器也表现出了多区域龙山文化面貌特征。基于禹会村遗址陶器的复杂性，陶器烧成温度的测定对判断遗址的性质、陶器的制作水平和制作工艺，特别是在实际用途方面的信息则显得尤为关键。

在古陶器的烧成温度研究中，较早而且较广泛使用的方法主要有两种：一是通过 X 射线衍射、光学显微镜和差热分析方法研究矿物的存在方式，分析估算出陶器的大致烧成温度范围；二是利用陶器热膨胀测试获得的数据，估算出陶器的烧成温度，此方法经过适当的校正，可以得到较准确的结果。近年来也有多种科技分析手段用于陶器烧成温度的测试，如热重分析、穆斯堡尔谱分析、傅里叶红外光谱、扫描电镜等，这些技术为研究陶器的烧成温度及相关问题提供了支持。

中国科学技术大学采用的是热膨胀仪分析法，对禹会村遗址出土 10 件不同遗迹单位、不同材质类型、不同烧结程度的陶器进行烧成温度测定，样品基本涵盖了该遗址出土陶器的所有类型和陶器烧成温度的范围。同时结合 X 射线荧光、X 射线衍射等科技分析手段，对陶器化学组成及矿物成分进行综合分析，并对热膨胀测温结果进行验证。

热膨胀仪分析结果是，所测 10 件陶器中，最高烧成温度为 917℃，最低为 550～650℃，其中高于 900℃的样品有 3 件（1 件泥质红陶，1 件夹砂灰陶，1 件夹砂白陶），800～900℃有 2 件（均为泥质黑陶），700～800℃有 3 件（1 件夹砂红陶，2 件泥质红褐陶），550～650℃有 2 件（均为泥质灰陶）。结果表明，该批陶器烧成温度普遍低于同时期龙山文化其他遗址出土的陶器。虽然有部分高温陶存在，但低温陶占禹会村遗址出土陶器的绝大多数，这一结果支持了“禹会村遗址是一处以祭祀为主的礼仪性基址”这一推论，即低温陶器是专门为摆放祭祀供品而专门烧制的。其中，有很多种器物完全不属于生活用具，比如：

假腹簋：分为夹细砂陶和泥质陶两种，高圈足，足沿外卷，外观看，腹深长，下为圈足，有的圈足呈喇叭口形，但内圈足置于腹中部，上部呈浅盘式，圈足中部形成一周折棱，折棱下饰四个对称型圆形镂孔，有的在上部还附加四个对称型把手。造型端庄、稳重，在制作上具有一定的难度。

这种器物，只有在祭祀时才能真正派上用场。说它假，就假在正面观看的视角上，上部能盛装东西的部位似乎很深，但从顶部看却很浅，而外部又有意做成深腹的样子，好像能放置很多东西。当供品摆上后，很少的东西却显得很多，从而让神感到你很真诚。

古人祭祀用的假腹簋还有一个非常重要的现象，下部的圈足部位很高，又有四个对称型圆形镂孔，这种镂孔的意图是，当供品摆好后，底部点起可燃物，烟从四个镂孔冒出，以达到敬天敬四方神的目的。

陶盉：多为泥质红陶，手制，造型优美、别致，是一种非常高档的陶工艺品，也是当时的一种陶礼器，充当酒具。这种器物，制作工艺复杂，即使是专人制作，也需要相当长的时间才能完成。所以，这种陶礼器并非一般的氏族成员能够拥有，也不是任何场合所能展现的，而是祭祀中重要的礼器之一。禹会村遗址出土有很多这种陶礼器，说明活动的级别之高。

陶壶：泥质红陶，手制，沿外侈，小口，短直颈，圆弧肩，肩下部内收呈柱状体，下部凸出呈平底，肩部一侧附加圆形斜直壶嘴，器身中部饰两周凸弦纹，弦纹之间又加饰戳印纹，下部饰一周凹弦纹。整体陶胎较薄，陶质酥松。这种陶壶的制作难度很大，是标准的酒具类器物，也是祭祀中的陶礼器具之一。

陶鬶：多为夹砂陶，个别为泥质陶。朝天流，流端外侈，斜直腹较深，下腹部略大，底近平，下附三个锥状实心足，器身一侧附加扁体绳索状把手。这种器物首先发现于山东地区的同期文化中，它本来的用途是作为史前人类的炊具，三足之间可以直接烧火，达到炖煮或温酒的功能。该类器物形制多样，从整体造型看，像是鸟的变形体，高昂翘起的流部，像是鸟的喙。山东地区原始先民的图腾是鸟，故有人认为陶鬶是鸟图腾的变形体。这种器物在禹会村遗址出土，充当的是一种酒具，属于高档的陶礼器，与当时的祭祀活动密切相关。

蛋壳陶杯：也是一种高档的陶礼器，是祭祀活动中的必备器具。其造型、大小与我们现在的玻璃酒杯很接近，有的造型更为复杂，其工艺程度达到了极致，即使是原始社会手工业大分工后的专业人员，也得需要相当长的时间和相当大的精力才能完成。这种器物的最大特点是胎壁薄如蛋壳，故称蛋壳陶。它具有薄如纸、硬如瓷、黑如漆、亮如镜的美称。这种器物在山东地区发现很多，造型也各不相同，但我们无法知道这种器物是快轮加工还是灌浆而成，真可谓是外形小巧精致，内涵乾坤的物件，是原始人制陶业中出现的奇迹。

这种陶杯，多数是充当酒杯，与陶盉、陶鬶、陶壶属于配套器物，它们同时出现，说明当时的祭祀活动是用酒的。史前先民相信，酒最能通天神，用酒祭祀是人与神沟通的媒介。古人曾有"天上人间酒最尊，非甘非苦味通神"的说法，说明酒在祭祀活动中所发挥的重要作用。

说到古人用酒祭祀的历史非常久远，在没有酒的时代，或缺少酒的时候，人们就用水或动物的血来代替酒，这种酒叫作"玄酒"，以作为敬天敬地敬祖先神的"大飨之礼"。《史记・卷十二・孝武本纪第十二》记载："水，玄酒也。"在《卷二十三・书礼第一》记载："玄酒，水也。"说明以水代酒，意不在"酒"，而在于"心"。今天，我们也常说"以茶代酒"，其意义也就不难理解啦。

陶豆：是一种实用性很强的器物，本来是原始先民作为菜盘使用的生活用具，高圈足，喇叭口器座，上部呈浅盘状，适合于原始人吃饭席地而坐而又不至于大幅度地弯腰。这种器物的形制在原始的部落中经常见到，而出现在禹会村遗址就不具备实用器的意义，主要原因是它的陶质软，烧成的火候不足，只是达到了让器物能站起来而已。所以，陶豆出现在禹会村遗址，完全失去了它作为生活用具的功能，而是作为一种摆放供品的祭祀用具。

陶鼎：也是史前人类常见的生活类器具之一，本是原始先民的一种炊具，相当于我们现在的锅。三足鼎立，造型稳重，底部烧火，起到炊煮食物的效果。但在禹会村遗址中发现的鼎，也不具备实用器的功能，它与陶豆的现象一样，烧制火候不足，陶质酥松，这种器物如果往里放汤放水，一泡肯定就散了。所以，当时的先民很聪明，器物只做出应有的造型，而不需要更大的火候烧制，只要器物能站起来，里边能摆放供品即达到目的。这是一种专门为祭祀而烧制的器具。

陶璧形器：按古书记载的"执玉帛者万国"，肯定是有玉和帛的，因为帛是当时在重要场合出现的珍贵物品；玉，在广泛应用于祭祀的同时，拥有超人的"神性"，以此把玉作为媒介构建起当时社会首领的权势。当然"帛"作为丝织品肯定不好保存，那么为什么没有发现玉呢？这个问题，也是我们非常关注的问题，我们在想，不外乎有几种原因。

第一，遗址的面积很大，大部分被压在村庄下，还有一部分压在河堤及公路下，当时我们仅仅发掘了不到10000平方米，有可能没有挖到地方；

第二，玉是一种非常珍贵的礼品，用完了又带走了，并没有随手扔在现场；

第三，也许当时就没有玉，我们在祭祀沟中发现了很多这种陶璧形器，这完全不是一件生活用具，但形状酷似玉璧，也许是一种充当玉的象征物吧。

磨石：磨石的出土量在该遗址发掘的面积中多达133件，大大高于同期文化的其他遗址。平时我们对这种器物的认知，它应该是原始先民制作生产工具的加工器，利用它磨制石刀、石铲、石斧、蚌刀、蚌铲等之类的生产工具。但在禹会村遗址中表现得非常反常：第一，该遗址出土的磨石数量非常多，虽然有的为残件，但器身的不同部位都有使用而形成的平磨面或凹磨面。第二，发现有利用磨石加工出的生产工具数量与磨石的数量不成正比，计有石斧、石刀、石钺、石锛、石凿分别为7件、2件、4件、7件和5件，而且都是残件。要磨制一件成型的石器，并非一日之功。首先，要把一块石头打制成所需要的斧、刀之类的半成品，再进行琢制，使器型更接近规整，最后再磨制器身和刃部。如果需要钻孔，那就更费时费工了。从这种现象看，禹会村遗址的磨制石器很难与农耕活动相联系，很可能是利用磨石磨制出临时性的刀具如蚌刀、木刀之类的器物，用作祭祀时杀牲的工具。我们在烧祭面附近和祭祀沟中发现了很多件磨石，并与烧过的兽骨伴随，可见磨石在当时的实际用途与杀牲祭祀有关。

动物骨骼：主要是被火烧过的动物骨骼和少量保存较好的动物牙齿。这种现象全部出自祭祀沟和祭祀坑内，尤其是在大型的祭祀沟内数量最多，但多数已被烧成粉末状，只能鉴定出属于哺乳类动物的骨骼。显而易见，这种现象与杀牲祭祀中的烧三牲有直接的关系。

原始人祭祀一般是采用“三牲献礼”，即用三种牲畜中的猪、牛、羊组成祭祀供品，有的是用整个牲畜，有的仅用头部代替，并和其他供品进行燎祭，烟通天神，达到人与神沟通的目的，以祈求天神的保佑并渴望降福于人类。

陶塑：泥质红褐陶，夹少量细砂，手制。由于烧制时氧化的原因，伴有浅灰色，仅存器身残片。器表附塑爬行类动物上半身，似壁虎形，身体细长，头部略粗，吻部较尖，头上部两眼凸起，前两肢作爬行状，整体造型在贴塑后又用利器加工出肢体细部，古朴中透出灵动。有人认为这就是早期四脚龙的造型，如果这种观点确立，其含义非凡。所谓的龙，本身就是由不同动物的不同部位拼凑而成，无论是作为图腾崇拜的标志物，还是作为一种精神信仰，出现在禹会村遗址的祭祀沟内，一定与祭祀活动有关，它的深刻含义也就不言而喻了。

以上现象，足以证明“禹会诸侯”活动，就是一次大型的祭祀盟会活动，也充分体现了祭祀是“国之大事”的理念。

可以说，禹会村遗址出土的器物，看上去不像铜器、玉器那么珍贵，但它们都铭刻着“禹会诸侯”事件的记忆和故事，诉说着4000年前的光阴和历史。

相隔4000年的今天，这处热闹一时的地点，给我们提供了无限遐想的空间，虽然只剩下陶片、灰烬和那冰冷的台基，我们仍旧感受到了一种远古的气息。时间仿佛是一条隐藏在地底下的河流，只要我们屏声静息，就可以听到它汩汩流淌的声音。历史似乎在这里定格，禹会村遗址的遗迹和遗物呈现给我们的，就是昔日的辉煌。

2013年12月22日—24日，在蚌埠召开了“禹会村遗址与淮河流域文明研讨会”，来自国内考古学界、先秦史学界和自然科学史方面的专家学者60余人，听取了禹会村遗址考古成果的介绍，又到涂山和遗址现场考察、观摩出土器物，分组讨论。专家们被禹会村的遗迹现象所征服，最后形成一致决议：禹会村遗址，即“禹会诸侯”之地！

当时辉煌一时的这方土地，一直是不为人知的废墟，是考古人唤醒了沉睡的禹会，也正是考古界在文明探源工作中苦苦寻找的遗址。

三、禹会村遗址中的文化特征

通过几年的考古发掘，可以总结出以下五个方面的文化特征：

(1) 大型盟会或祭祀活动迹象突出。大型的祭祀台基和台基面上的相关设施，大型祭祀沟、不同类型的祭祀坑等遗迹，都烘托出了会诸侯期间宏大的规模和神秘而庄严的场面。特别是大型的礼仪性建筑，尽管时间已消失，空间已转换，但仍然还保存着原本的模样，通过它依然能唤起我们对昔日的遐想。凝视着这些废墟，展现给我们的却是4000年前这个地点曾经的盛世繁华。

(2) 礼仪性器物比重高。用作祭祀的礼器品种多，造型别致。虽然大都具备生活用具的造型，但都失去了生活的使用功能，而变成了专门摆放祭品作为宴飨神灵的一次性器物。

(3) 低温陶的比例大。作为龙山文化的陶器，在原始人类的制陶史上已经达到了高峰，多数陶器的烧制火候能达到900℃以上，基本不具备吸水性，这种高温陶才能当作生活用具使用。在其他地区的龙山文化遗址中，很少见到火候在500℃左右的低温陶。

实际上，禹会村的低温陶，就是为祭祀而烧。禹会村出土大量的低温陶器，被学术界定位为祭祀陶器，符合“禹会诸侯”期间曾举行的大型祭祀活动的定义。禹会村遗址的文物汇集了多区域的同类文化特征，对这种现象的分析，就是在盟会期间，各个区域的部落氏族成员，他们来到禹会，尽管是短期行为，但需要生活和祭祀必需品，所以，他们带来了或者就地制作出了具有自己地方特征的器物，而这个发现验证了曾经有多个部落在禹会村会合，符合“禹会万国”的记载。

（4）短期居住的行为明显。简易式的工棚建筑，充分说明了祭祀活动期间所建的临时性住所。

（5）禹会村遗址的时代与大禹时代相符。中华文明探源工程第二阶段关于中华文明形成与早期发展阶段的社会与精神文化研究，只能从考古资料中去考察当时的社会发展和演进，探索各个地区的文明起源的进程以及后来如何汇聚、如何加速王朝国家的形成过程，禹会村遗址的考古发掘自然地显示出了很重要的意义。

一处单纯的龙山文化遗址，出土的器物却多区域化。通常是在一处单纯的龙山文化遗址中，只出土具有本地区特征的器型，而禹会村遗址却汇集了多区域的同类文化特征。

A. 有中原地区河南龙山文化特征，比如：扁体侧三角、足尖带按窝的鼎，这是标准的河南龙山文化，我们称之为王油坊类型的特征，是中原地区龙山文化的典型代表，说明会诸侯期间，有来自中原地区的原始部落代表。

B. 有黄河下游山东龙山文化特征，比如：鬼脸足的鼎和冲天流陶鬶、蛋壳陶杯等，都是标准的黄河下游山东龙山文化的特征，说明会诸侯期间，有来自黄河下游地区的原始部落代表。

C. 还有江汉平原和长江流域的同期文化特征，比如：异型鬶或叫盉、凹底器等等，在南方地区的同时期文化中比较常见，说明会诸侯期间，有来自江汉平原及长江流域的原始部落代表。

这些不同地域的陶器，就是不同地区文化的形象代表。各诸侯部落会聚于涂山，没有分裂，只有融合，留下了时间的刻度和地域的坐标。

禹会村遗址的文化现象，说明了该地区的龙山文化表现了以淮河为界，分为南北两种文化代表，表明禹会村地区是南北两地龙山文化碰撞和融会的地区，从考古学意义上讲，这不仅填补了龙山文化的地域性空白，而且也有利于了解和研究中国古代南北文化的联系和交流情况。

我们从这些文化特征，能看出来当年大禹会诸侯时，有来自中原地区、黄河下游、苏北平原、长江流域和江汉平原等地的氏族部落成员。不同区域的陶器特征，显示的是中华文明的多元一体和文化的博大精深，也是不同区域文明的相互借鉴。

四、科学测试揭开历史谜团

也许有人会问，禹会村遗址发掘出这么多陶器，是参加会盟人员从自己的地区带过来的吗？谁也不敢肯定当时的部落成员带着沉重的器物奔走千里之遥。这个问题我们用肉眼是难以做出判断的，必须利用交叉科学去寻找答案。为此，我们特意从遗址中取了陶片的残片，并在当地取了土样，由中国科学技术大学采用电感耦合等离子体发射光谱（ICP-AES）和电感耦合等离子体质谱仪（ICP-MS）对样品的微量元素成分进行了测试分析。

微量元素分析表明，禹会村遗址出土的普通陶器应是遗址本地所产，而薄胎黑陶有着不同的产地来源。

稀土元素分析显示，禹会村遗址的薄胎黑陶产地很有可能是距离该遗址较近的某个地点。①

就是说，禹会村遗址用作摆放祭祀用品的陶器和普通的生活用具，都是在当地取土、当地制作而成。而一些小型或高档的薄胎陶礼器有可能是周边或附近部落携带而来，因为，陶礼器的制作难度，不是在短期内能够完成的，一件陶礼器要花费几年甚至更多的时间才能完成。从陶器的造型特色，也体现了各地方的文化传统和文化特点。

禹会村遗址的发掘获得了一系列的证据，我们叫它证据链。就是因为有了这些证据链，才使得蚌埠的禹会村遗址达到了声名远扬和一鸣惊人。

证据链之一：涂山地望与文献记载的“禹会诸侯”事件相吻合。

证据链之二：礼仪性遗迹与文献记载的“禹会诸侯”事件相吻合。

证据链之三：出土的器物组合与文献记载的“禹会诸侯”事件相吻合。

证据链之四：禹会村的龙山文化时代与“禹会诸侯”事件相吻合。

证据链之五：自然科学的测试和论证与“大禹治水”的时代相吻合。

五、“禹会诸侯”并非传说

文献记载的吻合、遗迹现象的吻合、遗物特征的吻合，加上自然科学的测试和论证，都为我们提供了考证“禹会诸侯”事件存在的有力证据，可谓是考古上的惊世发现。我们更有理由相信禹会遗址是“禹会诸侯”事件的发生地，这也证实了淮河流域是中华文明发展的起源地之一，同时，对探索国家的起源具有重要意义。对

① 崔炜等：《安徽禹会遗址出土陶器微量元素组成分析》，中国社会科学院考古研究所、安徽省蚌埠市博物馆：《蚌埠禹会村》，科学出版社 2013 年版，第 348 页。

这处关键时期关键遗址的发掘和研究，是探索淮河中游地区文明化进展的一把钥匙。①

北京大学考古文博学院资深教授严文明先生在2013年12月22日的“禹会村遗址与淮河流域文明研讨会”的讲话中说：“这次学术盛会……讨论的课题非常重要，……它有一系列重大的发现。首先是有30多个长方坑的大型礼仪性建筑，我当时看到简报感到非常震撼，在中国考古历史上还是第一次发现。……陶器的火候不高，却很有特色，反映了不同的文化渊源。……涂山的地望也有五种不同的说法。比较起来，禹会村旁的涂山似乎更近于事实。所以发掘者把它跟‘禹会诸侯于涂山’，或者按《左传》说的‘禹合诸侯于涂山’联系起来，这些想法是很有道理的。”②

夏、商、周断代工程的首席专家、北京大学考古文博学院教授李伯谦先生在2013年12月22日的“禹会村遗址与淮河流域文明研讨会”闭幕式上的讲话中说：“王吉怀先生以古文献‘禹会诸侯于涂山，执玉帛者万国’的记载为线索，对这些发现和遗迹现象一一作了解读，我认为是有道理的，有说服力的。那个最受注目的T形台基，只在禹会村遗址发现绝非偶然，吉怀先生把它解释为禹会诸侯时举行礼仪祭祀活动的遗留，马上就使大家联想到当时禹大会诸侯的盛况：台基上的方形高台，仿佛就是大禹站立其上发表盟誓之处；高台南边一排35个长方形柱坑，仿佛就是插立各路诸侯旌旗的遗迹，高台北边的烧土地面则是举行燎祭仪式的地方。西边紧邻台基的祭祀沟和分散的祭祀坑，是各地诸侯举行祭祀活动后集中倾倒祭器的处所；附近不远处的那些简易工棚，则可能是来自不同部落集团首脑临时栖居之地……禹会村遗址的地理位置、延续时代、内涵特征、文化面貌均可与口头传说、文献记载相对应，我们很难拿出过硬的证据否定这种推断、解释的合理性。”③

李伯谦先生把禹会村遗址的考古发掘认为是研究大禹会诸侯事迹的重大突破，④并且有专文《禹会村遗址——“禹会诸侯于涂山”的考古学证据》⑤进行了详

① 中国社会科学院考古研究所、安徽省文化厅、蚌埠市人民政府编：《禹会村遗址研究——禹会村遗址与淮河流域文明研讨会论文集》，科学出版社2014年版，第11页。

② 中国社会科学院考古研究所、安徽省文化厅、蚌埠市人民政府编：《禹会村遗址研究——禹会村遗址与淮河流域文明研讨会论文集》，科学出版社2014年版，第4页。

③ 中国社会科学院考古研究所、安徽省文化厅、蚌埠市人民政府编：《禹会村遗址研究——禹会村遗址与淮河流域文明研讨会论文集》，科学出版社2014年版，第8—9页。

④ 李伯谦：《文献所见大禹事迹与考古发现如何对应的若干思考》，常松木主编：《登封与大禹故里》（中），海峡两岸大禹文化学术交流论文集，郑州大学出版社2020年版，第6页。

⑤ 李伯谦：《禹会村遗址——“禹会诸侯于涂山”的考古学证据》，《华夏文明》2016年第11期。

细的论述。

中国社会科学院院士、历史研究所副所长、研究员王震中以《从蚌埠禹会村遗址看涂山的所在及夏禹王权的时代特征》为题，阐述了自己的观点，他认为：禹会村遗址的发掘，使禹会诸侯于涂山的古史传说得到了落实，有如下理由：

第一，禹会村所在地的涂山地区，位于比较低平的地域。在涂山下有淮河、涡河、天河等水系环绕，当洪水泛滥时，它必然有治水的需求。

第二，蚌埠的涂山是南北交通和南北族群的交汇之地，这对于禹这个族邦联盟盟主选择会盟之地来说，也是合乎情理的。

第三，禹会村遗址的文化特点恰恰是南北文化的交汇。其中，既有来自中原文化的因素，如河南龙山文化王油坊类型；也有来自山东龙山文化的因素；还有来自江南许多文化的因素。这种多方面的文化汇集为说明禹会诸侯于涂山提供了考古学文化的背景，提供了解决问题的坚实依据。

第四，禹会村遗址的功能也有助于说明这一问题。例如，遗址中一排 35 个柱洞一字排开，可以推测这是竖立各个部族图腾旗帜的柱子，它与会盟的情景相吻合。再如，遗址中有大量一次性祭祀用的器物（冥器）和祭祀坑等短暂性的遗迹，而遗址使用的年代有一二百年的历史，如果说短暂性的遗迹可以与举行会盟相联系的话，那么一二百年的遗址使用年代又说明有当地的土著（如涂山氏）的存在。①

中国社会科学院历史研究所研究员、中国先秦史学会理事长宫长为在四川北川举办的“海峡两岸禹羌文化研讨会”上的综述中讲道：“禹会村遗址的发现，对我们探讨中华早期的文明带来了曙光，对探讨夏文化带来了很多希望。我们希望这些发现，对我们以后研究大禹和认识夏文化做出更大的贡献，同时，禹会村遗址的发现，也反证了我们历史文献记载的可信性。”②

结 语

无论民间传说多么栩栩如生，文学描述多么细腻逼真，都比不上禹会遗址由传说变为信史，得到了考古学的支撑，得到了学术界的认可。禹会考古，让我们走近了大禹，对我们探索曾经发生的历史事件具有重要价值。

---

① 王震中：《从蚌埠禹会村遗址看涂山的所在及夏禹王权的时代特征》，中国社会科学院考古研究所、安徽省文化厅、蚌埠市人民政府编：《禹会村遗址研究——禹会村遗址与淮河流域文明研讨会论文集》，科学出版社 2014 年版，第 237 页。

② 宫长为：《再论大禹的历史地位》，四川省大禹研究会：《全国第三届禹羌文化学术论文集》，四川科学出版社 2015 年版，第 1 页。

时代、地域、文献记载、遗迹现象和遗物特征的吻合，自然科学的测试和论证，都为我们考证遗址的性质提供了有力证据。这些现象和“禹会诸侯”事件的发生，证实了淮河流域是中华文明发展的起源地之一，同时，对探索国家的起源具有重要意义。作为一处关键时期的关键遗址，对其发掘和研究，是揭开淮河中游地区文明化进展的一把钥匙。禹会村，给我们留下了骄傲的历史和厚重的文化符号。

夏禹的神话

求幸福斋主*

夏禹的陵寝，在浙江会稽。近年祭陵扫墓之风甚盛，陕西诸古代帝王陵，时有要人前往祭扫。禹陵在浙，浙省府前亦有祭扫之举。因念吾国上古史类多不可深考，近代一般疑古的学者，遂致疑于夏禹，谓为并无其人，意或首创家天下的有夏开国皇帝，尚属有征，却未必即是治水的伯禹？因为禹治水的工作，实是浩大，所治理过的疆域尤为广袤，诚恐在事实上非伯禹一人的力量所能办到，乃是经过好几个人分工合作所完成，后人附会，竟全归功到伯禹一人身上？像这样的解释，依我想，古人或者也曾想到，便以为治水这样的奇迹，既不像平常人力之所能为，还不如附会到神仙头上去，此所以中国道家在编修神仙史鉴上，就编出了多少夏禹的神话。

这道家的神仙历史，本也是源源本本，自成为一个史的系统的。他们说到夏禹的世家是颛顼氏之后，颛顼氏长子骆明，生子鲧，即就是禹的父亲，禹初生时，另有个名儿，叫作文命。鲧之所以得祸，尚不只是治水无功，并因他生有恶性，纵恣凶顽，时人骂他为梼杌。梼杌者，是西荒的一个恶兽，状似虎，身甚大，毛长二尺，人面虎足，猪口獠牙，尾长一丈八尺，一名傲狠[①]，一名难训，扰乱荒中，当然是凶恶得很可怕。舜佐尧时，将鲧这一族人排列在四凶之列，流放于四远，使不得再相聚为恶。鲧大概是被放在东边。恰巧那年他那地方有一青鸐[②]出现，人面鸟喙，八翼独足，毛五色，尾长，有众山雉跟随着大舞，鲧竟以为祥瑞，欲自王于东，名其山为羽山，率其族人造反。子文命力谏不听，反把文命囚禁在后山石室。文命知父必败，昼夜祷天，祈父改行，忽一女子自空中下，称夫人相请。文命不觉随至一处，见云楼琼台，灵官侍卫，有夫人端坐于上。文命拜见，夫人赐座，和他说道："余西王母第二十三女，名瑶姬，受职云华夫人，上理玉英之台，下治巫山，太上知你将成父功，令余授你上清宝文，可以出入水火，啸叱风雷，收策虎豹，呼召六丁，你有此法术，便定能导山谷，浚万川了。"文命再拜而受，又敕狂

---

* 何海鸣（1894？—1944），本名时俊，字一雁，笔名衡阳一雁、求幸福斋主等。熟读四书五经、百子百家，著有《求幸福斋随笔》等。

① 傲狠，亦作"傲很""傲佷"。凶兽名。又名梼杌、难训。原版作"傷狠"。

② 青鸐（dí）即山雉。中国神话传说中以为善鸣的吉祥之鸟。

章、虞余、黄魔、大翳、庚辰、童律、巨灵[①]等相助，这才命侍女陵容再领导他还归石室。文命恍惚似做了一个梦，但宝文却明明执在手边，因心中为父担忧，未暇[②]细阅。适舜代帝尧巡狩到东方淮海境上，鲧乘夜发动，集族众劫杀。舜以鲧不来迎，知其必反，预设有伏。鲧夜间杀到，遇伏大败，逃到羽山下，前阻羽潭，一将追到，剑截其一足，坠落潭中，化为黄熊，（奴来切，能下乃三点。）[③]鳖身而三足，口喷烈焰，没水不见。必须到后来子禹成了道，才超度他成为正果，能致风雨，每逢天龙取水，他为前导，水族争相潜避，那是后话不提[④]。舜殛鲧之后，听说鲧生前曾有子进谏，立召文命到来，见其身长九尺二寸，肩厚面丰，颇为惊异。文命谢罪伏于阶下，舜问其始末，文命初不败扬父之过，尚不欲多言。有其族人在旁边，代他陈词，倒结实替他鼓吹了一阵道："鲧昔娶有莘氏志之女，曰修己[⑤]，九流星贯昴，梦而有孕。怀了一年零二月，于甲戌[⑥]六月六日，又梦神人给他神珠薏苡服食，才生他在西夷僰道，汶山石纽[⑦]村的石穴里面。（这个石穴据说甚为幽深，人迹不至，后来名为西禹穴。）生时，胸有坼痕，似文命二字，便取名为文命，字密，以姒为姓。现年一十四岁，身具参[⑧]漏，背若橐驼，长颈鸟喙，虎步狼腰，实具异禀。在鲧受命治水之时，也曾代陈方策，云须顺水自然之势，鲧以为童子谰言，置之不信。"舜立时动容[⑨]，扶起命坐，再细细考其言词极有条理，便仍令他统族众居住在原地方，听候后命。这便是伯禹出世的神话。

后来舜决计举文命续鲧治水，赐名曰禹，请封于潍水，是为高密，（如高阳高辛之类）本尚发祥于山东胶东地方。舜又闻涂山氏（在扬淮，即金山。）[⑩]有女名娇，多才干，知德教，时人称许她是女娲第二，就又与禹作媒，聘为禹妻。婚后四日即入朝，拜为司空，以益为辅，即欲着手治水。此段关乎治水的旷代奇迹，当然又有神仙出现。有一玄方道士至禹处求见，禹延入，拜请赐教，这道士说道："吾乃北极水精子是也，闻你欲导治九域水土，上帝浼余前来助你，有五土篆文玉印一颗，你佩在身旁，便从此遇险不危。又有神针一枚，名藏珍铁，能测水深浅，应变

① 原版皆以逗号并列，酌改顿号。

② 原版作"末暇"。

③ 括弧内文字系作者自注，仅对个别标点略作修正。下不另注。

④ 原版作"不堤"。

⑤ 一作修巳。原版漫漶，似作"修巳"。当以修己为是。己已巳形近易混，下文酌改不注。

⑥ 戌戍易混，下文酌改不注。

⑦ 原作"石纪"。

⑧ 参，同"叁"。

⑨ 原作"动客"。

⑩ 今安徽怀远有荆、涂二山夹淮如峡，当地素有禹娶涂山女的传说。"金山"无考，疑即"荆山"。

无穷，（大概就是《西游记》上孙悟空所玩的那根棒）又有灵宝五符，凡有险地，镇之便永得安宁。今以此三宝授你，你定可成大功了。”禹知水精子大有来历，是道家创世纪中五老之一，与木公金母等齐名，为五行的一支，道法无穷，遂拜受印篆，但不识神针何用？水精子[①]又道：[②]“往后试验便知，功成我自会来取。”说罢，即失所在。禹望空拜谢，佩印于心胸，竟深侵到肌肤，不可磨灭。又渐以神针试投江河，随深浅竟渐长至底，量其湿痕可知，顷刻仍又化为细钉。自此便招来西蜀五丁力士，遍历各名山大川，实行担负治水的工作了。

以后他那治水时期的许多神异，且不详叙，但约略晓得他是先从冀州治起，及经过高密，禹妻娇已怀孕十八月，于己丑二月，生了个儿子名启，禹三过其门，都不暇入视。适帝尧已崩，帝舜受禅，禹初得舜荐举，原与舜同事尧，至是遂为舜臣，信任益专。赐禹以瑶琴宝剑，以酬其劳。后治水至岷山，又承水精子遣人以山海河图工经相授，始委宛得竟全功。舜封禹于豫州河南，改国曰夏。及舜耄年倦勤，并以禹摄位，至舜崩，禹果受禅。在其初即位时，有许多治绩，这里也不细表。

再后，因为谈到禹的陵寝，才搜辑这篇神话，对于他南巡崩殂的轶事异闻，似乎又要详细的说一说。话说帝禹大会诸侯于涂山之后，留涂山一月，迁其母修己的灵柩，葬于羽潭上面，旁建太庙，岁时祭祝。乃更欲渡江南巡，往会东南诸国。先遣人回都，迎接后娇子启，来涂山奉祀宗庙。丁巳六年秋七月，后及子均到，娇以路途劳顿，染病七日即卒。禹葬后于涂山之阳，命子启庐墓守丧，自率群臣南巡。那时岭雪未消，江冻犹合，迟留在大江北岸，起一地，演习舟楫，名曰濡须。候日暖融和，才放舟过江。忽然天上风云陡合，波浪滔天，见有一黄龙，背负着御舟便行，舟中人大惧，禹仰天长叹道：“予受命于天，竭力以劳万民，天都为我用了。生如寄，死如归，我还怕什么龙？看她不过像一条蝘蜓罢呢！”不一会，龙忽俯首遁去，御舟随也平安渡过了大江。冬十月，东行到祁山，登陆传命，江东诸侯，齐至浙东上越，稽考功过，借[③]定黜陟。数日，到浙东大越，见千岩万壑，襟海带江，诸侯迎至委宛山[④]，晚宿阳明洞中[⑤]，明旦，齐集苗山听旨。八年己未春正朔，禹设朝，考钟伐鼓，南面坐，诸侯舞拜堂下，禹宣告巡狩朝贡之礼，将誓言作

① 原版作“木精子”。

② 原版此处缺冒号。

③ 原版作“藉”。

④ 《嘉泰会稽志》卷九，会稽县：“宛委山在县东南一十五里。”

⑤ 《嘉泰会稽志》卷十一：“在宛委山龙瑞宫。”

玉字，书载于金简，逐一计功考过以定赏罚，便把苗山改名曰会稽[①]。会稽者，即言大会诸侯稽察功过也。有江东防风氏之君，独后至，禹数其慢君之罪，戮[②]之于苗山之阴，因又名曰防山。防风氏卧尸于车中，犹长丈余，踝股不没，其从人把他尸首抬回去，又改为江芒氏。禹杀了一个诸侯立威，复命将金简玉书，埋藏于委宛山之阳。掘土时，得一石函，打开来看，内藏赤碧珪各一。赤色如日，碧色似月，皆长一尺二寸。又得玉笥秘图，启观得悟百川之理，考其所出，却还是黄帝的旧藏呢。禹念舜盛德，以赤珪授舜之子奚仲，（能造车）封于会稽之越，曰余姚。又以碧珪授舜又一子番禺，（能造舟）封于大东之北，曰上虞。又藏秘图于方丈山上，命舜二子派人守护。至是戮[③]罪酬德，均符心愿，遂多有兴会，欲借此再事游览，且命侍从先回。二月中旬，风景晴和，禹只带数童子，策杖散步于山阴道上，日暮方归，颇觉疲倦，隐几而卧，忽见一长人直闯进来叫道："奉水精大圣命召，子可速往。"禹细审其人，认得他是玄夷使者，即随他到山前，见一道长立于高处，忙即趋前拜谢。水精子道："你的功绩已著于金箓了。前所贻赠，各宜交代，玉符可投林屋仙都，神针可插于犀闾穴，玉印可藏于西川大瀼中，谨记此言，忘必得咎，早归紫府，勿误勿误。"禹念印已深入肌内，如何得出？水精子复令禹袒胸，呼长人扯出，顿觉疼痛难禁，扪胸而醒，玉印已落怀中。禹遂知寿命将尽，于翌辰即派人召子启速来，自仍亲往东海，见海水湍激中陷为大漩涡千余处，浮物一触及，便沉溺下去，乃端捧神针，望正中投去，忽变成一长千丈之龙，鳞甲森动头尾摇撼而逝。一时风雨交作，波涛拍岸，退至海门山北，备礼物虔祭，香烟蜿蜒[④]，结成一篆，良久不散，禹奇异之余，把这篆文誊录下来，后为启所得，以问白石生，生云，是召毒龙的符箓，今台州有龙符山，闻即斯地。后驾回会稽，子启与六孙已到，围拜膝下，禹留下遗嘱道："人生尸壳如蝉蜕，当以华为棺，籧篨为殓，不可太奢。薄治以后，即将玉印深藏大瀼中。"临危时，以平时本患有心悸病，怔忡益甚，忽又见巨灵六丁来说道："上官夫人以君别九州奠五岳有功，上告于天，太上愍君将至，特授君灵宝真文，天帝也另赐君玄珪一柄封为紫庭真人之位，其速归阳明天受职。"禹正感谢夫人，神将又道："夫人曾师三元道君，此不过辗转周旋，不必言谢。"禹尚欲再问，神将已疾驰去。禹觉而精神愈恍惚，再不能进饮食，喜静厌嚣。至夏六月上旬，神气犹清朗，众聚视榻前，当午而崩。计生于甲戌，九十八

---

① 《嘉泰会稽志》卷九，会稽县："在县东南一十二里。《周礼》，扬州之镇山曰会稽。"

② 原版作"戳"。

③ 原版作"戳"。

④ 原版作"蜿蜒"。

岁摄政，九十九岁即帝位，在位只八年，享寿一百有六岁而终。将殓，群臣请问棺椁衣衾，是否悉从遗命？子启道："先王固俭约，但臣子辈是决不忍以籧篨薄殓的，求其不可过丰，也就是了。"乃办衣裘三领，桐棺三寸，[①]于秋八月，择葬于会稽南数里，穿圹深七尺，上无泄泻，下无邸水，坛高三尺，土阶三等，周方一亩，这便是禹陵的由来了。其事颇有关于浙中掌故，辑而刊诸《越风》[②]，虽大半属于神话，地名可征信的，却也还不少。后人还另有专记禹陵的句子，谓山有禹王陵，家井祠在其旁，下有群鸟耘田，不烦人力而治。连小鸟都这般灵异，更为这些神话添了一层光辉。可是如今交通很便，能上禹王陵祭扫的人们，日渐增多，究竟那里的神鸟能不能耘田？总容易考察出证据来，神话也就会渐渐失效了。到那时不因迷信神话而仍复搜罗神话作文学上的参考，那也就格外有风趣多了。

（张卫东、邱志荣校注）

（原载《越风》第 4 期，第 9 页。见广陵书社 2010 年影印版，第 111—114 页）

---

① 此处"衣裘"虽与上文"棺椁衣衾"不合，但亦有所本。《文献通考》引《墨子》曰："禹非会稽，衣裘三领，桐棺三寸。"

② 《越风》，黄萍荪主编，文史掌故类刊物，绍兴越风社主办。1935 年 10 月于杭州创刊，至 1937 年 4 月停刊，共出 24 期。所刊载文章，"不张幽默惑众；不以巧言欺世；不倡异说鸣高；惟持真凭实据和世人相见"。此刊物保存了相当丰富的有价值的文史资料，作者多为当时的大家和名人。

大 禹

——（民国）三十五年工程师节讲演稿

徐世大*

六月六日的工程师节是在民国二十九年中国工程师学会开年会於成都时所议定的，这是大禹的生日。

大禹是我们中华民族古代的圣王。因为年代的辽远，记载的散失，实物的未经开掘，我们对於伟大的禹王事绩，知道的不多。又因后人崇拜大禹，他的事绩，多少带点神话色彩，於是有人怀疑到大禹本人的存在，甚至因他的名字有虫的意思，竟说他是虫而不是人。但这对於工程师奉大禹作典型，而以其生日作为工程师节，是不发生问题的，因为我们所崇奉的大禹是记载上的大禹，他的人格、他的功绩，正是我们现代工程师所应该具有而向往的。

讲到大禹，就联想到治水，我们知道各民族都有洪水的传说——有人就据此以为现代民族出於一源之证。但对於洪水的起源和终了，各处传说并不完全一样。希伯来民族的传说，是上帝要消灭一切恶人而只留挪亚一家。中华民族的洪水起源，传说似乎只是水灾，而洪水的终了，是大禹王的治导的成功，中间还经过禹的父亲鲧治水的失败。《孟子》上说禹治水的故事：

“当尧之时，天下犹未平，洪水横流，泛滥於天下。……尧独忧之，举舜而敷治焉。舜使……禹疏九河，瀹济漯，而注诸海；决汝汉，排淮泗，而注之江，然后中国可得而食也。”

又《尧典》：

帝曰：“咨！四岳，汤汤洪水方割，荡荡怀山襄陵，浩浩滔天，下民其咨。有能俾乂？”佥曰：“於！鲧哉！”帝曰：“吁！咈哉！方命圮族。”岳曰：“异哉。诚（试）可，乃已。”帝曰：“往，钦哉！”九载，绩用弗成。

大家不要忽略了这一点点的分别，因为这里表现了中华民族的精神。我们的先民是特殊有工程师头脑的，不但我们在防洪治河方面，有比任何民族为早的史记，在其他方面，我们的利用，不但不后於人，而多半在人之先。举例言之：

（1）灌溉。巴比伦和埃及都先有。我们的史记在战国初期史起的引漳，而我

---

* 徐世大，我国近代水利开拓者，曾任钱塘江工程局总工程师、华北水利委员会总工程师。

们在秦时所遗留的都江堰，至今存在。前者约在耶稣纪元前四世纪，后者在前三世纪。

（2）运渠，是我们最早，开始於吴王夫差的开邗沟，在前五世纪。秦时所开的灵渠，沟通湘漓两水，在前三世纪。隋时（七世纪初年）开大运河，尤是古时工程的奇绩。

（3）凿深井，在新式凿井机械未发明前，我们在秦时（前三世纪）已开始在四川凿盐井，其后到晋朝（三世纪）更有火井，有深至二三千尺的。

（4）水力利用，相传是诸葛武侯创造水轮，用以灌田。在晋初石崇在洛阳有水碓三十区，因此致巨富。这都是在三世纪，至今讲水轮发展历史者，不能不引到中国的水碓。

（5）厢闸，运河中横筑两闸用以调节水位，俾通航船，中国在宋初就有（十世纪），而欧洲到十一世纪才见於荷兰。

（6）造船，据《马可·波罗游记》，在那时到印度的航海船舶，以中国的为最大，最安全。

（7）桥梁，我们的绳桥、悬臂桥都发明得很早。

（8）化学工业，如造纸、瓷器都是我们的发明。

因为中华民族是具备工程师头脑的民族，正德，利用，厚生，是工程师立已达人的目标，而大禹却是达到这目标的典型人物，工程师以大禹生日为工程师节，其用意是绝深刻的。

大禹的人格，随便摘下几条传说或评论来描写：

（a）“子曰：禹，吾无间然矣，菲饮食而致孝乎鬼神，恶衣服而致美乎黻冕，卑宫室而尽力乎沟洫……”（《论语·泰伯》）

（b）“禹八年於外，三过其门而不入。”（《孟子·滕文公章》）

（c）“禹恶旨酒而好善言。”（《孟子·离娄章》）

（d）“曰：后克艰厥后，臣克艰厥臣，政乃乂，黎民敏德。”（《尚书·大禹谟》）

（e）“德维善政，政在养民，水，火，金，木，土，谷，惟修，正德，利用，厚生，惟和。”（同上）

（f）“帝曰：来，禹！降水儆予，成允成功，惟汝贤。克勤于邦，克俭于家，不自满假，惟汝贤。汝惟不矜，天下莫与汝争能；汝惟不伐，天下莫与汝争功。”（同上）

把这几条综合起来，正是工程师人格的反映：（1）工程师应该利用物质和控制物质来养民，来厚生，水，火，金，木，土，谷，乃是六种主要物质的分类，现在所利用的，大部分还脱不了这范围。(2) 工程师应该公而忘私，国而忘家。工程师艰苦地工作着，治河，修桥，造铁路公路，发明机器，管理工厂，制造各种物质，无非为人群谋福利，而自己的享受完全后靠，甚至可以过家门而不入。(3) 工程师一定得负责，而其负责的精神，也远胜於其他工作者，因为工程师的失败是极显而易见的，正如鲧的失败是显见的，所以大禹说出（d）条的话来，凡事的成功在办事人层层地艰难的自觉而不肯疏忽。(4) 工程师是最应该虚怀的，工程是智识和智慧的产物不是玄想，也不是固执所能成功的。所以各国工程师的论文，都附有评论，备采纳各方面的意见或实例来求进步，这与其他文字发表大不相同。“禹闻善言则拜”正是工程师应取的态度。(5) 工程师是创造者，没有一位创造者是自矜自伐的，以个人的见解而论，我常常体验到“成功的悲哀”，因为一切工程计划，都不是顶完美的，一桩工程在办理成功以后，才发现许多缺点，这时候正应自怨自艾，哪还有矜伐的心情呢？自怨自艾的境界，正是不断进步的原因，矜与伐是自满，工程师而自满，真所谓“其余不足观也矣”。大禹的不矜不伐，也是工程师人格的代表。

话得说回来，我们有完全无缺的大禹做工程师的祖师，我们又是一个具备工程师头脑的民族，何以我们在现代的工程建设上落后到如此呢？我们维原缘故：第一，人家的工程师，多是第一流的人才，我们在以前，第一流人才都集中在做官。第二，人家有科学，而我们没有，我们的圣贤都只在哲学玄学上兜圈子，没有树立起真正的科学。

以治水为例，我们虽然有二千年治水的历史，但进（竟）未有像样的公式，根据实在尺度来计划的。我们读到：

“禹之行水也。行所无事也。”(《孟子》)

“水由地中行。”(同上)

我们只能感觉到，而不能计算出来，甚至如建都江堰的李冰“六字真言”所谓“深淘滩，低筑（作）堰”，我们假若问“滩应该淘得多深，堰应该筑得多低”，便没有人能够回答了。我们知道罗马人建筑罗马输水道，已经知道水道大小，流水量，和水道坡降有关系。到了文艺复兴时代，达文起（Davinci）更知道了流速和落差有关系。然而我们治河的原则如束水攻沙，如借清刷浑，到实用起来，都是可意会而不可言传，是艺术成分多於技术成分，工程的建设，安得不停滞不进呢！

又如现今治水者，一定得先懂水力学、水文学、气象学、地质学、结构学等方可计划，而实地工作还得许多专家来帮助设计、施工，才能达到目的，我们以前治水的，多半凭历史记载，纸上空谈，和个人的偏见来判断，例如禹河，古来有多少人在憧憬他的恢复，殊不知从禹到河始徙（周定王六年）一千六百多年（根据《词源》“世界大事年表”），因为黄河挟沙的特多，泛滥迁徙的频速，地形的变迁是如何的剧烈，怎能够顺利恢复？还有很多人以为禹疏九河“同为逆河，入於海”是应该遵守的法则，殊不知：(1) 逆河即是潮水河，在当时地势低下，潮水上顶，或者可能到二百千米，现在海河的潮水就顶不到杨村或杨柳青，黄河在海口分歧的情形，和禹河一样，但因黄河坡度的峻陡，逆河更是短促，那么歧为逆河有何用处？(2) 在常时，我们知道有许多沼泽容纳泛滥之水，例如大陆泽，这种沼泽，自然调节了洪水，同时也容纳了泥沙，所以出去的水比较多而清，可以维持九河历久而不敝。今日黄河的沼泽都已填满，如何可以梦想那时候的河道？

禹的治水用疏而成功，这是因为沼泽的功用，“鲧陻洪水”——而失败，乃是工程技术不够。按陻，塞也，有人以为即是堤防，误。大概鲧想拦河筑坝，不让洪水来得太快。因为工程浩大，所以筑了九年之久，但因那时没有筑大坝的技术，而想遏止就下之水性，所以《洪范》说他“汩陈其五行”。现在工程技术昌明时代，黄河下游又无沼泽，我们正应该用鲧方法，把黄河的水陻於山中，一面让泥沙得以沉淀，一面利用水头来开发水力电（据前各方估计仅河曲到孟津可得八九百万马力），一面存贮洪水以免泛滥成灾。而在发电以后，或用电力引水以灌高地，或下输以通航运，这正是禹所未了之功绩，要待现在的工程师来完成的。

（原载 1946 年《水利》第三期第十四卷第 113—116 页。
收入本书时，张卫东作了校订）

第二部分：文　献*

编者按：以下收录文献来源不一，校核底本以文渊阁四库全书版本或国家图书馆有关版本优先（取其中较常见版本，以影印文件校对）。一般使用规范简化字，辞书未列条者保留繁体。通假字（如：裴回、徘徊）、易混字（如：於、于；官、宫；已、己）等问题一般以编者所见版本为准，有条件的略作考订。

文献记载中的大禹

《尚书》

帝曰："咨！四岳，汤汤洪水方割，荡荡怀山襄陵，浩浩滔天；下民其咨。有能俾乂？"佥曰："於！鲧哉！"帝曰："吁！咈哉！方命圮族。"岳曰："异哉。试可，乃已。"帝曰："往，钦哉！"九载，绩用弗成。（《尧典》）

流共工于幽洲，放驩兜于崇山，窜三苗于三危，殛鲧于羽山；四罪而天下咸服。（《舜典》）

舜曰："咨！四岳。有能奋庸熙帝之载，使宅百揆，亮采惠畴？"佥曰："伯禹作司空。"帝曰："俞！咨禹，汝平水土，惟时懋哉！"禹拜稽首，让于稷、契暨皋陶。帝曰："俞！汝往哉！"（《舜典》）

大禹，曰文命，敷于四海，祗承于帝。（《大禹谟》）

帝曰：俞！地平天成。六府三事允治，万世永赖，时乃功。（《大禹谟》）

帝曰：来！禹。降水儆予。成允成功。惟汝贤，克勤于邦，克俭于家，不自满假。惟汝贤，汝惟不矜，天下莫与汝争能；汝惟不伐，天下莫与汝争功。（《大禹谟》）

人心惟危，道心惟微。惟精惟一，允执厥中。（《大禹谟》）

帝曰："来！禹，汝亦昌言。"禹拜曰："都！帝。予何言？予思日孜孜。"皋陶

---

* 本部分主要由邱志荣、张卫东、戴秀丽、程雪婷辑注。

曰："吁！如何？"禹曰："洪水滔天，浩浩怀山襄陵；下民昏垫。予乘四载，随山刊木。暨益奏庶鲜食。予决九川，距四海；浚畎浍，距川。"（《益稷》）

禹别九州，随山浚川。任土作贡。禹敷土，随山刊木，奠高山大川。（《禹贡》）

淮海惟扬州。彭蠡既猪，阳鸟攸居。三江既入，震泽底定。筱、簜既敷；厥草惟夭，厥木惟乔。厥土惟涂泥。厥田惟下下，厥赋下上上错。厥贡惟金三品，瑶、琨、筱、簜、齿、革、羽、毛、惟木。岛夷卉服。厥篚织贝；厥包橘、柚，锡贡。沿于江海，达于淮、泗。（《禹贡》）

禹锡玄圭，告厥成功。（《禹贡》）

《山海经》

又东四百里，曰句余之山，无草木，多金玉。（《南山经》）

又东五百里，曰会稽之山，四方，其上多金玉，其下多砆石，勺水出焉，而南流注于湨。（《南山经》）

会稽山在大楚南。（《海内东经》）

共工臣名曰相繇，九首蛇身，自环，食于九土。其所歍所尼，即为源泽，不辛乃苦，百兽莫能处。禹湮洪水，杀相繇，其血腥臭，不可生谷，其地多水，不可居也。禹湮之，三仞三沮，乃以为池，群帝是因以为台。在昆仑之北。（《大荒北经》）

洪水滔天。鲧窃帝之息壤以堙洪水，不待帝命。帝令祝融杀鲧于羽郊。鲧复生禹。帝乃命禹卒布土以定九州。（《海内经》）

《诗经》

鲁颂·閟宫

閟宫有侐，实实枚枚。赫赫姜嫄，其德不回。上帝是依，无灾无害。弥月不迟，是生后稷。降之百福，黍稷重穋。稙稚菽麦，奄有下国。俾民稼穑，有稷有黍，有稻有秬。奄有下土，缵禹之绪。

商颂·长发

浚哲维商，长发其祥。洪水芒芒，禹敷下土方，外大国是疆。幅陨既长，有娀方将，帝立子生商。

商颂·殷武

天命多辟，设都于禹之绩。岁事来辟，勿与祸适，稼穑匪解。

《论语》

子曰：禹，吾无间然矣！菲饮食，而致孝乎鬼神；恶衣服，而致美乎黻冕；卑宫室，而尽力乎沟洫。禹，吾无间然矣。(《泰伯》)

《国语》

昔禹致群神於会稽之山，防风氏后至，禹杀而戮之。(《鲁语下》)

《韩非子》

禹朝诸侯之君会稽之上，防风之君后至而禹斩之。(《饰邪》)

《墨子》

禹东教乎九夷，道死，葬会稽之山。衣衾三领，桐棺三寸，葛以缄之，绞之不合，道之不埳。土地之深，下毋及泉，上毋通臭。既葬，收余壤其上，垄若参耕之田，则止焉。垄若参耕之亩取止矣。(《节葬下》)

《今本竹书纪年》

帝禹夏后氏，母曰修己，出行，见流星贯昴，梦接意感，既而吞神珠，修己背剖，而生禹於石纽。虎鼻大口，两耳参镂，首戴钩钤，胸有玉斗，足文履己，故名文命。长有圣德，长九尺九寸。梦自洗於河，取水饮之。又有白狐九尾之瑞。当尧之世，舜举之。禹观於河，有长人白面鱼身出，曰："吾河精也。"呼禹曰："文命治水。"言讫，授禹《河图》，言治水之事，乃退入于渊。禹治水既毕，天赐玄珪，以告成功。夏道将兴，草木畅茂，青龙止于郊，祝融之神降于崇山。乃受舜禅，即天子之位，洛出龟书，是为《洪范》。三年丧毕，都于阳城。元年壬子，帝即位，居冀。颁夏时于邦国。二年，咎陶薨。五年，巡狩，会诸侯于涂山。南巡狩，济江，中流有二黄龙负舟，舟人皆惧。禹笑曰："吾受命于天，屈力以养人。生，性也；死，命也。奚忧龙哉！"龙于是曳尾而逝。八年春，会诸侯于会稽，杀防风氏。

夏六月，雨金于夏邑。秋八月，帝陟于会稽。禹立四十五年，禹荐益於天。七年，禹崩。三年丧毕，天下归启。

《管子》

禹封泰山，禅会稽。(《封禅篇》)

《庄子》

禹亲自操橐耜，而九杂天下之川，腓无胈，胫无毛，沐甚风，栉疾雨，置万国。禹，大圣也，而形劳天下也如此。(《杂篇下》)

《左传》

禹合诸侯於涂山，执玉帛者万国。(《哀公七年》)

《孟子》

当尧之时，水逆行，泛滥於中国。蛇龙居之，民无所定。下者为巢，上者为营窟。《书》曰："洚水警余。"洚水者，洪水也。使禹治之，禹掘地而注之海：驱蛇龙而放之菹，水由地中行，江、淮、河、汉是也。险阻既远，鸟兽之害人者消，然后人得中土而居止。(《滕文公下》)

禹之行水也，行其所无事也。如智者亦行其所无事，则智亦大矣。(《离娄下》)

孟子曰：禹恶旨酒而好善言。(《离娄下》)

禹思天下有溺者，由己溺之也。(《离娄下》)

禹之治水，水之道也，是故禹以海为壑。(《告子下》)

《吕氏春秋》

禹行功，见涂山之女，禹未之遇而巡省南土。涂山氏之女乃令其妾待禹于涂山之阳，女乃作歌，歌曰"候人兮猗"，实始作为南音。周公及召公取风焉，以为《周南》《召南》。(《音初》)

禹葬会稽，不变人徒。[汉高诱注：变，动也，言无所兴造，不扰民也。会稽山，在会稽山阴县南。](《节葬》)

禹一沐而三捉发，一食而三起，以礼有道之士，通乎已之不足也。通乎已之不足，则不与物争矣！(《有始览》)

《史记》[①]

夏禹，名曰文命。禹之父曰鲧，鲧之父曰帝颛顼，颛顼之父曰昌意，昌意之

① 参校南朝宋裴骃《史记集解》。

父曰黄帝。禹者，黄帝之玄孙而帝颛顼之孙也。禹之曾大父昌意及父鲧皆不得在帝位，为人臣。

当帝尧之时，鸿水滔天，浩浩怀山襄陵，下民其忧。尧求能治水者，群臣四岳皆曰鲧可。尧曰："鲧为人负命毁族，不可。"四岳曰："等之未有贤於鲧者，愿帝试之。"於是尧听四岳，用鲧治水。九年而水不息，功用不成。於是帝尧乃求人，更得舜。舜登用，摄行天子之政，巡狩。行视鲧之治水无状，乃殛鲧於羽山以死。天下皆以舜之诛为是。於是舜举鲧子禹，而使续鲧之业。

尧崩，帝舜问四岳曰："有能成美尧之事者使居官？"皆曰："伯禹为司空，可成美尧之功。"舜曰："嗟，然！"命禹："女平水土，维是勉之。"禹拜稽首，让於契、后稷、皋陶。舜曰："女其往视尔事矣。"

禹为人敏给克勤：其德不违，其仁可亲，其言可信；声为律，身为度，称以出；亹亹穆穆，为纲为纪。

禹乃遂与益、后稷奉帝命，命诸侯百姓兴人徒以傅土，行山表木，定高山大川。禹伤先人父鲧功之不成受诛，乃劳身焦思，居外十三年，过家门不敢入。薄衣食，致孝于鬼神。卑宫室，致费於沟淢。陆行乘车，水行乘船，泥行乘橇，山行乘檋。左准绳，右规矩，载四时，以开九州，通九道，陂九泽，度九山。令益予众庶稻，可种卑湿。命后稷予众庶难得之食。食少，调有余相给，以均诸侯。禹乃行相地宜所有以贡，及山川之便利。（《夏本纪》）

於是九州攸同，四奥既居，九山刊旅，九川涤原，九泽既陂，四海会同。六府甚脩，众土交正，致慎财赋，咸则三壤成赋，中国赐土姓："祗台德先，不距朕行。"（《夏本纪》）

东渐于海，西被于流沙，朔、南暨：声教讫于四海。於是帝锡禹玄圭，以告成功于天下。天下於是太[①]平治。（《夏本纪》）

禹曰："予辛壬娶涂山，癸甲生启。予不子。以故能成水土功。"（《夏本纪》）

帝舜荐禹於天，为嗣。十七年而帝舜崩。三年丧毕，禹辞辟舜之子商均於阳城。天下诸侯皆去商均而朝禹。禹於是遂即天子位，南面朝天下，国号曰夏后，姓姒氏。

帝禹立而举皋陶荐之，且授政焉，而皋陶卒。封皋陶之后於英、六，或在许。而后举益，任之政。（《夏本纪》）

十年，帝禹东巡，至于会稽而崩。以天下授益。三年之丧毕，益让帝禹之子

---

① 《史记正义》"太"作"大"。

启，而辟居箕山之阳。禹子启贤，天下属意焉。及禹崩，虽授益，益之佐禹日浅，天下未洽。故诸侯皆去益而朝启，曰“吾君帝禹之子也”。於是启遂即天子之位，是为夏后帝启。

夏后帝启，禹之子，其母涂山氏之女也。(《夏本纪》)

或言禹会诸侯江南，计功而崩，因葬焉，命曰会稽。会稽者，会计也。(《夏本纪》)

《夏书》曰：禹抑洪水十三年，过家不入门。陆行载车，水行载舟，泥行蹈毳，山行即桥。以别九州，随山浚川，任土作贡。通九道，陂九泽，度九山。(《八书·河渠书》)

《淮南子》

昔者，夏鲧作三仞之城，诸侯背之，海外有狡心。禹知天下之叛也，乃坏城平池，散财物，焚甲兵，施之以德。海外宾伏，四夷纳职，会诸侯於涂山，执玉帛者万国。(《原道训》)

禹葬会稽之山，农不易其亩。[汉高诱注：禹会群臣於会稽，葬山阴之阳，不烦农人之田亩。](《齐俗训》)

《越绝书》

昔者，越之先君无余，乃禹之世，别封於越，以守禹冢。问天地之道，万物之纪，莫失其本。神农尝百草、水土甘苦，黄帝造衣裳，后稷产穑，制器械，人事备矣。畴粪桑麻，播种五谷，必以手足。大越海滨之民，独以鸟田，小大有差，进退有行，莫将自使，其故何也？曰：禹始也，忧民救水，到大越，上茅山，大会计。爵有德，封有功，更名茅山曰会稽。及其王也，巡狩大越，见耆老，纳诗书，审铨衡，平斗斛。因病亡死，葬会稽。苇椁桐棺，穿圹七尺；上无漏泄，下无即水；坛高三尺，土阶三等，延袤一亩。尚以为居之者乐，为之者苦。无以报民功，教民鸟田，一盛一衰。当禹之时，舜死苍梧，象为民田也。禹至此者，亦有因矣，亦覆釜也。覆釜者，州土也，填德也。禹美而告至焉。禹知时晏岁暮，年加申酉，求书其下，祠白马。禹井，井者，法也。以为禹葬以法度，不烦人众。(《记地传》)

涂山者，禹所取妻之山也，去县五十里。(《记地传》)

故禹宗庙，在小城南门外大城内。禹稷在庙西，今南里。(《记地传》)

禹穴之时，以铜为兵，以凿伊阙，通龙门，决江导河，东注于东海。(《记宝剑》)

《吴越春秋》

禹伤父功不成，循江溯河，尽济甄淮，乃劳身焦思。以行七年。闻乐不听，过门不入，冠挂不顾，履遗不蹑，功未及成，愁然沉思。乃案《黄帝中经历》，盖圣人所记，曰："在于九山东南，天柱号曰宛委。赤帝在阙，其岩之巅承以丈玉，覆以盘石，其书金简，青玉为字，编以白银，皆瑑其文。"禹乃东巡登衡岳，血白马以祭，不幸所求。禹乃登山，仰天而啸。因梦见赤绣衣男子，自称玄夷苍水使者。"闻帝使文命于斯，故来侯之。非厥岁月，将告以期。无为戏吟，故倚歌覆釜之山。"东顾谓禹曰："欲得我山神书者，斋於黄帝岩岳之下，三月庚子，登山发石，金简之书存矣。"禹退又斋。三月庚子，登宛委山，发金简之书，案金简玉字，得通水之理。(《越王无余外传》)

禹三十未娶。行到涂山，恐时之暮，失其度制，乃辞云："吾娶也，必有应矣。"乃有白狐九尾造於禹。禹曰："白者，吾之服也。其九尾者，王之证也。涂山之歌曰：'绥绥白狐，九尾庞庞。我家嘉夷，来宾为王。成家成室，我造彼昌。天人之际，於兹则行。'明矣哉!"禹因娶涂山，谓之女娇，取辛壬癸甲。禹行十月，女娇生子启。启生不见父，昼昼呱呱啼泣。(《越王无余外传》)

尧崩，禹服三年之丧，如丧考妣，昼哭夜泣，气不属声。尧禅位於舜，舜荐大禹，改官司徒，内辅虞位，外行九伯。舜崩，禅位命禹，禹服三年，形体枯槁，面目黧黑。让位商均，退处阳山之南、阴阿之北。万民不附商均，追就禹之所。状若惊鸟扬天，骇鱼入渊，昼歌夜吟，登高号呼，曰："禹弃我，如何所戴!"禹三年服毕，哀民不得已，即天子之位。三载考功，五年政定。国行天下，归还大越，登茅山以朝四方群臣，观示中州诸侯，防风后至，斩以示众，示天下悉属禹也。乃大会计治国之道，内美釜山州慎之功，外演圣德以应天心，遂更名茅山曰会稽之山。因传国政，休养万民，国号曰夏后。封有功，爵有德，恶无细而不诛，功无微而不赏。天下喁喁，若儿思母，子归父，而留越。恐群臣不从，言曰："吾闻食其实者，不伤其枝。饮其水者，不浊其流。吾获覆釜之书，得以除天下之灾，令民归於里闾，其德彰彰，若斯岂可忘乎?"乃纳言听谏，安民治室居，靡山伐木为邑，画作印，横木为门。调权衡，平斗斛，造井示民，以为法度。凤凰栖於树，鸾鸟巢於侧，麒麟步於庭，百鸟佃於泽。遂已耆艾将老，叹曰："吾晏岁年暮，寿将尽矣，止绝斯矣。"命群臣曰："吾百世之后，葬我会稽之山，苇椁桐棺。穿圹七尺，下无及泉，坟高三尺，土阶三等葬之。"后曰："无改亩以为居之者乐，为之者苦。"禹崩之后，众瑞并去。天美禹德，而劳其功，使百鸟还为民田，大小有差，进退有行，一盛一衰，往来有常。

禹崩，传位与益。益服三年，思禹未尝不言。丧毕，益避禹之子启於箕山之阳。诸侯去益，而朝启，曰："吾君，帝禹子也。"启遂即天子之位，治国於夏。遵禹贡之美，悉九州之土，以种五谷，累岁不绝。启使使以岁时春秋而祭禹以越，立宗庙於南山之上。禹以下六世而得帝少康，少康恐禹祭之绝祀，乃封其庶子於越，号曰无余。余始受封，人民山居，虽有鸟田之利，租贡才给宗庙祭礼之费。乃复随陵陆而耕种，或逐禽鹿而给食。无余质朴，不设宫室之饰，从民所居，春秋祠禹墓於会稽。(《越王无余外传》)

无余传世十余。末君微劣，不能自立，转从众庶为编户之民，禹祀断绝。十有余岁，有人生而言语，其语曰"鸟禽呼"，嚥喋嚥喋，指天向禹墓曰："我是无余君之苗末。我方修前君祭祀，复我禹墓之祀，为民请福於天，以通鬼神之道。"众民悦喜，皆助奉禹祭，四时致贡，因共封立，以承越君之后，复夏王之祭。安集鸟田之瑞，以为百姓请命，自后稍有君臣之义，号曰无壬。(《越王无余外传》)

《水经注》

又有会稽之山，古防山也，亦谓之为茅山，又曰栋山。《越绝》云：栋，犹镇也，盖《周礼》所谓扬州之镇矣。山形四方，上多金玉，下多玦石。《山海经》曰：夕水出焉，南流注于湖。《吴越春秋》称覆釜山之中有金简玉字之书，黄帝之遗谶也。山下有禹庙，庙有圣姑像《礼乐纬》云：禹治水毕，天赐神女圣姑，即其像也。山上有禹冢，昔大禹即位十年，东巡，崩于会稽，因而葬之。有鸟来，为之耘，春拔草根，秋啄其秽，是以县官禁民不得妄害此鸟，犯则刑无赦。山东有湮井，去庙七里，深不见底，谓之禹井，云东游者多探其穴也。秦始皇登会稽山，刻石纪功，尚存山侧。孙畅之《述书》云：丞相李斯所篆也。又有石匮山，石形似匮，上有金简玉字之书，言夏禹发之，得百川之理也。(《渐江水》)

《禹庙赋》

［宋］陆游

世传禹治水，得玄女之符。予从乡人以暮春祭禹庙，裴回于庭，思禹之功，而叹世之妄，稽首作赋。其辞曰：

呜呼！在昔鸿水之为害也，浮乾端，浸坤轴。裂水石，卷草木。方洋徐行，弥漫平陆。浩浩荡荡，奔放洄洑。生者寄丘阜，死者葬鱼腹。蛇龙骄横，鬼神夜哭。其来也组练百万，铁壁千仞。日月无色，山岳俱震。大堤坚防，攻龁立尽。方舟利楫，辟易莫进。势极而折，千里一瞬。莽乎苍苍，继以饥馑。於是舜谋于庭，尧咨于朝。窘羲和，忧皋陶。伯夷莫施于典礼，后夔何假乎箫韶？禹于是时，惶然孤臣。耳目手足，亦均乎人。张天维于已绝，极救命于将湮。九土以奠，百谷以陈。阡陌鳞鳞，原隰畇畇。仰事俯育，熙熙终身。凡人之类至于今不泯者，禹之勤也。孟子曰：禹之行水也，行其所无事也。天以水之横流，浩莫之止，而听其自行，则冒没之害，不可治已。于《传》有之，禹手胼而足胝，宫卑而食菲，娶涂山而遂去胥，不暇视其呱泣之子，则其勤劳亦至矣。然则《孟子》谓之行其所无事，何也？曰：世以己治水，而禹以水治水也。以己治水者，己与水交战，决东而西溢，堤南而北圮。治于此而彼败，纷万绪之俱起。则沟浍可以杀人，涛澜作于平地。此鲧之所以殛死也。以水治水者，内不见己，外不见水，惟理之视。避其怒，导其驶，引之为江为河为济为淮，汇之为潭为渊为沼为沚。盖滀于性之所安，而行乎势之不得已。方其怀山襄陵，驾空滔天，而吾以见其有安行地中之理矣。虽然，岂惟水哉？禹之服三苗，盖有得乎此矣。使禹有胜苗之心，则苗亦悖然有不服之意。血流漂杵，方自此始，其能格之干羽之间、谈笑之际耶？夫人之喜怒忧乐，始生而具。治水而不忧，伐苗而不怒，此禹之所以为禹也。禹不可得而见之矣，惟澹然忘我，超然为物者，其殆庶乎！（《陆放翁全集·放翁逸稿》卷上）

绍兴姒氏世谱（摘录）

编者按：原著为一卷本，清光绪二年（1876年）木刻版印制，书高30厘米、宽21.5厘米，天蓝色裱纸封面，无题签，宣纸折页对开，中缝上端印《姒氏世谱》，文字繁体直行。现藏浙江省图书馆、绍兴鲁迅纪念馆。

姒氏世谱目次

序

宇宙之奇，毕贡于唐虞之世。如九年之浸，十日之射；山则泰岱、华岳，水则黄河、黑水，怪则巫之祁，皆离奇幻诞，不可测识——而大禹以一身左右之，故号之曰“神禹”。目为神，则奇之至矣。乃集玉帛之会于会稽，而复殁葬之，得无敷土奠定之余，山川之奇气磅礴郁塞，尽萃于此邦乎？

予来守是郡，求金简玉册之藏于石鷂、石篢、石帆诸胜，觉无乎不奇。然而探其书，则蔓青荒烟灭没而终不可得。觅夏后氏之遗胄于疏篱茅屋间，颇能历历道其世系始末，且谨愿醇朴，犹有不矜不伐，氏台遗风，岂至奇者未尝不至平乎？

吾因之追溯明德，慨慕流连，以为探其书者，不若得接其子子姓之为犹快也。因为记，以留志之。

宋知越州事范仲淹敬记

姒氏世谱序

呜呼，生民之祸，孰有大於水者乎！唯圣人能治，而天亦量其功以报之。功在一世者其报小，功在十世者其报大。若禹，则功在万世矣。唐虞以前，句龙、元冥、台骀皆有治水之勤，祀为明神。及尧之时，怀襄之祸益烈。上橧巢，下营窟，茹毛血，衣羽皮，生民几尽。禹锡圭乘载，荒度随刊，疏导钟丰，而高山大川以奠。君子端冕而治，小人井牧而食，皆禹功也。由商、周以迄於今，惟河数迁徙，间数百年为一二州之患，其他江、汉、渭、洛诸川，行则流，潴则汇，顺其轨，趋於海弗变。然则禹之功，非历万世而无穷者哉？禹受舜禅，百岁而崩。皋陶、伯翳德不足以代夏，天命启世王，传四百载而鼎始迁。扈、寻既亡，杞、绘作宾，绵绵延延，迄於周襄。而少康之庶子封会稽者，至越王勾践而伯，灭吴，会齐、晋，天子赐作。传六世至王无彊，灭於楚，而诸族子为王为君於江南海上。汉兴，闽越、东瓯犹为王侯，何其盛也！王无彊既灭，楚取吴地至浙江。越之子孙虽为家人，犹姓姒氏，依会稽山禹陵居，历二千余年，有户数十。

我朝康熙中，圣祖南巡，赐之金，使市田以奉以祀事。乾隆中，高宗南巡，命世为八品官。盖所以褒崇先圣之明德也。岂非绩厚者流光，功历万世而无极者，其报亦历万世而无极与？

呜呼！今之人皆羲、农、黄、皞之胄也。氏族分殊，不能因枝而返本，溯流而穷源。独禹之后，历四千余年、一百三十余世，服畴食德，姓而不氏。生氏以来，受命而王者所未有也。天下一家而已矣。

士彦奉命视浙学、试绍兴。事既竣，以礼谒禹陵庙，取姒氏一人为博士弟子，曰佐清。其明年，佐清以谱来谒，曰："先世以十六字纪世次，今竟矣。请复为十六字以纪之，并序其谱。"案自康至允帝暨无彊以后，世系名位，他书尽所表见；而《史记》载少康子封越至允帝二十余世，则固可考矣。姒氏，神明之后，能读书敦本，保姓守祀，是可嘉也。因撰四语，序其谱而归之。序曰："锡圭承命，府事肇修；守先服旧，源远长流。"

时道光八年二月戊子，兵部左侍郎、提督浙江学政朱士彦序

姒氏世谱

第一世祖大禹王，名文命，字高密。父曰鲧，祖大父曰颛顼，曾大父曰昌意。高大父曰黄帝。禹，乃黄帝之元（玄）孙也。母有莘氏女，曰志，是为修已。孕岁有二月，于尧戊寅二十八载六月六日，生禹于西川之石纽乡。当尧之时，洪水为

灾，怀山襄陵。四岳举鲧治水，九载无功。于是舜举禹而使续父之业。禹伤父功不成，乃劳身焦思，八年于外，三过家门而不入。随山刊木，以开九州，通九道，陂九泽，度九山。行相地宜以贡，及山川之便利。自冀州始，东渐于海，西被于流沙，溯南暨，声教讫于四海。于是尧锡元圭与禹，告成功于天下。甲子八十一载封禹于夏，赐姓姒氏。

娶涂山氏娇，历辛、壬、癸、甲四日，即往治水。生子启，呱呱而泣，勿顾，惟荒度土功。舜辛酉三十六载，有苗氏昏迷不恭，奉命往征，舞干羽于两阶，七旬，有苗格化。舜荐禹于天，十有七年而舜崩，三年之丧毕，退避舜之子于阳城。天下不归舜子商均而归禹。遂即天子位，都安邑，国号夏。有黄龙负舟之祥，是时天雨金三日。见罪人即泣，闻昌言则拜，遇旨即绝。悬钟鼓鞀鞞以待贤士，铸九鼎以象九州。癸未八载，东巡狩。致群臣于会稽。作乐曰《大夏》，注《山海》。在位二十七载，寿一百岁。崩于会稽，葬苗山。传位于启。

二世祖帝启，禹之子也。母涂山氏女，能明训教而致其化。以故，启知王事，达君臣之义。恃父之功，乃继世而有天下。及即位，遵禹贡之美，悉九州之土。以种五谷，而于岁时春秋，使使祭禹于越，立庙于南山之上。甲申岁，有扈氏不恭，威侮五行，怠弃三正。帝作《甘誓》，召六卿伐之。大战于甘，遂灭有扈氏。在位九载，寿九十一岁。癸丑崩。子太康立。帝太康，启之子也。盘游无度，不恤民事。畋猎于洛水之表，十旬弗归。有穷国君后羿为相，专权。因民之怨，拒之河上，不得归国。居于阳夏，十载而崩。在位二十九年，立弟仲康。

三世祖帝仲康，太康之弟也。后羿所立，羿为之相。壬戌元年即位。时羲和湎淫沉乱于酒，遐弃厥司。癸亥二年，命允侯掌六师往征之，翦羿羽翼。故终帝世，羿不得逞。在位十三年，崩。子相立。

四世祖帝相，仲康之子也。乙亥元年即位。时权归后羿，为羿所逐。居商邱，依同姓诸侯斟灌、斟鄩氏。壬午八载，羿因夏民以代夏政。恃其善射，不修民事。淫于原兽，专用寒浞为相。浞行媚于内，施赂于外，娱羿于畋。内外咸叛。羿犹不悛，将归自畋，家众蓬蒙等杀而烹之，以食其子。子不忍食，杀于穷门。夏遗臣靡奔有鬲氏。浞自立。壬寅二十八载，浞因羿室生浇（即奡）及豷。浇长，浞使浇灭斟灌、斟鄩氏，弑帝于商邱。后缗方娠，逃出自窦，归于有仍。帝相在位二十七年崩。子少康立。

五世祖帝少康，相之子也。帝母，有仍国君之女。时寒浞篡位，后归有仍而生帝。既长，为有仍牧正。浇使臣椒求之，奔有虞，为庖正。虞君姚思妻以二女，使居纶邑。有田一成，有众一旅。能布其德，以兆其谋。收集夏众，而抚其官职。力谋兴复。有旧臣曰靡，自有鬲氏收斟、鄩二国之遗民，举兵灭浞。帝得归故都。壬午岁，即天子位。夏道复兴，诸侯来朝。时夏遭羿、浞叠篡，禹祀断绝四十载矣。故帝封子无馀[①]於越为王，专奉禹祀。帝在位二十二年崩。

六世祖越王无馀，少康之子也。授命来越，披草莱而成邑。人民山居，虽有鸟田之利，租贡才给宗庙祭祀之费，复随陵陆而耕种，或逐禽鹿而给食。不设宫室之饰，从民所居。专奉禹祖陵祀。越之建国自此始焉。无馀卒，子丕诚承立，奉祀。

七世祖越王丕诚，无馀之子也。继父立国，辟治荒芜，播种五谷，兆民始聚。勤奉陵祀。丕诚卒，子宗元立。

八世祖宗元，丕诚之子也。恪守遗业，治安越国，蒸尝无缺。宗元卒，子绍圣立。

九世祖越王绍圣，宗元之子也。克承先志，躬勤抚绥。绍圣卒，子毅正立。

十世祖越王毅正，绍圣之子也。毅正卒，子子诚立。

十一世祖越王子诚，毅正之子也。微弱无为，徒袭空名。子诚卒，子娄立[②]。

十二世祖越王，娄，子诚之子也。传立商世，徒有空名，而无权位，不能自立。转从众庶，同为编氓。遗无恒产，后皆隐身匿迹，无闻於世。禹祀复绝者二十七世。有飞鸟衔秽，拥田生稻，以供祭祀。有人初生而言语，其语曰“鸟禽呼”，咽喋咽喋。指天向禹墓曰：“我，无馀君之苗末。复我前君禹墓之祀，为民请命于天，以通鬼神之道。”众民喜悦，因共择其正派无壬为王，继越君之后，承奉禹祀。

四十世祖越王无壬，为众民所立，复君臣之义，明治安之策。无壬卒，子无曎立。

四十一世祖越王无曎[③]，无壬之子也。无曎卒，子无谭立。

四十二世祖越王无谭，无曎之子也。无谭卒，子允常立。

四十三世祖越王允常[④]，无谭之子也。既立，民众兵强。与吴王寿梦、诸樊、阖闾交相怨伐，数败吴师。然越之兴霸[⑤]，始自允常。及卒后，传于子，勾践立。

四十四世祖越王勾践，允常之子也。吴王阖闾闻允常死，兴师伐越。勾践使死士三千挑战。三行，至吴陈，呼而自刭。吴师观之，因袭击吴师，败吴师于槜李，射伤阖闾。阖闾且死，告其子夫差曰：“必无忘越！”三十六年，夫差伐越，败越于

---

① 一作“无余”。

② 原本“立”作“直”，误。

③ 曎，音 shì 或 yì。

④ 《吴越春秋》作“元常”。《左传》《史记》皆作“允常”。

⑤ 家谱抄本作“典霸”。《吴越春秋》卷四：“越之兴霸，自元常矣。”据改“典”为“兴”。

夫椒。保栖会稽。使大夫文种行成于吴。吴王将许之，伍子胥谏曰："不可。越与我同壤，世为仇敌。克而弗取，将又存之。违天而长寇仇，悔不可及。"越王令文种献美女宝器于伯嚭。

伯嚭因说吴王曰："诛降杀服，祸及三世。今越王已服，为臣。王若赦之，此国之大利也。"吴王乃许之。成，越王返国，身自耕作，夫人自织。食不加肉，衣不重彩。折节下贤，厚遇宾客。赈贫吊死，与百姓同劳苦。居二年，吴王将伐齐，子胥谏曰："未可。臣闻勾践食不重味，衣不加彩，与百姓同苦乐。此人不死，必为国患。吴有越心腹之疾；齐与吴，疥瘕也。愿王释齐伐越。"吴王弗听。遂伐齐，败之艾陵。时鲁哀公十一年，虏齐高国以归。太宰嚭反间于吴王，乃赐子胥自刭。于是遂得赦。越事吴以珠玉，奉以西施。哀公十三年，吴国精兵悉从往，北会诸侯于黄池。越发习流二千人，教士四万人，君子六千人，诸御千人伐吴，吴师败，遂杀吴太子。告急，时吴王方盟会诸侯于黄池，惧天下闻笑，因秘之。阴使人以厚礼请成于越。越因自度不能灭吴，乃与吴平。后四年，复伐吴。吴师败，栖姑苏。行成于越，王将许之，范蠡曰："不可。"吴王遂自杀。越乃以兵北渡淮，与秦、晋诸侯会于徐州。致贡于周。周元王使人赐胙，命为伯。诸侯毕贺，号称霸王。二十七年冬，寝疾将卒，为太子曰："吾自禹之后，承允常之德，蒙天灵之佑、神祇[①]之福，从穷越之地，籍楚之前锋，摧灭吴国。跨江涉淮，从晋、齐之地，功德巍巍，自致于斯。其可不诚乎？夫霸者之后难以久立。其慎之哉！"遂卒。子鼫与立。

四十五世祖越王鼫与[②]，勾践之子也。守成保国，并无失德。立一年[③]，卒。子不寿立。

四十六世祖越王不寿，鼫与之子也。立十年，卒。子翁立。

四十七世祖越王，翁，不寿之子也。三十五年灭郯，三十七年卒。子翳立。

四十八世祖越王，翳，翁之子也。三十三年迁于吴。三十六年，太子诸咎弑其君。十月，粤弑诸咎，立孚错枝为君。明年，大夫氏区定粤乱。越人三弑其君，子搜患之，逃乎丹穴。越人薰之以艾，乘以王舆，号曰无颛。子之侯[④]承立。

四十九世祖越王之侯，翳之子也。善于抚治，兆庶赖宁。卒，子无彊[⑤]立。

---

① 家谱抄本作"神祗"。

② 鼫（shí）与，即鹿郢，一名与夷，又作兴夷等。《史记索隐》卷十二："乐资云：越语谓鹿郢为鼫与也。"

③《史记索隐》卷十二："鹿郢立六年，卒。"鹿郢即鼫与，家谱所记在位时间与《史记索隐》矛盾。

④ 家谱原作"字之候"。《史记》："句践卒，子王鼫与立。王鼫与卒，子王不寿立。王不寿卒，子王翁立。王翁卒，子王翳立。王翳卒，子王之侯立。王之侯卒，子王无彊立。"据改"字之候"为"子之侯"。

⑤ 家谱原作"无疆"，共 5 处。据《史记》等改作"无彊"。"疆"古同"彊（强）"，古籍多混用。

五十世祖越王无彊，之侯之子也。无彊为王，兴师伐齐、伐楚，与中国争强。当楚威王时，越北伐齐。齐王使人说越王，遂释齐而伐楚。楚威王兴兵迎敌，大败越师。越王遇害。楚尽取故吴之地而至浙江，时周显王四十六年也，而越以此散。诸族子争立，共推无彊之子玉为君。

五十一世祖越君玉，无彊之子也。玉立，不称王而称君。仅保会稽，守奉陵祠。卒，子尊立。

五十二世祖越君尊，玉之子也。尊卒，子亲立。

五十三世祖越君亲，尊之子也。亲卒，子摇立。

五十四世祖越君摇，亲之子也，自勾践至君亲凡历八世，朝服於楚。秦灭六国后，遂不祀。至越君摇，佐诸侯平秦。汉高帝复以摇为越王，以奉禹祀。摇之子七人，或居南越，或为东越闽君，而长子贞复，隐居于越之三江。

五十五世祖贞复，越王摇之子也。虽奉禹祀，隐不袭爵，故后世遂无荫袭。生子曰纯。

五十六世祖，纯，贞复之子也。字奇英，配陈氏，生仁。

五十七世祖，仁，纯之子也。字原道，配吴氏，生孝。

五十八世祖，孝，仁之子也。字思忠，配范氏，生道。

五十九世祖，道，孝之子也。字渊如。

（以下略）

（张卫东、程雪婷校注）

战国楚竹书《容成氏》校读（节选）

林志鹏*

（一）容成氏等古帝之政事

〔昔者讼（容）成氏、□□氏、□□氏、□□氏、□□氏、□□氏、□□氏、□□氏、□□氏、□□氏、□□氏、□□氏、□□氏、尊〕卢氏、赫胥氏、乔结氏、仓颉氏、轩辕氏、神农氏、椲丨氏、垆毕氏之有天下也，皆不授其子而授贤。其德酋（犹）清，而上爱下，而一其志，而寝其兵，而官其材。於是乎喑聋执烛，稟（瞀）戉（工）鼓瑟，跛躃守门，侏儒为矢，长者酥（悬）厇（度），偻者坆（哀）譻（塿），癭者煮盐，厇亶〈蜀（秃）〉者渔泽，綮（瑕）弃不登（废）。凡民俾（蔽）敍（芾）者，教而诲之，饮而食之，思役百官而月请之。故当是时也，无并……

（二）高阳氏之政事

〔昔者高〕汤（阳）氏之有天下，厚爱而薄敛焉，身力以劳。百姓……〔矣〕。於是乎不赏不罚，不刑不杀，邦无飤（食）人，道路无殇死者。上下贵贱，各得其殜（世）。四海之外宾，四海之内贞（廷）。禽兽朝，鱼鳖献，有吴（无）迥（通），匡天下之政十有九年而王天下，三十有七年而民（泯）终。

（三）尧立为天子及求贤

昔尧处於丹府与藋陵之间，尧戋（贱）貤（货）而时时赛（息），不劝而民力，不刑杀而无盗贼，甚缓而民服。於是乎方百里之中，率天下之人就，奉而立之，以为天子。於是乎方圆千里，於是乎岂（峙）板（版）正立（位），四向际（委）禾，怀以来天下之民。

其政治而不赏，官而不爵，无励於民，而治乱不𠔃（患）。故曰：贤及□……

是以视贤：履地戴天，笃义与信，会在天地之间，而包在四海之内，毕能其事，而立为天子。尧乃为之教曰："自内（入）焉，余穴窥焉，以求贤者而让焉。"尧以天下让於贤者，天下之贤者莫之能受也。万邦之君皆以其邦让於贤……□□□贤者，而贤者莫之能受也。於是乎天下之人，以尧为善兴贤，而卒立之。

---

* 林志鹏，复旦大学历史学系教授、博士生导师。

（四）尧让舜

昔舜耕於鬲（历）丘，陶於河滨，渔於雷泽，孝养父母，以善其亲，乃及邦子。尧闻之而美其行。尧於是乎为车十又五乘，以三从舜於畎亩之中。舜於是乎始免蓺（笠）、幵（肩）耨萎（锸），馻（藉）而坐之子。尧南面，舜北面，舜於是乎始语尧天地人民之道。与之言政，敓（率）简以行；与之言乐，敓（率）和以长；与之言礼，敓（率）敀（溥）而不逆。尧乃悦。尧……

〔尧乃老，视不明〕，听不聪。尧有子九人，不以其子为后，见舜之贤也，而欲以为后。〔舜乃五让以天下之贤者，不得已，然后敢受之。〕

（五）舜命禹治水

舜听政三年，山陵不凥（处），水潦不浴（谷），乃立禹以为司工。禹既已受命，乃卉服缵箬，冒芙（蒲）蓺（笠），手足〔胼胝〕，面干皵，胫不生之毛，剴（闿）淲（洒）沼（激）流。禹亲执枌（畚）耜，以陂明都之泽，决九河之阻，於是乎夹〈寅（兖）〉州、徐州始可处。禹通淮与沂，东注之海，於是乎竞（营）州、簷（莒）州始可处也。禹乃通蒌与易，东注之海，於是乎◇（并）州始可处也。禹乃通三江五湖，东注之海，於是乎荆州、扬州始可处也。禹乃通伊、洛，并瀍、涧，东注之河，於是乎叙（豫）州始可处也。禹乃通泾与渭，北注之河，於是乎䖎（沮）州始可处也。

（六）舜设官分职

天下之民居奠，乃饬（饎）食，乃立后稷以为緹（田）。后稷既已受命，乃食於野、宿於野，复谷豢（换）土，五年乃壤（穰）。民有余食，无求不得，民乃赛（蹇），骄态始作，乃立皋陶以为李（理）。皋陶既已受命，乃辨阴阳之气，而听其讼狱，三年而天下之人无讼狱者，天下大和均。舜乃欲会天地之气而听用之，乃立数（契）以为乐正。数（契）既受命，作为六律六郙〈郘（吕）〉，辨为五音，以定男女之声。当是时也，疠疫不至，妖祥不行，祸灾去亡，禽兽肥大，草木晋长。昔者天地之佐舜而佑善，如是状也。

（七）舜让禹

舜乃老，视不明，听不聪。舜有子七人，不以其子为后，见禹之贤也，而欲以为后。禹乃五让以天下之贤者，不得已，然后敢受之。

（八）禹之创制及其政事

禹听政三年，不制革，不刃金，不略矢，田无蔡，宅不空，关市无赋。禹乃因山陵平隰之可邦邑者而繁实之，乃因迡（昵）以知远，去苛而行简，因民之欲，会天地之利，夫是以逐（迩）者敓（率）治，而远者自至。四海之内及四海之外皆请贡。禹然后始为之号旗，以辨其左右，思民毋惑。东方之旗以日，西方之旗以月，南方之旗以蛇，中正之旗以澳（熊），北方之旗以鸟。禹然后始行以俭：衣不亵（曳）美，食不重味，朝不车逆，穜不毇米，鬵（饎）不折骨，制〔不袭帛〕……

……孝（郊）辰（振），方为三倍（号），救（求）圣之纪：东方为三倍（号），西方为三倍（号），南方为三倍（号），北方为三倍（号），以躗（越）於溪谷，济於广川，高山升，蓁林入，焉以行正（征）。於是乎始爵而行禄，以襄（让）於来亦迵（通），来亦迵（通）曰：德速蓑（衰）……

……表皲（皮）専（敷）。禹乃建鼓於廷，以为民之有诘（讼）告者鼓（鼓）焉。毄（击）鼓，禹必速出，冬不敢以寒辞，夏不敢以暑辞。身言……

……〔下不〕乭（乱）泉。所曰圣人，其生赐（易）养也，其死赐（易）葬，去苛慝，是以为名。

（九）禹之传位

禹有子五人，不以其子为后，见皋陶之贤也，而欲以为后。皋陶乃五让以天下之贤者，遂称疾不出而死。禹於是乎让益，启於是乎攻益自取。

（十）桀骄泰及汤攻桀

□□□□□□□□□〔启〕王天下十又六年〈世〉而桀作。桀不述其先王之道，自（恣）为〔芑（肆）为，於是乎〕□□□□□□□□□，不量其力之不足，起师以伐岷山氏，取其两女琰、琬妫（媟），北去其邦，皙（墬）为丹宫，筑为璇室，饰为瑶台，立为玉门。其骄泰如是状。汤闻之，於是乎慎戒征贤，德惠而不賀（赂），秕（积）三十仁（年）而能之。如是而不可，然后从而攻之，升自戎（陑）遂，入自北门，立於中余（涂）。桀乃逃之鬲（历）山氏，汤又从而攻之，降自鸣条之遂，以伐高神之门。桀乃逃之南巢氏，汤又从而攻之，遂逃去，之苍梧之野。汤於是乎征九州之师，以邡（略）四海之内，於是乎天下之兵大起，於是乎氒（判）宗、鹿（离）族、残群焉服。

（十一）汤终王天下

当是时，强弱不絧（辞）讹（让），众寡不圣（听）讼，天地四时之事不修。汤乃専（溥）为征籍，以征关市。民乃宜（詈）怨，虐疾始生，於是乎有喑、聋、跛、◇（蒙）、瘿、寠、偻始起。汤乃谋戒求贤，乃立伊尹以为佐。伊尹既已受命，乃执（戢）兵钦（禁）暴，羕（养）得（德）於民，遂迷（敉）天〔下〕□□□□□□□贼盗，夫是以得众而王天下。

（十二）纣昏乱及文王平九邦

汤王天下三十又一世而纣作。纣不述其先王之道，自（恣）为芑（肆）为，於是乎作为九成之台，寘盂炭其下，加圜木於其上，思民道（蹈）之，能遂者遂，不能遂者，内（入）而死。不从命者，从而桎梏之。於是乎作为金桎三千。既为金桎，又为酒池，厚乐於酒，溥夜以为淫，不听其邦之政。於是乎九邦叛之，丰、镐、舟、𨞐、于、鹿、耆、崇、密须氏。文王闻之，曰："虽君无道，臣敢勿事乎？虽父无道，子敢勿事乎？孰天子而可反？"纣闻之，乃出文王於夏台之下而问焉，曰："九邦者其可来乎？"文王曰："可。"文王於是乎素端合褰裳以行九邦，七邦来服，丰、镐不服。文王乃起师以向丰、镐，三鼓而进之，三鼓而退之，曰："吾所知多廌（存），一人为无道，百姓其何罪？"丰、镐之民闻之，乃降文王。文王时故时而教民时，高下肥毳（墝）之利尽知之，知天之道，知地之利，思民不疾。昔者文王之佐纣也，如是状也。

（十三）武王伐纣

文王崩，武王即位。武王曰："成（盛）德者，吾敚（悦）而弋（式）之。其次，吾伐而弋（式）之。今纣为无道，昏（溷）者（舍）百姓，至（桎）约诸侯，天将诛焉。吾勴天威之。"武王於是乎作为革车千乘，带甲万人，戊午之日，涉於孟津，至於共、縢（滕）之间，三军大軺（犯）。武王乃出革车五百乘，带甲三千，以小（宵）会诸侯之师於牧之野。纣不知其未有成政，而得失行於民之唇也，或亦起师以逆之。武王於是乎素冠冕，以告闵于天，曰："纣为无道，昏（溷）者（舍）百姓，至（桎）约诸侯，绝种侮姓，土玉水酒，天将诛焉，吾勴天威之。"武王素甲以陈於殷郊，而殷……

注：◇为造字困难者。

（张卫东、程雪婷辑自 2018 年《岭南学报》复刊第十辑，略有修订）

第三部分：考　察

洪海茫茫　神禹佑护

——舟山市岱山县禹迹考证记

邱志荣

2019 年 4 月出版的《浙江禹迹图》，在所有地级市中，舟山市禹迹是最后一个寻找到并编入图中的，其中记载文字不多：

> 禹王殿、大禹王庙、禹王湾。位于岱山县岱西镇双合。据《岱山县志》记载："剪刀头禹王殿（民国建）。"又有古迹：圣路石刻在"岱西剪刀头山嘴，巨石篆刻'圣路'二字，约 10 厘米见方"。又据《舟山群岛新旧地名录》记载：岱西镇又有"大禹王庙"并有"禹王湾"，此庙现仍在。

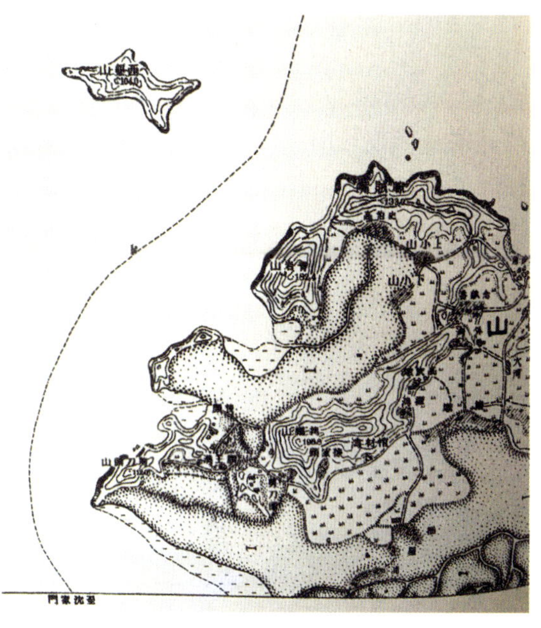

剪刀头山位置（引自民国《浙江地形图》）

今岱山县岱西、岱东位置（引自《浙江省地图集》）

由于当时书出版时间较紧迫，来不及再去实地考证，并拍摄照片，所以总心存欠缺和感到不足。这次由浙江大学和绍兴市鉴湖研究会联合编制的数字版《浙江禹迹图》，在学术地图发布平台（http://amap.zju.edu.cn）正式发布，对于补正完善禹迹是一次很好时机，于是在 8 月 7 日—8 日，我与鉴湖研究会金小军副会长、茹静文秘书长等驾车前往舟山市岱山县考证禹迹。

一、2019 年 8 月 7 日　多云

正是高温盛暑之日，早上 6 点半即离开绍兴前往舟山三江码头。学友宁波市绿色科技文化促进会会长屠元磊先生，曾在我们初始寻找舟山禹迹时帮忙不少，这次又在码头等着我们。因为舟山市地名专家王建富有会议上午不能前来，所以我们四人先匆匆赶往岱西镇寻访禹迹。

岱山，现为舟山群岛第二大海岛，面积约 100 平方千米。元大德《昌国州图志 · 叙山》记载："岱山，在海之北，传所谓岱舆、蓬莱，或者名始于此。"蓬莱山，位于岱山县境内的岱山岛，因徐福东渡到达该岛时，见其云遮雾绕，恍若仙境，遂认定为传说中的蓬莱仙岛而得名。"也许因为机缘巧合，徐福等方士在岱山岛遇见奇境，认为这就是传说中的岱舆、蓬莱等神山，由此替代了原来不够响亮的

地名。”[①] 春秋时岱山属越国甬东地，[②] 秦时属会稽郡鄮县，隋属句章县，唐开元二十六年（738 年），始置蓬莱乡，属翁山县。宋设岱山镇、岱山巡检、岱山盐场于此。《清一统志 · 宁波府 · 山川》：“岱山，在定海县东北海中，约一潮可到。有鹞子尖。其巅下冈峦秀拔，林樾苍润，时有云雾抹其顶。”[③]

由轮渡往岱山航进，正是“利奇马”台风来临前夕的天气，天色蔚蓝，白云浮动，海面平静，青山黛绿。站船侧栏，海风吹来，在闷热之余也有几分惬意。凝视这茫茫大海的舟山群岛，心想在 25000 年前的假轮虫海侵时这里曾是大陆沿海平原的一部分，海平面约在今 −155 米以下，所谓沧海桑田，古今变易，而远古文明或正在这海底深藏。

近中午，到岱西镇双合村。双合，又名两头洞，在岱山县城西北 14 千米。其地的双合山石宕，四周石壁拱立，宕水清澈幽深。在海湾处，有海塘如巨龙盘绕，塘外有滩涂万顷，长满芦苇草，想 6000—7000 年前宁绍平原也尽是这种芦苇杂草，而海水带泥沙侵入覆盖，天长地久，便成为以后的泥炭层。塘边有碑，诸位下车辨认：[④]

仇江门工程简介

本工程在岱山县委的领导下和有关部门大力支持下，于 1974 年初开工。经过本县千余名干部群众艰苦奋战，历时 6 年半，于 1980 年 6 月底胜利竣工。

本工程是岱山县重点堵港促淤工程。大坝全长 1200 米。平均水深 25 米。最深处达 38 米。现在大坝最高 10 余米。坝面宽 11 米，整个工程总投放土石方 210 万立方米，投工 115 万工。

本工程是“栲门—双合”工程总体规划的组成部分，它的胜利完成，能加快促淤，为实现总体规划，解决本岛人多地少，生产资料缺乏，对发展我县渔盐农业生产，方便海陆交通，繁荣经济，巩固国防，加快四化建设，将起重大作用。

岱山县围垦工程指挥部

1980 年 7 月

---

① 王建富主编：《舟山群岛史话》，浙江古籍出版社 2014 年版，第 27 页。

② 郭丹、程小青、李彬源译注：《左传》，中华书局 2012 年版。

③ 分别参考《浙江省地图集》，中国地图出版社 2008 年版，第 268 页；陈桥驿主编：《浙江古今地名词典》，浙江教育出版社 1991 年版，第 406 页。

④ 本现场碑文录由茹静文、吴桢雯整理。

岱西镇禹王庙（邱志荣摄）

时近中午，诸位议定先果腹。三转两回，金小军选定了一家在双合小岙的民宿“风铃坡”用午餐。此处别有洞天，园景尤美。其岩石石质与绍兴东湖石颇近，白质中有绿斑点。中餐尚简，七八个菜，配有海鲜美味。做菜女厨师略懂地域庙宇分布，一问禹王庙便写“岱西镇前岸社区，禹皇殿”于纸上，也可见大禹文化在这里的影响与普及。

饭后驱车导航到 G520 道，岱西镇前岸社区，村委公路对面有“圣路”石刻。村委隔路的西坡见有一建筑卓然宏大，丹墙屋宇高出林梢。上坡果然是气势宏伟的“禹王庙”，庙匾上又书“护国佑民”匾。又有联：“天意回春生万物，人心乐善菽千祥。”在当地大禹是救民于灾难的大神，其地位和神力自是被写得不凡。

遗憾的是午时庙门紧闭，进入不得。好在茹静文到了村委，在公示栏中找到了冯琪村主任电话，并及时联系。

趁空隙，我看了庙周边环境。此庙半倚山体，半环水，山塘名“野猪头”，蓄水 6.92 万立方米。山环水绕，景色独秀。

冯琪村主任很快赶到，打开庙门并介绍。此禹王庙原在现村委位置，规模要比现在大。有介绍栏显示：

> 祖先从慈溪三北迁入剪刀头前岸，嘉庆廿四年（1819）建禹王庙，设四进大殿。因禹王是帝，故神像所坐称殿，向外称禹王庙，岱山百姓都称其禹王殿。道光廿三年（1843）大风水侵袭倒塌重建，光绪卅一年（1905）重修，民国四年（1915）又遇大风被毁再度重修。1965 年，第四进后大殿被拆，材料用作青黑山建岱西盐业中学，此时一至三进仍在。后来，第一至二进做卫星小学（现前岸村）校舍（完小六年级），第三进做卫星大队麻厂。1977 年旧址全部做学校。20 世纪 90 年代，重建易位至现址。

建庙目的除乡民立神像祭拜，保一方平安外，主要前岸当时地处海口，海潮凶猛，常酿成大水灾害，民众思治水莫如大禹，故立大禹王庙以镇之。

我曾在《舟山市水利志》读到录自《岱山县志》的一首王裕民《吟龙门塘》诗：

龙门是苦门，潮水往里滚。堵住龙门口，苦门变福门。

其地水患灾害之多与人们水利建设任务之重，也可见一斑。

之后，村老年协会的人员也赶来讲述，大致如以上介绍。其中今年 82 岁的老人徐文忠说到建此庙由来：清代有一商人行船在风暴中于剪刀头湾搁浅，十分危急。商人许愿，如脱险便于此建庙。天从人愿，此地终于有了大禹庙。后此庙虽被拆，但人们很怀念，又有已到台湾的建庙后人回乡认祖，和乡人合议重建此庙，筹建者多为徐姓。由此也可见文化的传承与凝聚力。剪刀头湾又名为“禹王湾”。

徐文忠讲禹王故事（金小军摄）

“剪刀头”是为浙东海岛古海港，也是浙东海上丝绸之路的窗口之一，当地民众建此禹庙也是大禹文化海洋化、国际化的一部分。观浙江禹迹，此也为在舟山海岛最东北端的一处，具有独特的禹文化地位。原《浙江禹迹图》中介绍禹王殿“位于岱山县岱西镇双合”，“双合”是毗邻之村，确切的应改成“位于岱山县岱西镇前岸村”。不达实地考察难免有误，也是做学问的教训。

之后又寻考了岱东镇的舜王庙及徐福亭。其中舜王庙有《大舜庙简史》碑如下：

据孝顺岙民世代相传，在明朝末年，大陆人民为谋生计来岱山悬岛，栖息于岱东顺山山麓。有三北来的姓柴、邱、王，宁波来的姓俞、林，天台来的姓陈，在此搭茅舍，架木棚，开荒耕种，苦度温饱。长期生活下，人丁兴旺。工、农、商职业的人亦有了，如此异乡各姓患难共处，胜似亲人一族。长辈者认为“以人为镜可以知得失”，在岙设舜祠，逢节祭祀舜，学舜的高尚品德，勤俭兴家创业，祖功宗德，子孝孙贤有所出现，从此“孝顺岙”美名亦产生了。

岱东镇大舜庙外观（邱志荣摄）

时至清康熙年间（1662—1722年），随着民意，把舜祠改建成大舜庙，庙址迁到小山嘴，庙宇增大。在道光二十三年（1843年）秋遭大风水灾害，庙宇全部坍塌。道光二十七年（1847年）春，境下弟子柴乾美等人同心协力，四处奔波募资，在原址重建正大殿三间，左右厢房、前大殿五间，戏台、台门、围墙，范围扩大，庙焕然一新，列为岱山岛十八大庙之一。

“文化大革命”动乱时期，全被毁坏一空，20世纪80年代始，国泰民安，人民生活改善。在1979年间，由柴常成等人发起，重建庙宇一间，后常成病故，接着柴根兴等人负责兴建。境下弟子争相乐助，善男信女关心，台胞支持，在原址重建，逐年投资，分段施工，到现在大舜庙宇，规模气派，设备等方面比以前略胜一筹，且为老年人提供活动场所。

此舜王庙亦即《宋元明舟山古志》版《民国岱山镇志》所记载：“大舜庙。在孝岙。道光二十六年丙午，居民柴乾美等募资重建。因其地名孝顺岙，自古大孝莫如虞舜，故以祀之。”

傍晚，舟山市民政局王建富老师及办公室主任徐金波乘轮渡专程来到岱山，指导我们考察禹迹，岱山县民政局金永国副局长与岱山民政局地名办於志南主任也一起到场作了简单交流及第二天安排。王建富是著名的地名学专家，尤为贯通史地学科，对诸多历史文化现象有精到的认识，真可谓他乡遇知音。

二、2019 年 8 月 8 日　多云

上午 8 点 30 分，岱山大禹文化座谈会在岱山县民政局会议室召开。舟山民政局很重视这次禹迹考察活动，安排参加人员为：舟山市民政局舟山群岛文化地名工作室主任、编审王建富，舟山市民政局区划地名管理办公室主任徐金波，岱山县民政局副局长金永国，岱山县史志办主任虞迪燕，岱山县文化和广电旅游体育局非物质文化遗产保护中心主任邱宏方，岱山县民政局地名办主任於志南，岱山县东沙镇成人继续教育学校校长翁志峰，岱山县岱西镇原前岸社区书记夏松良，县民间文史研究爱好者於有财等。

会议由於志南主任主持。

笔者介绍了《绍兴禹迹图》《浙江禹迹图》编制过程及意义，之后是座谈。择要如下[①]：

王建富：一是历史上舟山城市发展与水利的关系密切。尤其是水利建设与农业、盐业的关系更是密不可分。舟山较重视海塘、山塘等水利工程类建设，但对治水文化类重视不够。舟山的水利史、水文化研究有很大的挖掘空间。二是岱山县的大禹文化有根有据。历史上确实存有禹王湾、禹王庙等相关地名记载。一方面有可能是伴随居民迁移至舟山而来，属于“搬来”的大禹；另一方面可能是舟山本土因治理现实水患灾害而产生的“本土”大禹，需要进一步研究。

翁志峰：应肯定《浙江禹迹图》的价值与意义。“岱山十八庙，禹庙为大”。需要进一步挖掘岱山的禹迹、禹文化，研究为何舟山禹迹只出现在了海岛岱山。《浙江禹迹图》的编制做法，对于舟山市开展徐福研究等相关文化研究也具有重要借鉴意义，舟山也可编一张《徐福行迹图》。

邱宏方：过去对大禹文化的认识存有不足，认同邱志荣会长讲解的“大禹”“禹迹”概念，大禹文化是活态和有生命力的。岱西镇还有一座禹王庙，此庙是由原前岸村禹王庙传承而来，因为原庙拆除过程中，后庙湾村村民把大禹像和庙的门匾移到了村仓库间收藏，并日益感到大禹像在遇到危难时到了后岸村，现在政通人和之时，大禹也应在后岸村落地。

① 茹静文整理。

有了新的发现和收获，于是与会者便兴致很高地驱车前往后岸村寻访禹王庙。

后岸村位于前岸村之西。似乎此禹王庙规模颇大，做工精良，柱木高大，金碧辉煌。庙紧挨着“后岸文化礼堂”，名“大禹王殿”；边有联“为子孙创业宏图惊日月，替祖国争光奇志壮山河”“月印千江示有感必应之旨，日照万国吐无微不触之光”。左侧各门分别为“三官殿”“三圣殿”，右侧分别为“龙王关圣财神殿”“土地宫”。其内大禹像吉光高照，气宇轩昂。

后岸村禹王庙（金小军摄）

同行者告知村中山上有神秘的“圣路”石刻，不知作何解，应是“巨石篆刻‘圣路’二字，约10厘米见方”所记。一起登山寻找，可惜路已为荒草杂树所没，不得而回。

在邱宏方主任的带领下，又走访了该村百岁老人夏仁义。夏老告诉我们，他曾在前岸村禹庙中义务服务15年，这禹庙始建至今已有200年历史，因为当时村里有洪涝海潮之灾，便去绍兴请来了大禹菩萨佑护。相传大禹的生日为六月初六，庙分六月初六和八月十五两次祭祀。分析或第一个祭祀日与梅雨洪涝有关，第二个祭祀日与海浪大潮汛有关。

午后，绍兴三人又去参观了东沙古渔镇。据考证4000多年前就有人类在东沙角繁衍生息，又传到秦始皇时，徐福率3000童男童女寻长生不老之药，其登临之处为东沙山嘴头。此事建于清光绪年间的“海天一览亭”碑文有记。亭曾有联：“停棹欲访徐方士，隔水相招梅子真。”其海洋渔业博物馆中的东海大带鱼有4米多长，叹为观止。

其间，王建富老师和於志南主任分别来信息告知，轮渡因台风将要停航。关怀备至。

带着满满的收获和依依惜别之情，下午 3 点 10 分我们登上了台风来临前最后一班轮渡离开岱山。

邱宏方、邱志荣采访百岁老人夏仁义（茹静文摄）

三、结语

（一）位于岱山岱西镇前岸村的禹王庙，始建于嘉庆二十四年（1819 年），大禹菩萨由绍兴大禹陵请来。对照《宋元明舟山古志》版《民国岱山镇志》记载：“大禹王庙。在剪刀头前岸山麓。嘉庆二十四年（1819 年），徐廷侯等募建。相传是处向发大水，因思治水莫如大禹，故立大禹庙以镇之。”应是是处。

（二）位于岱山岱西镇后岸村的禹王庙，源出于前岸村禹王庙，是近年新建。

（三）禹王湾基本定位在岱西镇剪刀头湾（现已围垦，建为船厂），作为山嘴的剪刀头仍存在。

轮渡归来时自作《海岛禹迹行》小诗一首，为此行纪念：

仙境蓬莱数甬东，禹王庙出岱山中；
沧海桑田变迁易，不老道术总成空；
雅居翻读思绪短，野外探寻圣路通；
共览水天古碑亭，安澜镇流显神功。

2019 年 8 月

《中国禹迹图》考察团具茨山归来

张卫东

2023 年 5 月 18 日，《中国禹迹图》考察团邱志荣、张卫东、金小军一行与许昌日报社记者会合，在具茨山岩画发现者刘俊杰[①]带领下登上具茨山，追寻远古时代岩画中的水系图、星系图、点阵符号等，探寻禹迹。

具茨山，中华民族的圣山之一。《庄子》《水经注》留下的“黄帝登具茨之山”广为人知。文博考古界众多权威专家界定具茨山岩画具 4000 年以上的历史，覆盖了距今约 4100 年的大禹治水时期，是祖先留下的无字百科全书。

具茨山岩画中的“黄淮平原水系图”（吴旭摄）

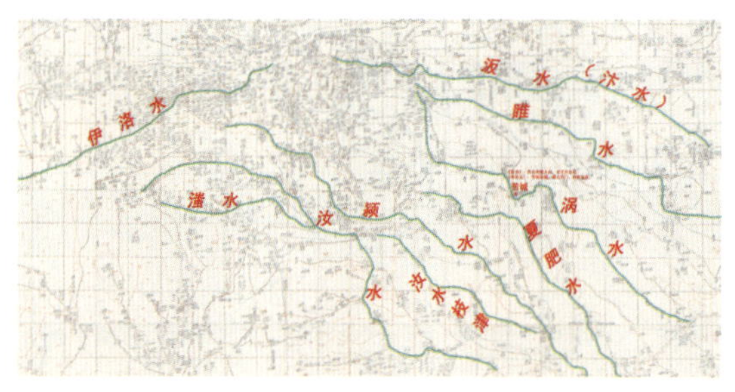

《水经注》水系图（吴旭提供）

具茨山老山坪的一幅线条图可以暂时称为“黄淮平原水系图”（徐海亮先生称它是淮河水系豫东皖北河系图，淮河水利委员会吴旭先生称为“大禹导淮图”），它刻在一块略呈长方形大石头的倾斜面上，上缘比拟黄河—济水，下缘比拟淮河，东缘比拟大海，西缘比拟豫西山区。总体上与郦道元《水经注》所列河流能形成对应关系：左上方突出部位形似伏牛山脉，西南—东北略有延伸又似嵩山—具茨山，将黄、淮两大水系分开。如果把山东沂河视

① 刘俊杰，1968 年生，禹州人。具茨山上古文明发现者（1988 年），专家考察具茨山的向导、交心朋友。发现岩画初期，曾得到中国水利水电科学研究院姚汉源教授的热情支持。徐海亮先生曾撰长文《具茨山水利遗迹考察纪实》在《中国水利报》等媒体介绍具茨山岩画中的水利内容和刘俊杰的贡献。

为四渎之“江”（石泉教授观点），则此水系图四周恰好被四渎包围。主体部分刻画的9条平行分布的河流，均为淮河干流北岸支流，自西向东依次有滍（zhì）水、汝水、汝水枝津、颍水、夏肥水、涡水、睢水，涡水中游还有一圈明显的“环城河”，围绕着一座城池或低丘。最东面的两三条河名称选项较多，可能是汳水（汴水）、泗水、沂河等。尽管黄河夺淮对淮北水系冲击很大，但是河流总体格局与今日淮河流域图相比，没有颠覆性改变，越偏西的河流路线越稳定，越好辨认。

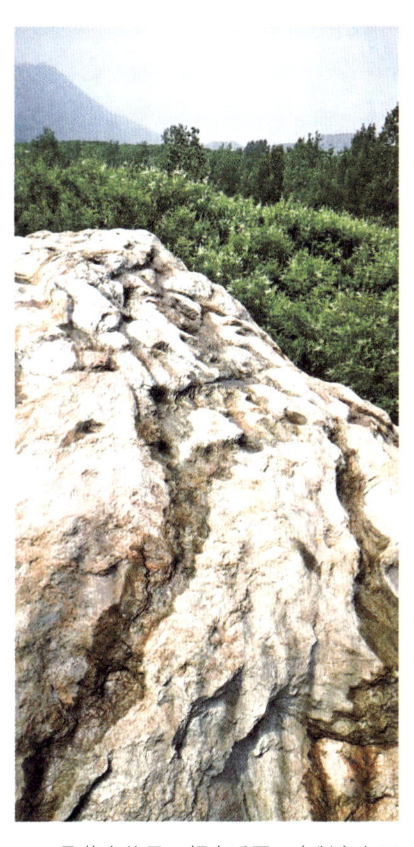

具茨山的另一幅水系图。在制高点石穴慢慢倒下一瓶多矿泉水，水即自动分流灌注，布满大部分“沟渠陂塘”。或许该水网岩画是先“勘测设计”，后“施工制作”的，而且测量与规划水平很不一般（张卫东摄）

具茨山发现的岩画水系图不止这一幅，但是目前能与现实地理联系起来的只有这一幅，最值得推介的也是这一幅。这幅地图上北下南，倾斜方向与淮北平原完全一致，具茨山位于左上方，居高临下，俯视东南。站在岩画前，回望东南山口的盆地和遥远的平原，似乎能见到“汤汤洪水方割，荡荡怀山襄陵”的史前场景，犹如在和古人对话。“洪水方割，夏禹是理”。说它是大禹治水时期的作品，完全有条件、有可能。

岩画中的水系图是特殊的岩画类型，是人类观察研究宏观世界乃至治理改造自然世界的结晶，是珍贵的人类文化遗产。

具茨山岩画文化遗产的发现、传播、保护、利用，走过了30多年艰难的道路，目前依然步履维艰。2009年成为省级文物保护单位以来，保护方面改善不大，造梯田、植树、钻探、修路等，显然没有把这些岩画放在眼里，而省保的保护范围也仅仅涵盖很少一部分岩画。希望多措并举，加强保护，促进利用：

一是把省保落实到位。根据具茨山文化遗产特点，确定点阵形保护范围，明确省保范围涵盖整个具茨山区所有3000多处岩画以及相关遗产，不漏掉一处岩画、一处古建筑。

二是提高保护等级。尽快创造条件申请提高保护等级至国保，并按照世界文化遗产的标准开展今后的研究、保护、利用等工作，以知名度促保护。

刘俊杰、邱志荣、张卫东（左起）考察具茨山“黄淮平原水系图”（金小军摄）

三是建立双重展示保护体系，即原址保护体系和室内陈列体系。室内陈列体系要三维打印精确复制极为分散的文物，既便于大众短时间内参观了解具茨山文化概况，又起到实物备份防止意外的作用。

四是对社会开放，引起舆论广泛关注。打造国家森林公园，提升旅游设施水平，吸引年轻力壮的国内外游客进山旅游现场参观，以利用促保护。

五是加强科学研究。加大多学科研究的组织协调力度与投入力度，继续努力从多个侧面揭开具茨山神秘的面纱；如有可能，申请成为中华文明探源工程的一个追加项目，动员更多的专家介入，让具茨山文明为弘扬中华民族文化作出更大贡献。

第四部分：报　道

大禹：从传说到现实

邱志荣

近年来，全国各地出现大禹文化活动日益活跃的迹象；在中国和周边国家，人们日益重视汇集、整理历代相关水利文物、历史文化遗存，对大禹在人类共同遗产价值中的社会效果，形成了更深刻的认知。

大禹，是中国远古时代治水英雄的杰出代表和民族精神象征。当今来看，大禹治水的核心思想是“天人合一”，核心价值是凸显人民利益，核心精神是“献身、求实、创新”。面对着滔天洪水，体现东方智慧的治水过程，体现在大禹带领民众，忘我治理水患，直到“地平天成”；与西方文化中诺亚方舟式的对待自然态度相比较，体现了不同的价值取向与方法，产生了不同的结果和文化传承。

大禹文化和大禹精神在历史发展过程中早已超越了区域与国界。直至今日，大禹文化在许多国家和地区有持续不断的传播和影响力。

大禹父子可称第一代“河长”

据《史记·夏本纪》载：“当帝尧之时，鸿水滔天，浩浩怀山襄陵，下民其忧。尧求能治水者，群臣四岳皆曰鲧可。”这是说，当天下洪水滔滔，水灾为民众大害之时，最高统治者尧把选举治水首领当作头等要事。最后在有争议之中选定了鲧为治水责任人，并严明责任要求。

当代科学调查发现，当时洪水滔天的险恶环境，应该真实出现过。在我国滨海地区，卷转虫海侵引起沧海变幻，海水倒灌平原；在江河上中游，有极端气候出现或者地震导致山崩地裂形成巨大堰塞湖，造成水道变迁、洪水泛滥的自然现象。鲧治水是继承前人经验“障”和“堙”的做法，也就是用泥土筑堤防把聚落和农田保护起来，这个治水过程虽然失败了，但却为大禹提供了可供借鉴的经验。《吴越春秋·越王无余外传》载：禹“循江，溯河，尽济，甄淮，乃劳身焦思，以行七年。闻乐不听，过门不入……”大禹采取了“疏”的办法利导江河，即“决九川距四海，浚畎浍距川”（《尚书·益稷》），这一做法取得了良好的效果。

鲧、禹治水的传说流传广泛，影响深远；而最具影响力的则是其代表的中华民族传统美德和治水精神，今日则概括为献身、负责、求实的水利行业精神，也成为中华水文化的基石。

禹迹在汶川和绍兴最多

几千年来，大禹文化源远流长、代代相传。

四川汶川为汉代汶山郡的核心区、古西羌腹地。“大禹兴于西羌”及治水业绩，在岷江两岸广为流传；“石纽投胎”“大禹出世”“禹生禹穴”“禹生刳儿坪”，生动丰富。2020 年，以大禹的诞生为核心文化内容的《汶川禹迹图》编成。这是四川第一张以县域为单元，完备、系统编录大禹文化遗产的分布图。在汶川、理县、茂县、松潘、小金等地，共查找到禹迹 79 处，其中宫庙祠遗址类 18 处、山名（洞、池）类 18 处、地名类 11 处、碑（石）刻类 15 处、地名（村名）类 15 处，其他 2 处。著名的禹迹有“石纽山”“禹穴”“涂禹山”“天赦山”“飞沙关”“刳儿坪”“洗儿池”“景云碑”“吞碑树”等，其中汶川最多。

今天，大禹文化中心和最为活跃地区当属浙江绍兴。绍兴大禹文化的形成和研究可以上溯至越王勾践时期。他在建设越国都城时同时建立禹庙，又在临终前对太子兴夷说，“吾自禹之后”，自此奠定了大禹文化在越地的基石。

目前，绍兴大禹文化的研究正朝着更系统、精准，多学科、跨区域、国际化方向发展，其主要可分类为自然地理、人文历史、文献、祭祀、传说、地名、艺术、传播等内容。

2018 年，中共绍兴市委宣传部和绍兴市鉴湖研究会联合编制了《绍兴禹迹图》，汇集了以大禹治水为主体的历史文献记载、重要传说故事、现存纪念建筑、地名等。共有禹迹 127 处。其中陵、庙、祠类 21 处；地名类 22 处；山、湖自然实体类 25 处；碑刻、摩崖、雕塑类 59 处等。这些禹迹主要分布于近代绍兴行政区域，其中萧山、余姚各两处。

2019 年，在《绍兴禹迹图》的基础上，《浙江禹迹图》也编成出版。通过考释研究及实地考证，该成果记录了“浙江禹迹”209 处，“防风氏遗址”4 处，“越地舜迹”37 处，“浙江大禹前后时代新石器文化遗址”30 处。

2019 年，数字版《浙江禹迹图》由浙江大学联合哈佛大学地理分析中心共同推出，这是一个线上学术地图平台，实现 GIS 与人文学科学术研究的结合。

《绍兴禹迹图》《汶川禹迹图》先后编制完成，标志着大禹出生和归葬之地全部的禹迹路线和相关历史遗存，已互补互证，串联为一个整体。这为研究大禹和大禹文化遗存提供了可信的资源。

大禹文化在亚洲的流传

大禹文化是如何流传到东亚其他国家的？有学者认为是通过越族的流散传播。新的研究成果显示，大禹文化约在公元 5 世纪，就通过《论语》等儒家经典开始流传到了日本，随之深深扎根并得以弘扬光大。据记载，在 1500 年前，日本效仿大禹治理水患，成就卓著。因此日本以大禹为治国和道德楷模。如日本京都宫殿中的《大禹戒酒防微图》，便是以大禹的形象和精神来警示当政者要勤政爱民，防微杜渐，不沉迷酒色。日本自 1989 年开始启用的“平成”年号，则取自《尚书·大禹谟》中的“地平天成”。

日本国内崇尚大禹、祭祀大禹，成为民风习俗。自 2006 年起，日本的大禹文化研究专家、学者，开始编撰《日本禹迹图》。截止到 2020 年的统计，日本有禹迹 140 处；此外，还确定了“大禹遗迹认定标准”“禹王遗迹数据引用规章”等规范。

近年来，中日之间大禹文化交流互鉴日益频繁，并在周边国家的文化交流中发挥了积极作用。2018 年，日本治水神·禹王研究会会长大胁良夫等 4 人在绍兴参加“2018 年公祭大禹陵典礼”，参拜禹庙大殿，在禹王庙献上花篮，缎带上写着：“一衣带水，缵禹之绪。”大胁良夫在之后回忆中写道：“我看到大禹雕像前摆放着写有我们研究会之名的花篮，感激不尽，悄悄地把泪水擦干，不让别人察觉。自 2011 年第一次看到大禹雕像以来，没想到能迎来这一刹那，简直像在梦里。”

2019 年，绍兴学者编成《浙江禹迹图》之际，中日学者也达成共识，将共同编制《东亚禹迹图》。

除日本外，在朝鲜半岛上，与大禹有关的地名有 8 处，其中 5 处是自然地名。韩国还有较多“禹”姓及祭祀传承。在“禹”姓的发祥地就有 7 处与大禹相关地名，集中在咸兴附近和南部的洛东江流域。韩国的大禹文化传播在江原道六香山有禹王碑，这是 1661 年许穆从中国原碑的文字拷贝过来的，被称为“大韩平水土赞碑”。

自古以来，大禹就是东亚中日韩三国共同的信仰对象，至今仍根植于深厚的文化土壤之中。

从记载传说变为活态文化现实

由于大禹时代距今已有4000多年，时间久远，除文献记载外，难以得到文字和考古的印证。但是，在大禹历史记载和活态传承的背景下，世世代代人们纪念光大大禹精神的文化印记，却真实存在而且规模庞大。

近来，大禹文化的研究重点开始由“虚”转“实”，逐步转向汇集、梳理大禹文化史迹的规模并在此基础上重新发掘其历史、科技和社会价值。

“禹迹”主要指我国和周边国家文献中有关大禹治水活动所经过的传说记载，自古以来依然存世的大禹祭祀地点及建筑物，有关禹的碑记、地名、歌舞等。

禹迹图重点展示了上述大禹文化的传承发展脉络和规模。

禹迹图是一种全新的大禹文化研究方法，所证明、显示的并不着重在大禹是否有其人、其在何地的治水业绩，而是展示了大禹文化的传播脉络和历史传承不同区域和种类的特点。对照禹迹图，水利史、历史地理、考古、民族学等多学科都可以在同一个平台基础上展开合作。比如禹迹的发生与传播，往往体现了此地为自然灾害多发；禹迹与同一历史时期文化遗址有何关联？这些都可以从水利史、考古等领域进行科学探索。

通过禹迹图，我们可以思考和研究为什么大禹文化会集中在那些地区、流域产生？历史上这些地区历史地理环境是如何演变的？主流禹文化的源头与传播路径是什么？大禹文化最核心的价值和意义？

令人欣喜的发现是，《汶川禹迹图》与“禹兴西羌”的文献记载高度一致，与农耕文化与治水文化有着客观上的逻辑印证，与古羌人的原始宗教信仰十分吻合，客观形象地向世人展示了汶川厚重的大禹文化积淀和深厚的文化内涵。

通过禹迹图的科学研究，人们也就可以分析出，在不同区域，传说中的大禹故事和遗存有何区别。如汶川之“禹穴”是大禹出生处的象征；而绍兴宛委山的“禹穴”，是大禹治水得天书，取得治水经验的地方，司马迁《太史公自序》记其“二十而游江淮，上会稽，探禹穴”——古人的智慧妙不可言，大禹治水文化具有多样性，丰富多彩。在不同的流域或是区域，“大禹”都有独特而鲜活的生命力。

（原载《人民日报·海外版》2020年10月26日）

跨越千年的禹迹图

邱志荣　张卫东

“禹”在中华文明起源阶段占有重要的位置。在中华民族的发展过程中，“禹迹”以多元的形式记录了大禹的历史，也涵括了人类对自然灾害的抗争与多种多样的社会文化现象。

在今天，基于文化遗产视角对大禹历史文化进行的阐释传承，又有了全新的演进。

每年农历谷雨时节，是各地公祭大禹的日子。2022 年 4 月中旬，第一部《中国禹迹图》在绍兴发布，综合全面地描述了中国各地的大禹遗址和禹迹文化风貌。

一、绍兴成为禹迹研究的重镇

大禹是中华民族治水英雄。作为大禹治水毕功之地和大禹陵所在地，浙江省绍兴一直致力于大禹文化的保护和传承。

2018 年 4 月，浙江省绍兴市有关部门首次发布了《绍兴禹迹图》。共有禹迹 127 处，包括了陵、庙、祠，地名，山、湖自然实体，碑刻、摩崖、雕塑等类别。这是一张完备、系统编录大禹文化遗产的区域性分布图。

《绍兴禹迹图》发布后得到了广泛好评。于是，更大规模的禹迹图编制工作也加快了步伐。2019 年 4 月，绍兴推出了《浙江禹迹图》，在浙江省 11 个地市、八大水系中标注了禹迹位置，共收录“浙江禹迹”209 处，“防风遗址”4 处，“越地舜迹”37 处，“浙江大禹同时代新石器文化遗址”30 处。这张以省份为基础编录大禹文化遗产的分布图，在大禹学术研究和文化传播等方面都是一次重要的创新。

2021 年，绍兴开始标识本地的禹迹，通过标识牌把禹迹从文献和图中活化到现实生活中。这更加有利于实现文旅融合。禹迹标识将原来散落分布、多种多样与大禹相关的历史遗址和文化风貌综合起来，从文化遗产和“非遗”的视角进行全新归纳，引起了广泛的社会关注。于是，编制一部更大规模的《中国禹迹图》，成为全国各地相关地区、国内外大禹文化研究者的共识。

在全新的文化遗产认知推动下，绍兴首先进行了为期一年的《禹迹图编制导则》课题研究，对禹迹定义、编制原则、资料真实完整程度、成果和发布形式进行了深入探索，形成了具体规则。2021 年 4 月 19 日，绍兴市文化广电旅游局联合绍兴市鉴湖研究会、中国水利博物馆、绍兴市文史研究馆等单位正式启动了《中国禹迹图》编制。

二、《中国禹迹图》体现时代特色

在文化遗产时代应该如何理解禹迹?《中国禹迹图》的研究人员认为,“禹迹”是根据史料中有关大禹治水及其他活动足迹传说的记载而留存至今的祭祀活动,还包括纪念建筑设施、地物表征、碑刻题刻、地名遗存物等不可移动的自然、历史物质遗存、遗址和遗迹。此外,《中国禹迹图》收录的禹迹,还包括少量可移动文物和非物质文化遗产。

我国早在北宋时期就曾有《禹迹图》问世。这是一幅中国古代疆域图,主要体现的是山川河流,被称为“在当时是世界上最杰出的地图”。宋《禹迹图》有2件刻石流传至今:一块保存在今陕西西安碑林,为南宋绍兴六年暨伪齐阜昌七年(1136年)刻立;另一块是元符三年(1100年)刊刻、绍兴十二年(1142年)立石,收藏在今江苏镇江的焦山碑林。

当代的《中国禹迹图》传承了北宋《禹迹图》的绘制要点以及山川河流、地名中对禹迹的记述;在此基础上,《中国禹迹图》又体现了时代特色和全球化文化传播的特征。

依据编制导则要求,当代的“禹迹”突出了“大禹文化遗存”的内涵。本次编图“禹迹”重点列入了全国重点文物保护单位和省级文物保护单位中的相关禹迹,也包含历史文献中关于禹迹记载的印证遗存。

三、集合多学科专家参与

新出版的《中国禹迹图》,从全国26个省区市1000余处候选禹迹中精选出了323处,分属于11个河流流域。

依照文化遗产“真实、完整”特征要求,《中国禹迹图》对于选取内容通过文献查阅、现场考证、委托调查取得等方式进行了严格筛选。来自全国各地约35位水利史、文物、文史、测绘、摄影等领域专家参与了编制,取得了多元化的研究成果。除地图展现外,这部《中国禹迹图》还包含了详细的说明、图表、照片、资料汇编等。

从《中国禹迹图》上可以看到,选取的禹迹东至台湾省、南及云南、西达甘肃、北到吉林。其中包含31处“国保”、27处省级文物保护单位和11处市县级文物保护单位;属于不可移动遗产的项目达到308处,可移动文物13件。此外还有多项涉及非物质文化遗产。

四、需要更多领域进行跨界融合

目前的考古发现表明，中华民族的治水历史已达 1 万年以上。早在 2500 多年前，越王勾践即注重树立大禹形象，创建禹文化与禹信仰，他在建设以今绍兴龙山为中心的越国大小城时，同时建立“禹宗庙”，以此奠定了大禹文化在越地的基石。《史记·越王勾践世家》记载：“越王勾践，其先禹之苗裔，而夏后帝少康之庶子也。封於会稽，以奉守禹之祀。”公元前 210 年，秦始皇“上会稽，祭大禹，望于南海，而立石刻颂秦德”。由此开创了大禹祭典最高礼仪形式。

始自 4100 年前的大禹治水精神，已经成为我们中华民族精神的重要内容。活态的大禹文化发展过程，显示了中华民族生生不息的强劲生命力，属于中华文明进程的组成部分。编制《中国禹迹图》可以视为一项当代文化创新事件，其核心目标是要推动中华文化传承与传播。从历史记载结合考古发掘来研究、证明大禹文化，传承、弘扬大禹文化，成为《中国禹迹图》下一步拓展方向。

“禹”作为中华文明起源阶段的历史印迹，至今还有许多研究难点等待破解。《中国禹迹图》的下一步，将更多地集聚起跨学科、跨区域、跨行业的专家学者，通过调查、考证，丰富禹迹内容，描绘不同历史时期的大禹文化发展脉络，编制全国各地的禹迹分布图，以此更精确地呈现大禹文化的起源、传承，梳理大禹文化在不同时期的传播过程。在此基础上形成的《中国禹迹图考释文集》①，可为水利史、文史、考古等学术研究提供导引支撑。

《中国禹迹图》发布后，专家们的目光开始转向国际禹迹文化交流。梳理“禹迹”在亚洲东部的交往互鉴、逐步成为各地民众共同文化信仰的过程，也被提上了议事日程。

（原载《人民日报·海外版》2022 年 5 月 5 日）

① 此为 2022 年计划名称，最终定名为《中国禹迹图导读》。

圣贤之声　回响千年

马振寰　祁　潇

在中国，大禹是一个家喻户晓的名字，他也是一个在中华文明起源中扮演重要角色的人物。一般认为，正是大禹建立了夏王朝（约公元前 21 世纪至公元前 16 世纪），从此拉开了中国历史上王朝统治的序幕。如果你去到中国，甚至是一些蹒跚学步的孩童都能绘声绘色地讲述这位圣人治理上古时期大洪水的丰功伟绩。

的确，人们经常会说道："盖九州之中，禹之迹无弗在也，禹之庙亦无弗有也。"——作为古代中国的一个地理区划概念，"九州"早已成为"中国"的代名词。

而近期一幅地图及其相关资料的出版发行让人们更进一步地了解到大禹留给后世的遗产。这幅名为《中国禹迹图》的成果由正图、说明、表格、照片、资料汇编等五部分组成。从全国 1000 余处禹迹中，精选 26 个省（自治区、直辖市）的 323 个点，分属 11 个流域，详细记述了"禹迹"。

"这些禹迹点绝不是简单地罗列，"《中国禹迹图》主编之一、中国水利学会水利史研究会副会长邱志荣表示，"它们是破解历史文化大案一项重要的学术探究"。

首先，《中国禹迹图》对"禹迹"进行了清晰严格的界定。编制该图的专家们表示，所谓禹迹，就是根据史料中有关大禹治水及其他活动足迹和传说的记载，至今留存的有关大禹的祭祀活动、纪念建筑设施、地物表征、碑刻题刻、地名遗存物等不可移动的自然、历史物质遗存、遗址、遗迹。

"这些禹迹点都是专家学者们经过精挑细选确定的。"邱志荣介绍道，"从 20 世纪 90 年代开始，就有多名学者开始了对各个禹迹的走访、考证。这些研究都为编制和出版《中国禹迹图》奠定了坚实的基础。"

利用该图以及相关的辅助资料，读者们可以快速方便地找到某个禹迹点所处的位置，找出它的名称、所属类别、现状、起源年代以及出处等。

一段时间以来，有些学者认为大禹只是传说中的人物，而非真实的历史存在。但是现代考古学和历史学的一些新发现已经让学界和公众重新审视大禹以及大禹治水的历史性。比如，20 世纪 60 年代，在我国的河南省偃师二里头考古发现了早于商朝（约公元前 16 世纪至公元前 11 世纪）的宫殿和宗庙遗存。再比如，20 世纪 70 年代发掘出的河南省登封王城岗遗址，被认为是先秦文献所载的禹都之阳城，约始建于公元前2070年。同样，考古发掘也证实了距今1万至4000年的黄淮流域、长江中下游和太湖平原等地区已存在多个区域文明。

事实上，先贤们早在宋代（960—1279年）就开始编制《禹迹图》了。现存于陕西西安碑林博物馆的一块石碑上即存有《禹迹图》，刻于1136年，被认为是世界上现存最早的、最杰出的国家地图之一。

而《中国禹迹图》的编制实则在2017年就已经开始了，当时邱志荣和一众学者启动了《绍兴禹迹图》的编制工作，并于2018年发布该图。又经过了一年的努力，《绍兴禹迹图》又被进一步扩展，覆盖了整个浙江省。2019年，《浙江禹迹图》应运而生。绍兴能够成为禹迹图的“核心”和“焦点”也绝非偶然，因为正是在绍兴，中国的始皇帝秦始皇（前259—前210）“祭大禹”，开帝王祭禹之先河。

绍兴也是大禹长眠之地——大禹陵就坐落在绍兴市越城区东南稽山门外会稽山麓；同时，绍兴还是大禹最广为流传的故事的发生地之一。

相传大禹治水期间，在绍兴遇到涂山氏女，两人一见倾心，喜结连理。但是婚后没有几天，大禹就不得不继续踏上治理洪水的征程，一去就是13年。这13年里，因担心治水进度，他曾经三过家门而不入。在此期间，大禹的妻子涂山氏女在家里日盼夜盼，天天盼望夫君平安归来。一天天、一月月、一年年过去了，涂山氏女望穿了秋水，还是不得见禹。据说她不禁叹息，吟咏着“候人兮，猗！”有些学者认为，虽然仅是简单的四个字，这却是中国女性所作的第一首诗。

“禹迹是中华民族面临困境坚忍不拔、奋斗不息的文化图腾。”中国水利学会水利史研究会会长谭徐明认为。几千年来，它们已经成为中国社会和文化的重要组成部分。“作为治水之神的禹迹，是鼓励国人面对灾害，公而忘私、同舟共济，兴水利除水害的道德标识，”谭徐明表示，“是凝聚中华民族的精神纽带。”

大禹文化连接的不仅仅是中华民族，它对周边的东亚国家，尤其是在日本和韩国民间也有着深远的影响。比如数据显示，日本目前就有150多处禹迹。其实与《中国禹迹图》同时发布的还有经过翻译校正的《日本禹王遗迹分布图》和《韩国禹王遗迹分布图》。这也就意味着，《东亚禹迹图》的框架已基本形成，将会在不远的将来与大家见面。

“就像在中国一样，大禹文化在日本和韩国民间早已生根，”绍兴市文化广电旅游局局长何俊杰说道，“这位上古圣贤在他那个时代不辞辛劳地治水，现如今他的宝贵文化遗产又在作为一个桥梁进一步推动亚洲文明之间的交流互鉴。”

（原载《中国日报》2022年6月11日）

第五部分：对外交流

日本的大禹信仰

王　敏

编者按：2017 年 10 月，水利部防洪抗旱减灾中心、绍兴市鉴湖研究会受日本国治水神·大禹研究会邀请，赴日参加以大禹文化为主体的水文化交流，其间取得丰硕成果。王敏女士系日本法政大学教授，著名学者。“禹迹行”同仁在日期间与她作了大禹文化的深度交流，受益匪浅。现将她 2017 年 11 月 30 日刊登在《中国水利报·国际版》上的《日本的大禹信仰》全文转载，以飨同仁。

20 世纪 80 年代初，在老一代领导人所开拓的中日友好交流活动推动下，我被公派留学日本。在考察《西游记》对日本影响的过程中，我开始关注金箍棒的原型、大禹治水的工具——“定海神针”以及大禹与日本的关联。

王敏教授在考察日本民家收藏的禹字瓦（王敏供图）

2006年，偶然听到日本开成町的露木顺一原町长提及足柄地区有座纪念大禹的石碑，我当即前往考察，并应邀参加当地市民的乡土研究活动。

2013年，该民间乡土研究组织发动成立了日本治水神·禹王研究会，地方文史研究家大胁良夫出任会长，佛教大学名誉教授植村善博为副会长。2010年起，日本各地举办了六次大禹文化节。经该会2015年设置的禹王遗迹认定委员会考察鉴定，迄今为止在日本各地发现大禹信仰相关文物史迹共计133处。

开成町位于邻近富士山的南足柄地区，拥有1726年建成的神禹祠（现名福泽神社），持续了300年的禹祭，刻有大禹别名的文命碑、文命中学等。富士山和大禹是分别代表中日两国文化的象征，这无形中引发人们对东亚文化间相互接触、渗透、融合的畅想。

至少在公元5世纪初，被称为汉帝后裔的王仁从韩国来到日本，受命出任皇太子的教授。从此，他带去的《论语》等中国古典著作入主日本文化核心——皇室，成为日本的人文教材，汉字成为日本的文字。这意味着早在1600年前，汉字就成为日语的血脉，中国古代典籍就支撑着日本知识的骨架。直至今天，日本义务教育仍明文规定，必须教授和掌握2136个汉字。

王敏教授与法国汉学者汪德迈先生交流大禹文化（王敏供图）

基于日本文化与中国文化之间的特殊“血缘”关系，日本读解中国知识的经验积累了千年之久，对汉字比其他国家具有更深的理解力。纵横古今的中日文化交融，自然延伸出共通的人文生态，润泽了遍布日本列岛的大禹信仰。

在学会召开之前，天皇夫妇邀请我进入皇宫。他们真诚地告诉我，拙著《大禹和日本人》（日本NHK出版，2014年12月）使他们重温日中源远流长的文化交融，意识到自身的责任和使命，深感只有坚持以史为鉴才有日本的未来；并感谢我对于日本大禹文化的指导，希望两国人民互动，促进世代友好。我也发自内心地表示，是日本这块土地上存在的大禹信仰教授我，是人文教养深厚的日本国民启发我，拙著才得以问世。我应该感谢日本和日本国民。我希望中日都重新审视和开启大禹文化这一链接点，为中日文化交流打造新一轮的发展。

我认为，皇室对大禹的崇敬源起对汉字和汉籍作为核心文化的选定。因为在古时，日本的必修教材《四书》《五经》中有31处提到大禹，大禹是标志圣德的楷模。公元712年日本编纂的《古事记》序言以及公元720年完成的《日本书纪》等史书也都将大禹与天皇进行比较。画在京都御所御常御殿隔扇画上的《戒酒防微图》，主题明显带有受到张居正《帝鉴》影响的痕迹。这幅画出自狩野派画家鹤泽探真（1834—1893年）之手。而狩野派是日本绘画史上最大的画派，专注于中国的伦理、思想题材，将其全方位地体现于画中。

这幅以大禹为鉴的巨画与当今的日本年号一脉相承。当今天皇的年号叫“平成”，出自《尚书·大禹谟》，书中记述了大禹治水所达到的“地平天成”境界。1992年10月26日，首次访华的天皇夫妇参观西安碑林博物馆，目睹了《开成石经》中的“平成”字迹，时值中日关系正常化20周年纪念之际。公元837年刻成的《开成石经》被誉为“世界上最大、最重的一部书”，由114块石刻组成，共计650252个字。

由天皇亲自主导的日本早期治水工程始于1500年前。今天的富井县古时有一条名为九头龙川的大河，由于经年泛滥，当地民不聊生。于是，应神天皇的后人率民治水，获得了巨大成功，被拥戴为第26代天皇继位，史称继体天皇（450—531年）。为纪念继体天皇的伟业，在俯瞰九头龙川的山巅，人们竖起了一座巨大的石像，石像附近有祭祀继体天皇的神社和刻有以大禹为楷模的石碑。

自古深受地震、水灾之苦的日本人民需要神明保佑扶助，而保障民生的工作首推抗洪防震，这也是联结皇室与国民的牢固纽带。于是，教科书中的大禹便落地日本，变身为日本民间信仰中的治水之神。

据治水神·禹王研究会调查表明，大禹信仰的实物史迹形式多样，最早的禹庙建于1228年，名为京都鸭川禹王庙。现存最古老的膜拜物是1630年铸造的禹王金像，高约80厘米，现藏于名古屋德川美术馆。

尤其值得关注的是，在日本的大禹石碑中，有18处建于甲午战争至1972年间。这说明大禹的和平内涵根植在风土民情之中。境外对大禹的信仰有力地证明，历史文化方面的共融共识能够先行于其他领域。大禹信仰的持久力揭示出应对现代生态文明的奥秘。大禹作用境外的史实对于唤起文化自觉、培养符合中国发展所需要的国际意识将起到生动的教材作用。让我们以境外大禹信仰为例，再一次重新认识境外和自身，与日俱进。

中国访问团“禹迹行”一行印象记

［日］大胁良夫

会前交流：访问团各位都非常亲切，饱含学习热情。仔细聆听我方发言，绝不遗漏一句的这份热情令人倾倒。我方收到许多印证友好的珍贵礼物，非常感激。特别是题为《中国防洪抗旱——中国水利史及大禹文化特辑》的这册优秀论文集，令人钦佩，峰会结束后，我愿认真拜读。

峰会开始：峰会正式致辞的第三个环节是治水神·禹王研究会会长的致辞。当时，我在介绍禹迹行访问团一行时，现场掌声的热烈程度是两日峰会中的最大高潮，那经久不息的掌声永留记忆。

禹王峰会召开至第六届，才首度迎来中国的访问团，峰会现场400余名出席者的雷鸣般掌声，表达了日本方最真挚的欢迎之意，这和整个峰会的巨大成功是密不可分的。访问团各位千里迢迢来到富士川町，真的感谢、感谢、感谢！

晚宴交流：禹迹行访问团是第三个登台亮相。吕娟团长的致辞受到全场150余名专家学者的关注。不愧是一场非常优秀的演讲。在将近10分钟的时间里，美味的料理被搁置在餐桌上，会场所有人都肃然起敬，专注聆听。

担任翻译的吴鑑萍老师的着装也为友好交流增添了光彩，她以动听的日语清晰地表达了吕娟团长内容丰富、充满智慧与幽默的精彩讲话，中日友谊融合为一。此后，邱志荣副团长、赵任飞馆长、丁兴根先生、张钧德先生、魏义君先生被陆续介绍，现场达到最高潮的时候，在摄影中的摄影师金伟国先生也被请到了台上，禹迹行一行欢聚一堂，进入纪念照拍摄阶段。

禹王研究会的许多会员都拿起了相机，正要按下快门时，富士川町的志村町长亲自登台加入访问团纪念照队伍。在热烈的掌声和此起彼伏的快门声中，整个会场都兴奋了起来。中日友好更深入人心，交流会氛围愈益热烈。

第二天，邱志荣先生的学术演讲《海侵与绍兴大禹文化》（详题为《由卷转虫海侵引起的浙东地域激变中孕育出悠久的绍兴大禹文化》）吸引了日本大禹研究者的眼球，引起了大家的注意。该演讲追溯到12000年前的大规模地壳运动，从浙江区域的历史地理记载开始，循序渐进，娓娓道来，概述了绍兴文化史和大禹文化史。邱先生以恢宏的历史观从地理的角度展开了对大禹文化史的全新解说，征服了整个会场。对于曾两度访问绍兴市会稽山大禹陵的笔者而言，邱志荣先生的演讲无疑再次点燃了我的学习决心，并想以获赠的《中国防洪抗旱》文集为借鉴，展开全新的研究。今后也请邱志荣先生多多赐予指导。

另，吕娟团长、赵任飞馆长、张钧德先生、魏义君先生、丁兴根先生的考察论述也极有价值，希望今后不断参考学习并继续钻研下去，也请诸位多多指导。

这次禹迹行一行来访，是我终生难忘的重大纪念，在此谨表真挚感谢。

最后，请允许我向为促成禹迹行此次来访而自始至终默默作出巨大贡献的兵库县西宫市政府工作人员竹内晶子女士表示衷心的感谢，以此结束我的印象记。我认为，若没有竹内晶子女士献身般的不懈努力，是不可能实现这次访问的。

“禹迹行”学术交流访问团的意义及今后的交流

［日］植村善博

“禹迹行”学术交流访问团于 2017 年 10 月 5 日至 10 月 12 日期间访问日本，圆满完成视察、交流、调研的相关日程安排，现已平安回国。在访日期间，访问团移动约 500 千米，在东京、富士川町、京都、大阪各地开展交流，深入调研，取得丰硕成果。

关于本次“禹迹行”访问团的访日意义，陈述意见如下：

访问团参加在山梨县富士川町召开的第六回全国禹王峰会，和我们治水神·禹王研究会干部开展交流，具有划时代的意义。以吕娟团长、邱志荣副团长为首的 8 名大禹研究专家与日本禹王研究者面对面直接交换意见，进而成为知己，意义非凡。而且，邱会长发表了题为《绍兴大禹文化卓然于世的成因分析》的文章，并进行了以“海侵与绍兴大禹文化”为题的演讲，这对于我们而言，是了解中国及绍兴市关于大禹研究的现状情况及分析视角的极珍贵内容。

10 月 8 日访问团参观了日本最有名的治水工程信玄堤及最早采用甲州流治水法的富士川水系，现场调研了四处禹王遗迹（石碑）。这是了解日本的治水技术和禹王文化特征的大好机会。

10 月 10 日访问团视察调研了京都和淀川的历史文化及禹王遗迹。访问了作为日本人文化和精神基石的神道上贺茂神社、佛教（净土宗）的知恩院，想必访问团的诸位在宁静的域内和庭院里对日本文化及其精神有所思索吧？京都是日本最早在鸭川上建立禹王庙、祭祀禹王、祈愿治水成功之地。而且，从 17 世纪中叶以来，在日本天皇生活空间的常御殿里挂有《大禹戒酒防微图》，说明大禹的事迹作为君主的治国理念，一直被日本皇室所接受。在大阪府的淀川边上，访问团视察了高浜村雕刻有“夏大禹圣王”字样的小石碑，以及建在堤防上的巨大气派的“修堤碑”和“筑堤碑”，还共同探查了碑文上的禹王字样。

相信访问团通过本次访问及调研，深入了解到，在日本的禹王信仰和禹王遗迹的形态是非常富于变化的，而且，这也深刻反映出各地的治水与灾害的历史，以及地域文化的多样性。我深信这些体验对于正在研究中国大禹文化的访问团诸位定会有所裨益。

接着，阐述一下大禹研究的中日交流。

通过本次访问团的交流还只不过是迈出了第一步。实质性的研究交流有待于将来进一步开展。作为我方，希望了解禹迹行代表团对日本的禹王遗迹及其文化的理解、感想与意见。而且，也想请访问团告知我们相关的疑问点所在。这次访问团只不过视察了大约有 130 多处的日本禹王遗迹中的一部分，所以，希望访问团今后也继续来日视察调研。

我方对于大禹文化研究的中心地区绍兴市的相关研究现状抱有极大兴趣与关心。我们特别祈愿希望能参观绍兴附近的大禹遗迹，进行与日本遗迹的比较研究。

相信通过相互交流两国的大禹遗迹及其研究成果，相互学习共同特征和彼此差异，必定对于大禹研究的发展有巨大贡献。我认为今后继续加深两者的研究交流是非常重要的。

最后，衷心感谢本次禹迹行学术交流访问团的来日访问和交流活动。

祝贺《中国禹迹图》问世发布

致邱志荣先生：

首先，我对《中国禹迹图》发布表示热烈的祝贺！

大禹是贵国第一个中央集权国家夏朝的创始人、人们敬仰的治水英雄。

赞扬大禹及其业绩的茫茫禹迹的存在，尽人皆知。此次，首次整理中国所有地区的禹迹分布及特征，这是前无古人的壮举，也是中国人民值得骄傲的事业。

继 2018 年 4 月发表《绍兴禹迹图》后，2019 年 4 月在绍兴市文化广电旅游局和绍兴鉴湖研究会的精诚合作与共同努力下，由一张分布图和详细考释书籍组成的《浙江禹迹图》（中国文史出版社）出版发行，我们对其速度之快和信息量之大感到惊讶，并抱有崇高的敬意。

在此基础上提升与创新，编制了一张《中国禹迹图》，与日本《禹王遗迹分布图》和朝鲜半岛的禹迹图联系起来，为探求东亚禹迹、并彰显大禹文化的特征提供最根本、最重要的信息，将作出巨大贡献。

最后，衷心祝愿今后东亚地区的专家学者和教育家在众多领域开展大禹研究，积极推进学术、教育界的相互交流！

日本治水神·禹王研究会会长　植村善博

2022 年 4 月 9 日

第六部分：规范文件

浙江省人大代表关于开展禹迹普查的建议及相关工作通知

编者按： 2018年9月《浙江禹迹图》编制工作启动后，在绍的浙江省人大代表傅芸、谢英向浙江省人大提出了《关于支持浙江大禹文化发展基金会等机构开展全省禹迹普查的建议》。2018年9月29日，浙江省人民代表大会教育科技文化卫生委员会立即向全省各地发出《关于要求支持开展浙江省禹迹普查活动的通知》，有力支持了禹迹普查工作的开展和禹迹图编制工作。现将两个文件附列于此，以保存历史。

关于支持浙江大禹文化发展基金会等机构开展全省禹迹普查的建议

我们是在绍的省人大代表。最近，我们在调研中了解到，驻地在绍兴市的“浙江大禹文化发展基金会”会同绍兴市鉴湖研究会、绍兴市大禹陵景区管理处，拟在编制《绍兴禹迹图》的基础上，开展一次“浙江禹迹寻访活动”，即进行一次全省禹迹普查，并编制《浙江禹迹图》。通过与上述机构有关负责人员的进一步座谈沟通，我们认为这个活动非常重要，具有政治、经济、文化多方面的现实意义。

大禹治水在我国家喻户晓，妇孺皆知。绍兴是大禹治水传说的发源地。绍兴乃至浙江全省各地众多的大禹后裔繁衍发展的史料及“禹迹”说明，大禹不只是神话传说，而是中华民族的真正的治水英雄和立国之祖。大禹在治水、立国过程中表现出来的爱国、奉献、求实、科学等品质精神，以及天人合一的思想理念，是中华民族文化和民族品格的源头。习近平总书记在浙江工作时指出，大禹精神是实干精神，大禹以其疏导洪患的卓越功勋而赢得后世敬仰，其人其事其精神，展示了浙江的文化魅力，是浙江精神的源泉。研究大禹文化、传承大禹精神，对于弘扬与时俱进的浙江精神，对于加快建设文化大省都是有益的。浙江全省乃至全国各地及海内外分布着大量“禹迹”，这是研究中华民族精神起源及发展的宝贵资源，需要保护、传承、开发。浙江大禹文化发展基金会是民间慈善公益组织，该机构会同绍兴市其他机构为贯彻落实习总书记的要求，准备对全省各地“禹迹”进行普查基础上的登记造册、编制《浙江禹迹图》，为后代留下客观、科学、可靠、有资信力的历史文献，并打算通过此次调查，提出全省“禹迹”的保护、开发规划建议，为发展旅游经济、生态环境优化、文化产业发展、文物文化资源保护，提供翔实科学依据，从而为社会主义现代化建设服务。作为一个民间组织，这种卓有远见的举措体现了强烈的爱国情怀和科学的态度，是难能可贵的，理应得到各级党委政府的支持，也值得省人大的鼓励和帮助。为此我们提出如下建议：

一、大力支持浙江大禹文化发展基金会等单位的“禹迹寻访”活动（即禹迹普查工作）。考虑到禹迹调查需要全省各地政府文化、文物、旅游、方志、测绘、博物（图书）馆等机构团体的支持帮助，提供信息和资源，需要县（市）区、镇乡街道、村各级行政组织协调和配合。浙江大禹文化发展基金会是设立不久的社会组织，与其合作的其他两个单位是绍兴市区域性机构，组织全省范围的禹迹普查在行政关系及业务关系上有诸多不便，其难度显而易见。为了保证这次民间普查顺利进行，获得预期成果，必须要有强有力的行政支持和基层配合。我们恳切建议省人大教科文卫委员会对这项活动进行具体的支持、指导和帮助，即由省人大教科文卫委员会领导同志全程负责全省禹迹普查工作的支持帮助，主要是沟通、协调省级机关有关部门及各市人大教科文卫委员会进行相应层级或对口单位的支持帮助。

二、倡导全省各级人大代表进一步继承弘扬大禹精神，为民族复兴建功立业。大禹精神是中华民族精神的源头，大禹精神也是时代精神的本质属性，大禹精神永不过时。中华民族几千年生生不息，创造了光辉灿烂的历史文化和物质文明，大禹精神就是民族进步的灵魂和智慧，在建设中国特色的社会主义新时代，实现民族复兴的中国梦，我们的时代精神仍然是大禹精神。在绍兴，大禹姒族后裔繁衍至今147代，祭祖仪式代代相传，已列入国家非物质文化遗产。祭祖，作为一种民俗，体现的是民族的文化价值。大禹姒族后裔祭祖其历史悠长，沉淀的是中华民族的精神内核，需要我们当代人进行深入挖掘和弘扬。全省乃至全球各地分布着有据可查的大禹后裔众多分支，他们长期秉持先祖遗志，为民族和国家繁荣而奋斗，他们中的精英人物为国家强盛和人民福祉做出重大贡献。人大代表是我国各行各业的先锋人物，人大代表中不少人都是不同分支的大禹后裔。在全社会弘扬大禹精神，我们要重视大禹后裔在文化传承方面的象征和感化作用，更要通过全体人大代表的垂范作用，凝聚全体人民的意志和力量。建议省人大教科文卫委员会热情鼓励和大力支持大禹后裔的一些文化活动，同时积极倡导和组织各级人大代表开展大禹文化研究、大禹文化传播、让大禹精神在浙江大地上绽放更加夺目的时代光彩。

特此建议。

浙江省人大代表（签名）：傅芸 谢英

2018 年 9 月 28 日

浙江省人民代表大会教育科技文化卫生委员会

关于要求支持开展浙江省禹迹普查活动的通知

各设区的市人大教科文卫（工）委：

今收到省人大代表傅芸、谢英 2 位代表《关于支持浙江大禹文化发展基金会等机构开展全省禹迹普查的建议》（闭 11 号）。省人大常委会副主任姒健敏高度重视该项建议办理工作，要求省人大教科文卫委员会全力支持全省禹迹普查活动。为办好该建议，确保禹迹普查活动顺利展开，经委员会研究，现提出如下要求：

1、请各设区的市指定 1 名联系人，负责协助所在区域的禹迹普查工作，于 10 月 8 日前将人员名单报省人大教科文卫委员会办公室。

2、帮助约访市、县两级文化（文物）、方志、旅游管理等相关部门，配合开展实地考察和召开座谈会（全省禹迹普查活动在 10 月中旬开始，具体日程安排另行告知）。

3、禹迹普查活动开展所需的其他协助事项。

禹迹普查活动内容附后，望予支持配合。

联系人：程远远（0571-87057972，13605812233）

省人大教科文卫委员会

2018 年 9 月 29 日

抄送：浙江大禹文化发展基金会。

附：禹迹普查活动内容

查勘禹迹，访谈禹裔及禹文化管理研究人员，摸清全省禹迹分布及管理情况。

一、约访市、县（市、区）文化（文物）、方志、旅游管理相关部门，听取本区域禹迹分布及保护开发、禹文化研究情况。

二、踏勘禹迹现场，访谈当地相关人员，收集资料，录音摄像，文字记录。

三、邀请禹裔座谈，了解当地禹裔承继、发展及传统礼仪、民俗情况，征求对大禹文化、大禹精神传承发扬的意见建议。

四、邀请当地大禹文化研究机构及专业人员召开座谈会，听取意见建议。

浙江省人民代表大会教育科技文化卫生委员会《关于要求支持开展浙江省禹迹普查活动的通知》（影印件）

禹迹图编制导则

前　言

本标准是关于禹迹图编制工作有关技术事项的基本规定。参考《标准化工作导则　第1部分：标准的结构和编写》（GB/T 1.1—2009）的要求，制定本标准。

《禹迹图编制导则（试行）》共8章22节，主要技术内容包括：

——规范了禹迹、禹迹图定义；

——规范了禹迹图编制工作的基本原则、任务、内容要求、工作流程；

——规范了禹迹图编制的资料要求；

——规范了禹迹图编制的成果形式及要求；

——规范了禹迹图的评审要求及发布形式；

——规范了禹迹标识的基本要求。

本标准主持机构：中国水利学会水利史研究会
　　　　　　　　绍兴市文化广电旅游局
本标准编制单位：中国水利学会水利史研究会
　　　　　　　　绍兴市鉴湖研究会
　　　　　　　　中国水利水电科学研究院水利史研究所
　　　　　　　　水利遗产保护与研究国家文物局重点科研基地
　　　　　　　　中国水利博物馆（水利部水文化遗产研究中心）

本导则编制组组长：谭徐明　何俊杰
本导则编制组副组长：杨颂周　邱志荣
本导则主要起草人：李云鹏　邱志荣　张卫东　杨颂周　沈小龙
　　　　　　　　　俞鹏炯　金小军　戴秀丽　朱云枫　陈方舟

禹迹图编制导则

1 范围

本导则规定了禹迹图的编制体例格式、资料要求、内容要求等内容。

本导则适用于全国或区域禹迹图的编制。

2 规范性引用文件

下列文件对于本导则应用是必不可少的：

《中华人民共和国文物保护法》（2017 年 11 月 4 日修订）

《地图管理条例》（国务院令第 664 号）

《中华人民共和国标准地图》（自然资源部门户网站）

GB/T 14511—2008 地图印刷规范

GB/T 20257.1—2017《国家基本比例尺地图图式》

GB/T 3101—1993 有关量、单位和符号的一般原则

GB/T 15834—2011 标点符号用法

GB/T 15835—2011 出版物上数字用法的规定

SL 2.1—1998 水利水电量、单位及符号的一般原则

SL 2.2—1998 水利水电通用量和单位

SL 2.3—1998 水利水电专业量和单位

第一批异体字整理表，1955 年 12 月中华人民共和国文化部、中国文字改革委员会发布

简化字总表，1986 年 10 月国家语言文字工作委员会发布

第一批异形词整理表，2001 年 12 月国家语言文字工作委员会发布

3 术语和定义

禹迹 culture remains about Yu

根据史料中有关大禹治水及其他活动足迹传说的记载，至今留存的有关大禹的祭祀活动、纪念建筑设施、地物表征、碑刻题刻、地名遗存物等不可移动的自然、历史物质遗存、遗址、遗迹。

禹迹图 culture map of Yu remains

标绘禹迹分布、分类及说明的地图。

4　总则

4.1　原则

禹迹图的编制遵循客观、求实的基本原则，以调查、考证为依据，客观反映大禹文化影响、文化遗迹分布分类等情况。

4.2　主要任务

禹迹图编制的主要任务是，用地图的形式直观、简明地呈现大禹文化历史遗迹的分布、类型、现状情况等，反映大禹文化影响范围、传播路径。

4.3　内容要素

4.3.1　禹迹图的基底要素

包括行政区划、山脉、河流水系、流域分布、地形情况，以及图框、图例、图形比例尺、经纬度网格。

4.3.2　禹迹图的内容要素

包括图幅范围内的禹迹位置、禹迹名称、禹迹类型，以及其他反映禹迹特征的必要信息要素。

4.3.3　禹迹的一般分类，宜分为如下 7 类：

（1）相关古文化遗址；

（2）相关题刻文化遗存遗迹，包括摩崖题刻、碑刻、金石铭刻、石窟壁画、画像砖石等；

（3）相关祭祀、纪念建筑或遗址遗迹，包括陵阙宫殿、祠庙寺塔、亭台楼阁等；

（4）相关水利工程建筑设施或遗址遗迹，包括闸坝堤堰、井渠陂池等；

（5）相关其他建筑设施或遗址遗迹，包括路桥津渡等；

（6）相关自然山川及其地名，包括山岭河湖、泉浦沟洞等；

（7）相关行政区划地名，包括州县街道、乡镇村庄、城堡寨台等。

特别重要的可移动文物或非物质文化遗产，可作为其依附的不可移动禹迹物项的构成，收录入图。

4.4　编绘过程

禹迹图的绘制过程一般有禹迹调查、考证认定、价值辨识和分析确定，底图及数据准备、图例设计、要素标绘、成图审定等阶段。

4.5　时限

入图禹迹的年代不限，但选定须有古代文献依据，或遗产演变的延续性内容，或重要的考古发现，或历史事件影响。入图禹迹点可按一般历史分期分类设色，以便直观展现文化传播发展的过程脉络。

5 资料要求

5.1 资料收集

5.1.1 主要来源包括考古发掘、田野调查、文物普查成果，以及公开出版物、历史典籍、地方志等具有权威性的资料。

5.1.2 入图禹迹信息应真实、可靠，对采用资料应筛选、考证，去伪存真。

5.1.3 底图所需的基底要素数据，应收集和采用权威、最新的数据，涉及保密数据的要按照保密工作相关要求处理。

5.2 数据处理

5.2.1 重要数据应注明出处。

5.2.2 底图所有基础数据应保持与其所反映时期的一致性。

5.2.3 同一图中应科学划分禹迹类型，若有必要可进行细分。

6 成果要求

6.1 成果构成

禹迹图编制成果包括图件和编制说明文件两部分。

6.2 图件要求

禹迹图要满足如下基本要求：图幅及范围明确，要素分布及分类清晰，图例设计科学合理易辨识，图中标注字迹清楚、含义明确。

6.3 编制说明文件要求

禹迹图编制说明文件作为图件的配套说明书，应包括资料调查及数据收集情况、编研工作过程、禹迹考证及筛选情况、禹迹清单及各禹迹点的详细说明、底图采用及处理、图例分类及设计、参考文献、主持及编制单位、参编人员等内容，以及其他需要说明的情况。

6.4 地图规范性要求

禹迹图要满足作为专题地图的一般性地图规范要求。

6.5 数字、量、单位用法

6.5.1 数字用法，执行 GB/T 15835—2011 的规定。

6.5.2 量和单位名称、符号的运用，执行 GB/T 3100、GB/T 3101、GB/T 3102 和 SL 2.1、SL 2.2、SL 2.3 的规定。

6.6 考释

对存在争议或研究空白的有关禹迹或有关问题，可在说明文件中特别进行考释，说明考证分析过程及结论。

6.7 图、表、照片

6.7.1 说明文件中可根据需要插入有关禹迹的图、照片，以及所收录禹迹的一览表。

6.7.2 禹迹表应包括禹迹名称、编号、地理位置、禹迹类型、简要说明、历史年代、现状、是否为文物保护单位及文保级别、其他备注信息等内容。

6.7.3 照片与图应反映相关禹迹的真实情况，统一编排，应配有准确、简要的文字说明。

7 评议审定与出版发行

7.1 评议审定

禹迹图在出版发行之前，应经过专业的评议审定。评议审定应由禹迹图编制的主持单位组织。

7.2 质量标准

禹迹图的编绘质量一般应符合以下标准：信息客观准确，图件编绘规范，说明严谨清晰。

7.3 出版发行

通过审查的禹迹图可以公开出版，也可根据实际情况内部发行或向社会公开发布。

8 禹迹标识

8.1 标识设立

各级政府或相关部门、单位可依据禹迹图规范和系统设立禹迹标识。

8.2 标识内容

禹迹标识应树立在禹迹的一个或几个标志性位置点，内容应包括禹迹名称，二维码，设立、监制单位，设立时间等。

中国水利学会水利史研究会
绍兴市鉴湖研究会
2022 年 1 月 22 日定稿

主要参考文献

[北魏]郦道元著，[清]汪士铎图，陈桥驿校注:《水经注图》，山东画报出版社 2003 年版

[北魏]郦道元著，陈桥驿校证:《水经注校证》，中华书局 2007 年版

[清]张玉书等编纂:《康熙字典》，中华书局 1958 年版

王国维校，袁英光、刘寅生整理:《水经注校》，上海人民出版社 1984 年版

钟利戡、王清贵辑编:《大禹史料汇集》，巴蜀书社 1991 年版

钮仲勋等:《历史时期黄河下游河道变迁图》，测绘出版社 1994 年版

王经国主编、中国水利报社编:《中国江河》，中国科学技术出版社 2000 年版

王和平主编:《禹州历史名人胜迹》，中州古籍出版社 2000 年版

范天平编注:《豫西水碑钩沉》，陕西人民出版社 2001 年版

苏州市吴中区《西山镇志》编纂委员会编:《西山镇志》，苏州大学出版社 2001 年版

沈建中编著:《大禹陵志》，研究出版社 2005 年版

马承源主编:《上海博物馆藏战国楚竹书》(二)，上海古籍出版社 2005 年版

佟德才主编:《集安市志》，吉林文史出版社 2005 年版

徐乾清主编:《中国水利百科全书》，中国水利水电出版社 2006 年版

云南省水利厅编著:《丽江之水》，中国水利水电出版社 2007 年版

谭茂同:《盘古在武宣——生态文化考证例证》，民族出版社 2013 年版

常松木主编:《登封大禹神话传说》，河南文艺出版社 2014 年版

中国水利水电出版社编，马克、王孔生、王永利、王延荣、邓英强等摄影:《中国江河湖泊》，中国水利水电出版社 2019 年版

邱志荣、张钧德、金小军主编:《浙江禹迹图》，中国文史出版社 2019 年版

姜永伟、李敬学主编:《武氏祠汉画像诠释》，齐鲁书社 2020 年版

詹子庆:《夏朝》，上海科学技术文献出版社 2020 年版

毕旭玲等:《中华禹迹寻踪——中华鲧禹创世神话田野调查报告》，上海人民出版社 2020 年版

何俊杰、邱志荣、张卫东主编:《绍兴禹迹标识导读》，中国文史出版社 2021 年版
《浙水遗韵》编委会编:《清丽湖州》，杭州出版社 2022 年版
中国国家图书馆·中国国家数字图书馆　http：//read.nlc.cn/user/index
知识图谱　https：//cnkgraph.com/Book
北京市文物地图　https://maptable.com/s/p/cnzodzkujocg/table
寺庙信息网　https：//xlhc.net/

后　记

2023年9月20日下午，习近平总书记来到浙东运河文化园，看到浙江的禹迹，关切地询问禹迹研究的情况。[①]习近平总书记的关怀和指示是对我们禹迹图编制同仁的莫大支持和鞭策。

“禹卒布土，以定九州”[②]；“禹迹始壶口，禹功终了溪”[③]。大禹治水是一个极其漫长和艰难困苦的过程，因此追寻禹迹也必然是一个充满着挑战和筚路蓝缕的历程；“禹功非一二人所可即”，大禹治水集聚了人民群众的智慧和力量，编写禹迹图也就要依靠全国各地的专家学者，依靠团队的共同努力；大禹治水是“地平天成”“绩奠九州”的伟业，绘就禹迹宏图，在研究传承华夏五千年的文明史，弘扬大禹精神，让大禹文化成为全人类共同文化遗产上，也是有着重要价值和意义的大事。

历经千山万水，穿越古今历史，开展全国范围的禹迹调查注定需要艰难的付出。今年以来，本次禹迹调查的核心团队成员历经艰难，如：张卫东在坚持完考察浙江、安徽、河南、山东、江苏等行程后，还是病倒了；戴秀丽在安徽蚌埠涂山不慎从山上滚落，伤得不轻；而邱志荣由于连续考察、开车等从江苏回浙江后，发现了椎管狭窄病，连行走都困难。面对多难，我们共同吟唱起了《大禹纪念歌》[④]：

我思古人，伊彼大禹，洪水滔天，神州无净土！左准绳，右规

① 据本书编委会主任、在浙东运河园现场讲解的中国水利博物馆馆长陈永明介绍。

② 《山海经·海内经》。

③ 王十朋《了溪》诗，摘录自宋高似孙《剡录》卷六下。

④ 沈建中：《大禹陵志》，研究出版社2005年版，第235页。

矩，声为律，身为度，三过其门而不入，八年于外不辞苦，岂不怀归，念此众[①]庶，嗷嗷待哺，大哉圣哉禹！

我思古人，伊彼大禹，洪水滔天，神州无净土！薄衣食，卑宫宇，排淮泗，决汉汝，生民相庆免为鱼，禾黍既登修贡赋，亿万斯年，诸夏子孙，弦歌拜舞，大哉圣哉禹！

比起大禹的艰辛与危难，我们的所遇微不足道，大禹的形象和精神激励了我们，于是提增使命感与信心，克服困难，继续前行。

其他各地的考察任务又主要落到了金小军的肩上，由于成员们的密切合作，更得到各省同仁们的支持配合，终于又完成了江西、湖南、湖北、甘肃、陕西、山西等地的禹迹考察任务。这样，经过几十年，特别是近六年的努力，我们禹迹行的足迹也就到达了全国20多个省、自治区、直辖市。对一些暂时考察不到的地方，如台湾省，则采取委托调查、文献与网络综合调查、借鉴文物普查或现场考察成果等方式予以补充修正。

《中国禹迹图导读》由中国水利博物馆和绍兴市鉴湖研究会联合编撰，是在2022年版《中国禹迹图》323处禹迹的基础上编写而成，由一张图变成一部著作，重点突出，图文并茂，寓学术性、资料性与可读性于一体。书中禹迹已增至651处；根据考证需要，又增加了非禹迹类相关遗址，如尧迹、舜迹、新石器时期的文化遗址等26处。本书卷首由中国主要水系图、考察图片、序、概述等组成，其后分为三编：上编为26个省份323处禹迹点的“正图释文”，包括简介、图照及附录等；中编为“补录释文”，数量与上卷相当，禹迹收录范围扩展了3个省份；下卷为“相关史料辑录”，分论述、文献、考察、报道、对外交流、规范文件等6个方面的内容。

① 众，原作“象”，当为众的繁体字“衆”之讹。

《中国禹迹图导读》是一部史迹始于夏朝，从大禹文化记载、传播、考证与发展的视角而编写的全国禹迹历史著作。它不仅是禹迹的记录，更是禹迹历史探索与多学科价值意义研究的最新成果，将为水利史、文史、考古等多学科研究提供导引和帮助，为保护和传承大禹文化、实现文旅融合提供更多的依托和借鉴。这也是保护、研究、传承、利用大禹文化的又一重要创新。

从《绍兴禹迹图》到《中国禹迹图》系列编制，原一直由中共绍兴市委宣传部和绍兴市文化广电旅游局牵头。为取得更多的学术支持，达到更好的传播效果，起到更大的促进学术研究作用，本书由中国水利博物馆作为牵头单位，中国水利博物馆馆长陈永明和原中共绍兴市委宣传部副部长、绍兴市文化广电旅游局局长何俊杰担任编委会主任。由邱志荣和张卫东担任主编，负责具体业务工作。

2018 年 9 月，浙江省人民代表大会教育科技文化卫生委员会下发《关于要求支持开展浙江省禹迹普查活动的通知》，为我们开展禹迹调查创建了良好的社会环境条件。我们对大禹的敬仰，对大禹文化的热爱，对禹迹的认识，所取得的成绩和进步，不能忘记已故学术界老前辈姚汉源、陈桥驿等的培育；不能忘记周魁一、谭继和等导师的引导；不能忘记顾浩、汤鑫华、冯建荣、俞锡根等同志在关键时刻的支持与鼓励；不能忘记中国水利学会水利史研究会多年以来的支持，尤其是谭徐明会长 2014 年 5 月带领禹迹考察团赴四川、重庆之行的成果和收获；不能忘记齐欣、张元一、单滨新、丁兴根等所在著名媒体的助力与传播；不能忘记与日本的大禹学者王敏、大胁良夫、植村善博、竹内晶子的交流互鉴与共同进步。

禹迹图编制过程中得到了全国各地专家学者、热心人士的尽力支持与帮助，或现场引导，或提供资料，或支持图照，十分有益。以上人员大多已记入编撰人员之列或者有署名作品收录书中。图照尽可能注明拍摄者或提供者，对应有困难，余不一一，请予谅解，并致谢意。因成书时间较紧，书中如有错讹及不当之处，欢迎批评指正。

本书责任编辑王文运，是一个很有人文情怀的文化工作者，《浙江禹迹图》《绍兴禹迹标识导读》都是由他编审出版，本书的编审同样凝聚着他的认真与辛劳。

“禹功神圣，恩惠九州”，“禹风浩荡，遍行天下”。《中国禹迹图导读》的出版，只是一个阶段性成果。“路漫漫其修远兮”，一代又一代的华夏儿女，大禹文化爱好者，自信，自觉，自强，跟随大禹的足迹，永无止境；对大禹文化的传承，生生不息。

邱志荣　张卫东

二〇二三年十月

图书在版编目（CIP）数据

中国禹迹图导读 / 中国水利博物馆，绍兴市鉴湖研究会编；邱志荣，张卫东主编 . -- 北京 : 中国文史出版社，2024.1

ISBN 978-7-5205-4508-2

Ⅰ . ①中… Ⅱ . ①中… ②绍… ③邱… ④张… Ⅲ . ①禹—文化研究—中国 Ⅳ . ① K827=1

中国国家版本馆 CIP 数据核字（2023）第 231012 号

责任编辑：王文运　　　　装帧设计：王　琳　蒲　钧　程　跃

出版发行：**中国文史出版社**
社　　址：北京市海淀区西八里庄路 69 号　邮编：100142
电　　话：010-81136606　81136602　81136603（发行部）
传　　真：010-81136655
印　　装：北京新华印刷有限公司
经　　销：全国新华书店
开　　本：787×1092　　1/16
印　　张：57.5
字　　数：1055 千字
版　　次：2024 年 4 月北京第 1 版
印　　次：2024 年 4 月第 1 次印刷
定　　价：268.00 元（全二册）

文史版图书，版权所有，侵权必究。
文史版图书，印装错误可与发行部联系退换。

上海教育出版社　江苏第二师范学院

學校管理

第一辑

2024 No.1

编委会

主　　任：王鲁沛

委　　员（按姓氏笔画排序）

王　高　王鲁沛　印亚静　陈玉乔　邵红军　张新平

皇甫立同　诸启宏　徐伯钧　徐国华　蔡公煜　魏　洁

主　　编：皇甫立同

副 主 编：印亚静

特约编辑：章跃一　刘彩玲

封面题字：梁宗亨

地　　址：南京市北京西路 77 号

电　　话：025-83758200

电子邮箱：njxuexiaoguanli@126.com

图书在版编目（CIP）数据

学校管理. 第一辑 / 江苏第二师范学院主编. — 上海：上海教育出版社，2024.3
ISBN 978-7-5720-2572-3

Ⅰ. ①学… Ⅱ. ①江… Ⅲ. ①师范大学 – 学校管理 – 研究 – 江苏 Ⅳ. ①G658.3

中国国家版本馆CIP数据核字(2024)第053793号

责任编辑　刘美文
封面设计　陆　弦

学校管理　第一辑
江苏第二师范学院　主编

出版发行　上海教育出版社有限公司
官　　网　www.seph.com.cn
地　　址　上海市闵行区号景路159弄C座
邮　　编　201101
印　　刷　上海盛通时代印刷有限公司
开　　本　787 × 1092　1/16　印张 4.5
字　　数　90 千字
版　　次　2024年3月第1版
印　　次　2024年3月第1次印刷
书　　号　ISBN 978-7-5720-2572-3/G·2266
定　　价　15.00 元

如发现质量问题，读者可向本社调换　电话：021-64373213

卷首语

弘扬教育家精神　推动江苏教师队伍高质量发展

教育是国之大计、党之大计。党的二十大报告明确提出加快建设教育强国的战略目标。建设教育强国，首先要建设高质量的教育体系。教师是教育的第一资源，是立教之本，兴教之源。习近平总书记强调，强教必先强师。因此，教师队伍建设是建设教育强国最重要的基础工程。

弘扬和践行教育家精神，是建设高素质教师队伍、建成高质量教育体系，落实立德树人根本任务、办好人民满意的教育的本质要求。教育家精神为广大教师提供了精神引领和价值支撑，充分彰显了我们党兴教强国、尊师重教的教育情怀，也对新时代教师队伍高质量发展提出了更高的要求。我们要深入领会和准确把握教育家精神的丰富内涵和实践要旨，大力弘扬教育家精神，使之成为引领教师专业发展和建设教育强国的强大力量。

本辑《学校管理》重点呈现了南京师范大学附属小学“爱的课堂”的新样态建设。南京师范大学附属小学是“最美奋斗者”、儿童教育家斯霞老师工作过的地方。“童心母爱”不仅是儿童成长最可依赖的教育资源，还是教师职业生命的精神内核，是我国特有的教育家精神的具体体现。南京师范大学附属小学在传承并丰富斯霞老师教育思想的过程中呈现出的这些新样态，为中国式现代化江苏新实践提供了生动案例。

作为江苏省创刊较早的基础教育管理类刊物，《学校管理》在过去40余年的发展历程中，专注于讲好江苏教育故事，探求教育真知，已经成为全省中小学教师和管理者探讨交流基础教育教学管理理论和实践的重要阵地，在省内产生了较大的影响。

2024年起，《学校管理》改为丛刊出版，这势必有利于推进江苏与兄弟省份在基础教育深入改革和高质量发展方面广泛而深入的交流。

2024年是全面完成“十四五”规划目标任务的关键一年，也是习近平总书记擘画“强富美高”新江苏宏伟蓝图的第十个年头。

期待《学校管理》站在新的起点上，重启新征程，进一步弘扬教育家精神，努力成为引领江苏教育理论与实践、推动江苏教育交流合作的重要平台，成为密切联系广大基层学校、助力校长和教师队伍建设的重要纽带，为江苏本省乃至全国基础教育和教师队伍高质量发展做出更大的贡献。

王鲁沛

江苏第二师范学院党委书记

目　　录

校长之声

◎ 周卫东 / 江苏省南京师范大学附属小学

南京师范大学附属小学（以下简称“南师大附小”）创办于1902年，是一所与南京大学、东南大学同宗同源的学校。长期以来，学校高举“爱的教育”大旗，深化斯霞老师倡导的“童心母爱”思想研究，围绕“实验与爱同行”的育人理念，致力于儿童综合素养全面养成，取得了良好的办学效果，赢得了广泛的社会美誉度。

早在100多年前，老校长俞子夷在其著作《一个小学十年努力纪》的序言中指出：南高附小注重实验，这是十年前就定下的方针，从来没有变更过。南师大附小的办学史就是一部实验史，一部研究史。15年以来，学校成功立项了3项国家级课题，获得2次国家教学成果奖和8次省级教学、科研成果奖，研究水平和成果在全国处于领先地位。

近年来，学校围绕“爱的课堂”“爱的课程”等方面的研究，持续为儿童的成长助力。

基于“源于童心、行于爱心、臻于生长”的理念，进行了长达15年的“爱的课堂”研究。围绕“三小三有”特质，进行系统建构：努力在小研究学习中促进儿童有深度的学习；在小伙伴学习中，促进儿童有对话的学习；在小游戏学习中，促进儿童有情感的学习。

基于“缤纷童年，大爱一生”的理念，建构了“爱的课程”体系。在国家课程预留的空间里有机嵌入校本化的“跨学科拓展课程”和“超学科特色性课程”，在富含“理解性”“具身性”“挑战性”和“综合性”的课程体系中涵养学生的学科素养、德性素养、交往素养和科学素养。

好的理念诞生了好的构想。“爱的课堂”与“爱的课程”的落地需要“具体而微”的教学行为，这里即将刊出的一组文章就是我们教学实践的“一面镜子”，从这些星星点点的研究中可以洞悉南师大附小的研究脉象。《听读欣赏：儿童审美创造素养提升的有效路径》是围绕学校多年研究课题的接续，《场馆学习：小学语文跨学科学习的新路径》是对新课标理念落地的新实践，《智趣共生：小学语文单元作业设计研究》是作业改革中的鲜活心得，《德性涵养：让育人在小学美术教学评价中悄然发生》是学科教学评价中的点滴尝试，《社会化学习理念下语文阅读单的开发探索》则是介绍的学习工具开发的成功经验。文字虽浅显和稚嫩，但表达的是真实的探索和真诚的思考，恳请同人们多提宝贵意见。

（作者系南京师范大学附属小学党总支书记，正高级教师，江苏省特级教师，江苏人民教育家培养工程培养对象，南京师范大学、南京航空航天大学等高校硕士生导师，南京晓庄学院客座教授。）

听读欣赏：儿童审美创造素养提升的有效路径

◎ 张梦清 / 江苏省南京师范大学附属小学

摘 要 “审美创造”是义务教育语文课程核心素养的四个维度之一。在新的课程标准下，小学语文阅读教学要承担起审美教育的重任，培养学生初步感受美、发现美、表现美和创造美的能力，形成健康的审美情趣。巧用多媒体营造情境，在听读中感受美；以任务驱动自主合作探究，在思考中发现美；以听串联，读、说、写联动，在表达中创造美，这是落实听读欣赏的三个有效策略。

关键词 阅读教学 听读欣赏 审美创造

2023年12月，教育部发布了《关于全面实施学校美育浸润行动的通知》，提出将美育融入教育教学活动各环节，包括实施美育教学改革深化行动、教师美育素养提升行动、艺术实践活动普及行动等，进一步加强学校美育工作，强化学校美育的育人功能。在美育教学改革深化行动中具体提出“充分发挥相关学科的美育功能。加强美育与德育、智育、体育、劳动教育的融合，挖掘和运用各学科蕴含的品德美、社会美、科学美、健康美、勤劳美、自然美等丰富美育资源，分学科推动制定美育教学指引”。

语文课程“人文性”的特点决定了语文学科在美育方面有着重要作用。《义务教育语文课程标准（2022年版）》明确指出：“义务教育语文课程培养的核心素养，是学生在积极的语文实践活动中积累、建构并在真实的语言运用情境中表现出来的，是文化自信、思维能力、审美创造的综合体现。”[1]“审美创造”是义务教育语文课程核心素养的四个维度之一。在新的课程标准下，小学语文阅读教学要承担起审美教育的重任，培养学生初步感受美、发现美、表现美和创造美的能力，形成健康的审美情趣。

一、听读欣赏的概念、教学特点及理论依据

20世纪80年代初到90年代初，南京

师范大学附属小学在低年级进行了为期12年的听读欣赏课实验，取得了较好的效果，实验影响辐射全国各地，在小学语文界激起了层层涟漪。听读欣赏课作为一种新的课型被提出，作为辅助与语文讲读课相联系而存在。

（一）听读欣赏的概念

听读欣赏是指建立在听读欣赏课实验基础上的，以听、读、欣赏为主要途径，以多媒体信息技术为辅助手段，指向学生审美创造素养提升的一种阅读教学方法。它以统编教材为基础，综合语文、音乐、美术等学科，通过听、读、欣赏、交流，使学生在感受美、发现美、创造美的过程中，获得丰富的审美体验，提升审美创造素养。听读欣赏是对听读欣赏课实验的继承与创新，是对语文阅读教学方法的新探索。

（二）听读欣赏的教学特点

在运用听读欣赏进行语文教学时，学生将走出单一的语文学习模式，领略丰富的艺术世界，获得最大限度的学习自由。教学呈现出综合性、情境性和主体性特点。

综合性是指听读欣赏打破学科界限，将语文、音乐、美术有机地融合在一起，让学生在与各种艺术形式相互碰撞和触发中，在审美情感的推动下，陶冶情操、美化心灵，得到全身心的成长与发展。

情境性是指教师通过多媒体信息技术营造出优美的课堂情境，让学生在听音乐、读文字、赏画面的过程中，尽情地、无拘束地徜徉在被艺术包裹的课堂情境中。

主体性是指学生的认识活动是在语言、音乐、画面的引导和感染下，自主、自发进行的探究活动，而不是仅靠教师的传授。教师必要的讲解、分析、指导，都是站在与学生平等的地位，与学生一同进入审美情境中进行的，师生在共同欣赏和体验的过程中，获得情感的联结与共鸣。

（三）听读欣赏的理论依据

听读欣赏蕴含的理论依据可追溯到教育学、心理学、脑科学等多个研究范畴。

一是从教育学的观点看，听读欣赏有利于促进学生的全面发展。听读欣赏不需要学生死记硬背，而是让学生在朗读声和音乐声中欣赏、体验、表达，在生动有趣的审美活动中学会观察、思考、判断、推理，在学习知识的同时发展智力、提升审美，从而丰富学生的精神生活，促进学生的全面发展。

二是从心理学观点看，听读欣赏符合儿童心理特征和活动规律。心理学中“个性倾向性”理论告诉我们，兴趣是引起学习动机、推动学生学习的一个重要心理因素。听读欣赏让学生看到生动形象的图片，听到动人心弦的音乐，扮演课文角色进行朗读，以丰富多样的形式，加强学生的内心体验，让学生易于理解、乐于接受，情绪高涨、兴趣盎然。

三是从脑科学的观点看，听读欣赏有利于促进大脑左、右两个半球协调发展。脑科学研究表明：人脑左半球与抽象思维、逻辑分析有关，具有分析、计算能力；右半球则与知觉和空间有关，具有对音乐、图形、整体性映像和几何的鉴别能力。听读欣赏让教师以文字符号或逻辑思维问题刺激左脑，帮助学生理解文本，发挥左脑逻辑思维的功能，同时用音乐、图画刺激右脑，使之积极配合左脑发挥作用。长期坚持下去，就能促进左、右大脑半球的协调发展，促进逻辑思维和形象思维的协调发展。

二、价值分析：以听读欣赏助推儿童审美创造素养提升

（一）感受美：触发儿童感性体验，入情入境

“美感的门户是感知。”一切美的事物和现象总是具体形象的，欣赏者总是可以凭借感觉器官（主要是视觉和听觉器官）直接感受到。没有生动、直观和具体的形象，就无法实现审美的心理功能。文学作品则不完全如此，文学形象是用语言文字表现的，呈现在读者眼前的是抽象的文字符号，不是具体的事物形象，读者需要通过理解或想象对文字符号进行加工处理，继而在脑海中构建文学形象，这个过程比绘画、音乐、雕塑的感知要曲折一些。[2]因此，通过听读欣赏，借助与文字相契合的音乐、图画，把语言文字描述的形象较直观地呈现出来，可以有效地帮助学生感知，触发学生的感性体验，激发学生的情感，引导学生进入课堂情境。

（二）发现美：引导儿童理性思考，加深体验

审美素养的形成固然离不开语言的感受，但语言表达与思维的训练、文化的浸润往往具有同步性，审美教育特别是充分地理解文本蕴含的结构之美、情致之美、文化之美，需要各因素相辅相成。在初步感知的基础上，教师引导学生通过自主学习、小组讨论、交流汇报等方式，在赏析文字、品味音乐、分析人物的过程中逐渐深入文本，使学生与文本进行深入对话。这个过程离不开逻辑分析、理性思考，但始终是在情感的诱发下，以情感为动力的认知过程。学生的审美体验得以加深，潜力、才能和各种心理功能在潜移默化中得到充分的浸润。

（三）创造美：激发儿童表达欲望，提升素养

关于审美创造，《义务教育语文课程标准（2022 年版）》提出：“能通过诵读、改写、表演等方式，表达自己对感人情景和形象的理解与审美体验……在文学体验活动涵养健康向上的审美情趣。”在教学中，丰富的语言实践活动不仅能激发学生感受美、发现美，还有助于学生表现美、创造美。听读欣赏，在给予学生丰富情感体验的基础上，通过教师点拨，引导学生展开联想和想象，将听到的旋律、看到的画面、读出的情感付诸笔端，形成自己独特的审美创造。

三、实践探索：以听读欣赏提升儿童审美创造素养的教学策略

（一）巧用多媒体营造情境，在听读中感受美

1. 运用多媒体营造氛围，具体感受语言美

运用多媒体手段进行课堂教学能够更加生动、直观地引导学生开展认知活动，让教学从传统的教师说学生听、教师写学生抄的模式，转变成学生通过多媒体呈现

出来的声音、画面、影像等多维立体的内容，主动地建构知识体系，从而激发学生的学习兴趣，提高课堂教学效率。其中，音乐是一个很好的载体，任何文字一旦进入音乐系统，只要这个音乐是动人的，它们构成的文本也一定能得到学生的喜欢。[3]教师通过灵活运用音乐资源，能够有效提高学生学习语文的兴趣和品位。

在品味鉴赏文学作品时，可以根据审美对象和审美主体的特点，辅以情感内涵与之相近的音乐，创设和谐的情感意境，渲染出浓厚的审美氛围，让学生在潜移默化中得到美感体验和审美陶冶。音乐的融入把无声的文字变成有声的语言，入乎眼，出乎口，闻于耳，记于心，让文中的人、物、情、景跃出纸面，形成学生的立体思维，让学生立体多维地感知语言的美。

2. 运用多媒体创设情境，形象感知艺术美

美学原理告诉我们，审美感知是实现审美心理结构的首要因素，主体通过感知才能产生美感。但文学与其他艺术形式不同，文学展现的不是具体的感性形象，而是通过文字塑造的间接形象。因此，要调动学生的审美感受，就要求教师巧妙运用各种教学手段，如实物、图片、音乐、影像等，帮助学生突破文字障碍，将抽象的文字转化为具体的形象。另一方面，文学与音乐、美术本就有着“亲缘”关系，是艺术门类中密切关联、相互渗透的分支，如果恰当地组合在一起进行教学，必然能增强教育的效果，让学生跨越单一的语文学科，整体地感知艺术之美。

（二）以任务驱动自主合作探究，在思考中发现美

实验证明，人的理智和带有情感倾向的想象力在个体身上是不可分割的整体。听读欣赏用动人的朗读、美妙的音乐、形象的画面，直接作用于学生的感官，激发学生的情感体验。同时，教师的点拨、自主合作探究的学习方式，又让热闹的课堂安静下来，给学生独立思考判断、小组合作研学的空间，让理性的思考注入感性的体验，用智力的发展推动感情的升华。笔者在学校教学理念的引导下，尝试将“小研究学习”和“小伙伴学习”融入听读欣赏，以任务驱动自主合作听读，让学生在思考中发现美。

1. 小研究学习：助力自主探究

小研究学习指儿童带着研究的视角和眼光，以一系列富含“研究”意蕴的小问题为抓手，进行自主探索和发现的学习活动。[4]根据课堂学习的不同实施阶段，小研究学习分为三种方式进行设计：课前自主性小研究、课堂协同性小研究、课后拓展性小研究。

课前自主性小研究，不同于我们平常理解的预习，它基于学生已有发展区，组织学生以研究的方式面对将要学习的内容，让学生带着分享研究心得的期待与自信投入课堂学习，具体应用在听读欣赏中主要指向“读”。

课堂协同性小研究是小伙伴学习的重要支架，将在后文中具体阐述。

课后拓展性小研究，定位学生的可持续发展区，将学生的视角引向课外，在课

堂学习的基础上，引发疑问、引发探究、引发思辨。一节课的结束并不意味着审美体验的结束，课堂上的琅琅书声、袅袅余音将伴随着学生持续的审美体验走向课外、走向生活。教师可以用课后拓展性小研究，进一步培养学生独立感受美、发现美的能力。

2. 小伙伴学习：助力合作探究

小伙伴学习指儿童运用合作的思维与方法，以个体研学、小组互学、全班共学为平台，进行合作探究与发现的学习活动。任务驱动下的小伙伴学习，以课堂协同性小研究为抓手。课堂协同性小研究基于学生的最近发展区，在教学过程中，教师当堂布置任务，学生进行现场的协同性研究，或独立思考，或与小伙伴商量，或教师点拨，让学生深入课堂学习，具体应用在听读欣赏中主要指向听读联结。以音乐和语文学科间有意义联系的建立为内容建构原则，打破学科壁垒，通过学科间的知识互构、思维助力，协同进行主题探讨以完成语文学习任务。

（三）以听串联，读、说、写联动，在表达中创造美

1. 以听促读，让美读点亮课堂

叶圣陶先生把有感情地朗读称为美读，做到“激昂处还它个激昂，委婉处还它个委婉”。苏轼也有“三分诗，七分读”的说法。“美读”是感知语言文字的主要方式，是学生在语文课堂上获得美感的主要途径。指导学生读出情感、读出画面时，在深入研读语言文字的基础上，教师可以借助音乐，用激昂的音乐推进激昂处的情感表达，用委婉的音乐润泽委婉处的缠绵思绪。

2. 以听促说，让心声自然流泻

听读欣赏以学生为主体，充分发展个性。个体研学、小组互学、全班共学都给了学生个性发展的自由空间。学生对课文的理解、美的感受，主要通过相互交流逐渐深入。这种交流是自由的、平等的，学生可以自由地各抒己见、畅所欲言，教师作为话题的引导者和参与者与学生平等对话，课堂气氛因此轻松、活跃、生动。审美感知和创造在这样的氛围中才能自然生成。

3. 以听促写，让美感付诸笔端

《义务教育语文课程标准（2022年版）》提出：“阅读富有想象力和表现力的儿童文学作品，欣赏富有童趣的语言和形象，感受纯真美好的童心，学习用口头语言或者图文结合的方式创编儿童诗和有趣的故事，发展想象力。”有了感受美、发现美的基础，创造美是自然发生、水到渠成的结果。学生获得了丰富的感受和深刻的理解，必然会产生强烈的表达欲望，只是表达的形式和表达的能力会因人而异。因此，教师可以在开放性的审美情境中设计一个创作任务，让学生自由创作。

例如，四年级下册《短诗三首》一课，诗人冰心以恬静优美的语言，描述了与母亲之间的回忆，赞颂了母爱的美好。三首短诗纸短情长，言有尽而意无穷。学完全文后，笔者设计了一个创作环节——“我也来当小诗人”，让学生仿照三首短诗的格式和语言特点创作一首小诗，表达自己对母爱的理解。文学创作是一个艰辛的过程，在学生创作时，教室里响起了轻柔的音乐，学生的情绪也舒缓了下来。一首首小诗，在音乐声中，从笔端缓缓流淌出来。在学生朗读自己创编的小诗时，音乐声依旧伴随着琅琅的读书声，宁静舒缓，悦耳动听。下课后，很多没能分享的学生迫不及待地要把自己创作的小诗读给笔者听，眼神中充满热切的期待，可见听读欣赏的感染力。它生动而有力地反映了这样一种可贵的心理品质正在学生的心中萌发起来：热爱美好的事物，向往美好的事物。“随风潜入夜，润物细无声。”这种天真纯净的感染熏陶和学生审美创造素养的提升正是听读欣赏的意义和价值所在。

参考文献

［1］中华人民共和国教育部．义务教育语文课程标准（2022年版）［S］．北京：北京师范大学出版社，2022.

［2］王先炯，陈树民．小学语文听读欣赏课实验文集［M］．南京：河海大学出版社，1994.

［3］蔡伟，陆依洁，李莉．走向沉浸式语文［J］．课程·教材·教法，2021（11）：86—89.

［4］余颖．“童心母爱”数学教学新范式的实践建构［J］．数学教学通讯，2019（19）：3—4，8.

场馆学习：小学语文跨学科学习的新路径

◎ 沈 慧 / 江苏省南京师范大学附属小学

摘 要 跨学科学习是一种打破学科边界，以学科联动为特征的综合性、实践性、开放性的学习活动。场馆学习是利用场馆的学习资源来实现学生自身学习行为改变的一种非正式学习方式。在落实语文跨学科学习任务群时，充分利用场馆学习，促进学生学习方式的变革和核心素养的发展，是小学语文跨学科学习的一条新路径。

关键词 场馆学习 跨学科学习 核心素养

《义务教育语文课程标准（2022年版）》首次提出跨学科学习任务群，跨学科学习打破了语言学习中的学科壁垒，培养了学生的批判性思维能力，促进了学生的全面发展，俨然成为语文学习的一种必然趋势。场馆学习是指以学生为中心，通过巧妙的参观与课程设计，使学生进入沉浸状态，从而达到沉浸体验。与课堂学习相比，开放的场馆学习课程很自然地将学生置于中心地位，置于开放、真实的情境之中，学生参观和学习的过程不再是一种个人行为，更像是一种社交活动，学生在真实的场景里开展跨学科学习，让学习成为一种主动、开放、自由的活动。

一、场馆学习的本质

场馆学习，又称作博物馆性学习，是指在“各种与科学、历史、艺术等教育有关的公共机构，如自然博物馆、科技馆、天文馆、历史博物馆、美术馆、动物园、植物园、水族馆等场所发生的学习活动”[1]。场馆学习是一种以实物为主要学习内容，关注学生的真实体验，尊重学生的自由选择和个性发展的非正式学习，是学校学习的重要补充，也是实施跨学科学习的一条新路径。

（一）实物学习

场馆学习是一种以馆藏实物作为学习内容，学生通过直接接触和操作实物而进行的实物学习，实物学习是场馆学习的核心内容，也是场馆学习的重要特征之一。[2]场馆中展品独特的外形、颜色和呈现方式，对于支持对话与学习有着重要的作用，能够充分调动学生的探索欲望，引发学习者提出新的问题，并且与展品、同伴、博物馆讲解员进行交流和对话，帮助学生对展品背后的知识和信息进行理解。

（二）具身学习

场馆学习是一种通过具身体验获得知识与经验的学习方式，强调学生的体验感和参与性，引起学生看、听、说、触、嗅等多种感官的联动，以真实的生活情境和实践活动作为学习平台，在完成精心设计的任务的过程中获得体验和感悟。随着信息技术的发展，越来越多的博物馆推出了沉浸式虚拟体验、VR 展馆等项目，为学生提供了沉浸式、可交互的学习体验，让学生对一些模糊的、难以感知的物体和概念有更加具体形象的认识。

（三）自主选择学习

据统计，人类的学习中近 95% 的时间处于自由选择学习，近 85% 的学习环境是非正式的，因此自由选择学习是学习的重要方式和有效途径。场馆学习是一种非线性的主动学习，场馆没有教学内容的限制和教学实践的约束，给予学生更加开放的学习环境，学生可以根据自己的兴趣和需求自由选择参观的展品、游览的路线、同行的伙伴等。所以，开放自由的场馆学习满足了学生自主探索的需求，让学生以更加饱满的兴趣和热情进行知识的自主学习和建构。

二、跨学科视角下场馆学习的基本特征

（一）“跨”——运用多学科知识与方法

场馆学习联通了校内和校外的学习场域，打破了学科之间的边界，采用综合化的思维和视野，实现多学科的联动，着力于复杂问题的解决。场馆学习的跨学科性体现在语文学科与其他学科在知识内容、过程方法等方面的关联性，强调学生在运用多学科知识和方法解决跨学科问题的过程中，以此不断提升学生的跨学科素养。但是语文学科的本质是语言运用，因此，场馆学习应该突出语文学科的主体地位，以语言实践活动为主线，以语文知识和方法的学习为主要内容，以语文学习方式为主导，联系其他学科活动，整合其他学科知识，综合运用跨学科学习方式，解决实际问题，完成学习任务，充分体现场馆学习的“语文味儿”。

例如在学习统编版小学语文五年级上册的《松鼠》一文时，我们设计了红山动物园的场馆学习。在此过程中，将科学、美术的学科内容进行有机的重组与整合，共同服务于语文学科的教学。根据“松鼠”这一主体，选择红山动物园这一场馆，综合科学学科的《动物大家族：哺乳类》和美术学科的《参观和旅行》，形成系列资源包，根据不同环节的需要将各学科知识安排在教学的不同环节中，在这样围绕场馆学习的系列课程中，学习场馆和各学科的资源都被整合进语文课堂中，共同为语文教学服务的同时，也提升了学生的跨学科素养。

（二）“真”——指向真实问题的发现、探究和解决

英国教育家怀特海曾说：“教育只有一门学科，那就是完整地表现生活。”语

文学习的基本路径和重要方式是在生活中学习语文，生活和语文二者是密不可分的关系。场馆学习一是强调情境，要求联结社会、生活等方面，拓展语文学习的语境，场馆本身就是一种真实的生活情境，这种情境与学生的生活密切相关，能够激起学生的学习兴趣；二是指向问题，借助问题开展各种活动，提高学生的语言文字运用能力。因此，场馆学习要着力于解决生活中的实际问题，要根据不同学段学生的生活实际，设计真实自然的教学情境、问题和任务，强调学生对真实问题的发现、探究和解决。

以在南京古生物博物馆进行的“跟着课本去旅行”项目为例，课程整合统编版小学语文四年级下册第二单元的两篇课文《琥珀》和《飞向蓝天的恐龙》，在初读课文后，通过问题收集表，在学生的自主讨论中生成了“琥珀如何形成”“恐龙如何飞向蓝天”两大驱动性问题，进而在南京古生物博物馆进行场馆学习的具身体验中，精心设计研究单。研究单从指向语文学科素养提升的基础性研究任务、指向问题解决能力提升的综合性研究任务和指向创新创造能力发展的拓展性研究任务这三个不同层级的研究任务，助力学生的学习由“文字世界”走向“真实世界”，最终实现真实问题的发现、探究和解决。

（三）“行”——整合多样化的语文实践活动

场馆学习强调学生通过具身体验的方式获得知识、习得经验，强调“做中学”“用中学”“创中学”。也就是说，语文跨学科学习更加注重主体问题与现实的连接，使学生在实践过程中综合运用多学科的知识解决实际问题，提倡用参观、游览、设计、制作、展示等具有鲜明具身实践学习特征的学习方式与以理解与运用为目的的品读欣赏、背诵记忆等学习方式相融合。此时，课堂不再局限于那一方小小的教室，学生们走出教室，走出校园，走进各色的场馆中，走入丰富的自然里，既实现了学科内部知识与其他学科知识的综合，也实现了多种学科学习方式的综合，更是利用综合性的跨学科情境，实现了培育学生正确价值观、必备品格和关键能力的综合目标。

例如统编版小学语文六年级上册第八单元是鲁迅主题单元。我们可以打破课文的编排，从单元整体出发，对内容进行拆分和重组，设计“走近鲁迅”这一任务情境：任务一从“文”见“人”，从课文内容的品读，感知鲁迅的文学素养和为人品质；任务二从“物”见“人”，可以带领学生走进与鲁迅相关的场馆，如鲁迅故居、鲁迅纪念馆等，从场馆中获得与鲁迅相关的知识，观看与鲁迅相关的影视作品、纪录片，与课文的学习相勾连，让鲁迅先生在学生心中的形象更加立体、全面；任务三从“画”见“人”，为鲁迅先生绘制专属画像，用美术作品创意化地表达对鲁迅先生的认识。

三、学生视角下场馆学习的价值内涵

（一）丰富学生生活经验，促进校内外教育的有机融合

融合多学科的场馆学习既使学生达到

科学利用空闲时间的目的，促使学生在场馆实践中探索新知，又丰富了学生的校外生活经验，促进校内外生活经验的有机融合。一方面，场馆的各类实物展品是学生获取新知的有效途径——由于实物具有直观性、形象性的特征，在兼具体验性、互动性、可操作性的学习中，学生得以温故知新，并验证、巩固并深化课堂所学知识。另一方面，各类场馆凭借着各自丰富的展品、多元的活动、真实的体验，能给予学生无穷的知识与力量，是学生校内学习的拓展与延伸。

（二）转变学生学习方式，培养自主合作探究学习能力

"双减"背景下，进一步推进场馆学习为学生的学习提供了众多的机会与选择，实现了学习方式的变革。一方面，不同学科知识的综合运用，场馆中视听等各种感官的丰富体验，为不同学习偏好的学生提供了多样化的选择，别具一格的学习环境让学生能有机会积极主动地探索丰富的学习资源并从中建构自己的知识经验。另一方面，场馆学习实现了多方的对话，既是与不同学科的对话，也是与场馆中展品的对话，更是与教师、伙伴、游客的对话，在这样的对话过程中，学生合作探究，生成自己的理解，建构自己的知识经验。可见场馆学习共同体真正助力于每一个学生的发展，实现学习方式的转变。

（三）减轻学生学业负担，促进学生核心素养的提升

场馆学习不仅促进了学习方式的全域性变革，更是一种思维方式的转变。通过不同学科知识的融合，结合场馆学习对视觉、听觉等感官的充分调动，有助于培养学生的逻辑思维能力，将教学的效果发挥到最大化，从而切实减轻学生的学业负担，达到提质增效的效果；同时，多学科的融合也促进了学生素养的全面发展，彰显了"五育"并举的育人理念，实现了多学科综合育人的价值优势。

四、素养导向下场馆学习的整体设计

小学语文跨学科场馆学习的设计具有整体性和综合性的特点，是围绕生活实际和语文学科中有意义的话题展开的持续性的探究活动，可以单课开展，也可以整合一个或者多个单元展开。在进行单元整体设计时，要根据不同学段的特征，突出不同学段学生的核心素养发展的需要，选择与教学内容适切的场馆，将单元要素、目标、内容、情境、任务、评价等进行整合，实现"教—学—评"一体化。以统编版小学语文四年级上册第二单元为例，分享小学语文跨学科场馆学习的整体设计。

（一）确定场馆学习的目标和主题

场馆学习活动设计的目的，是通过提示学生关注展品和其他环境要素，提高学生与展品、学生与学生之间交互的可能性，帮助学生更好地利用场馆中的实物资源和环境资源，进而使场馆中的学习更有效地发生。[3] 目标和主题是场馆学习的灵魂所在，确定了目标和主题，场馆学习就有了解决真实问题的真实需求。那场馆学习的目标和主题如何确定呢？总的来说，场馆学习的目标和主题的确立路径可以概括为：

课标、教材、生活。

首先是依据课标，结合《义务教育语文课程标准（2022 年版）》对第二学段的要求“结合语文学习，观察大自然，观察社会，积极思考，运用书面或口头方式，并可尝试用表格、图像、音频等多种媒介，呈现自己的观察与探究所得”，可以尝试把问题解决、参观游览、讲解汇报、创意表达等内容结合场馆学习进行设计；其次是紧扣教材，统编版小学语文四年级下册第二单元的人文主题是“自然科技”，单元内编排了《琥珀》《飞向蓝天的恐龙》和《纳米技术就在我们身边》三篇课文，从配合教材的单元编排的角度来设计跨学科学习，本单元的主题内容就可以定为探索自然与科技的奥秘；最后是联系生活，根据学生的年龄特征，结合学生的兴趣点，找到场馆学习内容与学生学习兴趣和先前经验之间的连接点，设计一场对自然和科技的探索之旅，学生的参与热情一定会高涨。

（二）设计场馆学习的任务情境，确定场馆

有效的场馆学习必然伴随着多维的互动，即学生与展品、伙伴、教师、场馆工作人员和其他游客的互动，以促进学生对场馆学习内容的理解和知识的建构。因此，我们需要根据学生的已有经验、兴趣和课程内容，设置真实的任务情境，选择合适的场馆，探索“校—馆—校”场馆学习新模式，即学生先在学校学习语文课程知识，在课堂中形成问题，带着问题在场馆参观中进行合作探究，回到学校后，对问题进行解决归纳，深化和拓展课程内容。

根据统编版小学语文四年级下册第二单元“自然科技”的单元主题，我们将任务情境设置为“博物馆奇妙之旅”，利用学校周边的“15 分钟教育圈”资源和城市的博物馆资源，将《琥珀》的学习场馆定为琥珀馆，通过观察各种类型的琥珀展品和阅读科普资料，了解琥珀的形成过程和特点；《飞向蓝天的恐龙》在南京古生物博物馆这一场馆中进行学习探究，博物馆中丰富的化石标本和图片资料让学生清晰地了解了中生代恐龙演化成鸟类的过程；科技馆中有关于纳米技术在我们生活中的各种运用，因此将《纳米技术就在我们身边》的学习场馆定为科技馆。

（三）细化场馆学习的任务和流程

场馆学习的任务开发设计要根据学习内容和目标，将学习主题分解为不同的学习专题，最后再按照一定的逻辑体系将学习专题所要传达的事实、信息、知识、概念原理等基本要素进行合理编排和重组。[4]“校—馆—校”的场馆学习新模式可以从课堂交流、场馆学习、成果展示三个阶段进行设计，依托场馆学习，将不同学科领域的内容进行有意义的联结和统整，实现了课堂与场馆的“协作”与“对话”，学生在循序渐进的任务驱动下实现知识的深度学习和有效建构。

以《飞向蓝天的恐龙》一课的成果展示阶段为例：首先是结合前一阶段的场馆学习再次研读课文，体会科普文语言表达的条理清晰和准确严谨；其次是结合课文内容和古生物博物馆中的标本图片，对恐龙飞向蓝天的演化过程做讲解，并用多种

形式进行评价；最后是制作讲解稿，进行“金牌讲解员”的成果展示。

（四）完善场馆学习的评价体系和成果展示

小学语文跨学科场馆学习在检测学习成果时须对评价体系进行整体的改革，因此评价方式的设计要更加综合和多元。一是要落实场馆和学科融合学习，提高评价效能，在交流评价的过程中，不仅要从语文核心素养出发，关注学生的语言运用能力、思维能力和审美创造能力，更要与场馆学习相结合，与科学、美术和信息学科相融合，促进学生的全面发展；二是评价的主体要多元，可以是学生自评、生生互评、教师评价、家长评价等，以便更好地完善跨学科场馆学习的评价体系。

在成果展示时，展示的空间和场域不仅仅局限在班级中，也可以进行跨班的交流互动，将优秀的讲解员和设计精美的讲解手稿在年级进行宣讲和展示，还可以重回场馆中，即将在课堂和博物馆的学习所得通过在古生物博物馆做讲解员为游客们讲解的方式进行展示。除此之外，我们还可以利用网络资源，用“校园圈”和微信公众号等平台呈现这些优秀的作品和精彩的讲解。

小学语文跨学科场馆学习构建了更加开放、多元的学习场域。从语文学科视角来看，它引导学生在真实场馆和情境中学语文、用语文，提高语言文字运用能力；从学生视角来看，它促进了学习方式的变革，让学生的核心素养得到整体提升；从教师视角来看，它让教师跳出了单一学科教学模式，在一个具体真实的语文情境下关注学生的真实体验，实现了学生的全面发展。

参考文献

［1］季娇，伍新春，青紫馨．非正式学习：学习科学研究的生长点［J］．北京师范大学学报（社会科学版），2017（01）：74—82.

［2］付积，王牧华．论中小学场馆学习的价值意蕴与实践策略［J］．课程·教材·教法，2021，41（02）：64—71.

［3］高晓骏．场馆环境下有效学习活动的设计与实施［J］．现代教学，2018（Z4）：118—121，135.

［4］顾小清．促进IT与跨学科课程整合的主题学习模式［J］．电化教育研究，2003（03）：61—65.

智趣共生：小学语文单元作业设计研究

◎ 吴　限 / 江苏省南京师范大学附属小学

摘　要　统编版小学语文教材单元整体作业设计，是基于统编版小学语文教材的单元编排体系，按照单元作业设计的研究思路，根据学情，依托要素，整合资源，对作业情境、内容、框架来进行设计，以达成语文学科核心素养的有效培育。

关键词　真实情境　作业设计　素养提升

在"双减"政策背景下，统编版小学语文教材单元整体作业设计显得尤为关键。而传统的作业往往以单课为单位，课与课之间、课与单元之间的联结不够紧密。本文旨在基于统编版教材的单元编排体系，深入研究并创新作业设计思路，以学情为导向，紧扣教材要素，整合各类教育资源，设计与时俱进的作业情境、内容与框架，以期切实减轻学生的作业负担，并在高效的学习中有效培养学生的语文学科核心素养，促进学生全面发展。

一、单元作业设计的研究思路

（一）要素指引，单元作业内容科学明确

作业内容的设计，需要紧扣语文单元要素，单元要素是一个单元的学习目标，作业内容应紧紧围绕单元要素所聚焦的语文方法的学习与运用。精读课文的课后练习题则是语文单元要素落实的具体化。课后练习的指向鲜明，着眼于学生对课文知识的理解和应用。

此外，还应保证作业没有学科本体性知识错误，表述清晰明确，能够对学生顺利完成作业进行引导，渗透对学生阅读习惯与方法的指导。

（二）学情着手，单元作业难度适宜得当

作业难度是判断作业负担的指标之一，其分布情况也是体现作业设计质量的标志之一。作业难度过低或者作业过于机械，会使得学生感到枯燥乏味；作业难度过高，则会让学生失去自信心。维果茨基认为，"教学应当走在发展的前面"，即教育应该着眼于学生的最近发展区，把潜在的发展水平变成现实的发展水平。教师设计作业，应考虑学生发展的水平和速度，充分了解学生的最近发展区，避免因作业难度过低或者过高对学生产生消极影响。着眼于语文要素的融合和落实，是学生掌握知识、迁移知识和进行

语文能力训练的载体。

（三）目标定位，单元作业类型丰富多元

作业类型影响着学生的作业兴趣，目前的作业改革也习惯于从类型上进行改进和优化。从操作方式的角度可以将作业分为听说类、动手实践类、合作类、书面类等。就语文学科而言，除了识字、写字、积累等基础作业外，还应该关注学生校内外个人生活和社会发展中的热点问题，紧密围绕作业的功能与目标定位，设计主题考察、跨媒介创意表达、跨学科等多种类型的作业，让学生在做作业的过程中，培养解决问题的能力，实现利用作业的丰富类型充分调动学生的积极性，培养学生自主学习和综合学习能力的目的。

（四）整体规划，单元作业结构系统合理

单元整体教学下，作业设计也应统观全局，具备单元整体意识。在同一个单元之下的语文单课作业设计，可以按照相似的结构进行，并按照识记、理解、应用、综合的能力提升的顺序，合理进行不同任务的作业设计。[1]除此以外，将作业内容与作业目标相对应，让一个单元中不同作业类型、不同作业难度和不同作业内容的比例根据学校、学生及学科特点按合理的比例划分，确保一个单元整体结构的合理性。

二、单元作业设计的策略

（一）情境设计：真实情境衔接生活与教材

1. 与文本内容适配

作业的情境选择应适配单元的人文主题与具体教材内容为宜。例如统编版小学语文六年级上册第四单元为小说单元，选择了《桥》《穷人》《金色的鱼钩》三篇小说。小说是以刻画人物形象为中心，通过故事情节和环境描写来反映社会生活、表达主题思想的一种文学体裁。而很多精彩的小说故事，往往都会被改编成剧本，搬上银幕或舞台。为了达到教学内容与作业情境的适配，并且能让学生获得典型而深刻的作业体验，笔者大胆创新作业设计，围绕“剧场展演”的情境设计作业，以任务为驱动，鼓励学生经历全身心积极参与、体验成功、获得发展的有意义的作业过程。

2. 与真实生活相连

《义务教育语文课程标准（2022年版）》（以下简称“新课标”）指出，“教师要综合考虑教材内容和学生情况，设计不同类型的学习任务，依托学习任务整合学习情境、学习内容、学习方法和学习资源，安排连贯的语文实践活动”。作业的情境设计，要贴合学生的真实生活体验。

笔者所在的学校，每年都开设“童心大剧场”活动，全校学生都会参与其中，所以学生对自主创编剧本、改编剧本、组织排演、准备道具、登台演出并不陌生，这也为作业设计中的剧场情境提供了良好的基础，作业单中的“梳理剧本大纲”“填写场记板”“参与导演和道具师的讨论”“增补剧本内容”，学生置身于融趣味性、综合性、实践性、开放性于一体的“真实具体的语言情境”，有助于调动作业兴趣，快乐作业，享受作业。

（二）内容设计：多元角度提升能力与素养

1. 由繁到简，作业内容少量优质

新课标指出，作业设计应“少量”而“优质”。想要让作业“少而精”，就需要深研教材与学生，精准设练，确保作业设计质量。以基础作业为例，笔者通过学情调研，基于学习难点，分别设计了“研判易错音”“比较形近字”“填写拟声字”的习题，针对性较强。

《桥》一课的作业设计，通过选择和研究的方式，高效指导学生辨析本课的字音和字形，既向学生呈现了本课的重点字词，也给予了学生自主探究的空间。“窜”和“蹿”，是根据前期学生的试做情况总结出的极易混淆的字。作业单引导学生在预习时进行研究，在课堂上检验生字词的掌握情况，并请学生在课堂上进行交流和补充。

2. 由此及彼，作业内容课课相连

再如围绕单元核心目标“感受小说中的人物形象”，笔者因课制宜、课课相连地设计了“结合情节谈人物形象”“为人物补白心理活动”“研读人物潜台词”等重点作业，稳步落实单元核心目标。

《桥》一课的作业设计，以“老支书的扮演者在彩排时遇到了困难，不能准确把握人物形象，请你帮助他分析老支书的人物形象，从动作、语言、神态多角度，结合相关情节谈谈”导入，引导学生从动作、语言、神态多角度分析老支书的人物形象，体会老支书临危不惧、舍己为人、大公无私的形象，进而加深对小说主旨的理解。《穷人》一课作业设计，在理解了人物形象的前提下，联系上下文展开合理的想象，请学生阅读两人的对话后，引导学生想象桑娜会在沉默中想些什么，将桑娜在沉默中的紧张和欲言又止写下来，为本单元的习作做好铺垫。

3. 由浅入深，作业内容综合促思

培养学生的自主探究能力是非常重要的教学目标，作业的设计也应该引导学生主动参与学科探究。作业设计应有对学生思维能力的培养，让他们能够提出问题、做出假设、搜集证据、处理信息、得出结论、表达交流和反思评价。

《穷人》一课的课后延伸题的设计，就引导学生研究了社会背景和小说创作的关系。《穷人》的创作背景是沙皇统治下的俄国社会，当时的穷人们备受压迫，却能葆有一颗善良的心。学生通过对创作背景以及作者的了解，明白小说的创作是依据作者的生活经历和当时的社会背景，是对社会生活的写照。在课前可以布置学生根据已有的资料，在课外通过网络搜集更多的资料，对这句话进行深入分析；在课堂中可以组织学生对搜集的资料和自己的思考进行交流，进而提升学生的思辨、探究能力。

4. 由内到外，作业内容拓展开放

除了单课作业的设计，还可以根据单元整体的内容进行综合的、创新性的作业设计，达到整合教材、拓宽教材、超越教材的目的，也让作业设计能够更具综合性、探究性和开放性。

为了让学生获得典型而深刻的作业体验，教师在作业设计时还应注重提供有效的学习支架，帮助学生习得方法、建构意义。在这份作业案例中，对话框、思维导图、小贴士等形式多样以及便教利学的助学支架随处可见，学生借助工具，能有效地展开自主学习，不断提升学力。

（三）框架设计：整体架构促进整合与实施

1. 统一板块助整合

作业设计从单元整体视角出发，须体现学习的进阶性与联结性。在作业设计中，应整体架构出较为完备的单元作业体系，并可以分为单课作业与单元长程作业。其中，单元长程作业较好地体现了“整合教材”“超越教材”的设计理念。

例如，六年级上册第四单元的单课作业，可分为三个板块：初读感知，引导学生梳理文章脉络；精读助演，引导学生揣摩文字，体会人物形象；延读内化，延伸对小说的理解。同时，精读课文重在学方法，略读课文重在用方法。长程作业引导学生在前面学习小说阅读方法的基础上阅读《童年》整本书，设计三个任务推动整本书阅读进程。整个单元作业关注语言积累与运用，关注思维发展与提升，关注文化熏陶及审美渗透，从而促进学生语文核心素养的提升。

2. 属性分析促实施

作业设计的质量关键依靠教师来达成，因此教师的作业设计能力至关重要。[2] 作业设计的过程中需要展示作业设计的思维过程，对作业各个关键属性例如作业目标、作业类型、作业难度和作业实践等关键属性进行反映。设计单元作业的属性分析表，可以在作业设计的过程中，也可以在作业设计完成后进行设计分析，帮助教师梳理思路过程，引导教师关注作业设计的关键因素。

三、单元作业设计的实施效果

遵循作业设计的原则，依照情境、内容、框架的设计策略设计出的作业，在后期的具体使用中也获得了较好的效果。学生对作业内容兴趣浓厚，体验感强，参与度高。在作业后的课堂交流、反馈过程中，作业的内容也助力了学生的课堂学习。

总体而言，对作业设计进行系统规划，整合设计，关注联系，关注发展，充分发挥和落实了单元学习的价值，以清晰的路径促进了学生语文学科核心素养的提升。

参考文献

［1］郑静 . 统编教材小学语文单元整合作业设计初探［J］. 语文教学通讯・小学，2023（06）：4—6.

［2］王月芬 . 重构作业：课程视域下的单元作业［M］. 北京：教育科学出版社，2021.

德性涵养：让育人在小学美术教学评价中悄然发生

——小学低年段美术教学实践

◎ 董　玄 / 江苏省南京师范大学附属小学

摘　要　“双减”政策落地给学校美术教育带来了巨大变化：学校美术教育从小学科化逐步发展为大学科化。《义务教育艺术课程标准（2022 年版）》的修订，优化了课程设置，细化了实施要求。标准指出，学校美术教育应当聚焦美术核心素养，尊重儿童个性，关注儿童关键能力的发展。同时强化课程育人，把党的教育方针细化在美术课程评价之中，以此培养儿童正确的价值观。

关键词　美术评价　德性涵养渗透　美育

2023 年 12 月，教育部印发了《关于全面实施学校美育浸润行动的通知》，文件强调学校美育的核心作用，让学生在发现美、感知美、创造美的同时，浸润式地塑造人格、涵养情怀。[1]《义务教育艺术课程标准（2022 年版）》指出艺术教育对于儿童必备品格的培养的重要性：“义务教育艺术课程以立德树人为根任本务，培育和践行社会主义核心价值观”[2]。美术课程应“基于美术素养的发展要求，遴选重要观念、主题内容和基础知识，设计课程内容，增强内容与育人目标的联系”，为儿童“扣好人生的第一粒扣子”。儿童的美术学习是一个长期积累的过程，在过程中，美术教师应持续关注和规范每个儿童关键能力与必备品德的发展，通过美术教学评价诊断、激励和改善儿童的发展轨迹，在润物无声中促进儿童的全面发展。

一、德性涵养渗透在小学低年段美术评价中的必要性分析

（一）学科育人要求使然

在学科评价中育人是顺应时代发展要求的必然选择。小学 1、2 年级是义务教育的启蒙阶段，也是一个人成长的萌芽时期。抓住这一成长关键期，以美术教学评

价标准为引领，做好学科育人的工作，培养“三有”（有理想、有本领、有担当）好少年，为塑造儿童成为全面发展的社会主义建设者和接班人奠定坚实基础。

（二）儿童生长必然

在小学美术评价中渗透育人可事半功倍。对儿童实施德性涵养途径很多，小学美术课程在这方面有着无可比拟的优势，尤其是在提高和完善人的素质方面，可以给儿童带来积极的思想影响。在教学的评价中渗透育人思维可以达到很好的效果。因为评价伴随着整节常规课，也伴随着整个学期的美术教学，教师可以随时关注儿童在美术课程学习过程中的表现和反应，记录有价值的信息，从而分析评价并做出反馈、纠正、鼓励和引导。

（三）革除弊端应然

传统美术评价德性涵养渗透较少，有可提升空间。传统的美术教育教师在教育评价中通常只关注学生在课堂上的表现，而对学生在正常教育活动中的思维方式、学习方法、绘画展示技巧等重视不够。它是片面、缺乏包容性的，不利于提高学生的美术水平和综合素养。从这个方面来说，教师应该加强德性涵养教育。小学生的思维素质十分活跃，有时也十分敏感，因此教师需要在教育评价中灌输德性涵养，在日常教育活动中全面培养学生的综合素养，加强学生的全面发展。[3]在教学评价中，教师需要对学生进行多方位评价，要注意评价结果的一致性，完善教育评价体系，提高学生德性涵养质量。

二、德性涵养渗透在小学低年段美术评价中的原则

（一）注重感知体验原则：营造良好的美育评价情境

艺术课程不是思想品德课，它有其特定的教育目标和任务，因此在教学中不能主导学科。美术教学也不是政治教育，教师并不能凭借一张嘴在课堂上不停地、生硬地灌输，而应该将儿童德性涵养培育的内容巧妙地与美术教学、美术创作和美术评价相融合，让儿童慢慢得到德性涵养的启蒙，接受正确价值观的教育。我们需要通过传授专业知识和技能来渗透这种教育，把艺术教学与德性涵养有机地结合起来，创设良好的育人情境。

（二）立足儿童本位原则：挖掘充实的美育评价内容

德性涵养必须立足儿童不同程度的心理状态、生活实践和对真善美的简单理解，接触身边的各种现象，巧妙地将德性涵养融入统一的教学过程。此外，还要考虑儿童的心理状态、生活经历等因素，以便更好地树立正确的儿童德性涵养观。

（三）规范教师言行原则：树立标准的美育行为典范

在德性涵养培育过程中，教师应该是儿童的楷模，因为儿童一天的时间多半与教师在一起，教师的一言一行对儿童德、行的培育有很大的影响，也是传输德性涵养最为直接的途径，因此教师应特别重视

自我榜样形象的树立。在实际教学互动中，教师应该加深对优秀文化和传统历史的理解，加深对艺术社会作用的理解，树立正确的文化价值观。教师应该意识到，儿童对于美术技巧的学习并不是唯一的目标，更为重要的是儿童通过艺术的学习达成的品质提升。

三、德性涵养渗透在小学美术低年段评价中的策略

（一）美术课堂评价，在过程中关注育人

美术课堂评价是美术教学中重要的环节，教师面向全体儿童进行评价，关注儿童学习过程，并根据儿童学习过程中的各类情况进行及时的德性涵养渗透，以达到美育的最佳效果。

1. 观察行为表现，有效激发学习兴趣

根据美术核心素养及学习阶段达成目标，在美术教学中“通过观察、提问、交流、记录等方式，了解儿童在欣赏、表现和创意实践等过程中的学习进程、行为表现，给予必要的指导。”对于儿童达标或超标的部分给予积极性的评价，对于儿童存在的问题给予指导性的建议，以此激发儿童学习的兴趣。

例如小学美术课程中的“欣赏・评述”课程，教学的主要任务是通过欣赏优秀的艺术作品来激发儿童的艺术兴趣，使儿童初步了解艺术的视觉语言和表现方法，初步掌握一定的基本艺术知识和技能，提高审美能力，培养高尚的审美情操，拓展艺术视野。[4]

在小学美术教学评价中，应通过评价的引领作用，促使儿童在评价中养成正确的社会价值观。在学习苏少版美术教材第四册《好朋友》时，笔者引导儿童在班级开展“我的朋友，我骄傲”的论坛，带领儿童谈论与好朋友的小趣事儿。在过程中肯定儿童好的分享，也提出建议：学会发现好朋友的美。这不仅活跃了课堂气氛，提高了儿童的绘画兴趣，进一步了解了人物的性格特征，也让儿童明白，他们应该重视好朋友之间的友谊，以培养他们自信、谦逊和善良的品质。

2. 聚焦学习困难，及时激发学习动力

在学习过程中，由于低年段儿童年龄较小，也存在着个体性的差异，所以儿童在达成素养目标时会存在学习困难的情况，教师可以根据班级此类儿童的情况进行提前预判，并给予及时的鼓励，帮助儿童保持对美术学习的持久动力。

例如小学美术课程中的“造型・表现”课程，在课程中要注重引导儿童“尝试使用不同工具、材料和媒介，以及线条、形状、色彩、肌理等造型元素和对称、重复等形式表达所见所闻、所感所想”。课程中儿童会受到已有知识、技能基础的限制，在创作过程中会出现学习困难的情况，教师应及时发现、及时评价以激发儿童学习的动力。《好朋友》绘画学习中，儿童通过前期的讨论了解了好朋友的优点，落实到

笔头上就是要画出好朋友的样貌。对于二年级的儿童而言，刻画人物并非易事，此时教师除了要教授创作技法以外，还需要关注学习存在困难的儿童，用鼓励的语言、动作和眼神，传达克服困难、迎难而上的信号，鼓励儿童用个性化的方法，有创意地完成任务。

（二）美术作业评价，在延伸中关注育人

1. 以独立型作业，培养敬业精神

在美术教学中，艺术创作往往以个体的形式呈现。对于儿童而言，面对独立型创作作业，要秉持“工匠精神”，把作业当成“作品”来完成。教师在评价中也可以用“小工匠”的称号来夸赞那些专注于个人作业的儿童，无论儿童是专注于观察还是专注于勾边、涂色等环节，都应给予肯定，从而培养他们良好的意志品质。

在《叶子片片》一课中，儿童要通过彩色铅笔对叶片进行磨印，磨印的过程需要消耗较长的时间和力气，这是对一年级儿童敬业精神的考验。

2. 以团队型作业，增强协作意识

在美术教学中，团队型作业的评价过程可以培养儿童关注他人，学会取长补短；关注团队创作进程，学会顾全大局；关注团结协作，树立集体主义观念。

在复杂艺术活动的教学过程中，必须注重引导学生主动研究、探索和创造，关注不同学科之间的关系以及艺术与生活的关系。各学科相互支持、相互影响。因此，教师应多方位发展德性涵养理念，通过小组创作作品来培养学生之间的合作与互助精神。例如《美丽的盘子》一课，在制作小组作品时，学生必须首先沟通分工，这是协作的先决条件。在这一分工步骤中，我们必须利用每个人的特点进行分工，这体现了相互验证和评价的要素。只有加强彼此的优势，我们才能在此基础上实现最佳分工。然后，在装饰盘子时，我们需要讨论装饰绘画的安排，以形成一幅好的装饰盘作品。教师将教学生如何礼貌地向他人借用物品，以培养学生礼貌借用物品良好的习惯。

（三）美术综合情境评价，在终端中关注育人

美术综合情境评价应该立足于对学生艺术素养发展状况的全面评估，尤其是期末测评要依据本学期的课程目标、内容、教学实际组织实施，在综合性的非纸笔测评项目中达到育人目标。

1. 科学规划测评内容，蕴德于意

教师在非纸笔的测评活动项目中，首先需要明确考察的核心素养侧重点，以及与之相关的基础知识和基础技能。将这些内容与“乐评嘉年华”的活动项目科学地结合，同时在任务设置时要体现育人价值。

例如在一年级下学期的“乐评嘉年华之种子的旅行”中，教师团队聚焦核心素养，侧重考核学生的艺术表现、创意实践两个核心素养，为了更好地体现全科育人，教师团队设计了团队合作的考核方式。测

评的内容分成三个步骤进行：第一个步骤“彩笔画一画”，儿童根据一年级下学期所学内容，对一个白色盘子进行彩色装饰；第二个步骤“巧手捏一捏”，根据《雕泥板》一课进行衍生，请儿童通过捏、压、刻等手工方式捏制一个种子成熟后的样子；第三个步骤“一起来摆盘”，请儿童模拟厨师的方式将制作好的瓜果巧妙地摆放在装饰好的白色纸盘中。

三个考核步骤已经蕴含了教师对于儿童德性涵养渗透的意识，除了关注儿童关键能力的增长，还非常重视团队协作的精神品质。第一个步骤体现了关注儿童的“工匠精神”。第二个步骤“巧手捏一捏”中，要求儿童合作完成盘子的装饰和瓜果的捏制，体现了关注儿童关键能力的掌握情况。第三个步骤“一起来摆盘”以及考核的全过程，教师关注了儿童对于团队任务的责任感和协作性。

2. 合理选择测评形式，蕴德于境

非纸笔的测评活动项中，三个步骤全部需要儿童在3—4人的小组内进行。在这一测评中，儿童需要在小组内进行有效的沟通，沟通是为了能够在小组内进行分工合作，这样才能在规定时间内完成作品。

在第三个步骤的评价中，教师团队坚持了多主体评价的原则。除了教师的观察以外，教师在评定星级时应更加关注儿童在团队内部的互评，以及儿童对自己在团队中所承担的责任和完成情况的自评，从教师、伙伴以及个体三个维度给予儿童这一项的星级评定。

儿童要学会承担自己的责任，要学会发现他人的优点，要学会用合理的方式交流小组存在的问题，最后还要学会公平、公正地为自己和成员评判。这些都将美育融进了测评的情境之中。

3. 创设前置和后置活动，蕴德于行

本校的非纸笔测评活动项延续一周的时间，美术学科还设置有前置或后置的活动，这些活动儿童有参与，教师有评价，评价有美育。

例如在二年级“乐评嘉年华之奇幻时光漫游记”中，教师团队创设了一个“小南”的人物形象，小南要在“乐评嘉年华”测评周中完成美术的前置任务才能在“乐评嘉年华”测评的“游园会”中获得凭证——一张时光邮票。儿童需要在测评前学会回顾二年级下学期所学的美术基础知识和基本技能：邮票的组成元素、邮票外轮廓的造型；邮票主题内容可以用到哪些主要图案、可以用哪些色彩进行搭配等。这样让儿童在前期梳理并掌握美术基础知识，能够培养儿童有序整理知识的能力。[5]

儿童在获得了个人的时光邮票后，需要在“乐评嘉年华”的“游园会”当天，在班级的黑板上，通过全班小朋友的群策群力，将作品有挑选地组合成时钟的图案，以此获得全班进入“游园会”的资格。

这样的衍生任务考验了儿童集体的智慧和审美，培养了他们方案的策划、素材的收集和挑选、创意构思布置黑板等能力。

这些都是关联着美术的造型、设计、色彩搭配的关键能力。同时在衍生任务中又拓展了儿童的集体思维、协作创意等衍生能力。

四、结论

学校美术教育评价中的美育只是德性涵养的一部分，学校、家庭、社会联动是学生素养和品质培养最佳的途径。例如利用周末时光，组织学生以“小队”的形式带上画笔和画纸，攀爬紫金山，磨印大树的树干以感受粗糙的肌理；在玄武湖中泛舟，彩绘荷花朵朵；坐在中山南路路边，剪贴车水马龙……在这一过程中，学生将课堂所习得的美术核心素养带入更为真实的创作环境，同时学生能够更为真切地感悟我们所处的城市的喧嚣、宁静、繁忙、悠闲，让学生体悟生活的酸甜苦辣，感叹祖国拥有的大好河山，建立起爱家、爱国的丰富情感。

参考文献

[1] 中华人民共和国教育部．义务教育艺术课程标准（2022年版）[S]. 北京：北京师范大学出版社，2022.

[2] 张力元．儿童美育视角下小学美术课程的创新设计路径[J]. 小学生（下旬刊），2021（10）：1—3.

[3] 王新春．浅谈小学美术教学中美育的融入策略[J]. 学苑教育，2021（30）：71—72.

[4] 杨珏．小学美育校本课程的开发研究[D]. 上海：上海师范大学硕士学位论文，2018.

[5] 宿强，罗锦霞，张怡．从美术教学走向以美育人——成华小学美术学科育人的实践探索与思考[J]. 教育科学论坛，2021（16）：67—69.

“社会化学习”理念下语文阅读单的开发探索

——以统编版小学语文六年级上册教材的教学为例

◎ 崔　璨 / 江苏省南京师范大学附属小学

摘　要　“社会化学习”是合作交流式学习的拓展和深化，将促进学生学科素养与社会性素养的共同提升，促进学习方式变革。“社会化学习”理念下的语文课堂教学，借助语文阅读单引领学生进行课前预学、组内共学、质疑交流。阅读单是学生社会化小组活动的行动地图：其清晰的目标，指引社会化活动的方向；多样化的任务，提升社会化阅读的深度；综合性评价，焕发社会化课堂的活力。

关键词　社会化学习　阅读单　任务设计

每个人都需要通过社会化活动完成从“自然人”到“社会人”的转变，从而适应未来的社会生活。对于学生来说，课堂不仅是学习的主阵地，也是社会实践的基础场所。“社会化学习”变革了教学与学习方式，它立足学科发展，建立学习共同体，在交互活动中提升学科素养与社会交往能力，促进立德树人根本任务的落实。

“社会化学习”理念下的语文阅读课堂，需要教师借助阅读单，设计学习任务，引导学生建立阅读共同体，在社会化情境中展开阅读交互活动，从而推进深度阅读，促进学生的社会化发展。语文阅读社会化活动分为以下几个步骤：第一，课前预学。教师课前布置阅读单，学生根据阅读单明确学习目标与学习内容，预学课文，生成疑问；第二，组内共学。课堂上学生们以四人为一组组成学习共同体，在组长的组织下，对阅读单上的任务及提出的问题进行长达 15 到 20 分钟的交流讨论；第三，质疑深化。对于在组内围绕阅读单交流后产生的无法解决的问题，在全班进行探讨，深化学习内容。在整个社会化小组活动中，学生历经从独立思考到共同学习的过程，在发展学科素养的同时，习得社会化技能与情感。

纵观整个社会化阅读进程，阅读单是课堂教学的抓手，是学生学习的支架，是学生社会化小组活动的中心，因此，设计一份科学的、具有实操性的社会化阅读单便是重中之重了。接下来，笔者结合统编版小学语文六年级上册教材的课堂实践，从阅读单的目标、任务、评价三个结构分享设计策略。

一、清晰化目标，指引社会化活动的方向

学习目标是学习活动的指南针，也是阅读单上首要呈现出的一环，它指引着学生社会化阅读的方向，告知学生需要达到的学习结果，确保社会化学习进程的有效性。在阅读单的第一部分就以“我的目标”板块呈现，为学生的预学、研学、社会化小组活动指明方向。目标的表述有以下几个特点：

（一）以学生视角，紧扣单元要素

学生是学习的主人，在目标表述时，以学生为第一人称，从“教学目标”转化为“我的目标”，增强学生学习的主体意识，引领学生主动进入社会化小组活动的情境，并用学生看得懂的语言表述，减少学生学习上的畏难情绪。另外，在设计阅读单时，需要把握不同类型的文本特点，关注单元语文要素，找准目标定位。

统编版教材的编排是由精读课文到略读课文，精读课文学习方法，略读课文运用方法，课文学习的语文要素内容也是一环扣一环，相互配合，所以目标的呈现也是一脉相承的。例如小说单元课文的教学就可以通过创设“剧本排演”的社会化情境，引导学生关注小说三要素，体会人物形象。精读课文《桥》重点关注小说的情节和环境，体会人物形象；略读课文《金色的鱼钩》给予学生更多的空间，让学生在创编剧本、表演的过程中，关注文中情节、环境，以及人物的对话和心理，呈现出由扶到放的过程。

（二）尊重学生差异，设计不同层次的目标

不同学生的学习，必须要承认学生学习力的差异，《义务教育语文课程标准（2022年版）》强调要关注个体差异和不同的学习需求，教师可以提供不同层次的目标，满足每个人都能获得最近发展区的需求。四人小组的能力不同，在长期磨合中，组员之间逐渐清晰彼此的能力，在完成既定学习目标的基础上，每个人可以有更个性化的学习目标。

例如《书戴嵩画牛》，课文后有这样两个问题，也是两个学习目标：“正确、流利地朗读课文。”“用自己的话讲讲《书戴嵩画牛》的故事。”为了让学生有个性化的提升，在阅读单上可以补充呈现这样的目标：“正确、流利地朗读课文。可以尝试背诵课文（自选）。”“用自己的话讲讲《书戴嵩画牛》的故事。可以选择苏轼/杜处士/牧童视角讲述故事（自选）。”

学有余力、乐于挑战的学生就会选择进阶任务，这样的挑战会激发小组其他成员的学习动力，形成竞争意识，让他们向更高的学习目标去努力。对于讲故事这一目标，部分学生可能不知道该如何讲述，在倾听别的成员讲述时，也能获得表达力的提升。依此，不同学习力的学生都能达成个性化目标。

（三）呈现活动过程，补白目标内涵

社会化学习的课堂，学生是课堂的中心，学生有较长时间进行团队合作。学生组成学习共同体，在学习时必然不是只考虑个人的成长，而且要追求学习共同体的共同成长。在这一过程中，学生倾听想法，

表达观点，承担责任，共情他人，自然隐含着社会性情感、社会性技能的目标。

例如在小说单元创设排演剧本的情境，需要通过“朗读”“展示”“补白”“创编”等词语呈现出活动过程。社会化小组成员为了呈现更好的表演效果，就必须共同合作，确保每个人深入理解文本，集思广益创编剧本，协作共进排演剧本，在活动中不断增进团队凝聚力，不断追求其隐藏目标——社会化素养的提升。

同时，学生在交流互动中思维不断碰撞，便会生成新的问题，这些新的问题又构成了组内亟须解决的新的目标。例如在学习《书戴嵩画牛》时，有的小组提出疑问：“两牛相斗，尾巴到底是什么样的呢?”于是这一问题成为他们新的学习目标。小组成员通过探究学习，发现文中杜处士和牧童说的情况都存在，但存在片面性。由此，学生领悟了新的哲理，加深了对文章的理解，并通过探究完成了学习目标。

二、多样化任务设计，提升社会化阅读的深度

“社会化学习”理念下的阅读课堂，给了学生更多的交流空间。但要引领学生走向更深度的思考，合理的任务活动是关键。任务太少，阅读不够深入；任务太多，学习重点不够突出。笔者认为从字词基础、课文梳理、文本赏析这三个角度设计三至四个任务即可。

（一）自主性研究，夯实字词基础

六年级语文教学，识字写字仍然是必要的教学内容。但到该年级段，学生已经积累了许多学习字词的方法，所以对于基础字词部分，可以设计一些具有开放性、研究性的任务，给学生更多的自主空间。

例如六年级上册中《只有一个地球》一课，需要会识会写的字有：莹、裹、篮、蔼、资、矿、慷、概、贡、滥、基、睹。生字较多，字形复杂，学生会识但容易写错，可设计这样的问题引导学生探究：“本课中有哪些易读错的字音，有哪些易写错、易混淆的字，写下你的发现。另外，‘裹’这个字形比较复杂，你有什么好的记忆方法？还有哪些字与它相似？写下来。”选择“裹”这一典型易错字，给学生以范例，让学生主动去发现易写错、易混淆的字，学生可以追根求源发现字的演变，可以从字义、词义比较记忆，可以对比拓宽积累。组内交流时，成员之间互相补充，无形中拓宽了知识面。这样的探究既能提高学生学习的主动性，也能加深探究的深度。

对于字词任务的呈现，还可以采用课堂检测的方式，不仅能帮助学生查漏补缺，也能提高课堂效率。学生互相督促扎实掌握字词，也能促进小组成员的共同进步。

（二）多样化图式，明晰课文脉络

对于大部分的课文学习，梳理脉络是怎么都跳不开的一个教学环节，这是走入深度阅读的基础。有的教师认为，经过前面五年的学习，学生对于梳理文章脉络已经驾轻就熟了；而在实践过程中发现，学生的一致性往往来源于参考书，当脱离教材解析，学生便会在分段，或者概括时的用字方面有不同意见。教师依据文本特点，设计多种形式的结构梳理图，让学生先独立思考，然后在小组内交流达成共识，最后在班级汇报交流达成共识。这一级级的思维碰撞，让学生不断明晰文章的层次，也在提取小标题中学会斟词酌句。当然也

可以给大片空白，让学生阅读后自行设计图式梳理脉络。

在学习《我的伯父鲁迅先生》一课时可以设计这样的阅读任务："想想课文写了鲁迅的哪些事情？给每件事情加个小标题。他给你留下了怎样的印象？"通过实践可以发现，"答案"是不唯一的，学生的思考都是有理有据的。而学生为了说服大家同意自己的观点，在汇报时务必要去字里行间中寻找依据，他们不断"争吵"求得一致性的过程，其实就是不断明晰的过程。

（三）凝练问题，深化文本阅读

《义务教育语文课程标准（2022 年版）》强调设计富有挑战性的学习任务，促进学生自主、合作、探究学习。在以前的家常课中，我们的教学常常是由几个问题层层递进走入文本的，而在阅读单上如果把这些问题都一一呈现，占据的篇幅过多，也会过多地束缚学生的探究，让学生失去探究兴趣。所以围绕文本的任务设计，可以有侧重点地选择，或者结合几个方面综合表述，让问题更加凝练。

例如《丁香结》一课，课文后呈现了三个问题和阅读链接，课堂上肯定是都要探讨的，可是如果都呈现在阅读单上就将问题碎片化了。这时候可以适当整合成一个问题任务，并涵盖全文："如此丁香，雅致清香，怎么就成了让人化不开的'丁香结'了呢？联系课文与阅读链接、查阅资料，说说你的理解。"这一问题引导学生探究丁香和丁香结的联系，引导学生思考课文后"作者从哪几个方面描写丁香的？""丁香结引发了作者对人生怎样的思考？"以及对阅读链接的理解。当问题涵盖范围广一点，学生探讨的空间也会变宽广，文本阅读也会走向深入。

三、综合性评价，焕发社会化课堂的活力

（一）交流生成疑问，提升阅读思辨力

社会化学习的课堂是不断生成问题与解决问题的课堂。社会化学习中，学生借助阅读单预学生成问题，然后带着问题与思考在课堂上展开充分的分享、对话，思维不断碰撞，接着组内会生成至少 1 个没有解决的问题在全班进行交流。这样的过程可以在阅读单上进行呈现：

【我的疑问】

自学完后，我的疑问：________________

____

经过讨论，我的疑问是否解决（　　）

我们组的疑问：________________

____

通过学生提出的问题，教师对小组的学习进程有大致的评价。例如在进行《灯光》教学时，学生在社会化小组活动后生成许多问题：有的提问"为什么打完仗就能用电灯"，这说明小组对文章背景不够了解；有的提问"题目叫'灯光'，为什么不叫'火光'""本文的题目是'灯光'，为什么却着重写郝副营长"，通过这两个问题可以判断学生对于书上的问题"课文中，天安门前璀璨的灯光、郝副营长书上插图中的灯光和战场上微弱的火光，三者之间有什么联系？它们与课文题目又有什么联系？"没有完全想明白；有的提问"为什么要写'清明节前的一个晚上'"，通过该问题可以看出小组对文本蕴含的情感有了感触。

当问题呈现在投影仪上，大家一起由易到难解决问题，自然能发现哪些是共性

问题，能判断出哪个问题的提出更有价值，这样在无形中对学生的小组学习进行了评价。学生们为了争取提出好的问题，会深入文本，更加投入地去思考，形成良性循环。

（二）拓展迁移训练，诊断知识技能

语文学习也需要通过阅读单上的内容拓展类似文本进行迁移训练，从而对学习知识、技能进行诊断性评价。例如《月光曲》阅读单设计这样的拓展延伸："'一首歌，一幅画，一件小工艺品……一段美好的艺术之旅。'听着音乐，我们时常会展开想象和联想。选择你最喜欢的一首音乐，把想到的情景写下来。"学生仿照文中皮鞋匠对《月光曲》的想象内容，随着音乐的变化，景象也不断变化，在仿写中实践掌握本单元的"借助语言文字展开想象，体会艺术之美"的语文要素。教师根据学生写作的内容，可以评价学生是否能达成这一语文要素。

（三）编制评价量表，激发交互动力

社会化学习不仅承载着学科素养的习得，也承载着社会素养的提升。社会素养方面，可以设计社会化小组活动评价表，衡量学生的交互过程表现，是过程性评价。这样的评价也有助于教学的及时改进，便于教师有针对性地对学生提出指导性意见。评价的维度可以根据学生的状况灵活调整，但需要注意的是，评价项目不可以太多，否则学生不能集中注意力在主要的组内活动上。

社会化学习强调小组是学习共同体，提倡每个人都要学得好，成员们在交流时或友情提醒，或积极追问，确保每个人都进入深度学习。在这一过程中关注评价表，就自然生成一些"话术"，例如"请谁谁谁先说""你的想法我很赞同""那我们产生了新的问题""我来总结一下大家的观点"等。学生在交流中用礼貌的语言回应，用积极的态度参与，获得同伴之间肯定的评价，更能够激发学生学习探究的积极性。

"社会化学习"理念下语文阅读单的使用，促使学生在发展学科素养的同时，习得社会化技能与情感。但需要注意的是，在"双减"背景下，为了不加重学生的课业负担，也鉴于阅读单篇幅有限，教师在设计社会化阅读单时可以根据文本特点有选择性地呈现相关内容，让教学内容更聚焦，让学生更乐于参与社会化学习活动，从而促进学习方式的变革。

参考文献

［1］张齐华."社会化学习"：价值、内涵和基本要素［J］.教育研究与评论，2021（07）：5—9.

［2］吴贤."相协商的目标"：从确认、优化到定制［J］.教育研究与评论，2021（07）：10—15.

［3］王国锋.以"社会化学习"方式建立学习共同体为"双减"赋能［J］.管理艺术，2022（11）：37.

以立德树人为核心 奋力谱写教育新篇章

◎ 杨军华 / 江苏省启东市王鲍镇教育管理办公室

摘　要　在学校管理中，应坚守初心使命，坚持立德树人，以党建引领建功新时代，推动学校高质量发展。笔者结合工作实际，紧密围绕“立德树人”这一根本任务，突出问题导向，坚持靶向发力，将其融入教育事业发展各环节各领域，旗帜鲜明地推进教育优先发展、教育生态持续优化、教学质量显著提升，打赢基础教育的“翻身仗”。

关键词　立德树人　学校管理　教学研究

“才者，德之资也；德者，才之帅也。”人才培养是育人和育才相统一的过程。党的十八大把“立德树人”明确为教育的根本任务，党的十九大进一步提出要“落实立德树人根本任务”。党的二十大报告更指出，“全面贯彻党的教育方针，落实立德树人根本任务，培养德智体美劳全面发展的社会主义建设者和接班人”。教育被摆在国家优先发展的战略地位，立德树人是教育的根本任务，也是提高教育质量的前提和基础，党和国家要求我们培养具有当代中国政治认同的优秀的建设者和可靠的接班人。[1]

王鲍镇教育管理办公室（以下简称“王鲍镇教办”）结合学校的实际，紧密围绕“立德树人”这一根本任务，加强学习，深入思考，勇于追梦，将其融入教育事业发展各环节各领域，以实际行动奋力谱写新时代王鲍教育的优秀篇章。

一、坚持以学为先，涵养统揽全局的战略眼光

（一）讲政治、讲信念，做到“有方向”

我们围绕“培养什么人、怎样培养人、为谁培养人”这一根本问题，全面加强党对教育工作的领导。王鲍镇教办一班人坚持立德树人，落实行动，加强理论学习，提高党性修养。坚持以党建为“轴心”，大力开展党员学习活动，通过集中学习、自主学习等方式，重温党章，开展相关主题交流讨论，开展批评与自我批评，提高政治站位，坚定政治立场。通过报刊、网络

上的学习，书写笔记，相互交流，培养高尚志趣，在自我的审视、反思与剖析中坚定教育信念，立志做有信仰、有理想、有担当、有情怀的管理者。

（二）学思想、学理念，做到“会思考”

办学思想是一种观念，更是一种思维结构，是校长对教育的理性认识和理想追求。苏霍姆林斯基说过，“学校领导首先是思想上的领导，其次才是行政上的领导”[2]。但是，随着时代的发展、社会的变革、科技的进步及各种思潮的风云变幻，原有的办学思想、办学理念在现实中都遇到了新的挑战，学校的发展和学校的管理也面临着新困难、新问题。因此，学习新思想、新理念成为当下最紧迫最重要的任务。我们学习习近平新时代中国特色社会主义思想，从暑假中的校长培训到开学前的工作部署，从学校长远的文化建设到学校当下的日常管理，都是深入学习、深入探索的契机。

（三）精管理、精业务，做到“善作为”

管理是一门科学，更是一门艺术，科学来自严谨规范，艺术来自灵感创新。有人说：“一个称职的校长，不应成为全校做事最多的人，而应成为全校做事最精的人，使自己的管理最高效。”王鲍镇教办的校长团队来自教育教学一线，他们懂业务、能作为、会管理，始终深入教师和学生日常的校园生活，每天在校园做好巡视工作，发现问题立即寻找解决途径，落实专人负责；关注课堂，关注学生，深入一线听课评课，与教师共同探讨，共同提高课堂质量；走近家长，倾听诉求，出台合理措施，解决学生困难。面对学校发展中的种种管理问题，王鲍镇教办立足实际，以大局为重，行动为先，以善作善为的姿态做好学校管理的当家人。

二、坚持特色立校，勇担学校发展的历史重任

（一）以“党建品牌”为引领，凝聚发展合力

我们紧紧抓住党建工作这个“牛鼻子”，始终坚持党对教育的绝对领导，切实把加强学校党建工作摆上重要议事日程，放在突出位置，坚持把党建工作贯穿于学校教育管理全过程，认真落实党建工作责任制，建设了一个坚强有力的支部堡垒。同时，结合王鲍镇学校的实际，以“三岗三站三色园”这一特色党建文化为主线，设立了10个党员示范岗，以争当“四有”好教师为中心，树立人民教师“学为人师、行为示范、教书育人”的良好社会形象，发挥战斗堡垒作用和先锋模范作用，致力于打造一批有本领、有特色、有效果、有情怀的教师队伍，凝聚起推动学校健康发展的合力。

（二）以“红色文化”为载体，提升校园品位

“文化是民族的基因，是德育的源泉。”王鲍镇教办深挖厚实的办学传统，站在时代的节点，集思广益，又不人云亦云，在继承中创新，在创新中传承，提炼出“红色”二字作为学校的核心文化，积极构建让学生做有理想、有志向、有信念、有担当的王鲍学子的校园文化。结合课题研究，努力挖掘学科课程中的“红色”文化元素，以学科教学为依托，在语文、数学、德法、

体艺等国家基础课程中进行有机的渗透，同时以学校的“红色”校本课程为辅，探索小学生励志与诚信教育的具体教育内容、途径与方法，开展综合实践活动，积累实践经验，把学校的文化主题和发展愿景联系起来，形成一套可操作的育人模式，提升学校品质。

（三）以“三礼德育”为平台，增强教育潜力

人无德不立，育人的根本在于立德，这个“德”既有个人品德，也有社会公德，更有报效祖国和服务人民的大德。德“立”住了，人才能“树”起来。我们始终将学生德育工作放在首位，根据实际，精心安排组织了“三礼”（即一年级开笔礼、三年级成长礼、六年级感恩礼）的教育活动课程，坚持“重大节日、重要活动家长观摩”，邀请家长共同参与并见证孩子的人生重要阶段，共享孩子成长的快乐。同时以“‘三礼’德育”活动为路径，继续开展“八礼四仪”、学校文化节等系列主题教育活动，以小记者团、美丽乡村寻访团、红领巾志愿服务队等实践活动为载体，强化学生德育实践，加强德育科研，提高德育实效。在潜移默化中引导学生，使学生从小树立正确的人生观、价值观，努力探索出学校的校本化系列课程，实现基于核心素养的育人目标。

三、坚持以质为本，提升课程改革的开拓能力

（一）教师是质量的根本

校长团队带头，锻造一支政治过硬、品德高尚、业务精湛、治校有方的高素质、专业化的教师队伍，推动学校内涵式发展。通过树“旗帜”，加强师德师风建设，选树新时代王鲍教师新楷模；通过重“培优”，推动教师向专业化路径发展，激发教师的主观能动性，做发展型、专业型教师，发挥头雁效应；通过强“培训”，发挥学校“走出来、请进来”的优良传统，与兄弟学校结盟，开展挂钩活动，撷取“他山之石”，勤学善思，提升自身的专业水平、理论基础和观课能力，从而重新辨识、建构、完善、提升自己的课堂教学能力，为教育教学质量的提高保驾护航。

（二）课堂是质量的阵地

无质量，不学校。教学的阵地在课堂，教学质量来自课堂。新一轮课程改革的推进，迫切要求教师转变旧的教学观念，确立基于学生核心素养培育、与新课程实施相匹配的课堂教学理念，推进课堂教学管理制度改革，优化课堂教学评价标准。“启润课堂”“至慧课堂”的课堂教学模式已成为全体教师的共识。学校在先期学习实践的基础上不断改进高效课堂范式，改良课堂生态，充分合理运用现代教育技术，坚持在课堂主阵地上下功夫，把课堂教学作为提高教育质量的主要环节与渠道。严格执行“八项要求”，加大集体备课的力度，扎实推进行政听课制度，对教师的备课笔记、听课笔记、作业批改情况、各功能室使用记载情况等进行监测、评选，做到有检查必“通报”，对优秀典型进行表扬，营造“你追我赶”的良好氛围，确保在课堂上出成绩、出质量。

（三）科研是质量的引擎

我们清醒地认识到教育科研在学校教育和学科教学中的引领作用，坚持教育科研的先导地位，尽可能地在学校文化、学科教学、德育模式、师生管理等方面增强教育科研能力，倡导教师人人有研究课题。一方面，围绕“红色文化的校本课程研究”课题继续实践探索，加强优化提炼，进一步申报课题；另一方面，围绕“启润课堂”“至慧课堂”开展实践研究，以问题解决为导向，集中攻关，重点突破，力争通过教育科研出模式、出成果。同时，以论文撰写和课题引领为抓手，改变教师职业倦怠的现状，促进自身的专业化发展。将科研与课堂有机融合，用科研指导课堂教学，用课堂实践促进科研提升，将“高效课堂”研究向纵深推进，不断提升学校发展的内生动力。

庄子云：“朴素而天下莫能与之争美。”教育的本色是朴素的，我们不忘初心，不做伪饰，在今后的工作中扬人之长，容人之短，博采众长，打造优秀管理团队。坚持以人为本，以服务为宗旨，切实做好学校的安全卫生工作、后勤保卫工作、校园建设工作以及工会、监委会、少先队等各项工作，营造民主平等、友好融洽的人际氛围，尊重、信任、关心、爱护师生，构建团结、向上、健康的人际关系，促进学校全面、高质量发展。如习近平总书记所说，“好儿女志在四方，有志者奋斗无悔”。继续努力实践，为孩子的一生幸福和生命质量服务，为新时代启东教育书写华章，让教育闪耀德性之光。

参考文献

［1］新华社.坚持把教育摆在优先发展战略地位［OL］.新浪新闻，https：//news.sina.com.cn/c/2006-08-31/01539893099s.shtml.

［2］王天一.苏霍姆林斯基教育理论体系［M］.北京：人民教育出版社，2003.

赋能未来：探索迭代过程中学校人文管理之道

◎ 王　玲 / 江苏省太仓市实验幼教中心

摘　要　随着新一代教师进入职场，学校管理者面临着越来越多的挑战。传统的管理方式逐渐失去对新一代教师的吸引力，导致管理效能下降，教职工满意度下降。本文旨在探讨如何适应新一代教师的期望和需求，构建以关注人为核心的学校管理模式。通过分析新一代教师对工作的动机和期待，以及建立人文关怀和积极的组织文化，本文提出了一种适应新一代教师的管理模式，旨在激发教师的潜力和创造力，提高管理效能和教师满意度。关注人的管理方式将成为学校管理层应对挑战、推动学校发展的重要策略。

关键词　人文管理　新一代教师需求　组织文化

随着时代的变迁，越来越多的90后成为职场的主力军，00后也开始踏入职场，使得学校管理开始面临新的挑战。尤其是在当前，许多学校管理者纷纷感叹传统的管理方式似乎已经不再适应新一代教师的需求和期望。绩效考核、奖惩分明、恩威并施、任务导向等手段和方式已经被广泛尝试，然而却换来了新一代教师的不满和恶性竞争的加剧。新一代教师对管理层的压力和用心良苦不理解，而管理层也对新一代教师内心的想法感到困惑。新一代教师与前辈相比，有着与众不同的价值观和工作观念。他们追求工作的个人兴趣与爱好，并期望在工作中实现个人价值和过上有质量的生活。因此，在管理中如果无法处理好与新一代教师的关系，学校管理将难以取得成功。很多学校管理者过于关注如何做好具体的事情，如课程安排、教师专业能力提升、家校关系建设和环境创设等。然而，这些只是冰山上方的表面问题。要解决这些问题，必须深入到冰山下方，了解学校的组织结构、文化和价值观，而这些都是围绕人员构建的。因此，管理层应将关注重点从事务转移到人的层面，通过构建真实的互信和支持关系，激发新一代教师的自主性、内驱力和创造力。

一、面临问题与挑战：传统管理方式的局限与突围

（一）过于单一的绩效考核

传统的绩效考核方法往往以结果为导向，忽视了教师的个体差异和发展需求。这种单一的衡量方式容易导致教师的压力过大，缺乏动力和创造性。此外，过于强调绩效考核可能会使教师只关注表面成绩，而忽略了学校教育的本质和长远发展。

（二）奖惩制度的负面影响

奖惩制度和恩威并施的管理方式在短期内可能会产生一定的激励效果，但长期来看，却容易引发内部竞争和不良的人际关系。教师为了争取奖励和避免惩罚，可能会出现钩心斗角和拉帮结派的现象，从而损害团队的凝聚力和向心力。

（三）任务导向的规定局限

过分强调任务导向的管理方式往往使教师只关注任务的完成，忽视了教师个人的发展和兴趣追求。这种管理方式容易导致教师机械化的执行和创造性的缺乏，无法激发教师的潜能和创新能力。同时，任务导向的管理也容易忽视教师的工作质量和教育效果，只关注数量和时间节点。

以上问题和挑战使得学校管理层迫切需要提高管理效能和教师满意度。为了更好地满足和适应新一代教师的期望和价值观，管理层需要寻找新的管理思路和方法，从而为学校管理提供创新的解决方案。

二、管理方式的转变：适应新一代的期望和需求

（一）满足新教师的进阶培养

1. 搭建梯度平台，助力规划实现

新一代教师追求的不仅是经济利益，更注重工作对于社会的贡献和个人成长的意义。他们希望通过工作能够实现自己的价值和追求个人发展的机会。因此，管理层应该重视新一代教师对工作意义的追求，提供具有挑战性和发展空间的岗位，鼓励他们发挥才华和创造力，同时与他们沟通并制定明确的职业发展规划。

2. 提供适切培训，赋能专业发展

新一代教师渴望在工作中不断学习和成长，提升自己的能力和素质。管理层可以通过组织内部的培训计划、外部的专业培训课程以及与其他学校或机构的合作，为教师提供广阔的学习和发展平台，帮助他们不断提升自己的能力和素质。同时，管理层还应该鼓励教师分享经验和知识，创设学习型组织的氛围，促进知识的共享和交流。

（二）给予人性化的尊重与自主成长的空间

1. 建立互相信任与支持的关系是关键

管理层应该与教师建立良好的沟通渠道，鼓励教师表达自己的意见和想法，共同参与决策过程。同时，管理层应该展现出对教师的支持和关怀，关注他们的工作

和生活，提供必要的帮助和资源。这种信任和支持的关系可以促进教师的归属感，激发他们的工作热情和创造力。

2. 给予自主决策与创造的空间是基础

新一代教师渴望在工作中发挥自己的才能和创造力，而不仅仅是被动地执行任务。管理层可以提供更多的自主决策权，给予教师更多的自由度，让他们在工作中有更大的发挥空间。此外，管理层还应该鼓励教师自我激励，建立激励机制，以激发他们的内在动力和创造力。

（三）营造协同式的阳光与合作精神家园

1. 协调积极与健康的工作情绪

管理层可以通过鼓励教师积极面对挑战和困难，提倡乐观和积极的态度，营造积极向上的工作氛围。同时，应该关注教师的心理健康，提供必要的支持和资源，帮助他们有效应对压力和情绪问题。例如，我们将学校行政“每日发现”从过去的发现“问题”转变到发现“亮点”。过去，当园长、业务园长等管理层一日三巡进入班级，发现班级工作的问题时，带班教师就特别紧张，非常担心自己的工作是否有做得不够好的地方，这种倾向于检查式地发现“问题”出现在每日三巡的表格上、管理层的研讨里，最后再分享给全园的教师，不仅给教师带来了压力，而且不能及时、有效地与全园的教师进行对话。我们思考着，能不能换一个角度去发现教师们的“亮点”，能够从细微之处鼓励教师，创设一种更宽松的环境，鼓励教师积极向上、互相学习，用“长板”带动“短板”成长呢？“每日发现”通过细节日积月累，让教师们“被看见”“被肯定”“被珍视”，外部的鼓励将转化成内驱力，支撑教师们成为更自信、更优秀的自己。

2. 培养共融与合作的团队精神

管理层应该鼓励教师之间的合作与协作，营造团队合作的氛围。可以通过团队建设活动、跨部门合作项目和实施奖励制度等方式促进教师之间的合作和团队精神的形成。此外，管理层还应该倡导公平和公正的原则，确保每位教师都受到平等对待，并且有机会参与决策和发展。如我们开展的“实幼十事”活动，请每个人用生命叙事的语言讲述自己的教育故事，你的故事里有我，我的故事里有你，在倾听与对话中感受着自己与他人的联结，自然而然地形成了团队的和谐关系。

三、管理层理念的迭代：从关注事物到关注人本

（一）消除隔阂，建立相互信任的人际关系

1. 基于沟通，充分听取意见建议

为了消除管理层与新一代教师之间的隔阂，建立良好的沟通渠道和反馈机制，管理层应该充分倾听新一代教师的意见和建议，鼓励他们提出问题、表达需求和分享观点。同时，建立双向沟通的渠道，可以通过定期组织团队会议、一对一讨论和

教师调查反馈等方式，促进沟通和交流。

2. 基于情境，提高领导管理艺术

基于情境的领导与激励，可以帮助管理层更好地理解新一代教师的需求和动机，并采取相应的行动来激发他们的潜力和动力。管理层应该灵活运用不同的领导方式和激励手段，根据情境和个体差异进行调整。此外，还应该不断提升自身的领导力，通过学习、培训和反思等方式不断完善自己的管理技能，在与新一代教师的对话和回应中，要注意“去发现，但不要比较”。因为教师们其实非常在意外界的评价，管理层一句带评价的话语会让教师们去反思自己是否做得不好，或者想证明自己能够做得更好。

（二）促进优化发展的评估机制创新

1. 构建灵活高效的评价体系

为了确保管理的有效性和管理目标的实现，学校应构建科学有效的绩效评价体系，明确定义管理层和教师的目标和指标，确保与学校的整体发展目标相一致。这些目标和指标应该具体明确，可衡量、可追踪。同时，在进行绩效评估时，需要考虑新一代教师的个体差异和发展需求。新一代教师在工作中的表现和成长可能会有所不同，因此评价体系应该具有灵活性，能够针对个体的特点和需求进行评估。可以通过多样化的评估方法，如绩效考核、360度评价、个人发展计划等来实现。不仅关注教师的班级管理能力，也要关注师德表现、工作态度以及课程实施能力等。

2. 完善优化反馈改进机制

有效的沟通和参与是解决学校管理问题的关键。管理层应该建立开放的沟通渠道，积极倾听年轻人的声音，为新一代教师提供表达意见和建议的机会。此外，还应该鼓励教师参与决策过程，让他们感受到自己的重要性。通过建立有效的沟通和参与机制，可以增强管理层与新一代教师之间的互动和理解。

总之，在学校管理中，必须关注人的重要性，关注新一代教师的期望和需求，要充分认识到教师是学校最宝贵的资源，注重培养人才、激发潜力，关心教师的成长和幸福感。只有通过关注人，学校管理层才能实现教师与学校共同成长的目标，推动学校管理的可持续发展。

做教师的“重要他人”赋能学校教育发展

◎ 周拥军 / 江苏省泰州市姜堰区张甸中学

摘　要　“重要他人”是指在人的成长过程中发挥重要作用，提供关键影响力的人物或者群体。校长组织和引领学校各项工作，是学校队伍建设的设计者，对教师队伍的成长发展起到重要作用。学校各项事业的发展离不开高素质的教师团队。在教师成长发展的过程中，校长如何发挥“重要他人”的作用，助力教师专业成长，赋能学校高效发展，是值得探究的管理话题。

关键词　重要他人　队伍建设　教师成长　赋能学校

“重要他人”是指在人的成长过程中发挥重要作用，提供关键影响力的人物或者群体。校长是一所学校的灵魂，是学校办学的掌舵人；教师是学校发展的重要依托。“教师培养”始终是学校的中心工作之一，“队伍建设”也是学校发展的重要基石。校长如何成为教师自我发展道路上的“重要他人”呢?

一、“居高声自远，非是藉秋风”——用个人魅力引领教师成长

身为一校之长，在管理上不能靠“董之以严刑，振之以威怒”的机械推行，而应当在如沐春风中力争不言而化。故而，校长要努力做一个有魅力的人，才能更好地成为教师的“重要他人”。

（一）专业成长做榜样

校长的角色定位是多样的，除了是行政权力的主导者之外，更要做教师专业成长的引领者，要能够持续性地为教师的专业成长提供示范性的影响力。正所谓学高为师，校长首先是一名教师，应该是业务领域的行家里手，只有在专业领域有足够的话语权和示范性，才能够在教师群体中展现才智，树立威信，拥有春风化雨的教育魅力。

校长要尽可能地在繁忙的行政事务中安排固定的时间参加教研组或者备课组的集体备课，掌握一线教师的教研状态，尤其要在新课程、新教材、新高考背景下，充分了解教师在教育改革转型过程中取得的成绩、存在的困惑，给予建设性的指导意见。

如果条件允许的话，校长还可以坚持一线教学，用自己在专业领域的榜样示范作用更好地辐射教师，引领教师专业成长。

每一位校长一定有自己独特的专业成长历程，如果能够将这样的历程凝练成宝贵的教师成长借鉴学习的案例或者专著，一定会在展示校长自身专业魅力的同时，也给教师的专业成长提供榜样的力量。

（二）修养气质为高标

校长是教师学习的榜样，校长的一言一行都足够影响到教师的成长发展，做一名有魅力的校长，在气质修养方面展现出过人之处，是引领教师成长发展的重要着力点。

气质修养来源于学识，读书养气是每一位校长展现修为的重要法门，立志读书，带领教师们读书，将学校打造成书香四溢的校园。既读专业类的书，也读庞杂类的书；既为功利而读，也为修心而读。书卷气十足的校长，一定会更有魅力，更有影响力。

气质修养体现为良好的干群关系，校长必须是学校的权威，但是不能威权主义。他一定善于观察教师们的特点，倾听教师们的心声，在平易近人中不怒自威，在润物无声中无言而化。他是公正的象征，他是民主的代言人，他是尊长者，但是更像兄长；他是监督者，但是更像同行人。那么，这样的校长一定是向心力和凝聚力超强的校长，是带领教师成长发展的精神导师。

气质修养依赖襟怀抱负，学校即社会，教师既为群体，自然各有禀赋性情，校长总领津要，就要在明察秋毫的同时，拥有豁达大度的襟怀和博大能容的气量。面对不同意见，善于尊重和择善而从；面对教师，善于识人，取人之长，容人之短；面对不和谐的人和事，能够容纳、团结和改造，那么在管理上就会产生不一样的气质和格局。

（三）作风风格立示范

校长要能够引领学校发展，促进教师成长，做教师成长中的“重要他人”，还需要在工作中形成一股风格，展现别样的个人魅力。

在战略上，校长要有不一样的眼界，有当家人的决断与气魄，在教育改革的大潮中，要能够准确定位学校的发展方向，制定促进学校发展的战略规划。笔者所在学校是一所地处革命老区的乡村高中，生源匮乏，教育资源贫瘠，担任该校校长后，笔者深入分析了学校发展的优劣条件，提出了以“耕读文化”为核心价值指导学校发展的办学理念，挖掘区位优势，整合校本资源，激发教职工的工作热情，学校办学的方方面面迅速走上正轨，学校、教师、学生都找到了自己的发展方向。教科研氛围浓郁，学风纯正，学校发展走上了新阶段。

在战术上，校长要多从细节入手，全方位展现自己的优良风格，去感染和引领教师共同前进。面对教学管理的难题，要展现迎难而上、勇于担当的气质；面对学校各项事务，要身先士卒，勇做表率；将工作当成自己挚爱的事业，满怀热情地对待和经营；勇于接受新生事物，对教育问题常怀敏锐的关切；着装始终得体而又充满活力朝气；常以笑脸对待同事，时常将安慰、鼓励和关怀挂在嘴边；巡赏校园，早到及放学高峰常常展现身影，始终行走在同事们的行列中。

二、“好风凭借力，送君上青云”——搭建教师专业成长的平台

每一位教师就是一个世界，都有丰富精彩的内蕴；每一位教师都是一座矿藏，都蕴藏着无限美好的可能。校长要成为教师成长发展中的“重要他人”，就需要充分尊重教师，信任教师，发掘教师成长过程中的成长点，采取切实可行的策略为教师的成长发展搭建平台。

（一）推行“教育科研兴校工程”

教师队伍的含金量离不开教育科研，学校的发展少不了科研力量的加持。作为学校发展的领头人、教师队伍建设的关键者，要大力推行教育科研工作、营造浓郁的科研氛围。笔者所在的学校以“耕读文化”为立校之本，倾力营造“耕读”书香校园，面向区内外同行推行“耕读课堂”观摩活动，打造“耕读”主题下的青年教师专业成长沙龙，编辑“耕读”主题下的校本教研刊物若干期。作为一所乡镇高中，经过不断的努力坚持，教研氛围浓郁，课堂教学效率大大提高，教师专业技能竞赛成果显著，教师队伍成长收获喜人。

（二）推行“师徒结对青蓝工程”

关注教师群中的新生力量，通过“师徒结对青蓝工程”，助推青年教师专业成长，提供源源不断的后备力量。青年教师是新鲜血液，是玉璞，是教师队伍建设的后备力量，青年教师的成长保证了教师队伍建设的持续高效。校长作为推动教师队伍建设的关键人物，为青年教师的成长匹配导师，营造环境，设定职业成长规划，并给予过程性的成长关注，让青年教师群体快速成长，成为学校教育教学工作的重要新生力量。

（三）推进“骨干教师评选工程”

关注教师群中的中坚力量，实施“三级骨干教师评选工程”，促进优秀教师群的涌现，产生示范辐射作用。为了发挥引领作用，鼓励和促进教师专业成长，做教师专业成长的“重要他人”，笔者在学校尝试开展“校内三级骨干教师评选”活动，制定标准，选评校内“教坛新秀”“教学能手”和“学科带头人”，将评选工作和“耕读课堂”“耕读教研”有机结合，经受过程性考核给予相应奖励，并推介到校外不同层面去交流、学习和展示，让一部分专业基础扎实、教学水平高超、锐意进取的教师得到更好的发展机会。

三、“丈夫生世会几时？安能蹀躞垂羽翼”——激发教师成长的内驱力

学校发展靠教师，教师成长看校长。特别是在那些生源质量相对较差，教育资源比较贫乏的地区，校长更是要使出浑身解数，做教师身边的“重要他人”，努力激发教师自我发展的内驱力，才能谋求发展与提升。让教师由“要我成长”变成“我要成长”，是校长应尽的责任。

（一）倾听中有信任

发展教师，首先得走近教师，然后走进教师。校长需要俯下身子，到教师中去，

营造轻松的氛围，倾听教师的心声，了解教师在职业发展过程中的真实想法和所遇到的困境。初入职场的教师都拥有着最初的职业梦想与追求，那么在专业成长发展的过程中是什么淡漠了追求，懈怠了热情，消减了希望，安逸了现状？校长首先要通过倾听来成为破局之人。这种倾听，其实就是对教师的信任与支持，能够唤起一个人走向未来的热情与希望。

（二）规划中有引导

校长要善于为教师的专业发展制定目标、设立规划，然后创设平台、汇聚条件、促进实现。目标引领作用鲜明，让没有目标的教师找到方向，让目标模糊的教师清晰努力的层次，让目标坚定的教师追逐更高远的目标。年轻教师压上担子，主力教师赋予重任，瓶颈期教师消解负担，全力激发教师对职业幸福的理解和追求。

（三）关心中有情怀

校长要站稳教师立场，想教师之所想，为教师之所需，在关心中体现情怀。当教师面临工作或者生活中的困难时，校长要能够及时了解情况并施以援手，减轻教师的负担，化解教师的困难，改善教师的窘境，带着同理心和共情心保障教师的权益，维护教师的利益，让学校成为教师充满认同感和归属感的好地方。

总之，校长是教师成长发展的重要人物和关键角色。为了更好地引导教师成长，促进学校发展，校长首先要淬炼自我，成为魅力超群的人；然后要开动脑筋，发挥智慧，搭建教师专业成长的平台；最后还要多维并举，真正激发教师成长发展的内驱力。

［本文系江苏省中小学教学研究第十四期课题“‘若水教育’背景下‘重要他人’赋能德育的校本研究”（2021JY14-L208）中期研究成果］

“一体三面”教师评价机制的构建

◎ 张 玮 / 江苏省苏州科技城实验小学校

摘 要 科学的评价机制既能激发教师自我成长内驱力，也是引领教师走向专业化发展的重要保证，因此要用发展的眼光看待教师，用多元的方式评价教师。苏州科技城实验小学校既关注自上而下，来自外部规范要求的学校评价，更重视自下而上，教师内在的生长动力的自我评价，同时结合教育活动共同参与者的协同评价，构建刚柔并济、动态分层、“一体三面”的教师评价机制，充分发挥评价的诊断、导向、改进、激励作用，发挥评价的积极功能，创设良好的教育环境，以此打造专业教师团队。

关键词 教师评价 刚柔并济 动态分层 一体三面

评价教师的过程就是培养教师的过程，建立一个科学的评价指标体系，有利于发挥评价的诊断、导向、改进、激励作用，能激发教师自我成长的内驱力，是引领教师走向专业化发展的重要保证。

依据中共中央、国务院印发的《深化新时代教育评价改革总体方案》，学校结合教师队伍现状，经过不断的探索研究，从学校、他人、自我三个维度，以可持续发展理论为基点，强化过程性评价，改进结果性评价，探索增值性评价，健全综合性评价，既有制度规范，又体现人文关怀，构建刚柔并济、动态分层、“一体三面”的苏州科技城实验小学校（以下简称“K小”）教师评价机制，打造一支高素质、充满活力的专业教师团队。

一、学校评价：科学精准，统筹兼顾，明确发展的方向

（一）制度为本，规范行为，让评价更科学

制度的力量是推动学校发展、教师成长的重要因素，制度本身带有一定的价值判断，有了这样的价值判断，才能规范和影响到人的行为。随着学校规模的不断壮大，我们对现有制度进行全面梳理，形成“职、责、权、利”相统一，并能有效激发教师发展内驱力的内部管理长效机制，把制度建设与文化认同相结合，在实施中逐步完善教学常规、绩效考核、推优评先、

职称评聘等制度，克服评价的随意性和片面性，用科学的评价规范教师的言行，用共同的愿景影响教师的态度，凝聚正能量，形成积极的文化场。

以课堂评价为例，它是学校对教学方向的引导。经过几年的实践研究，我们提出打造具有K小特色的有序、有料、有趣的“三有”课堂。课堂常规井然有序，学生学习认真投入，教学内容循序渐进，打造有序的课堂；教学言之有物，不空洞、不乏味，讲解到位，学生能有所得、有所感，打造有料的课堂；教师借助幽默的语言、灵动的过程、好玩的游戏等吸引学生的注意力，激发他们的学习兴趣，打造有趣的课堂。构建“三有”课堂，让学生站在课堂中央，让学习发生在学生身上，让学生在学习过程中去经历、去体验、去成长、去收获。

（二）梯队建设，分层目标，让评价更聚焦

学校的核心是教师，打造一支高素质的教师队伍是学校工作的重中之重。K小对教师队伍有着清晰的认识与准确的定位。让教育更纯净，让教师更纯粹，始终是学校队伍建设的首要目标指向。学校由教科室牵头，按职业阶段、专业基础、发展意愿几个指标对全校教师做梯队分层，三个梯队按1∶2∶3.6的比例，分层制定了年度专业发展可视目标。梯队建设采用目标量化与弹性生长相结合的评价机制，照顾全体，兼顾差异。同时进行阶段性评估反馈，帮助教师明晰方向，看到不足，发现长处，持续推动教师朝学习型、思考型、科研型教师发展。

借助“青蓝工程”，成立“慧·谷”班，以24节气图谱规划新教师一年的成长轨迹，进行12项必备基本功的专项研修和考核，使新教师站稳讲台，上好入门课，尽快缩短“磨合期”。依托成长工程，打造“读写教成长营”“班主任智慧工作坊”等学习共同体，为有一定教学经验的教师搭建平台，让他们博采众长，学会思考，在实践操作中整体提升自己的教育教学能力和水平。开展提升工程，成立“名师工作室”，让骨干教师发挥示范、引领和指导作用，制定年度研修目标和培养教师任务，培养学校骨干团队力量。

（三）全面了解，长程观察，让评价更客观

教育不是一蹴而就的，不是简单的复制粘贴，它是一个复杂且漫长的过程。对于教师工作的评价，有些是可以按一定的标准定量分析的，但如果仅靠数据或一两次的单项评价，不可能真实地反映教师工作的整个发展过程，特别是教师的思想、情感、态度等方面的评价不可能完全量化。如果没有对一位教师进行全面、深入的了解，缺少综合性评价，就无法把握其发展需求和发展方向，也无法修正由晕轮效应、趋同效应等引起的评价过程中的各种偏差。[1]

不能因为一位教师所带班级成绩好，就认为他所有的工作都是没问题的；也不能因为教师工作中的一个失误，就判定他不可培养，能力不行。对一位教师的客观评价需要进行长期的观察，帮助教师找准定位，明确方向。为此，学校开办“K小每周有约”活动，形成管理层与一线教师定期谈话机制。通过每周与教师交流生活，畅谈工作，从而指导其发展，尊重教师、关爱教师，让每一位教师“被看见”，重视教师个人的主体性与价值实现，帮助他们解决问题，激发其成长的内驱力。只有价值理性与工具理性有效融合的评价机制，才能做到对教师评价的公正和客观。

二、他人评价：多维协同，内外结合，促进目标达成

（一）同事评价，在相互了解中激发团队精神

无论是课堂观察、活动组织，还是绩效考核、推优选先等，学校对教师的评价还要听取其他教师的意见。教师之间平等交往，彼此熟悉，这种同事互评，能促使教师不断从身边伙伴那里获得信息，吸取和借鉴他人的经验，能促进教师相互间的深入了解、合作和交流。在集体互评中推出先进，树立榜样，以点带面，用身边人、身边事来教育人、影响人、感召人，凝聚起强大的合力。借助同事评价，可培养教师之间共同协作、相互学习的教师文化，会形成教师之间相互尊重、彼此关心的良好生态。

（二）学生评价，在教学统一中改善师生关系

教学是师生共同推进的过程，是教学相长、师生互动的过程，目的是激发和引导学生的自我发展之路。[2]学生在其中对教师的教育教学活动以及师生交往有着直接的感受和判断，因此，学生对教师的评价最直观、最真实。学生参与教师评价，有助于体现学生是教育的主体，有助于改善师生关系，能帮助教师了解自己的教学状况、能力水平以及教学中的优势和不足。学校组织“瑛瑛校长聊天室”，开设“小蝌蚪邮乐场”，开展教师满意度测评，鼓励学生和教师谈心，引导学生从多个方面、多个渠道评价教师，如教师的教学方法是否得当、工作态度是否积极、师生关系是否融洽等，以便教师真正了解学生的需求，不断优化教学方法，提升教学质量。

（三）家长评价，在交流沟通中获得认同支持

学生的教育离不开学校和家庭的配合，家长的认可与支持能使教育效果事半功倍。引导家长参与学校管理，以一种客观公正、实事求是、严肃负责的态度参与到教师评价中[3]，有助于家庭与学校之间的交流与沟通，形成教育合力；有助于家长及时了解孩子在校表现，以便更好地进行督促和指导；有助于教师师德师风建设，形成积极向上的力量。学校定期开展家长座谈会、进行问卷调查，还组建了教育随笔鉴赏团，让家长在评价一个个教育故事的同时，了解教师的教育理念，感受教师对孩子的关爱，从而对学校产生认同感和信任感。

三、自我评价：情感认同，反思驱动，建构自我成长体系

（一）情感认同，增强职业价值认知

教师情感认同是一个心理学概念，表现为对教师职业的喜爱和积极性评价。教

师对自己身份内在价值的认可度，会决定他们在教育教学工作中的态度、思想和行为方式，会促使他们在工作中进行高层次探索，对自我高标准要求。教师对教育职业的认识越深刻，自我价值的认同感越强，越具有积极情感，就越能产生正向作用。学校鼓励教师积极参与各项活动，不断学习和实践，树立目标和榜样，肯定他们的付出和转变，使评价成为促进教师专业成长的内在动力，成为教师职业幸福的重要源泉。

（二）诊断剖析，调整教育教学行为

自我评价是人们对自己的能力、状态和发展趋势的评价性认识，是一种内部评价机制，有助于培养教师的自我意识和创新精神，这种内部动机比外部压力具有更大的激励作用。曾子曰："吾日三省吾身。"重视自我评价的教师，更善于反思，会寻找自己与外部期望的差距。这种反思是教师用研究的思维去审视和分析教学实践中的各种问题，从而不断调整自己的教育教学行为，用思考唤醒自信，用思考支持教学。学校"88号教师丛书"系列推出的《跟着胡老师学语文》《耕耘的足迹》《一路思考　益路成长》等书，都是K小教师对自己教学过程的反思，对教学经验的积累总结。这种自我诊断剖析的能力也是促使他们专业发展和自我成长的重要因素。

（三）突出主体，建构自我成长体系

对教师的最大成全，就是唤醒和鼓舞其"自我成全"，即充分调动他们的内驱力，促使其实现自身价值。要培养思考与行动合一的人，就要通过教育来成就人的主体自觉。学校根据教师个人的能力及发展的需求，引导教师对自己进行准确的定位、深刻的剖析，指导每位教师制定个人三年发展规划，并把目标细化到每一学期，过程中实时评价、动态调整，以可量化的目标促进专业发展自觉。以学习共同体形成教师多维空间成长模式，以导师制提升专业发展的引领性，注重研训一体化，帮助教师从站稳讲台到崭露头角，再到成熟优秀，建构自我成长体系，促进教师专业发展。

学校实施的是尊重人、依靠人、发展人、服务人的现代管理，因此要用发展的眼光看待教师，用多元的方式评价教师。既关注自上而下，来自外部的规范要求，更重视自下而上，教师内在的生长动力，同时结合教育活动共同参与者的协同评价，创设良好的教育环境，发挥评价的积极功能，从而打造专业的教师团队。

参考文献

[1] 谢冬平.高校教师评价体系中存在的问题及完善策略[J].长春教育学院学报，2011(12)：5—7.

[2]（英）怀特海.教育的目的[M].庄莲平，王立中，译.上海：文汇出版社，2012.

[3] 卢志文.五维评价：新时期的教师评价制度[J].河北教育，2006(04)：27—29.

集团化办学背景下 1+N 校本教研模式的探索

◎ 周　浩 / 江苏省南京市栖霞区实验小学

摘　要　随着近年来集团化办学规模的不断扩大，集团内各分校之间存在师资业务水平不均衡、年龄结构差异大、名师配置不匀称、教育质量欠均衡等问题。本文从支点架构、理论研修、高位引领、研赛提升四个方面论述集团化办学背景下 1+N 校本教研模式的构建，试图优化集团校本教研组织形式，促进集团内校本教研质量提升，实现集团校区教育质量优质均衡发展。

关键词　集团化办学　1+N 校本教研模式　探索

集团化办学是深化基础教育改革、扩大优质教育资源覆盖面、推动和实现区域基础教育均衡发展的重要举措和有效路径。我校实行集团化办学，目前有 4 个校区，360 余名教师。其中，超过三分之一的教师是青年职初教师。随着近年来办学规模的不断扩大，集团内各分校之间存在师资业务水平不均衡、年龄结构差异大、名师配置不匀称、教育质量欠均衡等问题，在本集团内部，校本研修尚存在目标模糊、内容松散、问题浅表等问题，未能获得根本性改变。这些问题，一定程度上阻滞了集团教育教学整体的优质发展。

“校本教研”是在学校统一组织下，教师展开深入学习、研究和反思，改进教师教学行为，提高教学质量的重要教学制度和研究举措。我们试图通过构建 1+N 校本教研模式，厘清校本教研中的成绩与问题，充分发挥集团化办学的规模优势、资源优势和管理优势，优化集团校本教研组织形式，兴利除弊，完善优化集团内部校本教研的机制、内容和途径，促进校本教研质量提升，实现集团校区教育质量优质均衡发展。

一、支点架构 1+N：集团主题 + 分校子主题

集团化校本教研要寻求每个成员校最适切的“支点”，充分发挥其内在的驱动力，撬动教师和学校教学优质化、可持续发展。这个“支点”就是校本教研主题。以往的校本教研也有主题，但是存在零散、随意、变化大等问题，常见一个教研活动一个主题、一个月一个教研主

题或者集团内各分校教研主题差异过大等现象，无法聚焦或从根源上解决教育教学问题。我们主要从“尊本、依标、存异”三个方面制定和展开集团的校本教研主题。

（一）尊本——教师的“教”和学生的“学”

追溯“校本教研”名称的本身，即school-based teaching research，是“以校为本的教学研究”或“基于学校的教学研究”。学校的主体是教师和学生，校本教研的主题也应从教师和学生出发。因此，校本教研的主题要自下而上地从教师和学生中来。我们通过组织调查访谈、制定课堂观察量表等方式，了解教师和学生在教学与学习中遇到的具体困难，组织学科指导组进行问题分析和现象诊断，提炼具有普遍性、典型性的问题。

（二）依标——“课程方案”和“课程标准”

我们首先组织学科教学管理者和骨干教师充分研读《义务教育课程方案和课程标准（2022年版）》，了解教改前沿和动态问题，再结合我们组织自身查找提炼的一些问题现象，找到适切学校发展的核心关键词，初步拟定明确了集团内各学科的教研主课题。比如，语文学科为“任务驱动下的小学语文高效课堂的实践研究”，数学学科为“数学核心素养导向下作业设计研究”，英语学科为“基于童话故事融合的小学英语读写结合教学研究”等。

（三）存异——集团主题和分校子主题

本集团有4个分校，虽然同属一个教育集团，但不是集中在一起的，各分校有着不同的管理者、教师、学生和地域特点。因此，各分校在充分理解和研究集团校本教研主题的基础上，结合自身特质，制定分校校本教研的主题。集团主课题和分校主课题之间是求同存异、互相促进的关系，集团主课题指导分校子主题的开展和实践，分校子主题的研究成果也充实和完善了集团主题，这也充分发挥出集团化办学的规模和资源优势。

在主题的引领下，校本教研整体规划、统筹推进。每月开展4次校本教研活动：3次由各分校组织开展，1次由集团统一开展。主要研究活动方式有：参与式集体备课、主题化课例研讨、跟踪式团队研讨、共创式作业设计、互动式专家培训等。其中，主题化课例研讨是重点模式，主要流程为：承办分校集体备课选择课例，上课教师围绕校本教研主课题独立备课，学科备课组组织团队磨课，课例观摩，各学科教研组长详细阐述归纳研究过程及展示课所呈现的教学理念和方法策略，引导授课教师进行教学反思，人人参与评课议课以达成共识，最后完善教研，将理念和方法等移植、运用到自己的课堂教学中。这样开展研究活动，使得课题研讨活动显示“三个有”的特点，即有课例具体过程展示、有评析即时分析配套、有集体理念思维提升。这样的集团化校本教研，让每一位参与的教师都感到“解渴”“信服”，有真切而实在的参与收获。

二、理论研修1+N：主题培训+各类型研训

（一）集团校本教研注重培养教师的专业思维

现代知识论认为，知识不是一成不变

的，而是处在不断发展、更新与变革之中；知识是开放的，并与认识主体始终处于相互作用之中。校本培训与教研是否针对教师的问题与需求、是否具有引领作用、是否达到一定高度，都决定着集团校本教研的质量。集团校本教研注重培养教师的专业思维，要让教师像研究者那样探究与思考，包括积极展开针对课程标准的通识培训、学习现代教育教学理论、组织教育教学案例或论文培训等。比如，学校组织推动各学科教研组召开学习研究分享会，教师围绕校本教研主题和自己的个人研究小专题，从课程标准、热点政策、理论文献等方面开展深入阅读，组内分享交流，互促共进。学校每年暑期都会开展面向所有分校的校本培训活动，立足教师的困惑和问题，精心设计校本培训方案，将全国的教育专家请进集团来，进行面对面的指导。

（二）集团校本研修强化教师多样化类型研训

我们意识到，集团内的教师学习共同体不是一个由个体简单相加的集合，而是由具有差异性有机搭配的个体组成的团体。因此，集团校本教研管理团队根据教师年龄、知识结构、教学水平等差异，分析他们的教学风格，突破现有专业发展瓶颈，组织不同类型的培训，为他们提供个性化的指导意见，促进他们的个性化发展和异质发展。比如，面向职初教师，我们通过特级教师领衔的青年教师成长营的培训不断助推新教师的快速成长。面向成熟型教师，支持其外出参加高端培训和各类名师工作室交流培训，提升专业素养。面向专家型教师，邀请全国各地名特级教师进校一对一指导，促进他们梳理和提炼自己的教学风格和教学个性。集团党总支书记陈玉梅带头动手抓细抓实教师培训，组织申报以党建引领青年教师“德能一体”发展的市级课题，给集团内青年教师培训和成长注入了新鲜活力，创新了抓手，有力开创了本集团教师发展新局面。副校长组建市级名师工作室，针对每个教师的具体情况，制定有针对性的学习研修方案，引导年轻教师学习教育理念、教学理论，通过组织“巫婆讲故事”活动进行网络传播，形成热潮，一度对教改影响深远，带动了一批语文骨干教师的专业发展。针对部分教师读书多、写作少的现象，集团还在教师论文写作、案例梳理、课题申报、项目结题等方面组织深入指导，推动年轻骨干教师加大研究力度，促进教师研修日进一步。

三、高位引领 1+N：名师队伍 + 成长共同体

集团化校本教研如果只靠教研组或教师个人的力量，容易导致教研水平低位徘徊的不良循环。学校着力打造和建设一批名师队伍，主要包括特级教师领衔的名师指导团、市区级名师工作室、名优骨干教师教学研究指导中心，促进教师深度协作、高速成长和教育教学质量的全面提高。

为避免名师队伍引领的碎片化、笼统化，我们将全集团的教师组建成职初教师、成熟型教师、专家型教师等三类成长共同体。在具体推进方面，我们实施了“五子登科”促进举措：一是“戴帽子”。公布相关人员业务性资质名称，让同事们都知晓。组织建立市、区级学科带头人、教学骨干队伍，通过开设观摩课、示范课或专题讲

座，充分发挥业务引领作用。二是“压担子”。布置相应骨干承担业务领先任务，通过任务驱动，优化提高青年教师队伍。借助优质课、研讨课、校本研究课，给骨干分配示范、探究、开发等各项任务，让他们在教改上先行一步、改深一点、走实一些。三是“架梯子”或者“搭台子”。安排区、市教学新秀参与区、市相关研修活动，让他们走出校园小天地，开阔其眼界，提高其认识，增强其能力，激励其成长为骨干教师，加快研修成长步伐。四是“磨刀子”。打磨助推新进教师队伍，积极培训新进教师，定期安排新教师上汇报课，开展新教师赛课，促使他们尽快适应工作需要，成长为骨干，并实现对于标杆教师的动态管理，让新教师成长“有奔头”。五是“结对子”。组织新老搭配，结成互助共进对子。针对集团内师资重新调优调强状况，各校区制订骨干教师与青年教师结对成长计划，盘活内部人才资源，进行“师徒结对”互帮互学活动，通过评选优秀师徒对子，促进新老教师互帮互促，共同成长。

名师队伍引领 + 成长共同体，为集团教研注入了新的活力，辐射带动了一大批集团教师的发展，让集团教研更具魄力、彰显魅力。一是抱团提升。将骨干教师凝聚在一起，强强联手，真正实现“雁阵效应”。二是稳定发展。在集团化办学的背景下，使各校区流动的教师群体呈现出稳定发展的集团专业力量，让集团教研更具魅力。三是优化结构。集团“1+N”的教研模式有力地解决了成员少、单位小、研修不成气候的组合模式，优化了集团教研的结构，强化了集团教研的效能，让学校教研氛围浓厚、教研品质提升、教师收获大增。

四、研赛提升 1+N：核心目标 + 多维度活动

提升学校教育教学质量的重要途径是校本教研，提升校本教研质量的核心在教师。美国学者特拉弗斯说过，“教师角色的最终塑造必须在实践环境中进行”。教师必须在不断的教育教学实践和校内外研修活动实践中提高自己的教学能力。“竞赛活动”是教师自觉进行教学研究、促进自我发展的重要途径，教师专业发展的实现，会促使教师更加热爱自己所从事的事业。我们坚持“以赛驱能，以评促优”，用竞赛活动提升教师专业认同感和职业使命感，进一步推动教师专业自觉、加速持续发展。

我们将集团“竞赛活动”的核心目标牢牢地锁定在提升教师的教学核心素养上，重在检阅教师的专业素养和技能素养，诸如教学理论知识、学科知识、心理知识等专业知识，以及科研能力、组织教学能力、教学设计能力等专业技能。基于这个核心目标，我们设计和组织了多维度的教师研修竞赛活动，配套系列，形成制度，坚持不懈。比如，每年组织一次优秀教学成果评选，每年开展一场名优骨干教师教学展示活动，每年举办一次“至善杯”赛课，每年举办新教师亮相课回报、赛课活动；每两年开展一次教科研素养大赛，每两年举办一次青年教师教学基本功竞赛；每三年开展一次集团名优骨干教师评选认定；等等。这些措施，有效地促进了集团教育教学质量的提升和教师队伍的建设，同时也为学校的发展注入了勃勃生机。

透视实操层面：小学教研组共同体文化建设策略探究

◎ 李 雪 / 江苏省宿迁市宿豫区文昌小学

摘 要 教研组文化是学校教研组的重要成果之一，引领着教研组的高质量发展。良好的教研组文化，能推动教师专业素养的提升，加强教师的凝聚力，提高学校的教育教学质量。近年来，虽然学校的教研组活动不断创新发展，但教研组的文化建设依旧存在着制度短板，价值取向偏颇，严重阻碍了教研组的发展。要通过提升教研组发展理念，完善教研制度，注重活动过程的凝聚力与创新性，促进教研组共同体文化的建设。

关键词 教研组 共同体文化 建设策略

教研组作为教师进行教育教学研究最主要的组织，在学校的发展中不容忽视，其形成的共同价值理念和发展愿景能够不断地提升学校的文化品格，激发办学的活力。同时，作为推动教师专业发展的重要载体，教研组的活动能够引领教师相互学习，和谐合作，助推教师队伍高质量发展。但教研组是基于行政模式建立的，存在着一定的形式主义和事务化取向。例如，一些作秀般的授课，层级分明的等级关系，过分追求面子工程，只管教研的数量不管质量。教师疲于应付打卡式的教研活动，导致其成为教师的一种负担。这些轰轰烈烈的活动表面上促进了交流，但并没有让教师们静下心来研修，组内的和谐文化氛围也开始异化。因此，需要从文化层面入手，挖掘教研组建设的内在根源，变革教研组建设的发展和需要，进而克服传统教研组文化建设中的弊端。

一、教研组文化及其建设的困点

（一）教研组文化内涵解析

“共同体”意味着合作、互助与共享，具有共同体文化的群体既要有个体独立的差异性，又要有共同的理想追求和社会价值观。在此基础上形成的教研组共同体文化，是教研组成员在日常活动中共有的思想行为与规范体系，是为了实现有效沟通的教育教学愿景，教师之间相互协作，共建共享，从而实现教师与教研组的共同发展。具体来说，首先，教研组共同体文化是能够促进教师生命发展的共生性文化，它关切教师的精神成长，追求教师的生命意义，指向教研组内每位教师的共同成长，同时重视不同生命个体之间的联结。其次，教研组共同体文化是教师主体之间积极的互依互助性文化，教研组是多元主体的存在，每位教师的思维方式、认知风格和知识储备都存在着差异，这些差异都是相互之间学习的资源，组内成员之间把自己的不足敞开来说，把经验与别人分享，同伴之间有倾听、有回应，互惠互利。最后，这种文化是专业引领的分布式文化，组内教师不会因为行政职务之别而有不同的话语权，根据活动类型的不同，每个人都有可能成为活动的组织者与主持人，相互之间享有平等的话语权，以较强的专业性进行实践与合作。

（二）教研组共同体文化建设存在的问题

在当前的教研组活动中，教师们都能积极参与，学校也能围绕某一个主题常态化地组织听课、评课等研讨活动，以此在学习与研究中生成学校的教育智慧，构建教研组共同体文化。但也存在一些问题，教研组内部活动开展的研讨内容比较老旧，形式比较单一，大多是固定模板，过多地追求共性的问题，缺少对组内教师专业成长的关注，使得部分教师存在一定的被动性和惰性。

1. 发展愿景不明确

在共同体文化建设中，很多分管教研的领导也都会用共同的教学理念引领着教师，能够搭建更好的交流平台，激励大家为一个共同目标而努力。例如，依据学段确立目标，但这仅仅将共同愿景简单地理解为教学目标，“把学生教好”“把课上好”，忽视了组内每位教师的发展诉求。因此，学校的教研活动不能仅仅把完成教学任务、完成教学质量的考核作为共同体发展的愿景，而且要关注每位教师的专业需求，继而把教师的需求融入教研发展的共同愿景，最终形成教研组所有成员共有的发展目标和价值追求，生成教研组共同体文化。[1]

2. 组内教师的认同感淡薄

现阶段，大多数的教研组依然处在学校的科层管理。在长期的自上而下的管理下，参与教师的领导意识淡薄，对于教研组的发展缺少责任感与主动性，这也反映出教师们并没有把教研组的活动作为自己提升的平台，而是把教研当作学校工作安排的一部分，只完成相应的听课、备课活动，完善自己的业务材料来应对检查。

3. 缺乏有针对性的帮助

为了提升教师的综合素质，提高教师队伍建设水平，学校在科研方面也投入了很多精力，给予了很大的帮助，但大多只考虑了组内教师的普遍发展需求。由于组内教师的年龄、兴趣、发展水平不同，他们的成长规划和路径也不同，因此组内所形成的文化必然也是同质与异质并存。而教研组缺少对差异化需求的关注，也就缺少对教师有针对性的帮助。长此以往，导致一些“佛性”教师出现，此类教师不仅丧失了专业发展的内驱力，还出现了一些消极的、惰性的文化。

4. 人文合作代替自然合作

为了提高教研组的活动效率，很多学校出台了行政蹲点制度，在教研组活动开展前，对活动的人员、主题、程序都有一个明确的、事先的方案，同时又有行政人员的监督，教师只要按部就班地完成上课、听课、评课就算完成了教学任务。这种明文规定的合作，致使教研组的合作缺少了该有的碰撞和活力。因此，教研组更需要通过一种自然的合作来激发教研组内部巨大的共同体力量。

二、小学教研组文化共同体建设的生成策略

基于以上分析，要有效地打造教研组共同体文化，就要将共同体的诸多要素渗透在教研组文化建设之中，从建设文化愿景、教师的自然合作和学校的制度管理等方面为共同体文化建设提供保障，从而保证教研组活动的良性有序开展。

（一）用共同的文化愿景定位共同体的发展

在各种组织活动中最有效的激励措施就是组内成员在共同愿景的带领下自发地组织在一起。愿景就像一个磁场一样吸引周围的能量聚合在一起。[2]这不是泛泛而谈，而是渗透在教师的职业成长中，由每一位教师的智慧达成共识，从而实现教研组之间互惠共生的文化使命。

1. 文化愿景要基于生命的向度

为了追求教育教学质量，提高教学效率，打造高效课堂，大多数学校的教研组文化都是紧紧围绕学校的教学事务来开展的，导致教师自我的生命价值被忽视。然而，教研组文化的愿景不仅要关注事，也要关注人，将二者共同融于文化愿景中。一方面，要去除自上而下的行政指令式管理；另一方面，文化愿景要以教师的生命成长为指向，更多地关注教师的终身发展，关注成长中最真实的诉求，自下而上地塑造教研组的文化愿景。

2. 立足不同阶段的教师需求，凝聚教研组共同文化

在教研组活动中，不同发展阶段的教师需求不同。对于老教师而言，他们需要接纳新的教学理念和方法，跳出已有的舒适圈；对于骨干教师而言，他们希望实现自我突破与超越，成为教育教学的领军人物；对于新教师而言，他们需要尽快适应教师角色，熟练地完成教学任务。因此，教研组长不仅要完成基础的教学事务，还要肩负引领教研组团队发展的责任，激发全组教师的向心力，谋求教师的共同发展文化。在文化愿景的设置上，要有相应的规划，如设置注重教研组的可持续性发展的长期愿景，也可以设置关注本学年的专业发展的中期愿景，还可以穿插设置短期的愿景，解决当下最迫切的教学问题，从而激发各个发展阶段教师的内驱力。

（二）建构一种分布式的共享领导模式

教研组共同体文化是在教研组活动中形成的，活动的规则和秩序要摒弃行政权威的领导，用专业知识的权威来引领组内成员，实行一种共享式与分布式的领导运行体制。

1. 专业权威引领

受科层制管理模式的影响，教研组内的分工常常依据职能和职位进行分工，带有官本位的文化色彩，行政领导是制度所赋予的权力，而在其中，行政原则又远胜于学术原则之上。[3]因此，教研组的运行机制应更多地来自教师专业发展的力量，以此来带动教研组内部的运行，而不是靠行政的手段来推动。教研组内部的领导诸如教研组长等，要以专业为导向，为成员搭建发挥专业特长的舞台，彰显教师的存

在感和价值感，唤醒教师的主人翁意识，共同致力于教研组文化的建设。

2. 增强服务意识

教研组是给教师提供交流的平台，主要职能是服务教师。身为教研组长要发挥带头示范作用，站在教师的立场规划教研活动，不仅要营造平等自由的教研氛围，给每位教师平等的话语权，还要利用团队的智慧来共同制定内部的活动规则，等等。而作为组内的其他教师也要有责任感，凭借各自的专长、特长服务教研组的建设，贡献智慧与力量。这样，每一位成员都不断强化服务意识，教研组的文化凝聚力也会得到增强。

3. 用问题驱动发展

教育的对象是人，教研组的活动要以人的发展为核心，教研组内部的运行也要抓住教师身上发生的最真实的教学问题，创设一个个真实的问题情境来驱动教研组的发展，而不是用行政指令的手段下发任务。目前，很多学校大多以固定的备课组来组织活动，教师之间被同年级或其他原因捆绑在一起。但问题的驱动需要改变这一现状，就如同“流动的马赛克”，教研组成员之间要基于不同的教育教学问题，形成流动性的领导队伍，促进教研组的运转保持开放性和活力，也为文化建设不断地注入新生力量。

（三）促成教师全体之间的自然合作

共同体文化是群体性的，需要教师之间的相互合作。这种合作不应该是通过行政手段强制捆绑，而要源于教师的主动性与自觉性，形成一种自然的合作。

1. 教师要有竞争与合作并存的意识

共同体就意味着组内教师应该是共同合作的状态，这就要求教师要走出孤立的状态，用一种开放的文化心态，既分享自己的教育经验，也能够倾听别人的教育观点，主动寻求与其他教师的双向合作。由于教师的教学之间存在竞争关系，这就需要教师在合作的同时也要认识到竞争离不开合作，只有通过相互竞争才能实现更好的目标，在竞争中寻求合作也才更有效。这就要求教师要有独立判断和自我思考的精神，合作与竞争在教研活动中是相互依存的。

2. 教师要建立相互信任的合作关系

信任与和谐的氛围更有利于共同体文化的形成，而自然合作行为的产生更是建立在组内教师之间的相互信任的情感关系上的。首先，要引导教师在面对问题时应敢于直指问题的根源，尤其是许多教师在评价其他教师时常常碍于面子不敢讲真话，这就需要教师勇于突破面子关，以一种责任意识去关心拥抱其他教师。其次，组内要形成相互接纳的氛围，面对出现的质疑和分歧，要从别人的角度去思考，以一种包容的心态去感受对方的言语行为，这样才能更好地构筑教研组共同体文化。

3. 创造多元化的合作形式

由于共同体的文化是开放的，因而组内的合作交流也要多元化，满足不同教师的价值诉求。也就是说，教研组的合作不要囿于自身的学科领域，可以适当地打破学科界限，提倡跨学科的交流合作。这样，可以帮助教师拓宽学科思维，汲取多学科知识。教研活动也不要仅局限于校内，要开展校际、区域联盟的研讨，除了上课、听课、评课外，还可以立足于教师和学生存在的问题，开展课题研讨等，建立师徒群，通过多对多的形式开展合作研讨，促进共同体多元文化的形成。

（四）创设支持条件，保障共同体文化建设

共同体文化建设要有切实的保障，否则很容易流于形式，在组织、物质、管理等方面提供一定的支持性条件才能使共同体文化始终充满活力与生机。而这种支持性条件要随着教研组文化的建设而不断地调整与改变。

1. 提供资源共享的平台

教研组要建立资源库，实现资源共享。学校更要有针对性地为教师准备书籍、杂志、音像等材料以及教学辅助设备等，还要给教师提供能够查阅最新教学理念的科研学习资料的网络平台。这些资源不能仅仅局限于某一个年级某一学科组，而且要实现全员共享，以此来孕育教研组共同体文化。

2. 完善教研活动的激励机制

共同体文化建设需要通过人与人之间的互助合作来实现，采取教研活动中的考核激励措施能够调动教师的积极性，这是共同体发展的动力。首先，对于教师的评价不能仅仅局限于教学成绩等，而且要关注教师在教研活动中的过程性评价。如在教师成长档案中，更多地关注其在教研组共同体实践活动中的成长表现，多给予积极性的评判。同时要让教师感受到自身的变化，增强对共同体活动的认同感。在激励方式上，适当地增加一些团体活动的评价，如示范性教研组评比活动，强化教师的共生责任；在激励的内容上，要结合教师的真实需求，体现一定的差异性，充分激发教师的潜能与智慧。

3. 注重文化的积累与传承

对教研组来说，文化产品是每位教师共同努力的结晶，是教研组共同体文化非常重要的资源。因此，要在日常的教研活动中不断地总结归纳，充分挖掘教研资源，如教研活动中的一些好的教学理念，提炼出来的研修模式等。这些凝聚着智慧的文化产品还需要根据教研组的发展进行不断的创新，与时俱进，使之得以延续下去。

参考文献

［1］舒悦.基于学习共同体的中小学组织文化变革探讨［J］.中国教育学刊，2014（09）：38—43.

［2］（美）戴维·W.约翰逊，（美）罗杰·T.约翰逊.领导合作型学校［M］.唐宗清，等译.上海：上海教育出版社，2003.

［3］赵迎.分布式领导：缘起、内涵与实践路径［J］.山东社会科学，2016（07）：166—171.

小学阶段“三全育人”的现状分析和实现路径

◎ 施萍一 / 江苏省无锡市隆亭实验小学

摘　要　结合小学阶段“三全育人”育人主体仍存在“空缺地带”，育人场域难实现“融合共通”，育人时域会出现“盲点断点”的现实难题，可从儿童精神引领下的“三全育人”班级新形态实践创新、双向奔赴下的“三全育人”家校新联盟有机联动、优秀文化融入下的“三全育人”校园新生活氛围营建三条路径来逐步实现“三全育人”。

关键词　三全育人　立德树人　育人主体　儿童教育

实现立德树人根本任务，关键要做到育人主体全员、育人场域全过程、育人时域全方位，即“三全育人”。

20世纪90年代，从中共中央颁布的《关于进一步加强和改进学校德育工作的若干意见》明确提出“要把德育工作贯穿在教育的全过程”，中共中央、国务院《关于深化教育改革全面推进素质教育的决定》强调要“努力造就德育、智育、体育、美育等全面发展的社会主义事业建设者和接班人”，到2018年教育部颁发的《“三全育人”综合改革试点工作建设要求和管理办法（试行）》，“三全育人”理念被推到了前所未有的高度。

学生成长成才的整个过程，从接受高等教育向前延伸到中小学，向后拓展为终身教育，是一个全领域、长时段、持续性的培育过程。小学阶段实施的是童年期教育。童年期指儿童六七岁至十一二岁。心理学家认为，“童年期是儿童超越家庭范围的社会化的起始阶段，也是儿童因角色、活动、他人评价的多样化而引起的对自我形象反思的开始时期，或称为整体性的自我意识的萌生时期”。童年期的儿童，无论是社会性还是自我性，都具有不确定性、不稳定性、不固定性的特点。与此同时，童年期教育又具有起始性、开启性、萌生性，即童年期呈现了发展可能、发展趋势。

随着“三全育人”理念向义务教育阶段的深入和深化，基于小学阶段教育规律、儿童成长特点和需要来理解和认识“三全育人”，建构“三全育人”实现路径，是义务教育小学阶段对教育高质量发展的历史回应。

一、小学阶段“三全育人”的现状分析

“三全育人”从“主体”“场域”“时域”三个维度突出了“全面性”，基于对客观规律的遵循，即对小学教育规律、小学生成长规律的科学理解，当前的小学教育“三全育人”面临着哪些现实难题呢？

（一）育人主体仍存在“空缺地带”

全员育人为育人主体层面，人员包括班主任、小学德法课程教师、各学科教师、学校校级领导和行政等学校教职工。近年来，随着社会发展的新特点和新要求，小学在教学、管理、后勤等各部门的人员配备方面进行了充实和完善。比如：从校园安全保障的角度，对安保人员进行了优化；从卫生保健的角度，按照一定比例配备了保健教师，并逐步由中学到小学开始配备专职心理健康教师；等等。

育人主体的“空缺地带”首先出现在作为班级育人主体的第一责任人的班主任那里。这似乎不可思议，班主任不是当仁不让的育人主体吗？事实上，一个班主任同时是学科教师，在小学还兼任少先队辅导员的角色，由于其工作多层叠加，反而很难真正履行和发挥好班主任的职责和作用。班主任的教育常常很难深入，很难持续开展，这也是现在部分中小学生的心理问题得不到根本解决的原因之一，也是班主任待遇的增加无法调动教师担任班主任积极主动性的主要原因之一。

其次，“空缺地带”还出现在课程专业教师那里。《义务教育课程标准（2022年版）》的指导思想指出，“坚持德育为先，提升智育水平，加强体育美育，落实劳动教育”。在课程设置中对于体育、科学、劳动等课程也进行了调整，但师资的补充、培养和配备滞后，无法满足新课程的需求，乡村学校、薄弱学校更是捉襟见肘。从教育面对的是完整的人的教育角度来说，对于学校专业教师的配备，不应该只从学生数、规模来衡量，应该从整体维度来进行专业课程教师的配备，这样才能为未来培养完整的人。

再有，“空缺地带”还出现在学生发展的隐性空间。我们的社会所崇尚的不是育人，而是成功，是在人群中胜出，是比别人获得更多资源。我们透过小学教育中就出现的那些骇人听闻的数据和焦虑内卷的现象再来看儿童期教育时，那快乐活泼、一切向好的面貌真的只是一层面纱而已。

（二）育人场域难实现“融合共通”

育人不仅仅是学校的使命，社会、家庭都是重要的育人场域。但因为生活节奏和社会压力等因素，教师与家长之间的日常交流多为线上，效果并不十分理想。另一方面，很多孩子都是跟随祖辈老人生活，而学生教育问题往往纷繁复杂，家校之间很难融合共通，从而形成有效合力。

小幼、中小学之间的衔接没有真正建立。正如奥苏贝尔“先行组织者”的理论，认为教师和学生先于新的学习任务之前需要经历一个引导性过程，以帮助自身心理进行适应。这个引导性过程，包括环境、课程、组织等方面。但在目前的衔接教育

中，听一两节课，做个讲座，走个形式的情况比较普遍，很难达到有机衔接。学生六年小学生活中，从低年级到中年级、从中年级到高年级，是两个重要的过渡阶段；而从幼儿园到小学、从小学到中学，则是更重要的两个生命成长关键节点。这些过渡时期与关键节点往往在被忽视中模糊度过了。

（三）育人时域会出现“盲点断点”

小学教育各个学科之间与中学、高校相比，学科融合性、统整性不明显，跨学科学习、大单元教学目前还难以全面推开，德法课程作为小学思政课程，其系统性及对其他学科的渗透性不强。各个领域的不同层次、不同问题、不同逻辑，不可避免地在实现立德树人根本任务的“时间线”上会出现这样那样的“盲点”和“断点”。各个领域多向互动的动态平衡关系和良性循环的育人格局有待形成。

二、小学阶段“三全育人”实现路径

（一）儿童精神引领下的“三全育人”班级新形态实践创新

班级是小学生学校日常生活的主要场域。班级场域中，班主任和学生形成生生、师生，我我、我他层层交织的人际关系。学生的思想、情绪、心理等波动起伏，往往为场域中的人际关系所影响。建构和建设一种新的班级形态，类似于意大利早期教育家、幼儿教育家玛丽亚·蒙台梭利创办的“儿童之家”。

“儿童之家”体现蒙台梭利最重要的观点之一是“儿童对于人类的贡献”。她认为，“儿童不仅是作为一种肉体生命而存在，更是作为一种精神生命而存在。他们为人类的发展、进步提供了强大的推动力，是儿童的心灵决定了人类进步的历程，并且把人类导向更高的文明”。她的儿童教育研究正发端于这样的儿童哲学。

人民教育家陶行知对杜威理论进行了选择性吸收，提出“生活即教育”的教育理念，在论述学前教育的意义和“解放儿童的创造力”等内容上提出关于儿童发展、成长的认识和观点。

班级新形态的实践创新必然是儿童精神引领下的构建与建设，教师要“蹲下来”，更加尊重儿童的思想、情感、权利，悉心观察儿童的行为，洞察儿童的内心世界，遵循教育的规律及儿童生命成长的自身节律，去发现儿童的真正需要。教师要彻底转变为儿童成长的“成人协助者”，提升自我对儿童的学习、阅读、解决问题等方面的协助能力。教师要和学生成为班级中的“共同生活者”，一起营造和打造一个生态良好、氛围温馨、激励人心的班级环境。最重要的，班主任要从繁重而忙碌的叠加工作中分身出来，做一个真正意义上的有境界的时代大先生。

（二）双向奔赴下的“三全育人”家校联盟有机联动

教育是两条铁轨，一条是“品格”，一条是“学业”；教育是两座“灯塔”，实行平衡而精准的导航；教育是美好的双向奔赴，家校须建立有机联动的新联盟，跨越时间和距离，奔向共同的目标。

赋能家庭教育、学校教育，发挥各自

优势，坚持系统思维。开设系统的家长学堂学习课程，整合教育资源，强化协同攻关，形成系统合力。在育人理念上，着力实现“需求”和“供给”的协同联动，着眼于学生“关心什么”，聚焦于学生“需要什么”，立足帮助“解决什么”，以思想教育与熏陶引领家校共育。在育人实践上，实施家长志愿者服务方案，给家长参与学校发展建设、学生发展培养的机会与通道，每学期为家长志愿者撰写和分发“感谢信”，每学年评选“优秀家长志愿者”；开展“一对一家访”，每月由班主任、副班主任、任课教师组成家访小组，对学生进行线上或线下“一对一家访”，对学生“倾听一刻钟”，实施个性化谈话和教育。

赋能教育对象，唤醒内生力量，激发学生潜能。开展“小老师微课堂”“我给爸爸（妈妈）当小老师”活动，模拟教学情境“教他人学”，促进学习深化与反刍，导向自我学习能力的发展。

（三）优秀文化融入下的“三全育人”校园新生活氛围营建

深入推进“三全育人”，需要营建一种优秀吸引、文化浸润、真实可亲的校园新生活氛围。

传统文化体验育人，坚持价值引领，推进革命文化和优秀传统文化的继承和发扬。实施阅读工程、诵读工程，举行小红花剧场课本剧表演，在阅读与表演中体验传统精神和先进文化。

非遗文化传承育人，把惠山泥人、江南木船工艺等无锡市非遗项目引进校园，进行课程开发、非遗参观展览，在口耳相传中传承文化。

校外基地实践育人，挖掘地方资源，利用社会资源，建立劳模工作室、民间音乐家祖居、科技创新工作室、科技实验室等实践基地，培养学生的探索精神、思考能力。

劳动创造创新育人，依据《义务教育劳动课程标准（2022年版）》，列出各年段劳动清单，设置劳动评价指标、量规，设计劳动创造活动，深化“劳动创造世界”理念。

生活故事宣讲育人，记录、积累、讲述师生发生在校园生活中的真实故事，赋予故事生命力和感召力。各种育人方式和途径相互联系、多维建构，创造创生“三全育人”理念下的校园新生活氛围。

4+X 课程：小学家校共育的现实困境与突破路径

◎ 牛　迪 / 江苏省苏州工业园区星浦小学

摘　要　家校共育是一种以家庭和学校为依托，以孩子健康发展为根本目标，以家长与教师为主导的多边互动的合作教育。立足当下家校共育的大环境，针对正在面临的家校共育意识薄弱、内容狭窄、方式单一等现实困境，开发以双线奔赴的家校活动为载体的 4+X 课程，是突破家校共育困境的重要路径。

关键词　4+X 课程　家校活动　现实困境　共育路径

2022 年 1 月 1 日，《中华人民共和国家庭教育促进法》的正式实施，标志着家庭教育由“家事”上升为“国事”，更进一步凸显了家庭教育的重要地位。家庭教育与学校教育相辅相成，才能培养学生全面发展。但是，由于当下家校共育在观念、内容、方式等方面存在问题，致使实践多流于形式。4+X 课程是以学生为圆心，以学校教育和家庭教育为半径，共同画出共育合力的同心圆。家校双方协同引导学生朝向共同的育人目标迈进，走进学生的内心世界，由内而外、由表及里地培养学生。基于此，应着力打造 4+X 家校课程，搭建家校共育的桥梁，探索突破家校共育现实困境的新路径，从而实现家校共育共赢的美好愿景。

一、多重挑战——突破共育困境

在教育体系中，家庭教育是基础，学校教育是关键。但是在家校共育的实施过程中，仍然存在较大阻力，共育意识薄弱使实施的范围变小，共育内容狭窄使实施的意义降低，共育方式单一使实施的本质弱化。

（一）家校共育意识淡薄

家校共育是家庭、学校以及社会层面形成的共识，但在实践中却普遍存在共育观念淡薄的现象。一些家长认为，教育就是教师和学校的事，错误地把教育等同于教学，忽视了家庭教育的重要性。然而，教育不仅仅是知识上的传授，还是价值观、人生观的熏陶。家庭作为孩子的第一所“学校”，家长作为孩子的第一任老师，入学前承担着生活上的主要教育，入学后也应当兼顾一部分的学业引导教育。不过，也有一些家长非常重视家庭“教育”，他们习惯于把自己的经验传授给孩子，深受“望子成龙”“望女成凤”思想的影响而把成绩放在第一位，有时把自己的“期待”强加于孩子，导致孩子学习压力大，甚至厌学。

家长家庭教育观念的更新是实现家校共育的重要基础。而作为家校共育的另一主体，教师的共育意识也必须增强。只有这样，才能真正实现家长、孩子、教师一体化的共育目标。

（二）家校共育内容狭窄

家校共育是一种以家庭和学校为依托，以孩子健康发展为主要目的，以家长与教师为主导的多边互动的合作教育。目前，家校共育的内容仍然停留在只围绕孩子的成绩、是否遵守纪律等层面。在部分家长看来，教师只有在孩子犯错误或成绩退步时才会主动沟通；在部分教师看来，家长只有在孩子成绩退步或需要请假时才会进行交流。这样会让孩子在家长与教师之间承受双重压力，更不愿意进行家校沟通。沟通内容的狭窄，直接导致沟通的意义降低，家校共育的困境增加。

（三）家校共育方式陈旧

家校共育的方式在一定程度上决定了家校共育的作用。传统的家校共育方式无外乎家长会、家访等，无论哪种方式都是以教师为主动方，家长被动参与，甚至有的孩子父母也不参与，只是委托爷爷奶奶参加。这样一方的主动输出和另一方的被动接受，非平等的对话方式不仅影响家校共育的效果，还有可能导致一些家校矛盾的出现。素质教育背景下，教育教学的方式在变革，家校共育的方式也亟待革新，只有这样，才能实现家校真正意义上的合作。

二、“4+X”课程——构建共育模式

“家校共育是指学校和家庭、教师和家长在环境创设，在孩子的习惯养成、知识获取、品德培养、性格发展、能力培养等方面通过沟通交流、活动开展、问题探讨等方式密切合作，力求步调协同，形成合力，共同帮助孩子健康成长的培育方式。”[1] 合理有效的家校共育模式可以使教育实现利益最大化，最大程度地促进学生身心全面发展，从而突破当前家校共育的困境。为此，学校打造共育模式，以家校双向奔赴为基础，积极探索家校共育的新路径。

“4+X”课程中的“4”，即四大家校共育路径：专家讲坛、家长课堂、成长活动和劳动实践。“X”是每条路径下的数个子课题，分别指向专家指导下生成同行能力，产生同频共振效应；家长课堂引领下提高同心意识、同向协作维度；成长活动氛围

下同步协进，共同陪伴孩子向阳生长；劳动实践体验下演绎同盟互助，同铸孩子责任担当意识、独立自主能力。构建家校共育模式，不仅有利于促进学生自身的健康成长，还有利于缩小家校的距离，形成教育共同体，更有利于促进良好的家风、校风甚至是良好的社会风气的形成，促进社会和谐发展。

三、双向奔赴——探索共育路径

家校共育是时代的呼唤，是家校合作的需要，是新时代家庭教育与学校教育的必然选择。面对当前家校共育的多重困境，家庭与学校双向奔赴，携手组织多样性的家校活动是突破困境的重要选择。

（一）“家长课堂 +X”增强共育意识

要突破家长共育的困境，必然要从明确家庭教育的重要地位，提高家校共育的意识开始。《中小学德育工作指南实施手册》明确指出，学校可以从三方面加强家庭教育指导：“第一，建立家长委员会、家长教师协会等工作机制；第二，通过家长会、家访、家长开放日、家长接待日等，向家长传达科学的教育理念；第三，通过家长学校、网络培训等，对家长进行系统的培训，提升家长素质，使家长更好地承担其在家庭教育中的职责。”[2]因此，从学校层面来说，加强家校共育的第一步就是建立健全家校合作机制，建立班级家长委员会、校级家长委员会或家长教师协会，在公平、民主、互利的基础上，形成系统的家校合作机制，协调家庭、班级、学校三者之间的关系，有益于提高家长的共育意识。

每位家长都是家校共育的主体，为进一步提高家长共育的意识，可以开设“家长课堂”课程项目活动。针对班级中存在的问题，通过“家长课堂”式的项目活动，为家校共育提供支持。以某班为例，有的家长过于溺爱孩子，导致孩子缺乏上进心；有的家长对孩子过于严格，导致孩子压力大。为引导家长做更好的父母，该班班主任邀请班级中的一位心理教育讲师，开设了每月一次的导师型父母成长课堂系列专题讲座。同时，依托家长课堂品牌效应，借力公众号、视频号等媒体，宣传家庭教育的地位与价值、家校共育的实践成果，形成良好的共育环境，促使家长提升合作的意识。这种方式，一方面可以充分利用家长资源，提高教育的影响力；另一方面从心理学角度撬动家庭教育的固有思维，为进一步开展家校共育做铺垫。

在增强教师的共育意识方面，则可以通过学习名师教育案例、向有经验的教师请教、研读相关文献资料等途径，从思想观念上升华教师的家校共育意识。学校还可以定期开展家校共育培训活动，培养家庭教育指导师，等等。

（二）“专家讲坛 +X”提高共育能力

随着时代的发展，教育环境的变化，对家校共育的要求也在与时俱进。为了更好地发挥家校共育的效应，提高家长对孩子教育的重视程度，提升家长家庭教育的能力，创设良好的家校共育氛围，提高家校合作的效果，学校可邀请家庭教育专家开设相关讲座，引导家校合作的方向，密切家校关系。

“互联网+”大背景下的家校共育更凸显了便捷性、现代性，打破了时间、空间的限制，为家校共育带来了新的契机。学校可以利用“线上家长学习管理平台”，按学段分设对应的专题，借助第三方的力量邀请家庭教育、心理教育及生理教育等相关专家、教授开设讲座，为处于共育问题中的家长和教师拨开云雾，习得共育能力。这在很大程度上有助于提高广大家长的家庭教育素养，融家庭教育、家庭健康、家庭文化于一体，树立典范家庭，培养智慧家长，促进学风、家风、校风有机结合，构建“家校携手、有效共育”的良好格局。

（三）“成长活动 +X”丰富共育载体

成长活动是家校合育的重要载体。教育部《关于加强家庭教育工作的指导意见》中提出，“要举办家长培训讲座和咨询服务，开展先进教育理念和科学育人知识指导……以重大纪念日、民族传统节日为契机，通过丰富多彩、生动活泼的文艺、体育等活动增进亲子沟通和交流”[3]。“成长活动 +X”课程项目涉及家长、学生、教师等多个层面的融合，形成共育共促的生态链。以班级为单位，在班级工作计划中制订学期“成长活动 +X”项目计划，以丰富的活动形式，打通合作的路径，提高学生的综合素养。例如，三月雷锋月，开展“学雷锋，争向善”红领巾雏鹰假日小队活动，把教师、家长和学生联系在一起，走进社区捡拾垃圾，美化环境，培养学生服务奉献的精神；四月，开展“拥抱大自然”班级研学，让学生走进大自然，观察植物的生长，感受生命的力量；五月，开展“十岁成长礼”活动，诗会、表演、书信传情等仪式深受师生及家长的喜爱，在活动中也达到了感恩教育、感受成长的目的；六月，开展“‘粽’享端午”节日活动，学生在家长的指导下体验包粽子的乐趣，把成果送给门卫、清洁工等，传承传统文化。

为拉近家校距离，促进家校沟通，每月可开展一次“家长进课堂”成长活动，发挥家长职业经验的特长，进一步实现家校共育。医生家长可教给孩子处理意外微小伤害的常识；汽车修理工家长可教给孩子基本的汽车知识；有手工特长的家长可教孩子折纸、捏泥人；等等。这样，以丰富多彩的成长活动为共育载体，密切了家校关系，营造了共同育人的良好氛围。

（四）“劳动实践 +X”更新共育方式

“劳动实践 +X”使家校共育走向生活化。家校共育的路径不应只浮于表面，流于形式，更要在实践中体验共育的乐趣，拓宽共育的渠道。“劳动实践 + 项目”勾连了家庭、学校和社会，形成了“三位一体”

的体验路径。以学校为主导，以家庭为主阵地，帮助学生制订家务劳动计划，精心设计评价单，激发学生做好家务劳动的兴趣，培养独立自主能力。

“劳动实践 +X”使家校共育走向基地化。学校应优化场地建设，开辟智慧农耕基地，为家校共育开辟新路径。可邀请家长走进学校，传授传统农耕方法，与孩子共同体验农耕的快乐。在此基础上，教师引导学生进行跨学科主题学习，把传统农耕体验与现代科学、信息技术等结合起来，监测土壤湿度、生长温度等，改善种植条件，提高种植体验感。社会劳动贯穿于公益服务与志愿活动之中，既得益于社会，又回馈于社会。在这一过程中，家庭与学校、社会形成教育同盟，经验与技术相互作用，培养学生的动手能力和创新能力。

突破家校共育困境的前提是家校双方友好协同的合作意识，双向奔赴的共育意愿，而实现家校共育更离不开有意义的共育内容和丰富多样的共育方式。在“4+X”课程理论学习与实践体验中，激发家校共育的兴趣，感受共育的乐趣，品味共育的成果，正是突破家校共育困境的必经之路。

参考文献

[1] 柴江．家校合作的本质属性、困境根源与破解思路［J］．南京师范大学学报（社会科学版），2021（03）：62—72.

[2] 教育部基础教育司．中小学德育工作指南实施手册［M］．北京：教育科学出版社，2017.

[3] 教育部 .关于加强家庭教育工作的指导意见［Z］．2015-10-11.

编者按 2023年5月，教育部办公厅印发《基础教育课程改革深化行动方案》，将基础教育课程教学改革引向深入。周成平教授回顾了20多年来新课程教学改革取得的成果，推出了系列文章《中小学课堂教学方法的探索与创新》，为读者呈现了课程教学改革的多维样态，其中第1—11篇于2019年2—12月发表于《教育界·教师培训》杂志上，自第12篇起将在本栏目陆续刊出，以供教育同人参阅。

10+35教学法

——关于教学方法的探索与创新之十二

◎ 周成平 / 江苏第二师范学院

10+35是指中小学课堂教学在时间安排上的一种样态，也是一种课堂教学方法。其大体意涵是：一节课45分钟，教师用于引导学习、精讲内容以及点拨指导的时间一般不超过10分钟，而用于学生自学、思考及合作、探究的时间不少于35分钟。简言之为：10+35。

山东省茌平县杜郎口中学在10+35教学法的探索与创新方面给人们留下了较深的印象。在这种课堂教学方法改革的探索与实践中，该校逐步形成了颇具特色的“三三六”教学模式，即课堂自主学习三特点：立体式、大容量、快节奏；自主学习三模块：预习、展示、反馈；课堂展示六环节：预习交流、明确目标、分组合作、展示提升、穿插巩固、达标测评。在“三三六”教学模式的探索与实施过程中，从教与学的时间安排上来看，10+35便是其核心要求。

在多年的探索和实践中，10+35教学法呈现出诸多自身鲜明的特点：

一是在教学时间的安排上，主张要控制教师讲课的时长，以便把更多的时间交给学生去自主学习探究。这种理念与其他诸多教学法异曲同工，其共同点都是强调在课堂上教师要少讲一些，让学生在教师的引领下有更多自主学习的时间。甚至，杜郎口中学和其他不少学校还探索过0+35教学模式。

二是在主导与主体的关系上，真正凸显了学生的主体地位，充分调动学生学习的主动性和积极性。人们常说，在课堂上应以教师为主导，学生为主体，这在认识上是没有问题的。然而在实际教学的过程中，教师的主导性往往很强势、很威权，绝对地把握和控制着课堂，学生往往只能被动而无奈地顺从这种主导性，自身的主体性被压抑，难以得到自由的发挥和成长。杜郎口中学的10+35教学法以及“三三六”操作模式较好地解决了这一问题。

三是在课堂教学的外在形式上，杜郎口中学率先做出了大胆的探索与创新。其一是自2003年起，全校教室撤掉讲台，调整课桌形式，课桌摆放变传统的秧田式为小组对桌而坐的合作探究学习式，以此让学生真正成为课堂的主人。其二是大幅度地增加黑板，每间教室东南西北四面墙上都有一块黑板，为学生开展合作探究学习提供了更多的空间。在这样的学习环境中，思路让学生自己去探索，问题让学生自己去解决，方法让学生自己去总结，规律让学生自己去发现。教师成为引导者、策划者、参与者、追问者和合作者，学生则成为探究者、研讨者、体验者、表达者、创造者和成功者。对此，有的专家认为，杜郎口中学对黑板在形式上的大胆创新、意涵上的深刻理解和功能上的重新定位，都堪称是一次真正意义上的“黑板的革命”。

其实，10+35教学法对课堂教学时间的理解与安排在教学法家族中并非个别现象，而具有普遍性的特征。早在2003年，山东省茌平县教育局就曾做出了“远学洋思，近学杜口”的决定，由此该县不少中小学学洋思蔚然成风。杜郎口团队也曾到江苏洋思中学来考察、交流过，他们对“先学后教，当堂训练”教学法感同身受，心领神会。按照洋思中学老校长蔡林森的解读，在一节课上，一般来说“先学”大约15分钟，“后教”约10分钟，“当堂训练”为20分钟左右。从教师与学生的用时分配上来看，这正是10+35。也就是说，在这一点上，洋思中学与杜郎口中学基本上是一致的，没有什么本质的区别。

在杜郎口中学的校园里，有这样一块牌子，上面写着两句话：学生学习最大的天敌是依赖，教师教学最大的悲哀是包办。这也许是对10+35教学法最精辟的解读与诠释。在今天这个时代，一个学生的学习要依赖教师的教才能维系的话，他（她）一定是一个时代的落伍者，没有什么主动性和创造性可言。反之，一个教师在教学上想包揽一切，事实证明他（她）不仅包揽不了，反而会极大地束缚和限制学生的思维和视野，给学生的成长与发展带来诸多的损害。

综上所述，我们认为，10+35教学法在改革开放的新时代应运而生，富有创意，有其自身鲜明的特点与独到的价值，值得人们关注、重视并推广借鉴。

《学校管理》2024 年征订启事

《学校管理》创办于 1983 年，由江苏省教育厅主管、江苏第二师范学院主办，江苏省师干训中心承办。

《学校管理》面向基础教育领域，传播最新教育管理理念，介绍和推广各地中小学（幼儿园）的先进治校方略、办学经验及文化特色，服务于广大中小学（幼儿园）校（园）长的学校管理和教师的专业发展。

历经 40 余年的发展，《学校管理》影响力日益扩大，现已成为宣传党的教育方针政策、助推教育改革发展的重要阵地；成为引领教育理论与实践有效融合、推动教育交流合作的关键平台；成为密切联系广大基层学校、助力校长和教师队伍建设的桥梁纽带。

为更好地服务广大教育工作者，更加全面深入地反映基础教育高质量发展与研究的新经验、新成果，2024 年《学校管理》改由上海教育出版社以丛刊形式出版，设有《名校风采》《治校方略》《教师发展》《教研探索》《学生成长》《教法实践》等栏目。

《学校管理》全年 6 辑，每辑售价 15 元，全年售价 90 元。

编辑部联系方式：

地址：江苏省南京市北京西路 77 号

邮箱：njxuexiaoguanli@126.com

电话：025-83758200

欢迎扫码订阅投稿！

《学校管理》编辑部

封面学校简介

南京师范大学附属小学创办于1902年。学校自创办以来，在不同的历史时期均被公认为是一所师资力量雄厚、校风严谨笃实、学生全面发展、科研成果显著的学校。新中国成立后，学校先后被江苏省教育厅确定为学制改革试点学校、首批省级重点小学、首批省级实验小学，是全国文教先进单位、全国百所名牌小学之一。

学校以“源于童心，行于爱心，臻于生长”为核心理念，熔炼爱的教育内核，建立健全德智体美劳全面发展体系，建设“童心母爱、实验创新、努力共进”的新时代“斯霞式”好教师团队，努力培养全面发展的社会主义建设者和接班人，不断追求学校更高品质、更高质量的发展。

优美的校园环境。学校现有珠江路校区和四牌楼校区两个办学地点，校园面积共27193.6平方米。珠江路校区涵盖一、二年级，以“会说悄悄话的校园”为设计理念，孩子们在真实的空间场景中自然呼吸，自在体验，自由生长；四牌楼校区涵盖三到六年级，大气磅礴，建筑风格朴实厚重，是南京市唯一一所被列入市级文物保护单位的小学。

雄厚的师资力量。学校传承、发展斯霞“童心母爱”教育思想，打造了一支“大爱心、高水平、有格局”的教师队伍。“斯霞式”教师以传承“童心母爱”为价值追求，以秉持“实验创新”为行动特点，以“协同共生”为组织特点。近年来，培养了1名国家教学名师，4名“苏教名家”培养对象，10名特级教师，33名市级骨干教师，46名区级骨干教师。

全面的儿童发展。学校以“爱的课程”为依托，致力于“为生长而教”，进行“小研究”“小伙伴”“小游戏”的“三小”学习方式变革，形成了以“有深度的学习过程、有智慧的师生对话、有情感的课堂氛围”为特质的课堂样态，联动“共创式活动”和“激扬式评价”，支持儿童全面且富有个性地生长。

丰硕的科研成果。“十五”以来，学校传承并丰富了新中国“最美奋斗者”、儿童教育家斯霞的“童心母爱”教育思想，在多项高品质的系列项目和课题引领下，建构了高品质的教育教学方略，并积极转化实验成果，获4次国家级、8次省教科研/教学成果奖；1项全国规划一般课题、1项教育部重点课题、22项省级规划课题、149项市级课题结题；1项省前瞻性项目、1项省中小学品格提升工程精品项目结项；1项省前瞻性项目在研；出版《为品格而教》《为了儿童发展的无限可能——小学“童心母爱”育人模式的实践建构》等专著22册。